Artur-Axel Wandtke, Claudia Ohst (Hrsg.)
Praxishandbuch Medienrecht
De Gruyter Praxishandbuch

Praxishandbuch Medienrecht

Band 4: Persönlichkeitsrecht und Medienstrafrecht

3., neu bearbeitete Auflage

Herausgegeben von
Prof. Dr. Artur-Axel Wandtke, em. o. Professor an der Humboldt-Universität zu Berlin und
Dr. Claudia Ohst, Fachanwältin für Informationstechnologierecht, Lehrbeauftragte der Humboldt-Universität zu Berlin

Bearbeitet von
Rechtsanwältin Dr. **Sabine Boksanyi**, Fachanwältin für Urheber- und Medienrecht München;
Hon. Professor **Hans Joachim von Gottberg**, Freiwillige Selbstkontrolle Fernsehen e.V., Berlin;
Professor Dr. **Bernd Heinrich**, Humboldt-Universität zu Berlin;
Rechtsanwalt **Philipp Koehler**, Taylor Wessing, München, Lehrbeauftragter an der Ludwig-Maximilians-Universität München;
Rechtsanwalt Dr. **Cornelius Renner**, LOH Rechtsanwälte, Berlin, Fachanwalt für Urheber- und Medienrecht, Fachanwalt für gewerblichen Rechtsschutz, Lehrbeauftragter an der Humboldt-Universität zu Berlin

DE GRUYTER

Zitiervorschlag: Wandtke/Ohst/*Bearbeiter*, Praxishandbuch Medienrecht, Bd 4, Kap 1 Rn 23.

ISBN 978-3-11-031398-7
e-ISBN 978-3-11-031417-5

Bibliografische Information der Deutschen Nationalbibliothek
Die Deutsche Nationalbibliothek verzeichnet diese Publikation in der Deutschen Nationalbibliografie; detaillierte bibliografische Daten sind im Internet über http://dnb.d-nb.de abrufbar.

© 2014 Walter de Gruyter GmbH, Berlin/Boston
Datenkonvertierung/Satz: jürgen ullrich typosatz, 86720 Nördlingen
Druck: CPI books GmbH, Leck
♾ Gedruckt auf säurefreiem Papier
Printed in Germany

www.degruyter.com

Vorwort

Die rasante technische Entwicklung führt zu einem stark expandierenden und rechtsgebietsübergreifenden Medienrecht. Die daraus resultierenden rechtlichen Rahmenbedingungen für die Nutzung von Medienprodukten werden sowohl für Unternehmen als auch für private Nutzer immer komplexer, wobei dem Medienrecht als Gestaltungsmittel dabei sowohl ein kulturelles als auch ein wirtschaftliches Gewicht zukommt. Diese Entwicklung hat nun bereits eine neue – dritte – Auflage des Praxishandbuchs erforderlich gemacht.

Das Praxishandbuch hat zum Ziel, Rechtsfragen auf dem Gebiet des Medienrechts systematisch und problemorientiert darzustellen. Schwerpunktmäßig werden auch in dieser dritten Auflage die Rechtsfragen aufgeworfen, die sich vor allem aus der Vermarktung von Medienprodukten ergeben. Das betrifft die Erstellung und Verwertung, aber auch den Genuss immaterieller Güter wie Bücher, Zeitungsartikel, Musikstücke, Computerspiele, Filme und Apps. Daher werden die medienrechtlichen Grundsätze und Besonderheiten einzelner Rechtsgebiete erläutert (zB Urheber-, Presse-, Rundfunk-, Wettbewerbs-, Kartell-, Datenschutz-, und Medienstrafrecht) und deren Anwendungsprobleme veranschaulicht. Neu hinzugekommen sind Kapitel zu den Verwertungsgesellschaften und zur Querschnittsmaterie der sozialen Medien. Bereits vorhandene bearbeitete Kapitel sind ausgeweitet worden.

In erster Linie wendet sich das vorliegende Handbuch an Rechtsanwälte und Justiziare in Medienunternehmen sowie Richter und Staatsanwälte, dient aber auch als Lehrmaterial für die Masterausbildung von Juristen auf dem Spezialgebiet des Medienrechts sowie für die Fachanwaltsausbildung im Urheber- und Medienrecht, Gewerblichen Rechtsschutz und IT-Recht. Es soll kein vertiefendes Lehrbuch ersetzen, sondern einen Einblick in die mannigfaltigen Rechtsgebiete geben, die das Medienrecht beinhaltet, und sowohl dem weniger erfahrenen Nutzer helfen, sich schnell darin zurechtzufinden, als auch dem erfahrenen Medienrechtler ermöglichen, Zusammenhänge zu vertiefen und weiterführende Informationen zu finden.

Im vierten Band werden rechtliche Fragen wie die des Schutzes des Persönlichkeitsrechts zB von Politikern und Prominenten behandelt. Ein Schwerpunkt in diesem Band ist der Bildnis- und Jugendschutz einschließlich des rechtlichen Rahmens der Presse. Den Abschluss bildet eine ausführliche Darstellung des Medienstrafrechts.

Berlin, im Juni 2014

Artur-Axel Wandtke					Claudia Ohst

Inhaltsübersicht

Inhaltsverzeichnis —— **IX**
Abkürzungsverzeichnis —— **XIX**
Verzeichnis der Bearbeiter—— **XXXI**

Sabine Boksanyi/Philipp Koehler
Kapitel 1
Presserecht —— **1**

Cornelius Renner
Kapitel 2
Presserechtliche Ansprüche —— **51**

Sabine Boksanyi/Philipp Koehler
Kapitel 3
Schutz der Persönlichkeit —— **115**
Allgemeine und kommerzialisierte Persönlichkeitsrecht —— **115**

Cornelius Renner
Kapitel 4
Bildnisschutz —— **151**

Hans Joachim Gottberg
Kapitel 5
Jugendmedienschutz (ohne Strafrecht) —— **215**

Bernd Heinrich
Kapitel 6
Medienstrafrecht —— **299**

Sachregister —— **463**

Inhaltsverzeichnis

Abkürzungsverzeichnis —— **XIX**
Verzeichnis der Bearbeiter—— **XXXI**

Sabine Boksanyi/Philipp Koehler
Kapitel 1
Presserecht —— **1**

§ 1 Presse und Presserecht im Wandel —— 2
    I. Das Presserecht —— 2
    II. Die Presse —— 3
        1. Einfachgesetzlicher Pressebegriff —— 4
        2. Verfassungsrechtlicher Pressebegriff —— 5
    III. Die Pressefreiheit —— 5
        1. Träger der Pressefreiheit —— 5
        2. Inhalt der Pressefreiheit —— 6
        3. Öffentliche Aufgabe der Presse —— 6
        4. Hervorzuhebende Entwicklungen in der Rechtsprechung —— 7
§ 2 Grundlegende presserechtliche Ansprüche im Überblick —— 12
    I. Unterlassung —— 12
    II. Gegendarstellung —— 13
    III. Widerruf —— 15
    IV. Zahlungsansprüche —— 16
§ 3 Tatsachen und Meinungen —— 18
    I. Tatsachen —— 19
        1. Unwahre Tatsachen —— 19
        2. Verschwiegene Tatsachen —— 20
        3. Gerüchte —— 20
        4. Fragen —— 21
        5. Zitate —— 21
        6. Innere Tatsachen —— 22
        7. Beweislast —— 22
    II. Meinungen —— 23
        1. Schutz der Meinungsfreiheit —— 23
        2. Schmähkritik —— 23
        3. Politischer Meinungskampf —— 25
    III. Abgrenzungsproblematik —— 26
        1. Die „Terroristentochter" —— 26
        2. Die „Busenmacher-Witwe" —— 28
        3. Das „Tätervolk" —— 28
§ 4 Mehrdeutige Aussagen —— 29
    I. Rechtliche Situation vor „Stolpe" und „Babycaust" —— 29
    II. Die Stolpe-Entscheidung —— 30
        1. Die Entscheidung —— 30
        2. Stellungnahme —— 31
    III. Die Babycaust-Entscheidung —— 32
        1. Die Entscheidung —— 32
        2. Stellungnahme —— 34
    IV. Übertragbarkeit auf Widerruf und Gegendarstellung —— 34

§ 5 Identifizierende Berichterstattung/Namensnennung —— 35
    I. Grundsätzliches —— 35
    II. Identifizierbarkeit —— 36
    III. Namensnennung von Beteiligten am Wirtschaftsleben —— 37
    IV. Vorfälle mit politischem Hintergrund —— 37
    V. Namentliche Nennung von Straftätern —— 38
    VI. Zeitliche Grenze —— 39
    VII. Löschungspflicht für Online-Archive? —— 40
    VIII. Sonderfall: RAF —— 42
§ 6 Verdachtsberichterstattung —— 43
    I. Grundkonflikt —— 43
    II. Berichterstattungen über behördliche Ermittlungs- oder Gerichtsverfahren —— 43
        1. Erstattung einer Strafanzeige —— 43
        2. Staatsanwaltschaftliches Ermittlungsverfahren —— 44
        3. Klageerhebung —— 45
        4. Erfolgte Verurteilung —— 46
    III. Berichte über selbstrecherchierte Sachverhalte —— 46
§ 7 Aussagen Dritter —— 47
    I. Zueigenmachung und Distanzierung —— 47
    II. Interviews —— 48
    III. Markt der Meinungen —— 49

Cornelius Renner
Kapitel 2
Presserechtliche Ansprüche —— 51

§ 1 Einleitung —— 53
§ 2 Unterlassungsanspruch —— 53
    I. Anspruchsgrundlage —— 53
    II. Voraussetzungen —— 54
        1. Verletztes Rechtsgut —— 54
        2. Betroffenheit —— 54
        3. Wiederholungs- und Erstbegehungsgefahr —— 55
        4. Rechtswidrigkeit —— 56
    III. Umfang und Reichweite —— 58
    IV. Anspruchsverpflichteter —— 59
    V. Anspruchsdurchsetzung —— 59
§ 3 Gegendarstellung —— 60
    I. Zweck und Rechtsgrundlagen —— 60
    II. Voraussetzungen —— 61
        1. Tatsachenbehauptung —— 61
        2. Periodische Veröffentlichung —— 62
        3. Betroffenheit —— 63
        4. Berechtigtes Interesse —— 64
        5. Ausnahmen von der Gegendarstellungspflicht —— 65
    III. Anforderungen an die Gegendarstellung —— 66
        1. Inhaltliche Anforderungen —— 66
        2. Formelle Anforderungen —— 71
    IV. Anforderungen an die Veröffentlichung —— 76

        1. Nächste Ausgabe —— 76
        2. Gleicher Teil eines Druckwerks —— 76
        3. Schrift —— 77
        4. Keine Einschränkungen und Weglassungen —— 78
        5. Erwähnung im Inhaltsverzeichnis —— 78
        6. Besonderheiten in Rundfunk und Internet —— 78
    V. Redaktionsschwanz —— 79
    VI. Anspruchsverpflichteter —— 80
    VII. Anspruchsdurchsetzung —— 81
        1. Einstweilige Verfügung und Hauptsacheverfahren —— 81
        2. Frist für die Einleitung des Verfahrens —— 82
        3. Veröffentlichungsverlangen —— 83
        4. „Alles oder nichts" —— 83
        5. Aufklärungspflichten des Gegendarstellungsschuldners —— 84
        6. Glaubhaftmachung —— 85
        7. Zuständigkeit —— 85
        8. Rechtsmissbräuchliche Aufspaltung des Verfahrens —— 85
        9. Vollziehung und Vollstreckung —— 86
§ 4 Berichtigung —— 86
    I. Rechtsgrundlage und Ausprägungen —— 86
    II. Voraussetzungen —— 87
        1. Ehrverletzende Tatsachenbehauptung —— 87
        2. Unwahrheit —— 88
        3. Rechtswidrigkeit und Verschulden —— 88
        4. Notwendigkeit und Geeignetheit zur Beseitigung der Beeinträchtigung —— 89
    III. Berichtigungserklärung —— 92
        1. Widerruf —— 93
        2. Richtigstellung —— 93
        3. Nichtaufrechterhaltung —— 94
        4. Distanzierung —— 94
        5. Ergänzung —— 95
        6. Veröffentlichung der Unterlassungsverpflichtung —— 95
    IV. Redaktionelle Anmerkung zur Berichtigung —— 96
    V. Abgabe und Verbreitung —— 96
    VI. Anspruchsverpflichteter —— 97
    VII. Anspruchsdurchsetzung —— 97
§ 5 Weitergehende Beseitigungsansprüche —— 98
§ 6 Auskunft —— 99
§ 7 Ersatz materieller Schäden —— 100
    I. Bereicherungsanspruch —— 100
    II. Schadensersatz —— 100
        1. Verursachung eines Schadens —— 100
        2. Rechtswidrigkeit und Verschulden —— 102
        3. Anspruchsverpflichtete —— 102
        4. Anspruchsdurchsetzung —— 103
§ 8 Geldentschädigung —— 103
    I. Anspruchsvoraussetzungen —— 104
        1. Schwere Persönlichkeitsverletzung —— 104
        2. Fehlende anderweitige Kompensation —— 107
        3. Unabwendbares Bedürfnis —— 108

            4. Verschulden —— 108
        II. Anspruchsberechtigte und Anspruchsverpflichtete —— 109
        III. Höhe —— 109
        IV. Anspruchsdurchsetzung —— 111
§ 9 Kostenerstattung —— 111
        I. Kosten der Abmahnung —— 111
        II. Kosten des Abschlussschreibens —— 113
        III. Zuleitung einer Gegendarstellung —— 113

Sabine Boksanyi/Philipp Koehler
Kapitel 3
Schutz der Persönlichkeit
Allgemeine und kommerzialisierte Persönlichkeitsrecht —— 115

§ 1 Allgemeines —— 116
        I. Bedeutung des allgemeinen Persönlichkeitsrechts —— 116
        II. Rechtsgrundlagen und Qualifikation als Rahmenrecht —— 117
        III. Europarechtliche Einflüsse auf das allgemeine Persönlichkeitsrecht —— 117
        IV. Systematisierung des allgemeinen Persönlichkeitsrechts —— 118
§ 2 Träger des allgemeinen Persönlichkeitsrechts —— 118
        I. Natürliche Personen —— 118
        II. Gruppierungen und Kollektive —— 119
        III. Juristische Personen des Privatrechts und nichtrechtsfähige Personenvereinigungen —— 120
        IV. Juristische Personen des öffentlichen Rechts —— 122
§ 3 Das Persönlichkeitsrecht Verstorbener —— 122
        I. Der postmortale Achtungsanspruch —— 122
        II. Postmortale Verletzung der Menschenwürde —— 123
        III. Keine postmortale immaterielle Geldentschädigung —— 124
§ 4 Schutzbereiche des allgemeinen Persönlichkeitsrechts —— 125
        I. Geheimsphäre —— 126
        II. Intimsphäre —— 126
        III. Privatsphäre —— 128
                1. Räumliche Abgrenzung —— 128
                2. Thematische Abgrenzung —— 129
        IV. Sozialsphäre —— 131
        V. Öffentlichkeitssphäre —— 131
§ 5 Bestandteile des allgemeinen Persönlichkeitsrechts —— 132
        I. Ideeller Bestandteil des allgemeinen Persönlichkeitsrechts —— 132
        II. Kommerzieller Bestandteil des allgemeinen Persönlichkeitsrechts —— 133
        III. Geldentschädigung und/oder fiktive Lizenz bei Verletzung —— 133
                1. Geldentschädigung für immaterielle Verletzung —— 134
                2. Fiktive Lizenzgebühr wegen materieller Verletzung —— 135
§ 6 Das Persönlichkeitsrecht als selbstständiges Wirtschaftsgut —— 136
        I. Das Persönlichkeitsrecht als frei verfügbares Ausschließlichkeitsrecht —— 136
        II. Vermarktungsbereitschaft des Betroffenen —— 138
        III. Schutzdauer —— 139
§ 7 Werbung für Presseerzeugnisse —— 140

I. Bedeutung und Kategorisierung —— 140
   II. Werbung in oder auf dem Presseprodukt —— 141
   III. Werbung für eine bestimmte Ausgabe außerhalb des Presseprodukts —— 142
   IV. Imagewerbung für ein Presseprodukt —— 143
§ 8 Art 5 GG für allgemeine Wirtschaftswerbung —— 145
   I. Art 5 GG trotz kommerzieller Zwecke —— 145
   II. Meinungsbildender Inhalt einer Wirtschaftswerbung —— 146
   III. Güter- und Interessenabwägung —— 147
   IV. Ausblick —— 149

Cornelius Renner
Kapitel 4
Bildnisschutz —— 151

§ 1 Einleitung —— 152
   I. Rechtsgrundlage und Systematik —— 152
   II. Entstehungsgeschichte —— 153
   III. Bedeutung und Gesetzeszweck —— 153
   IV. Verfassungsmäßiger Rahmen und EMRK —— 154
§ 2 Gegenstand des Schutzes —— 155
   I. Bildnisbegriff —— 155
   II. Erkennbarkeit —— 155
§ 3 Verbreitung und öffentliche Zurschaustellung —— 158
   I. Verbreitung —— 158
   II. Öffentliche Zurschaustellung —— 158
§ 4 Einwilligung —— 159
   I. Allgemeines —— 159
   II. Stellvertretung —— 160
   III. Minderjährige —— 160
   IV. Stillschweigende Einwilligung —— 160
   V. Reichweite der Einwilligung —— 162
   VI. Wegfall der Einwilligung —— 165
   VII. Beweislast —— 167
§ 5 Schutzdauer/Postmortaler Bildnisschutz —— 167
   I. Ideelle Bestandteile des Persönlichkeitsrechts —— 167
   II. Kommerzielle Bestandteile des Persönlichkeitsrechts —— 169
   III. Zuständigkeit für Einwilligung und Widerruf —— 170
§ 6 Gesetzlich normierte Abbildungsfreiheit —— 170
   I. Bildnisse aus dem Bereich der Zeitgeschichte —— 171
      1. Entwicklung der Rechtsprechung —— 172
      2. Der Begriff des Zeitgeschehens —— 174
      3. Darlegungs- und Beweislast —— 184
   II. Beiwerk —— 185
   III. Versammlungen, Aufzüge und ähnliche Vorgänge —— 187
   IV. Höheres Interesse der Kunst —— 188
   V. Berechtigtes Interesse des Abgebildeten —— 190
      1. Privat- und Intimsphäre —— 190
      2. Falscher Aussagegehalt und Schmähung —— 194
      3. Gefährdung —— 196

         4. Werbung —— 196
§ 7 Sachaufnahmen —— 199
§ 8 Ansprüche bei Verletzungen —— 200
    I.   Anspruchinhaber —— 200
    II. Die einzelnen Ansprüche —— 201
         1. Unterlassung —— 201
         2. Gegendarstellung und Richtigstellung —— 204
         3. Auskunft —— 204
         4. Schadensersatz und Herausgabe einer Bereicherung —— 205
         5. Geldentschädigung —— 207
         6. Beseitigungsansprüche (Vernichtung und Herausgabe) —— 212
         7. Kostenerstattung —— 213

Hans Joachim Gottberg
Kapitel 5
Jugendmedienschutz (ohne Strafrecht) —— 215

§ 1 Medienfreiheit und Jugendschutz im Grundgesetz —— 219
    I.   Medienfreiheit und Jugendschutz —— 219
    II. Die Kunstfreiheit und ihre Grenzen —— 220
§ 2 Inhaltliche Schwerpunkte des Jugendmedienschutzes —— 220
    I.   Aufgaben und Ziele —— 220
         1. Kriterienfindung im Jugendschutz —— 221
         2. Beurteilungsmaßstäbe, Kriterien, Spruchpraxis —— 222
         3. Erziehungsziele und plurale Wertordnung —— 224
    II. Die Beurteilung von Gewaltdarstellungen —— 225
         1. Gewaltdarstellungen aus Sicht der Wissenschaft —— 225
         2. Wirkungsforschung und Jugendschutz —— 228
         3. Medienkritische Ansätze —— 229
         4. Wirkung abhängig vom Kontext —— 230
    III. Angst und Angstverarbeitung —— 232
    IV. Verstehensfähigkeiten in den Altersstufen —— 232
    V.   Darstellung von Sexualität —— 235
    VI. Weitere neue Fernsehformate —— 241
         1. Aktuelle Programmtrends im Fernsehen —— 241
         2. Zum Identifikationspotential von Reality-Shows —— 241
§ 3 Jugendschutzaspekte im Strafrecht —— 245
    I.   Gewaltdarstellungen —— 245
    II. Pornografie —— 247
         1. Kurzdarstellung der rechtlichen Ausgangslage —— 247
         2. Das Problem der Definition von Pornografie —— 248
         3. Vollständig verboten: Harte Pornografie (§§ 184a–c StGB) —— 250
§ 4 Das Jugendschutzgesetz (JuSchG) —— 250
    I.   Allgemeines —— 250
    II. Indizierung durch die Bundesprüfstelle für jugendgefährdende Medien (BPjM) —— 251
         1. Zuständigkeitsbereich der Bundesprüfstelle —— 251
         2. Antragsberechtigte Stellen —— 252
         3. Das Procedere der Bundesprüfstelle —— 252
    III. Altersbeschränkungen im Kino und für Video/DVD —— 254

1. Die Obersten Landesjugendbehörden —— 255
2. Die Altersfreigaben —— 256
3. Ausnahmen von der Kennzeichnungspflicht —— 256
4. Zur Arbeitsweise der FSK —— 258
5. Jugendschutz und Computerspiele: Die Unterhaltungssoftware Selbstkontrolle (USK) —— 265
6. Die Automaten Selbstkontrolle (ASK) —— 268

§ 5 Der Jugendmedienschutz-Staatsvertrag (JMStV) —— 268
   I. Zielsetzung des JMStV —— 268
      1. Das System der regulierten Selbstregulierung —— 269
      2. Die Anerkennung von Einrichtungen der Freiwilligen Selbstkontrolle —— 269
   II. Unzulässige Sendungen iSd JMStV —— 269
      1. Grenzziehung zwischen Erotikfilmen und Pornografie —— 271
      2. Erotikprogramme in Pay-TV-Sendern —— 272
      3. Der Fall „Adult Channel" —— 274
   III. Jugendschutz im Jugendmedienschutz-Staatsvertrag (JMStV) —— 274
      1. Sendezeitbeschränkungen und Vorsperren —— 274
      2. Festlegung der Sendezeit für wiederkehrende Formate —— 275
      3. FSK-Freigaben und Sendezeitbeschränkungen —— 275
      4. Die Jugendschutzbeauftragten —— 277
      5. Regelungen für Werbung —— 277
      6. Jugendschutz im öffentlich-rechtlichen Fernsehen —— 277
      7. Regelungen für Telemedien —— 278
      8. Die Kommission für Jugendmedienschutz (KJM) —— 281
      9. Rechte und Pflichten der Selbstkontrolleinrichtungen nach dem JMStV —— 282
      10. Zusammenfassung der Jugendbestimmungen für das Fernsehen —— 284
      11. Die Freiwillige Selbstkontrolle Fernsehen (FSF) —— 286
      12. Zuständig für Internet: Die Freiwillige Selbstkontrolle Multimedia (FSM) —— 291
      13. Notwendige Reform des JMStV kommt voraussichtlich nicht zu Stande —— 294

§ 6 Jugendschutzrecht im europäischen Kontext —— 295
   I. Altersklassifizierung von Kinofilmen —— 295
   II. Die EG-Fernseh-RL —— 296
      1. Unzulässig im Rundfunk: Pornografie und grundlose Gewalt —— 296
      2. Jugendschutz —— 297

Bernd Heinrich
Kapitel 6
Medienstrafrecht —— 299

§ 1 Die Stellung des Medienstrafrechts im Rahmen des Medienrechts —— 311
   I. Der Gegenstandsbereich des Medienstrafrechts —— 311
   II. Erscheinungsformen der Medienkriminalität —— 312
      1. Die Verletzung von individuellen Rechten durch Medien —— 313
      2. Die Verbreitung gefährdender Inhalte durch Medien —— 313
      3. Aufforderung zur Begehung von Straftaten über die Medien —— 314
      4. Medien(unternehmen) als Opfer von Straftaten —— 314
      5. Sonstige Rechtsverletzungen —— 314
   III. Medienstrafrecht und Grundgesetz —— 314

1. Die Meinungsfreiheit (Art 5 Abs 1 S 1 Alt 1 GG) —— 315
2. Die Informationsfreiheit (Art 5 Abs 1 S 1 Alt 2 GG) —— 316
3. Die Pressefreiheit (Art 5 Abs 1 S 2 Alt 1 GG) —— 318
4. Die Freiheit der Berichterstattung durch Rundfunk (Art 5 Abs 1 S 2 Alt 2 GG) —— 319
5. Die Freiheit der Berichterstattung durch Film (Art 5 Abs 1 S 2 Alt 3 GG) —— 320
6. Die Kunstfreiheit (Art 5 Abs 3 GG) —— 321
7. Schutz der Mediengrundrechte durch die Europäische Menschenrechtskonvention —— 321
8. Keine verfassungsrechtliche Privilegierung des „investigativen Journalismus" —— 322

§ 2 Probleme im Zusammenhang mit dem Allgemeinen Teil des Strafrechts —— 324
  I. Die Anwendbarkeit deutschen Strafrechts —— 324
  II. Der Gerichtsstand —— 328
  III. Der Schriftenbegriff des § 11 Abs 3 StGB —— 330
  IV. Täterschaft und Teilnahme gem §§ 25 ff StGB —— 332
    1. Allgemeine Grundsätze —— 332
    2. Die Verantwortlichkeit im Internet —— 336
  V. Rechtfertigungsgründe —— 342
  VI. Die Freiheit der Parlamentsberichterstattung nach Art 42 Abs 3 GG, § 37 StGB —— 343
  VII. Die Problematik des Berufsverbotes des § 70 StGB —— 344
  VIII. Verjährung —— 345
  IX. Einziehung —— 346
  X. Strafzumessung – Strafmildernde Berücksichtigung exzessiver Medienberichterstattung —— 347

§ 3 Die wichtigsten medienstrafrechtlich relevanten Straftatbestände aus dem StGB —— 348
  I. Die Verletzung von Individualrechten durch Medien —— 348
    1. Die Beleidigungsdelikte (§§ 185 ff StGB) —— 348
    2. Der Schutz des persönlichen Lebens- und Geheimbereichs (§§ 201 ff StGB) —— 355
    3. Die Nötigung (§ 240 StGB) – Medien als Täter —— 364
    4. Sonstige individualrechtsschützende Delikte —— 365
  II. Die Verbreitung gefährdender Inhalte durch die Medien —— 367
    1. Die hauptsächlichen Tathandlungen —— 367
    2. Die Verbreitung staatsgefährdender Inhalte —— 373
    3. Die Verbreitung rechtswidriger Inhalte —— 384
    4. Verbreitung pornografischer Schriften (§§ 184 ff StGB) —— 390
  III. Kommunikation im Hinblick auf Straftaten über die Medien —— 399
    1. Öffentliche Aufforderung zu Straftaten (§ 111 StGB) —— 399
    2. Anleitung zu Straftaten (§ 130a StGB) —— 401
    3. Belohnung und Billigung von Straftaten (§ 140 StGB) —— 402
    4. Exkurs: Verabredung von Straftaten über das Internet —— 403
  IV. Medien(unternehmen) als Opfer von Straftaten —— 410
    1. Die Nötigung (§ 240 StGB) – Medien als Opfer —— 410
    2. Sabotage —— 411
    3. DDoS-Attacken —— 412
  V. Sonstige Rechtsverletzungen —— 413
    1. Die unerlaubte Veranstaltung eines Glücksspiels (§ 284 StGB) —— 413
    2. Die unerlaubte Veranstaltung einer Lotterie oder einer Ausspielung (§ 287 StGB) —— 416

§ 4 Die wichtigsten medienstrafrechtlich relevanten Tatbestände des Nebenstrafrechts —— 417
    I. Das Urheberstrafrecht —— 417
        1. Die unerlaubte Verwertung urheberrechtlich geschützter Werke (§ 106 UrhG) —— 418
        2. Unerlaubte Eingriffe in verwandte Schutzrechte (§ 108 UrhG) —— 420
        3. Gewerbsmäßige unerlaubte Verwertung (§ 108a UrhG) —— 422
        4. Unerlaubte Eingriffe in technische Schutzmaßnahmen (§ 108b UrhG) —— 422
        5. „Illegale" Musiktauschbörsen im Internet —— 423
    II. § 33 KUG (Kunst-Urhebergesetz) —— 427
    III. Presserechtliche Sonderstraftatbestände und Ordnungswidrigkeiten —— 432
        1. Geltung der allgemeinen Strafgesetze —— 432
        2. Privilegierung der Presse —— 432
        3. Sondertatbestände für verantwortliche Redakteure und Verleger —— 432
        4. Presseordnungs-Vergehen —— 433
        5. Ordnungswidrigkeiten —— 434
    IV. Jugendschutzgesetz (§ 27 JuSchG) —— 435
        1. Jugendschutz und Strafrecht —— 435
        2. Die Strafvorschrift des § 27 JuSchG —— 435
        3. Der Bußgeldtatbestand des § 28 JuSchG —— 438
    V. § 44 StUG (Stasi-Unterlagen-Gesetz) —— 439
§ 5 Besonderheiten des Ordnungswidrigkeitenrechts —— 440
    I. Allgemeines zum Ordnungswidrigkeitenrecht —— 440
    II. Einzelne Tatbestände des Ordnungswidrigkeitenrechts —— 440
        1. Öffentliche Aufforderung zu Ordnungswidrigkeiten (§ 116 OWiG) —— 440
        2. Grob anstößige und belästigende Handlungen (§ 119 OWiG) —— 440
        3. Werbung für Prostitution (§ 120 OWiG) —— 441
        4. Landesrechtliche Pressegesetze —— 441
§ 6 Strafverfahrensrechtliche Besonderheiten —— 441
    I. Das Zeugnisverweigerungsrecht der Medienmitarbeiter (§ 53 Abs 1 Nr 5 StPO) —— 441
        1. Bedeutung des Zeugnisverweigerungsrechts —— 441
        2. Der geschützte Personenkreis —— 442
        3. Inhalt und Umfang des Zeugnisverweigerungsrechts —— 443
    II. Die strafprozessuale Durchsuchung, §§ 102 ff StPO —— 443
        1. Durchsuchung zur Auffindung von Beweismaterial —— 444
        2. Durchsuchung zur Auffindung von Schriften mit strafbarem Inhalt —— 445
    III. Die strafprozessuale Beschlagnahme —— 445
        1. Die strafprozessuale Beschlagnahme, §§ 94 ff StPO —— 445
        2. Die Beschlagnahme von Druckwerken gem §§ 111m, 111n StPO —— 448
    IV. Abhörmaßnahmen, Überwachung der Telekommunikation, Online-Durchsuchungen —— 448
        1. Abhörmaßnahmen und Überwachung der Telekommunikation —— 448
        2. Die Online-Durchsuchung und der virtuelle Verdeckte Ermittler —— 449
        3. Zugriff auf Bestands- und Verkehrsdaten (Vorratsdatenspeicherung) —— 450
        4. IEMI/ISMI-Catcher und Funkzellenabfragen —— 450
    V. Die Medienöffentlichkeit im Strafverfahren —— 451
        1. Der Öffentlichkeitsgrundsatz, § 169 S 1 GVG —— 451
        2. Die Beschränkung nach § 169 S 2 GVG —— 452
        3. Möglichkeit der Beschränkung nach § 176 GVG —— 454

4. Möglichkeit der Beschränkung auf der Grundlage des allgemeinen Hausrechts —— **458**
5. Die Gefahren der Medienberichterstattung für den Strafprozess —— **458**
6. Die Verwendung von Medien im Strafverfahren —— **459**
7. Exkurs: Die Medienöffentlichkeit im Ermittlungsverfahren —— **460**

Sachregister —— **463**

Abkürzungsverzeichnis

aA	anderer Ansicht
aaO	am angegebenen Ort
abl	ablehnend
ABl	Amtsblatt der Europäischen Gemeinschaft
Abs	Absatz
abw	abweichend
AbzG	Gesetz betreffend die Abzahlungsgeschäfte (Abzahlungsgesetz)
aE	am Ende
ähnl	ähnlich
AEUV	Vertrag über die Arbeitsweise der Europäischen Union
aF	alte Fassung
AfP	Archiv für Presserecht
AG	Amtsgericht; Aktiengesellschaft; Arbeitsgemeinschaft
AGB	Allgemeine Geschäftsbedingungen
AGC	Automatic Gain Control
AGICOA	Association de Gestion Internationale Collective des Œuvres Audiovisuelles
AIPPI	Association Internationale pour la Protection de la Propriété Industrielle
allg	allgemein
allg M	allgemeine Meinung
Alt	Alternative
aM	am Main
AMG	Arzneimittelgesetz
AmtlBegr	Amtliche Begründung
Anm	Anmerkung
AnwBlatt	Anwaltsblatt
AO	Abgabenordnung
AöR	Archiv des Öffentlichen Rechts
AOL	America Online
AP	Arbeitsrechtliche Praxis (Nachschlagewerk des Bundesarbeitsgerichts)
ArbG	Arbeitsgericht
ArbNErfG	Gesetz über Arbeitnehmererfindungen
ARD	Arbeitsgemeinschaft der öffentlich-rechtlichen Rundfunkanstalten der Bundesrepublik Deutschland
ARGE	Arbeitsgemeinschaft
Art	Artikel
ASCAP	American Society of Composers, Authors and Publishers (www.ascap.com)
ASCII	American Standard Code for Information Interchange
AT	Allgemeiner Teil
Aufl	Auflage
AuR	Arbeit und Recht
ausdr	ausdrücklich
ausf	ausführlich
AVA	Allgemeine Vertragsbestimmungen zum Architektenrecht
Az	Aktenzeichen
BAG	Bundesarbeitsgericht
BAGE	Entscheidungen des Bundesarbeitsgerichts
BayObLG	Bayerisches Oberstes Landesgericht
BayObLGSt	Entscheidungen des Bayerischen Oberlandesgerichts (amtliche Sammlung)
BB	Betriebs-Berater
BDS	Bund Deutscher Schriftsteller
BDSG	Bundesdatenschutzgesetz

BdÜ	Bund deutscher Übersetzer
Beck-OK	Beck'scher Online-Kommentar
BeckRS	Beck'sche Rechtsprechungssammlung (online)
Begr	Begründung
Bek	Bekanntmachung
Beschl	Beschluss
BetrVG	Betriebsverfassungsgesetz
BFF	Berufsverband Freier Fotografen und Filmgestalter
BFH	Bundesfinanzhof
BG	(Schweizerisches) Bundesgericht
BGB	Bürgerliches Gesetzbuch
BGBl	Bundesgesetzblatt
BGE	Leitentscheide des Schweizerischen Bundesgerichts
BGH	Bundesgerichtshof
BGHSt	Entscheidungen des Bundesgerichtshofes in Strafsachen
BGHZ	Entscheidungen des Bundesgerichtshofes in Zivilsachen
BIEM	Bureau International gérant les Droits de l'Enrégistrement et de la Reproduction Méchanique
BlPMZ	Blatt für Patent-, Muster- und Zeichenwesen
BKartA	Bundeskartellamt
BMJ	Bundesministerium der Justiz
BNatSchG	Bundesnaturschutzgesetz
BNotO	Bundesnotarordnung
BOS(chG)	Bühnenoberschiedsgericht
BPatG	Bundespatentgericht
BR-Drucks	Bundesrats-Drucksache
BRegE	Entwurf der Bundesregierung
BRRG	Rahmengesetz zur Vereinheitlichung des Beamtenrechts (Beamtenrechtsrahmengesetz)
BSG	Bundessozialgericht
BSHG	Bundessozialhilfegesetz
Bsp	Beispiel
bspw	beispielsweise
BT	Bundestag
BT	Besonderer Teil [hier schon Nennung von „Bundestag"]
BT-Drucks	Bundestags-Drucksache
BtMG	Betäubungsmittelgesetz
Btx	Bildschirmtext
BuB	Buch und Bibliothek
Buchst	Buchstabe
BVerfG	Bundesverfassungsgericht
BVerfGE	Entscheidungen des Bundesverfassungsgerichts
BVerfGG	Gesetz über das Bundesverfassungsgericht (Bundesverfassungsgerichtsgesetz)
BVerwG	Bundesverwaltungsgericht
BVPA	Bundesverband der Pressebild-Agenturen und Bildarchive
bzgl	bezüglich
bzw	beziehungsweise
ca	circa
CD	Compact Disk
CD-ROM	Compact Disk – Read Only Memory
CDU	Christlich Demokratische Union
CGI	Computer Generated Imaging
CGMS	Copy Generation Management System
CIS	Common Information System
CISAC	Confédération Internationale des Sociétés d'Auteurs et Compositeurs

CLIP	European Max Planck Group for Conflict of Laws in Intellectual Property
CMMV	Clearingstelle Multimedia (www.cmmv.de)
CORE	Internet Council of Registrars (www.corenic.org)
CPRM/CPPM	Content Protection for Recordable and Prerecorded Media
CR	Computer und Recht
CRi	Computer und Recht International
CSS	Content Scrambling System
CSU	Christlich Soziale Union
c't	Magazin für computertechnik
DAT	Digital Audio Tape
DB	Der Betrieb
DDos	Distributed-Denial-of-Service
DDR	Deutsche Demokratische Republik
DEFA	Deutsche Film AG (www.defa-stiftung.de)
DENIC	Domain Verwaltungs- und Betriebsgesellschaft eG (www.denic.de)
ders	derselbe
DesignG	Gesetz über den rechtlichen Schutz von Design – Designgesetz
dh	das heißt
dies	dieselbe(n)
DIN-Mitt	Mitteilungen des Deutschen Instituts für Normung e.V.
Diss	Dissertation
DJZ	Deutsche Juristenzeitung
DLR-StV	Staatsvertrag über die Körperschaft des öffentlichen Rechts „Deutschlandradio"
DMCA	Digital Millennium Copyright Act (US-Bundesgesetz)
DÖV	Die Öffentliche Verwaltung
DOI	Digital Object Identifier
Dok	Dokument
DPMA	Deutsches Patent- und Markenamt
DRiG	Deutsches Richtergesetz
DRiZ	Deutsche Richterzeitung
DRM	Digital Rights Management
DSGVO-E	Vorschlag für eine Verordnung des Europäischen Parlaments und des Rates zum Schutz natürlicher Personen bei der Verarbeitung personenbezogener Daten und zum freien Datenverkehr
DStR	Deutsches Steuerrecht
DTCP	Digital Transmission Content Protection
DtZ	Deutsch-Deutsche Rechts-Zeitschrift
DuD	Datenschutz und Datensicherheit
DVB	Digital Video Broadcasting
DVBl	Deutsches Verwaltungsblatt
DVD	Digital Versatile Disc
DVP	Deutsche Verwaltungspraxis
DZWIR	Deutsche Zeitschrift für Wirtschafts- und Insolvenzrecht
E	Entwurf
ECMS	Electronic Copyright Management System
EDV	Elektronische Datenverarbeitung
EG	Europäische Gemeinschaft
EGBGB	Einführungsgesetz zum Bürgerlichen Gesetzbuch
EGG	Gesetz über rechtliche Rahmenbedingungen für den elektronischen Geschäftsverkehr
EGMR	Europäischer Gerichtshof für Menschenrechte
EGV	Vertrag zur Gründung der Europäischen Gemeinschaft
Einf	Einführung
Einl	Einleitung

EIPR	European Intellectual Property Review
EMRK	Europäische Menschenrechtskonvention
ENTLR	Entertainment Law Review
EPA	Europäisches Patentamt
epd-medien	Evangelischer Pressedienst – Medien
EStG	Einkommensteuergesetz
etc	et cetera
EU	Europäische Union
EuFSA	Europäisches Fernsehschutzabkommen
EuG	Europäisches Gericht erster Instanz
EuGH	Europäischer Gerichtshof
EuGRZ	Europäische Grundrechte-Zeitschrift
EuGV(V)O	Verordnung (EG) Nr. 44/2001 des Rates über die gerichtliche Zuständigkeit und die Anerkennung und Vollstreckung von Entscheidungen in Zivil- und Handelssachen
EuGVÜ	Europäisches Gerichtsstands- und Vollstreckungsübereinkommen
EUPL	European Union Public Licence
EuZW	Europäische Zeitschrift für Wirtschaftsrecht
EV	einstweilige Verfügung
EVertr	Einigungsvertrag
EWG	Europäische Wirtschaftsgemeinschaft, jetzt EG
EWiR	Entscheidungen zum Wirtschaftsrecht
EWR	Europäischer Wirtschaftsraum
EWS	Europäisches Wirtschafts- und Steuerrecht
f	folgende
FDGewRS	Fachdienst Gewerblicher Rechtsschutz
FDP	Freie Demokratische Partei
ff	folgende
FFG	Gesetz über Maßnahmen zur Förderung des deutschen Films (Filmförderungsgesetz)
FIDE	Féderation Internationale pour le droit Européen
FinG	Finanzgericht
Fn	Fußnote
FS	Festschrift
FSK	Freiwillige Selbstkontrolle der deutschen Filmwirtschaft
FTP	File Transfer Protocol
FuR	Film und Recht
GA	Goltdammer's Archiv für Strafrecht
GATT	General Agreement on Tariffs and Trade
GAU	Größter anzunehmender Unfall
GBl	Gesetzblatt (der DDR)
GebrMG	Gebrauchsmustergesetz
gem	gemäß
GEMA	Gesellschaft für musikalische Aufführungs- und mechanische Vervielfältigungsrechte (www.gema.de)
GeschmMG	Geschmacksmustergesetz
GewArch	Gewerbearchiv
GewO	Gewerbeordnung
GewStG	Gewerbesteuergesetz
GG	Grundgesetz
ggf, ggfs	gegebenenfalls
GGV	Gemeinschaftsgeschmacksmusterverordnung
gif	Graphic Interchange Format (Format für Bilddateien)
GjSM	Gesetz über die Verbreitung jugendgefährdender Schriften und Medieninhalte
GmbH	Gesellschaft mit beschränkter Haftung

GMBl	Gemeinsames Ministerialblatt
GNU	GNU's Not Unix
GPL	GNU General Public License
GPRS	General Packet Radio Service
grds	grundsätzlich
GRUR	Gewerblicher Rechtsschutz und Urheberrecht
GRUR Int	Gewerblicher Rechtsschutz und Urheberrecht International
GRUR-RR	Gewerblicher Rechtsschutz und Urheberrecht Rechtsprechungs-Report
GrZS	Großer Senat für Zivilsachen
GTA	Genfer Tonträgerabkommen
GÜFA	Gesellschaft zur Übernahme und Wahrnehmung von Filmaufführungsrechten (www.guefa.de)
GÜG	Gesetz zur Überwachung des Verkehrs mit Grundstoffen, die für die unerlaubte Herstellung von Betäubungsmitteln missbraucht werden
GVBl	Gesetz- und Verordnungsblatt
GVG	Gerichtsverfassungsgesetz
GVL	Gesellschaft zur Verwertung von Leistungsschutzrechten (www.gvl.de)
GWB	Gesetz gegen Wettbewerbsbeschränkungen
GWFF	Gesellschaft zur Wahrnehmung von Film- und Fernsehrechten (www.gwff.de)
Halbbd	Halbband
HalblSchG	Gesetz über den Schutz der Topographien von mikroelektronischen Halbleitererzeugnissen (Halbleiterschutzgesetz)
HandwO	Handwerksordnung
HansOLG	Hanseatisches Oberlandesgericht
HauptB	Hauptband
Hdb	Handbuch
HDCP	High-bandwidth Digital Content Protection
HDR	High Dynamic Range
HGB	Handelsgesetzbuch
hL	herrschende Lehre
hM	herrschende Meinung
HRRS	Höchstrichterliche Rechtsprechung in Strafsachen (www.hrr-strafrecht.de)
Hrsg	Herausgeber
HS	Halbsatz
Hs	Halbsatz
HWG	Gesetz über die Werbung auf dem Gebiete des Heilwesens - Heilmittelwerbegesetz
iBr	im Breisgau
ICANN	Internet Corporation for Assigned Names and Numbers (www.icann.org)
idF	in der Fassung
idR	in der Regel
idS	in diesem Sinne
iE	im Ergebnis
IEMI	International Mobile Station Equipment Identity
IFPI	International Federation of the Phonographic Industry (www.ifpi.org)
IIC	International Review of Industrial Property and Copyright Law
IMHV	Interessengemeinschaft Musikwissenschaftlicher Herausgeber und Verleger (Gründungsname v. 1.3.1966 der heutigen VG Musikedition)
IMSI	International Mobile Subscriber Identity
insb	insbesondere
InstGE	Entscheidungen der Instanzgerichte zum Recht des geistigen Eigentums
IPQ	Intellectual Property Quaterly
IPR	Internationales Privatrecht
IPRax	Praxis des Internationalen Privat- und Verfahrensrechts

iSd	im Sinne des/der
ISO	International Standards Organization
iSv	im Sinne von
IT	Informationstechnologie
ITRB	Der IT-Rechtsberater
ITU	International Telecommunication Union
IuKDG	Informations- und Kommunikationsdienste-Gesetz
IuR	Informatik und Recht
iVm	in Verbindung mit
JA	Juristische Arbeitsblätter
IGG	Jugendgerichtsgesetz
JMStV	Jugendmedienschutz-Staatsvertrag
jpg	Dateinamenerweiterung von Bilddateien im Format JPEG, benannt nach der Joint Photographic Experts Group der ITU und der ISO
JR	Juristische Rundschau
Jura	Juristische Ausbildung
jurisPR-WettbR	juris PraxisReport Wettbewerbs- und Immaterialgüterrecht
jurisPT-ITR	juris PraxisReport IT-Recht
JurPC	Internet-Zeitschrift für Rechtsinformatik und Informationsrecht
JuS	Juristische Schulung
JuSchG	Jugendschutzgesetz
JVEG	Gesetz über die Vergütung von Sachverständigen, Dolmetscherinnen, Dolmetschern, Übersetzerinnen und Übersetzern sowie die Entschädigung von ehrenamtlichen Richterinnen, ehrenamtlichen Richtern, Zeuginnen, Zeugen und Dritten (Justizvergütungs- und -entschädigungsgesetz)
JW	Juristische Wochenschrift
JZ	Juristenzeitung
Kap	Kapitel
KG	Kammergericht; Kommanditgesellschaft
KJ	Kritische Justiz
KK	Karlsruher Kommentar
Kriminalistik	Kriminalistik – Unabhängige Zeitschrift für die kriminalistische Wissenschaft und Praxis
krit	kritisch
kritV	Kritische Vierteljahresschrift für Gesetzgebung und Rechtswissenschaft
KSVG	Gesetz über die Sozialversicherung der selbständigen Künstler und Publizisten (Künstlersozialversicherungsgesetz)
KUG	Gesetz betreffend das Urheberrecht an Werken der bildenden Künste und der Photographie (Kunsturhebergesetz)
KUR	Kunstrecht und Urheberrecht
K&R	Kommunikation und Recht
KWG	Gesetz über das Kreditwesen (Kreditwesengesetz)
KWKG	Kriegswaffenkontrollgesetz
LAG	Landesarbeitsgericht
LAN	Local Area Network
LG	Landgericht; (in Österreich:) Landesgericht
LGPL	GNU Lesser General Public License
lit	litera (Buchstabe)
LK	Leipziger Kommentar
LM	Lindenmaier/Möhring, Nachschlagewerk des Bundesgerichtshofes
LMG	Landesmediengesetz
LotterieVO	Lotterieverordnung
LPG	Landespressegesetz

LS	Leitsatz
LuftSiG	Luftsicherheitsgesetz
LuftVG	Luftverkehrsgesetz
LuftVO	Luftsverkehrs-Ordnung
LUG	Gesetz betreffend das Urheberrecht an Werken der Literatur und der Tonkunst (Literatururhebergesetz)
LZ	Leipziger Zeitschrift für Deutsches Recht
MA	Der Markenartikel
MarkenG	Gesetz über den Schutz von Marken und sonstigen Kennzeichen (Markengesetz)
MarkenR	Zeitschrift für deutsches, europäisches und internationales Markenrecht
MDR	Monatsschrift für Deutsches Recht
MDStV	Mediendienste-Staatsvertrag
MFM	Mittelstandsgemeinschaft Foto-Marketing
Mio	Million
MIR	Medien Internet und Recht
Mitt	Mitteilungen (der deutschen Patentanwälte)
MMA	Madrider Markenrechtsabkommen
MMR	Multimedia und Recht, Zeitschrift für Informations-, Telekommunikations- und Medienrecht
mp3	Dateinamenerweiterung für bestimmte mpeg-Tondateien
mpeg	Komprimierungsstandard für digitale Bewegtbilder und Toninformationen, benannt nach der Moving Pictures Experts Group der ISO
MPL	Mozilla Public License
MR-Int	Medien und Recht international
MRK	Europäische Menschenrechtskonvention
MünchKommBGB	Münchener Kommentar zum BGB
mwN	mit weiteren Nachweisen
Nachw	Nachweise
nF	neue Fassung
NJ	Neue Justiz
NJOZ	Neue Juristische Online-Zeitschrift
NJW	Neue Juristische Wochenschrift
NJW-CoR	NJW-Computerreport
NJW-RR	NJW-Rechtsprechungs-Report Zivilrecht
NJWE-WettbR	NJW-Entscheidungsdienst Wettbewerbsrecht (jetzt GRUR-RR)
NK	Nomos Kommentar
n rkr	nicht rechtskräftig
NStZ	Neue Zeitschrift für Strafrecht
NStZ-RR	Neue Zeitschrift für Strafrecht – Rechtsprechungsreport
NSU	Nationalsozialistischer Untergrund
NV	Normalvertrag
NVwZ	Neue Zeitschrift für Verwaltungsrecht
NW	Nordrhein-Westfälische
NZA	Neue Zeitschrift für Arbeitsrecht
NZM	Neue Zeitschrift für Miet- und Wohnungsrecht
ÖBGBl	Österreichisches Bundesgesetzblatt
ÖBl	Österreichische Blätter für gewerblichen Rechtsschutz und Urheberrecht
ÖJZ	Österreichische Juristenzeitung
ÖSGRUM	Österreichische Schriftenreihe zum Gewerblichen Rechtsschutz, Urheber- und Medienrecht

öUrhG	(österreichisches) Bundesgesetz über das Urheberrecht an Werken der Literatur und der Kunst und über verwandte Schutzrechte (Urheberrechtsgesetz)
OGH	Oberster Gerichtshof (Wien)
OLG	Oberlandesgericht
OLGZ	Entscheidungen der Oberlandesgerichte in Zivilsachen
OMPI	Organisation Mondiale de la Propriété Intellectuelle
OPAC	Online Public Access Catalogue
OVG	Oberverwaltungsgericht
OWiG	Gesetz über Ordnungswidrigkeiten
PatG	Patentgesetz
PDA	Personal Digital Assistant
pdf	portable document format
PGP	Pretty Good Privacy
php	PHP: Hypertext Preprocessor
PIN	Personal Identification Number
PIN	Persönliche Identifikationsnummer
pma	post mortem auctoris
PR	Public Relations
PrPG	Gesetz zur Stärkung des Schutzes des geistigen Eigentums und zur Bekämpfung der Produktpiraterie
PVÜ	Pariser Verbandsübereinkunft zum Schutz des gewerblichen Eigentums
RA	Rom-Abkommen
RabelsZ	Zeitschrift für ausländisches und internationales Privatrecht
RÄStV	Rundfunkänderungs-Staatsvertrag
RAF	Rote Armee Fraktion
RBÜ	Revidierte Berner Übereinkunft zum Schutz von Werken der Literatur und der Kunst
RdA	Recht der Arbeit
RDV	Recht der Datenverarbeitung
RefE	Referentenentwurf
RegE	Regierungsentwurf
RG	Reichsgericht
RGBl	Reichsgesetzblatt
RGSt	Entscheidungen des Reichsgerichts in Strafsachen
RGZ	Entscheidungen des Reichsgerichts in Zivilsachen
RIAA	Recording Industry Association of America
RIDA	Revue Internationale du Droit d'Auteur
RiStBV	Richtlinien für das Strafverfahren und das Bußgeldverfahren
RIW	Recht der Internationalen Wirtschaft
RL	Richtlinie
Rn	Randnummer
Rspr	Rechtsprechung
RStV	Rundfunk-Staatsvertrag
RzU	E. Schulze (Hg), Rechtsprechung zum Urheberrecht
S	Seite, Satz
s	siehe
SACEM	Société des Auteurs, Compositeurs et Éditeurs de Musique (www.sacem.fr)
SatÜ	Brüsseler Satellitenübereinkommen
SchSt	Schiedsstelle nach dem Gesetz über die Wahrnehmung von Urheberrechten und verwandten Schutzrechten
Schulze LGZ	Rechtsprechung zum Urheberrecht, Entscheidungssammlung Landgerichte
SchwZStR	Schweizerische Zeitschrift für Strafrecht
SCMS	Serial Copyright Management System

SDÜ	Schengener Durchführungsübereinkommen
SGB III	Sozialgesetzbuch Drittes Buch
SigG	Gesetz zur digitalen Signatur (Signaturgesetz)
SJZ	Süddeutsche Juristenzeitung
SK	Systematischer Kommentar
SMI	Schweizerische Mitteilungen zum Immaterialgüterrecht
so	siehe oben
sog	so genannte(r/s)
SortenSchG	Sortenschutzgesetz
SPD	Sozialdemokratische Partei Deutschlands
SprengG	Sprengstoffgesetz
SpuRt	Zeitschrift für Sport und Recht
SSW	Satzger/Schluckebier/Widmaier
STAGMA	Staatlich genehmigte Gesellschaft zur Verwertung musikalischer Urheberrechte
StGB	Strafgesetzbuch
StPO	Strafprozessordnung
str	strittig
StrÄndG	Strafrechtsänderungsgesetz
StraFo	Strafverteidiger Forum
stRspr	ständige Rechtsprechung
StUG	Stasi-Unterlagengesetz
StV	Staatsvertrag
StV	Strafverteidiger [hier schon Nennung „Staatsvertrag"]
su	siehe unter/unten
TCPA	Trusted Computing Platform Alliance
TDG	Gesetz über die Nutzung von Telediensten (Teledienstegesetz)
ThürOVG	Thüringer Oberverwaltungsgericht
TKG	Telekommunikationsgesetz
TKMR	Telekommunikations- & Medienrecht
TMG	Telemediengesetz
TRIPS	WTO-Übereinkommen über handelsbezogene Aspekte der Rechte des geistigen Eigentums
TV	Tarifvertrag; Television
TVG	Tarifvertragsgesetz
Tz	Textziffer
ua	unter anderem
uä	und ähnliches
UFITA	Archiv für Urheber-, Film-, Funk- und Theaterrecht
UKlaG	Gesetz über Unterlassungsklagen bei Verbraucherrechts- und anderen Verstößen (Unterlassungsklagengesetz)
UMTS	Universal Mobile Telecommunications System
UmwG	Umwandlungsgesetz
URG	Urheberrechtsgesetz (der DDR)
UrhG	Gesetz über Urheberrecht und verwandte Schutzrechte (Urheberrechtsgesetz)
UrhGÄndG	Gesetz zur Änderung des Urheberrechtsgesetzes
Urt	Urteil
USA	Vereinigte Staaten von Amerika
USB	Universal Seria Bus
UStG	Umsatzsteuergesetz
UWG	Gesetz gegen den unlauteren Wettbewerb
v	vom/von
Var	Variante

VerlG	Gesetz über das Verlagsrecht
VersammlG	Versammlungsgesetz
VersG	Gesetz über Versammlungen und Aufzüge (Versammlungsgesetz)
VFF	Verwertungsgesellschaft der Film- und Fernsehproduzenten (www.vffvg.de)
VG	Verwertungsgesellschaft; Verwaltungsgericht
VG Bild-Kunst	Verwertungsgesellschaft Bild-Kunst (www.bildkunst.de)
VG Media	Gesellschaft zur Verwertung der Urheber- und Leistungsschutzrechte von Medienunternehmen mbH
VG Musikedition	Verwertungsgesellschaft zur Wahrnehmung von Nutzungsrechten an Editionen (Ausgaben) von Musikwerken (www.vg-musikedition.de)
VG Satellit	Gesellschaft zur Verwertung der Leistungsschutzrechte von Sendeunternehmen
VG WORT	Verwertungsgesellschaft der Wortautoren (www.vgwort.de)
VGF	Verwertungsgesellschaft für Nutzungsrechte an Filmwerken
vgl	vergleiche
VO	Verordnung
Vorbem	Vorbemerkung
VPRT	Verband Privater Rundfunk und Telemedien
VS	Verband deutscher Schriftsteller
WaffG	Waffengesetz
WahrnG	Gesetz über die Wahrnehmung von Urheberrechten und verwandten Schutzrechten (Urheberrechtswahrnehmungsgesetz)
WAN	Wide Area Network
WAP	Wireless Application Protocol
WCT	WIPO Copyright Treaty
WIPO	World Intellectual Property Organization (www.wipo.org)
wistra	Zeitschrift für Wirtschaft, Steuer, Strafrecht
W-Lan	Wireless Local Area Network
WM	Wertpapier-Mitteilungen
WpHG	Wertpapierhandelsgesetz
WPPT	WIPO Performances and Phonograms Treaty
WRP	Wettbewerb in Recht und Praxis
WRV	Weimarer Reichtsverfassung
WTO	World Trade Organization (www.wto.org)
WUA	Welturheberrechtsabkommen
WuW	Wirtschaft und Wettbewerb
XML	Extensible Markup Language
zB	zum Beispiel
ZBR	Zeitschrift für Beamtenrecht
ZBT	Zentralstelle Bibliothekstantieme
ZD	Zeitschrift für Datenschutz
ZDF	Zweites Deutsches Fernsehen
ZEuP	Zeitschrift für Europäisches Privatrecht
ZfBR	Zeitschrift für deutsches und internationales Bau- und Vergaberecht
ZFS	Zentralstelle Fotokopieren an Schulen
ZfZ	Zeitschrift für Zölle
ZG	Zeitschrift für Gesetzgebung
ZGR	Zeitschrift für Unternehmens- und Gesellschaftsrecht
ZHR	Zeitschrift für das gesamte Handels- und Wirtschaftsrecht
ZIP	Zeitschrift für Wirtschaftsrecht
ZIS	Zeitschrift für internationale Strafrechtsdogmatik (www.zis-online.com)
zit	zitiert
ZJS	Zeitschrift für das Juristische Studium (www.zjs-online.com)

ZKDSG	Gesetz über den Schutz von zugangskontrollierten Diensten und von Zugangskontrolldiensten (Zugangskontrolldiensteschutzgesetz)
ZPO	Zivilprozessordnung
ZPÜ	Zentralstelle für private Überspielungsrechte
ZRP	Zeitschrift für Rechtspolitik
ZS	Zivilsenat
ZSEG	Gesetz über die Entschädigung von Zeugen und Sachverständigen (Zeugen- und Sachverständigen-Entschädigungsgesetz)
ZSR NF	Zeitschrift für Schweizerisches Recht – Neue Folge
ZStW	Zeitschrift für die gesamte Strafrechtswissenschaft
ZUM	Zeitschrift für Urheber- und Medienrecht
ZUM-RD	Rechtsprechungsdienst der ZUM
zust	zustimmend
ZVV	Zentralstelle Videovermietung
ZZP	Zeitschrift für Zivilprozess

Verzeichnis der Bearbeiter

Rechtsanwältin Dr. **Sabine Boksanyi**, Fachanwältin für Urheber- und Medienrecht, München
Rechtsanwalt Professor Dr. **Oliver Castendyk**, MSc. (LSE), Berlin
Rechtsanwalt Dr. **Ilja Czernik**, Fachanwalt für gewerblichen Rechtsschutz, SKW Schwarz Rechtsanwälte, Berlin, Lehrbeauftragter an der Esmod Berlin Internationale Kunsthochschule für Mode
Rechtsanwältin Dr. **Claire Dietz**, LL.M. (Fordham University), Taylor Wessing Partnerschaftsgesellschaft, Berlin
Rechtsanwalt Dr. **Jan Ehrhardt**, Rechtsanwalt und Justiziar, Berlin
Rechtsanwalt Dr. **Soenke Fock**, LL.M., Fachanwalt für gewerblichen Rechtsschutz, Wildanger Kehrwald Graf v. Schwerin & Partner mbB Rechtsanwälte, Düsseldorf
Alexander Frisch, Richter, Berlin
Hon. Professor **Hans Joachim von Gottberg**, Freiwillige Selbstkontrolle Fernsehen e.V., Berlin
Rechtsanwalt **Matthias Hartmann**, Fachanwalt für Informationstechnologierecht, HK2 Rechtsanwälte, Berlin, Lehrbeauftragter der Europa-Universität Viadrina Frankfurt (Oder)
Professor Dr. **Bernd Heinrich**, Humboldt-Universität zu Berlin
Rechtsanwalt Dr. **Thomas Tobias Hennig**, LL.M., Orth Kluth Rechtsanwälte, Berlin
Rechtsanwalt **Florian Hensel**, Fachanwalt für Urheber- und Medienrecht, SKW Schwarz Rechtsanwälte, München
Rechtsanwalt Dr. **Ulrich Hildebrandt**, Lubberger Lehment, Berlin, Lehrbeauftragter der Heinrich-Heine-Universität, Düsseldorf
Professor Dr. **Thomas Hoeren**, Westfälische Wilhelms-Universität Münster
Rechtsanwalt Dr. **Ole Jani**, CMS Hasche Sigle, Berlin
Rechtsanwalt Dr. **Michael Kauert**, Heither & von Morgen – Partnerschaft von Rechtsanwälten, Berlin
Rechtsanwalt Dr. **Volker Kitz**, LL.M. (New York University), München
Rechtsanwalt Dr. **Alexander R. Klett**, LL.M. (Iowa), Reed Smith LLP, München
Rechtsanwalt **Philipp Koehler**, Taylor Wessing, München, Lehrbeauftragter an der Ludwig-Maximilians-Universität München
Dr. **Gregor Kutzschbach**, Bundesministerium des Innern, Berlin
Rechtsanwältin **Andrea Kyre**, LL.M., General Counsel bei Visual Meta GmbH, ein Unternehmen der Axel Springer SE Digital, Berlin
Rechtsanwalt Dr. **Wolfgang Maaßen**, Fachanwalt für Urheber- und Medienrecht, Justiziar des BFF Berufsverband Freie Fotografen und Filmgestalter, Düsseldorf
Rechtsanwalt Professor Dr. **Ferdinand Melichar**, Grub Brugger, München
Professor Dr. **Ulf Müller**, Fachhochschule Schmalkalden
Dr. **Maja Murza**, LL.M., Rechtsreferentin, Berlin
Rechtsanwältin Dr. **Claudia Ohst**, Berlin, Fachanwältin für Informationstechnologierecht, Lehrbeauftragte der Humboldt-Universität zu Berlin
Rechtsanwalt Professor Dr. **Stephan Ory**, Püttlingen, Honorarprofessor der Universität des Saarlandes, Vorsitzender des Medienrates der Landesmedienanstalt Saarland
Rechtsanwalt Dr. **Jan Pohle**, DLA Piper UK LLP, Köln, Lehrbeauftragter der Carl-von-Ossietzky-Universität Oldenburg sowie der Humboldt-Universität Berlin
Rechtsanwalt Dr. **Cornelius Renner**, LOH Rechtsanwälte, Berlin, Fachanwalt für Urheber- und Medienrecht, Fachanwalt für gewerblichen Rechtsschutz, Lehrbeauftragter an der Humboldt-Universität zu Berlin
Professor Dr. **Sebastian Schunke**, Professor für privates Wirtschaftsrecht, Hochschule für Wirtschaft und Recht, Berlin
Rechtsanwalt Dr. **Axel von Walter**, München, Fachanwalt für Urheber- und Medienrecht, Lehrbeauftragter an der Ludwig-Maximilians-Universität München
Professor Dr. **Artur-Axel Wandtke**, em. o. Professor der Humboldt-Universität zu Berlin
Rechtsanwalt Dr. **Bernd Weichhaus**, LL.M., Lubberger Lehment, Berlin
Rechtsanwalt Dr. **Marcus von Welser**, LL.M., München, Fachanwalt für gewerblichen Rechtsschutz, Lehrbeauftragter an der Humboldt-Universität zu Berlin
Rechtsanwalt **Jan Witzmann**, Justiziar, Berlin
Rechtsanwältin Dr. **Kirsten-Inger Wöhrn**, Berwin Leighton Paisner (Germany) LLP, Berlin

Kapitel 1
Presserecht

Literatur
Bullinger Bedeutungsverlust der Pressefreiheit? AfP 2007, 21 (Sonderheft); *Brüning* Der Schutz der Pressefreiheit im Straf- und Strafprozessrecht – Anmerkungen zum Urteil des BVerfG wistra 2007, 177; *v Coelln* Unterlassungsanspruch eines Straftäters gegen identifizierende Artikel jurisPR-ITR 8/2007 Anm 3 (online); *Dolzer/Vogel/Graßhof* (Hrsg) Bonner Kommentar zum Grundgesetz, Stand 148. Aktualisierung, Heidelberg 2010; *Dreier* Grundgesetz-Kommentar, 3. Aufl Tübingen 2013; *Fechner* Entscheidungen zum Medienrecht, Stuttgart 2007; *ders* Medienrecht, 13. Aufl Tübingen 2012; *Gaede* Neuere Ansätze zum Schutz der Pressefreiheit beim „Geheimnisverrat durch Journalisten" AfP 2007, 410; *Feldmann* Berichterstattung über das Privat- und Alltagsleben prominenter Personen jurisPR-ITR 8/2008 Anm 2 lit D (online); *Gas* Die Variantenlehre des BVerfG bei mehrdeutigen Äußerungen: Vereinheitlichung ja, Aufgabe nein! AfP 2006, 428; *Gas/Körner* Mit wahren Worten das Falsche sagen – zugleich Besprechung der Entscheidung des BVerfG – 1 BvR 1060/02 vom 24.5.2006 AfP 2007, 17; *Helle* „Variantenlehre" und Mehrdeutigkeit der verletzenden Äußerung AfP 2006, 110; *Himmelsbach* Rechtsprobleme bei Namensnennung verurteilter Straftäter im Internet K&R 2012, 82; *Hochhuth* Kein Grundrecht auf üble Nachrede – Der Stolpe-Beschluss des BVerfG schützt das Personal der Demokratie NJW 2006, 189; *ders* Schatten über der Meinungsfreiheit – Der „Babycaust"-Beschluss des BVerfG bricht mit der „Vermutung für die Zulässigkeit der freien Rede" NJW 2007, 192; *Jarass/Pieroth* Kommentar zum Grundgesetz, 12. Aufl München 2012; *Libertus* Persönlichkeitsrechtliche Aspekte der Berichterstattung über ehemalige Stasi-Mitarbeiter sowie der Beweiswert der SIRA- und Rosenholz-Dateien ZUM 2010, 221; *Löffler* Presserecht, 5. Aufl München 2006; *Ricker/Weberling* Handbuch des Presserechts, 6. Aufl München 2012; *Mann* Werbung auf CD-ROM-Produkten mit redaktionellem Inhalt NJW 1996, 1241; *Molle* Die Verdachtsberichterstattung ZUM 2010, 331; *Musiol* BVerfG Urteil vom 27.2.2007 – 1 BvR 538/06, 1 BvR 2045/06 (Anm) Beck-Online Fachdienst gewerblicher Rechtsschutz (FD-GewRS) 2007, 218348; *Nieland* Störerhaftung bei Meinungsforen im Internet – Nachträgliche Löschungspflicht oder Pflicht zur Eingangskontrolle? NJW 2010, 1494; *Ruttig* Damit das Internet vergisst – Online-Archive und das Recht verurteilter Straftäter auf Beseitigung ihrer Namensnennung jedenfalls nach Verbüßung der Strafe AfP 2013, 372; *Sachs* Grundgesetz-Kommentar, 6. Aufl München 2011; *Sajuntz* Die Entwicklung des Presse- und Äußerungsrechts in den Jahren 2008 bis 2010 NJW 2010, 2992; *ders* Die Entwicklung des Presse- und Äußerungsrechts in den Jahren 2010 bis 2012 NJW 2012, 3761; *Schmidt-De Caluwe* Pressefreiheit und Beihilfe zum Geheimnisverrat iSd § 353b StGB – Der Fall „Cicero" und die Entscheidung des BVerfG NVwZ 2007, 640; *Seelmann-Eggebert* Im Zweifel gegen die Meinungsfreiheit? AfP 2007, 86; *Seitz/Schmidt* Der Gegendarstellungsanpruch, 4. Aufl München 2010; *Seyfarth* Der Einfluß des Verfassungsrechts auf zivilrechtliche Ehrschutzklagen NJW 1999, 1287; *Soehring/Hoehne* Presserecht, 5. Aufl Köln 2013; *Starke* Informantenschutz zwischen Pressefreiheit und staatlichem Strafverfolgungsinteresse AfP 2007, 91; *Teubel* Unterlassungsanspruch bei mehrdeutigen Äußerungen und zweifelhaftem Wahrheitsgehalt – Kritische Anmerkung zu BVerfG, 1 BvR 1696/98 v 25.10.2005 – „IM-Sekretär" Stolpe AfP 2006, 20; *Verweyen/Schulz* Update: Die neue Rechtsprechung zu den „Onlinearchiven" AfP 2012, 442; *v Pentz* Neuste Rechtsprechung des VI. Zivilsenats zum Medien- und Persönlichkeitsrecht AfP 2013, 20; *Wandtke/Bullinger* Praxiskommentar zum Urheberrecht, 3. Aufl München 2009; *Wenzel* Das Recht der Wort- und Bildberichterstattung, 5. Aufl Stuttgart 2003; *Zöller* Kommentar zur ZPO, 30. Aufl Köln 2014.

Übersicht
- § 1 Presse und Presserecht im Wandel —— 1
  - I. Das Presserecht —— 1
  - II. Die Presse —— 8
    1. Einfachgesetzlicher Pressebegriff —— 9
    2. Verfassungsrechtlicher Pressebegriff —— 14
  - III. Die Pressefreiheit —— 16
    1. Träger der Pressefreiheit —— 17
    2. Inhalt der Pressefreiheit —— 18
    3. Öffentliche Aufgabe der Presse —— 21
    4. Hervorzuhebende Entwicklungen in der Rechtsprechung —— 24
      a) Stärkung der Pressefreiheit durch „Cicero" —— 25
      b) Schwächung der Pressefreiheit durch „Caroline I" und darauffolgende Entwicklung der Rechtsprechung —— 35
- § 2 Grundlegende presserechtliche Ansprüche im Überblick —— 45
  - I. Unterlassung —— 45
  - II. Gegendarstellung —— 54
  - III. Widerruf —— 60
  - IV. Zahlungsansprüche —— 68

§ 3 **Tatsachen und Meinungen** —— 76
I. Tatsachen —— 79
 1. Unwahre Tatsachen —— 80
 2. Verschwiegene Tatsachen —— 82
 3. Gerüchte —— 84
 4. Fragen —— 87
 5. Zitate —— 91
 6. Innere Tatsachen —— 94
 7. Beweislast —— 96
II. Meinungen —— 99
 1. Schutz der Meinungsfreiheit —— 99
 2. Schmähkritik —— 102
 3. Politischer Meinungskampf —— 107
III. Abgrenzungsproblematik —— 110
 1. Die „Terroristentochter" —— 112
 2. Die „Busenmacher-Witwe" —— 120
 3. Das „Tätervolk" —— 123

§ 4 **Mehrdeutige Aussagen** —— 128
I. Rechtliche Situation vor „Stolpe" und „Babycaust" —— 128
II. Die Stolpe-Entscheidung —— 131
 1. Die Entscheidung —— 131
 2. Stellungnahme —— 137
  a) Keine Einschüchterungswirkung von Unterlassungsansprüchen —— 138
  b) Bloße Verpflichtung zur Offenlegung von Recherche-Unsicherheiten —— 140
III. Die Babycaust-Entscheidung —— 143
 1. Die Entscheidung —— 143
 2. Stellungnahme —— 151

IV. Übertragbarkeit auf Widerruf und Gegendarstellung —— 155

§ 5 **Identifizierende Berichterstattung/ Namensnennung** —— 159
I. Grundsätzliches —— 159
II. Identifizierbarkeit —— 164
III. Namensnennung von Beteiligten am Wirtschaftsleben —— 168
IV. Vorfälle mit politischem Hintergrund —— 170
V. Namentliche Nennung von Straftätern —— 174
VI. Zeitliche Grenze —— 178
VII. Löschungspflicht für Online-Archive? —— 180
VIII. Sonderfall: RAF —— 185

§ 6 **Verdachtsberichterstattung** —— 189
I. Grundkonflikt —— 189
II. Berichterstattungen über behördliche Ermittlungs- oder Gerichtsverfahren —— 192
 1. Erstattung einer Strafanzeige —— 193
 2. Staatsanwaltschaftliches Ermittlungsverfahren —— 194
 3. Klageerhebung —— 203
 4. Erfolgte Verurteilung —— 204
III. Berichte über selbstrecherchierte Sachverhalte —— 205

§ 7 **Aussagen Dritter** —— 211
I. Zueigenmachung und Distanzierung —— 211
II. Interviews —— 219
III. Markt der Meinungen —— 223

§ 1
Presse und Presserecht im Wandel

I. Das Presserecht

1 Während bei den modernen Medien die rechtlichen Regelungen der technischen Entwicklung oft hinterherhinken, verfügt das Presserecht über eine lange Tradition.[1]

2 Ausgangspunkt des Presserechts ist die Garantie der Pressefreiheit gem **Art 5 Abs 1 GG**. Dort steht die Pressefreiheit gleichberechtigt neben den beiden weiteren Verfassungsgarantien der Rundfunk- und Filmfreiheit. Diese Freiheiten werden ergänzt durch die Meinungs- und Informationsfreiheit sowie durch das Zensurverbot.[2] Sie finden ihre Grenzen gem Art 5 Abs 2 GG in den allgemeinen Gesetzen, den gesetzlichen Bestimmungen zum Jugendschutz sowie dem Recht der persönlichen Ehre.[3]

---

[1] Zur Geschichte des Presserechts *Ricker/Weberling* Kap 4; Überblick in *Fechner* Medienrecht Kap 8 Rn 6 ff.
[2] Sachs/*Bethge* Art 5 GG Rn 16.
[3] Zur Schrankenregelung des Art 5 Abs 2 *Jarass*/Pieroth Art 5 GG Rn 55 ff; zu den Schranken aus kollidierendem Verfassungsrecht, Art 5 Rn 65 ff.

Das hierauf aufbauende **einfachgesetzliche Presserecht** ist keine klar umrissene Materie. 3
In der Regel wird zwischen einem weiten und einem engen Begriff des Presserechts unterschieden. Zum **Presserecht im weiten Sinne** gehören alle Vorschriften, die im Bereich der Presse – aber eben nicht nur dort – eine Rolle spielen. Dies sind neben den Regeln des allgemeinen Zivil- und Strafrechts bspw auch Vorschriften aus dem Urheberrecht, dem Wettbewerbsrecht, dem Kartellrecht und dem Arbeitsrecht.[4] So weitgehend soll der Begriff des Presserechts nachfolgend allerdings nicht verstanden werden.

Das **Presserecht im engen Sinne** beschränkt sich auf diejenigen Regelungen, die sich unmittelbar auf die Presse beziehen und die Rechte und Pflichten der Presse unter Berücksichtigung ihrer öffentlichen Aufgabe regeln.[5] 4

In erster Linie sind dies die **Landespressegesetze der einzelnen Bundesländer**. Diese im 5
Wesentlichen inhaltsgleichen Gesetze definieren die einzelnen Rechte und Pflichten der Presse. So gewähren sie der Presse zB ein gesetzliches Auskunftsrecht gegenüber Behörden, verpflichten sie aber auch zu journalistischer Sorgfalt und wahrheitsgemäßer Berichterstattung. Daneben enthalten die Landespressegesetze ordnungspolitische Grundpfeiler der Presse wie die Impressumspflicht, das Erfordernis einen verantwortlichen Redakteur zu bestellen und das redaktionelle Trennungsgebot bzw die Pflicht kommerzielle Anzeigen entsprechend zu kennzeichnen.[6]

Neben den Landespressegesetzen soll nachfolgend zum Presserecht im engen Sinne auch 6
derjenige Rechtsbereich gerechnet werden, der sich in den letzten Jahren und Jahrzehnten im Wege des sog **case law** in der deutschen und europäischen Rechtsprechung herausgebildet hat. Dieser Bereich umfasst einen bunten Strauß pressespezifischer Einzelfragen, die von der Zulässigkeit von Bildveröffentlichungen von Personen aus dem Bereich der Zeitgeschichte über Fragen zulässiger Verdachtsberichterstattung bis hin zu den Grenzen zulässiger Meinungsäußerungen im politischen Umfeld reichen. Eine umfassende Aufzählung dieser sehr umfangreichen Fragenkomplexe ist an dieser Stelle nicht möglich. Wesentlich ist aber, dass es in der Rechtsprechung zum Presserecht in erster Linie immer wieder um die einzelfallbezogene Abwägung der Pressefreiheit und der öffentlichen Aufgabe der Presse einerseits mit dem allgemeinen Persönlichkeitsrecht des von der Berichterstattung Betroffenen andererseits geht. Auch und vor allem dieses case law soll nachfolgend als Presserecht im engen Sinne untersucht werden.

Das Presserecht ist somit nicht mehr und nicht weniger als das gesetzte und gesprochene 7
Recht, das den Bereich der Presse regelt. Damit wird eine Definition der Presse erforderlich. Was umfasst der Begriff der „Presse"? War zu Zeiten der Zweigleisigkeit von Presse und Rundfunk eindeutig geklärt, dass es sich bei der Presse um die verkörperlichte, bei Rundfunk um die nicht-verkörperlichte Form der Kommunikation zum Zwecke der Information und Meinungsbildung der Allgemeinheit gehandelt hat, stellt sich die Frage zu Zeiten der **elektronischen Medien** neu.

II. Die Presse

Ebenso wie für den Begriff des „Presserechts" sucht man auch nach einer Legaldefinition der 8
„Presse" vergeblich. Der Begriff der Presse wird in den einschlägigen Rechtsnormen als bekannt vorausgesetzt. Bei der Erforschung des Sinngehalts dieses Begriffs muss zwischen dem einfachgesetzlichen und dem verfassungsrechtlichen Pressebegriff unterschieden werden.

---

4 *Ricker/Weberling* Kap 1 Rn 1.
5 *Ricker/Weberling* Kap 1 Rn 3.
6 Löffler/*Bullinger* Einl Rn 7.

1. Einfachgesetzlicher Pressebegriff

9 Der Pressebegriff in den Landespressegesetzen beschränkt sich auf **Druckwerke**. Die wichtigste Untergruppe sind dabei Zeitungen und Zeitschriften. Diese werden ihrerseits als periodische Druckwerke definiert, die in Abständen von maximal sechs Monaten erscheinen. Ein Teil der Regelungen in den Landespressegesetzen gilt ausschließlich für diese Gruppe. Druckwerke im Übrigen sind nach der Definition der Landespressegesetze alle mittels eines Vervielfältigungsverfahrens hergestellten und zur Verbreitung in der Öffentlichkeit bestimmten Schriften, bildliche Darstellungen und Musikalien mit Text oder Erläuterungen. Hierzu zählen neben Büchern, Prospekten, Flugblättern und anderen klassischen Printprodukten nach weiter teleologischer Auslegung auch Veröffentlichungen auf CD-ROM und DVD.[7]

10 Der einfachgesetzliche Pressebegriff stellt damit nach wie vor auf die technische Seite der Herstellung und Verbreitung ab. Entscheidendes Kriterium ist die **verkörperte Massenvervielfältigung**.[8] Nicht von diesem Pressebegriff umfasst sind damit alle körperlosen Verbreitungsformen wie Rundfunk und Fernsehen, aber auch die öffentliche Kommunikation im Internet.[9] Hierfür gelten nicht die Landespressegesetze, sondern das Telemediengesetz (TMG) und die Vorschriften für Telemedien im Rundfunkstaatsvertrag (§§ 54 ff RStV).

11 Es erscheint fraglich, ob es heute noch zeitgemäß ist, jegliche **Kommunikation im Internet** vom einfachgesetzlichen Pressebegriff und damit vom Anwendungsbereich der Landespressegesetze auszunehmen. Für reine Anbieter von Produkten und Dienstleistungen im Internet ist dies sicherlich richtig, da insoweit keine klassischen, dh redaktionellen Presseleistungen erbracht werden. Demgegenüber ist es in Zeiten, in denen alle großen Verlagshäuser neben ihren Printpublikationen auch über umfassende **Onlineauftritte** und Onlinepublikationen verfügen, kaum verständlich, warum der identische redaktionelle Artikel unterschiedlichen gesetzlichen Regelungen unterfällt, je nachdem, ob er in einer Zeitung abgedruckt oder im Internet veröffentlicht wird. Noch weniger nachvollziehbar ist es, den Artikel, der im Internet erscheint, erst gar nicht unter den Begriff der Presse fallen zu lassen, obwohl zweifellos auch er die öffentliche Aufgabe der Presse – die Information der Bevölkerung zum Zwecke der Meinungsbildung – wahrnimmt. Den Pressebegriff rein anhand des Trägermediums zu bestimmen und Internetpublikationen hiervon per se auszunehmen erscheint heute nicht mehr zeitgemäß.

12 Den ersten Schritt in Richtung einer einheitlichen Regelung von Print- und Onlinepublikationen haben inzwischen zwei Bundesländer – das Saarland und Rheinland-Pfalz – vollzogen, indem sie ihre Landespressegesetze abgeschafft und durch übergreifende **Mediengesetze** ersetzt haben.[10]

13 Begrifflich gehen zwar auch diese Mediengesetze weiterhin von einem auf Printprodukte beschränkten Pressebegriff aus. Beide Gesetze stellen Regelungen, die sowohl für Printmedien als auch für Rundfunk und Onlinepublikationen gelten sollen, in einem allgemeinen Teil voran. Sodann unterscheiden sie zwischen Regelungen für die Presse einerseits und Regelungen für Rundfunk und Mediendienste andererseits. Immerhin führt dies aber dazu, dass sich zB die Gegendarstellung zu ein und demselben Artikel, der sowohl in einer Zeitung, als auch im Internet erschienen ist, nach denselben Vorschriften in demselben Gesetz richtet. Eine Erweiterung des Pressebegriffs auf Onlinemedien geht damit jedoch noch nicht einher.

---

7 *Ricker/Weberling* Kap 1 Rn 7 mwN; *Mann* NJW 1996, 1241, 1243.
8 Löffler/*Bullinger* Einl Rn 13.
9 *Ricker/Weberling* Kap 1 Rn 9.
10 Saarländisches Mediengesetz (SMG) v 27.2.2002 sowie Landesmediengesetz Rheinland-Pfalz (LMG) v 4.2.2005, in Kraft seit 1.4.2005; krit zu der Einbindung des Presserechts in allgemeine Mediengesetze: *Bullinger* Bedeutungsverlust der Pressefreiheit? AfP-Sonderheft 2007, 21.

2. Verfassungsrechtlicher Pressebegriff

Von dem einfachgesetzlichen Pressebegriff, ist der verfassungsrechtliche Pressebegriff zu unterscheiden. Auch hier ist die **Einordnung der Onlinemedien** umstritten und insb die Abgrenzung zur Rundfunkfreiheit nicht letztgültig geklärt. Zwar wird der verfassungsrechtliche Pressebegriff bereits heute als „entwicklungsoffen" und auch im Blick auf die neuen Medien „weit" verstanden.[11] Dies wird zutreffend damit begründet, dass die verfassungsrechtliche Garantie der Pressefreiheit darauf basiert, dass die Verbreitung von Tatsachenberichten und Meinungen gegenüber der Öffentlichkeit schutzwürdig ist, und zwar völlig unabhängig davon, ob die Verbreitung in gedruckten Schriften oder im Internet erfolgt.[12] Die entsprechende Konsequenz, dass dann aber auch redaktionelle Online-Publikationen, die Tatsachenberichte und Meinungen verbreiten, ebenso wie Printprodukte, vom verfassungsrechtlichen Pressebegriff umfasst sein müssen, wird in der Literatur jedoch nur vereinzelt gezogen.[13] Vielmehr wird in der Literatur auch für den verfassungsrechtlichen Pressebegriff überwiegend an einer Verkörperung festgehalten. Fehlt es an einer Materialisierung, wie bei Inhalten des Internets bzw „Online-Medien", soll die Rundfunkfreiheit einschlägig sein,[14] und zwar unabhängig davon, ob der Inhalt eventuell vom Nutzer ausgedruckt wird.[15] Demgegenüber wird zum Teil auch bei Onlinemedien dann von Presse und nicht von Rundfunk ausgegangen, wenn es sich bei der Online-Veröffentlichung um ein reines Pressesurrogat handelt. Damit sind Fälle gemeint, in denen tatsächlich vorhandene, gedruckte Printprodukte auf elektronischem Wege lediglich verbreitet werden, die fernmeldetechnische Übertragung also allein die Zustellung an den Empfänger ersetzt. Dies ist jedoch dann nicht mehr der Fall, wenn es – wie im Falle von Newslettern – an einer körperlichen Vervielfältigung fehlt.[16]

„Presse" im verfassungsrechtlichen Sinne ist letztlich all das, was von der Pressefreiheit gem Art 5 Abs 1 GG geschützt wird. Was aber genau schützt die Pressefreiheit gem Art 5 Abs 1 GG?

III. Die Pressefreiheit

Wie bereits für die Begriffe des Presserechts und der Presse fehlt es auch für Inhalt und Umfang der grundgesetzlich gewährleisteten Pressefreiheit an einer Legaldefinition. Insoweit hat allerdings das BVerfG durch mehrere grundlegende Entscheidungen klare Richtlinien gesetzt.

1. Träger der Pressefreiheit

Träger des Grundrechts der Pressefreiheit sind alle Personen, Institutionen und Organisationen, die die – nachfolgend noch näher beschriebene – Aufgabe der Presse wahrnehmen. Hierunter fallen der Verleger und der Herausgeber eines Presseerzeugnisses ebenso wie der Redakteur, der Autor, der Informant, der Drucker und der Verbreiter des Presseprodukts.[17]

---

11 Dreier/*Schulze-Fielitz* Art 5 I, II GG Rn 90; Sachs/*Bethge* Art 5 Rn 68.
12 OLG Hamburg GRUR-RR 2005, 385, 386 mit weiterem Verweis auf ua *Jarass*/Pieroth Art 5 GG Rn 25.
13 *Fechner* Entscheidungen zum Medienrecht Rn 1065.
14 Dreier/*Schulze-Fielitz* Art 5 I, II GG Rn 93.
15 *Dolzer/Vogel/Graßhof/Degenhardt* Art 5 I, II GG Rn 376.
16 *Dolzer/Vogel/Graßhof/Degenhardt* Art 5 I, II GG Rn 377.
17 Sachs/*Bethge* Art 5 GG Rn 75; *Jarass*/Pieroth Art 5 GG Rn 28 und 27a.

2. Inhalt der Pressefreiheit

18 Die Pressefreiheit wird oft als Freiheit der jeweiligen Presseangehörigen missverstanden, ihre Meinung öffentlich und frei von staatlicher Beeinflussung zu äußern. Diese Äußerungsfreiheit ist jedoch bereits vom Grundrecht der Meinungsfreiheit umfasst. Einer eigenen Garantie der Pressefreiheit bedürfte es hierfür nicht. Die Pressefreiheit ist insoweit auch kein Spezialgrundrecht für drucktechnisch verbreitete Meinungen und ebenso wenig eine auf die Presse gemünzte verstärkende Wiederholung der Meinungsfreiheit.[18]

19 Vielmehr bezieht sich die Pressefreiheit nach der Rechtsprechung des BVerfG auf die die einzelne Meinungsäußerung *übersteigende* Bedeutung der Presse für die freie, individuelle und öffentliche Meinungsbildung. Es sollen vor allem die Voraussetzungen gewährleistet werden, die gegeben sein müssen, damit die Presse ihre Aufgabe im Kommunikationsprozess erfüllen kann. Gemeint ist damit die **Garantie der institutionellen Eigenständigkeit der Presse** von der Beschaffung von Informationen bis zur Verbreitung von Nachrichten und Meinungen.[19] Auf den Pressebetrieb übertragen bedeutet dies den Schutz des gesamten Pressewesens von der Recherche über die Redaktionsarbeit und das Anzeigengeschäft bis hin zum Pressevertrieb.[20]

20 Die Pressefreiheit schützt also all das, was nötig ist, damit die Presse ihre öffentliche Aufgabe erfüllen kann. Worin genau aber liegt diese Aufgabe?

3. Öffentliche Aufgabe der Presse

21 Das BVerfG sieht nach ständiger Rechtsprechung in der freien Presse ein unabdingbares Wesenselement der Demokratie. Der mündige Bürger soll politische Entscheidungen treffen können, wozu er einer umfassenden Information bedarf. Diese Information zu liefern ist die Aufgabe der Presse. Sie fungiert als ständiges Verbindungs- und Kontrollorgan zwischen dem Volk und seinen gewählten Vertretern in Parlament und Regierung.[21] Die Garantie der Pressefreiheit dient nicht allein der Presse, sondern in gleicher Weise dem Schutz des Prozesses öffentlicher Meinungsbildung und damit der Meinungsbildung der Bürger.[22] Um der Presse die Erfüllung dieser Aufgabe zu ermöglichen, interpretiert das BVerfG die Pressefreiheit sowohl als subjektives Grundrecht für die im Pressewesen tätigen Personen und Unternehmen, als auch zugleich als eine objektiv-rechtliche Garantie des Instituts der „freien Presse".[23]

22 An der so definierten Aufgabe der Presse hat sich bis zum heutigen Tage nichts geändert. Sie entspricht nicht nur dem deutschen, sondern auch dem europäischen Verständnis der Aufgabe der freien Presse. Nicht umsonst spricht der EGMR von der Presse als „Watchdog der Gesellschaft" und folgert hieraus trotz seiner sonst sehr strengen Rechtsprechung in diesem Bereich,[24] dass im Falle von Politikern ausnahmsweise auch die Veröffentlichung von Fotos aus ihrem Privatleben zulässig sein kann.[25] Diesen Ansatz hat auch der BGH in einer aktuellen Entscheidung bekräftigt, in der es um die Bildveröffentlichung eines Politikers im Rahmen einer Berichterstattung über dessen Beziehung zu einer bekannten Schlagersängerin ging.[26]

---

18 BVerfG NJW 1992, 1439.
19 BVerfG NJW 1992, 1439.
20 StRspr seit BVerfG NJW 1966, 1603.
21 BVerfG NJW 1966, 1603.
22 BGH GRUR 2009, 150.
23 BVerfG NJW 1966, 1603.
24 Vgl Kap 1 Rn 35 ff.
25 EGMR NJW 2004, 2647; vgl auch BVerfG NJW 2006, 2835 mwN.
26 BGH NJW 2012, 763.

Es darf allerdings nicht übersehen werden, dass sich die Aufgabe der Presse nicht in der beschriebenen politischen Kontrollfunktion erschöpft. Vielmehr ist unbestritten, dass grds auch die Unterhaltungs- und weniger seriöse Presse dem Schutzbereich der Pressefreiheit gem Art 5 GG unterfällt.[27]

4. Hervorzuhebende Entwicklungen in der Rechtsprechung

Abschließend soll ein Blick auf bestimmte Entwicklungen der Pressefreiheit in der Rechtsprechung geworfen werden. Zu diesem Zweck seien einige Urteile herausgegriffen, von denen das eine die Pressefreiheit nachhaltig gestärkt hat, wohingegen die anderen die Pressefreiheit deutlich einschränkt haben.

a) Stärkung der Pressefreiheit durch „Cicero". In der Rechtsprechung des BVerfG ist seit langem anerkannt, dass die Pressefreiheit auch das **Redaktionsgeheimnis** schützt. Die Presse kann ihre öffentliche Aufgabe nur dann wirksam erfüllen, wenn die Vertraulichkeit der Redaktionsarbeit vor Eingriffen durch den Staat und insb das Vertrauensverhältnis zwischen der Presse und ihren Informanten entsprechend geschützt ist.[28]

Durchsuchungen und Beschlagnahmen in Presseunternehmen stellen daher stets einen Eingriff in die Pressefreiheit dar, dem grds mit Zurückhaltung zu begegnen ist. Ein solcher Eingriff muss durch ein zumindest gleichwertiges rechtsstaatliches öffentliches Interesse im Einzelfall gerechtfertigt sein.

Im Rahmen der vieldiskutierten **„Cicero"-Entscheidung**[29] ging es darum, dass der Artikel eines Journalisten in zum Teil sehr detaillierter Weise aus einem Bericht des Bundeskriminalamtes zitierte, der nur für den internen Gebrauch bestimmt war. Die Staatsanwaltschaft vermutete aufgrund des Artikels, dass sich ein Mitarbeiter des Bundeskriminalamtes des Geheimnisverrats gem § 353b Strafgesetzbuch (StGB) schuldig gemacht hatte und leitete sowohl gegen den Chefredakteur des Magazins als auch gegen den Journalisten, der den Artikel verfasst hatte, Ermittlungsverfahren wegen Beihilfe zum Geheimnisverrat ein. Im Rahmen dieser Ermittlungen wurde eine Durchsuchung der Redaktionsräume durchgeführt und es wurden Beweismittel beschlagnahmt. Sowohl der Journalist, als auch der Chefredakteur legten Verfassungsbeschwerde gegen diese Maßnahmen ein und erhielten vor dem BVerfG Recht.

Die **Beschlagnahmevorschriften der §§ 94 ff Strafprozessordnung (StPO)** sind im Hinblick auf das Redaktionsmaterial eines Presseunternehmens gem § 97 Abs 5 StPO eingeschränkt. Danach ist ua die Beschlagnahme von Schriftstücken, die sich im Gewahrsam eines Presseangehörigen oder der Redaktion befinden, in demselben Umfange unzulässig, wie das **Zeugnisverweigerungsrecht gem § 53 Abs 1 S 1 Nr 5 StPO** dieser Personen reichen würde. Nach dieser Vorschrift dürfen Presseangehörige ua das Zeugnis über die Person ihres Informanten verweigern.

Zum Zeitpunkt der Entscheidung des BVerfG war der in § 97 Abs 5 S 1 StPO dem Zeugnisverweigerungsrecht angepasste Beschlagnahmeschutz für Presseangehörige dergestalt eingeschränkt, dass dieser nach § 97 Abs 5 S 2 Halbs 1 iVm Abs 2 S 3 StPO alte Fassung (aF) keine Anwendung fand, wenn die betroffenen Pressemitarbeiter selbst der Teilnahme an einer Straftat verdächtig waren. In diesen Fällen waren Beschlagnahmen zulässig, sofern sie gem § 97 Abs 5 S 2 Halbs 2 StPO aF unter Berücksichtigung von Art 5 Abs 1 S 2 GG der Verhältnismäßigkeit entsprachen.

---

27 BVerfG NJW 2000, 1021; BVerfG NJW 1984, 1741; BVerfG NJW 1973, 1221; BVerfG WRP 2008, 645.
28 BVerfG NJW 1966, 1603; BVerfG NJW 1984, 1741; BVerfG NJW 2007, 1118.
29 BVerfG NJW 2007, 1117.

30 Aus diesem Grund war die von § 97 Abs 5 S 2 Halbs 2 StPO vorgegebene Grenze der Verhältnismäßigkeit im Rahmen der „Cicero"-Entscheidung nicht einschlägig. Denn wenn Medienmitarbeiter – wie hier – durch die Einleitung eines staatsanwaltschaftlichen Ermittlungsverfahrens nicht nur selbst einer Straftat verdächtig, sondern bereits beschuldigt sind, entfällt die Anwendbarkeit des § 97 StPO vollständig. Es entspricht der herrschenden Meinung in Rechtsprechung und Literatur und wurde auch vom BVerfG als verfassungskonform anerkannt, dass der Beschlagnahmeschutz nach § 97 StPO insgesamt nicht einschlägig ist, wenn ein Presseangehöriger Beschuldigter oder Mitbeschuldigter einer Straftat ist.[30]

31 Allerdings – und dies war der entscheidende Punkt in der „Cicero"-Entscheidung – blieb trotz fehlender Anwendbarkeit der in § 97 Abs 5 S 2 Halbs 2 StPO ausdrücklich normierten Verhältnismäßigkeitsgrenze das **Grundrecht der Pressefreiheit** gem Art 5 Abs 1 S 2 GG von Bedeutung. Dies stellte das BVerfG in der „Cicero"-Entscheidung ausdrücklich klar und entschied, dass jedenfalls im *konkreten* Fall der zugrundeliegende Tatverdacht unter Berücksichtigung der Pressefreiheit für eine Durchsuchung und Beschlagnahme der Redaktionsräume nicht ausreichte. Mit Ausnahme der streitgegenständlichen Veröffentlichung selbst gab es keine hinreichenden Anhaltspunkte für die Haupttat, somit dafür, dass ein Geheimnisverrat gem § 353b StGB begangen worden war. Hierfür fehlte es an Kenntnissen darüber, ob das Handeln des Geheimnisträgers auf Veröffentlichung des Geheimnisses abgezielt hatte. Aus der bloßen Veröffentlichung in der Presse konnte dies jedenfalls nicht gefolgert werden. Damit verstieß nach Auffassung des BVerfG die Anordnung von Durchsuchung und Beschlagnahme mangels hinreichender Anhaltspunkte für einen auf die Veröffentlichung gerichteten Tatplan des Geheimnisträgers gegen Art 5 Abs 1 S 2 GG.

32 Das Hauptargument für die Entscheidung wurde vom BVerfG selbst deutlich dargelegt. So erläuterte das BVerfG, dass nicht jedweder Tatverdacht für die Anordnung einer Durchsuchung oder Beschlagnahme bei Presseangehörigen ausreichen könne. Denn ansonsten hätte es die Staatsanwaltschaft selbst in der Hand, durch die Einleitung eines Ermittlungsverfahrens gegen die Presseangehörigen deren besonderen grundrechtlichen Schutz zum Wegfall zu bringen, und zwar selbst dann, wenn die Anhaltspunkte für eine Beihilfe schwach sind. Es bestünde grds die Gefahr, dass die Staatsanwaltschaft ein Ermittlungsverfahren ausschließlich oder überwiegend mit dem Ziel einleitet, mittels Durchsuchungen und Beschlagnahmen einen bislang unzureichenden Verdacht weiter erhärten zu können. Dies aber widerspräche dem verfassungsrechtlich gewährleisteten Informantenschutz als elementarem Bestandteil der Pressefreiheit.

33 Die „Cicero"-Entscheidung wurde in der presserechtlichen Literatur zu Recht als Stärkung der Pressefreiheit gesehen.[31] Allerdings gab es ebenfalls zu Recht diverse Stimmen, die darauf hinwiesen, dass das Urteil sehr deutlich auf den konkreten Einzelfall abstellte und die Übertragbarkeit auf zukünftige Fälle fraglich blieb.[32] Insb wurde kritisiert, dass das Urteil die grundsätzliche Frage offen ließ, ob Journalisten auf die **Veröffentlichung interner Papiere** grds verzichten müssten oder ob Geheimnisse nur von Amts wegen zu wahren wären.

34 Diese offene Fragestellung hat inzwischen der Gesetzgeber aufgegriffen und im Rahmen des „Gesetzes zur Stärkung der Pressefreiheit"[33] zu Gunsten der Pressefreiheit klargestellt, dass sich ein Journalist nicht des Geheimnisverrats nach § 353b StGB strafbar macht, sofern sich seine Tätigkeit seiner journalistischen Aufgabenstellung entsprechend auf die **reine Entgegennahme, Auswertung und Veröffentlichung von Geheimnissen** beschränkt. Darüber hinaus hat der Gesetzgeber ebenfalls die Einschränkung des Beschlagnahmeschutzes von Presseangehörigen

---

30 BVerfG NJW 2007, 1117, 1119 mwN.
31 ZB *Musiol* Urteilsanmerkung FD-GewRS 2007, 218, 348; *Starke* AfP 2007, 91.
32 *Fechner* Entscheidungen zum Medienrecht Rn 44.
33 BT-Drucks 17/3355.

gem § 97 Abs 5 S 2 Halbs 1 StPO dahingehend verschärft, dass ein auf konkreten Tatsachen basierender **dringender Tatverdacht** für eine Beteiligung des Presseangehörigen an der Straftat bestehen muss, um den Beschlagnahmeschutz für Presseangehörige aufzuheben (§ 97 Abs 5 S 2 Halbs 2 StPO). Im Ergebnis hat die Gesetzesänderung dazu geführt, dass nunmehr spezifische tatsächliche Anhaltspunkte gegeben sein müssen, aus denen gefolgert werden kann, dass der Journalist mit großer Wahrscheinlichkeit in die Geheimnisverletzung durch den Geheimnisträger verstrickt ist, zB indem der Geheimnisträger durch den Journalisten zur Offenbarung des Geheimnisses angestiftet worden ist. Mit dem „Gesetz zur Stärkung der Pressefreiheit" wurden somit die wesentlichen Grundgedanken der „Cicero"-Entscheidung im Gesetz verankert und die Pressefreiheit nachhaltig gestärkt.

b) Schwächung der Pressefreiheit durch „Caroline I" und darauffolgende Entwicklung der Rechtsprechung. Eine deutliche Einschränkung erfuhr die Pressefreiheit durch die sog „Caroline I"-Entscheidung des EGMR.[34] Diese Entscheidung führte zu einer strengeren, wenngleich auch wieder differenzierten und verfeinerten Rechtsprechung des BGH[35] und des BVerfG[36] in Fragen der **Bildveröffentlichung Prominenter im privaten Umfeld**. Diese Rechtsprechung des BGH und des BVerfG ist kürzlich im Rahmen der „Caroline II"-Entscheidung[37] durch den EGMR ausdrücklich gebilligt worden. 35

Ausgangspunkt für die „Caroline I"-Entscheidung des EGMR war eine detaillierte Rechtsprechung des BGH und des BVerfG zu der Frage, wann Prominente, die sich in der Öffentlichkeit aufhalten, auch bei privaten Tätigkeiten fotografiert bzw die entsprechenden Fotos veröffentlicht werden dürfen. Handelte es sich um sog **absolute Personen der Zeitgeschichte**, die der Öffentlichkeit unabhängig von einem bestimmten Ereignis bekannt waren, so hatten BGH und BVerfG das bloße Auftreten dieser Personen in der Öffentlichkeit als **zeitgeschichtliches Ereignis** anerkannt, über das auch durch die Veröffentlichung von Fotos berichtet werden durfte. Ausnahmen galten für Fotos von **Minderjährigen**, für **Situationen elterlicher Zuwendung** oder wenn sich die Betroffenen an einen **Ort der Abgeschiedenheit** zurückgezogen hatten. 36

Dieser Rechtsprechung setzte der EGMR durch die „Caroline I"-Entscheidung im Jahr 2004 ein jähes Ende. Streitgegenstand waren Fotos von Caroline von Monaco, die diese bei privaten Tätigkeiten in der Öffentlichkeit zeigten und die von den deutschen Gerichten für zulässig erklärt worden waren. Nach der Auffassung des EGMR hätten diese Fotos nicht veröffentlicht werden dürfen. Zur Begründung verwies der EGMR darauf, dass die Fotos nicht als **Beitrag zu irgendeiner Diskussion von allgemeinem Interesse für die Gesellschaft** angesehen werden konnten, sondern nur die Neugier eines bestimmten Publikums über das Privatleben von Caroline von Monaco befriedigen wollten. In einem solchen Fall verdiene der Schutz des Privatlebens der Betroffenen den Vorrang vor der Meinungs- und Pressefreiheit. 37

Auf Basis der „Caroline I"-Entscheidung des EGMR hat der BGH seine Rechtsprechung insofern verändert, dass Fotos von absoluten Personen der Zeitgeschichte im Sinne der früheren Rechtsprechung heute nur noch dann ohne Einwilligung abgebildet werden dürfen, wenn die Berichterstattung ein *Ereignis* **von zeitgeschichtlicher Bedeutung** betrifft. Ein solches Ereignis liegt nicht mehr per se darin, dass sich die Person in der Öffentlichkeit gezeigt hat. So hat der BGH in einem im Nachgang zur „Caroline I"-Entscheidung entschiedenen Fall, in dem es ebenfalls um Urlaubsfotos von Caroline von Monaco und ihrem damaligen Ehemann ging, die Veröffentlichung der meisten dieser Fotos für unzulässig gehalten, da der Urlaub der Betroffenen kein 38

---

34 EGMR NJW 2004, 2647.
35 BGH NJW 2007, 1977; BGH NJW 2009, 757; BGH NJW 2009, 1499.
36 BVerfG WRP 2008, 645; BVerfG NJW 2008, 1793.
37 EGMR NJW 2012, 1053.

Vorgang von allgemeinem Interesse und kein zeitgeschichtliches Ereignis sei. Für zulässig erklärte der BGH nur ein einzelnes Foto, das zwar ebenfalls Caroline von Monaco während ihres privaten Urlaubs zeigte, das aber in Zusammenhang mit einer Wortberichterstattung, über die Erkrankung ihres Vaters, des damals regierenden Fürsten von Monaco und dem Verhalten der Familienmitglieder während dieser Krankheit stand. Hierin sah der BGH eine Berichterstattung über ein zeitgeschichtliches Ereignis, die mit dem fraglichen Foto unterstrichen und illustriert werden durfte. Dieses Urteil hat der EGMR zwischenzeitlich bestätigt.[38]

39 Quintessenz dieser neuen Entscheidungspraxis des BGH ist, dass das zeitgeschichtliche Ereignis, das eine Fotoveröffentlichung von Personen ohne deren Einwilligung ermöglicht, nicht mehr *personen-*, sondern nur noch *ereignis*bezogen begründet werden kann. Damit wurde die Figur der „absoluten Person der Zeitgeschichte" faktisch abgeschafft und ersetzt durch das sog abgestufte Schutzkonzept der §§ 22, 23 Kunsturhebergesetz (KUG). Ob ein Foto infolge seines zeitgeschichtlichen Bezugs gem § 23 Abs 1 Nr 1 KUG veröffentlicht werden darf, hängt danach maßgeblich von dem von den Medien selbst zu bestimmenden Informationsinteresse ab. Das führt dazu, dass die Medien bereits im Rahmen der Feststellung und Beurteilung, ob ein „zeitgeschichtliches Ereignis" vorliegt, eine Abwägung zwischen der Pressefreiheit und des Persönlichkeitsrechts des von der Berichterstattung Betroffenen vornehmen müssen.[39] Der Begriff des „zeitgeschichtlichen Ereignisses" ist dabei zu Gunsten der Pressefreiheit weit zu verstehen und umfasst nicht nur Vorgänge von historisch-politischer Bedeutung, sondern alle Fragen von allgemeinem gesellschaftlichen Interesse, einschließlich unterhaltender Beiträge wie bspw solche über das Privat- und Alltagsleben prominenter Personen, sofern die Öffentlichkeit diesen eine informative und meinungsbildende Bedeutung beimisst.[40] Kommt einem Bild für sich genommen insofern keine oder kaum meinungsbildende Relevanz zu, kann diese aus dem Begleittext folgen.[41] Ist ein legitimer Anlass für die Veröffentlichung gegeben, kann sich das Persönlichkeitsinteresse gegen die Bildveröffentlichung nur noch ausnahmsweise nach § 23 Abs 2 KUG durchsetzen.[42]

40 Sowohl der EGMR, als auch der BGH betonen dabei, dass bei der Abwägung zwischen Pressefreiheit einerseits und Persönlichkeitsrecht der betroffenen Person andererseits wesentlich darauf abzustellen ist, ob der jeweilige Beitrag ein **Thema von allgemeinem, gesellschaftlichem Interesse** behandelt oder ob er der **reinen Befriedigung der Neugier** des Publikums dient. Im letzteren Fall, müsse die Informationsfreiheit regelmäßig gegenüber dem Schutz der Privatsphäre zurücktreten. Sofern jedoch ein allgemeines gesellschaftliches Interesse gegeben ist, genießt die Pressefreiheit grds Vorrang, es sei denn, dass ausnahmsweise andere bei der Interessenabwägung zwischen Pressefreiheit und allgemeinem Persönlichkeitsrecht zu berücksichtigende Gesichtspunkte dazu führen, dass das Schutzinteresse des Betroffenen überwiegt. So hat der EGMR in der „Caroline II"-Entscheidung explizit im Einzelnen dargelegt, welche Gesichtspunkte bei der Interessenabwägung zu berücksichtigen sind, nämlich der Bekanntheitsgrad der betroffenen Person sowie dessen vorheriges Verhalten, der Gegenstand des Berichts, die Art der Entstehung der Bilder (so insb die Aufnahme ohne Kenntnis der Betroffenen unter Ausnutzung von technischen Mitteln[43]) oder die Form der konkreten Veröffentlichung.[44] In einer

---

38 EGMR NJW 2012, 1053.
39 BGH AfP 2012, 45 Rn 9; BGH AfP 2013, 399 Rn 12.
40 BGH AfP 2012, 45 Rn 9; KG AfP 2013, 60; OLG München AfP 2013, 335; *Pentz* AfP 2013, 20, 23 f; vgl auch BGH AfP 2013, 399 Rn 12.
41 Vgl BGH NJW 2010, 3025; BGH GRUR 2011, 259; Wandtke/Bullinger/*Fricke* § 23 KUG Rn 37 mwN.
42 *Sajuntz* NJW 2010, 2992, 2994.
43 Vgl OLG Köln AfP 2012, 71.
44 EGMR NJW 2012, 1053; vgl auch EGMR NJW 2012, 1058 Rn 89.

weiteren Entscheidung, in der es um die Veröffentlichung eines Berichts über die Festnahme eines bekannten deutschen Fernsehschauspielers auf dem Münchener Oktoberfest wegen Kokain-Besitzes ging, hat der EGMR diesen Katalog noch um die Art der Erlangung der dem Bericht zugrunde liegenden Information sowie deren Richtigkeit ergänzt.[45] So hielt der EGMR die Veröffentlichung in diesem Fall ua für rechtens, da der Inhalt der Berichterstattung zutreffend war und die entsprechenden Informationen vom Pressesprecher der Staatsanwaltschaft stammten.

Den wesentlichen Aspekt des allgemeinen, gesellschaftlichen Interesses betont ebenfalls das BVerfG.[46] Zur Überprüfung durch das BVerfG stand die oben zitierte, spätere Entscheidung des BGH, bei der es um Urlaubsbilder von Caroline von Monaco und ihrem Ehegatten ging. Das BVerfG bestätigte zwar in großen Teilen die aktuelle Rechtsprechung des BGH, hob dessen Verbotsentscheidung aber hinsichtlich eines Urlaubsfotos von Caroline und ihrem Ehegatten auf, das zur Illustration eines Berichts über die Vermietung des Ferienhauses der Betroffenen diente.

Das BVerfG betonte, dass der bloße Hinweis auf einen erhöhten Schutzbedarf bei Urlaubsfotos nicht ausreicht, um ein Überwiegen des Persönlichkeitsschutzes vor der Pressefreiheit zu begründen. Vielmehr schloss das BVerfG aus dem Begleittext, der sich mit Sparsamkeit und ökonomischem Denken der Reichen befasste, dass hierin durchaus der Anlass zu einer sozialkritischen Debatte und damit einem erhöhten Informationsgehalt gesehen werden könne. Auch bloßer Unterhaltung könne ein Bezug zur Meinungsbildung nicht von vorneherein abgesprochen werden, denn auch Unterhaltung könne Realitätsbilder vermitteln und Gesprächsgegenstände für Diskussionsprozesse zur Verfügung stellen. Dies gelte auch für Beiträge über das Privat- oder Alltagsleben von Prominenten und ihr soziales Umfeld. Die gegen diese Entscheidung des BVerfG gerichtete Beschwerde hat der EGMR kürzlich zurückgewiesen.[47]

Den Ausführungen des BGH, BVerfG und EGMR ist im Ergebnis zuzustimmen. Dennoch bleibt die maßgebliche Frage, wo Unterhaltung mit ausreichendem, meinungsbildendem Sachbezug endet und wo die Befriedigung bloßer Neugier beginnt. Die von BGH, BVerfG und EGMR gewählte Lösung über die verstärkte Abwägung im Einzelfall bedeutet in der Praxis ein deutliches Weniger an Rechtssicherheit,[48] auch wenn der EGMR in seinen aktuellen Entscheidungen die maßgeblichen Kriterien der Interessenabwägung konkretisiert hat.[49] So ist zB die Differenzierung zwischen der (zulässigen) Berichterstattung über den Einkaufsbummel einer Ministerpräsidentin nach ihrem Amtsverlust[50] und der (unzulässigen) Veröffentlichung über den Einkaufsbummel einer prominenten Fernsehmoderatorin im Urlaub in Begleitung ihrer Putzfrau[51] ein äußerst schmaler Grat. Mag man auf den ersten Blick den Unterschied in dem Zusammenhang zum politischen Amtsverlust im ersten gegenüber der reinen Urlaubssituation im zweiten Fall sehen, stellt sich auf den zweiten Blick doch die Frage, ob sich nicht – einerseits – die Ministerpräsidentin bei ihrem Einkaufsbummel gerade in ihr Privatleben zurückziehen wollte und ob nicht – andererseits – ein Thema von öffentlichem Interesse durchaus daraus abgeleitet werden kann, dass sich manche Prominente offenkundig auch am Urlaubsort eine Putzfrau leisten. Der Abstand zu der oben dargestellten Berichterstattung über die Vermietung der privaten Ferienvilla scheint jedenfalls nicht groß.

Trotz zwischenzeitlicher Klärung durch den EGMR bleibt es dabei, dass die Pressefreiheit durch die beschriebene Entwicklung in der Rechtsprechung eine Minderung erfahren hat.

---

45 EGMR NJW 2012, 1058 Rn 93.
46 BVerfG WRP 2008, 645.
47 EGMR ZUM 2014, 284.
48 Wandtke/Bullinger/*Fricke* § 23 KUG Rn 37 mwN; *Feldmann* juris PR-ITR 8/2008, Anm 2 lit D.
49 EGMR NJW 2012, 1053, 1055 f; EGMR NJW 2012, 1058.
50 BGH NJW 2008, 3134.
51 BGH NJW 2008, 3138.

§ 2
Grundlegende presserechtliche Ansprüche im Überblick

I. Unterlassung

45 Der grundlegende und in presserechtlichen Auseinandersetzungen in der Regel als erstes geltend gemachte Anspruch ist der zukunftsgerichtete Unterlassungsanspruch. Es handelt sich dabei um einen im Wesentlichen aus § 1004 BGB abgeleiteten, **verschuldensunabhängigen** Anspruch, der darauf gerichtet ist, den für eine rechtswidrige Veröffentlichung Verantwortlichen zur **zukünftigen Unterlassung** der identischen Veröffentlichung zu verpflichten.

46 Gegenstand des Unterlassungsanspruchs können sowohl **Tatsachenbehauptungen**, als auch **Meinungsäußerungen** sein. Zudem kommen Unterlassungsansprüche auch gegen rechtswidrige **Bildveröffentlichungen** in Betracht.

47 Unterlassungsansprüche werden meist zunächst im **Eilverfahren** geltend gemacht.[52] Ergeht in einem solchen Verfahren eine Unterlassungsverfügung, hat der Verletzer durch die Abgabe einer Abschlusserklärung die Möglichkeit die Verfügung als endgültige Regelung anzuerkennen und so die Durchführung eines in der Regel inhaltsgleichen Hauptsacheverfahrens zu vermeiden. In der Praxis werden die meisten Unterlassungsansprüche im Presserecht im Rahmen dieser Vorgehensweise abschließend geklärt. Die Durchführung von Hauptsacheverfahren statt oder im Anschluss an die Inanspruchnahme im einstweiligen Rechtsschutz ist die Ausnahme.

48 Voraussetzung für das Bestehen eines Unterlassungsanspruchs ist eine rechtswidrige, bereits erfolgte oder zu befürchtende Beeinträchtigung, deren **Erstbegehung** oder **Wiederholung** bevorzustehen droht. Die Wiederholung wird bei bereits erfolgter Beeinträchtigung dabei nach ständiger Rechtsprechung vermutet,[53] wogegen es für die Annahme einer Erstbegehungsgefahr konkreter Anhaltspunkte bedarf. Vor allem im Recherchestadium kann eine Erstbegehungsgefahr nur unter sehr engen Voraussetzungen angenommen werden, zB wenn der Recherchetätigkeit der rechtswidrige Eingriff bereits eindeutig anhaftet. Die Befürchtung oder die bloße Möglichkeit der Rechtsbeeinträchtigung allein reichen im Hinblick auf Presse- und Meinungsfreiheit nicht aus.[54]

49 An den Nachweis des Wegfalls der Wiederholungsgefahr werden grds strenge Anforderungen gestellt.[55] In der Regel wird für den Wegfall der Wiederholungsgefahr die Abgabe einer strafbewehrten Unterlassungsverpflichtungserklärung gefordert. Im Falle einer **Drittunterwerfung**, dh des Berufens darauf, dass bereits gegenüber einer dritten Person eine strafbewehrte Unterlassungsverpflichtungserklärung abgegeben wurde, werden an den Nachweis der Ernsthaftigkeit dieser Erklärung ebenfalls hohe Anforderungen gestellt.

50 Es entspricht gefestigter Rechtsprechung, dass nach der sog **Kerntheorie** von einem Unterlassungstenor nicht nur die identische Veröffentlichung, sondern auch kerngleiche Publikationen umfasst sind.[56] Die Beurteilung der Frage, ob eine neue Publikation mit der untersagten Veröffentlichung kerngleich ist oder nur ähnlich und ob damit ein Verstoß gegen die Unterlassungsverfügung vorliegt oder nicht, obliegt grds dem Vollstreckungsgericht. Eine abweichende Auffassung vertritt derzeit soweit ersichtlich allein das OLG Frankfurt aM, welches eine erneute Unterlassungsverfügung in Form einer Feststellung für zulässig erachtet, sofern nicht sicher

---

52 Zu den prozessualen Einzelheiten *Soehring*/Hoehne § 30 Rn 17 ff.
53 BGH NJW 1986, 2503; BGH NJW 1987, 2225, 2227; BGH NJW 1994, 1281; BGH NJW 1998, 1391, 1392.
54 OLG Koblenz NJW-RR 2008, 1259.
55 BGH GRUR 1975, 89; BGH NJW 1994, 1281.
56 Zöller/*Stöber* § 890 ZPO Rn 3a; OLG Frankfurt NJW-RR 2001, 187; OLG München ZUM-RD 2001, 232 f.

feststeht, ob der erneute Verstoß unter den Verbotstenor der vorherigen Unterlassungsverfügung fällt und davon ausgegangen werden kann, dass die Kerngleichheit bestritten werden wird.[57] Es bleibt abzuwarten, ob sich dieser Auffassung weitere Gerichte anschließen. Im Ergebnis bedeutet dies derzeit für den Fall eines Verstoßes durch eine ähnliche, jedoch nicht identische Veröffentlichung für den Unterlassungsgläubiger immer noch eine Rechtsunsicherheit im Bestrafungsverfahren.

Es wird oft versucht, diese Rechtsunsicherheit im Rahmen der Vollstreckung dadurch zu vermeiden, dass nach einer erfolgten Verletzung bereits der Untersagungstenor für zukünftige Verletzungen möglichst weit gefasst wird. Die Grenze liegt allerdings darin, dass eine erfolgte Verletzung nur für identische – oder eben kerngleiche – Verstöße eine Wiederholungsgefahr indiziert, während gegen lediglich ähnliche, jedoch bislang nicht begangene Verstöße kein Unterlassungsanspruch besteht. 51

Der BGH[58] hat zudem entschieden, dass im Bereich der Bildberichterstattung die Kerntheorie nicht gilt. Die Beurteilung der Zulässigkeit einer Bildveröffentlichung erfordert in jedem Einzelfall eine Abwägung zwischen dem Informationsinteresse der Öffentlichkeit und den Interessen des Abgebildeten. Eine in einem konkreten Fall unzulässige Bildveröffentlichung kann daher in einem anderen Kontext zulässig sein. Anlass der Entscheidung des BGH war die Klage einer Sportlerin, die sich gegen die ungenehmigte Verbreitung von Urlaubsbildern wehrte. Sie begehrte in diesem Zusammenhang das generelle Verbot, Bildnisse aus ihrem privaten Alltag zu veröffentlichen, wie in diesem Fall geschehen. Wie schon zuvor in einem ähnlich gelagerten Fall das KG,[59] verneinte der BGH zu Recht einen derart weiten Unterlassungsanspruch. Der vorzunehmende Abwägungsprozess bei der Beurteilung der Zulässigkeit der Bildveröffentlichung im Einzelfall könne nicht vorweggenommen werden. Die Kerntheorie sei auf Bildveröffentlichungen daher nicht anwendbar. 52

Die Entscheidung des BGH ist zu begrüßen. Es würde eine unangemessene Einschränkung der Pressefreiheit bedeuten, wenn ein einzelner Verstoß allzu generalisierend ausgelegt werden und damit ein breites Spektrum zukünftiger Veröffentlichungen ohne Abwägung im Einzelfall pauschal gesperrt werden könnte. 53

II. Gegendarstellung

Der Anspruch auf Gegendarstellung ist für Druckwerke in den Landespresse- bzw. Landesmediengesetzen geregelt. Für Telemedien findet sich ein entsprechender Anspruch in § 56 Rundfunkstaatsvertrag (RStV). Gegenstand des Anspruchs ist es, dem von einer – aus seiner Sicht unrichtigen – **Tatsachenbehauptung** Betroffenen die Möglichkeit zu geben, eine eigene Sachverhaltsdarstellung entgegenzusetzen. Dabei wird dem Betroffenen nicht gestattet, selbst umfassend zu der jeweiligen Thematik Stellung zu nehmen. Vielmehr muss sich die Gegendarstellung kurz und knapp auf denjenigen Text der Erstveröffentlichung beziehen, der als unwahr gerügt wird und hierauf eine knappe Erwiderung liefern. Der Begriff der „Gegendarstellung" ist in diesem Sinne wörtlich zu verstehen und nicht im Sinne einer „Eigendarstellung" weit auszulegen. 54

Im Interesse der Beschleunigung werden von dem entscheidenden Gericht weder **Wahrheitsgehalt** der gerügten Erstveröffentlichung, noch Wahrheitsgehalt der entgegengesetzten 55

---

57 OLG Frankfurt aM Beschl v 24.1.2010 – Az 6 U 209/10.
58 BGH WRP 2008, 673; in Abgrenzung hierzu OLG Hamburg NJW 2009, 87 im Hinblick auf Minderjährige.
59 KG Urt v 27.3.2007 – Az 9 U 103/06.

Erwiderung überprüft. Die Grenze bildet insoweit erst die Offensichtlichkeit, da es dem zur Veröffentlichung der Gegendarstellung verpflichteten Verlag nicht zugemutet werden soll, eine Gegendarstellung zu veröffentlichen, die für jedermann offenkundig oder gerichtsbekannt den **„Stempel der Lüge"** trägt.[60] Praktische Bedeutung entfaltet diese Grenze nur in Fällen, in denen sich die Unwahrheit der verlangten Gegendarstellung entweder aus eigenen öffentlichen Äußerungen des Betroffenen ergibt, die dem Gericht aufgrund eigener Wahrnehmung, zB aufgrund eines anderen Prozesses bekannt sind oder in Fällen, in denen sich die Unwahrheit eindeutig aus Urkunden ergibt, die der Anspruchsgegner dem Gericht vorlegt.[61]

56   Neben verbalen Tatsachenbehauptungen kann sich ein Gegendarstellungsanspruch auch gegen Bildveröffentlichungen richten. Dies ist dann der Fall, wenn es sich bei der Erstveröffentlichung um eine **Fotomontage** handelt, die suggeriert, dass die entsprechende Situation wie abgebildet tatsächlich stattgefunden hat.[62] Ist diese Aussage unrichtig, weil die abgebildete Situation Ergebnis einer für den Betrachter nicht erkennbaren Fotomontage ist,[63] ist die Gewährung des Gegendarstellungsanspruchs konsequent.

57   Der Gegendarstellungsanspruch ist ein **Eilanspruch**. Wird die Gegendarstellung nicht freiwillig abgedruckt, kommt zu ihrer Durchsetzung praktisch ausschließlich das einstweilige Verfügungsverfahren in Betracht wenngleich für Bayern und Sachsen eine Zulässigkeit auch für eine Durchsetzung im Wege der Hauptsacheklage anerkannt wird.[64] Örtlich zuständig ist nach herrschender Meinung ausschließlich das Gericht am Sitz des Verlages.[65] Der Gegendarstellungsanspruch ist an eine Reihe unabdingbarer **Formalien** geknüpft. Er muss zunächst gegenüber dem Verpflichteten in Gestalt eines Abdruckverlangens geltend gemacht werden. Dem Abdruckverlangen muss die verlangte Gegendarstellung schriftlich (ein Fax ist nicht ausreichend[66]), in druckreifer Fassung und vom Anspruchsteller persönlich[67] unterzeichnet beigefügt sein.

58   In einer Reihe von Landespressegesetzen wird die Gegendarstellung einer dreimonatigen **Ausschlussfrist** unterstellt.[68] Demgegenüber hat zB in Bayern, wo eine entsprechende Ausschlussfrist im Gesetz nicht vorgesehen ist, die Rechtsprechung diese durch das ungeschriebene Tatbestandsmerkmal der **Aktualitätsgrenze** ersetzt. Danach kann die Gegendarstellung nur solange gefordert werden, so lange davon auszugehen ist, dass sich die Erstmitteilung noch „in den Köpfen der ursprünglichen Leser" befindet. Ob das der Fall ist, ist grds eine Frage des Einzelfalls und beurteilt sich nach diversen Kriterien, so bspw nach der Person des Betroffenen und dessen Stellung in der Öffentlichkeit sowie das Thema der Mitteilung und dessen Bedeutung für die Öffentlichkeit.[69] Nach der Rechtsprechung beträgt die Dauer der Aktualitätsgrenze bei einem durchschnittlichen Artikel in einer Tageszeitung in der Regel vier[70] und in einer wöchentlich erscheinenden Zeitschrift in der Regel vier bis sechs[71] Wochen.

---

60   *Seitz/Schmidt* Kap 5 Rn 181 mwN.
61   *Seitz/Schmidt* Kap 5 Rn 192 ff; *Söhring*/Hoehne § 29 Rn 20a.
62   LG München I NJW 2004, 606.
63   Vgl LG München I NJW 2004, 606; OLG Karlsruhe AfP 2011, 282.
64   *Wenzel/Burkhardt* Kap 11 Rn 222; *Seitz/Schmidt* Kap 9 Rn 85, 88; *Ricker/Weberling* Kap 28 Rn 3.
65   Zu Einzelheiten der örtlichen Zuständigkeit vgl *Seitz/Schmidt* Kap 9 Rn 11 ff.
66   OLG Hamburg AfP 2011, 72.
67   Zur umstrittenen Zulässigkeit der Unterzeichnung durch einen gewillkürten Stellvertreter in Berlin, Bremen, Niedersachsen, Sachsen-Anhalt vgl *Seitz/Schmidt* Kap 5 Rn 115 ff.
68   ZB § 11 Abs 2 S 3 Bad-WürtPrG, § 10 Abs 2 S 4 BerlPresseG, § 12 Abs 2 S 5 BbgPresseG, § 11 Abs 2 S 5 HambPrG, § 11 Abs 2 S 5 LandespresseG NRW, § 10 Abs 3 S 2 SächsPresseG.
69   OLG München AfP 2012, 161, 162.
70   OLG München NJW-RR 2002, 1271; OLG München NJW-RR 2001, 832; OLG München AfP 2012, 161, 162; vgl auch *Seitz/Schmidt* Kap 5 Rn 61.
71   OLG München NJW-RR 2001, 832; vgl auch *Seitz/Schmidt* Kap 5 Rn 61.

Über den Vorstoß des LG München I, die Rechtsprechung zur flexiblen Aktualitätsgrenze 59
abzuschaffen und in Analogie zu Landesrundfunk- und Landesmediengesetz durch eine kenntnis- und verschuldensunabhängige zweimonatige Ausschlussfrist zu ersetzen,[72] hat das OLG München soweit ersichtlich bislang nicht entschieden. Im konkreten vom LG München I entschiedenen Fall musste das OLG München[73] die Frage nicht abschließend klären, da die regelmäßig anerkannten Fristen zur Bestimmung der Aktualitätsgrenze nur knapp überschritten waren. Da die Rechtsprechung diese Standardfristen jeweils nur auf Veröffentlichungen von durchschnittlicher Bedeutung anwendet, im konkreten Fall hinsichtlich Thematik und Aufmachung aber von einem überdurchschnittlich bedeutungsvollen Fall ausgegangen wurde, sah das OLG München die Aktualitätsgrenze noch für eingehalten an und ließ die Frage nach der zukünftigen Bemessung der Aktualitätsgrenze offen.

III. Widerruf

Während der Gegendarstellungsanspruch dem *Betroffenen* die Möglichkeit gibt, selbst mit eige- 60
nem Namenszug einen Sachverhalt im Eilverfahren anders als verbreitet darzustellen, zeichnet sich der Widerrufsanspruch dadurch aus, dass der **Verbreiter** einer Veröffentlichung – zumeist also der Verlag – zum Widerruf seiner ursprünglichen Behauptung gezwungen wird. Voraussetzung für diesen Anspruch ist ebenso wie im Falle der Gegendarstellung eine Tatsachenbehauptung. Eine Meinungsäußerung mag zwar als überzogene Schmähkritik unzulässig sein und bei besonders schwerwiegenden Persönlichkeitsrechtsverletzungen sogar einen Geldentschädigungsanspruch begründen. Die Verpflichtung zum Widerruf bzw zur Berichtigung der eigenen Meinung verbietet allerdings schon das Grundrecht der Meinungsfreiheit.

Der Widerrufsanspruch ist ein aus der analogen Anwendung von § 1004 BGB folgender Fol- 61
genbeseitigungsanspruch, der aus der Verletzung des Persönlichkeitsrechts abgeleitet wird.[74] Er steht demjenigen zu, über den unwahre **Tatsachenbehauptungen** verbreitet wurden, die sein Persönlichkeitsrecht auch zum Zeitpunkt der Entscheidung weiterhin beeinträchtigen.

Der Widerrufsanspruch beinhaltet eine Reihe von **Fallgruppen**, die je nach Fallgestaltung 62
auf Richtigstellung, auf Nichtaufrechterhaltung, auf Ergänzung oder auf Distanzierung gerichtet sein können. Die Vielfalt der Ansprüche ist in der Rechtsprechung weitgehend geklärt, wenngleich die dogmatische Einordnung schwierig bleibt.[75]

Der Widerrufsanspruch ist als schwerwiegender Eingriff in die Pressefreiheit anerkannt. Er 63
unterliegt deshalb, im Gegensatz zur Gegendarstellung, einem **strengen Wahrheitsbeweis** und ist deshalb nur im **Hauptsacheverfahren** durchsetzbar.

Ebenso wie die Gegendarstellung sind auch ein Widerruf bzw eine Berichtigung grds **an** 64
demselben Ort und in derselben Aufmachung abzudrucken, wie die Ursprungsveröffentlichung. Dabei ist allerdings stets das **Maß der Verhältnismäßigkeit** im Auge zu behalten. Für die Veröffentlichung einer Gegendarstellung auf der **Titelseite** hat das BVerfG klargestellt, dass damit die Titelseite nicht ihre Funktion verlieren darf. Es muss weiterhin möglich sein, auf der Titelseite das Blatt zu identifizieren, die als besonders wichtig erachteten Mitteilungen aufzunehmen und das Interesse des Publikums zu erregen.[76] Im Falle des Widerrufs gebietet es schon der bis zum Abdruck in der Regel viel weiter fortgeschrittene Zeitablauf, die Grenze der Verhält-

---

72 LG München I NJW-RR 2005, 56.
73 OLG München Urt v 11.1.2005 – Az 18 U 5011/04.
74 BVerfG NJW 1998, 1381, 1383; BVerfG NJW 1999, 1322, 1324; BGH AfP 2000, 167, 169.
75 BVerfG NJW 1998, 1381, 1383; *Seyfarth* NJW 1999, 1287, 1293.
76 BVerfG NJW 1998, 1381, 1384.

nismäßigkeit noch enger zu bemessen und einen Abdruck auf der Titelseite nur in Ausnahmefällen zuzulassen.

65 Rechtsprechung und Literatur bestätigen stets aufs Neue, dass ein Anspruch auf Widerruf neben einer unwahren Tatsachenbehauptung voraussetzt, dass die damit verbundene **Beeinträchtigung für den Betroffenen noch andauert**. Bedauerlicherweise wird dieses an sich unstreitige Tatbestandsmerkmal von den Gerichten in der Praxis kaum einer ernsthaften, eigenständigen Überprüfung unterzogen. Vielmehr wird die fortdauernde Rechts- bzw Rufbeeinträchtigung meist automatisch aus der Schwere der Rechtsverletzung gefolgert. Dies überzeugt nicht.

66 Angesichts der Fülle der Medien wird eine unrichtige Behauptung oft sehr schnell durch neue Schlagzeilen überlagert und von den Lesern nicht in Erinnerung behalten. Es ist deshalb durchaus denkbar, dass eine – auch schwerwiegende – Rechtsverletzung den Betroffenen zum Zeitpunkt der Entscheidung über einen Widerruf nicht mehr beeinträchtigt. Insoweit wäre es konsequent entweder auf das Tatbestandsmerkmal der **fortdauernden Rufbeeinträchtigung** zu verzichten und es – ähnlich dem Geldentschädigungsanspruch – von vorne herein nur auf eine schwerwiegende Persönlichkeitsrechtsverletzung ankommen zu lassen oder das beschriebene Tatbestandsmerkmal der „Fortdauer" ernsthaft als solches zu behandeln und im konkreten Fall jeweils zu prüfen. Die fortdauernde Beeinträchtigung stattdessen automatisiert aus der Schwere der Verletzung abzuleiten, wie es in der Rechtsprechung zumeist geschieht, überzeugt demgegenüber nicht.

67 Eine wichtige Rolle kommt der Geltendmachung eines Widerrufsanspruchs als **Vorbereitung für etwaige Geldentschädigungsansprüche** zu. Ein Anspruch auf immaterielle Geldentschädigung besteht unabhängig von seinen weiteren Voraussetzungen nur dann, wenn die Zubilligung einer Entschädigung in Geld unbedingt erforderlich ist, da eine Wiedergutmachung anders nicht in ausreichendem Maße erzielt werden kann. Hieraus folgert die Rechtsprechung zu Recht, dass ein Geldentschädigungsanspruch in der Regel dann scheitert, wenn der Abdruck eines Widerrufs im Vorfeld nicht ernsthaft gefordert bzw auf eine gerichtliche Durchsetzung verzichtet wurde, obwohl er geeignet gewesen wäre, die Rechtsverletzung zu beheben.[77]

IV. Zahlungsansprüche

68 Eine zunehmend wichtige Rolle spielen die Zahlungsansprüche infolge rechtswidriger Presseveröffentlichungen.

69 Der Grund hierfür liegt zum einen in der zunehmenden Kommerzialisierung von Persönlichkeitsrechten. Werden Prominente ohne ihre Einwilligung für Werbemaßnahmen eingesetzt, folgen hieraus oft hohe Schadensersatz- bzw Lizenzansprüche, die meist sowohl aus Delikts-, als auch aus Bereicherungsrecht hergeleitet werden. Bei der Berechnung der **fiktiven Lizenzgebühr,** die ein Prominenter für eine entsprechende Werbung hätte verlangen können, geht die Rechtsprechung zum Teil von Beträgen in Millionenhöhe aus.[78] Ein pauschalierter Zuschlag, wie er in Form der doppelten Lizenzgebühr in den „GEMA"-Fällen anerkannt ist und teilweise für das gesamte Immaterialgüterrecht gefordert wird, wird für die Verletzung von Persönlichkeitsrechten bislang nicht diskutiert.[79]

---

77 BVerfG NJW-RR 2007, 1194; OLG Stuttgart NJW 1981, 2817; OLG München NJW-RR 2000, 427; KG AfP 1974, 720.
78 Das LG München I hat den Werbewert von Boris Becker in einer der Höhe nach allerdings inzwischen aufgehobenen Entscheidung mit € 1,2 Mio beziffert, vgl LG München I ZUM 2003, 416; aufgehoben durch BGH NJW-RR 2010, 855.
79 Wandtke/Bullinger/v Wolff § 97 Rn 78.

Zum anderen haben seit den viel besprochenen Caroline-Urteilen hohe **Geldentschädi-** 70
gungsbeträge für immaterielle Schäden Einzug in das Presserecht gehalten. Es steht heute[80]
außer Frage, dass im Falle **besonders schwerer Persönlichkeitsrechtsverletzungen**, die nicht
anders als durch eine Entschädigung in Geld ausgeglichen werden können, aus § 823 Abs 1 BGB
iVm Art 1 und 2 Abs 1 GG ein Geldentschädigungsanspruch für erlittene immaterielle Schäden
folgt. Dieser immaterielle Entschädigungsanspruch soll sowohl dem Betroffenen Genugtuung
verschaffen, als auch präventive Zwecke erfüllen. Eine Funktion des Geldentschädigungsanspruchs als strafrechtliche Sanktion lehnt die Rechtsprechung ab.[81]

Während die Prüfung eines schuldhaften Handelns im Rahmen dieses Anspruchs in der Re- 71
gel entfällt, weil ein solches Verschulden indiziert wird, spielt die Abgrenzung zwischen einer
„nur" rechtswidrigen und einer „besonders schwerwiegenden" Persönlichkeitsrechtsverletzung
eine wichtige Rolle. Die Grenzziehung wird stets nur im Einzelfall möglich sein. Sie hängt sowohl von der Tragweite des Eingriffs selbst ab, als auch von Anlass, Beweggrund und Verschuldensgrad des Verletzers.[82]

Die bislang höchste immaterielle Geldentschädigung wegen Presseveröffentlichungen wurde 72
Madeleine von Schweden zugesprochen. Das OLG Hamburg[83] verurteilte die Beklagte, die in der
Zeit von Januar 2000 bis Juli 2004 in zwei unterschiedlichen Zeitschriften insgesamt 86 Beiträge
über die Klägerin auf unstreitig unwahrer Tatsachengrundlage veröffentlicht hatte, zu einer Geldentschädigung in Höhe von € 400.000. Dabei ging das Gericht davon aus, dass die zahlreichen
unwahren Berichte offensichtlich eine rücksichtslose Vermarktung der Persönlichkeitsrechte der
Prinzessin von Schweden zum Zwecke der Auflagensteigerung und Gewinnerzielung darstellten.

Ebenfalls hohe immaterielle Geldentschädigungen haben Caroline von Monaco und deren
jüngste Tochter Alexandra von Hannover zugesprochen erhalten. Für die Veröffentlichung von
Fotos, die Alexandra von Hannover als Säugling und Caroline von Monaco in Situationen elterlicher Zuwendung zu ihr zeigen, wurde zunächst der Mutter vom LG Hamburg[84] eine Geldentschädigung in Höhe von DM 125.000 zugesprochen und sodann für im wesentlichen dieselben
Veröffentlichungen der Tochter vom LG Berlin[85] – bestätigt durch das KG[86] und den BGH[87] – ein
Betrag in Höhe von DM 150.000.

Eine **Verfassungsbeschwerde** mit dem Argument, die zweifache Verurteilung wegen der- 73
selben Veröffentlichungen widerspreche dem verfassungsrechtlich verankerten Verbot der Doppelbestrafung gem Art 103 GG (ne bis in idem), blieb ohne Erfolg.[88] Dies wurde vom BVerfG
damit begründet, dass die Geldentschädigung keine Kriminalstrafe sei und auch keine ihr vergleichbare Sanktion darstelle. Mit dem Hauptargument der Beschwerdeführerin, dass ein Strafcharakter zumindest dann nicht von der Hand zu weisen sei, wenn – wie hier – die Betroffene
als Säugling sich der Rechtsverletzung nicht bewusst war und der Genugtuungsgedanke somit
keine große Rolle spielen kann, setzte sich das BVerfG nicht weiter auseinander. Die Richtigkeit
der Absolutheit, mit der das BVerfG einen Strafcharakter der Geldentschädigung für immaterielle Schäden verneint, ist aus dem genannten, aber noch aus einem weiteren Grund fraglich. Es
besteht Einigkeit darüber, dass bei der Frage, ob eine Persönlichkeitsrechtsverletzung als be-

---

80 Zur Entstehungsgeschichte des Anspruchs vgl Wenzel/*Burkhardt* Kap 14 Rn 83 ff.
81 BGH NJW 2005, 215, 216.
82 Wenzel/*Burkhardt* Kap 14 Rn 102 mit zahlreichen Beispielen aus der Rspr; *Heuchemer* AfP 2010, 222 unter Besprechung von BGH GRUR 2010, 171.
83 OLG Hamburg NJW 2010, 624.
84 LG Hamburg Urt v 21.9.2001 – Az 324 O 89/01.
85 LG Berlin Urt v 11.12.2001 – Az 27 O 361/01.
86 KG ZUM-RD 2003, 527.
87 BGH NJW 2005, 215.
88 BVerfG ZUM-RD 2007, 1.

sonders schwerwiegend anzusehen ist oder nicht, auch der Grad des Verschuldens des Verletzers eine Rolle spielt. Dies zeigt aber, dass mit dem Zuspruch einer Geldentschädigung zumindest *auch* ein besonders hohes Verschulden sanktioniert werden soll. Der Geldentschädigung vor diesem Hintergrund grds jegliche Straffunktion abzusprechen erscheint nicht konsequent und steht zudem in Widerspruch dazu, dass das BVerfG bereits sehr früh anerkannte, dass der Geldentschädigung „pönale Elemente" nicht fremd seien.[89]

74 Als Besonderheit des geschilderten Falls um Caroline von Monaco und Alexandra von Hannover bleibt zu erwähnen, dass die besondere Schwere der Persönlichkeitsrechtsverletzung in diesem Fall nicht aus den einzelnen Bildern, sondern vielmehr aus der **hartnäckigen Wiederholung** der Veröffentlichung gefolgert wurde. Der oft fälschlich verbreitete Grundsatz, die rechtswidrige Veröffentlichung von Fotos Minderjähriger habe stets einen Geldentschädigungsanspruch zur Folge, ist nicht richtig. Keineswegs wird von der Rechtsprechung die einmalige Veröffentlichung des Fotos eines Minderjährigen automatisch als schwerwiegende Persönlichkeitsrechtsverletzung im Sinne eines immateriellen Geldentschädigungsanspruchs gesehen. Vielmehr bedarf es hierzu besonderer Umstände oder – wie im erwähnten Fall – einer hartnäckigen und wiederholten Widersetzung gegen den erklärten Willen der Betroffenen. Dabei ist zu beachten, dass – wie das OLG Hamburg[90] zu Recht klarstellte – die oben dargestellte sog „Hartnäckigkeitsrechtsprechung" nur im Rahmen rechtswidriger Bild-, demgegenüber nicht bei Textveröffentlichungen Anwendung finden kann. Der erhebliche Unterschied zwischen den beiden Formen der Persönlichkeitsrechtsverletzung liegt dabei darin, dass das Persönlichkeitsrecht in der besonderen Gestalt des Rechts am eigenen Bild in den §§ 22, 23 KUG scharf umrissen normiert ist, während bei Persönlichkeitsverletzungen durch Wortbeiträge auf die allgemeinen Grundrechtsnormen der Art 1 und 2 GG zurückgegriffen werden muss. Darüber hinaus erreichen Persönlichkeitsrechtsverletzungen durch Wortberichterstattungen nur ganz selten dieselbe Qualität wie solche durch Bildveröffentlichungen. Eine Übertragung der „Hartnäckigkeitsrechtsprechung" auf den Bereich der Wortberichterstattung käme einer übermäßigen Einschränkung der Pressefreiheit gleich.

75 Neben den vorgenannten Ansprüchen auf fiktive Lizenzgebühr und immaterielle Geldentschädigung kommt dem **materiellen Schadensersatzanspruch** wegen rechtswidriger, schuldhafter Presseveröffentlichungen in der Praxis nur eine untergeordnete Rolle zu. Zwar hat das BVerfG anerkannt, dass ein solcher Schadensersatzanspruch keine Verletzung der Pressefreiheit begründet, und zwar selbst dann nicht, wenn er die wirtschaftliche Grundlage des Pressunternehmens berührt.[91] Allerdings scheitert ein solcher Anspruch zumeist an den strengen Anforderungen, die an den Nachweis der Kausalität zwischen rechtswidriger Veröffentlichung und Schadenseintritt gestellt werden. Vor allem dann, wenn über skandalträchtige Sachverhalte in einer Vielzahl von Medien gleichzeitig berichtet wird, wird der Verletzte oft außer Stande sein nachzuweisen, auf welches Medium ein bestimmter Schadenseintritt zurückgeht.[92]

§ 3
Tatsachen und Meinungen

76 Am Anfang jeder Prüfung eines presserechtlichen Anspruchs steht die Frage, ob es sich bei der zu beurteilenden Äußerung um eine Tatsachenbehauptung oder um eine Meinungsäußerung

---

89 BVerfG GRUR 1974, 44, 50.
90 OLG Hamburg ZUM 2009, 234.
91 BVerfG NJW 2001, 1639.
92 *Soehring*/Hoehne § 32 Rn 5.

handelt. Der **Abgrenzung zwischen Tatsachenbehauptung und Meinungsäußerung** kommt daher eine grundlegende Rolle zu.

Dies ist zum einen schon deshalb der Fall, weil sich einige presserechtlichen Ansprüche von vorne herein nur auf (unwahre) Tatsachenbehauptungen beziehen. Der Abdruck einer Gegendarstellung oder eines Widerrufs kommt nur in Bezug auf Tatsachenbehauptungen in Betracht. Mögen Meinungsäußerungen jenseits bestimmter Grenzen auch unzulässig und sogar geldentschädigungspflichtig sein, so widerspräche es doch der grundlegenden Vorstellung der Meinungsfreiheit, jemanden zum Widerruf seiner eigenen Meinung zu zwingen. Noch weniger ist es denkbar, jemandem das Recht zur Gegendarstellung in Bezug auf die Meinung eines anderen einzuräumen. Denn eine Meinung ist und bleibt eine persönliche Meinung, die nicht „wahr" oder „unwahr" sein kann. 77

Zum anderen spielt die Einordnung einer Äußerung als Tatsache oder Meinung aber auch im Rahmen der Prüfung von Unterlassungs- und Schadensersatzforderungen eine wichtige Rolle. Zwar ist nach höchstrichterlicher Rechtsprechung anerkannt, dass sich das **Grundrecht der Meinungsfreiheit** grds auch auf Tatsachenbehauptungen bezieht, jedenfalls dann, wenn diese Tatsachen geeignet sind, Grundlage für die Bildung von Meinungen zu sein.[93] Jedoch schützt das Grundrecht der Meinungsfreiheit Tatsachen und Meinungen nicht in identischem Umfang. 78

Während bei Tatsachenbehauptungen die Frage nach dem **Wahrheitsbeweis** eine große Rolle spielt, ist dies bei Meinungsäußerungen nicht der Fall. Meinungen sind in sehr weitem Umfang, grds bis zur Grenze von Beleidigung und **Schmähkritik**, zulässig und können bis zu dieser Grenze auch weder Unterlassungs- noch Zahlungsansprüche auslösen. Insoweit ist der Schutz der Meinungsfreiheit aus Art 5 GG bei Meinungsäußerungen weit stärker ausgeprägt als bei Tatsachenbehauptungen.[94]

I. Tatsachen

Eine Tatsachenbehauptung ist nach herrschender Meinung gegeben, wenn das Gesagte nach dem Verständnis des Durchschnittsempfängers der objektiven Klärung zugänglich ist, dh wenn Beweis darüber erhoben werden kann, ob die Tatsache zutrifft oder nicht.[95] 79

1. Unwahre Tatsachen

Wahre Tatsachen nehmen am Grundrechtsschutz des Art 5 GG teil, da sie als Grundlage für die Meinungsbildung ebenso wichtig sind, wie die Verbreitung der Meinungen selbst. Nach der Rechtsprechung des BVerfG endet dieser Schutz allerdings dort, wo Tatsachen zur Meinungsbildung nichts mehr beitragen können. Dies wird für unwahre Tatsachenbehauptungen angenommen, die insoweit kein schützenswertes Gut sind.[96] 80

Allerdings dürfen die Anforderungen an die Wahrheitspflicht nicht so bemessen werden, dass darunter die Funktion der Meinungsfreiheit leidet und auch zulässige Äußerungen aus Furcht vor Sanktionen unterlassen werden.[97] Es kann durchaus der Aufgabe der Presse entsprechen, über Vorgänge zu berichten, bevor der endgültige Wahrheitsbeweis erbracht ist oder erbracht werden kann. In solchen Fällen gilt, dass mitunter auch unwahre Tatsachen am Grundrecht der Meinungs- 81

---

[93] BVerfG NJW 1992, 1439, 1440; BVerfG NJW 1980, 2072; BVerfG NJW 1983, 1415.
[94] BGH NJW 2007, 686.
[95] BVerfG NJW 2002, 1192; vgl auch *Soehring*/Hoehne § 14 Rn 3.
[96] BVerfG NJW 1992, 1439, 1440; BVerfG NJW 1983, 1415.
[97] BVerfG NJW 1994, 1779 unter weiterem Verweis auf BVerfG NJW 1980, 2072; BVerfG NJW 1983, 1415.

freiheit teilhaben können. Voraussetzung hierfür ist allerdings, dass der Journalist eine sorgfältige Recherche nachweisen kann und darüber hinaus ein bedeutendes öffentliches Interesse an der Mitteilung der ungesicherten Tatsache besteht. Die trotz sorgfältiger Recherche verbleibende Unsicherheit muss zudem offengelegt und dem Leser mitgeteilt werden.[98]

2. Verschwiegene Tatsachen

82 Auch das Verschweigen von Umständen kann eine Tatsachenbehauptung darstellen. Dies ist vor allem dann der Fall, wenn eine bestimmte Schlussforderung bei Mitteilung der verschwiegenen Tatsache weniger wahrscheinlich gewesen wäre und damit beim Leser infolge des Verschweigens ein falscher Eindruck entsteht. Eine besonders wichtige Rolle spielt dies bei der Mitteilung entlastender Umstände im Rahmen von Verdachtsberichterstattungen.

83 Der BGH[99] nahm einen Fall rechtswidrig verschwiegener Tatsachen zB in Zusammenhang mit einem Bericht an, bei dem es um die Vergabe eines öffentlich-rechtlichen Bauauftrags und einen damit in Zusammenhang stehenden Korruptionsverdacht ging. Der Bericht hatte über die langjährige persönliche Beziehung zwischen den Beteiligten berichtet sowie darüber, dass diese Beteiligten den Auftrag persönlich verhandelt und das fragliche Bauunternehmen den Auftrag letztlich erhalten hatte. Über die Wahrheit all dieser Aussagen bestand kein Streit. Gleichwohl bejahte der BGH Unterlassungsansprüche, da in dem Bericht verschwiegen worden war, dass das betroffene Unternehmen auch das betragsmäßig niedrigste Angebot abgegeben hatte. Dieser Umstand hätte nach Auffassung des BGH in den Augen der Leser eine Entlastung bewirken können, weshalb er nicht hätte verschwiegen werden dürfen.

3. Gerüchte

84 In der Wiedergabe eines Gerüchts liegt sowohl eine Tatsachenbehauptung in Bezug auf die **Existenz des Gerüchts** als auch in Bezug auf seinen **Inhalt**. Nur wenn an der Verbreitung des Gerüchts ein öffentliches Interesse besteht und sich der Äußernde hinreichend deutlich von dem **Inhalt des Gerüchts** distanziert hat, beschränkt sich der Gehalt der Äußerung auf die reine Existenz des Gerüchts.[100] Andernfalls umfasst die Äußerung aus Sicht des Empfängers zugleich die – verdeckte – Behauptung, dass das Gerücht „wahr" oder zumindest „etwas Wahres daran" sei.[101] Ist eine ausreichende Distanzierung nicht gegeben, stehen dem von dem Gerücht Betroffenen gegen den Verbreiter dieselben Ansprüche zu wie gegen denjenigen, der den Inhalt als Tatsachenbehauptung aufstellt.

85 Der Inhalt des Gerüchts wird somit demjenigen zugerechnet, der das Gerücht wiedergibt, solange er sich nicht ernsthaft und eindeutig davon distanziert hat. An eine solche Distanzierung werden in der Rechtsprechung hohe Anforderungen gestellt. Die Kennzeichnung als „Gerücht" oder die Formulierung, etwas sei „angeblich" geschehen, reicht hierfür nicht aus.[102] Das OLG Brandenburg ließ auch die vom Verbreiter geäußerte Hoffnung, dass das Gerücht nicht zutreffe, nicht für eine Distanzierung ausreichen. Dabei hatte der Äußernde in diesem Fall allerdings gleichzeitig mitgeteilt, das Gerücht sei ihm „glaubhaft zu Ohren gekommen" und hatte Umstände angeführt, die aus seiner Sicht für die Richtigkeit des Gerüchts sprachen.[103]

---

98 Vgl ausf zur Verdachtsberichterstattung unter § 6.
99 BGH NJW 2000, 656.
100 BGH NJW 1996, 1131, 1132; OLG Brandenburg NJW-RR 2002, 1269.
101 OLG Brandenburg NJW-RR 2002, 1269.
102 LG München I NJW-RR 1999, 104.
103 OLG Brandenburg NJW-RR 2002, 1269.

Entsprechendes gilt auch, wenn ein von einem Presseorgan bereits verbreitetes Gerücht von einem anderen Verlag aufgegriffen wird. Der BGH hatte dies anhand eines Falls zu entscheiden, in dem zunächst die französische Zeitschrift „Ici Paris" über Hochzeitsgerüchte um Caroline von Monaco berichtet hatte. Sodann titelte eine deutsche Zeitschrift: *„Ici Paris will wissen: Hochzeit im September ..."*. Der BGH rechnete das Gerücht der deutschen Zeitschrift als eigene Aussage zu.[104] Er begründete die Zurechenbarkeit damit, dass es an einer Distanzierung fehle. Insb habe der deutsche Verlag den Eindruck erweckt, dass er das verbreitete Gerücht für zutreffend hält, indem er die Aussage in einem Herz aus Blumen neben der Schlagzeile *„Caroline im Glück"* veröffentlicht hatte.

4. Fragen

Bei Fragen wird in der Rechtsprechung zwischen **echten und unechten Fragen** unterschieden. Echte Fragen sind solche, die tatsächlich im Ergebnis offen gestellt werden und es dem Leser überlassen, aus den mitgeteilten Umständen die für ihn wahrscheinlichste Antwort auf die Frage zu finden. Derartige Fragen unterliegen in vollem Umfange dem Schutz der Meinungsäußerung nach Art 5 Abs 1 GG und stehen Meinungsäußerungen gleich.[105]

Demgegenüber sind unechte Fragen solche, die ausschließlich rhetorischen Charakter haben und als feststehende Aussagen aufzufassen sind. Hierbei handelt es sich um Fragen, die dem Leser eine bestimmte Antwort bereits suggerieren. Derartige Fragen sind wie Tatsachenbehauptungen zu behandeln.[106]

Bei der Bestimmung, ob ein Fragesatz eine echte oder eine unechte Frage darstellt, sind der Kontext und die Umstände der Äußerung insgesamt zu berücksichtigen. Die als Schlagzeile von einer Zeitung gestellte Frage *„U im Bett mit Caroline?"* wertete der BGH[107] als unechte Frage und hielt einen Richtigstellungsanspruch für begründet. Dabei berücksichtigte er insb auch den Untertitel der Schlagzeile: *„In einem Playboy-Interview antwortet er eindeutig zweideutig."*. Insb dieser zweite Teil der Äußerung suggeriere dem Leser, dass die bejahende Alternative vorrangig in Betracht komme.

Ob diese Entscheidung des BGH mit dem Grundsatz des BVerfG[108] vereinbar ist, wonach im Interesse eines wirksamen Grundrechtsschutzes im Zweifel von einem **weiten Fragebegriff** auszugehen ist, darf mit Recht bezweifelt werden. Insb erscheint fraglich, ob die vom BGH angenommene Suggestion, dass eine bestimmte Antwort auf die Frage *vorrangig* in Betracht komme, ausreicht, um in einer Fragestellung eine unechte Frage zu sehen, die einer Tatsachenbehauptung gleich kommt. Richtigerweise sollte hierfür die nahezu *zwingende* Beantwortung der Frage in die eine oder andere Richtung verlangt werden.

5. Zitate

Im Falle von wörtlich wiedergegebenen Zitaten eines Dritten stellen sich in der Regel zwei getrennt voneinander zu betrachtende Problemkreise.

Zum einen beinhaltet jedes **wörtliche Zitat** automatisch die Tatsachenbehauptung, dass sich der Zitierte entsprechend geäußert hat.[109] Wie jede andere Tatsachenbehauptung auch,

---

104 BGH NJW 1995, 861.
105 BVerfG AfP 1992, 51; OLG Hamburg AfP 1995, 517; *Soehring*/Hoehne § 14 Rn 19a und § 16 Rn 6a.
106 BGH AfP 2004, 124; *Soehring*/Hoehne § 14 Rn 19 und § 16 Rn 6.
107 BGH NJW 2004, 1034.
108 BVerfG NJW 1992, 1442; BVerfG NJW 2003, 660.
109 *Soehring*/Hoehne § 14 Rn 7 mwN.

muss dieser Umstand wahr sein. Wird ein Zitat in wörtlicher Rede wiedergegeben, so stellt die Rechtsprechung sehr hohe Anforderungen an die sog **Zitattreue**. Unrichtige Zitate sind durch Art 5 Abs 1 GG nicht geschützt.[110] Abweichungen vom tatsächlich Gesagten können auch dann Unterlassungsansprüche des Zitierten auslösen, wenn die Änderungen den Sinn des Zitats unberührt lassen.[111] Sind aus redaktionellen Gründen Kürzungen oder sonstige Änderungen des Zitats erforderlich, sollten diese deshalb entweder mit dem Zitierten abgeklärt oder das Zitat nicht in wörtlicher Rede wiedergegeben werden, wobei auch in letzterem Fall dem Zitierten selbstverständlich keine unrichtigen oder sinnentstellenden Äußerungen untergeschoben werden dürfen.

93   Unabhängig von der richtigen *Wiedergabe* eines Zitats spielt für den Verbreiter auch der **Inhalt des Zitats** eine wichtige Rolle. Auch ein zutreffend wiedergegebenes Zitat kann inhaltlich falsch oder beleidigend sein. Hier geht es um die Frage, inwieweit sich der Zitierende die Tatsachenbehauptung oder Meinungsäußerung des Zitierten zurechnen lassen muss. Neben dem Zitierten selbst haftet in der Regel auch der Zitierende für den rechtswidrigen Inhalt eines von ihm verbreiteten Zitats. Gegenteiliges gilt nur, wenn sich der Zitierende von dem Zitat ausdrücklich distanziert hat oder das Zitat im Rahmen eines „Marktes der Meinungen" wiedergegeben wurde.[112]

6. Innere Tatsachen

94 Ein Sonderfall unter den Tatsachenbehauptungen sind die sog inneren Tatsachen. Hierbei handelt es sich um **innere Vorgänge wie Absichten, Motive oder Gefühle**, zu denen letztlich nur der Betroffene selbst zuverlässig Auskunft geben kann. Grds ist die Mitteilung innerer Tatsachen nicht anders zu behandeln als andere Tatsachenbehauptungen. Der Wahrheitsbeweis ist in diesen Fällen allerdings besonders schwer zu führen. Wenn der Betroffene eine innere Tatsache bestreitet, hat der Äußernde in der Regel keine Handhabe das Gegenteil zu beweisen, es sei denn der Betroffene hat diese zB gegenüber Dritten kundgetan oder schriftlich fixiert.[113]

95   Hiervon zu unterscheiden sind Fälle, die noch als **Meinungsäußerung des Journalisten** einzuordnen sind. So ist bspw die Aussage, jemand sei traurig, wütend oder verärgert gewesen, eine innere Tatsache, die vom Betroffenen durch bloßes Bestreiten widerlegt werden kann. Ist die innere Tatsache dagegen als **Eindruck des Journalisten** formuliert, so wird es dem Betroffenen weit schwerer fallen, hiergegen zu argumentieren, da der persönliche Eindruck und damit die Meinung des Journalisten in vollem Umfange der Meinungsfreiheit nach Art 5 GG unterfällt.

7. Beweislast

96 Die Zulässigkeit von Tatsachenbehauptungen steht und fällt in der Regel mit der Frage, ob die betreffende Behauptung wahr oder unwahr ist. Die Frage der Beweislastverteilung spielt deshalb eine wichtige Rolle.

97   Grds muss derjenige, der die Unterlassung einer unrichtigen Tatsachenbehauptung begehrt, die Unrichtigkeit beweisen. Diese Beweislast kehrt sich jedoch um, wenn es um ehrenrührige Tatsachen geht. In diesem Fall muss in analoger Anwendung von § 186 StGB derjenige die Richtigkeit der Behauptung beweisen, der sich entsprechend geäußert hat.

---

110 BVerfG NJW 1980, 2072, 2073.
111 Zu einem gleichwohl zulässigen Abweichen mangels verbleibender Interpretationsunsicherheiten vgl OLG Brandenburg NJW-RR 2007, 1641.
112 Vgl Kap 1 Rn 223 f.
113 Vgl *Soehring*/Hoehne § 14 Rn 5a.

Das BVerfG hat anerkannt, dass der Äußernde der ihm obliegenden Darlegungslast für ehrenrührige Behauptungen durch Verweis auf unwidersprochen gebliebene Pressemitteilungen nachkommen kann.[114] Dies gilt jedoch nur, wenn diese Presseberichte zur Stützung der aufgestellten Behauptung geeignet sind.[115] Ist dem Äußernden dagegen bekannt, dass die Richtigkeit der verbreiteten Behauptung in Frage steht, so kann er sich auf diese Berichterstattung nicht stützen.[116] Es reicht nicht aus, wenn der Äußernde die ihm offen stehenden Nachforschungsmöglichkeiten ausgeschöpft hat. Eine nach seinem Kenntnisstand umstrittene oder zweifelhafte Tatsache muss er vielmehr als solche kennzeichnen und darf sie auch nach sorgfältiger Recherche nicht als feststehend weitergeben.[117]

98

II. Meinungen

1. Schutz der Meinungsfreiheit

Im Gegensatz zu einer Tatsachenbehauptung ist eine Meinung eine subjektive Wertung oder Beurteilung, die weder einem Beweis, noch einer Einordnung als „richtig" oder „falsch" zugänglich ist. Die ständige Rechtsprechung spricht insoweit von den **Elementen der Stellungnahme, des Dafürhaltens oder Meinens**.[118] Dabei gilt eine Äußerung nur dann als Meinung, wenn sie für den Durchschnittsempfänger als solche erkennbar ist. Die Mitteilung eines Umstandes als feststehendes Faktum kann vom Äußernden nicht nachträglich als seine persönliche Meinung relativiert werden.

99

Meinungsäußerungen unterfallen der grundgesetzlich geschützten Meinungsfreiheit. Der Schutz besteht hinsichtlich **Inhalt, Form, Ort und Zeit einer Meinungskundgabe** und zwar unabhängig davon, ob die Äußerung rational oder emotional, begründet oder grundlos, für andere nützlich oder schädlich, wertvoll oder wertlos ist.[119] Auch eine polemische oder verletzende Formulierung entzieht eine Aussage grds nicht dem Schutzbereich des Grundrechts.[120]

100

Die Meinungsfreiheit unterliegt den in Art 5 Abs 2 GG festgelegten **Schranken der allgemeinen Gesetze, der Bestimmungen zum Schutze der Jugend und dem Recht der persönlichen Ehre**. Dazu gehört insb auch der Straftatbestand der Beleidigung gem § 185 StGB, der die Meinungsäußerungsfreiheit einschränken kann. Allerdings muss auch § 185 StGB im Hinblick auf die konstituierende Bedeutung der Meinungsfreiheit für die freiheitlich demokratische Ordnung interpretiert werden. Lediglich bei Angriffen auf die Menschenwürde, die absolut gilt und mit keinem anderen Grundrecht abwägungsfähig ist, und bei Schmähkritik hat die Meinungsfreiheit regelmäßig hinter dem Ehrschutz zurückzustehen.[121]

101

2. Schmähkritik

Der Begriff der Schmähkritik ist wegen seines die Meinungsfreiheit des Art 5 Abs 1 GG verdrängenden Effekts eng auszulegen.[122] Auch eine überzogene, ungerechte oder gar ausfällige **Kritik**

102

---

114 BVerfG AfP 1992, 53.
115 BVerfG AfP 1999, 57.
116 BVerfG NJW-RR 2000, 1209, 1211.
117 BVerfG NJW-RR 2000, 1209.
118 BVerfG NJW 1983, 1415; BVerfG NJW 1992, 1439; BVerfG NJW 2002, 1193.
119 Vgl BVerfG AfP 1994, 126; BVerfG AfP 2012, 141 Rn 18.
120 BVerfG NJW 1995, 3303.
121 BVerfG NJW 1995, 3303.
122 BGH NJW 2005, 283; BVerfG ZUM 2013, 793 Rn 21; BVerfG AfP 2013, 388, 389.

macht eine Äußerung nicht automatisch zur unzulässigen Schmähung. Von einer solchen geht die ständige Rechtsprechung vielmehr nur dann aus, wenn bei der Äußerung nicht mehr die Auseinandersetzung in der Sache selbst, sondern die Diffamierung des Betroffenen im Vordergrund steht und dieser jenseits polemischer und überspitzter Kritik herabgesetzt und an den Pranger gestellt werden soll.[123] Hieraus folgt im Gegenschluss, dass auch polemische und überspitzte Kritik zulässig sein kann.

103 Lässt sich eine negative Äußerung weder als Angriff auf die Menschenwürde noch als **Formalbeleidigung oder Schmähung** einstufen, so kommt es für die Abwägung auf die Schwere der Beeinträchtigung der betroffenen Rechtsgüter an. Dabei fällt es auch ins Gewicht, ob von dem Grundrecht der Meinungsfreiheit in privatem Rahmen zur Verfolgung von Eigeninteressen oder im Zusammenhang mit einer die Öffentlichkeit wesentlich berührenden Frage Gebrauch gemacht wurde. Handelt es sich bei der umstrittenen Äußerung um einen Beitrag zur öffentlichen Meinungsbildung, so spricht nach der ständigen Rechtsprechung des BVerfG eine Vermutung zugunsten der Freiheit der Rede.[124]

104 Dieser ständigen Rechtsprechung entspricht zB eine Entscheidung des OLG Karlsruhe.[125] Streitgegenstand war eine Fernsehsendung, in der es um Missstände in der Vitaminindustrie ging. In diesem Zusammenhang wurde ein Arzt und Wissenschaftler als personifizierter Vertreter dieser Industrie vorgestellt und im Verlauf der Sendung als „Scharlatan" und „Pfuscher" bezeichnet. Das OLG Karlsruhe hielt die Aussagen für zulässig. Im Rahmen einer Auseinandersetzung über ein gesundheitspolitisches Thema von erheblichem öffentlichen Interesse müsse sich der Betroffene diese Äußerungen gefallen lassen. Entscheidend war für das Gericht dabei, dass sich der Beitrag insgesamt mit bestimmten Geschäftspraktiken auf dem Vitaminmarkt – also mit der Sache – auseinandersetzte und nicht vorrangig die Verunglimpfung des Klägers zum Ziel hatte.[126] In entsprechender Art und Weise hat das BVerfG die Bezeichnung einer Person als „Dummschwätzer"[127] und die Bezeichnung eines Staatsanwaltes als „durchgeknallt"[128] für zulässig erachtet, wenn die Äußerung nicht ohne sachlichen Anlass erfolgt, sondern dadurch gezielt – im ersten Fall – die Äußerungen der Person in einer bestimmten Debatte gemeint ist, oder – im zweiten Fall – nicht die grundlose Diffamierung des Staatsanwaltes, sondern die Kritik an der Ausübung staatlicher Gewalt im Vordergrund steht. Vor kurzem hat das BVerfG die Bezeichnung eines Anwalts als „Winkeladvokat" ebenfalls für zulässig gehalten.[129] So diente die Äußerung nach Auffassung des BVerfG einer sachlichen Auseinandersetzung, in welcher die unklare Gesellschaftsform (Sozietät oder Kooperation) des Anwalts kritisiert wurde.

105 Insgesamt wird scharfe Kritik vor allem dann für zulässig erachtet und nicht als Schmähkritik eingestuft, wenn sie im Rahmen einer öffentlichen Auseinandersetzung zu einem **Thema von öffentlichem Interesse** erfolgt. Entsprechend hatte es auch der BGH[130] für zulässig erachtet, den Vorstandsvorsitzenden eines großen Chemieunternehmens im Rahmen der öffentlichen Diskussion über den Klimaschutz auf einem Greenpeace-Plakat, das sich gegen die FCKW-Produktion aussprach mit dem Text „Alle reden vom Klima – Wir ruinieren es", identifizierbar abzubilden und zu benennen.

---

123 BVerfG ZUM 2013, 793 Rn 21; BGH NJW 2005, 283 und BGH NJW 2002, 1192, jeweils mit Verweis auf BGH NJW 2000, 1036 und BGH NJW 2000, 3421.
124 BVerfG NJW 1958, 257.
125 OLG Karlsruhe NJW-RR 2002, 1695.
126 OLG Karlsruhe NJW-RR 2002, 1695, 1696.
127 BVerfG NJW-RR 2009, 749.
128 BVerfG NJW-RR 2009, 3016.
129 BVerfG AfP 2013, 388.
130 BGH NJW 1994, 124.

Um angreifbar zu sein, muss sich eine unzulässige Schmähkritik nach außen wenden. So können zB nach ständiger und zutreffender Rechtsprechung des BGH ehrkränkende Äußerungen, die der **Rechtsverfolgung oder Rechtsverteidigung** in einem Gerichtsverfahren oder dessen konkreter Vorbereitung dienen, in aller Regel nicht unter Berufung auf Ehrschutz abgewehrt werden. Denn das Ausgangsverfahren soll nicht durch eine Beschneidung der Äußerungsfreiheit der daran Beteiligten beeinträchtigt werden. Vielmehr sollen die Parteien und auch ihre Prozessbevollmächtigten in einem Gerichtsverfahren alles vortragen dürfen, was sie zur Wahrung der Rechte ihrer Parteien für erforderlich halten, auch wenn hierdurch die Ehre eines anderen berührt wird.[131] Dies gilt aber dann nicht mehr, wenn die entsprechenden Äußerungen außerhalb des Verfahrens in einer Art Rundschreiben, mit dem der sich Äußernde an die Öffentlichkeit tritt, aufgestellt werden.

106

3. Politischer Meinungskampf

Äußerungen im politischen Meinungskampf müssen gesondert beurteilt werden. Zwar darf auch insoweit weder Unwahres verbreitet noch Schmähkritik geübt werden. Es kann jedoch im Interesse, die Öffentlichkeit in wirksamer Weise auf politisch bedenkliche Entwicklungen aufmerksam zu machen, durchaus auch eine entschiedene und scharfe Stellungnahme geboten sein.[132] Das BVerfG erkennt die Meinungsfreiheit in ihrer Kernbedeutung als Voraussetzung für freie und offene politische Prozesse an. Geht es bei einer zu beurteilenden Äußerung um einen Beitrag zum geistigen Meinungskampf in einer die Öffentlichkeit wesentlich berührenden Frage, so dürfen keine überhöhten Anforderungen an die Zulässigkeit öffentlicher Kritik im politischen Meinungskampf gestellt werden. Gegenteiliges ist mit Art 5 GG nicht vereinbar. Dabei spielt es auch eine wichtige Rolle, ob der sich Äußernde private oder eigennützige Ziele verfolgt, ob es ihm vorsätzlich um die Kränkung des Gegners geht, oder ob er sich vorrangig in der Sache äußert. Ist letzteres der Fall, ist die Äußerung in der Regel zulässig.

107

Auch der EGMR erkennt an, dass die **Freiheit der politischen Diskussion** zum Kernbereich des Begriffs einer demokratischen Gesellschaft gehört und zieht die Grenzen zulässiger Kritik bei Politikern weiter als bei Privatpersonen. Anders als Privatpersonen setzten sich Politiker unvermeidlich und wissentlich der eingehenden Kontrolle aller ihrer Worte und Taten durch die Presse und die Öffentlichkeit aus und müssen daher ein größeres Maß von Toleranz zeigen. Der im Rahmen einer politischen Kontroverse von einem Journalisten getätigte Vorwurf, Äußerungen des damaligen österreichischen Bundeskanzlers Kreisky seien „unmoralisch", „würdelos" und „übelster Opportunismus" durften nach Ansicht des EGMR daher nicht – wie von den österreichischen Gerichten geschehen – untersagt werden.[133]

108

Für zulässig hielt auch das BVerfG[134] Äußerungen in einem Interview, in dem der verstorbene bayerische Ministerpräsident Strauß als „Zwangsdemokrat" bezeichnet worden war. Das Gericht lehnte eine Einstufung des Begriffs „Zwangsdemokrat" als Schmähkritik ab. Dabei spielte es allerdings auch eine entscheidende Rolle, dass der Interviewte den Begriff des „Zwangsdemokraten" zunächst allgemein erläutert hatte und es ihm nach Auffassung des Gerichts primär darum ging, auf die Gefährdung der demokratischen Ordnung durch Personen hinzuweisen, die diese Staatsform nur äußerlich anerkennen, innerlich aber ablehnen. Strauß wurde nur als Beispiel für den Typus des „Zwangsdemokraten" genannt, im Vordergrund blieb die Sachaussage. Als Konsequenz hieraus vertrat das BVerfG die Auffassung, dass sich „... *im Rahmen einer Aus-*

109

---

131 BGH NJW 2005, 279; BGH NJW 1992, 1314.
132 BGH GRUR 1960, 449, 454.
133 EGMR NJW 1987, 2143.
134 BVerfG NJW 1991, 95.

einandersetzung um die Sache ... auch ein demokratischer Politiker den in der Bezeichnung „Zwangsdemokrat" enthaltenen Vorwurf gefallen lassen muß."[135]

III. Abgrenzungsproblematik

110 Tatsachenbehauptungen sind objektive, dem Beweis zugängliche Umstände. Meinungen sind subjektive Einschätzungen des sich jeweils Äußernden. Soweit die Theorie.

111 In der Praxis erweist sich die **Einordnung** als Meinungsäußerung oder Tatsachenbehauptung jedoch in der weit überwiegenden Mehrzahl aller Fälle als problematisch. Oft vermengen sich Tatsachen- und Meinungselemente in einer einzigen Aussage. Die vermeintliche Lösung, auf das jeweils überwiegende Element abzustellen, löst das Problem nicht, sondern verschiebt es lediglich. Denn statt entscheiden zu müssen, ob eine Tatsachenbehauptung oder eine Meinungsäußerung vorliegt, muss nach diesem Ansatz entschieden werden, wo der Schwerpunkt der jeweiligen Äußerung liegt. Zudem hat der BGH klargestellt, dass Teile einer Äußerung nicht isoliert als unwahre Tatsachen oder Schmähungen eingestuft werden dürfen und Ihnen dadurch der Schutz der Meinungsfreiheit entzogen wird, wenn sie im Gesamtkontext betrachtet Teile einer zulässigen, wertenden Meinungsäußerung sind.[136]

Weiter sei diese Problematik an einigen Beispielen aus der Rechtsprechung verdeutlicht.

1. Die „Terroristentochter"[137]

112 Diesem vom BGH entschiedenen Fall lag ein Artikel über die Tochter einer RAF-Terroristin zu Grunde. Die Tochter arbeitete selbst als freie Journalistin verschiedener Zeitschriften und hatte mehrfach Artikel veröffentlicht, in denen sie sich mit dem RAF-Terrorismus auseinandergesetzt und auch ihre eigene Abstammung offen gelegt hatte. Auch auf ihrer eigenen Homepage setzte sie sich mit dieser Thematik auseinander. In dem streitigen Artikel wurde die Tochter als „Terroristentochter" bezeichnet, wogegen sie sich zur Wehr setzte. Der BGH sah in dieser Bezeichnung überwiegend eine Meinungsäußerung und erklärte diese im konkreten Zusammenhang für zulässig.

113 Die Vorinstanz[138] hatte in der Bezeichnung „Terroristentochter" eine Tatsachenbehauptung im Sinne von „Tochter einer Terroristin" gesehen. Die Wahrheit dieser Tatsachenaussage, stand außer Frage. Allerdings hatte die Vorinstanz die Aussage gleichwohl für unzulässig erachtet, da sie ohne Einwilligung der Betroffenen ihre familiären Beziehungen, die Teil ihrer Privatsphäre waren, offenlegte und zwar noch dazu durch das eindringliche Schlagwort der „Terroristentochter". Ob die reine Veröffentlichung der familiären Abstammung auch ohne dieses eindringliche Schlagwort hätte geduldet werden müssen, ließ die Vorinstanz offen. Jedenfalls in dieser Form habe die Betroffene einen Unterlassungsanspruch.

114 Im Gegensatz hierzu sah der BGH in dem Begriff der „Terroristentochter" trotz des vorhandenen Tatsachengehalts überwiegend eine **Meinungsäußerung**. Er begründete dies damit, dass die Formulierung als solche und nicht ihr unstreitig wahrer Tatsachenkern in Streit standen. Nach dieser Einordnung der Aussage als Meinungsäußerung stellte der BGH fest, dass eine Abwägung zwischen den widerstreitenden Grundrechten des Art 5 Abs 1 GG einerseits und dem allgemeinen Persönlichkeitsrecht der Betroffenen andererseits stattzufinden habe. Der BGH ver-

---

135 BVerfG NJW 1991, 95, 96.
136 BGH NJW 2009, 915; BGH NJW 2009, 3580.
137 BGH NJW 2007, 686.
138 OLG München Urt v 25.1.2005 – Az 18 U 4588/04.

neinte zunächst das Vorliegen einer Schmähung oder Formalbeleidigung vor allem mit der Begründung, dass sich die Äußerung im Bereich des öffentlichkeitsrelevanten Meinungskampfes bewege und darüber hinaus Fragen betreffe, die die Betroffene selbst mit eigenen Veröffentlichungen aufgeworfen hatte. Eine von vorne herein unzulässige Schmähkritik sei daher nicht gegeben.

Sodann wog der BGH die **widerstreitenden Interessen** gegeneinander ab. Er bejahte zwar eine gravierende persönliche Belastung der Betroffenen durch die Bezeichnung als „Terroristentochter". Auf der anderen Seite sah es der BGH aber als entscheidend an, dass die Betroffene die zugrunde liegende Thematik und ihren persönlichen Lebenshintergrund durch entsprechende Veröffentlichungen selbst der Öffentlichkeit zugänglich gemacht hatte. Er verwies insoweit auf seine inzwischen gefestigte und vom BVerfG anerkannte Rechtsprechung, wonach sich niemand auf den Schutz seiner Privatsphäre für solche Tatsachen berufen kann, die er selbst der Öffentlichkeit preisgegeben hat.[139] 115

Vor diesem Hintergrund hielt der BGH die Bezeichnung als „Terroristentochter" für zulässig. Der Entscheidung ist im Ergebnis zuzustimmen. Es würde den Sinn der Formulierung verkennen, wollte man die Aussage auf eine reine Tatsachenbehauptung und damit auf ihren sachlichen Inhalt reduzieren. Denn es macht zweifellos einen entscheidenden Unterschied, ob über eine Person sachlich berichtet wird, dass sie die Tochter einer Terroristin sei, oder ob dieselbe Person schlagwortartig mit dem Begriff der „Terroristentochter" bezeichnet wird. Der in dieser Bezeichnung liegende abwertende Charakter bliebe völlig außer Acht, wollte man nicht erkennen, dass es sich bei dem Begriff in erster Linie um eine Meinungsäußerung handelt. 116

Im konkreten Fall hatte sich die Einordnung als Meinungsäußerung zu Gunsten des Verlags ausgewirkt, da Meinungsäußerungen in stärkerem Maße den Schutz des Art 5 GG genießen als reine Tatsachenbehauptungen. Andererseits kann sich die Einordnung von vergleichbaren Schlagworten als Meinungsäußerung in anderen Konstellationen aber durchaus auch zu Gunsten der Betroffenen auswirken. Im Falle der „Terroristentochter" war wegen der konkreten Umstände das Vorliegen einer Schmähkritik verneint worden. In einem anderen Fall könnte eine solche Schmähkritik aber gerade vorliegen. Dies würde die Meinungsäußerung unzulässig machen. Würde man sich in einem solchen Fall auf den rein sachlichen Inhalt der Äußerung beschränken und wäre dieser inhaltlich zutreffend, so könnte ggf auch eine Schmähkritik wegen ihres wahren Tatsachenkerns zulässig sein. Schon aus diesem Grunde ist es wichtig, in gleichartigen Fällen dem Meinungselement durchaus Beachtung zu schenken. Zu wessen Gunsten sich dies dann im konkreten Fall auswirkt, ist eine Frage des Einzelfalls. 117

Unabhängig davon, dass dem BGH im Ergebnis zuzustimmen ist, überrascht ein dogmatischer Aspekt der Entscheidung. Der BGH berücksichtigt den Umstand, dass sich niemand auf seine selbst öffentlich gemachte Privatsphäre berufen kann, im Rahmen der Prüfung der Äußerung als Meinungsäußerung. Dies ist weder zwingend noch überzeugend. Ob Fakten trotz ihres privaten Charakters öffentlich gemacht werden dürfen oder nicht, betrifft den Tatsachenkern der Äußerung und nicht ihren Meinungsaspekt. Es wäre insoweit konsequenter, den Tatsachenkern und den Meinungsteil einer Aussage, getrennt voneinander zu prüfen. Darf bereits der Tatsachenkern nicht veröffentlicht werden, zB weil er den Betroffenen in seiner Intim- oder Privatsphäre verletzt, so ist die Veröffentlichung unzulässig und zwar unabhängig von ihrem überschießenden Meinungscharakter. Kommt man bei diesem Teil der Prüfung demgegenüber zu dem Ergebnis, dass der Tatsachenkern veröffentlicht werden durfte, zB weil – wie hier – die Betroffene die Tatsache bereits selbst öffentlich gemacht hat, so muss die Aussage zusätzlich noch 118

---

139 Insoweit verweist der BGH auf BVerfG NJW 2000, 1021; BGH NJW 2005, 594; BGH NJW 2004, 762; BGH NJW 2004, 766.

als Meinungsäußerung geprüft werden. Als solche ist sie zulässig, soweit sie nicht die Grenze zur Schmähkritik übersteigt.

119 Inhaltlich hat der BGH beide Aspekte mit dem auch hier vertretenen Ergebnis berücksichtigt. Dogmatisch richtiger erscheint aber die getrennte Prüfung.

2. Die „Busenmacher-Witwe"

120 Einen mit der „Terroristentochter" vergleichbaren Fall hatte zuvor das OLG München[140] zu entscheiden. Streitgegenstand war die Bezeichnung der Witwe eines Schönheitschirurgen als „Busenmacher-Witwe". Es gab zahlreiche öffentliche Aussagen der Betroffenen, wonach sie sich auch selbst mehrfach von ihrem Gatten hatte operieren lassen. Auch im Übrigen war die Betroffene für ein sehr intensives und freizügiges Auftreten in der Presse bekannt. Die Parallelität zum zuvor erläuterten Fall der „Terroristentochter" ist offensichtlich. Sie beruht zum einen auf dem unstreitig wahren Tatsachenkern der Aussage, zum anderen darauf, dass die Betroffene die Thematik selbst der Öffentlichkeit preisgegeben hatte.

121 Auch das OLG München erkannte den überwiegend wertenden Charakter der Äußerung an und stufte sie als **Meinungsäußerung** ein. Ähnlich wie der BGH nahm auch das OLG München eine **Abwägung der widerstreitenden Interessen** vor und kam zu dem Ergebnis, dass die Betroffene, insb unter Berücksichtigung ihrer Selbstdarstellung in der Öffentlichkeit, die Äußerung zu dulden habe. Die Bezeichnung des verstorbenen Ehemannes als „Busenmacher" sei zwar plakativ und überspitzt, überschreite jedoch nicht die **Grenze zur Diffamierung**.

122 Auch diese Entscheidung verdient im Ergebnis Zustimmung. Allerdings erscheint auch hier dogmatisch fragwürdig, weshalb eine etwaige Verletzung der Intim- oder Privatsphäre bzw die gegen eine solche Verletzung sprechende Selbstdarstellung der Betroffenen in der Öffentlichkeit nicht in Zusammenhang mit dem zu Grunde liegenden Tatsachenkern diskutiert wurde, sondern ebenfalls ausschließlich im Rahmen der Interessenabwägung in Bezug auf die Meinungsäußerung.

3. Das „Tätervolk"

123 Interessant im Hinblick auf die Abgrenzung zwischen Tatsachenbehauptung und Meinungsäußerung ist auch ein Urteil des OLG Frankfurt aM.[141] Streitgegenstand war ein Bericht in einer Jahreschronik, über die Rede eines Politikers. In dem Bericht wurde die Rede dahingehend zusammengefasst, der betreffende Politiker habe die Juden als „Tätervolk" bezeichnet. Der betroffene Politiker verlangte die Unterlassung dieser Aussage. Er habe in seiner Rede zwar an einem Punkt gesagt, man könne Juden mit einiger Berechtigung als „Tätervolk" bezeichnen. Sodann habe er in seiner Rede aber herausgearbeitet, dass dies gerade falsch sei und weder Deutsche noch Juden als „Tätervolk" bezeichnet werden könnten. Das OLG Frankfurt gab dem Unterlassungsbegehren statt.

124 Unstreitig war, dass die Rede so aufgebaut war, wie vom Betroffenen dargelegt. Das OLG Frankfurt urteilte, dass es sich bei der streitgegenständlichen Zusammenfassung der Rede um eine Tatsachenbehauptung handele, die nicht erweislich wahr sei. Insb in einer Jahreschronik würden Tatsachen über das vergangene Jahr mitgeteilt. Als Meinungsäußerung könne die Aussage daher nicht gewertet werden.

125 Allerdings könne – so das OLG Frankfurt weiter – der Inhalt der fraglichen Rede unterschiedlich ausgelegt werden. Die Tatsachenbehauptung, der Politiker habe sich in der zitierten

---

[140] OLG München ZUM 2005, 564.
[141] OLG Frankfurt aM NJW-RR 2005, 54.

Art und Weise geäußert, sei daher weder erweislich wahr, noch erweislich unwahr. Die Tatsachenbehauptung hätte aus diesem Grund als eine Interpretation der Rede gekennzeichnet werden müssen und war ohne eine solche Klarstellung unzulässig.

Das Besondere an dieser Entscheidung ist, dass das OLG Frankfurt damit eine Art **Kennzeichnungspflicht für Meinungsäußerungen** verlangt. Zwar ordnet das OLG Frankfurt die fragliche Aussage als Tatsachenbehauptung ein. Dies schließt das Gericht aber nicht aus der Aussage selbst, sondern aus dem Umstand, dass in einer Jahreschronik Tatsachen erwartet würden. Unabhängig davon sieht das OLG Frankfurt in der Aussage eine persönliche Interpretation der in Frage stehenden Rede. Diese Interpretation hätte als solche gekennzeichnet werden müssen. Ohne es auszusprechen, geht das OLG Frankfurt damit mehr von einer Meinung, als von einer Tatsachenbehauptung aus. Denn wo liegt der Unterschied zwischen einer Meinung und der „persönlichen Interpretation" einer Tatsachenbehauptung? Die „persönliche Interpretation" misst das OLG Frankfurt aber nicht an den großzügigen Voraussetzungen, die für Meinungsäußerungen nach Art 5 GG zu gelten haben. Vielmehr hält es an seiner ursprünglichen Einstufung der Aussage als Tatsachenbehauptung fest und verweist darauf, dass nicht erweisliche Tatsachenbehauptungen nicht vom Schutz des Art 5 Abs 1 GG erfasst seien. 126

Es verdient Zustimmung, dass das OLG Frankfurt die Aussage, der betroffene Politiker habe sich in seiner Rede in einer bestimmten Art und Weise geäußert, als Tatsachenbehauptung gewertet hat. Diese Einstufung ist vor allem deshalb richtig, weil es nicht um eine Wiedergabe in eigenen Worten, sondern um ein wörtliches Zitat aus der Rede ging. Allerdings wäre es überzeugender gewesen, wenn das OLG Frankfurt die Problematik dann über die Konstellation „verschwiegene Tatsachen"[142] gelöst hätte. Das Zitat aus der Rede war zwar zutreffend, jedoch aus dem Zusammenhang gerissen. Isoliert wiedergegeben legte es dem Leser einen anderen Inhalt nahe, als ihn die Rede in ihrer Gesamtheit hatte. Dieses Problem hätte vom OLG Frankfurt aber dahingehend gelöst werden können, dass es dem Äußernden hätte auferlegen müssen, die fragliche Aussage nicht zu verbreiten, ohne den relativierenden Teil der Rede ebenfalls zu erwähnen. Diese Lösung wäre dogmatisch eindeutiger und konsequenter gewesen, als eine Tatsachenbehauptung als „persönliche Interpretation" einzustufen und ihr als solche dann eine Kennzeichnungspflicht aufzuerlegen. 127

§ 4
Mehrdeutige Aussagen

I. Rechtliche Situation vor „Stolpe" und „Babycaust"

Äußerungen sind nicht immer eindeutig, sondern können oft unterschiedlich ausgelegt werden. Es stellt sich deshalb in presserechtlichen Auseinandersetzungen häufig die Frage, welche **Deutung einer Aussage** der Entscheidung über ihre Zulässigkeit zugrunde zu legen ist. In vielen Fällen hängt das Ergebnis des Rechtsstreits von dieser Frage ab, denn nicht selten führt eine Auslegung zu einem zulässigen, eine andere Auslegung zu einem unzulässigen Ergebnis. 128

Lange Zeit galt der Grundsatz, dass die Gerichte bei mehrdeutigen Aussagen im Zweifel immer diejenige Deutungsvariante zugrunde legen müssen, die für den sich Äußernden **günstiger** ist.[143] 129

---

142 Vgl Kap 1 Rn 82f.
143 Wenzel/*Burkhardt* Kap 4 Rn 2 aE unter Verweis auf BGH NJW 1998, 3047; BGH NJW 2002, 1192, 1193; OLG Karlsruhe NJW-RR 2001, 766, 767.

Nur wenn alle anderen Alternativen mit tragfähigen Gründen ausgeschlossen werden konnten, durfte eine Deutung angenommen werden, die zu einer Verurteilung des sich Äußernden führt.[144] Dieser Grundsatz galt sowohl für die Auslegung mehrdeutiger Tatsachenbehauptungen und Meinungsäußerungen, als auch für die Einordnung einer Aussage in eine dieser beiden Kategorien.

130 Diese Rechtsprechung hat durch zwei Entscheidungen des BVerfG eine grundlegende Änderung erfahren. Es handelt sich hierbei um die Entscheidungen, die unter den Stichworten „Stolpe"[145] und „Babycaust"[146] in der Literatur sehr kontrovers diskutiert werden[147] und auch nachfolgend so benannt werden sollen.

II. Die Stolpe-Entscheidung

1. Die Entscheidung

131 Die sog „Stolpe"-Entscheidung betraf eine Aussage über den ehemaligen Ministerpräsident von Brandenburg Dr Manfred Stolpe. Im Rahmen der Diskussion über die Vereinigung der Bundesländer Berlin und Brandenburg hatte ein ranghoher Politiker einer konkurrierenden politischen Partei über Stolpe gesagt, dieser sei *„IM-Sekretär, über 20 Jahre im Dienste des Staatssicherheitsdienstes tätig ..."* gewesen. Stolpe verlangte die Unterlassung dieser Aussage, da er niemals als sog Inoffizieller Mitarbeiter im Dienste des Ministeriums für Staatssicherheit tätig gewesen sei.

132 In dem Rechtsstreit ging es um zwei mögliche Auslegungsvarianten. Nach Auffassung der Gerichte konnte die Aussage, Stolpe sei *„IM-Sekretär, über 20 Jahre im Dienste des Staatssicherheitsdienstes tätig ..."* gewesen entweder – für Stolpe stärker belastend und daher **für den Äußernden ungünstiger** – dahingehend ausgelegt werden,
– Stolpe habe aufgrund einer *ausdrücklichen oder konkludenten Verpflichtungserklärung* im Auftrag des Staatssicherheitsdienstes gearbeitet und Informationen über Dritte an diesen als Dienstherrn zu dessen Nutzen weitergegeben.

Alternativ erkannten die Gerichte die – für Stolpe weniger belastende und daher **für den Äußernden günstigere** – zweite Auslegungsalternative
– Stolpe habe dem Staatssicherheit nur Dienste geleistet, indem er ihm in seiner Eigenschaft als Vertreter der Kirche und im Rahmen seiner insoweit zu dem Ministerium bestehenden Kontakte entsprechend dessen Erwartungen Informationen über Dritte oder bestimmte Vorgänge geliefert habe.

133 Keine der beiden Auslegungsvarianten war nachweisbar. Hiervon ging auch der BGH aus. Allerdings führte dies nicht automatisch zur Unzulässigkeit der Aussage. Vielmehr hatte der BGH zu prüfen, ob die Aussage als Wahrnehmung berechtigter Interessen nach § 193 StGB gleichwohl gerechtfertigt war.[148] Eine solche Rechtfertigung ist gegeben, wenn es um eine die Öffentlichkeit wesentlich berührende Angelegenheit geht und vor Mitteilung der unbewiesenen Tatsachen hinreichend sorgfältige Recherchen über den Wahrheitsgehalt angestellt worden waren.[149] Bei

---

144 BVerfG NJW 1977, 799; BVerfG NJW 1991, 1529; BVerfG NJW 1991, 3023; BVerfG NJW 1992, 2012.
145 BVerfG AfP 2006, 41.
146 BVerfG AfP 2006, 349.
147 Zur Stolpe-Entscheidung im Wesentlichen wohlwollend *Helle* AfP 2006, 110; *Hochhuth* NJW 2006, 189; krit *Teubel* AfP 2006, 20; *Gas* AfP 2006, 428; krit zur Babycaust-Entscheidung: *Gas/Körner* AfP 2007, 17; *Hochhuth* NJW 2007, 192; zu beiden Entscheidungen krit *Seelmann-Eggebert* AfP 2007, 86.
148 BGH NJW 1987, 2225, 2226.
149 BGH NJW 1996, 1131.

der Entscheidung ob diese Voraussetzungen erfüllt waren, hatte der BGH eine Abwägung zwischen dem Persönlichkeitsrecht Stolpes einerseits und der Meinungs- und Pressefreiheit andererseits vorzunehmen. Er legte seiner Abwägung unter Berufung auf die bisherige Rechtsprechung des BVerfG die für den Äußernden *günstigere* Deutungsvariante zu Grunde und kam zu dem Ergebnis, dass die so verstandene Aussage zulässig war.

Die Entscheidung des BGH wurde vom BVerfG aufgehoben und an den BGH zurückverwiesen. Dabei kritisierte das BVerfG zum einen die vom BGH vorgenommene Abwägung als solche, die nicht einmal im Hinblick auf die gewählte, mildere Auslegungsvariante der Überprüfung durch das BVerfG standhalte. Der Äußernde hätte die Unsicherheit hinsichtlich des Wahrheitsgehalts seiner Aussage offenlegen müssen. Zum anderen – und hierin liegt die Bedeutung der Entscheidung – habe der BGH für seine Abwägung aber schon den falschen Ausgangspunkt gewählt. Für den im Raum stehenden **Unterlassungsanspruch** hätte er nicht von der für den Äußernden *günstigeren*, sondern von der das Persönlichkeitsrecht stärker verletzenden und damit für den sich Äußernden *ungünstigeren* Auslegungsvariante ausgehen müssen.

Das BVerfG bestätigte in diesem Zusammenhang zwar, dass bei der Überprüfung von **straf- oder zivilrechtlichen Sanktionen** die für den sich Äußernden günstiger Variante zugrunde gelegt werden müsse. Ein Strafurteil oder eine Verurteilung zum Schadensersatz, Widerruf oder zur Berichtigung verstoße gegen Art 5 Abs 1 GG, wenn Formulierung oder Umstände der Äußerung auch eine das Persönlichkeitsrecht *nicht* verletzende Deutung zulassen. Dies gelte aber gerade nicht bei einer Entscheidung über Unterlassungsansprüche. Denn während eine staatliche Sanktion wegen ihrer einschüchternden Wirkung die freie Rede, freie Information und freie Meinungsbildung empfindlich berühren und damit die Meinungsfreiheit in ihrer Substanz treffen könne, sei dies bei einer Verurteilung zur *zukünftigen* **Unterlassung** gerade nicht der Fall. Der Äußernde habe die Möglichkeit sich in der Zukunft eindeutig auszudrücken und damit zugleich klarzustellen, welcher Äußerungsinhalt der rechtlichen Prüfung einer Verletzung des Persönlichkeitsrechts zu Grunde zu legen sei. Sei er dazu nicht bereit, bestehe kein verfassungsrechtlich tragfähiger Grund, von einer Verurteilung zum Unterlassen nur deshalb abzusehen, weil die Äußerung mehrere Deutungsvarianten zulasse, darunter auch solche, die zu keiner oder nur einer geringen Persönlichkeitsverletzung führten.

Das BVerfG verwies den Rechtsstreit an den BGH zurück, da nicht ausgeschlossen werden könne, dass der BGH zu einem anderen Ergebnis gelangt wäre, wenn er seiner Abwägung den zutreffenden Ausgangspunkt zugrunde gelegt hätte, nämlich die das Persönlichkeitsrecht Stolpes stärker verletzende Auslegungsvariante.

2. Stellungnahme

Die Entscheidung des BVerfG erscheint auf den ersten Blick nachvollziehbar. Auf den zweiten Blick ist sie es nicht.

a) Keine Einschüchterungswirkung von Unterlassungsansprüchen. Es klingt überzeugend, wenn das BVerfG darauf abstellt, dass es im Rahmen von Unterlassungsansprüchen ausschließlich um ein zukünftiges Verhalten des Äußernden geht. Weshalb sollte es dem Äußernden nicht zumutbar sein, künftig eine Klarstellung vorzunehmen, wenn er durch das vorangegangene Unterlassungsverfahren Kenntnis von der Mehrdeutigkeit seiner Aussage hat?

Dem Argument des BVerfG von dem rein zukunftsorientierten Unterlassungsanspruch gehe aus den genannten Gründen keine Einschüchterungswirkung und damit keine Gefahr für die Meinungsfreiheit aus, muss jedoch entgegengehalten werden, dass dies zumindest im Hinblick auf die Medien nicht zutrifft. Zu Recht werden der Entscheidung des BVerfG deshalb auch verfassungsrechtliche Bedenken entgegengehalten.[150] Denn zum Schutzbereich des Art 5 GG zählt das gesamte Pressewesen einschließlich des Vertriebs von Presseerzeugnissen. Wenn Presseerzeugnisse aber infolge eines Unterlassungsurteils früher als geplant vom Markt genommen werden müssen, so hat dies für den betroffenen Verlag in der Regel einen hohen Ruf- und Vermögensschaden zur Folge. Auch ein Unterlassungsanspruch hat insoweit zumindest für die Medien durchaus einen stark sanktionierenden Charakter und Einschüchterungseffekt, womit eine Gefahr für die Pressefreiheit einhergeht. Denn wenn ein Verlag befürchten muss, einem Unterlassungsanspruch und damit der Gefahr des Rückrufs seiner Publikation vom Markt ausgesetzt zu sein, sobald einer Aussage *auch* eine unzulässige Deutungsvariante nicht abgesprochen werden kann, wird der Verlag auf diese Aussage zur Vermeidung dieses Risikos im Zweifel eher verzichten.[151]

140 **b) Bloße Verpflichtung zur Offenlegung von Recherche-Unsicherheiten.** Weiter wird teilweise vertreten, die Entscheidung des BVerfG verbiete lediglich, umstrittene Tatsachen als unstreitig hinzustellen. Alles Bewiesene dürfe nach wie vor behauptet werden, nur bei unsicherer Recherchelage müsse der Äußernde genau dies auch offenlegen.[152] Auch diese Konsequenz scheint in der Tat tragbar.

141 Bei näherer Betrachtung kann jedoch nicht der Auffassung gefolgt werden, dass die Entscheidung des BVerfG nur diese Konsequenz habe. Es ist zwar richtig, dass das BVerfG im Rahmen der Stolpe-Entscheidung kritisiert hat, dass die unsichere Recherchelage nicht offengelegt worden war. Insoweit kann dem Urteil auch zugestimmt werden. Dieser Teil der Entscheidung basiert aber auf der Besonderheit, dass in dem Fall Stolpe *beide* im Raum stehenden Deutungsvarianten nicht nachweisbar waren. Das BVerfG hatte insoweit Recht anzunehmen, dass egal welche Deutungsvariante man zu Grunde legt, in beiden Fällen eine Klarstellung zur unsicheren Recherchelage erforderlich gewesen wäre.

142 Dies räumt aber nicht die Bedenken dagegen aus, dass das BVerfG nicht nur für den konkreten Fall, sondern ganz allgemein vertreten hat, bei Unterlassungsansprüchen müsse stets von der für den Äußernden negativeren Deutungsvariante ausgegangen werden. Es ist durchaus denkbar, dass es in einem anderen Fall eine positive Auslegungsvariante gibt, die zu einer *nachgewiesenen* Tatsachenbehauptung führt, während eine andere Auslegung zu einer unbewiesenen Tatsachenbehauptung führt. Die Konsequenz wäre, dass in diesem Fall der sich Äußernde, der seine Aussage im Sinne der nachgewiesenen Tatsachenbehauptung gemeint hat, im Falle der Mehrdeutigkeit immer alle weiteren Deutungsvarianten mitberücksichtigen und sämtlichen etwaigen Unsicherheiten in der Recherchelage auch hinsichtlich dieser – von ihm gar nicht gemeinten – Deutungsvarianten offenlegen muss. Im Zweifel wird er in einem solchen Fall von seiner Aussage insgesamt eher absehen. Dass auch diese Konsequenz zu einer sehr deutlichen Gefahr für die Meinungs- und Pressefreiheit führt, kann kaum bestritten werden.

III. Die Babycaust-Entscheidung

1. Die Entscheidung

143 In der sog Babycaust-Entscheidung setzt das BVerfG die in Sachen Stolpe eingeführte Rechtsprechung fort und überträgt sie auf mehrdeutige Werturteile und Meinungsäußerungen.

---

150 *Seelmann-Eggebert* AfP 2007, 86, 89.
151 Vgl *Seelmann-Eggebert* AfP 2007, 86, 89, der zutreffend auch darauf verweist, dass die Berichterstattung oft auch auf eine vereinfachte (und damit möglicherweise angreifbare) Darstellung komplexer Sachverhalte geradezu angewiesen ist.
152 *Hochhuth* NJW 2006, 189, 191.

Dem Fall zugrunde lagen Flugblätter, die von Abtreibungsgegnern auf dem Gelände eines Klinikums verteilt wurden, auf dem auch ein auf Schwangerschaftsabbrüche spezialisierter Arzt seine Praxis betrieb. Auf dem Flugblatt hieß es ua wörtlich:

„Stoppen Sie den Kinder-Mord im Mutterschoß auf dem Gelände des Klinikums ...
Damals: Holocaust
Heute: Babycaust
Wer hierzu schweigt wird mitschuldig!"

Der Arzt verlangte die Unterlassung mehrerer Aussagen aus dem Flugblatt. Gegenstand der Verfassungsbeschwerde war ein Urteil des OLG Nürnberg,[153] das dem Unterlassungsanspruch nicht stattgegeben hatte.

Das OLG Nürnberg sah in dem Text „Kinder-Mord im Mutterschoß auf dem Gelände des Klinikums N" eine wertende Meinungsäußerung. Diese sei aufgrund ihrer Mehrdeutigkeit allerdings im Sinne der für den sich Äußernden günstigeren Variante auszulegen, nämlich dahingehend, dass „Mord" nicht im rechtstechnischen, sondern im alltäglichen Sprachsinne zu verstehen sei. Die Äußerung sei so aufzufassen, dass die Abtreibung als besonders verwerfliche, vorsätzliche, nichtstrafbare Tötung ungeborener Kinder eingestuft würde. Eine Güterabwägung ergebe, dass die Ehre des Arztes dadurch zwar eine schwere Kränkung erfahre, die Grenze zur Schmähung jedoch nicht überschritten und die Aussage damit zulässig sei.

Ebenso sah das OLG Nürnberg in der Äußerung *„damals: Holocaust – heute: Babycaust"* eine zulässige Meinungsäußerung. Auch hier sei von der für den sich Äußernden günstigsten Auslegungsvariante auszugehen. Diese erschöpfe sich in dem Vorwurf, die Abtreibungspraxis stelle eine verwerfliche Massentötung menschlichen Lebens dar. In Gestalt dieser Auslegung handele es sich um eine Meinungsäußerung zu fundamentalen, die Öffentlichkeit bewegenden Fragen, die als Beitrag zur politischen Willensbildung hingenommen werden müsse.

Das BVerfG gab der Verfassungsbeschwerde statt. Es sei verfassungsrechtlich nicht tragfähig, wenn das OLG Nürnberg in der Formulierung *„Kinder-Mord im Mutterschoß"* ein zulässiges Werturteil gesehen habe. Im Rahmen des zukunftsorientierten Unterlassungsanspruchs hätte das OLG nicht die für den Äußernden günstigste Interpretation zugrunde legen dürfen. Wie bereits zuvor bei Stolpe meinte das BVerfG auch hier, die Meinungsfreiheit sei nicht verletzt, wenn dem Betroffenen im Interesse des Persönlichkeitsschutzes anderer auferlegt werde, den Inhalt seiner Aussage künftig klarzustellen. Die **Grundsätze aus der Stolpe-Entscheidung** seien nicht auf Tatsachenaussagen begrenzt, sondern **ebenso maßgeblich, wenn – wie hier – ein Werturteil in Frage stehe**. Im Rahmen des Unterlassungsbegehrens hätte deshalb auch die andere und nach Auffassung des BVerfG ebenfalls naheliegende Deutung berücksichtigt werden müssen, dass „Mord" im rechtstechnischen Sinne zu verstehen sei.

Ebenso wenig akzeptierte das BVerfG die Verneinung des Anspruchs auf Unterlassung im Hinblick auf den Vergleich zwischen *„Holocaust"* und *„Babycaust"*. Auch hier sei im Rahmen des Unterlassungsanspruchs nicht auf die für den Äußernden günstigste Variante abzustellen. Vielmehr könne die Äußerung auch dahingehend verstanden werden, dass der nationalsozialistische Holocaust mit dem als „Babycaust" umschriebenen Sachverhalt unmittelbar gleichgesetzt werden sollte.

Das Gericht verwies die Angelegenheit unter dieser Prämisse zur Entscheidung an das OLG Nürnberg zurück.

---

153 OLG Nürnberg Urt v 28.9.2000 – Az 8 U 977/99.

2. Stellungnahme

151 Die Entscheidung ist im Hinblick auf Art 5 GG und den Schutz der Meinungsfreiheit noch bedenklicher, als die Entscheidung zu Stolpe.

152 Bei Stolpe ging es um eine **mehrdeutige Tatsachenbehauptung**, die der Auslegung bedurfte. Es wird aus den oben genannten Gründen hier zwar nicht der Auffassung des BVerfG zugestimmt, wonach im Rahmen von Unterlassungsansprüchen bei mehrdeutigen Tatsachenbehauptungen die für den Äußernden ungünstigste Deutungsvariante zugrunde zu legen ist. Der Auslegungsprozess als solcher ist im Rahmen von Tatsachenbehauptungen aber richtig und schon deshalb erforderlich, um zu erforschen, was der sich Äußernde tatsächlich sagen wollte.

Dies ist im Falle von **Meinungsäußerungen** anders. Hier macht sich der sich Äußernde in der Regel nicht über die eine oder andere Auslegungsmöglichkeit Gedanken, sondern meint genau das, was er sagt, jedoch nicht mit Tatsachengehalt, sondern als Meinung. Zustimmung verdient insoweit die Auffassung in der Literatur, die davon ausgeht, dass Meinungsäußerungen in der Regel gar nicht auslegungsfähig sind und ihre Interpretation eher dazu führt, dass sie künstlich in absurde Tatsachenaussagen umgedeutet werden.[154]

153 Es kann nicht ernsthaft angenommen werden, dass die Abtreibungsgegner den Begriff „Mord" rechtstechnisch verstanden wissen wollten. Ebenso sind die unterschiedlichen Auslegungsversuche zu dem „Holocaust-Babycaust"-Vergleich schon per se nicht nachvollziehbar. Sie schließen sich vor allem gegenseitig gar nicht aus. Die Abtreibungsgegner wollten die Abtreibungspraxis als Massentötung menschlichen Lebens kritisieren und sie als solche dem Holocaust gleichsetzen. Weder „Mord" noch „Holocaust" waren dabei in ihrem engen, ursprünglichen Sinn zu verstehen. Vielmehr wollten die Abtreibungsgegner eine Parallele zwischen der Abtreibungspraxis einerseits und den unter „Mord" und „Holocaust" fallenden Sachverhalten andererseits ziehen und die Sachverhalte einander moralisch gleichsetzen.

154 Vor diesem Hintergrund wäre es richtiger gewesen, von einer Erforschung möglicher Deutungsvarianten im Fall Babycaust abzusehen und die Zulässigkeit der Aussagen danach zu entscheiden ob mit den gezogenen Vergleichen – die ohne Zweifel nicht wörtlich, wohl aber wertend gemeint waren – die Grenze der Schmähkritik überstiegen wird oder nicht. Diese Entscheidung soll hier dahinstehen.[155] Die Ausführungen an dieser Stelle sollen sich darauf beschränken aufzuzeigen, dass es bei Meinungsäußerungen nicht um die Aufdeckung unterschiedlicher Deutungsvarianten geht. Vielmehr geht es bei Meinungsäußerungen um einen offen zu Tage tretenden, wertenden Sinngehalt, der danach bewertet werden muss, ob er die Grenze der Schmähkritik übersteigt oder nicht. Wenn eine Meinungsäußerung vorliegt, dann geht eine allzu wörtliche Auslegung – zB des Begriffes „Mord" als juristischer Straftatbestand – fehl. Denn damit wird einer Meinung der stärkere Schutz, den sie unter Art 5 GG gegenüber einer Tatsachenbehauptung genießt, zu Unrecht wieder genommen. Damit in Einklang steht auch die durch den BGH erfolgte Klarstellung, wonach es sich bei der Einstufung eines Vorgangs als strafrechtlich relevant – etwa der Vorwurf einer „Korruption" – in der Regel um eine auf Wertung beruhende subjektive Beurteilung und damit um eine Meinungsäußerung und nicht um eine Tatsachenbehauptung handelt.[156]

IV. Übertragbarkeit auf Widerruf und Gegendarstellung

155 Das BVerfG betont, dass die Rechtsprechung zu Stolpe und Babycaust auf Widerruf, Berichtigung und Schadensersatz nicht anzuwenden ist.

---

154 *Hochhuth* NJW 2007, 192, 193.
155 Für die Zulässigkeit mit guten Argumenten *Hochhuth* NJW 2007, 192.
156 *Sajuntz* NJW 2010, 2992 unter Verweis auf BGH NJW 2009, 1872 Rn 15.

156 Abzulehnen ist insoweit eine andere in der Literatur vertretene Auffassung,[157] die die „Stolpe"- bzw „Babycaust"-Rechtsprechung des BVerfG zumindest auch auf den Widerrufsanspruch anwenden will. Sie begründet dies dogmatisch damit, dass auch der Widerruf – wie der Unterlassungsanspruch – Zukunftsbezug habe, da er darauf gerichtet sei, eine andauernde Störung für die Zukunft zu beseitigen. Der Ansatz ist dogmatisch sicherlich richtig. Praktisch ist jedoch mit dem BVerfG davon auszugehen, dass der Abdruck eines Widerrufs eine nachträgliche Sanktion darstellt. Gemeint ist damit nicht die Zielrichtung des Widerrufs, sondern die Tatsache, dass der Widerruf eine nachträgliche Sanktion für eine Äußerung darstellt, an der der sich Äußernde nichts mehr ändern kann. Während er es im Hinblick auf einen Unterlassungsanspruch zukünftig in der Hand hat, sich nicht mehr in derselben Art und Weise zu äußern und ihm durch ein gegen ihn ergangenes Unterlassungsurteil deshalb keine Nachteile entstehen müssen, muss der zum Widerruf verurteilte den Widerruf durch entsprechenden Abdruck bzw Verbreitung erst noch erfüllen. Im Ergebnis kommt dies einer nachträglichen Sanktion gleich.

157 Vor diesem Hintergrund ist es richtig, die neue Rechtsprechung allenfalls auf Unterlassungsansprüche anzuwenden. Wollte man sie auch auf sonstige presserechtliche Ansprüche erstrecken, ergäbe sich hieraus eine noch größere Gefahr für die Meinungsfreiheit als sie – wie oben dargestellt – ohnehin bereits gesehen werden muss.

158 Für den Gegendarstellungsanspruch hat das BVerfG in diesem Sinne entschieden. Mit der Pressefreiheit ist es unvereinbar, einen Gegendarstellungsanspruch zu gewähren, wenn nur eine „nicht fernliegende Deutung" oder gar ein „nicht fernliegender Eindruck" einen gegendarstellungsfähigen Inhalt ergibt.[158] In ähnlicher Weise hat das OLG Karlsruhe einen Gegendarstellungsanspruch im Falle von verdeckten Tatsachen abgelehnt, wenn nur bei einem unbedeutenden Teil der Adressaten von 5 bis 10% der Eindruck entsteht, die Erstmitteilung enthalte die bekämpfte Tatsachenbehauptung.[159]

§ 5
Identifizierende Berichterstattung/Namensnennung

I. Grundsätzliches

159 Es ist ein immer wiederkehrendes Problem des Presserechts, ob und unter welchen Umständen namentlich oder in sonst identifizierbarer Art und Weise – zB durch eine Fotoveröffentlichung – über Personen berichtet werden darf.

160 Nach der gefestigten Rechtsprechung des BVerfG ist es Teil des allgemeinen Persönlichkeitsrechts, selbst darüber zu bestimmen, ob und in welchem Umfang eine Person in das Licht der Öffentlichkeit tritt. Hierzu gehört auch das Recht, anonym zu bleiben und die eigene Person überhaupt nicht in der Öffentlichkeit dargestellt zu sehen.[160]

161 Dieses **Recht auf Anonymität** gilt allerdings nicht grenzenlos. Vielmehr findet es sein Ende dort, wo ein begründetes Informationsinteresse der Öffentlichkeit an einer entsprechenden Berichterstattung besteht.

---

157 *Helle* AfP 2006, 110, 114.
158 BVerfG ZUM 2008, 325, 328; anders, wenn sich eine verdeckte Aussage dem Leser als unabweisliche Schlussfolgerung aufdrängt.
159 OLG Karlsruhe ZUM-RD 2008, 70.
160 BVerfG NJW 1973, 1226; BVerfG NJW 1980, 2070.

162 Dabei muss zwischen dem Informationsbedürfnis der Öffentlichkeit an einem Vorgang als solchen und an der Identifizierbarkeit der Beteiligten unterschieden werden. Besteht ein öffentliches Interesse an dem Vorgang als solchen, kann die Presse darüber berichten. Dies bedeutet allerdings nicht automatisch, dass auch die an dem Vorgang Beteiligten identifizierbar gemacht werden dürfen. Nur wenn auch an der Beteiligung der konkreten Personen ein Informationsbedürfnis der Öffentlichkeit besteht, zB weil sie der Öffentlichkeit als Politiker oder in anderer herausragender Position bekannt sind, wird man auch eine identifizierende Berichterstattung für zulässig erachten können. Büßt der Vorgang demgegenüber nichts an seiner Bedeutung ein, wenn die daran beteiligten Personen anonym bleiben, so ist eine Identifizierung dieser Personen in der Berichterstattung in der Regel unzulässig.

163 Demgegenüber kann in der Regel dann von der Zulässigkeit einer identifizierenden Berichterstattung ausgegangen werden, wenn die zu Objektivität und Achtung der Grundrechte verpflichtete Staatsanwaltschaft den Namen eines Verdächtigen selbst verlautbart hat.[161] So hat auch der EGMR in einer kürzlich ergangenen Entscheidung die Berichterstattung über die Festnahme eines bekannten deutschen Fernsehschauspielers auf dem Münchener Oktoberfest wegen Kokain-Besitzes für zulässig gehalten. Im Rahmen der erfolgten Interessenabwägung hob der EGMR ua zu Gunsten des Medienunternehmens hervor, dass die Grundlage der Berichterstattung insb auf einer Aussage des Pressesprechers der Staatsanwaltschaft beruhte, in welcher der Schauspieler namentlich benannt worden war.[162]

II. Identifizierbarkeit

164 Es ist ein nicht abschließend geklärtes Problem, ab wann von Identifizierbarkeit einer Person auszugehen ist. Insb stellt sich oft die Frage in wie weit außer dem Namen und dem Foto einer Person auch sonstige Umstände nicht genannt werden dürfen, aus denen sich für den einen oder anderen die Identifizierbarkeit der Person ergeben könnte.

165 Oft bejaht die Rechtsprechung eine Identifizierbarkeit auch in Fällen, in denen die Presse eine Person zB durch Änderung oder Abkürzung ihres Namens bewusst anonymisiert hat. Sie begründet dies damit, dass der Betroffene auch aus der Mitteilung anderer Umstände zumindest **für einen kleinen Personenkreis erkennbar** werden kann.[163] Das LG Berlin hat zB in Zusammenhang mit einer Gerichtsberichterstattung über einen Mordprozess Aussagen für unzulässig erklärt, die zwei Zeugen als den Hausarzt und das Firmpatenkind der Ermordeten identifizierten und sich mit den zivil- und erbrechtliche Auseinandersetzungen in Zusammenhang mit dem Mordopfer befassten.[164] Die Namen der Betroffenen waren von der Presse bewusst geändert worden. Das LG Berlin berief sich aber auf die Rechtsprechung von BGH und BVerfG, wonach es für die Identifizierbarkeit einer Person ausreichen kann, wenn durch die Übermittlung von Teilinformationen jedenfalls ein Teil der Leserschaft, und sei es auch nur der Bekanntenkreis des Betroffenen, auf dessen Identität schließen kann.[165] Dies sei durch die Beschreibung der Betroffenen als Hausarzt bzw Patenkind der Fall.

166 Die allzu großzügige Bejahung der Identifizierbarkeit einer Person in einer Presseberichterstattung ist im Hinblick auf Art 5 GG bedenklich. Zwar ist es einerseits sicherlich richtig, die

---

161 *Sajuntz* NJW 2010, 2992, 2993 unter Verweis auf BVerfG NJW-RR 2010, 1195 Rn 34 ff.
162 EGMR NJW 2012, 1058 Rn 104 ff.
163 Vgl *Soehring*/Hoehne § 13 Rn 35 ff mwN.
164 LG Berlin Urt v 21.6.2007 – Az 27 O 578/07 und LG Berlin Urt v 17.7.2007 – Az 27 O 586/07.
165 LG Berlin Urt v 21.6.2007, Az 27 O 578/07 unter Verweis auf BGH NJW 1963, 1155; BGH NJW 1992, 1312, 1313; BVerfG NJW 2004, 3619.

Identifizierbarkeit nicht ausschließlich an **Namensnennung** oder **Bildveröffentlichung** zu knüpfen, sondern insgesamt zu prüfen, ob eine Person möglicherweise durch **andere mitgeteilte Umstände** identifizierbar wird. Andernfalls wäre eine unzulässige identifizierende Berichterstattung zu leicht zu umgehen.

Andererseits erscheint es im Interesse der Pressefreiheit erforderlich dort eine Grenze zu ziehen, wo der Betroffene nur für einen sehr kleinen Personenkreis, zB seinen eigenen Bekanntenkreis, identifizierbar wird. Gerade in der Gerichtsberichterstattungen ist die Presse darauf angewiesen, die Beziehungen unter den Beteiligten zu erläutern, um der Leserschaft die erforderlichen Zusammenhänge verständlich zu machen. Die Rolle, die ein Zeuge im Leben eines Mordopfers gespielt hat – sei es zB als Hausarzt oder als Patenkind – muss dabei erwähnt werden können. Andernfalls ist **Gerichtsberichterstattung** insgesamt sinnvoll kaum möglich. Auch wenn damit der Betroffene für einen kleinen Kreis identifizierbar wird, dürfte diese Beeinträchtigung seines Persönlichkeitsrechts in Abwägung zu Pressefreiheit und Informationsbedürfnis der Öffentlichkeit hinzunehmen sein.

III. Namensnennung von Beteiligten am Wirtschaftsleben

Die Zulässigkeit einer identifizierenden Berichterstattung kann sich auch aus der Position ergeben, die der Betroffene im Wirtschaftsleben einnimmt. Eine Grundsatzentscheidung hierzu ist der vom BGH[166] entschiedene Fall über die Abberufung des Geschäftsführers einer Klinik GmbH. Der Streitigkeit zugrunde lag die Meldung einer Presseagentur, in der unter namentlicher Nennung über den Betroffenen berichtet worden war, dass er als **Klinik-Geschäftsführer** abberufen und mit sofortiger Wirkung beurlaubt worden war. Weiter wurde mitgeteilt, das Vertrauensverhältnis zu einem Großteil der Mitarbeiter sei nachhaltig gestört gewesen, die Mitarbeiter hätten dem Betroffenen Beleidigungen, Bedrohungen, Lügen und Verleumdungen vorgeworfen.

Der BGH hat die namentliche Nennung des Geschäftsführers für zulässig erachtet. Er stellte dabei ausdrücklich auf die herausragende Position ab, die der Betroffene als Geschäftsführer eines großen Klinikums inne hatte und führte aus, dass derjenige, der sich am Wirtschaftsleben betätigt, sich auch in erheblichem Umfang der Kritik an seinen Leistungen aussetze.[167] Er müsse es daher dulden, dass über ihn auch namentlich in der Presse berichtet werde. Dabei spiele es auch eine wichtige Rolle, dass der Betroffene durch den Bericht lediglich in seiner Sozialsphäre, nämlich in derjenigen Rolle betroffen, war, in der er nach Außen auftrat. Ein Eingriff in das Privatleben des Betroffenen war mit der Berichterstattung nicht verbunden gewesen.

IV. Vorfälle mit politischem Hintergrund

Weiter kann sich die Zulässigkeit einer identifizierenden Berichterstattung auch aus der politischen Bedeutung eines Vorfalls ergeben. Das OLG Braunschweig[168] hat zB die namentliche Berichterstattung über einen Anhänger der Jugendorganisation der NPD für zulässig erachtet. Der Betroffene hatte an einer von Gegendemonstranten begleiteten Demonstration der NPD teilgenommen und in diesem Zusammenhang eine Körperverletzung begangen.

---

166 BGH GRUR 2007, 350.
167 BGH GRUR 2007, 350 mit Verweis auf BGH GRUR 1995, 270 und BGH NJW 1998, 2141; ähnlich auch KG ZUM-RD 2009, 533 zu der namentlich identifizierenden Berichterstattung über einen prominenten Rechtsanwalt.
168 OLG Braunschweig NJW-RR 2005, 195.

171 Zwar stand in diesem Fall der Betroffene nicht bereits aufgrund seiner Position in der Öffentlichkeit. Auch gestattet die Rechtsprechung im Falle von Berichten über Straftaten in der Regel eine namentliche Berichterstattung nur im Falle **schwerer Kriminalität**, was hier ebenfalls nicht gegeben war. Allerdings wurde in diesem Fall die Berichterstattung mit der Begründung für zulässig erachtet, dass die Vorkommnisse und auch die daran beteiligten Personen bereits aus ihrem **aktuellen politischen Kontext** heraus ein zeitgeschichtliches Geschehen bilden würden, über das auch unter Namensnennung der Betroffenen berichtet werden dürfe. Das OLG Braunschweig betonte in diesem Zusammenhang, dass der Fall anders zu beurteilen wäre, wenn es sich nicht um einen Täter, sondern um ein Opfer oder um eine sonst unfreiwillig in das Tatgeschehen hineingezogene Person handeln würde. Dies entspricht der zutreffenden Auffassung, dass über Verbrechensopfer und Zeugen nicht oder nur in sehr begrenztem Rahmen namentlich berichtet werden darf.[169]

172 Im vorliegenden Fall handelte es sich aber zum einen um ein **bewusstes Handeln** des Betroffenen, zum anderen um zeitgeschichtlich relevante Geschehnisse. Das OLG Braunschweig erklärte es unter diesen Umständen ausdrücklich – und zu Recht – für zulässig, *„den von ihr für die politische Kultur bei Demonstrationsveranstaltungen unter politischen Extremisten exemplarisch herausgegriffenen Vorfall in der geschehenen Weise, nämlich unter Namensnennung zu personalisieren".*

173 Ebenso kann eine presserechtliche Auseinandersetzung durch die politische Bedeutsamkeit des beanstandeten Artikels ein öffentliches Informationsbedürfnis begründen mit der Folge, dass die an dem Rechtsstreit Beteiligten identifizierbar gemacht werden dürfen.[170] Entsprechendes entschied das KG[171] im Hinblick auf den presserechtlichen Prozess eines Polizeibeamten, der sich gegen einen Artikel wehrte, der sich mit der möglichen Beteiligung deutscher Behörden an der illegalen Verschleppung deutscher Staatsbürger beschäftigt hatte.

V. Namentliche Nennung von Straftätern

174 Eine wichtige Rolle spielt im Presserecht auch die namentliche Berichterstattung über Straftäter. Grds hält die Rechtsprechung eine namentliche Nennung eines bereits verurteilten Straftäters für zulässig, da in diesen Fällen regelmäßig ein Informationsbedürfnis der Presse bzw der Öffentlichkeit angenommen werden kann, das die Persönlichkeitsrechte des Straftäters zumindest in unmittelbarer **zeitlicher Nähe zu der Tat bzw der Verurteilung** überwiegt.[172]

175 Diese Grundregel gilt allerdings nicht gegenüber **jugendlichen Straftätern** sowie auch im Übrigen vorrangig nur in Fällen schwerer Kriminalität. Sowohl bei Jugendlichen als auch im Bereich der **Kleinkriminalität** überwiegt in der Regel das Recht des Betroffenen an der Geheimhaltung seiner Identität. Ausnahmen bestätigen aber auch hier die Regel. Die Zulässigkeit einer Berichterstattung auch unterhalb der Grenze der Schwerkriminalität kann sich auch aus der **besonderen Stellung des Betroffenen** ergeben.

176 Das OLG München[173] erklärte eine identifizierende Berichserstattung für zulässig, die ein Strafverfahren gegen einen wegen Strafvereitelung angeklagten Rechtsanwalt zum Gegenstand hatte. Das Gericht bejahte ein besonderes Interesse der Öffentlichkeit, weil der angeklagte

---

169 Wenzel/*Burkhardt* Kap 10 Rn 194.
170 Einen umfassenden Überblick über die Rechtsprechung zur Zulässigkeit der namentlichen Nennung ehemaliger Stasi-Mitarbeiter gibt *Libertus* ZUM 2010, 221.
171 KG ZUM-RD 2008, 119.
172 BVerfG NJW 1973, 1226; OLG Celle NJW 1990, 2571; OLG Köln AfP 1986, 347; OLG Nürnberg NJW 1996, 530.
173 OLG München NJW-RR 2003, 111.

Rechtsanwalt ein **Organ der Rechtspflege** sei. Es bestehe daher ein legitimes Interesse Rechtssuchender, nicht nur über den Vorgang als solchen, sondern auch über die Person des Angeklagten informiert zu werden, um ggf Konsequenzen daraus ziehen zu können. Eine Besonderheit dieses Falls bestand allerdings darin, dass der betroffene Rechtsanwalt nicht mit vollem Namen genannt war, sondern nur aus den Umständen und mit einiger Recherche identifiziert werden konnte. Sein Nachname war in der Berichterstattung abgekürzt, was die Identifizierbarkeit zumindest erschwere. Das Gericht folgerte daraus, dass nur Personen, die ein besonderes Interesse daran haben, die Identität des im Bericht genannten Rechtsanwalts zu erfahren, sich die Mühe einer entsprechenden Recherche machen würden. Ein solches Interesse würde zum einen nur bei Personen bestehen, die auf der Suche nach einem Anwalt ihres Vertrauens sind, zum anderen aber auch bei Mandanten, die Gewissheit haben wollen, dass es sich bei dem im Bericht genannten Rechtsanwalt nicht um ihren eigenen Rechtsanwalt handelt. Für diese Personen aber war ein Informationsbedürfnis gegeben, so dass unter Berücksichtigung der erschwerten Identifizierbarkeit die namentliche Nennung zulässig war.

Neben der Position des Betroffenen in Beruf oder Gesellschaft kann sich die Zulässigkeit identifizierender Berichtserstattung auch aus dem **vorherigen eigenen Verhalten** des Betroffenen ergeben. Das KG[174] erklärte die identifizierende Berichterstattung über die Festnahme einer Person für zulässig, die des Drogenhandels verdächtig war und die zuvor in einem Interview öffentlich bejaht hatte, *„Unterweltkönig"* zu sein. Ausdrücklich entschied das KG, dass dieses Verhalten des Betroffenen in der Öffentlichkeit dazu geführt hatte, dass eine namentliche Berichterstattung über ihn auch unterhalb der Schwelle der Schwerkriminalität zulässig war. **177**

VI. Zeitliche Grenze

Die zulässige namentliche Berichterstattung über Straftäter ist einer engen zeitlichen Grenze unterworfen. Es entspricht der gefestigten Rechtsprechung des BVerfG, dass das Interesse des Betroffenen an Resozialisierung mit fortschreitender Zeit vermehrt an Bedeutung gewinnt.[175] Dementsprechend darf nur in **engem zeitlichen Zusammenhang** mit der Straftat bzw der Verurteilung eine entsprechende Berichterstattung erfolgen. Liegt kein erneuter Anlass vor, so ist eine spätere erneute Erwähnung zurückliegender Verurteilungen nicht zulässig. In der Praxis besteht oft Streit darüber, was als **„erneuter Anlass"** die Erwähnung zurückliegender Verurteilungen rechtfertigt. Hierfür reicht in der Regel nicht aus, dass der Betroffene erneut straffällig wird. Etwas anderes kann gelten, wenn die neue Tat mit der früheren Tat in derart engem Zusammenhang steht, dass ein Informationsbedürfnis der Öffentlichkeit es rechtfertigt, über die alte und neue Verurteilung im Zusammenhang berichten zu können. Demgegenüber bildet eine bevorstehende Haftentlassung keinen erneuten Anlass, um über eine frühere Verurteilung namentlich berichten zu können. Im Gegenteil ist gerade zu diesem Zeitpunkt das Resozialisierungsinteresse des Betroffenen besonders hoch zu bewerten. Er soll nach seiner Haftentlassung die Möglichkeit haben, sich wieder in die Gesellschaft einzugliedern und nicht ab dem ersten Tag seiner Entlassung durch eine kurz zuvor erfolgte, erneute Berichterstattung über seine Tat öffentlich gebrandmarkt sein. **178**

Eine feste zeitliche Grenze, ab wann über eine Straftat nicht mehr berichtet werden darf, gibt es nicht. Grds gilt, dass das öffentliche Interesse an der Tat umso länger anhält, je größer **179**

---

[174] KG NJW-RR 2007, 345.
[175] BVerfG NJW 1973, 1226.

das Informationsbedürfnis der Öffentlichkeit an der Tat war. Je nach Schwere des Delikts werden **Fristen zwischen einer Woche und sechs Monaten** vertreten.[176] In Einzelfällen wurden in der Rechtsprechung allerdings auch weit **längere Zeiträume** für zulässig erachtet. Bspw erkannte das KG[177] eine namentliche Berichterstattung über die *„zentrale Figur eines blutigen Machtkampfes im Gangstermilieu"* auch noch zwei Jahrzehnte nach den zugrundeliegenden Ereignissen als zulässig an. Ebenso bejahte das OLG Frankfurt aM[178] die Zulässigkeit der namentlichen Nennung eines Straftäters fünf Jahre nach der Tat, *„wenn es sich bei (der) Straftat ... aufgrund der Persönlichkeit des Täters und des Opfers, der vorangegangenen kriminellen Karriere des Täters, der besonderen Brutalität der Tat und nicht zuletzt aufgrund des Verhaltens des Täters vor Gericht um einen der spektakulären Kriminalfälle der jüngeren Geschichte handelt."*

VII. Löschungspflicht für Online-Archive?

180 Wurde ein identifizierender Bericht über eine Straftat innerhalb der dargestellten zeitlichen Grenzen rechtmäßig veröffentlicht, so hat der Straftäter nach lange Zeit umstrittener, nun aber vom BGH in diversen Entscheidungen bestätigter Auffassung auch nach Ablauf dieser zeitlichen Grenze kein Recht darauf, dass der betreffende Beitrag oder zumindest die Identifizierung seiner Person aus einem Online-Archiv gelöscht wird.[179]

181 Der BGH begründet dies zunächst mit der geringen Breitenwirkung der Online-Archive. Denn im Unterschied zur redaktionellen Präsentation von Inhalten in der Tagespresse, dem Fernsehen oder dem Radio, die sich ohne weiteres einer breiten Öffentlichkeit unvorbereitet aufdrängt, ist bei Online-Archiven eine **gezielte und aktive Recherchehandlung** des Nutzers nötig. So führt der BGH in diesem Zusammenhang aus, dass die Berichterstattung typischerweise nur von solchen Nutzern zur Kenntnis genommen wird, die sich selbst aktiv informieren.[180] Keiner dieser Entscheidungen lag offenbar ein Sachverhalt zugrunde, in welcher die entsprechenden identifizierenden Berichterstattungen auch über externe Internetsuchmaschinen (zB Google) aufgefunden werden konnten,[181] jedenfalls ist dies in den Entscheidungen nicht thematisiert worden. In zwei nunmehr vor kurzem ergangenen Entscheidungen hat der BGH jedoch unter Zugrundelegung derselben Argumentation ausdrücklich festgestellt, dass selbst dann von einer geringen Breitenwirkung auszugehen ist, wenn die identifizierende Berichterstattung ebenfalls über externe Suchmaschinen auffindbar ist.[182] Dies ist in der Literatur zu Recht kritisiert worden.[183] So muss in derartig gelagerten Fällen eine geringe Breitenwirkung bezweifelt und die Frage aufgeworfen werden, ob hier überhaupt noch von einer gezielten Suche die Rede sein kann. Denn im Unterschied zum eher aufwändigen Abruf auf einer bestimmten Plattform – sei es eine Internetseite oder ein Online-Archiv –, die zunächst gezielt aufgerufen werden muss und die ggf eine Registrierung des Nutzers erfordert oder deren Abruf kostenpflichtig ist – was bei zahlreichen

---

176 Wenzel/*Burkhardt* Kap 10 Rn 201.
177 KG AfP 1992, 302.
178 OLG Frankfurt AfP 2006, 601.
179 BGH NJW 2010, 757; BGH Urt v 15.12.2009 – Az VI ZR 228/08; BGH NJW 2010, 2728; BGH NJW 2010, 2432; BGH AfP 2011, 180; BGH Urt v 22.2.2011 – Az VI ZR 115/09; BGH MMR 2011, 548; BGH NJW 2011, 2285; BGH ZUM 2012, 675.
180 BGH NJW 2011, 2285 Rn 20; BGH MMR 2011, 548 Rn 20; BGH AfP 2011, 180 Rn 19; vgl auch BVerfG NJW 2003, 2818, 2819; BVerfG NJW 2008, 1298 Rn 20.
181 So auch *Ruttig* AfP 2013, 372, 374; *Himmelsbach* K&R 2013, 82; aA *Verweyen/Schulz* AfP 2012, 442, 444.
182 BGH AfP 2013, 54 Rn 20; BGH GRUR 2013, 94.
183 *Ruttig* AfP 2013, 372; *Himmelsbach* K&R 2013, 82; *Verweyen/Schulz* AfP 2012, 442, 444 f; aA *Sajuntz* NJW 2012, 3761, 3764.

vorangegangenen Entscheidungen des BGH der Fall war –, stellt die Suche über externe Suchmaschinen in der heutigen Zeit ein absolut gängiges Hilfsmittel dar.[184] So kann der Nutzer über diese in Sekundenschnelle und ohne großen Aufwand durch schlichte Eingabe bestimmter Schlagworte (insb der Name des Betroffenen) entsprechende Inhalte abrufen. Gerade im Rahmen von Bewerbungssituationen entspricht dies auch dem üblichen Vorgehen des Arbeitgebers.[185] Hinzu kommt, dass diese leicht zugänglichen Inhalte im Gegensatz zum flüchtigen Medium Fernsehen oder Radio jederzeit, weltweit und von jedem bei Bedarf und nach Belieben abgerufen werden können.[186] Insofern spricht hier viel für eine differenzierte Betrachtungsweise, um einen angemessenen Interessenausgleich zwischen Pressefreiheit und dem Resozialisierungsinteresse des Betroffenen zu schaffen. So ist der Auffassung einer geringen Breitenwirkung in jedem Fall in den Konstellationen zuzustimmen, bei denen der Nutzer ausschließlich über die entsprechende Internetseite bzw das Online-Archiv zur identifizierenden Berichterstattung gelangt, da hier davon ausgegangen werden kann, dass eine derartige Berichterstattung nicht die breite Öffentlichkeit erreicht, insbesondere wenn der Abruf zusätzlich einer Registrierung bedarf oder kostenpflichtig ist. Die Auffassung, dass dies auch für Fallkonstellationen gilt, bei denen die Berichterstattung über externe Suchmaschinen auffindbar ist, überzeugt im Ergebnis dagegen nicht. In diesen Fällen liegt aufgrund der sehr einfachen und heutzutage üblichen Zugriffsmöglichkeit auf solche Informationen eine öffentliche und dauerhafte Stigmatisierung des Straftäters sehr nahe, welche die Gefahr sozialer Ausgrenzung in sich birgt und damit dem berechtigten Interesse des Straftäters an Resozialisierung nach Verbüßung seiner Schuld entgegensteht. In diesem Zusammenhang muss auch berücksichtigt werden, dass es durchaus möglich und auch üblich ist, das Auffinden bestimmter Inhalte in externen Suchmaschinen zu unterbinden. Es bleibt abzuwarten, wie sich das BVerfG zu dieser Thematik positionieren wird. Dessen Überprüfung der Rechtsprechung des BGH steht noch aus.

Neben der geringen Breitenwirkung der Berichterstattung in Online-Archiven waren für den BGH weitere wichtige Aspekte die Kenntlichmachung des Beitrags als Altmeldung sowie die Informationsfreiheit nach Art 5 Abs 1 S 1 GG, die auch ein historisches Arbeiten aus allgemein zugänglichen Quellen ermöglichen muss.[187] Informationsquellen dürfen nicht dadurch verändert werden, dass eine ursprüngliche Berichterstattung nachträglich gelöscht wird. Dies würde zu einer Verfälschung der historischen Abbildung führen und der besonderen Bedeutung von **Archiven** nicht gerecht werden.[188]

Schließlich darf nach Auffassung des BGH die Freiheit der Berichterstattung nicht dadurch gehemmt werden, dass die legitime Onlinearchivierung von ursprünglich zulässig veröffentlichten Beiträgen durch ein Haftungsrisiko zu unterbleiben droht oder bereits bei der Erstveröffentlichung eine zu diesem Zeitpunkt noch nicht erforderliche Selbstzensur greift.[189] Denn der Presse ist es wirtschaftlich ebenso unmöglich wie unzumutbar, ihre Archive laufend daraufhin zu durchforsten, ob ursprünglich zulässige Berichterstattungen durch Zeitablauf wegen des Anonymisierungsinteresses eines Straftäters möglicherweise unzulässig geworden sein könnten. Dies gilt umso mehr, als es keine klare zeitliche Grenze gibt, ab wann über eine

---

184 Vgl *Himmelsbach* K&R 2013, 82, 83.
185 So auch *Ruttig* AfP 2013, 372, 375.
186 Vgl *Ruttig* AfP 2013, 372, 375.
187 BGH AfP 2013, 54 Rn 17; BGH NJW 2011, 2285 Rn 20; BGH ZUM 2012, 675 Rn 43; BGH MMR 2011, 548 Rn 20.
188 Auf den Schutz der Quelle durch die Informationsfreiheit nur in ihrem jeweiligen Bestand (im Gegensatz zu einem Schutz vor Quellenänderung) weist präzisierend *v Coelln* hin, jurisPR-ITR 8/2007 Anm 3 lit E.
189 *Sajuntz* NJW 2010, 2992, 2996; vgl auch BGH NJW 2011, 2285 Rn 22; BGH ZUM 2012, 675 Rn 45; BGH MMR 2011, 548 Rn 22.

Straftat nicht mehr berichtet werden darf, sondern insoweit jeweils eine Abwägung im Einzelfall erforderlich wäre. Diese Abwägung sowie die auch dann noch verbleibende Rechtsunsicherheit darüber, ob ein ursprünglich zulässiger Beitrag bereits gelöscht werden muss oder noch nicht, würde die Sorgfaltspflichten der Presse überspannen und ihre Rechte aus Art 5 GG unverhältnismäßig beschneiden.

184   All dies gilt wohlgemerkt nur für das schlichte Verbleiben eines Artikels im Archiv. Anders sind aktuelle redaktionelle Verweise auf Archivmaterial, bspw die Verlinkung aufgrund aktuellem Anlass einzuordnen. Es kann dann eine strenger zu beurteilende erneute Berichterstattung vorliegen. Zu dieser Thematik hat der BGH bisher keine ausdrückliche Stellung genommen. In den ergangenen Entscheidungen ging es durchgängig nur um Berichterstattungen, die sich entweder nur auf für Altmeldungen vorgesehene (Archiv-)Seiten befanden oder die jedenfalls dadurch als zulässig erachtet wurden, weil sich der Straftäter zuvor selbst der Öffentlichkeit zugewandt hatte.[190]

VIII. Sonderfall: RAF

185   Die Frage, inwieweit auch nach Jahren noch identifizierbar über ehemalige Straftäter berichtet werden darf, stellte sich auch anlässlich der bevorstehenden Haftentlassung einiger RAF-Terroristen. Zwar ist es grds gefestigte Rechtsprechung, dass infolge des überwiegenden **Resozialisierungsinteresses** der Betroffenen eine Haftentlassung gerade kein begründeter Anlass ist, der eine erneute Berichterstattung über lange zurück liegende Straftaten rechtfertigt. Im Rahmen der Freilassung früherer RAF-Terroristen stellte sich die Frage angesichts der **politischen und historischen Bedeutung der RAF** gleichwohl in einem anderen Licht.

186   Gegenstand einiger Entscheidungen der Berliner Gerichte[191] sowie des BVerfG[192] war die Veröffentlichung von Archivbildern einer ehemaligen RAF-Terroristin, deren vorzeitige Haftentlassung bevorstand. In sämtlichen Entscheidungen wurde die Veröffentlichung von Archivfotos der RAF-Terroristin aus den Jahren 1985 und 1986 für zulässig erklärt. Dabei spielte es zum einen eine Rolle, dass die Betroffene selbst während ihrer Haftzeit eine Ausbildung zur Fotografin vollzogen und mit der Veröffentlichung eines Bildbandes, das auch ein Selbstportrait enthielt, zuvor selbst an die Öffentlichkeit getreten war. Ebenso hatte die Betroffene sich öffentlich in einem Interview geäußert.

187   Zum anderen betonten die Gerichte aber vor allem, dass die Straftaten der RAF nicht nur um der Taten selbst Willen ein besonderes Gewicht hatten, sondern vor allem auch die Geschichte der BRD in einer Art und Weise geprägt hatten, die den Betroffenen auch heute noch eine historische Rolle zukommen ließ. Bereits in dem Urteil „Lebach I", in dem das BVerfG die Bedeutung des Resozialisierungsgedankens erstmals entwickelt hat, hatte das Gericht im Ergebnis noch offen gelassen, aber angedeutet, dass es Ausnahmefälle von überragendem historischen Interesse geben kann, bei denen der Resozialisierungsgedanke zurücktreten muss.[193] Einen solchen Fall sahen die Gerichte hier als gegeben an. Angesichts der sowohl geschichtlichen, als auch politischen Bedeutung, die die Geschichte der RAF für die Bundesrepublik Deutschland hatte und immer noch hat, kann dem nur zugestimmt werden.

188   Dabei ist zu berücksichtigen, dass es sich bei den Fotos, deren Veröffentlichung Streitgegenstand waren, um Archivaufnahmen gehandelt hat. Offen bleibt, ob auch die Veröffentli-

---

190 Vgl BGH AfP 2011, 280.
191 LG Berlin AfP 2007, 282; KG AfP 2007, 376.
192 BVerfG Beschl v 20.8.2007 – Az 1 BvR 1913/07 und 1 BvR 2024/07.
193 BVerfG NJW 1973, 1226, 1232.

chung eines aktuellen Fotos aus der Zeit der Haftentlassung zulässig gewesen wäre. Dies dürfte zu verneinen sein. Denn hier würde sich der Faden der historisch bedeutsamen Rolle der RAF verlieren und in eine persönliche Berichterstattung über die Straftäter selbst übergehen. Eine solche wird sich an der nach wie vor geltenden Rechtsprechung zum Resozialisierungsinteresse messen lassen müssen. Die Veröffentlichung von aktuellen Bildern ehemaliger RAF-Terroristen nach ihrer Haftentlassung wird daher im Zweifel unzulässig sein. Hierfür spricht auch eine Bemerkung des KG, das in seinem Urteil abschließend ausführt: *„Die Befürchtung der Antragstellerin, künftig gerade aufgrund der Veröffentlichung der hier angegriffenen Archivaufnahmen „Freiwild" für die Medien zu werden, trifft nicht zu. Jede künftige Veröffentlichung von Fotos der Antragstellerin, wie auch jede Wortberichterstattung wird sich der Abwägung der widerstreitenden Interessen und Rechtsgüter zu stellen haben."*[194]

§ 6
Verdachtsberichterstattung

I. Grundkonflikt

Von dem Problem namentlicher Berichterstattung über bereits *verurteilte* Straftäter grundlegend zu unterscheiden ist der Fall einer zulässigen Berichterstattung in Fällen, in denen die Schuld bzw Tat des Betroffenen noch nicht feststeht. 189

In diesem Bereich gerät die Pflicht der Presse, ausschließlich über wahre Tatsachen zu berichten, in Konflikt zu ihrer Aufgabe, Sachverhalte und Missstände aufzudecken und die Öffentlichkeit zeitnah zu informieren, möglicherweise auch bereits bevor ein endgültiger Wahrheitsbeweis erbracht werden kann. 190

Bei der Beleuchtung des Problems ist zwischen Berichterstattungen über behördliche Ermittlungs- oder Gerichtsverfahren einerseits und Berichterstattungen über von der Presse selbst recherchierte Sachverhalte andererseits zu unterscheiden. 191

II. Berichterstattungen über behördliche Ermittlungs- oder Gerichtsverfahren

Die Zulässigkeit einer Berichterstattung über ein behördliches Ermittlungs- oder Gerichtsverfahren ist **je nach Stadium, in dem sich das Verfahren befindet**, unterschiedlich zu beurteilen. Grds kann zwischen den vier Stadien der Erstattung einer Strafanzeige, der Durchführung eines Ermittlungsverfahrens, der öffentlichen Klageerhebung und der erfolgten Verurteilung unterschieden werden. 192

1. Erstattung einer Strafanzeige

Eine Strafanzeige kann jederzeit und von jedermann gegen jeden erstattet werden. Über die Begründetheit eines Verdachts, geschweige denn über eine etwaige Schuld des Betroffenen sagt die Erstattung einer Strafanzeige nichts aus. In diesem Stadium gehen deshalb die Geheimhaltungsinteressen des Betroffen in der Regel vor. Dies gilt jedenfalls dann, wenn kein besonderes **Informationsbedürfnis der Öffentlichkeit an der Anzeigenerstattung** besteht. Ein solches 193

---

[194] KG AfP 2007, 376, 378.

Informationsbedürfnis kann sich zB aus der öffentlichen Bekanntheit des Betroffenen, gegen den Anzeige erstattet wurde, ergeben, wenn dieser zB in Politik oder Wirtschaft eine wichtige Stellung einnimmt. Ist dies nicht der Fall und liegt ein öffentliches Informationsbedürfnis nicht vor, darf über eine erstattete Strafanzeige in der Regel nicht unter Offenlegung der Identität des Betroffenen berichtet werden.

2. Staatsanwaltschaftliches Ermittlungsverfahren

194 Auch die Eröffnung eines Ermittlungsverfahrens durch die Staatsanwaltschaft sagt noch nichts über die etwaige Schuld des Betroffenen aus. In diesem Stadium hat zwar die Staatsanwaltschaft bereits den erforderlichen **Anfangsverdacht** bejaht, um das Ermittlungsverfahren überhaupt zu eröffnen. Ein Informationsbedürfnis der Öffentlichkeit wird in diesem Stadium eher zu bejahen sein, als noch im Stadium der Anzeigenerstattung. Auch in diesem Stadium ist allerdings noch besondere Vorsicht geboten.

195 Der Grund für die zu Recht strenge Rechtsprechung im Bereich der Berichterstattung über laufende Ermittlungsverfahren liegt darin, dass der juristische Laie die Einleitung eines solchen Verfahrens oft bereits mit dem Nachweis der Schuld gleichsetzt. Selbst wenn das Ermittlungsverfahren später eingestellt wird und die Presse auch hierüber erneut berichtet, besteht die Gefahr, dass der Betroffene im Bewusstsein der Leser nie mehr vollständig rehabilitiert wird.[195] An die Zulässigkeit einer Berichterstattung über ein laufendes Ermittlungsverfahren werden daher zu Recht hohe Anforderungen gestellt. Dabei sind an die **Sorgfaltspflicht der Presse** umso höhere Anforderungen zu stellen, je schwerer und nachhaltiger das Ansehen des Betroffenen durch die Veröffentlichung und die im Raum stehenden Vorwürfe beeinträchtigt wird. Die Rechtsprechung bezeichnet dies als gleitenden Sorgfaltsmaßstab.[196]

196 Andererseits dürfen nach der zutreffenden Rechtsprechung des BGH die Anforderungen an die journalistische Sorgfalt und die Wahrheitspflicht nicht überspannt und insb nicht so bemessen werden, dass darunter die **Funktion der Meinungsfreiheit** leidet. Straftaten gehören zum Zeitgeschehen, dessen Vermittlung zu den originären Aufgaben der Medien gehört. Dürfte die Presse, falls der Ruf einer Person gefährdet ist, nur solche Informationen verbreiten, deren Wahrheit im Zeitpunkt der Veröffentlichung bereits mit Sicherheit feststeht, könnte sie ihre Aufgaben bei der öffentlichen Meinungsbildung nicht erfüllen. Die ohnehin begrenzten Mittel der Presse zur Ermittlung der Wahrheit sind durch den Zwang der aktuellen Berichterstattung verkürzt. Deshalb verdienen im Rahmen der Abwägung zwischen dem Eingriff in das Persönlichkeitsrecht des Betroffenen und dem Informationsinteresse der Öffentlichkeit regelmäßig die aktuelle Berichterstattung und damit das Informationsinteresse jedenfalls dann den Vorrang, wenn die nachfolgend dargestellten Sorgfaltsanforderungen eingehalten sind. Stellt sich in einem solchen Fall später die Unwahrheit der Äußerung heraus, so ist diese als im Äußerungszeitpunkt rechtmäßig anzusehen. Widerruf und Schadensersatz kommen dann nicht in Betracht.[197]

197 Voraussetzung für eine zulässige Verdachtsberichterstattung ist zunächst, dass ein **Mindestbestand an Beweistatsachen** vorliegt, die für den Wahrheitsgehalt der Information sprechen. In diesem Zusammenhang muss die Presse selbst recherchieren und vor allem alle Möglichkeiten ausschöpfen, so insb eine **Stellungnahme des Betroffenen** selbst einzuholen.[198] Ist

---

195 Vgl. BVerfG AfP 2006, 354, 355; BVerfG AfP 2009, 46 Rn 15; BVerfG AfP 2009, 365 Rn 20.
196 BGH NJW 1972, 1658, 1659; BGH NJW 1977, 1288; OLG Brandenburg NJW 1995, 886, 888; BGH NJW 2000, 1036; OLG Köln ZUM 2012, 337, 340.
197 BGH NJW 2000, 1036, 1037.
198 BGH NJW 1996, 1131; BGH NJW 2000, 1036, 1037.

der Betroffene nicht erreichbar oder verweigert er eine Stellungnahme, wird die Presse zumindest ernsthafte Versuche zur Kontaktaufnahme mit dem Betroffenen nachzuweisen haben. Eine Berufung darauf, den Betroffenen auf ersten Versuch hin nicht angetroffen oder nicht erreicht zu haben, wird für eine erfolgreiche Verteidigung der Presse in der Regel nicht ausreichen.

Weitere Voraussetzung für eine zulässige Verdachtsberichterstattung ist, dass die Berichterstattung **keine Vorverurteilung** des Betroffenen enthalten darf. Insb darf nicht der unzutreffende Eindruck erweckt werden, der Betroffene sei der ihm vorgeworfenen strafbaren Handlung bereits überführt.[199] Unzulässig ist auch eine von einer Sensation ausgehende, bewusst einseitige oder verfälschende Darstellung. Vielmehr müssen auch **die zur Verteidigung und Entlastung des Beschuldigten vorhandenen Tatsachen und Argumente** berücksichtigt[200] und der jeweilige Ermittlungs- und Verfahrensstand zutreffend und objektiv wiedergegeben werden.

Schließlich muss es sich insgesamt um einen **Vorgang von gravierendem Gewicht** handeln, dessen Mitteilung durch ein Informationsbedürfnis der Allgemeinheit gerechtfertigt ist.[201] Dies ist zumindest bei schwerer, die Öffentlichkeit besonders betreffender Kriminalität in der Regel der Fall.

Eine grundlegende Entscheidung zum Thema der Verdachtsberichterstattung, in der auch die Voraussetzungen einer zulässigen Berichterstattung über ein laufendes Ermittlungsverfahren nochmals klar aufgezeigt wurden, stellt eine Entscheidung des BGH aus dem Jahre 1999 dar.[202]

Dem Fall zugrunde lag ein Bericht über ein Ermittlungsverfahren wegen **Vorteilsannahme und Bestechlichkeit**, das gegen eine ehemals auch kommunalpolitisch aktive Mitarbeiterin eines Straßenbauamtes eingeleitet worden war. Der fragliche Artikel war auf der Titelseite ohne Namensnennung unter der Überschrift „Behörde unter Verdacht" angekündigt worden. Im Leitartikel des Lokalteils wurde die Betroffene unter der Überschrift „Ex-Mitarbeiterin unter schwerem Verdacht" auch namentlich genannt. Einen Monat nach Erscheinen des Artikels wurde das Ermittlungsverfahren mangels hinreichenden Tatverdachts eingestellt.

Der BGH entschied, dass der Artikel die Grenzen zulässiger Verdachtsberichterstattung eingehalten hatte und im konkreten Fall auch die namentliche Nennung der Klägerin gerechtfertigt war. Zu Recht ging das Gericht davon aus, dass sich ein besonderes Interesse der Öffentlichkeit schon aus der **Verbindung zwischen staatlichem Handeln und dem etwaig strafbaren Verhalten** einer Amtsträgerin ergab. Für das Gericht spielte es auch eine Rolle, dass die Betroffene nur im Lokalteil namentlich genannt wurde, während die Titelseite anonym blieb. Weiter berücksichtigte das Gericht, dass vorhandene Überweisungsbelege, die auf den Namen der Klägerin lauteten, sowie unstreitig an den Verein erfolgte Zahlungen hinreichende Belegtatsachen boten. Eine Anonymisierung wäre nur bei einer unsichereren Tatsachen- und Recherchegrundlage erforderlich gewesen, wovon das Gericht hier nicht ausging.

3. Klageerhebung

Auch die Erhebung einer öffentlichen Klage bzw der Beginn der Hauptverhandlung sagen noch nichts über Schuld oder Unschuld des Angeklagten aus. Diese Frage soll im Laufe des Verfahrens gerade erst geklärt werden. Allerdings kann die Presse ab diesem Stadium grds von einem

---

199 OLG Brandenburg NJW 1995, 886; OLG München NJW-RR 1996, 1487, 1488; OLG München NJW-RR 1996, 1493, 1494; OLG Frankfurt aM NJW-RR 1990, 989, 990; BGH NJW 2000, 1036, 1037.
200 BVerfG NJW 1973, 1226; BGH NJW 1965, 2395, 2396; BGH NJW 2000, 1036, 1037.
201 BGH NJW 2000, 1036, 1037.
202 BGH NJW 2000, 1036.

ausreichenden Anfangsverdacht ausgehen mit der Folge, dass die Befragung des Betroffenen entbehrlich wird. Der Grund hierfür liegt darin, dass bei Zulassung der Anklage der hinreichende Tatverdacht durch das Gericht überprüft wurde, nachdem dem Angeschuldigten rechtliches Gehör gewährt worden war.[203] Im Übrigen gelten auch in diesem Stadium weiterhin die dargelegten Anforderungen an eine zulässige Verdachtsberichterstattung. Insb darf auch in diesem Stadium keine Vorverurteilung durch die Presse stattfinden.

4. Erfolgte Verurteilung

204 Ab erfolgter Verurteilung kann die Presse von der Richtigkeit der Verurteilung und damit von der **Schuld des Betroffenen** ausgehen. Bei Vorliegen eines entsprechenden öffentlichen Interesses an der Tat darf die Presse ab diesem Stadium über die Straftat und die erfolgte Verurteilung berichten. Dabei sind allerdings die Anforderungen zu beachten, die an das **öffentliche Informationsbedürfnis** und den **zeitlichen Rahmen** gestellt werden, innerhalb dessen über eine strafrechtliche Verurteilung berichtet werden darf.

III. Berichte über selbstrecherchierte Sachverhalte

205 Voraussetzung jeder zulässigen Verdachtsberichterstattung ist ein Mindestbestand an Beweistatsachen, der für den Wahrheitsgehalt der Information spricht. Dies gilt unabhängig davon, ob sich der Bericht auf bereits laufende polizeiliche oder staatsanwaltschaftliche Ermittlungen stützen kann, oder ob die Presse über selbst recherchierte Missstände berichtet. Dabei beschränken sich die Grundsätze der Verdachtsberichterstattung nicht auf den Bereich von Straftaten, sondern betreffen jeden Fall, in dem die Medien über einen bestimmten Verdacht gegen eine oder mehrere Personen berichten und dabei die Namen dieser Personen offenlegen oder sie zumindest identifizierbar machen.[204]

206 Im Falle öffentlicher Ermittlungen durch Polizei oder Staatsanwaltschaft ist die Presse von der Pflicht zu Sorgfalt und eigenen Recherchen zwar nicht entbunden. Sie kann sich jedoch zumindest darauf berufen, dass auch behördliche Ermittlungen durchgeführt werden, der Verdacht somit jedenfalls nicht vollkommen „aus der Luft gegriffen" ist. Weitaus schwieriger ist die Lage, wenn die Presse von einem Dritten von einem möglichen Verdacht erfährt. Für die Frage, ob die Presse über einen solchen Verdacht berichten darf, kommt es auf die individuell zu beurteilende **Zuverlässigkeit des jeweiligen Informanten** an.

207 In einem vom OLG Dresden[205] entschiedenen Fall hatte **ein Informant aus den Reihen der Mordkommission** gegenüber der Presse bestätigt, dass eine (weitere) Person, gegen die kein Ermittlungsverfahren eröffnet war, in den Kreis der Verdächtigen an einem Mordfall aufgenommen war. Wie sich später herausstellte, hatte der Betroffene mit dem Mordfall nichts zu tun. Das OLG Dresden erklärte eine identifizierende Berichterstattung über den neuen Verdächtigen für unzulässig. Es stellte dabei entscheidend darauf ab, dass Angaben eines Informanten aus den Reihen der Polizei nicht denselben Stellenwert haben wie eine offizielle Behördenerklärung. Die Presse hätte daher vor der Verbreitung der Mitteilung des Informanten zunächst auch eigene Recherchen anstellen müssen, um die Wahrscheinlichkeit bzw den Wahrheitsgehalt der erhaltenen Information zu überprüfen.

---

203 OLG München NJW 2003, 111.
204 *Molle* ZUM 2010, 331.
205 OLG Dresden NJW 2004, 1181.

Auch das BVerfG[206] hatte sich mit der erhöhten Sorgfaltspflicht der Presse bei der Verbreitung ehrenrühriger Verdachtsbehauptungen eines Informanten zu beschäftigen. Dabei ging es um einen Artikel, der sich auf die Pressemitteilung des Aktionärs einer Tochtergesellschaft stützte, in der dieser Aktionär Vorwürfe gegen den Vorstandsvorsitzenden der Muttergesellschaft erhob. In dem Artikel war die Pressemitteilung in Auszügen wiedergegeben und mit dem Kommentar bewertet worden, die Sache *„stinke zum Himmel"*. Der Autor der Pressemitteilung wurde als **Informant mit der besonderen Qualität eines ehemaligen Insiders** bezeichnet. Das BVerfG bestätigte die Urteile der Instanzgerichte, die die Berichterstattung mangels ausreichender Eigenrecherchen der Presse für unzulässig erklärt hatten. 208

Schließlich ließ auch das OLG München,[207] zwei in ihrer Formulierung wörtlich übereinstimmende, damit offensichtlich abgesprochene eidesstattliche Versicherungen von zwei **Zeugen vom Hörensagen** nicht ausreichen, um den für eine zulässige Verdachtsberichterstattung erforderlichen Mindestbestand an Tatsachen zu gewährleisten. 209

In sämtlichen Entscheidungen spielte es eine entscheidende Rolle, dass die Presse ihre Berichterstattung ausschließlich auf die Mitteilungen der jeweiligen Informanten gestützt hatte, ohne darüber hinaus eigene Recherchen anzustellen. Solche eigenen Recherchen wird man von der Presse in Fällen wie den geschilderten im Rahmen der ihr obliegenden **Sorgfaltspflicht** aber verlangen können und müssen. Parallel zum Sorgfaltsmaßstab sind auch an die **Recherchepflichten** der Presse umso höhere Anforderungen zu stellen, je schwerer der im Raum stehende Vorwurf wiegt und je zweifelhafter die Zuverlässigkeit des vorhandenen Informanten erscheint. 210

§ 7
Aussagen Dritter

I. Zueigenmachung und Distanzierung

Werden in einem Pressebeitrag Aussagen Dritter veröffentlicht, so stellt sich regelmäßig die Frage, ob sich die Presse die fremde Aussage als eigene Äußerung zurechnen lassen muss. Dies ist grds dann der Fall, wenn sich die Presse ein Fremdzitat zueigen gemacht hat. 211

Bei der Beurteilung, ob ein solches **Zueigenmachen** vorliegt, legt die Rechtsprechung sehr großzügige Maßstäbe an und geht immer dann von einem Zueigenmachen aus, wenn sich der Zitierende von der fraglichen Äußerung weder ernsthaft **distanziert** hat, noch die Äußerung lediglich als Teil einer **Dokumentation des Meinungsstandes („Markt der Meinungen")** wiedergegeben wird. Letzteres setzt voraus, dass auch andere, gegenteilige Meinungen zitiert werden. 212

Die wesentlichen Grundsätze hat der BGH in drei Entscheidungen festgelegt. 213

In der sog **„Panorama-Entscheidung"**[208] bejahte der BGH in Zusammenhang mit einem kritischen Filmbericht eine Zueigenmachung von Äußerungen Dritter, weil die Äußerungen derart in die eigene kritische Stellungnahme der Autoren der Sendung eingebettet waren, dass die Sendung insgesamt als eine „lediglich mit verteilten Rollen gesprochene eigene Kritik des Fernsehsenders" erschien. Der Sender konnte sich dementsprechend nicht darauf berufen, dass die Äußerungen der Dritten keine eigenen Äußerungen waren. 214

---

206 BVerfG NJW 2007, 2686.
207 OLG München NJW-RR 2002, 186.
208 BGH NJW 1976, 1198.

215 Ähnlich entschied der BGH in der sog **„SternTV"-Entscheidung**.[209] Auch hier musste sich ein Fernsehsender die in einer kritischen Fernsehsendung wiedergegebenen Vorwürfe einer Reihe von Assistenz- und Oberärzten gegen einen Chefarzt zurechnen lassen. Der Fernsehsender hatte sich von den Vorwürfen der Ärzte nicht nur nicht distanziert, sondern hatte diese – für den Zuschauer erkennbar – als alleinige Grundlage seines Beitrages verwertet. Hierin sah der BGH ein Zueigenmachen, so dass sich der Sender die erhobenen Vorwürfe als eigene Äußerungen zurechnen lassen musste.

216 Schließlich mussten sich auch Herausgeber und Autor des Buchs **„Der Lohnkiller"** die Fremdaussage einer angeblich im Rotlichtmilieu tätigen Person über einen inzwischen pensionierten Polizeirat zurechnen lassen. Der BGH[210] entschied in diesem Fall, dass die Frage eines aktiven Zueigenmachens offen gelassen werden könne. Denn jedenfalls fehle es an einer eigenen ernsthaften Distanzierung. Das Zitat werde auch nicht im Rahmen eines „Markts der Meinungen" wiedergegeben.

217 Die Entscheidungen verdienen Zustimmung, soweit sie einem Medienunternehmen Fremdzitate zurechnen, auf die sich der gesamte Inhalt eines Berichts offenkundig stützt. Wird das Zitat eines Dritten als Beleg für die eigene Meinung verwendet und aus dem redaktionellen Begleittext deutlich, dass das Medienunternehmen die Äußerung des Dritten für zutreffend hält, so ist es richtig, das Medienunternehmen in gleichem Maße wie den Äußernden selbst für die Verbreitung des Zitats in Anspruch zu nehmen.

218 Bedenklich wird die geschilderte Rechtsprechung allerdings dort, wo auf ein aktives Zueigenmachen – bspw durch zustimmenden redaktionellen Begleittext – verzichtet und eine ausdrückliche und ernsthafte Distanzierung von jedem Fremdzitat gefordert wird, das ein Medienunternehmen weitergibt. Recherchiert die Presse einen bestimmten Sachverhalt und bindet sie Aussagen Dritter, auf die sie im Rahmen ihrer Recherchen gestoßen ist, in einen ansonsten ausgewogenen und ergebnisoffenen Bericht ein, so kann es nicht sein, dass die Presse bei jedem wiedergegebenen Fremdzitat aktiv betonen muss, dass dies die Aussage eines Dritten und ihr nicht zurechenbar ist. Dies würde die Anforderungen an die Presse zur Distanzierung insb dort deutlich überspannen, wo die Tatsache, dass es sich bei den Äußerungen um Aussagen Dritter handelt, für den Leser bzw Zuschauer offenkundig ist.

II. Interviews

219 Besonders deutlich wird das Problem der Distanzierung im Rahmen von Interviews, die insoweit jedoch als Sonderfall anerkannt sind. Insoweit hat der BGH in einer aktuellen Entscheidung zu Recht klargestellt, dass sich ein Presseorgan nicht schon deshalb die ehrenrührige Äußerung eines Dritten im Rahmen eines Interviews zu eigen macht, weil es sich von der Äußerung nicht ausdrücklich distanziert hat.[211]

220 Dass Interviews bei der Frage nach der Distanzierung als Sonderfall zu behandeln sind, hat der BGH[212] in seinem Urteil zu dem Buch „Der Lohnkiller" konkludent bestätigt. In diesem Urteil bejahte der BGH die Zurechenbarkeit eines in dem Buch „Lohnkiller" wiedergegebenen Zitats ausdrücklich mit dem Hinweis, dass das Zitat nicht so zu behandeln sei, als sei es lediglich in einem Interview veröffentlicht worden. Bereits hieraus folgt, dass bei einem Interview etwas anderes gilt.

---

209 BGH NJW 1997, 1148.
210 BGH NJW 1996, 1131, 1132.
211 BGH NJW 2010, 760, 761.
212 BGH NJW 1996, 1131, 1132.

Eine **Sonderbehandlung für Interviews** ist nicht nur richtig, sondern erforderlich. Interviews wären praktisch nicht mehr durchführbar, wenn sich die Presse während eines Interviews laufend ausdrücklichen von den Aussagen des Interviewten distanzieren müsste. Eine solche Distanzierung ist im Rahmen eines Interviews auch nicht erforderlich, denn es kann kaum offensichtlicher als im Rahmen eines Interviews sein, dass es sich bei den wiedergegebenen Fremdzitaten um die Aussagen einer dritten Person und nicht um die Behauptungen oder Meinungen des Presseorgans handelt. Auf eine ausdrückliche Distanzierung der Presse von den Aussagen des Interviewten kann daher in der Regel verzichtet werden. 221

Allerdings ist auch hier Vorsicht geboten. Machen sich der Interviewer und damit das Presseorgan die Aussagen des Interviewten durch entsprechende Folgefragen oder ausdrückliche Zustimmung zueigen oder verwendet die Zeitung Aussagen aus dem Interview als **Überschriften oder Zwischenüberschriften** und erweckt damit den Eindruck, dass sie die Aussagen für wahr hält, so ist auch insoweit von einem Zueigenmachen auszugehen sein. In solchen Fällen muss die Presse für die fraglichen Aussagen wie für eigene Äußerungen einstehen. Ob auf Stellungnahmen von Interviewpartnern die Grundsätze der Verdachtsberichterstattung[213] anzuwenden sind, ist nicht geklärt. 222

III. Markt der Meinungen

Unabhängig von einer ausreichenden Distanzierung haftet ein Presse- bzw Medienunternehmen dann nicht für den Inhalt einer von ihm verbreiteten Aussage eines Dritten, wenn die Wiedergabe der Aussage als Teil einer **Dokumentation des Meinungsstandes** erfolgt. Dies ist dann der Fall, wenn im Rahmen eines **„Marktes der Meinungen"** Äußerungen und Stellungnahmen verschiedener Seiten zusammengetragen und einander gegenübergestellt werden.[214] Der BGH hat einen solchen „Markt der Meinungen" zB für den Fall einer **Live-Diskussion im Fernsehen** anerkannt.[215] 223

Diese Grundsätze können nach Auffassung des BGH auf ein **Meinungsforum im Internet** nicht übertragen werden.[216] Wie der BGH zu Recht ausführt, ist der Betreiber eines Internetforums – im Gegensatz zu dem Verantwortlichen einer Live-Diskussion im Fernsehen – „Herr des Angebots" und verfügt über die Möglichkeit auf einzelne Beiträge zuzugreifen und sie erforderlichenfalls auch zu löschen. Die Verbreitung einer Aussage im Internet ist somit weniger mit einer Live-Diskussion im Fernsehen, als mit deren Wiederholung vergleichbar. Auf solche Wiederholungen erstreckt sich die Privilegierung von Live-Sendungen aber gerade nicht. Ebenso wie eine Live-Diskussion im Fernsehen nicht mehr verbreitet werden darf, sobald der Verantwortliche Kenntnis von darin enthaltenen rechtswidrigen Aussagen hat, ist auch der Betreiber eines Internet-Forums zur Löschung rechtswidriger Beiträge ab Kenntnis verpflichtet.[217] 224

---

213 BVerfG NJW 2007, 2685.
214 BGH NJW 1996, 1131; BGH NJW 1970, 187.
215 BGH NJW 1976, 1181.
216 BGH GRUR 2007, 724.
217 Zur Haftung der Betreiber von Meinungsforen im Internet im Einzelnen *Nieland* NJW 2010, 1494.

Kapitel 2
Presserechtliche Ansprüche

Literatur
Damm/Rehbock Widerruf, Unterlassung und Schadensersatz in den Medien, 3. Aufl München 2008; *Dörre* Der medienrechtliche Rückrufanspruch GRUR-Prax 2010, 4; *Flechsing/Hertel/Vahrenhold* Die Veröffentlichung von Unterlassungsurteilen und Unterlassungserklärungen NJW 1994, 2441; *Flechsing/Karg* Inhalt und Umfang der Nachbesserungsmöglichkeiten im Gegendarstellungsrecht ZUM 2006, 177; *Fricke* Grundlagen und Grenzen des Berichtigungsanspruchs im Äußerungsrecht AfP 2009, 552; *ders* Keine Geldentschädigung für „Hassprediger" AfP 2005, 335; *Groß* Die Gegendarstellung im Spiegel von Literatur und Rechtsprechung AfP 2003, 497; *Heuchemer* Die Kriterien einer Zuerkennung von Geldentschädigung im Persönlichkeitsrecht AfP 2010, 222; *Hochrathner* Die gerichtliche Durchsetzung von Gegendarstellungsansprüchen ZUM 2000, 916; *Köhler/Bornkamm* Gesetz gegen den unlauteren Wettbewerb, 31. Aufl München 2013 (zit Köhler/Bornkamm/*Bearbeiter*); *Löffler* Kommentar zu den deutschen Landespressegesetzen mit systematischen Darstellungen zum pressebezogenen Standesrecht, Anzeigenrecht, Werbe- und Wettbewerbsrecht, Vertriebsrecht, Urheber- und Verlagsrecht, Arbeitsrecht, Titelschutz, Jugendmedienschutz und Steuerrecht, 5. Aufl München 2006 (zit Löffler/*Bearbeiter*); *Münchener Kommentar zum Bürgerlichen Gesetzbuch* 6. Aufl München 2012/2013 (zit MünchKomm-BGB/*Bearbeiter*); *Münchener Kommentar zur Zivilprozessordnung mit Gerichtsverfassungsgesetz und Nebengesetzen* 4. Aufl München 2012 (zit MünchKomm-ZPO/*Bearbeiter*); *Paschke/Busch* Hinter den Kulissen des medienrechtlichen Rückrufanspruchs NJW 2004, 2620; *Prinz* Der Schutz der Persönlichkeitsrechte vor Verletzungen durch die Medien NJW 1995, 817; *Prinz* Geldentschädigung bei Persönlichkeitsrechtsverletzungen durch Medien NJW 1996, 953; *Prinz/Peters* Medienrecht, München 1999; *Renner* Die deliktische Haftung für Hilfspersonen in Europa Berlin 2002; *Ricker/Weberling* Handbuch des Presserechts, 6. Aufl München 2012; *Sedelmeier* Zur Änderung der Gegendarstellung im Verfahren und der Wahrung der Unverzüglichkeit/Aktualitätsgrenze durch unzulässige Erstfassung AfP 2006, 24; *Seitz/Schmidt* Der Gegendarstellungsanspruch, 4. Aufl München 2010; *Schmidt* Aktuelle Probleme des Gegendarstellungsrechts NJW 1991, 1009; *Senfft* Begehungsgefahr bei Recherchen der Presse NJW 1980, 367; *Soehring/Hoene* Presserecht, 5. Aufl 2013; *ders* Die neuere Rechtsprechung zum Presserecht NJW 1994, 16; *Spindler/Schuster* Recht der elektronischen Medien, 2. Aufl München 2011 (zit Spindler/Schuster/*Bearbeiter*); *Steffen* Schmerzensgeld bei Persönlichkeitsverletzung durch Medien – Ein Plädoyer gegen formelhafte Berechnungsmethoden bei der Geldentschädigung NJW 1997, 10; *Wanckel* Die Abwehr von presserechtlichen Unterlassungsansprüchen NJW 2009, 3497; *ders* Die Durchsetzung von presserechtlichen Unterlassungsansprüchen NJW 2009, 3353; *Wenzel* Das Recht der Wort- und Bildberichterstattung, 5. Aufl Köln 2003 (zit Wenzel/*Bearbeiter*); *Zoebisch* Der Gegendarstellungsanspruch im Internet ZUM 2011, 390.

Übersicht
§ 1 Einleitung —— 1

§ 2 Unterlassungsanspruch —— 3
I. Anspruchsgrundlage —— 4
II. Voraussetzungen —— 5
   1. Verletztes Rechtsgut —— 6
   2. Betroffenheit —— 7
   3. Wiederholungs- und Erstbegehungsgefahr —— 11
   4. Rechtswidrigkeit —— 16
III. Umfang und Reichweite —— 22
IV. Anspruchsverpflichteter —— 27
V. Anspruchsdurchsetzung —— 28

§ 3 Gegendarstellung —— 32
I. Zweck und Rechtsgrundlagen —— 32
II. Voraussetzungen —— 34
   1. Tatsachenbehauptung —— 34
   2. Periodische Veröffentlichung —— 37
   3. Betroffenheit —— 39
   4. Berechtigtes Interesse —— 44
   5. Ausnahmen von der Gegendarstellungspflicht —— 50
III. Anforderungen an die Gegendarstellung —— 53
   1. Inhaltliche Anforderungen —— 53
     a) Wiedergabe der Ausgangsmitteilung —— 53
     b) Bezug zur Ausgangsmitteilung —— 59
     c) Erläuterungen —— 64
     d) Keine offensichtliche Unwahrheit —— 67
     e) Keine Irreführung —— 69
     f) Kein strafbarer Inhalt —— 72
     g) Angemessener Umfang —— 73

　　　　h) Überschrift —— 77
　　　　i) Erkennbarkeit des Verfassers —— 79
　　2. Formelle Anforderungen —— 80
　　　　a) Schriftform —— 81
　　　　b) Vertretung —— 84
　　　　c) Zugang —— 85
　　　　d) Nur eine Gegendarstellung —— 86
　　　　e) Frist —— 87
　　　　　　aa) Unverzüglichkeit —— 88
　　　　　　bb) Aktualitätsgrenze —— 92
　　　　　　cc) Starre Höchstfrist —— 93
　　　　　　dd) Mehrfache Zuleitung —— 95
　　　　　　ee) Fristbeginn —— 96
IV. Anforderungen an die Veröffentlichung —— 97
　　1. Nächste Ausgabe —— 98
　　2. Gleicher Teil eines Druckwerks —— 100
　　3. Schrift —— 105
　　4. Keine Einschränkungen und Weglassungen —— 107
　　5. Erwähnung im Inhaltsverzeichnis —— 108
　　6. Besonderheiten in Rundfunk und Internet —— 109
V. Redaktionsschwanz —— 111
VI. Anspruchsverpflichteter —— 116
VII. Anspruchsdurchsetzung —— 117
　　1. Einstweilige Verfügung und Hauptsacheverfahren —— 118
　　2. Frist für die Einleitung des Verfahrens —— 122
　　3. Veröffentlichungsverlangen —— 125
　　4. „Alles oder nichts" —— 126
　　5. Aufklärungspflichten des Gegendarstellungsschuldners —— 130
　　6. Glaubhaftmachung —— 132
　　7. Zuständigkeit —— 133
　　8. Rechtsmissbräuchliche Aufspaltung des Verfahrens —— 135
　　9. Vollziehung und Vollstreckung —— 136

§ 4 Berichtigung —— 137
I. Rechtsgrundlage und Ausprägungen —— 138
II. Voraussetzungen —— 140
　　1. Ehrverletzende Tatsachenbehauptung —— 140
　　2. Unwahrheit —— 143
　　3. Rechtswidrigkeit und Verschulden —— 145
　　4. Notwendigkeit und Geeignetheit zur Beseitigung der Beeinträchtigung —— 148
　　　　a) Fortdauernde Beeinträchtigung —— 149
　　　　b) Erforderlichkeit —— 152
　　　　c) Geeignetheit —— 159
　　　　d) Interessenabwägung —— 161
III. Berichtigungserklärung —— 162
　　1. Widerruf —— 167
　　2. Richtigstellung —— 169
　　3. Nichtaufrechterhaltung —— 172
　　4. Distanzierung —— 175
　　5. Ergänzung —— 177
　　6. Veröffentlichung der Unterlassungsverpflichtung —— 182
IV. Redaktionelle Anmerkung zur Berichtigung —— 187
V. Abgabe und Verbreitung —— 188
VI. Anspruchsverpflichteter —— 190
VII. Anspruchsdurchsetzung —— 192

§ 5 Weitergehende Beseitigungsansprüche —— 198

§ 6 Auskunft —— 201

§ 7 Ersatz materieller Schäden —— 206
I. Bereicherungsanspruch —— 207
II. Schadensersatz —— 208
　　1. Verursachung eines Schadens —— 209
　　2. Rechtswidrigkeit und Verschulden —— 217
　　3. Anspruchsverpflichtete —— 218
　　4. Anspruchsdurchsetzung —— 220

§ 8 Geldentschädigung —— 223
I. Anspruchsvoraussetzungen —— 224
　　1. Schwere Persönlichkeitsverletzung —— 225
　　2. Fehlende anderweitige Kompensation —— 236
　　3. Unabwendbares Bedürfnis —— 240
　　4. Verschulden —— 242
II. Anspruchsberechtigte und Anspruchsverpflichtete —— 243
III. Höhe —— 246
IV. Anspruchsdurchsetzung —— 248

§ 9 Kostenerstattung —— 250
I. Kosten der Abmahnung —— 250
II. Kosten des Abschlussschreibens —— 256
III. Zuleitung einer Gegendarstellung —— 258

§ 1
Einleitung

Die Ansprüche bei widerrechtlicher Berichterstattung ergeben sich in erster Linie aus dem allgemeinen Zivilrecht. Rechtsgrundlage für den Unterlassungsanspruch und den Berichtigungsanspruch sind §§ 823, 1004 BGB, der Auskunftsanspruch wird aus § 242 BGB hergeleitet, und der Schadensersatzanspruch ergibt sich wiederum aus § 823 BGB, bei der kommerziellen Ausnutzung der Persönlichkeit können ferner Ansprüche aus § 812 BGB bestehen. Der daneben bestehende Anspruch auf Ersatz des immateriellen Schadens wird unmittelbar der Verfassung entnommen, und nur für den Gegendarstellungsanspruch gibt es genuin äußerungsrechtliche Anspruchstatbestände in den Landespresse-, Landesmedien- und Landesrundfunkgesetzen und mehreren Staatsverträgen.

Die allgemeinen Grundlagen der Ansprüche im Medienrecht sind an anderer Stelle[1] ausführlich dargestellt. Die wesentlichen Grundsätze gelten auch im Äußerungsrecht. Im Folgenden werden daher vor allem die Besonderheiten behandelt.

§ 2
Unterlassungsanspruch

Der Unterlassungsanspruch ist der praktisch bedeutsamste Anspruch bei einer widerrechtlichen Berichterstattung. Er hat durch das Internet noch an Bedeutung gewonnen. Denn während früher in vielen Fällen, in denen es um die Untersagung der Berichterstattung von einmaligen Ereignissen ging, der noch über Monate oder Jahre ausgetragene Streit, ob eine erneute Berichterstattung zulässig ist, nicht selten nur noch von akademischem Interesse war, bleibt heute nahezu jede Berichterstattung in Presse und Rundfunk im Internet dauerhaft abrufbar, so dass der Unterlassungsanspruch nunmehr häufig auch darauf abzielt, die Internetveröffentlichung entfernen zu lassen.

I. Anspruchsgrundlage

Der äußerungsrechtliche Unterlassungsanspruch wird aus §§ 1004, 823 BGB analog iVm dem allgemeinen Persönlichkeitsrecht aus Art 1 Abs 1, 2 Abs 1 GG[2] hergeleitet. Im Ausnahmefall[3] ist auch ein Anspruch wegen des Eingriffs in den eingerichteten und ausgeübten Gewerbebetrieb[4] denkbar. Daneben kommen als Anspruchsgrundlage auch §§ 1004, 823 Abs 2 BGB iVm den § 185 StGB[5] sowie § 1004 BGB iVm § 824 BGB[6] oder § 826 BGB[7] in Betracht. Teilweise wird von einem „quasinegatorischen" Anspruch in Abgrenzung zu dem in § 1004 BGB ausdrücklich geregelten negatorischen Anspruch gesprochen.[8] Die Terminologie wird

---

1 S Bd 1 Kap 4.
2 Vgl schon BGH GRUR 1960, 449, 452 – Alte Herren.
3 S Rn 6.
4 BGH GRUR 1985, 470, 471 – Mietboykott.
5 Vgl etwa BGH GRUR 2007, 724, 725 – Meinungsforum.
6 Vgl etwa BGH GRUR 1975, 89, 91 – Brüning-Memoiren I.
7 Vgl OLG Stuttgart NJW 1976, 628, 631; LG Stuttgart NJW-RR 2001, 834, 836.
8 *Damm/Rebock* Rn 796.

jedoch uneinheitlich gebraucht, hat ohnehin keine Bedeutung[9] und sollte daher aufgegeben werden.[10]

II. Voraussetzungen

5 Der Anspruch setzt zunächst entweder eine bereits begangene oder eine drohende Verletzung durch eine Berichterstattung voraus, von der der Anspruchsinhaber betroffen sein muss. Daraus muss sich entweder eine Erstbegehungs- oder eine Wiederholungsgefahr ergeben. Ferner muss die Verletzung rechtswidrig, nicht aber zwingend schuldhaft erfolgt sein.

1. Verletztes Rechtsgut

6 Der Eingriff in das allgemeine **Persönlichkeitsrecht** wird an anderer Stelle ausführlich behandelt.[11] Besonderheiten weist der Anspruch bei einem **Eingriff in den eingerichteten und ausgeübten Gewerbebetrieb** auf. Er wird im Bereich des Äußerungsrechts nur in seltenen Ausnahmefällen in Betracht kommen. Denn der deliktische Schutz des eingerichteten und ausgeübten Gewerbebetriebs erfasst nur betriebsbezogene und damit nur spezifische Eingriffe, die sich gegen den betrieblichen Organismus oder die unternehmerische Entscheidungsfreiheit richten und denen eine Schadensgefahr eigen ist, die über eine bloße Belästigung oder eine sozialübliche Behinderung hinausgeht.[12] Bei äußerungsrechtlichen Streitigkeiten geht es regelmäßig um einen Eingriff in die wirtschaftliche Wertschätzung, dem es an der notwendigen Betriebsbezogenheit fehlt.[13] Hier steht dem Anspruch dann zudem häufig die bei den Rahmenrechten des § 823 Abs 1 BGB zu beachtende Subsidiarität gegenüber dem Spezialtatbestand des § 824 BGB entgegen.[14] Betriebsbezogene Eingriffe durch die Medien sind aber im Einzelfall denkbar. So hat der BGH[15] einen solchen Eingriff bei einem Aufruf einer Tageszeitung zu einem Boykott von Mietzahlungen bejaht.[16]

2. Betroffenheit

7 Der Anspruchsinhaber muss von der Berichterstattung betroffen sein.[17] Dies ist zunächst dann fraglich, wenn über eine Person in einem Beitrag zwar berichtet wird, diese aber weder **namentlich genannt** noch **gezeigt** wird. Die **Erkennbarkeit** kann sich dann auch aus den sonstigen dargestellten Umständen ergeben, etwa aus der Nennung der beruflichen Position („Bauamtsleiter der Stadt ..." oder „Pressesprecher von ...") oder einer näher bezeichneten Tätigkeit („Architekt des ..."[18]). Sie muss bei der Wortberichterstattung mindestens für einen Personenkreis vorhanden sein, den der Betroffene nicht mehr ohne weiteres selbst unterrichten kann.[19] Bei der Bildberichterstattung genügt ein noch deutlich engerer Kreis für eine Verletzung.[20]

---

9 Köhler/Bornkamm/*Bornkamm* UWG § 8 Rn 1.6.
10 So zu Recht MünchKomm-BGB/*Baldus* § 1004 Rn 11.
11 S Bd 3 Kap 1.
12 BGH GRUR 1985, 470, 471 – Mietboykott.
13 BGH GRUR 1992, 201, 202 – Bezirksleiter Straßenbauamt.
14 BGH GRUR 1992, 201, 202 – Bezirksleiter Straßenbauamt.
15 BGH GRUR 1985, 470, 471 – Mietboykott.
16 Vgl zu weiteren Fällen des betriebsbezogenen Eingriffs durch die Presse Löffler/*Steffen* § 6 LPG Rn 144.
17 S auch Rn 39 ff.
18 Wenzel/*Burkhardt* 12. Kap Rn 54.
19 LG Köln ZUM-RD 2005, 351, 353; vgl zu dieser Entscheidung *Fricke* AfP 2005, 335.
20 S Teil 3 Kap 4 Rn 21.

Nicht ausreichend ist die Betroffenheit innerhalb einer größeren **Gruppe**,[21] etwa, wenn ein 8
Bericht allgemein von „Polizisten"[22] oder „Kommunalpolitikern" spricht. Auch ein Händler ist nicht betroffen, wenn negativ über die von ihm und vielen anderen Händlern vertriebenen Produkte berichtet wird.[23] Anders kann es etwa sein, wenn eine überschaubare Zahl von Betroffenen in Betracht kommt. Hier kann jedes Gruppenmitglied, auf das sich die Mitteilung beziehen kann, einen Unterlassungsanspruch geltend machen.[24]

Ein **Unternehmen** kann von Äußerungen über seine Mitarbeiter oder Gesellschafter betrof- 9
fen sein, wenn eine kritische Berichterstattung über sie von den Empfängern der Mitteilung auch als Kritik an dem Unternehmen aufzufassen ist. Der Gesellschafter oder Betriebsangehörige muss in dieser Eigenschaft oder wegen Tätigkeiten angegriffen werden, mit denen die Verkehrsauffassung auch die Gesellschaft identifiziert.[25] Auch bei einer Personengesellschaft genügt, wenn ein Gesellschafter kritisiert wird, nicht allein der Umstand, dass solche Kritik in aller Regel wegen der personalen Prägung eines Unternehmens auch auf die Gesellschaft ausstrahlt; die Kritik muss vielmehr die Gesellschaft selbst (unmittelbar) treffen.[26] Werden etwa einem Mitarbeiter eines Unternehmens Straftaten zu Gunsten des Unternehmens vorgeworfen, wird die Betroffenheit stets zu bejahen sein. Werden ihm hingegen Straftaten zu Lasten des Arbeitgebers vorgeworfen (etwa der Diebstahl von Büromaterial), dürfte eine Betroffenheit in der Regel ausscheiden. Hier kommt es aber auf die Umstände des Einzelfalls an. Nimmt ein Unternehmen etwa schwerpunktmäßig fremde Vermögensinteressen wahr und lebt damit auch vom Vertrauen auf die Integrität seiner Mitarbeiter, kann auch in einem solchen Fall eine Betroffenheit in Betracht kommen.

Nach dem Tod des Betroffenen können den Angehörigen Unterlassungsansprüche zuste- 10
hen. Der Schutz besteht indes nur bei **schwerwiegenden Herabsetzungen** des Ansehens des Verstorbenen und **gegen Entstellungen seines Lebensbildes**.[27] Der Anspruch kann von denjenigen geltend gemacht werden, die der Verstorbene zu Lebzeiten dazu ermächtigt hat; gibt es keinen Ermächtigten, steht der Anspruch den Angehörigen zu.[28]

3. Wiederholungs- und Erstbegehungsgefahr

Der Unterlassungsanspruch setzt entweder eine Wiederholungsgefahr oder als vorbeugender 11
Unterlassungsanspruch eine Erstbegehungsgefahr voraus.

Eine widerrechtliche Berichterstattung begründet eine Vermutung der **Wiederholungsge-** 12
fahr.[29] Diese entfällt grundsätzlich nur durch Abgabe einer strafbewehrten Unterlassungserklärung.[30] Ausnahmsweise kann eine Wiederholungsgefahr aber auch dann ausscheiden, wenn der Eingriff durch eine einmalige Sondersituation veranlasst gewesen ist,[31] wenn die Berichterstattung nachträglich durch das Öffentlichwerden bestimmter Umstände zulässig wird[32] wenn nach Verbreiten einer unzulässigen Behauptung freiwillig ein Widerruf oder eine Richtigstellung ver-

---

21 BayObLG NJW 1961, 2075.
22 *Wanckel* NJW 2009, 3353, 3354.
23 *Wanckel* NJW 2009, 3497, 3498.
24 Wenzel/*Burkhardt* 12. Kap Rn 55.
25 BGH GRUR 1980, 1090, 1092 – Medizin-Syndikat I; *Prinz/Peters* Rn 307.
26 BGH GRUR 1980, 1090, 1092 – Medizin-Syndikat I.
27 BVerfG NJW 2001, 2957, 2959 – Wilhelm Kaisen; NJW 1971, 1645 – Mephisto.
28 BGH GRUR 2000, 709, 714 – Marlene Dietrich.
29 BGH ZUM-RD 2008, 117, 119; BGH NJW-RR 1994, 1242, 1243; BGH GRUR 1994, 394, 395 – Bilanzanalyse.
30 BGH GRUR 1994, 394, 395 f – Bilanzanalyse.
31 BGH GRUR 1994, 394, 395 – Bilanzanalyse.
32 BGH GRUR 2013, 965 – Kachelmann.

öffentlicht wird.[33] Gleiches kann gelten, wenn in einer späteren Berichterstattung klargestellt wird, dass die ursprüngliche Behauptung sich als falsch erwiesen habe.[34] Im Falle der Veröffentlichung eines **Leserbriefes** wird die Wiederholungsgefahr nicht vermutet, sondern muss konkret festgestellt werden, weil hier regelmäßig davon auszugehen ist, dass Leserbriefe nur einmal veröffentlicht werden.[35]

13   Eine **Erstbegehungsgefahr** besteht, wenn ernsthafte und greifbare tatsächliche Anhaltspunkte dafür vorhanden sind, der Anspruchsgegner werde sich in naher Zukunft rechtswidrig verhalten.[36] Die bloß theoretische Möglichkeit der Begehung genügt nicht.[37] Eine Erstbegehungsgefahr besteht insb, wenn sich jemand des Rechts berühmt, bestimmte Handlungen vornehmen zu dürfen.[38]

14   Die bloße **Recherche** begründet grundsätzlich noch keine Erstbegehungsgefahr.[39] Etwas anderes gilt nur, wenn feststeht, dass die geplante Veröffentlichung widerrechtlich ist.[40] Dies wird aber, da die Frage der Widerrechtlichkeit meist von der konkreten Art der Berichterstattung abhängt, nur selten der Fall sein.[41] Das OLG München[42] hat einen vorbeugenden Unterlassungsanspruch etwa im Fall eines Anwalts bejaht, der einem Fernsehteam mitgeteilt hatte, dass er mit der Veröffentlichung von Aufnahmen seiner Person nicht einverstanden sei.

15   Zum **Ausräumen einer Erstbegehungsgefahr** wird regelmäßig die Abgabe einer einfachen Unterlassungserklärung ohne Vertragsstrafeversprechen ausreichen.[43]

4. Rechtswidrigkeit

16   Gerade wegen des fehlenden Verschuldenserfordernisses spielt die Rechtswidrigkeit der Berichterstattung im Rahmen des Unterlassungsanspruchs eine größere Rolle als bei sonstigen zivilrechtlichen Ansprüchen. Denn es sind Fälle denkbar, in denen zwar die Wahrheit einer Äußerung sich nicht ohne weiteres beweisen lässt, in denen es die Pressefreiheit aus Art 5 Abs 1 S 2 GG aber gebietet, dass eine Berichterstattung gleichwohl zulässig sein muss.

17   Die Rechtsprechung kommt daher im Rahmen der nach Art 5 Abs 1 GG und § 193 StGB vorzunehmenden Güterabwägung zu dem Ergebnis, dass eine zumindest nicht als unwahr erwiesene Berichterstattung so lange nicht rechtswidrig ist, als derjenige, der sie aufstellt oder verbreitet, sie zur **Wahrnehmung berechtigter Interessen** für erforderlich halten durfte.[44]

18   Dies setzt voraus, dass der auf Unterlassung in Anspruch Genommene vor Aufstellung oder Verbreitung der Behauptung hinreichend sorgfältige Recherchen über den Wahrheitsgehalt angestellt hat.[45] Die Sorgfaltsanforderungen für die Medien sind dabei höher als diejenigen für Privatpersonen,[46] die etwa in Foren Äußerungen verbreiten. Für Presseagenturen gilt

---

33 OLG Köln AfP 1989, 764.
34 OLG Köln AfP 1993, 744, 745.
35 BGH NJW 1986, 2503, 2505; Wenzel/*Burkhardt* 12. Kap Rn 16.
36 BGH ZUM-RD 2002, 59, 61; GRUR 1992, 318, 319 – Jubiläumsverkauf; BGH GRUR 1999, 1097, 1099 – Preissturz ohne Ende.
37 OLG Frankfurt ZUM-RD 2008, 128, 130.
38 BGH ZUM-RD 2002, 59, 61; BGH GRUR 1987, 125, 126 – Berühmung.
39 OLG Hamburg AfP 1992, 279, 280; LG Essen ZUM-RD 2006, 183, 184; *Prinz/Peters* Rn 329; vgl auch *Senfft* NJW 1980, 367 ff.
40 OLG Celle AfP 1984, 236, 237.
41 OLG Hamburg ZUM 2000, 163.
42 OLG München AfP 1992, 78, 80.
43 BGH NJW 1984, 1607, 1610 – Bundesbahnplanungsvorhaben; vgl auch OLG Köln AfP 1993, 744, 745; Löffler/*Steffen* § 6 LPG Rn 269.
44 BGH GRUR 1997, 396, 399 – Polizeichef.
45 BGH GRUR 1997, 396, 399 – Polizeichef; vgl auch BGH GRUR 1987, 316, 317 – Türkei-Flug.
46 BVerfG NJW 2004, 589 – Haarfarbe des Bundeskanzlers; BVerfG NJW 1999, 1322, 1324 – Fall Helnwein.

derselbe Maßstab wie für Presseunternehmen.[47] Einzuhalten sind ist die **pressemäßige Sorgfalt**.[48] Diese Sorgfaltsanforderungen dürfen allerdings nicht überspannt werden, um den durch Art 5 Abs 1 GG geschützten freien Kommunikationsprozess nicht zu sehr „einzuschnüren".[49]

Für die Verbreitung **unwahrer Tatsachenbehauptungen** gibt es dagegen in der Regel keinen rechtfertigenden Grund. Außerhalb des Schutzbereichs der Meinungs- und Pressefreiheit liegen aber nur bewusst unwahre Tatsachenbehauptungen und solche, deren Unwahrheit bereits im Zeitpunkt der Äußerung unzweifelhaft feststeht.[50] Sonstige Tatsachenbehauptungen mit Meinungsbezug genießen den Grundrechtsschutz, auch wenn sie sich später als unwahr herausstellen. Zwar tritt die Meinungsfreiheit bei unwahren Tatsachenbehauptungen grundsätzlich hinter das Persönlichkeitsrecht zurück; etwas anderes kann aber gelten, wenn die Wahrheit im Zeitpunkt der Äußerung **ungewiss** ist und sich erst als Ergebnis eines Diskussionsprozesses oder auch einer gerichtlichen Klärung herausstellt. Die Pressefreiheit würde in unzulässiger Weise eingeschränkt, wenn die nachträglich als unwahr erkannte Äußerung immer mit Sanktionen belegt werden dürfte; insb wäre damit ein vom Grundrechtsgebrauch abschreckender Effekt verbunden, der aus Gründen der Meinungsfreiheit vermieden werden muss[51]. Sind die Sorgfaltspflichten eingehalten und handelt es sich bei den verbreiteten Äußerungen nicht um völlig haltlose, aus der Luft gegriffene Tatsachenbehauptungen, können auch unwahre Tatsachenbehauptungen nicht mit Sanktionen belegt werden, so dass insb Schadensersatz und Widerrufsansprüche ausgeschlossen sind.[52] An einer weiteren Verbreitung einer erwiesenermaßen unwahren Äußerung besteht allerdings kein schützenswertes Interesse, so dass der Unterlassungsanspruch gleichwohl bestehen kann, allerdings, da die ursprüngliche Veröffentlichung nicht rechtswidrig war und damit eine Wiederholungsgefahr ausgeschlossen ist,[53] nur bei Bestehen einer **Erstbegehungsgefahr**.[54] Es müssen dann aber tatsächliche Anhaltspunkte vorliegen, die vermuten lassen, dass der Äußernde die Behauptungen erneut aufstellen wird, obwohl der Betroffene ihnen entgegengetreten ist und Beweis für die Unwahrheit angetreten hat.[55]

Die Anforderungen an die pressemäßige Sorgfalt hängen im Einzelfall insb von der **Schwere des Vorwurfs** ab[56] sowie von den jeweils gegebenen **Aufklärungsmöglichkeiten** und der **Stellung des Äußernden** im Prozess der öffentlichen Meinungsbildung.[57] So ist es regelmäßig erforderlich, dem Betroffenen die Gelegenheit zur Stellungnahme einzuräumen.[58] Dem kann nicht entgegengehalten werden, dass eine Aufklärung durch die Stellungnahme nicht zu erwarten wäre.[59] Nicht gewahrt sind die Sorgfaltsanforderungen auch dann, wenn der Berichtende sich allein auf für den Betroffenen nachteilige Gesichtspunkte stützt und Umstände verschweigt, die gegen die Richtigkeit der Behauptung sprechen.[60]

Als Überspannung der Anforderungen an die pressemäßige Sorgfalt hat es der BGH[61] etwa angesehen, von einer Zeitung zu verlangen, ein Sachverständigengutachten einzuholen, bevor

---

47 BVerfG NJW 2004, 589, 590 – Haarfarbe des Bundeskanzlers.
48 BGH GRUR 1997, 396, 399 – Polizeichef; NJW 1987, 2225, 2226 – Chemiegift.
49 BVerfG NJW 1999, 1322, 1324 – Fall Helnwein.
50 BVerfG NJW 1999, 1322, 1324 – Fall Helnwein; BVerfG NJW 1994, 1781; BVerfG NJW 1983, 1415, 1416.
51 BVerfG NJW 1977, 799; NJW 1999, 1322.
52 BVerfG NJW 1999, 1322, 1324 – Fall Helnwein.
53 BGH NJW 1986, 2503, 2505.
54 BVerfG NJW 1999, 1322, 1324 – Fall Helnwein; BGH NJW 1987, 2225, 2227 – Chemiegift.
55 BGH NJW 1986, 2503, 2505.
56 BVerfG NJW 2006, 207, 210 – IM Sekretär; BGH GRUR 1997, 396, 399 – Polizeichef.
57 BVerfG NJW 2004, 589 – Haarfarbe des Bundeskanzlers.
58 BGH GRUR 1997, 396, 399 – Polizeichef.
59 BGH GRUR 1997, 396, 399 – Polizeichef.
60 BVerfG NJW 2006, 207, 210 – IM Sekretär.
61 BGH NJW 1987, 2225, 2226 f – Chemiegift.

sie über ein Unternehmen berichtet, dem behördlich untersagt worden ist, giftige Chemiestoffe in das Abwasser einzuleiten. Für einen Plagiatsvorwurf hat es das OLG Köln[62] als ausreichend erachtet, wenn sich eine Zeitung auf Informationen einer anerkannten **Presseagentur** verlässt.

III. Umfang und Reichweite

22 Der Unterlassungsanspruch beschränkt sich auf das Verhalten, hinsichtlich dessen eine Wiederholungs- oder Erstbegehungsgefahr besteht. Zu untersagen ist grundsätzlich nur die konkrete Verletzungsform, wobei gewisse Verallgemeinerungen zulässig sind, soweit darin noch das Charakteristische des festgestellten konkreten Verletzungstatbestandes zum Ausdruck kommt.[63] Dieser im gewerblichen Rechtsschutz entwickelte Grundsatz muss zumindest bei der Wortberichterstattung grundsätzlich gelten.[64] Die Verurteilung muss allerdings deutlich erkennen lassen, welche Aussage verboten werden soll,[65] und eine abstrahierende Verallgemeinerung darf die Grenze des durch die konkrete Verletzungshandlung begründeten Unterlassungsanspruchs nicht überschreiten.[66]

23 In der Praxis bietet es sich an, den konkreten Wortlaut der konkret beanstandeten Passage der Berichterstattung im Antrag wiederzugeben oder bei einer abstrakten Umschreibung zumindest auf die konkrete Berichterstattung Bezug zu nehmen, etwa mit einem Zusatz „wie geschehen in der Sendung ... am ...". Nicht zulässig ist ein Antrag, der darauf abzielt, dem Unterlassungsschuldner das Erwecken eines näher beschriebenen Eindrucks zu verbieten, ohne auf die konkrete Berichterstattung Bezug zu nehmen.[67] Die Anknüpfung an einen Eindruck ist aber möglich, wenn auch die konkrete Äußerung wiedergegeben wird, aus der sich der Eindruck ergibt, so dass der Antrag lautet: „.... durch die Äußerung „...", den Eindruck zu erwecken, dass ...".[68]

24 Wird der konkrete Wortlaut wiedergegeben, genügt es, wenn der Satz oder Absatzteil die im Kern zu verbietende Behauptung enthält; es schadet dann nicht, wenn in diesem Kontext auch für sich genommen zulässige Aussagen mit aufgenommen werden, wenn sich aus Antrag und Begründung der Klage oder des Verfügungsantrages ergibt, dass nicht jede Einzelheit der konkreten Behauptung, sondern nur die konkrete Behauptung im Kontext mit dem zu verbietenden Kern nicht wiederholt werden darf.[69] Dem Betroffenen ist nicht zuzumuten, den Kern der bekämpften Aussage auf eigenes Risiko sinngemäß herauszuschälen.[70] Es empfiehlt sich allerdings, sofern nicht angegriffene Textteile nicht unter Hinweis auf die Textlücke durch die Einfügung „(...)" weggelassen werden können – diese entweder einzuklammern oder den eigentlich beanstandeten Text im Antrag durch eine Unterstreichung kenntlich zu machen.

25 Über die konkrete Verletzungsform hinausgehend kann dann Unterlassung verlangt werden, wenn neben der Gefahr der Wiederholung der konkreten Verletzung eine Erstbegehungsgefahr hinsichtlich andersartiger Verletzungen besteht.[71] Hierfür bedarf es aber konkreter Anhaltspunkte.

---

62 OLG Köln NJW-RR 2002, 1341, 1344.
63 BGH GRUR 1982, 681, 683 – Skistiefel.
64 KG NJW-RR 2007, 109, 110.
65 BVerfG NJW 2004, 1942, 1943.
66 KG NJW-RR 2007, 109, 110.
67 Löffler/*Steffen* § 6 LPG Rn 271 mwN.
68 *Prinz*/*Peters* Rn 383.
69 OLG München ZUM-RD 2003, 577, 580 – Oberammergauer Passionsspiele; OLG München AfP 2000, 174; OLG München ZUM 1999, 331, 332 – Undercover.
70 OLG München ZUM-RD 2003, 577, 580 – Oberammergauer Passionsspiele; OLG München ZUM 1999, 331, 332 – Undercover.
71 BGH GRUR 1982, 681, 683 – Skistiefel.

Im Bereich der Bildberichterstattung können kerngleiche Verletzungshandlungen hingegen nicht mit verboten werden. Denn die erforderliche Interessenabwägung kann nicht unabhängig davon vorgenommen werden, in welchem Zusammenhang ein Bild später erneut erscheint.[72]

26

IV. Anspruchsverpflichteter

Für eine Äußerung haftet grundsätzlich derjenige, der sie selbst getätigt oder wenigstens verbreitet hat.[73] Ein Verleger hat stets für die von ihm publizierten Äußerungen einzustehen, weil er als „Herr der Zeitung" für deren Inhalt verantwortlich ist.[74] Der Herausgeber haftet nur, wenn er entweder selbst inhaltlichen Einfluss auf seine Publikationen nimmt oder selbst an einem Beitrag mitgewirkt hat.[75] Gleiches gilt für Mitherausgeber.[76]

27

V. Anspruchsdurchsetzung

Der Unterlassungsanspruch kann mit einer Klage oder mit einem Antrag auf Erlass einer einstweiligen Verfügung durchgesetzt werden. Hinsichtlich der Einzelheiten kann auf die allgemeinen Ausführungen verwiesen werden.[77]

28

Besonderheiten sind bei der Beweislast zu beachten. Grundsätzlich hat der Gläubiger eines Unterlassungsanspruches im Rechtsstreit die Unwahrheit der ihn betreffenden ehrverletzenden Äußerungen zu beweisen. Allerdings trifft denjenigen, der eine ehrrührige Behauptung aufgestellt hat, eine erweiterte Darlegungslast.[78] Ist der Tatbestand einer üblen Nachrede erfüllt, ergibt sich aus § 186 StGB, der über § 823 Abs 2 BGB auch im Zivilrecht Anwendung findet, eine Beweislastumkehr, und der Äußernde muss die Wahrheit der ehrverletzenden Behauptung beweisen.[79] Kommt es zu einem non liquet, lässt sich also die Wahrheit oder Unwahrheit einer Äußerung nicht feststellen, führt dies aber nicht zwangsläufig dazu, dass der Unterlassungsanspruch besteht. Der Anspruch scheidet, wie oben[80] dargelegt, dann aus, wenn der Äußernde sich auf die Wahrnehmung berechtigter Interessen berufen kann.[81]

29

Im Verfügungsverfahren finden grundsätzlich die Beweislastregeln des Hauptsacheverfahrens Anwendung.[82] Dies gilt jedenfalls, wenn das Gericht nach einer mündlichen Verhandlung über den Erlass entscheidet sowie im Widerspruchsverfahren über den Bestand der einstweiligen Verfügung. Soll das Gericht ohne mündliche Verhandlung entscheiden, hat der Antragsteller auch zu den vom Antragsgegner darzulegenden und glaubhaft zu machenden Umständen Stellung zu nehmen und seinen Vortrag gegebenenfalls auch insofern glaubhaft zu machen, zumindest soweit diese Umstände nach der vorprozessualen Korrespondenz streitig sind.[83]

30

---

72 BGH GRUR 2008, 446, 447 – „kerngleiche" Berichterstattung; BGH GRUR 2004, 592, 593 – Charlotte Casiraghi. S dazu auch Teil 3 Kap 3 Rn 185 f.
73 Vgl im Einzelnen 1 Kap 2 Rn 210 ff.
74 BGH GRUR 1986, 683, 684.
75 Vgl Löffler/*Steffen* § 6 LPG Rn 278; *Soehring* NJW 1994, 16, 21.
76 *Prinz/Peters* Rn 314.
77 S Band 1 Kap 5.
78 BGH GRUR 1975, 36, 38 – Arbeits-Realitäten.
79 BGH GRUR 1989, 781, 783 – Wassersuche.
80 S Rn 17 ff.
81 BGH GRUR 1989, 781, 783 – Wassersuche.
82 OLG Brandenburg NJW-RR 2002, 1127, 1128.
83 Vgl MünchKomm-ZPO/*Drescher* § 920 Rn 21.

31   Unterlassungsansprüche wegen einer identischen Berichterstattung durch mehrere Anspruchsgegner, inbs bei Print- und Onlineveröffentlichungen, für die verschiedene Unternehmen verantwortlich sind, sind in einem einheitlichen Verfahren geltend zu machen. Eine getrennte Geltendmachung ist rechtsmissbräuchlich mit der Folge, dass im Kostenfestsetzungsverfahren nur die Kosten zu berücksichtigen sind, die bei der Inanspruchnahme der Schuldner in einem einheitlichen Verfahren entstanden wären.[84]

§ 3
Gegendarstellung

I. Zweck und Rechtsgrundlagen

32   Das BVerfG leitet aus dem allgemeinen Persönlichkeitsrecht die Pflicht des Staates ab, den Einzelnen wirksam gegen Einwirkungen der Medien auf seine Individualsphäre zu schützen.[85] Dazu gehört, dass der von einer Berichterstattung Betroffene die rechtlich gesicherte Möglichkeit haben muss, ihr mit seiner eigenen Darstellung entgegenzutreten,[86] da er andernfalls zum bloßen Objekt öffentlicher Erörterung herabgewürdigt wäre.[87] Die Gegendarstellung gewährt dem Betroffenen ein Recht auf Selbstverteidigung.[88] Sie kommt damit gleichzeitig der öffentlichen Meinungsbildung zugute, weil dem Adressaten der Gegendarstellung neben der Information durch die Medien auch die Sicht des Betroffenen vermittelt wird.[89]

33   Geregelt ist die Gegendarstellung in § 10 der Landespressegesetze (LPG) der Länder, Bayern (BayPrG), Berlin (BerlPresseG), Hessen (HPresseG), Mecklenburg-Vorpommern (LPrG M-V), Sachsen (SächsPresseG), Sachsen-Anhalt (PresseG LSA), § 11 der Landespressegesetze der Länder Baden-Württemberg (PresseG BW), Bremen (PresseG Bremen), Hamburg (PrG Hamburg), Niedersachsen (NPresseG), Nordrhein-Westfalen (LPG NRW), Schleswig-Holstein (LPG SH), Thüringen (TPG), § 12 des Landespressegesetzes Brandenburg (BbgPG), § 9 des Landesmediengesetzes Baden-Württemberg (LMG BW), in Art 18 des Bayerischen Mediengesetzes (BayMG), § 19 des Bremischen Landesmediengesetzes (BremLMG), § 21 des Niedersächsischen Mediengesetzes (NMedienG), § 44 des Landesmediengesetzes Nordrhein-Westfalen (LMG NRW), § 11 des Landesmediengesetzes Rheinland-Pfalz (LMG RP), § 10 des Saarländischen Mediengesetzes (SMG), § 26 des Mediengesetzes des Landes Sachsen-Anhalt (MedienG LSA), § 24 des Thüringer Landesmediengesetzes (ThürLMG), § 28 des Hessischen Privatrundfunkgesetzes (HPRG), § 30 des Landesrundfunkgesetzes Mecklenburg-Vorpommern (RundfG M-V), § 19 des Sächsischen Privatrundfunkgesetzes (SächsPRG), § 31 des Landesrundfunkgesetzes Schleswig-Holstein (LRG), Art 17 des Bayerischen Rundfunkgesetzes (BayRG), § 18 des Deutsche-Welle-Gesetzes (DWG), § 24 des Radio Bremen-Gesetzes (RBG), § 9 des Gesetzes über den Westdeutschen Rundfunk (WDR-Gesetz), § 8 des ARD-Staatsvertrages (ARD StV), § 9 des Deutschlandradio-Staatsvertrages (DRadio StV), § 10 des Medienstaatsvertrages Hamburg und Schleswig-Holstein (MedienStV HSH), § 15 des MDR-Staatsvertrages (MDR StV), § 12 des NDR-Staatsvertrages (NDR StV), § 9 des

---

84   BGH BeckRS 2012, 23242.
85   BVerfG NJW 1999, 483, 484.
86   BVerfG NJW 1999, 483, 484; NJW 1983, 1179, 1180.
87   BVerfG NJW 1983, 1179, 1180.
88   BGH NJW 1976, 1198, 1201; OLG Köln NJW-RR 1986, 418.
89   BVerfG NJW 1998, 1381, 1382; vgl zu den dogmatischen Grundlagen des Gegendarstellungsanspruchs auch *Groß* AfP 2003, 497.

RBB-Staatsvertrages (RBB StV), § 10 des SWR-Staatsvertrages (SWR StV), § 9 des ZDF-Staatsvertrages (ZDF StV) und § 56 des Rundfunkstaatsvertrages (RStV).

II. Voraussetzungen

1. Tatsachenbehauptung

Der Gegendarstellungsanspruch setzt zunächst voraus, dass Tatsachen über eine Person verbreitet werden, die für die Rezipienten der Berichterstattung erkennbar ist. **Meinungsäußerungen** kann eine Gegendarstellung nicht entgegengesetzt werden und zwar selbst dann nicht, wenn es sich um eine unzulässige Meinungsäußerung handelt, die dem Verbreitenden untersagt werden kann. Es genügt für eine Gegendarstellung allerdings, wenn der Rezipient einer Mitteilung diese als Tatsachenbehauptung verstehen *kann*[90]; dies ist zumindest der Fall, wenn der Empfänger die Äußerung mindestens ebenso gut als Tatsachenbehauptung auffassen kann wie als Meinungsäußerung.[91] Auch innere Vorgänge können einer Gegendarstellung zugänglich sein, etwa wie Behauptung, jemand sei „zu Tränen gerührt" gewesen.[92] Wird eine falsche Tatsachenbehauptung durch die Veröffentlichung eines Fotos aufgestellt, kann auch dies zu einer Gegendarstellung führen.[93] Die Gegendarstellung darf sich aber nicht auf die Aussage beschränken, dass das Bild manipuliert worden sei, sondern muss dem dargestellten Geschehen entgegentreten.[94] Für die Abgrenzung zwischen Tatsachenbehauptungen und Meinungsäußerungen gelten im Übrigen dieselben Grundsätze wie im übrigen Äußerungsrecht.[95]

Auch ein durch eine Äußerung erweckter **Eindruck** oder eine **verdeckte Tatsachenbehauptung** können grundsätzlich Anlass für eine Gegendarstellung sein.[96] Dies gilt allerdings nur, wenn sich der Eindruck oder die verdeckte Behauptung als **unabweisliche Schlussfolgerung** aus der Ausgangsmitteilung ergibt.[97] Der Grund für diese Einschränkung liegt nach Auffassung des BVerfG[98] darin, dass die Presse komplexe Sachverhalte zwingend verkürzt darstellen können muss und auch bei noch nicht vollständigen Rechercheergebnissen Raum für Mutmaßungen haben soll. Die Begründung ist allerdings nicht unproblematisch. Denn gerade weil die Presse unter bestimmten Voraussetzungen auch berechtigt sein mag, unfertige Rechercheergebnisse zu veröffentlichen und zu mutmaßen, muss der Betroffene diesen Mutmaßungen im Rahmen der Waffengleichheit auch mit einer Gegendarstellung entgegentreten können. Aus diesem Grund dürfen jedenfalls an die Unabweislichkeit keine überhöhten Anforderungen gestellt werden. Zweifelhaft ist es etwa, wenn das OLG Hamburg annimmt, dass durch die Aussage, ein Autopflegeprodukt enthalte Natronlauge, die auch in verdünntem Zustand zur Erblindung führen könne, wenn sie in die Augen spritze, nicht der unabweisliche Eindruck entstehe, das Pflegeprodukt selbst könne bei Kontakt mit den Augen zur Erblindung führen.[99] Als unabweislich hat hingegen etwa das LG München I[100] den durch die Titelzeilen „Glücklich getrennt!", „Was keiner wissen sollte" und „Ihr neues Leben" erweckten Eindruck angesehen, ein bekanntes Ehepaar

---

90 OLG Frankfurt AfP 1985, 288, 290.
91 LG Berlin ZUM-RD 2011, 244, 246; KG ZUM-RD 2005, 53.
92 OLG Karlsruhe ZUM-RD 2011, 556, 557 f.
93 LG Offenburg BeckRS 2012, 00041; LG München I NJW 2004, 606.
94 OLG Karlsruhe ZUM-RD 2011, 488; vgl auch LG Offenburg BeckRS 2012, 00041.
95 *Prinz/Peters* Rn 486; vgl im Einzelnen Teil 1 Kap 2 Rn 77 ff.
96 OLG Hamburg NJW-RR 2001, 186.
97 BVerfG NJW 2008, 1654, 1656 f.
98 BVerfG NJW 2008, 1654, 1657.
99 OLG Hamburg Beschl v 6.12.2011 – 7 W 107/11 (unveröffentlicht).
100 LG München I BeckRS 2012, 18308.

habe sich getrennt. Denkbar ist auch, dass sich die Gegendarstellung gegen die Äußerung eines **Verdachts richtet**.[101]

36   Entgegnet werden kann auch auf in einem Medium dargestellte **Äußerungen Dritter**.[102] Dies gilt auch bei Rundfunk- und Fernsehinterviews.[103] Aus der Gegendarstellung muss dann allerdings deutlich hervorgehen, dass einer Behauptung eines Dritten entgegengetreten wird.[104] Ebenso kann die Ausgangsmitteilung in einem **Leserbrief** enthalten sein.[105]

2. Periodische Veröffentlichung

37   Die Gegendarstellung setzt bei **Druckwerken** ferner voraus, dass dieses periodisch verbreitet wird. Periodisch ist ein Druckwerk, das regelmäßig erscheint. Hinsichtlich des Zeitabstandes kann auf die Legaldefinition in § 7 Abs 4 LPG NRW zurückgegriffen werden, der verlangt, dass ein periodisches Druckwerk mindestens alle sechs Monate erscheinen muss. Bei Veröffentlichungen im **Internet** ist zu differenzieren. Hier regelt § 56 Abs 1 S 1 RStV, dass „Anbieter von Telemedien mit **journalistisch-redaktionell** gestalteten Angeboten, in denen insb vollständig oder teilweise Inhalte periodischer Druckerzeugnisse in Text oder Bild wiedergegeben werden" zum Abdruck einer Gegendarstellung verpflichtet sein können. Die Regelung hat offensichtlich in erster Linie die **Internetauftritte von periodisch erscheinenden Druckerzeugnissen** im Blick. Hier ist es zwingend, dass eine Gegendarstellung auch im Internet zu veröffentlichen ist, weil der Adressatenkreis einer auch im Internet veröffentlichten Ausgangsmitteilung bei einer nur in dem Druckerzeugnis veröffentlichten Gegendarstellung nicht erreicht würde. Ausgeschlossen von der Pflicht zur Veröffentlichung einer Gegendarstellung sollen dagegen vor allem **private Internetseiten** sein.[106] Das LG Düsseldorf[107] hat etwa einen Gegendarstellungsanspruch zu einer Meldung auf einer Internetseite mit der Begründung verneint, dass die Internetseite nicht einmal periodisch überarbeitet werde.

38   Die Beschränkung auf periodisch verbreitete Texte erklärt sich daraus, dass ihre Ersteller durch die regelmäßige Verbreitung einen besonderen Einfluss auf die öffentliche Meinungsbildung haben, der ein Gegendarstellungsrecht rechtfertigt. Gerade durch die Stetigkeit des Erscheinens wird eine nachhaltige Wirkung erzielt.[108] Zwischen dem Internetauftritt der Tageszeitung und der einmalig erstellten und nicht überarbeiteten privaten Internetseite sind aber zunehmend Fälle denkbar, in denen die Frage nach der Möglichkeit einer Gegendarstellung schwerer zu beantworten ist. Bei einem **Blog** kann es sich um eine Veröffentlichung handeln, die der Gegendarstellung zugänglich ist, zumal zahlreiche Journalisten Informationen mittlerweile auch auf diesem Weg transportieren. Gleiches gilt für die Internetseite einer Anwaltskanzlei, in der regelmäßig bearbeitete Meldungen zu aktuellen Entscheidungen und Pressemitteilungen veröffentlicht werden.[109] Bei Veröffentlichungen in sozialen Netzwerken, etwa bei **Facebook**, muss man differenzieren: Bei privaten Seiten oder Unternehmensseiten wird eine Gegendarstellung häufig unabhängig von der Periodizität mangels redaktioneller Inhalte ausscheiden. Bei Seiten etwa von Tageszeitungen ist eine Gegendarstellung denkbar, wenn dort

---

101   Löffler/*Sedelmeier* § 11 LPG Rn 99.
102   OLG Karlsruhe NJW-RR 2000, 323.
103   OLG Dresden ZUM-RD 2007, 117, 118; OLG Frankfurt NJW-RR 1986, 606, 607; Wenzel/*Burkhardt* 11. Kap Rn 292.
104   OLG Karlsruhe NJW-RR 2000, 323, 324.
105   Wenzel/*Burkhardt* 11. Kap Rn 47.
106   Vgl auch Spindler/Schuster/*Mann* § 56 RStV Rn 11.
107   LG Düsseldorf NJW-RR 1998, 1633; krit Zoebisch ZUM 2011, 390, 391.
108   LG Düsseldorf NJW-RR 1998, 1633.
109   OLG Bremen ZUM 2011, 416, 418.

nicht nur Verweise mit einzelnen Schlagworten, sondern auch Inhalte von Artikeln zumindest in Form von Abstracts zu finden sind. Bei Kurznachrichten auf **Twitter** dürfte es hingegen selbst auf Profilen von Journalisten und Zeitungen meist an redaktionellen Inhalten im Sinne des § 56 Abs 1 RStV fehlen, weil hier der Verweis auf eine andere Publikation im Vordergrund steht. Voraussetzung ist jedenfalls eine gewisse **Stetigkeit bei der Aktualisierung**. Eine weitere Ausdehnung des Gegendarstellungsrechts auf sämtliche Inhalte im Internet ist im Übrigen abzulehnen.[110] Die Verbreitung einer unwahren Tatsachenbehauptung, etwa auf einer Unternehmenshomepage, ist in ihrer Wirkung auf die Meinungsbildung nicht mit einer journalistischen Nachricht im Internet vergleichbar, die immer auch eine gewisse Behauptung der Objektivität in sich trägt. Auch kann der Betroffene seine Sicht der Dinge ohne weiteres auch in einer eigenen Internetveröffentlichung verbreiten. Anders als bei einer Nachricht auf der Internetseite einer Tageszeitung ist hier nicht von Vornherein ausgeschlossen, dass ein ähnlicher Adressatenkreis erreicht wird wie durch die Ausgangsmitteilung. Dem Bedürfnis, die weitere Verbreitung einer falschen Meldung zu unterbinden, ist durch den Unterlassungsanspruch hinreichend Rechnung getragen.[111]

3. Betroffenheit

Derjenige, der eine Gegendarstellung verlangt, muss von der Ausgangsmitteilung betroffen sein. Dies ist vor allem dann der Fall, wenn eine Äußerung auf eine bestimmte Person zielt, indem von ihren Handlungen und Unterlassungen, von ihren Äußerungen und Eigenschaften berichtet wird.[112] Die Ausgangsmitteilung muss sich in individueller, die Interessensphäre des Anspruchsberechtigten berührender Weise auf ihn beziehen.[113]

Eine **Namensnennung** ist nicht erforderlich, wenn der Betroffene erkennbar ist, weil sich seine Identität aus den Umständen ergibt oder unschwer ermitteln lässt.[114] Die Erkennbarkeit muss mindestens für einen Personenkreis vorhanden sein, den der Betroffene nicht mehr ohne weiteres selbst unterrichten kann.[115] Die Rechtsprechung hat danach eine Erkennbarkeit etwa bejaht für den ohne weiteres feststellbaren Eigentümer eines in einem kleinen Ort befindlichen Misthaufens,[116] für einen einer Straftat Verdächtigen, der als „31-jähriger Schlachter" beschrieben und in der Folge von zahlreichen Kunden auf die Berichterstattung angesprochen wird[117] oder eine „Restaurantleiterin" in einem bestimmten Ort, der eine Unterschlagung vorgeworfen wird.[118] Es kann keine Rolle spielen, ob sich die Ausgangsmitteilung auf eine Person beziehen *sollte*; betroffen ist auch eine Person, auf die die Ausgangsmitteilung fälschlicherweise von den Rezipienten bezogen *wird*.[119]

Die Betroffenheit einer Person kann auf andere **ausstrahlen**, etwa diejenige der Kinder auf ihre Eltern, so dass auch eine mittelbare Betroffenheit genügen kann.[120] Ebenso kann ein Arbeit-

---

110 Für eine Ausdehnung spricht sich jedenfalls de lege ferenda *Theißen* (MMR 1998, 678) aus.
111 Vgl auch Spindler/Schuster/*Mann* § 56 RStV Rn 12.
112 OLG Köln NJW-RR 1986, 418.
113 OLG Hamburg ArchPR 1977, 47, 48.
114 BGH NJW 1963, 1155; Spindler/Schuster/*Mann* § 56 RStV Rn 16.
115 LG Oldenburg NJW 1986, 1268 f; vgl auch OLG Köln ZUM-RD 2005, 351, 353 – zum Schadensersatz- und Geldentschädigungsanspruch.
116 OLG München ArchPR 1977, 47.
117 LG Oldenburg NJW 1986, 1268 f.
118 OLG Koblenz NJW-RR 2000, 1356, 1357.
119 BayObLG NJW 1961, 2075; OLG Karlsruhe ArchPR 1977, 47.
120 Wenzel/*Burkhardt* 11. Kap Rn 58. Art 10 Abs 1 BayPrG fordert hingegen ausdrücklich eine unmittelbare Betroffenheit, so dass etwa eine Betroffenheit des Ehegatten oder der Eltern ausscheidet, BayObLG NJW 1961, 2075.

geber betroffen sein, wenn über schlechte Leistungen seiner Arbeitnehmer berichtet wird[121] oder ein Medienunternehmen, wenn die Arbeit seiner Redakteure kritisiert wird. Hingegen kann es nicht genügen, wenn die Berichterstattung nur ganz entfernt auf eine bestimmte Person ausstrahlt. So hat das OLG Köln[122] einen Politiker nicht als von einer Berichterstattung betroffen angesehen, wenn ohne Erwähnung seines Namens Tatsachen behauptet werden, die für einen Bereich der Politik relevant sind, in dem er sich betätigt; aus dem Umstand, dass die Tatsachenbehauptungen dazu dienen sollen, seine Politik in Frage zu stellen, lässt keinen Anspruch auf die Veröffentlichung einer Gegendarstellung entstehen.

42   Nicht ausreichend ist die Betroffenheit innerhalb einer größeren **Gruppe**,[123] etwa eines Maklers, wenn in einer Zeitung kritisch über das Geschäftsgebaren von Maklern berichtet wird. Etwas anderes kann bei einer sehr kleinen Gruppe gelten, wenn offen gelassen wird, um wen es tatsächlich geht, etwa wenn über einen nicht näher bezeichneten Makler eines identifizierbaren dreiköpfigen Maklerbüros behauptet wird, er sei in betrügerische Machenschaften verwickelt.

43   Inhaber des Anspruchs kann jede **natürliche oder juristische Person** oder sonst rechtsfähige Persönlichkeit sein; auch **Behörden** können als „Stelle" Betroffene sein;[124] Anspruchsinhaber ist in diesem Fall aber die Körperschaft des öffentlichen Rechts, der die Behörde angehört.[125] Allerdings besteht der Anspruch zugunsten einer Behörde nur, wenn die Ausgangsmitteilung sich unabhängig von ihrem Wahrheitsgehalt in ähnlich gravierender Weise wie bei einer Einzelperson auf das Erscheinungsbild in der Öffentlichkeit auswirkt, etwa wenn sie das unerlässliche Vertrauen in die Integrität staatlicher Stellen in Frage stellt oder ihre Funktionsfähigkeit gefährdet.[126]

4. Berechtigtes Interesse

44   Die meisten Presse- und Mediengesetze sehen vor, dass die Pflicht zum Abdruck einer Gegendarstellung dann entfällt, wenn kein berechtigtes Interesse daran besteht.[127] In den Ländern, in denen eine solche Einschränkung in der gesetzlichen Regelung nicht ausdrücklich enthalten ist, leitet die Rechtsprechung sie aus §§ 242 und 226 BGB her.[128]

45   Kein berechtigtes Interesse besteht, wenn die begehrte Gegendarstellung **Belanglosigkeiten** der Ausgangsmitteilung betrifft.[129] Eine bloße Belanglosigkeit ist es etwa, wenn in der Ausgangsmitteilung erklärt wird, ein Gegenstand sei von der Staatsanwaltschaft beschlagnahmt worden, während die Beschlagnahme tatsächlich von einem Amtsgericht angeordnet wurde.[130] Gleiches kann etwa gelten, wenn in einem Bericht genannte größere Geldbeträge minimal von den tatsächlichen Summen abweichen.

---

121 Wenzel/*Burkhardt* 11. Kap Rn 58.
122 OLG Köln NJW-RR 1986, 418, 419.
123 BayObLG NJW 1961, 2075.
124 Vgl im Einzelnen Löffler/*Sedelmeier* § 11 LPG Rn 49.
125 OLG Hamburg NJW 1967, 734, 735.
126 KG BeckRS 2011, 28792; BerlVerfGH NJW 2008, 3491, 3493.
127 So in den Landespressegesetzen Baden-Württemberg, Berlin, Brandenburg, Bremen Hessen, Nordrhein-Westfalen, Sachsen, Schleswig-Holstein, Thüringen, in den Landesmediengesetzes Baden-Württemberg, Niedersachsen, Nordrhein-Westfalen, Rheinland-Pfalz, Saarland, im Sächsischen Privatrundfunkgesetz und im Medienstaatsvertrag Hamburg und Schleswig-Holstein.
128 Vgl OLG Naumburg ZUM 2006, 482, 486 zum LPG Sachsen-Anhalt; OLG München ZUM-RD 2001, 163, 165 zum BayPrG.
129 OLG Naumburg ZUM 2006, 482, 484; OLG Dresden ZUM-RD 2002, 287, 288; Löffler/*Sedelmeier* § 11 LPG Rn 62; *Soehring* § 29 Rn 21a.
130 OLG Köln NJW-RR 1990, 1119.

Das berechtigte Interesse kann auch entfallen, wenn der Betroffene schon **in der Aus-** 46
gangsmitteilung ausreichend zu Wort gekommen ist[131] und nicht weitere, dort nicht berücksichtigte Tatsachen mitzuteilen hat, es sei denn, die Aussage wird in der Ausgangsmitteilung so dargestellt, dass sie als völlig unglaubwürdig erscheint.[132] Allein der Umstand, dass der Betroffene vor der Veröffentlichung der Ausgangsmitteilung die Gelegenheit hatte, sich zu äußern, davon aber keinen Gebrauch gemacht hat, lässt das berechtigte Interesse allerdings nicht entfallen. Denn das Recht des Betroffenen, sich nicht zu äußern – etwa weil er die Berichterstattung insgesamt für unzulässig hält – kann nicht dadurch eingeschränkt werden, dass damit der Verlust des Gegendarstellungsanspruchs verbunden wäre.[133]

Auch eine bereits abgedruckte **Berichtigung** auf Verlangen des Betroffenen oder eine frei- 47
willige Berichtigung können das Interesse an einer Gegendarstellung entfallen lassen, wenn die Funktion und die Anforderungen an die Gegendarstellung vollständig erfüllt werden, insb wenn die aus Sicht des Betroffenen entstandene Fehlvorstellung hinreichend ausgeräumt wird[134] und die Richtigstellung an der Stelle und in der Größe erschienen ist, in der auch eine Gegendarstellung hätte erscheinen müssen.[135] Nicht ausreichend ist etwa eine Korrektur in der Rubrik „Leserbriefe".[136] Eine wortgleiche Gegendarstellung eines anderen Betroffenen lässt das Recht auf den Abdruck einer Gegendarstellung grundsätzlich nicht entfallen;[137] anders ist es aber, wenn die Vielzahl der Gegendarstellungen zu einer unbilligen Belastung der Presse führen kann.[138] Es kann dann geboten sein, die Gegendarstellungen zusammenzufassen, etwa indem die Ausgangsmitteilung nur einmal wiedergegeben wird und anschließend mehrere Gegendarstellungen abgedruckt sind.[139]

Das berechtigte Interesse kann schließlich entfallen, wenn die begehrte Darstellung **irre-** 48
führend[140] oder **offensichtlich unwahr**[141] ist.

Die **Beweislast** liegt grundsätzlich bei demjenigen, der die Ausgangsmitteilung verbreitet 49
hat. Abweichend davon verlangt § 30 Abs 1 RundfG M-V, dass der Betroffene sein berechtigtes Interesse darlegt, und auch § 10 Abs 2 HPresseG legt nahe, dass derjenige, der die Gegendarstellung verlangt, sein berechtigtes Interesse darlegen muss.

5. Ausnahmen von der Gegendarstellungspflicht

Ausgeschlossen von der Pflicht zur Veröffentlichung einer Gegendarstellung sind *wahrheits-* 50
getreue Parlaments- und Gerichtsberichte. Daraus folgt unmittelbar, dass eine Gegendarstellung dann verlangt werden kann, wenn Äußerungen von Parlamentariern in einem Bericht *falsch* wiedergegeben werden. Privilegiert ist nur die wahrheitsgetreue Wiedergabe der Äußerung, die allerdings auch dann nicht angegriffen werden kann, wenn sie *inhaltlich* falsch ist.

---

131 *Prinz/Peters* Rn 492 f.
132 Wenzel/*Burkhardt* 11. Kap Rn 54.
133 OLG Hamburg BeckRS 2011, 20664.
134 OLG Köln NJW-RR 2001, 337 zu einem Gegendarstellungsverlangen, das nach Zuleitung in einem weiteren Artikel wiedergegeben wurde.
135 Wenzel/*Burkhardt* 11. Kap Rn 55.
136 OLG Hamburg ZUM-RD 2010, 227.
137 OLG Karlsruhe ZUM-RD 2006, 515, 516; Wenzel/*Burkhardt* 11. Kap Rn 59.
138 Wenzel/*Burkhardt* 11. Kap Rn 59.
139 OLG Karlsruhe ZUM-RD 2006, 515, 516.
140 S Rn 69 ff.
141 S Rn 67 f.

51 Ausgeschlossen ist in den meisten Landespressegesetzen auch eine Gegendarstellung zu Behauptungen in **Anzeigen**, die ausschließlich dem geschäftlichen Verkehr dienen.[142] Im Anwendungsbereich derjenigen Pressegesetze, in denen sich eine solche Einschränkung nicht findet, ist davon auszugehen, dass ein Gegendarstellungsanspruch auch bei Tatsachenbehauptungen in Anzeigen besteht;[143] denn die Landesgesetzgeber haben sich offenbar bewusst für unterschiedliche Regelungen entschieden und teilweise die Zulässigkeit solch einer Gegendarstellung sogar eindeutig dadurch bestätigt, dass ein Entgelt für die Veröffentlichung einer Gegendarstellung gegen Anzeigen vorgesehen ist, so etwa in § 19 Abs 5 BremLMG. Bei nicht kommerziellen Anzeigen besteht unzweifelhaft ein Gegendarstellungsanspruch; die Veröffentlichung ist aber teilweise kostenpflichtig.[144]

52 Kein Anspruch besteht schließlich auf eine Entgegnung zu **Behauptungen in einer Gegendarstellung**.[145]

III. Anforderungen an die Gegendarstellung

1. Inhaltliche Anforderungen

53 **a) Wiedergabe der Ausgangsmitteilung.** Die Gegendarstellung hat sich auf Tatsachenmitteilungen zu beschränken und an die Erstmitteilung anzuknüpfen. Die **Bezeichnung der beanstandeten Erstmitteilung** ist allerdings nur nach Art 10 Abs 1 S 2 BayPrG Voraussetzung einer zulässigen Gegendarstellung. Auch nach den übrigen Anspruchsgrundlagen ist eine Bezeichnung und zumindest sinngemäße[146] Wiedergabe aber zweckmäßig, um eine nachvollziehbare Darstellung der Entgegnung zu ermöglichen. In der Praxis empfiehlt sich zunächst die Wiedergabe der Ausgangsmitteilung, der sich nach einem Einleitungssatz die eigene Darstellung anschließt.

54 *Beispiel: „In der Zeitung „...." vom ... heißt es auf Seite ... unter der Überschrift „....": ... Hierzu stelle ich fest: ..."*

55 Die von *Burkhardt*[147] vorgeschlagene kürzere Fassung „Gegenüber der Behauptung in der Zeitung, ich hätte ..., stelle ich fest, dass ich in Wirklichkeit ..." kann bei einer einfach gelagerten Ausgangsmitteilung geboten sein. Häufig ist aber der Sachverhalt zu komplex, um ihn verständlich in einem einzigen Satz darzustellen. Schon um eine ungenaue Wiedergabe der Ausgangsmitteilung zu vermeiden, empfiehlt sich die wörtliche Wiedergabe.

56 Dies ist vor allem deshalb von Bedeutung, weil die Ausgangsmitteilung nicht **verfälscht** dargestellt werden darf; so ist es insb nicht zulässig, die Behauptung eines Dritten als Äußerung einer Zeitung zu bezeichnen, sondern es muss deutlich gemacht werden, dass sich die Gegendarstellung gegen ein Zitat richtet.[148] Wird nur einem **Eindruck** entgegengetreten, muss dies

---

142 So in den Landespressegesetzen in Baden-Württemberg, Berlin, Brandenburg, Bremen, Nordrhein-Westfalen und Thüringen sowie den Landesmediengesetzen in Rheinland-Pfalz und im Saarland.
143 Wenzel/*Burkhardt* 11. Kap Rn 55.
144 So in den Landespressegesetzen in Berlin, Bremen, Hamburg, Niedersachen, Rheinland-Pfalz, Sachsen-Anhalt und Schleswig-Holstein sowie in den meisten Landesmedien- und Rundfunkgesetzen sowie Staatsverträgen.
145 Dies ist teilweise ausdrücklich geregelt, etwa in § 9 Abs 5 ZDF-StV; vgl den Einzelheiten Wenzel/*Burkhardt* 11. Kap Rn 67.
146 OLG Hamburg AfP 1983, 289, 290; OLG Hamburg AfP 1980, 106, 107.
147 In Wenzel/*Burkhardt* 11. Kap Rn 93.
148 LG Dresden BeckRS 2010, 30617; OLG Karlsruhe NJW-RR 2000, 323, 324.

deutlich gemacht werden, und in der Gegendarstellung darf nicht suggeriert werden, es gehe um eine ausdrückliche Behauptung. Es kann etwa formuliert werden:

„Durch die Berichterstattung ... ist der Eindruck entstanden, ...". oder „In der Zeitung „...." vom ... heißt es auf Seite ...: „....". Dadurch ist der Eindruck entstanden, ... Dazu stelle ich fest: ..." 57

Es müssen dann alle Tatsachen, die den Eindruck hervorgerufen haben, genannt werden.[149] 58

b) Bezug zur Ausgangsmitteilung. Die Gegendarstellung muss eine Entgegnung sein, muss also mit der Ausgangsmitteilung in einen **gedanklichen Zusammenhang** gestellt werden.[150] Es dürfen folglich nur Tatsachen mitgeteilt werden, die sich auf die Ausgangsmitteilung beziehen, so dass die Gegendarstellung insb nicht dazu genutzt werden darf, weitere Tatsachen „unter die Leute" zu bringen. Zulässig kann ein bloßes **Dementi** sein.[151] 59

Beispiele: „Dies trifft nicht zu"/„Diese Darstellung ist unwahr" 60

Dies gilt aber dann nicht, wenn durch die reine Verneinung der Ausgangsmitteilung nicht deutlich wird, welchen anderen Sachverhalt der Betroffene mit der Gegendarstellung behaupten will;[152] dann ist jedenfalls bei verschiedenen Deutungsmöglichkeiten eine Irreführungsgefahr denkbar,[153] so dass es weitergehender Erläuterungen bedarf: 61

Beispiel: „In der Zeitung "..." vom ... heißt es auf Seite ... unter der Überschrift „...." über mich: „Er betrog seine Bank um € 300.000,–." Hierzu stelle ich fest: Tatsächlich habe ich meine Bank nur um € 50.000,– betrogen." 62

In dem Beispiel wäre ein schlichtes Dementi irreführend, weil der Eindruck entstünde, der Verfasser der Gegendarstellung habe seine Bank überhaupt nicht betrogen. 63

c) Erläuterungen. Weitergehende Erläuterungen, die sich auf in der Ausgangsmitteilung nicht dargestellte Vorgänge beziehen, sind zulässig, wenn sie zur **Klarstellung des Sachverhaltes** notwendig sind.[154] Allerdings kann es geboten sein, Ergänzungen mit den Worten „Hierzu ist anzumerken" einzuleiten.[155] 64

Beispiel: „In der Zeitung"..." vom ... heißt es auf Seite ... unter der Überschrift „....": „Herr ... hat seinen Fehler eingestanden und eine Unterlassungserklärung abgegeben. Hierzu ist anzumerken: Mit der Abgabe der Unterlassungserklärung habe ich keinen Fehler eingestanden. Ich habe diese ausdrücklich ohne Anerkennung einer Rechtspflicht abgegeben." 65

Auch **Belege** dürfen angeführt werden, wenn sie den Schluss zulassen, dass die Erstmitteilung nicht zutrifft, etwa die Mitteilung des Ergebnisses eines Sachverständigengutach- 66

---

149 OLG Stuttgart ZUM 2000, 773, 774.
150 OLG Köln NJW-RR 2001, 337, 338.
151 OLG Hamburg AfP 1980, 106, 107; vgl auch LG Köln NJW-RR 2006, 846, 847; krit Wenzel/*Burkhardt* 11. Kap Rn 102.
152 Wenzel/*Burkhardt* 11. Kap Rn 102.
153 Vgl dazu Rn 69 ff.
154 OLG München NJW-RR 2001, 832, 834; OLG Frankfurt NJW-RR 1986, 606, 607; OLG Köln NJW-RR 1986, 418; LG Berlin Urt v 9.2.2006, Az 27 O 1191/05 (unveröffentlicht).
155 OLG Hamburg AfP 1987, 625, 626; *Prinz/Peters* Rn 539; Wenzel/*Burkhardt* 11. Kap Rn 102.

tens[156] oder Gerichtsentscheidungen, die die Entgegnung bestätigen. **Schlussfolgerungen** sind nur zulässig, wenn sie sich auf Tatsachenbehauptungen beschränken und keinen wertenden Inhalt haben.[157]

67 **d) Keine offensichtliche Unwahrheit.** Die Unwahrheit der Ausgangsmitteilung ist, anders als beim Unterlassungsanspruch, nicht Voraussetzung des Gegendarstellungsanspruchs.[158] Die Wahrheitsunabhängigkeit der Gegendarstellung ist Folge des aus der staatlichen Schutzpflicht für das Persönlichkeitsrecht resultierenden Gebots der Sicherstellung gleicher publizistischer Wirkung.[159]

68 An einem berechtigten Interesse an der Verbreitung einer Gegendarstellung fehlt es gleichwohl dann, wenn die Gegendarstellung **offensichtlich unwahr** ist, wenn sie also den „Stempel der Lüge"[160] auf der Stirn trägt, weil es ein „Recht auf Lüge" nicht gibt.[161] Diese Einschränkung wird vom BVerfG[162] gebilligt.

69 **e) Keine Irreführung.** Auch eine irreführende Gegendarstellung kann nicht verlangt werden, wobei auch die Irreführung offensichtlich sein muss.[163] Eine Irreführung ist gleichwohl praktisch bedeutsamer als die offensichtliche Unwahrheit, weil sie sich nicht selten bereits aus der Formulierung der Gegendarstellung selbst ergibt.

70 Die Gefahr der Irreführung besteht etwa, wenn eine Behauptung, die lediglich der Ergänzung oder Einschränkung bedarf, **vollständig negiert wird.**[164] So ist es irreführend, wenn ein Sänger in einer Gegendarstellung bestritten hat, mit einer Reisegruppe auf Kaffeefahrt gewesen zu sein, obwohl er zwar tatsächlich nicht gemeinsam mit den Teilnehmern im Bus gesessen, wohl aber bei einer Veranstaltung im Rahmen der Kaffeefahrt gesungen hatte.[165] Gleiches gilt, wenn in einer Gegendarstellung der Eindruck erweckt wird, es habe in einer juristischen Auseinandersetzung keine Entscheidung zugunsten eines Dritten gegeben, wenn dieser tatsächlich zumindest in erster Instanz obsiegt hat.[166] Die Gefahr der Irreführung besteht auch dann, wenn eine Gegendarstellung derart vage gehalten ist, dass nicht deutlich wird, welcher Sachverhalt der Ausgangsmitteilung entgegengesetzt werden soll, etwa, wenn es in der Gegendarstellung heißt, jemand sei bei einem anderen nicht „beschäftigt" gewesen, obwohl er tatsächlich für ihn tätig war, jedoch nicht als Arbeitnehmer.[167] Ebenso irreführend kann es sein, wenn eine Einzelperson die Gegendarstellung mit den Worten „Wir stellen richtig" beginnt, weil dadurch der Eindruck entstehen kann, es handele sich nicht um die Erklärung des Betroffenen, sondern der Redaktion.[168]

---

156 OLG Frankfurt NJW-RR 1986, 606, 607.
157 Wenzel/*Burkhardt* 11. Kap Rn 112.
158 BVerfG NJW 2002, 356, 357 – Gysi I; OLG München ZUM-RD 2001, 163, 165. Abweichend davon sieht § 3 Nr 9 des Gesetzes über den Hessischen Rundfunk vor, dass nur unwahre Tatsachenbehauptungen einer Gegendarstellung zugänglich sind (vgl auch Wenzel/*Burkhardt* 11. Kap Rn 127).
159 BVerfG NJW 2002, 356, 357 – Gysi I.
160 So OLG Naumburg ZUM 2006, 482, 484.
161 OLG Dresden ZUM-RD 2002, 287.
162 BVerfG NJW 2002, 356, 357 – Gysi I.
163 OLG München NJW-RR 1999, 386, 387.
164 OLG Düsseldorf ZUM-RD 2005, 25, 28.
165 *Prinz/Peters* Rn 559; Wenzel/*Burkhardt* 11. Kap Rn 133.
166 OLG Dresden ZUM-RD 2002, 287, 288.
167 Vgl *Prinz/Peters* Rn 559.
168 OLG Oldenburg BeckRS 2010, 26722.

Für die Feststellung der Irreführung oder der Unwahrheit dürfen nur **unstreitige oder of-** 71
fenkundige Tatsachen verwendet werden.[169] Sobald das Gericht in eine Abwägung und Wertung von Glaubhaftmachungsmitteln eintreten muss, fehlt es an der Offenkundigkeit.[170] Das OLG Hamburg[171] ist daher davon ausgegangen, dass nicht einmal die Vorlage einer schriftlichen Aussage eines Dritten, die in der Ausgangsmitteilung behauptet und in der Gegendarstellung bestritten worden war, den Anspruch entfallen lässt, soweit der Betroffene die Authentizität der Erklärung des Dritten bestreitet.

f) Kein strafbarer Inhalt. Schließlich darf die Gegendarstellung keinen strafbaren Inhalt 72
haben. In Betracht kommen vor allem beleidigende oder verleumderische Aussagen, etwa, wenn sich der Betroffene gegen einen Vorwurf in der Ausgangsmitteilung damit verteidigt, tatsächlich habe sich ein Dritter in der beanstandeten Weise verhalten. Nur dann, wenn das identifizierbare Bezichtigen eines Dritten unbedingt erforderlich ist, um den Vorwurf gegen die eigene Person zu entkräften, kann eine solche Gegendarstellung wegen der Wahrnehmung berechtigter Interessen nach § 193 StGB zulässig sein.[172] Keine Beleidigung stellt es aber dar, dass die Ausgangsmitteilung in der Gegendarstellung als **„falsch"**, **„unrichtig"** oder **„unwahr"** bezeichnet wird.[173]

g) Angemessener Umfang. Der Umfang der Gegendarstellung muss angemessen sein. Die 73
meisten Landespressegesetze konkretisieren diese Anforderung dahingehend, dass der Umfang als angemessen gilt, wenn er den der beanstandeten Passage der Erstmitteilung nicht überschreitet.[174] Dies stellt keine quantitative Begrenzung des Umfangs dar, sondern fingiert nur für den Fall, dass die Gegendarstellung den bezeichneten Umfang nicht überschreitet, die Angemessenheit. Bei der Prüfung, ob dem Erfordernis der knappen Darstellung genügt ist, darf jedoch **kein kleinlicher Maßstab** angewandt werden. Die Gegendarstellung darf so lang sein, wie es eine sachgemäße, auf einen Tatsachenvortrag beschränkte Rechtfertigung des von einer Pressekritik Betroffenen vor dem Forum der Öffentlichkeit erfordert.[175]

Es ist nicht erforderlich, dass die kürzeste denkbare Formulierung verwendet wird. Anderer- 74
seits ist es aber problematisch, für einen sehr großzügigen Maßstab mit dem Argument zu plädieren, dass nicht jedem die Kunst einer knappen Darstellungsweise gegeben sei.[176] Denn wenn der Betroffene zur Formulierung einer knappen Gegendarstellung nicht in der Lage ist, muss er sich gegebenenfalls rechtlichen Rat einholen. Jedenfalls darf die Gegendarstellung nicht zu **weitschweifig** sein.[177] Entscheidend ist, ob sie auf die Anführung echter Gegentatsachen sowie etwaige zulässige Ergänzungen oder Erläuterungen oder Beweistatsachen beschränkt bleibt.[178] Die exakte Wortwahl kann vom Gegendarstellungsschuldner nicht angegriffen werden[179] und obliegt dem Gläubiger des Anspruchs; andererseits kann ein künstliches Aufblähen der Gegen-

---

169 OLG Düsseldorf ZUM-RD 2005, 25, 28; OLG München NJW-RR 1999, 386, 387.
170 OLG Hamburg NJW-RR 1994, 1179, 1180; Wenzel/*Burkhardt* 11. Kap Rn 128.
171 OLG Hamburg NJW-RR 1994, 1179, 1180.
172 Wenzel/*Burkhardt* 11. Kap Rn 122.
173 *Prinz/Peters* Rn 535.
174 § 10 Abs 2 HPresseG enthält keine derartige Fiktion, nach Art 10 Abs 2 S 3 BayPrG „soll" der Umfang den des beanstandeten Textes nicht wesentlich überschreiten. In der Sache dürften sich aber keine wesentlichen Unterschiede ergeben.
175 OLG Hamburg NJW 1968, 1337.
176 OLG Hamburg NJW 1968, 1337.
177 OLG Hamburg NJW 1968, 1337.
178 Wenzel/*Burkhardt* 11. Kap Rn 142.
179 LG München I NJW 2004, 606, 607.

darstellung, etwa durch das Aufspalten einer Aussage in möglichst viele Sätze, die Gegendarstellung unzulässig machen. Im Internet gelten für den Anspruch nach § 56 RStV ähnliche Maßstäbe wie im Printbereich,[180] so dass der Anbieter sich nicht darauf verweisen lassen muss, dass – anders als im Printbereich – unbegrenzt Raum für die Gegendarstellung zur Verfügung stehe.

75 Eine Gegendarstellung ist noch nicht von unzulässiger Länge, wenn die Zusammenfassung einer in zwei Sätzen erfolgenden Aussage in einem einzigen Satz zwar möglich wäre, dies aber nicht zu einer wesentlichen Verkürzung des Textes führen würde.[181] Das OLG München[182] hat allerdings etwa eine Gegendarstellung, die den Umfang der Ausgangsmitteilung um das doppelte überschritt, für unzulässig gehalten. Eine derartige Grenze kann aber nicht pauschal gelten.[183] Sind die dargestellten Grundsätze eingehalten, ist also insb eine umfängliche Entgegnung tatsächlich erforderlich und lässt sich auch nicht wesentlich verkürzen, muss auch ein größerer Umfang noch als angemessen angesehen werden.

76 **Rechtsfolge** einer zu umfänglichen Gegendarstellung ist nach den meisten Landespressegesetzen, dass der Abdruck überhaupt nicht verlangt werden kann. Aus Art 10 Abs 2 S 3 und 4 BayPrG lässt sich – abweichend hiervon – ableiten, dass eine zu umfängliche Gegendarstellung nicht zum Wegfall des Anspruchs führt,[184] sondern nur zu einer Pflicht zur Zahlung von Annoncegebühren; aus § 10 Abs 3 S 3 HPresseG ergibt sich dies unmittelbar.

77 **h) Überschrift.** Der Betroffene kann verlangen, dass die Gegendarstellung mit einer Überschrift versehen wird. Die Überschrift „Gegendarstellung" kann einerseits vom Anspruchsberechtigten regelmäßig verlangt werden, wird andererseits aber auch zumeist ausreichen.[185] Bei einer Gegendarstellung ohne Überschrift bestünde die Gefahr, dass die Leser die Gegendarstellung für einen gewöhnlichen, sie vielleicht nicht interessierenden redaktionellen Beitrag halten oder sie ihnen wie ein einfacher Leserbrief ohne besondere Bedeutung erscheint.[186] Anders ist es, wenn auch die Ausgangsmitteilung in einem **Leserbrief** enthalten ist und auch die Gegendarstellung in diesem Teil des Druckwerks abgedruckt werden muss, weil es für die Leser von Vorneherein deutlich wird, dass hier einzelne Leser ihre unterschiedlichen Meinungen zu allgemein interessierenden Themen zum Ausdruck bringen und auch der ursprüngliche Leserbrief nicht das Gewicht eines redaktionellen Teils besitzt.[187] Ein Anspruch auf eine „Gegenüberschrift" mit eigenem Aussagegehalt steht dem Betroffenen nur zu, wenn die beanstandete Behauptung in der Überschrift der Ausgangsmitteilung enthalten war.[188]

78 Im **Rundfunkbereich** wird schon das verpflichtete Medienunternehmen selbst ein Interesse daran haben, die Gegendarstellung durch das Verlesen oder Einblenden des Wortes „Gegendarstellung" von redaktionellen Beiträgen abzugrenzen.

79 **i) Erkennbarkeit des Verfassers.** Die Gegendarstellung muss die Person des Betroffenen eindeutig erkennen lassen. Bei einer juristischen Person ist deshalb grundsätzlich die vollständige Firmenbezeichnung anzugeben.[189] Ferner müssen in diesem Fall die Funktion des Unter-

---

180 LG Aschaffenburg BeckRS 2011, 14165.
181 OLG Karlsruhe NJOZ 2007, 5189, 5191.
182 OLG München AfP 1999, 72, 73.
183 Vgl auch Wenzel/*Burkhardt* 11. Kap Rn 142.
184 OLG München AfP 1999, 72, 73.
185 KG NJW-RR 2009, 767, 768.
186 OLG Düsseldorf NJW 1986, 1270; Wenzel/*Burkhardt* 11. Kap Rn 137.
187 OLG Düsseldorf NJW 1986, 1270.
188 OLG Hamburg ArchPR 1975, 43, 44; München AfP 1978, 27, 28.
189 KG ZUM-RD 2008, 229.

zeichners und der Umstand, dass die Unterzeichnung in Vertretung der juristischen Person erfolgt, deutlich werden.[190]

2. Formelle Anforderungen

Bei der Abfassung und Zuleitung der Gegendarstellung sind zahlreiche formelle Anforderungen zu erfüllen, deren Nichtbeachtung den Anspruch entfallen lassen kann. 80

   a) Schriftform. Zunächst ist die Gegendarstellung schriftlich abzufassen. Dies sollte 81 zweckmäßigerweise, muss aber nicht zwangsläufig, in einem gesonderten Dokument neben dem Anschreiben, das die Geltendmachung des Anspruchs enthält, erfolgen.[191] Die Gegendarstellung ist im Original eigenhändig (vgl § 126 BGB) zu unterzeichnen, und das Dokument mit der Originalunterschrift ist dem Anspruchsverpflichteten zuzuleiten. Auch eine handschriftliche Abfassung ist zulässig, sie muss aber lesbar sei.[192]

   Wegen des Erfordernisses einer Unterschrift im Original genügt keine Zuleitung per **Fax**.[193] 82 Die gegenteilige Auffassung[194] überzeugt nicht.[195] Zumindest seit Einführung der Textform in § 126a BGB, die vor allem Fälle der Faxübermittlung erfasst, kann nicht mehr davon gesprochen werden, dass vom Gesetz nur eine Unterschrift verlangt werde, die dann auch in Kopie übermittelt werden könne. Dies muss insb für Regelungen gelten, die nach dem § 126a BGB in Kraft getreten sind und nach wie vor die Schriftform vorsehen, etwa § 9 RBB-StV. *De lege ferenda* wäre eine Regelung, die nur noch Textform fordert, allerdings sachgerecht. So lange diese nicht existiert, kann der Formmangel aber auch nicht durch eine spätere Zuleitung in Schriftform geheilt werden, soweit damit die Frist für die Zuleitung nicht mehr eingehalten ist.[196]

   Die Unterschrift muss den gesamten Text erfassen und sich daher an dessen Ende befinden.[197] 83

   b) Vertretung. Auch wenn natürliche Personen betroffen sind, muss die Gegendarstellung 84 in Fällen der gesetzlichen Vertretung von dem Vertreter unterzeichnet werden.[198] Die Landespressegesetze von Baden-Württemberg, Brandenburg, Hamburg, Mecklenburg-Vorpommern, Nordrhein-Westfalen, Rheinland-Pfalz, Saarland, Sachsen und Schleswig-Holstein beschränken die Zulässigkeit der Vertretung ausdrücklich auf die Fälle gesetzlicher Vertretung oder sehen eine eigenhändige Unterschrift vor. Im Anwendungsbereich der übrigen Regelungen ist strittig, ob auch eine **rechtsgeschäftliche Stellvertretung**, etwa durch einen Rechtsanwalt, zulässig ist. Das OLG Frankfurt[199] verneint diese Frage für § 10 Abs 2 S 3 HPresseG, der eine Unterschrift „des Betroffenen" voraussetzt. Zugelassen wird die rechtsgeschäftliche Vertretung etwa vom KG[200] sowie den Oberlandesgerichten Bremen,[201] Celle[202] und Naumburg.[203] Die Ent-

---

190 Wenzel/*Burkhardt* 11. Kap Rn 149 und 156.
191 Wenzel/*Burkhardt* 11. Kap Rn 146.
192 Löffler/*Sedelmeier* § 11 LPG Rn 139.
193 OLG Hamburg NJW 1990, 1613.
194 OLG Dresden ZUM-RD 2007, 117; OLG Saarbrücken NJW-RR 1992, 730, 731; OLG München NJW 1990, 2895; *Prinz*/*Peters* Rn 517.
195 So auch Löffler/*Sedelmeier* § 11 LPG Rn 154; *Soehring* § 29 Rn 31a.
196 OLG Hamburg ZUM-RD 2011, 306, 308.
197 Löffler/*Sedelmeier* § 11 LPG Rn 143.
198 Wenzel/*Burkhardt* 11. Kap Rn 154.
199 OLG Frankfurt AfP 2003, 459; OLG Frankfurt NJW 1958, 1068, 1069.
200 KG ZUM-RD 2008, 229; KG NJW 1970, 2029, 2031.
201 OLG Bremen AfP 1978, 157 f.
202 OLG Celle NJW-RR 1988, 956, 957.
203 OLG Naumburg NJW-RR 2000, 475, 476.

scheidungen folgen konsistent dem Gesetzeswortlaut. Nur dort, wo das Gesetz ausdrücklich mehr fordert als die Schriftform der Gegendarstellung, nämlich eine eigenhändige Unterschrift oder eine Unterschrift des Betroffenen,[204] scheidet eine gewillkürte Stellvertretung aus.[205] Auch wenn die Gegendarstellung keine Willenserklärung ist, so ist doch zumindest ihr Verlangen eine rechtsgeschäftsähnliche Handlung,[206] was nicht zuletzt an der Anwendung der Regelungen zur gesetzlichen Vertretung deutlich wird. Im Übrigen ist kein sachlicher Grund ersichtlich, warum die Stellvertretung nicht möglich sein soll, zumal das Eilbedürfnis eine Vertretung, etwa wenn der Betroffene nur telefonisch erreichbar ist, nicht selten erforderlich machen wird.

85   **c) Zugang.** Der Zugang ist nach den allgemeinen Regeln (§ 130 BGB) bewirkt, wenn die Erklärung in den Machtbereich des Abdruckverpflichteten gelangt ist. Es genügt der Eingang bei der Redaktion oder dem Verlag, so dass auch keine Adressierung an eine bestimmte Person erforderlich ist.[207] Für die hausinterne Weiterleitung ist der Anspruchsverpflichtete zuständig, so dass etwa auch die Abgabe beim Pförtner des Verlages den Zugang bewirkt. Wegen des strengen Zugangserfordernisses des Originaldokuments, insb weil der Zugang Voraussetzung für die Durchsetzbarkeit des Anspruchs ist und – anders als bei der Abmahnung – nicht nur Kostenfolgen hat, empfiehlt sich unbedingt eine beweissichere Zustellung, idealerweise durch einen Boten, der das Schriftstück vorher zur Kenntnis genommen hat.

86   **d) Nur eine Gegendarstellung.** Wegen der Schwierigkeiten, eine Gegendarstellung richtig zu formulieren, kommt es nicht selten zu der Zuleitung mehrerer Fassungen, sei es nach einer ersten Zurückweisung durch den Gegendarstellungsschuldner, sei es nach einem gerichtlichen Hinweis oder aus eigenem Antrieb des Gegendarstellungsgläubigers. Letzterer muss dann unmissverständlich deutlich machen, welches Gegendarstellungsverlangen er noch verfolgt. Dazu ist inbes eine Erklärung erforderlich, dass er an einem vorangegangenen Verlangen nicht festhält, sofern sich dies nicht aus den Umständen ergibt. Ist das Verhalten des Gegendarstellungsgläubigers nicht eindeutig, entspricht sein Verlangen nicht den gesetzlichen Vorgaben, so dass gar kein Anspruch auf die Veröffentlichung der Gegendarstellung besteht.[208]

87   **e) Frist.** Die Gegendarstellung muss innerhalb einer kurzen Frist zugeleitet werden, wobei die einzelnen Regelungen unterschiedliche Zeiträume für die Geltendmachung vorsehen.

88   **aa) Unverzüglichkeit.** Eine besondere Bedeutung kommt dem Unverzüglichkeitserfordernis zu, das – mit Ausnahme von Bayern – in allen Bundesländern nach den Landespressegesetzen besteht. Unverzüglich bedeutet – wie im allgemeinen Zivilrecht – ohne schuldhaftes Zögern (vgl § 121 Abs 1 S 1 BGB). Die Frage der Unverzüglichkeit bedarf einer Einzelfallentscheidung, bei der einerseits das Interesse des Betroffenen an einer angemessenen Überlegungsfrist zu berücksichtigen ist, andererseits das Interesse der Medien an der Aktualität ihres Inhalts.[209] Soweit die Rechtsprechung früher eine starre Zwei-Wochen-Frist angenommen hat,[210] wird dies heute nicht

---

204 Art 10 Abs 1 S 2 BayPrG spricht vom „Einsender". Die Formulierung spricht eher dafür, dass der „Einsender" nicht der Betroffene sein muss.
205 AA Wenzel/*Burkhardt* 11. Kap Rn 154 f.
206 So auch Wenzel/*Burkhardt* 11. Kap Rn 158.
207 Wenzel/*Burkhardt* 11. Kap Rn 161.
208 OLG Hamburg NJW 2012, 2670, 2671.
209 OLG Stuttgart ZUM 2000, 773, 774.
210 Vgl OLG Hamburg NJW 1967, 159, 160.

mehr vertreten.[211] Denn das BVerfG[212] hat die früher im NDR-Staatsvertrag vorgesehene Zwei-Wochen-Frist für verfassungswidrig erklärt.

Auch wenn der unbestimmte Rechtsbegriff der Unverzüglichkeit naturgemäß für eine gewisse Rechtsunsicherheit sorgt, sind die zugrunde liegenden Regelungen in der Sache nicht zu beanstanden.[213] Zwar verstieße eine **starre Frist** – von weniger als drei Monaten – nach Auffassung des BVerfG[214] nicht gegen das Grundgesetz und eine pauschale Grenze würde ohne Zweifel mehr Rechtssicherheit bieten. Sie würde der Vielschichtigkeit der möglichen Sachverhalte aber nicht gerecht. Das Kriterium der Unverzüglichkeit bietet Raum für eine Berücksichtigung der Umstände des Einzelfalls und stellt zugleich sicher, dass die Gegendarstellung bei der Verbreitung ihre Aktualität nicht verloren hat.[215] Sachgerechte Ergebnisse lassen sich mit den gegenwärtigen Gesetzesfassungen ohne weiteres erreichen. Es ergibt sich etwa auch kein Problem bei Viertel- oder Halbjahrespublikationen;[216] denn die Häufigkeit der Veröffentlichung ist ein im Rahmen der konkreten Einzelfallbetrachtung zu berücksichtigendes Kriterium.[217] So ist es eben kein „schuldhaftes Zögern", wenn eine Gegendarstellung, die frühestens in einem halben Jahr erscheint, erst einen Monat nach der Veröffentlichung der Ausgangsmitteilung zugeleitet wird. Bei Tageszeitungen[218] oder Rundfunk- und Fernsehberichten[219] mit meist hoher Aktualität gelten hingegen strengere Maßstäbe.

Der Ablauf von **zwei Wochen** kann als grobe Richtschnur dienen,[220] darf aber nicht als „Regelfrist" verstanden werden,[221] zumal einzelne Gerichte wie das LG Berlin[222] (10 Tage) regelmäßig kürzere Fristen annehmen. Eine großzügigere Frist kann etwa angemessen sein, wenn die Formulierung der Gegendarstellung besondere Schwierigkeiten bereitet,[223] das Thema noch fortwährend in der Öffentlichkeit behandelt wird[224] oder Vergleichsverhandlungen[225] zwischen den Parteien geführt wurden. Zu berücksichtigen ist ferner die Möglichkeit, einen Rechtsanwalt zu konsultieren[226] und mit diesem im Rahmen eines angemessenen Zeitrahmens einen Besprechungstermin zu vereinbaren[227] sowie bei Rundfunk- und Fernsehsendungen das Erfordernis, das Sendemanuskript anzufordern.[228] Letzteres wird heute allerdings nicht mehr viel Zeit in Anspruch nehmen. Ohnehin ist die Handhabung, wie derartige besondere Umstände von den einzelnen Gerichten berücksichtigt werden, derart uneinheitlich und schwer voraussehbar, dass man sich in der Praxis auf derartige besondere Umstände regelmäßig nicht verlassen, sondern

---

211 Vgl OLG Stuttgart ZUM 2000, 773, 774.
212 BVerfG NJW 1983, 1179.
213 AA Wenzel/*Burkhardt* 11. Kap Rn 167.
214 BVerfG NJW 1983, 1179, 1180.
215 BVerfG NJW 1983, 1179, 1180.
216 Mit derartigen Veröffentlichungen begründet Wenzel/*Burkhardt* 11. Kap Rn 167 ua seine Kritik am Erfordernis der Unverzüglichkeit.
217 So auch OLG Stuttgart ZUM 2000, 773, 774.
218 KG ZUM 2009, 228.
219 OLG Stuttgart ZUM 2006, 427, 429; Wenzel/*Burkhardt* 11. Kap Rn 168.
220 OLG Düsseldorf ZUM-RD 2012, 391, 392; OLG Dresden ZUM-RD 2007, 117; OLG Stuttgart ZUM 2006, 427, 428; OLG Hamburg NJW-RR 2001, 186.
221 KG ZUM 2009, 228.
222 LG Berlin BeckRS 2010, 16340.
223 OLG Hamburg AfP 1971, 87.
224 OLG Dresden ZUM-RD 2007, 117; *Löffler/Ricker* 25. Kap Rn 26.
225 Vgl auch OLG Hamburg AfP 1971, 87, 88; aA OLG Köln NJW-RR 1990, 1119.
226 OLG Dresden ZUM-RD 2007, 117.
227 LG Berlin ZUM-RD 2011, 244, 246.
228 BVerfG NJW 1983, 1179, 1180.

die Gegendarstellung innerhalb der von dem jeweiligen Gericht angenommenen Frist zuleiten sollte, die ohne das Vorliegen solcher Umstände im Regelfall gilt.

91 Im Einzelnen hat die Rechtsprechung eine Zuleitung nach zwei Wochen dann nicht für ausreichend gehalten, wenn der Anspruchsberechtigte bereits vorher den Sachverhalt ermittelt, sich offensichtlich bereits zur Durchsetzung des Anspruchs entschieden und dies dadurch dokumentiert hat, dass er schon vor Ablauf der Zwei-Wochen-Frist dem Anspruchsverpflichteten eine Gegendarstellung im Entwurf zugeleitet hatte, in der unterschriebenen, endgültigen Fassung jedoch erst später.[229] Dass bereits frühzeitig vor der Zuleitung des Gegendarstellungsverlangens eine Unterlassungsaufforderung übersandt wird, schadet wegen der Unterschiedlichkeit der Ansprüche allerdings nicht.[230] Bei **Fernsehsendungen** kann schon ein Zuwarten von mehr als zwei Wochen bei einer alle drei Wochen ausgestrahlten Sendung nicht mehr unverzüglich sein, weil die Ausstrahlung andernfalls frühestens in der übernächsten Sendung nach sechs Wochen hätte erfolgen können.[231] Andererseits hat das LG Köln[232] eine Zuleitung nach fünf Wochen bei einer wöchentlichen Sendung noch als ausreichend erachtet. Das OLG Koblenz[233] hat eine Geltendmachung des Anspruchs einen Monat nach der Ausstrahlung der Ausgangsmitteilung und vier Tage vor der nächsten Sendung nicht mehr als rechtzeitig angesehen. Eine Zwei-Wochen-Frist hat sich auch im Rundfunk als „Faustregel" herausgebildet.[234]

92 **bb) Aktualitätsgrenze.** Sieht das Gesetz keine zeitliche Grenze der Geltendmachung vor,[235] entfällt der Anspruch nach dem Überschreiten der Aktualitätsgrenze.[236] Für die Frage, wann diese Grenze erreicht ist, kommt es auf die Bedeutung des Vorgangs, die Art und das Medium der Verbreitung und darauf an, ob andere Medien das Thema aufgegriffen haben.[237] Das OLG München nimmt bei einer Veröffentlichung in einer Tageszeitung eine Frist von vier Wochen an,[238] bei wöchentlich erscheinenden Publikationen von vier bis sechs Wochen[239] und lässt im Ausnahmefall auch eine Zuleitung nach mehr als drei Monaten genügen.[240] Muss der Anspruch gerichtlich durchgesetzt werden, ist es ausreichend, aber auch erforderlich, so rechtzeitig ein Verfügungsverfahren einzuleiten, dass eine erstinstanzliche Entscheidung noch innerhalb der Aktualitätsfrist möglich ist.[241]

93 **cc) Starre Höchstfrist.** Neben dem Unverzüglichkeitserfordernis gilt nach den **Landespressegesetzen** – mit Ausnahme von Bayern und Hessen – eine Drei-Monats-Frist, nach deren Ablauf der Anspruch unabhängig von der Kenntniserlangung nicht mehr geltend gemacht werden kann. Die Frist ist verfassungsgemäß[242] und trägt dem Umstand Rechnung, dass nach Ablauf von drei Monaten eine Vermutung dafür spricht, dass der Betroffene kein berechtigtes Interesse mehr an einer Gegendarstellung hat.

---

229 OLG Stuttgart ZUM 2000, 773, 774.
230 LG Berlin BeckRS 2010, 16340.
231 OLG Stuttgart ZUM 2000, 773, 774.
232 LG Köln AfP 1995, 684, 686.
233 OLG Koblenz NJW-RR 1998, 25, 26.
234 Vgl etwa OLG Dresden ZUM-RD 2007, 117; LG Mainz ZUM-RD 2008, 95, 96.
235 Vgl Art 10 BayPrG.
236 BayObLG NJW 1970, 1927.
237 Wenzel/*Burkhardt* 11. Kap Rn 172.
238 OLG München AfP 2012, 161; OLG München NJW-RR 2002, 1271; OLG München NJW-RR 2001, 832, 833.
239 OLG München NJW-RR 2001, 832, 833.
240 OLG München ArchPR 1974, 108 f.
241 OLG München NJW-RR 2001, 832, 833; OLG München NJW-RR 1998, 26, 27.
242 BVerfG NJW 1983, 1179, 1180.

Die **Landesmedien- und Rundfunkgesetze** sowie die **Staatsverträge** sehen teilweise 94
ebenfalls eine Drei-Monats-Frist,[243] teilweise kürzere Höchstfristen von einem Monat,[244] sechs
Wochen[245] oder zwei Monaten[246] vor. Eine Gegendarstellung gegen Veröffentlichungen im **Internet** muss nach § 56 Abs 2 Nr 4 RStV spätestens sechs Wochen nach dem letzten Tage des Angebots des beanstandeten Textes, jedenfalls jedoch drei Monate nach der erstmaligen Einstellung
des Angebots zugeleitet werden.

dd) Mehrfache Zuleitung. Wegen der Schwierigkeiten, eine dem Anspruch entsprechende 95
Gegendarstellung zu formulieren, kommt es in der Praxis häufig dazu, dass der Gläubiger nach
einer Beanstandung des Gegendarstellungsverlangens durch den Anspruchsverpflichteten oder
das Gericht die Gegendarstellung überarbeitet oder erneut zuleitet. Wie sich dies auf das Unverzüglichkeitserfordernis auswirkt, ist im einzelnen umstritten.[247] Der überwiegende Teil der
Rechtsprechung nimmt an, dass die Frist noch gewahrt ist, wenn der Betroffene nach Zurückweisung seiner Gegendarstellung durch den Verpflichteten unverzüglich eine überarbeitete Fassung zuleitet.[248] Dies ist grundsätzlich zutreffend, da angesichts der inhaltlichen Anforderungen
an ein den Pressegesetzen genügendes Gegendarstellungsverlangen und der deshalb bei der
Abfassung bestehenden Schwierigkeiten eine Überarbeitung, um eine effektive Durchsetzung
des Anspruchs zu ermöglichen, regelmäßig zulässig sein muss.[249] Auch eine mehrfache Überarbeitung ist möglich.[250] Allerdings ist der Zeitablauf wegen einer Überarbeitung und erneuten
Zuleitung einer Gegendarstellung dann nicht mehr unverschuldet, wenn die Erstfassung inhaltlich an groben, ohne weiteres erkennbaren Mängeln litt.[251] Auch entfällt die Unverzüglichkeit,
wenn schon die erste Fassung nicht rechtzeitig dem Gegendarstellungsschuldner zugeleitet
wurde.[252]

ee) Fristbeginn. Die Frist zur unverzüglichen Zuleitung beginnt, da andernfalls kein Ver- 96
schulden für die Verzögerung vorliegen kann, erst mit der Kenntnisnahme des Betroffenen von
der Ausgangsmitteilung. Bei Unternehmen ist entweder die Kenntnis ihrer vertretungsberechtigten Organe oder desjenigen maßgeblich, der im Unternehmen für die Geltendmachung derartiger Ansprüche zuständig ist.

---

243 Eine Drei-Monats-Frist regeln § 19 Abs 2 S 3 BremLMG, § 18 Abs 3 S 3 DWG, § 24 Abs 3 S 3 RBG, § 30 Abs 2 S 1 RundfG M-V.
244 Vgl § 9 Abs 3 Nr 4 RBB-StV.
245 Vgl § 28 Abs 1 S 2 HPRG, § 10 Abs 3 Nr 4 SMG für den Rundfunkbereich (3 Monate bei Druckerzeugnissen).
246 Vgl § 9 Abs 2 S 3 LMG BW; § 44 Abs 3 S 3 LMG NRW, § 11 Abs 3 Nr 4 LMG RP, § 31 Abs 2 S 1 LRG SH, §§ 17 Abs 1 S 2 BayRG, 19 Abs 3 S 2 SächsPRG, § 24 Abs 1 S 2 ThürLMG, § 9 Abs 3 S 2 D-Radio-StV, § 15 Abs 3 S 2 MDR-StV, § 12 Abs 2 S 1 NDR-StV, § 9 Abs 3 S 3 WDR-Gesetz, § 9 Abs 3 S 3 ZDF-StV.
247 Vgl zum Ganzen *Flechsing/Karg* ZUM 2006, 177, 179 ff; *Sedelmeier* AfP 2006, 24.
248 OLG Stuttgart ZUM 2006, 427, 429.
249 OLG Stuttgart ZUM 2006, 427, 429; OLG Hamburg NJW-RR 2001, 186; OLG Koblenz NJW-RR 1998, 23; 24; *Seitz/Schmidt* Rn 137; *Prinz/Peters* Rn 571; *Soehring* § 29 Rn 38a; vgl allerdings OLG München NJW-RR 2002, 1271, das zumindest beim Überschreiten der Aktualitätsgrenze die Zuleitung einer korrigierten Fassung nicht mehr für zulässig hält.
250 OLG Hamburg NJW-RR 2001, 186.
251 OLG Stuttgart ZUM 2006, 427, 429; OLG Koblenz NJW-RR 1998, 23, 24. Vgl auch Löffler/*Sedelmeier* § 11 LPG Rn 158, der schon bei jeglichen Änderungen, die die Gegendarstellung erst formal zulässig machen oder bei Änderungen, die nicht durch bloße Streichungen vorgenommen werden können oder das Verständnis ändern, davon ausgeht, dass durch die Erstzuleitung das Unverzüglichkeitserfordernis nicht mehr gewahrt sei.
252 OLG Hamburg ZUM-RD 2011, 306, 309.

IV. Anforderungen an die Veröffentlichung

97 Die Landespressegesetze sehen überwiegend vor, dass die Gegendarstellung in der auf den Zugang folgenden, für den Druck noch nicht abgeschlossenen Ausgabe in dem gleichen Teil des Druckwerks und mit gleicher Schrift wie der beanstandete Text ohne Einschaltungen und Weglassungen abgedruckt werden muss und dass sie nicht gegen den Willen des Betroffenen in der Form eines Leserbriefes erscheinen darf. Soweit einzelne Landespressegesetze – insb diejenigen von Hessen und Bayern – abweichende Formulierungen vorsehen, ergeben sich daraus in der Sache keine Unterschiede.[253]

1. Nächste Ausgabe

98 **Drucktechnisch noch nicht abgeschlossen** ist eine Ausgabe, wenn die Aufnahme ohne wesentliche technische Schwierigkeiten noch möglich ist und nicht zu Verzögerungen führt.[254]

99 Eine Veröffentlichung an einem **bestimmten Wochentag** kann nur verlangt werden, wenn die Ausgangsmitteilung entweder in einer besonderen Ausgabe, wie der Wochenendausgabe, die oft einen erweiterten Leserkreis hat,[255] oder in einer Rubrik abgedruckt war, die nicht in jeder Ausgabe enthalten ist. Andererseits muss sich der Betroffene, wenn die Rubrik, in der die Erstmitteilung enthalten war, erst mit großem zeitlichen Abstand oder in einer weniger weit verbreiteten Ausgabe wieder erscheint, nicht auf diese spätere Ausgabe verweisen lassen, sondern kann auch eine frühere Veröffentlichung verlangen.[256]

2. Gleicher Teil eines Druckwerks

100 Die Gegendarstellung muss nach dem Wortlaut der meisten Landespressegesetze „**im gleichen Teil**" des Druckwerks veröffentlicht werden, nach Art 10 Abs 2 BayPrG in „demselben Teil" des Druckwerks wie die Ausgangsmitteilung. Entgegen der Auffassung des OLG München[257] ist dem Gesetzgeber trotz der unbestritten unterschiedlichen Bedeutung der Worte „demselben" und „dem gleichen" nicht zu unterstellen, dass unterschiedliche Folgen beabsichtigt waren; so wird man bei einer teleologischen Auslegung der Worte „im gleichen Teil" zum Ergebnis gelangen, dass auch hier nicht ein „vergleichbarer" Teil des Druckwerks ausreicht.[258] So dürfte es etwa nicht ausreichen, eine Gegendarstellung zu einer Ausgangsmitteilung der Unterrubrik „Unternehmen" des Wirtschaftsteils in der Unterrubrik „Finanzmarkt" abzudrucken, zumal gerade die Inhalte der letztgenannten Rubrik nur von einem begrenzten Leserkreis überhaupt wahrgenommen wird.

101 In der Regel wird man die in den **Kopfzeilen** der Seiten genannten Rubriken von Tageszeitungen („Meinungsseite", „Die Seite Drei" ...) als Teile in diesem Sinne ansehen können.[259] Wenn eine Rubrik nicht mehr existiert, kann die Rubrik wieder geschaffen werden[260] oder ein Abdruck kann in diesem Fall auch in einem Teil erfolgen, der nach seinem Inhalt und Charakter am ehesten dem Teil, in dem die Ausgangsmitteilung abgedruckt war, entspricht.[261]

---

253 Wenzel/*Burkhardt* 11. Kap Rn 182 und 189.
254 OLG München Ufita 72/1975, 337, 339; vgl im Einzelnen Löffler/*Sedelmeier* § 11 LPG Rn 166 f.
255 OLG München AfP 1992, 158.
256 OLG München AfP 1992, 158.
257 ZUM 2000, 969.
258 AA OLG Hamburg ZUM-RD 2000, 490, 492 und wohl auch OLG München ZUM 2000, 969.
259 OLG München ZUM 2000, 969.
260 Wenzel/*Burkhardt* 11. Kap Rn 187.
261 OLG Hamburg ZUM-RD 2000, 490, 492; Wenzel/*Burkhardt* 11. Kap Rn 187.

Einen eigenen Teil der Zeitung bildet wegen ihrer Bedeutung und ihres Aufmerksamkeitswertes – insb gegenüber so genannten Kiosklesern – die **Titelseite**, so dass eine Gegendarstellung gegen eine Ausgangsmitteilung auf der Titelseite auch dort zu veröffentlichen ist.[262] Der damit verbundene – gegenüber einer Veröffentlichung im Innern eines Blattes schwerwiegendere – Eingriff in die Pressefreiheit ist hinzunehmen, solange die Titelseite durch Umfang und Aufmachung der Gegendarstellung nicht ihre Funktion verliert, eine Identifizierung des Blattes zu ermöglichen, die als besonders wichtig erachteten Mitteilungen aufzunehmen und das Interesse des Publikums zu erregen.[263] Es muss daher stets auch die durch Art 5 Abs 1 GG geschützte redaktionelle Gestaltungsfreiheit beachtet werden.[264] Diesen Gesichtspunkten ist allerdings in erster Linie bei der Schriftgröße der Gegendarstellung und ihrer Überschrift Rechnung zu tragen.

Aus Gründen der Waffengleichheit kann es geboten sein, eine Gegendarstellung im oberen Teil der Titelseite[265] zu veröffentlichen oder sogar über dem Logo einer Zeitung,[266] wenn sich die Ausgangsmitteilung ebenfalls an entsprechender Stelle befunden hat. Befand sich nur eine Ankündigung der Ausgangsmitteilung, nicht aber die beanstandete Passage selbst auf der Titelseite, kann es erforderlich sein, auch auf die Gegendarstellung auf der Titelseite hinzuweisen.[267]

Umfasst der Teil der Zeitung, in dem die Ausgangsmitteilung veröffentlicht war, **mehrere Seiten**, dann kann die Veröffentlichung auf jeder der Seiten erfolgen.[268]

3. Schrift

Die Gegendarstellung ist mit gleicher Schrift wie die Ausgangsmitteilung abzudrucken. Entscheidend ist, dass sie die gleiche Aufmerksamkeit finden kann wie die Ausgangsmitteilung.[269] Die Veröffentlichung der Gegendarstellung selbst bereitet regelmäßig keine Probleme, weil ohnehin auch der Text der Ausgangsmitteilung in aller Regel in der normalen Schriftart und -größe eines Blattes erscheint.

Wesentlicher ist die Frage, welche Schriftgröße die **Überschrift** haben muss. War der beanstandete Text nicht in der Überschrift der Ausgangsmitteilung enthalten, kann die Überschrift der Gegendarstellung regelmäßig etwas kleiner ausfallen. Gerade aber auch in den Fällen, in denen die beanstandete Ausgangsmitteilung im Wesentlichen aus einem plakativ hervorgehobenen Text mit sehr großen Buchstaben besteht, kann eine Gestaltung der Gegendarstellung in der Schriftgröße der Ausgangsmitteilung einen unangemessenen Raum einnehmen, insb wenn sie auf der Titelseite abzudrucken ist.[270] Auch in einem solchen Fall kann die Schriftgröße der Gegendarstellung kleiner als die Größe der in der Überschrift enthaltenen Ausgangsmitteilung sein, wobei die Belange des Betroffenen im Hinblick auf die gebotene gleiche Auffälligkeit dadurch gewahrt werden können, dass die verlangte Überschrift „Gegendarstellung" in gleicher Schriftgröße wie die in der Überschrift enthaltene Ausgangsmitteilung zu drucken ist, der Inhalt der Gegendarstellung dann aber etwas kleiner.[271] Das OLG Karlsruhe hat es jedenfalls als unverhältnismäßig angesehen, einen Verlag zum Abdruck einer Gegendarstellung auf der Titelseite einer Zeitschrift zu verurteilen, die $1/3$ der Titelseite eingenommen hätte, wobei das Gericht im-

---

262 KG NJW-RR 2009, 767, 768; OLG Karlsruhe ZUM-RD 2006, 515, 516.
263 BVerfG NJW 1998, 1381, 1384; OLG Karlsruhe ZUM-RD 2006, 515, 516; OLG Karlsruhe ZUM-RD 2006, 74, 76.
264 KG NJW-RR 2009, 767, 768.
265 LG Hamburg AfP 1987, 631, 633.
266 LG Hamburg AfP 1993, 778, 779.
267 OLG München AfP 1991, 531, 533; Wenzel/*Burkhardt* 11. Kap Rn 188.
268 OLG München ZUM 2000, 969.
269 Wenzel/*Burkhardt* 11. Kap Rn 190.
270 KG NJW-RR 2009, 767, 768.
271 KG NJW-RR 2009, 767, 768.

mer noch eine Gegendarstellung zugesprochen hat, die – bei reduzierter Schriftgröße – jedenfalls 150% der Fläche der Ausgangsmitteilung einnehmen sollte.[272]

4. Keine Einschränkungen und Weglassungen

107 Die Gegendarstellung ist ohne Einschaltungen und Weglassungen, also als Ganzes, zu veröffentlichen. Dabei liegt zunächst auf der Hand, dass der Anspruchsverpflichtete weder den Text kürzen noch erweitern darf. Ebenso unzulässig ist aber, ihn mit Anmerkungen der Redaktion auseinanderzureißen, und zwar selbst dann, wenn eine redaktionelle Anmerkung (Glossierung) grundsätzlich möglich ist[273] und die Gegendarstellung in mehrere Abschnitte aufgeteilt ist, denn der Leser ist andernfalls an der zusammenhängenden Lektüre gehindert.[274]

5. Erwähnung im Inhaltsverzeichnis

108 War die Ausgangsmitteilung im Inhaltsverzeichnis genannt, ist auch die Gegendarstellung dort anzukündigen.[275] Anders kann es sein, wenn das Inhaltsverzeichnis ohnehin nicht vollständig ist und die Gegendarstellung sich nur gegen eine kurze Passage eines längeren Textes richtet.[276]

6. Besonderheiten in Rundfunk und Internet

109 Im **Rundfunkbereich** gelten diese Grundsätze entsprechend. Allerdings ist die Gegendarstellung in der Verantwortung des Schuldners zu **verlesen** und nicht etwa dem Betroffenen Sendezeit für eine eigene Darstellung mit **szenischer Gestaltung** einzuräumen.[277] Visuelles Berichtigungsmaterial wird nur in seltenen Ausnahmefällen, etwa bei Bildverwechslungen, in Betracht kommen. *Prinz*[278] schlägt wegen der gegenüber der Ausgangsmitteilung oftmals geringen Wirkung der Gegendarstellung vor, zumindest Anordnungen zu treffen, wonach die Ankündigung der Gegendarstellung eine längere Zeit einzublenden sei. Dies ist abzulehnen. Der damit verbundene Eingriff in die Rundfunkfreiheit lässt sich bei der Gegendarstellung, deren Wahrheit gerichtlich nicht überprüft wird, nicht rechtfertigen. Die Gegendarstellung ist in derselben Sendung wie die Ausgangsmitteilung oder, wenn es sich um eine einmalige Sendung handelte, zur selben Sendezeit auszustrahlen.

110 Im **Internet** ist die Gegendarstellung nach § 56 Abs 1 S 3 RStV so lange wie die Ausgangsmitteilung in unmittelbarer Verknüpfung mit ihr anzubieten. Ausreichend ist ein direkter **Link** von der Seite, auf der die Ausgangsmitteilung veröffentlicht ist,[279] wobei verlangt werden kann, dass der Link sich unmittelbar unter der Ausgangsmitteilung und nicht an völlig anderer Stelle auf der Seite findet. Für den Fall, dass die Ausgangsmitteilung gelöscht wird, sieht § 56 Abs 1 S 4 RStV vor, dass die Gegendarstellung zumindest so lange an vergleichbarer Stelle, also insb in der gleichen Rubrik,[280] zu veröffentlichen ist wie die Ausgangsmitteilung. Der Betroffene sollte

---

272 OLG Karlsruhe ZUM-RD 2006, 74, 76; die 150%-Grenze findet sich auch in der Entscheidung OLG Karlsruhe ZUM-RD 2006, 515, 517.
273 Vgl dazu Rn 111 ff.
274 OLG Karlsruhe GRUR 1965, 556, 557.
275 OLG Hamburg ZUM-RD 2010, 227, 228; aA OLG München, NJW 1995, 2297: nur, wenn die beanstandete Äußerung selbst im Inhaltsverzeichnis wiedergegeben wurde.
276 OLG München ArchPR 1974, 112.
277 Wenzel/*Burkhardt* 11. Kap Rn 293.
278 *Prinz* NJW 1995, 817, 818.
279 Wenzel/*Burkhardt* 11. Kap Rn 355.
280 Wenzel/*Burkhardt* 11. Kap Rn 356.

sich in dem Fall, dass er die Löschung der Ausgangsmitteilung erreichen kann, allerdings stets überlegen, ob es sinnvoll ist, die Verbreitung der unwahren Tatsachen, die ja in der Gegendarstellung noch einmal wiedergegeben werden, mit der Veröffentlichung einer Gegendarstellung zu verlängern, zumal gerade dann, wenn die Ausgangsmitteilung als Bezugspunkt nicht mehr vorhanden ist, die Chance, dass der Leser der Ausgangsmitteilung die Gegendarstellung wahrnimmt, anders als bei einer Printpublikation, sehr gering ist.

V. Redaktionsschwanz

Gerade weil die Wahrheit der Gegendarstellung nicht abschließend geprüft wird, wird der Anspruchsverpflichtete häufig das Bedürfnis haben, der Gegendarstellung wiederum eine eigene Anmerkung („Glosse" oder „Redaktionsschwanz") entgegenzusetzen. Soweit die anwendbare Rechtsgrundlage dies nicht ausdrücklich verbietet, ist ein Redaktionsschwanz grundsätzlich zulässig.[281] Einige Landespressegesetze und Mediengesetze sehen eine Beschränkung der Glossierung auf Tatsachen vor.[282] Im Rundfunkbereich verbieten die Landesgesetze teilweise eine Anmerkung in unmittelbarem Zusammenhang mit der Gegendarstellung,[283] teilweise wird eine Ausstrahlung am gleichen Tag verboten.[284] § 56 Abs. 1 S. 5 RStV verbiete eine Verknüpfung der Glosse mit der Gegendarstellung. Die Vorschrift wird teilweise für verfassungswidrig gehalten und soll daher so auszulegen sein, dass jedenfalls eine Verlinkung der Gegendarstellung mit dem Redaktionsschwanz zulässig ist.[285] Auch wenn sich darüber diskutieren lässt, ob es nicht de lege ferenda wünschenswert wäre, zumindest eine Verlinkung zuzulassen, verbietet der jetzige Wortlaut eine solche Auslegung, und die Rechtsprechung hält die Norm zu Recht für verfassungsgemäß.[286]

Fehlt es an einer ausdrücklichen Beschränkung, ist eine Abwägung zwischen dem durch die Gegendarstellung geschützten Persönlichkeitsrecht des Betroffenen sowie der Meinungsfreiheit des die Gegendarstellung veröffentlichenden Mediums erforderlich.[287] Ein Redaktionsschwanz ist dann nur ausnahmsweise unzulässig, wenn er sich als **Schikane, sittenwidrige Schädigung** oder **Verstoß gegen Treu und Glauben** darstellt oder wenn er den Zweck der Gegendarstellung vereitelt, dem Betroffenen Gehör zu geben und die Öffentlichkeit zu informieren.[288] Insb gebietet die Waffengleichheit die Zulässigkeit einer Anmerkung dann, wenn erstmals in der Gegendarstellung Tatsachen behauptet werden, die nicht Gegenstand der Ausgangsmitteilung waren.[289]

Eine Entwertung liegt nicht schon vor, wenn der Glossierung eine **einleitende Bemerkung** vorangestellt wird, in der es heißt, dass der Betroffene in der Gegendarstellung die Unwahr-

---

281 KG NJW-RR 2008, 357, 358.
282 Vgl Art 19 Abs 2 S 2 BayMG, § 9 Abs 4 LMG BW, § 19 Abs 3 S 3, § 21 Abs 4 S 2 NMedienG, § 10 Abs 3 S 4 MedienStV HSH, § 11 Abs 2 S 3 LMG RP, § 26 Abs 2 S 2 MedienG LSA, § 24 Abs 4 S 2 ThürLMG, § 11 Abs 3 S 3 LMG BW, § 10 Abs 3 S 3 BerlPresseG, § 12 Abs 3 S 3 BbgPG, § 11 Abs 3 S 4 PresseG Bremen, § 11 Abs 3 S 4 PrG Hamburg, § 10 Abs 3 S 2 HPresseG, § 10 Abs 3 S 3 LPrG M-V, § 11 Abs 3 S 3 NPresseG, § 11 Abs 3 S 3 LPG NRW, § 10 Abs 4 S 3, SächsPresseG, § 10 Abs 3 S 3 PresseG LSA, § 11 Abs 3 S 3 LPG SH, § 11 Abs 3 S 3 TPG, § 12 Abs 3 S 3 NDR-StV, § 10 Abs 2 S 3 SMG, § 9 Abs 4 S 3 ZDF-StV, § 56 Abs. 1 S. 5 RStV.
283 Vgl § 28 Abs 4 S 2 HPRG, § 26 Abs 4 S 2 MedienG LSA, § 24 Abs 4 S 2 ThürLMG, § 10 Abs 3 S 4 MedienStV HSH.
284 Vgl § 19 Abs 4 SächsPRG, § 15 MDR-StV.
285 Spindler/Schuster/*Mann* § 56 RStV Rn 27.
286 KG ZUM-RD 2012, 388, 389.
287 BerlVerfGH NJW-RR 2006, 1479, 1480.
288 KG NJW-RR 2008, 357, 358; vgl auch OLG München NJW-RR 1999, 965, 966.
289 KG NJW-RR 2008, 357, 358.

heit sage. Denn es liegt in der Natur einer redaktionellen Anmerkung, dass die Ausgangsmitteilung dort aufrechterhalten und auch vertieft wird.[290] Das Beharren auf der ursprünglichen Meinung beinhaltet stets den Vorwurf, die Gegendarstellung sei unwahr.[291] Dies stellt einen Ausgleich dafür dar, dass die Gegendarstellung unabhängig von ihrem Wahrheitsgehalt verbreitet werden muss.[292] Unzulässig ist es aber zu erklären, die Gegendarstellung sei „frei erfunden" oder „irreführend"[293] oder ihr Verfasser sei ein „Lügner".[294] Nach diesen Grundsätzen hat es das KG für zulässig angesehen, einer Gegendarstellung eines ehemaligen DDR-Politikers, der auf den Vorwurf des Vernichtens von Stasi-Akten in einer Gegendarstellung erwiderte, er habe aufgrund eines Beschlusses des Zentralen Runden Tisches gehandelt, einen Redaktionsschwanz anzufügen, in dem es heißt, er sage die Unwahrheit, diesen Beschluss habe es nie gegeben.[295]

114 Grundsätzlich zulässig ist, soweit eine Glossierung nicht ausdrücklich verboten ist, die Bemerkung, dass die Gegendarstellung **ohne Rücksicht auf den Wahrheitsgehalt** zu veröffentlichen sei.[296] Für zulässig hält das OLG Dresden[297] auch die Anmerkung „Nach dem Sächsischen Gesetz über die Presse sind wir verpflichtet, nicht nur wahre, sondern auch unwahre Gegendarstellungen zu drucken". Die Formulierung, ein Fernsehsender sei zur Ausstrahlung der Gegendarstellung ohne Rücksicht auf den Wahrheitsgehalt verurteilt worden, ist aber unzulässig, weil der – falsche – Eindruck entsteht, der gerichtliche Tenor enthalte den Passus zur möglichen Unwahrheit.[298]

115 Bei einer zulässigen Glossierung, die neue Tatsachenbehauptungen enthält, die in der Ausgangsmitteilung nicht enthalten waren, kann **erneut eine Gegendarstellung verlangt** werden.[299] Auf die Anmerkung, dass die Gegendarstellung unabhängig davon abzudrucken sei, ob sie wahr oder frei erfunden sei, kann aber nicht erwidert werden, weil es sich dabei nicht um eine Tatsachenbehauptung handelt.[300] Ist eine Gegendarstellung unzulässig glossiert worden, ist sie erneut ohne die unzulässige Anmerkung zu veröffentlichen.[301]

VI. Anspruchsverpflichteter

116 Der Gegendarstellungsanspruch kann bei Druckwerken sowohl gegenüber dem **verantwortlichen Redakteur** als auch gegenüber dem **Verleger** geltend gemacht werden. Die doppelte Passivlegitimation spielt indes in der Praxis keine sehr große Rolle, zumal das Rechtsschutzbedürfnis für eine Geltendmachung gegenüber dem Redakteur entfällt, wenn der Anspruch gegenüber dem Verleger anerkannt oder rechtskräftig festgestellt ist.[302] Im Bereich des Rundfunks besteht der Anspruch gegenüber dem Veranstalter, bei Telemedien nach § 56 RStV gegenüber dem

---

290 BerlVerfGH NJW-RR 2006, 1479, 1480; OLG Dresden ZUM 2002, 295.
291 KG NJW-RR 2008, 357, 358; vgl auch BerlVerfGH NJW-RR 2006, 1479, 1481.
292 KG NJW-RR 2008, 357, 358; OLG Dresden ZUM 2002, 295.
293 BerlVerfGH NJW-RR 2006, 1479, 1480; OLG Dresden ZUM 2002, 295.
294 KG NJW-RR 2008, 357, 358.
295 KG NJW-RR 2008, 357, 358.
296 OLG Brandenburg NJW-RR 2000, 832, 833; Wenzel/*Burkhardt* 11. Kap Rn 203.
297 OLG Dresden ZUM 2002, 295; vgl auch OLG Dresden BeckRS 2013, 07073.
298 LG Frankfurt aM NJW-RR 1988, 1022.
299 Wenzel/*Burkhardt* 11. Kap Rn 205.
300 OLG Stuttgart AfP 1987, 420.
301 OLG Koblenz NJW-RR 2006, 484, 485; OLG Brandenburg NJW-RR 2000, 832, 833; OLG München NJW-RR 1999, 965, 966; OLG Frankfurt NJW 1965, 2163, 2164.
302 Wenzel/*Burkhardt* 11. Kap Rn 85.

Anbieter. Mehrere Verpflichtete haften als Gesamtschuldner und müssen eine gegen den anderen Verpflichteten ergangene rechtskräftige Entscheidung gegen sich gelten lassen.[303]

VII. Anspruchsdurchsetzung

Ebenso wie schon beim Abdruckverlangen und der Formulierung der Gegendarstellung sind die Formalitäten auch im gerichtlichen Verfahren um eine Gegendarstellung von großer Bedeutung. 117

1. Einstweilige Verfügung und Hauptsacheverfahren

Der Gegendarstellungsanspruch kann nach sämtlichen in Betracht kommenden landesgesetzlichen Regelungen mit einer **einstweiligen Verfügung** durchgesetzt werden.[304] Mit Ausnahme von Bayern, wo die Rechtsprechung diese Möglichkeit aber ebenfalls anerkennt,[305] ist dies ausdrücklich in den Landespressegesetzen geregelt. 118

Uneinheitlich geregelt ist aber, ob daneben die Geltendmachung auch mit einer **Klage** erfolgen kann. Soweit das zugrunde liegende Gesetz vorsieht, dass die Vorschriften über das Verfahren der einstweiligen Verfügung anwendbar sind, ist daraus zu schließen, dass eine Hauptsacheklage nicht statthaft ist.[306] Teilweise ist ein Hauptsacheverfahren auch ausdrücklich ausgeschlossen.[307] Nach § 10 Abs 5 SächsPresseG ist „auch" ein Verfügungsverfahren zulässig, so dass die Möglichkeit der Hauptsacheklage besteht. Auch in Hessen ist eine Hauptsacheklage statthaft.[308] § 10 Abs 4 S 1 HPresseG sieht vor, dass auf Erfüllung des Anspruchs „geklagt" werden kann; Satz 2 ordnet an, dass das Gericht die Abdruckverpflichtung im Wege der einstweiligen Verfügung anordnen kann. S 1 wäre überflüssig, wenn das Gesetz nicht zum Ausdruck bringen wollte, dass auch eine Klage möglich ist. 119

Eine davon zu unterscheidende Frage ist, ob nach Erlass einer einstweiligen Verfügung ein Antrag nach § 926 ZPO zulässig ist, um den Anspruchsberechtigten zusätzlich in ein Hauptsacheverfahren zu zwingen. Teilweise wird die Zulässigkeit des Antrags ausdrücklich ausgeschlossen.[309] Auch ohne ausdrücklichen Ausschluss lehnt das OLG Frankfurt[310] die Zulässigkeit des Antrags zu Recht mangels eines Rechtsschutzbedürfnisses ab, wenn eine einstweilige Verfügung bereits vollzogen ist. 120

Letztlich ist eine Hauptsacheklage eine eher theoretische Möglichkeit, von der in der Praxis dringend abzuraten ist. Da für die Begründung des Anspruchs häufig eine Glaubhaftmachung von Tatsachen nicht erforderlich sein wird, so dass das Hauptsacheverfahren regelmäßig auch keine Vorteile bei der Beweisführung bringen wird, sind auch maßgebliche Vorteile eines Hauptsache- 121

---

303 Löffler/*Sedelmeier* § 11 LPG Rn 86; *Prinz/Peters* Rn 479.
304 Vgl zur Verfahrenspraxis *Hochrathner* ZUM 2000, 916, 917.
305 OLG München NJW 1965, 2161 f; aA noch OLG Nürnberg NJW 1952, 1418.
306 So in § 45 Abs 1 S 2 LPG NRW, § 26 Abs 6 S 1 MedienG LSA, § 30 Abs 4 S 2 RundfG M-V, § 11 Abs 4 S 3 PrG Hamburg, § 10 Abs 4 S 3 LPrG M-V, § 11 Abs 4 S 3 NPresseG, § 10 Abs 4 S 3 PresseG LSA, § 11 Abs 4 S 2 LPG SH, § 11 Abs 4 S 3 TPG, § 10 Abs 5 S 2 MedienStV HSH und § 19 Abs 5 S 1 SächsPRG.
307 So in Art 18 Abs 4 S 4 BayMG, Art 17 Abs 5 S 4 BayRG, § 19 Abs 6 S 4 BremLMG, § 18 Abs 6 S 5 DWG, § 9 Abs 6 S 5 DRadio-StV, § 9 Abs 6 S 5 WDR-Gesetz, § 28 Abs 9 S 4 HPRG, § 9 Abs 6 S 5 LMG BW, § 45 Abs 1 S 4 LMG NRW, § 11 Abs 4 S 4 LMG RP, § 11 Abs 4 S 5 PresseG BW, § 11 Abs 4 S 5 PresseG Bremen, § 11 Abs 4 S 5 LPG NRW, § 12 Abs 5 S 4 S 5 BbGPG, § 10 Abs 4 S 5 BerlPresseG, § 31 Abs 7 S 4 LRG SH, § 12 Abs 5 S 4 NDR-StV, § 21 Abs 5 S 3 NMedienG, § 56 Abs 3 S 3 RStV, § 10 Abs 4 S 3 SMG, § 24 Abs 6 S 5 ThürLMG und § 9 Abs 6 S 5 ZDF-StV. § 24 Abs 7 S 4 RBG.
308 AA Wenzel/*Burkhardt* 11. Kap Rn 222.
309 So nach § 11 Abs 4 S 5 NPresseG, § 10 Abs 4 S 5 PresseG LSA, § 11 Abs 4 S 5 ThürLMG und § 30 Abs 4 S 4 RundfG M-V.
310 OLG Frankfurt NJW-RR 2002, 1474, 1475; zust *Soehring* § 29 Rn 42.

verfahrens nicht ersichtlich. In den meisten Fällen wird eine Verurteilung im Hauptsacheverfahren ohnehin am Erreichen der Aktualitätsgrenze[311] scheitern, die absolut zu beurteilen ist und nicht allein davon abhängt, ob der Gegendarstellungsberechtigte ein Verfahren zügig eingeleitet hat.

2. Frist für die Einleitung des Verfahrens

122 Eine Glaubhaftmachung des Verfügungsgrundes ist – außer in Hessen und Bayern – nicht erforderlich. Das bedeutet aber nicht, dass die Anordnung nicht an einem zu langen Zuwarten vor dem Einleiten gerichtlicher Schritte scheitern kann. Dies kann heute als allgemeine Meinung gelten; eine ältere Entscheidung des OLG Köln,[312] die davon ausging, für die Verfahrenseinleitung gebe es keine zeitlichen Grenzen, ist ein Einzelfall geblieben.

123 Teilweise wird die einzuhaltende Frist unter dem Stichwort „**Verfügungsgrund**" geprüft,[313] teilweise wird eine verspätete gerichtliche Geltendmachung des Anspruchs als **rechtsmissbräuchlich** angesehen,[314] teilweise wird der Anspruch nach Erreichen einer Aktualitätsgrenze als **verwirkt** angesehen.[315] Schließlich nimmt das OLG München[316] an, nach Erreichen der Aktualitätsgrenze entfalle das **berechtigte Interesse** an der Veröffentlichung der Gegendarstellung. Der letztgenannten Ansicht ist zu folgen. Ersetzt das Verfügungsverfahren, wie nach den meisten Rechtsgrundlagen, das Hauptsacheverfahren, kann ein Verfügungsgrund, für den in erster Linie danach zu fragen ist, ob es dem Betroffenen zuzumuten ist, das Hauptsacheverfahren abzuwarten, nicht erforderlich sein;[317] für eine Verwirkung wird es regelmäßig an dem erforderlichen Umstandsmoment fehlen, und in die Kategorie des Rechtsmissbrauchs passt die verspätete Geltendmachung des Anspruchs nicht. Indes entfällt tatsächlich das objektiv zu beurteilende Interesse des Betroffenen, da nach Ablauf einer längeren Zeitspanne der Vorgang im Gedächtnis der Rezipienten nicht mehr aktuell ist. Letztlich ist der Streit aber rein dogmatischer Natur, so dass sich – unabhängig von der Begründung – gewisse Grundsätze für den Wegfall des Anspruchs darstellen lassen:

124 Die erforderliche Aktualität ist regelmäßig jedenfalls nach einem **Vierteljahr** nicht mehr gegeben.[318] Nach **zwei Monaten** kann die Geltendmachung jedenfalls dann verspätet sein, wenn bereits nach einem Monat Klage auf Zahlung von Geldentschädigung wegen derselben Berichterstattung erhoben worden ist.[319] Bei einer **überregionalen Tageszeitung** liegt die Grenze nach Auffassung des OLG München bei **vier Wochen**[320] und bei **vier bis sechs Wochen** bei **wöchentlich erscheinenden Zeitschriften**.[321] Bei **Illustrierten** ist zudem zu beachten, dass sie häufig in Lesezirkeln, vor allem in Arztpraxen, auch erhebliche Zeit nach ihrem Erscheinen noch verbreitet werden.[322] Nach fünf Monaten ist die gerichtliche Geltendmachung des Anspruchs aber auch bei einer wöchentlich erscheinenden Publikation überschritten.[323] Letztlich sind die Umstände

---

311 Vgl dazu Rn 92.
312 OLG Köln AfP 1977, 400.
313 OLG Koblenz NJW-RR 1998, 23, 25; OLG Brandenburg NJW 1996, 666; OLG München OLGZ 1990, 244.
314 OLG Hamburg AfP 1980, 210, 211.
315 OLG Karlsruhe NJW-RR 1999, 387; NJW-RR 1989, 181, 182; LG Frankfurt BeckRS 1999 30071858; Wenzel/Burkhardt 11. Kap Rn 225.
316 OLG München NJW-RR 1998, 26, 27.
317 Wenzel/Burkhardt 11. Kap Rn 225.
318 OLG Brandenburg NJW 1996, 666; OLG München NJW-RR 1989, 180, 181.
319 OLG Karlsruhe NJW-RR 1999, 387.
320 OLG München NJW-RR 2002, 1271.
321 OLG München NJW-RR 2001, 832, 833.
322 OLG München NJW-RR 1989, 180, 181.
323 LG Frankfurt BeckRS 1999 30071858.

des Einzelfalls zu berücksichtigen, etwa das Zuleiten mehrerer Fassungen der Gegendarstellung und die Reaktionszeit des Gegendarstellungsverpflichteten.[324]

3. Veröffentlichungsverlangen

Die Zuleitung einer Gegendarstellung ist materielle Anspruchsvoraussetzung,[325] die Verweigerung des Abdrucks ist hingegen nicht Prozessvoraussetzung.[326] Fehlt es an einer zumindest stillschweigenden Verweigerung, kann der Anspruchsverpflichtete den Anspruch aber mit der Folge, dass der Anspruchsberechtigte die Kosten zu tragen hat, nach § 93 ZPO sofort anerkennen.[327]

4. „Alles oder nichts"

Grundsätzlich muss eine Gegendarstellung, die in einzelnen Punkten nicht den Erfordernissen entspricht und daher nicht wörtlich oder ungekürzt übernommen werden kann, nach dem Prinzip „Alles oder nichts" insgesamt nicht abgedruckt werden.[328] Die Gegendarstellung kann daher während des Gerichtsverfahrens nicht ohne weiteres geändert werden;[329] vielmehr ist eine **erneute Zuleitung** des geänderten Abdruckverlangens in den meisten Fällen erforderlich.[330] Dies gilt aber dann nicht, wenn es sich bei der Änderung im Verfahren um eine bloße **Klarstellung** oder **Berichtigung** handelt, die nicht in die **Substanz der Gegendarstellung** eingreift.[331]

Von der Möglichkeit geringfügiger Änderungen durch das Gericht, zumindest bei Verbesserungen von grammatikalischen oder orthografischen Fehlern, geht das OLG Hamburg[332] aus. Das OLG Frankfurt[333] hat in älteren Entscheidungen sogar noch angenommen, dass das Gericht nach § 938 ZPO geringfügige inhaltliche Änderungen der Gegendarstellung selbst vornehmen könne. Diese Auffassung scheint es indes aufgegeben zu haben. In einer neueren Entscheidung lässt es das OLG Frankfurt[334] offen, ob der Betroffene das Gericht persönlich zu Kürzungen ermächtigen kann, weil es jedenfalls nicht mehr von einem unverzüglichen Abdruckverlangen ausgeht, wenn in der Berufungsverhandlung erstmals eine Kürzungsermächtigung vorgelegt wird. Eine Einschränkung des „Alles-oder-nichts-Prinzips" gilt auch für den Fall der **mehrgliedrigen Gegendarstellung**, die aus mehreren voneinander unabhängigen und jeweils aus sich heraus verständlichen Punkten besteht.[335] Allerdings ist auch eine **Streichung eines unabhängigen Teils** einer Gegendarstellung dem Gericht – weil es sich bei der Gegendarstellung um eine persönliche Erklärung des Betroffenen handelt – nicht aufgrund eigener Befugnis nach § 938 ZPO möglich, sondern nur auf der Grundlage einer Ermächtigung des Antragstellers.[336] Dazu genügt, wenn das Gericht spätestens im Termin eine vom Gegendarstellungsberechtigten persönlich unterzeichnete **Ermächtigung zur Kürzung oder Änderung** erhält.[337] Das

---

324 OLG München OLGZ 1990, 244.
325 OLG Jena OLG-NL 1994, 58, 59.
326 Wenzel/*Burkhardt* 11. Kap Rn 228.
327 OLG Brandenburg NJW-RR 1994, 1022, 1023; Wenzel/*Burkhardt* 11. Kap Rn 229.
328 OLG Karlsruhe ZUM-RD 2010, 31, 36; OLG Köln NJW-RR 2001, 337, 338; OLG Jena OLG-NL 1994, 58, 59; LG Berlin AfP 2008, 532; LG Mainz ZUM-RD 2008, 95, 94.
329 Dazu ausf Löffler/*Sedelmeier* § 11 LPG Rn 288 ff.
330 OLG Jena OLG-NL 1994, 58, 59.
331 OLG Zweibrücken NJOZ 2009, 4188, 4189.
332 OLG Hamburg NJW-RR 1995, 1053, 1054; vgl auch OLG München AfP 1999, 72, 73.
333 OLG Frankfurt NJW-RR 1986, 606, 608; OLG Frankfurt NJW 1971, 471, 473.
334 OLG Frankfurt BeckRS 2010, 11769.
335 OLG Karlsruhe ZUM-RD 2010, 31, 36; OLG München NJW-RR 1998, 1632, 1633.
336 OLG Karlsruhe ZUM-RD 2010, 31, 36; OLG München NJW-RR 1998, 1632, 1633.
337 OLG Karlsruhe ZUM-RD 2010, 31, 36; OLG Frankfurt AfP 2008, 628, 630; OLG München NJW-RR 1998, 1632, 1633.

OLG Brandenburg[338] lässt hingegen ein geändertes Gegendarstellungsverlangen in einem Hilfsantrag ohne erneute Zuleitung oder persönliche Ermächtigung durch den Gegendarstellungsberechtigten zu. Die unterschiedlichen Auffassungen spitzen sich zu der Frage zu, ob es genügt, wenn der Prozessbevollmächtigte statt des Anspruchsberechtigten die Änderung oder Kürzung der Gegendarstellung verlangt. Handelt es sich tatsächlich nur um die Streichung eines von mehreren Punkten, kann eine persönliche Erklärung indes nicht erforderlich sein, wenn der Gegendarstellungsberechtigte ursprünglich ein persönlich unterzeichnetes Gegendarstellungsverlangen zugeleitet hat. Denn hätte er die gesonderten Punkte in getrennten Gegendarstellungsverlangen geltend gemacht, unterläge es keinen Zweifeln, dass nur einzelne Teile abgedruckt werden dürften. Indes ist der Anspruchsberechtigte an einer getrennten Geltendmachung, da er von der Berechtigung aller Teile der Gegendarstellung ausgeht, regelmäßig gehindert, weil er hinsichtlich einzelner Punkte keine getrennten Gegendarstellungen verlangen kann. Es wäre in diesen Fällen eine bloße Förmelei, eine persönliche Ermächtigung zum Streichen selbständiger Punkte zu verlangen. Insgesamt ist kein zu kleinlicher Maßstab anzulegen, und das Gericht sollte zumindest bei geringfügigen Änderungserfordernissen von seiner Hinweispflicht nach § 139 ZPO Gebrauch machen,[339] da die Formulierung einer Gegendarstellung ohnehin schon zu einer „wahren Kunst, durchsetzt mit Elementen des Glücksspiels"[340] geworden ist.

128   Geht es hingegen um **inhaltliche Änderungen,** wird eine erneute Zuleitung verlangt werden müssen, die dann auch unter Beachtung des Unverzüglichkeitserfordernisses und der absoluten zeitlichen Grenze des Gegendarstellungsanspruchs erfolgen muss.[341] Als inhaltliche Änderung hat es das OLG Oldenburg[342] etwa angenommen, dass eine Einzelperson statt einer Gegendarstellung mit der Einleitung „Wir stellen richtig", während des Verfügungsverfahrens eine Gegendarstellung in der ersten Person Singular begehrte, weil es sich nicht um die Korrektur eines Grammatikfehlers handle, sondern eine inhaltliche Änderung dahingehend erfolge, dass nun nicht mehr der (falsche) Eindruck erweckt werde, die Gegendarstellung stamme von der Redaktion („wir"). Eine Änderung der Gegendarstellung im laufenden Verfahren hat auch dort, wo sie zulässig ist, Auswirkungen auf die **Kosten.** Da der Gegendarstellungsverpflichtete zu einer selbständigen Kürzung nicht berechtigt ist und damit – außer im Falle einer außergerichtlichen Einigung – keine Möglichkeit hat, eine Teilerfüllung zu bewirken, wird dann, wenn der Gegendarstellungsberechtigte das Einverständnis mit einer Kürzung im Verfahren erklärt und der Gegendarstellungsverpflichtete iSd § 93 ZPO den geänderten Anspruch sofort anerkennt, der Berechtigte die Kosten des Verfahrens zu tragen haben.[343]

129   Unproblematisch kann das Gericht Änderungen hinsichtlich der **Modalitäten der Veröffentlichung** (Platzierung, Schriftgröße, Überschrift, Erwähnung im Inhaltsverzeichnis) aussprechen.[344]

5. Aufklärungspflichten des Gegendarstellungsschuldners

130   Umstritten ist, ob dem Gegendarstellungsverpflichteten eine vorprozessuale Pflicht obliegt, den Gegendarstellungsberechtigten darauf hinzuweisen, warum er nicht zum Abdruck bereit ist, und

---

338   OLG Brandenburg NJW-RR 2000, 326, 327.
339   Vgl auch *Schmidt* NJW 1991, 1009, 1012.
340   So zu Recht *Prinz/Peters* Rn 449.
341   S Rn 87 ff.
342   OLG Oldenburg BeckRS 2010, 26722.
343   Vgl auch OLG Brandenburg NJW-RR 2000, 326, 327.
344   KG ZUM-RD 2007, 400, 402.

wie sich eine Verletzung der Aufklärungspflicht auswirkt. Das OLG Stuttgart[345] hat in einem älteren Urteil entschieden, dass der Anspruchsverpflichtete die **Kosten** des Gerichtsverfahrens zu tragen habe, wenn der Gegendarstellungsberechtigte wegen einer fehlenden Aufklärung seine Gegendarstellung erst im Gerichtsverfahren korrigiere. Das OLG Düsseldorf[346] hat eine Aufklärungspflicht für den Fall angenommen, dass der Abdruckverpflichtete zum Abdruck eines selbständigen Teils der Gegendarstellung bereit ist; erkläre er dann im späteren Gerichtsverfahren, in dem nur dieser Teil der Gegendarstellung noch verlangt wird, dass die Geltendmachung des nunmehr richtigen Gegendarstellungsverlangens verspätet sei, sei dies rechtsmissbräuchlich.

Eine umfassende Aufklärungspflicht ist indes abzulehnen. Der Anspruchsberechtigte muss selbst und in eigener Verantwortung entscheiden, wie er die Gegendarstellung formuliert und ist nicht auf die Rechtsberatung durch den Gegendarstellungsverpflichteten angewiesen.[347] Eine Kostentragungspflicht für den Fall, dass der Gegendarstellungsverpflichtete den Anspruch ohne Angabe von Gründen zurückweist, ist daher abzulehnen. Der Einwand des **Rechtsmissbrauchs** kann allerdings in Fällen, in denen die **Unverzüglichkeit** wegen einer verspäteten Korrektur der Gegendarstellung im gerichtlichen Verfahren gerügt wird, tatsächlich in Betracht kommen.[348]

6. Glaubhaftmachung

Die Anspruchsvoraussetzungen sind nach § 294 ZPO im Verfügungsverfahren glaubhaft zu machen. Dieses Erfordernis kann sich bei einem Gegendarstellungsanspruch nur auf die Erstmitteilung, die Betroffenheit von der beanstandeten Passage und das Veröffentlichungsverlangen beziehen; die Unwahrheit der Ausgangsmitteilung ist nicht glaubhaft zu machen.

7. Zuständigkeit

Örtlich zuständig ist das Gericht, in dessen Bezirk der Anspruchsverpflichtete seinen allgemeinen Gerichtsstand hat. Der Gerichtsstand der unerlaubten Handlung nach § 32 ZPO findet bei Streitigkeiten um die Veröffentlichung einer Gegendarstellung keine Anwendung.[349]

Die **sachliche Zuständigkeit** richtet sich nach den allgemeinen Regelungen, so dass es nach § 23 Nr 1 GVG regelmäßig vom Streitwert abhängt, ob das Amtsgericht oder das Landgericht sachlich zuständig ist. Da der Streitwert regelmäßig über € 5.000,– liegen wird, ist in erster Instanz meist das Landgericht anzurufen. Ein Streitwert von € 5.000,– oder weniger wird allenfalls bei einer Ausgangsmitteilung in einer unbedeutenden Publikation mit einer ganz geringen Auflage in Betracht kommen, wenn zudem noch ausgeschlossen ist, dass die Meldung wegen ihres Inhalts deutlich weitere Kreise zieht und andere Leser als den üblichen kleinen Leserkreis erreicht. Bei Meldungen in einer Tageszeitung selbst mit einem kleinen Verbreitungsgebiet und bei Rundfunkmeldungen wird ein Streitwert von € 5.000,– oder weniger regelmäßig nicht angemessen sein.

8. Rechtsmissbräuchliche Aufspaltung des Verfahrens

Mehrere konzernrechtlich verbundene Antragsgegner, denen gegenüber wegen einer einheitlichen Berichterstattung Gegendarstellungsansprüche geltend gemacht werden, sind in einem

---

345 OLG Stuttgart AfP 1979, 363 f.
346 OLG Düsseldorf NJW 1970, 760, 761.
347 Wenzel/*Burkhardt* 11. Kap Rn 215.
348 OLG Düsseldorf NJW 1970, 760, 761; Wenzel/*Burkhardt* 11. Kap Rn 215.
349 BayObLG NJW 1958, 1825; Wenzel/*Burkhardt* 11. Kap Rn 235.

einheitlichen Verfahren in Anspruch zu nehmen. Diese Situation kann vor allem dann auftreten, wenn gleichzeitig eine Print- und die identische Onlineveröffentlichung angegriffen werden. Nicht selten wird die Online-Ausgabe einer Zeitung von einer anderen Gesellschaft verantwortet, so dass sich der Gegendarstellungsgläubiger mehreren Schuldnern gegenüber sieht. Reicht er zwei getrennte Verfügungsanträge bei Gericht ein, so kann das Gericht den Kostenerstattungsanspruch des Antragstellers insoweit kürzen, als er nur die Kosten erstattet verlangen kann, die bei Einleitung eines einheitlichen Verfahrens entstanden wären.[350] Der Einwand des Rechtsmissbrauchs ist schon im Kostenfestsetzungsverfahren zu berücksichtigen und löst nicht nur einen materiell-rechtlichen Erstattungsanspruch aus.[351]

9. Vollziehung und Vollstreckung

136 Die einstweilige Verfügung, die die Veröffentlichung der Gegendarstellung anordnet, ist innerhalb der Ein-Monats-Frist nach § 929 Abs 2 ZPO zuzustellen, und zwar auch dann, wenn sie durch Urteil erlassen wird.[352] Eine bereits zugestellte Beschlussverfügung, die durch ein Urteil im Widerspruchsverfahren wesentlich verändert wird, ist erneut zuzustellen.[353] Die Vollstreckung erfolgt durch ein Zwangsgeldverfahren nach § 888 ZPO,[354] das aber nicht innerhalb der Monatsfrist eingeleitet werden muss.[355]

§ 4
Berichtigung

137 Bei einer fortwirkenden Beeinträchtigung wird dem von einer Berichterstattung Betroffenen oftmals nicht allein durch eine Gegendarstellung genüge getan sein, insb verschafft diese deshalb keinen hinreichenden Ausgleich, weil sie nur die eigene Aussage des Betroffenen wiedergibt. Diese Lücke schließt der Berichtigungsanspruch.[356]

I. Rechtsgrundlage und Ausprägungen

138 Die Rechtsprechung[357] leitet den Anspruch aus § 1004 BGB analog her. Dies begegnet keinen verfassungsrechtlichen Bedenken.[358] Daneben kommt § 823 BGB iVm § 249 BGB als Anspruchsgrundlage in Betracht, weil durch die Berichtigung der rechtmäßige Zustand wiederhergestellt werden soll.[359]

---

350 OLG Hamburg BeckRS 2013, 12219.
351 OLG Hamburg BeckRS 2013, 12219; vgl auch BGH BeckRS 2012, 23242.
352 OLG München AfP 2007, 53; KG NJOZ 2007, 3001.
353 KG NJOZ 2007, 3001.
354 Löffler/*Sedelmeier* § 11 LPG Rn 222.
355 OLG München ZUM-RD 2003, 92, unter Verweis auf die Gegenmeinung des OLG Rostock in einem unveröffentlichten Urt v 20.2.2002, Az 2 U 5/02.
356 Vgl zum Ganzen *Fricke* AfP 2009, 552 ff.
357 BGH GRUR 1995, 224, 228 – Erfundenes Exclusiv-Interview; GRUR 1982, 631, 633 – Klinikdirektoren; GRUR 1976, 651, 653 – Panorama.
358 BVerfG NJW 1997, 2589; NJW 1999, 1322 – Fall Helnwein.
359 BVerfG GRUR 1974, 44, 45 – Soraya.

Zu unterscheiden sind mehrere Arten von Berichtigungsansprüchen: Das BVerfG[360] nennt den Widerruf, die Richtigstellung und das Abrücken. *Gamer*[361] unterscheidet daneben noch zwischen Nichtaufrechterhaltung, Ergänzung, Distanzierung und berichtigender Kommentierung und verwendet als Oberbegriff die Berichtigung. Dem ist zu folgen.[362] Soweit der Widerruf als Oberbegriff der berichtigenden Ansprüche betrachtet wird,[363] kann dem nicht zugestimmt werden. Der BGH führt zutreffend aus, dass ein Widerruf schon begrifflich bei Äußerungen ausscheide, die von einem Dritten getätigt worden seien, so dass nur eine Distanzierung gefordert werden könne.[364] Der Begriff des Widerrufs ist daher als Oberbegriff ungeeignet. 139

II. Voraussetzungen

1. Ehrverletzende Tatsachenbehauptung

Voraussetzung des Berichtigungsanspruchs ist zunächst eine unwahre und ehrverletzende Tatsachenbehauptung.[365] Die Berichtigung von Äußerungen, die auf ihren Wahrheitsgehalt objektiv nicht überprüft werden können, weil sie nur eine (subjektive) Meinung, ein wertendes Urteil enthalten, kann nicht verlangt werden, und zwar selbst dann nicht, wenn die in ihnen zum Ausdruck kommende Kritik nicht haltbar ist. Denn die durch Art 5 Abs 1 GG geschützte Meinungsfreiheit verbietet es, auf diese Weise mit staatlichen Mitteln zu erzwingen, dass eine Meinung aufgegeben wird.[366] Auch bei **ehrverletzenden Meinungsäußerungen** kann danach nur Unterlassung, nicht aber eine Richtigstellung verlangt werden.[367] Allerdings ist bei einer ehrverletzenden Meinung ein Anspruch auf Veröffentlichung einer Unterlassungserklärung denkbar.[368] 140

Eine Berichtigung kann auch dann verlangt werden, wenn eine Behauptung nicht ausdrücklich aufgestellt, sondern nur ein **falscher Eindruck** erweckt wird.[369] So hat der BGH[370] einen Richtigstellungsanspruch wegen der Schlagzeile „Udo Jürgens: Im Bett mit Caroline? – In einem Playboy-Interview antwortet er eindeutig-zweideutig" auf der Titelseite der BILD bejaht, weil sich insb im Zusammenhang mit dem Untertitel der Eindruck einer intimen Beziehung ergab. Anders als beim Unterlassungsanspruch genügt es jedoch nicht, dass eine Äußerung neben einem zutreffenden wahren Eindruck einen nicht fernliegenden unzutreffenden Eindruck erwecken kann; vielmehr müssen bei mehrdeutigen Äußerungen angesichts der weitreichenden Folgen des Richtigstellungsanspruchs für den Äußernden und zur Vermeidung negativer Auswirkungen auf die generelle Ausübung des Grundrechts der Meinungsfreiheit Deutungen ausgeschlossen werden, die keinen Berichtigungsanspruch begründen würden.[371] Der Eindruck muss also zwingend sein.[372] Ein **Fragesatz** kann einer Richtigstellung ebenfalls zugänglich sein, wenn 141

---

360 BVerfG NJW 1998, 1381, 1383.
361 In Wenzel/*Gamer* 13. Kap Rn 61 ff.
362 So auch *Prinz/Peters* Rn 673.
363 *Damm/Rehbock* Rn 843.
364 BGH GRUR 1976, 651, 653 – Panorama.
365 Vgl zur allgemeinen Abgrenzung zwischen Tatsachen und Meinungsäußerungen Teil 1 Kap 2 Rn 77 ff.
366 BGH GRUR 1982, 631 – Klinikdirektoren; vgl auch LG Köln BeckRS 2010, 19920.
367 BGH GRUR 1982, 631 – Klinikdirektoren.
368 BGH GRUR 1987, 189 – Veröffentlichungsbefugnis beim Ehrenschutz.
369 BGH ZUM 2004, 211; GRUR 1982, 318, 319 – Schwarzer Filz; LG Regensburg NJW-RR 1996, 537, 538.
370 BGH ZUM 2004, 211.
371 BVerfG ZUM 2008, 325, 327; LG Hamburg ZUM-RD 2010, 355, 359.
372 LG Hamburg ZUM-RD 2010, 355, 359.

er nicht zur Herbeiführung einer – inhaltlich noch nicht feststehenden – Antwort geäußert wird, sondern rein rhetorisch ist und sich auf eine Tatsache bezieht.[373]

142 Für die Zukunft **angekündigte Ereignisse**, die noch nicht geschehen und demgemäß auch nicht dem Beweis zugänglich sind, stellen keine Tatsachen dar und können daher auch nicht Gegenstand einer Berichtigung sein.[374] Möglich ist eine Berichtigung aber bei der Äußerung eines Verdachts. Hier kann zwar naturgemäß nicht der zwingende Eindruck erweckt werden, der Verdacht sei zutreffend; es genügt aber, wenn der Verdacht als solcher zwingend erweckt wird.[375]

2. Unwahrheit

143 Die Unwahrheit der Tatsachenbehauptung hat grundsätzlich derjenige zu **beweisen**, der eine Berichtigung verlangt. § 186 StGB greift, anders als beim Unterlassungsanspruch, nicht ein, so dass eine Beweislastumkehr nach dieser Vorschrift ausscheidet.[376]

144 Allerdings trifft den Äußernden eine **erweiterte (sekundäre) Darlegungslast**, die ihn verpflichtet, **Belegtatsachen** für seine Behauptung anzugeben.[377] Denn der dem Betroffenen obliegende Beweis lässt sich regelmäßig nur führen, wenn ihm die konkreten Fakten bekannt sind, auf die der Äußernde seine Vorwürfe stützt.[378] Kommt er dieser Darlegungslast nicht nach, ist es dem Betroffenen nicht zuzumuten, sich gewissermaßen ins Blaue hinein rechtfertigen zu müssen und dabei Umstände aus seinem persönlichen oder geschäftlichen Bereich in einem Umfang zu offenbaren, so dass dann nach § 138 Abs 3 ZPO von der Unwahrheit der Behauptung auszugehen ist.[379] Hat der Äußernde seine Informationen allerdings aus einer **verlässlichen Quelle**, etwa von einer Agentur oder einem anderen Medienunternehmen, erhalten, genügt es, wenn er diese Herkunft der Information darlegt.[380]

3. Rechtswidrigkeit und Verschulden

145 Trotz des erheblichen Eingriffs, den eine Berichtigung für den Äußernden bedeutet, sind Rechtswidrigkeit und Verschulden nicht in jedem Fall Voraussetzung des Anspruchs. Dies folgt daraus, dass selbst dann, wenn der Äußernde die ihm obliegenden Sorgfaltspflichten bei der Berichterstattung eingehalten hat[381] und die Berichterstattung damit rechtmäßig war, eine Beeinträchtigung des Betroffenen feststehen kann, wenn sich nachher die Unwahrheit der Äußerung herausstellt. Auch bei einer ursprünglich **rechtmäßigen Berichterstattung** gibt es kein legitimes Interesse, nach Feststellung der Unwahrheit an der Behauptung festzuhalten.[382] Dies bedeutet nicht nur, dass der Betroffene im Falle einer Erstbegehungsgefahr Unterlassung verlangen kann,[383] sondern auch wegen der fortdauernden Beeinträchtigung eine Berichtigung.[384] Da bei der gebotenen Abwägung allerdings auch die Rechtmäßigkeit der ursprünglichen Äuße-

---

373 BGH ZUM 2004, 211, 212.
374 BGH NJW 1998, 1223, 1224.
375 LG Hamburg ZUM-RD 2012, 603, 605.
376 BGH ZUM 2009, 61, 63.
377 BGH ZUM 2009, 61, 63; GRUR 1975, 36, 38 – Arbeits-Realitäten.
378 BGH ZUM 2009, 61, 63.
379 BGH ZUM 2009, 61, 63.
380 Wenzel/*Gamer* 13. Kap Rn 18.
381 S Rn 18 ff.
382 BVerfG NJW 1999, 1322, 1324.
383 S Rn 13 ff.
384 BVerfG NJW 1999, 1322, 1324; BGH NJW 2000, 1036, 1037.

rung zu berücksichtigen ist, erkennt die Rechtsprechung in derartigen Fällen nur einen **Richtigstellungsanspruch** zu, so dass die schärfste Form der Berichtigung, der **Widerruf**, nicht verlangt werden kann.[385] Der Widerrufsanspruch ist – wie der Schadensersatzanspruch – von Rechtswidrigkeit und Verschulden abhängig.

Dogmatisch stützt der BGH[386] das Absehen von einem Rechtswidrigkeits- und Verschuldenserfordernis zum einen darauf, dass analog § 1004 BGB derjenige als Störer zu behandeln sei, der die von ihm ursprünglich rechtmäßig aufgestellte Behauptung ehrenrühriger Art trotz gegebener Möglichkeit nicht aus der Welt schaffe, obwohl sie sich inzwischen als unrichtig herausgestellt habe, und der so dazu beitrage, dass sie weiterwirken könne. Zumindest sobald sich bei einer fortwirkenden Beeinträchtigung die Unwahrheit herausstelle, beginne die Beseitigungspflicht. Zum andern decke sich dieses Ergebnis auch mit dem Gedanken der §§ 904, 962 BGB, nach denen der durch einen rechtmäßig vorgenommenen und von ihm zu duldenden Eingriff betroffene Eigentümer Schadensersatz oder einen billigen Ausgleich des ihm durch die gesetzliche Duldungspflicht auferlegten Sonderopfers fordern könne. 146

Das abgestufte Modell bei den verschiedenen Berichtigungsansprüchen, wonach ein rechtswidriger und schuldhafter Eingriff beim Widerrufsanspruch, nicht aber bei den anderen Berichtigungsansprüchen gefordert wird, lässt sich letztlich nur aus den insoweit recht vagen Vorgaben des Verfassungsrechts herleiten. Denn zwar verlangt § 1004 BGB zumindest kein Verschulden, während sich der Anspruch auch aus § 823 iVm § 249 BGB begründen lässt, der ein Verschulden verlangt. Es ist aber nicht einsichtig, warum der Widerrufsanspruch sich nun nur aus dem Gedanken der Naturalrestitution beim Schadensersatz ableiten lassen soll, während die sonstigen Varianten des Berichtigungsanspruchs Beseitigungsansprüche nach § 1004 BGB sein sollen. 147

4. Notwendigkeit und Geeignetheit zur Beseitigung der Beeinträchtigung
Die Berichtigung muss zur Beseitigung der fortdauernden Beeinträchtigung erforderlich sein.[387] Sie muss ferner auch zur Ausräumung oder zumindest Abmilderung der Beeinträchtigung geeignet sein[388] und sich in den Grenzen des Zumutbaren halten, die unter Abwägung der beiderseitigen Interessen zu ziehen sind,[389] so dass letztlich noch eine Prüfung einer Verhältnismäßigkeit des mit der Berichtigung verbundenen Eingriffs vorzunehmen ist. 148

a) Fortdauernde Beeinträchtigung. Die Behauptung muss zunächst eine fortwirkende Quelle der Rufschädigung sein.[390] Die Beeinträchtigung kann nach Ablauf eines längeren Zeitraums entfallen. Die Dauer eines Störungszustands wird von dem Zeitablauf, der Entwicklung der Verhältnisse, der Art und Schwere des Vorwurfs, der Art und dem Umfang der Verbreitung und den Eigenschaften der angesprochenen Personen beeinflusst.[391] Der BGH[392] hat allerdings einen **Zwei-Jahres-Zeitraum** jedenfalls bei einer Ausgangsmitteilung in einer auflagenstarken Zeitschrift nicht für ausreichend gehalten, um die Beeinträchtigung auszuschließen. Das OLG Hamburg[393] hat hin- 149

---

385 BVerfG NJW 1999, 1322, 1324.
386 BGH GRUR 1960, 500, 502 f – Plagiatsvorwurf.
387 BVerfG NJW 1998, 1381, 1385; BGH NJW 1970, 557, 558 – Remington; BGH GRUR 1969, 236, 238 – Ostflüchtlinge; KG NJW-RR 1995, 479, 481; OLG Hamm NJW-RR 1992, 634, 639.
388 BGH GRUR 1984, 301, 303 – Aktionärsversammlung; BGH NJW 1970, 557, 558 – Remington.
389 BGH GRUR 1960, 500, 502 – Plagiatsvorwurf.
390 BGH NJW 1970, 557, 558 – Remington; BGH GRUR 1960, 500, 502 – Plagiatsvorwurf.
391 KG GRUR-RR 2002, 337.
392 BGH GRUR 1995, 224, 227 – Erfundenes-Exclusiv-Interview.
393 OLG Hamburg ArchPR 1971, 105.

gegen in einer älteren Entscheidung schon nach **neun Monaten** angenommen, eine Veröffentlichung in einem Printmedium sei dem Bewusstsein der Leser entschwunden. Das LG Hamburg[394] geht davon aus, „dass spätestens nach **einem Jahr** ab der Veröffentlichung eines streitgegenständlichen Beitrags das Interesse des Betroffenen am Schutz seiner Ehre und seines Rufes vom Interesse des Mitteilenden verdrängt wird, seine einmal geäußerte Behauptung nicht öffentlich zurücknehmen und sich damit selbst ins Unrecht setzen zu müssen". Letztlich ist es eine Frage des Einzelfalls, wann das Berichtigungsinteresse entfällt. Regelmäßig muss aber insb bei einer **Fernsehberichterstattung** zumindest nach einem Jahr tatsächlich das dann nur noch geringe Interesse des Betroffenen an der Berichtigung gegenüber den Interessen des Äußernden zurücktreten. Eine Meldung in einer **Tageszeitung** wird ähnlich zu behandeln sein. Ist eine Veröffentlichung im **Internet** erfolgt, kann die Frist aber erst nach der Entfernung der Veröffentlichung laufen. Bei einem **Buch** kann der Anspruch noch deutlich länger bestehen, weil dieses ohnehin erfahrungsgemäß viel später und möglicherweise auch mehrmals gelesen und lange aufbewahrt wird.

150   Es muss allerdings genügen, dass der Betroffene eine Klage auf Berichtigung rechtzeitig erhebt. Eine lange Verfahrensdauer kann ihm nur entgegengehalten werden, wenn er das Verfahren verschleppt.[395]

151   Keine fortwirkende Beeinträchtigung kann sich regelmäßig allein daraus ergeben, dass die angegriffenen Äußerungen in einem **Gerichts- oder Behördenverfahren** eine Rolle spielen können,[396] denn hier kann sich der Betroffene in eben diesem Verfahren gegen die Berichterstattung zur Wehr setzen, und eine Entscheidung über die Berichtigung hätte ohnehin keine präjudizielle Wirkung.

152   **b) Erforderlichkeit.** Der Verletzte muss auf Berichtigung zur Beseitigung der Beeinträchtigung angewiesen sein.[397] Insb begründet es kein Berichtigungsinteresse, wenn die Berichtigung einen Vorwurf nur unwesentlich **abschwächen** oder modifizieren kann, etwa wenn ein Beteiligter an einer tätlichen Auseinandersetzung eine Berichtigung dahingehend begehrt, dass der Ablauf der Auseinandersetzung im Einzelnen falsch geschildert worden sei.[398] Auch bei bloßen **Übertreibungen** wird zumeist kein schützenswertes Berichtigungsinteresse bestehen.[399] Erforderlich ist vielmehr eine Ansehensminderung von erheblichem Gewicht.[400] Dafür genügt es etwa nicht, wenn berichtet wird, ein Altkanzler sei Beifahrer einer Bischöfin während deren Trunkenheitsfahrt gewesen, und zwar unabhängig davon, ob die Behauptung wahr ist.[401] Die Erforderlichkeit entfällt nicht allein deshalb, weil Äußerungen nur in einem kleinen Kreis getätigt wurden, insb weil derartige persönliche Äußerungen unter Umständen eine noch größere Beeinträchtigung darstellen und mehr Gewicht haben können.[402] Eine Ausnahme gilt regelmäßig bei Äußerungen im engsten **Familienkreis**,[403] weil der Einzelne ein schützenswertes Interesse an einem Freiraum hat, in dem er sich aussprechen kann, ohne eine gerichtliche Verfolgung befürchten zu müssen. Entsprechendes gilt bei Äußerungen gegenüber zur Berufsverschwiegenheit verpflichteten Personen, etwa **Rechtsanwälten**, und kann auch für Äußerun-

---

394   LG Hamburg Urt v 22.6.2007, Az 324 O 93/07 (unveröffentlicht).
395   Vgl auch Wenzel/*Gamer* 13. Kap Rn 45.
396   BGH GRUR 1969, 236, 238 – Ostflüchtlinge.
397   BGH GRUR 1969, 236, 238 – Ostflüchtlinge.
398   BGH GRUR 1977, 745, 746 – Heimstättengemeinschaft.
399   Wenzel/*Gamer* 13. Kap Rn 27.
400   LG Hamburg BeckRS 2010, 19547.
401   LG Hamburg BeckRS 2010, 19547.
402   BGH GRUR 1984, 301, 303 – Aktionärsversammlung.
403   BGH GRUR 1984, 301, 303 – Aktionärsversammlung.

gen im engsten **Freundeskreis** gelten;[404] hier kommt es aber auf die Umstände des Einzelfalls an.

Schließlich sind auch Äußerungen in **Gerichts- und Behördenverfahren** einer Berichtigung grundsätzlich nicht zugänglich,[405] weil der Betroffene den beanstandeten Äußerungen innerhalb des Verfahrens entgegentreten kann. Hiervon sind aber Ausnahmen denkbar, etwa wenn in der Presse über Äußerungen in der mündlichen Verhandlung berichtet wird.[406] 153

Das Berichtigungsinteresse entfällt nicht deshalb, weil sich **allgemein zugänglichen Quellen** entnehmen lässt, dass die angegriffene Darstellung unwahr ist.[407] 154

Eine **freiwillige Berichtigung** des Verletzers kann das Erfordernis einer weitergehenden Äußerung entfallen lassen. Allerdings muss hier der Maßstab gelten, der auch für die Eignung einer in einem Rechtsstreit begehrten Berichtigung gilt. Insb muss die Distanzierung hinreichend deutlich werden und an gleichwertiger Stelle wie die Ausgangsmitteilung erscheinen.[408] Kritisch werden freiwillige Erklärungen nach Beginn einer gerichtlichen Auseinandersetzung über die Berichtigung beurteilt, insb mit dem Argument, die damit verbundene negative Kostenfolge für den Kläger könne nicht toleriert werden.[409] Dem ist nicht zu folgen. Hier müssen die allgemeinen zivilprozessualen Grundsätze gelten, die dem Beklagten grundsätzlich ermöglichen, den streitgegenständlichen Anspruch während des laufenden Verfahrens zu erfüllen. Wird eine ausreichende Berichtigung veröffentlicht, muss der Kläger den Rechtsstreit für erledigt erklären. War der Anspruch ursprünglich berechtigt, wird das Gericht dem Beklagten nach § 91a ZPO die Kosten auferlegen. 155

Eine **Gegendarstellung** beseitigt die Beeinträchtigung regelmäßig nicht in gleicher Weise und lässt die Erforderlichkeit der Berichtigung daher ebenso wenig entfallen wie andere Erklärungen des Betroffenen selbst,[410] weil der richtigstellenden Erklärung des Verletzers ein nicht nur unwesentlich größeres Gewicht zukommt, da der Verletzer anders als bei der Gegendarstellung zur Richtigstellung im eigenen Namen verpflichtet ist.[411] Ausreichen kann eine Anmerkung der Redaktion im Anschluss an eine Gegendarstellung, die der Darstellung des Betroffenen Recht gibt (zB „Herr ... hat Recht. Die Redaktion"). Besteht diese Möglichkeit, ist sie für die Presse eine recht charmante Lösung, den zusätzlichen Abdruck einer breiteren Raum einnehmenden Richtigstellung zu vermeiden. Nicht ausreichend ist ein derartiger Hinweis aber, wenn er in zu kleiner Schrift oder an einer unbedeutenden Stelle erfolgt.[412] 156

Die **Veröffentlichung eines Unterlassungstitels** wird hingegen regelmäßig das Berichtigungsbedürfnis entfallen lassen. Der Anspruch auf Urteilsveröffentlichung und derjenige auf Berichtigung sind im Regelfall nur alternativ geltend zu machen.[413] 157

Die Erforderlichkeit zur Beseitigung der Beeinträchtigung muss sich auch auf die **konkrete Art der begehrten Berichtigung** beziehen. So ist es nicht erforderlich, eine in einem kleinen Kreis geäußerte Behauptung einem größeren Kreis gegenüber, etwa in einer Zeitung, zu widerrufen.[414] 158

---

404 Offengelassen in BGH GRUR 1984, 301, 303 – Aktionärsversammlung.
405 BGH GRUR 1969, 236, 239 – Ostflüchtlinge.
406 BGH GRUR 1977, 745, 747 – Heimstättengemeinschaft; BGH GRUR 1969, 236, 239 – Ostflüchtlinge.
407 Wenzel/*Gamer* 13. Kap Rn 34.
408 BGH GRUR 1995, 224, 227 – Erfundenes-Exclusiv-Interview.
409 Wenzel/*Gamer* 13. Kap Rn 39.
410 Wenzel/*Gamer* 13. Kap Rn 40.
411 BVerfG NJW 1998, 1381, 1385.
412 BGH GRUR 1995, 224, 227 – Erfundenes-Exclusiv-Interview.
413 Wenzel/*Gamer* 13. Kap Rn 42.
414 Wenzel/*Gamer* 13. Kap Rn 33.

159 **c) Geeignetheit.** Die Berichtigung muss das geeignete Mittel sein, einer noch fortbestehenden Ansehensminderung entgegenzuwirken, der der Verletzte gegenüber Personen ausgesetzt ist, denen die inkriminierenden Äußerungen zur Kenntnis gelangt sind oder noch gelangen können.[415] Die Eignung der Berichtigung, dem Betroffenen **Genugtuung zu verschaffen**, genügt nicht.[416] Dies ist nicht die Funktion des Berichtigungsanspruchs, der nur die eingetretene Beeinträchtigung beseitigen soll. Um dem Betroffenen Genugtuung zu verschaffen, kommt einzig ein Geldentschädigungsanspruch in Betracht.[417]

160 Dass die angegriffenen Behauptungen auch in **anderen Medien** aufgestellt wurden, steht der Geeignetheit, die Beeinträchtigung auszuräumen, nicht entgegen.[418] Anders kann es sein, wenn ein ohnehin bestehender negativer Eindruck nicht wesentlich verschlechtert wird; hier kommt es darauf an, ob die angegriffene Äußerung einen nicht ganz unerheblichen zusätzlichen Eingriff in die Rechte des Betroffenen darstellt.[419]

161 **d) Interessenabwägung.** Schließlich muss die Berichtigung unter Abwägung der Belange beider Parteien zumutbar sein.[420] Die Frage der Zumutbarkeit spielt in erster Linie eine Rolle bei der Frage, welche Art von Berichtigung dem Betroffenen zusteht. Selbst bei gewichtigen Interessen auf seiner Seite wird es dem Äußernden häufig zumindest noch zumutbar sein, sich von der beanstandeten Äußerung zu distanzieren.[421] Im Einzelfall kann die Abwägung aber auch zum Entfallen des Anspruchs führen, etwa wenn die Ausgangsäußerung durch eine **Beleidigung provoziert** worden ist.[422] Schließlich besteht ein Berichtigungsanspruch auch dann nicht, wenn eine Aussage im Kern wahr ist.[423]

III. Berichtigungserklärung

162 Die Berichtigung hat sich ihrerseits auf Tatsachenmitteilungen zu beschränken; wertende Bemerkungen kann der Betroffene nicht verlangen.[424] Im Übrigen muss die konkrete Ausgestaltung der Berichtigungserklärung verhältnismäßig sein. Unter mehreren ausreichenden Mitteln der Abwehr ist das schonendste zu wählen, also die mildeste Variante des Berichtigungsanspruchs, die geeignet ist, die Beeinträchtigung auszuräumen.[425] Der Widerruf darf als letzter Rechtsbehelf und größtmöglicher Eingriff durch eine Berichtigung in die Pressefreiheit nur dort eingesetzt werden, wo dem Interesse des Betroffenen auf anderen Wegen nicht hinreichend entsprochen werden kann.[426] So hat der BGH etwa einen Anspruch auf Rücknahme einer Behauptung mit der Begründung verneint, dass durch die Aussage, eine Behauptung werde zurückgenommen, der im konkreten Fall falsche Eindruck entstanden wäre, die Unwahrheit stehe fest.[427]

---

415 BGH GRUR 1984, 301, 303 – Aktionärsversammlung.
416 BGH GRUR 1984, 301, 303 – Aktionärsversammlung; BGH GRUR 1977, 745, 746 – Heimstättengemeinschaft.
417 Vgl unten Rn 223.
418 BGH GRUR 1995, 224, 228 – Erfundenes-Exclusiv-Interview.
419 BGH GRUR 1957, 93, 95 – Jugendfilmverleih.
420 BGH GRUR 1994, 915, 918 – Börsenjournalist.
421 Vgl im Einzelnen Rn 175f.
422 BGH GRUR 1992, 527, 529 – Plagiatsvorwurf II.
423 Wenzel/*Gamer* 13. Kap Rn 25.
424 BGH GRUR 1992, 527, 529 – Plagiatsvorwurf II.
425 BGH GRUR 1960, 500, 502 – Plagiatsvorwurf.
426 BGH GRUR 1976, 651, 653 – Panorama.
427 BGH GRUR 1960, 500, 502 – Plagiatsvorwurf.

Eine Grenze besteht hier ohnehin bereits schon insoweit, als der Widerruf – anders als die 163
anderen Arten der Berichtigung – ein Verschulden voraussetzt.[428] Neben dem Verschulden und
dessen Grad sind insb die **Schwere des Eingriffs, Art und Umfang der Verbreitung der
Ausgangsmitteilung** sowie die **Folgen der Erstveröffentlichung** zu berücksichtigen.[429] Andererseits ist auch die Schwere des Eingriffs in die Pressefreiheit von Bedeutung. Insb darf
die Berichtigung **keine Demütigung** des zur Veröffentlichung Verpflichteten zur Folge haben.[430]

Grundsätzlich hat sich die Berichtigung auf die **Negierung** der Ausgangsmitteilung in mög- 164
lichst knapper Form zu beschränken. Nähere **Erläuterungen und Klarstellungen** können aber
zulässig sein, wenn sie erforderlich sind, um die Beeinträchtigung auszuräumen. Hier gelten im
Wesentlichen die gleichen Grundsätze wie im Recht der Gegendarstellung.[431] **Weitergehende
Erklärungen** werden schon wegen des Demütigungsverbots nur selten in Betracht kommen.
Eine Bezeichnung einer eigenen Meldung als „Fälschung" kann nach Auffassung des BGH[432]
allenfalls dann verlangt werden, wenn die Absicht des Äußernden feststeht, die Rezipienten
einer Mitteilung absichtlich zu täuschen, wobei hier ohnehin Vorsicht geboten ist, denn eine
Wertung der Erstmitteilung kann der Betroffene keinesfalls verlangen.

Die Berichtigung darf, ebenso wie eine Gegendarstellung, **nicht irreführend** sein und zwar 165
auch nicht durch das **Verschweigen maßgeblicher Umstände**. Begehrt etwa ein Beteiligter
an einem Insolvenzverfahren, der eine vom Gericht festzusetzende Vergütung verlangen kann,
eine Richtigstellung des Inhalts, er habe eine Vergütung von € 500.000,– beantragt, ohne mitzuteilen, dass er tatsächlich eine in das Ermessen des Gerichts gestellte Vergütung zwischen
€ 400.000,– und € 600.000,– beantragt hat, so wäre diese Berichtigung irreführend, weil durch
sie der Eindruck entstünde, es sei gar keine bezifferte Vergütung oder eine Vergütung in einer
völlig anderen Höhe beantragt worden.

Zu den konkreten Formen der Berichtigung im Einzelnen: 166

1. Widerruf

Hat der Anspruchsverpflichtete rechtswidrig und schuldhaft eine unwahre Behauptung selbst 167
aufgestellt, wird zumeist ein förmlicher Widerruf zur Beseitigung des Störungszustandes erforderlich, geeignet und auch zumutbar sein.[433]

Beispiel: „In der Zeitung „...." vom ... haben wir unter der Überschrift „...." behauptet, Herr ... sei 168
*im Jahr 2009 wegen Betruges verurteilt worden. Diese Behauptung widerrufen wir als unwahr. Tatsächlich wurde nur ein Ermittlungsverfahren geführt, das mangels hinreichenden Tatverdachts
eingestellt wurde."*

2. Richtigstellung

Das mildere Mittel gegenüber dem Widerruf ist die Richtigstellung, die – anders als der Widerruf – 169
nicht impliziert, dass der Anspruchsverpflichtete (bewusst) eine falsche Behauptung aufgestellt
hat, sondern nahe legt, dass er nunmehr nach Veröffentlichung der Erstmitteilung zu einer bes-

---

428 S Rn 145 ff.
429 BGH GRUR 1995, 224, 228 – Erfundenes Exclusiv-Interview; vgl zu diesen Kriterien *Heuchemer* AfP 2010, 222.
430 BVerfG NJW 1998, 1381, 1383; BGH GRUR 1968, 262, 265 – Fälschung.
431 S Rn 64 f.
432 BGH GRUR 1968, 262, 265 – Fälschung.
433 Vgl BGH GRUR 1995, 224, 227 – Erfundenes Exclusiv-Interview.

seren Erkenntnis gelangt sei. Die Richtigstellung kommt vor allem dann in Betracht, wenn entweder für einen Widerruf das erforderliche Verschulden fehlt, der Anspruchsverpflichtete die Erstmitteilung nur verbreitet und sich nicht zu Eigen gemacht hat oder wenn ein Widerruf eine unzumutbare Demütigung für den Anspruchsverpflichteten bedeuten würde.[434]

170 Eine Richtigstellung ist ferner dann denkbar, wenn die Ausgangsmitteilung nicht unwahr, sondern nur irreführend oder missverständlich war oder ein falscher Eindruck entstanden ist. Dies gilt insb auch, wenn die beanstandete Textstelle nicht schlechthin, sondern nur in jenem Teilaspekt unwahr ist, der den Lesern durch den Kontext, in dem sie steht, vermittelt wird.[435]

171 Beispiel: „In der Zeitung „...." vom ... haben wir unter der Überschrift „...." behauptet, Herr ... sei im Jahr 2009 wegen Betruges verurteilt worden. Diese Behauptung stellen wir insoweit richtig, als Herr ... tatsächlich bereits 2008, und zwar wegen eines Diebstahls, verurteilt worden ist."

3. Nichtaufrechterhaltung

172 Zwar ist die Unwahrheit der Ausgangsmitteilung grundsätzlich Voraussetzung des Berichtigungsanspruchs. Hiervon macht die Rechtsprechung aber dann eine Ausnahme, wenn nachgewiesen ist, dass die Behauptung zumindest mit hoher Wahrscheinlichkeit unwahr ist.[436] In diesem Fall kommt allerdings weder ein Widerruf noch eine Richtigstellung in Betracht, sondern nur eine Erklärung, dass die Behauptung nicht aufrechterhalten werde.

173 Im Übrigen kommt der Anspruch als milderes Mittel in Betracht, wenn eine schärfere Form der Berichtigung dem Verpflichteten nicht zumutbar ist.[437]

174 Beispiel: „In der Zeitung „...." vom ... haben wir unter der Überschrift „...." behauptet, Betriebsratsmitglied ... habe auf Kosten seiner Arbeitgeberin eine Reise nach Brasilien unternommen. Diese Behauptung halten wir nicht aufrecht."

4. Distanzierung

175 Bei Äußerungen Dritter, die sich der Verbreiter nicht zu Eigen gemacht hat, besteht kein Anspruch auf Widerruf, Richtigstellung oder Nicht-Aufrechterhaltung, sondern nur ein Anspruch auf Distanzierung.[438] Dass der Anspruchsverpflichtete nunmehr auch innerlich von der Unrichtigkeit der Behauptung überzeugt ist, braucht er nicht zu bekennen.[439] Der Anspruch besteht nicht, wenn sich der die Äußerung Verbreitende bereits in der Erstmitteilung deutlich distanziert hat.[440]

176 Beispiel: „In der Zeitung „...." vom ... haben wir unter der Überschrift „...." ein Interview mit Herrn ... abgedruckt. Herr ... wird dort mit der Aussage zitiert, Betriebsratsmitglied ... habe auf Kosten seiner Arbeitgeberin eine Reise nach Brasilien unternommen. Von dieser Behauptung distanzieren wir uns."

---

434 BGH NJW 1972, 431, 433 – Freispruch.
435 BGH GRUR 1982, 631, 633 – Klinikdirektoren.
436 BGH GRUR 1960, 500, 502 – Plagiatsvorwurf.
437 Wenzel/Gamer 13. Kap Rn 70.
438 BGH GRUR 1977, 674, 678 – Abgeordnetenbestechung; GRUR 1976, 651, 653 – Panorama.
439 BGH GRUR 1977, 674, 678 – Abgeordnetenbestechung.
440 So zu Recht Wenzel/Gamer 13. Kap Rn 80.

5. Ergänzung

Eine Ergänzung kann verlangt werden, wenn durch eine lückenhafte Darstellung in der Ausgangsmitteilung ein zumindest missverständlicher Eindruck entstehen kann.[441] Drängt sich ein falscher Eindruck auf, kann auch eine Richtigstellung verlangt werden. Der BGH[442] hat einen Anspruch auf Ergänzung etwa wegen der Behauptung in Betracht gezogen, ein Anwalt rechne für eine völlig nutzlose Tätigkeit ein hohes Honorar ab; ihm sei Gelegenheit zu geben, die näheren Umstände der Vergütungsvereinbarung darzulegen.

Beispiel: „In der Zeitung „...." vom ... haben wir über Herrn ... berichtet, er sei 2009 vom Landgericht ... wegen Betruges zu einer Freiheitsstrafe von 5 Jahren verurteilt worden. Ergänzend ist darauf hinzuweisen, dass das Oberlandesgericht ... die Freiheitsstrafe auf 3 Jahre reduziert hat."

Der BGH[443] gewährt ferner bei einer zutreffenden Erstmitteilung über einen Strafprozess einen Anspruch auf **nachträgliche Ergänzung**, wenn der Betroffene später freigesprochen wird. Ist bei der Ausgangsberichterstattung nicht bereits ein falscher Eindruck entstanden, kann dieser Anspruch allerdings nur im Ausnahmefall bestehen, etwa bei einem besonders schwerwiegenden Eingriff durch eine sehr ausführliche Berichterstattung über das Verfahren.[444]

Beispiel: „In den Ausgaben vom ... der Zeitung „...." haben wir über einen gegen Herrn ... geführten Strafprozess wegen Mordes in neun Fällen sowie weiterer Straftaten berichtet. Hierzu ist ergänzend mitzuteilen, dass Herr ... mittlerweile in allen Punkten von den Vorwürfen freigesprochen wurde."

In einem solchen Fall kann aber zumindest für das Schreiben, mit dem der Betroffene zur Veröffentlichung der Ergänzung auffordert, keine Kostenerstattung verlangt werden. Denn der Anspruch entsteht erst in dem Moment, in dem der Äußernde von den geänderten Umständen erfährt.

6. Veröffentlichung der Unterlassungsverpflichtung

Ebenfalls ein Unterfall des Folgenbeseitigungsanspruchs[445] ist die Möglichkeit, die Veröffentlichung eines Unterlassungstitels oder einer Unterlassungserklärung zu verlangen.[446]

Im Wettbewerbsrecht ist ein Anspruch auf Urteilsveröffentlichung in § 12 Abs 3 UWG ausdrücklich vorgesehen. Der BGH[447] erkennt ihn auch im Äußerungsrecht grundsätzlich an. Allerdings sind hier strengere Maßstäbe anzulegen, weil im Wettbewerbsrecht die Veröffentlichung regelmäßig nicht in einer eigenen Publikation des Anspruchsverpflichteten erscheint, so dass der Eingriff in die Rechtsposition des Äußernden bei Verletzungen des Persönlichkeitsrechts regelmäßig schwerwiegender ist.

Liegen die Voraussetzungen einer Berichtigung vor, besteht regelmäßig ein Anspruch auf Veröffentlichung der Unterlassungsverpflichtung. Grundsätzlich ist davon auszugehen, dass

---

441 Wenzel/Gamer 13. Kap Rn 72; BGH NJW 1966, 245, 246.
442 BGH NJW 1961, 1913, 1914.
443 BGH NJW 1972, 431 – Freispruch.
444 Vgl auch Wenzel/Gamer 13. Kap Rn 76.
445 BGH GRUR 1987, 189 – Oberfaschist.
446 Vgl zum Ganzen ausf Flechsing/Hertel/Vahrenhold NJW 1994, 2441, 2443 ff.
447 BGH GRUR 1987, 189 – Oberfaschist.

es sich um eine gegenüber den sonstigen Arten der Berichtigung mildere Form handelt, weil die damit verbundene Erklärung, eine Äußerung nicht wiederholen zu dürfen, nicht die Erklärung einschließt, die Erklärung zu widerrufen, richtigzustellen oder von ihr Abstand zu nehmen.

185 Nicht geklärt ist die Frage, ob der **Nachweis der Unwahrheit** einer Tatsache Voraussetzung des Veröffentlichungsanspruchs ist. Der BGH tendiert in der Entscheidung „Oberfaschist"[448] dazu, diese Frage zu verneinen. Dies ist indes nicht überzeugend.[449] Der Nachweis der Unwahrheit ist in analoger Anwendung des § 186 StGB[450] regelmäßig nicht Voraussetzung des Unterlassungsanspruchs, so dass ein Unterlassungstitel auch bei einem **non liquet** erwirkt werden kann. Auch wenn es sich bei der Veröffentlichungsverpflichtung um die mildeste Form der Folgenbeseitigung handelt, würde diese Ansicht dazu führen, dass der Unterlassungsverpflichtete gezwungen würde, mit der Veröffentlichung den Eindruck zu erwecken, die Unwahrheit der beanstandeten Äußerung stehe fest. Denn der unbefangene Leser wird die Nuancen der Rechtsprechung bei der Beweislast zwischen den einzelnen äußerungsrechtlichen Ansprüchen kaum kennen.

186 Auch bei einer **unzulässigen Meinungsäußerung**, gegenüber der die sonstigen Berichtigungsansprüche nicht bestehen, kann eine Veröffentlichung der Unterlassungsverpflichtung gefordert werden, soweit die sonstigen Voraussetzungen des Berichtigungsanspruchs vorliegen.[451]

IV. Redaktionelle Anmerkung zur Berichtigung

187 Eine redaktionelle Anmerkung, mit der der Anspruchsverpflichtete zum Ausdruck bringt, dass er die Berichtigung in Erfüllung eines gegen ihn ergangenen rechtskräftigen Urteils abgebe, ist zulässig.[452] Weitergehende Zusätze oder Kommentare sind – anders als bei der Gegendarstellung – regelmäßig nicht zulässig,[453] weil die Berichtigung eine eigene Erklärung des Anspruchsverpflichteten darstellt, die durch weitere – gegenläufige – eigene Erklärungen konterkariert würde.

V. Abgabe und Verbreitung

188 Der Betroffene kann zunächst die Abgabe der Berichtigungserklärung und ferner die Verbreitung der Erklärung verlangen. Die Erklärung ist gegenüber demselben Empfängerkreis wie die Ausgangsmitteilung zu verbreiten.[454] Hinsichtlich der Platzierung der Erklärung und ihrer Gestaltung sowie der Dauer ihrer Verbreitung bei Äußerungen im Internet gelten dieselben Grundsätze wie bei der Gegendarstellung.[455] Insb ist auch eine Berichtigung gegenüber einer Meldung auf der Titelseite einer Zeitung auf der Titelseite abzudrucken.[456]

---

448 BGH GRUR 1987, 189, 190 – Oberfaschist.
449 So auch Wenzel/*Gamer* 13. Kap Rn 107; *Flechsing/Hertel/Vahrenhold* NJW 1994, 2441, 2445.
450 S Rn 29.
451 BGH GRUR 1987, 189, 190 – Oberfaschist.
452 BVerfG NJW 1970, 651, 652; BGH GRUR 1977, 674, 678 – Abgeordnetenbestechung.
453 AA *Soehring* § 31 Rn 25.
454 BGH ZUM 2009, 61, 65; BGH GRUR 1968, 262, 265 – Fälschung.
455 S Rn 100 ff.
456 BGH GRUR 1995, 224, 227 – Erfundenes Exclusiv-Interview.

Schwierigkeiten, den Empfängerkreis der Ausgangsmitteilung zu erreichen, gibt es regelmäßig, wenn diese nicht in einem periodischen Druckwerk oder einem sonstigen permanent veröffentlichten Medium publiziert worden ist. Bei einer **mündlichen Verbreitung** in einer Rede kann etwa der Abdruck in einer Tageszeitung in Betracht kommen.[457] Bei einer Ausgangsmitteilung in einem **Buch** wird sich der Empfängerkreis kaum erreichen lassen. Hier kommt zum einen das Einlegen einer Berichtigungserklärung etwa in bereits an Bibliotheken ausgelieferte Exemplare in Betracht, wobei es dem Anspruchsverpflichteten nur obliegen kann, dort das Einlegen anzuregen. Um diejenigen zu erreichen, die das Werk bereits erworben haben, ist eine Veröffentlichung der Berichtigung auf einer Internetseite des Autors denkbar, sofern dieser eine solche betreibt. 189

VI. Anspruchsverpflichteter

Der Berichtigungsanspruch besteht grundsätzlich gegenüber demjenigen, der sich in der beanstandeten Weise geäußert hat. Hat jemand **einen Dritten zitiert**, besteht ein Widerrufsanspruch nur, wenn er sich die Äußerung **zu Eigen gemacht** hat.[458] Andernfalls besteht lediglich ein Anspruch darauf, dass derjenige, der die Äußerung eines Dritten verbreitet hat, sich von ihr distanziert, von ihr „**abrückt**", weil derjenige, der eine Behauptung gar nicht selbst aufgestellt hat, auch nichts zu widerrufen hat.[459] 190

Der **verantwortliche Redakteur** haftet, wenn er den beanstandeten Beitrag nicht selbst verfasst hat und ihn auch vor der Veröffentlichung nicht kannte, neben dem veröffentlichenden Medium nur, wenn es zu einer ihm übertragenen redaktionellen Befugnis gehörte, über den Inhalt und die Gestaltung des Teils der Berichterstattung zu entscheiden, in dem die beanstandete Veröffentlichung erschienen ist, und dafür Sorge zu tragen, dass unzulässige Übergriffe in den geschützten Persönlichkeitsbereich Dritter durch die Veröffentlichung möglichst verhindert werden.[460] 191

VII. Anspruchsdurchsetzung

Der Anspruchsberechtigte kann im Prozess entweder schlicht beantragen, dass eine näher zu bezeichnende Behauptung zu widerrufen, richtigzustellen oder in anderer Weise zu berichtigen sei, wobei hier im Antrag und in der Begründung des Anspruchs deutlich werden muss, welche Art der Berichtigung der Betroffene begehrt. 192

Meist wird es sich indes anbieten, den **Text der Berichtigung vorzuformulieren**. Dies ist aus Sicht des Betroffenen schon deshalb sinnvoll, weil es dem Anspruchsverpflichteten keinen Spielraum bei der Ausgestaltung der Veröffentlichung lässt. 193

Der Anspruchsverpflichtete muss bei einer konkreten Formulierung – anders als im Recht der Gegendarstellung[461] – auch nicht befürchten, dass seine Klage allein wegen einer zu weit gehenden Formulierung abgewiesen wird. Das Gericht hat vielmehr nach § 139 ZPO auf eine **sachdienliche Antragsfassung hinzuwirken**, wenn es den Anspruch dem Grunde nach zugesteht.[462] Eben- 194

---

457 BGH GRUR 1984, 231, 233 – Wahlkampfrede.
458 BGH GRUR 1976, 651, 653 – Panorama; vgl zum Zueigenmachen Teil 1 Kap 2 Rn 177 f.
459 BGH GRUR 1976, 651, 653 – Panorama.
460 KG NJW 1991, 1490.
461 S Rn 126 ff.
462 BGH NJW 1961, 1913, 1914.

so ist dem Betroffenen auch Gelegenheit zu geben, den Antrag auf Verurteilung zum Widerruf auf eine Verurteilung zu einer anderen Form der Berichtigung umzustellen.[463] Hier kann selbst noch das Revisionsgericht eine Verurteilung zu einer Richtigstellung statt eines beantragten Widerrufs als „Minus" aussprechen.[464]

195 Im Wege der **einstweiligen Verfügung** kann eine Berichtigung grundsätzlich nicht durchgesetzt werden,[465] weil nach Erfüllung der geschaffene Zustand nicht rückgängig gemacht werden kann. Dies ist angesichts der Schwere des Eingriffs in die Pressefreiheit durch den Zwang, eine bestimmte redaktionelle Erklärung abzugeben, nicht hinnehmbar. Teilweise wird die Durchsetzung einer vorläufigen Erklärung in einem Verfügungsverfahren für möglich gehalten[466] wie sie das OLG Hamburg[467] in einer wettbewerbsrechtlichen Angelegenheit bejaht hat. Das OLG Stuttgart[468] hat etwa im Wege einer einstweiligen Verfügung eine Erklärung zugestanden, dass eine Äußerung „im gegenwärtigen Zeitpunkt" nicht aufrecht erhalten werde.

196 Wenn es auch nicht völlig undenkbar ist, dass bei besonders schweren Verletzungen eine derartige vorläufige Erklärung in Betracht kommt, ist dies doch eher schwer vorstellbar. Die Situation in wettbewerbsrechtlichen Streitigkeiten ist vor allem angesichts der oft wettbewerbsverzerrenden Konsequenzen eines fortdauernden widerrechtlichen Zustands eine andere, zumal es dort nicht die zusätzliche Möglichkeit gibt, einer rufschädigenden Äußerung in einem ersten Schritt mit einer Gegendarstellung entgegenzutreten.

197 Die **Zwangsvollstreckung** erfolgt als unvertretbare Handlung nach § 888 ZPO im Wege eines Zwangsgeldverfahrens.[469]

§ 5
Weitergehende Beseitigungsansprüche

198 Ebenfalls ein Beseitigungsanspruch, der sich aus § 1004 BGB herleiten lässt, ist der Anspruch auf Rückruf persönlichkeitsverletzender Druckerzeugnisse.[470] Der Anspruch spielt praktisch eine eher geringe Rolle. Er setzt neben einer schweren Persönlichkeitsverletzung voraus, dass die Verletzung nicht auf andere Weise beseitigt oder ausgeglichen werden kann.[471] Bei periodischen Erzeugnissen wird der Anspruch zumeist ausscheiden.[472]

199 Der Anspruch kann sich aber nur darauf richten, die Abnehmer zu bitten, die bereits ausgelieferten Exemplare zurückzugeben, da ein Anspruch gegenüber Dritten nicht besteht,[473] wenn sie nicht selbst zumindest Störer sind.

---

463 BGH NJW 1961, 1913, 1914; Wenzel/*Gamer* 13. Kap Rn 60.
464 BGH GRUR 1982, 631, 633 – Klinikdirektoren.
465 LG Dresden BeckRS 2009, 25706; *Prinz/Peters* Rn 707.
466 OLG Stuttgart MDR 1961, 1024; OLG Hamburg AfP 1971, 35, 36; OLG Köln AfP 1972, 331; Wenzel/*Gamer* 13. Kap Rn 84.
467 OLG Hamburg NJW-RR 1996, 1449, 1451.
468 OLG Stuttgart MDR 1961, 1024.
469 BVerfG NJW 1970, 651, 652; BGH GRUR 1977, 674, 677 – Abgeordnetenbestechung; OLG Zweibrücken NJW 1991, 304; LG Stuttgart NJOZ 2009, 45; str vgl zum Meinungsstand Wenzel/*Gamer* 13. Kap Rn 105.
470 Vgl zum Ganzen *Paschke/Busch* NJW 2004, 2620 ff.
471 *Dörre* GRUR-Prax 2010, 4.
472 *Dörre* GRUR-Prax 2010, 4.
473 Wenzel/*Burkhardt* 15. Kap Rn 18.

Der Anspruch kann nur im Hauptsacheverfahren geltend gemacht werden, da die mit einer 200 Entscheidung im Verfügungsverfahren verbundene Vorwegnahme der Hauptsache zu unwiederbringlichen Einbußen bei dem Anspruchsverpflichteten führen kann.[474]

§ 6
Auskunft

Zur Vorbereitung eines Anspruches auf Schadensersatz, Herausgabe einer ungerechtfertigten 201 Bereicherung oder Geldentschädigung können dem Verletzten Auskunftsansprüche zustehen. Es muss ausreichen, dass ein derartiger Zahlungsanspruch möglich ist, auch wenn dies unter Umständen erst nach Erteilung der Auskünfte abschließend feststeht.

Der Anspruch wird aus § 242 BGB hergeleitet.[475] Voraussetzung ist, dass der Betroffene zum 202 Schutz seiner Ehre und zur Verfolgung seiner Ansprüche auf die Auskunft angewiesen ist und andererseits der Schädiger selbst sie unschwer erteilen kann.[476] Erforderlich ist die Auskunftserteilung nur dann, wenn der Verletzte in entschuldbarer Weise nicht über die Informationen zur Bezifferung des Anspruchs verfügt.[477]

Was den Umfang des Auskunftsanspruchs angeht, so sehen die Landesgesetze für den 203 Rundfunkbereich die Verpflichtung vor, Sendungen aufzuzeichnen und Personen, die glaubhaft machen, durch eine Sendung in ihren Rechten verletzt zu sein, Einsicht zu gewähren sowie auf ihre Kosten eine Abschrift der Sendung zur Verfügung zu stellen.[478] Außerhalb des Anwendungsbereichs dieser Normen ist eine derartige Auskunftspflicht problematisch, denn der Auskunftsanspruch dient nur dazu, dem Geschädigten Aufklärung über Umfang und Art eines festgestellten rechtswidrigen Eingriffs zu verschaffen, nicht auch dazu, ihm die Darlegungs- und Beweislast für die haftungsbegründenden Voraussetzungen abzunehmen.[479] Hier kann allenfalls dann ein Anspruch analog §§ 809, 810 BGB in Betracht kommen, wenn sich bereits eine hohe Wahrscheinlichkeit nachweisen lässt, dass der Anspruch besteht.[480]

Ohne weiteres besteht hingegen ein Anspruch auf Mitteilung des Verletzungsumfangs, insb 204 über die Empfänger der beanstandeten Äußerung.[481] Dies umfasst auch die Mitteilung der Auflagenhöhe,[482] jedenfalls dann, wenn sich diese Information nicht anderweitig beziehen lässt.[483] Steht eine Veröffentlichung der beanstandeten Aussagen grundsätzlich fest, kann auch verlangt werden, über die Verbreitung derselben Äußerung in anderen Medien durch den Anspruchsverpflichteten Auskunft zu erhalten.

Kein Anspruch besteht regelmäßig auf Nennung von Quellen und Informanten, weil ein sol- 205 cher Anspruch die Arbeit der Presse erheblich einschränken und damit unverhältnismäßig in die Pressefreiheit eingreifen würde.[484]

---

474 AA *Dörre* GRUR-Prax 2010, 4, die es darüber hinaus auch noch für diskutabel hält, den Schadensersatzanspruch nach § 945 ZPO zu Lasten des Anspruchsverpflichteten auszuschließen. Dies entbehrt jeder Grundlage.
475 BGH GRUR 1962, 382 – Konstruktionsbüro.
476 BGH GRUR 1962, 382 – Konstruktionsbüro.
477 BGH GRUR 1971, 519, 521 – Urheberfolgerecht.
478 Vgl etwa § 27 Abs 5 Hessisches Privatrundfunkgesetz.
479 BGH GRUR 1980, 1090, 1098 – Das Medizin-Syndikat I; vgl auch Löffler/*Steffen* § 6 LPG Rn 346.
480 MünchKomm-BGB/*Rixecker* Anh zu § 12 BGB Rn 252.
481 BGH GRUR 1962, 382 – Konstruktionsbüro.
482 MünchKomm-BGB/*Rixecker* Anh zu § 12 BGB Rn 253.
483 Etwa bei Zeitungen und Zeitschriften durch die so genannten IVW-Meldungen, vgl *Prinz/Peters* Rn 777.
484 BVerfG NJW 1999, 2880, 2881 – Fall Holst.

§ 7
Ersatz materieller Schäden

206 Der Ersatz materieller Schäden durch eine widerrechtliche Berichterstattung kommt sowohl im Wege eines bereicherungsrechtlichen Anspruchs (§§ 812ff BGB) als auch als deliktischer Schadensersatzanspruch (§ 823 BGB) in Betracht.

I. Bereicherungsanspruch

207 Ein Anspruch aus § 812 Abs 1 S 1 Alt. 1 oder Alt. 2 BGB setzt voraus, dass der Anspruchsverpflichtete durch die Leistung eines anderen oder in sonstiger Weise etwas erlangt hat. Der Verpflichtete muss ein vermögenswertes Gut erhalten haben. Dies kommt in erster Linie im Bereich der Bildberichterstattung in Betracht,[485] ferner bei der Verwendung eines bekannten Namens in der Werbung.[486] Im Bereich der Wortberichterstattung wird ein bereicherungsrechtlicher Anspruch eher selten bestehen. Denkbar ist er etwa bei der Verwendung von Tagebuchaufzeichnungen einer bekannten Persönlichkeit.[487]

II. Schadensersatz

208 Der deliktische Schadensersatzanspruch, der demjenigen zustehen kann, über den eine unwahre Tatsache oder eine unzulässige Meinungsäußerung verbreitet wurde, lässt sich sowohl auf § 823 Abs 1 BGB iVm dem allgemeinen Persönlichkeitsrecht stützen, das als sonstiges Recht anerkannt ist, als auch auf § 823 Abs 2 BGB iVm §§ 185ff StGB. Voraussetzung sind neben der Rechtsverletzung der Eintritt eines dadurch verursachten Schadens und ein Verschulden des Anspruchsverpflichteten.

1. Verursachung eines Schadens

209 Durch die widerrechtliche Berichterstattung muss ein Schaden entstanden sein. Es wird nicht selten vorkommen, dass ein von einer negativen Berichterstattung betroffenes Unternehmen sich darauf beruft, wegen der Berichterstattung Umsatzeinbußen hinnehmen zu müssen. Die Kausalität wird sich aber häufig nur schwer nachweisen lassen.

210 Der entgangene Gewinn ist gleichwohl die praktisch bedeutendste Variante des materiellen Schadens im Äußerungsrecht. Die Berechnung ergibt sich aus § 252 BGB. Als entgangen gilt danach der Gewinn, der nach dem **gewöhnlichen Lauf der Dinge** oder nach den besonderen Umständen, insb nach den getroffenen Anstalten und Vorkehrungen, mit Wahrscheinlichkeit ohne das schädigende Ereignis hätte erwartet werden können. Darzulegen ist demnach eine **hypothetische Umsatz- und Gewinnentwicklung**, so dass der Schaden nur geschätzt werden kann, § 287 ZPO. Dargestellt werden muss etwa der Umsatz der Vormonate oder bei saisonalen Schwankungen auch der Umsatz der vergangenen Jahre zur entsprechenden Zeit im Jahr. Regelmäßig wird es erforderlich sein, weitere Umstände mitzuteilen, die darauf schließen lassen,

---

485 Vgl 3 Kap 4 Rn 186 ff.
486 Wenzel/*Burkhardt* 14. Kap Rn 8.
487 Wenzel/*Burkhardt* 14. Kap Rn 3.

dass ein etwaiger Umsatzrückgang auf die Berichterstattung zurückzuführen ist, etwa Stornierungen oder Schreiben von Kunden. Die **Beweislast** trägt der Kläger, so dass Zweifel zu seinen Lasten gehen.[488] Ein erstattungsfähiger Schaden können auch die Kosten eines Strafverteidigers sein, wenn infolge einer unwahren Berichterstattung ein Ermittlungsverfahren aufgenommen wird.[489]

Zum Schaden gehören auch **schadensmindernde Aufwendungen**, etwa die Kosten eines Rundschreibens,[490] um einen falschen Eindruck zu korrigieren. Sofern sie zu diesem Zweck geeignet sind, dürfen auch **Anzeigen** geschaltet werden. Allerdings ist dem Betroffenen regelmäßig eine Gegendarstellung möglich, um seine Sicht der Dinge zu verbreiten.[491] Die Kosten für weitergehende Erklärungen kann der Verletzte daher nur dann ersetzt verlangen, wenn die konkreten Umstände solche Maßnahmen zur Schadensverhütung oder -minderung bei Würdigung der schutzwürdigen Belange des Schädigers angebracht erscheinen lassen.[492] Die Grenze für die Erstattung richtet sich nach den Maßnahmen, die ein vernünftiger, wirtschaftlich denkender Mensch nach den Umständen des Falles zur Beseitigung der Störung nicht nur als zweckmäßig angesehen hätte, sondern als erforderlich ergriffen haben würde.[493] Dies kommt insb bei schädigenden Äußerungen über ein bestimmtes Produkt des Betroffenen in Betracht. 211

Die Anzeige hat sich grundsätzlich auf die **Berichtigung von Tatsachen** zu beschränken.[494] Enthält sie gleichzeitig **Werbeaussagen**, ist nur ein Teil der Kosten zu erstatten,[495] es sei denn, auch der werbende Inhalt der Anzeige ist zur Beseitigung der eingetretenen Beeinträchtigung zwingend erforderlich, etwa, um einen entstandenen Imageverlust auszugleichen.[496] Der Zusammenhang des Inserats mit der Berichterstattung muss erkennbar sein.[497] Zu beachten ist, dass durch eine eigene Berichtigung in einer Anzeige regelmäßig die Erforderlichkeit für einen weitergehenden Berichtigungsanspruch entfallen wird. Ausnahmen sind aber denkbar. 212

Eine Werbeschaltung kann zunächst in dem Medium verlangt werden, das die Ausgangsmitteilung verbreitet hat. Hier ist zum einen sichergestellt, dass der ursprüngliche **Rezipientenkreis** erreicht wird, zum anderen wird der Verletzer hier weniger belastet als bei Anzeigen in anderen Publikationen. In besonderen Fällen, etwa bei Agenturmeldungen, die zahlreiche Zeitungen verbreiten, ist auch eine Werbeschaltung in anderen Medien denkbar.[498] 213

Eine Schadensberechnung im Wege der **Lizenzanalogie** kommt in Betracht, wenn die Verletzung des Persönlichkeitsrechts für den Verletzer einen wirtschaftlichen Wert hatte. Auch wenn ein Medium von einer redaktionellen Berichterstattung, insb einer solchen in reißerischer Form, wirtschaftlich profitieren kann, wird diese Methode der Schadensberechnung bei redaktionellen Inhalten regelmäßig ausscheiden. In Betracht kommt sie vor allem bei der Verwendung eines Namens oder eines Bildes in der Werbung.[499] Auch die dritte Art der Schadensberechnung, die **Abschöpfung des Verletzergewinns**, kommt nur in Betracht, wenn dem Verletzer ein wirtschaftlicher Wert zugeflossen ist. 214

---

[488] OLG Stuttgart NJW 1983, 1203, 1204.
[489] OLG Dresden BeckRS 2012, 11877.
[490] Wenzel/*Burkhardt* 14. Kap Rn 32.
[491] BGH NJW 1979, 2197, 2197 – Falschmeldung.
[492] BGH NJW 1978, 210, 211 – Alkoholtest.
[493] BGH NJW 1979, 2197, 2197 – Falschmeldung.
[494] BGH NJW 1979, 2197, 2198 – Falschmeldung.
[495] OLG Hamburg AfP 2002, 50, 53.
[496] BGH NJW 1978, 210, 211 – Alkoholtest.
[497] BGH NJW 1979, 2197, 2198 – Falschmeldung.
[498] Vgl im Einzelnen Wenzel/*Burkhardt* 14. Kap Rn 47 ff.
[499] S Kap 4 Rn 194 ff.

215 Ist die Verletzung auf mehrere **Veröffentlichungen verschiedener Medien** zurückzuführen, nimmt der BGH[500] an, es müsse jeweils getrennt der durch die einzelnen Verursacher verursachte Schaden ermittelt werden. Gegen jeden bestehe ein gesonderter Schadensersatzanspruch. Zur Begründung führt der BGH aus, dass bei einer verunglimpfenden Berichterstattung in mehreren Zeitschriften der Schaden nicht identisch sei, da jeweils eine andere Leserschaft angesprochen werde und deshalb die Zahlung des gegen einen Zeitschriftenverlag festgesetzten Entschädigungsbetrages den immateriellen Schaden des Verletzten jedenfalls nicht ganz erschöpfen könne. Diese Ansicht ist für den immateriellen Schaden zutreffend, auf den Ersatz des materiellen Schadens aber nicht übertragbar.[501] Denn wenn etwa die Umsätze eines Unternehmens aufgrund einer einheitlichen Berichterstattung in mehreren Medien zurückgehen, wird sich schwerlich ermitteln lassen, welcher Umsatzrückgang auf welche Publikation zurückzuführen ist. Hinsichtlich des materiellen Schadens haften mehrere Anspruchsverpflichtete wegen einer Berichterstattung über einen einheitlichen Gegenstand daher regelmäßig als Gesamtschuldner nach § 840 BGB.[502]

216 Selbst wenn die Kausalität nachgewiesen ist, genügt dies noch nicht zur Feststellung der Schadensersatzpflicht. Erforderlich ist zusätzlich, dass die Verletzungshandlung im Allgemeinen und nicht nur unter besonders eigenartigen, ganz **unwahrscheinlichen** und nach dem regelmäßigen Verlauf der Dinge außer Betracht zu lassenden Umständen zur Herbeiführung des Schadens geeignet war.[503] Für von Vornherein völlig unwahrscheinliche Schadensfolgen haftet der Verletzer nach dieser so genannten **Adäquanztheorie** demnach nicht. So dürfte es regelmäßig kein adäquat verursachter Schaden sein, wenn der von einer Berichterstattung Betroffene unerkannt herzkrank ist und infolge der Aufregung über die Berichterstattung stirbt.

2. Rechtswidrigkeit und Verschulden

217 Die Rechtswidrigkeit entfällt, wenn der Äußernde in Wahrnehmung berechtigter Interessen gehandelt hat.[504] Umgekehrt wird die Berichterstattung nicht nur rechtswidrig, sondern auch schuldhaft die Verletzung herbeigeführt haben, wenn journalistische Sorgfaltspflichten verletzt sind.[505] Für das Verschulden gelten im Übrigen die allgemeinen Grundsätze. Besonderheiten gibt es allerdings noch bei der Frage zu beachten, auf wessen Verschulden es ankommt.[506]

3. Anspruchsverpflichtete

218 Der Verletzte wird regelmäßig ein Interesse daran haben, nicht nur den für eine Berichterstattung verantwortlichen Redakteur in Anspruch zu nehmen, sondern auch den für die Verbreitung verantwortlichen Verleger oder die Rundfunkanstalt. Hier ergibt sich regelmäßig das Problem, dass deren eigenes Verschulden Voraussetzung der Haftung ist, da das Deliktsrecht keine dem § 278 BGB entsprechende Zurechnungsnorm kennt.[507]

219 Diese „Lücke" schließt die Rechtsprechung, indem sie an die Pflichten von Verlegern sowie Rundfunk- und Fernsehunternehmen strenge Anforderungen stellt, so dass in der Praxis häufig

---

500 BGH NJW 1985, 1617.
501 AA offenbar *Prinz/Peters* Rn 731.
502 Vgl Löffler/*Steffen* § 6 LPG Rn 312; Wenzel/*Burkhardt* 14. Kap Rn 41.
503 BGHZ 3, 261, 267.
504 S Rn 17 ff.
505 Wenzel/*Burkhardt* 14. Kap Rn 21.
506 S dazu sogleich Rn 219.
507 Vgl im Einzelnen *Renner* 41 ff.

ein **Organisationsverschulden** oder ein **Verschulden bei der Überwachung** redaktioneller Beiträge angenommen wird. Der BGH verlangt, dass der Verleger einen besonders gefährlichen Beitrag, mit dem ehr- oder persönlichkeitsrechtliche Beeinträchtigungen verbunden sind – der BGH spricht von „heißen Eisen"[508] –, grundsätzlich entweder selbst überprüfen oder dem damit beauftragten Dritten Organstellung iSv §§ 30, 31 BGB verschaffen muss, so dass sie für sein Verschulden ohne Entlastungsmöglichkeit einzustehen haben.[509] Tun sie dies nicht, greift eine Haftung wegen Organisationsverschuldens.[510] Wird die Kontrolle hingegen einem Mitarbeiter mit Organstellung übertragen, liegt kein Organisationsverschulden mehr vor; der Verleger haftet dann aber nach § 31 BGB für das Fehlverhalten der Organpersonen mit Kontrollbefugnis. Der Herausgeber einer Zeitung haftet nur, wenn er selbst inhaltlich Einfluss nimmt. Beschränkt er sich darauf, die Tendenz vorzugeben, haftet er regelmäßig nicht neben dem Verleger.[511]

4. Anspruchsdurchsetzung

Der Anspruch ist grundsätzlich im Wege der **Leistungsklage** durchzusetzen – eine Durchsetzung im Verfügungsverfahren ist nicht möglich. Da sich Folgeschäden bei einer negativen Berichterstattung häufig erst wesentlich später zeigen, kann der Betroffene bereits unmittelbar nach der Verletzung eine die Verjährung unterbrechende Feststellungsklage erheben. 220

Das erforderliche **Feststellungsinteresse** nach § 256 ZPO liegt dann vor, wenn nach der Lebenserfahrung und dem gewöhnlichen Verlauf der Dinge der Schadenseintritt hinreichend wahrscheinlich ist.[512] Insb wenn ein absolut geschütztes Rechtsgut bereits verletzt oder ein Teilschaden schon entstanden ist, genügt es, wenn die spätere Verwirklichung eines weiteren Schadens in absehbarer Zeit nach der Art der Verletzung möglich erscheint und nicht gerade fern liegt.[513] 221

Teilweise wird angenommen, der Verletzte könne auch auf Ersatz eines **künftigen Schadens** klagen, wenn sich eine künftige negative Umsatzentwicklung bereits abzeichne; es könne unter Heranziehung der Rechtsprechung zu KFZ-Schäden der Minderwert des Unternehmens beziffert werden.[514] Dies ist abzulehnen. Der Minderwert eines Unternehmens aufgrund künftiger Umsatzverluste ist von zu vielen Unwägbarkeiten abhängig. Bereits der aktuelle Schaden lässt sich im Bereich des Äußerungsrechts oft nur schwer beziffern und wird in den seltensten Fällen dem tatsächlichen Schaden entsprechen. Während dies hinzunehmen ist, besteht an der Zuerkennung des Ersatzes künftiger Schäden, die sich noch deutlich unsicherer errechnen lassen, keinerlei Interesse. Wenn ein Schaden nach Jahren noch eintritt, kann der Verletzte ihn geltend machen, sofern er vorher die Verjährung durch eine Feststellungsklage unterbrochen hat. 222

§ 8
Geldentschädigung

Der Anspruch auf Geldentschädigung dient der Kompensation immaterieller Schäden. § 253 BGB schließt einen derartigen Anspruch an sich aus. Der Anspruch wird aber unmittelbar aus 223

---

508 BGH GRUR 1980, 1099, 1104 – Das Medizinsyndikat II.
509 BGH GRUR 1998, 167, 168 – Restaurantführer.
510 BGH GRUR 1980, 1099, 1104 – Das Medizinsyndikat II.
511 Wenzel/*Burkhardt* 14. Kap Rn 62.
512 BGH NJW 2006, 830, 833.
513 BGH NJW 1993, 648, 653.
514 Wenzel/*Burkhardt* 14. Kap Rn 30; vgl auch Löffler/*Steffen* § 6 LPG Rn 308.

dem Schutzauftrag der Art 1 Abs 1, Art 2 Abs 2 GG hergeleitet.[515] Er besteht nur in besonderen Ausnahmefällen.[516] Die Zubilligung einer Geldentschädigung beruht auf dem Gedanken, dass ohne einen solchen Anspruch Verletzungen der Würde und Ehre des Menschen häufig ohne Sanktion blieben mit der Folge, dass der Rechtsschutz der Persönlichkeit verkümmern würde; es steht also – anders als beim Schmerzensgeld – regelmäßig der Gesichtspunkt der Genugtuung des Opfers im Vordergrund.[517] Zudem dient der Anspruch der Prävention.[518] Eine strafrechtliche Sanktion stellt die Geldentschädigung trotz pönaler Elemente aber nicht dar.[519] Es bleibt daher dabei, dass die Geldentschädigung einen kompensatorischen Charakter hat und – anders als „punitive damages" im US-amerikanischen Recht – keine „Zivilstrafe" darstellt.[520]

I. Anspruchsvoraussetzungen

224 Voraussetzung des Anspruchs sind eine schwere Persönlichkeitsverletzung, das Verschulden des Anspruchsverpflichteten und das Fehlen einer anderweitigen Kompensationsmöglichkeit. Daneben ist schon wegen des verfassungsrechtlichen Ursprungs des Anspruchs und des damit verbundenen Eingriffs in die Pressefreiheit eine Interessenabwägung im Einzelfall erforderlich, dh die Zuerkennung des Anspruchs muss letztlich verhältnismäßig sein – die Rechtsprechung fordert ein „unabwendbares Bedürfnis".

1. Schwere Persönlichkeitsverletzung

225 Für den Anspruch auf Geldentschädigung genügt es nicht, dass eine Persönlichkeitsverletzung vorliegt; vielmehr muss diese zusätzlich **besonders schwerwiegend** sein.

226 Die Frage, ob eine schwere Persönlichkeitsverletzung vorliegt, hängt von der **Bedeutung und Tragweite des Eingriffs**, ferner von **Anlass und Beweggrund der Berichterstattung** sowie dem **Grad des Verschuldens** ab.[521]

227 Eine schwere Verletzung setzt bei der Wortberichterstattung regelmäßig voraus, dass entweder die **Privat- oder die Intimsphäre** betroffen ist. Bei einem Eingriff in die Intimsphäre wird eine hinreichende Eingriffsintensität meist vorliegen, während bei einem Eingriff in die Privatsphäre regelmäßig Voraussetzung sein muss, dass die Verletzung wiederholt erfolgt oder besonders hartnäckig oder nachhaltig ist.[522] Ein Eingriff nur in die **berufliche Sphäre** begründet grundsätzlich keine schwere Persönlichkeitsverletzung.[523]

228 Zu berücksichtigen ist auch, für welchen **Kreis von Personen** der Betroffene erkennbar war. Wurde er nicht namentlich bekannt und können ihn daher nur wenige Personen identifizie-

---

515 BVerfG GRUR 1974, 44, 48 – Soraya; BGH GRUR 1996, 373, 374 – Caroline von Monaco; BGH GRUR 1996, 227, 229 – Wiederholungsveröffentlichung.
516 Wandtke/Bullinger/*Fricke* § 22 KUG Rn 30.
517 BGH GRUR 2005, 179, 180 – Tochter von Caroline von Hannover.
518 BGH GRUR 2005, 179, 180 – Tochter von Caroline von Hannover; BGH GRUR 1995, 224, 229 – Erfundenes Exclusiv-Interview; BGH GRUR 1996, 227, 229 – Wiederholungsveröffentlichung; vgl. auch LG Köln ZUM 2011, 941, 944.
519 BVerfG GRUR 1974, 44, 50 – Soraya.
520 OLG Zweibrücken BeckRS 2013, 03965.
521 BGH GRUR 2010, 171, 172 – Esra; BGH ZUM-RD 2009, 576; BGH GRUR 1996, 227, 229 – Wiederholungsveröffentlichung; BGH GRUR 1995, 224, 228 – Erfundenes Exclusiv-Interview.
522 BGH GRUR 1996, 227, 229 – Wiederholungsveröffentlichung.
523 OLG Jena ZUM-RD 2010, 553, 554.

ren, die weitere Begleitumstände der berichteten Vorgänge kennen, scheidet eine schwere Persönlichkeitsverletzung in der Regel aus.[524]

Im Bereich der **Satire** ist im Hinblick auf die ihr wesensimmanenten Darstellungsmittel, nämlich die Verfremdung und die Überhöhung bis hin zum Grotesken, die Schwelle für eine schwere Persönlichkeitsrechtsbeeinträchtigung deutlich höher anzusetzen als sonst im Äußerungsrecht.[525] So hat das OLG Zweibrücken[526] eine Geldentschädigung für eine Schauspielerin abgelehnt, die mit ihrer Zustimmung mit dem Text „Wer trinkt, fährt ohne mich, Jahr für Jahr verunglücken junge Frauen, weil der Fahrer getrunken hatte." auf einem Plakat abgebildet war, das dann mit dem Text: „Wer trinkt, fährt besser als ich nüchtern. Jahr für Jahr verunglücken junge Frauen, weil sie kein Auto fahren können." abgedruckt wurde.[527] 229

Eine nur **ungenaue** Darstellung, die im Kern wahr ist, begründet regelmäßig keine schwere Persönlichkeitsverletzung, etwa die Berichterstattung, in einem Strafprozess habe sich herausgestellt, dass jemand ein bestimmtes strafbares Verhalten provoziert habe, während tatsächlich nur die Äußerung gefallen war, es könne zugunsten des Angeklagten nicht ausgeschlossen werden, dass dieser provoziert worden sei.[528] Gegen eine schwere Persönlichkeitsverletzung kann auch sprechen, wenn nur ein **Verdacht** geäußert wurde.[529] 230

Die **erwiesene Unwahrheit** einer Behauptung ist nicht Voraussetzung des Geldentschädigungsanspruchs. Der Anspruch kann auch in dem Fall bestehen, dass sich zumindest die Wahrheit nicht nachweisen lässt, wobei allerdings bei der Gewichtung der Schwere des Eingriffs die offen bleibende Möglichkeit zu berücksichtigen ist, dass die inkriminierte Behauptung wahr sein kann.[530] 231

Auch bei **unzulässigen Meinungsäußerungen** ist eine Geldentschädigung denkbar. Hier ist aber große Zurückhaltung geboten. Denn die Sanktion einer Geldentschädigung hat zur Folge, dass die Kundgabe von Meinungen behindert wird, mit denen der Äußernde einen Beitrag zu der durch Art 5 Abs 1 GG geschützten geistigen Auseinandersetzung leisten will. Dies folgt vor allem aus der präventiven Wirkung der Geldentschädigung, die das Äußern kritischer Meinungen einem hohen finanziellen Risiko unterwirft und dadurch die Bereitschaft mindert, in Zukunft Kritik zu üben.[531] So ist eine Geldentschädigung verneint worden wegen der Bezeichnung eines mehrfachen Straftäters als „Doctorand der Knastologie"[532] sowie wegen der Bezeichnung eines Sexualverbrechers als „Sexstrolch".[533] Anderseits hat das KG[534] eine Geldentschädigung zugesprochen, weil ein Politiker, der Wohnungen seines Mietshauses zum Zweck der Prostitution vermietet hatte, als „Puff-Politiker" bezeichnet worden war. 232

Bejaht hat die Rechtsprechung eine schwere Persönlichkeitsverletzung durch die Veröffentlichung eines frei erfundenen Interviews mit Prinzessin Caroline von Monaco, in dem Details aus ihrem Privatleben berichtet werden,[535] durch die nicht hinreichend mit Indizien unterlegte Verdachtsäußerung, ein Polizist habe sich bestechen lassen,[536] durch die identifizierende Be- 233

---

524 KG Urt v 5.2.2009, Az 10 U 132/08 (unveröffentlicht).
525 LG Hamburg NJW-RR 2000, 978, 980.
526 OLG Zweibrücken AfP 1999, 362, 363.
527 AA Löffler/*Steffen* § 6 LPG Rn 337.
528 OLG München BeckRS 2002 30266047.
529 KG Urt v 5.2.2009, Az 10 U 132/08 (unveröffentlicht).
530 BGH GRUR 1997, 396, 400 – Polizeichef.
531 BVerfG NJW 1980, 2069.
532 LG Nürnberg-Fürth ArchPR 1972, 84.
533 OLG Schleswig ArchPR 1975, 29.
534 KG ZUM-RD 2008, 466, 467.
535 BGH GRUR 1995, 224, 228 – Erfundenes Exclusiv-Interview.
536 BGH GRUR 1997, 396, 400 – Polizeichef.

richterstattung über ein Vergewaltigungsopfer,[537] durch die wahrheitswidrige Behauptung, ein Wissenschaftler habe aus dem Bundestag geheime Informationen an das Landesamt für Verfassungsschutz weitergegeben,[538] durch den in der Presse verbreiteten unwahren Vorwurf, eine nur in ihrem lokalen Umfeld erkennbare Person habe als Vorgesetzter sexuelle Handlungen an seinen Mitarbeitern vorgenommen,[539] durch die unwahre Behauptung einer intimen Beziehung zwischen einer Frau und einem Politiker,[540] durch die mehrfache anprangernde Berichterstattung über die Durchsuchung bei einem bekannten Rechtsanwalt unter Verwendung von Fotos[541] oder durch die Aussage eines Moderators zu einer Teilnehmerin einer Fernsehshow, sie sehe für ihr Alter alt aus und es gebe „übrigens ne schöne Operationsshow bei Pro7" für die er sie vorschlagen könne.[542]

234   Das LG Berlin[543] hat eine schwere Persönlichkeitsverletzung durch einen Verlag bejaht, der in einer Zeitung die Abmahnung eines Rechtsanwalts abgedruckt hat; da es in dem Schreiben um einen schwerer Straftaten beschuldigten Mandanten gegangen sei, werde der Rechtsanwalt in die Auseinandersetzung um seinen Mandanten hineingezogen. Daran ändere es nichts, dass der Rechtsanwalt zuvor eine Gegendarstellung durchgesetzt habe, die er für seinen Mandanten unterzeichnet habe. Indes können diese Umstände nichts daran ändern, dass die Veröffentlichung eines beruflich veranlassten Schreibens, das nicht zur Privatsphäre zählt, zumindest keinen schwerwiegenden Eingriff in das Persönlichkeitsrecht darstellen kann. Besonders fern liegend ist die Annahme in diesem Fall deshalb, weil sich der Betroffene zuvor in seiner Rolle freiwillig – die Gegendarstellung hätte auch durch den Mandanten unterzeichnet werden können – in die Öffentlichkeit begeben hat.

235   **Verneint** worden ist eine schwere Persönlichkeitsverletzung durch eine in einem Wochenmagazin abgedruckte Äußerung eines Dritten, eine Ministerpräsidentin lüge, wenn deutlich gemacht wird, dass es sich um einen Verdacht handelt und sie die Vorwürfe bestreitet,[544] durch die nicht mehr zulässige Berichterstattung über eine länger zurückliegende Straftat,[545] für die Bezeichnung als „Crack-Braut" in einem Rap,[546] für einen Fernsehbeitrag, der in satirischer Weise die Karrierepläne einer bekannten Persönlichkeit des Fernsehens aufgreift und in eine Filmszene einkleidet, in der die Betroffene als mordende Person in einer pornographischen Filmszene zu sehen ist,[547] durch die Berichterstattung über das Liebesleben eines Schauspielers (durch die Äußerung „Per SMS machte der Mime Schluss.»In zwei Stunden heirate ich. Bitte verzeih mir ...«; K.L.: »Ich saß gerade im Restaurant. Als ich seine Nachricht bekam, bin ich unter Tränen zusammengebrochen. Ich hatte nichts geahnt.«; Beziehungswrack"), wenn sich der Betroffene bereits mit privaten Äußerungen in die Öffentlichkeit begeben hat,[548] durch die nicht belegte Behauptung, ein verurteilter Straftäter habe Leichenteile gegessen, wenn rechtmäßig darüber berichtet wurde, dass er den Mord begangen, die Leiche zerstückelt und Teile davon im Ofen gebraten habe,[549] durch die Aussage „Gynäkologin, nach eigenen An-

---

537   KG ZUM-RD 2012, 27, 28.
538   LG Berlin ZUM-RD 2012, 353, 354 f.
539   LG Krefeld NJW-RR 1996, 984.
540   OLG Köln NJW-RR 2000, 470.
541   OLG Hamburg NJW-RR 2006, 1707, 1708.
542   LG Hannover ZUM 2006, 574, 576.
543   LG Berlin NJW-RR 2000, 555, 557.
544   LG Berlin ZUM-RD 2003, 316, 318.
545   OLG Koblenz NJW-RR 2010, 1348, 1349.
546   LG Köln BeckRS 2010, 19920.
547   LG Hamburg NJW-RR 2000, 978, 980.
548   LG Berlin ZUM 2005, 330; vgl auch LG Berlin ZUM-RD 2005, 282.
549   OLG Frankfurt ZUM 2007, 390, 392.

gaben ohne Erfahrungen im Bereich der Mammachirurgie und der plastischen Chirurgie" über eine Ärztin.[550]

2. Fehlende anderweitige Kompensation

Es muss ferner an einer Möglichkeit fehlen, die Verletzung auf andere Weise hinreichend auszugleichen.[551] In Betracht kommt bei unwahren Tatsachenbehauptungen in erster Linie die Veröffentlichung einer **Berichtigung**, insb eines Widerrufs oder einer Richtigstellung. Wird die Berichtigung in zeitlicher Nähe zu der Ausgangsmitteilung publiziert, wird sie regelmäßig ausreichen, um die Beeinträchtigung auszuräumen.[552] Anders ist es dann, wenn der Verletzer die begehrte Berichtigung verweigert hat, so dass diese erst sehr spät auf Grund gerichtlicher Entscheidung veröffentlicht werden konnte, oder wenn die Berichtigung zur Beseitigung der Beeinträchtigung nicht geeignet war. Dies ist etwa denkbar bei einer nicht periodischen Publikation, bei der damit der Empfängerkreis regelmäßig nicht erreicht wird, oder wenn sich die Verletzung gegen die „Grundlagen der Persönlichkeit" richtet.[553] Gleiches gilt, wenn die Beeinträchtigung einem Widerruf nicht zugänglich war,[554] etwa bei unzulässigen Meinungsäußerungen[555] oder Bildnisveröffentlichungen.[556] 236

Auch wenn es der Verletzte **unterlässt, (rechtzeitig) einen Berichtigungsanspruch zu verlangen**, der an sich für eine hinreichende Beseitigung der Beeinträchtigung gesorgt hätte, steht dies dem Geldentschädigungsanspruch entgegen,[557] insb, wenn dann eine Geldentschädigung in einer überzogenen Höhe verlangt wird, die darauf schließen lässt, dass es dem Verletzten in erster Linie darum geht, Kapital aus der Veröffentlichung zu schlagen.[558] 237

Auch eine **Gegendarstellung** kann als anderweitige Möglichkeit zur Störungsbeseitigung in Betracht kommen.[559] Hier ist aber sorgfältig zu prüfen, ob sich die Lage des Betroffenen durch die Gegendarstellung nennenswert verbessert hat oder, wenn er den Anspruch nicht geltend gemacht hat, verbessert hätte.[560] Da die Gegendarstellung nur die eigene Position des Betroffenen wiedergibt, wird dies eher selten der Fall sein.[561] Der Umstand, dass der Betroffene auf eigene Schritte gegen eine Presseveröffentlichung zunächst verzichtet hat, obwohl er etwa eine Gegendarstellung unschwer hätte erreichen können, kann allerdings Rückschlüsse auf das Gewicht des Genugtuungsbedürfnisses zulassen.[562] Insb ist auch zu fragen, ob die Beeinträchtigung durch eine Kombination aus einem Gegendarstellungsverlangen und einer Berichtigung hätte ausgeräumt werden können.[563] 238

Allein eine **Unterlassungsverpflichtung** dient nicht der Genugtuung und kann die Beeinträchtigung nicht ausräumen.[564] 239

---

550 OLG Jena ZUM-RD 2010, 553, 554.
551 St Rechtsprechung, vgl nur BGH GRUR 2010, 171, 172 – Esra; ZUM-RD 2009, 576; BGH GRUR 1995, 224, 229 – Erfundenes Exclusiv-Interview.
552 BGH GRUR 1970, 370, 373 – Nachtigall.
553 BGH GRUR 1995, 224, 229 – Erfundenes Exclusiv-Interview; OLG München NJW-RR 2000, 472, 473.
554 BGH GRUR 1970, 370, 373 – Nachtigall.
555 BGH NJW 1965, 2395, 2496 – Mörder unter uns.
556 S Teil 3 Kap 3 Rn 198 f.
557 OLG München NJW-RR 2000, 472, 473; OLG Köln AfP 1991, 427, 428.
558 LG Berlin ZUM-RD 2001, 470, 472.
559 BGH GRUR 1976, 651, 656 – Panorama.
560 BGH GRUR 1979, 421, 423 – Exdirektor.
561 Für generell ungeeignet halten *Prinz/Peters* Rn 759 die Gegendarstellung zur Störungsbeseitigung.
562 BGH GRUR 1979, 421, 423 – Exdirektor.
563 LG Berlin ZUM-RD 2001, 470, 472.
564 BGH NJW 1965, 2395, 2496 – Mörder unter uns.

3. Unabwendbares Bedürfnis

240 Die Rechtsprechung der Instanzgerichte spricht in zahlreichen Entscheidungen davon, es müsse ein unabwendbares Bedürfnis für die Geldentschädigung bestehen.[565] Der Begriff wird allerdings uneinheitlich verwendet. Teilweise wird unter diesem Oberbegriff geprüft, ob die Verletzung schwerwiegend ist,[566] teilweise ob andere Möglichkeiten des Ausgleichs bestehen.[567] Der BGH ist in der Entscheidung „Liebestropfen"[568] noch davon ausgegangen, dass ein „unabweisbares Bedürfnis" vorliege, wenn einerseits die Verletzung schwerwiegend sei und es andererseits keine anderen Ausgleichsmöglichkeiten gebe. Demnach verlangt die Rechtsprechung offensichtlich nicht, dass bei Vorliegen einer schweren Persönlichkeitsverletzung zusätzlich ein unabwendbares Bedürfnis nach einer Geldentschädigung zu prüfen sei. *Burkhardt*[569] geht indes offenbar von einer zusätzlichen Voraussetzung des Anspruchs aus.

241 Richtig ist, dass schon wegen der verfassungsrechtlichen Herleitung des Anspruchs und der Funktion der Geldentschädigung als *ultima ratio*[570] zusätzlich eine Interessenabwägung im Einzelfall erforderlich ist,[571] wobei diese Prüfung angesichts der uneinheitlichen Verwendung der Terminologie nicht unter der Überschrift des unabwendbaren Bedürfnisses erfolgen sollte. Zu berücksichtigen ist etwa, ob der Betroffene, wie insb Personen aus dem Bereich der Unterhaltung, die Publizität in den Medien, vor allem im Boulevardbereich, sucht und damit bis zu einem gewissen Grad die dadurch mit oder ohne ihr Zutun gelegentlich einhergehenden negativen Begleiterscheinungen hinzunehmen hat.[572]

4. Verschulden

242 Schon die schwerwiegende Persönlichkeitsverletzung setzt nach der dargestellten Rechtsprechung einen besonderen Grad des Verschuldens voraus. Der BGH[573] spricht teilweise von einem „nicht unbeträchtlichen" Verschulden, andere Gerichte und Teile der Literatur fordern ein „schweres Verschulden"[574], und auch der BGH[575] tritt dieser Terminologie, soweit sie von den Vorinstanzen verwendet wurde, zumindest nicht ausdrücklich entgegen. Jedenfalls finden sich in der Rechtsprechung des BGH aber keine Anhaltspunkte, dass der BGH jede Art der Fahrlässigkeit für die Zubilligung einer Geldentschädigung genügen lässt.[576] Allerdings erscheint es nicht sinnvoll, eine weitere Kategorie des Verschuldens zu schaffen; sachgerecht dürfte es sein, **Vorsatz** oder **grobe Fahrlässigkeit** zu fordern.[577]

---

565 OLG Frankfurt NJW-RR 2010, 403; OLG Koblenz NJW-RR 2010, 1348, 1349; KG ZUM 2008, 60; OLG München ZUM 2008, 984, 986; OLG Hamburg NJW-RR 1999, 1701, 1703; LG Hamburg BeckRS 2010, 15378; LG Köln BeckRS 2010, 19920.
566 OLG Koblenz NJW-RR 2010, 1348, 1349; KG ZUM 2008, 60.
567 So wohl OLG Brandenburg NJW 1999, 3339, 3343; vgl auch Löffler/*Steffen* § 6 LPG Rn 338.
568 BGH GRUR 1972, 97, 98; vgl auch BGH GRUR 1970, 370, 371 – Nachtigall.
569 In Wenzel/*Burkhardt* 14. Kap Rn 127 ff.
570 Vgl OLG Brandenburg NJW 1999, 3339, 3343.
571 Eine solche nehmen letztlich auch *Soehring/Hoene* Rn 32 ff unter der Überschrift des unabwendbaren Bedürfnisses vor.
572 OLG Stuttgart NJW 1981, 2817.
573 BGH GRUR 1985, 398, 400 – Nacktfoto.
574 OLG Karlsruhe GRUR 2006, 959; Wandtke/Bullinger/*Fricke* § 22 KUG Rn 33; aA Wenzel/*Burkhardt* 14. Kap Rn 115.
575 BGH GRUR 2010, 171, 172 – Esra; vgl schon BGH GRUR 1980, 259, 260.
576 AA *Prinz/Peters* Rn 755 und Wenzel/*Burkhardt* 14. Kap Rn 115 unter Verweis auf BGH NJW 1971, 698 – Pariser Liebestropfen; BGH NJW 1980, 2801, 2807 – Medizin-Syndikat.
577 So im Ergebnis wohl auch OLG Koblenz NJW 1997, 1375, 1376 Dreier/Schulze/*Dreier* §§ 33–50 KUG Rn 23 und *Soehring* § 32 Rn 26 ff; gegen ein Erfordernis von mindestens grober Fahrlässigkeit spricht sich Löffler/*Steffen* § 6 LPG Rn 335 aus.

II. Anspruchsberechtigte und Anspruchsverpflichtete

Anspruchsberechtigt sind nur unmittelbar betroffene,[578] lebende natürliche Personen. Nach dem Tod kann der Anspruch von den Erben und Angehörigen nicht geltend gemacht werden, weil die Genugtuungsfunktion des Geldentschädigungsanspruchs nach dem Tod nicht mehr erfüllt werden kann und auch ein Ausgleich für die erlittene Persönlichkeitsverletzung nicht mehr in Betracht kommt.[579] Aus diesem Grund ist auch der bereits vor dem Tod entstandene Geldentschädigungsanspruch nicht vererblich.[580] 243

Anders ist es, wenn gleichzeitig mit dem Persönlichkeitsrecht des Verstorbenen das Persönlichkeitsrecht eines Angehörigen unmittelbar und ausdrücklich tangiert wird.[581] Allein die Abbildung eines Leichnams genügt dafür ebenso wenig,[582] wie die Abbildung des Verstorbenen vor seinem Tod gegen der erklärten Willen der Angehörigen, selbst wenn sie zu einer spezifischen Kränkung der Familie führen kann.[583] Es müssen weitere Umstände hinzukommen. So kann eine Verletzung eigener Rechte der Eltern vorliegen, wenn über den Rauschgifttod ihres erwachsenen Sohnes unter anderem durch Veröffentlichung eines Familienfotos berichtet wird, durch das suggeriert wird, elterliches Versagen sei für den Tod verantwortlich.[584] 244

Hinsichtlich der **Anspruchsverpflichteten** gelten die zum Schadensersatz dargestellten Grundsätze.[585] 245

III. Höhe

Bei der Bemessung der Geldentschädigung sind sowohl die Gedanken der Genugtuung und Prävention als auch die durch die Veröffentlichung erzielten **Gewinne** zu berücksichtigen.[586] Auch die Höhe des Anspruchs hängt insb von der Bedeutung und Tragweite des Eingriffs sowie von **Anlass und Beweggrund** des Handelnden ab.[587] Der Zweck der Prävention gebietet es vor allem, den **Grad des Verschuldens** und damit einen etwaigen Vorsatz und eine besondere **Hartnäckigkeit** erhöhend zu berücksichtigen.[588] Allerdings kann der Gedanke der Prävention für sich genommen nicht dazu führen, dass zwingend ein Betrag zuzusprechen ist, der dem Verletzer „wehtut".[589] Zugunsten des Verletzers kann von Bedeutung sein, ob er auch **Vorteile** durch die Berichterstattung hatte, bei Prominenten etwa die Steigerung des Aufmerksamkeitswertes,[590] ferner, ob der Betroffene sich selbst der **Gefahr der Berichterstattung in besonderer Weise ausgesetzt** hat.[591] Weiter ist zu berücksichtigen, dass die Geldentschädigung nicht eine Höhe erreichen darf, die die Pressefreiheit unverhältnismäßig ein- 246

---

578 Wenzel/*Burkhardt* 14. Kap Rn 137.
579 BGH GRUR 2006, 252, 254 – Postmortaler Persönlichkeitsschutz; BGH GRUR 2000, 715, 716 – Der blaue Engel.
580 BGH GRUR 2006, 252 – Postmortaler Persönlichkeitsschutz.
581 LG Heilbronn ZUM 2002, 160, 161.
582 BGH GRUR 2006, 252, 255 – Postmortaler Persönlichkeitsschutz.
583 BGH ZUM 2012, 474, 476.
584 BGH GRUR 1974, 794, 795 – Todesgift.
585 S Rn 218 f.
586 BGH GRUR 1995, 224, 229 – Erfundenes Exclusiv-Interview; vgl allgemein zur Bemessung *Prinz* NJW 1996, 953, 954 ff; *Steffen* NJW 1997, 10, 11 ff.
587 OLG Hamburg NJW 1996, 2870, 2872; Wenzel/*Burkhardt* 14. Kap Rn 143.
588 Vgl BVerfG NJW 2000, 2187, 2188; BGH GRUR 1995, 224, 229 – Erfundenes Exclusiv-Interview.
589 In diese Richtung *Prinz/Peters* Rn 743.
590 LG Berlin ZUM-RD 2006, 133, 135; LG Berlin ZUM 2005, 330, 331; LG Berlin ZUM-RD 2005, 282, 283 unter Berufung auf *Ladeur* NJW 2004, 393, 398.
591 LG Köln AfP 1978, 149, 151.

schränkt.[592] Schließlich ist von Bedeutung, ob die Verletzung schon **durch andere Maßnahme gemildert** wurde oder hätte gemildert werden können, etwa durch eine berichtigende Berichterstattung oder eine förmliche Berichtigung oder auch durch eine Gegendarstellung.[593] Hier kommt es jeweils auf die Umstände des Einzelfalls an.

247   Zuerkannt wurden etwa folgende Beträge:

2.000,00 € für die wahrheitswidrige Behauptung in einem Gebrauchtwagenportal, jemand verkaufe sein Fahrzeug „wegen privater Insolvenz";[594] **3.000,00 €** für die Ausstrahlung eines widerrechtlich angefertigten Tonbandmitschnittes einer therapeutischen Sitzung im Rundfunk;[595] **DM 10.000,– (= € 5.112,92)** für satirische Text-Bild-Kombination in einer Zeitschrift, die den Betroffenen als „doofen lederbehosten Bayern" darstellt;[596] **DM 10.000,– (= € 5.112,92)** für den Vorwurf der Bestechlichkeit über einen Amtsleiter;[597] **€ 6.000,–** für ein live ausgestrahltes TV-Interview, während dessen Oliver Pocher gegenüber der Interviewten erklärt, sie sehe für ihr Alter „echt ganz schön alt aus" und es gebe bei Pro7 eine „schöne Operationsshow";[598] **DM 15.000,– (= € 7.669,38)** für mangelhaft anonymisierte Veröffentlichung in einem Regionalteil einer bundesweit erscheinenden Tageszeitung aus dem Intimleben einer Person mit dem Titel „140.000,00 Mark für drei Bussis";[599] **DM 15.000,– (= € 7.669,38)** für die mit einem Foto des Betroffenen illustrierte Aussage: „Berlins gierigster Lehrer – er machte drei Jahre krank, baute seinen Doktor und will jetzt mehr Gehalt";[600] **€ 10.000,–** für den unwahren Vorwurf der Unterschlagung von Katzen in einem Zeitungsartikel;[601] **€ 10.000,–** für die Veröffentlichung „schmutziger Details" aus der Scheidungsakte einer bekannten Persönlichkeit in einem Zeitungsartikel;[602] **DM 20.000,– (€ 10.225,83)** für den Vorwurf von Affären mit mehreren Spielerfrauen gegenüber einem Trainer der Fußball-Bundesliga;[603] **€ 10.000,–** für die Bezeichnung einer nur im regionalen Umfeld identifizierbaren Person in einer Zeitung als „Hexe"; **€ 10.000,–** für einen bebilderten Bericht über das „Hüftgold" einer Schauspielerin nach ihrer Schwangerschaft und ihre Versuche, Gewicht zu verlieren;[604] **€ 15.000,–** für die wahrheitswidrige Behauptung, ein Wissenschaftler habe aus dem Bundestag geheime Informationen an das Landesamt für Verfassungsschutz weitergegeben;[605] **€ 20.000,–** für die Bezeichnung eines Bundestagsabgeordneten, der ua Wohnungen an Prostituierte vermietet, als „Puff Politiker";[606] **€ 25.000, –** für die Berichterstattung über Details der schwerwiegenden Erkrankung einer Sportmoderatorin, in der ihre Hilflosigkeit nach längerem Koma geschildert wird;[607] **€ 35.000,–** für ein in einer Zeitung veröffentlichtes Falschzitat einer Buchautorin, das nahe legt, sie habe mit dem Nationalsozialismus sympathisiert;[608] **DM 75.000,– (= € 38.346,89)** für die Bezeichnung einer Person als „Kinderschänder", obwohl diese von den Vorwürfen freigesprochen wur-

---

592   BGH GRUR 1995, 224, 230 – Erfundenes Exclusiv-Interview.
593   Wenzel/*Burkhardt* 14. Kap Rn 147.
594   LG Köln MMR 2004, 183.
595   OLG Karlsruhe ZUM 2003, 504.
596   OLG München NJW-RR 1998, 1036.
597   OLG Köln NJW 1987, 2682.
598   LG Hannover ZUM 2006, 574.
599   OLG München ZUM 2001, 252.
600   LG Berlin NJW 1997, 1373.
601   OLG München BeckRS 2010, 13785.
602   OLG Hamburg BeckRS 2008, 13701.
603   LG München I NJW-RR 1999, 104.
604   LG Köln BeckRS 2013, 09435.
605   LG Berlin ZUM-RD 2012, 353, 355.
606   KG ZUM-RD 2008, 466, 468.
607   OLG Hamburg ZUM 2010, 976, 977.
608   OLG Köln BeckRS 2009, 24283.

de;[609] **€ 50.000,–** für die Äußerung eines Mordverdachts gegenüber einer identifizierbaren Person in mehreren Passagen in dem Buch „Doppelmord an Uwe Barschel";[610] **€ 70.000,–** für eine Filmsequenz einer Minderjährigen in der Sendung „TV-Total" mit sexuellen Anspielungen wegen ihres Namens;[611] **DM 180.000,–** (= **€ 92.032,54**) für drei Titelgeschichten in unterschiedlichen Publikationen mit erfundenem Exklusiv-Interview über Privatleben und seelische Verfassung von Caroline von Monaco;[612] **€ 400.000,–** für die unwahre Berichterstattung in 86 Beiträgen, davon 77 Titelgeschichten, und 52 Fotomontagen einer Illustrierten über die schwedische Prinzessin.[613]

IV. Anspruchsdurchsetzung

Der Anspruch kann nur im Klagewege durchgesetzt werden. Ist die Verletzung außerhalb von Presse und Rundfunk erfolgt, kann ein obligatorisches Güteverfahren nach § 15a Abs 1 S 1 Nr 3 EGZPO Zulässigkeitsvoraussetzung der Klage sein, soweit dies durch Landesgesetz bestimmt ist. Folgende Länder haben Schlichtungsgesetze erlassen: Baden-Württemberg, Bayern, Brandenburg, Hessen, Nordrhein-Westfalen, Saarland, Sachsen-Anhalt und Schleswig-Holstein. 248

Die Höhe des Anspruchs kann der Betroffene trotz § 253 Abs 2 Nr 2 ZPO in das Ermessen des Gerichts stellen.[614] Dies bietet sich auch praktisch an, weil es das Risiko eines Teilunterliegens verringert. Eine ungefähre Größenordnung ist aber anzugeben.[615] 249

§ 9
Kostenerstattung

I. Kosten der Abmahnung

Die Kosten einer **berechtigten Abmahnung** hat der Abgemahnte zu erstatten. Während es im gewerblichen Rechtsschutz (vgl § 12 Abs 1 S 2 UWG) und Urheberrecht (vgl § 97a Abs 1 S 1 UrhG) nunmehr teilweise spezialgesetzliche Normierungen des Kostenerstattungsanspruchs gibt, wird der Anspruch im Äußerungsrecht nach wie vor aus einer Geschäftsführung ohne Auftrag hergeleitet (§§ 683 S 1, 677, 670 BGB).[616] Der Anspruch kann sich als Schadensersatz ferner auch aus § 823 Abs 1 BGB iVm dem allgemeinen Persönlichkeitsrecht sowie aus § 823 Abs 2 iVm §§ 185 ff StGB ergeben.[617] 250

Der Anspruch scheidet dann aus, wenn der Abmahnende **selbst über eine hinreichende Sachkunde** zur zweckentsprechenden Rechtsverfolgung eines unschwer zu erkennenden Anspruchs verfügt. Die vom BGH[618] zum Wettbewerbsrecht entwickelten Grundsätze sind auch im Presserecht anwendbar.[619] Angesichts der oft komplexen Anspruchsvoraussetzungen im 251

---

609 LG Ansbach NJW-RR 1997, 978.
610 LG Frankfurt ZUM-RD 2007, 531.
611 OLG Hamm NJW 2004, 919, 922.
612 OLG Hamburg NJW 1996, 2870 – Caroline von Monaco, nach Zurückverweisung durch den BGH GRUR 1995, 224 – Caroline von Monaco I.
613 OLG Hamburg NJW-RR 2010, 624.
614 BGH NJW 1982, 340.
615 BGH NJW 1982, 340.
616 BGH GRUR 2008, 367, 368 – Rosenkrieg bei Otto.
617 BGH GRUR 2008, 367, 368 – Rosenkrieg bei Otto.
618 BGH NJW 2004, 2448.
619 LG Berlin ZUM 2012, 593, 594.

Presserecht wird dies aber eher die Ausnahme sein. Kaum denkbar sind solche Fälle bei der Durchsetzung von Gegendarstellungsansprüchen, weil hier besondere Kenntnisse bei der Formulierung der Gegendarstellung und für die Wahrung der Form- und Fristerfordernisse notwendig sind.[620]

252 Die **Höhe** der für eine Abmahnung anfallenden Geschäftsgebühr hängt vom Einzelfall ab, regelmäßig wird aber im Presserecht zumindest eine 1,5 Geschäftsgebühr angemessen sein.[621]

253 Die Geltendmachung von **Unterlassungs-, Berichtigungs- und Gegendarstellungsansprüchen** können jeweils **eigene gebührenrechtliche Angelegenheiten** sein.[622] Ob zwei getrennte Abmahnungen wegen der Wort- und der Bildberichterstattung in demselben Zeitungsartikel dieselbe Angelegenheit im gebührenrechtlichen Sinne sind, hat der BGH[623] bisher offen gelassen, und überlässt diese Frage dem Tatrichter; es sei zu prüfen ob vertretbare sachliche Gründe für eine getrennte Geltendmachung bestanden hätten oder ob lediglich Mehrkosten verursacht worden seien, wobei die Frage für das Abmahnverfahren und für einen späteren eventuellen Rechtsstreit unterschiedlich beurteilt werden könne.

254 Allerdings ist nach Auffassung des BGH nicht schon dann von zwei getrennten Angelegenheiten auszugehen, wenn der Anwalt zur Wahrnehmung der Rechte des Geschädigten verschiedene, in ihren Voraussetzungen voneinander abweichende Anspruchsgrundlagen zu prüfen hat.[624] Für die Annahme eines einheitlichen Rahmens der anwaltlichen Tätigkeit ist es grundsätzlich ausreichend, wenn die verschiedenen Gegenstände in dem Sinne einheitlich vom Anwalt bearbeitet werden können, dass sie verfahrensrechtlich zusammengefasst und in einem einheitlichen Vorgehen – zB in einem Abmahnschreiben – geltend gemacht werden können.[625]

255 Häufig werden bei einem Angriff auf eine Veröffentlichung auf beiden Seiten **verschiedene Personen** involviert sein, etwa als Betroffene eine Gesellschaft und deren Organ, auf Verletzerseite der Verlag und der für den Beitrag verantwortliche Redakteur. Der BGH[626] geht davon aus, dass auch bei der Geltendmachung der verschiedenen Ansprüche gebührenrechtlich **eine einheitliche Angelegenheit** vorliegen könne.[627] Auf Auftraggeberseite komme es darauf an, ob der Anwalt für die verschiedenen Auftraggeber gemeinsam oder ob er für jeden von ihnen gesondert tätig werden solle. Die Inanspruchnahme mehrerer Verantwortlicher ist dann dieselbe Angelegenheit, wenn den Schädigern eine gleichgerichtete Verletzungshandlung vorzuwerfen ist und demgemäß die erforderlichen Abmahnungen einen identischen oder zumindest weitgehend identischen Inhalt haben sollen, insb dann, wenn Unterlassungsansprüche die gleiche Berichterstattung betreffen, an deren Verbreitung die in Anspruch Genommenen in unterschiedlicher Funktion mitgewirkt haben. Dem steht nach Auffassung des BGH[628] auch nicht entgegen, dass gegebenenfalls verschiedene Voraussetzungen zu prüfen seien, etwa im Rahmen der Verbreiterhaftung und dass die Ansprüche ein unterschiedliches Schicksal haben könnten; dann könnten gegebenenfalls später unterschiedliche Angelegenheiten entstehen.

---

620 LG Berlin ZUM 2012, 593, 594.
621 KG ZUM-RD 2006, 552, 555.
622 BGH GRUR-RR 2010, 451, 453.
623 GRUR 2008, 367, 368 – Rosenkrieg bei Otto.
624 BGH BGH GRUR-RR 2010, 269, 271 – Rosenkrieg.
625 BGH GRUR-RR 2010, 269, 271 – Rosenkrieg.
626 BGH NJW 2010, 1035, 1036.
627 AA noch KG BeckRS 2010, 19987; vgl auch LG Berlin BeckRS 2009, 22712.
628 BGH NJW 2010, 1035, 1037.

II. Kosten des Abschlussschreibens

Hat der Unterlassungsgläubiger eine einstweilige Verfügung erwirkt, obliegt es ihm, vor dem Einleiten des **Hauptsacheverfahrens** den Schuldner zur **Abgabe einer Abschlusserklärung** aufzufordern, mit der dieser die einstweilige Verfügung als abschließende Regelung anerkennt. Das Abschlussschreiben ist allerdings erst erforderlich, wenn der Gläubiger dem Schuldner eine angemessene Zeit eingeräumt hat, die Abschlusserklärung von sich aus abzugeben. Der hierfür anzusetzende Zeitraum ist im Einzelnen umstritten.[629] Der BGH[630] hat drei Wochen für eine angemessene Zeitspanne gehalten. Nicht erforderlich ist das Abschlussschreiben, wenn der Schuldner bereits Widerspruch gegen die einstweilige Verfügung eingelegt hat, weil dann die Unsicherheit des Gläubigers, ob der Schuldner möglicherweise bereit ist, nunmehr einzulenken, wegfällt.[631]

256

Die Kosten des Abschlussschreibens sind vom Unterlassungsschuldner zu erstatten, sofern das Schreiben erforderlich war. Das Abschlussschreiben ist gebührenrechtlich eine **eigene, von der Abmahnung zu trennende Angelegenheit**, so dass eine gesonderte Geschäftsgebühr entsteht.[632] Auch das Abschlussschreiben kann je nach Schwierigkeit der Angelegenheit eine 1,3 Geschäftsgebühr[633] oder zumindest eine 0,8 Geschäftsgebühr rechtfertigen.[634] Der für den gewerblichen Rechtsschutz zuständige I. Zivilsenat des BGH[635] geht in wettbewerbsrechtlichen Angelegenheiten ebenfalls davon aus, dass es sich bei einem Abschlussschreiben regelmäßig nicht um ein Schreiben einfacher Art nach Nr 2302 RVG VV handele, für das nur eine 0,3 Gebühr anfalle, sondern dass sich die Geschäftsgebühr nach Nr 2300 RVG VV bemesse (Gebührenrahmen von 0,5–2,5, regelmäßig 1,3); dies könne im Einzelfall anders sein, wenn ein Abmahnschreiben nur Standardformulierungen verwende und auf die in der mündlichen Verhandlung im Verfügungsverfahren bereits nach Rücknahme des Widerspruchs in Aussicht gestellte Bereitschaft zur Abgabe einer Abschlusserklärung Bezug nehme.

257

III. Zuleitung einer Gegendarstellung

Die Kosten der Zuleitung einer Gegendarstellung können nicht nach den Grundsätzen der Geschäftsführung ohne Auftrag, sondern nur dann verlangt werden, wenn die Ausgangsmitteilung eine schuldhaft begangene unerlaubte Handlung ist.[636]

258

---

629 OLG Hamm GRUR-RR 2010, 267, 268 – zwei Wochen; LG Hamburg BeckRS 2009, 89230 – zwei Wochen; OLG Stuttgart NJOZ 2007, 3651, 3651 – Frage des Einzelfalls zwischen zwei Wochen und einem Monat; OLG Frankfurt GRUR-RR 2003, 294 – länger als zwei Wochen kann angemessen sein, wenn Schuldner Bereitschaft zum Einlenken signalisiert hat.
630 BGH GRUR-RR 2008, 368, 370 – Gebühren für Abschlussschreiben.
631 KG NJOZ 2010, 2131, 2134.
632 BGH GRUR-RR 2008, 368, 369 – Gebühren für Abschlussschreiben.
633 AG Hamburg ZUM-RD 2006, 260, 261.
634 OLG Hamburg NJOZ 2009, 3610, 3613; LG Hamburg BeckRS 2009, 89230.
635 BGH GRUR 2010, 1038, 1040 – Kosten für Abschlussschreiben.
636 OLG Saarbrücken NJW 1997, 1376, 1379; Wenzel/*Burkhardt* 11. Kap Rn 211.

Kapitel 3
Schutz der Persönlichkeit

Allgemeine und kommerzialisierte Persönlichkeitsrechte

Literatur
Balthasar Eingriffskondiktion bei unerlaubter Nutzung von Persönlichkeitsmerkmalen – Lafontaine in Werbeannonce NJW 2007, 664; *Beuthien* Was ist vermögenswert, die Persönlichkeit oder ihr Image? – Begriffliche Unstimmigkeiten in den Marlene-Dietrich-Urteilen NJW 2003, 1220; *Bodewig/Wandtke* Die doppelte Lizenzgebühr als Berechnungsmethode im Lichte der Durchsetzungsrichtlinie GRUR 2008, 220; *Byung Ha Ahn* Der vermögensrechtliche Zuweisungsgehalt des Persönlichkeitsrechts, Berlin 2009; *Di Fabio* Persönlichkeitsrechte im Kraftfeld der Medienwirkung AfP 1999, 126; *Ehmann* Zum kommerziellen Interesse an Politikerpersönlichkeiten AfP 2007, 81; *Fricke* Personenbildnisse in der Werbung für Medienprodukte GRUR 2003, 406; *Gostomzyk* Äußerungsrechtliche Grenzen des Unternehmenspersönlichkeitsrechts – Die Gen-Milch-Entscheidung des BGH NJW 2008, 2082; *Götting* Anmerkung zu BGH Urteil vom 5.10.2006 – I ZR 277/03 – kinski.klaus.de GRUR 2007, 170; *Gounalakis* „Soldaten sind Mörder" NJW 1996, 481; *Helle* Privatautonomie und kommerzielles Persönlichkeitsrecht JZ 2007, 444; *ders* Zu den Grundlagen des kommerziellen Persönlichkeitsrechts AfP 2010, 438; *Holzner* Meinungsfreiheit und Unternehmenspersönlichkeitsrecht: Neue Abwägungsmaßstäbe erforderlich? MMR-Aktuell 2010, 298851; *Koch* Lafontaine und Maddie WRP 2009, 10; *Koppehele* Voraussetzungen des Schmerzensgeldanspruchs bei prominenten Personen aus dem Showgeschäft AfP 1981, 337; *Löffler* Presserecht, 5. Aufl München 2006; *Mitsch* Postmortales Persönlichkeitsrecht verstorbener Straftäter NJW 2010, 3479; *Münchner Kommentar* zum BGB, 6. Aufl München 2012; *Prinz/Peters* Medienrecht – Die zivilrechtlichen Ansprüche, 1999; *Reber* Die Schutzdauer des postmortalen Persönlichkeitsrechts in Deutschland und den USA (von Marlene Dietrich über Klaus Kinski zu Marilyn Monroe) – ein Irrweg des Bundesgerichtshofs? GRUR Int 2007, 492; *Röthel* BGH: Dauer des Schutzes der vermögenswerten Bestandteile des postmortalen Persönlichkeitsrechts – kinski-klaus.de LMK 2007, 213345; *Sajuntz* Die Entwicklung des Presse- und Äußerungsrechts in den Jahren 2010 bis 2012 NJW 2012, 3761; *Schönke/Schröder* Strafgesetzbuch, 28. Aufl München 2010; *Schröder* Persönlichkeitsrechtsschutz bei Bewertungsportalen im Internet VerwArch 2010, 205; *Schricker/Loewenheim* Urheberrecht, 4. Aufl München 2010; *Schubert* Von Kopf bis Fuß auf Verwertung eingestellt? Die Dogmatik der Vermögensrechte der Persönlichkeit im Licht der neuesten Rechtsprechung von BGH und BVerfG AfP 2007, 20; *Soehring/Hoehne* Presserecht, 5. Aufl Köln 2013; *Soehring* Caroline und ein Ende? AfP 2000, 230; *Strothmann* Werbung mit bekannten Persönlichkeiten – Zugleich Anmerkungen zur neueren Rechtsprechung des BGH GRUR 1996, 693; *Teichmann* Abschied von der absoluten Person der Zeitgeschichte NJW 2007, 1917; *Ujica/Loef* Quod licet jovi, non licet bovi – Was darf die Kunst, was die Medien nicht dürfen ZUM 2010, 670; *Ullmann* Persönlichkeitsrechte in Lizenz? AfP 1999, 209; *v Pentz* Ausgewählte Fragen des Medien- und Persönlichkeitsrechts im Lichte der aktuellen Rechtsprechung des VI. Zivilsenats AfP 2014, 8; *ders* Neueste Rechtsprechung des VI. Zivilsenats zum Medien- und Persönlichkeitsrecht AfP 2013, 20; *Wanckel* Foto- und Bildrecht, 4. Aufl München 2012; *Wandtke/Bullinger* Praxiskommentar zum Urheberrecht, 3. Aufl München 2009; *Wenzel* Das Recht der Wort- und Bildberichterstattung, Handbuch des Äußerungsrechts, 5. Aufl Stuttgart 2003; *Zagouras* Satirische Politikerwerbung – Zum Verhältnis von Meinungsfreiheit und Persönlichkeitsschutz WRP 2007, 115.

Übersicht

§ 1 **Allgemeines** —— 1
I. Bedeutung des allgemeinen Persönlichkeitsrechts —— 1
II. Rechtsgrundlagen und Qualifikation als Rahmenrecht —— 3
III. Europarechtliche Einflüsse auf das allgemeine Persönlichkeitsrecht —— 5
IV. Systematisierung des allgemeinen Persönlichkeitsrechts —— 8

§ 2 **Träger des allgemeinen Persönlichkeitsrechts** —— 9
I. Natürliche Personen —— 9

II. Gruppierungen und Kollektive —— 13
III. Juristische Personen des Privatrechts und nichtrechtsfähige Personenvereinigungen —— 15
IV. Juristische Personen des öffentlichen Rechts —— 23

§ 3 **Das Persönlichkeitsrecht Verstorbener** —— 25
I. Der postmortale Achtungsanspruch —— 25
II. Postmortale Verletzung der Menschenwürde —— 27
III. Keine postmortale immaterielle Geldentschädigung —— 33

§ 4 Schutzbereiche des allgemeinen Persönlichkeitsrechts —— 36	**§ 6 Das Persönlichkeitsrecht als selbstständiges Wirtschaftsgut** —— 74
I. Geheimsphäre —— 39	I. Das Persönlichkeitsrecht als frei verfügbares Ausschließlichkeitsrecht —— 74
II. Intimsphäre —— 41	II. Vermarktungsbereitschaft des Betroffenen —— 82
III. Privatsphäre —— 46	III. Schutzdauer —— 87
1. Räumliche Abgrenzung —— 47	
2. Thematische Abgrenzung —— 51	**§ 7 Werbung für Presseerzeugnisse** —— 96
IV. Sozialsphäre —— 55	I. Bedeutung und Kategorisierung —— 96
V. Öffentlichkeitssphäre —— 57	II. Werbung in oder auf dem Presseprodukt —— 100
§ 5 Bestandteile des allgemeinen Persönlichkeitsrechts —— 59	III. Werbung für eine bestimmte Ausgabe außerhalb des Presseprodukts —— 104
I. Ideeller Bestandteil des allgemeinen Persönlichkeitsrechts —— 59	IV. Imagewerbung für ein Presseprodukt —— 109
II. Kommerzieller Bestandteil des allgemeinen Persönlichkeitsrechts —— 61	**§ 8 Art 5 GG für allgemeine Wirtschaftswerbung** —— 118
III. Geldentschädigung und/oder fiktive Lizenz bei Verletzung —— 64	I. Art 5 GG trotz kommerzieller Zwecke —— 118
1. Geldentschädigung für immaterielle Verletzung —— 65	II. Meinungsbildender Inhalt einer Wirtschaftswerbung —— 121
2. Fiktive Lizenzgebühr wegen materieller Verletzung —— 70	III. Güter- und Interessenabwägung —— 127
	IV. Ausblick —— 134

§ 1
Allgemeines

I. Bedeutung des allgemeinen Persönlichkeitsrechts

1 Die Medien und insb die Presse haben sowohl das Recht als auch die Aufgabe die Öffentlichkeit über gesellschaftlich relevante Themen und Vorgänge zu informieren. Hierzu zählt die aktuelle Nachrichtenberichterstattung aus Politik und Wirtschaft ebenso wie die Information über allgemeine Themen zB aus der Wissenschaft und über fremde Länder, aber auch die reine Unterhaltung und der investigative Journalismus zur Aufdeckung bislang unbekannter Sachverhalte. Die für die Medien zur Erfüllung dieser Aufgaben erforderlichen Rechte sind in Gestalt der Meinungs-, Presse- und Rundfunkfreiheit in Art 5 GG verfassungsrechtlich verankert.

2 Allerdings bestehen diese Rechte nicht schrankenlos. Denn ebenso, wie es nach unserem modernen Demokratieverständnis unverzichtbar ist, von den Medien in umfassender und objektiver Art und Weise informiert zu werden, ist es für den Einzelnen wichtig, den Medien nicht schutzlos ausgeliefert zu sein. An dieser Stelle setzt das von der Rechtsprechung entwickelte **allgemeine Persönlichkeitsrecht**[1] an, das der Presse- und Medienfreiheit Grenzen setzt. Es schützt den Einzelnen sowohl vor **unwahrer Berichterstattung**, als auch vor der **Verletzung seiner Intim- und Privatsphäre** und vor ungewollter **kommerzieller Ausbeutung**.

---

[1] Zur Rechtsentwicklung Wenzel/*Burkhardt* Kap 5 Rn 3; *Prinz/Peters* Rn 50.

II. Rechtsgrundlagen und Qualifikation als Rahmenrecht

Das allgemeine Persönlichkeitsrecht ist als sonstiges Recht iSv § 823 BGB anerkannt. Es leitet 3
sich aus dem verfassungsrechtlichen Schutzauftrag der Art 1 Abs 1, Art 2 Abs 1 GG ab,[2] deren Schutzgegenstand die **Unverletzlichkeit der Menschenwürde** und die **freie Entfaltung der Persönlichkeit** sind. Das allgemeine Persönlichkeitsrecht beschränkt als allgemeines Gesetz iSv Art 5 Abs 2 GG die Meinungs-, Presse- und Rundfunkfreiheit aus Art 5 Abs 1 GG. Als sog **offenes Recht oder Rahmenrecht** ist das allgemeine Persönlichkeitsrecht jedoch weder abschließend im Gesetz geregelt, noch von Rechtsprechung und Literatur anhand fester Tatbestandsmerkmale bestimmt. Es unterliegt in seinem Umfang vielmehr der Herausbildung im jeweiligen Einzelfall und muss anhand des konkreten Sachverhalts stets neu definiert und in seinen Grenzen festgelegt werden.[3] Ein Eingriff in dieses Recht indiziert nicht automatisch die Rechtswidrigkeit. Vielmehr muss in jedem Einzelfall durch eine Güterabwägung ermittelt werden, ob der Eingriff durch schutzwürdige andere Interessen gerechtfertigt ist oder nicht.[4] Dabei geht es in der Regel um eine **Abwägung** zwischen den Mediengrundrechten bzw dem Informationsbedürfnis der Öffentlichkeit einerseits und dem Wunsch des Einzelnen andererseits, ausschließlich selbst darüber zu bestimmen ob, wann und wie er von den Medien in der Öffentlichkeit dargestellt wird.[5]

Neben dem *allgemeinen* Persönlichkeitsrecht gibt es die **besonderen Persönlichkeitsrech-** 4
te,[6] die jeweils eigene gesetzliche Normierungen gefunden haben.[7] Hierzu gehören ua die Urheberpersönlichkeitsrechte nach §§ 12ff UrhG,[8] das Namensrecht nach § 12 BGB,[9] die im Datenschutz geregelten Rechte zur informationellen Selbstbestimmung[10] und das in den §§ 22ff Kunsturhebergesetz (KUG) geregelte Recht am eigenen Bild.[11]

III. Europarechtliche Einflüsse auf das allgemeine Persönlichkeitsrecht

Die Ausgestaltung des allgemeinen Persönlichkeitsrechts wird neben der deutschen Rechtspre- 5
chung auch durch gemeinschafts- bzw europarechtliche Aspekte geprägt.[12] Eine zentrale Rolle spielen dabei die **Garantien der EMRK**. Art 8 Abs 1 EMRK gewährt jedermann den Anspruch auf Achtung seines Privat- und Familienlebens, seiner Wohnung und seines Briefverkehrs. Parallel zu dem Konflikt im deutschen Recht zwischen dem allgemeinen Persönlichkeitsrecht einerseits und den Mediengrundrechten aus Art 5 GG andererseits, steht im europäischen Recht Art 8 Abs 1 EMRK in demselben Spannungsverhältnis zu Art 10 Abs 1 EMRK, der jedermann den Anspruch auf freie Meinungsäußerung gewährt. Die Abwägung zwischen dem Schutz der Privatsphäre einerseits und dem Schutz der Meinungs- und Äußerungsfreiheit andererseits laufen mithin paral-

---

2 MünchKommBGB/*Rixecker* Anh zu § 12 BGB Rn 2 mwN.
3 *Soehring*/Hoehne § 12 Rn 51.
4 BGH NJW 2007, 684, 685 unter Verweis auf BGH NJW 2004, 762, 764 und BGH NJW 2005, 2766, 2770 jeweils mwN.
5 Zu Grundlagen und Entwicklung des allgemeinen Persönlichkeitsrecht ausf mwN Wenzel/*Burkhardt* Kap 5 Rn 1ff.
6 Wenzel/*Burkhardt* Kap 5 Rn 18.
7 Umfassend zu den gesetzlich geregelten, besonderen Persönlichkeitsrechten und zu deren Verhältnis zum allgemeinen Persönlichkeitsrecht MünchKommBGB/*Rixecker* Anh zu § 12 BGB Rn 4.
8 Vgl zum Urheberrecht *Jani* in Bd 2 Kap 1.
9 Zur Abgrenzung allgemeines Persönlichkeitsrecht und Namensrecht vgl MünchKomm/*Säcker* § 12 Rn 5.
10 Vgl zum Datenschutzrecht *Ohst* in Bd 5 Kap 3.
11 Vgl zum Bildnisschutz *Renner* in Bd 4 Kap 4.
12 Vgl hierzu ausf mwN MünchKommBGB/*Rixecker* Anh zu § 12 BGB Rn 12.

lel, sei es gestützt auf das deutsche Grundgesetz und die Auslegung durch das BVerfG, sei es gestützt auf die Garantien der EMRK und die Behandlung durch den EGMR.

6 Die Schwierigkeiten, die auftreten, wenn es zu unterschiedlichen Interpretationen und Gewichtungen desselben Sachverhalts durch das BVerfG einerseits und durch den EGMR andererseits kommt, zeigen sich an dem Fall um Caroline von Monaco, der letztlich durch eine Entscheidung des EGMR zu einer Änderung der deutschen Rechtsprechung geführt hat.[13]

7 Der Rechtssprechung des EGMR im Bereich des Presserechts kommt nicht zuletzt auch deshalb eine große Bedeutung zu, weil der EGMR – mag man seine Entscheidungen befürworten oder kritisieren – einheitliche Leitlinien vorgibt, wo die nationalen Auffassungen stark voneinander abweichen.

IV. Systematisierung des allgemeinen Persönlichkeitsrechts

8 Die Möglichkeiten das allgemeine Persönlichkeitsrecht und dessen Ausgestaltungen zu typisieren und zu systematisieren sind ebenso zahlreich wie die hierzu in der Literatur vorhandenen Ansätze.[14] Nachfolgend wird in § 4 die Einteilung in unterschiedliche Schutzsphären vorgenommen. Diese Einteilung ist keineswegs zwingend, deckt jedoch die wichtigsten Ausprägungen des allgemeinen Persönlichkeitsrechts ab und lässt eine Zuordnung der wichtigsten, die Rechtsprechung immer wieder beschäftigenden Fallgruppen zu.

§ 2
Träger des allgemeinen Persönlichkeitsrechts

I. Natürliche Personen

9 Träger des allgemeinen Persönlichkeitsrechts ist in erster Linie jede natürliche Person. Die Erreichung eines bestimmten Alters bei **Kindern** ist dabei ebenso wenig Voraussetzung wie die Fähigkeit, sich der Verletzung seines allgemeinen Persönlichkeitsrechts bewusst zu sein.[15] So können sowohl Kleinkinder, als auch Personen, die zB infolge von Alter, Krankheit oder Behinderung unfähig sind, die eigene Ehr- oder Intimitätsverletzung zu empfinden, im Verletzungsfalle entsprechende Ansprüche geltend machen.

10 Im Gegenteil nimmt die Rechtsprechung insb bei Kindern sogar ein gesteigertes Schutzbedürfnis an, das in der Interessenabwägung zwischen Persönlichkeitsrecht und Mediengrundrechten besondere Beachtung finden muss und das in der Regel Vorrang vor den Mediengrundrechten genießt.[16] Eine Regelvermutung dahingehend, dass eine Berichterstattung über Kinder grds unzulässig ist, weil dem allgemeinen Persönlichkeitsrecht von Kindern grds der Vorrang vor den Medienrechten einzuräumen ist, besteht jedoch nicht. Das hat der BGH vor kurzem ausdrücklich festgestellt.[17] Dementsprechend gibt es Fallkonstellationen, in denen die Rechtsprechung die Berichterstattung über Kinder für zulässig erachtet. So fehlt nach Ansicht des BVerfG insb die Schutzbedürftigkeit, sofern sich prominente Eltern mit ihren Kindern bewusst der Öf-

---

13 Vgl *Boksanyi/Koehler* in Bd 4 Kap 1.
14 *Soehring*/Hoehne § 12 Rn 52 mwN; Wenzel/*Burkhardt* Kap 5 Rn 17 f; krit MünchKommBGB/*Rixecker* Anh zu § 12 Rn 10.
15 MünchKommBGB/*Rixecker* Anh zu § 12 BGB Rn 20.
16 BVerfG NJW 2000, 2191; BGH NJW 2005, 215.
17 BGH AfP 1014, 58 Rn. 20.

fentlichkeit zuwenden, indem sie zB an öffentlichen Veranstaltungen teilnehmen und sich somit quasi den Bedingungen öffentlicher Auftritte ausliefern.[18] Dementsprechend hat zB auch der BGH[19] zu Recht vor kurzem eine Berichterstattung über die Teilnahme der 11-jährigen Tochter von Caroline von Monaco an einer öffentlichen Sportveranstaltung für zulässig gehalten, da bei derartigen Veranstaltungen Fotoaufnahmen weitgehend üblich seien und deren Teilnehmer grds damit rechnen müssten, dass sie fotografiert werden. Insoweit handelte es sich nach Auffassung des BGH gerade nicht um einen besonders schutzbedürftigen Bereich, in denen Kindern die Möglichkeit zusteht sich frei von öffentlicher Beobachtung zu fühlen und entfalten zu können. Im Rahmen dieser Entscheidung war jedoch weiterhin von maßgeblicher Bedeutung, dass die Fotos keinen zusätzlichen Verletzungsgehalt aufwiesen, da sie lediglich die Berichterstattung über die Teilnahme der Tochter von Caroline von Monaco an der Sportveranstaltung illustrierten und kein Thema betrafen, das von vorneherein nicht in die Öffentlichkeit gehört.[20]

Entsprechend wie bei Kindern besteht auch für das allgemeine Persönlichkeitsrecht von **Eltern in Situationen elterlicher Hinwendung**[21] zu ihren Kindern ein gesteigertes Schutzbedürfnis. In solchen Fällen erfährt der Schutzgehalt des allgemeinen Persönlichkeitsrechts nach der Rechtsprechung des BVerfG eine Verstärkung durch Art 6 Abs 1 und 2 GG.[22] 11

Weiterhin unterliegen auch Jugendliche aus denselben Gründen wie Kinder einem gesteigerten Schutzbedürfnis, da auch diese sich erst noch zu eigenverantwortlichen Personen entwickeln müssen. Auch hier hat das BVerfG jedoch vor kurzem explizit in einer Entscheidung, in der es um die Zulässigkeit einer Berichterstattung über das Randalieren in der Öffentlichkeit durch zwei namentlich benannte prominente Jugendliche ging, festgestellt, dass hier keine Regelvermutung dahingehend aufgestellt werden kann, dass jedwedes Informationsinteresse grds aufgrund der Wertungen des Jugendgerichtsgesetzes (JGG) hinter dem Anonymitätsinteresse der jugendlichen Betroffenen zurückstehen muss.[23] Vielmehr sei im Rahmen einer Interessenabwägung des Einzelfalls zu klären, welches der kollidierenden Interessen überwiegt. 12

II. Gruppierungen und Kollektive

Gruppierungen von nicht anderweitig organisierten, sondern lediglich zu einem bestimmten Kollektiv gehörenden Personen sind als solche nicht Träger eines allgemeinen Persönlichkeitsrechts. Dementsprechend ist bspw die **Familie** mangels klar bestimmbaren Zuordnungssubjekts nicht Träger eines eigenen Persönlichkeitsrechts.[24] Dies bedeutet jedoch nicht, dass durch eine sog **Kollektivbeleidigung**, also eine herabsetzende Äußerung, die sich auf eine solche Personengruppe bezieht, nicht die einzelnen Mitglieder dieser Gruppe in ihrem jeweiligen allgemeinen Persönlichkeitsrecht verletzt sein können. Die Behauptung zB, eine Familie führe ein sittlich verfehltes Leben, kann durchaus die Ehre der einzelnen Familienmitglieder verletzen und entsprechende Ansprüche auslösen.[25] 13

Im Falle der Beleidigung von Personengruppen nimmt die **Strafrechtsprechung** eine Beleidigung eines einzelnen Mitglieds dann an, wenn der Kreis der Betroffenen deutlich abgegrenzt 14

---

18 BVerfG NJW 2000, 1021, 1023; vgl dazu auch BGH AfP 2013, 399 Rn 20.
19 BGH AfP 2013, 399 Rn 21.
20 Vgl zum zusätzlichen Verletzungsgehalt BGH AfP 2012, 53 Rn 19; BGH GRUR 2009, 584 Rn 19 mwN.
21 Vgl zuletzt LG München AfP 2013, 434.
22 BVerfG NJW-RR 2007, 1191 unter Verweis auf BVerfG NJW 2000, 1021.
23 BVerf MMR 2012, 338.
24 MünchKommBGB/*Rixecker* Anh zu § 12 BGB Rn 19 mit Verweis auf BGH GRUR 1974, 794.
25 BGH NJW 1969, 1110.

und zahlenmäßig überschaubar ist und wenn die Äußerung an ein Merkmal anknüpft, das auf alle Mitglieder des Kollektivs zutrifft.[26] Für das Zivilrecht wird diese Wertung nicht eindeutig übernommen. Zustimmung verdient die Auffassung, wonach ehrverletzende Äußerungen über Kollektive nur dann als Persönlichkeitsrechtsverletzungen der einzelnen Mitglieder betrachtet werden sollten, wenn erkennbar (auch) der Einzelne gemeint ist, wenn somit nach Art und Umständen der Äußerung, die **persönliche Diffamierung des Einzelnen** im Vordergrund steht und nicht die soziale Funktion einer Gruppe oder Institution das eigentliche Angriffsziel ist.[27]

III. Juristische Personen des Privatrechts und nichtrechtsfähige Personenvereinigungen

15 Juristische Personen des Privatrechts und nichtrechtsfähige Personenvereinigungen können grds ebenfalls Träger eines (Unternehmens-)Persönlichkeitsrechts gem Art 2 Abs 1 GG sein.[28] Zwar gewährt das Unternehmenspersönlichkeitsrecht infolge des fehlenden Bezugs zur Menschenwürde einen ungleich schwächeren Schutz als das allgemeine Persönlichkeitsrecht natürlicher Personen.[29] Gleichwohl wird Unternehmen ein eigenes **Namensrecht** ebenso zugesprochen wie ein Schutz vor Verletzungen ihrer **Ehre**, vor Offenbarung ihrer **Geheimnisse**, vor Verfälschungen ihrer **Identität** und vor dem **Belauschen der Worte ihrer Angehörigen**.[30] Anders als bei einer Verletzung des allgemeinen Persönlichkeitsrechts natürlicher Personen wird Personenvereinigungen allerdings kein Anspruch auf immaterielle Geldentschädigung zugebilligt, und zwar wegen Fehlens der für diesen Anspruch als Grundlage vorausgesetzten „personalen Würde".[31]

16 Allerdings sollen juristische Personen des Privatrechts und nichtrechtsfähige Personenvereinigungen nur in dem Umfang Träger eines Unternehmenspersönlichkeitsrechts sein, der sich aus *„ihrem Wesen als Zweckschöpfung des Rechts und den ihr zugewiesenen Funktionen"* ergibt.[32] Eine juristische Person des Privatrechts kann danach in ihrem Persönlichkeitsrecht verletzt sein, wenn ihr **sozialer Geltungsanspruch als Arbeitgeber oder als Wirtschaftsunternehmen** betroffen ist.

17 Dies bejahte zB das OLG Köln[33] in dem Fall einer Klage des Verlags der **Boulevardzeitschrift „Express" gegen die Produzentin des Films „Schtonk"**, in dem die reale und weltweit beachtete Affäre um die gefälschten Hitlertagebücher satirisch verarbeitet worden war. In diesem Film war anstelle des Namens des seinerzeit tatsächlich betroffenen Verlags der erfundene Zeitschriftenname „Expressmagazin" verwendet worden. Das OLG Köln bejahte Unterlassungsansprüche des Verlags der Zeitschrift „Express", da in der Verwendung des Titels „Express" für die in der Filmsatire erscheinende Zeitschrift der soziale Geltungsanspruch und das Ansehen des Verlags als Wirtschaftsunternehmen beeinträchtigt werde.

---

26 MünchKommBGB/*Rixecker* Anh zu § 12 BGB Rn 20 mit Verweis auf BGH Urt v 23.11.1951 – 2 StR 612/51; BGH Urt v 28.2.1958 – 1 StR 387/57; BGH NJW 1989, 1365; Schönke/Schröder/*Lenckner/Eisele* Vor §§ 185 ff StGB Rn 7c mwN.
27 MünchKommBGB/*Rixecker* Anh zu § 12 BGB Rn 21 auch unter Verweis auf *Gounalakis* NJW 1996, 481; richtungsweisend zum kollektiven Ehrenschutz BVerfG NJW 1995, 3303.
28 *Holzner* MMR-Aktuell 2010, 298851 unter Verweis auf BVerfG NJW 1994, 1784; *Soehring*/Hoehne § 13 Rn 13.
29 *Gostomzyk* NJW 2008, 2082, 2084.
30 MünchKommBGB/*Rixecker* Anh zu § 12 BGB Rn 22 f mwN in Fn 68.
31 MünchKommBGB/*Rixecker* Anh zu § 12 BGB Rn 22 mit Verweis in Fn 69 auf ua BGH NJW 1980, 2807, 2810; OLG München ZUM 2003, 252; OLG Frankfurt AfP 2000, 576; aA BGH NJW 1981, 675.
32 Wenzel/*Burkhardt* Kap 5 Rn 125 mit Verweis auf BVerfG NJW 1957, 665; BVerfG NJW 1967, 1411; BGH NJW 1970, 378, 381.
33 OLG Köln NJW 1992, 2641.

In ähnlicher Art und Weise bejahte das OLG Köln[34] eine Verletzung des Persönlichkeits- 18
rechts eines Wirtschaftsverlags durch einen redaktionellen Beitrag, in dem in Bezug auf die Berichterstattung eines Wirtschaftsmagazins zunächst die Zahl der Anzeigen von Telekommunikationsunternehmen und sodann deren redaktionelle Erwähnung gegenübergestellt wurden. In Bezug auf die **Telekom** hieß es sodann, diese dominiere nicht nur das Werbeeinkommen, sondern vor allem auch die Redaktion. In dem darin verkörperten **Vorwurf von Gefälligkeitsjournalismus** lag nach Auffassung des Gerichts eine Verletzung der von dem unternehmerischen Persönlichkeitsrecht erfassten Geschäftsehre des betroffenen Verlags.

Gegenteilig entschied der BGH[35] in einem Fall, in dem **BMW gegen einen Hersteller von** 19
Geschenk- und Scherzartikeln klagte. Der Unternehmer hatte unter Abwandlung des Firmenkürzels und Emblems von BMW Aufkleber mit der Aufschrift *„Bumms Mal Wieder"* vertrieben. Darin sei – so der BGH – weder eine Aussage zu der Qualität der Produkte von BMW, noch zu dem Auftreten des Unternehmens im Wirtschaftsleben zu sehen, ebenso wenig eine ehrverletzende, herabwürdigende Kritik des Unternehmens insgesamt. Auch sei der geschützte Bereich wirtschaftlicher Entfaltung nicht betroffen, weshalb das dem Unternehmen grds zustehende Persönlichkeitsrecht hier nicht verletzt sei.

Juristische Personen des Privatrechts können sich auch auf das **Recht am gesprochenen** 20
Wort als Teil ihres allgemeinen Persönlichkeitsrechts berufen. Das BVerfG hat eine Verletzung dieses Rechts in zwei Fällen bejaht, in denen Zivilgerichte Zeugenaussagen gegen juristische Personen des Privatrechts verwertet hatten, die darauf beruhten, dass die Zeugen ohne Kenntnis und Einwilligung der betroffenen Unternehmen Telefonate über Mithöreinrichtungen mitgehört hatten.[36]

Umfassend ist der verfassungsrechtliche Persönlichkeitsschutz juristischer Personen aller- 21
dings noch nicht geklärt. **Letzte Klärung** hat auch das BVerfG im sog **„Contergan"-Fall** nicht erbracht. Gegenstand des Verfahrens war die Verfassungsbeschwerde des pharmazeutischen Unternehmens, das vor ca fünfzig Jahren das Schlaf- und Beruhigungsmittel Contergan auf den Markt gebracht hatte, dessen Einnahme durch Schwangere zu zahlreichen Missbildungen bei den von den Betroffenen geborenen Kindern geführt hat. Das Unternehmen wehrte sich gegen die Ausstrahlung eines Films zu diesem Thema, der insb die Bemühungen des betroffenen Unternehmens schildert, Entschädigungszahlungen und die Bestrafung von Mitarbeitern zu verhindern, wobei sich der Film allerdings ausdrücklich nicht als Dokumentarfilm, sondern als *„Spiel- und Unterhaltungsfilm auf der Grundlage eines historischen Stoffes"* versteht.

Es liegt nur die Entscheidung des BVerfG über die Eilanträge des Unternehmens vor.[37] In 22
dieser Entscheidung, in der das BVerfG den Erlass einer einstweiligen Anordnung in Gestalt eines Ausstrahlungsverbots ablehnt, wird der Umfang der verfassungsrechtlichen **Fundierung des Unternehmenspersönlichkeitsrechts weiterhin offen** gelassen. Bestätigt wird insoweit nur, dass einem als juristische Person des Privatrechts organisierten Unternehmen in seiner beruflichen Betätigung durch Art 12 Abs 1 GG zumindest ein Schutz vor der Verbreitung inhaltlich unzutreffender Informationen zukommen kann. Im konkreten Fall überwogen aus Sicht des BVerfG allerdings die Schutzrechte der Medien nach Art 5 GG.

---

34 OLG Köln AfP 2001, 332.
35 BGH NJW 1986, 2951.
36 BVerfG NJW 2002, 3619, 3622.
37 BVerfG ZUM 2007, 730. Das Unternehmen hat die Verfassungsbeschwerde in der Hauptsache im Januar 2008 zurückgezogen.

IV. Juristische Personen des öffentlichen Rechts

23 Juristische Personen des öffentlichen Rechts sind grds nicht Träger von Persönlichkeitsrechten.[38] Dies hat seinen Grund vor allem darin, dass sie **in Wahrnehmung ihrer öffentlichen Aufgaben keine Grundrechtsträger** sind, solange ihre öffentliche Aufgabe nicht unmittelbar einem Grundrecht zuzuordnen ist, wie das zB bei Rundfunkanstalten (Art 5 Abs 1 S 2 GG) der Fall ist.[39] Allerdings besteht auch für juristische Personen des öffentlichen Rechts nach § 194 Abs 3 S 2 StGB[40] der Schutz durch die strafrechtlichen Normen der §§ 185 ff StGB, sofern sie Opfer von Beleidigungen, übler Nachrede oder Verleumdungen werden.[41] Hieraus können sich zivilrechtliche Unterlassungsansprüche aus § 823 Abs 2 BGB iVm §§ 185 ff StGB ergeben.[42]

24 Insoweit können sich juristische Personen des öffentlichen Rechts nach der Rechtsprechung trotz eigentlich fehlendem Persönlichkeitsrechtsschutzes zumindest dann zivilrechtlich gegen eine Medienberichterstattung wehren, wenn die konkrete Äußerung geeignet ist den Ruf der juristischen Person des öffentlichen Rechts herabzusetzen und sie schwerwiegend in ihrer Funktion zu beeinträchtigen.[43] In diesem Kontext bejahte der BGH zB im Frühjahr 2008 die Frage, dass einer Körperschaft des öffentlichen Rechts ein Richtigstellungsanspruch zustehen kann.[44] Die Bundesrepublik Deutschland hatte ein Nachrichtenmagazin verklagt, welches in einem Bericht dem BKA vorgeworfen hatte, Geheiminformationen über einen Top-Terroristen zweckwidrig zur Suche nach einem internen Geheimnisverräter eingesetzt und die Zusammenarbeit mit anderen Geheimdiensten gefährdet zu haben. Der ua für das allgemeine Persönlichkeitsrecht zuständige VI. Zivilsenat bestätigte den Anspruch und begründete dies damit, dass die konkrete Äußerung geeignet sei, die Behörde schwerwiegend in ihrer Funktion zu beeinträchtigen, da durch die Äußerung die Vertrauenswürdigkeit des BKA erheblich in Frage gestellt wurde.

§ 3
Das Persönlichkeitsrecht Verstorbener

I. Der postmortale Achtungsanspruch

25 Das allgemeine Persönlichkeitsrecht einer Person endet mit deren Tod, denn Träger des Grundrechts der freien Entfaltung der Persönlichkeit aus Art 2 Abs 1 GG sind nur lebende Personen.[45] Allerdings folgt aus der **Garantie der Menschenwürde** gem Art 1 Abs 1 GG, dass die Persönlichkeit des Menschen auch über den Tod hinaus geschützt wird. Auf dieser Basis hat die Rechtsprechung den Schutz des postmortalen Persönlichkeitsrechts entwickelt.[46] Nach dem Tod eines Menschen können dementsprechend nur noch solche Eingriffe abgewehrt werden, die nicht

---

38 KG AfP 2010, 85; LG Hamburg AfP 2012, 289; *Soehring*/Hoehne § 13 Rn 16; *Prinz/Peters* Rn 140; MünchKommBGB/*Rixecker* Anh zu § 12 BGB Rn 25.
39 BVerfG NJW 1967, 1411; BVerfG NJW 1979, 1875; BVerfG NJW 1989, 382.
40 § 194 Abs 3 S 2 StGB regelt die Zuständigkeit des Behördenleiters für die Stellung eines Strafantrags im Falle der Beleidigung gegen eine Behörde oder sonstige Stelle, die Aufgaben der öffentlichen Verwaltung wahrnimmt.
41 BVerfG NJW 1990, 1982; BVerfG NJW 1995, 3303, 3304; BGH NJW 1956, 1367.
42 BGH NJW 1983, 1183; BGH NJW 1984, 1607.
43 BGH NJW 2008, 2262; KG AfP 2010, 85; vgl auch MünchKommBGB/*Rixecker* Anh zu § 12 BGB Rn 20; krit dazu *Soehring*/Hoehne § 13 Rn 18.
44 BGH NJW 2008, 2262.
45 StRspr für alle BVerfG AfP 2006, 452, 453; weitergehend offenbar *Mitsch* mit Blick auf das postmortale Persönlichkeitsrecht verstorbener Straftäter unter strafrechtlichen Aspekten NJW 2010, 3479.
46 StRspr ausdrücklich zB BGH AfP 2007, 42, 43.

„nur" das allgemeine Persönlichkeitsrecht, sondern darüber hinausgehend die Menschenwürde des Betroffenen verletzen.[47]

Postmortal geschützt ist nach der Rechtsprechung des BVerfG zum einen der allgemeine Achtungsanspruch, der einem Menschen „*kraft seines Personseins*" zusteht. Dieser Schutz bewahrt den Verstorbenen insb vor **Herabwürdigungen oder Erniedrigungen**.[48] Darüber hinaus ist auch der sittliche, personale und soziale Geltungswert geschützt, den eine Person durch ihre eigene Lebensleistung erworben hat.[49]

II. Postmortale Verletzung der Menschenwürde

Von einer Verletzung der Menschenwürde ist bei **schweren Eingriffen und groben Entstellungen** auszugehen.[50] Eine Veröffentlichung, die diese Voraussetzungen erfüllt, ist **immer unzulässig**. Anders als im Fall des allgemeinen Persönlichkeitsrechts ist eine Abwägung der Menschenwürde im Konflikt mit der Meinungsfreiheit nicht möglich, da eine Verletzung der Menschenwürde immer unzulässig ist.[51] Eine Güterabwägung zB mit kollidierenden Freiheitsrechten der Medien findet insoweit nicht statt.[52]

Wie hoch allerdings die Hürde für eine Verletzung der Menschenwürde ist, zeigt der nachfolgend geschilderte **Beispielsfall** *Kaisen*. Das BVerfG[53] stellte in dieser Entscheidung ausdrücklich klar, dass ein *Berühren* der Menschenwürde des Verstorbenen für Unterlassungsansprüche der Angehörigen nicht ausreicht. Vielmehr bedarf es einer *Verletzung* der Menschenwürde und einer sorgfältigen Begründung, wenn angenommen werden soll, dass der Gebrauch eines Grundrechts auf die unantastbare Menschenwürde durchschlägt.[54]

Dem Fall lag die **Wahlkampfbehauptung der politischen Partei DVU** zugrunde, der verstorbene Präsident des Senats und Bürgermeister der Freien Hansestadt Bremen, Wilhelm Kaisen, würde, wenn er noch lebte, im Jahre 1991 die DVU wählen. Diese Aussage wurde vom BVerfG als wertende Wahlkampfaussage für zulässig erachtet, weil sie Wilhelm Kaisen nicht in seiner Menschenwürde verletze.[55]

Dabei spielte es für das BVerfG eine entscheidende Rolle, dass die DVU sich das Renommee von Wilhelm Kaisen im politischen Wahlkampf zu Nutze machen wollte. Dies sei gerade kein Ausdruck von Verachtung, sondern eher das Gegenteil. Eine weitere Rolle spielte es für das BVerfG, dass es sich bei der Äußerung um eine *„erkennbar spekulative Meinung des Verfassers"* gehandelt habe. Dem Adressaten, der diese Spekulation selbst auf ihre Plausibilität hin überprüfen könne, sei in aller Regel bewusst, dass Wahlkampfaussagen – ähnlich wie kommerziellen Zwecken dienende Werbeaussagen – häufig Übertreibungen enthielten und verzerrte Bilder zeichneten. Solche Äußerungen widersprächen zwar den ungeschriebenen Regeln des politischen Anstands und guten Geschmacks, stellten aber nicht die Lebensleistung des Betroffenen in Frage und verfälschten diese auch nicht.

---

47 BVerfG NJW 2001, 2957; BVerfG NJW 2001, 594; BVerfG NJW 2006, 3409.
48 BVerfG NJW 1991, 1645; BVerfG NJW 2001, 2957, 2959.
49 BVerfG NJW 2001, 2957, 2959.
50 Wenzel/*Burkhardt* Kap 5 Rn 115.
51 BVerfG NJW 2001, 594.
52 BVerfG AfP 2006, 452, 453 mit Verweis auf BVerfG NJW 2001, 594 und BVerfG NJW 2001, 2957, 2959.
53 BVerfG NJW 2001, 2957, 2960.
54 BVerfG NJW 2001, 2957, 2959 unter Verweis auf BVerfG NJW 1995, 3303.
55 BVerfG NJW 2001, 2957, 2960.

31 Die Entscheidung erscheint **vor dem Hintergrund der Rechtsprechung zur Vererblichkeit der kommerziellen Bestandteile des Persönlichkeitsrechts fragwürdig**. Dieser Rechtsprechung lag ein Fall zugrunde, in dem ein Unternehmen für die Umweltfreundlichkeit der von ihm vertriebenen Fotokopiergeräte mit dem Slogan geworben hatte *„Vom Blauen Engel schwärmen, genügt uns nicht."*. Die Werbung war mit einem nachgestellten Bild aus dem berühmten Film „Der blaue Engel" mit Marlene Dietrich illustriert. In diesem Zusammenhang entschied das BVerfG,[56] dass eine derartige Ausbeutung der Persönlichkeit eines Verstorbenen zu Werbezwecken dessen Menschenwürde zwar regelmäßig unberührt lasse. Gleichzeitig akzeptierte das BVerfG aber die richterliche Rechtsfortbildung, die der Erbin von Marlene Dietrich wegen der Ausbeutung der kommerziellen Bestandteile des Persönlichkeitsrechts von Marlene Dietrich einen Anspruch auf Schadensersatz zusprach.[57]

32 Auch im oben geschilderten Fall *Kaisen* entschied das BVerfG, dass die Menschenwürde von der Wahlkampfaussage der DVU nicht berührt sei. Schon dies erscheint zweifelhaft. Denn wenn die innere, politische Einstellung einer Person, noch dazu eines Politikers, nach seinem Tod für Wahlkampfzwecke verfremdet wird, so kann dies durchaus als grobe Entstellung seines Lebensbildes gesehen werden. Viel mehr aber stellt sich noch die Frage, ob in der ungenehmigten Verwendung einer Person im Rahmen einer **Wahlkampfwerbung** nicht – ebenso wie im Falle der Verwendung in einer Werbung für Fotokopiergeräte – eine Verletzung der kommerziellen Bestandteile des Persönlichkeitsrechts liegt. Zwar geht es bei Wahlkampfwerbung nicht um reine Wirtschaftswerbung. Gleichwohl macht sich der Werbende den Werbe- und Imagewert des ungefragt in die Werbung Einbezogenen zu Nutze. Im Ergebnis scheint jedenfalls die werbliche Verwendung eines Verstorbenen für die Wahlkampfwerbung einer politischen Partei, die er zu Lebzeiten abgelehnt hätte, weitaus mehr nach einer Entschädigung zu verlangen, als die rein kommerzielle, jedoch wertneutrale werbliche Verwendung im Rahmen der Werbung für Fotokopiergeräte. Es erscheint im Ergebnis nicht akzeptabel, dass im Fall Marlene Dietrich Schadensersatz an die Erben zu zahlen war, während im Fall Kaisen den Angehörigen nicht einmal Abwehransprüche zustehen sollen.

III. Keine postmortale immaterielle Geldentschädigung

33 Anspruchsinhaber im Falle von postmortalen Verletzungen der **ideellen Bestandteile** des Persönlichkeitsrechts sind nicht die Erben, sondern die **Angehörigen des Verstorbenen**. Allerdings ist insoweit anerkannt, dass den Angehörigen **lediglich Abwehransprüche** zustehen. Immaterielle Geldentschädigungsansprüche scheitern daran, dass die Genugtuungsfunktion, die diesen Ansprüchen zu Grunde liegt, beim Verstorbenen nicht mehr greifen kann.[58]

34 Gegenteilig hatte das OLG München[59] in einem Fall entschieden, in dem es der Tochter von Marlene Dietrich (auch) einen Schadens-/Wertersatzanspruch wegen der postmortalen Veröffentlichung eines angeblichen Nacktfotos von Marlene Dietrich zugesprochen hatte. Es argumentierte, dass Marlene Dietrich zu Lebzeiten einen solchen Geldentschädigungsanspruch gehabt hätte, der Schutz des allgemeinen Persönlichkeitsrechts aus Art 2 Abs 1 iVm Art 1 Abs 1 GG aber nicht weiter reichen könne als der Schutz der Menschenwürde nach dem Tod. Ebenso wenig sei einzusehen, dass der Schutz der postmortalen Persönlichkeitsrechte im kommerziellen

---

56 BVerfG NJW 2006, 3409.
57 BGH NJW 2000, 2201.
58 BGH NJW 1974, 1371; BGH NJW 2006, 605; OLG Karlsruhe Urt v 25.3.2011 Az 14 U 158/09; *v Pentz* AfP 2013, 20, 28.
59 OLG München ZUM 2002, 744; OLG München GRUR-RR 2002, 341.

Bereich verstärkt, der ideelle Bereich aber den Zugriffen der Medien deutlich schutzloser freigegeben werde.

Diesem Vorstoß hat der BGH[60] inzwischen eine Absage erteilt. Er hatte über immaterielle Geldentschädigungsansprüche der Angehörigen einer Verstorbenen zu entscheiden, die in rechtswidriger Weise durch Mitarbeiter eines TV Senders in entkleidetem Zustand gefilmt worden war. Der BGH lehnte immateriellen Geldentschädigungsansprüche der Angehörigen ab. Zur Begründung führte der BGH aus, Genugtuung komme für die Verstorbene nicht mehr in Betracht, da eine an Angehörige fließende Entschädigung wegen eines verletzenden Angriffs auf das Ansehen oder die Würde des Verstorbenen diese Genugtuungsfunktion nicht erfüllen könne. Das Gleiche gelte für einen Ausgleich der erlittenen Beeinträchtigung des Persönlichkeitsrechts.[61]

§ 4
Schutzbereiche des allgemeinen Persönlichkeitsrechts

Das allgemeine Persönlichkeitsrecht schützt nicht generell vor Berichterstattung in den Medien. Auch nachteilige Aussagen müssen von dem Betroffenen grds hingenommen werden, wenn sie wahr und durch ein entsprechendes Öffentlichkeitsinteresse gerechtfertigt sind.[62] Auch in Bezug auf wahre Aussagen und Tatsachen muss eine Person jedoch nicht *jede* Berichterstattung über sich dulden. Das Persönlichkeitsrecht gesteht dem Einzelnen vielmehr auch einen Lebensbereich zu, der von den Blicken Außenstehender geschützt, nur ihm selbst bzw dem von ihm selbst bestimmten Personenkreis wie Freunden und Familie zugänglich ist. Dieses **Recht auf einen eigenen Lebensraum** ist heute unbestritten.[63]

Der Umfang dieses Schutzes ist **gegen das Informationsbedürfnis der Öffentlichkeit abzuwägen**. Während eine reine Privatperson sich in der Regel in sehr weitem Umfang darauf berufen kann, in ihrem Leben vor den Augen der Öffentlichkeit geschützt zu sein, steht dieses Recht Prominenten und insb Politikern nur in sehr viel beschränkterem Umfang zu. Es kann für die Öffentlichkeit durchaus von Relevanz und anerkennenswertem Interesse sein, ob zB ein Politiker privat auch „lebt", was er öffentlich „predigt". Hier gewinnt die Rolle der Presse als sog „Watchdog der Gesellschaft" ihre Bedeutung, die es auch nach der insoweit strengen Rechtsprechung des EGMR möglich macht, Personen in öffentlichen Funktionen in gewissen Grenzen auch in ihrem Privatleben zu fotografieren oder sonst über ihr Privatleben zu berichten. In diesem Kontext hat zuletzt auch das KG zu Recht die Berichterstattung über die Liaison eines Politikers mit einer bekannten Schlagersängerin, Moderatorin und Schauspielerin für zulässig gehalten.[64]

Um hier gewisse Anhaltspunkte für die zu beachtenden Grenzen zu haben, anhand derer die sodann erforderliche Abwägung zwischen Persönlichkeitsschutz einerseits und Pressefreiheit andererseits vorzunehmen ist, gehen die Rechtsprechung und weite Teile der Literatur von **Sphären jeweils unterschiedlicher Schutzintensität** aus.[65]

---

60 BGH ZUM 2006, 211.
61 BGH ZUM 2006, 211, 212.
62 BVerfG NJW 1999, 1322, 1324 mwN.
63 Vgl eine Vielzahl von Nachweisen bei Wenzel/*Burkhardt* Kap 5 Rn 35.
64 KG AfP 2012, 53.
65 Zu den unterschiedlichen Ansätzen der Sphärenbildung unter entsprechenden weiteren Nachweisen vgl Wenzel/*Burkhardt* Kap 5 Rn 38 ff; krit zu dieser Art der Systematisierung MünchKommBGB/*Rixecker* Anh zu § 12 BGB Rn 10.

I. Geheimsphäre

39 Die Geheimsphäre steht in engem Zusammenhang mit dem vom BVerfG anerkannten **Recht auf informationelle Selbstbestimmung**.[66] Das Recht beruht auf dem Gedanken, dass grds jedermann selbst darüber bestimmen können soll, ob, wann und in welchem Umfang er persönliche Lebenssachverhalte offenbart. Deshalb ist die Weitergabe personenbezogener Daten ebenso unzulässig wie die Weitergabe des Inhalts persönlicher Briefe oder E-Mails,[67] das Abhören von Telefonaten, die Öffentlichmachung vertraulicher Aufzeichnungen und Tagebuchinhalten sowie sonstiger Informationen, die offenkundig oder mutmaßlich vom Geheimhaltungswillen des Betroffenen erfasst sind. Mangels entgegenstehender, überwiegender Informationsinteressen ist dieser Geheimhaltungswille des Betroffenen zu respektieren.

40 Bei der Bestimmung dessen, was in die Geheimsphäre einer Person fällt, kommt es maßgeblich auf das **Verhalten der betroffenen Person selbst** an. In Bezug auf Umstände, die der Betroffene selbst freimütig preisgibt, zB sich in Interviews oder sonst in der Öffentlichkeit dazu äußert, kann er sich nicht auf den Schutz der Geheimsphäre berufen. Er wird nicht in seinen Rechten verletzt, wenn die Medien das Thema dann auch entsprechend aufgreifen. Dabei kommt es jedoch nur auf eine vom Betroffenen selbst und freiwillig veranlasste Aufhebung der Geheimsphäre an. Unzulässige Veröffentlichungen durch Dritte können weitere Veröffentlichungen nicht rechtfertigen, denn sonst ließe sich der Geheimschutz jederzeit durch einen einmaligen Verstoß für die Zukunft aufheben und unterlaufen.[68] Ebenso können genehmigte Veröffentlichungen den Geheimnisschutz nur insoweit aufheben, als derselbe Umfang erneut betroffen ist. Gewährt zB ein politischer Agent Interviews, lässt sich jedoch stets nur so abbilden, dass er letztlich nicht erkennbar ist, so bleibt die Veröffentlichung von Fotos, die ihn identifizierbar machen und damit – im konkreten Fall – einer Gefährdung aussetzen, verboten.[69]

II. Intimsphäre

41 Die Intimsphäre umfasst den engsten persönlichen Lebensbereich einer Person. Sie ist **unantastbar**, ihr Schutz ist **absolut**.[70] Eingriffe Dritter in die Intimsphäre sind mangels entsprechender Einwilligung immer rechtswidrig. Eine Abwägung gegen die Rechte der Medien bzw gegen das Informationsbedürfnis der Öffentlichkeit findet in diesem Bereich nicht statt.

42 Zum Bereich der Intimsphäre zählen **Vorgänge aus dem Sexualbereich** (mit Ausnahme von Sexualstraftaten)[71] **ärztliche Untersuchungen** und deren Ergebnisse sowie **körperliche Gebrechen und Krankheiten**. Inkonsequent erscheint insoweit auf den ersten Blick, dass der BGH eine schwere Brustkrebserkrankung lediglich der Privat- und nicht der Intimsphäre zugeordnet hat.[72] Allerdings lässt die Entscheidung des BGH erkennen, dass bei einem ungenehmigten Bericht über die Erkrankung von einer besonders schweren Persönlichkeitsverletzung ausgegangen wird, die auch einen Geldentschädigungsanspruch rechtfertigt. Insoweit ist eher davon auszugehen, dass der BGH hier mit der Verwendung des Begriffs der „Privatsphäre" einen

---

66 BVerfG NJW 1984, 419.
67 Vgl zB OLG Köln AfP 2012, 66, 68.
68 LG Hamburg NJW 1989, 1160.
69 OLG München ZUM 1990, 145.
70 BVerfG AfP 2009, 365; BVerfG NJW 2000, 2189; BGH AfP 2012, 47 Rn 11; BGH NJW 1979, 647; BGH NJW 1981, 1366; BGH NJW 1999, 2893, 2894.
71 BGH AfP 2013, 250.
72 BGH NJW 1996, 984, 985; krit insoweit Wenzel/*Burkhardt* Kap 5 Rn 48.

besonders schützenswerten Bereich der Betroffenen definieren und die Privatsphäre nicht gegen die Intimsphäre abgrenzen wollte. Aus der Entscheidung ist daher nicht zu folgern, dass entsprechende Krankheiten nicht der Intimsphäre zuzurechnen seien.

Nicht vom absolut geschützten Bereich der Intimsphäre erfasst ist, was der Betroffene selbst 43 öffentlich macht oder was offenkundig sichtbar ist. Das BVerfG[73] hat klargestellt, dass der Schutz der Privatsphäre entfällt *"wenn sich jemand selbst damit einverstanden zeigt, dass bestimmte, gewöhnlich als privat geltende Angelegenheiten öffentlich gemacht werden, etwa indem er Exklusivverträge über die Berichterstattung aus seiner Privatsphäre abschließt"*. Für den Bereich der Intimsphäre kann nichts anderes gelten.[74] So hat auch der BGH[75] kürzlich entschieden, dass sich ein Pornodarsteller nicht gegen eine Berichterstattung über sein Mitwirken in pornographischen Filmen mit dem Einwand zur Wehr setzen kann, dass dies einen unzulässigen Eingriff in seine Intimsphäre darstelle. Über den Betroffenen und seine Betätigung war berichtet worden, da er zu diesem Zeitpunkt mit einer bekannten Schauspielerin liiert war und im Nachhinein bekannt wurde, dass er nebenberuflich an pornographischen Filmen mitgewirkt hatte. Der BGH verneinte eine Verletzung der Intimsphäre, da der Betroffene durch seine Mitwirkung in professionell und kommerziell hergestellten Pornofilmen – in denen er für den Zuschauer erkennbar war – freiwillig und bewusst diesen (eigentlich umfassend geschützten) Bereich einer interessierten Öffentlichkeit preisgegeben hatte und sich deshalb nicht mehr auf den Schutz seiner Intimsphäre berufen konnte.

Auch **religiöse Überzeugungen** und Zugehörigkeiten zu religiösen Vereinigungen können 44 der Intimsphäre zugeordnet werden. Die Rechtsprechung ist insoweit nicht ganz einheitlich. Sie geht teilweise von einer Zurechnung zur Intimsphäre,[76] teilweise zur Privatsphäre[77] aus. Auch hier ist allerdings davon auszugehen, dass das BVerfG,[78] das eine Zuordnung zur Privatsphäre vornimmt, den Begriff der Privatsphäre im konkreten Fall als Oberbegriff für den Bereich der Privat- und Intimsphäre verwendet. Eine Abgrenzung findet in der zitierten Entscheidung nicht statt und im konkreten Fall entschied das BVerfG ohnehin *zu Gunsten* des Betroffenen. Aus der Verwendung des Begriffs der Privatsphäre durch das BVerfG ist an dieser Stelle daher ebenfalls nicht zu folgern, dass das Gericht – wäre es auf die Unterscheidung zwischen Intim- und Privatsphäre angekommen – von dem Bereich der Privatsphäre anstelle der Intimsphäre ausgegangen wäre. Unter Zugrundelegung aktueller Rechtsprechung ist jedoch im Ergebnis eher davon auszugehen, dass derartige Überzeugungen und Zugehörigkeiten Bestandteil der Privatsphäre sind, vorausgesetzt es handelt sich bei der Zugehörigkeit um die bloße Mitgliedschaft, die keinerlei Öffentlichkeitswirkung entfaltet.[79]

Letztlich bleibt die **Abgrenzung zwischen Intim- und Privatsphäre fließend** und hängt 45 nicht zuletzt auch davon ab, wie detailliert über einen Sachverhalt berichtet wird. So wurde zB die Erwähnung eines Ehebruchs nicht der Intimsphäre, sondern nur der (abwägungsfähigen) Privatsphäre zugerechnet, mit der Begründung, dass der Umstand des Ehebruchs im konkreten Fall lediglich als Tatsache erwähnt, jedoch nicht im Detail darüber berichtet worden war.[80]

---

73 BVerfG NJW 2000, 1021, 1023.
74 Wenzel/*Burkhardt* Kap 5 Rn 51 mit Verweis auf *Koppehele* AfP 1981, 337 und *Soehring* AfP 2000, 230, 234.
75 BGH AfP 2012, 47 Rn 12 f.
76 So wohl OLG München NJW 1986, 1260.
77 BVerfG NJW 1990, 1980; BGH ZUM-RD 2012, 253; vgl auch BVerfG NJW 1997, 2669.
78 BVerfG NJW 1990, 1980.
79 BGH ZUM-RD 2012, 253.
80 BGH NJW 1999, 2893; *v Pentz* AfP 2014, 8, 10 mwN.

III. Privatsphäre

46 Die Privatsphäre ist weiter als die Intimsphäre. Sie stellt denjenigen Lebensbereich einer Person dar, der zwar keine intimen Themen wie den Sexualbereich oder Krankheiten erfasst, in dem sich aber das **private, nicht freiwillig nach außen getragene Leben des Betroffenen** abspielt. Es geht dabei um den sowohl **räumlich als auch thematisch abzugrenzenden Schutzbereich**,[81] zu dem nur der Betroffene selbst Zugang hat sowie diejenigen Personen, denen er selbst diesen Zugang gestattet.

1. Räumliche Abgrenzung

47 In räumlicher Hinsicht gehört zur Privatsphäre insb der **häusliche Bereich**, von dem eine Person annehmen darf, dass er ohne konkrete Hilfsmittel oder Maßnahmen zur Ausspähung den Augen Dritter entzogen ist.[82]

48 Daneben zählt zur Privatsphäre in räumlicher Hinsicht auch derjenige Bereich, der eine gewisse **örtliche Abgeschiedenheit** bietet. Gemeint sind Orte, an denen der Betroffene begründetermaßen davon ausgehen kann, vor den Blicken der Öffentlichkeit geschützt zu sein. Eine Verletzung dieses räumlichen Bereichs hat das LG Hamburg[83] zB in einem Fall angenommen, in dem über die Versöhnung eines bekannten deutschen Sportlers mit seiner Ehefrau berichtet worden war. Es war ua beschrieben worden, wo und in welcher Weise die beiden einen Kurzurlaub verbrachten. Aus der Berichterstattung ergab sich, dass es sich um einen Urlaub in einem speziellen Bereich eines Hotels gehandelt hatte, der gerade nicht der Öffentlichkeit zugänglich war und in den sich das Paar zurückgezogen hatte. Bei „**öffentlichen Orten**" wie öffentlichen Badeanstalten, öffentlichen Wegen, Märkten etc wird hiervon demgegenüber nicht ausgegangen. Das Kriterium der „örtlichen Abgeschiedenheit" basiert auf der Rechtsprechung des BGH und des BVerfG zu Caroline von Monaco.[84] Die örtliche Abgeschiedenheit wurde als entscheidend dafür angesehen, ob eine absolute Person der Zeitgeschichte[85] auch bei privaten Tätigkeiten fotografiert werden durfte oder nicht. Spielte sich die fragliche Tätigkeit in einem Bereich örtlicher Abgeschiedenheit ab, wie zB in dem hinteren Teil eines Gartenrestaurants, war dies nicht der Fall.[86] Bei privaten Tätigkeiten außerhalb örtlicher Abgeschiedenheit, wie zB bei dem Besuch eines öffentlichen Marktes, durfte die absolute Person der Zeitgeschichte demgegenüber abgelichtet werden.[87]

49 Diese Rechtsprechung hat zunächst durch die „Caroline I"-Entscheidung des EGMR[88] sowie durch die daraufhin folgende Veränderung der deutschen Rechtsprechung aufgrund der EGMR-Entscheidung eine Wandelung erfahren. Man könnte deshalb vertreten, dass damit auch der Raum der Privatsphäre neu definiert werden müsse.

50 Dieser Ansatz ist jedoch nicht richtig und eine Neudefinition des räumlichen Aspekts der Privatsphäre nicht erforderlich. Der Grund hierfür liegt darin, dass der private Einkaufsbummel oder der private Besuch eines Straßencafés schon immer der Privatsphäre zuzuordnen war und

---

81 BVerfG NJW 2000, 2194; BGH NJW 1996, 1128; BVerfG WRP 2008, 645, 651; BGH AfP 2012, 53 Rn 10; BGH AfP 2012, 551 Rn 12.
82 KG NJW-RR 2000, 1714; BVerfG NJW 2006, 2836.
83 LG Hamburg Urt v 18.11.2008 – Az 324 O 647/08.
84 BVerfG NJW 2008, 1793, 1799; BGH NJW 1996, 1128; BVerfG NJW 2000, 1021; BVerfG NJW 2000, 2192.
85 Zum Begriff der absoluten Person der Zeitgeschichte vgl *Boksanyi/Koehler* in Bd 4 Kap 1 Rn 36.
86 BVerfG NJW 2000, 1021.
87 BVerfG NJW 2000, 1021, 1026.
88 EGMR NJW 2004, 2647.

dies auch bleibt. Der räumliche Bereich der Privatsphäre hat sich somit nicht verändert. Was sich geändert hat, ist die Gewichtung der Interessen im Rahmen der Abwägung, wann und unter welchen Umständen im Hinblick auf das Informationsinteresse der Öffentlichkeit Bilder aus diesem Bereich der Privatsphäre veröffentlicht werden dürfen. Mit Abschaffung oder jedenfalls Relativierung der Figur der absoluten Person der Zeitgeschichte[89] gibt es jedenfalls keine Personen mehr, die per se im Rahmen ihrer Privatsphäre abgelichtet werden dürfen und zwar auch dann nicht, wenn sich die Privatsphäre im öffentlichen Raum abspielt. Eine Neudefinition des räumlichen Bereichs der Privatsphäre geht damit aber nicht einher.

Entsprechend hat auch das OLG Köln[90] in einer Entscheidung über die Veröffentlichung eines Fotos von der Hochzeit eines bekannten deutschen Fernsehmoderators ua darauf abgestellt, dass das Foto in „örtlicher Abgeschiedenheit" entstanden ist. Das Gericht nahm eine Verletzung des Persönlichkeitsrechts an, da das streitgegenständliche Foto einen sehr privaten Moment vor Beginn der eigentlichen Trauungszeremonie zeigte, bei der sich die Braut in „örtlicher Abgeschiedenheit" befand. Das Gericht maß dem gesteigerten Schutz der Privatsphäre in diesem Bereich besondere Bedeutung bei und berücksichtigte, dass sich die Betroffene in einem Bereich des Rückzugs befand, in dem sie nicht damit rechnen musste fotografiert zu werden. Das OLG Köln stellte klar, dass für die Frage der Persönlichkeitsrechtsverletzung durch eine Bildnisveröffentlichung allein das konkret streitgegenständliche Bild maßgeblich ist. Dies erklärt auch die Tatsache, dass Veröffentlichungen anderer Fotografien von derselben Hochzeit durch das OLG Hamburg[91] als rechtmäßig angesehen wurden, da sie eben nicht in „örtlicher Abgeschiedenheit" entstanden waren.

2. Thematische Abgrenzung
Thematisch gehören zum Bereich der Privatsphäre alle Vorgänge, die nach allgemeinem Verständnis als „privat" gelten, also alle Umstände, die in Zusammenhang mit **Familie, Freunden und privaten Tätigkeiten** stehen. Hierzu zählen auch **Heirats- und Scheidungsabsichten** und damit in Zusammenhang stehende sonstige Einzelheiten aus dem Privatleben. Auch hier kommt es für die Frage, ob über private Themen berichtet werden darf, auf eine Abwägung des Schutzes der Privatsphäre des Betroffenen mit dem Informationsbedürfnis der Öffentlichkeit an. So mag zB die geplante Hochzeit eines Politikers zwar eine private Angelegenheit sein, das Informationsbedürfnis der Öffentlichkeit kann eine Berichterstattung hierüber allerdings rechtfertigen. So hat auch das OLG Hamburg in zwei Entscheidungen[92] über die Rechtmäßigkeit der Veröffentlichungen von Hochzeitsfotos des oben bereits erwähnten, bekannten deutschen Fernsehmoderators eine Verletzung des allgemeinen Persönlichkeitsrechts verneint. Auch das KG ist kürzlich in einer Entscheidung,[93] die ebenfalls die Hochzeit eines anderen bekannten Fernsehmoderators betraf, zu einem vergleichbaren Ergebnis gelangt. Beide Gerichte stellten dabei klar, dass bei einer Person von überragender Bekanntheit ein hohes öffentliches Interesse daran besteht, ob sie die von ihr öffentlich repräsentierten Werte und Erscheinungsformen auch tatsächlich lebt oder ob sie in Wirklichkeit nicht ganz anders ist, als sie sich in den Medien gibt. Gerade Feierlichkeiten wie Hochzeiten sind dazu geeignet, das reale Leben prominenter Persönlichkeiten damit zu vergleichen, wie sie sich bislang in der Öffentlichkeit präsentiert haben. Entsprechendes hat das OLG Karlsruhe im Falle von Albert II. von Monaco sogar für sehr intime Gespräche

---
89 BVerfG NJW 2008, 1793, 1798; vgl *Teichmann* NJW 2007, 1917.
90 OLG Köln ZUM 2009, 486.
91 OLG Hamburg ZUM 2009, 65 und OLG Hamburg ZUM 2009, 297.
92 OLG Hamburg ZUM 2009, 65 und OLG Hamburg ZUM 2009, 297.
93 KG AfP 2013, 60.

zwischen ihm und seiner Freundin bzw für Aussagen über eine gemeinsame Liebesnacht der Beiden mit der Begründung angenommen, da Albert II. von Monaco ein regierendes Staatsoberhaupt sei. Die Frage der Thronfolge in Monaco sei noch ungeklärt, weshalb ein hohes Öffentlichkeitsinteresse an den beschriebenen Vorgängen anzunehmen sei.[94]

52   Auch **Einkommens- und Vermögensverhältnisse** sind grds Privatsache. So hat auch der BGH in einer Entscheidung[95] angenommen, dass die Frage, in welchem Umfang und zu welchem Zweck ein prominenter Politiker in völlig legaler und legitimer Weise Vermögensinvestitionen getätigt hat, seiner Privatsphäre zuzuordnen sei. Gleiches gilt für **private Gespräche** und zwar auch dann, wenn sie berufliche oder sogar politische Themen zum Gegenstand haben. Hier kommt es weniger auf das Thema als auf die Umstände des Gesprächs an. Ähnlich wie bei der Annahme „örtlicher Abgeschiedenheit" im Rahmen des Bildnisschutzes, kann der Einzelne in Bezug auf ein privat geführtes Telefonat davon ausgehen, vor den Augen bzw Ohren der Öffentlichkeit geschützt sprechen zu können. Dementsprechend hat der BGH auch den Inhalt eines Telefonats zwischen dem damaligen Kanzlerkandidaten Helmut Kohl und dem Generalsekretär seiner Partei Kurt Biedenkopf über die politischen Aussichten im Wahlkampf der Privatsphäre zugeordnet.[96]

53   Weiterhin ist ebenfalls die reine Mitgliedschaft in einem Verein oder in einer politischen Vereinigung, die für sich genommen keinerlei Publizitätswirkung entfaltet nach der Rechtsprechung der Privatsphäre zuzuordnen.[97] Danach gehört zur grundrechtlich verbürgten Vereinsfreiheit auch die freie Entscheidung darüber, ob Mitglieder ihre Mitgliedschaft in der Öffentlichkeit kundtun oder ihre Vereinszugehörigkeit vorzugsweise verschweigen möchten.[98] Diese Zugehörigkeit oder Mitgliedschaft unterliegt aber dann nicht mehr der Privatsphäre, sondern vielmehr der Sozialsphäre, wenn der Betroffene eine leitende Funktion innerhalb dieser Gemeinschaft ausübt. Denn in diesem Fall ist die Tätigkeit des Betroffenen notwendigerweise auf Außenwirkung ausgerichtet, da es ua naturgemäß darum geht, die beabsichtigten Ziele der Gemeinschaft durchzusetzen und weitere Anhänger zu akquirieren.[99] Nach zutreffender Ansicht des BGH spielt es sodann auch keine Rolle, ob der Betroffene tatsächlich öffentlichkeitswirksam aufgetreten ist.

54   Soweit **Krankheiten, Krankenhausaufenthalte, ärztliche Behandlungen** etc nicht ohnehin bereits der Intimsphäre zuzuordnen sind, zB weil sie nach außen offenkundig sind, gehören sie jedenfalls der Privatsphäre an.[100]

Richtigerweise greift der Schutz der Privatsphäre aber dort nicht ein, wo der Betroffene den privaten Bereich selbst – zB im Rahmen von Interviews oder sog „Homestories" – geöffnet hat.[101] Vollkommen zu Recht hat das KG[102] daher eine Wort- und Bildberichterstattung über den öffentlich eskalierten Streit einer bekannten Schauspielerin mit ihrem Lebensgefährten für zulässig erklärt, nachdem diese zuvor offen und ausführlich über ihre Beziehung und den jeweiligen Zustand ihrer Partnerschaft gegenüber der Presse gesprochen hatte.

---

94   OLG Karlsruhe NJW 2006, 617.
95   BGH GRUR 2009, 1089.
96   BGH NJW 1979, 647.
97   BGH WM 2010, 2360; BGH ZIP 2010, 2399; BVerfG Beschl v 18.2.1991 – BvR 185/91.
98   Vgl *Sajuntz* NJW 2012, 3761.
99   BGH ZUM-RD 2012, 253 Rn 17.
100 So wohl auch BGH AfP 2012, 551.
101 Vgl BGH ZUM 2004, 207; BGH ZUM 2005, 155; BGH ZUM 2007, 201 Rn 21; BGH ZUM-RD 2012, 253 Rn 14.
102 KG NJW 2011, 785.

IV. Sozialsphäre

Die Sozialsphäre umfasst denjenigen Bereich einer Person, der außerhalb des Privaten liegt und in dem die Person mit Ihrer Umwelt in Kontakt tritt. Dieser Bereich kann grds von jedem wahrgenommen werden, ohne dass eine persönliche Beziehung bestehen muss. Gleichwohl tritt der Betroffene in diesem Bereich nicht bewusst in das Licht der Öffentlichkeit. Es geht hier um den **Bereich der beruflichen, gewerblichen oder politischen Betätigung des Betroffenen als Glied der sozialen Gesellschaft**.[103] Der BGH hat den Begriff der „Sozialsphäre" in seiner Entscheidung „Wallraff I"[104] geprägt und verwendet ihn seither in ständiger Rechtsprechung.[105] Auch in diesem Bereich steht dem Einzelnen vom Grundsatz her das Bestimmungsrecht darüber zu, in welchem Umfang er sich der Öffentlichkeit aussetzt.[106] Im Rahmen der Abwägung kommt dem Öffentlichkeitsinteresse in diesem Bereich aber ein wesentlich gewichtigerer Rang zu.[107] Die Äußerung wahrer Tatsachen muss in diesem Bereich regelmäßig hingenommen werden.[108] Eine entscheidende Rolle spielte die Einordnung eines Sachverhalts in die Sozialsphäre auch in der sog „spickmich.de"-Entscheidung des BGH in der es um die Zulässigkeit von Lehrerbewertungen in einem Schülerportal im Internet ging.[109] Eine klagende Lehrerin hatte in der Erhebung und Speicherung der von Schülern vorgenommenen Lehrer-Benotungen unter Nennung ihres Namens, der Schule und der von ihr unterrichteten Fächer eine Verletzung ihres allgemeinen Persönlichkeitsrechts gesehen. Der BGH führte hierzu aus, dass die Bewertungen seitens der Schüler lediglich die Sozialsphäre der Klägerin tangieren, da sie ihre berufliche Tätigkeit und mithin einen Bereich betreffen, in dem sich die persönliche Entfaltung von vornherein im Kontakt mit der Umwelt vollzieht. Äußerungen im Rahmen der Sozialsphäre dürfen, so der BGH weiter, nur im Falle schwerwiegender Auswirkungen auf das Persönlichkeitsrecht mit negativen Sanktionen verknüpft werden, so etwa dann, wenn eine Stigmatisierung, soziale Ausgrenzung oder Prangerwirkung zu besorgen sind.[110] Dies wurde im konkreten Fall abgelehnt.[111]

Im Bereich der Sozialsphäre stellt sich zumeist weniger das Problem, ob über einen bestimmten Sachverhalt berichtet werden darf, oder nicht, als vielmehr, ob der davon Betroffene namentlich genannt werden oder durch ein Foto **identifizierbar** gemacht werden darf. Zu dieser Problematik wird auf Bd 4 Kap 1 in diesem Werk verwiesen.

V. Öffentlichkeitssphäre

Die Öffentlichkeitssphäre betrifft denjenigen Bereich einer Person, in der sie sich bewusst und aktiv in das Licht der Öffentlichkeit stellt und sich dementsprechend die persönliche Entfaltung von vornherein im Kontakt mit der Umwelt vollzieht.[112] Hierunter fallen vor allem **öffentliche Auftritte** von Politikern, Wissenschaftlern und Künstlern. Über solche öffentlichen Auftritte und

---

103 Wenzel/*Burkhardt* Kap 5 Rn 65.
104 BGH NJW 1981, 1089, 1091.
105 BGH AfP 1995, 404.
106 BGH NJW 1981, 1366.
107 BGH AfP 1995, 404.
108 BVerfG NJW 2010, 1587.
109 BGH ZUM 2009, 753.
110 BGH ZUM 2009, 753 Rn 31; vgl auch BGH ZUM-RD 2012, 253 Rn 12; BGH GRUR 2010, 458 Rn 21; BVerfG NJW 2010, 1587 Rn 25; BVerfG AfP 2010, 465.
111 Zum Persönlichkeitsschutz bei Bewertungsportalen im Internet weiter *Schröder* VerwArch 2010, 205.
112 BGH ZUM-RD 2012, 253 Rn 14; BVerfG NJW 2003, 1109, 1110; BGH ZUM-RD 2007, 113 Rn 12; BGH ZUM 2010, 339 Rn 21; BGH AfP 1995, 404, 407.

die Einzelheiten, die dabei zu Tage treten, darf durch die Medien in der Regel berichtet werden.

58 Der Begriff des „Auftritts" ist hierbei allerdings problematisch. Richtigerweise kann als „öffentlicher" Auftritt nicht nur ein „offizieller" Auftritt gelten, der gegen Entgelt erfolgt. Vielmehr muss hierunter auch ein sonstiges öffentliches Erscheinen fallen, bei dem sich eine allgemein bekannte Person **bewusst dem Licht der Öffentlichkeit zuwendet**. Ein Beispiel hierfür ist das öffentliche Auftreten von Prominenten oder deren Angehörigen auf Sportveranstaltungen und Ehrentribünen. Es kann nach der hier vertretenen Auffassung nicht richtig sein, dass sich zB Ehefrauen von Fußballnationalspielern – teilweise gemeinsam mit ihren Kindern – bei weltweit übertragenen Spielen zB im Rahmen einer Fußballweltmeisterschaft prominent auf der Zuschauerbühne präsentieren, sich bei der Veröffentlichung entsprechender Fotos dann aber auf eine angebliche Verletzung ihrer Privatsphäre berufen. Ähnliches gilt auch für „Auftritte" Prominenter in bestimmten Lokalen oder bei Feierlichkeiten, die zwar einen privaten Anlass haben mögen, die aber offenkundig mit der Zielsetzung besucht werden, „zu sehen und gesehen zu werden". Hier wäre eine differenziertere Betrachtung durch die Rechtsprechung wünschenswert und eine Zurechnung auch dieser Art von „Auftritten" zu der Öffentlichkeitssphäre geboten.

§ 5
Bestandteile des allgemeinen Persönlichkeitsrechts

I. Ideeller Bestandteil des allgemeinen Persönlichkeitsrechts

59 Das allgemeine Persönlichkeitsrecht wurde von der Rechtsprechung zunächst ausschließlich dazu entwickelt, den Menschen in seinem **immateriellen Wert- und Achtungsanspruch**, in seiner Menschenwürde und der freien Entfaltung seiner Persönlichkeit zu schützen. Der von einer Medienberichterstattung Betroffene sollte sowohl in seinem **Selbstbestimmungsrecht** darüber, was er der Öffentlichkeit über seine Person zugänglich macht und was nicht, als auch in seinem Interesse auf unverfälschte Darstellung seiner Persönlichkeit geschützt werden. Es ging somit zunächst ausschließlich um den ideellen, in Geld nicht messbaren Wert, dem Betroffenen einen „autonomen Bereich eigener Lebensgestaltung zuzugestehen, in dem er seine Individualität unter Ausschluss anderer entwickeln und wahrnehmen kann."[113]

60 Dieser ideelle Wert ist ebenso wie das so verstandene allgemeine Persönlichkeitsrecht **unauflöslich mit der Person des Betroffenen verbunden und nicht auf Dritte übertragbar**.[114] Ebenso wenig kann der ideelle Teil des Persönlichkeitsrechts vererbt werden, weshalb Geldentschädigungsansprüche von Erben oder Angehörigen eines Verstorbenen für Verletzungen des postmortalen, ideellen Persönlichkeitsrechts bis heute verneint werden.[115]

---

113 MünchKommBGB/*Rixecker* Anh zu § 12 BGB Rn 2 mit Verweis auf BGH NJW 1996, 1128 und *Di Fabio* AfP 1999, 126 mwN.
114 BGH NJW 2000, 2195, 2197; BGH GRUR 1968, 552, 554; MünchKommBGB/*Rixecker* Anh zu § 12 BGB Rn 27; *v Pentz* AfP 2013, 20, 27.
115 BGH NJW 2006, 605; BGH AfP 2012, 260; BGH NJW 1974, 1371; BGH NJW 2000, 2195, 2197; Wenzel/*Burkhardt* Kap 14 Rn 139; *v Pentz* AfP 2013, 20, 27; *Soehring*/Hoehne § 32 Rn 20; MünchKommBGB/*Rixecker* Anh zu § 12 BGB Rn 41.

II. Kommerzieller Bestandteil des allgemeinen Persönlichkeitsrechts

In zunehmendem Maße erwiesen sich in der modernen Medienwelt, insb in der Werbewirtschaft, die Kennzeichen einer prominenten Person aber auch als wirtschaftlich verwertbar.

So hat die Werbewirtschaft in den letzten Jahren und Jahrzehnten verstärkt damit begonnen, berühmte Persönlichkeiten zum Zwecke der Bewerbung eigener Produkte oder Dienstleistungen einzusetzen und die Rechtsprechung musste anerkennen, dass auch dann, wenn die entsprechende Werbung nicht gegen den ideellen Teil des Persönlichkeitsrechts verstößt, also weder entwürdigend noch herabsetzend ist, der **wirtschaftliche (Werbe-)Wert einer Person** geschützt werden musste. Name, Stimme und Aussehen – letztlich das ganze „Image" einer Person[116] – werden heute als eigentumsähnliches Persönlichkeitsgüterrecht einer Person anerkannt.

Endgültig höchstrichterlich anerkannt ist die Trennung von ideellen und kommerziellen Bestandteilen des Persönlichkeitsrechts seit den sog „**Marlene**"**-Entscheidungen** des BGH[117] und des BVerfG.[118] Diese Entscheidungen trugen der zunehmenden Kommerzialisierung von Persönlichkeitsmerkmalen in den Massenmedien Rechnung. Persönlichkeitsmerkmale wie Name, Bild und Unterschriftszug von Marlene Dietrich waren von Unternehmen zur Vermarktung und Bewerbung diverser Produkte eingesetzt worden. Konkret ging es um die Bewerbung von Fotokopiergeräten[119] in dem einen bzw Fotos, Kosmetika und Merchandising-Artikel[120] in dem anderen Fall. Der BGH entschied, dass Auskunfts- und Schadensersatzansprüche zugunsten der Erbin von Marlene Dietrich begründet seien.[121] In diesen Entscheidungen erkannte der BGH zum ersten Mal ausdrücklich die Trennung von ideellen und kommerziellen Bestandteilen des Persönlichkeitsrechts an. Bei einer schuldhaften Verletzung der vermögenswerten Bestandteile des Persönlichkeitsrechts sollten Schadensersatzansprüche unabhängig von der Schwere des Eingriffs bestehen und nach dem Tod der Betroffenen auch zugunsten seiner Erben aufrecht erhalten bleiben. Das BVerfG bestätigte diese Entwicklung. Diese sei verfassungsrechtlich zwar nicht geboten, als richterliche Rechtsfortbildung auf der Ebene des einfachen Rechts aber zulässig und verfassungsrechtlich nicht zu beanstanden.

III. Geldentschädigung und/oder fiktive Lizenz bei Verletzung

Die widerrechtliche Verwendung der Persönlichkeitsmerkmale einer Person zu Zwecken der Wirtschaftswerbung kann **parallel sowohl einen immateriellen Geldentschädigungs-, als auch einen materiellen Schadensersatz- bzw Lizenzanspruch** auslösen. Der Anspruch auf immaterielle Geldentschädigung, somit auf Ersatz des Nichtvermögensschadens besteht gegebenenfalls selbstständig neben demjenigen auf Ersatz des Vermögensschadens und muss auch selbstständig und ausdrücklich geltend gemacht werden. Dabei berührt die Geltendmachung eines etwaigen materiellen Schadensersatz- bzw Lizenzanspruchs den eventuellen Anspruch auf eine immaterielle Geldentschädigung allenfalls der Höhe nach, jedoch nicht dem Grunde nach.[122] Die Ansprüche unterliegen unterschiedlichen Voraussetzungen.

---

116 *Beuthien* NJW 2003, 1220; ausf zu den Identitätsmerkmalen der Persönlichkeit als Wirtschaftsgüter *Byung Ha Ahn* § 2 sowie Buchbesprechung dazu von *Helle* AfP 2010, 438, 439.
117 BGH NJW 2000, 2195; BGH NJW 2000, 2201.
118 BVerfG NJW 2006, 3409.
119 BGH NJW 2000, 2201.
120 BGH NJW 2000, 2195.
121 Unterlassungsansprüche waren bereits durch die Abgabe von Unterlassungserklärungen erledigt worden.
122 Wenzel/*Burkhardt* Kap 14 Rn 113; OLG München ZUM 1996, 160.

1. Geldentschädigung für immaterielle Verletzung

65 Der Zuspruch einer immateriellen Geldentschädigung setzt eine **besonders schwerwiegende Persönlichkeitsrechtsverletzung** voraus.[123] In der „nur" widerrechtlichen Einbindung einer Person in eine wertneutrale Werbung wird dies nach heutigem Verständnis nicht (mehr) gesehen.[124] Vielmehr müssen **besondere Umstände** hinzutreten, die die konkrete Werbung als etwas Negatives und Ehrenrühriges erscheinen lassen. Dies kann in der Peinlichkeit des beworbenen Produkts selbst liegen, zB bei der Werbung für ein Sexualpräparat.[125] Entsprechendes ist aber auch denkbar, wenn der Betroffene aus beruflichen oder sonst anzuerkennenden Gründen, zB als Politiker oder Theologe, es als ehrenrührig oder seiner Position abträglich ansehen muss, dass der Eindruck erweckt wird, er habe sich für eine entsprechende Werbung zur Verfügung gestellt.[126]

66 Vor diesem Hintergrund verwundert es, dass das nachfolgend noch näher besprochene Urteil des BGH zu Oskar Lafontaine[127] den Aspekt der immateriellen Geldentschädigung nicht thematisiert hat bzw ein solcher offenbar nicht geltend gemacht wurde. Zwar führt der BGH in diesem Urteil im Rahmen des Anspruchs auf fiktive Lizenzgebühr aus, dass ein Bereicherungsanspruch nicht daran scheitert, dass der Kläger wegen des für Bundesminister geltenden Verbots anderer besoldeter Tätigkeiten gem Art 66 GG oder aus Gründen der politischen Glaubwürdigkeit an der eigenen kommerziellen Verwertung seines Bildnisses gehindert gewesen wäre.[128] Der Anspruch scheitert an späterer Stelle der Prüfung aus anderen Gründen. Nicht thematisiert wird aber, ob der Gedanke politischer Glaubwürdigkeit für Oskar Lafontaine eine immaterielle Geldentschädigung begründen hätte können.

67 Insgesamt fällt auf, dass die meisten Urteile, die sich in aktuellerer Zeit mit der Gewährung von Entschädigungsansprüchen wegen ungewollter Einbindung in Werbemaßnahmen beschäftigt haben, dies ausschließlich in Zusammenhang mit der Frage nach einer fiktiven Lizenzgebühr tun und nicht zumindest auch parallel auf der Basis eines immateriellen Geldentschädigungsanspruchs. Der immaterielle Geldentschädigungsanspruch spielt in der Praxis insoweit nur sehr selten eine Rolle, obwohl unstreitig anerkannt ist, dass beide Ansprüche selbstständig nebeneinander bestehen können und nur entsprechend geltend gemacht werden müssen. Der Grund hierfür liegt vermutlich darin, dass wie oben dargestellt **die – auch ungewollte – Einbindung in Wirtschaftswerbung für sich betrachtet nicht als geldentschädigungswürdig angesehen wird**. Die Hürde für darüber hinausgehende Umstände, die eine Werbung aufgrund ihrer Peinlichkeit selbst geldentschädigungspflichtig machen, ist aber offenbar zu hoch, um in der Praxis oft überschritten zu werden.

68 Es erscheint durchaus fraglich, ob es richtig ist, nicht bereits den **ungewollten Einsatz einer Person in der Werbung** selbst als geldentschädigungswürdig anzusehen. Dabei geht es gar nicht um die Frage, ob es nach heutigem Verständnis ehrenrührig ist, den Eindruck zu erwecken, jemand habe sich zu Vermarktungszwecken zur Verfügung gestellt. Die *freiwillige* Mitwirkung in einer wertneutralen Werbung mag heute tatsächlich nichts Ehrenrühriges mehr an sich haben. Dies ändert aber nichts daran, dass es gleichwohl das immaterielle Persönlichkeitsrecht einer Person verletzen dürfte, wenn diese *unfreiwillig* zu Vermarktungszwecken eingesetzt und

---

123 BGH NJW 1995, 861, 864; BGH AfP 2012, 260 Rn 15; *Soehring*/Hoehne § 32 Rn 25; *Löffler*/*Steffen* § 6 LPG Rn 335 mwN; *Wanckel* Rn 269; *v Pentz* AfP 2014, 8, 17.
124 Wenzel/*Burkhardt* Kap 14 Rn 113.
125 Wenzel/*Burkhardt* Kap 14 Rn 112 unter Verweis auf BGH NJW 1958, 827.
126 Wenzel/*Burkhardt* Kap 14 Rn 111.
127 Vgl näher unter Rn 121 ff.
128 BGH GRUR 2007, 139, 140.

vor den Karren der Werbung gespannt wird. Im Falle einer **Zwangskommerzialisierung** erscheint eine solche Sichtweise geboten und zwar nicht deshalb, weil Werbung als solches ehrenrührig oder peinlich ist, sondern weil es das ureigenste Selbstbestimmungsrecht einer Person verletzt, wenn andere zu eigenen kommerziellen Zwecken ohne entsprechende Einwilligung über die Persönlichkeitsmerkmale eines anderen verfügen.

Folgt man dieser Auffassung nicht, tut sich zudem eine gefährliche **Schutzlücke** auf. Die 69 Werbewirtschaft kann sich nach gegenwärtigem Verständnis nämlich all derjenigen Personen relativ risikolos bedienen, die nicht entsprechend prominent sind und damit keinen anerkannten Werbewert haben. Eine fiktive Lizenzgebühr wird in diesen Fällen scheitern oder zumindest sehr geringwertig sein, da solche Personen einen fiktiven Lizenzwert nicht haben. Eine immaterielle Geldentschädigung scheitert aber ebenfalls, solange nicht die Werbung für sich genommen peinlich oder herabwürdigend ist, was in den meisten Fällen nicht der Fall sein wird. Es ist fraglich, ob die Rechtsprechung diese Schutzlücke gewollt, bewusst in Kauf genommen oder übersehen hat. Richtig erscheint sie jedenfalls nicht.

2. Fiktive Lizenzgebühr wegen materieller Verletzung

Wird eine Person ungefragt in der Werbung eingesetzt und damit ihr Werbewert ausgebeutet, so 70 führt dies zu einem **materiellen Schadensersatz- bzw Lizenzanspruch** der betroffenen Person. Sie hat dabei ein Wahlrecht, den Schaden entweder konkret oder nach der **Lizenzanalogie** zu berechnen oder den Verletzergewinn herauszuverlangen.[129] In der Praxis spielt in den weit überwiegenden Fällen ausschließlich die Lizenzanalogie eine Rolle. Dies dürfte seinen Grund in den Beweisproblemen haben, die mit jeder konkreten Berechnung – sei es des Schadens auf Seiten des Verletzten oder des Gewinns auf Seiten des Verletzers – zusammenhängen.[130]

Bei der Berechnung der fiktiven Lizenzgebühr ist derjenige Betrag zu ermitteln, den der Be- 71 troffene für eine entsprechende Werbung als Lizenzgebühr hätte verlangen können.[131] Dabei ist insb auf die **Bekanntheit und den Sympathie- bzw Imagewert des Abgebildeten** abzustellen[132] sowie auf den Aufmerksamkeitswert, den Verbreitungsgrad und die Rolle, die dem Abgebildeten in der Werbung zugeschrieben wird.[133] Das OLG München hat zB den Lizenzwert für das Werbemotiv „Blauer Engel" aus dem berühmten Film mit Marlene Dietrich iHv € 70.000 festgesetzt.[134]

Im Zuge der Annäherung des allgemeinen Persönlichkeitsrechts an ein kommerzialisiertes 72 Verwertungsrecht könnte man auch über eine doppelte Lizenzgebühr als pauschalierten Schadensersatz nachdenken. Anerkannt ist ein solch 100%iger Aufschlag auf die übliche Lizenzgebühr im Bereich des Urheberrechts bei der Verletzung von unkörperlichen Wiedergaberechten (GEMA-Fälle),[135] dieser Aufschlag wird aber für das gesamte Immaterialgüterrecht diskutiert.[136] In Einzelfällen spricht die Rechtsprechung einen solchen Aufschlag auch bei der Verletzung des Urheberpersönlichkeitsrechts zu, insb bei Fehlen der Urheberbenennung, rechtlich allerdings unter dem Gesichtspunkt einer Vertragsstrafe.[137] Für einen pauschalierten Aufschlag spricht den

---

129 BGH NJW 2000, 2201, 2202; BGH NJW 2007, 689.
130 Vgl *Wanckel* Rn 282.
131 Wenzel/*v Strobl-Albeg* Kap 9 Rn 10 mwN.
132 BVerfG GRUR-RR 2009, 375.
133 LG Hamburg GRUR 2002, 143 unter Verweis auf OLG München ZUM 2003, 139 und LG Hamburg ZUM 2004, 399.
134 OLG München NJW-RR 2003, 767.
135 BGH GRUR 1973, 379.
136 *Bodewig/Wandtke* GRUR 2008, 220.
137 OLG Düsseldorf GRUR 2006, 393; LG Köln Urt v 29.11.2007 – Az 29 O 102/07.

Präventionsgedanken zu stärken und nicht den redlichen Nutzer mit dem (vorsätzlichen) Verletzer gleichzusetzen. Bei Persönlichkeitsrechtsverletzungen besteht jedoch nicht das gleiche Bedürfnis nach präventiven Elementen, wie bei den Immaterialgüterrechten. Denn neben der Schadensberechnung nach der Lizenzanalogie ist der zusätzliche Ersatz immaterieller Schäden möglich und üblich. Präventive Erwägungen werden dabei seit langem mit einbezogen.

73   Die nachfolgenden Ausführungen und die darin erläuterten Urteile beziehen sich ausschließlich auf die Gewährung eines Anspruchs auf Zahlung einer fiktiven Lizenzgebühr wegen Verletzung der kommerziellen Persönlichkeitsrechte der betroffenen Person. Sie sind nicht mit immateriellen Geldentschädigungsansprüchen zu verwechseln.

§ 6
Das Persönlichkeitsrecht als selbstständiges Wirtschaftsgut

I. Das Persönlichkeitsrecht als frei verfügbares Ausschließlichkeitsrecht

74   Der BGH hat bereits in sehr frühen Entscheidungen das Recht am eigenen Bild als „vermögenswertes Ausschließlichkeitsrecht" bezeichnet.[138] Allerdings hat er in der sog „Nena"-Entscheidung[139] die Übertragbarkeit dieses Rechts wegen seines Rechtscharakters als allgemeines Persönlichkeitsrecht in Frage gestellt und damit gleichzeitig die Übertragbarkeit des allgemeinen Persönlichkeitsrechts selbst verneint.

75   Die Qualifizierung des allgemeinen Persönlichkeitsrechts als nichtübertragbar und nichtvererblich ist seit der Marlene-Rechtsprechung des BGH zumindest in dieser Absolutheit passé. In den Entscheidungen zu Marlene Dietrich hat der BGH die **kommerziellen Bestandteile des Persönlichkeitsrechts als vererbliches Rechtsgut anerkannt**, das bei ungenehmigter Verwendung Lizenzansprüche der Erben auslösen kann.

76   Weitere Fragen sind nach wie vor offen. Dies gilt zum einen weiterhin für die **Frage nach der Übertragbarkeit des Persönlichkeitsrechts unter Lebenden**. Für den ideellen Bestandteil des Persönlichkeitsrechts kann eine solche Übertragbarkeit sicherlich nicht in Frage kommen. Was den kommerziellen Bestandteil des Persönlichkeitsrechts betrifft, stellt sich die Situation jedoch anders dar. Die – zutreffende – Anerkennung der kommerziellen Bestandteile des Persönlichkeitsrechts sollte ihre logische Folge durchaus auch in der Anerkennung der Übertragbarkeit unter Lebenden haben. Zwar ist dem BGH darin zuzustimmen, dass die im Schrifttum teilweise erhobenen Bedenken gegen eine immer weiter fortschreitende Kommerzialisierung der Persönlichkeit und damit verbundene etwaige gesellschaftliche Fehlentwicklung nicht von der Hand zu weisen sind. Letztlich greifen diese aber – wie der BGH ebenfalls zutreffend weiter ausführt – nicht durch. Denn dem Recht kommt auch eine dienende Funktion zu, die im Interesse beider Seiten einen Ordnungsrahmen für neue Formen der Vermarktung bieten muss.[140] Die Vermarktung der kommerziell verwertbaren Persönlichkeitsmerkmale Prominenter ist heute ein Faktum im Wirtschaftsleben, das durch Nichtanerkennung in der Rechtsprechung weder verhindert, noch die dahinter stehende gesellschaftliche Entwicklung rückgängig gemacht werden kann.

---

138   BGH GRUR 1956, 427, 429; später auch BGH GRUR 1992, 557, 558.
139   BGH GRUR 1987, 128.
140   BGH NJW 2000, 2195, 2199.

In der sog „Nena"-Entscheidung[141] war der BGH noch gezwungen, den Umweg über die ergänzende Vertragsauslegung zu wählen, um zu einem interessengerechten Ergebnis zu kommen. Dies wäre heute angesichts der Weiterentwicklung und Anerkennung der kommerziellen Bestandteile des Persönlichkeitsrechts nicht mehr erforderlich. Es spricht insoweit viel dafür, die im Wirtschaftsleben praktizierte Übertragung kommerzialisierter Persönlichkeitsrechte auch juristisch anzuerkennen. Bedenkliche Ausuferungen oder gesellschaftliche Fehlentwicklungen sind insoweit schon deshalb nicht ernsthaft zu befürchten, weil ihnen durch das unstreitige und zu Recht nicht übertragbare ideelle Persönlichkeitsrecht Einhalt geboten wird.

Ungeklärt und soweit ersichtlich bislang in der Rechtsprechung nicht thematisiert ist auch die Frage nach der **bewussten und zielgerichteten Vererblichkeit** des kommerzialisierten Persönlichkeitsrechts. Die Anerkennung materieller Schadensersatzansprüche der Erben im Verletzungsfall muss nicht automatisch auch bedeuten, dass das kommerzielle Persönlichkeitsrecht ein selbstständiges Vermögensgut ist, über das der Erblasser beliebig testamentarisch verfügen kann. Kann er bspw sein kommerzielles Persönlichkeitsrecht im Sinne eines Vermächtnisses einer anderen Person als seinen Erben vermachen? Auch diese Frage ist bislang nicht geklärt.

Weiter stellt sich die Frage, was der Erblasser tun muss, wenn er *nicht* möchte, dass sein Persönlichkeitsrecht nach seinem Tod überhaupt verwertet wird. Muss er dann genau dies testamentarisch festlegen, weil die Befugnis zur Verwertung sonst automatisch auf seine Erben übergeht? Die Überlegung liegt nahe, denn immerhin hat der BGH die Vererblichkeit des kommerziellen Persönlichkeitsrechts dahingehend eingeschränkt, dass die Erben ihr Benutzungsrecht **nicht *gegen* den mutmaßlichen Willen des Erblassers** ausüben dürfen.[142] Wie aber soll dieser mutmaßliche Wille festgestellt und gewahrt werden, wenn nicht durch ausdrückliche testamentarische Verfügung womöglich mit gleichzeitiger Bestimmung einer Person als „Wächter" hierüber?[143]

Trotz aller offenen Fragen hat der BGH mit der Marlene-Rechtsprechung zumindest eine Grundlage für die wirtschaftliche, auch postmortale Verwertbarkeit von Ansehen und Bekanntheit einer Person vor allem auch zu Werbezwecken geschaffen.[144] Teilweise wird in der Literatur zwar die Tragfähigkeit dieser Grundlage in Frage gestellt, da das BVerfG darauf hingewiesen hat, dass das allgemeine Persönlichkeitsrecht nicht im Interesse einer Kommerzialisierung der eigenen Person gewährleistet sei.[145] Diese Bedenken erscheinen jedoch vernachlässigbar, da das BVerfG diese Aussage in einem anderen Zusammenhang getätigt hat. Es wollte damit der exklusiven Vermarktung von Bildnissen einer Person Einhalt gebieten, wenn es um *redaktionelle* Berichterstattung geht. Was eine Person in einem bestimmten Medium selbst der Öffentlichkeit zugänglich gemacht hat, soll nicht willkürlich für andere Medien gesperrt sein und nach Belieben des Betroffenen trotz eigener Offenlegung dann doch wieder dem Schutz der Privatsphäre unterliegen. Mit der Anerkennung der kommerziellen Bestandteile des Persönlichkeitsrechts als vermarktbares Vermögensgut im Rahmen der Werbung hat dies nichts zu tun.

Fakt ist in jedem Fall, dass der BGH mit der Anerkennung der Vererblichkeit der kommerziellen Bestandteile des Persönlichkeitsrechts einen deutlichen Schritt in Richtung Anerkennung des Persönlichkeitsrechts als vermarktbares Ausschließlichkeitsrecht getan hat. Die weitere Entwicklung hierzu bleibt abzuwarten.

---

141 BGH GRUR 1987, 128.
142 BGH NJW 2000, 2195, 2199; vgl auch BGH AfP 2012, 260 Rn 23.
143 Vgl insoweit auch die berechtigten Bedenken von Wenzel/*Burkhardt* Kap 5 Rn 117 ff.
144 Wandtke/Bullinger/*Fricke* § 22 KUG Rn 4.
145 Wandtke/Bullinger/*Fricke* § 22 KUG Rn 4 unter Verweis auf BVerfG GRUR 2000, 446.

II. Vermarktungsbereitschaft des Betroffenen

82 Es ist anerkannt, dass die ungenehmigte Verwertung der Persönlichkeitsmerkmale einer Person für den Betroffenen bzw nach seinem Tod für seine Erben Lizenzansprüche auslösen kann. Fraglich ist jedoch, ob die Geltendmachung solcher Ansprüche voraussetzt, dass der Betroffene – wäre er vorher gefragt worden – zu einer entsprechenden **Vermarktung bereit und in der Lage** gewesen wäre.

83 In der nachfolgend noch näher besprochenen Entscheidung zu Oskar Lafontaine gibt der BGH ausdrücklich seine frühere Rechtsprechung[146] auf, wonach ein Schadens- oder Bereicherungsausgleich ein solch grundsätzliches Einverständnis des Abgebildeten mit der Vermarktung seiner Person vorausgesetzt hat. Der **BGH** begründet diese **Änderung seiner Rechtsprechung** damit, dass die unbefugte kommerzielle Nutzung des Bildnisses einer Person in deren Recht am eigenen Bild eingreife, das vermögensrechtlich ausschließlich ihr selbst zustehe. Bereicherungsgegenstand sei die Nutzung des Bildes und da diese nicht herausgegeben werden könne, sei nach § 818 Abs 2 BGB Wertersatz zu leisten. Der Zahlungsanspruch fingiere nicht die Zustimmung des Betroffenen, sondern stelle vielmehr den Ausgleich für einen rechtswidrigen Eingriff in eine dem Betroffenen ausschließlich zugewiesene Dispositionsbefugnis dar.[147]

84 Diese Änderung der Rechtsprechung des BGH wird in der Literatur höchst kontrovers diskutiert.[148] Zum Teil wurde auch bereits vor der Entscheidung des BGH vertreten, dass es richtigerweise auf eine Vermarktungsbereitschaft des Betroffenen nicht ankommen kann. Ähnlich zu der jetzigen Begründung des BGH wurde darauf verwiesen, dass der Bereicherungsausgleich nicht dazu diene, eine Vermögensminderung beim Rechteinhaber auszugleichen, sondern einen grundlosen Vermögenszuwachs beim Rechtsverletzer.[149] Die Vermarktungsbereitschaft des Betroffenen sei dazu nicht Voraussetzung.

85 Gegen die Rechtsprechung des BGH wird von anderen Stimmen in der Literatur ins Feld geführt, der Inhaber der verletzten Persönlichkeitsrechte sei zu widersprüchlichem Verhalten gezwungen, wenn er sich immer gegen eine Kommerzialisierung seiner Persönlichkeit gewehrt habe, im Falle einer ungewollten Vermarktung durch einen Dritten aber gezwungen sei, seine Schadensberechnung bzw die Bereicherungsliquidation auf den Eingriff in ein Persönlichkeitsrecht als Wirtschaftsgut zu stützen.[150]

86 Dieser Kritik ist nicht zuzustimmen. Derjenige, der sich im Rahmen seines Selbstbestimmungsrechts dazu entschließt, sein Persönlichkeitsrecht nicht zu vermarkten bzw zu kommerzialisieren, nimmt damit seinem Persönlichkeitsrecht nicht dessen kommerziellen Wert. Ein solcher Vermögenswert entsteht nicht durch ein aktives Tun oder Unterlassen des Betroffenen, sondern durch eine entsprechende Nachfrage auf dem Markt. Entschließt sich der Inhaber des Rechts, diesen Marktwert nicht zu nutzen, so steht dies nicht im Widerspruch dazu, ihn gleichwohl zu liquidieren, wenn dieser Marktwert ihm ungewollt genommen wurde und eine Rück-

---

146 BGH NJW 1958, 827; BGH NJW 1959, 1269; BGH NJW 1979, 2205; zum Meinungsstand in der Literatur vor allem auch in Bezug auf unterschiedliche Konsequenzen fehlender Vermarktungsbereitschaft für Schadensersatzansprüche einerseits und Bereicherungsansprüche andererseits vgl ausf mwN *Helle* JZ 2007, 444, 447.
147 BGH GRUR 2007, 139, 141 unter Verweis auf ua Schricker/Loewenheim/*Götting* § 60 UrhG/§§ 33–50 KUG Rn 10, 14; Wenzel/*v Strobl-Albeg* Kap 9 Rn 10 mwN; *Ullmann* AfP 1999, 209, 212; vgl auch BGH AfP 2012, 260 Rn 24.
148 Im Ergebnis zust *Balthasar* NJW 2007, 664 und *Ehmann* AfP 2007, 81; abl demgegenüber *Helle* JZ 2007, 444.
149 Wandtke/Bullinger/*Fricke* § 22 KUG Rn 26 unter Verweis Schricker/Loewenheim/*Götting* § 60 UrhG/§§ 33–50 KUG Rn 15.
150 *Helle* JZ 2007, 444, 450.

gängigmachung des Vorgangs nicht mehr möglich ist. Die neue Rechtsprechung des BGH, die auf eine grundsätzliche Vermarktungsbereitschaft oder Vermarktungsfähigkeit des Rechtsinhabers als Voraussetzung für bereicherungsrechtliche Ausgleichsansprüche im Verletzungsfalle verzichtet, verdient daher Zustimmung.

III. Schutzdauer

Mit der Marlene-Rechtsprechung haben BGH und BVerfG die Vererblichkeit der kommerziellen Bestandteile des Persönlichkeitsrechts anerkannt. Offen war allerdings noch, wie lange nach dem Tod des Betroffenen dieser Schutz fortbestehen soll. Der BGH musste im Falle von Marlene Dietrich hierüber nicht entscheiden, da die dort streitgegenständlichen Verletzungshandlungen jeweils nur kurz nach dem Tod von Marlene Dietrich vorgenommen worden waren. 87

Der BGH hielt damals in zeitlicher Hinsicht nur fest, dass der Schutz kommerzieller Interessen nicht über den Schutz der ideellen Interessen an der Persönlichkeit hinausreichen könne. Einen Anhaltspunkt böte insofern die Zehn-Jahre-Frist des § 22 S 3 KUG, wobei offen bleiben könne, ob ein längerer Schutz der kommerziellen Interessen dann in Betracht zu ziehen sei, wenn und soweit sich aus dem allgemeinen Persönlichkeitsrecht ausnahmsweise ein längerer Schutz ideeller Interessen ergebe. 88

Die damals noch offene Frage der Schutzdauer hat der BGH[151] in der **„Klaus Kinski"-Entscheidung** dahingehend beantwortet, dass der Schutz der vermögenswerten Bestandteile des postmortalen Persönlichkeitsrechts **analog § 22 S 3 KUG auf zehn Jahre nach dem Tod begrenzt** sei. Streitgegenstand war in dieser Entscheidung die Registrierung des Domain-Namens „kinski-klaus.de", mit dem die Beklagten des Rechtsstreits für eine von ihnen veranstaltete Ausstellung über Klaus Kinski werben wollten. Vor dem BGH ging es nicht um fiktive Lizenzgebühren, sondern um Schadensersatz in Gestalt der Erstattung der zuvor entstandenen Abmahnkosten. Diese Schadensersatzansprüche ließ der BGH daran scheitern, dass die analog anzuwendende Schutzfrist für das postmortale Recht am eigenen Bild nach § 22 S 3 KUG überschritten war. 89

Die Entscheidung des BGH ist in der Literatur heftig umstritten[152] und wird teilweise als Rückschritt zu der Marlene-Rechtsprechung gewertet. Der BGH stützt sich im Wesentlichen auf zwei Argumente. Zum einen schaffe die klare Frist Rechtssicherheit. Zum anderen berücksichtige sie das berechtigte Interesse der Öffentlichkeit, sich mit Leben und Werk einer zu Lebzeiten weithin bekannten Persönlichkeit auseinanderzusetzen. Die Entscheidung des Gesetzgebers über die Dauer des Schutzes des postmortalen Rechts am eigenen Bild sei daher auf die Dauer des Schutzes für die vermögenswerten Bestandteile des postmortalen Persönlichkeitsrechts zu übertragen. 90

Der Entscheidung kann nicht zugestimmt werden. Soweit der BGH auf ein berechtigtes Öffentlichkeitsinteresse abstellt, greift dieses Argument dann nicht durch, wenn es gerade *nicht* um eine öffentliche Auseinandersetzung mit Leben und Werk einer berühmten Person geht, sondern um die kommerzielle Verwertung der vermögenswerten Bestandteile des Persönlichkeitsrechts in der reinen Wirtschaftswerbung. Der BGH führt zu Beginn seiner Entscheidung 91

---

151 BGH NJW 2007, 684.
152 Zust *Röthel* LMK 2007, 213, 345; abl *Reber* GRUR Int 2007, 492; *Götting* GRUR 2007, 170; MünchKomm-BGB/*Rixecker* Anh zu § 12 BGB Rn 43.

selbst aus, dass auch bei bestehendem Einwilligungserfordernis eine Rechtfertigung nach Art 5 GG möglich sei und gesondert geprüft werden müsse. Zur Sicherung dieser Interessen ist eine zeitliche Begrenzung der Schutzfrist somit nicht erforderlich.

92 Das zweite Argument des BGH, der Wunsch nach Rechtssicherheit, ist sicherlich nachvollziehbar. Gleichwohl ist mehr als fraglich, ob eine starre Grenze wie diejenige des § 22 S 3 KUG den **unterschiedlichen Bekanntheitsgraden von Prominenten** gerecht wird. Der BGH stellt darauf ab, dass die Begrenzung der Schutzdauer des Rechts am eigenen Bild ua auch auf dem Gedanken beruht, dass das Schutzbedürfnis nach dem Tod mit zunehmendem Zeitablauf abnimmt. Dies hat aber mit dem Verblassen der Erinnerung an den Verstorbenen zu tun und ist von Person zu Person verschieden. Während die eine Person ihre Bekanntheit bereits wenige Jahre nach ihrem Tod eingebüßt haben kann, gedeiht eine andere Person zum Mythos und ist auch noch viele Jahre nach ihrem Tod in der Erinnerung der Öffentlichkeit sehr präsent. Vor diesem Hintergrund ist es dann aber auch erforderlich, den unterschiedlichen Fällen durch individuell zu bestimmende und am Einzelfall auszurichtende Schutzfristen gerecht zu werden.

93 Eine Analogie zu der Schutzfrist nach § 22 KUG ist auch dogmatisch abzulehnen. Der BGH meint, „*die Entscheidung des Gesetzgebers über die Dauer des Schutzes des postmortalen Rechts am eigenen Bild (sei) auf die Dauer des Schutzes für die vermögenswerten Bestandteile des postmortalen Persönlichkeitsrechts zu übertragen*". Diese Analogie passt aber schon deshalb nicht, weil § 22 KUG einen vollkommen anderen Bereich, nämlich die nicht-kommerzielle Verbreitung eines Bildes betrifft.

94 Die **kommerzielle Verbreitung des Bildes einer Person zu Wirtschaftszwecken** ist **von § 22 KUG nicht erfasst**. Dies zeigt sich schon daran, dass es hier auch *während* der Dauer der ersten zehn Jahre nach dem Tod um eine ganz andere Einwilligung geht, als um die in § 22 S 3 KUG geregelte Einwilligung der *Angehörigen*, nämlich um die Einwilligung der *Erben*. Analog zu der Einwilligung der Angehörigen in eine nichtkommerzielle Verwertung könnte insoweit noch eher überlegt werden, ob mit Blick auf das Recht am eigenen Bild auch die sonstigen, nicht-materiellen Bestandteile des Persönlichkeitsrechts auf zehn Jahre begrenzt werden müssten. Dies geschieht aber – zu Recht – gerade nicht, denn auch nach Ablauf von zehn Jahren müssen den Angehörigen einer Person zumindest gegen grobe Entstellungen und Verletzungen Abwehransprüche weiterhin zustehen.

95 Die kommerzielle Verwertung der Persönlichkeitsmerkmale einer Person ist demgegenüber ein vollkommen anderer Rechtsbereich, der eine Analogie zu 22 KUG nicht nahelegt. So sehr man sich Rechtssicherheit wünschen mag, ist zumindest die starre Zehn-Jahres-Frist für rein wirtschaftliche Zwecke nicht akzeptabel.

§ 7
Werbung für Presseerzeugnisse

I. Bedeutung und Kategorisierung

96 Von den Fällen reiner Wirtschaftswerbung zu unterscheiden sind diejenigen Fälle, in denen eine Person in der **Werbung für ein Presseerzeugnis** eingesetzt wird.

97 Diesen Fällen kommt sowohl in der Praxis, also auch in der juristischen Diskussion deshalb eine besondere Bedeutung zu, weil in diesen Fällen das Persönlichkeitsrecht des Betroffenen in **Konflikt zu der nach Art 5 GG gewährleisteten Pressefreiheit** tritt und die beiden Rechtspositionen gegeneinander abgewogen werden müssen. Es ist höchstrichterlich anerkannt, dass die verfassungsrechtlich geschützte Pressefreiheit den Bereich des gesamten Pressewesens und da-

mit auch die Werbung für Presseerzeugnisse umfasst.[153] Inwieweit rechtfertigt dies aber den Eingriff in die Persönlichkeitsrechte zu Werbezwecken Abgebildeter?

Fest steht, dass sich auch im Bereich des Pressewesens niemand ohne irgendeinen Zusammenhang für die Werbezwecke eines Medienunternehmens einspannen lassen muss. Fraglich ist aber, wie eng der Zusammenhang zwischen dem redaktionellen Inhalt des Presseprodukts und dem zu Werbezwecken Abgebildeten sein muss, um die Werbung auch ohne dessen Einwilligung zu rechtfertigen.

Richtigerweise sind hier **drei Fallgruppen unterschiedlicher Werbearten** zu unterscheiden:
- Werbung *im* Presseprodukt selbst, zB durch Abbildung auf der Titelseite,
- Werbung *außerhalb* des Presseprodukts, jedoch *für* eine bestimmte Ausgabe des Produkts und
- allgemeine Imagewerbung zugunsten eines Verlags oder einer Publikation.

Die genannten Fallgruppen werden in den nachfolgenden Abschnitten einzeln behandelt.

II. Werbung in oder auf dem Presseprodukt

Grds stellt jede Abbildung einer Person auf der **Titelseite** einer Zeitschrift eine Werbung für eben diese Zeitschrift dar.[154] Eine solche Abbildung muss von niemandem hingenommen werden, wenn sich in der fraglichen Zeitschrift kein redaktioneller Inhalt über den Abgebildeten befindet. Die damit einhergehende Persönlichkeitsverletzung des Betroffenen wegen Ausnutzung seines Werbewerts ist umso größer, wenn das Titelbild der Zeitschrift auch in der sonstigen Werbung, zB auf Plakaten oder im Fernsehen gezeigt wird.

Allerdings stellt die Rechtsprechung relativ niedrige Anforderungen an **Umfang und Inhalt eines redaktionellen Inhalts**, mit dem die Abbildung einer Person auf der Titelseite gerechtfertigt werden kann. In einer Entscheidung, in der ein bekannter Schauspieler auf der Titelseite der **Kundenzeitschrift einer Drogerie** abgebildet wurde, genügte nach Auffassung des BGH ausdrücklich ein sehr kurzer, inhaltsarmer Beitrag im Inneren der Zeitschrift, um die Abbildung des Schauspielers auf der Titelseite zu rechtfertigen.[155] Die Grenze sah der BGH mit Blick auf die Tatsache, dass es sich um die Kundenzeitschrift eines Drogeriemarktes handelte, erst dort, wo der Eindruck erweckt worden wäre, der Abgebildete empfehle die Produkte des Unternehmens. Hierfür fehlte es im konkreten Fall an Anhaltspunkten.

In einem anderen Fall hob der BGH[156] ein Urteil des OLG Hamburg auf und verwies die Angelegenheit zur Bestimmung einer angemessenen Lizenzentschädigung zurück. Dabei ging es um die Klage eines bekannten **Quiz-Moderators, der auf der Titelseite einer Rätselzeitschrift** abgebildet worden war. Die Zeitschrift enthielt keinen redaktionellen Inhalt über den Betroffenen. Lediglich die Titelseite selbst zeigte den Moderator vor dem Hintergrund eines Kreuzworträtsels und trug eine Bildunterschrift, die besagte, dass der Betroffene mit seiner bekannten Sendung zeige, wie spannend Quiz sein könne.

Das OLG Hamburg[157] hielt die Abbildung des Moderators auf der Titelseite für zulässig. Dabei stellte es entscheidend darauf ab, dass nicht der Eindruck erweckt werde, der Moderator

---

153 BGH GRUR 2002, 690, 691; BGH GRUR 2011, 647 Rn 36; vgl auch Wenzel/*v Strobl-Albeg* Kap 8 Rn 95.
154 Wenzel/*von Strobl-Albeg* Kap 8 Rn 95.
155 BGH AfP 1995, 495; zust *Strothmann* GRUR 1996, 693, 695.
156 BGH NJW 2009, 3032.
157 OLG Hamburg Urt v 5.12.2006 – Az 7 U 90/06.

empfehle die Zeitschrift. Zudem hielt das Gericht die Bildunterschrift für ausreichend, ein bestehendes **Informationsinteresse** zu befriedigen, wobei auch die Bekanntheit des Moderators eine wichtige Rolle spielte. Der BGH betonte demgegenüber, dass der Informationswert von Abbildung und Bildunterschrift zu gering sei, um einen schützenswerten Beitrag zur öffentlichen Meinungsbildung erkennbar werden zu lassen. Ein schutzwürdiges Informationsinteresse fehle bei Werbeanzeigen, wenn diese ausschließlich den Geschäftsinteressen des mit der Abbildung werbenden Unternehmens dienten. In diesem Fall – so der BGH – werde rein der Werbe- und Imagewert des Prominenten ausgenutzt. In dem sich anschließenden erneuten Verfahren vor dem OLG Hamburg über die Entschädigungssumme gab das OLG Hamburg der Klage des Moderators auf Zahlung einer Entschädigung iHv € 100.000 jedoch nur iHv € 20.000 statt. Das Gericht würdigte zwar den überragenden Bekanntheitsgrad des Moderators, berücksichtigte aber neben der geringen Verkaufszahlen lizenzmindernd, dass der Kläger nicht als Testimonial erscheine und die Veröffentlichung nur „knapp die Qualität verfehle", die sie zu einem presserechtlichen geschützten Beitrag werden lasse.

III. Werbung für eine bestimmte Ausgabe außerhalb des Presseprodukts

104   Von der Abbildung einer Person auf der Titelseite einer Zeitung oder Zeitschrift ist derjenige Fall zu unterscheiden, in dem auf anderem Wege **für eine bestimmte Ausgabe** einer Publikation geworben wird. Auch in diesem Fall, zB in der **TV-Werbung**, ist die Abbildung einer Person nur dann zulässig, wenn ein Zusammenhang zu dem **redaktionellen Inhalt** der beworbenen Ausgabe besteht.

105   Offen war dabei lange Zeit die Frage, ob in Fällen, in denen ein ausreichender Zusammenhang zum redaktionellen Inhalt der Publikation besteht, nur das **identische Bild** verwendet werden darf, das auch in der beworbenen Ausgabe selbst erscheint oder ob in der Werbung auch die Verwendung anderer Bilder zulässig ist. Über diese Frage hatte der BGH anhand einer Fernsehwerbung für eine Beilage zu der Zeitung „BILD" zu entscheiden. Die **Beilage zum Thema „50 Jahre Deutschland"** enthielt einen kurzen redaktionellen Beitrag nebst Bild über einen Besuch von Marlene Dietrich in München. Die Beilage wurde in einem TV-Werbespot mit einem anderen Foto von Marlene Dietrich beworben. Die Tochter von Marlene Dietrich machte wegen der Verwendung dieses anderen Fotos in der Werbung Schadensersatzansprüche geltend. Im Gegensatz zu den Vorinstanzen[158] wies der BGH[159] die Klage ab.

106   Der BGH stellte maßgeblich darauf ab, dass die Verwendung des anderen Fotos in der Werbung **keine *zusätzliche* Beeinträchtigung** darstelle, als wenn das identische Bild aus der Publikation auch in der Werbung verwendet worden wäre. Nur in diesem Fall würde aber das Persönlichkeitsrecht von Marlene Dietrich gegenüber der Pressefreiheit überwiegen. Der BGH nimmt in diesem Zusammenhang auch Bezug auf die Rechtsprechung des BVerfG, die bei der Illustration zeitgeschichtlicher Ereignisse neben Fotos, die bei diesen Ereignissen entstanden sind, auch kontextneutrale Fotos zulässt, wenn ihre Verwendung in dem neuen Zusammenhang keine *zusätzliche* Beeinträchtigung für den Betroffenen darstellt.[160]

107   Die Entscheidung des BGH verdient Zustimmung. Für die Frage, ob das Foto einer Person in der Werbung verwendet werden darf oder nicht, kann es nicht auf formale, sondern nur auf materielle Kriterien ankommen.[161] Ist ein inhaltlicher Bezug zwischen dem Werbeträger und dem

---

158   OLG München AfP 1999, 507; LG München I Urt v 29.6.2000 – Az 7 O 21152/99.
159   BGH GRUR 2002, 690.
160   BVerfG NJW 2001, 1921.
161   So auch *Fricke* GRUR 2003, 406.

Inhalt des Presseprodukts gegeben, so ist die Werbung grds zulässig. Richtig ist es, erst dort die Grenze zu ziehen, wo dem Betroffenen durch die Verwendung eines anderen Fotos in der Werbung als in dem Beitrag eine zusätzliche Belastung widerfährt. Dies wäre zB der Fall, wenn das in der Werbung verwendete Foto besonders nachteilig ist oder fälschlicherweise der Eindruck erweckt wird, der Betroffene empfehle die Publikation. Ist dies nicht der Fall, muss die konkrete Gestaltung der Werbung und damit auch die Auswahl des verwendeten Fotos ebenso der Pressefreiheit unterliegen wie die Gestaltung des damit in Zusammenhang stehenden Artikels.

Die identische Frage, die hier im Zusammenhang mit einem TV-Werbespots zu entscheiden war, könnte man auch für die Abbildung einer Person auf der Titelseite einer Zeitungs- oder Zeitschriftenausgabe aufwerfen. Hier wird die Problematik aber gar nicht thematisiert, sondern es wird vollkommen selbstverständlich davon ausgegangen, dass ein Prominenter auf der Titelseite abgebildet werden darf, zu dem es im Heftinneren einen Bericht gibt. Dabei muss der Bericht im Heftinneren nicht einmal Bilder enthalten, geschweige denn müssen auf der Titelseite die identischen Bilder wie im Innenteil verwendet werden. Es gibt keinen Grund, den TV-Fernsehspot strenger zu behandeln.

108

IV. Imagewerbung für ein Presseprodukt

Von der Bewerbung der konkreten *Ausgabe* einer Publikation – sei es auf der Titelseite oder durch andere Medien – ist derjenige Fall zu unterscheiden, in dem ein Presseprodukt insgesamt beworben wird. In diesem Fall werden oft Prominente in der Werbung abgebildet mit dem Argument, Berichte über sie seien potentieller Inhalt des beworbenen Presseprodukts. Da in diesen Fällen keine konkrete Ausgabe, sondern die Zeitungs- oder Zeitschriftenreihe insgesamt beworben wird, kann die Werbung nicht auf einen bestimmten redaktionellen Inhalt Bezug nehmen. Es stellt sich die Frage, ob auch diese Art der Werbung zulässig ist. Von der Rechtsprechung wurde dies in den letzten Jahren mehrfach verneint. Den Betroffenen wurden teilweise hohe fiktive Lizenzgebühren zugesprochen.

109

In einem der Fälle hatte eine neu erscheinende Sonntagszeitung das Bild von Boris Becker verwendet, um eine fiktive Titelseite zu gestalten, auf der ein Beitrag über Boris Becker angekündigt wurde. Das Bild von Boris Becker war mit der Bildunterschrift „Der strauchelnde Liebling" und „[...] mühsame Versuche, nicht von der Erfolgsspur geworfen zu werden" versehen. Der angekündigte Artikel erschien später jedoch nie. Sein Erscheinen war auch nie geplant gewesen. Die fiktive Titelseite wurde als sog „Dummy" zum einen in der Werbewirtschaft verbreitet. Zum anderen wurde der Dummy – und nur hierauf bezieht sich der Streitfall vor Gericht – in der Publikumswerbung für die Zeitung verwendet.

110

Das LG München I sprach Boris Becker für diese Werbung eine fiktive Lizenzgebühr iHv € 1,2 Mio zu.[162] Der Anspruch wurde vom OLG München[163] dem Grunde nach bestätigt, vom BGH[164] dann aber teilweise aufgehoben und für das Betragsverfahren zurückverwiesen. Der BGH befand, Becker stünden zwar für die Zeit nach dem Erscheinen der Erstausgabe fiktive Lizenzansprüche zu, da die Beklagte ab diesem Zeitpunkt gehalten gewesen wäre, nicht mehr das fiktive Testexemplar, sondern ein tatsächlich erschienenes Exemplar in der Werbekampagne abzubilden. Für die Zeit davor sei dem verfassungsrechtlich geschützten Grundrecht der Pressefreiheit aber der Vorrang gegenüber dem nur einfachrechtlich geschützten Recht am eigenen Bild einzu-

111

---

[162] LG München I NJOZ 2006, 4633.
[163] OLG München K&R 2007, 320.
[164] BGH GRUR 2010, 546; vgl auch BGH GRUR 2011, 647.

räumen, da bei der Werbung weder davon ausgegangen werden könne, dass Becker sich mit der beworbenen Sonntagszeitung identifiziere oder diese anpreise, noch das Ansehen des Klägers beschädigt werde. Es handele sich vielmehr um eine bloße Aufmerksamkeitswerbung, so dass der Eingriff in das Persönlichkeitsrecht nur dessen vermögenswerte Bestandteile, nicht aber auch die verfassungsrechtlich gewährleisteten ideellen Bestandteile des allgemeinen Persönlichkeitsrechts berühre. Dagegen stehe die Werbung zur Einführung eines neuen Presseerzeugnisses in besonderem Maße unter dem Schutz der Pressefreiheit. Aus diesem Grund wurde hier auch ohne eine die Abbildung rechtfertigende Berichterstattung im Inneren der Zeitung von der Zulässigkeit der Abbildung Beckers ausgegangen. Sie diene dem Zweck, die Öffentlichkeit über die Gestaltung und die Thematik einer neuen Zeitung zu informieren. Die differenzierte Sichtweise des BGH verdient Zustimmung und wird dem hohen Schutz der Pressefreiheit gerecht.

112 In ähnlicher Art und Weise hatte das **LG Hamburg**[165] über einen Fall zu entscheiden, in dem eine Zeitung im Rahmen einer umfassenden, allgemeinen Werbekampagne ein Foto des ehemaligen Bundestagsabgeordneten und Bundesaußenministers **Joschka Fischer** verwendet hatte. Wie auch im Fall von Boris Becker verteidigte sich die Zeitung ua damit, dass der Abgebildete beispielhaft für den potentiellen Inhalt der beworbenen Zeitung stehe. In diesem Fall kam als Besonderheit hinzu, dass das Gesicht von Joschka Fischer dergestalt abgewandelt war, dass die Gesichtszüge denjenigen eines Kindes entsprachen. In ähnlicher Art und Weise hatte die Zeitung im Rahmen der Werbekampagne eine Vielzahl von Prominenten – ihre Gesichter jeweils zu Kindergesichtern verfremdet – in der Werbung eingesetzt. Die Abgebildeten blieben jeweils erkennbar. Das LG Hamburg sprach Joschka Fischer auf entsprechende Klage eine fiktive Lizenzgebühr iHv € 200.000 zu.

113 In beiden Fällen betonten die Gerichte zwar, dass die Werbung für ein Presseerzeugnis vom Schutz des Art 5 GG umfasst sei. Im Falle von Joschka Fischer entschied das LG Hamburg aber, dass die Eigenwerbung der Presse den Schutz von Art 5 GG und damit das Privileg des § 23 Abs 1 Nr 1 KUG nur dann genieße, wenn in der Werbung auf eine konkrete Berichterstattung Bezug genommen und die Öffentlichkeit über diesen Bericht in Kenntnis gesetzt werde. Dies gelte nicht, wenn ein Foto – wie hier – nur als Sinnbild für den potentiellen Inhalt der Zeitung stehe.

114 Im Gegensatz zu der Entscheidung des LG Hamburg ließen das OLG München und der BGH die Abbildung von Boris Becker auf dem Dummy grds dem Schutz der Presse- und Informationsfreiheit und damit auch dem Schutzbereich des § 23 Abs 1 Nr 1 KUG unterfallen. Allerdings ließ das OLG München – und für den Zeitraum ab Erscheinen der Erstausgabe auch der BGH – sodann im Rahmen der Abwägung gem § 23 Abs 2 KUG die Interessen von Boris Becker überwiegen, und zwar insb deshalb, weil es an einem thematischen Bezug zwischen Werbung und Inhalt des Presseerzeugnisses fehle und darüber hinaus der besonders hohe Image- und Werbewert von Boris Becker für die wirtschaftlichen Interessen des Werbetreibenden kommerzialisiert werde.

115 Die Entscheidungen des LG Hamburg zu Joschka Fischer und des OLG München sowie des BGH zu Boris Becker unterscheiden sich vor allem darin, dass das LG Hamburg bereits den **Schutzbereich des Art 5 GG** bzw das Privileg für die Veröffentlichungen von Bildnissen der Zeitgeschichte nicht als eröffnet angesehen hat. Demgegenüber haben OLG München und BGH erst auf der Ebene der **Interessenabwägung** gem § 23 Abs 2 KUG dem Persönlichkeitsrecht von Boris Becker den Vorrang eingeräumt. Insoweit verdienen OLG München und BGH Zustimmung. Vollkommen unstreitig und vom LG Hamburg auch anerkannt umfasst Art 5 GG den gesamten Bereich des Pressewesens einschließlich der Werbung und Vermarktung von Presseerzeugnissen. Nicht zuzustimmen ist dem LG Hamburg aber darin, dass es diesen Schutzbereich auf Fälle

---

[165] LG Hamburg GRUR 2007, 143.

beschränken will, in denen auf eine konkrete Berichterstattung Bezug genommen wird. Damit wird der Presse generell die Möglichkeit genommen, für ein Presseprodukt zB für den Marktauftritt einer neuen Zeitschrift, insgesamt zu werben und dabei beispielhaft auch Prominente abzubilden, über die typischerweise in dem Presseerzeugnis berichtet wird. Auch dieser Art der Werbung darf der Schutz der Pressefreiheit nicht per se entzogen werden.

Richtigerweise muss die Problematik der reinen Imagewerbung für Presseprodukte unter Verwertung der Bilder von Prominenten im Rahmen der Interessenabwägung abgehandelt werden. An dieser Stelle angesiedelt, wäre das Urteil des LG Hamburg zu Joschka Fischer im Ergebnis jedenfalls nachvollziehbar. Dem als Baby-Gesicht abgewandelten Bild von Joschka Fischer, das als reines Werbemittel eingesetzt wurde, fehlt ein eigener Aussagegehalt. Vielmehr wird versucht, den positiven Image- und Sympathiewert von Joschka Fischer auf die beworbene Zeitung zu übertragen. Mit dieser Begründung ist es durchaus vertretbar im Rahmen der Abwägung zwischen der grds einschlägigen Pressefreiheit einerseits und den kommerziellen Bestandteilen des Persönlichkeitsrechts von Joschka Fischer andererseits letzteren den Vorrang einzuräumen und dem vom LG Hamburg zugesprochen Lizenzanspruch zumindest dem Grunde nach zuzustimmen. 116

In einem weiteren, vom BGH kürzlich entschiedenen Fall[166] ging es um die Veröffentlichung eines Fotos in der BILD am SONNTAG im Rahmen einer redaktionellen Berichterstattung. Das Foto zeigte einen Prominenten auf seiner Jacht in St-Tropez bei der Lektüre eben dieser Zeitung. Dazu hieß es: „*Auf einer Jacht in St-Tropez schaukelt G.S. Bild am Sonntag ist sein Hafen*" und „*G.S. auf der Jacht [...]. Er liest Bild am Sonntag, wie über elf Millionen andere Deutsche auch.*". Der BGH nahm wie bereits zuvor die Vorinstanz[167] eine Persönlichkeitsrechtsverletzung an und sprach dem Kläger eine fiktive Lizenzgebühr in der geforderten Höhe von € 50.000 zu. Trotz der redaktionellen Inhalte sei der Bericht – so der BGH – dadurch gekennzeichnet, dass die Beklagte offen für ihr Produkt werbe und sich dazu den Werbe- und Imagewert des Klägers zunutze mache. So stand nach Auffassung des BGH die werbliche Vereinnahmung des Klägers im Mittelpunkt, da die begleitende redaktionelle Berichterstattung keinen nennenswerten, der öffentlichen Meinungsbildung dienenden Nachrichtenwert aufwies, sondern sich vielmehr in der Information erschöpfte, dass der Betroffene die BILD am SONNTAG liest. Dies führe – so der BGH – zu einem Imagetransfer des Werbewertes des Klägers auf das Produkt der BILD am Sonntag, so dass die Abbildung des Klägers im streitgegenständlichen Kontext inhaltlich als Werbeanzeige der Zeitung einzuordnen sei, für die der BGH die genannte Summe als angemessen erachtete. 117

§ 8
Art 5 GG für allgemeine Wirtschaftswerbung

I. Art 5 GG trotz kommerzieller Zwecke

Von der Werbung für Presseprodukte zu unterscheiden ist Werbung für medienfremde Produkte. Diese Werbung ist nicht bereits per se von Art 5 GG geschützt, sondern nur dann, wenn ihr selbst neben den vom Werbetreibenden verfolgten kommerziellen Interessen ein eigener meinungsbil- 118

---

166 BGH GRUR 2013, 196.
167 OLG Hamburg ZUM 2010, 884.

dender Gehalt zukommt. In den bereits mehrfach erwähnten „Marlene Dietrich"-Entscheidungen des BGH[168] und des BVerfG[169] war dies nicht der Fall.

119 In Zusammenhang mit der **Werbung für medienfremde Produkte** spielt Art 5 GG aber dann eine Rolle, wenn die Werbung selbst als Meinungsäußerung in den Bereich der Meinungs- und Pressefreiheit fällt. Spätestens seit den beiden Entscheidungen des BVerfG[170] zu der von dem Textilunternehmen Benetton betriebenen „Schockwerbung" ist höchstrichterlich anerkannt, dass **auch Wirtschaftswerbung den Schutz des Art 5 Abs 1 GG für sich in Anspruch nehmen kann,** wenn sie einen **wertenden, meinungsbildenden Inhalt** hat. Der mit der Werbung zugleich verfolgte kommerzielle Zweck der Absatzförderung der Produkte oder Dienstleistungen des werbenden Unternehmens ändert hieran grds nichts.

120 Die grundsätzliche **Anwendbarkeit von Art 5 GG trotz kommerzieller Interessen** des Werbetreibenden wird auch in der „Marlene Dietrich"-Entscheidung zu Merchandising-Artikeln deutlich, wenngleich sie im konkreten Fall zu Recht verneint wird. Der BGH lehnte in diesem Fall eine Rechtfertigung der Werbung unter dem Aspekt der Kunstfreiheit des Art 5 Abs 3 GG[171] ab, da die Merchandising-Artikel zwar anlässlich eines Musicals auf den Markt kamen, auf dieses Musical selbst aber nicht Bezug nahmen. Insoweit bestand kein erkennbarer Zusammenhang zwischen den Produkten und dem Musical.[172] Die ausdrückliche Ablehnung von Art 5 Abs 3 GG im konkreten Fall macht aber deutlich, dass eine andere Entscheidung in Frage gekommen wäre, hätte es einen Zusammenhang zwischen den beworbenen Produkten und dem von Art 5 Abs 3 GG geschützten Musical gegeben. Auch hieraus wird deutlich, dass auch kommerzielle Wirtschaftswerbung jedenfalls nicht von vornherein vom Anwendungs- und Schutzbereich des Art 5 GG ausgeschlossen ist.

II. Meinungsbildender Inhalt einer Wirtschaftswerbung

121 Allerdings stellt sich die Frage, wie hoch die Anforderungen sind, die an den Inhalt einer Werbung zu stellen sind, um ihr den Schutz von Art 5 GG zu gewähren. Im Falle der Verwendung von Fotos einer Person stellt sich **dieselbe Frage im Rahmen von § 23 Abs 1 Nr 1 KUG,** der es grds – und vorbehaltlich der unter III. näher behandelten Interessenabwägung – gestattet, Bilder aus dem Bereich der Zeitgeschichte und damit auch Fotos prominenter Persönlichkeiten ohne deren Einwilligung zu veröffentlichen. Auf § 23 Abs 1 Nr 1 KUG darf sich allerdings nicht berufen, wer keinem schutzwürdigen Informationsinteresse der Allgemeinheit nachkommt, sondern *ausschließlich* eigene Geschäftsinteressen verfolgt. Sowohl bei der Frage, ob der Text einer Werbung vom Schutzbereich des Art 5 Abs 1 GG erfasst ist, als auch bei der Frage, ob für die Abbildung einer Person eine Rechtfertigung nach § 23 Abs 1 Nr 1 KUG in Betracht kommt, kommt es deshalb darauf an, ob die Werbung zumindest *auch* einen meinungsbildenden Informationsgehalt hat.[173] Hierzu nachfolgend eine Entscheidung des BGH[174] zu Oskar Lafontaine und eine Entscheidung des OLG Hamburg[175] zu Prinz Ernst August von Hannover:

---

168 BGH NJW 2000, 2201.
169 BVerfG NJW 2006, 3409.
170 BVerfG NJW 2001, 591; BVerfG NJW 2003, 1303.
171 Grds zum Verhältnis Kunstfreiheit und Medienfreiheit *Ujica/Loef* ZUM 2010, 670.
172 BGH NJW 2000, 2195, 2200.
173 Vgl hierzu BGH GRUR 2013, 196.
174 BGH GRUR 2007, 139.
175 OLG Hamburg NJW-RR 2007, 1417; aufgehoben durch BGH GRUR 2008, 1124.

In der **Entscheidung des BGH zu Oskar Lafontaine** ging es um die Werbung einer Autovermietung, die kurz nach dem Rücktritt von Oskar Lafontaine als Finanzminister erschienen war. Die Werbung zeigte Porträtaufnahmen aller 16 Mitglieder der damaligen Bundesregierung. Das Bild von Oskar Lafontaine war durchkreuzt, jedoch weiterhin erkennbar. Der Slogan zu der Anzeige lautete:

„*[...] verleast auch Autos für Mitarbeiter in der Probezeit.*"

Nachdem Oskar Lafontaine auf entsprechende Klage vom LG Hamburg und bestätigt vom OLG Hamburg[176] eine fiktive Lizenzgebühr iHv € 100.000 zugesprochen bekommen hatte, hob der BGH diese Entscheidungen auf und wies die Klage unter Hinweis auf den von Art 5 GG geschützten meinungsbildenden Inhalt der Werbung ab.

Der BGH stellte zunächst erneut klar, dass sich der Schutz des Art 5 GG auch auf kommerzielle Meinungsäußerungen und sogar auf reine Wirtschaftswerbung erstreckt, wenn diese einen eigenen **wertenden, meinungsbildenden Inhalt** hat.[177] Im konkreten Fall bejahte der BGH in der Anzeige eine **politische Meinungsäußerung in Form der Satire**. Der Werbetreibende konnte sich damit nach Auffassung des BGH auf § 23 Abs 1 Nr 1 KUG berufen, da mit der Verwendung des Fotos nicht nur Werbung betrieben, sondern zumindest *auch* ein zeitgeschichtliches Ereignis behandelt wurde.

Im Ergebnis gegenteilig entschied das **OLG Hamburg** in einem Fall, in dem es Prinz **Ernst August von Hannover** eine fiktive Lizenzgebühr iHv € 60.000 für die Werbeanzeige eines Zigarettenherstellers zusprach. Die Anzeige zeigte eine von allen Seiten eingedrückte Zigarettenschachtel und war mit dem Text kommentiert:

„*War es Ernst? Oder August?*"

Allerdings sah auch das OLG Hamburg den Schutzbereich des Art 5 GG grds als eröffnet an. Er erkannte an, dass sich der Schutz des Art 5 Abs 1 GG auch auf kommerzielle Meinungsäußerungen und Wirtschaftswerbung erstreckt, wenn sie einen Informationsgehalt oder meinungsbildenden Inhalt hat. Gleichzeitig führte das Gericht aus, dass die Messlatte für solch meinungsbildenden Inhalt nicht zu hoch angelegt werden dürfe. Vielmehr erfasse Art 5 Abs 1 GG auch Äußerungen, die auf niedrigerem intellektuellen Niveau lägen oder aus anderen Gründen geringe Bedeutung hätten. Dem ist ohne Einschränkung zuzustimmen. Das im Ergebnis gleichwohl gegenteilige Urteil des OLG Hamburg fand seine Begründung im Rahmen der nachfolgend behandelten Interessenabwägung.

III. Güter- und Interessenabwägung

Hat eine Werbeanzeige einen nach Art 5 Abs 1 GG geschützten meinungsbildenden Inhalt bzw handelt es sich bei einem veröffentlichten Foto um ein Bildnis aus dem Bereich der Zeitgeschichte iSv § 23 Abs 1 Nr 1 KUG, hat dies nicht automatisch die Rechtmäßigkeit der Anzeige zur Folge. Vielmehr stehen sich dann die nach den genannten Normen geschützten Rechte des Werbetreibenden einerseits und das Persönlichkeitsrecht des Prominenten andererseits gegenüber und müssen einzelfallbezogen gegeneinander abgewogen werden.[178]

Im Fall von Oskar Lafontaine stellte der BGH zunächst klar, dass die **Interessenabwägung** im Falle der ungewollten Verwendung des Bildnisses einer Person in einer Werbeanzeige im Regelfall zugunsten des Abgebildeten ausgehen werde. Denn es stelle einen wesentlichen Be-

---

176 OLG Hamburg ZUM 2005, 164.
177 Zust zu Recht *Schubert* AfP 2007, 20, 21.
178 Zur Abwägung vgl auch *Koch* WRP 2009, 10.

standteil des allgemeinen Persönlichkeitsrechts dar, selbst darüber zu entscheiden, ob und in welcher Weise das eigene Bildnis für Werbezwecke zur Verfügung gestellt werden soll. Dem ist im Grundsatz zuzustimmen.

129 Allerdings gehe es – so der BGH weiter – dabei zumeist um die Ausnutzung des Image- oder Werbewerts des Abgebildeten, indem der Eindruck erweckt wird, der Abgebildete identifiziere sich mit dem beworbenen Produkt, empfehle es oder preise es an. Dies war im Fall der Werbung der Autovermietung mit Oskar Lafontaine nach zutreffender Auffassung des BGH nicht der Fall. Vielmehr setzte sich die Werbung in satirisch-spöttischer Form mit einem aktuellen politischen Tagesereignis – dem Rücktritt von Oskar Lafontaine als Finanzminister – auseinander. Sie nutzte gerade nicht einen etwaig positiven Image- oder Sympathiewert Oskar Lafontaines für die eigene Werbung aus, sondern präsentierte diesen im Rahmen einer Satire als eine Art „Anti-Helden". Die Entscheidung des BGH, das Persönlichkeitsrecht von Oskar Lafontaine in diesem Fall hinter die Rechte des Werbetreibenden aus Art 5 GG zurücktreten zu lassen, verdient Zustimmung.[179]

130 Zum gegenteiligen Ergebnis kam – vom BGH inzwischen aufgehoben[180] das OLG Hamburg in dem oben geschilderten Fall, in dem der Name von Prinz Ernst August von Hannover in der Werbung einer Zigarettenfirma verwendet wurde. In Gestalt eines satirischen Wortspiels wurde dort auf die vermeintliche Bereitschaft des Prinzen Ernst August von Hannover zu tätlichen Auseinandersetzungen angespielt.

131 Das OLG Hamburg sah den entscheidenden **Unterschied zu der Entscheidung zu Oskar Lafontaine** darin, dass im Falle von Prinz Ernst August von Hannover kein politisches Ereignis thematisiert wurde, wie im Falle des Rücktritts des Finanzministers. Die Anzeige der Zigarettenfirma sei nicht dazu geeignet, die Meinung der Öffentlichkeit zu Handgreiflichkeiten von Prinz Ernst August von Hannover zu beeinflussen. Vielmehr werde im Rahmen der Anzeige lediglich ein Witz auf Kosten von Prinz Ernst August von Hannover gemacht. Er werde zu kommerziellen Zwecken, nämlich zur Förderung des Absatzes einer Zigarettenmarke, öffentlich verspottet. Angesichts dieses nur geringfügig meinungsbildenden Charakters der Werbeanzeige sei dem Persönlichkeitsrecht von Prinz Ernst August von Hannover der Vorrang einzuräumen.

132 Die Differenzierung des OLG Hamburg zwischen den Fällen zu Oskar Lafontaine und Prinz Ernst August von Hannover überzeugt nicht. Soweit das OLG Hamburg argumentiert, die Anzeige um Prinz Ernst August von Hannover diene nicht der Beeinflussung der öffentlichen Meinung und erschöpfe sich in einem Witz auf Kosten des Genannten, kann für die Anzeige um Oskar Lafontaine kaum etwas anderes gelten. Auch diese Anzeige dürfte kaum geeignet gewesen sein, die öffentliche Meinung zum Rücktritt von Oskar Lafontaine als Finanzminister zu beeinflussen. Ebenso ist es gleichermaßen der Kern beider Anzeigen einen Witz auf Kosten des Betroffenen zu machen. Dies ist aber nun einmal der Inhalt einer Satire. Bejaht man – zu Recht – zugunsten einer Satire den Schutz nach Art 5 GG, so ist es widersprüchlich ihr eben diesen Schutz im Rahmen der Interessenabwägung mit dem Argument wieder zu entziehen, dass es sich nur um einen Witz auf Kosten des Betroffenen handele.

133 Es entspricht der dargestellten Rechtsauffassung, dass der BGH die Entscheidung des OLG Hamburg zu Prinz Ernst August von Hannover dann auch aufgehoben und die Klage abgewiesen hat.[181] Zu Recht verweist der BGH dabei erneut darauf, dass das auch im Bereich der Wirtschaftswerbung bestehende Recht auf freie Meinungsäußerung, auf das sich der Beklagte berufen könne, auch unterhaltende Beiträge umfasse, die Fragen von allgemeinem gesellschaftli-

---

179 AA *Zagouras* WRP 2007, 115.
180 Vgl Rn 133.
181 BGH GRUR 2008, 1124.

chen Interesse aufgreifen. Entscheidend war für den BGH im konkreten Fall weiter, dass durch die Verwendung des prominenten Namens nicht der Eindruck erweckt wurde, Prinz Ernst August von Hannover würde die beworbene Zigarettenmarke empfehlen sowie dass die Werbeanzeige keinen den Genannten beleidigenden oder herabsetzenden Inhalt hatte.

IV. Ausblick

Die Folgen der Entscheidungen zu Oskar Lafontaine und zu Prinz August von Hannover auf die Werbewirtschaft, sind beschränkt. Auf den ersten Blick wäre zu erwarten, dass sich künftig Werbemaßnahmen unter Einsatz Prominenter darum bemühen, zumindest *auch* einen meinungsbildenden, möglichst politisch gefärbten Inhalt aufzuweisen, um unter Berufung auf das Urteil zu Oskar Lafontaine in den Genuss der Meinungsfreiheit nach Art 5 GG zu kommen. Wie das – wenngleich inzwischen aufgehobene – Urteil des OLG Hamburg zu Prinz Ernst August von Hannover zeigt, ist hier allerdings bei weitem noch keine Rechtssicherheit geschaffen. Es wird einer Reihe weiterer Entscheidungen bedürfen, bis eine prognostizierbare Linie in der Rechtsprechung erkennbar sein wird. Sollte die Rechtsprechung des BGH allerdings dazu führen, dass sich die Werbung künftig mehr in Richtung einer geistreichen, meinungsbildenden Satire und weg von einer platten Wirtschaftswerbung entwickelt, so wäre dies nur zu begrüßen. Die entsprechende Werbung sollte dann auch vollkommen zu Recht auf den besonderen Schutz der Meinungs- und Pressefreiheit nach Art 5 GG vertrauen dürfen.

134

Kapitel 4
Bildnisschutz

Literatur
Balthasar Eingriffskondiktion bei unerlaubter Nutzung von Persönlichkeitsmerkmalen – Lafontaine in Werbeannonce NJW 2007, 664; *Beuthien/Hieke* Unerlaubte Werbung mit dem Abbild prominenter Personen AfP 2001, 353; *Bodewig/Wandtke* Die doppelte Lizenzgebühr als Berechnungsmethode im Lichte der Durchsetzungsrichtlinie GRUR 2008, 220; *Damm/Rehbock* Widerruf, Unterlassung und Schadensersatz in den Medien, 3. Aufl. München 2008; *Dreier/Schulze* Urheberrechtsgesetz, 4. Aufl München 2013 (zit Dreier/Schulze/*Bearbeiter*); *Erbs/Kohlhaas* Strafrechtliche Nebengesetze 195. Ergänzungslieferung, München 2013 (zit Erbs/Kohlhaas/*Bearbeiter*); *Ernst-Moll* Das Recht am eigenen Bildnis – vor und vor allem nach dem Tode GRUR 1996, 558; *Fricke* Keine Geldentschädigung für „Hassprediger" AfP 2005, 335; *Frommeyer* Persönlichkeitsschutz nach dem Tode und Schadensersatz – BGHZ 143, 214 („Marlene Dietrich") und BGH, NJW 2000, 2201 („Der blaue Engel") JuS 2002, 13; *von Gamm* Urheberrechtsgesetz, München 1968; *Götting* Anmerkung zu BGH Urteil vom 5.10.2006 – I ZR 277/03, GRUR 2007, 170; *Helle* Die Einwilligung beim Recht am eigenen Bild AfP 1985, 93; *Hochrathner* Hidden Camera – Ein zulässiges Einsatzwerkzeug des investigativen Journalismus? ZUM 2001, 669; *Hölk* Von Finanzministern, Zigarettenschachteln und Rätselheften WRP 2009, 1201; *Klass* Die neue Frau an Grönemeyers Seite – ein zeitgeschichtlich relevantes Ereignis? ZUM 2007, 818; *Ladeur* Fiktive Lizenzentgelte für Politiker? ZUM 2007, 111; *Libertus* Die Einwilligung als Voraussetzung für die Zulässigkeit von Bildnisaufnahmen und deren Verbreitung ZUM 2007, 621; *Lindner* Persönlichkeitsrecht und Geo-Dienste im Internet – zB Google Street View/Google Earth ZUM 2010, 292; *Löffler* Kommentar zu den deutschen Landespressegesetzen mit systematischen Darstellungen zum pressebezogenen Standesrecht, Anzeigenrecht, Werbe- und Wettbewerbsrecht, Vertriebsrecht, Urheber- und Verlagsrecht, Arbeitsrecht, Titelschutz, Jugendmedienschutz und Steuerrecht, 5. Aufl München 2006 (zit Löffler/*Bearbeiter*); *Möhring/Nicolini* Urheberrechtsgesetz, 2. Aufl München 2000 (zit Möhring/Nicolini/*Bearbeiter*); *Ott* Die Entwicklung des Suchmaschinen- und Hyperlink-Rechts im Jahr 2007 WRP 2008, 393; *Prinz/Peters* Medienrecht München 1999; *Reber* Die Schutzdauer des postmortalen Persönlichkeitsrechts in Deutschland und den USA (von Marlene Dietrich über Klaus Kinski zu Marilyn Monroe) – ein Irrweg des Bundesgerichtshofs? GRUR Int 2007, 492; *Renner* Das Gedächtnis des Internets – Online-Archive im Presse- und Urheberrecht FS Wandtke 2013, 283; *Ricker/Weberling* Handbuch des Presserechts, 6. Aufl München 2012; *Schmitt* Auswirkungen der Caroline-Entscheidung auf die Reichweite des Persönlichkeitsschutzes von Begleitpersonen? ZUM 2007, 186; *Schricker/Loewenheim* Urheberrecht, 4. Aufl 2010 (zit Schricker/Loewenheim/*Bearbeiter*); *Söder* Persönlichkeitsrecht in der Presse ZUM 2008, 89; *Soehring/Seelmann-Eggebert* Die Entwicklung des Presse- und Äußerungsrechts in den Jahren 2000 bis 2004 NJW 2005, 571; *Starck* Das Caroline-Urteil des Europäischen Gerichtshofs für Menschenrechte und seine rechtlichen Konsequenzen JZ 2006, 76; *Staudinger/Schmidt* Marlene Dietrich und der postmortale Schutz vermögenswerter Persönlichkeitsrechte JURA 2001, 241; *Stender-Vorwachs* Veröffentlichung von Fotos minderjähriger Kinder von Prominenten NJW 2010, 1414; *Teichmann* Abschied von der absoluten Person der Zeitgeschichte NJW 2007, 1917; *Wandtke* Doppelte Lizenzgebühr im Urheberrecht als Modell für den Vermögensschaden von Persönlichkeitsrechtsverletzungen im Internet? GRUR 2000, 942; *Wandtke/Bullinger* Praxiskommentar zum Urheberrecht, 3. Aufl München 2009 (zit Wandtke/Bullinger/*Bearbeiter*); *Wenzel* Das Recht der Wort- und Bildberichterstattung, 5. Aufl Köln 2003 (zit Wenzel/*Bearbeiter*); *Zentai* Das Recht auf eine originalgetreue Darstellung des eigenen Bildnisses? ZUM 2003, 363.

Übersicht

§ 1 **Einleitung** —— 1
I. Rechtsgrundlage und Systematik —— 1
II. Entstehungsgeschichte —— 3
III. Bedeutung und Gesetzeszweck —— 5
IV. Verfassungsmäßiger Rahmen und EMRK —— 10

§ 2 **Gegenstand des Schutzes** —— 12
I. Bildnisbegriff —— 12
II. Erkennbarkeit —— 14

§ 3 **Verbreitung und öffentliche Zurschaustellung** —— 23
I. Verbreitung —— 24
II. Öffentliche Zurschaustellung —— 25

§ 4 **Einwilligung** —— 26
I. Allgemeines —— 27
II. Stellvertretung —— 28
III. Minderjährige —— 29

- IV. Stillschweigende Einwilligung —— 30
- V. Reichweite der Einwilligung —— 34
- VI. Wegfall der Einwilligung —— 43
- VII. Beweislast —— 53

§ 5 Schutzdauer/Postmortaler Bildnisschutz —— 54
- I. Ideelle Bestandteile des Persönlichkeitsrechts —— 55
- II. Kommerzielle Bestandteile des Persönlichkeitsrechts —— 64
- III. Zuständigkeit für Einwilligung und Widerruf —— 68

§ 6 Gesetzlich normierte Abbildungsfreiheit —— 69
- I. Bildnisse aus dem Bereich der Zeitgeschichte —— 72
  1. Entwicklung der Rechtsprechung —— 75
     - a) Frühere Rechtsprechung —— 75
     - b) Entscheidung des EGMR —— 78
     - c) Reaktion der deutschen Rechtsprechung —— 80
  2. Der Begriff des Zeitgeschehens —— 82
     - a) Politiker —— 83
     - b) Sonstige Personen des öffentlichen Interesses —— 86
     - c) Gewöhnliche Privatpersonen —— 101
     - d) Bildberichterstattung über Straftaten —— 104
  3. Darlegungs- und Beweislast —— 114
- II. Beiwerk —— 117
- III. Versammlungen, Aufzüge und ähnliche Vorgänge —— 122
- IV. Höheres Interesse der Kunst —— 128

- V. Berechtigtes Interesse des Abgebildeten —— 135
  1. Privat- und Intimsphäre —— 140
  2. Falscher Aussagegehalt und Schmähung —— 153
  3. Gefährdung —— 158
  4. Werbung —— 159

§ 7 Sachaufnahmen —— 164

§ 8 Ansprüche bei Verletzungen —— 170
- I. Anspruchinhaber —— 171
- II. Die einzelnen Ansprüche —— 175
  1. Unterlassung —— 175
     - a) Erstbegehungs- oder Wiederholungsgefahr —— 176
     - b) Rechtswidrigkeit —— 179
     - c) Konkrete Verletzungsform —— 185
  2. Gegendarstellung und Richtigstellung —— 187
  3. Auskunft —— 190
  4. Schadensersatz und Herausgabe einer Bereicherung —— 194
  5. Geldentschädigung —— 201
     - a) Schwere Persönlichkeitsverletzung —— 202
     - b) Fehlen anderweitiger Ausgleichsmöglichkeiten —— 206
     - c) Postmortales Persönlichkeitsrecht —— 208
     - d) Anspruchshöhe —— 209
  6. Beseitigungsansprüche (Vernichtung und Herausgabe) —— 213
  7. Kostenerstattung —— 217

§ 1
Einleitung

I. Rechtsgrundlage und Systematik

1 Die Veröffentlichung von Bildnissen einer Person ist in §§ 22, 23 des Gesetzes betreffend das Urheberrecht an Werken der bildenden Künste und der Photographie (KUG) geregelt.

2 Nach § 22 KUG bedarf die Veröffentlichung und das öffentliche Zurschaustellen eines Bildnisses grundsätzlich der Einwilligung des Abgebildeten. Ausnahmen sieht § 23 Abs 1 KUG vor, etwa für Bildnisse aus dem Bereich für Zeitgeschichte. Eine Rückausnahme findet sich dann wiederum in § 23 Abs 2 KUG, der bestimmt, dass eine Veröffentlichung auch in den Fällen des § 23 Abs 1 KUG unzulässig ist, wenn ihr berechtigte Interessen des Abgebildeten entgegenstehen. Der VI. Zivilsenat des BGH spricht von einem „abgestuften Schutzkonzept".[1]

---

[1] Vgl BGH GRUR 2009, 584, 585 – Enkel von Fürst Rainier; BGH GRUR 2009, 150 – Karsten Speck; BGH GRUR 2009, 86 – Gesundheitszustand von Prinz Ernst August von Hannover; BGH GRUR 2008, 1024 – Shopping mit Putzfrau

II. Entstehungsgeschichte

Das KUG stammt aus dem Jahr 1907 und regelte bis zum Inkrafttreten des Urheberrechtsgesetzes am 1.1.1966 auch das Urheberrecht. Heute sind nur noch die Regelungen in Kraft, die den Schutz von Bildnissen betreffen (§§ 22, 23, 24, 33, 37, 38, 42, 43, 44, 48 und 50 KUG).

Die Regelungen in §§ 22, 23 KUG sind im Zuge rechtspolitischer Diskussionen nach einer Entscheidung des Reichsgerichts[2] zu Aufnahmen Bismarcks auf dem Totenbett entstanden.[3] Denn das Reichsgericht konnte die Veröffentlichung von Bildnissen mangels spezialgesetzlicher Regelung vor Inkrafttreten des KUG nur versagen, wenn ein Straftatbestand verwirklicht war, im Falle Bismarcks der des Hausfriedensbruchs. Die dadurch zu Tage getretene Schutzlücke, die auftrat, wenn kein Straftatbestand verwirklicht war, hat der Gesetzgeber mit den Vorschriften zum Bildnisschutz im KUG geschlossen.

III. Bedeutung und Gesetzeszweck

Ziel der Regelungen ist ein angemessener Ausgleich zwischen der Achtung der Persönlichkeit und den Informationsinteressen der Allgemeinheit.[4] Das Schutzbedürfnis ergibt sich vor allem aus der Möglichkeit, das Erscheinungsbild eines Menschen in einer bestimmten Situation von diesem abzulösen, datenmäßig zu fixieren und jederzeit vor einem unüberschaubaren Personenkreis zu reproduzieren.[5] Gefahren für den Abgebildeten sind damit vor allem auch deshalb verbunden, weil sich mit dem Wechsel des Kontextes, in dem eine Abbildung reproduziert wird, auch der Sinngehalt der Bildaussagen ändern und sogar absichtlich manipuliert werden kann.[6]

Während die Regelungen im KUG im Jahr 1907 eine Reaktion auf die wachsende Bedeutung der Fotografie und der zunehmenden Verbreitung von Massenmedien waren, ist ihre Bedeutung durch den Fortschritt der Aufnahmetechnik,[7] der Abbildungen auch aus weiter Entfernung, sogar aus Satellitendistanz, unter schlechten Lichtverhältnissen und mit winzigen Aufnahmegeräten erlaubt, sowie durch das Internet und die damit verbundene Möglichkeit, sich Fotos einer Vielzahl von Personen einfach durch das Kopieren einer Datei zu beschaffen, noch gewachsen. Es kommt hinzu, dass es früher meist vom Zufall abhängig war, ob dann, wenn ein Prominenter sich unerwartet in der Öffentlichkeit zeigte, eine Kamera zur Hand war, während heute nahezu jedermann zu jeder Zeit eine in ein Mobiltelefon integrierte Kamera, die sogar hochauflösende Filmaufnahmen erstellen kann, bei sich hat.

Das Verständnis der Vorschriften hat sich seit ihrem Inkrafttreten dahingehend gewandelt, dass sie sich nicht mehr nur, wie es der Wortlaut nahe legt, auf das Recht an der Abbildung der eigenen Person auf einem Lichtbild beziehen, sondern auch bei jeder anderen Art der Abbildung mit und ohne Namensnennung und der Darstellung einer Person durch einen Schauspieler auf der Bühne, im Film oder im Fernsehen herangezogen werden.[8] Seit Inkrafttreten des Grundge-

---

auf Mallorca; BGH GRUR 2008, 1020, 1021 – Urlaubsfoto von Caroline; BGH GRUR 2008, 1017, 1018 – Einkaufsbummel nach Abwahl; BGH GRUR 2007, 902, 903 – Abgestuftes Schutzkonzept II; BGH GRUR 2007, 899 – Grönemeyer; BGH GRUR 2007, 527 – Caroline von Hannover.
2 RGZ 45, 170.
3 Verhandlungen des 27. DJT, 1904, 4. Band 27 ff.
4 Vgl Verhandlungen des Reichstages, 11. Legislaturperiode, II. Session, 1. Sessionsabschnitt 1905/1906, Anlagenband 2, 1526, 1540 f; BVerfG GRUR 2000, 446, 451 – Caroline von Monaco.
5 BVerfG GRUR 2008, 539, 541 – Caroline von Hannover; BVerfG GRUR 2000, 446, 449 – Caroline von Monaco.
6 BVerfG GRUR 2000, 446, 449 – Caroline von Monaco.
7 BVerfG GRUR 2000, 446, 449 – Caroline von Monaco.
8 BGH NJW 1958, 459, 462 – Sherlock Holmes; KG JW 28, 363 – Piscator; vgl auch BVerfG GRUR 1973, 541, 545 – Lebach.

setzes werden die §§ 22, 23 KUG als eine besondere Ausprägung des allgemeinen Persönlichkeitsrechts angesehen.[9]

8   Auch wenn das Recht am eigenen Bild dem Einzelnen die Möglichkeit gibt, grundsätzlich über die Anfertigung und Verwendung von Fotografien oder Aufzeichnungen seiner Person durch andere zu entscheiden,[10] gewährt das allgemeine Persönlichkeitsrecht ihm keinen Anspruch, nur so von anderen dargestellt zu werden, wie er sich selber sieht oder gesehen werden möchte.[11]

9   Als Teil des Persönlichkeitsrechtes bezweckt der Bildnisschutz nicht nur den Schutz ideeller Interessen, sondern hat auch eine vermögensrechtliche Seite,[12] so dass, insb bei der widerrechtlichen kommerziellen Nutzung eines Bildnisses auch ein materieller Schaden in Betracht kommt. Das BVerfG[13] geht davon aus, dass eine Werbung, die auf dem Geltungswert einer Person aufbaut, zwar nicht dessen Menschenwürde beeinträchtigt, weil die Anerkennung des Abgebildeten nicht geschmälert wird; nicht zu beanstanden sei aber, wenn die Gerichte durch richterliche Rechtsfortbildung mit der Anerkennung vermögensrechtlicher Interessen des Abgebildeten dem Umstand Rechnung trügen, dass die Vermarktung des Rechts am eigenen Bild, vor allem in der Werbung, üblich geworden sei.

IV. Verfassungsmäßiger Rahmen und EMRK

10   Das BVerfG hatte mehrfach Gelegenheit, sich mit der Verfassungsmäßigkeit der §§ 22, 23 KUG zu beschäftigen und stellt in der „Caroline"-Entscheidung[14] ausdrücklich fest, dass die Vorschriften mit dem Grundgesetz vereinbar seien. Nach Art 2 Abs 1 GG ist das allgemeine Persönlichkeitsrecht nur im Rahmen der verfassungsmäßigen Ordnung gewährleistet. Dazu zählen auch die Vorschriften der §§ 22 und 23 KUG. Gleichzeitig handelt es sich um allgemeine Gesetze iSd Art 5 Abs 2 GG, die die Äußerungsgrundrechte einschränken.[15] Die flexible Gestaltung der §§ 22, 23 KUG bietet ausreichenden Raum für eine der Verfassung entsprechende Anwendung.[16]

11   Die Auslegung und Anwendung der Schrankenregelungen und ihre abwägende Zuordnung zueinander durch die Fachgerichte hat allerdings der interpretationsleitenden Bedeutung der von der Schrankenregelung berührten Grundrechtsposition Rechnung zu tragen, dabei aber auch die betroffenen Gewährleistungen der Europäischen Menschenrechtskonvention zu berücksichtigen,[17] insb das in Art 8 EMRK verankerte Recht auf Achtung des Privatlebens, das ein allgemeines Gesetz iSd Art 5 Abs 2 GG ist. Der Europäischen Menschenrechtskonvention kommt im nationalen Recht der Rang von einfachem Bundesrecht zu,[18] und sie kann darüber hinaus auf der Ebene des Verfassungsrechts als Auslegungshilfe für die Bestimmung von Inhalt und Reich-

---

9 BVerfG GRUR 1973, 541, 545 – Lebach; NJW 1962, 1004, 1005 – Doppelmörder; BVerfG GRUR 1956, 427, 428 – Paul Dahlke.
10 BVerfG GRUR 2000, 446, 449 – Caroline von Monaco.
11 BVerfG NJW 2002, 3767, 3768; GRUR 2000, 446, 449 – Caroline von Monaco; BVerfG NJW 1999, 1322, 1323 – Der Fall Helnwein.
12 BVerfG GRUR 2006, 1049, 1050 – Werbekampagne mit blauem Engel; BGH GRUR 2000, 715, 716 – Der blaue Engel.
13 BVerfG GRUR 2006, 1049, 1050 – Werbekampagne mit blauem Engel.
14 BVerfG GRUR 2000, 446, 451.
15 BVerfG GRUR 1973, 541, 545 – Lebach.
16 BVerfG GRUR 1973, 541, 544 – Lebach.
17 BVerfG GRUR 2008, 539, 541 – Caroline von Hannover.
18 BVerfG GRUR 2008, 539, 541 – Caroline von Hannover; BVerfG NJW 2004, 3407, 3412.

weite von Grundrechten dienen, sofern dies nicht zu einer – von der Konvention selbst nicht gewollten – Einschränkung oder Minderung des Grundrechtsschutzes nach dem Grundgesetz führt.[19]

§ 2
Gegenstand des Schutzes

I. Bildnisbegriff

Der Bildnisbegriff ist in §§ 22 KUG nicht näher erläutert. Die amtliche Begründung zum KUG[20] definiert das Bildnis als „Darstellung einer Person in ihrer wirklichen, dem Leben entsprechenden Erscheinung". Die Darstellung muss dazu bestimmt und geeignet sein, eine Person in ihrer dem Leben nachgebildeten äußeren Erscheinung dem Betrachter vor Augen zu führen und das Aussehen, wie es gerade dieser bestimmten Person eigen ist, im Bild wiederzugeben.[21]

Der Schutz ist damit nicht auf Fotografien beschränkt, sondern erfasst auch **Fotomontagen**,[22] **Karikaturen**,[23] **Zeichnungen**,[24] **Schattenrisse**,[25] **Comic-Figuren**[26] oder **Puppen**,[27] die an reale Personen angelehnt sind, Abbildungen auf **Gedenkmünzen**[28] oder **digitale Reproduktionen von Personen in Computerspielen**.[29] Auch die Darstellung einer anderen Person durch einen **Schauspieler** oder einen **Doppelgänger**[30] kann ein Bild dieser Person sein.[31] Daneben ist die Abbildung eins Schauspielers in seiner Rolle regelmäßig auch ein Bildnis des Schauspielers selbst; etwas anderes kann nur ausnahmsweise dann gelten, wenn er hinter seiner Maske nicht mehr „eigenpersönlich" in Erscheinung tritt, also von seiner Erscheinung im realen Leben erheblich abweicht.[32]

II. Erkennbarkeit

Der Abgebildete muss auf dem Bildnis erkennbar sein.[33] Die Rechtsprechung trägt den besonderen Gefahren, die mit der Bildnisveröffentlichung verbunden sind, dadurch Rechnung, dass sie zu Gunsten des Anonymitätsinteresses des Betroffenen **geringe Anforderungen** an die Erkennbarkeit stellt.[34]

---

19 BVerfG GRUR 2008, 539, 541 – Caroline von Hannover; BVerfG NJW 2004, 3407, 3408.
20 Vgl Verhandlungen des Reichstages, 11. Legislaturperiode, II. Session, 1. Sessionsabschnitt 1905/1906, Anlagenband 2, 1526, 1541.
21 BGH GRUR 1966, 102 – Spielgefährtin.
22 BGH GRUR 2004, 590 – Satirische Fotomontage.
23 OLG Hamburg AfP 1983, 282 – Tagesschausprecher.
24 *Prinz/Peters* Rn 825.
25 LG Berlin NJW-RR 2000, 555, 556.
26 LG München AfP 1997, 559, 560 – Gustl Bayrhammer.
27 AG Hamburg NJW-RR 196, 197; Wenzel/*von Strobl-Albeg* 7. Kap Rn 20.
28 BGH GRUR 1996, 195, 196 – Abschiedsmedaille.
29 OLG Hamburg MMR 2004, 413.
30 BGH GRUR 2000, 715, 717 – Doppelgänger.
31 BGH NJW 1958, 459, 462 – Sherlock Holmes; KG ZUM-RD 2009, 181.
32 BGH GRUR 1961, 138, 139 – Familie Schöllermann.
33 BGH NJW 1974, 1974, 1948.
34 OLG Karlsruhe ZUM 2004, 771.

15 Regelmäßig ergibt sich die Erkennbarkeit aus den **Gesichtszügen**.[35] Auch wenn die Gesichtszüge nicht (vollständig) sichtbar sind, ist die Erkennbarkeit aber keineswegs ausgeschlossen. Sie kann sich auch aus **sonstigen Merkmalen** der abgebildeten Person ergeben, die ihr gerade eigen sind,[36] etwa aus Bewegungen, Haltung, Haarschnitt,[37] einer auffälligen Tätowierung[38] oder Narbe.[39] Denkbar ist auch eine Erkennbarkeit durch besonders charakteristische Kleidung[40] oder durch die im Zusammenhang mit dem Bild, etwa in einem Film, wiedergegebene Stimme des Abgebildeten. Weitere abgebildete Personen[41] oder die Umgebung[42] können die Erkennbarkeit ebenfalls begründen. Nicht genügen soll es aber, wenn bei einem Unfall neben einer an sich nicht erkennbaren unfallbeteiligten Person das Nummernschild des Unfallfahrzeugs abgebildet ist.[43]

16 Die Erkennbarkeit kann sich auch aus **Umständen außerhalb des Bildes**, etwa aus dem Begleittext zu einer Abbildung[44] oder durch den Zusammenhang mit früheren Veröffentlichungen[45] ergeben. So kann etwa ein für sich genommen nicht aussagekräftiger Fotoausschnitt ein Bildnis iSd § 22 KUG sein, wenn der Abgebildete deshalb erkennbar ist, weil das vollständige Foto bereits zuvor abgebildet worden war.[46]

17 Die **Erkennbarkeit eines durch einen Schauspieler Dargestellten** ist nicht dadurch **ausgeschlossen**, dass der Schauspieler ihm nicht ähnlich sieht. Sie kann auch aus anderen, die betreffende Person kennzeichnenden Elementen folgen, wenn der Schauspieler erkennbar das *äußere* Erscheinungsbild nachahmt.[47] So hat der BGH[48] angenommen, dass es ein Bildnis von Marlene Dietrich darstellt, wenn eine bekannte Originalszene aus dem Film „Der blaue Engel", in der sie in der Rolle der Barsängerin in aufreizender Pose sitzend – das rechte Bein nach oben gezogen und abgewinkelt – zu sehen ist, in einem Werbefoto mit einer ähnlich gekleideten Person nachgeahmt wird, obwohl die Gesichtszüge der Abgebildeten denen von Marlene Dietrich nicht ähnlich waren. Dieser Beurteilung ist zuzustimmen. Auch wenn die Gesichtszüge des Dargestellten und des Darstellers sich nicht ähneln, wird doch ein bestimmtes Bild seiner Persönlichkeit transportiert, das im Gedächtnis des Betrachters haften bleibt. Gerade in einem solchen Fall kann die Gefahr verwirklicht werden, dass eine Person in einem ihr nicht genehmen Kontext dargestellt wird.[49]

18 Anders ist es aber zu beurteilen, wenn sich in einem Film **nur aus dem Kontext** und eben nicht aus der Darstellung eine Verbindung zu einer bestimmten Person ergibt. So hat das OLG München[50] zu Recht eine Verletzung des § 22 KUG durch den Spielfilm „Der Baader Meinhof Komplex" verneint. Die Tochter von Ulrike Meinhof hatte geltend gemacht, durch ihre Darstellung in dem Film durch eine Schauspielerin in ihrem Recht am eigenen Bild verletzt zu sein.

---

35 BGH GRUR 1966, 102 – Spielgefährtin.
36 BGH GRUR 1979, 732, 733 – Fußballtor.
37 OLG Karlsruhe ZUM 2001, 883, 887.
38 *Prinz/Peters* Rn 827.
39 *Löffler/Ricker* 43. Kap Rn 5.
40 OLG Karlsruhe ZUM 2001, 883, 887.
41 OLG Frankfurt NJW 1992, 441, 442.
42 OLG Düsseldorf GRUR 1970, 618 – Schleppjagd.
43 AG Kerpen ZUM-RD 2011, 258.259; Schlüsse von einem KFZ-Kennzeichen auf den Fahrer sind im Einzelfall allerdings durchaus denkbar.
44 BGH GRUR 1966, 102 – Spielgefährtin.
45 BGH GRUR 1979, 732, 733 – Fußballtor.
46 LG Bremen GRUR 1994, 897, 898 – Fotoausschnitt.
47 BGH GRUR 2000, 715, 717 – Der blaue Engel; KG ZUM-RD 2009, 181.
48 BGH GRUR 2000, 715, 717 – Der blaue Engel.
49 BVerfG GRUR 2000, 446, 449 – Caroline von Monaco.
50 OLG München ZUM 2007, 932 ff.

Die Erkennbarkeit ergab sich indes ausschließlich aus der gespielten Rolle und aus ihrer Beziehung zu der Filmfigur Ulrike Meinhof. Damit wird die Dargestellte nicht durch sie identifizierende äußere Merkmale abgebildet, nachgeahmt oder nachgestellt oder in Maske, Bewegung und Sprechweise imitiert.[51] Denkbar ist in derartigen Fällen allein eine Verletzung des Allgemeinen Persönlichkeitsrechts,[52] wenn durch eine filmische Darstellung ohne äußere Ähnlichkeiten falsche Tatsachen vermittelt werden; für eine Anwendung des § 22 KUG ist indes kein Raum.

Erst recht reicht schließlich eine **bloße Assoziation**, die durch ein Bild hervorgerufen wird, ohne dass Merkmale einer Person wiedergegeben werden, nicht aus.[53]   19

Die übliche Praxis, ein Gesicht zu **verpixeln**[54] oder es teilweise mit einem Augenbalken[55] zu überdecken, schließt die Erkennbarkeit dann nicht aus, wenn der Abgebildete entweder wegen der geringen Verfremdung der Aufnahme oder durch andere Merkmale wie Frisur oder Kleidung erkennbar bleibt; besonders ungeeignet ist der Augenbalken dann, wenn nicht nur das Gesicht, sondern der gesamte Körper des Abgebildeten gezeigt wird, weil dies weitere Identifizierungsmöglichkeiten eröffnet.[56]   20

Umstritten ist, für welchen **Kreis von Betrachtern** der Betroffene erkennbar sein muss. Teilweise wird der „engere" Familien- und Freundeskreis nicht für ausreichend gehalten, solange ihn der Betroffene noch ohne weiteres selbst unterrichten kann.[57] Nach Auffassung des BGH genügt allerdings die Erkennbarkeit im „engeren" Bekanntenkreis.[58] Dem ist zuzustimmen. Auch und gerade gegenüber dem engeren Bekanntenkreis besteht ein legitimes Interesse des Betroffenen, über die Veröffentlichung von Bildnissen und damit auch darüber zu entscheiden, in welchem Licht er erscheint. Ob eine Verletzung auch bei der Erkennbarkeit im engsten Kreis, etwa nur durch die Eltern des Abgebildeten, vorliegt, ist eine Frage des Einzelfalls. Kein taugliches Abgrenzungskriterium ist aber bei einer Bildnisveröffentlichung – anders als möglicherweise bei der Behauptung unwahrer Tatsachen –, ob der Betroffene diejenigen, die ihn auf dem Bild erkennen, „unterrichten" kann.[59] Denn gerade bei einer Bildnisveröffentlichung lässt sich der Eingriff in die Rechte des Betroffenen, der regelmäßig intensiver ist als durch eine Wortberichterstattung,[60] durch die Übermittlung von Informationen nicht ohne weiteres ausräumen, zumal ohnehin fraglich ist, ob es Aufgabe des Betroffenen ist, einen möglicherweise durch eine Veröffentlichung eines andern entstandenen Eindruck aus der Welt zu schaffen.   21

Eine Verletzung liegt sogar schon dann vor, wenn der Abgebildete **begründeten Anlass** hat anzunehmen, er könne nach der Art der Abbildung erkannt werden, weil dem Betroffenen nicht zugemutet werden kann, im Einzelnen Beweis dafür anzutreten, wer von den oft hunderten oder tausenden Betrachtern eines Bildes ihn tatsächlich erkannt hat.[61]   22

---

51 OLG München ZUM 2007, 932, 933.
52 OLG München ZUM 2007, 932, 933.
53 OLG Karlsruhe ZUM 2004, 771; vgl auch LG München AfP 1997, 559, 560 – Gustl Bayrhammer.
54 LG Frankfurt ZUM-RD 2006, 357, 358.
55 Vgl OLG Hamburg NJW-RR 1993, 923; OLG Karlsruhe ZUM 2001, 883, 887.
56 OLG Frankfurt NJW 2006, 619.
57 Wandtke/Bullinger/*Fricke* § 22 KUG Rn 6.
58 BGH ZUM 2005, 735 (zur Erkennbarkeit einer Romanfigur); BGH GRUR 1979, 732, 733 – Fußballtor; BGH GRUR 1972, 97, 98 f – Liebestropfen; BGH GRUR 1962, 211 – Hochzeitsbild.
59 So zu unwahren Tatsachenbehauptungen das LG Köln ZUM-RD 2005, 351, 353. In der Entscheidung ging es um die Erkennbarkeit einer Person, deren Äußerungen sinnentstellt wiedergegeben worden waren. Im Kontext des § 22 KUG lässt sich die Entscheidung daher nicht heranziehen (aA Wandtke/Bullinger/*Fricke* § 22 KUG Rn 6); vgl zu der Entscheidung auch *Fricke* AfP 2005, 335.
60 BGH GRUR 1967, 205, 208 – Vor unserer eigenen Tür.
61 BGH GRUR 1962, 324 – Doppelmörder.

§ 3
Verbreitung und öffentliche Zurschaustellung

23 § 22 KUG verbietet das Verbreiten und die öffentliche Zurschaustellung von Bildnissen ohne Einwilligung des Abgebildeten. Nicht erfasst ist das **Herstellen** des Bildes, das aber einen Eingriff in das allgemeine Persönlichkeitsrecht darstellen kann.[62]

I. Verbreitung

24 Die Verbreitung eines Bildnisses setzt, wie § 17 UrhG, seine Weitergabe in körperlicher Form voraus,[63] die das Risiko einer nicht mehr zu kontrollierenden Kenntnisnahme in sich birgt.[64] Erfasst sind die Verbreitung von Abzügen, Negativen, Kopien, Ausdrucken von Digitalfotos[65] oder das Verschicken einer Datei, die ein Foto enthält.[66] Die Verbreitung kann in Zeitungen, in Zeitschriften, in Büchern, auf Postkarten oder Werbeträgern[67] erfolgen. Unbeachtlich ist, ob für die Verbreitung ein Entgelt gezahlt wird. Anders als bei der zweiten Tatbestandsalternative der Zurschaustellung und nach § 17 UrhG ist eine Verbreitung in der Öffentlichkeit nicht erforderlich.[68] Ein Verbreiten kann auch durch die Weitergabe an eine einzelne Person verwirklicht werden, weil dem Abgebildeten grundsätzlich die Kontrolle und das Selbstbestimmungsrecht vorbehalten bleiben soll, in wessen Verfügungsgewalt ein Bildnis gelangt.[69] Noch keine Verbreitung ist es allerdings, wenn ein Verlag ein Bild von einem durch einen Dritten betriebenes Bildarchiv erhält, weil die Weitergabe ähnlich wie diejenige innerhalb eines Unternehmens durch ein eigenes Bildarchiv gewissermaßen presseintern erfolgt.[70]

II. Öffentliche Zurschaustellung

25 Die öffentliche Zurschaustellung ist die grundsätzlich unkörperliche Sichtbarmachung[71] eines Bildnisses gegenüber einer nicht bestimmt abgegrenzten und nicht untereinander persönlich verbundenen Mehrzahl von Personen;[72] es muss Dritten ermöglicht werden, das Bildnis wahrzunehmen.[73] Wie auch beim Begriff des Verbreitens findet sich ein Pendant zur öffentlichen Zurschaustellung im UrhG, nämlich in § 15 Abs 2 UrhG.[74] Erfasst vom Begriff der Zurschau-

---

62 BGH GRUR 1995, 621 – Grundstücksnachbarn; BGH GRUR 1967, 205, 208 – Vor unserer eigenen Tür. Zulässig kann etwa das Herstellen von Fotografien zu Beweiszwecken sein; unzulässig sind insb Aufnahmen gegen den erklärten Willen des Abgebildeten und das Herstellen von Bildnissen aus den Bereichen der Privat- und Intimsphäre (vgl im Einzelnen *Prinz/Peters* Rn 810 ff), etwa während einer Brustoperation (LG Aschaffenburg NJW 2012, 787, 788.
63 OLG Frankfurt MMR 2004, 683 – Online Fotoservice.
64 *Von Gamm* Einführung IX Rn 105; Wandtke/Bullinger/*Fricke* § 22 KUG Rn 8.
65 OLG Frankfurt ZUM-RD 2009, 314, 315.
66 LG Frankfurt NJOZ 2008, 3545, 3546.
67 Dreier/Schulze/*Dreier* § 22 KUG Rn 9.
68 Dreier/Schulze/*Dreier* § 22 KUG Rn 9.
69 OLG Frankfurt ZUM-RD 2009, 314, 315; Dreier/Schulze/*Dreier* § 22 KUG Rn 9.
70 BGH GRUR 2011, 266, 267 – Jahrhundertmörder.
71 LG Düsseldorf NJOZ 2003, 2883, 2884; Wandtke/Bullinger/*Fricke* § 22 KUG Rn 9.
72 OLG München MMR 2007, 659.
73 Dreier/Schulze/*Dreier* § 22 KUG Rn 11.
74 Dreier/Schulze/*Dreier* § 22 KUG Rn 11.

stellung werden etwa das Ausstellen in einem Museum, das Zeigen in Film und Fernsehen und die Öffentliche Zugänglichmachung iSd § 19a UrhG im Internet.[75] Nach Auffassung des OLG München[76] kann auch das **Setzen eines Links** auf eine Internetseite mit einem Bildnis eine öffentliche Zurschaustellung sein. Allerdings ist mit der grundsätzlichen Aussage, das Linksetzen sei eine öffentliche Zurschaustellung, Vorsicht geboten. Die gewöhnliche Verlinkung einer gesamten Internetseite, auf der sich ein Bildnis iSd § 22 KUG befindet, macht dieses Bild nicht zugänglich. Hier können die Grundsätze herangezogen werden, die der BGH[77] zu der Frage aufgestellt hat, ob eine Verlinkung einer Seite, auf der ein urheberrechtlich geschütztes Werk veröffentlicht ist, eine öffentliche Zugänglichmachung iSd § 19a UrhG darstellt. Danach verweist der Verlinkende lediglich auf das Werk in einer Weise, die Nutzern den bereits eröffneten Zugang erleichtert und hält weder das geschützte Werk selbst öffentlich zum Abruf bereit, noch übermittelt er dieses selbst auf Abruf an Dritte. Nur derjenige, der das Werk in das Internet gestellt hat, entscheidet darüber, ob es der Öffentlichkeit zugänglich bleibt, weil der Link ins Leere geht, wenn die Webseite mit dem geschützten Werk nach dem Setzen des Hyperlinks gelöscht wird.[78] Der Konstruktion einer stillschweigenden Einwilligung in die Verlinkung bedarf es daher nicht.[79] Eine öffentliche Zurschaustellung liegt aber vor, wenn – wie in dem Sachverhalt, über den das OLG München zu entscheiden hatte[80] – ein Bild über einen Link in die eigene Internetseite eingebunden wird, so dass das Bild eingebettet in die eigene Seite angezeigt wird. Dann kann es keinen Unterschied machen, ob die Bilddatei auf dem eigenen Server liegt oder von einem fremden Server geladen wird.

§ 4
Einwilligung

Die Verbreitung und das öffentliche Zurschaustellen setzen grundsätzlich die Einwilligung des Abgebildeten voraus.

26

I. Allgemeines

Der Begriff der Einwilligung entspricht demjenigen in § 185 BGB. Die Einwilligung ist demnach die vorherige Zustimmung. Sie ist eine einseitige empfangsbedürftige Willenserklärung,[81] so dass die §§ 104 ff BGB anwendbar sind. Infolgedessen kann die Einwilligung von einem Stellvertreter wirksam erklärt werden,[82] setzt die Geschäftsfähigkeit des Erklärenden voraus und ist nicht frei widerruflich. Die Einwilligung kann formfrei erklärt werden,[83] dem Bildnisverwerter ist aus Beweisgründen allerdings eine schriftliche Einwilligung anzuraten.

27

---

75 Möhring/Nicolini/*Gass* § 60 Anh § 22 KUG Rn 37.
76 OLG München MMR 2007, 659.
77 BGH GRUR 2003, 958, 962 – Paperboy.
78 BGH GRUR 2003, 958, 962 – Paperboy.
79 AA Wenzel/*von Strobl-Albeg* 7. Kap Rn 64.
80 OLG München MMR 2007, 659.
81 OLG München ZUM 2001, 708, 709; OLG München NJW-RR 1990, 999, 1000; *Prinz/Peters* Rn 832.
82 OLG München ZUM 2001, 708, 709.
83 Dreier/Schulze/*Dreier* § 22 KUG Rn 11.

II. Stellvertretung

28 Der Zulässigkeit einer Stellvertretung steht es nicht entgegen, dass die Einwilligung nach § 22 KUG einen persönlichen Bereich betrifft. Der Gesetzgeber hat für derartige Fälle zwar Einschränkungen ausdrücklich vorgesehen, etwa ein Schriftformerfordernis im Bereich des Betreuungsrechts in § 1904 Abs 5 BGB für die ärztliche Behandlung oder in § 1906 Abs 5 BGB für die Unterbringung.[84] Da eine solche Ausnahmevorschrift im KUG allerdings nicht existiert, ist davon auszugehen, dass eine Stellvertretung ohne Einschränkungen möglich ist.[85] Gegen eine tatsächlich nicht erteilte, aber behauptete Vollmacht ist der Abgebildete im Übrigen dadurch hinreichend geschützt, dass die Einwilligung von demjenigen zu beweisen ist, der das Bildnis verbreitet oder zur Schau gestellt hat. Schließlich trägt dieses Ergebnis praktischen Bedürfnissen Rechnung, denn häufig wird bei Verhandlungen über kommerzielle Bildnisveröffentlichungen eine Agentur zwischengeschaltet sein. Die Vollmacht zur Erklärung der Einwilligung kann auch für den Fall des Todes des Abgebildeten wirksam erteilt werden.[86]

III. Minderjährige

29 Dass die Veröffentlichung von Bildnissen Minderjähriger der Zustimmung des **gesetzlichen Vertreters** bedarf, ist unbestritten.[87] Daneben stellt sich aber die Frage, ob zusätzlich die **Einwilligung des abgebildeten Minderjährigen** erforderlich ist. Der BGH hat diese Frage bereits in der Entscheidung „Nacktaufnahme"[88] ausführlicher diskutiert, diese „Doppelzuständigkeit" dann aber erst eher beiläufig in der Entscheidung „Charlotte Casiraghi II"[89] bejaht. Voraussetzung für dieses zusätzliche Erfordernis ist aber, dass der Minderjährige über die erforderliche **Einsichtsfähigkeit** verfügt. Diese wird regelmäßig ab einem Alter von 14 Jahren angenommen.[90] Praktisch bedeutet dies, dass sich der Bildnisverwerter immer vergewissern sollte, ob der Abgebildete minderjährig ist und gegebenenfalls, ob dessen Einwilligung *und* diejenige der gesetzlichen Vertreter vorliegt. Nach § 113 BGB kann die Einwilligung des Minderjährigen ausreichen, wenn der gesetzliche Vertreter einer Tätigkeit, etwa als Fotomodell, zugestimmt hat, bei der es regelmäßig zum Anfertigen und Veröffentlichen von Fotos kommt.[91]

IV. Stillschweigende Einwilligung

30 Wie andere Willenserklärungen kann die Einwilligung stillschweigend erteilt werden.[92] Mit der Annahme einer konkludenten Einwilligung ist aber in dem sensiblen Bereich der Bildnisveröffentlichung große Zurückhaltung geboten.

31 Gleichwohl sind zahlreiche Fälle denkbar, in denen eine konkludente Einwilligung angenommen werden kann. Offensichtlich ist dies regelmäßig, wenn jemand ein **Fernsehinterview**

---

84 OLG München ZUM 2001, 708, 709.
85 Vgl BGH GRUR 1987, 128 – NENA zur Erteilung einer umfassenden Befugnis an einen Dritten, Bildnisse zu verwerten.
86 OLG München ZUM 2001, 708, 709.
87 BGH GRUR 2005, 74, 75 – Charlotte Casiraghi II.
88 BGH GRUR 1975, 561, 562.
89 BGH GRUR 2005, 74, 75.
90 *Libertus* ZUM 2007, 621, 624.
91 Dreier/Schulze/*Dreier* § 22 KUG Rn 27; offen gelassen in BGH GRUR 1975, 561, 563 – Nacktaufnahmen.
92 BGH GRUR 2005, 74, 75 – Charlotte Casiraghi II; BGH GRUR 1996, 195, 196 – Abschiedsmedaille.

gibt.[93] Entsprechendes muss für die spontane Beantwortung von Fragen vor laufender Kamera oder das Fotografieren bei einem Spontaninterview gelten, soweit der Abgebildete, ohne Unwillen zu zeigen,[94] Fragen beantwortet und nicht **überrumpelt** wird.[95] Auch die Teilnahme an einem **Sportereignis** oder an einer anderen **öffentlichen Veranstaltung**, bei der offensichtlich Pressefotografen zugelassen sind, wird in der Regel eine konkludente Einwilligung in die Bildnisveröffentlichung im Zusammenhang mit der Veranstaltung einschließen.[96] Gleiches gilt auch für die Teilnahme an Ereignissen, bei denen eine **Fernseh-Live-Übertragung** vorher bekanntgegeben wurde.[97] Eine konkludente Einwilligung soll auch gegeben haben, wer ein Fernsehteam bemerkt und vor der Kamera mehrmals demonstrativ hin und her läuft,[98] winkt oder der Kamera Kusshände zuwirft.[99] Auch bei Veranstaltungen, die mit einer besonderen Reputation verbunden sind und an der die Anwesenden gerade auch teilnehmen, weil sie von der Öffentlichkeit wahrgenommen werden wollen, wie etwa bei einem Opernball, ist es den Teilnehmern zuzumuten, ihre fehlende Einwilligung zum Ausdruck zu bringen.[100]

Eine wirksam erteilte Einwilligung ist unwirksam, wenn dem Einwilligenden Zweck, Art und Umfang der geplanten Bildnisverwendung nicht bekannt war; erst recht scheidet in einem derartigen Fall eine stillschweigende Einwilligung von Vornherein aus.[101] Allerdings dürfen an die **Erkennbarkeit des Verwendungszwecks** keine überhöhten Anforderungen gestellt werden. Wird ein Steuerberater vor laufender Kamera mit dem Fund von nicht unkenntlich gemachten Mandantenunterlagen in seinem Müllcontainer konfrontiert und äußert sich dazu sichtlich betroffen in der Weise, dass er versichert, einen Reißwolf anschaffen zu wollen, so muss er sich darüber bewusst sein, dass dieses Interview in einem Bericht gesendet werden wird, der sich mit dem Datenschutz befasst.[102] Je intensiver allerdings die geplante Veröffentlichung die Privatsphäre des Betroffenen betrifft, desto klarer muss er über Verwendung und Art des Beitrags aufgeklärt worden sein, damit seine Duldung der Aufnahmen als wirksame stillschweigende Einwilligung gedeutet werden kann.[103] Zu berücksichtigen sind auch die intellektuellen Fähigkeiten des Abgebildeten und seine Erfahrenheit im Umgang mit den Medien[104] sowie der **Kontext der Befragung**; so kann eine Befragung in Anwesenheit von Polizeibeamten anders zu beurteilen sein,[105] weil sich der Betroffene hier aus anderen Gründen bemüßigt fühlen kann, trotz der Anwesenheit von Kameras zu antworten. Auch ist eine vertraglich erklärte Einwilligung eines erfahrenen Models anders zu bewerten als diejenige eines Laien in einer Reality-Sendung.[106]

Einen Sonderfall der stillschweigenden Einwilligung sieht § 22 Abs 1 S 2 KUG vor. Danach gilt eine Einwilligung als erteilt, wenn der Abgebildete dafür, dass er sich abbilden lässt, eine **Entlohnung** erhält. Dies kann aber selbstverständlich nur gelten, so lange keine einer Abbildung entgegenstehenden ausdrücklichen Abreden existieren, die selbstverständlich auch bei einer Entlohnung ohne weiteres möglich und zulässig sind.[107] Erklärt sich etwa eine Sportlerin gegen eine

---

93 OLG Hamburg GRUR-RR 2005, 140.
94 *Libertus* ZUM 2007, 621.
95 LG München I ZUM-RD 2008, 309; zurückhaltender Dreier/Schulze/*Dreier* § 22 KUG Rn 11.
96 BGH GRUR 2005, 74, 75 – Charlotte Casiraghi II.
97 *Libertus* ZUM 2007, 621, 622.
98 OLG Köln NJW-RR 1994, 865f.
99 *Libertus* ZUM 2007, 621.
100 Wenzel/*von Strobl/Albeg* 7. Kap, Rn 63; *Libertus* ZUM 2007, 621.
101 OLG Frankfurt GRUR 1991, 49 – Steuerberater.
102 AA OLG Frankfurt GRUR 1991, 49 – Steuerberater; *Prinz/Peters* Rn 834.
103 OLG Hamburg GRUR-RR 2005, 140.
104 OLG Hamburg GRUR-RR 2005, 140.
105 OLG Hamburg GRUR-RR 2005, 140.
106 Vgl auch LG Berlin ZUM-RD 2012, 595ff.
107 OLG Karlsruhe ZUM-RD 2010, 690, 692; vgl auch Wandtke/Bullinger/*Fricke* § 22 KUG Rn 18.

Vergütung damit einverstanden, dass ein Film über sie bei einem Filmfestival gezeigt wird, macht aber die Einwilligung in eine Kinovorführung zu kommerziellen Zwecken von der Vereinbarung einer weiteren Vergütung abhängig, schließt dies die Anwendung des § 22 Abs 1 S 2 KUG aus.[108] Auch wenn feststeht, dass sich die Einwilligung nur auf ein bestimmtes Projekt bezieht, gilt die Vermutung nur für dieses Projekt und nicht für darüber hinausgehende Veröffentlichungen.[109] Voraussetzung für die Anwendung des § 22 S 2 KUG ist im Übrigen, dass das Entgelt gerade für die Abbildung gezahlt wird. Nicht anwendbar ist die Regelung daher etwa, wenn ein Arbeitnehmer, der nicht als Fotomodell angestellt ist, sich bereit erklärt, Fotos von sich anfertigen zu lassen. Denn dann erhält er das Entgelt für seine Arbeitsleistung, nicht für die Nutzung der Fotos.[110]

V. Reichweite der Einwilligung

34 Liegt eine Einwilligung in die Bildnisveröffentlichung grundsätzlich vor, kommt es nicht selten zu Streitigkeiten darüber, welche Verwendung des Bildes sie abdeckt. Die Reichweite der Einwilligung ist nach dem objektiven Empfängerhorizont nach §§ 133, 157 BGB[111] unter Berücksichtigung aller Umstände des Einzelfalls[112] zu ermitteln; eine generalisierende Betrachtung verbietet sich. Sie hängt wesentlich von den Umständen der Veröffentlichung ab, für die die Einwilligung erteilt worden ist; ihr darüber hinaus Bedeutung auch für spätere Veröffentlichungen eines anderen Zuschnitts beizulegen, ist regelmäßig nur auf Grund eines dahingehenden besonderen Interesses des Betroffenen möglich.[113]

35 Gerade bei spontanen Aufnahmen durch Fernsehteams wird es indes häufig an ausdrücklichen Regelungen zum Umfang der Einwilligung fehlen, sofern überhaupt eine ausdrückliche Erklärung vorliegt. Hier kann auf die **urheberrechtliche Zweckübertragungsregel** zurückgegriffen werden.[114]

36 Entscheidend für die Auslegung der Einwilligungserklärung ist, ob die geplante Verwendung zum Zeitpunkt der ausdrücklichen oder konkludenten Einwilligung erkennbar war. Von Vornherein verbietet sich die Veröffentlichung eines Fotos, mit dem der Abgebildete einverstanden war, in einem Kontext, in dem ein **falscher Eindruck** entsteht.[115] Aber auch ohne irreführende Darstellung erlaubt die Einwilligung, ein Foto in einem **bestimmten Kontext** zu zeigen, nicht ohne weiteres die Veröffentlichung in einem anderen Zusammenhang.[116] So hat das OLG Karlsruhe[117] zu Recht die konkludente Einwilligung einer Mutter in die Ausstrahlung eines Spontaninterviews zum Verschwinden ihres Kindes so ausgelegt, dass sie nicht die Befugnis umfasst, das Interview in einer Sendung auszustrahlen, die sich mit „Skurrilitäten des Alltags" befasst. Ein Einverständnis eines Bundeskanzlers mit der Aufnahme einer Münze mit seiner Abbildung in eine Gesamtedition von „Kanzler-Medaillen" lässt nicht den zwingenden Schluss zu, dass er ohne weiteres auch in die Verbreitung einer allein auf ihn bezogenen, nach seinem Tod erschei-

---

108 OLG Karlsruhe ZUM-RD 2010, 690, 692.
109 OLG München ZUM 2006, 936 f.
110 OLG Nürnberg GRUR 1957, 296, 297 – Fotomodell.
111 BGH GRUR 1956, 427, 428 – Paul Dahlke; *Prinz/Peters* Rn 837.
112 BGH GRUR 2005, 74, 75 – Charlotte Casiraghi II; BGH GRUR 1956, 427, 428 – Paul Dahlke.
113 BGH GRUR 2005, 74, 75 – Charlotte Casiraghi II; BGH GRUR 1996, 1996, 195, 196 – Abschiedsmedaille.
114 LG Köln ZUM 2012, 511, 512; LG München I ZUM 2006, 937, 939; OLG Hamburg ZUM 1996, 789, 790; OLG Köln AfP 1999, 377; KG ZUM-RD 1998, 554; Dreier/Schulze/*Dreier* § 22 KUG Rn 21; *Prinz/Peters* Rn 837, Wandtke/Bullinger/*Fricke* § 22 KUG Rn 16.
115 LG Köln ZUM 2012, 511, 512.
116 KG BeckRS 2010, 21129.
117 Vgl auch OLG Karlsruhe ZUM 2006, 568.

nenden „Abschiedsmedaille" eingewilligt hätte.[118] Ein Bildnis, das bei einem Sportereignis entstanden ist und das zur Illustration eines Berichts über dieses Sportereignis verwendet werden dürfte, darf nicht im Zusammenhang mit einem Zeitungsartikel gedruckt werden, der keinerlei Informationen über das eigentliche Ereignis liefert, sondern über die Beziehung der Abgebildeten zu Pferden und zu Jungen spekuliert und die sie mit den Attributen „bildschön" und „Glamourprinzessin der Zukunft" beschreibt.[119] Ein Foto, das mit dem Einverständnis des Abgebildeten für eine Modebeilage erstellt wurde und ihn in Unterwäsche zeigt, darf nicht zur Illustration eines redaktionellen Beitrages abgedruckt werden, in dem über einen Dritten berichtet wird, dass es nach Aussagen seiner Freundin „im Bett bestens klappe", sie öfter Reizwäsche trage und von ihm erwarte, „doch mal schärfere Slips" zu kaufen.[120] Eine umfassende schriftliche Einwilligung, an einer „Reality Soap" mitzuwirken deckt es nicht ab, die aufgenommenen Bilder später so zu bearbeiten und zu veröffentlichen, dass sie nur das Ziel der Verspottung haben.[121]

Ohnehin sind an die Einwilligung umso strengere Anforderungen zu stellen, je intimer die veröffentlichten Fotos sind. So deckt die Einwilligung von Nacktaufnahmen für ein Biologie-Schulbuch nicht die Veröffentlichung des Fotos in einem Fernsehbericht[122] oder in einer Zeitschrift.[123] Wird eine umfassende Einwilligung allerdings ausdrücklich sehr weitreichend für alle Verwendungs- und Werbezwecke erteilt, soll sie auf Erotik-Internetseiten auch dann veröffentlicht werden dürfen, wenn der Bereich „Erotik" in der Einwilligungserklärung nicht erwähnt oder angedeutet ist.[124]

Zurückhaltung ist insb bei der Verwendung von **Fotos in der Werbung** geboten, wenn hierfür keine ausdrückliche Zustimmung vorliegt. Selbst in der ausdrücklichen Einwilligung, ein Bildnis veröffentlichen zu dürfen, wird regelmäßig keine Zustimmung zu sehen sein, das Bild auch kommerziell zu Werbezwecken zu verwenden.[125] Auch eine erklärte Zustimmung, ein Foto für Werbezwecke zu verwenden, reicht nur so weit, wie die Verwendung vorhersehbar war. So hat der BGH es für unzulässig gehalten, dass ein Optiker für seine Werbung ein Foto eines Talkmasters nutzte, das mit dessen Zustimmung für die Werbung eines Modehauses verwendet werden durfte.[126] Das LG Köln hat es als unzulässig angesehen, dass ein Foto, das eine Schauspielerin in einer Rolle in einem Film zeigt, von einem Elektronikmarkt in ein in einem Prospekt beworbenes TV-Gerät montiert wurde, und zwar obwohl in kleiner Schrift darauf hingewiesen wurde, dass der Film auf DVD in dem Markt ebenfalls erhältlich sei und für den Film allein mit dem Bild durchaus hätte geworben werden dürfen.[127]

Umgekehrt kann bei einer ausdrücklichen Einwilligung einer Veröffentlichung für Werbezwecke nicht automatisch – gewissermaßen *a maiore ad minus* – von einer Einwilligung zur Veröffentlichung im **journalistischen Kontext** ausgegangen werden.[128] Denn wenn eine Abbildung zur Illustration eines Zeitungsartikels verwendet wird, besteht eher die Gefahr, dass der Abgebildete auch mit dem Inhalt des Artikels in Verbindung gebracht wird,[129] während dieser

---

118 BGH GRUR 1996, 1996, 195, 196 – Abschiedsmedaille.
119 BGH GRUR 2005, 74, 75 – Charlotte Casiraghi II.
120 KG NJW-RR 1999, 1703, 1704.
121 LG Berlin ZUM-RD 2012, 595, 597.
122 BGH GRUR 1985, 398, 399 – Nacktfoto.
123 OLG Stuttgart NJW 1982, 652.
124 LG Berlin Urt v 22.10.2009 – 27 O 630/09 – unveröffentlicht.
125 BGH GRUR 1956, 427 – Paul Dahlke.
126 BGH GRUR 1992, 557 – Talkmaster-Foto.
127 LG Köln ZUM-RD 2013, 340, 342.
128 AA offenbar OLG Frankfurt GRUR-RR 2003, 122, 123 – Zeitungsglosse.
129 So war der Kläger in der Entscheidung OLG Frankfurt GRUR-RR 2003, 122, 123 – Zeitungsglosse – im Zusammenhang mit einem Artikel über die Trennung eines homosexuellen Paares abgebildet worden.

Effekt bei Werbefotos eher nicht zu befürchten ist, bei denen dem Verkehr in der Regel bewusst ist, dass der Abgebildete eine Rolle spielt.

40 Weitere Fragen stellen sich im Zusammenhang mit dem **Internet**. Hier kommt es häufig zu einer Zweitverwertung von Bildnissen aus Zeitungen und von Fernsehbildern. Es ist dann zu prüfen, ob die (stillschweigende) Einwilligung in die Zeitungs- oder Fernsehveröffentlichung auch eine Verwendung im Internet deckt. Das LG Düsseldorf[130] hat zu einem Auftritt bei einer öffentlichen Modenschau ausgeführt, dass „im heutigen Informations- und Kommunikationszeitalter" mit einer parallelen Veröffentlichung im Internet gerechnet werden müsse. Diese grundsätzlich zutreffende Aussage darf aber keinesfalls so verstanden werden, dass jeder, der mit einer Presse oder Fernsehveröffentlichung einverstanden ist, gleichzeitig auch einer Veröffentlichung im Internet zustimmt. Denn die Veröffentlichung von Bildnissen im Internet ist ungleich folgenschwerer als ein Zeitungsfoto und selbst als ein einmal ausgestrahlter Fernsehbericht. Der Unterschied ist nicht in erster Linie die weltweite Abrufbarkeit – denn auch ein Fernsehbericht hat eine große Reichweite, und zahlreiche Zeitungen sind auch im Ausland erhältlich. Das Problematische sind die dauerhafte Veröffentlichung, die einfache Zugriffsmöglichkeit für jedermann und die Unkontrollierbarkeit der weiteren Ausbreitung. Wer früher in einer Zeitung oder in einem Fernsehbericht gezeigt wurde, war für einen kurzen Moment für die Öffentlichkeit identifizierbar. Die Fotoveröffentlichung im Internet gibt einem unbegrenzten Personenkreis dauerhaft die Möglichkeit der Fotoansicht. Ist ein Foto – wie im journalistischen Kontext regelmäßig – noch mit einer Namensnennung verbunden, ist der Name über das Internet dauerhaft für jedermann einem Gesicht zuzuordnen. Daher ist Zurückhaltung bei der Auslegung der Einwilligung im Hinblick auf Internetveröffentlichungen geboten.

41 Der Umstand, dass heute in vielen Fällen mit einer Veröffentlichung insb von journalistischen Inhalten im Internet gerechnet werden muss, darf gleichwohl nicht außer Betracht bleiben. So wird man zumindest beim Live-Streaming, bei dem ein Fernsehbericht gleichzeitig mit der Fernsehausstrahlung auch im Internet einmalig gesendet wird, mangels anderweitiger Anhaltspunkte regelmäßig von einer konkludenten Einwilligung ausgehen können,[131] weil hier der Unterschied zu der Fernsehausstrahlung eher zu vernachlässigen ist. Auch die Einwilligung in eine dauerhafte Speicherung eines Fernsehberichts und eines Zeitungsartikels wird man in vielen Fällen deshalb annehmen können, weil derjenige, der ausdrücklich einer Zeitungsveröffentlichung oder dem Abbilden in einem Fernsehbeitrag, etwa bei einem Interview, zugestimmt hat, auch mit einer Veröffentlichung im Internet rechnen muss.[132] Vorsichtiger wird man aber bei ohnehin schon nur konkludent erteilten Einwilligungen sein müssen. Im Übrigen muss auch heute nicht bei jeder Veröffentlichung in einem Medium stets von einer Zweitveröffentlichung im Internet ausgegangen werden. So gibt etwa ein Lehrer, der sich einverstanden erklärt, in einer Schulbroschüre abgebildet zu werden, damit nicht ohne weiteres die Einwilligung in eine Veröffentlichung im Internet.[133] Und schließlich können diese Grundsätze keine Anwendung bei Werbeveröffentlichungen finden, bei der die Internetverwertung regelmäßig ausdrücklich vorgesehen sein muss.

42 Die Einwilligung in die Veröffentlichung eines Bildnisses auf einer Internetseite deckt im Übrigen nicht ohne weitere Anhaltspunkte die Nutzung auf einer beliebigen **anderen Internetseite**.[134] Fragwürdig ist auch, ob in der Veröffentlichung eines Fotos auf einer eigenen Internetseite oder der Zustimmung zu der Veröffentlichung eines Dritten grundsätzlich auch eine Zu-

---

130 LG Düsseldorf ZUM 2003, 541, 543.
131 *Libertus* ZUM 2007, 621, 623.
132 *Libertus* ZUM 2007, 621, 623.
133 *Libertus* ZUM 2007, 621, 624.
134 Vgl Wenzel/*von Strobl-Albeg* 7. Kap Rn 78.

stimmung zu sehen ist, das Foto auch in **Personensuchmaschinen** zu zeigen.[135] Wird dort das Foto wie in der Bildersuche einer Suchmaschine als Ergebnis der Suche nach Fotos einer Person dargestellt, wird man die Einwilligung im Regelfall noch bejahen können, wobei etwa bei missverständlichen Fotos, die einer Erklärung bedürfen, Ausnahmen denkbar sind, denn hier mag ein aus einem Kontext gerissenes Bild eine völlig andere Wirkung entfalten als in der Ausgangsveröffentlichung. Noch problematischer ist aber die häufig praktizierte Einbindung eines Fotos in einer Personensuchmaschine auf einer Seite, die wie eine Profilseite des Abgebildeten wirkt.

VI. Wegfall der Einwilligung

Die Einwilligung ist wie jede andere Willenserklärung – zumindest nach ihrem Zugang – nicht frei widerruflich. Gleichwohl sind zahlreiche Fälle denkbar, in denen ein großes Bedürfnis nach einem Widerruf besteht – man denke etwa an Nacktfotos als „Jugendsünde", die der Abgebildete später bereut.[136] 43

Teilweise wird deshalb auch vertreten, dass die Einwilligung zumindest für spätere Publikationen, die nicht mehr von einer zunächst über die Verwertung getroffenen ausdrücklichen Vereinbarung erfasst sind, frei widerruflich sei.[137] So pauschal ist dies allerdings nicht überzeugend. Insb in Fällen, in denen die Einwilligung auf einer ausdrücklichen vertraglichen Abrede beruht und nicht lediglich auf einer einseitigen Erklärung, ist grundsätzlich von einer Bindung des Abgebildeten auszugehen.[138] 44

Möglich sein muss der Widerruf aber beim Vorliegen eines **wichtigen Grundes**. Die Rechtsprechung[139] greift hier auf eine analoge Anwendung des § 42 UrhG zurück, der einen Rückruf der Nutzungsrechte durch den Urheber vorsieht, wenn das Werk seiner Überzeugung nicht mehr entspricht und ihm deshalb die Verwertung des Werkes nicht mehr zugemutet werden kann. Dies soll etwa der Fall sein, wenn sich nach Ablauf eines längeren Zeitraums – von drei bis fünf Jahren – nach der Erklärung der Einwilligung die innere Einstellung zu den Aufnahmen, etwa zu Aktaufnahmen, ändert, wobei allerdings die schlichte Behauptung der inneren Wandlung nicht genügt, wenn nicht sicher ist, ob der Abgebildete wieder ähnlichen Bildern zustimmen würde.[140] 45

Aber auch in anderen Fällen kann es geboten sein, den Widerruf zuzulassen. Jedenfalls kann kein wichtiger Grund in Gestalt einer schwerwiegenden Vertragsverletzung verlangt werden, wie ihn bspw § 314 BGB oder § 626 BGB voraussetzen. Es ist stets eine **Abwägung zwischen dem allgemeinen Persönlichkeitsrecht und den Interessen des Verwerters vorzunehmen**.[141] Das LG Hamburg[142] hat etwa den Widerruf einer Mutter für zulässig gehalten, die wegen des Bezuges eines erhöhten Erziehungsgeldes von Prüferinnen des Sozialamts in Begleitung eines Kamerateams aufgesucht und dann mit ihrem Einverständnis gefilmt worden ist. Das Gericht führt aus, es liege zwar kein Fall gewandelter Überzeugung vor. Es müsse aber berücksichtigt werden, dass die Gefilmte durch das plötzliche Auftauchen der Prüferinnen eingeschüchtert gewesen sei – das Gericht verweist hier auf den Rechtsgedanken der §§ 312, 355 BGB. Ferner sei ihre Privatsphäre betroffen gewesen, zumal ihr Schlafzimmer und der Inhalt ihrer Schränke gezeigt worden seien; schließlich 46

---

135 So LG Köln ZUM-RD 2011, 626, 627.
136 Vgl auch LG Hamburg NJW-RR 2005, 1357, 1358.
137 Möhring/Nicolini/*Gass* § 22 KUG Rn 32.
138 OLG München NJW-RR 1990, 999, 1000.
139 OLG München NJW-RR 1990, 999, 1000; LG Bielefeld NJW-RR 2008, 715, 716 f – Die Super Nanny.
140 OLG München NJW-RR 1990, 999, 1000.
141 OLG München NJW-RR 1990, 999, 1000; *Helle* AfP 1985, 93, 100.
142 LG Hamburg NJW-RR 2005, 1357.

sei sie auch nicht vorteilhaft, sondern eingeschüchtert und verunsichert dargestellt worden.[143] Das LG Düsseldorf hat den Widerruf des Großvaters eines Unfallopfers für zulässig gehalten, der ein Fernsehinterview gegeben hatte, dies aber dann widerrief, weil seine Tochter, die Mutter des Unfallopfers, Einwände gegen das Interview geäußert hat.[144]

47 Kein hinreichender Grund für einen Widerruf soll es sein, wenn bei einem **Interview** andere Fragen gestellt werden als vorher abgesprochen.[145] Hier wird man differenzieren müssen: nicht ausreichend kann für einen Widerruf sein, dass die Fragen geringfügig abweichen oder der Interviewte die Aufzeichnung für misslungen hält.[146] Werden aber Fragen zu einem völlig anderen Themenkomplex gestellt als vorher vereinbart, wird der Interviewte also gewissermaßen unter Vortäuschung falscher Tatsachen in eine Falle gelockt, muss der Widerruf möglich sein, ist dann allerdings unverzüglich zu erklären.[147]

48 Wer ausdrücklich eine **uneingeschränkte Einwilligung** erteilt, wird sich daran in der Regel festhalten lassen müssen. Wer ohne Einschränkung darin einwilligt, dass sein Foto zu Werbezwecken veröffentlicht wird, muss es etwa auch hinnehmen, dass das Foto auch im Zusammenhang mit Werbemaßnahmen verwendet werden kann, mit denen er wegen unerwünschter Assoziationen zwischen beworbenem Produkt und abgebildeter Person an sich nicht identifiziert werden wollte.[148] Bei der erforderlichen Abwägung muss allerdings auch berücksichtigt werden, ob und gegebenenfalls in welcher Höhe der Abgebildete ein Entgelt erhält.[149]

49 Bei Internetveröffentlichungen wird teilweise[150] angenommen, eine Bildnisveröffentlichung bedeute eine widerrufliche Einwilligung, das Bild etwa auch in Personensuchmaschinen zu veröffentlichen. Dann stellt sich die Frage, wie der Widerruf erklärt werden muss. Nach Auffassung des LG Köln[151] soll es nicht genügen, wenn eine entsprechende Erklärung dem Betreiber der Personensuchmaschine zugeht; vielmehr müsse das Bild mit technischen Mitteln für den Suchmaschinenzugriff gesperrt werden. Dies ist allerdings, wie auch im Urheberrecht, wo der BGH[152] dies ebenfalls annimmt, im Bereich des Bildnisschutzes schwer begründbar. Wenn ein Abgebildeter gegenüber einem Dritten, der ein Bildnis von ihm veröffentlicht, ausdrücklich erklärt, dass er mit der Veröffentlichung nicht einverstanden sei, verbietet die Wichtigkeit des Persönlichkeitsschutzes, weitergehende Maßnahmen von dem Abgebildeten zu verlangen.

50 Bei **Minderjährigen** muss es für den Widerruf genügen, wenn entweder die Einwilligung des Minderjährigen oder seiner gesetzlichen Vertreter widerrufen wird. Nicht überzeugend ist es, den Widerruf all derjenigen zu verlangen, die in die Veröffentlichung des Bildnisses eingewilligt haben.[153] Denn wenn man von einer „Doppelzuständigkeit" und damit davon ausgeht, dass die Einwilligung des Minderjährigen und der gesetzlichen Vertreter erforderlich ist, liegen die Voraussetzungen der Veröffentlichung schon dann nicht mehr vor, wenn eine der Einwilligungen wirksam widerrufen wird.

51 **Rechtsfolge** des Widerrufs ist nicht nur die Unzulässigkeit künftiger Veröffentlichungen. Keine Auswirkungen hat der Widerruf auf bereits erfolgte Veröffentlichungen. Der Widerruf kann zudem in besonders gelagerten Fällen einen Sekundäranspruch des Verwerters auf Schadenser-

---

143 LG Hamburg NJW-RR 2005, 1357.
144 LG Düsseldorf ZUM-RD 2011, 247, 249.
145 So Wandtke/Bullinger/*Fricke* § 22 KUG Rn 20; aA *Libertus* ZUM 2007, 621, 626.
146 AA *Libertus* ZUM 2007, 621, 626.
147 Vgl auch *Libertus* ZUM 2007, 621, 626.
148 OLG Frankfurt GRUR-RR 2003, 122, 123 – Zeitungsglosse.
149 *Helle* AfP 1985, 93, 100.
150 LG Köln ZUM-RD 2011, 626, 627.
151 LG Köln ZUM-RD 2011, 626, 628.
152 BGH ZM 2010, 580, 584 – Vorschaubilder.
153 So Wandtke/Bullinger/*Fricke* § 22 KUG Rn 20.

satz begründen. Wegen der besonderen Stellung des Rechts am eigenen Bild als Konkretisierung des allgemeinen Persönlichkeitsrechts verbietet sich allerdings eine analoge Anwendung des § 42 Abs 3 UrhG, der für den Fall des Rückrufs eingeräumter Nutzungsrechte einen Entschädigungsanspruch vorsieht. Für den Bereich des Bildnisschutzes ist diese Regelung zu pauschal. Sachgerechter ist eine analoge Anwendung des § 122 BGB,[154] der zusätzlich voraussetzt, dass ein schutzwürdiges Vertrauen auf Seiten des Verwerters bestand[155] und den Ersatz desjenigen Schadens vorsieht, der durch das Vertrauen auf den Bestand einer Willenserklärung entstanden ist.

Neben dem Widerruf kommt auch die **Anfechtung** der Einwilligung nach § 119 BGB oder § 123 BGB wegen Irrtums, Täuschung oder Drohung in Betracht,[156] wobei die Einwilligung hier *ex tunc* wegfällt (§ 142 Abs 1 BGB). 52

VII. Beweislast

Die Beweislast für das Vorliegen der Einwilligung und auch deren Umfang trägt der Bildnisverwerter.[157] Eine Ausnahme sieht § 22 S 2 KUG vor. Danach gilt die Einwilligung als erteilt, wenn der Abgebildete dafür, dass er sich abbilden ließ, ein Entgelt erhalten hat.[158] Die Einwilligung wird in diesem Fall widerleglich vermutet, so dass es dann dem Abgebildeten obliegt darzulegen und zu beweisen, dass gleichwohl nicht von einer Einwilligung auszugehen ist. Für den **Widerruf der Einwilligung** ist der Abgebildete beweisbelastet,[159] während der Bildnisverwerter die besonderen Umstände darlegen muss, die eine Bindungswirkung der Einwilligung begründen. Beruft sich schließlich der Abgebildete auf wichtige Gründe, die einen Widerruf gleichwohl erlauben, trägt er dafür die Darlegungs- und Beweislast.[160] 53

§ 5
Schutzdauer/Postmortaler Bildnisschutz

Das Recht am eigenen Bild entsteht mit der Geburt und endet nach § 22 S 3 KUG zehn Jahre nach dem Tod des Abgebildeten. Die Fristberechnung erfolgt nach §§ 186 ff BGB.[161] Nach dem Tod können den Angehörigen und Erben Ansprüche wegen einer unzulässigen Abbildung des Verstorbenen zustehen. Zu unterscheiden ist zwischen den von § 22 KUG geschützten ideellen und den vermögenswerten Interessen an der Abbildung. 54

I. Ideelle Bestandteile des Persönlichkeitsrechts

Verletzungen der ideellen Bestandteile des Persönlichkeitsrechts können von den Angehörigen iSd § 22 S 4 KUG geltend gemacht werden. Dies sind der Ehegatte oder Lebenspart- 55

---

[154] Löffler/*Steffen* § 6 LPG Rn 127.
[155] So auch AG Charlottenburg GRUR-RR 2002, 187, 188.
[156] Dreier/Schulze/*Dreier* § 22 KUG Rn 34; *Prinz*/*Peters* Rn 838.
[157] BGH GRUR 1965, 495 – Wie uns die anderen sehen; BGH GRUR 1956, 427, 428 – Paul Dahlke; KG ZUM-RD 2004, 511; LG Hannover ZUM 2000, 970.
[158] Vgl oben Rn 33.
[159] *Damm*/*Rehbock* Rn 181.
[160] Löffler/*Steffen* § 6 LPG Rn 128.
[161] Dreier/Schulze/*Dreier* § 22 KUG Rn 28.

ner und die Kinder oder, wenn keiner der Vorgenannten (mehr) existiert, die Eltern des Abgebildeten. Grundsätzlich stehen den Angehörigen wegen der Verletzung der ideellen Bestandteile des Persönlichkeitsrechts dieselben Rechte zu wie dem Abgebildeten vor seinem Tod.

56 Die Rechtsprechung schränkt diesen Grundsatz aber insoweit ein, als nach dem Tod **kein Anspruch auf Geldentschädigung** wegen der Verletzung der ideellen Bestandteile des Persönlichkeitsrechts geltend gemacht werden kann, weil die Funktion des Anspruchs, dem Betroffenen Genugtuung zu verschaffen, nach dem Tod nicht mehr erfüllt werden könne und auch ein Ausgleich für die erlittene Persönlichkeitsverletzung nicht mehr in Betracht komme.[162] Aus diesem Grund ist auch der bereits vor dem Tod entstandene Geldentschädigungsanspruch nicht vererblich.[163] Uneingeschränkt können die Angehörigen aber für die Dauer von zehn Jahren die Abwehransprüche wegen der Veröffentlichung einer Abbildung ohne Einwilligung des Verstorbenen geltend machen.

57 Noch über die Zehnjahresfrist hinausgehend wirkt der **postmortale Achtungsanspruch** gegen **schwerwiegende Herabsetzungen** des Ansehens des Verstorbenen und **gegen Entstellungen seines Lebensbildes**.[164] Der Anspruch kommt – ebenso wie bei Verletzungen durch eine Wortberichterstattung – auch bei Bildnisveröffentlichungen in Betracht.[165] Anspruchsgrundlage ist dann allerdings nicht § 22 KUG, sondern §§ 823, 1004 BGB iVm Art 1 Abs 1, Art 2 Abs 1 GG. § 22 KUG ist insoweit nicht abschließend.

58 Fraglich ist, ob die Verwendung eines Bildnisses in der **Werbung** grundsätzlich auch den postmortalen Achtungsanspruch verletzt oder ob die Verwertung nach Ablauf der Zehnjahresfrist grundsätzlich möglich ist.[166] Unzulässig ist jedenfalls solche Werbung, die den Abgebildeten herabwürdigt, etwa die Werbung für ein Potenzmittel, oder eine Werbung, die falsche Tatsachenbehauptungen über den Verstorbenen transportiert. So hat der BGH[167] etwa eine Werbung für ein Schönheitspräparat, „entwickelt nach Erkenntnissen der Frischzellen-Therapie" eines namentlich genannten Wissenschaftlers untersagt, weil dieser Wissenschaftler die Anwendung der Erkenntnisse auf Kosmetikprodukte zu Lebzeiten stets abgelehnt hatte und der falsche Eindruck entstand, er habe die Frischzellentherapie auch Gebiet der Kosmetik angewandt und trage selbst die wissenschaftliche Verantwortung für die Kosmetikserie. Entsprechendes dürfte bei einer Abbildung gelten, bei der der Abgebildete in einem falschen Zusammenhang dargestellt wird. Andererseits kann nicht davon ausgegangen werden, dass pauschal jede Art der Werbung die ideellen Bestandteile des postmortalen Persönlichkeitsrechts verletzt.

59 Das **Ende des Schutzes** durch den postmortalen Achtungsanspruch lässt sich nicht pauschal bestimmen, sondern ist eine Frage des Einzelfalls. Das Schutzbedürfnis schwindet in dem Maße, in dem die Erinnerung an den Verstorbenen verblasst und im Laufe der Zeit auch das Interesse an der Nichtverfälschung des Lebensbildes abnimmt.[168] Kriterien für die Schutzdauer sind daher die Bekanntheit und Bedeutung des Abgebildeten[169] und die Schwere der Beeinträchtigung.

---

162 BGH GRUR 2006, 252, 254 – Postmortaler Persönlichkeitsschutz; GRUR 2000, 715, 716 – Der blaue Engel; vgl auch BGH ZUM 2012, 474, 476.
163 BGH GRUR 2006, 252 – Postmortaler Persönlichkeitsschutz.
164 BVerfG NJW 2001, 2957, 2959 – Wilhelm Kaisen; BVerfG NJW 1971, 1645 – Mephisto.
165 OLG Hamburg ZUM 2005, 168.
166 Für eine grundsätzliche Zulässigkeit Dreier/Schulze/*Dreier* § 22 KUG Rn 30.
167 BGH GRUR 1984, 907 f – Frischzellenkosmetik.
168 BGH GRUR 1995, 668, 670 f – Emil Nolde.
169 BGH GRUR 1995, 668, 670 – Emil Nolde.

Der BGH hat etwa den Schutz der Angehörigen Emil Noldes gegen die Signierung nicht von ihm stammender Bilder mit seinem Namen nach 30 Jahren bejaht,[170] das OLG Bremen ging davon aus, dass Friedrich Ebert noch 67 Jahre nach seinem Tod Schutz genoss.[171]

Nicht nur die Bekanntheit des Betroffenen, auch die Schwere des Eingriffs kann eine lange Schutzdauer begründen. So muss auch ein zu Lebzeiten weniger bekannter Verstorbener auch 30 Jahre nach seinem Tod noch Schutz dagegen genießen, wahrheitswidrig als Stasi-Spitzel oder SS-Mitglied bezeichnet zu werden. Das OLG München[172] hat etwa den Unterlassungsanspruch der Angehörigen eines ehemaligen KZ-Arztes gegenüber nicht belegten Behauptungen zu seinen Operationsmethoden noch nach 29 Jahren bejaht, obwohl es sich ersichtlich nicht um eine bekannte Persönlichkeit handelte.

In der Literatur[173] wird teilweise in Anlehnung an § 64 UrhG eine grundsätzliche Schutzdauer von 70 Jahren angenommen. Eine solche pauschale Obergrenze des Schutzes ist indessen abzulehnen,[174] weil § 64 UrhG nur einen kleinen Ausschnitt des Persönlichkeitsrechts betrifft und sich die Interessenlage von derjenigen der Angehörigen eines zu Unrecht Abgebildeten unterscheidet. Während bei der Wortberichterstattung eher Fälle denkbar sind, in denen auch nach Ablauf von 70 Jahren noch Schutz besteht, sind allerdings die Fälle, in denen der postmortale Achtungsanspruch bei einer Bildnisveröffentlichung noch betroffen ist, eher schwer vorstellbar. Schon wegen der damit verbundenen Rechtsunsicherheit[175] sollten Ansprüche nach derart langen Zeiträumen nur bei gravierenden Verletzungen zugesprochen werden.

Die Geltendmachung des postmortalen Achtungsanspruchs muss in Anlehnung an § 22 S 4 KUG auf die dort genannten **Angehörigen** beschränkt sein.[176]

II. Kommerzielle Bestandteile des Persönlichkeitsrechts

Daneben geht die Rechtsprechung[177] von einem Schutz der vermögenswerten Bestandteile des Persönlichkeitsrechts aus, die die dem Berechtigten zustehende freie Entscheidung darüber schützen sollen, ob und unter welchen Voraussetzungen sein Bildnis den Geschäftsinteressen Dritter dienstbar gemacht wird. Das BVerfG[178] spricht von einem ideell gebundenen Schutz von Vermögensinteressen.

Da diese Vermögensinteressen nicht unmittelbar an die Person ihres Trägers gebunden sind, ist dieser Teil der Persönlichkeitsrechte vererblich. Der BGH[179] begründet die Vererblichkeit der vermögenswerten Bestandteile des Persönlichkeitsrechts damit, dass Abwehransprüche den Erben nur wenig nützten, wenn die Rechtsverletzung bereits beendet sei und es unbillig erscheine, den durch die Leistungen des Verstorbenen geschaffenen und in seinem Bildnis, seinem Namen oder seinen sonstigen Persönlichkeitsmerkmalen verkörperten Vermögenswert nach seinem Tode dem Zugriff eines jeden beliebigen Dritten preiszugeben.

---

170 BGH GRUR 1995, 668, 670 f – Emil Nolde.
171 OLG Bremen NJW-RR 1993, 726, 727.
172 OLG München NJW-RR 1994, 925.
173 *Götting* GRUR 2007, 170, 171.
174 OLG München NJW-RR 1994, 925; aA Wandtke/Bullinger/*Fricke* § 22 KUG Rn 11.
175 Vgl auch Dreier/Schulze/*Dreier* § 22 KUG Rn 30.
176 Dreier/Schulze/*Dreier* § 22 KUG Rn 30.
177 BGH GRUR 2000, 709, 712 – Marlene Dietrich; BGH GRUR 1979, 732, 734 – Fußballtor; BGH GRUR 1961, 138, 140 – Familie Schölermann; BGH GRUR 1956, 427 – Paul Dahlke.
178 BVerfG GRUR 2006, 1049, 1051 – Werbekampagne mit blauem Engel.
179 BGH GRUR 2000, 709, 713 – Marlene Dietrich.

66 **Anspruchsberechtigt** sind dann allerdings konsequenterweise nicht die in § 22 S 4 KUG genannten Angehörigen, sondern die **Erben** des Abgebildeten. Dass damit die Geltendmachung der ideellen und der kommerziellen Bestandteile des Persönlichkeitsrechts möglicherweise durch verschiedene Personen erfolgen muss, spricht nicht gegen die Vererblichkeit der vermögenswerten Bestandteile des Persönlichkeitsrechts, weil eine Trennung der Wahrnehmung derartiger Rechte nicht ungewöhnlich ist, wie das Urheberrecht zeigt, das zwischen urheberpersönlichkeitsrechtlichen Befugnissen und den Nutzungsrechten unterscheidet.[180]

67 Umstritten ist die **Dauer des Schutzes**. Der BGH[181] hat in der Entscheidung „Marlene Dietrich" noch darauf hingewiesen, dass die Zehnjahresfrist des § 22 S 3 KUG einen Anhaltspunkt bieten könne, ließ dann aber letztlich die Frage offen, ob eine Erstreckung des Schutzes über diese Frist hinaus bei der Verletzung des postmortalen Achtungsanspruchs möglich sei. In der Literatur wird eine solche Erstreckung teilweise befürwortet.[182] In der Entscheidung „klaus-kinski.de"[183] hat der BGH sich dann für eine zehnjährige Schutzdauer ausgesprochen und führt aus, das Persönlichkeitsbild einer zu Lebzeiten bekannten Person sei nach ihrem Tod auch Teil der Geschichte, so dass das Interesse der Erben nach Ablauf von zehn Jahren zurücktreten müsse;[184] insofern müsse, so der BGH zu Recht, die Wertung des § 22 S 3 KUG berücksichtigt werden. In der Literatur[185] wird eine Begrenzung vielfach abgelehnt.

III. Zuständigkeit für Einwilligung und Widerruf

68 Zuständig für die Erteilung der Einwilligung in die Bildnisverwertung sind nach dem Tod des Abgebildeten die Angehörigen. Dies gilt jedoch nicht, wenn der entgegenstehende Wille des Verstorbenen bekannt ist. Eine bereits vom Verstorbenen erteilte Einwilligung können die Angehörigen nicht widerrufen.[186]

§ 6
Gesetzlich normierte Abbildungsfreiheit

69 Fehlt es an einer Einwilligung in die Bildnisveröffentlichung, kann diese gleichwohl nach § 23 Abs 1 KUG zulässig sein. Die Vorschrift nennt vier Fälle, in denen es der Einwilligung des Abgebildeten oder seiner Angehörigen für die Verbreitung oder die öffentliche Zurschaustellung nicht bedarf, nämlich Bildnisse aus dem Bereich der Zeitgeschichte, die Darstellung von Personen als Beiwerk, Bilder von Versammlungen und Bilder, die einem höheren Interesse der Kunst dienen. Diese Schranken des Bildnisschutzes rechtfertigen sich aus der Kulturgebundenheit des Menschen.[187]

70 Die Tatbestände des § 23 Abs 1 KUG finden ihre Grenzen in § 23 Abs 2 KUG; der die Verwertung der Abbildung verbietet, wenn ihr berechtigte Interessen des Abgebildeten oder seiner An-

---

180 BGH GRUR 2000, 709, 714 – Marlene Dietrich.
181 BGH GRUR 2000, 709, 714.
182 *Staudinger/Schmidt* JURA 2001, 241, 246; *Frommeyer* JuS 2002, 13, 18 (Schutz bis zu 30 Jahren); Schricker/Loewenheim/*Götting* Anh zu § 60 UrhG § 22 KUG Rn 63 (bis zu 70 Jahren).
183 BGH GRUR 2007, 168, 170 – klaus-kinski.de.
184 BGH GRUR 2007, 168, 170 – klaus-kinski.de.
185 *Götting* GRUR 2007, 170, 171; *Reber* GRUR Int 2007, 492, 495.
186 Löffler/*Ricker* 43. Kap Rn 8.
187 Wenzel/*von Strobel-Albeg* Kap 8 Rn 1.

gehörigen entgegenstehen. Eine Interessenabwägung nimmt die Rechtsprechung indes schon bei der Prüfung der Tatbestände des § 23 Abs 1 KUG vor.[188]

Einen weiteren Ausnahmetatbestand enthält **§ 24 KUG**, der die Veröffentlichung von Bildnissen aus Gründen der Rechtspflege oder der öffentlichen Sicherheit zulässt und zwar auch in den Massenmedien, insb soweit diese in Abstimmung mit den Ermittlungsbehörden geschieht.[189]

I. Bildnisse aus dem Bereich der Zeitgeschichte

Die in der Praxis bedeutsamste Fallgruppe des § 23 Abs 1 KUG ist das Verwerten von Bildnissen aus dem Bereich der Zeitgeschichte. Die Vorschrift statuiert „ein gewisses publizistisches Anrecht an der freien Darstellung" von Personen an, die „dem öffentlichen Leben angehören".[190] Nach der gesetzgeberischen Intention ist der Begriff der Zeitgeschichte „im weitesten Sinne"[191] zu verstehen und umfasst nicht nur das eigentliche politische, sondern auch das soziale, wirtschaftliche und kulturelle Leben[192] und Vorgänge von historischer oder politischer Bedeutung.[193] Der Begriff wird vom Informationsinteresse der Öffentlichkeit bestimmt,[194] so dass alle Ereignisse erfasst sind, die „vom Volke beachtet werden, bei ihm Aufmerksamkeit finden und Gegenstand der Teilnahme oder Wissbegier weiter Kreise sind".[195]

Es genügt, wenn die Aufmerksamkeit vorübergehend besteht und nicht „über den Tag hinaus"[196] geht. Presse und Rundfunk müssen dabei einen gewissen Spielraum besitzen, innerhalb dessen sie nach ihren publizistischen Kriterien entscheiden können, was öffentliches Interesse beansprucht. Dabei kann sich auch im Meinungsbildungsprozess herausstellen, was eine Angelegenheit von öffentlichem Interesse ist.[197] Es reicht allerdings nicht aus, wenn mit einer Wortberichterstattung lediglich ein Anlass für die Abbildung einer Person geschaffen werden soll.[198]

Grundsätzlich ist jedoch der Presse bei der Beurteilung, ob ein Ereignis der Zeitgeschichte vorliegt, ein weiter Beurteilungsspielraum zu belassen. Dies ist insofern nicht ganz unproblematisch, als die Medien ein möglicherweise objektiv gesehen unbedeutendes Ereignis derart in den Fokus der Berichterstattung nehmen können, dass es dadurch zu einem Ereignis von öffentlichem Interesse wird. Diesem Umstand ist aber bei der Abwägung der grundrechtlichen Positionen Rechnung zu tragen. Die Entscheidung, wie das Informationsinteresse im Zuge der Abwägung mit kollidierenden Rechtsgütern zu gewichten und der Ausgleich zwischen den betroffenen Rechtsgütern herzustellen ist, ist der Einschätzungsprärogative der Medien entzogen.[199]

---

188 BVerfG GRUR 2008, 539, 545 – Caroline von Hannover; BGH GRUR 2007, 899, 890 – Grönemeyer; krit dazu *Söder* ZUM 2008, 89, 90.
189 Vgl im Einzelnen Löffler/*Ricker* 43. Kap Rn 24.
190 Verhandlungen des Reichstages, 11. Legislaturperiode, II. Session, 1. Sessionsabschnitt 1905/1906, 2. Anlagenband, 1526, 1540.
191 Vgl auch BGH GRUR 2007, 899, 900 – Grönemeyer.
192 Verhandlungen des Reichstages, 11. Legislaturperiode, II. Session, 1. Sessionsabschnitt 1905/1906, 2. Anlagenband, 1526, 1540 f.
193 BVerfG GRUR 2000, 446, 452 – Caroline von Monaco.
194 BVerfG GRUR 2000, 446, 452 – Caroline von Monaco.
195 RGZ 125, 80, 81 f – Tull Harder.
196 RGZ 125, 80, 82 – Tull Harder.
197 BVerfG GRUR 2000, 446, 452 – Caroline von Monaco.
198 BVerfG GRUR 2008, 539, 543 – Caroline von Hannover.
199 BVerfG GRUR 2008, 539, 543 – Caroline von Hannover.

1. Entwicklung der Rechtsprechung

75 **a) Frühere Rechtsprechung.** Der **BGH** hat bei der Prüfung, ob eine zulässige Berichterstattung vorliegt, zwischen relativen und absoluten Personen der Zeitgeschichte differenziert. Als **relative Person der Zeitgeschichte** ist eine Person angesehen worden, die durch ein bestimmtes zeitgeschichtliches Ereignis das Interesse auf sich gezogen hat und deshalb ohne ihre Einwilligung nur *im Zusammenhang mit diesem Ereignis* abgebildet werden durfte. Als **absolute Person der Zeitgeschichte** galt eine Person, die auf Grund ihres Status und ihrer Bedeutung allgemein öffentliche Aufmerksamkeit fand, so dass sie selbst Gegenstand der Zeitgeschichte war und deshalb über sie berichtet werden durfte.[200]

76 Auch absolute Personen der Zeitgeschichte brauchten es nach der Rechtsprechung des BGH zwar nicht zu dulden, dass von ihnen im Kernbereich der Privatsphäre (etwa im häuslichen Bereich) ohne ihre Einwilligung Bildaufnahmen zum Zwecke der Veröffentlichung angefertigt wurden.[201] Nur ausnahmsweise konnte bei ihnen die Verbreitung von Bildnissen aus diesem Bereich statthaft sein, wenn überwiegende öffentliche Interessen einen solchen Eingriff rechtfertigten. Auch außerhalb des häuslichen Bereichs hat die Rechtsprechung eine schützenswerte Privatsphäre anerkannt, wenn sich jemand in eine örtliche Abgeschiedenheit zurückgezogen hat, in der er objektiv erkennbar für sich allein sein wollte und in der er sich in der konkreten Situation im Vertrauen auf die Abgeschiedenheit so verhielt, wie er es in der breiten Öffentlichkeit nicht getan hätte.[202] In diesen Schutzbereich greife in unzulässiger Weise ein, wer Bilder veröffentliche, die von dem Betroffenen in dieser Situation heimlich oder unter Ausnutzung einer Überrumpelung aufgenommen worden seien; jedenfalls ein reines Unterhaltungsinteresse könne einen Eingriff in die Privatsphäre nicht rechtfertigen.[203] Außerhalb dieses Bereichs sollte eine absolute Person der Zeitgeschichte indes grundsätzlich keine Möglichkeit haben, sich gegen die Bildnisveröffentlichung zu wehren; die Allgemeinheit habe ein berechtigtes Interesse daran, auch zu erfahren, wo sich eine absolute Person der Zeitgeschichte aufhalte und wie sie sich in der Öffentlichkeit gebe, sei es beim Einkaufen auf dem Marktplatz, in einem Café, bei sportlicher Betätigung oder sonstigen Tätigkeiten des täglichen Lebens.[204] Ein Bezug zu einem aktuellen Ereignis oder einer öffentlichen Funktion der Person sollte nicht erforderlich sein.[205]

77 Das **BVerfG**[206] hat diese Grundsätze im Wesentlichen gebilligt und nur insofern modifiziert, als es einerseits für den Schutz der Privatsphäre im außerhäuslichen Bereich nicht verlangt hat, dass der Abgebildete sich so verhielt, wie er es in der Öffentlichkeit nicht tun würde, und es andererseits für die Verletzung nicht als ausreichend erachtete, dass Aufnahmen heimlich angefertigt wurden.[207]

78 **b) Entscheidung des EGMR.** Der **Europäische Gerichtshof für Menschenrechte**[208] hat im Jahr 2004 entschieden, dass diese Auslegung des § 23 Abs 1 Nr 1 KUG durch die deutschen Gerichte Art 8 EMRK verletze. Art 8 EMRK schütze vorrangig das Recht des Einzelnen, seine Persönlichkeit in seinen Beziehungen zu seinen Mitmenschen ohne Einmischung von außen zu entwickeln. Der EGMR differenziert zwischen Bildern, die einen Beitrag zu einer Diskussion in

---

200 BGH GRUR 2007, 523, 524 – Abgestuftes Schutzkonzept.
201 BGH GRUR 1996, 923, 925 – Caroline von Monaco II; BGH GRUR 1962, 211, 212 – Hochzeitsbild.
202 BGH GRUR 1996, 923, 926 – Caroline von Monaco II.
203 BGH GRUR 1996, 923, 926 – Caroline von Monaco II.
204 BGH GRUR 1996, 923, 926 – Caroline von Monaco II.
205 BGH GRUR 1996, 923, 927 – Caroline von Monaco II.
206 BVerfG GRUR 2000, 446, 453 – Caroline von Monaco.
207 Vgl allgemein zu heimlich angefertigten Aufnahmen *Hochrathner* ZUM 2001, 669 ff.
208 EGMR GRUR 2004, 1051 ff – von Hannover/Deutschland; vgl zu der Entscheidung *Schmitt* ZUM 2007, 186; *Starck* JZ 2006, 76.

einer demokratischen Gesellschaft leisten und Personen des politischen Lebens betreffen, bei denen die Presse als „Wachhund" in der demokratischen Gesellschaft fungiert, und Fotos, die nur die Neugier eines bestimmten Publikums über das Privatleben einer Person befriedigen wollten und trotz des hohen Bekanntheitsgrades dieser Person nicht als Beitrag zu irgendeiner Diskussion von allgemeinem Interesse für die Gesellschaft dienen könnten. Im letztgenannten Fall soll die Freiheit der Meinungsäußerung enger zu fassen sein.[209]

Die Einordnung einer Person als absolute Person der Zeitgeschichte mit ihrem sehr beschränkten Schutz des Privatlebens und des Rechts am eigenen Bild als Folge könne für Personen des politischen Lebens in Frage kommen, die amtliche Funktionen wahrnähmen, nicht aber für Privatpersonen, bei denen das Interesse des breiten Publikums und der Presse einzig auf ihrer Zugehörigkeit zu einem regierenden Haus beruhe, während sie selbst keine amtlichen Funktionen hätten.[210] Im Übrigen müsse auch die Unterscheidung zwischen absoluten und relativen Personen der Zeitgeschichte klar und eindeutig sein, damit die Betroffenen wüssten, wie sie sich zu verhalten hätten und wo sie sich in geschützten Räumen bewegten; dem würden die von der deutschen Rechtsprechung entwickelten Kriterien nicht gerecht.[211]

c) Reaktion der deutschen Rechtsprechung. Die deutsche Rechtsprechung hat sich in der Folgezeit nach und nach von den Begriffen der absoluten und relativen Person der Zeitgeschichte abgewandt. Der BGH[212] hat zunächst in mehreren Entscheidungen offen gelassen, ob er diese Fallgruppen weiter anwendet, hat aber jedenfalls eine Einordnung nicht mehr ausdrücklich vorgenommen, sondern mehr auf das zeitgeschichtliche Ereignis abgestellt, und in der Entscheidung „Abgestuftes Schutzkonzept"[213] ausgeführt, er habe mit seiner Rechtsprechung dem Urteil des EGMR Rechnung getragen. Das BVerfG hat dies in der Entscheidung „Caroline von Hannover"[214] bereits als Verzicht auf die Rechtsfigur der Person der Zeitgeschichte angesehen und ausgeführt, dass diese Abkehr verfassungsrechtlich nicht zu beanstanden sei; auch bei absoluten Personen der Zeitgeschichte sei seit jeher eine einzelfallbezogene Abwägung – unter Berücksichtigung der Vorgaben der Art 8 und 10 EMRK als Schranke[215] – erforderlich gewesen, wobei es der Rechtssicherheit dienen könne, wenn die Rechtsprechung wieder auf bestimmte typisierende Hilfsbegriffe oder Fallgruppen zurückgreife.[216] Das BVerfG verweist darauf, dass der EGMR mittlerweile zwischen **Politikern, sonstigen im öffentlichen Leben oder im Blickpunkt der Öffentlichkeit stehenden Personen** und **gewöhnlichen Privatpersonen** (politicians/personnes politiques, public figures/personnes publiques, ordinary person/personne ordinaire) differenziere.[217] Danach ist bei der Abbildung „öffentlicher Personen" erforderlich, dass ein Bezug zu einer Sachdebatte von allgemeinem Interesse besteht und dass die Abwägung keine schwerwiegenden Interessen des Betroffenen ergibt, die einer Veröffentlichung entgegenstehen.[218]

Anders als die Instanzgerichte[219], die teilweise noch immer von absoluten und relativen Personen der Zeitgeschichte sprechen, hat der BGH diese Differenzierung des EGMR aufge-

---

209 EGMR GRUR 2004, 1051, 1054 – von Hannover/Deutschland.
210 EGMR GRUR 2004, 1051, 1054 – von Hannover/Deutschland.
211 EGMR GRUR 2004, 1051, 1054 – von Hannover/Deutschland.
212 BGH GRUR 2006, 257, 259 – Ernst August von Hannover; BGH GRUR 2005, 76, 77 – „Rivalin" von Uschi Glas.
213 BGH GRUR 2007, 523, 524.
214 BVerfG GRUR 2008, 539, 544 – Caroline von Hannover.
215 BVerfG GRUR 2008, 539, 541 – Caroline von Hannover.
216 BVerfG GRUR 2008, 539, 545 – Caroline von Hannover.
217 EGMR Urt v 17.10.2006 – 71678/01 Nr 59 – Gourguenidze/Georgien.
218 BVerfG GRUR 2008, 539, 544 – Caroline von Hannover.
219 Vgl nur LG Frankfurt aM BeckRS 2013, 13377; LG Passau AfP 2012, 291 ff.

griffen und sich in der Entscheidung „Karsten Speck"[220] noch deutlicher von der Rechtsfigur der Person der Zeitgeschichte entfernt und in besonderem Maße auf den Berichterstattungsanlass abgestellt. Das Gericht führt zum Begriff des Zeitgeschehens aus, er umfasse nicht nur Vorgänge von historisch-politischer Bedeutung oder spektakuläre und ungewöhnliche Vorkommnisse, sondern ganz allgemein alle Fragen von allgemeinem gesellschaftlichem Interesse.[221] Als Anlass kann etwa schon die Darstellung der Lebensweise und des Verhaltens prominenter Personen in ihren Gesellschaftskreisen ausreichen, die eine Leitbild- oder Kontrastfunktion für große Teile der Bevölkerung im Blick hat und auch Anlass zu sozialkritischen Überlegungen geben kann.[222] Erforderlich ist in diesem Fall, dass die Medien die Angelegenheit ernsthaft und sachbezogen erörtern, damit den Informationsanspruch des Publikums erfüllen und zur Bildung der öffentlichen Meinung beitragen.[223] Ein hinreichender Berichterstattungsanlass für den Abdruck eines Urlaubsfotos von Caroline von Hannover kann es nach Auffassung von BGH[224] und BVerfG[225] bereits sein, wenn das Bildnis im Kontext einer Berichterstattung darüber erscheint, dass sie ein Ferienhaus vermietet und dass „auch die Reichen und Schönen" sparen müssten. Der EGMR[226] hat dies gebilligt und ausdrücklich darauf hingewiesen, dass ein ausreichender Berichterstattungsanlass vorliege und dieser nicht nur vorgeschoben sei. Bei der – schon bei der Bestimmung des zeitgeschichtlichen Ereignisses erforderlichen[227] – Abwägung der Interessen greift der BGH dann allerdings wiederum auf die bisherige Rechtsprechung zu den Funktionen prominenter Personen, zum Informationswert der Abbildung und zum Schutzbereich der Privatsphäre zurück und hält auch insofern an seiner Linie fest, als er ausführt, es bleibe nur wenig Spielraum, die Gewährleistung der Meinungsfreiheit in Art 10 Abs 1 EMRK zurücktreten zu lassen, falls eine Medienberichterstattung einen Bezug zu einer Sachdebatte von allgemeinem Interesse aufweise.[228]

2. Der Begriff des Zeitgeschehens

82 Entsprechend der nunmehr auch vom BGH angewandten Unterscheidung soll im Folgenden nicht mehr von absoluten oder relativen Personen der Zeitgeschichte gesprochen, sondern zwischen Politikern, sonstigen im öffentlichen Leben stehenden Personen und gewöhnlichen Privatpersonen unterschieden werden. Gleichwohl lässt sich auf die Rechtsprechung zur absoluten und relativen Person der Zeitgeschichte noch zurückgreifen.[229] Zu beachten ist allerdings stets, dass sich eine pauschalierte Betrachtung verbietet und die Interessen im Einzelfall abzuwägen sind, so dass die Einordnung von Personen in die nachfolgend dargestellten Kategorien „von begrenztem Nutzen" ist.[230] Erforderlich ist neben einem Berichterstattungsanlass – wie bereits der Begriff der Zeitgeschichte impliziert –, dass dieser Anlass noch **aktuell** ist.[231]

---

220 BGH GRUR 2009, 150, 151.
221 BGH GRUR 2009, 150, 152 – Karsten Speck; BGH GRUR 2009, 584, 585 – Enkel von Fürst Rainier.
222 BGH GRUR 2011, 259, 260 – Rosenball in Monaco.
223 BGH GRUR 2013, 1065, 1066 – Eisprinzessin Alexandra mwN.
224 BGH GRUR 2008, 1020 – Urlaubsfoto von Caroline.
225 BVerfG GRUR 2008, 539, 547 – Caroline von Hannover.
226 EGMR Urt v 19.9.2013 – 8772/10 Nr 49.
227 BGH GRUR 2013, 1063; GRUR 2010, 1029 f – Charlotte im Himmel der Liebe.
228 BGH GRUR 2009, 150, 152 – Karsten Speck.
229 Vgl Wandtke/Bullinger/*Fricke* § 23 KUG Rn 7; Dreier/Schulze/*Dreier* § 23 KUG Rn 4.
230 So schon Löffler/*Steffen* § 6 LPG Rn 131; Prinz/Peters Rn 825 zu der Unterscheidung zwischen absoluter und relativer Person der Zeitgeschichte.
231 Wenzel/*von Strobl-Albeg* 8. Kap Rn 18.

a) Politiker. Bei Personen des politischen Lebens besteht ein gesteigertes Informations- 83 interesse des Publikums unter dem Gesichtspunkt demokratischer Transparenz und Kontrolle, das stets als legitim anerkannt worden ist; Politiker stehen in besonderem Maße für bestimmte Wertvorstellungen und Lebenshaltungen, bieten vielen Menschen Orientierung bei eigenen Lebensentwürfen, werden zu Kristallisationspunkten für Zustimmung oder Ablehnung und erfüllen Leitbild- oder Kontrastfunktionen.[232]

Bilder von Politikern dürfen daher nicht nur bei skandalösen, sittlich oder rechtlich zu be- 84 anstandenden Verhaltensweisen verwertet werden, sondern der Öffentlichkeit auch die Normalität des Alltagslebens oder in keiner Weise anstößige Handlungsweisen vor Augen führen, soweit dies der Meinungsbildung zu Fragen von allgemeinem Interesse dienen kann.[233] Auch der EGMR erkennt an, dass Politiker nicht nur bei ihrer Amtsführung, sondern auch im privaten Leben abgebildet werden dürfen.[234] Der BGH hat es demzufolge etwa für zulässig gehalten, Heide Simonis am Tag nach ihrer Abwahl bei einem Einkaufsbummel zu zeigen.[235]

Treten die **Ehepartner** von Politikern mit diesen bei öffentlichen Anlässen auf, ist eine 85 Bildberichterstattung auch darüber zulässig. Ein anerkennenswertes Interesse allein daran, wie etwa die Ehepartner von Politikern aussehen, die nicht freiwillig in der Öffentlichkeit auftreten, liegt aber in der Regel nicht vor. Anders kann dies bei Ehegatten von Staatsoberhäuptern und Politikern in besonders wichtigen Positionen sein.[236]

b) Sonstige Personen des öffentlichen Interesses. Sonstige Personen, die im Blickpunkt 86 der Öffentlichkeit stehen, sind nach wie vor anders zu beurteilen als „gewöhnliche Privatpersonen". Für die Frage, wer zu diesen Personen im öffentlichen Blickpunkt gehört, kann auf die Rechtsprechung zur absoluten Person der Zeitgeschichte zurückgegriffen werden. Zu diesen Personen gehören Mitglieder der regierenden **Fürsten-** und **Königshäuser,**[237] **Schauspieler,**[238] **Fernsehmoderatoren,**[239] **Musiker,**[240] **Führungspersonen aus der Wirtschaft**[241] oder **Sportler**[242] sowie ihre **Trainer** und **Manager.**[243] Auch bei **Schriftstellern** dürfte grundsätzlich ein Informationsinteresse bestehen. Bei Autoren, die sich bewusst nicht ablichten lassen und nicht zu den Bestseller-Autoren gehören, überwiegt allerdings das Interesse an ihrer Privatsphäre.[244]

Bei weniger prominenten Personen, die der Öffentlichkeit eher **beiläufig bekannt** sind, die 87 aber in den Medien bestimmte Funktionen ausüben und daher auch im Licht der Öffentlichkeit stehen, wie Nachrichtensprecher im Fernsehen, kommt es für die Frage, in welchem Zusam-

---

232 BGH GRUR 2008, 1017, 1018 – Einkaufsbummel nach Abwahl.
233 BGH GRUR 2008, 1017, 1018 – Einkaufsbummel nach Abwahl.
234 EGMR GRUR 2004, 1051, 1053 – von Hannover/Deutschland.
235 BGH GRUR 2008, 1017, 1018 – Einkaufsbummel nach Abwahl.
236 Dreier/Schulze/*Dreier* § 23 KUG Rn 6.
237 BGH GRUR 1996, 923, 924 f – Caroline von Monaco II; OLG Karlsruhe NJW 2006, 617, 618.
238 BGH GRUR 2009, 150, 151 – Karsten Speck; BGH GRUR 2002, 690, 691 – Marlene Dietrich.
239 BGH GRUR 2009, 665, 666 – Sabine Christiansen; BGH GRUR 2009, 150, 151 – Karsten Speck; BGH GRUR 1992, 557 – Talkmaster-Foto; LG Berlin NJW-RR 2006, 1639 – Günther Jauch; vgl auch BGH GRUR 2009, 1085, 1087 – Wer wird Millionär?.
240 BGH GRUR 1997, 125, 126 – Künstlerabbildung in CD-Einlegeblatt (Bob Dylan); OLG Hamburg GRUR 1990, 35 – Begleiterin (von Roy Black); krit offenbar LG Hamburg, ZUM-RD 2009, 30, 32, das ausführt, es spreche gegen die Einordnung einer Person als absolute Person der Zeitgeschichte, wenn sie überwiegend oder ausschließlich im Bereich der Unterhaltung in Erscheinung trete.
241 BGH GRUR 1994, 391, 392 – FCKW.
242 BGH GRUR 1979, 425, 426 – Fußballspieler (zu Franz Beckenbauer); OLG Düsseldorf GRUR-RR 2003, 1 – Jan Ullrich; OLG Frankfurt ZUM-RD 2000, 119, 120 – Katharina Witt; OLG Frankfurt NJW 1989, 402 – Boris Becker.
243 RGZ 125, 80; Dreier/Schulze/*Dreier* § 23 KUG Rn 6.
244 Dreier/Schulze/*Dreier* § 23 KUG Rn 6.

menhang Abbildungen von ihnen erlaubt sind, entscheidend darauf an, ob sie auch neben ihrer eigentlichen Funktion die Öffentlichkeit suchen und etwas von sich preisgeben oder ob sie eher zurückgezogen leben.[245]

88 Auch nach der bisherigen Rechtsprechung, die vor dem Urteil des EGMR ergangen ist, war eine Veröffentlichung von Fotos absoluter Personen der Zeitgeschichte nicht per se zulässig, sondern es bedurfte einer Abwägung, die im Einzelfall zur Unzulässigkeit einer Abbildung führen konnte, wenn hierdurch berechtigte Interessen des Abgebildeten verletzt waren. Dies gilt naturgemäß nach wie vor.[246]

89 Der Unterschied im Vergleich zur früheren Rechtsprechung dürfte darin liegen, dass bei den absoluten Personen der Zeitgeschichte bisher eher eine negative Prüfung erfolgte, ob der Berichterstattung trotz der Betroffenheit einer Person der Zeitgeschichte ausnahmsweise besondere Umstände entgegenstanden, wie etwa bei einer Betroffenheit der engeren Privatsphäre. Nunmehr ist positiv festzustellen, ob die Berichterstattung zu einer **Debatte mit einem Sachgehalt** beiträgt, der über die Befriedigung bloßer Neugier hinausgeht. Das schließt es allerdings nicht aus, dass je nach Lage des Falls für den **Informationswert einer Berichterstattung** auch der **Bekanntheitsgrad** des Betroffenen von Bedeutung sein kann. In jedem Fall ist bei der Beurteilung des Informationswerts bzw der Frage, ob es sich um ein zeitgeschichtliches Ereignis im Sinn des allgemein interessierenden Zeitgeschehens handelt, ein **weites Verständnis** geboten, damit die Presse ihren meinungsbildenden Aufgaben gerecht werden kann.[247]

90 Insb sind keine skandalösen oder widerrechtlichen Verhaltensweisen erforderlich, um eine Berichterstattung zu rechtfertigen, weil nicht nur Politiker, sondern auch sonstige in der Öffentlichkeit stehende Personen Orientierung bei eigenen Lebensentwürfen bieten sowie **Leitbild- oder Kontrastfunktionen** erfüllen können.[248] Auch die Normalität des Alltagslebens oder in keiner Weise anstößige Handlungsweisen prominenter Personen dürfen der Öffentlichkeit daher vor Augen geführt werden, wenn dies der Meinungsbildung zu Fragen von allgemeinem Interesse dienen kann.[249]

91 Dies dürfte der Rechtsprechung des EGMR[250] gerecht werden, der ebenfalls davon ausgeht, dass ein von Art 10 EMRK gewährleisteter Beitrag von allgemeinem Interesse in der Ermöglichung öffentlicher Kontrolle auch des privaten Gebarens einflussreicher Personen etwa des Wirtschaftslebens, der Kultur oder des Journalismus bestehen könne. So hält der EGMR[251] etwa die Berichterstattung über eine führende Persönlichkeit der Wirtschaft für zulässig, auch wenn es um sein rechtswidriges Verhalten im privaten Bereich geht; gleiches gilt für die Berichterstattung über mögliche Steuervergehen eines Managers.[252] Und selbst den Bericht über die Ferienhausvermietung einer Prominenten in Zeiten der Wirtschaftskrise halten BGH[253], BVerfG[254] und EGMR[255] für einen ausreichenden Berichterstattungsanlass.

92 Auch die bloße **Unterhaltung** kann einen Bezug zur Meinungsbildung haben; sie ist ein wesentlicher Bestandteil der Medienbetätigung, der am Schutz der Pressefreiheit in seiner subjek-

---

245 Wandtke/Bullinger/*Fricke* § 23 KUG Rn 10.
246 BGH GRUR 2007, 527, 528 – Winterurlaub.
247 BGH GRUR 2007, 527, 528 – Winterurlaub.
248 BGH GRUR 2011, 259, 260 – Rosenball in Monaco.
249 BVerfG GRUR 2008, 539, 542 – Caroline von Hannover.
250 EGMR Urt v 1.3.2007 – 510/04 Nr 87 lit f – Tønsbergs Blad ua/Norwegen; EGMR Urt v 14.12.2006 – 10520/02 Nrn 35 ff – Verlagsgruppe News-GmbH/Österreich.
251 EGMR Urt v 1.3.2007 – 510/04 Nr 87 lit f – Tønsbergs Blad ua/Norwegen.
252 EGMR Urt v 14.12.2006 – 10520/02 Nrn 35 ff – Verlagsgruppe News-GmbH/Österreich.
253 BGH GRUR 2008, 1020 – Urlaubsfoto von Caroline.
254 BVerfG GRUR 2008, 539, 547 – Caroline von Hannover.
255 EGMR Urt v 19.9.2013 – 8772/10 Nr 49.

tiv-rechtlichen wie objektiv-rechtlichen Dimension teilhat.[256] Gerade bei unterhaltenden Inhalten bedarf es allerdings in besonderer Weise einer abwägenden Berücksichtigung der kollidierenden Rechtspositionen, wobei es nicht ausreicht, wenn lediglich die Neugier des Publikums befriedigt werden soll.[257] Andererseits ist es problematisch, wenn das LG Hamburg[258] die Einordnung eines bekannten Schlagersängers als Person der Zeitgeschichte mit der Begründung ablehnt, er sei nicht in irgendeiner nennenswerten Weise politisch oder mit Bezug zum demokratischen Prozess in Erscheinung getreten. Selbst die **Schwangerschaft** einer bekannten Schauspielerin kann ein Ereignis der Zeitgeschichte darstellen, wobei der Veröffentlichung hier häufig berechtigte Interessen iSd § 23 Abs 2 KUG entgegenstehen können.[259]

In den Bereich der bloßen Neugierbefriedigung gehören regelmäßig **Urlaubsfotos** von Prominenten, bei denen jeglicher Bezug zu einem aktuellen Ereignis fehlt. Der Urlaub gehört zum **Kernbereich der Privatsphäre** und genießt daher besonderen Schutz.[260] Das Berichterstattungsinteresse kann gleichwohl überwiegen, wenn ein über die Neugierbefriedigung hinausgehender Anlass besteht. Dies hat das BVerfG etwa angenommen bei einem Bericht über den Urlaub der Kinder des erkrankten Fürsten von Monaco; es dürfe darüber berichtet werden, wie es seinen Kindern gelinge, Verpflichtungen zur innerfamiliären Solidarität mit der Wahrung berechtigter Belange ihres eigenen Privatlebens unter Einschluss des Wunsches nach Urlaub zu einem Ausgleich zu bringen.[261] Andererseits hat das LG Köln[262] es für unzulässig gehalten, dass einen bekannten Moderator, der einer Vergewaltigung beschuldigt war, während eines „Prozessurlaubs" von dem gegen ihn geführten Strafverfahren auf einem kanadischen Provinzflughaften gezeigt wurde. Eine Rückausnahme kann sich zudem gerade in einer schwierigen familiären Situation ergeben, wenn die Abgebildeten beim Entstehen der Aufnahme belästigt wurden.[263]

Ein hinreichender Anlass zu einer Berichterstattung über den Urlaub liegt auch vor, wenn bekannte Persönlichkeiten ihr Feriendomizil vermieten, soweit sich der Bericht in einem Bericht damit beschäftigt, dass auch „die Reichen und Schönen" sparsam seien und einen Hang zu ökonomischem Denken entwickelt hätten.[264] Derartige Berichte über Personen, die in anderen Kontexten und mit eigenem Zutun im Zentrum öffentlicher Aufmerksamkeit stehen, dürfen zur **Illustration des Beitrags** auch bildlich dargestellt werden, wobei die Bilder nicht in unmittelbarem Zusammenhang mit dem Beitrag stehen müssen, sondern die betroffenen Personen bei anderen Gelegenheiten zeigen können.[265] In der Literatur wird teilweise kritisiert, dass Fotos damit zu bloßen **„Eye-Catchern"** würden.[266] Es ist allerdings der Bildberichterstattung immanent, dass Fotos die Funktion haben, die Aufmerksamkeit der Leser zu wecken. Auch dies unterliegt dem Schutz der Pressefreiheit. Die mit dieser Rechtsprechung verbundene **Aufwertung von Archivbildern**[267] dürfte durchaus auch im Interesse der Abgebildeten liegen. Denn eine

---

256 BVerfG GRUR 2008, 539, 542 – Caroline von Hannover.
257 BVerfG GRUR 2008, 539, 543 – Caroline von Hannover.
258 LG Hamburg ZUM-RD 2009, 30, 32 – Hansi Hinterseer. Keine Bedenken hat das LG Hamburg ZUM-RD 2009, 610, 612 dagegen, Dieter Bohlen grds als Person des öffentlichen Interesses anzusehen.
259 LG München I BeckRS 2013, 10565.
260 BVerfG GRUR 2008, 539, 545 – Caroline von Hannover.
261 BVerfG GRUR 2008, 539, 546 – Caroline von Hannover.
262 LG Köln ZUM-RD 2013, 473, 477.
263 BVerfG GRUR 2008, 539, 546 – Caroline von Hannover.
264 BVerfG GRUR 2008, 539, 547 – Caroline von Hannover; die Entscheidung hat mit Urt v 19.9.2013 – 8772/10 – auch der EGMR gebilligt.
265 BVerfG GRUR 2008, 539, 547 – Caroline von Hannover.
266 *Pfeifer* GRUR 2008, 547, 548.
267 *Pfeifer* GRUR 2008, 547, 548.

gegenteilige Annahme würde dazu führen, dass bei einem aktuellen Berichterstattungsinteresse nicht mehr auf vorhandene Fotos zurückgegriffen werden könnte, so dass die Medien in noch größerem Umfang darauf angewiesen wären, ständig neue Fotos anzufertigen. Die damit verbundenen Belästigungen liegen auf der Hand.

95   Ob ein Foto aus anderem Zusammenhang im konkreten Fall veröffentlicht werden darf, ist allerdings eine Frage des Einzelfalls. Zulässig dürfte vor allem die Verwendung **kontextneutraler** oder aus anderem Zusammenhang stammender, zu dem Kontext aber gleichwohl passender[268] Fotos sein, nicht aber auch von Fotos, die wiederum eine über die Wortberichterstattung hinausgehende „eigene Geschichte" erzählen, für die an sich kein ausreichender Berichterstattungsanlass bestand.[269] Dies gilt etwa schon, wenn sich aus den Bildern weitere Informationen entnehmen lassen, die sich bspw schon aus der Bekleidung des Abgebildeten ergeben können.[270] Steht ein Foto also ersichtlich in einem anderen Kontext, der mit der Wortberichterstattung nichts zu tun hat, ist die Veröffentlichung unzulässig.[271] Unzulässig ist es etwa, einen prominenten Untersuchungshäftling beim Hofgang zu zeigen, wenn es in der zugehörigen Wortberichterstattung um eine mögliche neue Beziehung des Prominenten geht, nicht aber um die Haft oder die Haftbedingungen.[272] Allerdings führt nicht jeder redaktionelle „Schlenker" zu einem anderen Thema dazu, dass ein hinreichender Kontextbezug zwischen Foto und Berichterstattungsanlass mehr vorliegt. So hat der BGH es nicht beanstandet, dass eine Zeitschrift die 11jährige Tochter von Caroline von Hannover bei einem Eiskunstlaufwettbewerb zeigte und auch aus diesem Anlass – sogar auf dem Titelblatt – über eine neue Beziehung von Caroline spekulierte, so lange auch über das Sportereignis selbst noch berichtet wurde.[273]

96   Im Übrigen gelten sowohl bei Bildern im Urlaub als auch bei sonstigen Bildern aus dem Alltagsleben von Personen des öffentlichen Lebens die von der Rechtsprechung schon zur absoluten Person der Zeitgeschichte postulierten Grenzen, insb bei Bildern aus dem Bereich **privater Zurückgezogenheit**.[274]

97   Die Bekanntheit eines Prominenten kann auf seinen **Ehegatten** oder **Lebenspartner** ausstrahlen. Der Schutz der Privatsphäre ist allerdings in besonderer Weise zu beachten, soweit es um Bilder geht, die den Prominenten mit seinem Partner in trauter Zweisamkeit zeigen. Vor allem liegt aber – anders als bei Politikern in wichtigen Positionen – selten ein ausreichendes Interesse an der Berichterstattung nur separat über den Ehegatten oder Lebenspartner vor. Jedenfalls insoweit gelten dann grundsätzlich die Maßstäbe, die bei gewöhnlichen Privatpersonen anzulegen sind.[275] So hat das OLG Köln[276] etwa die Veröffentlichung von Fotos für unzulässig gehalten, auf denen allein die allein nicht in der Öffentlichkeit stehende Ehefrau von Günther Jauch abgebildet war. Schon gar nicht kann die Beziehung zu einem nicht prominenten Straftäter es rechtfertigen, dass dessen Ehefrau im Zusammenhang mit der Berichterstattung über die Straftat gezeigt wird.[277] Auch genügt es als Berichterstattungsanlass nicht, wenn die Begleitperson nur einmal mit einem Prominenten in der Öffentlichkeit gesehen wird.[278] Das OLG Hamburg[279] hält die Ver-

---

268 OLG Köln BeckRS 2013, 06717.
269 BVerfG NJW 2001, 1921, 1924 – Prinz Ernst August von Hannover.
270 LG Hamburg ZUM-RD 2000, 200, 201.
271 KG BeckRS 2012, 09065.
272 OLG Köln ZUM-RD 2012, 675, 680.
273 BGH GRUR 2013, 1065, 1066 – Eisprinzessin Alexandra.
274 S Rn 139 ff.
275 Vgl OLG Hamburg GRUR 1990, 35 – Begleiterin von Roy Black (als relative Person der Zeitgeschichte).
276 OLG Köln ZUM 2009, 486, 488.
277 AG München BeckRS 2012, 17813.
278 LG Hamburg NJW-RR 1991, 99 – Begleiterin von Boris Becker.
279 OLG Hamburg GRUR 1990, 35 – Begleiterin von Roy Black (als relative Person der Zeitgeschichte).

wertung eines Bildnisses eines Prominenten bei einem Einkaufsbummel mit einer Begleiterin für zulässig. Der BGH[280] geht hingegen zu Recht davon aus, dass Abbildungen aus dem Alltagsleben von Prominenten mit ihren Begleitpersonen ein Beitrag zu einer Diskussion von allgemeinem Interesse oder eine Information über ein zeitgeschichtliches Ereignis nicht zu entnehmen sei. Anders kann es sein, wenn sich ein Lebenspartner eines Prominenten selbst bewusst in besonderer Weise in das Licht der Öffentlichkeit begibt.

Das Interesse an der Berichterstattung kann schon mit der **Trennung**[281] enden, die für sich genommen kein zeitgeschichtliches Ereignis darstellen muss, wenn die Beziehung zuvor selbst in der Öffentlichkeit nicht Anlass eines Berichterstattungsinteresses gewesen ist. Nach der Trennung von einer sehr bekannten Person wird der getrennte Partner aber regelmäßig die Berichterstattung noch einen gewissen Zeitraum hinnehmen müssen;[282] insb kann ein Scheidungsverfahren einen Berichterstattungsanlass darstellen.[283] Jedenfalls nach einem Ablauf von mehreren Jahren besteht aber kein überwiegendes Berichterstattungsinteresse mehr.[284] 98

Auch **sonstige Angehörige** von Prominenten können im Licht der Öffentlichkeit stehen, so dass auch ihre Abbildung zulässig sein kann. Grundsätzlich teilen aber Angehörige den bildnisrechtlichen Status von Personen der Zeitgeschichte nur unter strengen Voraussetzungen,[285] so dass allein die verwandtschaftliche Beziehung als solche ein hinreichendes Informationsinteresse in aller Regel nicht rechtfertigen wird.[286] **Kinder** unterliegen einem besonderen Schutz, weil sie sich erst zu eigenverantwortlichen Personen entwickeln müssen, so dass der Bereich, in dem sie sich frei von öffentlicher Beobachtung fühlen und entfalten dürfen, umfassender geschützt sein muss als derjenige erwachsener Personen.[287] Die Berichterstattung über Kinder[288] ist nur dann zulässig, wenn sie im Pflichtenkreis ihrer Eltern öffentliche Funktionen wahrnehmen[289] oder von ihren Eltern in der Öffentlichkeit „präsentiert" werden.[290] 99

Grundsätzlich nicht durch ein zeitgeschichtliches Interesse gerechtfertigt werden kann die Veröffentlichung von Bildern Prominenter zu **Werbezwecken**. Bildnisse in der Werbung sind zwar nicht grundsätzlich der Privilegierung des § 23 Abs 1 Nr 1 KUG entzogen. In vielen Fällen wird der Werbung mit Prominenten der Bezug zu einem zeitgeschichtlichen Ereignis jedoch fehlen. Selbst wenn die Werbung Informationen zu einem zeitgeschichtlichen Ereignis transportiert, wird die Zulässigkeit einer Abbildung einer Person des öffentlichen Lebens meist, allerdings keineswegs immer, an deren überwiegenden Interessen im Rahmen der Abwägung nach § 23 Abs 2 KUG scheitern, weshalb die Problematik in diesem Zusammenhang zu erörtern ist.[291] 100

c) **Gewöhnliche Privatpersonen.** „Gewöhnliche Privatpersonen" genießen einen noch größeren Schutz. Der EGMR geht davon aus, dass der Bereich der Privatheit, der auch Personen 101

---

280 BGH GRUR 2007, 899, 902 – Grönemeyer; vgl zu der Entscheidung *Klass* ZUM 2007, 818.
281 LG Hamburg ZUM-RD 2004, 131, 132 – Ehefrau des Außenministers.
282 OLG Hamburg AfP 1993, 576 – frühere Freundin von Boris Becker.
283 LG Hamburg ZUM 2003, 577, 579 – Ehefrau von Guildo Horn.
284 OLG Hamburg AfP 1985, 209 – Günther Netzer.
285 BGH GRUR 1996, 227 – Wiederholungsveröffentlichung; AG Hamburg GRUR-RR 2004, 158 – Saddams Giftmischer.
286 OLG München NJW-RR 1996, 93, 95 zur Tochter der Geigerin Anne-Sophie Mutter.
287 BVerfG GRUR 2000, 446, 450 f – Caroline von Monaco; BGH GRUR 2005, 179, 181 – Tochter von Caroline von Hannover; vgl auch BGH GRUR 2004, 592, 593 – Charlotte Casiraghi.
288 S auch unten Rn 144.
289 BGH GRUR 1996, 227 – Wiederholungsveröffentlichung (zum Sohn von Caroline von Monaco); AG Hamburg GRUR-RR 2004, 158 – Saddams Giftmischer.
290 BGH GRUR 2010, 173, 175 – Kinder eines ehemaligen Fußballprofis; vgl zu der Entscheidung *Stender-Vorwachs* NJW 2010, 1414.
291 S Rn 131 ff.

des öffentlichen Lebens zusteht, hier noch weiter definiert werden muss.[292] Anders als bei Personen des öffentlichen Lebens kann keine alltägliche Situation – wie das Vermieten eines Ferienhauses oder der Urlaub während der Erkrankung eines wichtigen Familienmitglieds – genügen, um eine Berichterstattung zu rechtfertigen.

102 **Zeitgeschichtliche Ereignisse**, in deren Kontext auch über gewöhnliche Privatpersonen berichtet werden darf, sind etwa die Teilnahme an einer öffentlichen Diskussion zu einem die Öffentlichkeit stark berührenden Thema,[293] die Teilnahme an einer öffentlichen Sportveranstaltung[294] die Tätigkeit für das Ministerium für Staatssicherheit der DDR[295] oder das öffentliche Engagement einer Person in der rechtsradikalen Szene,[296] nicht aber die Trauer über den Tod eines nahen Angehörigen bei einem aufsehenerregenden Unfall[297] oder durch Suizid[298]. Die größte Rolle haben in der Rechtsprechung zur relativen Person der Zeitgeschichte allerdings **Straftaten** gespielt, die unten[299] gesondert behandelt werden. Als gewöhnliche Privatpersonen können auch Partner und Angehörige von Politikern und Personen des öffentlichen Lebens zu behandeln sein.[300]

103 Bei gewöhnlichen Privatpersonen ist in besonderer Weise zu beachten, dass ein **thematischer Zusammenhang** zwischen dem zeitgeschichtlichen Ereignis und der Abbildung bestehen muss. *Prinz/Peters*[301] fordern für die relative Person der Zeitgeschichte, dass die Aufnahme anlässlich des zeitgeschichtlichen Ereignisses entstanden ist und dieses auch zeigt. Eine derartige Beschränkung ist indes zu eng[302] und wird auch den Interessen des Abgebildeten nicht gerecht, weil sie dazu führen kann, dass es zu einer deutlich größeren Beeinträchtigung des Betroffenen dadurch kommt, dass die Medien gezwungen sind, stets aktuelle Bilder im Zusammenhang mit einem gerade aktuellen Thema anzufertigen. Auch die Verwendung kontextneutraler[303] oder aus anderem Zusammenhang stammender, dem Kontext gerechter[304] Fotos ist daher zulässig. Der Kontext muss aber insb bei Personen, die nicht in der Öffentlichkeit stehen, auch tatsächlich hergestellt werden. So hat es das OLG Köln[305] als unzulässig angesehen, dass ein Rechtsanwalt neben einer Schauspielerin abgebildet wurde, ohne dass der begleitende Bericht seine Funktion und seine Beziehung zu der Schauspielerin erläuterte. Insb darf es durch einen falschen Kontext nicht zu Fehlvorstellungen bei den Rezipienten kommen. So unzulässig ein Foto eines Journalisten bei einer Preisverleihung Jahre später im Zusammenhang mit einer kritischen und anprangernden Berichterstattung über seine Arbeit zu veröffentlichen.[306]

104 **d) Bildberichterstattung über Straftaten.** Straftaten sind grundsätzlich ein zeitgeschichtliches Ereignis, das bei Personen des öffentlichen Lebens eine identifizierende Berichterstattung

---

292 EGMR Urt v 11.1.2005 – 50774/99 Nr 27 ff – Sciacca/Italien.
293 LG Berlin AfP 2008, 222, 223.
294 BGH GRUR 2005, 74, 75 – Charlotte Casiraghi II.
295 OLG München BeckRS 2010, 30426.
296 OLG Braunschweig NJW 2001, 160, 161 – Gesicht zeigen.
297 LG Düsseldorf ZUM-RD 2011, 247, 249 zur Berichterstattung über den Unfall bei der Loveparade 2010 in Duisburg.
298 OLG Dresden NJW 2012, 782, 785.
299 S Rn 101 ff.
300 Vgl im Einzelnen zu Begleitpersonen von Politikern Rn 82 und von sonstigen Personen des öffentlichen Lebens Rn 94 ff.
301 Rn 850.
302 So zu Recht Wandtke/Bullinger/*Fricke* § 23 KUG Rn 21.
303 LG Hamburg ZUM-RD 2000, 200, 201.
304 OLG Köln BeckRS 2013, 06717.
305 OLG Köln BeckRS 2013, 06717.
306 LG Ellwangen Urt v 8.12.2006 – 1 S 134/06 (unveröffentlicht).

rechtfertigen kann.[307] Davon erfasst ist auch die Darstellung von Bildnissen im Zusammenhang mit der Wortberichterstattung. Die Verletzung der Rechtsordnung und die Beeinträchtigung individueller Rechtsgüter, die Sympathie mit den Opfern, die Furcht vor Wiederholungen solcher Straftaten und das Bestreben, dem vorzubeugen, begründen ein anzuerkennendes Interesse an einer näheren Information über Tat *und* Täter.[308] Das Interesse ist umso stärker, je mehr sich die Tat in Begehungsweise und Schwere von der gewöhnlichen Kriminalität abhebt, so dass etwa bei schweren Gewaltverbrechen ein über bloße Neugier und Sensationslust hinausgehendes Informationsinteresse an detaillierter Information über die Tat und ihren Hergang, über die Person des Täters und seine Motive sowie über die Strafverfolgung anzuerkennen ist.[309] Ein besonderes öffentliches Interesse an einer identifizierenden Berichterstattung besteht etwa bei Straftaten im Zusammenhang mit geplanten terroristischen Anschlägen, weil die Täter oft im Alltag unauffällig leben und die Berichterstattung ermöglicht, sich ein Bild von den Tätern zu machen.[310] Bei der erforderlichen Abwägung kommt es auf die Art und Weise der Darstellung und die Natur und Schwere der Tat sowie die Bekanntheit und Bedeutung der Person des Täters an.[311] Ein an sich geringeres Interesse der Öffentlichkeit über leichte Verfehlungen kann im Einzelfall durch Besonderheiten, etwa in der Person des Täters oder des Tathergangs, aufgewogen werden.[312]

Bei **tagesaktueller Berichterstattung** über Straftaten, die entweder besonders schwerwiegend sind oder an denen eine Person des öffentlichen Lebens beteiligt ist, wird regelmäßig das Informationsinteresse überwiegen.[313] Dies rechtfertigt sich nach Auffassung des BVerfG[314] insb daraus, dass derjenige, der den Rechtsfrieden bricht, durch diese Tat und ihre Folgen Mitmenschen angreift oder verletzt, sich nicht nur den hierfür verhängten strafrechtlichen Sanktionen beugen, sondern auch dulden muss, dass das von ihm selbst erregte Informationsinteresse der Öffentlichkeit auf den dafür üblichen Wegen befriedigt wird. 105

Während des **Ermittlungsverfahrens** ist die **Unschuldsvermutung** zu berücksichtigen; bis zur erstinstanzlichen Verurteilung überwiegt nach Auffassung des BVerfG[315] regelmäßig das Interesse des Betroffenen. Die (Bild-)Berichterstattung kann allerdings auch in diesem Verfahrensstadium gerechtfertigt sein, wenn der Betreffende sich eigenverantwortlich den ihm gegenüber erhobenen Vorwürfen in der medialen Öffentlichkeit gestellt hat[316] oder wegen seiner gesellschaftlichen Stellung oder eines Amtes in besonderer Weise im Blickfeld der Öffentlichkeit steht.[317] Bei Fotos aus der Hauptverhandlung ist im Rahmen der Interessenabwägung zu berücksichtigen, wenn nach einer sitzungspolizeilichen Anordnung nur verpixelte Fotos veröffentlicht werden dürfen, denn im Vertrauen auf diese Verfügung verhält sich der Angeklagte möglicherweise anders als wenn er mit der Veröffentlichung von Fotos rechnen muss, die ihn in identifizierbarer Weise zeigen.[318] 106

---

307 BVerfG ZUM 2010, 243, 246.
308 BVerfG ZUM 2010, 243, 246.
309 BVerfG ZUM 2010, 243, 246.
310 BGH ZUM-RD 2011, 538, 541.
311 BGH GRUR 2009, 150, 152 – Karsten Speck.
312 BVerfG ZUM 2006, 747, 748.
313 BVerfG ZUM 2010, 243, 246.
314 BVerfG ZUM 2010, 243, 246; BVerfG GRUR 1973, 541, 547 – Lebach; vgl auch BGH GRUR 2010, 266, 267 – Online-Archiv; BGH GRUR 2009, 150, 154 – Karsten Speck.
315 BVerfG ZUM 2010, 243, 246.
316 BVerfG ZUM 2010, 243, 246; vgl auch BVerfG ZUM 2009, 216, 219.
317 BVerfG ZUM 2010, 243, 246.
318 KG BeckRS 2011, 04309.

107   Auch wenn es eine „vollständige Immunisierung" vor der ungewollten Berichterstattung über Straftaten auch längere Zeit nach der Begehung der Straftat und der Verurteilung nicht gibt,[319] gewinnt mit **zeitlicher Distanz** zu der Straftat und zu dem Strafverfahren das Recht des Täters „alleingelassen zu werden" und vor einer Reaktualisierung seiner Verfehlung verschont zu bleiben, zunehmende Bedeutung.[320] Eine feste zeitliche Grenze lässt sich naturgemäß nicht ziehen;[321] Anhaltspunkte bilden aber die **Haftentlassung**[322] und die Löschung von Vorstrafen aus dem **Bundeszentralregister**.[323] Diese Grenzen sind aber keineswegs absolut. Auch nach Verbüßung der Strafe und Löschung der Strafe aus dem Bundeszentralregister[324] kann die Berichterstattung zulässig sein; zu berücksichtigen ist hier stets vor allem, in welchem Ausmaß das Persönlichkeitsrecht und das Resozialisierungsinteresse beeinträchtigt werden.[325] Eine Bildberichterstattung, insb im Fernsehen,[326] wird dabei regelmäßig stärker in das Persönlichkeitsrecht eingreifen als eine reine Wortberichterstattung.[327] Zumindest eine nur durch das Verbrechen selbst prominent gewordene Person wird häufig zum Zeitpunkt der Haftentlassung nicht mehr namentlich genannt werden dürfen.[328] Anders kann es allerdings bei die Gesellschaft besonders berührenden Straftaten, etwa von RAF-Terroristen, sein.[329]

108   Der eigene **offene Umgang** mit einer Straftat in der Öffentlichkeit auch lange nach ihrer Begehung[330] oder ein **aktueller Berichterstattungsanlass** können es rechtfertigen, über eine länger zurückliegende Straftat wieder zu berichten. Dabei reicht aber nicht jeder aus publizistischer Sicht nachvollziehbare Grund aus, um ein Thema wieder aufzugreifen; je schwerwiegender das Persönlichkeitsrecht des Betroffenen beeinträchtigt wird, umso dringlicher muss das Informationsinteresse sein, dessen Befriedigung die Berichterstattung dient.[331] An das Informationsinteresse sind insb dann besonders hohe Anforderungen zu stellen, wenn die erneute Berichterstattung über die Tat eine erhebliche neue oder zusätzliche Beeinträchtigung des Täters zu bewirken geeignet ist und die Wiedereingliederung des Täters in die Gesellschaft wesentlich zu erschweren droht.[332] Auch hier ist zudem die Situation zu berücksichtigen, in der der Betroffene abgebildet wird, so dass das Gewicht der Beeinträchtigung erhöht ist, wenn die visuelle Darstellung durch Ausbreitung von üblicherweise der öffentlichen Erörterung entzogenen Einzelheiten thematisch die Privatsphäre berührt oder die Medienberichterstattung den Betroffenen in Momenten der Entspannung oder des Sich-Gehen-Lassens außerhalb der Einbindung in die Pflichten des Berufs und Alltags erfasst.[333]

109   Der **Strafvollzug** gehört zum Zeitgeschehen, so dass eine Berichterstattung darüber – auch wenn ein unmittelbarer zeitlicher Zusammenhang mit der Tat nicht mehr besteht – gerechtfertigt sein kann. Der BGH[334] hat es etwa als zeitgeschichtliches Ereignis angesehen, dass dem Mo-

---

319   BVerfG ZUM 2010, 243, 246.
320   BGH GRUR 2010, 266, 267 f – Online-Archiv; BGH GRUR 2009, 150, 152 – Karsten Speck; vgl auch BVerfG ZUM 2010, 243, 246.
321   OLG Hamburg ZUM-RD 2008, 405, 406.
322   OLG Hamburg ZUM-RD 2008, 405, 406; KG NJW-RR 2008, 492, 493; OLG Frankfurt ZUM 2007, 546, 547.
323   LG Köln BeckRS 2009, 05256; vgl auch LG Köln NJW-RR 1993, 31, 32.
324   BVerfG NJW-RR 2007, 1340, 1341.
325   BVerfG GRUR 1973, 541, 546 – Lebach; BVerfG ZUM 2010, 243, 246.
326   BVerfG ZUM 2010, 243, 246.
327   BGH GRUR 2010, 266, 268 – Online-Archiv.
328   OLG Frankfurt ZUM 546, 547.
329   KG NJW-RR 2008, 492, 493.
330   LG Berlin Urt v 25.10.2012 – 27 O 382/12 (unveröffentlicht).
331   BVerfG NJW-RR 2007, 1191, 1193; BGH GRUR 2009, 150, 152 – Karsten Speck.
332   BVerfG GRUR 1973, 541, 546 – Lebach; BGH GRUR 2009, 150, 152 – Karsten Speck.
333   BGH GRUR 2009, 150, 152 – Karsten Speck.
334   BGH GRUR 2009, 150, 153 – Karsten Speck.

derator Karsten Speck, der zu einer erheblichen Freiheitsstrafe verurteilt worden war, schon alsbald nach Haftantritt die Unterbringung im offenen Vollzug genehmigt und Ausgang gewährt wurde, weil dies Anlass war, eine mögliche bevorzugte Behandlung prominenter Personen im Strafvollzug zu diskutieren. Die Veröffentlichung von Abbildungen, die den Moderator bei der Haftentlassung zeigten, hat der BGH daher als zulässig angesehen.

Kein hinreichendes Informationsinteresse bildet allerdings die **Inhaftierung** als solche, wenn eine derartige Sonderbehandlung nicht im Raum steht, insb nicht während der Untersuchungshaft, bei der die Unschuldsvermutung noch gilt. Das Landgericht Köln[335] hat daher die Veröffentlichung von – noch dazu heimlich aufgenommenen – Fotos, die den Moderator Jörg Kachelmann bei einem Hofgang während seiner Untersuchungshaft zeigten, als unzulässig angesehen. 110

Anders als eine neue Berichterstattung über länger zurückliegende Taten ist eine fortdauernde Veröffentlichung in einem **Online-Archiv** einer Publikation zu werten. Hier ist insb auch das Interesse zu berücksichtigen, vergangene zeitgeschichtliche Ereignisse zu recherchieren, Geschichte nicht zu tilgen. Die Medien könnten ihren verfassungsrechtlichen Auftrag, in Wahrnehmung der Meinungsfreiheit die Öffentlichkeit zu informieren, nicht vollumfänglich wahrnehmen, wenn es ihr generell verwehrt wäre, dem Zuschauer oder Hörer den Zugriff auf Mitschriften ursprünglich zulässiger Sendungen zu ermöglichen.[336] Denn wenn die dauerhafte Verbreitung bestimmter Beiträge in Archiven untersagt wäre, hätte dies eine ständige Kontrollverpflichtung zur Folge, die dazu führen könnte, dass die Medien gänzlich von der Archivierung der Beiträge absehen würden.[337] Eine dauerhafte Archivierung ist daher nach Auffassung des BGH[338] dann zulässig, wenn der Beitrag nur durch eine gezielte Suche abrufbar, nicht auf den aktuellen Seiten des Internetauftritts veröffentlicht und als Altmeldung gekennzeichnet ist.[339] Leider beschäftigt sich der BGH nicht mit der Auffindbarkeit archivierter Beiträge über Suchmaschinen. Denn die damit einhergehende Beeinträchtigung des Persönlichkeitsrechts des Betroffenen wiegt noch einmal erheblich schwerer als die Möglichkeit einer gezielten Suche nur innerhalb eines Online-Archivs, weil der Betroffene nicht nur von solchen Internetnutzern gefunden wird, die gezielt nach einem alten Beitrag suchen, wie dies in einem klassischen Archiv geschieht, sondern bei Artikeln in großen Zeitungen regelmäßig von zahlreichen Nutzern, die den Namen des Betroffenen eingeben, ohne den Zweck zu verfolgen, ein Zeitungsarchiv nach dem Betroffenen zu durchsuchen. Der BGH[340] scheint auch dies für zulässig zu halten, denn in dem der Entscheidung zugrunde liegenden Sachverhalt war der Archivbeitrag, worauf sich der Betroffene auch berufen hatte, an prominenter Stelle in einer Suchmaschine gelistet. Dies ist indes zweifelhaft: Es ist den Medien ohne weiteres zumutbar, zumindest nach einer entsprechenden Beanstandung durch den Betroffenen, solche Beiträge zumindest für die Suchmaschinen zu sperren; dies würde weder die Medien unzumutbar belasten, noch die Gefahr einer Tilgung der Geschichte bergen, so lange eine Volltext-Suche innerhalb der Online-Archive möglich bliebe.[341] 111

Auch die **sonstigen Beteiligten an einem Strafprozess**, insb Richter, Staatsanwälte und Rechtsanwälte dürfen abgebildet werden, wenn insoweit ein hinreichendes Informationsinteresse besteht. Dies dürfte regelmäßig bei besonders spektakulären Prozessen der Fall sein sowie 112

---

335 LG Köln BeckRS 2010, 16987.
336 BGH GRUR 2010, 266, 269 – Online-Archiv.
337 BGH GRUR 2010, 266, 268 – Online-Archiv.
338 BGH GRUR 2010, 266, 268 – Online-Archiv.
339 BGH GRUR 2010, 266, 268 – Online-Archiv.
340 BGH GRUR 2010, 266 ff – Online-Archiv.
341 Vgl näher *Renner* FS-Wandtke S 483 ff.

bei weniger Aufsehen erregenden Prozessen, wenn sich ein Beteiligter selbst gezielt in das Licht der Öffentlichkeit begeben hat. Das BVerfG[342] geht zunächst sehr weitgehend davon aus, dass **Richter** und **Schöffen** kraft des ihnen übertragenen Amts anlässlich ihrer Teilnahme an öffentlichen Sitzungen im Blickfeld der Öffentlichkeit unter Einschluss der Medienöffentlichkeit stünden und dass deshalb ein schützenswertes Interesse zu ihren Gunsten, das eine Berichterstattung verbiete, wegen der Bedeutung des Grundsatzes der Öffentlichkeit für ein rechtsstaatliches Gerichtsverfahren regelmäßig nicht bestehe. Gleichwohl kann allein die Tätigkeit von Richtern, Staatsanwälten oder Verteidigern bei der Ausübung ihrer Berufe ein hinreichendes Berichterstattungsinteresse unabhängig von einem die Öffentlichkeit beschäftigenden Prozess nicht rechtfertigen.[343] Unzulässigkeit ist ihre Abbildung insb auch dann, wenn besondere Umstände Anlass zu der Befürchtung geben, eine Abbildung der Mitglieder des Spruchkörpers werde dazu führen, dass sie künftig erheblichen Beeinträchtigungen ausgesetzt sein könnten.[344] So wird das Persönlichkeitsrecht der Richter bei Prozessen im Bereich der organisierten Kriminalität häufig überwiegen. **Rechtsanwälte** haben in ihrer Funktion als Organ der Rechtspflege grundsätzlich Aufnahmen hinzunehmen, soweit sie als Beteiligte in einem Verfahren mitwirken, an dessen bildlicher Darstellung ein öffentliches Informationsinteresse besteht.[345] Anders kann es sein, wenn ein Rechtsanwalt nicht im Zusammenhang mit einem bestimmten Verfahren abgebildet ist, sondern im Rahmen eines allgemeinen Artikels über seine Tätigkeit.[346] Führt ein Rechtsanwalt laufend öffentlichkeitswirksame Verfahren, kann dies im Einzelfall allerdings durchaus einen hinreichenden Anlass auch für eine Bildberichterstattung bilden. **Zeugen** dürfen nur dann abgebildet werden, wenn sie sich selbst in den Medien zu ihrer Zeugenrolle geäußert haben[347] oder wenn sie im Verfahren selbst die Aufmerksamkeit auf sich ziehen.[348] Große Zurückhaltung ist bei **Opfern von Verbrechen**[349] geboten,[350] soweit sie sich nicht selbst in die Öffentlichkeit begeben haben. Opfern und ihren Angehörigen muss zugestanden werden, dass sie für eine gewisse Zeit fern der Öffentlichkeit bleiben können, um die ihnen widerfahrenen Straftaten zu verarbeiten.[351] Insb ist es nicht zulässig, die Angehörigen trauernd am Grab des Verbrechensopfers abzubilden.[352]

113   **Polizisten** dürfen nur beim Vorliegen besonderer Umstände identifizierbar abgebildet werden. Dass sie an einer Festnahme mitwirken, die ein Ereignis der Zeitgeschichte darstellen, genügt meist nicht.[353]

3. Darlegungs- und Beweislast

114 Auf Fragen der Darlegungs- und Beweislast wird es bei der Prüfung des § 23 Abs 1 Nr 1 KUG in der Praxis eher selten ankommen. Eine Rolle können sie allerdings bei Umständen spielen, die für die Interessenabwägung von Bedeutung sind, etwa bei der Frage, welchen Beeinträchtigun-

---

342 BVerfG NJW 2000, 2890, 2891.
343 OLG Celle ZUM 2011, 341, 434.
344 BVerfG NJW 2000, 2890, 2891.
345 BVerfG ZUM 2007, 376, 377; aA OLG Celle AfP 1984, 236, 237.
346 LG Berlin AfP 2007, 164 165.
347 LG Berlin AfP 2004, 68, 69; LG Berlin AfP 2004, 152, 153.
348 *Soehring/Seelmann-Eggebert* NJW 2005, 571, 577.
349 S auch unten Rn 145.
350 OLG Frankfurt AfP 1976, 181; LG Münster ZUM-RD 2004, 380, 382; LG Köln AfP 1991, 757, 758; LG Münster NJW-RR 2005, 1065, 1066.
351 LG Münster NJW-RR 2005, 1065, 1066.
352 LG Köln AfP 1991, 757, 758.
353 AA Dreier/Schulze/*Dreier* § 23 KUG Rn 9.

gen der Abgebildete ausgesetzt ist oder ob er sich vor der Veröffentlichung bereits selbst in die Öffentlichkeit begeben hat.

Bei der Verteilung der Darlegungs- und Beweislast ist zu gewährleisten, dass weder der Presse noch dem Abgebildeten die Darlegung und der Beweis der verfassungsrechtlich für die Abwägung bedeutsamen Belange in unzumutbarer Weise erschwert wird.[354]

Kommt es für die Frage, ob eine Bildnisverwertung nach § 23 Abs 1 Nr 1 KUG zulässig ist, auf die tatsächlichen Umstände an, unter denen das Bild zustande gekommen ist, so trägt derjenige, der das Bildnis verwertet hat, insoweit die Darlegungslast, da es dem Verletzten nicht zumutbar wäre, zu den **Umständen des Fotografierens** vorzutragen, wenn er nicht einmal wissen kann, wann und von wo aus die fraglichen Fotografien angefertigt wurden.[355] Der Bildnisverwerter hat die Umstände so konkret darzulegen, dass überprüft werden kann, ob der Verbreitung des Bildnisses berechtigte Erwartungen des Betroffenen entgegenstehen.[356] Legt eine Zeitung etwa nicht substantiiert dar, dass ein Foto nicht in einem Moment der Zweisamkeit entstanden ist, sondern in Gegenwart vieler Menschen, ist prozessual zu unterstellen, dass der Abgebildete nicht von vielen Menschen umgeben war.[357] Beruft sich der Abgebildete hingegen bei der Abwägung auf **andere Umstände**, die seine berechtigten Interessen nach **§ 23 Abs 2 KUG** verletzen, trifft ihn die Darlegungs- und Beweislast.[358] Da die Rechtsprechung aber vielfach dazu neigt, eine einheitliche Interessenabwägung bereits bei Prüfung der Tatbestände des § 23 Abs 1 KUG vorzunehmen, wird sich diese Grenze schwer ziehen lassen. Als Faustregel kann gelten, dass der Abgebildete Umstände aus seiner privaten Sphäre, etwa Beeinträchtigungen durch die Bildnisveröffentlichung, darzulegen und zu beweisen hat; Umstände, die ein gesteigertes Informationsinteresse der Öffentlichkeit rechtfertigen, werden vom Bildnisverwerter vorgetragen und bewiesen werden müssen.

II. Beiwerk

§ 23 Abs 1 Nr 2 KUG sieht eine Privilegierung für Abbildungen vor, auf denen Personen nur als Beiwerk neben einer Landschaft oder sonstigen Örtlichkeit erscheinen. Ein Beiwerk liegt nur dann vor, wenn die dargestellte Person sich zufällig in einer Umgebung befindet, die den eigentlichen Gegenstand der Abbildung bildet.[359] Die Landschaft oder Örtlichkeit und nicht die Person darf das Bild prägen.[360] Das Gesetz verwendet insoweit bewusst eine andere Terminologie und spricht nicht von einem Bildnis, dessen Merkmal die Abbildung einer Person ist,[361] sondern von einem Bild. Die zufällig mit abgebildete Person muss auf dem Bild derart **untergeordnet** sein, dass sie auch entfallen könnte, ohne dass sich der Charakter oder der Gegenstand des Bildes änderten;[362] die Personendarstellung darf also nicht selbst Thema des Bildes sein.[363] Dass andererseits ein Bild durch mit abgebildeten Personen lebendiger wird, liegt auf der Hand und muss einer Charakterisierung von Personen als Beiwerk nicht zwingend entgegenstehen.[364]

---

354 OLG Hamburg GRUR-RR 2006, 421, 422 – Spaziergang in St Tropez.
355 OLG Hamburg GRUR-RR 2006, 421, 422 – Spaziergang in St Tropez.
356 BVerfG GRUR 2008, 539, 543 – Caroline von Hannover.
357 OLG Hamburg GRUR-RR 2006, 421, 422 – Spaziergang in St Tropez.
358 OLG Karlsruhe NJW 1982, 447, 648.
359 BGH GRUR 1961, 138, 140 – Familie Schölermann.
360 Dreier/Schulze/*Dreier* § 23 KUG Rn 14.
361 Dreier/Schulze/*Dreier* § 22 KUG Rn 1.
362 OLG Oldenburg GRUR 1989, 344, 345 – Oben-Ohne-Foto; OLG Karlsruhe GRUR 1989, 823, 824 – Unfallfoto.
363 OLG Karlsruhe GRUR 1989, 823, 824 – Unfallfoto.
364 OLG Frankfurt AfP 1984, 115; vgl auch Löffler/*Ricker* 43. Kap Rn 17.

118   So ist eine Gruppe Wanderer vor einem Gebirgspanorama in einem Reiseprospekt kein Beiwerk, wenn mit dem Foto gezielt für die Berg- und Tourenerlebnisse geworben werden soll;[365] gleiches gilt für ein Bildnis von Jägern im Zusammenhang mit einer Berichterstattung gerade über die Jagd.[366] Wird auf einem Wahlplakat einer Partei für Geschwindigkeitsbegrenzungen in Wohngebieten geworben und zu diesem Zweck eine Radfahrerin abgebildet, kommt es für den Zweck des Bildes gerade auf die Radfahrerin an, so dass eine Charakterisierung als Beiwerk ausscheidet.[367] Werden an einem Strand badende Urlauber halbnackt abgebildet, handelt es sich regelmäßig nicht um ein bloßes Beiwerk,[368] weil sie die Aufmerksamkeit der Betrachter gerade auf sich ziehen.

119   Es kann keine Rolle spielen, ob es dem Bildnisverwerter gerade auf die Erkennbarkeit der abgebildeten Personen ankommt, sondern nur darauf, ob die abgebildeten Personen überhaupt weggedacht werden können.[369] Denn die Ausnahmebestimmung des § 23 Abs 1 Nr 2 KUG stellt in erster Linie auf das **Verhältnis des Abgebildeten zu der übrigen Aussage des Bildes** und seinen Stellenwert im Gesamteindruck, nicht auf den Grad seiner Erkennbarkeit ab.[370]

120   Selbst wenn ein Bild grundsätzlich der Privilegierung des § 23 Abs 1 Nr 2 KUG unterfällt, ist davon die **Vergrößerung** einer Person aus einem Bild nicht gedeckt.[371]

121   Ein Problem des § 23 Abs 1 Nr 2 KUG stellt auch die Abbildung von Personen im Rahmen des Dienstes **Google Street View** dar. Die Personenaufnahmen sind dort zwar ganz überwiegend automatisiert unkenntlich gemacht worden. In vielen Fällen werden Personen gleichwohl identifizierbar gezeigt, weil wesentliche Gesichtszüge noch erkennbar sind, oder wegen sonstiger Merkmale wie Körperhaltung oder der abgebildeten Umgebung. Hier stellt sich die Frage nach der Zulässigkeit der Abbildung. Grundsätzlich wird man nach den dargestellten Grundsätzen davon ausgehen müssen, dass es sich bei den abgebildeten Personen um Beiwerk handelt, die die Bilder lebendiger machen.[372] Ob dies auch noch gilt, wenn ein derartiges Heranzoomen möglich ist, dass eine Person den Bildschirm ausfüllt, ist strittig. Der Beiwerkcharakter lässt sich nicht allein mit dem Argument begründen, dass der Betrachter auch bei jeder anderen Aufnahme seine Aufmerksamkeit auf einen Teil des Bildes lenken könne.[373] Denn ein derartiges Herausvergrößern wie es Google Street View ermöglicht, wäre etwa bei einem Zeitungsfoto mit einem erheblichen Mehraufwand verbunden. Gleichwohl ist grundsätzlich von einer Zulässigkeit der Zoomfunktion auszugehen.[374] Andernfalls käme es zu Wertungswidersprüchen. Denn wenn man bei der Betrachtung des Gesamtbildes noch von einem Beiwerkcharakter der abgebildeten Personen ausgeht und damit selbst ihre Identifizierbarkeit für zulässig hält, ergibt es keinen Sinn, für die Zoomfunktion die Unkenntlichmachung zu fordern, zumal wegen der Auflösung der Bilder und der Verpixelung der Gesichter die Erkennbarkeit mit dem Zoomen in der Regel nicht steigt. Etwas anderes kann gelten, wenn erst das Heranzoomen im Einzelfall tatsächlich zu einer Erkennbarkeit einer Person führt. Die weiteren Begleitumstände der Abbildung können diese im Rahmen einer Interessenabwägung nach § 23 Abs 2 KUG allerdings im Einzelfall unzulässig machen. So kann insb die erkennbare Abbildung von Personen in Badebekleidung oder in kom-

---

365 OLG Frankfurt GRUR 1986, 614, 615 – Ferienprospekt.
366 OLG Düsseldorf GRUR 1970, 618, 619 – Schleppjagd.
367 Vgl LG Oldenburg GRUR 1986, 464, 465 – DKP-Plakat, das die Unzulässigkeit mit einem überwiegenden Interesse des Abgebildeten begründet, nicht mit der Partei in Verbindung gebracht zu werden.
368 OLG Oldenburg GRUR 1989, 344, 345 – Oben-Ohne-Foto; vgl auch OLG München NJW 1988, 915, 916.
369 In diese Richtung LG Oldenburg GRUR 1986, 464, 465 – DKP-Plakat.
370 BGH NJW 1979, 2205, 2206 – Fußballtor.
371 Schricker/Loewenheim/*Götting* Anh zu § 60 UrhG § 23 KUG Rn 82.
372 Vgl *Lindner* ZUM 2010, 292, 294.
373 So aber *Lindner* ZUM 2010, 292, 294.
374 So im Ergebnis auch *Lindner* ZUM 2010, 292, 294; aA *Ott* WRP 2008, 393, 413.

promittierenden Situationen verboten sein. Auch die Abbildung von Personen auf Grundstücken, die wegen eines Zauns für den normalen Betrachter nicht von der Straße aus, wohl aber für die Google-Kameras, die aus größerer Höhe fotografiert haben, einsehbar sind, kann unzulässig sein.

III. Versammlungen, Aufzüge und ähnliche Vorgänge

§ 23 Abs 1 Nr 3 KUG erlaubt die Abbildung von Personen bei Versammlungen, Aufzügen und ähnlichen Vorgängen. Ebenso wie bei § 23 Abs 1 Nr 2 KUG darf nicht die abgebildete Person im Vordergrund stehen, sondern das dargestellte Ereignis.[375] Denn zwar kommt es bei Bildern von Versammlungen durchaus gerade auf die Abbildung von Personen an, aber nur in ihrer Gesamtheit. Für jeden einzelnen Abgebildeten gilt auch hier, dass er letztlich für das Gesamtbild nicht von entscheidender Bedeutung sein darf. Er muss also hinweggedacht werden können oder zumindest austauschbar sein. Erforderlich ist dafür vor allem eine gewisse **Größe** der Versammlung oder Ansammlung, die im Regelfall mindestens aus zehn bis zwölf[376] Personen bestehen muss.

Der Unterschied zwischen einem **Aufzug** und einer **Versammlung** dürfte wie im Versammlungsrecht darin bestehen, dass sich der Aufzug fortbewegt.[377] Die „ähnlichen Vorgänge" müssen zumindest in ihren Grundeigenschaften den Versammlungen oder Aufzügen ähnlich sein.[378] Praktisch spielt die Unterscheidung zwischen den Tatbestandsvarianten des § 23 Abs 1 Nr 3 KUG nahezu keine Rolle. Kennzeichnend für die Begriffe der Versammlung, des Aufzuges und der ähnlichen Vorgänge ist, dass die abgebildeten Personen einen kollektiven Willen haben.[379] Geschützt sind danach Abbildungen von **Demonstrationen**, **Kongressen** oder **Sportveranstaltungen**[380] sowie **Karnevalsumzüge**[381] oder **Public-Viewing-Veranstaltungen**.

Auch wenn die Begriffe grundsätzlich weit zu verstehen sind,[382] reichen bloße **Menschenansammlungen** ohne gemeinsamen Willen auch dann nicht aus, wenn sie zufällig etwas gemeinsam tun. So ist etwa eine Ansammlung von **Fahrgästen** öffentlicher Verkehrsmittel nicht deshalb eine Versammlung, weil die Fahrgäste gemeinsam das Ziel verfolgen, sich fortzubewegen.[383] Auch eine Ansammlung von **Beteiligten an einem Verkehrsunfall** und Rettungssanitätern am Unfallort dürfte der Ausnahmevorschrift nicht unterfallen.[384]

Private Veranstaltungen wie insb Hochzeiten und Trauerfeiern fallen regelmäßig nicht unter den Begriff der Versammlung,[385] sondern können allenfalls ein zeitgeschichtliches Ereignis darstellen.[386] Zum Begriff der Versammlung gehört daher auch die Öffentlichkeit der Veranstaltung.[387] Selbst dann, wenn eine Familienfeier ausnahmsweise eine Versammlung darstellen sollte, kommt den Interessen der Abgebildeten bei der Abwägung nach § 23 Abs 2 KUG besondere

---

375 *Von Gamm* Einf Rn 122.
376 *Prinz/Peters* Rn 872.
377 Erbs/Kohlhaas/*Wache* § 1 VersammlG Rn 34.
378 OLG München NJW 1988, 915, 916.
379 OLG München NJW 1988, 915, 916.
380 Dreier/Schulze/*Dreier* § 23 KUG Rn 18.
381 Wandtke/Bullinger/*Fricke* § 23 KUG Rn 29.
382 Dreier/Schulze/*Dreier* § 23 KUG Rn 18.
383 OLG München NJW 1988, 915, 916.
384 Offengelassen von OLG Karlsruhe GRUR 1989, 823, 824 – Unfallfoto.
385 Dreier/Schulze/*Dreier* § 23 Rn 18.
386 In diese Richtung auch Wandtke/Bullinger/*Fricke* § 23 KUG Rn 30.
387 Vgl auch Dreier/Schulze/*Dreier* § 23 KUG Rn 19.

Bedeutung zu. Insb die Abbildung von Trauergästen dürfte danach in vielen Fällen unzulässig sein.[388]

126   Geschützt sind nicht nur Abbildungen von der Versammlung als Ganzes, sondern auch **Ausschnitte**, wenn sie einen repräsentativen Gesamteindruck von der Versammlung vermitteln.[389] Die Abbildung von Einzelpersonen bei Versammlungen ist aber grundsätzlich nicht von § 23 Abs 1 Nr 3 KUG gedeckt.[390] Das Gesetz spricht nicht davon, dass Aufnahmen von *Personen bei Versammlungen* zulässig seien, sondern *Bilder von Versammlungen* auf denen die teilnehmenden Personen zu sehen sind. Einzelabbildungen sind ausnahmsweise dann zulässig, wenn sich diese Personen durch ihr Verhalten besonders exponieren[391] oder als Anführer oder Organisator in Erscheinung treten,[392] wobei sich die Zulässigkeit der Abbildung dann eher aus § 23 Abs 1 Nr 1 KUG ergibt.

127   Auch **Polizisten** dürfen bei Demonstrationen als Teil der Masse abgebildet werden. Auch hier gilt aber, dass Einzelaufnahmen nicht zulässig sind.[393] Gleiches dürfte für die separate Abbildung von kleinen Gruppen gelten, die ausschließlich aus Polizisten bestehen. Ein Recht zur Abbildung kann sich allerdings aus § 23 Abs 1 Nr 1 KUG ergeben, insb wenn das Verhalten eines einzelnen Polizisten eine Pflichtwidrigkeit darstellt, weil hier in besonderem Maße ein Recht der Öffentlichkeit besteht, darüber informiert zu werden.[394]

IV. Höheres Interesse der Kunst

128   Nach § 23 Abs 1 Nr 4 KUG dürfen Bildnisse, die nicht auf Bestellung angefertigt werden, ohne Einwilligung des Betroffenen verbreitet und zur Schau gestellt werden, sofern die Verbreitung und Schaustellung einem höheren Interesse der Kunst dient. Nach dem Gesetzeszweck soll die Veröffentlichung künstlerischer Bildnisstudien ermöglicht werden.[395]

129   Der **Kunstbegriff** entzieht sich einer klaren Definition, weil die Kunst sich gegen starre Formen und Konventionen wehrt und gerade auch darauf abzieht, die eigenen Grenzen zu erweitern und diese Eigenheiten zu respektieren sind.[396] Ansatzpunkt ist daher zunächst, dass der Künstler selbst bestimmt, was er zum Kunstwerk erhebt.[397] Ein objektiver Ansatzpunkt kann daneben sein, wenn bei formaler, typologischer Betrachtung die Zuordnung zu einem bestimmten Werktyp (Malerei, Dichtung) möglich ist.[398]

130   Die herrschende Meinung wendet die Bestimmung auch im Bereich der **künstlerischen Fotografie** an.[399] Dies ist abzulehnen. Es widerspricht nicht nur dem Willen des Gesetzgebers, der ausdrücklich erklärt hat, dass die Vorschrift „auf photographische Bildnisse nicht zu beziehen sein wird",[400] sondern wird auch dem Ausnahmecharakter des § 23 Abs 1 KUG nicht gerecht. Der

---

388 Vgl LG Frankfurt (Oder) BeckRS 2013, 12059.
389 OLG Hamburg GRUR 1990, 35, 36 – Begleiterin; OLG Celle NJW 1979, 57, 58.
390 OLG Frankfurt MMR 2004, 683, 684 – Online-Fotoservice; OLG Karlsruhe NJW 1980, 1701, 1702; OLG Celle NJW 1979, 57, 58.
391 Wandtke/Bullinger/*Fricke* § 23 KUG Rn 29.
392 Dreier/Schulze/*Dreier* § 23 KUG Rn 21.
393 OLG Karlsruhe NJW 1980, 1701, 1702.
394 *Dreier*/Schulze § 23 KUG Rn 20.
395 Vgl Verhandlungen des Reichstages, 11. Legislaturperiode, II. Session, 1. Sessionsabschnitt 1905/1906, Anlagenband 2, 1526, 1541.
396 BVerfG NJW 1985, 261, 262 – Anachronistischer Zug.
397 OLG Düsseldorf BeckRS 2013, 12449.
398 OLG Düsseldorf BeckRS 2013, 12449; vgl auch BVerfG NJW 1985, 261, 262 – Anachronistischer Zug.
399 Dreier/Schulze/*Dreier* § 23 KUG Rn 22; Wandtke/Bullinger/*Fricke* § 23 KUG Rn 33.
400 Vgl Verhandlungen des Reichstages, 11. Legislaturperiode, II. Session, 1. Sessionsabschnitt 1905/1906, Anlagenband 2, 1526, 1541.

Eingriff in das Persönlichkeitsrecht ist bei einem Foto deutlich intensiver als etwa bei einem Gemälde und einer Zeichnung. Im Übrigen ist kaum ersichtlich, wie die Abgrenzung zwischen einer Fotografie, die den höheren Interessen der Kunst dient und einer sonstigen Fotografie gezogen werden soll. Dem Interesse der Kunst an der Fotografie von Personen des öffentlichen Lebens kann durch § 23 Abs 1 Nr 1 KUG Rechnung getragen werden. Abzulehnen ist deswegen auch eine analoge Anwendung der Vorschrift auf die **Darstellung des Lebensbildes einer Person in einem Film**[401] – auch hier ist eine Rechtfertigung der Abbildung allenfalls möglich, wenn ein Ereignis der Zeitgeschichte vorliegt.

Es genügt nicht irgendein künstlerisches Interesse, sondern es muss ein in qualitativer Hinsicht gesteigertes, besonders starkes Interesse vorliegen.[402] Die künstlerischen Ziele der Bildnisverwertung müssen dabei **deutlich im Vordergrund** stehen, so dass § 23 Abs 1 Nr 4 KUG nicht anwendbar ist, wenn mit der Verbreitung und Zurschaustellung des Bildnisses überwiegend andere, etwa wirtschaftliche,[403] unterhaltende oder politische Zwecke verfolgt werden.[404] Schon eine gleichzeitige Verfolgung **wirtschaftlicher Ziele** kann einer Veröffentlichung entgegenstehen; nur ganz untergeordnete andere Zwecke schaden nicht, etwa Eintrittsgelder für eine Kunstausstellung.[405] Von einer gewerblichen Intention ist das OLG Düsseldorf[406] im Falle der Anfertigung eines aus einer Fotografie hergestellten Pop Art-Bildnisses des Golfstars Martin Kaymer ausgegangen, das sich nach Auffassung des Gerichts vor allem die Bekanntheit des Sportlers zunutze machte und seine Fans ansprechen und an diese verkauft werden sollte. Auch die Abbildung eines Fußballspielers in einem kommerziellen Computerspiel lässt sich nicht mit der Verfolgung künstlerischer Ziele rechtfertigen.[407]

Wird ein Polizist bei einem Einsatz auf einem Plakat abgebildet, das die sofortige Einführung einer Kennzeichnungspflicht für Polizisten fordert, tritt ein möglicherweise ebenfalls verfolgtes künstlerisches Ziel jedenfalls angesichts des in erster Linie verfolgten **politischen Ziels** derart in den Hintergrund, dass § 23 Abs 1 Nr 4 KUG nicht eingreifen kann.[408]

Ausgeschlossen ist die Anwendung des § 23 Abs 1 Nr 4 KUG in Fällen, in denen der Abgebildete das Bild **beim Künstler bestellt** hat. Der Grund liegt in dem besonderen Vertrauensverhältnis, das durch eine derartige Beauftragung entsteht und das es rechtfertigt, dass eine Veröffentlichung nicht mehr ohne Zustimmung des Abgebildeten zulässig sein kann.[409]

Eine analoge Anwendung der Vorschrift auf **Bildnisse, die der Wissenschaft dienen**, ist zwar angesichts der gemeinsamen Regelung der Kunst- und der Wissenschaftsfreiheit in Art 5 Abs 3 GG nicht ganz fern liegend, im Ergebnis aber abzulehnen.[410] Die Interessenlage eines Wissenschaftlers ist nicht mit derjenigen eines bildenden Künstlers vergleichbar, der sich auch durch die Auseinandersetzung mit tatsächlich existierenden Personen verwirklichen können

---

401 OLG München ZUM 2007, 932, 933.
402 BerlVerfGH NJW 2007, 1686, 1688.
403 So schon die Gesetzesbegründung, vgl Verhandlungen des Reichstages, 11. Legislaturperiode, II. Session, 1. Sessionsabschnitt 1905/1906, Anlagenband 2, 1526, 1540 f.
404 BerlVerfGH NJW 2007, 1686, 1688; OLG München ZUM 1997, 388, 391; LG Hannover ZUM 2000, 970, 971 f; vgl auch Wenzel/*von Strobl-Albeg* 8. Kap Rn 54.
405 Dreier/Schulze/*Dreier* § 23 KUG Rn 23.
406 OLG Düsseldorf BeckRS 2013, 12449; vgl auch LG Düsseldorf BeckRS 2012, 24932.
407 OLG Hamburg ZUM 2004, 309, 310.
408 BerlVerfGH NJW 2007, 1686, 1688.
409 Vgl Verhandlungen des Reichstages, 11. Legislaturperiode, II. Session, 1. Sessionsabschnitt 1905/1906, Anlagenband 2, 1526, 1540 f.
410 So auch Dreier/Schulze/*Dreier* § 23 KUG Rn 24; aA LG Hannover ZUM 2000, 970, 971; Wandtke/Bullinger/*Fricke* § 23 KUG Rn 33; Schricker/Loewenheim/*Götting* Anh zu § 60 UrhG § 23 KUG Rn 104; Wenzel/*von Strobl-Albeg* 8. Kap Rn 54; *von Gamm* Einf Rn 124.

soll. Wenn das Aussehen einer Person wissenschaftliches Interesse auf sich zieht, wird sie ohnehin meist des besonderen Schutzes vor der Abbildung bedürfen.[411]

V. Berechtigtes Interesse des Abgebildeten

135 Nach § 23 Abs 2 KUG darf ein Bildnis auch dann, wenn ein Befugnistatbestand des § 23 Abs 1 KUG eingreift, nicht veröffentlicht werden, wenn ein berechtigtes Interesse des Abgebildeten verletzt wird.

136 Die Rechtsprechung ist mittlerweile zumindest bei Bildnissen im Bereich der Zeitgeschichte dazu übergegangen, unter Berücksichtigung der Entscheidung des EGMR eine Interessenabwägung bereits bei der Prüfung des § 23 Abs 1 KUG vorzunehmen.[412] Gleichwohl ist eine weitergehende Interessenabwägung auch im Bereich zeitgeschichtlicher Ereignisse nicht obsolet. Im Rahmen des § 23 Abs 1 Nr 1 KUG sind Umstände zu berücksichtigen, die unabhängig von der konkreten Verwendungsart des Fotos sind, während nach § 23 Abs 2 KUG eine Prüfung der Umstände des Einzelfalls zu erfolgen hat, die einer an sich zulässigen Bildnisverwertung ausnahmsweise entgegenstehen können.[413]

137 Auch wenn die Grenze zwischen den zu berücksichtigenden Umständen gleichwohl oft schwer zu ziehen sein wird, ist die Einordnung der Interessenabwägung keine rein akademische Frage, sondern hat Auswirkungen für die **Darlegungs- und Beweislast**. Während der Bildnisverwerter darzulegen und zu beweisen hat, dass ein Tatbestand des § 23 Abs 1 KUG erfüllt ist, muss der Abgebildete, der sich auf ein Überwiegen seiner berechtigten Interessen beruft, die Voraussetzungen hierfür darlegen und beweisen.[414]

138 Wesentliche Abwägungskriterien sind das Informationsinteresse auf der einen Seite und das Interesse des Abgebildeten am Schutz seiner Persönlichkeit auf der anderen Seite. Je größer der Informationswert für die Öffentlichkeit ist, desto mehr muss das Schutzinteresse desjenigen, über den informiert wird, hinter den Informationsbelangen der Öffentlichkeit zurücktreten. Umgekehrt wiegt aber auch der Schutz der Persönlichkeit des Betroffenen desto schwerer, je geringer der Informationswert für die Allgemeinheit ist.[415] Das Interesse der Leser an bloßer **Unterhaltung** hat gegenüber dem Schutz der Privatsphäre regelmäßig ein geringeres Gewicht.[416]

139 Bei der Interessenabwägung ist insb zu fragen, ob die Privat- oder Intimsphäre des Abgebildeten betroffen ist. Ferner sind eine besondere Schmähung des Abgebildeten und seine Gefährdung zu berücksichtigen. Schließlich spielt die Interessenabwägung im Einzelfall in der Rechtsprechung eine große Rolle bei der Verwendung von Abbildungen prominenter Personen in der Werbung.

1. Privat- und Intimsphäre

140 Grundsätzlich unzulässig sind Aufnahmen aus dem Bereich der **Intimsphäre**. Insb gehört der **nackte Körper** zum intimsten Persönlichkeitsbereich jedes Menschen, so dass die Entscheidung über die Veröffentlichung seines Nacktbildes regelmäßig dem Abgebildeten vorbehalten bleiben

---

411 Ähnl Dreier/Schulze/*Dreier* § 23 KUG Rn 24.
412 BGH GRUR 2007, 523, 525 – Abgestuftes Schutzkonzept.
413 Dreier/Schulze/*Dreier* § 23 KUG Rn 25.
414 OLG Karlsruhe NJW 1982, 647, 648; OLG Hamburg ZUM 1998, 579, 582.
415 BVerfG GRUR 2000, 446, 453 – Caroline von Monaco; BGH GRUR 2007, 523, 526 – Abgestuftes Schutzkonzept; BGH GRUR 1996, 923, 926 – Caroline von Monaco II.
416 BGH GRUR 2007, 523, 526 – Abgestuftes Schutzkonzept; BGH GRUR 1996, 923, 926 – Caroline von Monaco II.

muss.⁴¹⁷ Daraus ergibt sich zunächst, dass die Veröffentlichung von Nacktfotos einer Person, die entschieden hat, ihre Nacktheit der Öffentlichkeit nicht preiszugeben, per se unzulässig ist. Zulässig kann die Verwertung von Nacktaufnahmen dann sein, wenn der Abgebildete die Intimsphäre der Öffentlichkeit bereits umfassend preisgegeben hat.⁴¹⁸

Für die Zulässigkeit genügt es indes nicht, wenn sich der Abgebildete in gewisser Weise selbst nackt zur Schau gestellt hat.⁴¹⁹ So bedeutet ein Auftritt vor einem kleinen Theaterpublikum nicht, dass eine nackt auftretende Schauspielerin auch eine Veröffentlichung von Nacktfotos von der Aufführung in diversen Tageszeitungen dulden muss.⁴²⁰ Und wer bei einer Kunstaktion nackt Modell steht, muss nicht dulden, dass ein Foto von der Aktion in einem Programmheft abgedruckt wird.⁴²¹ Andererseits hat das LG Hamburg⁴²² die Veröffentlichung des Fotos einer Entertainerin für zulässig erachtet, das ihre unter einem verrutschten Abendkleid versehentlich entblößte Brust zeigt, weil die Abgebildete selbst auf ihrer Internetseite Nacktfotos von sich veröffentlicht hatte, mehrere Sekunden mit der entblößten Brust vor Fotografen posiert und dann auch noch in einem anschließenden Interview geäußert hatte, dass man den Fotografen „doch irgendwas zum Fotografieren geben" müsse. Auch der Kontext der Fotoveröffentlichung kann zu einem überwiegenden Interesse des Abgebildeten führen; so ist insb selbst eine an sich zulässige Veröffentlichung eines Aktfotos auf einer Internetseite mit pornografischem Inhalt unzulässig.⁴²³

Anders ist es, wenn von einer Schauspielerin **erotische Nacktaufnahmen in einem Männermagazin** veröffentlicht wurden. Sie muss es grundsätzlich dulden, dass diese Aufnahmen auch in einer Tageszeitung im Rahmen eines Berichtes über die Fotos in dem Männermagazin wiedergegeben werden.⁴²⁴ Für die Zulässigkeit kommt es aber auf den redaktionellen Kontext an. Die schlichte Nachricht, dass Nacktaufnahmen einer Person im „Playboy" veröffentlicht wurden,⁴²⁵ begründet ebenso wenig ein Informationsinteresse wie belanglose Bemerkungen zu „Playboy"-Fotos in einer Tageszeitung.⁴²⁶ Für zulässig hat das OLG Frankfurt⁴²⁷ den Abdruck einer „Playboy"-Aufnahme der Eiskunstläuferin Katharina Witt erachtet, weil sich der damit zusammenhängende redaktionelle Beitrag satirisch mit den Fotos und dem Verhältnis der Abgebildeten zu den politisch Verantwortlichen in der ehemaligen DDR auseinandersetzte. Geht es demgegenüber bei der Abbildung nur um das Zurschaustellen der Abgebildeten in unbekleideten Zustand,⁴²⁸ um damit Voyeurismus, Schaulust und Neugier der Leser oder Zuschauer zu befriedigen, ist die Veröffentlichung nicht gestattet.⁴²⁹

Nicht schlechthin unzulässig sind Aufnahmen aus dem Bereich der **Privatsphäre**. Ein überragendes öffentliches Informationsinteresse kann die Bildberichterstattung rechtfertigen.⁴³⁰ Zur Privatsphäre gehören Umstände, deren öffentliche Erörterung oder Zurschaustellung als unschicklich gilt, deren Bekanntwerden als peinlich empfunden wird oder nachteilige Reaktionen

---

417 BGH GRUR 1975, 561, 662 – Nacktaufnahmen; OLG Dresden ZUM 2010, 597, 598; OLG Saarbrücken NJW-RR 2000, 1571 f.
418 Schricker/Loewenheim/*Götting* Anh zu § 60 UrhG § 23 KUG Rn 115.
419 OLG Dresden ZUM 2010, 597, 598.
420 OLG Saarbrücken NJW-RR 2000, 1571 f.
421 LG Düsseldorf ZUM-RD 2012, 407.
422 LG Hamburg ZUM-RD 2007, 427 f.
423 LG München I ZUM-RD 2005, 38, 40, 42.
424 OLG Hamburg ZUM 1991, 550, 551.
425 OLG Frankfurt NJW 2000, 594, 959 – Katharina Witt.
426 OLG Hamburg GRUR 1996, 123, 124 – Schauspielerin.
427 OLG Frankfurt NJW 2000, 594, 959 – Katharina Witt.
428 OLG Hamburg GRUR 1996, 123, 124 – Schauspielerin; OLG Frankfurt NJW 2000, 594, 595 – Katharina Witt.
429 OLG Frankfurt NJW 2000, 594, 595 – Katharina Witt.
430 BVerfG GRUR 2000, 446, 453 – Caroline von Monaco.

der Umwelt auslöst. Dazu gehören Auseinandersetzungen mit sich selbst in Tagebüchern, vertrauliche Kommunikation unter Eheleuten im Bereich der Sexualität sowie sozial abweichendes Verhalten oder Krankheiten.[431]

144 Eines besonderen Schutzes der Privatsphäre bedürfen **Minderjährige**, weil sie sich erst zu eigenverantwortlichen Personen entwickeln müssen und die Persönlichkeitsentfaltung durch die Gefahren, die von dem Interesse der Medien an Abbildungen von Kindern ausgehen, empfindlich gestört werden kann.[432] Der Bereich, in dem Kinder sich frei von öffentlicher Beobachtung fühlen dürfen, muss daher umfassender geschützt sein als derjenige von Erwachsenen und umfasst – auch bei Kindern Prominenter – grundsätzlich auch den öffentlichen Raum.[433] Anders ist es aber, wenn Eltern mit ihren Kindern bewusst an öffentlichen Veranstaltungen teilnehmen und sogar in deren Mittelpunkt stehen.[434] Der BGH[435] hat etwa einen bebilderten Bericht über den Auftritt einer seinerzeit 11jährigen Tochter von Caroline von Hannover bei einem regionalen Eiskunstlaufturnier für zulässig gehalten.

145 Auch **Opfer von Verbrechen** sind in besonderem Maße schutzwürdig, da sie ohnehin schon schwer psychisch und je nach Art des Verbrechens auch physisch belastet sind. Daher ist etwa die Veröffentlichung eines Bildnisses eines Vergewaltigungsopfers unzulässig,[436] ebenso die Nutzung eines Fotos eines bekannten Schauspielers nach einem von ihm verursachten Verkehrsunfall, wenn er in einem Zustand abgebildet wird, der seine Bedrücktheit und Sorge zeigt.[437]

146 Daneben erstreckt sich der Schutz auf einen **räumlichen Bereich**, in dem der Einzelne zu sich kommen, sich entspannen oder auch gehen lassen kommen muss; ihm muss ein Raum verbleiben, in dem er die Möglichkeit hat, frei von öffentlicher Beobachtung und damit der von ihr erzwungenen Selbstkontrolle zu sein.[438] Dieser räumliche Bereich umfasst in erster Linie den häuslichen Bereich einschließlich des eigenen Grundstücks – auch ein Balkon zählt dazu, auch wenn er sich über einem Gehweg befindet.[439] Der Bereich erstreckt sich zudem auch auf die freie, abgeschiedene Natur und Örtlichkeiten, die von der breiten Öffentlichkeit deutlich abgeschieden sind und in der sich der Einzelne frei von öffentlicher Beobachtung in freier Weise bewegen können muss. Entscheidend ist, ob der Betroffene begründeten Anlass hat, davon auszugehen, dass er den Blicken der Öffentlichkeit nicht ausgesetzt ist.[440] Dies ist grundsätzlich auch in Situationen des gewöhnlichen Alltagslebens oder in einer Situation der Entspannung von Beruf und Alltag denkbar.[441]

147 Der Einzelne kann öffentliche Orte aber nicht durch ein typischerweise privates Verhalten **in seine Privatsphäre umdefinieren**; es kommt vielmehr auf die objektive Gegebenheit der Örtlichkeit zur fraglichen Zeit an.[442]

148 Als **privat** hat die Rechtsprechung eine Unterhaltung in einem spärlich beleuchteten Restaurant angesehen,[443] einen Waldweg[444] oder einen nur vom Wasser aus zugänglichen

---

431 BVerfG GRUR 2000, 446, 450 – Caroline von Monaco.
432 BGH GRUR 2013, 1065, 1066 – Eisprinzessin Alexandra.
433 BGH GRUR 2013, 1065, 1066 f – Eisprinzessin Alexandra; vgl auch BVerfG GRUR 2008, 539, 541 – Caroline von Hannover.
434 BVerfG GRUR 2000, 446, 451 – Caroline von Monaco; BGH GRUR 2013, 1065, 1067 – Eisprinzessin Alexandra.
435 BGH GRUR 2013, 1065 ff – Eisprinzessin Alexandra.
436 KG ZUM-RD 2012, 27, 29.
437 LG Köln ZUM 2013, 684, 687.
438 BVerfG GRUR 2000, 446, 450 – Caroline von Monaco.
439 So aber KG AfP 2007, 573, 574.
440 BVerfG GRUR 2000, 446, 450 – Caroline von Monaco.
441 BVerfG GRUR 2008, 539, 541 – Caroline von Hannover.
442 BVerfG GRUR 2000, 446, 450 – Caroline von Monaco.
443 BGH GRUR 1996, 923, 926 – Caroline von Monaco II.
444 KG ZUM 2007, 475, 477 f.

Strand.⁴⁴⁵ Ein Spaziergang kann demnach zur Privatsphäre gehören, insb ein solcher mit dem eigenen Kind, der die besondere Eltern-Kind-Beziehung betrifft.⁴⁴⁶ Auch ein Hofgang eines Prominenten während seiner Untersuchungshaft kann zum privaten Bereich gehören.⁴⁴⁷ Auch wer sich den Augen einer nur **begrenzten Öffentlichkeit** aussetzt, kann noch geschützt sein, weil die Wahrnehmung durch zufällig anwesenden Personen etwas grundlegendes anderes ist als die Festhalten einer Situation auf einem Foto; grundsätzlich müssen auch prominente Personen ein Recht haben, in der Öffentlichkeit privat zu sein.⁴⁴⁸ Daher ist es auch unzulässig, eine Schauspielerin beim Joggen abzubilden, insb mit dem Kommentar, sie renne „gegen die Kilos an".⁴⁴⁹ Hier ergibt sich die Privatheit auch daraus, dass es auch für bekannte Persönlichkeiten möglich sein muss, sich ungestört ohne Make-Up und hergerichtete Frisur zum Sport in den öffentlichen Straßenraum zu begeben.⁴⁵⁰

Nicht zum privaten Bereich gehören öffentliche Plätze, auf denen sich große Menschenmengen bewegen⁴⁵¹ oder ein öffentliches Strandbad.⁴⁵² Auch Fotos, die Caroline von Monaco beim Reiten, Paddeln, Radfahren und beim Einkaufen zeigen, hat der BGH⁴⁵³ nicht zum Bereich der Privatsphäre gezählt. Gleiches gilt für öffentliche und öffentlichkeitswirksame Veranstaltungen wie eine AIDS Gala⁴⁵⁴, eine bekannte Karnevalsveranstaltung⁴⁵⁵, Sportveranstaltungen, auch wenn sie nur regionale Bedeutung haben,⁴⁵⁶ oder eine Vernissage.⁴⁵⁷ Hier müssen Personen, insb wenn sie sich mit Politikern zeigen oder sich außergewöhnlich verhalten, damit rechnen, dass Aufnahmen von ihnen veröffentlicht werden.⁴⁵⁸ Für zulässig befunden wurde auch ein Foto eines Rechtsanwalts in seinen hell erleuchteten Kanzleiräumen ohne Vorhang bei einer staatsanwaltschaftlichen Durchsuchung.⁴⁵⁹ Die Teilnehmerin an einer öffentlichen Mahnwache an einem belebten Ort, die dort mit einem bekannten Journalisten diskutiert, muss es ebenfalls dulden, dass davon Bilder veröffentlicht werden.⁴⁶⁰

Bei der Abbildung Prominenter in Alltagssituationen kommt es nach der im Anschluss an die Entscheidung des EGMR im Jahr 2004 ergangene Rechtsprechung des BGH nunmehr vor allem darauf an, ob die Bildnisse zu einer **Debatte mit Sachgehalt** beitragen. Dies ist allerdings bereits bei der Entscheidung zu berücksichtigen, ob überhaupt ein Bildnis aus dem Bereich der Zeitgeschichte vorliegt.⁴⁶¹

Auch Personen des öffentlichen Lebens können demnach grundsätzlich den Schutz ihrer Privatsphäre beanspruchen.⁴⁶² Der Schutz vor öffentlicher Kenntnisnahme besteht aber insoweit

---

445 LG Hamburg ZUM 1998, 852, 859.
446 LG Köln ZUM 2013, 157, 158.
447 OLG Köln ZUM 2012, 703, 705; OLG Köln ZUM-RD 2012, 675, 679.
448 LG München I BeckRS 2013, 10565.
449 LG Köln BeckRS 2013, 09435.
450 LG Köln BeckRS 2013, 09435.
451 BVerfG GRUR 2000, 446, 450 – Caroline von Monaco; krit *Teichmann* NJW 2007, 1917, 1917 f, der dafür plädiert, dem Umstand, dass die Belästigung durch Fotografen eine Beeinträchtigung der persönlichen Entfaltungsfreiheit auch und gerade an öffentlich zugänglichen Orten bedeute, mehr Gewicht beizumessen.
452 BVerfG NJW 2000, 2192.
453 BGH GRUR 1996, 923, 926 – Caroline von Monaco II.
454 LG Hamburg ZUM-RD 2008, 75, 76.
455 LG Passau BeckRS 2012, 15490.
456 BGH GRUR 2013, 1065, 1066 – Eisprinzessin Alexandra.
457 BGH ZUM 2012, 140, 141.
458 LG Hamburg ZUM-RD 2008, 75, 76 zu einem Foto einer Kabarettistin, das nach einem Zungenkuss zwischen ihr und Klaus Wowereit in einem Wahlwerbespot verwendet wurde.
459 OLG Karlsruhe ZUM 2006, 571, 572.
460 BGH GRUR 2013, 1063 ff.
461 S Rn 72 ff.
462 BVerfG GRUR 2000, 446, 450 – Caroline von Monaco.

nicht, als sich jemand selbst damit einverstanden erklärt, dass bestimmte, gewöhnlich als privat geltende Angelegenheiten öffentlich gemacht werden, etwa durch **Exklusivverträge mit der Presse**[463] oder den offenen Umgang mit dem Privatleben in der Presse. So hat das LG Berlin[464] die Veröffentlichung eines Fotos, das den Fernsehmoderator Thomas Gottschalk beim Einkaufsbummel in Malibu zeigte, für zulässig gehalten, weil er sich in der Vergangenheit in privaten Situationen hatte abbilden lassen. Auch wenn das schützenswerte Interesse einer Person des öffentlichen Lebens in derartigen Fällen gering ist, ist aber stets zu beachten, dass bereits im Rahmen der Prüfung des § 23 Abs 1 Nr 1 KUG ein hinreichendes Informationsinteresse nach den oben dargestellten Grundsätzen[465] vorliegen muss. Ferner darf auch nicht unberücksichtigt bleiben, wenn ein Prominenter sich nur entschieden hat, den „Hunger" der Presse und die Sensationsgier des Publikums nach Einzelheiten aus dem Privatleben gezielt und in nur begrenztem Maß oder nur in einem Teilbereich zu befriedigen.[466] So hat das LG Köln[467] die Veröffentlichung eines Fotos einer Prominenten beim Verlassen einer Entzugsklinik für zulässig erachtet, weil sie zuvor anderen Medien die Veröffentlichung von Fotos erlaubt hat, die sie mit ihrem Therapeuten zeigten. Zulässig wird eine Berichterstattung dadurch zwar zunächst nur in dem „freigegebenen" Teilbereich. Es sind allerdings durchaus Fälle denkbar, in denen durch die Preisgabe von Informationen auch ein weitergehendes berechtigtes Informationsinteresse geweckt wird.[468]

152   Auch für Privatpersonen gilt: Wer sich freiwillig in die Öffentlichkeit begibt, kann damit ein Interesse an seiner Person begründen. So hat das Kammergericht[469] die Veröffentlichung des Bildes einer Kampfhundebesitzerin bei einem gegen sie geführten Strafverfahren wegen des Bisses eines Kindes für zulässig gehalten, weil sie vorher selbst eine Kampagne gegen die Einschläferung des Hundes mit Fotos von ihr in einer Boulevardzeitung veranlasst hatte.

2. Falscher Aussagegehalt und Schmähung

153 Eine entstellende oder den Ruf des Abgebildeten gefährdende bildliche Darstellung kann ein überwiegendes Interesse des Betroffenen begründen, das der Bildnisveröffentlichung entgegensteht.[470]

154   Auch wenn niemand ein Recht darauf hat, von Dritten nur so wahrgenommen zu werden, wie er sich selbst gerne sehen möchte, besteht doch ein Anspruch darauf, dass ein fotografisch erstelltes Abbild nicht manipulativ so entstellt wird, dass die **Bildaussage unzutreffend** wird. Dabei kommt es nicht darauf an, ob die Veränderungen in guter oder in verletzender Absicht vorgenommen wurden oder ob die Betrachter die Veränderung als vorteilhaft oder nachteilig für den Dargestellten empfinden. Jedenfalls immer dann, wenn die **Verfremdung für den Betrachter nicht erkennbar** ist, wird die regelmäßig mitschwingende Tatsachenbehauptung über die Realität der Abbildung unzutreffend.[471] Eine falsche Aussage kann in der Abbildung des Betroffenen selbst enthalten sein, etwa durch die Bearbeitung seines Gesichts,[472] oder sich aus den

---

463 BVerfG GRUR 2000, 446, 450 – Caroline von Monaco; Wandtke/Bullinger/*Fricke* § 23 KUG Rn 39; aA Wenzel/ von Strobl-Albeg 8. Kap Rn 75.
464 LG Berlin AfP 2007, 257, 259.
465 S Rn 72 ff.
466 So zu Recht Dreier/Schulze/*Dreier* § 23 KUG Rn 31.
467 LG Köln BeckRS 2013, 14301.
468 Ähnl Dreier/Schulze/*Dreier* § 23 KUG Rn 31.
469 KG BeckRS 2013, 02874.
470 Vgl OLG Karlsruhe NJW 1982, 647, 648.
471 BVerfG GRUR 2005, 500, 501 – Satirische Fotomontage.
472 BVerfG GRUR 2005, 500, 501 – Satirische Fotomontage.

Begleitumständen ergeben, etwa durch die Montage weiterer Personen in ein Bild.[473] Unproblematisch sind aber unbedeutende Änderungen, etwa solche, durch die einem Abgebildeten ein Körperteil abgeschnitten wird, beispielsweise nur das Ohrläppchen.[474]

Ist die Verfremdung nicht offensichtlich, ist es dem Bildnisverwerter ohne weiteres zumutbar, das Bildnis – etwa durch den Schriftzug „Fotomontage" – entsprechend zu kennzeichnen.[475] Nach diesen Grundsätzen hat das OLG Hamburg[476] die Veröffentlichung eines satirischen und bearbeiteten Fotos des ehemaligen Telekom-Chefs Ron Sommer für unzulässig gehalten, nachdem der BGH eine bereits der Unterlassungsklage des Abgebildeten stattgebenden Entscheidung des Gerichts zunächst aufgehoben,[477] die Sache dann aber nach einer erfolgreichen Verfassungsbeschwerde[478] wieder an das OLG zurückverwiesen[479] hatte. Die Entscheidung wird wegen der eher geringfügigen Eingriffe in die Originaldarstellung, die das OLG im Detail untersucht, als Sezierung der Abbildung kritisiert, die den Gesamtzusammenhang nicht berücksichtige.[480] Dies zu Unrecht; auch eine geringfügig manipulierte Personenabbildung, die nicht als verändert erkennbar ist, ist nichts anderes als eine falsche Tatsachenbehauptung, die per se unzulässig ist. 155

Die **erkennbare Manipulation** kann als Meinungsäußerung bis zur Grenze der Schmähung zulässig sein.[481] Nur wenn, etwa bei einer nach § 23 Abs 1 Nr 1 KUG grundsätzlich zulässigen Abbildung, nicht mehr die Auseinandersetzung in der Sache, sondern die Herabsetzung einer Person im Vordergrund steht, hat das Interesse des Bildnisverwerters – auch wenn eine die Öffentlichkeit wesentlich berührende Frage thematisiert wird – regelmäßig hinter dem Persönlichkeitsrecht des Betroffenen zurückzutreten.[482] Dabei kann sich die Schmähung sowohl aus dem Bildnis selbst[483] als auch aus dem Zusammenhang mit einer Wortberichterstattung ergeben. 156

Zulässig ist die **satirische Darstellung** einer Person auf einem **Gemälde**, sofern hier, wie regelmäßig, offensichtlich ist, dass es sich bei der Abbildung nicht um eine authentische Wiedergabe einer Person handelt und auch nicht der fälschliche Eindruck entsteht, die gemalte Persönlichkeit habe dem Maler Modell gestanden.[484] Bei einer satirischen Darstellung in Gemäldeform kann es daher nicht darauf ankommen, ob die dargestellte Person in größtmöglichem Umfang verfremdet und damit für den Betrachter nicht mehr erkennbar ist, weil gerade die Erkennbarkeit der abgebildeten Person Voraussetzung dafür ist, dass der Betrachter eine in dem Gemälde liegende Meinungsäußerung erkennen und bewerten kann. Das OLG Dresden[485] hat die Veröffentlichung eines Gemäldes für zulässig gehalten, das eine Politikerin nackt zeigte und sich satirisch mit einem aktuellen, politisch umstrittenen Thema auseinandersetzte. Das LG München I[486] hat einen Unterlassungsanspruch von Jürgen Klinsmann gegen eine Zeitung verneint, die ihn während seiner Zeit als Trainer des FC Bayern München in einer Fotomontage als Gekreuzigten dargestellt hat. Ein Plakat mit einem Foto des Vorstandsvorsitzenden eines großen Chemie-Unternehmens und der Auf- 157

---

473 LG München I ZUM-RD 2003, 489, 490.
474 LG Köln Urt v 27.3.2013 – 28 O 272/12 (unveröffentlicht).
475 LG München I ZUM-RD 2003, 489, 490; vgl auch LG Köln Urt v 27.3.2013 – 28 O 272/12 (unveröffentlicht).
476 OLG Hamburg ZUM-RD 2008, 408.
477 BGH GRUR 2006, 255 ff – Satirische Fotomontage.
478 BVerfG GRUR 2005, 500, 501 – Satirische Fotomontage.
479 BGH GRUR 2004, 590 ff – Satirische Fotomontage.
480 Wandtke/Bullinger/*Fricke* § 23 KUG Rn 42.
481 OLG Karlsruhe AfP 1982, 48.
482 BVerfG NJW 1999, 2358, 2359; BVerfG NJW 1995, 3303, 3307; BVerfG NJW 1991, 95, 96; BGH GRUR 1994, 391, 393 – Alle reden vom Klima; OLG Köln ZUM-RD 2009, 658, 661; OLG Dresden ZUM 2010, 597, 599.
483 Vgl OLG Dresden ZUM 2010, 597, 599.
484 OLG Dresden ZUM 2010, 597, 599.
485 OLG Dresden ZUM 2010, 597, 598 ff.
486 LG München I ZUM-RD 2009, 409, 411.

schrift „Alle reden vom Klima. Wir ruinieren es"; hielt der BGH[487] für zulässig, weil mit dem Plakat nicht in erster Linie eine Anprangerung des Abgebildeten bezweckt wurde, sondern damit zu einer Diskussion über ein die Öffentlichkeit interessierendes Thema angeregt werden sollte. Auch der Umstand, dass mit der Darstellung einer Person beim Publikum ein Lacheffekt erzielt werden soll, führt noch nicht zu einer unzulässigen Schmähung.[488]

3. Gefährdung

158 Stets unzulässig ist eine Veröffentlichung des Bildnisses einer Person dann, wenn dadurch deren **Leib**, **Leben** oder **Gesundheit** ernsthaft gefährdet ist.[489] Zu berücksichtigen ist etwa eine Anschlags- oder Entführungsgefahr bei wohlhabenden Personen,[490] die Gefahr von Gewalt nach einer anprangernden Berichterstattung im Internet,[491] das Risiko einer Gefährdung des Betroffenen wegen dessen Herzkrankheit[492] oder die Gefahr eines Racheaktes gegen einen im Bereich der organisierten Kriminalität ermittelnden Agenten.[493] Insb kann die Gefährdung der Abbildung von Verbrechensopfern und Zeugen entgegenstehen.[494]

4. Werbung

159 Kritisch ist grundsätzlich die Verwendung von Bildnissen ohne Zustimmung des Abgebildeten in der Werbung.[495] Regelmäßig wird es an dem erforderlichen Informationsinteresse der Allgemeinheit fehlen, wenn ein Bild nur den Geschäftsinteressen des werbenden Unternehmens dient,[496] wenn das Bildnis also nur verwendet wird, um den Werbewert der prominenten Persönlichkeit auszunutzen und auf das beworbene Produkt überzuleiten.[497] Insb sollen bekannte Persönlichkeiten davor geschützt sein, dass nicht fälschlicherweise der Eindruck erweckt wird, sie identifizierten sich mit dem beworbenen Produkt oder priesen es an.[498] Die Ausnutzung des Werbewerts kann sich auch ohne den Eindruck des Anpreisens daraus ergeben, dass eine bekannte Person und ein Produkt unmittelbar nebeneinander gestellt werden und dadurch das Interesse der Öffentlichkeit an der Person und deren Beliebtheit auf die Ware übertragen wird.[499] Befriedigt die Werbung hingegen auch ein Informationsinteresse der Öffentlichkeit, kann sie zulässig sein.[500]

---

487 BGH GRUR 1994, 391, 393 – Alle reden vom Klima.
488 LG Nürnberg-Fürth ZUM-RD 2009, 57.
489 OLG München NJW-RR 1990, 1364, 1366; Dreier/Schulze/*Dreier* § 23 KUG Rn 34.
490 OLG Frankfurt AfP 1990, 228, 229.
491 OLG Jena AfP 2001, 78, 79.
492 OLG Frankfurt AfP 1990, 229, 230.
493 OLG München NJW-RR 1990, 1364, 1366.
494 Dreier/Schulze/*Dreier* § 23 KUG Rn 34.
495 Vgl zum Ganzen *Beuthien/Hieke* AfP 2001, 353.
496 BGH GRUR 2010, 546, 547 – Der strauchelnde Liebling; BGH GRUR 2007, 139, 140 – Rücktritt des Finanzministers; BGH GRUR 1956, 427, 428 – Paul Dahlke; BGH GRUR 1992, 557 – Talkmaster-Foto; BGH GRUR 1997, 125, 126 – Künstlerabbildung in CD-Einlegeblatt; BGH GRUR 2000, 715, 717 – Der blaue Engel; BGH GRUR 2002, 690, 691 – Marlene Dieterich.
497 BGH GRUR 2007, 139, 140 – Rücktritt des Finanzministers.
498 BGH GRUR 2007, 139, 141 – Rücktritt des Finanzministers; BGH GRUR 1956, 427, 428 – Paul Dahlke; BGH GRUR 2000, 715, 717 – Der blaue Engel; BGH GRUR 2002, 690, 692 – Marlene Dieterich; BGH NJW-RR 1995, 789f – Chris Revue.
499 BGH GRUR 2009, 1085, 1088 – Wer wird Millionär?
500 BGH GRUR 2010, 546, 547 – Der strauchelnde Liebling; BGH GRUR 2007, 139, 140 – Rücktritt des Finanzministers; BGH GRUR 1956, 427, 428 – Paul Dahlke; BGH GRUR 1992, 557 – Talkmaster-Foto; BGH GRUR 1997, 125, 126 – Künstlerabbildung in CD-Einlegeblatt; BGH GRUR 2000, 715, 717 – Der blaue Engel; BGH GRUR 2002, 690, 691 – Marlene Dieterich.

Je größer der Informationswert für die Öffentlichkeit ist, umso mehr muss das Schutzinte- 160
resse dessen, über den informiert wird, hinter den Informationsbelangen der Öffentlichkeit zurücktreten, während umgekehrt der Schutz der Persönlichkeit des Betroffenen umso schwerer wiegt, je geringer der Informationswert für die Öffentlichkeit ist.[501] Für das Informationsinteresse kann bereits ein inhaltlicher Bezug zu dem beworbenen Produkt genügen. Der BGH hat daher einer Abbildung von Bob Dylan auf einem **CD-Cover** einen hinreichenden Informationswert zugebilligt.[502] Die Abbildung auf einer CD, die ohne seine Zustimmung vertrieben wurde, hat der BGH gleichwohl an einer Interessenabwägung nach § 23 Abs 2 KUG im Einzelfall scheitern lassen, weil der Durchschnittsbetrachter nicht nur eine abstrakte Verbindung zwischen dem Abgebildeten und seiner Musik herstelle, sondern davon ausgehen müsse, der Abgebildete identifiziere sich auch mit dieser konkreten Aufnahme seiner Musiktitel.[503] Kein hinreichendes Informationsinteresse liegt vor bei der Verbreitung von einzelnen **Fußball-Sammelbildern** zum Einkleben in Alben, weil es hier an einer inhaltlichen Auseinandersetzung mit den Abbildungen fehlt und im Rahmen der Interessenabwägung im Übrigen zu berücksichtigen ist, dass die Abgebildeten, deren Werbewert ausgenutzt wird, nicht an ihrer Vermarktung partizipieren.[504] Hier sind die Grenzen jedoch fließend. So hat der BGH[505] die Abbildung eines Fußballspielers in einem **Kalender** im Ergebnis anders beurteilt als die Verwertung von Sammelbildern, und zwar mit der Begründung, der Kalender diene nicht nur als Wandschmuck, sondern werde, wenn ihm ein thematisches Konzept zugrunde liege, auch als Informationsträger zusammengestellt und gekauft. Anders kann es wiederum sein, wenn der Kalender in erster Linie dazu dient, die einzelnen verwendeten Bilder zu vermarkten, etwa durch Gestaltung der einzelnen Bilder als Postkarten, die dann einzeln herausgetrennt werden können.[506] Ein überwiegendes Informationsinteresse hat das OLG Frankfurt für die Abbildung des Tennisspielers Boris Becker auf einem **Tennislehrbuch** angenommen, weil sich das Lehrbuch inhaltlich mit der Schlagtechnik Beckers auseinandersetzte.[507] Zweifelhaft ist, ob es für das Informationsinteresse schon genügen kann, wenn ein Foto einen prominenten Sportler in der Werbung neben einem anderen, weniger prominenten, Sportler zeigt, der seinerseits bewusst als Werbeträger fungiert, wenn sich die Information der gemeinsamen Abbildung darauf beschränkt, die Bedeutung des werbenden Sportlers zu verdeutlichen.[508] Kein hinreichender Informationswert liegt vor, wenn ein Elektronikmarkt eine bekannte Schauspielerin in einer Rolle auf einem in einem **Prospekt** beworbenen TV-Gerät ohne ihre Zustimmung abbildet.[509]

Auf dem **Titelblatt** eines Presseerzeugnisses darf mit dem Bildnis einer prominenten Person 161
geworben werden, wenn das Presseerzeugnis eine dem Schutz der Pressefreiheit unterliegende Berichterstattung über diese Person enthält.[510] Dies gilt auch für **Kundenzeitschriften**, die Unternehmen in erster Linie zu Werbezwecken herausgeben, so lange diese auch einen redaktionellen Inhalt mit Bezug zu dem Bildnis haben.[511] Zulässig ist auch die Abbildung eines Schauspielers auf dem Cover eines Nachschlagewerkes, in dem sich im Innern Angaben über seine

---

501 BGH GRUR 2009, 1085, 1087 – Wer wird Millionär?
502 BGH GRUR 1997, 125, 127 – Künstlerabbildung in CD-Einlegeblatt.
503 BGH GRUR 1997, 125, 127 – Künstlerabbildung in CD-Einlegeblatt.
504 BGH GRUR 1968, 652, 653 – Ligaspieler.
505 BGH GRUR 1979, 425, 427 – Fußballspieler.
506 BGH GRUR 1979, 425, 427 – Fußballspieler.
507 OLG Frankfurt NJW 1989, 402, 403 – Boris Becker.
508 So aber OLG Düsseldorf GRUR-RR 2003, 1 – Jan Ullrich.
509 LG Köln ZUM-RD 2013, 340, 343.
510 BGH NJW-RR 1995, 789 – Chris Revue.
511 BGH NJW-RR 1995, 789 – Chris Revue.

biographischen Daten befinden.[512] Beschränkt sich der die Bildveröffentlichung begleitende Bericht aber darauf, einen beliebigen Anlass für die Abbildung prominenter Personen zu schaffen, genügt dies nicht.[513] Der BGH hat etwa die Abbildung des Moderators Günther Jauch auf dem Titelblatt einer Rätselzeitschrift als unzulässig beurteilt, weil sich die mitgeteilte Information hier auf die Bildunterschrift „*Günther Jauch* zeigt mit ‚Wer wird Millionär?', wie spannend Quiz sein kann" beschränkte.

162   Zulässig ist es grundsätzlich, wenn das Titelblatt einer Zeitung oder Zeitschrift, auf der zulässigerweise eine prominente Person abgebildet ist, in einer Werbeanzeige abgedruckt wird. Denn dadurch entsteht nicht der Eindruck, der Abgebildete identifiziere sich mit der beworbenen Zeitung.[514] Anders ist es aber, wenn die abgebildete Ausgabe mit einem mit nur einer knappen Schlagzeile ohne eigenen Informationsgehalt angekündigten Bericht, auf den sich ein Bildnis bezieht, nie erscheint, sondern nur zu Zwecken der Werbung zusammengestellt worden ist.[515] Allerdings ist es vom Schutz der Pressefreiheit umfasst, dass eine Zeitung vor ihrem **ersten Erscheinen** mit einer beispielhaften Titelseite einer so genannten Nullnummer, die auch Fotos enthält, werben kann. Denn es wäre einem Verlag, der für eine künftig erscheinende Zeitung in zulässiger Weise mit der Abbildung einer beispielhaften Titelseite wirbt, nicht zumutbar, wenn er verpflichtet wäre, Beiträge zu Themen zu veröffentlichen, die zum Zeitpunkt des Beginns der Werbekampagne aktuell waren, zum Zeitpunkt des Erscheinens der Erstausgabe aber möglicherweise überholt sind.[516] Der BGH[517] hat daher die Werbung mit einem fiktiven Titelblatt der Frankfurter Allgemeinen Sonntagszeitung mit einem Bildnis von Boris Becker vor ihrem ersten Erscheinen für zulässig gehalten, nicht jedoch mehr nach dem Erscheinen der ersten Ausgabe, weil ab diesem Zeitpunkt nach Auffassung des Gerichts mit einer tatsächlich erschienenen Ausgabe hätte geworben werden können. Ebenso zulässig war eine Abbildung von Günther Jauch auf der Titelseite einer geplanten aber letztlich nie verwirklichten Zeitschrift mit dem Titel „Markt&Leute".[518] Ist ein Titelblatt hingegen erschienen, darf auch nach einem Jahr damit noch geworben werden.[519]

163   Zu berücksichtigen ist schließlich auch, dass auch die Abbildung zu Werbezwecken den Schutz des Art 5 Abs 1 GG genießen kann, wenn sie eine **Meinung transportiert**.[520] Der BGH[521] hat aus diesem Grund die Werbeanzeige eines Autovermieters, in der ein Foto des kurz zuvor zurückgetretenen Finanzministers mit dem Text abgebildet war „S verleast auch Autos für Mitarbeiter in der Probezeit." für zulässig erachtet und ausgeführt, die Anzeige vergleiche die kurze Amtszeit des Abgebildeten satirisch mit der Probezeit eines Arbeitsverhältnisses, während andererseits nicht der Eindruck entstehe, der Abgebildete empfehle das angepriesene Produkt. Hier ist aber Zurückhaltung geboten. Sind private Angelegenheiten des Abgebildeten betroffen, dürfe die Interessenabwägung regelmäßig zu seinen Gunsten ausgehen, etwa wenn eine Seitensprungagentur sich satirisch mit einer Verfehlung eins Politikers auseinandersetzt oder ein Autovermieter auf seine „verrückten" Preise unter Nutzung eines Fotos eines verurteilten Straftäters verweist, der möglicherweise zu Unrecht mehrere Jahre in der Psychiatrie verbracht hat.[522]

---

512 LG München I ZUM-RD 2010, 490f.
513 BGH GRUR 2009, 1085, 1087 – Wer wird Millionär?; vgl dazu *Hölk* WRP 2009, 1201ff.
514 BGH GRUR 2010, 546, 547 – Der strauchelnde Liebling.
515 BGH GRUR 2010, 546, 548 – Der strauchelnde Liebling.
516 BGH Urt v 18.11.2010 Az I ZR 119/08 – Markt&Leute (noch unveröffentlicht).
517 BGH GRUR 2010, 546, 549 – Der strauchelnde Liebling.
518 BGH Urt v 18.11.2010 Az I ZR 119/08 – Markt&Leute (noch unveröffentlicht).
519 OLG Köln Urt v 22.1.2011 – 15 U 133/10 (unveröffentlicht).
520 BVerfG GRUR 2001, 170, 172 – Benetton-Werbung; BGH GRUR 2002, 690, 691 – Marlene Dietrich.
521 BGH GRUR 2007, 139, 141 – Rücktritt des Finanzministers; vgl dazu *Balthasar* NJW 2007, 689; *Ladeur* ZUM 2007, 111.
522 Es handelt sich um tatsächliche Fälle, in denen es aber nicht zu einem Gerichtsverfahren gekommen ist.

§ 7
Sachaufnahmen

Auf die Verwertung von Sachaufnahmen sind die §§ 22, 23 KUG weder direkt noch – mangels vergleichbarer Interessenlage – analog anwendbar. Sachaufnahmen sind danach grundsätzlich zulässig. Der BGH hat in der Entscheidung „Friesenhaus"[523] auch Versuchen, das Verbreiten von Sachaufnahmen unter Hinweis auf einen Eingriff in das Eigentum untersagen zu lassen, eine Absage erteilt. Dies gilt jedenfalls dann, wenn ein Gebäude von einem allgemein zugänglichen Punkt aus fotografiert wird,[524] weil das Fotografieren weder die Nutzung noch die Verfügungsbefugnis durch den Eigentümer beeinträchtigt.[525] Zulässig ist auch eine gewerbliche Verwertung des Bildnisses eines Gebäudes; dies folgt auch aus der Wertung des § 59 UrhG. Einschränkungen können sich allenfalls aus dem Wettbewerbsrecht, dem Recht am eingerichteten und ausgeübten Gewerbebetrieb und dem allgemeinen Persönlichkeitsrecht ergeben.[526] **164**

Eine **Persönlichkeitsverletzung** hat der BGH etwa angenommen, wenn durch die Veröffentlichung der falsche Eindruck erweckt wird, der Eigentümer habe sich an einer Werbekampagne beteiligt.[527] Ferner kann ein Anspruch bestehen, wenn durch die Veröffentlichung eines Gebäudefotos gemeinsam mit dem Namen eines prominenten Bewohners in dessen Privatsphäre eingegriffen wird oder wenn ein Sichtschutz mit Hilfsmitteln wie Teleobjektiv, Leiter oder Flugzeug überwunden wird.[528] Unzulässig kann insb auch die Veröffentlichung im Zusammenhang mit einer **Wegbeschreibung** sein.[529] Ob auch der **Wohnort** genannt werden darf, hängt davon ab, wie groß der Ort ist und wie weit sich daraus Schlüsse ziehen lassen, die zu einer Beeinträchtigung des Wohnorts als Rückzugsstätte führen. Für unzulässig hat die Rechtsprechung den Hinweis auf den Wohnort „Potsdam"[530] gehalten, für zulässig den Hinweis auf Berlin[531] oder Köln.[532] **165**

Auch **Innenaufnahmen** aus Häusern oder Wohnungen dürfen wegen des Eingriffs in die Privatsphäre des Bewohners nicht veröffentlicht werden.[533] Wer allerdings selbst in großem Umfang Einblicke in seine Privatsphäre gewährt, hat auch eine weitergehende Berichterstattung in größerem Maße zu erdulden als derjenige, der sein Privatleben vor der Öffentlichkeit verborgen hält.[534] Auch **Innenaufnahmen von Geschäftsräumen durch Wettbewerber** sind grundsätzlich nicht zulässig.[535] **166**

Die **gewerbliche Nutzung** von Fotos, die von **nicht allgemein zugänglichen Orten** aufgenommen sind, ist grundsätzlich unzulässig. Der BGH[536] hat etwa den Vertrieb von Ansichtskarten mit Außenansichten des Schlosses Tegel, das von der Straße nicht sichtbar war, als Eigentumsverletzung (§§ 903, 1004 BGB) untersagt und ausgeführt, der Eigentümer habe die **167**

---

523 BGH GRUR 1990, 390.
524 BGH GRUR 2004, 438, 440 – Feriendomizil I.
525 BGH GRUR 1990, 390 – Friesenhaus.
526 BGH GRUR 1990, 391 – Friesenhaus.
527 BGH GRUR 1971, 417 f – Haus auf Teneriffa.
528 BGH GRUR 2004, 438, 440 – Feriendomizil I.
529 BGH GRUR 2004, 438, 440 – Feriendomizil I.
530 KG NJW 2005, 2320, 2322.
531 KG AfP 2006, 564.
532 OLG Hamburg AfP 2006, 182.
533 BGH GRUR 2004, 438, 441 – Feriendomizil I.
534 BGH GRUR 2004, 438, 441 – Feriendomizil I.
535 Wenzel/*von Strobl-Albeg* 7. Kap Rn 91.
536 BGH GRUR 1975, 500, 501 – Schloss Tegel.

rechtliche und tatsächliche Macht, über die gewerbliche Nutzung des Gebäudes zu entscheiden; zwar habe die Öffentlichkeit ein schützenswertes Interesse, künstlerisch oder sonst bedeutsame Bauten kennenzulernen, dies führe aber nur dann dazu, dass der Eigentümer die Verbreitung von Aufnahmen Dritter dulden müsse, wenn er diese Aufgabe selbst nicht wahrnehme.

168 Aber auch dann, wenn der Grundstückseigentümer den **Zugang zu privaten Zwecken gestattet** hat, entscheidet er allein über die kommerzielle Verwertung der von seinem Grundstück aus angefertigten Fotografien seiner Bauwerke und Gartenanlagen.[537] So hat der BGH die kommerzielle Verbreitung von Aufnahmen der Preußischen Schlösser und Gärten entgegen einer Regelung in der Benutzungssatzung ohne die erforderliche Genehmigung der Eigentümerstiftung als unzulässig angesehen. Zum gegenteiligen Ergebnis ist noch das OLG Brandenburg[538] gekommen, das ausgeführt hat, die Stiftung sei nicht wie ein Privateigentümer zu behandeln, sondern an den Stiftungszweck gebunden; der Stiftung sei das Eigentum an den Parkanlagen und Schlössern von den Ländern Berlin und Brandenburg gerade auch deshalb übertragen worden, damit sie der Öffentlichkeit zugänglich gemacht würden.

169 Ein **Fotografierverbot** muss nicht ausdrücklich ausgesprochen werden. Vielmehr darf ein Besucher eines befriedeten Besitztums grundsätzlich nicht damit rechnen, dass der Eigentümer gewillt sei, jedermann eine solche Auswertung ohne Entgelt zu gestatten.[539]

§ 8
Ansprüche bei Verletzungen

170 Wird ein Bildnis unter Verstoß gegen die §§ 22, 23 KUG verbreitet oder zur Schau gestellt, kommen grundsätzlich dieselben Ansprüche wie bei einer Persönlichkeitsverletzung durch eine Wortberichterstattung in Betracht,[540] insb Ansprüche auf Unterlassung, Auskunft, Schadensersatz und Geldentschädigung. Daneben sind auch Ansprüche auf Veröffentlichung einer Gegendarstellung oder Berichtigung denkbar. Schließlich kann ein Anspruch auf Herausgabe oder Vernichtung der vorhandenen Bildnisse bestehen.

I. Anspruchinhaber

171 Ansprüche bei widerrechtlichen Bildnisveröffentlichungen stehen zunächst dem Abgebildeten oder nach seinem Tod seinen Angehörigen und Erben zu.

172 Während die **ideellen Bestandteile** des Persönlichkeitsrechts **unverzichtbar**, unveräußerlich und nicht übertragbar sind,[541] kommt eine **Übertragbarkeit** der **kommerziellen Bestandteile** des Persönlichkeitsrechts in Betracht. Während der BGH in der Entscheidung „Marlene Dietrich"[542] von einer Vererblichkeit der vermögenswerten Bestandteile des Persönlichkeitsrechts ausgegangen ist, hat er die Frage, ob eine Übertragung unter Lebenden möglich ist, bisher ausdrücklich offen gelassen. Immerhin hat der BGH[543] einer **Verwertungsgesellschaft**, der

---

537 BGH GRUR 2013, 623 ff m krit Anm *Elmenhorst*; GRUR 2011, 321 ff.
538 OLG Brandenburg BeckRS 2010, 04077.
539 BGH GRUR 1975, 500, 502 – Schloss Tegel.
540 S oben Kap 2.
541 Dreier/Schulze/*Dreier* § 22 KUG Rn 37.
542 BGH GRUR 2000, 709, 712.
543 BGH GRUR 1987, 128 f – Nena.

die Sängerin Nena das Recht am eigenen Bild exklusiv übertragen hatte, einen **Bereicherungsanspruch** gegen einen Dritten, der die Bilder genutzt hatte, mit dem Argument zugesprochen, da Ansprüche aus Veröffentlichungen der Bilder von Nena ausschließlich der Verwertungsgesellschaft zustehen sollten, sei der Verletzter auf ihre Kosten bereichert.

Die Frage, ob auch eine Übertragung mit der Wirkung möglich ist, dass Dritte etwa auch **Unterlassungsansprüche** geltend machen können, ist damit nicht entschieden. In der Literatur wird die Übertragbarkeit vielfach mit Hinweis auf die höchstpersönliche Natur des Persönlichkeitsrechts verneint;[544] das Persönlichkeitsrecht könne seinen Träger nicht in die Lage versetzen, sich zu kommerziellen Zwecken persönlichkeitsrechtlich geschützter Bestandteile zugunsten einzelner Vertragspartner zu begeben und damit zugleich die Öffentlichkeit von der Wahrnehmung eben dieser Bestandteile auszuschließen.[545] Mit dieser Argumentation wird indes jegliche kommerzielle Verwertung des Rechts am eigenen Bild und damit auch die fiktive Lizenzgebühr bei seiner Verletzung in Frage gestellt. Der BGH führt in der Entscheidung „Marlene Dietrich"[546] zu Recht aus, die Persönlichkeitsrechte sollten die allein dem Berechtigten zustehende freie Entscheidung darüber schützen, ob und unter welchen Voraussetzungen sein Bildnis oder sein Name den Geschäftsinteressen Dritter dienstbar gemacht werde. Es kann dabei keinen entscheidenden Unterschied machen, ob der Abgebildete selbst seine Rechte in der Weise wahrnimmt, dass er bestimmten Dritten, etwa einer Boulevardzeitung, die Nutzung seines Bildes gestattet und andere davon ausschließt, oder ob er eine derartige Vermarktung einer Verwertungsgesellschaft oder seiner Agentur überlässt.[547]

173

Ansprüche auf Veröffentlichung einer **Gegendarstellung** oder **Berichtigung** oder **Zahlung einer Geldentschädigung** können Dritte mangels Übertragbarkeit der ideellen Bestandteile des Persönlichkeitsrechts indes nicht geltend machen.

174

II. Die einzelnen Ansprüche

1. Unterlassung

Für den Unterlassungsanspruch gelten zunächst die allgemeinen Ausführungen zu den presserechtlichen Ansprüchen.[548] Besonderheiten ergeben sich bei der Frage, wann eine Erstbegehungsgefahr oder eine Wiederholungsgefahr besteht, bei der Rechtswidrigkeit der Verletzung sowie im Hinblick auf den Umfang des Anspruchs.

175

a) Erstbegehungs- oder Wiederholungsgefahr. Eine **Erstbegehungsgefahr** setzt voraus, dass ernsthafte und greifbare tatsächliche Anhaltspunkte dafür vorhanden sind, der Anspruchsgegner werde sich in naher Zukunft rechtswidrig verhalten.[549] Die bloß theoretische Möglichkeit der Begehung genügt nicht.[550] Eine Erstbegehungsgefahr besteht insb, wenn sich jemand des Rechts berühmt, bestimmte Handlungen vornehmen zu dürfen.[551]

176

Die bloße Recherche begründet grundsätzlich noch keine Erstbegehungsgefahr.[552] Etwas anderes gilt nur, wenn feststeht, dass eine – geplante – Veröffentlichung von Abbildungen ge-

177

---

544 Von Gamm Rn 109; Helle AfP 1985, 93, 99.
545 Wandtke/Bullinger/Fricke § 22 KUG Rn 12.
546 BGH GRUR 2000, 709, 712.
547 Für eine Übertragbarkeit auch Ernst-Moll GRUR 1996, 558, 561.
548 S oben Kap 2 Rn 3 ff.
549 BGH ZUM-RD 2002, 59, 61; GRUR 1992, 318, 319 – Jubiläumsverkauf; BGH GRUR 1999, 1097, 1099 – Preissturz ohne Ende.
550 OLG Frankfurt ZUM-RD 2008, 128, 130.
551 BGH ZUM-RD 2002, 59, 61; BGH GRUR 1987, 125, 126 – Berühmung.
552 LG Essen ZUM-RD 2006, 183, 184.

gen das Persönlichkeitsrecht der abgebildeten Personen verstößt.[553] Regelmäßig wird aber die Rechtsverletzung durch eine Bildnis*veröffentlichung* noch nicht mit dem **Anfertigen eines Bildnisses** drohen,[554] so dass dann nach dem Anfertigen zunächst nur wegen bestehender Wiederholungsgefahr ein Anspruch auf Unterlassung der Herstellung bestehen mag, nicht aber auf Unterlassung der Verwertung. Vielmehr sind greifbare Anhaltspunkte für eine widerrechtliche Veröffentlichung erforderlich, während mit dem Anfertigen der Aufnahmen zumeist noch gar nicht feststeht, ob eine spätere Veröffentlichung unzulässig ist.[555] Dies ist davon abhängig, in welchem thematischen Zusammenhang ein Bild veröffentlicht wird, ob eine Unkenntlichmachung durch einen schwarzen Balken oder eine Verpixelung erfolgt oder ob ein Ausnahmetatbestand des § 23 KUG eingreift.[556] In diesem Stadium der Recherche einen Unterlassungsanspruch anzunehmen, würde regelmäßig erheblich in die Arbeit der Medien eingreifen und damit die Presse- und Rundfunkfreiheit ohne Not einschränken.[557]

178   Auch für das Bestehen einer **Wiederholungsgefahr** gelten die allgemeinen Grundsätze. Die bei einer Verletzung vermutete Wiederholungsgefahr ist danach nur in Ausnahmefällen ausgeschlossen. Dies kann insb der Fall sein bei veränderten Umständen,[558] etwa, wenn sich der von der Berichterstattung Betroffene nach der Veröffentlichung des streitigen Fotos selbst derart in der Öffentlichkeit präsentiert, dass zumindest ab diesem Zeitpunkt das Berichterstattungsinteresse überwiegt.[559] So hat der BGH[560] die Wiederholungsgefahr im Hinblick auf die Veröffentlichung eines kontextneutralen Fotos der neuen Lebenspartnerin des früheren Ehemannes von Uschi Glas trotz der möglichen Unzulässigkeit der Erstveröffentlichung mit dem Argument verneint, die Abgebildete habe sich selbst nach der beanstandeten Bildnisverwertung derart in die Öffentlichkeit begeben, dass eine weitere Veröffentlichung nicht unzulässig sei.

179   **b) Rechtswidrigkeit.** Da der Unterlassungsanspruch ein Verschulden nicht voraussetzt, kommt der Rechtswidrigkeit der Veröffentlichung besondere Bedeutung zu. Im Bereich der Wortberichterstattung geht die Rechtsprechung im Rahmen der nach Art 5 Abs 1 GG und § 193 StGB vorzunehmenden Güterabwägung davon aus, dass eine zumindest nicht als Unwahr erwiesene Berichterstattung so lange nicht untersagt werden darf, als derjenige, der sie aufstellt oder verbreitet, sie zur Wahrnehmung berechtigter Interessen für erforderlich halten darf.[561] Dies ist insb der Fall bei Einhaltung der pressemäßigen Sorgfalt.[562]

180   Auch im Bereich des Bildnisschutzes stellt sich nicht selten die Frage, ob es den Ansprüchen eines ohne Einwilligung Abgebildeten entgegensteht, wenn der Bildnisverwerter von einer Einwilligung ausgehen konnte. Der BGH diskutiert in der Entscheidung „Hochzeitsbild"[563] die Frage, ob ein Bildnisverwerter bei der Prüfung der Einwilligung Sorgfaltspflichten verletzt hat, beim Verschuldenserfordernis. Da die Frage aber auch beim verschuldensunabhängigen Unterlassungsanspruch eine Rolle spielt, sollte sie in Anlehnung an die Rechtsprechung zur pressemäßigen Sorgfalt indes als Voraussetzung der Rechtswidrigkeit behandelt werden.[564] Im Rahmen der

---

553 OLG Celle AfP 1984, 236.
554 LG Essen ZUM-RD 2006, 183, 184.
555 Vgl BGH NJW 1998, 2141, 2144.
556 LG Essen ZUM-RD 2006, 183, 184.
557 Ähnl LG Essen ZUM-RD 2006, 183, 184; Wandtke/Bullinger/*Fricke* § 22 KUG Rn 23.
558 BGH GRUR 2005, 76, 78 – „Rivalin" von Uschi Glas.
559 BGH GRUR 2005, 76, 78 – „Rivalin" von Uschi Glas.
560 BGH GRUR 2005, 76, 78 – „Rivalin" von Uschi Glas.
561 BGH GRUR 1997, 396, 399 – Polizeichef.
562 S oben Teil 1 Kap 3 Rn 18 ff.
563 BGH GRUR 1962, 211, 214.
564 So im Ergebnis auch LG Hamburg ZUM-RD 2007, 425, 426.

Rechtswidrigkeitsprüfung ist demnach auch hier danach zu fragen, ob derjenige, der ein Bildnis verbreitet oder öffentlich zur Schau gestellt hat, weil er hinreichende Nachforschungen im Hinblick auf die Einwilligung angestellt hat, in Wahrnehmung berechtigter Interessen analog § 193 StGB gehandelt hat.

Was den **Sorgfaltsmaßstab** angeht, so haben sich sowohl die Medien als auch Werbeagenturen und Verlage nicht nur der Einwilligung zu vergewissern, sondern auch zu prüfen, ob die Einwilligung auch die geplante Veröffentlichung deckt.[565] Eine nähere Prüfung ist vor allem dann erforderlich, wenn die Fotos nicht unmittelbar von dem Abgebildeten, sondern von einem Dritten überlassen wurden.[566] 181

Auch wenn grundsätzlich Fälle denkbar sind, in denen eine Einwilligung zwar nicht vorlag, in denen der Bildnisverwerter berechtigterweise aber von einer Einwilligung ausgehen durfte, ist mit pauschalen Ausnahmen von der **strengen Prüfungspflicht** angesichts des hohen Rechtsgutes des Persönlichkeitsschutzes Zurückhaltung geboten. Der BGH setzt sich bereits in der Entscheidung „Wie uns die anderen sehen"[567] mit der Argumentation eines Zeitschriftenverlages auseinander, sein Betrieb habe einen derartigen Umfang angenommen, dass ihm eine Kontrolle der zu veröffentlichenden Bildnisse nicht mehr möglich sei. Er weist zu Recht darauf hin, dass in diesem Fall ein Organisationsfehler darin zu sehen sei, dass die Kontrollmöglichkeiten dem vergrößerten Geschäftsumfang nicht angepasst worden seien. 182

Bildagenturen haften allerdings nach Auffassung des BGH[568] nicht für die widerrechtliche Fotoveröffentlichung ihrer Abnehmer. Der BGH geht davon aus, dass eine Prüfungspflicht die Agenturen überfordern würde. Dieses Argument ist indes zweifelhaft, denn zum einen geht es in vielen derartigen Streitfällen um Personen der Zeitgeschichte, bei denen sich die Prüfung der Einwilligung möglicherweise erübrigt, zum anderen muss die Bildagentur nicht zwangsläufig auch dann haften, wenn etwa das Foto, für dessen Veröffentlichung eine Einwilligung grundsätzlich vorlag, in ehrrührigem Kontext veröffentlicht wird, der von der Einwilligung nicht erfasst ist. Entgegen dem BGH spricht damit viel dafür, zumindest bei nicht prominenten Personen eine Prüfung der Einwilligung zu verlangen. Jedenfalls darf eine Bildagentur Fotos nicht ohne Einwilligung in einem frei im Internet zugänglichen Archiv veröffentlichen. Auch können sich **Fotografen** nicht auf die Rechtsprechung des BGH zu den Bildagenturen berufen.[569] 183

War die Bildnisverwertung ausnahmsweise rechtmäßig, obwohl weder eine Einwilligung vorlag noch ein Erlaubnistatbestand des § 23 Abs 1 KUG eingreift, bedeutet dies nicht, dass auch künftige Veröffentlichungen zulässig sind. Es besteht dann mangels Erstverletzung aber keine Wiederholungsgefahr. Bestehen Anhaltspunkte, dass das Bildnis erneut veröffentlicht werden soll, auch nachdem dem Bildnisverwerter die fehlende Einwilligung bekannt ist, kann wegen der dadurch entstehenden Erstbegehungsgefahr ein vorbeugender Unterlassungsanspruch bestehen.[570] 184

c) Konkrete Verletzungsform. Der Unterlassungsanspruch bezieht sich auf die konkrete Verletzungsform. Eine abstrakte Antragsfassung verbietet sich im Bereich des Bildnisschutzes – anders als etwa im Wettbewerbsrecht – regelmäßig deshalb, weil die Unzulässigkeit der Veröffentlichung zumeist nur anhand der konkreten Gesamtumstände beurteilt werden kann.[571] Eine 185

---

565 Dreier/Schulze/*Dreier* § 22 KUG Rn 38; vgl zur Sorgfaltspflicht eines Zeitungsverlages auch BGH GRUR 1962, 211, 214 – Hochzeitsbild; OLG Frankfurt ZUM-RD 2009, 314, 317.
566 BGH GRUR 1965, 495, 496 – Wie uns die anderen sehen.
567 BGH GRUR 1965, 495, 496.
568 BGH GRUR 2011, 266, 268 – Jahrhundertmörder.
569 OLG Köln ZUM-RD 2012, 675, 680.
570 S oben Kap 2 Rn 13 ff.
571 BGH GRUR 2008, 446, 447 – „kerngleiche" Berichterstattung; BGH GRUR 2004, 592, 593 – Charlotte Casiraghi.

kerngleiche Verletzungshandlung kann hier regelmäßig nicht mit verboten werden. Anders kann es sein, wenn ein Bild einer Serie veröffentlicht wird; hieraus kann sich eine Erstbegehungsgefahr im Hinblick auf andere Bilder der Serie ergeben.[572] Regelmäßig kann aber nicht einmal die erneute Veröffentlichung eines bestimmten Bildes generell verboten werden, weil sie sich in einem anderen Kontext als zulässig erweisen könnte.[573] Denn die erforderliche Interessenabwägung kann nicht in Bezug auf Bilder vorgenommen werden, die noch gar nicht bekannt sind und bei denen insb offen bleibt, in welchem Kontext sie veröffentlicht werden, weil die Möglichkeiten derart vielgestaltig sind, dass sie auch mit einer vorbeugenden Unterlassungsklage selbst dann nicht erfasst werden können, wenn man diese auf „kerngleiche" Verletzungshandlungen beschränken wollte.[574] Möglich soll es nach Auffassung des Kammgerichts[575] allerdings sein, eine erneute Veröffentlichung eines Bildes mit einer kerngleichen Wortberichterstattung zu verbieten.

186 Die dargestellten Grundsätze können im Einzelfall dazu führen, dass die Wiederholungsgefahr daran scheitert, dass ein aktueller Berichterstattungsanlass weggefallen ist, während eine Erstbegehungsgefahr mangels Möglichkeit der Beurteilung künftiger Veröffentlichungen in anderem Zusammenhang nicht besteht, so dass trotz einer widerrechtlichen Bildnisveröffentlichung Unterlassungsansprüche ausgeschlossen sein können.

2. Gegendarstellung und Richtigstellung

187 Ein Anspruch auf Abdruck einer **Gegendarstellung**[576] wird bei einer unzulässigen Bildnisveröffentlichung nur selten in Betracht kommen, nämlich dann, wenn mit der Verbreitung eines Bildnisses eine unzutreffende Tatsachenbehauptung verbunden ist,[577] etwa durch eine Bildverwechslung,[578] eine irreführende Aussage durch die Kombination von Bildnis und Begleittext[579] oder eine nicht erkennbare Fotomontage.[580]

188 Bei einem unzutreffenden Aussagegehalt einer Bildnisveröffentlichung kann, wenn die sonstigen Voraussetzungen des Anspruchs vorliegen,[581] auch ein **Berichtigungsanspruch** bestehen.[582]

189 Berichtigung und Gegendarstellung sind, wenn der unzutreffende Eindruck damit ausgeräumt werden kann, als Text abzufassen. Nur wenn die Textveröffentlichung hierfür nicht ausreichend ist, kann ausnahmsweise ein Anspruch auf eine Veröffentlichung eines Bildes bestehen.[583]

3. Auskunft

190 Ist ein Anspruch des zu Unrecht Abgebildeten auf Schadensersatz, Herausgabe einer ungerechtfertigten Bereicherung oder Geldentschädigung denkbar, können dem Verletzten Auskunftsan-

---

572 OLG Hamburg AfP 1997, 535.
573 BGH GRUR 2008, 446, 447 – „kerngleiche" Berichterstattung.
574 BGH GRUR 2008, 446, 447 – „kerngleiche" Berichterstattung; BGH GRUR 2004, 592, 593 – Charlotte Casiraghi.
575 KG BeckRS 2010, 21129 unter Hinweis darauf, dass der BGH (GRUR 2010, 1029) in einem *obiter dictum* ausgeführt habe, diese Auffassung des KG entspreche der Rspr des BGH (GRUR 2009, 1091) zum vorbeugenden Unterlassungsanspruch.
576 Vgl im Einzelnen oben Kap 2 Rn 32 ff.
577 LG München I ZUM-RD 2003, 489, 490.
578 Wandtke/Bullinger/*Fricke* § 22 KUG Rn 25.
579 OLG München ZUM 1996, 160, 161.
580 LG München I ZUM-RD 2003, 489, 490.
581 S Kap 2 Rn 136 ff.
582 OLG München ZUM 1996, 160, 161.
583 OLG Hamburg AfP 1984, 115, 116.

sprüche zustehen. Es muss ausreichen, dass ein derartiger Anspruch möglich ist, auch wenn dies unter Umständen erst nach Erteilung der Auskünfte abschließend feststeht.

Der Anspruch ergibt sich als Hilfsanspruch[584] aus Treu und Glauben.[585] Voraussetzung ist, dass eine Rechtsverletzung vorliegt, die Auskunft zur Rechtsverfolgung erforderlich ist und vom Verletzer unschwer erteilt werden kann.[586] Erforderlich ist die Auskunftserteilung nur dann, wenn der Verletzte in entschuldbarer Weise nicht über hinreichende Informationen zur Bezifferung des Anspruchs verfügt.[587] 191

Ein Auskunftsanspruch kann im Einzelfall **ausgeschlossen** sein, wenn die Erteilung der Auskünfte **unverhältnismäßig** wäre. Dies hat das LG München I[588] etwa in einem Fall angenommen, in dem die Auflage einer Zeitung durch eine widerrechtliche Bildnisveröffentlichung offensichtlich nicht gesteigert worden war und eine Auskunftserteilung über die Umsätze eines Tages, die von dem Verleger nicht getrennt erfasst wurden, nur mit einem Aufwand möglich gewesen wäre, der zu dem unter Umständen entstandenen Schaden in keinem Verhältnis stand. 192

Der Anspruch erstreckt sich auf die Mitteilung der Verbreitungsart, des Verbreitungsgebietes und der Auflage, bei Werbeveröffentlichungen auch auf Mitteilung aller Werbeträger, ihrer Auflage, Verbreitung und Größe des Abdrucks, den Zeitpunkt und die Dauer der Veröffentlichung und die mit der Werbung verbundenen Kosten,[589] die der Verletzte zur Bezifferung des Anspruchs möglicherweise gegenrechnen muss. 193

4. Schadensersatz und Herausgabe einer Bereicherung

Wie auch im Bereich der Verletzung des geistigen Eigentums gibt es im Bereich des Bildnisschutzes für den Geschädigten die Wahl zwischen drei Berechnungsmöglichkeiten für den Schaqdensersatz: den Ersatz des konkreten Schadens, die Abschöpfung des durch die Veröffentlichung vom Verletzer erzielten Gewinnes sowie die Zahlung einer fiktiven Lizenzgebühr.[590] 194

Anspruchsgrundlage kann sowohl § 823 Abs 1 BGB iVm Art 1 Abs 1, Art 2 Abs 1 GG wegen der Verletzung des Allgemeinen Persönlichkeitsrechts als absolutes Recht[591] als auch § 823 Abs 2 BGB iVm § 22 KUG als Schutzgesetz sein.[592] Der Anspruch auf Zahlung einer fiktiven Lizenzgebühr ergibt sich regelmäßig daneben auch aus § 812 Abs 1 S 1 Alt 1 BGB.[593] Die Anspruchsvoraussetzungen sind hier bis auf den Unterschied, dass der Anspruch aus ungerechtfertigter Bereicherung kein Verschulden voraussetzt, im Wesentlichen identisch. 195

Der **konkrete Schaden** durch eine Bildnisveröffentlichung wird sich meist nicht darlegen lassen. Auch der **Gewinn**, den etwa ein Zeitungsverlag gerade durch ein in einer Ausgabe enthaltenes Bild erwirtschaftet hat, wird sich nur selten beziffern lassen. Die praktisch bedeutsamste Art der Schadensberechnung ist daher die **Lizenzanalogie**. Der Abgebildete kann danach das Honorar ersetzt verlangen, von dem er die Erlaubniserteilung hätte abhängig machen können.[594] 196

---

584 BGH GRUR 2000, 715, 716 – Der blaue Engel.
585 KG ZUM-RD 2006, 552, 254; LG München I ZUM-RD 2003, 601, 606.
586 BGH GRUR 2008, 1017, 1019 – Einkaufsbummel nach Abwahl.
587 BGH GRUR 1971, 519, 521 – Urheberfolgerecht.
588 LG München I ZUM-RD 2003, 601, 606.
589 BGH GRUR 2000, 715, 717 – Der blaue Engel.
590 OLG München NJW-RR 1996, 93, 95; OLG Hamburg ZUM 1995, 202, 204; LG München I ZUM-RD 2003, 601, 606.
591 BGH GRUR 2010, 546 – Der strauchelnde Liebling.
592 BGH GRUR 1962, 211 – Hochzeitsbild; OLG Karlsruhe NJW 1982, 647.
593 BGH GRUR 2010, 546, 547 – Der strauchelnde Liebling.
594 BGH GRUR 1979, 732, 734 – Fußballtor.

Dies kommt regelmäßig nur bei der Verwendung eines Bildnisses in der **Werbung** in Betracht, nicht bei einer Verwendung im **redaktionellen Kontext**,[595] und zwar auch dann nicht, wenn durch die Verwendung eines Bildnisses die Auflage gesteigert werden soll.[596] Etwas anderes kann nach Auffassung des LG Kiel[597] aber gelten, wenn redaktionell ein kontextneutrales Foto eines Models verwendet wird, das für die Verwendung derartiger Fotos üblicherweise ein Entgelt erhält. Stimmen in der Literatur, wonach der Verletzte eine doppelte Lizenzgebühr verlangen können soll,[598] haben sich bisher in der Rechtsprechung nicht durchgesetzt.

197   Während die frühere Rechtsprechung noch eine **Bereitschaft** des Verletzten zur Erteilung einer Lizenz verlangt hat,[599] geht sie heute davon aus, dass der Anspruch unabhängig davon besteht, ob der Abgebildete bereit oder in der Lage ist, gegen Entgelt Lizenzen für die Verbreitung und öffentliche Wiedergabe seiner Abbildung zu gewähren.[600] Dies gilt sowohl für den Schadensersatz- als auch für den Bereicherungsanspruch.[601]

198   Voraussetzung des Schadensersatzanspruches ist schließlich ein **Verschulden** desjenigen, der ein Bildnis unbefugt verwendet hat. Hier gelten die allgemeinen Grundsätze. Regelmäßig wird Fahrlässigkeit vorliegen, wenn sich derjenige, der ein Bildnis veröffentlicht, nicht vorher vergewissert hat, dass eine Einwilligung des Abgebildeten vorliegt und sich auf die konkrete Form der Verwendung erstreckt.[602] Im Fall von Nacktaufnahmen sind erhöhte Anforderungen an die Sorgfaltspflicht zu stellen.[603] Recherchen sind in jedem Fall auch dann erforderlich, wenn das Bild von einer Presseagentur bezogen wird.[604]

199   Der Schaden kann nach § 287 ZPO geschätzt werden.[605] Die Rechtsprechung hat etwa folgende Beträge zugesprochen, wobei die Umrechnung in Eurobeträge der besseren Übersichtlichkeit dient, auch wenn sie inflationsbedingt nicht den tatsächlichen D-Mark-Werten zum jeweiligen Entscheidungszeitpunkt entsprechen:

200   DM 3.050,– (= € 1.559,44) für das Foto eines Torwarts in bundesweiter Werbeanzeige für Fernsehgeräte;[606] **DM 4.000,–** (= € 2.045,17) für ein Foto einer Frau in Artikel über Telefonsex;[607] **DM 4.000,–** (= € 2.045,17) für das Foto eines Nachrichtensprechers in regionaler Möbelhauswerbung;[608] je € 2.500,– für ein Hochzeitsfoto von einem nicht prominentem Paar als Werbung in Hochzeitszeitschrift;[609] € 5.000,– für Vorabveröffentlichung von Nacktaufnahmen für den „Playboy" in einer Boulevardzeitung;[610] € 5.000,– für das Foto einer Fernsehköchin in Flyer eines Supermarktes mit Werbung für Dosensuppe in Auflage von 100.000 Stück;[611] **DM 10.000,–** (= € 5.112,92) für das Foto eines ehemaligen DDR-Funktionärs auf beleuchteten Werbeplakaten an Bushaltestellen;[612] **je € 15.000,–** für Bildnisse von Spielern aus der Weltmeistermannschaft

---

595 LG Köln ZUM 2002, 162, 163; Wandtke/Bullinger/*Fricke* § 22 KUG Rn 26.
596 BGH ZUM 2012, 474, 477.
597 LG Kiel Urt v 30.8.2013 – 1 S 223/12 (unveröffentlicht).
598 *Bodewig/Wandtke* GRUR 2008, 220, 229; *Wandtke* GRUR 2000, 942, 949 f.
599 BGH GRUR 1958, 408, 409 – Herrenreiter; OLG Hamburg ZUM 1995, 202, 204; *Schubert* AfP 2007, 20, 23.
600 BGH GRUR 2007, 139, 141 – Rücktritt des Finanzministers.
601 BGH GRUR 2007, 139, 141 – Rücktritt des Finanzministers.
602 BGH GRUR 1962, 211, 214 – Hochzeitsbild; LG München I ZUM 2004, 320, 323.
603 BGH GRUR 1985, 398, 399 – Nacktfoto; LG München I ZUM 2004, 320, 323.
604 BGH GRUR 1979, 732, 734 – Fußballtor; *Zentai* ZUM 2003, 363, 373.
605 BGH GRUR 1979, 732, 734 – Fußballtor.
606 BGH GRUR 1979, 732, 734 – Fußballtor.
607 OLG München ZUM 1996, 160, 162.
608 OLG Hamburg AfP 1983, 282, 284.
609 LG Hamburg BeckRS 2010, 15378.
610 LG Berlin ZUM 2002, 929 (im Leitsatz fälschlicherweise als „Geldentschädigung" bezeichnet).
611 BVerfG GRUR-RR 2009, 375 – Fiktive Lizenzgebühr.
612 LG Berlin NJW 1996, 1142, 1143.

von 1954 für Printwerbung eines Autoherstellers;[613] **DM 30.000,–** (= € 15.338,67) für das Nacktfoto einer bekannten Sängerin auf einem Zeitschriftentitel;[614] **€ 30.000,–** für das Foto eines prominenten Sportlers auf Werbebannern für Fitnessgeräte in mehreren Kaufhäusern und Fitnessstudios;[615] **€ 50.000,–** für ein Paparazzi-Foto aus der Privatsphäre eines Prominenten zu Werbezwecken;[616] **€ 70.000,–** für Abbildung eines Doubles von Marlene Dietrich in einer Kopiergerätewerbung;[617] **DM 155.000,–** (= € 79.250,24) für die Abbildung eines Doubles von Sänger Ivan Rebroff in TV-Werbung für Milchprodukte;[618] **DM 158.000,–** (= € 80.784,12) für Foto von Boris Becker in einer Werbung für Fernsehgeräte als Beilage zu einer Tageszeitung mit Auflage von 236.000 Stück;[619] **€ 100.000,–** für eine Abbildung von Oskar Lafontaine mit anderen Kabinettsmitgliedern in Printanzeige einer Autoleasingfirma;[620] **€ 200.000,–** für Abbildung von Joschka Fischer mit den Gesichtszügen eines Kindes in der Werbekampagne für eine Zeitung;[621] **€ 1,2 Mio** für Boris Becker in Werbekampagne für Testexemplar („Dummy") einer Tageszeitung.[622]

5. Geldentschädigung

Der Anspruch auf Geldentschädigung soll die immateriellen Schäden des Abgebildeten kompensieren. § 253 BGB schließt einen derartigen Anspruch wegen der Verletzung des Allgemeinen Persönlichkeitsrechts an sich aus. Der Anspruch wird aber unmittelbar aus dem Schutzauftrag der Art 1 Abs 1, Art 2 Abs 2 GG hergeleitet.[623] Er besteht nur in besonderen Ausnahmefällen.[624] Die Voraussetzungen des Anspruchs wegen einer unzulässigen Bildnisverwertung entsprechen im Wesentlichen denjenigen jedes presserechtlichen Geldentschädigungsanspruches. Voraussetzungen sind ein schwerwiegender Eingriff in das Persönlichkeitsrecht und der Ausschluss anderer Möglichkeiten zur Schadensbeseitigung. Die Funktionen des Anspruchs sind die Genugtuung für den Abgebildeten und die Prävention vor weiteren Eingriffen.[625] Hinsichtlich der Einzelheiten kann auf die allgemeinen Ausführungen[626] verwiesen werden. Folgende Besonderheiten sind im Bereich des Bildnisschutzes zu beachten:

201

a) Schwere Persönlichkeitsverletzung. Die Frage, ob eine schwerwiegende Verletzung des Persönlichkeitsrechts vorliegt, hängt insb von der Bedeutung und Tragweite des Eingriffs, ferner von Anlass und Beweggrund des Handelnden sowie von dem Grad seines Verschuldens ab.[627]

202

---

613 LG München I ZUM 2003, 418.
614 LG Hamburg AfP 1995, 526, 527 – Nena.
615 LG Frankfurt aM ZUM-RD 2009, 468.
616 OLG Hamburg BeckRS 2010, 21504 – Gunter Sachs.
617 OLG München GRUR-RR 2003, 194.
618 OLG Karlsruhe AfP 1998, 326, 327.
619 OLG München ZUM 2003, 139.
620 OLG Hamburg ZUM 2005, 164, aufgehoben durch BGH GRUR 2007, 139, der den Anspruch dem Grunde nach verneint hat.
621 LG Hamburg GRUR 2007, 143.
622 OLG München ZUM-RD 2007, 360; mittlerweile teilweise aufgehoben von BGH ZUM 2010, 529, der die Sache zurückverwiesen hat, da Veröffentlichung für einen Teil des Zeitraums der Nutzung zulässig war.
623 BVerfG GRUR 1974, 44, 48 – Soraya; BGH GRUR 1996, 373, 374 – Caroline von Monaco; BGH GRUR 1996, 227, 229 – Wiederholungsveröffentlichung.
624 Wandtke/Bullinger/*Fricke* § 22 KUG Rn 30.
625 BGH GRUR 2005, 179, 180 – Tochter von Caroline von Hannover; BGH GRUR 1996, 373, 374 – Caroline von Monaco; GRUR 1996, 227, 229 – Wiederholungsveröffentlichung.
626 S Kap 2 Rn 223 ff.
627 BGH GRUR 2010, 173, 175 – Kind eines ehemaligen Fußballprofis; BGH GRUR 2005, 179, 181 – Tochter von Caroline von Hannover; BGH GRUR 1996, 227, 228 – Wiederholungsveröffentlichung; das BVerfG, NJW 2004, 591, 592, hat diese Rspr ausdrücklich bestätigt.

Bei einer Bildveröffentlichung ist stets die Wortberichterstattung mit in die Beurteilung einzubeziehen.[628] Insb sind die Hartnäckigkeit der Verletzung, etwa durch wiederholte Veröffentlichungen und das Hinwegsetzen über einen ausdrücklich geäußerten Wunsch, ein Bild nicht zu veröffentlichen, zu berücksichtigen,[629] ferner die Motive der Veröffentlichung, wobei es sich hier zu Lasten des Verletzers auswirkt, wenn es ihm vor allem um einen bloßen wirtschaftlichen Vorteil geht.[630] Die Rechtsprechung nimmt teilweise an, im Bereich des Bildnisschutzes müssten geringere Anforderungen gelten, weil dem Abgebildeten regelmäßig keine anderen Abwehrmöglichkeiten zur Verfügung stünden.[631] Dieser Umstand ist indes schon Voraussetzung dafür, dass überhaupt der Anspruch auf Geldentschädigung in Betracht kommt[632] und kann nicht doppelt berücksichtigt werden. Nicht zu verkennen ist aber, dass der Eingriff in das Persönlichkeitsrecht bei unzulässigen Bildnisveröffentlichungen in vielen Fällen besonders schwerwiegend ist.

203   Eine Verletzung der **Intimsphäre** ist regelmäßig für sich genommen schon schwerwiegend genug, um einen Anspruch auf Geldentschädigung entstehen zu lassen.[633] Gleiches gilt, wenn Personen durch eine Abbildung mit ehrrührigen Ereignissen in Verbindung gebracht werden, mit denen sie nichts zu tun haben, etwa mit einem Bericht über sexuelle Erlebnisse[634] oder Unrechtstaten eines Diktators.[635] Auch die Abbildung einer bekannten Schauspielerin im schwangeren Zustand gegen ihren erklärten Willen kann eine Geldentschädigung rechtfertigen.[636] Ein schwerwiegender Eingriff kann sich ferner aus einem **herabsetzenden Begleittext** ergeben; so hat das OLG Hamm[637] eine schwere Persönlichkeitsverletzung darin gesehen, dass Moderator Stefan Raab in der Sendung TV-Total das Bild einer Minderjährigen gezeigt und sich über ihren Namen mit – wenig subtilen – sexuellen Anspielungen lustig gemacht hat; das LG Berlin[638] hat hingegen eine schwere Persönlichkeitsverletzung wegen der Aussage Raabs in dieser Sendung: „Die Dealer tarnen sich immer besser!" im Anschluss an eine Bildeinblendung einer erwachsenen Frau mit einer Schultüte bei einer Einschulungsfeier verneint, da die Ironie offensichtlich erkennbar war und auch keine unzulässige Diffamierung vorlag.

204   Keine schwerwiegende Persönlichkeitsverletzung ergibt sich aus dem bloßen Umstand, dass ein Portraitfoto im Internet[639] oder ein Foto ohne Zustimmung des Abgebildeten in der Werbung[640] verwendet wird. Wenn auch Geldentschädigungsansprüche und ein Anspruch auf Zahlung einer fiktiven Lizenzgebühr sich nicht grundsätzlich ausschließen,[641] kann bei **Werbefotos** zu berücksichtigen sein, dass der Abgebildete regelmäßig einen materiellen Schaden beziffern und daher darüber eine gewisse Kompensation erhalten kann.[642] Auch die Veröffentlichung eines Fotos, das einen Kursmakler an der Frankfurter Börse beim Lesen einer Boulevard-Zeitung

---

[628] BGH GRUR 1962, 324, 325 – Doppelmörder; OLG Karlsruhe GRUR-RR 2009, 415, 416 – Bordsteinduell; LG Hamburg ZUM-RD 2009, 610, 611.
[629] BGH GRUR 1996, 227, 229 – Wiederholungsveröffentlichung.
[630] BGH GRUR 1996, 227, 229 – Wiederholungsveröffentlichung.
[631] BGH GRUR 1996, 227, 229 – Wiederholungsveröffentlichung.
[632] S dazu Rn 201 ff und Kap 2 Rn 236 ff.
[633] Vgl BGH GRUR 1985, 398, 400 – Nacktfoto; OLG Oldenburg GRUR 1989, 344, 345 – Oben ohne-Foto; OLG Stuttgart NJW 1982, 652, 653.
[634] OLG Hamburg ZUM 1995, 637.
[635] AG Hamburg GRUR-RR 2004, 158, 159 – Saddams Giftmischer.
[636] LG München I BeckRS 2013, 10565.
[637] OLG Hamm ZUM 2004, 388, 391 – TV-Total.
[638] LG Berlin ZUM 2005, 567, 568.
[639] LG Bochum AfP 2007, 261, 262.
[640] OLG Koblenz GRUR 1995, 771, 772.
[641] OLG München NJW-RR 1996, 539, 541 – Telefon-Sex-Foto.
[642] S Rn 194 ff.

zeigt, ist zumindest dann keine schwerwiegende Persönlichkeitsverletzung, wenn der Abgebildete nicht geäußert hat, nicht fotografiert werden zu wollen.[643]

Ein **satirischer Hintergrund** der Veröffentlichung kann die Schwere der Verletzung entfallen lassen.[644] An einer schwerwiegenden Verletzung kann es auch deshalb fehlen, weil der Abgebildete sich in gewissem Umfang mit dem Thema, das Gegenstand der Berichterstattung ist, **selbst in die Öffentlichkeit begeben** hat.[645] Dies muss grundsätzlich auch bei Berücksichtigung der neueren Rechtsprechung des EGMR[646] gelten.[647] Auch wenn danach an eine Persönlichkeitsverletzung durch eine Bildnisnutzung geringere Anforderungen zu stellen sein mögen, muss damit nicht zwingend eine Ausweitung des Begriffs der schweren Persönlichkeitsverletzung verbunden sein.

b) Fehlen anderweitiger Ausgleichsmöglichkeiten. Es muss daneben an einer Möglichkeit fehlen, die Verletzung auf andere Weise hinreichend auszugleichen.[648] Bei der Verbreitung unwahrer Tatsachenbehauptungen kommen als andere den Anspruch ausschließende Möglichkeiten, die Beseitigung der Störung und Genugtuung zu erlangen, vor allem Gegendarstellungs- und Richtigstellungsansprüche in Betracht.[649]

Bis auf den seltenen Ausnahmefall, dass mit einer Bildnisveröffentlichung auch eine falsche Tatsachenbehauptung verbreitet wird, stehen diese Ansprüche einem durch eine Abbildung Verletzten indes nicht zu, so dass bei einer Verletzung des Rechts am eigenen Bild ein Bedürfnis für eine Geldentschädigung häufig besteht.[650] Keine anderweitige Ausgleichsmöglichkeit ist eine Spende in Absprache mit dem Betroffenen an eine karitative Einrichtung, denn diese kann zwar der Prävention dienen, regelmäßig aber nicht der hinreichend der Genugtuung des Verletzten, zumal der Schuldner die Zuwendung auch dazu nutzen kann, sich in der Öffentlichkeit als großzügig darzustellen.[651] Anders kann es bei einer öffentlich geäußerten Entschuldigung sein; diese kann im Einzelfall den Anspruch auf Geldentschädigung ausschließen.[652]

c) Postmortales Persönlichkeitsrecht. Eine Geldentschädigung wegen der **Verletzung des postmortalen Persönlichkeitsrechts** ist, wie grundsätzlich,[653] auch im Bereich des Bildnisschutzes ausgeschlossen,[654] weil die Genugtuungsfunktion des Anspruchs nicht mehr erfüllt werden kann.[655] Etwas anderes gilt nur, wenn gleichzeitig mit dem Persönlichkeitsrecht des Verstorbenen das **Persönlichkeitsrecht eines Angehörigen** unmittelbar tangiert wird.[656] Allein die Abbildung eines Leichnams verletzt dieses indes noch nicht.[657] Vielmehr müssen weitere Umstände hinzukommen. So kann eine Verletzung eigener Rechte der Eltern vorliegen, wenn über den Rauschgifttod ihres erwachsenen Sohnes unter anderem durch Veröffentlichung eines Fa-

---

643 LG Frankfurt ZUM 2003, 974, 975f.
644 OLG Hamm NJW-RR 2004, 919, 920.
645 LG Berlin ZUM-RD 2005, 282, 283.
646 EGMR GRUR 2004, 1051 – von Hannover/Deutschland.
647 Krit Dreier/Schulze/*Dreier* §§ 33–50 KUG Rn 25.
648 StRspr, vgl nur BGH GRUR 2010, 171, 172 – Esra; ZUM-RD 2009, 576; BGH GRUR 1995, 224, 229 – Erfundenes Exclusiv-Interview.
649 S Kap 2 Rn 236 ff.
650 BGH GRUR 1996, 227, 229 – Wiederholungsveröffentlichung.
651 AA Wandtke/Bullinger/*Fricke* § 22 KUG Rn 30.
652 Wandtke/Bullinger/*Fricke* § 22 KUG Rn 30.
653 S Kap 2 Rn 243 f.
654 BVerfG ZUM 2007, 38, 382; BGH GRUR 2006, 252, 254 – Postmortaler Persönlichkeitsschutz; BGH GRUR 2000, 709, 714 – Marlene Dietrich.
655 BGH GRUR 2006, 252, 254 – Postmortaler Persönlichkeitsschutz.
656 LG Heilbronn ZUM 2002, 160, 161.
657 BGH GRUR 2006, 252, 255 – Postmortaler Persönlichkeitsschutz.

milienfotos berichtet wird, durch das suggeriert wird, elterliches Versagen sei für den Tod verantwortlich.[658]

d) Anspruchshöhe. Die Höhe des Anspruchs hängt von zahlreichen Umständen des Einzelfalls ab. Zu Gunsten des Bildnisverwerters können bei der Höhe des Anspruchs Vorteile des Abgebildeten durch die Veröffentlichung, bei Prominenten etwa die Steigerung des Aufmerksamkeitswertes, zu berücksichtigen sein, die im Einzelfall den Anspruch auch ganz ausschließen können.[659] Ferner ist bei der Höhe zu berücksichtigen, wenn sich der Abgebildete selbst der Gefahr der Berichterstattung in besonderer Weise ausgesetzt hat.[660]

Die Rechtsprechung hat etwa folgende Beträge zugesprochen, wobei die Umrechnung in Eurobeträge der besseren Übersichtlichkeit dient, auch wenn sie inflationsbedingt nicht den tatsächlichen D-Mark-Werten zum jeweiligen Entscheidungszeitpunkt entsprechen:

€ 150,- für eine nicht rechtzeitige Unterbindung der Verbreitung einer kurzen Filmsequenz im Internet;[661] **DM 1.700,-** (= € 869,20) für ein Bild in einer Kontaktanzeige mit falschem Text;[662] **DM 2.000,-** (= € 1.022,58) für das Bildnis einer Minderjährigen auf einem Buch zu antiautoritärer Erziehung;[663] € **2.000,-** für verspottende Bildberichterstattung über einen Kellner, der einen Straßenmusiker wegschickt, weil er nicht erkennt, dass es sich um einen berühmten Popstar handelt;[664] € **2.500,-** für die Ausstrahlung eines Fernsehinterviews mit einer Mutter, kurz nachdem ihr zuvor verschwundenes Kind wieder aufgetaucht war, in einem rein unterhaltenden Beitrag;[665] **DM 5.000,-** (= € 2.556,46) für die Veröffentlichung einer Nacktaufnahme aus einer Theaterprobe in Zeitungen;[666] € **3.000,-** für die Ausstrahlung von an FKK-Strand heimlich aufgezeichneten Nacktaufnahmen in einer Filmsequenz in einem TV-Wissenschaftsmagazin;[667] **DM 8.000,-** (= € 4.090,33) für die Verletzung des Persönlichkeitsrechts einer Ehefrau durch Veröffentlichung eines Fotos ihres toten Ehemannes mit weit aufgerissenem Mund;[668] € **5.000,-** für die Veröffentlichung von Nacktaufnahmen in einem anderem als dem genehmigten Kontext;[669] € **5.000,-** für ein im Gerichtssaal aufgenommenes Foto der Mutter eines Verbrechensopfers;[670] € **5.000,-** für ein Foto des Sohnes Saddam Husseins, durch das der Abgebildete unzutreffend in einen Zusammenhang mit den Taten seines Vaters gebracht wird;[671] € **5.000,-** für die Veröffentlichung eines Nacktfotos von einer Kunstaktion in einer Programmzeitschrift;[672] **DM 10.000,-** (= € 5.112,92) für Foto einer nicht prominenten Person neben dem früheren Finanzminister Theo Waigel, der im „Stern" mit Sprechblasen Aussagen in den Mund gelegt bekommt, die ihn als „doofen lederbehosten Bayern" herabwürdigen;[673] € **6.000,-** für ein live ausgestrahltes TV-Interview, während dessen Oliver Po-

---

658 BGH GRUR 1974, 794, 795 – Todesgift.
659 LG Berlin ZUM-RD 2006, 133, 135; LG Berlin ZUM 2005, 330, 331; LG Berlin ZUM-RD 2005, 282, 283 unter Berufung auf *Ladeur* NJW 2004, 393, 398.
660 LG Köln AfP 1978, 149, 151.
661 AG Bremen NJOZ 2008, 3808.
662 AG Nürnberg NJW-RR 2000, 1293.
663 OLG Frankfurt NJW 1992, 441.
664 OLG Karlsruhe NJW-RR 2009, 1273.
665 OLG Karlsruhe ZUM 2006, 568.
666 LG Saarbrücken NJW-RR 2000, 1571.
667 LG München I NJW 2004, 617.
668 OLG Düsseldorf AfP 2000, 574, 575.
669 LG München ZUM 2004, 320.
670 LG Münster NJW 2005, 1065.
671 AG Hamburg GRUR-RR 2004, 158 – Saddams Giftmischer.
672 LG Düsseldorf ZUM-RD 2012, 407.
673 OLG München NJW-RR 1998, 1036.

cher gegenüber der Interviewten erklärt, sie sehe für ihr Alter „echt ganz schön alt aus" und es gebe bei Pro7 eine „schöne Operationsshow";[674] **€ 6.000,–** für ein Foto, durch das Abgebildeter fälschlicherweise als Täter einer versuchten schweren Erpressung dargestellt wird;[675] **€ 10.000,–** für ein Foto unter der Überschrift „Geisteskranker verprügelte Rentnerin auf dem Friedhof", das einen an dieser Tat nicht Beteiligten zeigt;[676] **€ 15.000,–** für die Ausstrahlung eines Fernsehberichts, in der eine – in einem späteren Strafverfahren freigesprochene – Person gezeigt wird, in deren von mehreren Personen genutztem Dienstfahrzeug die Polizei vor laufender Kamera Rauschgift findet;[677] **DM 20.000,– (= € 10.225,84)** für eine Bildverwechslung, durch die ein katholischen Priester fälschlicherweise in Verbindung mit sexuellen Verfehlungen gegenüber Minderjährigen gebracht wird;[678] **DM 20.000,– (= € 10.225,84)** für einen Fernsehbericht, der eine psychisch erkrankte Frau zeigt, nachdem sie ihre Mutter getötet hatte, und in dem noch dazu aus einem psychiatrischen Gutachten über die Abgebildete zitiert wird;[679] **DM 30.000,– (= € 15.338,76)** für die Veröffentlichung einer Nacktaufnahme von Nina Hagen im „Focus" im Zusammenhang mit einem Bericht über die gerichtliche Untersagung der Verbreitung unter anderem dieses Fotos durch die Mutter von Nina Hagen in einem Buch;[680] **20.000,– €** für die Veröffentlichung des Fotos einer schwangeren Schauspielerin in einer Boulevardzeitung und auf ihrer Internetseite;[681] **25.000,00 €** für die Veröffentlichung privater Nacktfotos der Ex-Freundin mit Anschrift und Telefonnummer im Internet;[682] **DM 50.000,– (= € 25.564,59)** für Fotos von Caroline von Monaco beim Beten und Abendmahl in einer Kirche;[683] **DM 90.000,– (= € 46.016,27)** für die Veröffentlichung eines Computerspiels, dessen Gegenstand eine sexuelle Beziehung zwischen einer dort gezeigten Person zu einem bekannten Tennisspieler war;[684] **DM 100.000,– (= € 51.129,19)** für 15 Veröffentlichungen von Prinz Ernst August von Hannover ua in Badebekleidung, teilweise mit Caroline von Monaco, teilweise mit seiner früheren Ehefrau;[685] **€ 70.000,–** für eine Filmsequenz einer Minderjährigen in der Sendung „TV-Total" und sexuelle Anspielungen wegen ihres Namens;[686] **DM 150.000,– (= € 76.693,78)** für den wiederholten Abdruck von Paparazzi-Fotos der Tochter von Caroline von Hannover in privatem Umfeld;[687] **DM 150.000,– (= € 76.693,78)** für private und intime Paparazzi-Fotos, die Hera Lind – teilweise unbekleidet – auf der Titelseite und im Innern einer illustrierten Zeitschrift zeigen;[688] **DM 150.000,– (= € 76.693,78)** für intime Fotos von Caroline von Monaco und Ernst August von Hannover in einer illustrierten Zeitschrift und Werbung für diese in anderen Medien;[689] **DM 180.000,– (= € 92.032,54)** für drei Titelgeschichten in unterschiedlichen Publikationen mit erfundenem Exklusiv-Interview über Privatleben und seelische Verfassung von Caroline von Monaco.[690]

---

674 LG Hannover ZUM 2006, 574.
675 OLG Frankfurt ZUM-RD 2008, 230.
676 OLG München ZUM 2004, 230.
677 AG Kleve BeckRS 2009, 04989.
678 OLG Koblenz NJW 1997, 1375.
679 LG Köln ZUM-RD 2003, 50.
680 LG Berlin ZUM 2002, 153.
681 LG München I BeckRS 2013, 10565.
682 LG Kiel NJW 2007, 1002.
683 OLG Hamburg OLG Report 2001, 139.
684 LG München I NJW-RR 2002, 689.
685 LG Hamburg ZUM 1998, 852.
686 OLG Hamm NJW 2004, 919, 922.
687 BGH GRUR 2005, 179 – Tochter von Caroline von Hannover.
688 LG Hamburg ZUM 2002, 68.
689 OLG Hamburg OLG Report 2001, 139.
690 OLG Hamburg NJW 1996, 2870 – Caroline von Monaco, nach Zurückverweisung durch den BGH GRUR 1995, 224 – Erfundenes Exclusiv-Interview.

212 Im Prozess muss der Anspruch trotz § 253 Abs 2 Nr 2 ZPO nicht zwingend genau beziffert werden, sondern kann im Hinblick auf die Höhe in das **Ermessen des Gerichts** gestellt werden.[691] Dies bietet sich auch praktisch an, weil es das Risiko eines Teilunterliegens verringert. Eine ungefähre Größenordnung ist aber anzugeben.[692]

6. Beseitigungsansprüche (Vernichtung und Herausgabe)

213 § 37 KUG sieht vor, dass der Abgebildete die Vernichtung der widerrechtlich verbreiteten oder öffentlich zur Schau gestellten Bildnisse verlangen kann. Der Anspruch dient der Sicherung des Unterlassungsanspruchs,[693] setzt aber eine Wiederholungsgefahr nicht voraus.[694] Etwas anderes kann aber gelten, wenn eine **künftige Veröffentlichung** zulässig wäre.[695] Ein Verschulden ist nach § 37 Abs 3 KUG nicht erforderlich. Nach § 37 Abs 2 kann die Vernichtung von allen Vervielfältigungsstücken im Eigentum der an der Bildnisverwertung Beteiligten, nicht aber des Originals verlangt werden.[696] Etwas anderes dürfte aber dann gelten, wenn schon die Herstellung des Originals widerrechtlich war. In diesem Fall ergibt sich der Vernichtungsanspruch allerdings aus §§ 1004, 823 BGB,[697] und es kann bereits nach der Herstellung unabhängig von einer Veröffentlichung Herausgabe verlangt werden.[698] Der Anspruch auf Herausgabe, der sich ebenfalls aus § 1004 BGB ergibt, kann nur anstelle des Vernichtungsanspruchs geltend gemacht werden.[699]

214 Nach § 37 Abs 1 und 2 KUG erstreckt sich der Anspruch ferner auf die zur widerrechtlichen Vervielfältigung oder Vorführung ausschließlich bestimmten Vorrichtungen.

215 Soweit weitere Verletzungen in anderer Weise als durch Vernichtung ausgeschlossen werden können, etwa durch ein **Unkenntlichmachen**,[700] besteht der Anspruch auf Vernichtung nicht, soweit der Eigentümer der Bildnisexemplare die Kosten für die zum Schutz des Abgebildeten erforderliche Maßnahme übernimmt (§ 37 Abs 4 S 1 KUG). Dies dürfte sich auch bei den sonstigen Beseitigungsansprüchen unmittelbar aus dem Verhältnismäßigkeitsgrundsatz ergeben.[701]

216 Die Vernichtung setzt nach § 37 Abs 4 S1 KUG eine **rechtskräftige Verurteilung** voraus. Der Anspruch wird, da die Vernichtung eine vertretbare Handlung ist, wenn der Tenor des Urteils nicht ohnehin eine Pflicht zur Herausgabe enthält,[702] nach § 887 ZPO im Wege der Ersatzvornahme und nicht nach § 888 ZPO mit einem Zwangsgeld vollstreckt.[703] Weigert sich der Schuldner, kann nach § 892 ZPO der Gerichtsvollzieher hinzugezogen werden.[704] Ansprüche auf Herausgabe und Vernichtung können durch eine **einstweilige Verfügung**, die eine Herausgabe an einen **Sequester** anordnet, vorläufig gesichert werden.[705]

---

691 BGH NJW 1982, 340.
692 BGH NJW 1982, 340.
693 Schricker/Loewenheim/*Götting* Anh zu § 60 UrhG §§ 33–50 KUG Rn 6.
694 BGH GRUR 1961, 138, 140 – Familie Schölermann.
695 Vgl OLG Hamburg AfP 1997, 535, 536 f.
696 Wandtke/Bullinger/*Fricke* § 22 KUG Rn 37; *von Gamm* Einf 130.
697 Wandtke/Bullinger/*Fricke* § 22 KUG Rn 37.
698 OLG Stuttgart AfP 1987, 693 f; OLG München AfP 1995, 658, 661.
699 Wandtke/Bullinger/*Fricke* § 22 KUG Rn 37.
700 Dreier/Schulze/*Dreier* §§ 33–50 KUG Rn 10.
701 Vgl Dreier/Schulze/*Dreier* §§ 33–50 KUG Rn 10.
702 Vgl OLG München NJW-RR 1996, 93, 95.
703 OLG Frankfurt GRUR-RR 2007, 30, 31.
704 OLG Frankfurt GRUR-RR 2007, 30, 31.
705 OLG Celle AfP 1984, 236.

7. Kostenerstattung

Der Anspruch auf Erstattung der Kosten einer berechtigten Abmahnung folgt auch im Bereich 217
des Bildnisschutzes aus Geschäftsführung ohne Auftrag (§§ 683 S 1, 670 BGB),[706] so dass auf die allgemeinen Ausführungen verwiesen werden kann.[707] Dem wegen einer angeblich widerrechtlichen Bildnisverwertung zu Unrecht Abgemahnten steht hingegen – anders als im Falle unberechtigter Schutzrechtsverwarnungen – kein Anspruch auf Ersatz der Kosten seiner Rechtsverteidigung zu.[708]

---

[706] Vgl etwa LG Frankfurt aM ZUM-RD 2009, 26 f; jüngst in Frage gestellt, letztlich aber offen gelassen von KG GRUR-RR 2010, 7, 8.
[707] S Kap 2 Rn 250 ff.
[708] Dazu ausf LG Hamburg ZUM-RD 2007, 425, 428.

Kapitel 5
Jugendmedienschutz (ohne Strafrecht)

Literatur
Amann Jugendliche und ihre Einstellungen zu Liebe, Sexualität und Partnerschaft. Die Sexualaufklärung der Bundeszentrale für gesundheitliche Aufklärung und ihre zentralen Ergebnisse zur Jugendsexualität tv diskurs 4 1/1998, 80; *Baacke* Kinder und ästhetische Erfahrung in alten und neuen Medien. Chancen für Qualifikationen und Qualitäten tv diskurs 1, 1/1997, 60; *Bachmair* Medienkompetenz als kulturelles Phänomen. Jugendschutz lässt sich nur bedingt wissenschaftlich begründen tv diskurs 38, 4/2006, 20; *Bandura* Social Learning Theorie of Identificatory Processes, in Goslin (Ed) Handbook of Socialisation Theory and Research, Chicago 1969, 213 (zit *Bandura* Social Learning); *Bannenberg* Ein bisschen Kriminalität ist normal. Gewaltphänomene bei Jugendlichen, ihre Entwicklung, ihre Ursachen tv diskurs 30, 4/2004, 32; *Beck* Position des rheinland-pfälzischen Ministerpräsidenten Kurt Beck zur Diskussion um Big Brother und vergleichbare Sendeformate tv diskurs 13, 3/2000, 42; *Bekkers* Der Bock als Gärtner? Viel Selbstkontrolle, wenig Staat tv diskurs 37, 3/2006, 4; *Benda* Jugendschutz und öffentliche Sauberkeit. Die Medienfreiheit und ihre Einschränkung durch Gesetze tv diskurs 15, 1/2001, 28; *Bente/Fromm* Affektfernsehen. Motive, Angebotsweisen und Wirkungen, Opladen 1997; *Berkowitz* The Contagion of Violence: An S-R Mediational Analysis of some Effects of Observed Aggression Nebraska Symposon of Motivation 18, Nebraska 1970, 95; *Berkowitz/Rawlings* Effects of film violence on inhibition against subsequent aggression Journal of Abnormal and Social Psychology 66, 1963, 405; *Blech/von Bredow* Die Grammatik des Guten Der Spiegel 31, 2007, 108; *Bornemann* Der Jugendmedienschutz-Staatsvertrag der Länder NJW 2003, 787; *Bragg/Buckingham* If they're happy they're happy. Wie Heranwachsende in Großbritannien mit Darstellungen von Liebe und Sexualität den Medien umgehen tv diskurs 34, 4/2005, 34; *Braml/Hopf* Das Verhältnis der KJM zur FSF anhand einer kritischen Würdigung der Entscheidung des VG Berlin vom 6.7.2006 ZUM 2007, 23; *Brandenburg/Lammeyer* Steht der Kommission für Jugendmedienschutz ein Beurteilungsspielraum zu? ZUM 8, 9/2010, 655; *Brüne* Nur dem Pfarrer traute man. Die FSK brauchte die Kirchen, um von den Alliierten akzeptiert zu werden tv diskurs 10, 4/1999, 46; *Büttner* Recht und Ordnung im Bewusstsein der neuen Mediengeneration. Eine explorative Studie tv diskurs 25, 3/2003, 26; *Castendyk* So viel Freiheit wie möglich, so viel Schutz wie nötig. Interpretationsspielräume und Grenzen für den Jugendschutz tv diskurs 31, 1/2005, 20; *Chevillard* Hartes Gesetz mit weichen Kriterien. Jugendmedienschutz in Frankreich: Alle Filme werden geprüft, aber die meisten werden ohne Altersbeschränkung freigegeben tv diskurs 5, 2/1998, 4; *Degenhart* Verfassungsfragen des Jugendschutzes beim Film, Sonderdruck UFITA 2009/II, 367; *ders* Grundwerte der Verfassung als Maßstab. Geschmack und Anstand sind keine Kriterien des Jugendschutzes tv diskurs 47, 1/2009, 70; *Dörr* Big Brother und die Menschenwürde, Frankfurt 2000; *ders* Spielräume, plausible Prognosen und transparente Verfahren. Für den Schutz der Jugend und der Menschenwürde sind Werte abzuwägen tv diskurs 23, 1/2003, 44; *Dolase* Auch Verlierer sollen im Film mal glücklich sein tv diskurs 24, 2/2002, 30; *Döveling* Superstar – Supershow? „DSDS" im Urteilzuschauer, in Döveling/Mikkos/Nieland (Hrsg) Im Namen des Fernsehvolkes, Konstanz 2007; *Drabman/Thomas* Does Media Violence increase Childrens's Toleration of Real Life Aggression Developmental Psycology 10, 3/1974, 418; *Dworkin* Against the male flood: Censorship, pornography and equality, in Itzin (Hrsg) Pornography: Women, violence and civil liberties, Oxford 1992, 515; *Erdemir* Neue Paradigmen der Pornografie? – Ein unbestimmter Rechtsbegriff auf dem Prüfstand MMR 2003, 628; *Ertel* Erotika und Pornographie. Repräsentative Befragung und psychophysiologische Langzeitstudie zu Konsum und Wirkung, München 1990; *Farin* Jugendkulturen gestern und heute. Immer wieder die gleiche Provokation in neuen Gewändern? tv diskurs 37, 3/2006, 20; *Faulstich* Kuriose Bevormundung. Der Zuschauer soll Pornographie finden dürfen epd-Medien 8, 1997, 8; *Feshbach* The Stimulating vs Catharsis Effects of a Vicarous Aggressiv Activity Journal of Abnormal and Social Psychology 63, 1961, 381; *Festinger* Theorie der kognitiven Dissonanz, Bern 1978; *Gangloff* Baustellen für den Jugendschutz. Pornographie im TV-Kabel, Sex via Satelliten, Videos aus dem Internet tv diskurs 42 4/2007, 89; *Gangloff* Ich sehe was, was Du nicht siehst. Medien in Europa: Perspektiven des Jugendschutzes, Berlin 2001; *ders* Ehrlich wahr. Sieht aus wie Doku, ist aber Fiktion: Privatsender setzen auf Scripted Reality tv diskurs 53 3/2010, 76; *Gerbner/Gross* The scary World of TV's heavy Viewer Psychology Today 10 (4) 1976, 41; *Gernert* Generation Porno. Jugend, Sex, Internet, Köln 2010; *von Gottberg* Jugendschutz in den Medien, Berlin 1995 (zit *von Gottberg* Jugendschutz in den Medien); *ders* Vermittler zwischen unterschiedlichen Interessen. Mit Selbstkontrolle für mehr Jugendschutz im Fernsehen tv diskurs 4, 1/1998, 54 (zit *von Gottberg* Vermittler zwischen unterschiedlichen Interessen); *ders* Die FSK wird 50 tv diskurs 10, 4/1999, 34 (zit *von Gottberg* Die FSK wird 50); *ders* Prognosen auf dünnem Eis. Lassen sich Jugendschutzkriterien wissenschaftlich begründen? tv diskurs 14, 4/2000, 28 (zit *von Gottberg* Prognosen auf dünnem Eis); *ders* Sexualität, Jugendschutz

und der Wandel von Moralvorstellungen tv diskurs 15, 1/2001, 60 (zit *von Gottberg* Sexualität und Jugendschutz); *ders* Angstauslöser oder Angstverarbeitung? Der schwierige Umgang mit gewaltauslösenden Bildern in den Medien tv diskurs 24, 2/2003, 24 (zit *von Gottberg* Angstauslöser oder Angstverarbeitung); *Göttlich/Krotz/Paus-Hase* Daily Soaps und Daily Talks im Alltag von Jugendlichen Opladen 2001; *Götz* Musik-Castingshow – Chance des Lebens oder Spießrutenlauf? Eine Befragung ehemaliger Teilnehmerinnen und Teilnehmer tv diskurs 65 3/2013, 68; *dies* Wenn Kinder fernsehen. Vorlieben, Entwicklungsaufgaben und Abgleich mit dem eigenen Leben tv diskurs 59 1/2012, 23; *Gräfe* Einstweilige Verfügung gegen Sky wieder in Kraft Digital Fernsehen 1.7.2010; *Grimm* Fernsehgewalt. Zuwendungsattraktivität, Erregungsverläufe, sozialer Effekt, Opladen/Wiesbaden 1999 (zit *Grimm* Fernsehgewalt); *Grimm/Clausen-Muradian* Gewalt und Pornographie auf Schülerhandys. Zuständigkeiten und Handlungsoptionen nach Strafgesetzbuch (StGB), Jugendschutzgesetz (JuSchG) und Jugendmedienschutz-Staatsvertrag (JMStV) JMS-Report, 5/07, 2007, 2 (zit *Grimm* Gewalt und Pornographie auf Schülerhandys); *Grimm, P* Porno im Web 2.0. Die Bedeutung sexualisierter Web-Inhalte in der Lebenswelt von Jugendlichen, Berlin 2009 (zit *Grimm* Porno im Web 2.0); *Groebel/Gleich* Gewaltprofil des deutschen Fernsehprogramms, Opladen 1993; *Grossman/DeGaetano* Wer hat unseren Kindern das Töten beigebracht? Ein Aufruf gegen Gewalt in Fernsehen, Film und Computerspielen, Stuttgart 2002; *Hanten* Geschützter Raum mit viel Bewegungsfreiheit. Ein geschlossenes Netz für Kinder als Aufgabe von Gesellschaft und Anbietern tv diskurs 41, 3/2007, 10; *von Hartlieb* Gesetz zur Neuregelung des Jugendschutzes in der Öffentlichkeit NJW 1985, 830; *ders* Zur Auslegung der Neufassung des § 131 StGB Film und Fakten, Heft 1, 1987, 12 (zit *von Hartlieb* Zur Auslegung der Neufassung des § 131 StGB); *von Hartlieb/von Gottberg* Gewalt im Film Film und Fakten, Heft 9 1989, 33; *Hartstein/Ring/Kreile/Dörr/Stettner* Jugendschutz. Jugendmedienschutz-Staatsvertrag, Jugendschutzgesetz, Mediendienste-Staatsvertrag, Teledienstegesetz, Heidelberg 2003; *Heinze* Der rechtliche Rahmen für Werbung im Fernsehen und Internet, in von Gottberg/Rosenstock Werbung aus allen Richtungen. Crossmediale Markenstrategien als Herausforderung an den Jugendschutz, München 2009; *Hilse* Die Altersfreigabe von Computer- und Automatenspielen durch USK und ASK JMS-Report, 3/2004, 2; *ders* Informieren und Orientieren. Der Jugendschutz der Zukunft brauch neue Ideen tv diskurs 66, 4/2013, 12; *Hochstein* Zur Grenzziehung brauchen wir den gesellschaftlichen Konsens tv diskurs 1, 1/1997, 20;; *Hönge* Hypothesen mit konkreten Folgen. Nach welchen Kriterien werden Filme freigegeben? tv diskurs 6, 3/1998, 58; *Höynck/Mößle/Kleimann/Pfeiffer/Rehbein* Jugendmedienschutz bei gewalthaltigen Computerspielen. Eine Analyse der USK-Alterseinstufungen, Hannover 2007; *Humberg* FSK-Spruchpraxis im Wandel der Zeit tv diskurs 38, 4/2006, 64; *Kloeppel* Frei und vielfältig. Die Berichterstattung und ihr Einfluss auf politische Entscheidungen tv diskurs 46, 4/2008, 46; *Klughammer* Der Tod der Ambivalenz. Scripted Reality verändert den Dokumentarfilm epd medien 93, 2012; *Knoll* Jugendliche und Jugendschutz. Eine Anmerkung wider einen statischen Jugendbegriff tv diskurs 10, 4/1999, 20; *Knoll/Müller* Jugendliche Medienwelt. Sexualität und Pornographie. Eine Expertise im Auftrag der BZgA, Köln 1998; *Kunczik/Zipfel* Medien und Gewalt. Der aktuelle Forschungsstand tv diskurs 33–37, 3/2005–3/2006 (zit *Kunczik/Zipfel* Medien und Gewalt); *dies* Gewalt und Medien. Ein Studienbuch, Köln/Weimar 2006 (zit *Kunczik/Zipfel* Studienbuch); *Lenzen* Das Problem ist die Kausalitätsannahme. Ist die Mediengewalt ein Modell für Wirklichkeit? tv diskurs 23, 1/2003, 50; *Liesching* Gesetzlicher Jugendmedienschutz. Eine Bestandsaufnahme BPJM Aktuell, 2/2007, 5; *Machura* Ansehensverlust der Justiz? Licht und Schatten des Gerichtsshowkonsums, in Döveling/Mikos/Nieland (Hrsg) Im Namen des Fernsehvolkes. Neue Formate für Orientierung und Bewertung, Konstanz 2007, 83; *MacKinnon* Nur Worte, Frankfurt aM 1994; *Mahrenholz* Brauchen wir einen neuen Pornographie-Begriff? ZUM 1998, 525; *Markowitsch/Siefer* Tatort Gehirn, Frankfurt aM 2007; *Merkel* Zur Änderung des Gesetzes über die Verbreitung jugendgefährdender Schriften. Rede der Bundesministerin für Frauen und Jugend vor dem Deutschen Bundestag am 11. Februar 1993 BPS Aktuell 3/93, 1993, 3; *Merkens/Zinnecker* Jahrbuch Jugendforschung, 3. Auflage Opladen 2003; *Michaelis* Unsere Kinder sollen ohne Angst aufwachsen ... tv diskurs 31–33, 1–3/2005 (zit *Michaelis* Unsere Kinder sollen ohne Angst aufwachsen ...); *Mikos* Von der Zurschaustellung des Körpers zur Nummernrevue. Anmerkungen zur Pornographie-Diskussion aus film- und kulturwissenschaftlicher Sicht tv diskurs 3, 3/1997, 53; *Mynarik* Jugendschutz in Rundfunk und Telemedien. Freiwillige Selbstkontrolle und Co-Regulierung nach dem Jugendmedienschutz-Staatsvertrag, Baden-Baden 2006 (zit *Mynarik* Jugendschutz in Rundfunk und Telemedien); *dies* „Mobiles Entertainment" und das Jugendschutzrecht – Entwicklung von Mobilfunkrecht und -technik – Perspektiven für den Jugendschutz ZUM 50, 3/2006, 183 (zit *Mynarik* Mobiles Entertainment); *Nieding/Ohler* Henne und Ei – oder etwas Drittes? tv diskurs 36, 2/2006, 48; *Nikles/Roll/Spürck/Umbach* Jugendschutzrecht. Kommentar zum Jugendschutzgesetz (JuSchG) und zum Jugendmedienschutz-Staatsvertrag (JMStV) mit Erläuterungen zur Systematik und Praxis des Jugendschutzes, Neuwied 2003; *Noltenius* Die Freiwillige Selbstkontrolle der Filmwirtschaft und das Zensurverbot des Grundgesetzes, Göttingen 1958; *Pastötter* Erotic Home Entertainment und Zivilisationsprozess. Analyse des postindustriellen Phänomens Hardcore-Pornographie, Wiesbaden 2003; *Pfeiffer/Kleimann* Medienkonsum, Schulleistungen und Jugendgewalt tv diskurs 36, 2/2006, 42; *Rausch* Jugendschutz in Online-Medien. Zusammenspiel von Selbstkontrolle und Medienkompetenz

JMS-Report 3/2004, 7; *Retzke* Präventiver Jugendschutz. Eine Untersuchung des Jugendschutzgesetzes und des Jugendmedienschutz-Staatsvertrags unter besonderer Berücksichtigung des Systems der regulierten Selbstregulierung und der innerstaatlichen und gemeinschaftsrechtlichen Kompetenzabgrenzung, Göttingen 2006; *Sander* Die Lust auf Skurriles tv diskurs 29, 3/2004, 50; *Scarbarth* Werkanalytischer Blick statt (Vor)-Urteilen tv diskurs 1, 1/1997, 40; *Scheuer* Jugendschutz in europäischen elektronischen Medien. Klassifizierung. Filtersysteme, Medienkompetenz tv diskurs 40, 2/2007, 4; *Schmerl/Huber* Frauenfeindliche Werbung. Sexismus als heimlicher Lehrplan, Berlin 1981; *Schmidt* In Phantasiewelten spazieren gehen. Wie die Sexualisierung der Öffentlichkeit auf Jugendliche wirkt tv diskurs 15, 1/2001, 46; *Scholz* Jugendschutz, 3. Aufl München 1999; *Liesching/Schuster* Jugendschutzrecht – Kommentar, 5. Aufl München 2011; *Schreibauer* Das Pornographieverbot des § 184 StGB, Regensburg 1999; *Schumann* Zum Begriff der Pornographie tv diskurs 2, 2/1997, 57 (zit *Schumann* Zum Begriff der Pornographie); *ders* Zum strafrechtlichen und rundfunkrechtlichen Begriff der Pornographie, in Eser/Schittenhelm/Schumann (Hrsg) FS Lenckner, München 1998, 565 (zit Eser/Schittenhelm/Schumann/*Schumann*); *Schwarzer* PorNo. Die Kampagne – Das Gesetz – Die Debatte. Emma Sonderband, Köln 1988; *Selg* Psychologische Wirkungsbefunde. Über Gewalt in den Medien tv diskurs 2, 2/1997, 50 (zit *Selg* Psychologische Wirkungsbefunde); *ders* Pornographie und Gewalt – Vorschläge zur Sprachregelung BPS-Report 4, 1988, 1 (zit *Selg* Pornographie und Gewalt); *ders* Pornographie und Erotographie tv diskurs 1, 1/1997, 48 (zit *Selg* Pornographie und Erotographie); *Sielert* Sexuell stimulierende Bilder und ihre Wechselwirkung mit vorhandenen Skripten. Die Verstärkung von Gewalterfahrung ist das eigentliche Problem tv diskurs 57, 3/2011, 45; *Siggelkow/Büscher* Deutschlands sexuelle Tragödie. Wenn Kinder nicht lernen, was Liebe ist, München 2009; *Sigusch* Thrill der Treue – Über Alterswahn und Jugendsexualität tv diskurs 15, 1/2001, 38 (zit *Sigusch* Thrill der Treue); *Sigusch/Schmidt* Jugendsexualität. Dokumentation einer Untersuchung, Stuttgart 1973; *Speck-Hamdan* Wie Kinder lernen. Vom Entstehen der Welt in den Köpfen der Kinder TELEVIZION 17/2004, 4; *Spitzer* Vorsicht Bildschirm, Stuttgart 2005 (zit *Spitzer* Vorsicht Bildschirm); *ders* Lernen. Gehirnforschung und die Schule des Lebens, Heidelberg 2002 (zit *Spitzer* Lernen); *ders* Fernsehen und Bildung tv diskurs 36, 2/2006, 36 (zit *Spitzer* Fernsehen und Bildung); *ders* Wer seinem Kind Gutes tun will, der kaufe ihm bitte keinen Computer Psychologie heute, 01/2006, 34 (zit *Spitzer* Wer seinem Kind Gutes tun will); *Stadelmaier* Diskussion um einen modernen Jugendmedienschutz Bedenken werden ernst genommen tv diskurs 58, 4/2011; *Stefen* Jugendmedienschutz in der Bundesrepublik Deutschland, in Wodraschke (Hrsg) Jugendschutz und Massenmedien, München 1983, 99; *Sturm* Medienwirkung – ein Produkt der Beziehung zwischen Rezipient und Medium, in Groebel/Winterhoff-Spurk Medienpsychologie, München 1989, 33; *Süss* Mediensozialisation von Heranwachsenden. Dimensionen – Konstanten – Wandel, Wiesbaden 2004; *Sulzbacher* Verfolgung von Gewaltdarstellungen unzureichend. Änderung des Paragraphen 131 StGB in der Diskussion: Können Verschärfungen die Strafverfolgung verbessern? JMS-Report 5/2003, 5; *Tetz* Selbstbewusst und reflektiert. Trotz sexualisierter Medien liegen konservative Werte im Trend tv diskurs 16, 2/2001, 70; *Ulich* Der Pornographiebegriff und die EG-Fernsehrichtlinie, Baden-Baden 2000; *Vitouch* Fernsehen und Angstbewältigung, Zur Typologie des Zuschauerverhaltens, 3. Aufl Wiesbaden 2007; *ders* Gewaltfilme als Angsttraining tv diskurs 2, 2/1997, 40; *Walther* Begriff der Pornographie BPjM Aktuell 3/2003, 3; *Weides* Der Jugendmedienschutz im Filmbereich NJW 1987, 224; *Wesseler* Authentisch, aber nicht dokumentarisch. Scripted Reality gibt nicht vor, die Realität abzubilden tv diskurs 61, 3/2012, 32; *Wilms* Kritik an getrennter Jugendschutzaufsicht im Fernsehen nimmt zu JMS-Report 3/2004, 9; *Wüllenweber* Voll Porno stern 06/2007, 67; *Zillmann* Pornografie in Mangold/Vorderer/Bente (Hrsg) Lehrbuch der Medienpsychologie, Göttingen 2004.

Folgende Dokumente können aus dem Internet geladen werden:
1. Grundsätze der FSK: www.fsk.de
2. Jugendschutzgesetz (JuSchG), Jugendmedienschutz-Staatsvertrag (JMStV), Prüfordnung der FSF (PrO-FSF), Richtlinien zur Anwendung der Prüfordnung der FSF (FSF-Richtlinien zur PrO-FSF), Satzung der FSF, Gemeinsame Richtlinien der Landesmedienanstalten zur Gewährleistung des Schutzes der Menschenwürde und des Jugendschutzes (Jugendschutzrichtlinien – JuSchRiL) sowie die Beiträge aus tv diskurs: www.fsf.de
3. USK-Grundsätze: www.usk.de
4. Verhaltenscodex der FSM (VK-FSM): www.fsm.de

Übersicht

§ 1 Medienfreiheit und Jugendschutz im Grundgesetz —— 1

I. Medienfreiheit und Jugendschutz —— 1
II. Die Kunstfreiheit und ihre Grenzen —— 3

§ 2 Inhaltliche Schwerpunkte des Jugendmedienschutzes —— 4

I. Aufgaben und Ziele —— 4
　1. Kriterienfindung im Jugendschutz —— 10

2. Beurteilungsmaßstäbe, Kriterien, Spruchpraxis —— 13
3. Erziehungsziele und plurale Wertordnung —— 20
II. Die Beurteilung von Gewaltdarstellungen —— 23
  1. Gewaltdarstellungen aus Sicht der Wissenschaft —— 23
  2. Wirkungsforschung und Jugendschutz —— 29
  3. Medienkritische Ansätze —— 32
  4. Wirkung abhängig vom Kontext —— 36
III. Angst und Angstverarbeitung —— 43
IV. Verstehensfähigkeiten in den Altersstufen —— 47
V. Darstellung von Sexualität —— 56
VI. Weitere neue Fernsehformate —— 75
  1. Aktuelle Programmtrends im Fernsehen —— 75
  2. Zum Identifikationspotential von Reality-Shows —— 76

§ 3 Jugendschutzaspekte im Strafrecht —— 84
I. Gewaltdarstellungen —— 86
II. Pornografie —— 93
  1. Kurzdarstellung der rechtlichen Ausgangslage —— 93
  2. Das Problem der Definition von Pornografie —— 95
  3. Vollständig verboten: Harte Pornografie (§§ 184a–c StGB) —— 103

§ 4 Das Jugendschutzgesetz (JuSchG) —— 106
I. Allgemeines —— 106
II. Indizierung durch die Bundesprüfstelle für jugendgefährdende Medien (BPjM) —— 108
  1. Zuständigkeitsbereich der Bundesprüfstelle —— 110
  2. Antragsberechtigte Stellen —— 111
  3. Das Procedere der Bundesprüfstelle —— 112
    a) Offensichtliche und schwere Jugendgefährdung —— 114
    b) Listenstreichungen und wesentlich inhaltsgleiche Fassungen —— 116
III. Altersbeschränkungen im Kino und für Video/DVD —— 118
  1. Die Obersten Landesjugendbehörden —— 123
  2. Die Altersfreigaben —— 127
  3. Ausnahmen von der Kennzeichnungspflicht —— 131
    a) Lehrprogramme —— 131
    b) Nichtgewerbliche Nutzung —— 132
    c) DVDs als Beilage von Zeitschriften —— 134
    d) Öffentliche Vorführungen auf Festivals —— 135
    e) Kennzeichen Keine Jugendfreigabe —— 136
    f) Prüfpflicht für den Hauptfilm und das Beiprogramm —— 137
  4. Zur Arbeitsweise der FSK —— 138
    a) Historie —— 138
    b) Die Gremien der FSK —— 144
    c) Ausschüsse und Antragstellung —— 146
    d) Kennzeichnung mit Keine Jugendfreigabe —— 151
    e) Berufungen —— 154
    f) Übernahmen von Kinoentscheidungen für Trägermedien —— 157
    g) Vorlage fremdsprachiger Filme —— 158
    h) Bedingungen für erneute Vorlage —— 161
    i) Vereinfachte Prüfverfahren —— 162
    j) Anbringung des Kennzeichens, Verbindlichkeit der Freigabe —— 166
    aa) Kinofilme —— 166
    bb) Trägermedien —— 167
    cc) Zuständigkeiten, Regeln für den Verkauf bespielter Trägermedien —— 171
  5. Jugendschutz und Computerspiele: Die Unterhaltungssoftware Selbstkontrolle (USK) —— 177
    a) Historie —— 177
    b) Struktur der USK —— 179
    c) Berufungen —— 183
    d) Besondere Prüfverfahren —— 186
    e) Verweigerung der Kennzeichnung —— 187
    f) Die USK in der Kritik —— 188
  6. Die Automaten Selbstkontrolle (ASK) —— 189

§ 5 Der Jugendmedienschutz-Staatsvertrag (JMStV) —— 191
I. Zielsetzung des JMStV —— 191
  1. Das System der regulierten Selbstregulierung —— 194
  2. Die Anerkennung von Einrichtungen der Freiwilligen Selbstkontrolle —— 195
II. Unzulässige Sendungen iSd JMStV —— 196
  1. Grenzziehung zwischen Erotikfilmen und Pornografie —— 202
  2. Erotikprogramme in Pay-TV-Sendern —— 204
  3. Der Fall „Adult Channel" —— 212

III. Jugendschutz im Jugendmedienschutz-Staatsvertrag (JMStV) —— 213
  1. Sendezeitbeschränkungen und Vorsperren —— 214
  2. Festlegung der Sendezeit für wiederkehrende Formate —— 217
  3. FSK-Freigaben und Sendezeitbeschränkungen —— 218
  4. Die Jugendschutzbeauftragten —— 223
  5. Regelungen für Werbung —— 224
  6. Jugendschutz im öffentlich-rechtlichen Fernsehen —— 225
  7. Regelungen für Telemedien —— 229
     a) Pornografische Inhalte in Telemedien —— 230
     b) Keine geschlossenen Benutzergruppen im Rundfunk —— 232
     c) Jugendschutz und Handy —— 233
  8. Die Kommission für Jugendmedienschutz (KJM) —— 235
     a) Allgemeines —— 235
     b) Aufgaben der KJM —— 236
     c) Prüfgruppen —— 239
  9. Rechte und Pflichten der Selbstkontrolleinrichtungen nach dem JMStV —— 240
     a) Grundsätzliches —— 240
     b) Aufsichtszuständigkeit bei Nichtmitgliedern einer Selbstkontrolleinrichtung —— 243
     c) Die Selbstkontrolle als gesetzgeberisches Ziel —— 245
     d) Nichtvorlagefähige Programminhalte —— 248
     e) Sicherheit der Prüfergebnisse —— 249
  10. Zusammenfassung der Jugendbestimmungen für das Fernsehen —— 250
     a) Kinofilme und Videofilme —— 250
     b) Fernsehprogramme —— 251
     c) Programmankündigungen —— 252
     d) Akustische Kennzeichnung für FSK-16-Filme und Filme ohne Jugendfreigabe —— 253
  e) Ausnahmeregelungen —— 254
  f) Ausstrahlungsverbote —— 255
  g) Mit indizierten Filmen inhaltsgleiche Programme —— 256
  11. Die Freiwillige Selbstkontrolle Fernsehen (FSF) —— 257
     a) Historie —— 257
     b) Das Kuratorium —— 266
     c) Die Prüfer —— 267
     d) Die Prüfung bei der FSF —— 268
        aa) Prüfungsrelevante Programme —— 270
        bb) Das Prüfverfahren —— 275
     e) Probleme bei divergierenden Prüfentscheidungen von FSF und FSK —— 284
  12. Zuständig für Internet: Die Freiwillige Selbstkontrolle Multimedia (FSM) —— 289
     a) Historie —— 289
     b) Besonderheiten des Prüfverfahrens der FSM —— 291
        aa) Der Regelfall: nachträgliche Prüfung —— 291
        bb) Die Beschwerdestelle der FSM —— 292
        cc) Der Beschwerdeausschuss —— 294
        dd) Angebotsbeobachtung —— 297
     c) Der Verhaltenskodex der FSM —— 299
     d) Weitere Tätigkeitsfelder der FSM —— 305
        aa) Vereinbarung mit Suchmaschinenanbietern —— 305
        bb) Ein Netz für Kinder —— 306
  13. Reform des JMStV abgelehnt —— 307

§ 6 Jugendschutzrecht im europäischen Kontext —— 311
  I. Altersklassifizierung von Kinofilmen —— 311
  II. Die EG-Fernseh-RL —— 313
     1. Unzulässig im Rundfunk: Pornografie und grundlose Gewalt —— 316
     2. Jugendschutz —— 319

§ 1
Medienfreiheit und Jugendschutz im Grundgesetz

I. Medienfreiheit und Jugendschutz

In Art 5 Abs 1 GG wird eine weitgehende **Medien- und Informationsfreiheit** garantiert. „Eine Zensur findet nicht statt", heißt es dort, und damit wird jedem Wunsch, Medienerzeugnisse **vor ihrer Vermarktung oder vor ihrer Ausstrahlung im Fernsehen durch staatliche Institutionen zu kontrollieren**, ein Riegel vorgeschoben.

1

2   Dies bedeutet jedoch nicht, dass dadurch gesetzlicher Jugendschutz unmöglich gemacht würde. Denn das Zensurverbot bezieht sich auf eine staatliche Kontrolle *vor* der Veröffentlichung, was bedeutet, dass Medien *nach* der Veröffentlichung auf dem Markt von staatlichen Kontrollen und Sanktionen nicht mehr verschont bleiben. Denn in seinem zweiten Absatz macht Art 5 GG deutlich, dass die Freiheit der Medien ihre Grenzen findet „in den allgemeinen Gesetzen, insb in den Gesetzen zum Schutze der Jugend". Das Grundgesetz verpflichtet dadurch den Gesetzgeber, Gesetze zum Schutze der Jugend vor bestimmten medialen Darstellungen zu erlassen. Es verbietet eine Kontrolle im Vorhinein, **lässt aber nach der Rechtsprechung des BVerfG eine Kontrolle im Nachhinein** zu.[1]

II. Die Kunstfreiheit und ihre Grenzen

3   Weitgehend uneingeschränkt dagegen gilt die Freiheit der Kunst, die Art 5 Abs 3 GG garantiert und die keine weiteren Einschränkungen erfährt. Das heißt jedoch nicht, dass Kunst alles darf. Die Freiheit der Kunst kann allerdings nicht durch einfache Gesetze eingeschränkt werden, **sie findet ihre Grenzen aber dann, wenn ihre Aussagen den Schutzbereich anderer Grundrechtsnormen berühren** und der Schutzbereich der Kunstfreiheit nach einer Güterabwägung zurücktreten muss. In verschiedenen Urteilen des BVerfG, die sich mit dem Verhältnis von Kunst und Jugendschutz befassen, wird deutlich, dass bei Inhalten, die einen künstlerischen Charakter haben könnten, zB bei der Indizierung sorgfältig zwischen den Interessen der Kunst und des Jugendschutzes abgewogen werden muss.[2]

§ 2
Inhaltliche Schwerpunkte des Jugendmedienschutzes

I. Aufgaben und Ziele

4   Der Jugendschutz gründet sich auf dem in Art 6 Abs 2 GG garantierten elterlichen Erziehungsrecht sowie auf dem Recht der Kinder und Jugendlichen auf freie Entfaltung ihrer Persönlichkeit, das sich aus Art 2 Abs 1 GG ableiten lässt.[3]

Das Erziehungsrecht der Eltern sowie die Persönlichkeitsentwicklung der Heranwachsenden können durch gesellschaftliche Einflüsse beeinträchtigt oder gefährdet werden, deren negative Folgen Kinder oder Jugendliche auf Grund der Verführungskraft und ihrer eigenen Unerfahrenheit nicht erkennen. Dazu zählen die Gefahr des frühen Konsums von Alkohol oder Zigaretten, der nächtliche Besuch von Tanzveranstaltungen oder Diskotheken sowie negative Einflüsse der Medien.[4]

---

1 S BVerfGE 33, 52, 71 ff; vgl dazu auch *Heinrich* Bd 5 Kap 5.
2 Vgl hierzu auch die Entscheidung des BVerfG BVerfGE 83, 130 zur Indizierung des Romans „Josephine Mutzenbacher", ebenso BVerwG Urt v 26.11.1992 Az 7 C 20/92. Danach hat die BPjM bei der Abwägung der Interessen Jugendschutz-Kunst eine gutachterliche Funktion. Diese hat sie bei der Einordnung des Buches Opus Pistorum als *offensichtlich schwer jugendgefährdend* nach Auffassung des VG Köln nicht richtig ausgeübt, die Indizierung wurde aufgehoben. Dies bestätigt das BVerwG; vgl dazu Rn 30, 31.
3 § 1 SGB VIII.
4 Durch den Schutz vor sittlichen Gefährdungen sollen verfassungsrechtliche Güter bewahrt werden. BVerfGE 30, 336, 347, 348.

Die Jugendhilfe hält erzieherische und bildende Maßnahmen bereit, um Eltern und Kinder über diese Gefahren aufzuklären und gegenüber negativen Einflüssen zu stabilisieren. Freizeitangebote und sportliche Aktivitäten sind ebenfalls geeignet, dem Heranwachsenden die nötige Stärke zu vermitteln, um Störungen seiner Entwicklung abzuwehren.

Die Grundlagen für den erzieherischen Jugendschutz werden in § 1 SGB VIII wie folgt beschrieben: *Jeder junge Mensch hat ein Recht auf Förderung seiner Entwicklung und auf Erziehung zu einer eigenverantwortlichen und gemeinschaftsfähigen Persönlichkeit.*

Daraus folgen Maßnahmen für den erzieherischen Jugendschutz (§ 14 SGB VIII), die das Ziel verfolgen, *junge Menschen* (zu) *befähigen, sich vor gefährdenden Einflüssen zu schützen und sie zu Kritikfähigkeit, Entscheidungsfähigkeit und Eigenverantwortlichkeit sowie zur Verantwortung gegenüber ihren Mitmenschen führen.*

Der gesetzliche Jugendmedienschutz ist eine flankierende Maßnahme zu den erzieherischen Aktivitäten der Jugendhilfe. Bestimmte Einflüsse werden als so dominant eingeschätzt, dass ihnen mit erzieherischen Maßnahmen allein nicht erfolgreich begegnet werden kann. Stattdessen soll mit Hilfe einer Art Konfrontationsschutz so weit wie möglich verhindert werden, dass Kinder oder Jugendliche mit diesen Gefährdungen in Berührung kommen.

Die *Erziehung zu einer eigenverantwortlichen und gemeinschaftsfähigen Persönlichkeit* des Sozialgesetzbuches finden wir in allen Jugendschutzgesetzen als Erziehungsziel wieder. Erscheinen Medieninhalte geeignet, dieses Ziel zu beeinträchtigen, setzen nach dem Jugendschutzgesetz mit Blick auf Altersgruppen differenzierte Beschränkungen ein, bspw in Form von Altersbeschränkungen für bestimmte Filme. Auch nach dem Jugendmedienschutz-Staatsvertrag sollen Kinder und Jugendliche durch Sendezeitbeschränkungen vor solchen Einflüssen ferngehalten werden. Für Medieninhalte, die geeignet erscheinen, dieses Erziehungsziel zu gefährden oder gar schwer zu gefährden, gibt es durch die Aufnahme in die *Liste der jugendgefährdenden Medien* weitergehende Vertriebsbeschränkungen bis hin zum Werbeverbot. Im Bereich des Fernsehens sind diese Inhalte ganz verboten. *Beeinträchtigung* und *Gefährdung* unterscheiden sich also einerseits durch die Stärke in der vermuteten Wirkung und, dadurch bedingt, das größere Ausmaß der Vertriebsbeschränkungen (für gefährdende Inhalte).

1. Kriterienfindung im Jugendschutz

Über diese allgemeinen Zielvorgaben hinaus enthalten die Jugendschutzgesetze keine Kriterien oder Definitionen, die für die Beurteilung von Inhalten unter Jugendschutzgesichtspunkten gelten. Der Gesetzgeber erkennt damit an, dass sich die Voraussetzungen dafür, was als jugendschutzrelevant gilt, ständig verändern. Dies hängt zum einen damit zusammen, dass Jugendschutzkriterien an die Entwicklung gesellschaftlicher Wertevorstellungen geknüpft sind. Zum zweiten muss beachtet werden, dass die Beeinflussung von Kindern und Jugendlichen durch Medieninhalte von ihrer eigenen Kompetenz abhängt, bspw zwischen fiktionalen Inhalten und realistischen Darstellungen zu unterscheiden. **Und diese Kompetenz verbessert sich mit zunehmender Medienerfahrung.**[5] Ältere Menschen, die mit zwei öffentlich-rechtlichen Fernsehangeboten aufgewachsen sind, werden in ihrer Jugend fast alle Fernsehsendungen inhaltlich als eine Art *abgefilmte Realität* wahrgenommen und verarbeitet haben. Das Fernsehen und seine Inhalte waren daher für die Konstruktion des Bildes von Wirklichkeit ausgesprochen entscheidend.

---

5 *Baacke* setzt sich vor allem für medienpädagogische Aktivitäten ein, zeigt aber auch auf, dass Heranwachsende durch ästhetische Erfahrungen Inhalte zunehmend kompetent einschätzen können, vgl *Baacke* tv diskurs 1/1997, 60, 61, 70.

11   Kinder, die heute heranwachsen, werden sehr früh mit einer Fülle medialer Angebote konfrontiert. Sie erfahren sehr schnell, dass Vieles, was die Medien anbieten, bestimmten Interessen oder dem Ziel des finanziellen Gewinns (Marktanteile) folgt, ohne mit der Lebenswirklichkeit viel zu tun zu haben. Darüber hinaus sind in den Medien selbst zahlreiche Reflexionen über die Hintergründe zu finden, die bei der Produktion von Filmen oder Fernsehsendungen eine Rolle spielen. Der Produktionsweg eines Filmes (Drehbuch, Produzent, Regie und Schauspieler, aber auch Special Effects) ist heute bereits den meisten älteren Kindern im Groben bekannt. In den Medien selbst, vor allem in den Printmedien, gehört auch die Medienkritik zum Geschäft, so dass Jugendliche wissen, dass bspw die Vorliebe für brutale Gewaltdarstellungen gesellschaftlich zumindest kontrovers diskutiert wird. Die Distanz zu Inhalten entwickelt sich dadurch, dass man heute sehr viel mehr über die Medien und ihre Produktionsbedingungen weiß. In vielen Fällen sind darin Kinder bereits Erwachsenen überlegen. Wenn also heute bspw von der FSK manche Filme sehr viel weniger streng beurteilt werden als vor 10 oder 20 Jahren,[6] bedeutet das nicht, dass die Prüfergebnisse früher oder heute falsch sind. Es bedeutet eben auch, dass die heutige Generation von Kindern und Jugendlichen kompetenter mit Medieninhalten umgehen kann.[7]

12   **Allgemein herrscht die Vorstellung, im Bereich des Jugendschutzes würde im Laufe der Zeit immer großzügiger geurteilt.** Diese trifft nur bedingt zu. Zweifellos kann man eine solche Tendenz im Bereich der sexuellen Darstellungen erkennen. Während bis zu Beginn der 70er Jahre des letzten Jahrhunderts bereits die Abbildung nackter Menschen zur Indizierung führte, finden wir dies heute in allgemein zugänglichen Zeitschriften sowie im Tagesprogramm des Fernsehens. **Allerdings wäre die damals typische Reduzierung der Frauenrolle auf Haushalt und Kindererziehung (massiv bspw in der damaligen Werbung) heute völlig unvorstellbar.**[8] Auch die Gleichsetzung attraktiver Frauen mit beworbenen Konsumgütern,[9] was bis in die Achtzigerjahre hinein in der Werbung sehr häufig war, würde heute auf erhebliche öffentliche Proteste stoßen. Auch die Tatsache, dass Schauspieler in modernen Filmen nur sehr selten rauchen, während das bis in die 90er Jahre des letzten Jahrhunderts fast werbewirksam dargestellt wurde, zeigt, dass der Jugendschutz differenzierter, aber keineswegs immer liberaler wird.

2. Beurteilungsmaßstäbe, Kriterien, Spruchpraxis

13   Weder das JuSchG noch der JMStV legen also fest, welche Inhalte nach Auffassung des Gesetzgebers geeignet sind, zu einer Entwicklungsbeeinträchtigung oder zu einer Entwicklungsgefährdung beizutragen. Die Gesetze geben lediglich ein Ziel vor, das aber selbst wiederum interpretiert und konkretisiert werden muss.

14   Urteile im Bereich des Jugendschutzes müssen zwar begründet werden, **allerdings reicht dafür eine plausible Annahme, dass ein medialer Inhalt beeinträchtigend oder gefährdend sein kann, ein Beweis ist nicht erforderlich.**[10]

15   Im Bereich des Jugendschutzes wurde immer wieder der Versuch unternommen, durch die Formulierung möglichst präziser Kriterien eine gewisse Objektivität und Vergleichbarkeit von

---

6 Einen Überblick über die Entwicklung der Spruchpraxis gibt *Humberg* tv diskurs 4/2006, 64 ff.
7 Vgl *Bachmair* tv diskurs 4/2006, 20, 22.
8 Einen guten, aus heutiger Sicht fast satirischen Einblick in die Reduzierung der Frau auf ihre Rolle als Mutter und Hausfrau bietet der Dokumentarfilm „Rendezvous unterm Nierentisch" von *Manfred Breuersdorf* ua, Deutschland 1987.
9 Eine ausf Sammlung frauenfeindlicher Werbung dokumentieren *Schmerl/Huber*.
10 BVerfGE 21, 150, 157; BVerfGE 49, 89, 131 ff; das gilt aber nicht, wenn Beeinträchtigungen oder Gefährdungen nach dem aktuellen Forschungsstand auszuschließen sind (BVerfGE 83, 130, 141).

Ergebnissen herzustellen. Ein solcher Versuch muss jedoch scheitern.[11] Auch wenn die Institutionen des Jugendschutzes ihre Kriterien durch wissenschaftliche Forschungsergebnisse untermauern, implizieren die Entscheidungen Werthaltungen, die sich je nach Zusammensetzung der Ausschüsse immer wieder neu formieren. Auch die Frage, ob die Prüfer eine grds positive oder negative Grundeinschätzung gegenüber den Medien haben, beeinflusst das Ergebnis. Ein dritter wichtiger Faktor ist der jeweilige Erfahrungshorizont der Prüfer mit Kindern oder Jugendlichen der entsprechenden Altersgruppen. Prüfer, die gerade jüngere Kinder erziehen, setzen sich meist für ein hohes Schutzniveau ein. Prüfer, deren Kinder erwachsen sind oder die bereits Großeltern sind, befinden sich nicht mehr in direkter Erziehungsverantwortung und sehen deshalb vieles gelassener. **In jedem Falle können die Prüfer persönliche Erfahrungen, aber auch persönliche Vorlieben für bestimmte Filme oder Programme bei der Anwendung von Kriterien nicht außer Acht lassen.**

Die Institutionen des Jugendschutzes haben in unterschiedlicher Intensität den Versuch unternommen, diese allgemeinen Vorgaben des Gesetzes in ihren jeweiligen Prüfordnungen zu konkretisieren. Die Bundesprüfstelle für jugendgefährdende Medien (BPjM) besitzt neben den gesetzlichen Vorgaben keine weiteren verbindlichen Kriterien, bemüht sich allerdings, ihre Spruchpraxis durch wissenschaftliche Erkenntnisse zu untermauern.[12] Das geschieht bspw dadurch, dass bei schwierigen Entscheidungen während des Indizierungsverfahrens Gutachter aus dem Bereich der Psychologie oder Pädagogik hinzugezogen werden. Sie verfügt allerdings über ein Papier, das wohl eher für die Öffentlichkeit die Sichtweise der BPjM erläutert. Auch die für die Erteilung von Altersfreigaben zuständige freiwillige Selbstkontrolle der Filmwirtschaft (FSK) begnügt sich mit der Vorgabe recht allgemeiner Bewertungskriterien in § 18 ihrer Grundsätze: *Unter Beeinträchtigungen sind Hemmungen, Störungen oder Schädigungen zu verstehen* (Abs 1), die Entwicklungsbeeinträchtigung wird durch Inhalte befürchtet, *welche die Nerven überreizen, übermäßige Belastungen hervorrufen, die Phantasie über Gebühr erregen, die charakterliche, sittliche (einschl. religiöse) oder geistige Erziehung hemmen, stören oder schädigen oder zu falschen und abträglichen Lebenserwartungen verführen* (Abs 3). Außerdem wird festgelegt, dass sich die Freigabe an den Schwächeren einer Altersstufe orientieren muss (Abs 4). Des Weiteren wird auf die Pluralität der Ausschüsse verwiesen, außerdem seien die Erkenntnisse der wissenschaftlichen Medienwirkungsforschung zu berücksichtigen.

Die *Orientierung an den Schwächeren*, wie sie die FSK-Grundsätze vorsehen, wird allgemein im Jugendschutz als *Orientierung an den gefährdungsgeneigten Jugendlichen* verstanden. Während zunächst der durchschnittliche, normal entwickelte Jugendliche als Maßstab diente,[13] hat das BVerwG später entschieden, dass nun von demjenigen auszugehen ist, der aufgrund seiner persönlichen oder sozialen Dispositionen gegenüber bestimmten Gefährdungen besonders anfällig ist.[14] Im Jugendschutz versucht man also, bestimmte Risikogruppen zu definieren, die medial vorgeführten Verhaltensmustern offener und weniger kritisch als andere gegenüberstehen.[15] Auszuschließen sind lediglich Extremfälle. In der Praxis der Prüfausschüsse wird auf die gefährdungsgeneigten Jugendlichen oft dann hingewiesen, wenn die Argumente zur Begründung der Jugendgefährdung oder Jugendbeeinträchtigung nicht überzeugend

---

11 Vgl *von Gottberg* Prognosen auf dünnem Eis 28, 29 f.
12 Der langjährige Vorsitzende der Bundesprüfstelle für jugendgefährdende Schriften, Rudolf Stefen, hat als erster begonnen, Erkenntnisse der Medienwirkungsforschung in die Spruchpraxis mit einzubeziehen. Er gründete die Zeitschrift BPS-Report, in der zum ersten Mal öffentlich Entscheidungen vorgestellt und diskutiert wurden, vgl ua *Stefen* 99 ff.
13 BVerwG Urt v 7.12.1966 Az V C 47.64.
14 BVerwG NJW 1972, 596, 197.
15 Krit dazu *Ott* NJW 1972, 219 und *Erbel* DVBl 1973, 527.

sind.¹⁶ Das Grundproblem besteht jedoch darin, dass jeder eine andere Vorstellung darüber hat, was die Voraussetzung für eine Gefährdungsneigung sind und wie groß die jeweilige Gruppe ist. Am ehesten macht dies noch im Rahmen von Filmen Sinn, die möglicherweise eine gewaltbefürwortende Wirkung beinhalten. Jugendliche, die in ihrem Alltag Gewalt als Mittel der Konfliktlösung erleben, könnten solchen Aussagen gegenüber unkritischer sein, weil sie mit ihren eigenen Lebenserfahrungen übereinstimmen. Oft wird aber Gefährdungsneigung mit mangelnder Bildung oder der Zugehörigkeit zu sozial schwachen Schichten in Zusammenhang gebracht. Dies könnte zu einem unverhältnismäßig hohen Eingriff in die Informationsfreiheit Erwachsener führen, der im Hinblick auf tatsächliche Wirkungsrisiken nicht zu rechtfertigen ist. Zielt jedoch das Angebot absichtlich auf besonders anfällige oder labile Jugendliche ab und wird dadurch für diese eine besondere Gefährdungslage geschaffen, dann muss eine entsprechende Einschränkung des Angebots durch den Jugendschutz hingenommen werden.¹⁷

18   In den fünfziger und sechziger Jahren ging man im Jugendschutz von einer schlichten *Übertragung* aus: Wenn Kinder oder Jugendliche unethisches Verhalten im Film oder Fernsehen vorgeführt bekommen, machen sie dies auch nach. Heute stellt sich die relevante Forschungslage weitaus differenzierter, jedoch nicht unbedingt einheitlich dar. Neben der Medienwirkungsforschung entstehen durch Erkenntnisse der Entwicklungspsychologie und der Hirnforschung inzwischen zusätzliche Erkenntnisse über die emotionale und kognitive Entwicklung von Kindern und Jugendlichen. Dabei wird deutlich, dass sich das Gehirn in Abhängigkeit von realen Anforderungen entwickelt: Bei hoher Beanspruchung spezieller Leistungen oder Begabungen bilden sich Neuronen und das Gehirn wächst. Spitzer hält es für „nicht unwahrscheinlich, dass die Vergrößerung des Hippokampus bei Londoner Taxifahrern mit deren Aufgabe des Zurechtfindens in einem Straßengewirr ganz besonderen Ausmaßes in Zusammenhang steht."¹⁸

19   Der Prozess, sozialwissenschaftliche Erkenntnisse mit naturwissenschaftlicher Forschung zu kombinieren, steht erst am Anfang. In der Erziehungswissenschaft **setzt sich allmählich die Vorstellung durch, dass das Lernen kein einfacher Aneignungsprozess ist, sondern dass neue Informationen mit bestehenden Erfahrungen abgeglichen werden. Kinder und Jugendliche konstruieren sich ihre Vorstellung von Wirklichkeit, indem sie versuchen, reale Erfahrungen und mediale Bilder in Einklang zu bringen.**¹⁹ Durch die Medienforschung und die Jugendforschung weiß der Jugendschutz einiges darüber, wie Heranwachsende Medieninhalte in ihren Lebenskontext einbeziehen.²⁰

3. Erziehungsziele und plurale Wertordnung

20   Will man feststellen, ob ein Medieninhalt geeignet ist, die Entwicklung und Erziehung zu beeinträchtigen oder zu gefährden, kann dies nicht geschehen, ohne dass man sich darüber einig ist, welches Menschenbild und welche Persönlichkeit man als Folge des Erziehungsprozesses anstrebt. **In unserer pluralistischen Gesellschaft gehen die Vorstellungen über einen erfolgreichen Erziehungsprozess weit auseinander**. Die in den Jugendschutzgesetzen gewählte Formulierung führt dazu, dass jeder sein eigenes Erziehungsbild als Grundlage für die Bewertung zu Grunde legt. Damit wird oft das Verständnis von Jugendschutz ebenso plural wie die Erziehungsvorstellungen, die unsere Verfassung zulässt. So garantiert Art 4 GG die Religionsfreiheit. Will man aber aus katholischer, evangelischer, jüdischer oder einer dem Islam

---

16 So auch *Hilse* tv diskurs 4/2013, 12 ff.
17 So *Degenhart* tv diskurs 52, 65.
18 ZB *Spitzer* Lernen 32.
19 Vgl *Speck-Hamdan* TELEVIZION 17/2004, 4, 5.
20 So zB *Süss* 203 f.

nahestehenden Sicht ein einheitliches Erziehungsziel formulieren, so ist das unmöglich. Darüber hinaus lässt Art 4 GG selbstverständlich auch zu, dass Menschen keiner Religion angehören.

Es versteht sich, dass sich die Jugendschutzgesetze sowie die Auslegungen durch die Einrichtungen des Jugendschutzes an der Verfassung orientieren müssen. **Unsere Verfassung lässt verschiedene Erziehungsziele zu. Daher können sich die Kriterien der Jugendschutzorganisationen bzgl ihres Erziehungsbildes nur an den Rahmenbedingungen orientieren, die unsere Verfassung als unabänderliche Grundwerte festlegt.** Dazu gehören an erster Stelle die Würde des Menschen, das Recht auf Leben und körperliche Unversehrtheit, die Gleichstellung von Mann und Frau, die Friedensgesinnung sowie die freiheitliche, demokratische Grundordnung, Religionsfreiheit, Freiheit der Medien sowie die demokratischen Institutionen des Staates. Dies ist innerhalb der Jugendschutzinstitutionen unumstritten.[21]

21

Umstritten ist allerdings, wie weit neben den Grundwerten unserer Verfassung so etwas wie der *allgemeine Wertekonsens* geschützt werden soll. Dies ist sicherlich noch dann sinnvoll und zulässig, wenn ein bestimmtes Verhalten durch die allgemeinen Gesetze unter Strafe gestellt wird oder für bestimmte Personengruppen, zB Minderjährige, verboten ist. Medien also, die den Konsum illegaler Drogen verherrlichen oder verharmlosen, fallen sicherlich unter die Jugendschutzbestimmungen. Schwieriger wird es, wenn Sichtweisen oder Verhaltensweisen, vor denen der Jugendschutz schützen will, nach unserer Verfassung und nach den allgemeinen Gesetzen erlaubt sind, aber dem vermeintlichen allgemeinen Wertekonsens widersprechen.

22

II. Die Beurteilung von Gewaltdarstellungen

1. Gewaltdarstellungen aus Sicht der Wissenschaft

Die knapp 5.000 Studien, die den Zusammenhang zwischen realer und fiktionaler Gewalt untersucht haben, führten nicht zu eindeutigen Ergebnissen. Die erste Studie wurde in den fünfziger Jahren aufgrund der Beobachtung des FBI in den USA durchgeführt, dass es eine direkte Korrelation zwischen dem Ansteigen von Gewaltverbrechen in den Großstädten und der Zunahme von Gewaltdarstellungen im Fernsehen gab. Der amerikanische Psychologe *Feshbach* wurde von den Fernsehsendern mit einem Gutachten über diese Frage beauftragt. Sein Ergebnis: Gewaltdarstellungen im Fernsehen haben einen *Katharsiseffekt*.[22] Aufgestaute Aggressionen, die aufgrund gesellschaftlicher Konventionen oder Machtverhältnisse nicht abgebaut werden können, werden in das Gewaltverhalten der Protagonisten des Filmes projiziert und damit ausgelebt. Die Folge sei eine Reduktion der Aggression, für den Zuschauer entsteht eher ein läuternder Effekt.[23]

23

Die Katharsistheorie wurde verständlicherweise von den Medienunternehmen gern aufgegriffen und lange Zeit verteidigt, unterstellte sie doch einen positiven Wirkungseffekt. Insgesamt bilden die Wirkungstheorien positive, neutrale und negative Effekte ab. Die wichtigsten Positionen sollen hier kurz beschrieben werden:

24

- **Einen prosozialen Effekt von Gewaltdarstellungen sieht neben der Katharsistheorie die *Inhibitionsthese*.** Sie geht davon aus, dass Menschen in der Regel Gewalt als Mittel der Konfliktlösung ablehnen. Vor diesem Hintergrund erleben sie Gewalt als Regelverstoß, den es zu bekämpfen gilt, denn sie empfinden in der Regel bei Gewalterfahrungen Angst und wollen vermeiden, selbst in solche Situationen zu geraten (Inhibition, Hemmung). Gewalt-

---

21 Vgl *Castendyk* tv diskurs 1/2005, 20, 21, 27.
22 Der Begriff *Katharsis* geht auf das *Buch der Poetik* des *Aristoteles* zurück, der im Miterleben einer tragischen Handlung einen reinigenden Effekt vermutete.
23 Vgl *Feshbach* Journal of Abnormal and Social Psychology 63, 1961, 381ff.

darstellungen widersprechen also nicht nur ihren Gewalt ablehnenden Voreinstellungen, sie verstärken diese durch die Konfrontation sogar noch.[24]
- Die *Theorie der kognitiven Dissonanz* vermutet, dass Medien nicht in der Lage sind, Einstellungen oder Verhaltensweisen zu verändern. **Sie geht davon aus, dass mediale Darstellungen generell Grundeinstellungen von Menschen nicht verändern.** Durch die *präkommunikative Selektion* werden die medialen Inhalte so ausgewählt, dass sie mit den Grundeinstellungen weitgehend übereinstimmen. Ist das nicht der Fall, werden die Inhalte uminterpretiert oder als unglaubwürdig wahrgenommen.[25]

Die folgenden Theorien gehen von einer positiven Lernwirkung bei Gewaltdarstellungen aus:
- Die *Habitualisierungsthese* vermutet, dass sich durch das regelmäßige Anschauen vergleichbarer Gewaltdarstellungen eine Art Muster über Reaktionen in Konfliktfällen herausbildet. Also: Nicht die einzelne Gewaltdarstellung ist das Problem, sondern das regelmäßige Anschauen vergleichbarer Gewaltmuster.[26] Die Folge könnte sein, dass die Empfindungen der Zuschauer gegen Gewalt durch Gewöhnung allmählich abgestumpfen.
- Ähnliches vermutet die *Desensibilisierungsthese*. Sie geht davon aus, dass Menschen, deren Gefühle durch das Ansehen von Gewaltdarstellungen stark beansprucht werden, Methoden entwickeln, um die dargestellte Gewalt besser auszuhalten. Die Folge ist, dass sie Gewaltdarstellungen besser ertragen können. Um denselben Erregungszustand zu erreichen, benötigen sie immer drastischere Gewaltdarstellungen. Diesen Prozess der Abstumpfung können wir als Zuschauer oft selbst erleben. Ob allerdings die Abstumpfung gegenüber medial dargestellter Gewalt gleichzeitig auch für reale Gewalt gilt, konnte niemals nachgewiesen werden.[27]
- Die *Stimulationstheorie* vermutet, dass Menschen in emotional erlegten Zuständen (Verärgerung, Frustration) eher bereit sind, aggressiv zu reagieren. Aggressive mediale Darstellungen von Gewalt könnten unter bestimmten (individuellen) Umständen solche reale Gewalt zusätzlich stimulieren, zB dann, wenn die mediale Gewalt gerechtfertigt erscheint.[28]
- Die *Kultivierungshypothese* geht weniger von einer Lernwirkung aus, **sondern eher von einem kulturellen Gewöhnungseffekt (*Mainstraming*).** Durch die ständige, ansteigende Konfrontation mit Gewaltakten im Fernsehen wird vor allem bei Vielsehern auch reale Gewalt zunehmend akzeptiert.[29]
- Die *sozial-kognitive Lerntheorie*[30] geht davon aus, dass **aggressives Verhalten durch das Nachahmen von Modellen erlernt wird. Auch Protagonisten aus Filmen dienen als Modell.** Das heißt aber nicht, dass gewalttätig handelnde Vorbilder ohne weiteres in das eigene Verhaltensrepertoire aufgenommen werden. Es findet vielmehr eine Art Filterprozess statt, indem die Darstellung im Film vor dem Hintergrund sozialer Erfahrungen und kognitiver Prozesse interpretiert wird. Die Beobachtung eines Menschen, der sich selbst verletzt, führt nicht dazu, dass man ihn imitiert – denn aufgrund der eigenen Erfahrung weiß man, dass dies Schmerzen bereitet. Wenn aber ein Protagonist gewalttätig handelt, damit Erfolg hat und nicht bestraft wird, könnte man lernen, dass Gewalt ein Erfolg versprechendes Mittel ist, um Interessen durchzusetzen oder Ziele zu erreichen.

---

24 Vgl *Berkowitz/Rawlings* Journal of Abnormal and Social Psychology 66, 1963, 405 ff.
25 Vgl *Festinger* 1957, 15–42.
26 Vgl *Drabman/Thomas* Psychology 1974, 418 ff.
27 So *Grossmann/DeGaetano* Stuttgart 2002, 74 ff.
28 Vgl *Berkowitz* Nebraska Symposion of Motivation 18, 1970, 95 ff.
29 Vgl *Gerbner/Gross* Psychology Today 10 (4) 1976, 41 ff.
30 Vgl *Bandura* Social Learning 213 ff.

Gottberg

Sog Metaanalysen[31] finden in der Gesamtsicht der Studien und Untersuchungen zwar keinen Beweis dafür, dass mediale Gewaltdarstellungen ursächlich für reale Gewalttaten sein könnten, sie finden aber insgesamt viele Hinweise darauf, dass es einen Zusammenhang zwischen der Rezeption medialer Gewaltdarstellungen und realem Gewaltverhalten gibt. Normalerweise würde man einen solch geringen Zusammenhang als Zufall bezeichnen. Da er aber immer wieder vorkommt, wird er als *Wirkungsrisiko*[32] interpretiert.

In der neueren Forschung wird darauf hingewiesen, dass es eine mechanische Wirkung im Sinne eines Reiz-Reaktions-Systems nicht gibt. **In einer komplizierten Kette von Motivationen, individuellen biologischen und sozialen Dispositionen sowie biografischen Variablen, die letztlich dafür entscheidend sind, ob ein Mensch im strafrechtlichen Sinne oder im Sinne sozialer Konventionen gewalttätig handelt, können mediale Inhalte eine Rolle spielen.**[33] In der Forschung herrscht weitgehend Einigkeit darüber, dass **Gewaltdarstellungen niemals alleinige Ursache für gewalttätiges Verhalten sind**. Sie können aber entsprechend disponierte Menschen in konkreten Lebenssituationen, in denen sie aggressiv stimuliert sind, zu einer gewalttätigen Reaktionen anreizen. Das in Filmen gelernte Muster der gewalthaltigen Reaktion auf Frustration, Ärger oder Interessendurchsetzung ist unbewusst vorhanden und kann in Situationen aktiviert werden, die ein solchen Verhalten provozieren, vor allem dann, wenn es zufällig eine große Ähnlichkeit zwischen der realen und der fiktionalen Situation gibt. **Dabei darf aber nicht vergessen werden, dass mediale Gewaltdarstellungen reale Aggressionen auch hemmen können.** Denn der überwiegende Teil gewalthaltiger Filme vermittelt letztlich die Botschaft, dass Gewalt nur kurzfristig erfolgreich ist, langfristig hingegen hinter Gitter oder gar in den Tod führt.

Die meisten Menschen sind wohl in der Lage, medialen Gewaltkonsum als Fiktion bzw als Unterhaltung zu verstehen, ohne sich dadurch in ihrem realen Verhalten oder in ihrer Auffassung gegenüber Gewalt beeinflussen zu lassen. Es werden aber bestimmte Risikogruppen vermutet, die auf Grund individueller oder sozialer Dispositionen über eine ohnehin erhöhte Gewaltbereitschaft verfügen, die dann durch die Erfahrung der medialen Gewalt bestätigt wird. In der Psychologie wird dieser Effekt auch als *doppelte Dosis* bezeichnet: **Die realen Erfahrungen werden durch mediale Erfahrungen verstärkt.** Wie hoch jedoch der Anteil an solchen *gefährdungsgeneigten* Rezipienten ist, kann nur geschätzt werden, ebenso wenig herrscht über die Bedingungsfaktoren eine genaue Vorstellung. „Wir sprechen bei der Jugendkriminalität – das ist ja der Beginn – auf der einen Seite von einer ubiquitären Phase, die also fast jeder durchmacht, und auf der anderen Seite von einer Phase, die eher die Ausnahme darstellt: von Mehrfachtäterschaften und Intensivtäterschaften. Die Intensivtäter fallen schon relativ früh durch massive Straftaten auf. Internationale Studien zeigen, dass es vor allem Jungen sind und sehr wenige Mädchen. Es sind Jungen, die schon sehr früh verschiedenste Verhaltensauffälligkeiten und Probleme im Umgang mit Gleichaltrigen zeigen und häufig Gewalterfahrungen aus der Familie haben. Etwa fünf Prozent der Jungen kommen sehr früh mit dem Gesetz in Konflikt und sind für über fünfzig Prozent der schweren und mittelschweren Straftaten ihres ganzen Jahrgangs verantwortlich. Die sind das Problem, um das wir uns kümmern müssen. Man kann auf jeden Fall sagen, es ist eine Kumulation sozialer und persönlicher Risiken, die bei diesen Jungen zusammenkommen."[34]

In der sozialwissenschaftlichen Forschung wird weitgehend davon ausgegangen, dass das moralische Urteilsvermögen sowie das Repertoire an Verhaltensmustern in einem Zusammen-

---

31 Vgl ua *Kunczik/Zipfel* Medien und Gewalt 79 ff, 249 ff.
32 Zuerst *Selg* Psychologische Wirkungsbefunde, tv diskurs 2/2007, 50 ff.
33 Die Medienpsychologin Herta Sturm wies darauf bereits in den 1980er Jahren hin; vgl *Sturm* 33 ff.
34 *Bannenberg* tv diskurs 4/2004, 34 ff.

spiel von Persönlichkeitsvariablen und Sozialisation herausgebildet wird. In der Hirnforschung wird in letzter Zeit auch die Position vertreten, dass **Grundformen des moralischen Urteilsvermögens unabhängig von der späteren Sozialisation bereits im Gehirn angelegt sind.**[35] Kommt es zu einer Störung der Verbindung zwischen dem moralischen Urteilsvermögen und dem kognitiven Denken, ist die Wahrscheinlichkeit, dass ein Mensch später Gewaltverbrechen begeht, relativ hoch. Eine solche Störung kann auch durch Unfälle oder Krankheiten, bspw durch Gehirntumore, verursacht werden. Einige Forscher sind überzeugt, dass man ein solches Gewaltrisiko anhand bildgebender Verfahren prognostizieren kann.[36]

Angesichts der widersprüchlichen Ergebnisse innerhalb der Wirkungsforschung könnte man den Schluss ziehen, dass es entweder keine Wirkung gibt oder dass die Forschungslage zu einem Nachweis von Wirkungen nicht geeignet ist. Vieles spricht aber auch dafür, dass die Trennschärfe zu dem, was man als Gewaltdarstellung versteht, zu unpräzise ist. **So ist es wahrscheinlich, dass weniger die Menge an Gewaltdarstellungen, die man im Laufe des Heranwachsens anschaut, ausschlaggebend für eine gewaltfördernde Wirkung ist, sondern dass die Art und Weise der Darstellung sowie die Einbettung in den Kontext ausschlaggebend ist.** Die Wirkungen können also je nach Persönlichkeit des Rezipienten bzw des Kontextes sehr unterschiedlich, ja sogar widersprüchlich sein. Dieser Ansatz wird inzwischen auch in der Forschung vertreten. Ziel ist es, die typischen Elemente von Gewaltdarstellungen zu definieren, die geeignet sind, eine positive oder negative Einstellung zu realer Gewalt zu motivieren.

2. Wirkungsforschung und Jugendschutz

29 Der Jugendschutz kann mit solchen relativ allgemeinen Aussagen bei der konkreten Bewertung von Filmen oder Programmen wenig anfangen. Die meisten wissenschaftlichen Wirkungsuntersuchungen basieren auf dem Vergleich sog *Vielseher* und *Wenigseher* von Fernsehgewalt. Danach weisen die Vielseher von medialer Gewalt in ihrer Lebensrealität eine leicht erhöhte Bereitschaft zu Normverstößen auf. Es ist jedoch unklar, ob die Vielseher auf Grund ihrer bereits bestehenden Vordispositionen ein höheres Interesse an Gewaltdarstellungen haben oder ob ihre ex post gemessene erhöhte Bereitschaft zu Gewaltverhalten die Folge des Medienkonsums ist. **Unklar, aber zumindest möglich ist auch, dass für Menschen, die aufgrund individueller oder sozialer Dispositionen zur Aggression oder Normübertretung neigen, bspw in Kriminalfilmen lernen, dass sich Gewalt und Verbrechen nur kurzfristig lohnen.** Es ist jedenfalls zu kurz gegriffen, aus einer Korrelation auf ein Ursache-Wirkungsverhältnis zu schließen.[37] Das bekannteste Beispiel hierfür ist das der Störche in Schweden: Seit Jahren nimmt die Population der Störche im gleichen Umfang ab wie die Geburtenrate bei Menschen. Würde man dies nach dem Ursache-Wirkungsprinzip interpretieren, so könnte man dadurch beweisen, dass der Mensch doch vom Klapperstorch gebracht wird. Korrelationen sind zwar Hinweise auf einen Zusammenhang, müssen aber interpretiert werden, denn sie können, wie bei dem hier aufgeführten Beispiel, auch zufällig sein.

30 Ein weiteres Problem dieser Studien besteht darin, dass sie Gewaltdarstellungen rein quantitativ erfassen, also weder den dramaturgischen Kontext noch die Identifikationsangebote der Programme berücksichtigen.

31 **Im Jugendschutz werden die Ergebnisse der Wirkungsforschung berücksichtigt, müssen aber in Kriterien aufgenommen werden, die man an konkrete Inhalte anlegen kann.**

---

35 Vgl *Blech/von Bredow* Der Spiegel 31, 2007, 108 ff.
36 *Markowitsch/Siefer* 214 ff.
37 Vgl auch *Lenzen* tv diskurs 1/2003, 50 ff.

Die Urteile der Jugendschutzinstitutionen sind also Wirkungsprognosen, in denen der Forschungsstand mit plausiblen Vermutungen und individuellen Erfahrungen und Werthaltungen von Prüfern zusammenkommt. Ähnlich wie Steuerschätzungen oder Wetterberichte sollen und wollen sie möglichst genau sein, aber der Wirkungsprozess ist so komplex, dass wir von objektiven Aussagen weit entfernt sind.

3. Medienkritische Ansätze

Während in den Sozialwissenschaften bzgl negativer Auswirkungen von Medien überwiegend ein vorsichtiger Optimismus herrscht, ist die Haltung der Öffentlichkeit sowie der Politik sehr viel ängstlicher.[38] Bei Gewalttaten Jugendlicher oder den Amokläufen von Erfurt (2002), Emsdetten (2006) oder Winnenden (2009) wird immer wieder ein Zusammenhang zwischen medialer Gewaltdarstellung und realer Gewalt hergestellt. Dabei reicht oft die Kenntnis darüber, dass ein jugendlicher Täter bestimmte Filme gesehen oder bestimmte Computerspiele gespielt hat. Auch wenn detaillierte psychologische Täteranalysen meist sehr komplexe Ursachenstrukturen aufzeigen, wird in der *subjektiven Medientheorie* die Wirkungsmacht zB von Computerspielen wie *Counterstrike* überaus hoch eingeschätzt. Jede dieser Taten führt zu Forderungen nach strengeren Jugendschutzgesetzen oder gar völligen Verboten solcher Spiele. Als Ergebnis dieser Diskussion wurde 2008 das Jugendschutzgesetz ergänzt. Zum einen wurden die beispielhaft aufgeführten Kriterien für eine Indizierung erweitert. Zu den entwicklungsbeeinträchtigenden Medien gehören auch solche, in denen „Gewalthandlungen wie Mord- und Metzelszenen selbstzweckhaft und detailliert dargestellt werden."[39] Auch der Kriterienkatalog für „schwer jugendgefährdende" Inhalte, die ohne besonderes Indizierungsverfahren nur noch sehr eingeschränkt an Erwachsene vertrieben werden dürfen, wurde um eine Bestimmung erweitert, die vor allem auf „gewaltbeherrschte" Spiele abzielt.[40]

Aufgrund solcher populären Vorstellungen[41] stoßen in der Öffentlichkeit vor allem medienkritische Stellungnahmen aus der Wissenschaft auf Interesse. Der Ulmer Neurologe Manfred Spitzer rät in populären Zeitschriften oder Fernsehsendungen dazu, Kinder möglichst lange von Fernseher und Computer fernzuhalten.[42] Er sieht vor allem die Gefahr einer frühen Gewöhnung (Mediensucht). Die Mediensucht verhindere reale Aktivitäten und verschlechtere die Leistungsfähigkeit in Schule und Ausbildung. Er fasst seine Thesen zur Medienwirkung in dem Satz zusammen: *Fernsehen macht dick, dumm und gewalttätig.*[43]

Auch Christian Pfeiffer, Kriminologe aus Hannover und Direktor des Kriminologischen Forschungsinstituts Niedersachsen (KFN) sieht in den Medien die Ursache für Schulversagen, Schulabbrüche und Jugendgewalt. Vor allem Computerspiele spielten bei der Entstehung realer Gewalt eine große Rolle, da der Spieler seine Hemmschwelle, zu töten, aktiv überwinden muss, wenn er das Spiel gewinnen will. Bei Filmen hingegen nehme der Zuschauer an einem Geschehen nur passiv teil. Durch das ständige virtuelle Töten würde der Spieler darüber hinaus seine Empathie gegenüber den virtuellen Opfern reduzieren müssen.

---

38 So hat die jetzige Bundeskanzlerin Merkel in ihrer Zeit als zuständige Bundesministerin ein härteres Vorgehen des Staates gegen Gewaltdarstellungen im Fernsehen gefordert. *Merkel* BPS Aktuell 3/93, 3 f.
39 § 18 Abs 1 Nr 1 JuschG.
40 § 15 Abs 2 Nr 3a JuSchG.
41 So fordern verschiedene Politiker, vor 20 Uhr die Darstellung von Mord und Toten im Fernsehen zu verbieten, „Brutal TV. Macht Fernsehen Jugendliche zu Kriminellen? Politiker attackieren Sender" Focus 3/2008, 17.1.2008, 120 ff.
42 Vgl *Spitzer* Wer seinem Kind etwas Gutes tun will Psychologie Heute 34 ff.
43 Einen Rundumschlag an negativen Wirkungen liefert *Spitzer* Vorsicht Bildschirm 155 ff.

35 Aufgrund einer Untersuchung des KFN vertritt Pfeiffer die These, der Medienkonsum sei ursächlich für schlechte Schulleistungen. Die Studie untersucht den Medienkonsum von Kindern und Jugendlichen in verschiedenen deutschen Städten und stellt fest, dass die Nutzungsdauer in München sehr viel geringer ist als in Dortmund. Gleichzeitig seien die Schulleistungen in Dortmund durchschnittlich sehr viel schlechter als in München. Daraus folgert Pfeiffer, dass schlechte Schulleistungen die Folge von hohem Medienkonsum seien.[44] In dieser These stimmt er mit Spitzer überein, der sich auf internationale Vergleichsstudien beruft, die ebenfalls einen Zusammenhang zwischen hohem Medienkonsum und schlechten Schulleistungen herstellen.[45] Das Problem bei solchen Studien ist allerdings, dass sie aus Zusammenhängen Ursachen konstruieren. So kann bspw der hohe Medienkonsum in Dortmund mit einer schlechteren wirtschaftlichen Lage der Familien zusammenhängen, die mangels teurer Freizeitaktivitäten die Medien stärker nutzen als Familien in München. Die schlechtere wirtschaftliche Lage könnte gleichzeitig zu einer reduzierten Leistungsbereitschaft in der Schule beitragen, weil die Möglichkeiten zur Unterstützung fehlen oder die Hoffnung, durch gute Schulleistungen auch später beruflich erfolgreicher zu sein, angesichts der realen Erfahrungen sinkt.[46]

4. Wirkung abhängig vom Kontext

36 In der neueren Forschung wird daher sehr viel stärker die spezifische Wirkung von detaillierter oder wenig detaillierter Gewaltdarstellung sowie der Gesamtkontext des Filmes untersucht. **Es zeigt sich, dass Gewaltdarstellungen in Abhängigkeit von der Geschichte und der Gestaltungsform eines Filmes sowohl aggressionssteigernde als auch aggressionshemmende Effekte haben können.** Die Gewaltdarstellung in Kriegsfilmen ist von ihrer Grausamkeit her vergleichbar mit den Darstellungen in Antikriegsfilmen, trotzdem haben sie im anderen Kontext eine entgegengesetzte Wirkung.

37 Untersuchungen von *Grimm*[47] zeigen bspw, **dass Szenen, die drastische Folgen von Gewalt aus Sicht der Opfer darstellen, bei Zuschauern eher zu einer Reduktion der Aggressionen führen**. Grimm erklärt das damit, dass der Zuschauer Mitgefühl für die Opfer empfindet und Aggressionen vermeidet, um nicht selbst in eine ähnliche Situation zu geraten. Allerdings gibt es dennoch negative Effekte. Gehört der Täter bspw erkennbar einer ethnischen Minderheit an, so kann die Toleranz gegen diese Gruppe abnehmen, weil der Zuschauer sie für gefährlich hält.

38 Eine andere Wirkung haben die Szenen, die Gewalteinwirkungen auf die Opfer ausblenden und somit für den Zuschauer erträglicher sind. So fällt ihm die Identifikation mit dem Täter leichter, der Gewalt einsetzt, um sein Ziel zu erreichen. **Wenn die Schmerzen oder die Qual der Opfer ausgeblendet werden, steht das Gefühl der Macht und Omnipotenz über dem des Mitleids.** Solche Darstellungen können zu einem Anstieg der Aggressionsbereitschaft führen. Ob dies auch mit einem Anstieg der Gewaltbereitschaft verbunden ist, konnte in der Untersuchung nicht festgestellt werden.

39 Dies ist in der Praxis für Laien in Sachen Jugendschutz immer wieder überraschend: Die Filme, die man selber *nicht schlimm* findet, werden manchmal strenger freigegeben als die Filme, die man wegen ihrer unerträglichen Darstellung von Gewalt kaum aushalten kann.

40 Im Jugendschutz werden diese Forschungsergebnisse berücksichtigt. Es geht, jedenfalls bei Filmen, für die eine Freigabe ab 12 oder 16 Jahren angestrebt wird, weniger um die einzelne Ge-

---

44 Vgl *Pfeiffer/Kleimann* tv diskurs 2/2006, 42 ff.
45 *Spitzer* Fernsehen und Bildung tv diskurs 2/2006, 36 f.
46 So *Nieding/Ohler* tv diskurs 2/2006, 48 ff.
47 Vgl *Grimm* Fernsehgewalt 706 ff.

waltdarstellung, als um die Gesamtaussage des Films, die er unter Berücksichtigung des gesamten Kontextes hat. **So stellen Krimis und Actionfilme zwar Gewalt dar, allerdings wird in ihrem Kontext deutlich, dass es dem Helden des Filmes darum geht, die Gewalt zu besiegen und die *Norm* des friedlichen Miteinanders wiederherzustellen.** Allerdings nutzt der Held in manchen Actionfilmen die Situation aus, um seinerseits rohe und unnötige Gewalt anzuwenden. So wird innerhalb des Jugendschutzes sehr darauf geachtet, ob **der Held Gewalt nur im Notfall (Notwehr) anwendet oder ob seine Gewalthandlungen über das hinausgehen, was notwendig ist, um die Gewalt des Täters zu stoppen.** Die Handlung der Täter wird meist drastisch dargestellt, um den Zuschauer gegen ihn einzunehmen und ein ebenso drastisches Eingreifen des Helden zu rechtfertigen. Das schafft beim Zuschauer Rachegefühle, die dazu führen können, dass er dem Helden nahezu alles zugesteht, was man dem Täter an Gewalt zufügen kann.

Hier ist der Grundsatz der Rechtsstaatlichkeit zu beachten: Aufgabe des Helden sollte es sein, den Täter der Justiz zu überstellen, soweit dies die Situation zulässt. **Die Tötung des Täters durch den Helden gilt als *Selbstjustiz*, wenn es sich nicht um Notwehr handelt und noch andere Möglichkeiten zur Verfügung stehen, dessen Gewalthandlungen ein Ende zu setzen.** Eine Verherrlichung von Selbstjustiz ist gegen die Prinzipien des Rechtsstaates gerichtet, da das Gewaltmonopol des Staates negiert wird und die Instanzen der Strafverfolgung als unfähig tatenlos hingestellt werden. Das darf allerdings nicht dazu führen, das jede Kritik an konkreten Missständen bei Polizei oder Gerichten als unzulässiger Aufruf zur Selbstjustiz gewertet wird. Die Frage ist, ob Einzelfälle auf die gesamte rechtsstaatliche Strafverfolgung verallgemeinert werden.

Neben der bildlichen Darstellung der Gewalthandlungen spielt auch die Sprache eine große Rolle. **Oft wird das Gewalthandeln des Täters mit zynischen oder menschenverachtenden Bemerkungen unterstützt. Dies wird durch die Gremien des Jugendschutzes in der Regel negativ berücksichtigt.**[48]

III. Angst und Angstverarbeitung

Ein weiterer Aspekt des Jugendschutzes hinsichtlich der Wirkung von Gewaltdarstellungen ist die Erzeugung von Ängsten, die vor allem jüngere Kinder nicht adäquat verarbeiten können. Dabei kann es nicht darum gehen, Kindern möglichst jede Konfrontation mit Angst erzeugenden Bildern zu ersparen,[49] sondern es gilt, mediale Angebote so zu differenzieren, dass man Darstellungen, die eine positive Angstverarbeitung ermöglichen, von solchen unterscheidet, die Kinder kurzfristig oder mittelfristig traumatisieren.

In den siebziger Jahren gab es in der Pädagogik eine Diskussion um die Frage, ob Märchen, die ebenfalls auf Gewalthandlungen basieren, bei Kindern eine positive Einstellung zur Gewalt fördern könnten. Bruno Bettelheim beendete diese Debatte mit seinem Buch *Kinder brauchen Märchen*, in dem er unter anderem darauf hinwies, dass Märchen eine wichtige Funktion für die Angstverarbeitung besitzen. **Da Kinder schnell in der Lage sind, Erzählstrukturen von Märchen zu verinnerlichen, wissen sie bald, dass Märchen zwar ein hohes Angstpotential entwickeln, dass aber zum Schluss derjenige, aus dessen Perspektive das Märchen erlebt wird, als Sieger aus der Geschichte hervorgeht.** Märchen, so *Bettelheim*, entwickeln also die

---

48 Vgl *Hönge* tv diskurs 3/1998, 58 ff.
49 Die durch Medien symbolisch durchlebte Angst hilft Kindern, reale Ängste besser auszuhalten und die Gewissheit zu stärken, dass Ängste überwunden werden können, vgl *Michaelis* Unsere Kinder sollen ohne Angst aufwachsen, tv diskurs, Heft 31, 74 ff.

Hoffnung und die innere Sicherheit, dass Situationen, die Angst erzeugen, zu bewältigen sind. Kinder haben so die Möglichkeit, auf einer fiktionalen, real letztlich ungefährlichen Weise Angst zu erleben, sie auszuhalten und zum Schluss durch die Dramaturgie wieder abzubauen.[50]

45   Der Wiener Psychologe Peter Vitouch[51] hat Untersuchungen mit angstneurotischen Jugendlichen durchgeführt, die eine Vorliebe für Horrorfilme hatten. Er beobachtete, dass die jungen Zuschauer diese Filme bewusst einsetzten, um ihre Angst zu verarbeiten. **Filme ermöglichen als Simulation (und damit letztlich real ungefährliche Weise) die Erzeugung von Angst, die aber, das ist für die Verarbeitung wichtig, kontrolliert werden kann.** Die Angstkontrolle kann stattfinden, indem bei verängstigenden Szenen die Hand vor die Augen gehalten wird, mit der Mutter oder der Freundin gekuschelt wird (Angstlusterlebnis) oder indem der Film schlicht ausgeschaltet wird. Vitouch beobachtete weiter, dass gerade solche Filme, die im hohen Grade Angst auslösten, von den Jugendlichen immer wieder angeschaut wurden. Das Ziel solcher Wiederholungen ist es, in den Filmen bestimmte Muster zu erkennen, deren Beherrschung in der Realität mutmaßlich helfen kann, Gefahrensituationen zu entkommen. Außerdem führen solche Muster zur Genrekenntnis: Man kann dadurch prognostizieren, wie in anderen Filmen, die man noch nicht kennt, die Handlung verlaufen wird. **Auch will man sich vergewissern, dass man die während des Filmes erlebte Angst immer wieder übersteht.**[52] Vitouch weist aber auch darauf hin, dass die beabsichtigte Angstbewältigung nicht immer funktioniert. Er stellt bestimmte Kriterien auf, die ein Film erfüllen muss, um tatsächlich zur Angstbewältigung beizutragen. **Danach ist es vor allem wichtig, dass der Film eine Figur enthält, die für den Zuschauer stabil und verlässlich ist, die sie gewissermaßen durch den Film leitet und der nichts geschehen darf.** Im ungünstigsten Fall kann die individuelle Unfähigkeit, Angst auszuhalten, durch Filme noch erheblich verstärkt werden. Die Folge kann sowohl völlige Angstvermeidung sein (zB Vermeiden von öffentlichen Straßen aus Angst vor Überfällen) als auch eine Sucht nach Konfrontation mit immer neuem Angsterleben.

46   Unter dem Gesichtspunkt des Jugendschutzes ist also festzuhalten, dass (Horror)-Filme gerade deshalb angesehen werden, weil der Nervenkitzel und die eigene Angst durch Identifikation mit den Protagonisten erlebt werden sollen, um am Schluss des Filmes, meist durch das Happy End, abgebaut zu werden. Es ist ein einfaches System von Spannung und Entspannung. Bei Zuschauern, die in der Lage sind, diese Dramaturgie eines Filmes nachzuvollziehen, kann ein solcher Film zu einem besseren Umgang mit Ängsten beitragen. Sie entwickeln schnell eine abstrakte Kenntnis solcher Dramaturgien und wissen dadurch, dass dem Angstaufbau die Entspannung folgt. Dieser Prozess ist als *Mood-* oder *Gefühlsmanagement* bekannt: Der Zuschauer entwickelt auch in seinem realen Leben die Hoffnung, dass beängstigende Situationen vorübergehen und gelöst werden. Um allerdings Filme in dieser Weise zu verarbeiten, sind bestimmte altersabhängige kognitive Fähigkeiten notwendig. **Insgesamt wird in der Forschung verschiedentlich darauf hingewiesen, dass medial vermittelte Angst aggressionshemmend wirken kann.**

IV. Verstehensfähigkeiten in den Altersstufen

47   Der jeweilige kognitive und emotionale Entwicklungsstand der Heranwachsenden ist entscheidend für die Fähigkeit, die Inhalte eines Films zu verstehen und zu verarbeiten. **Obwohl indivi-**

---

50 Über die Problematik im Umgang mit Angst im Jugendschutz s *von Gottberg* Angstauslöser oder Angstverarbeitung tv diskurs 2/2003, 24 ff.
51 *Vitouch* Fernsehen und Angstbewältigung, 2007; das Buch enthält eine gute Zusammenstellung verschiedener Experimente zum Verhältnis „Angst und Fernsehkonsum", 67 f.
52 *Vitouch* Gewaltfilme als Angsttraining, tv diskurs Heft 2, 46 f.

duelle und soziale Dispositionen sowie das Geschlecht wichtige Faktoren für den jeweiligen Entwicklungsstand sind, steht dem Jugendschutz nur das Alter als Differenzierung zur Verfügung.[53] Das bedeutet zum einen, dass Jugendschutzentscheidungen immer relativ grob gefällt werden, da bspw bei Zwölfjährigen die einen durchaus in der Lage sind, einen Inhalt ohne Schaden zu verkraften, während die anderen damit kognitiv überfordert sind.[54] Zum anderen muss entschieden werden, ob man sich am Entwicklungsstand eines durchschnittlichen Zwölfjährigen orientiert oder ob man vor allem die sog *gefährdungsgeneigten* Jugendlichen im Blick hat. **Insgesamt wird im Jugendschutz davon ausgegangen, dass bei der Alterseinstufung auf den Entwicklungsstand der jeweils Jüngsten einer Altersgruppe Rücksicht genommen werden muss.** Bei der FSK heißt es: *Dabei ist nicht nur auf den durchschnittlichen, sondern auch auf den gefährdungsgeneigten Minderjährigen abzustellen. Lediglich Extremfälle sind auszunehmen.*[55]

Bei Kindern unter 12 Jahren muss beachtet werden, dass sie in der Regel nicht in der Lage sind, die gesamte Dramaturgie des Filmes zu verstehen. Sie erleben Filme als Addition von Einzelszenen, sie brauchen also dann, wenn Angst aufgebaut wird, relativ bald eine Entspannungsphase, da sie noch nicht in der Lage sind, dem dramaturgischen Aufbau und der Lösung am Ende des Filmes zu folgen. Oft sind sie auch kognitiv gar nicht fähig, die Handlung in allen Einzelheiten zu verstehen. Das muss nicht unbedingt zu einer Beeinträchtigung führen, kann es aber dann, wenn das Verstehen der Handlung wichtig ist, um bspw Angst zu verarbeiten. **Durch die Fixierung von Kindern auf einzelne Szenen dürfen diese nicht drastisch oder detailliert Gewalt darstellen, weil sich sonst solche Bilder bei Kindern gewissermaßen in die Erinnerung einbrennen.** 48

Zwölfjährige Kinder sind in der Lage, der filmischen Dramaturgie zu folgen. Physiologisch ist das Gehirn inzwischen ausgewachsen, allerdings befinden sie sich jetzt in der Phase der Pubertät und der Identitätsentwicklung. Man kann die Entwicklungsaufgaben in der Altersphase bis zum zehnten Lebensjahr als Prozess der Aneignung verstehen, in der Kinder sich ihre Umwelt zu eigen machen und die sozialen Sichtweisen der Umgebung zu verstehen und zu übernehmen versuchen. Sie sind in der Regel an den Werthaltungen und Sichtweisen der Familie bzw der Gruppe, in der sie aufwachsen, orientiert.[56] 49

In der Pubertät ist es zunächst eine wichtige Entwicklungsaufgabe, sich von der Bindung an die Eltern oder die Familie, die sich während der Kindheit fast übermächtig aufgebaut hat, zu lösen. Kinder bzw Jugendliche suchen nach alternativen Wertvorstellungen, Meinungen, Weltbildern und Lebensweisen. Alles, was vorher selbstverständlich war, wird in Frage gestellt: Heute wird diese oder jene Ideologie, Musikrichtung oder Literatur bevorzugt, nur um diese unmittelbar darauf durch eine neue zu ersetzen. Es herrscht das *Chaos im Kopf*, und es gelingt nur langsam, in dieses Chaos wieder eine Ordnung zu bringen. In dieser Phase ist die Lust auf Provokation besonders groß, und diese Provokation wird zum Teil auch über Identifikation mit Antihelden der Medien, die, ebenso wie die zuweilen während der Pubertät bevorzugten Musikstile, die Eltern und Lehrer oft verzweifeln lässt, ausgelebt.[57] 50

In dieser Altersphase findet die Entwicklung eines eigenen Wertesystems sowie des Ich-Gefühls statt. Thesen und Antithesen werden aufgebaut und verworfen, bis sich allmählich ein 51

---

53 Einen Einblick in die Entwicklung der Verstehensfähigkeit von Filmen bei kleinen Kindern bieten *Nieding/Ohler* tv diskurs 2/2006, 48 ff.
54 Die Geschwindigkeit der kognitiven Entwicklungsschritte sowie die Fähigkeit, mit medial vermittelter Angst umzugehen, hängt von vielen Faktoren ab, nur zu einem geringen Teil vom Alter; vgl *Dolase* tv diskurs 2/2002, 30 ff.
55 § 18 Abs 1 Nr 4 FSK-Grundsätze, abrufbar unter www.fsk.de.
56 Eine ausf Beschreibung der Entwicklungsstufen s *von Gottberg* Jugendschutz in den Medien, 67 ff.
57 Durch alle Kulturen hindurch ist die Pubertät die Phase des Probierens, der Tabuüberschreitung und der Provokation; s auch *Farin* tv diskurs 3/2006, 20 ff.

eigener Stil oder ein eigenes Wertesystem herauskristallisiert. Darüber hinaus wird in dieser Altersphase die Geschlechterrolle entwickelt. Diese Phase ist in modernen Gesellschaften besonders schwierig, denn Jugendliche sind nicht mehr Kind, sie sind aber auch noch nicht erwachsen. Sie sind geschlechtsreif, aber als Erwachsene fühlen sie sich erst, wenn sie ihre Ausbildung abgeschlossen und einen Beruf gefunden haben. Dieser Prozess dauert in hoch zivilisierten Gesellschaften immer länger, was die Übergangsphase des Jugendalters verlängert (Postadoleszenz).[58]

52   **In dieser Entwicklungsphase sind Kinder besonders anfällig für die Wertvorstellungen und Verhaltensstile, die durch die Medien transportiert werden.** Ihre Werthaltungen sind, wenn auch meist nur vorübergehend, absolut. Kompromisse oder Relativierungen fallen schwer. Zwar können sie die Dramaturgie von Filmen durchschauen, aber bestimmte Werthaltungen der Filmfiguren können sie, zumindest vorübergehend, stark beeinflussen. Dies betrifft vor allem die Geschlechterrollen: **Mangels eigener Erfahrungen konstruieren sie sich nicht zuletzt aus den medialen Angeboten ihre Vorstellung darüber, wie man als Mann oder Frau zu sein hat, was von einem erwartet wird und wie man mit dem jeweils anderen Geschlecht oder den daraus erwachsenden Beziehungen umgeht.** Bei der Freigabe von Filmen ist darauf zu achten, dass kein Rollenverhalten vorgelebt wird, dass die Stärke und Macht eines Geschlechts über das andere setzt: **Die Gleichberechtigung der Geschlechter, wie unsere Verfassung sie will, ist zu beachten.**

53   In Bezug auf die Darstellung von Gewalt **muss vor allem auf die Einhaltung rechtsstaatlicher Prinzipien geachtet werden**. In dieser Altersphase herrscht noch ein Ungleichgewicht von Gerechtigkeit und Recht. Die Bereitschaft, Selbstjustiz zu befürworten, ist oft dann groß, wenn staatliches Handeln nicht in der Lage ist, den vermeintlichen Täter zu bestrafen.

54   In den letzten Jahren haben sich in den vorrangig an Jugendliche gerichteten Musiksendern (allen voran MTV) immer wieder neue Formate entwickelt, in denen Jugendliche gesellschaftliche Tabus in einer Art Spielshow austesten (*Jack Ass*, *Freakshow*). Dazu gibt es im Bereich des Jugendschutzes unterschiedliche Haltungen. Während die einen meinen, dies gehöre zu einer normalen Entwicklung dazu, insb dann, wenn Erwachsene kein Verständnis dafür haben, sind die anderen der Meinung, dass auch die spielerische Verletzung von Tabus mit Personen, die dies freiwillig mitmachen (bspw Spiele, bei denen die Gefahr der Verletzung besteht) jugendbeeinträchtigend ist oder gar ein gefährdendes Modell sein könnte.[59]

55   Bei Sechzehnjährigen ist die wichtigste Phase der Wertentwicklung und Identitätsentwicklung abgeschlossen. Sie unterscheiden sich von Achtzehnjährigen aus psychologischer Sicht nur noch in der Differenzierung. **In den meisten europäischen Ländern (mit Ausnahme von Deutschland und Großbritannien) endet das Jugendschutzalter daher mit 16 Jahren.** Der Anteil der Filme, die bei der FSK keine Jugendfreigabe erhalten, ist deshalb auch sehr gering.[60] Es handelt sich dabei vor allem um solche Gewaltdarstellung, die besonders eindringlich sind und für die keine Relativierung durch den Kontext zu Verfügung steht.

---

58 In der Jugendforschung herrscht weitgehende Übereinstimmung darüber, dass das Jugendalter in der gesetzlichen Festlegung (14–18 Jahre) unzureichend bestimmt ist. In Gesellschaften, in denen Heranwachsende mit einer Vielzahl von problembelasteten Situationen konfrontiert sind, beginnt die Jugend für Viele früher, *Merkens/Zinnecker* 203.
59 Mit diesen Argumenten stufte die Bayerische Landeszentrale für neue Medien (BLM) im Jahre 2001 verschiedene Folgen des Formates *Freak Show* als *offensichtlich schwer jugendgefährdend* ein. MTV klagte dagegen, teilweise mit Erfolg. Das VG München vertrat die Auffassung, die offensichtlich schwere Jugendgefährdung müsse *jedem ungefangenem Beobachter* unmittelbar deutlich werden (VG München Urt v 4.11.2004 Az M 17 K 02.5297). Das Berufungsverfahren endete mit einem Vergleich. Der Sender verpflichtete sich, bei weiteren Ausstrahlungen auf besonders eindringliche Szenen zu verzichten.
60 Viele Experten fordern daher, auch in Deutschland die höchste Altersgrenze auf 16 Jahre zu senken. So *Knoll* tv diskurs 4/1999, 66 ff.

Gottberg

V. Darstellung von Sexualität

In keinem anderen Bereich hat sich der gesellschaftliche Wertewandel so deutlich auf die Spruchpraxis des Jugendschutzes ausgewirkt wie bei sexuellen Darstellungen. Während in den fünfziger Jahren Filme allein deshalb nicht für Jugendliche freigegeben wurden, weil außereheliche Sexualität auch nur thematisiert wurde, ist heute selbst die Darstellung nackter Menschen allein kein Jugendschutzkriterium mehr, selbst für Sechsjährige nicht. Auch mögliche sexuell stimulative Effekte allein stehen heute nicht mehr unter Jugendschutzgesichtspunkten in der Debatte.[61]

Während man lange Zeit befürchtete, durch die Konfrontation mit medialer Sexualität würden Pubertierende zu immer früheren sexuellen Erfahrungen animiert (Verfrühung), geht es heute eher darum, **Heranwachsende vor medial vermittelten Normalitätskonzepten zu bewahren, die zB sexuelle Erfahrungen als notwendige Voraussetzung darstellen, um in der sozialen Gruppe akzeptiert und anerkannt zu werden.**[62] Der sexuelle Reifungsprozess läuft in sehr unterschiedlicher Geschwindigkeit ab. **Jugendliche sollen selbstbestimmt und unabhängig von medialen Darstellungen über ihr Verhalten entscheiden können.**

Ein weiterer wesentlicher Gesichtspunkt ist das durch sexuelle Darstellungen vermittelte Geschlechterbild. **Die Reduzierung der Frau auf die Rolle des Lustobjekts oder die Stilisierung des Mannes als ständig potenten Sexualpartner gehören zu den Klischees, die zahlreiche Softerotikfilme vermitteln.** Pubertierende können, so die Vermutung des Jugendschutzes, diesen Darstellungen noch keine eigenen Erfahrungen entgegensetzen und deshalb dadurch übermäßig beeinflusst werden. Dies steht der pädagogisch gewollten Selbstbestimmung und der grundgesetzlich garantierten Gleichberechtigung der Geschlechter entgegen. Sexualwissenschaftler bezweifeln allerdings eine solche Wirkung: „Das sind Mythen und Stereotype, wobei die Pornografie ziemlich viel von dem vermittelt, was ohnehin in der Gesellschaft als Stereotyp existiert. Dazu kommen noch bestimmte Muster, die dadurch attraktiv werden, weil sie tabuisiert sind, sodass die bereits in der Gesellschaft vorhandenen Stereotype noch einmal getoppt werden. Dazu gehört zB der sexualspezifische Mythos, dass beim Orgasmus eine wahnsinnige Menge Sperma herausgespritzt wird oder dass Männer immer können und Frauen immer wollen. Das klassische Rollenstereotyp hat sich zwar in der Gesellschaft in vielen Sektoren schon modifiziert, im sexuellen Bereich ist es aber offenbar noch vorhanden. Die Medienforschung sieht jedoch, dass diese Stereotypen und Übertreibungen, die nicht der Wirklichkeit entsprechen, beim Menschen nicht in ein leeres Gefäß hineingefüllt werden. Vielmehr hat jeder bereits Erfahrungen im Umgang mit Menschen und der Welt."[63]

Im Gegensatz zu der Wirkung medialer Gewalt gibt es bzgl der Wirkung sexueller Darstellungen wenig für den Jugendschutz relevante Forschung. Das hängt nicht zuletzt damit zusammen, dass man es aus ethischer Sicht kaum vertreten kann, Kinder und Jugendliche bewusst mit medialen Inhalten zu konfrontieren, die sie möglicherweise gefährden könnten. Da die Vorliebe für gewalthaltige Programme häufiger und offener zugegeben wird, ist es im Bereich der Forschung von Gewaltdarstellungen leichter, Gruppen mit unterschiedlichen Programmvorlieben zusammenzustellen. Ein großer Teil der Forschung stammt aus den USA, wo man keine Probleme damit hat, zu Forschungszwecken auch junge Kinder mit Gewaltdarstellungen zu konfrontieren. Das Gleiche wäre mit erotischen oder gar pornografischen Darstellungen undenkbar.

---

61 Für einen Überblick über den Wertewandel seit den 50er Jahren s ua *von Gottberg* Sexualität und Jugendschutz tv diskurs 1/2001, 60 ff.
62 Das fordert ua *Scarbarth* tv diskurs 1/1997, 40 ff.
63 *Sielert* tv diskurs 3/2011, 44 ff.

60 Ergebnisse der Jugendforschung und der Sexualwissenschaft weisen darauf hin, dass sich trotz der unbestrittenen Liberalisierung sexueller Darstellungen in den Medien das durchschnittliche Alter erster sexueller Erfahrungen seit den siebziger Jahren nicht wesentlich nach unten verändert hat.[64] **Auch die Befürchtung, der sexuelle Lustgewinn könnte durch die mediale Präsens sexuell stimulativer Bilder die Beziehungen zwischen jungen Menschen zu Lasten zwischenmenschlicher Emotionen und Verantwortungen dominieren, scheint sich angesichts des hohen Stellenwerts eher konservativer Werte wie Treue und Zuverlässigkeit bei Jugendlichen nicht zu bestätigen.**[65] Jugendliche wollen zwar über die Sexualität der Erwachsenen gut informiert sein, aber sie antizipieren dies eher in der Phantasie als in ihrer Realität.[66]

61 Im Zentrum der Kriterien des Jugendschutzes stehen also vor allem die vermittelten Normalitätskonzepte und die Selbstbestimmung: **Jugendliche sollen nicht aufgefordert werden, etwas zu akzeptieren, was sie selbst nicht wollen, sexueller Lustgewinn soll nicht isoliert von Gefühlen und Verantwortung dargestellt werden und nicht durch psychischen oder materiellen Druck einseitig zustande kommen.** Ebenso wird ein Geschlechterbild, das nicht auf der Gleichwertigkeit von Mann und Frau beruht, für Heranwachsende als kritisch angesehen, vor allem dann, wenn sich die agierenden Personen als Vorbilder für Heranwachsende eignen.[67]

62 Im Bereich des Jugendschutzes ist die Wirkung von sexuellen Darstellungen mit ausschließlich stimulativer Absicht (zB Pornografie) auf Jugendliche über 16 Jahren umstritten. Es geht dabei um die Frage, ob die Reduzierung von zwischengeschlechtlichen Partnerschaften auf den sexuellen Lustgewinn und das Fehlen von Gefühlen, Verantwortung und Bindung, wie sie typisch für Erotik- und Pornofilme ist, für Kinder oder Jugendliche überhaupt eine Relevanz für die Bildung der Geschlechteridentität hat. **Denn auch Jugendlichen ist inzwischen klar, dass der Reiz der Pornografie gerade darin besteht, dass sie Fantasiebilder anbietet, die absolute jenseits realer Erfahrungen liegen.** Jeder auch noch so junge Mensch kann angesichts seines realen Umfelds erkennen, dass Menschen nicht permanent nackt und sexuell stimuliert sind oder ohne jede persönliche Beziehung miteinander praktisch dauernd Geschlechtsverkehr haben. Hinzu kommt, dass es sich bei den Protagonisten pornographischer Filme nicht um professionelle Schauspieler handelt, so dass ihre Inszenierung nicht den Eindruck vermittelt, als habe dies etwas mit dem wirklichen Leben zu tun. Gerade die schlechte künstlerische und technische Qualität der Pornografie sowie die Reduzierung auf sexuelle Stimulans verhindert, dass solchen Erzeugnissen ein Vorbild- oder Modellcharakter zueigen ist.

63 Mikos weist darauf hin, dass es auch in anderen Bereichen auf bestimmte Körperaktivitäten reduzierte Darstellungen gibt, ohne dass ihnen vorgeworfen würde, einen einseitigen Modellcharakter zu besitzen. Bspw würde bei einem abgefilmten Fußballspiel niemand befürchten, dass die Reduzierung auf körperliche Aktivitäten und die enorme Leistungsfähigkeit der Sportler auf den Zuschauer die Wirkung hätte, körperliche Leistungsfähigkeit ohne andere zwischenmenschliche Bezüge als Lebensinhalt zu erlernen oder Versagensängste zu empfinden, wenn man selber die Leistung nicht erbringen kann: „All diesen Genres ist gemeinsam, dass die Handlung nicht im Mittelpunkt der Filme steht. Während es im Actionfilm in erster Linie um die

---

64 Eine jährliche Vergleichsstudie über die Einstellung Jugendlicher zu sexuellen Werten wird von der Bundeszentrale für gesundheitliche Aufklärung durchgeführt, vgl *Amman* tv diskurs 1/1998, 80 ff.
65 Vgl *Merkens/Zinnecker* 317, danach wird der Familie ein „beachtlich hoher Stellenwert" eingeräumt, 90% der Jugendlichen gaben an, ein „insgesamt gutes Verhältnis" zu ihren Eltern zu haben, 70% würden ihre Kinder ähnlich erziehen wie ihre Eltern.
66 Vgl *Schmidt* tv diskurs 1/2001, 46 ff, sowie *Sigusch* Thrill der Treue tv diskurs 1/2001, 38 ff.
67 Richtlinien zur Anwendung der PrO-FSF § 10.

Action geht, in den Gag-Komödien um die Gags, in den Musicals um die Gesangs- und Tanznummern, stehen die verschiedenen Variationen sexueller Praktiken im Mittelpunkt der Erotik-, Sex- und Pornofilme. Das Genre wird nicht durch spezifische Arten von Handlungen bestimmt, sondern durch einzelne, aneinander gereihte Elemente, die sich in Variation immer wiederholen."[68]

Auf der anderen Seite wird gerade in dieser Reduzierung der Sexualität auf den ausschließlichen Lustgewinn eine gefährdende Wirkung gesehen, und es wird gefordert, eines der wesentlichen Unterscheidungskriterien zwischen Pornografie und Erotik darin zu sehen, dass Erotik über eine Geschichte jenseits der sexuellen Lustbefriedigung verfügt. Nur so könne eine Fixierung auf den sexuellen Lustgewinn vermieden werden.

Dass die Medien bei der Konstruktion von Identität und Geschlechterrolle eine wichtige Rolle spielen, ist in der Wissenschaft unumstritten. Allerdings wird im Hinblick auf diesen Prozess eher von Spielfilmen, Fernsehserien oder Daily Soaps ausgegangen. Buckingham[69] sieht darin eine Art *Fenster zur Erwachsenenwelt*: Kinder und Jugendliche können sich so auf die Probleme des Heranwachsens vorbereiten, sie erfahren, was sie später in Beziehungen erwartet, wie man sich verliebt, aber auch, welche Schmerzen man empfindet, wenn sich der geliebte Partner trennt. Sie können sich auch ein Bild über Sexualität machen, ohne dabei selber aktiv werden zu müssen.

Ob sich das auch auf Pornografie bezieht, ist ungewiss, denn auf all diese Fragen gibt sie keine Antwort. Ihre stimulative Absicht richtet sich eher an Ältere, für Jugendliche stellt sie angesichts ihrer Entwicklungsaufgaben meist eine Überforderung dar. Sie beschäftigen sich stark mit der Frage, wie man dem gewünschten Partner seine Liebe gesteht, wie man mit der Angst umgeht, dass diese nicht erwidert werden könnte und wie man sich auf die jeweiligen Wünsche und Ziele – dazugehört dann auch unter anderem die Sexualität – einstellt. Pornografie stellt aus Sicht der Jugendlichen die sexuellen Wünsche der Alten dar, von denen sie sich selbst eher abgrenzen wollen.[70]

In der Gesellschaft gibt es jedoch große Ängste vor möglichen schädlichen Wirkungen der Pornografie: „Als Gefahren des Pornographiekonsums seien die Herabsetzung der sexuellen Kontrolle, der Abbau von Inhibitionen gegenüber einigen Verhaltensweisen, die Verhinderung von Harmonisierung der Triebrichtungen, die Verursachung von Sexualdelikten, gravierende Persönlichkeitsstörungen, Nachteile für partnerschaftliche Beziehungen, Nachteile für die allgemein-seelische und insb für die sexuelle Reifung, der Verursachung der Überbewertung der Sexualität im menschlichen Leben und die Hervorrufung einer entwürdigenden Einstellung zu Angehörigen des anderen Geschlechts für nicht unwahrscheinlich gehalten worden."[71]

Betrachtet man dagegen die Forschungslage zur Wirkung von Pornografie,[72] fällt auf, dass es sich meist um Schreibtischtheorien handelt, die möglicherweise mehr über die ethische Grundposition der Autoren als über die Wirkung aussagen. Vor allem staatliche Kommissionen – zusammengesetzt aus Medienpsychologen und anderen Sozialwissenschaftlern – haben sich in den USA mit den Wirkungen des Medienkonsums von Pornografie und sexuell explizitem Material beschäftigt, da ab den 1970er Jahren verstärkt Bedenken der Öffentlichkeit über mögli-

---

68 Vgl *Mikos* tv diskurs 1/1997, 57 ff.
69 Eine interessante Studie zu diesem Thema wurde von den britischen Regulierungsbehörden in Auftrag gegeben. Darin wird darauf hingewiesen, dass Kinder und Jugendliche von den vielfältigen Medienangeboten nicht überwältigt sind, sondern dass ihnen ständig neue Entscheidungen abverlangt werden: wer sie sein wollen, was sie denken und für wie alt sie sich halten wollen (*Bragg/Buckingham* 34 ff).
70 So berichtet Margit Tetz als Leiterin des Dr-Sommer-Teams bei der Jugendzeitschrift BRAVO über ihre Erfahrungen mit jungen Lesern, die sich mit Fragen und Problemen an BRAVO wenden, vgl *Tetz* tv diskurs 2/2001, 70 ff.
71 Vgl *Ulich* 69.
72 Einen Überblick über die Forschungslage aus der Sicht des Jugendschutzes bieten *Knoll/Müller* 57 f.

che negative Wirkungen von Pornografie auf die sexuelle Moral bei der Regierung in Washington vorgebracht worden waren. Einige befürchteten, dass die Gesellschaft durch eindeutige pornografische Darstellungen „übersexualisiert"[73] würde und sich Anomalien zu Alltäglichkeiten entwickelten, was zu einem Problem der Gesellschaft werden könnte. Vertreten wurde auch, durch die Pornografie würde der *Vergewaltigungsmythos* und der *Nymphomaniemythos* verbreitet. Andere dagegen betrachteten einen liberalen Umgang mit diesem Thema als Teil einer sexuellen Revolution.

69 Zu den Gegnern gehört auch die feministische Sichtweise, die in der Pornografie vor allem Gewalt und die Missachtung des Mannes gegenüber der Frau sieht und befürchtet, dass sich dieses Geschlechterverhältnis durch die Pornografie verstärkt. Um die feministische Sicht auf das Thema Pornografie besser einordnen zu können, sei hinzugefügt, dass sog Prozensur-Feministinnen wie Andrea Dworkin oder Catharine MacKinnon eine Unvereinbarkeit zwischen der Freiheit einer Frau und ihrer Mitwirkung an sexuellen Beziehungen zu Männern zur Herstellung pornografischer Filme voraussetzen. Das heißt, jeder heterosexuelle Geschlechtsverkehr im Film wird mit Vergewaltigung gleichgesetzt.[74] In eine ähnliche Richtung ging die 1988 von der Zeitschrift Emma und ihrer Chefredakteurin Alice Schwarzer gestartete Kampagne *PorNo*. Schwarzer forderte, Pornografie wie folgt zu definieren: „Pornographie ist die verharmlosende oder verherrlichende, deutlich erniedrigende sexuelle Darstellung von Frauen oder Mädchen in Bildern und/oder Worten, die eines oder mehrere der folgenden Elemente enthält: die als Sexualobjekte dargestellten Frauen/Mädchen genießen Erniedrigung, Verletzung oder Schmerz; die als Sexualobjekte dargestellten Frauen/Mädchen werden vergewaltigt – vaginal, anal oder oral; die als Sexualobjekte dargestellten Frauen/Mädchen werden von Tieren oder Gegenständen penetriert – in Vagina oder After; die als Sexualobjekte dargestellten Frauen/Mädchen sind gefesselt, geschlagen, verletzt, misshandelt, verstümmelt, zerstückelt oder auf andere Weise Opfer von Zwang und Gewalt."[75] Schwarzer forderte, zivilrechtlich eine Klagemöglichkeit von Frauen gegen die Pornoindustrie zu schaffen. Grds kann man der Definition zustimmen, allerdings gibt es solche Darstellungen in der „weichen" Pornografie nicht, jedenfalls nicht aus der Sicht des objektiven Betrachters. Denn solche Darstellungen würden als Gewaltpornografie unter § 184 Abs 3 StGB fallen. Dennoch hat sich auch der Deutsche Bundestag mit den Vorschlägen Schwarzers beschäftigt. „Die Diskussion erregte vor allem moralisch kaum. Die Debatte in der von der SPD-Bundestagsfraktion initiierten Anhörung am 13. und 14. September des Jahres 1988 verlief durchweg sachlich, selbst Beate Uhse und die Pornofilm-Darstellerin Biggy Mondi durften sich äußern. Sinn und Zweck der Anhörung war es gewesen, herauszufinden, ob die gesetzlichen Handhaben ausreichen, um die harte Pornographie zu bekämpfen, was bei einer vorgesehenen Strafe von bis zu einem Jahr Freiheitsentzug und Geldbußen bis zu € 1,8 Mio bejaht werden musste."[76] Allerdings ist auch die feministische Sichtweise gegenüber der Pornographie nicht eindeutig ablehnend. Als Pendant zu der *PorNo-Position* Schwarzers setzten Feministinnen wie Laura Méritt die Kampagne PorYes dagegen. Jährlich wird in Berlin für pornographische Filme, die bestimmten Kriterien entsprechen, ein Festival mit Preisverleihung durchgeführt: „Wenn der Stern der sexistischen Megamesse Venus sinkt, erleuchtet die Auster Berlin Mitte. Hier feiert die sex-positive Frauenbewegung einen respektvollen, einvernehmlichen Umgang aller Beteiligten und die Vielfalt an Sexualitäten. PorYes greift das Bedürfnis nach Pornos mit feministischem Anspruch auf, die Lust positiv, realistisch und bewusst zugänglich machen. Eine kompetente Jury ehrt Darstellungen von Personen unterschiedlicher Generationen und Kulturen, erstmalig

---

73 *Zillmann* 566.
74 *Dworkin* 520; *MacKinnon* S 26 f.
75 *Schwarzer* 44.
76 *Pastötter* 80.

dieses Jahr auch einen Mann. Initiiert wurde diese Preisverleihung von Aufklärungsaktivistin Laura Méritt und dem Netzwerk Freudenfuss. Die Auster, Symbol von PorYes, wird an Verteter/-innen der sex-positiven Frauenbewegung verliehen."[77]

In den 1970er Jahren wurde im Jugendschutz die sog Spiraletheorie vertreten: der Konsum sexuell stimulierender Bilder führe zu einem Verlangen nach immer stärkeren sexuellen Reizen und Tabuüberschreitungen bis hin zur Pornografie und später zur harten Pornografie. Diese Theorie gilt inzwischen als widerlegt. Der Psychologe Henner Ertel[78] führte zur Frage der Wirkung von Pornografie eine der wenigen empirischen Untersuchungen durch und konnte dabei wenige Änderungen bei Verhaltensweisen und Einstellungen beobachten: „Eine grobe Vereinfachung besteht [...] darin, die sexuellen Fiktionen der pornographischen Fantasiewelten als Handlungsanweisungen für sexuelles Verhalten miss zu verstehen. Nur bei einem sehr kleinen Prozentsatz von Personen spielt diese mögliche Funktion eine Rolle; vermutlich ist sie meist auf einen bestimmten Abschnitt in der sexuellen Sozialisation begrenzt. Aber selbst in diesem Fall ist die dazwischen geschaltete Bedeutungskonstruktion der Konsumenten maßgebend dafür, wie die sexuellen Darstellungen wahrgenommen und verarbeitet werden."[79] Hinweise zu Bestätigung der Spiraletheorie fand Ertel nicht. Zwar wurde bei einigen Versuchspersonen ein verstärktes Interesse nach stärkerer Stimulans beobachtet, eine Veränderung sexueller Neigungen bspw in Richtung auf Kinderpornografie oder Gewaltpornografie wurden nicht beobachtet. Pornografie scheint danach eher Bedürfnisse zu bedienen, als sie zu schaffen oder auch nur zu verändern. 70

Eine mögliche Beeinträchtigung durch Pornografie wird in einer wachsenden Unzufriedenheit mit der eigenen Sexualität gesehen. Scarbarth sieht die Gefahr, dass vor allem Jugendliche, die unter Selbstwertproblemen leiden, ihre eigene Sexualität im Vergleich zu den Phantasiewelten der Pornografie als unbefriedigend empfinden könnten.[80] Ähnlich äußert sich auch Zillmann: „Ein erkennbarer Effekt der Pornographienutzung auf die allgemeine Lebenszufriedenheit ergab sich [...] nicht. [...] Die Beobachtung der exzessiven sexuellen Zufriedenheit anderer Personen, des utopischen Vergnügens in der Welt der Pornographie, führt tatsächlich zu sexueller Unzufriedenheit."[81] Dieser Effekt könnte auch zu einem gewissen Suchtverhalten führen, da die empfundene Unzufriedenheit mit der eigenen Sexualität einer Fixierung auf die Stimulans durch Pornografie und Masturbation anreizt. 71

Die zunehmende Verbreitung schneller Internetverbindungen in den Haushalten ermöglicht, ungeachtet gesetzlicher Schranken, den Zugang zu jeder Form der Pornografie. **Wir müssen also davon ausgehen, dass nahezu jeder Jugendliche pornografische Inhalte finden kann, wenn er es will.** Bernd Siggelkow und Wolfgang Büscher, Gründer bzw Pressesprecher des Berliner Projekts *Die Arche*, das sich um Kinder und Jugendliche aus sozial schwachen Verhältnissen kümmert, beklagen dies und erwecken unter hoher öffentlicher Beachtung den Eindruck, die sexualethischen Werthaltungen deutscher Jugendlicher seien tief gesunken. Gemeinsamer Pornografiekonsum mit den Eltern oder wahllose Sexualkontakte seien ein immer häufiger anzutreffendes Anzeichen für die sexuelle Verwahrlosung.[82] Dies scheint jedoch ein Randphänomen zu sein, das durch die besondere Perspektivlosigkeit des Klientels, das die Arche bedient, begünstigt wird. **Verschiedene Veröffentlichungen und Untersuchungen zeigen, dass der überwiegende Teil der Jugendlichen trotz des Zugangs zu Pornografie eher traditionelle Werte vertritt.** Eine Studie von Grimm zeigte, dass Pornografie zwar tatsächlich 72

---

77 S http://www.phenomenelle.de/events/poryes-feministische-porno-filmpreisverleihung-europa/.
78 *Ertel* 473, danach zeige sich in der Pornografie „der Bodensatz menschlicher Sexualität".
79 *Ertel* 20.
80 *Scarbarth* tv diskurs 1/1997, 40, 47.
81 *Zillmann* 565, 579.
82 Vgl *Siggelkow/Büscher* 41, 60, 61.

jedem Jugendlichen bekannt ist, dass der regelmäßige Konsum aber – wie in der Vergangenheit auch – ein Jungenphänomen ist, wobei die Regel gilt, dass sich der Konsum auf die Zeiten ohne Partnerin begrenzt. Aber auch bei Jungen ist die Haltung zur Pornografie nicht einhellig positiv und schwankt zwischen harter Kritik am Pornomarkt (Objektstatus der Frau) bis hin zur unreflektierten Befürwortung. Mädchen kommen auch mit pornographischen Inhalten im Netz in Berührung, empfinden sie aber in der Regeln als ekelig und abstoßend.[83] Ein ähnliches Bild hätten wir in den 1970er Jahren wahrscheinlich auch gegenüber den damals verfügbaren Abbildungen in Sexheften wahrnehmen können. Die Vorstellung jedenfalls, die beziehungslose und am Lustgewinn des Mannes orientierte Werthaltung der Pornografie könnte Jugendliche mittelfristig in ihren Wertvorstellungen bzgl der Integration der Sexualität in ihr Lebenskonzept verändern, widerspricht allen wissenschaftlichen Erhebungen. Eine seriöse, regelmäßig aktualisierte Grundlage für die Beurteilung des Sexualverhaltens sowie der Sexualethik bei Jugendlichen bieten die Untersuchungen der *Bundeszentrale für gesundheitliche Aufklärung* (BZgA).[84] Danach nimmt die Koitituserfahrungen bei den 14-Jährigen von 12% auf 7% ab. Als Grund wird dabei vor allem genannt, dass man auf den bzw die Richtige warten will. Insgesamt kommt die Studie zu dem Ergebnis, dass die Verantwortungsbereitschaft bei den Jugendliche zunimmt, was sich vor allem in der Praxis der Verhütung zeigt. Dieser Trend, mit Sexualität eher bewusst und zurückhaltend umzugehen, steht im Widerspruch zur früheren Sexualreife. Interessant ist, dass nach der Studie die Bedeutung der Medien als Informationsquelle seit 2001 abnimmt. Gaben 2001 noch 37% der Jungen Medien als wichtig an, waren es 2005 noch 22% und 2009 nur noch 17%.

73 Insgesamt geht es bei den gesetzlichen Bestimmungen zur Pornografie wohl weniger um Jugendschutz als um kulturelle Konventionen und empfundene Darstellungstabus. Die Vorstellung, etwas Unanständiges, sehr Intimes einer breiten Öffentlichkeit zugänglich zu machen, stößt angesichts unserer kulturellen Tradition auf Unbehagen. Für diese kulturelle Grenze dient der Jugendschutz als Erklärung nach außen, indem man sich vorstellt, dass das, was man selber als unanständig empfindet, auf Kinder und Jugendliche eine noch stärker abstoßende oder verderbende Wirkung haben müsse. Bzgl der bereits zurzeit der Strafrechtsreform durch die Liberalisierung der Pornografie befürchteten Enthemmung bei Jugendlichen meinten schon damals die Sexualwissenschaftler Sigusch und Schmidt: „Das öffentliche Gerede vom Sexualchaos ist einfach fehlplaziert und dient ganz offensichtlich Profitinteressen. Zeitungen, Illustrierte, pseudowissenschaftliche Bücher und Filme werden, so lange es sich rentiert, Tag für Tag den Versuch unternehmen, die Sexualität der Jugend anhand fast durchweg belangloser oder sogar erfundener Einzelereignisse zu diffamieren. Diese Medien werden weiterhin so tun, als sei die gegenwärtige Jugendsexualität mit Schlagwörtern wie ‚Sexorgie', ‚Blutschande', ‚Zerfall der guten Sitten', ‚häufiger Partnerwechsel' und ‚Sexbesessenheit' zu charakterisieren. Lüsternen und frustrierten Erwachsenen wird hier Jugendsexualität bewusst zum Konsum vorgeworfen. Man hofft, dass Erwachsene ihre heimlichen, verbotenen Wunschträume und fantasierten Erlebnisse auf die Jugend projizieren. Doch diese Erwachsenen werden den Jugendlichen Sexualparadiese neiden, die es gar nicht gibt."[85]

74 An dieser Sichtweise auf die Jugend hat sich bis heute nichts geändert. Das heißt nicht, dass es eine exzessive Sexualität bei Jugendlichen nicht gebe. Das Problem besteht darin, dass einzelne Phänomene als typisch für eine gesamte Generation herangezogen werden.[86] Repräsentative

---

83 Vgl *Gernert* 17 ff; vgl *Grimm* Porno im Web 2.0, 255.
84 Jugendsexualität. Repräsentative Wiederholungsbefragung von 14-17-Jährigen und ihren Eltern, Köln 2010, 8, 90, 100.
85 *Sigusch/Schmidt* 58.
86 Ein typisches Beispiel: *Wüllenweber* stern 6/2007, 67 ff, hier entsteht der Eindruck, Jugendliche wären beim Sex ihrer Eltern dabei, würden ständig Pornografie konsumieren und seien regelmäßig auf Gang-Bang-Partys

Gottberg

wissenschaftliche Untersuchungen, die geeignet wären, Einzelphänomene in einen statistischen Zusammenhang anzuordnen, schaden der beabsichtigten Empörung und werden deshalb ignoriert.

VI. Weitere neue Fernsehformate

1. Aktuelle Programmtrends im Fernsehen

Bereits seit Mitte der neunziger Jahre ist ein Trend zu beobachten, der den Jugendschutz vor neue inhaltliche Probleme stellt. Während der Anteil fiktionaler Programme im Fernsehen zurückgeht, entstehen immer mehr Mischformate, in denen Realität, Spiel, Spontanität und redaktionelle Vorgaben miteinander kombiniert werden. Begonnen hat diese Entwicklung mit den Talkshows, die dann später von den Gerichtsshows abgelöst wurden. Aber auch *Big Brother* oder das sog *Dschungel-TV* vermischen Realität und Showelemente.

2. Zum Identifikationspotential von Reality-Shows

Das inhaltliche Problem besteht darin, dass alle Untersuchungen über die Wirkung von Medieninhalten sowie die meisten Kriterien des Jugendschutzes zur Bewertung von Filmen oder Fernsehprogrammen an fiktionalen Unterhaltungsfilmen ausgerichtet sind. Filme wollen den Zuschauer für eine bestimmte Zeit in eine Scheinrealität mitnehmen und über attraktive Identifikationsfiguren fesseln. **Die Figuren in den Reality-Shows sind hingegen keine Medienprofis, sondern Menschen, wie man sie aus dem realen Leben kennt und es stellt sich die Frage, inwiefern sie als Identifikationsfiguren dienen.**

Zu dieser Frage gibt es im Jugendschutz verschiedene Auffassungen. Die einen folgen der auch in der Bevölkerung verbreiteten Überlegung, dass die Wirkung von scheinbar abgefilmter Realität stärker sei als die von fiktionale Filmen. Die bei Filmen bestehende Distanz, die aus dem Wissen resultiert, dass es sich um inszenierte, erfundene Geschichten handelt, würde fehlen, wenn der mediale Inhalt den Eindruck vermittelte, er bilde Realität ab.

Die anderen bezweifeln, dass allein die Tatsache, dass solche Sendungen zum Teil vorgeben, den Zuschauer an der Realität anderer teilnehmen zu lassen, dazu führt, dem Geschehen eine Vorbildfunktion für das eigene Verhalten oder das eigene Denken zu geben.[87] Betrachtet man die bisher zu diesem Thema durchgeführten Untersuchungen,[88] so scheint dies nur bei einer relativ kleinen Gruppe in einer bestimmten Altersphase der Fall zu sein.

Schon bei den Talkshows, stärker aber noch bei *Big Brother* oder bei *Ich bin ein Star – Holt mich hier raus!* wurde in der Öffentlichkeit die Frage diskutiert, **ob es einem Sender erlaubt sein darf, Menschen, die aufgrund mangelnder Medienerfahrung die Folgen ihrer Teilnahme an einer Sendung möglicherweise nicht richtig einschätzen können, einem Millionenpublikum zu präsentieren und sich vor diesem möglicherweise zu blamieren.**[89] Einige sahen darin sogar einen Verstoß gegen den in Art 1 GG garantierten Schutz der Menschenwürde.[90]

---

zu Gast. Dies sei die Folge der medialen Sexualisierung, früher hätten Jugendliche Sexualität untereinander gelernt.
87 Einen Überblick über die Entstehung und Geschichte solcher Formate, die auf Skurriles und den Tabubruch setzen, gibt *Sander* tv diskurs 3/2004, 50 ff.
88 ZB *Göttlich/Krotz/Paus-Hase* 151.
89 So *Hochstein* tv diskurs 1/1997, 20 ff.
90 Vgl *Dörr*; *Dörr* untersuchte die Frage des Verstoßes gegen die Menschenwürde und arbeitet gut anwendbare, nachvollziehbare Kriterien aus, letztlich verneint er dies aber, 90 ff.

Zwar waren diese Themen verschiedener Male Gegenstand von Diskussionen in den Aufsichtsbehörden, eine Beanstandung ist jedoch bisher nie ausgesprochen worden.[91]

80   Auch die Gerichtsshows im Fernsehen wurden häufig kritisiert. Sie stellen eine Mischung aus Realität und Fiktion dar. Zwar handelt es sich um tatsächliche Richter, Staatsanwälte und Rechtsanwälte, die für diese Shows beurlaubt sind, die Fälle sind jedoch frei erfundene Geschichten, alle anderen beteiligten Personen sind Schauspieler. Dies erzeuge, so die Kritik, den Eindruck, in den Gerichtsshows würde das reale Geschehen in Gerichtssälen wiedergegeben.[92] **In der Tat folgt die Inszenierung der Gerichtsshows mehr dem Unterhaltungswert als dem normalen Alltag im Gericht.** Die Fälle sind extrem konstruiert, Zeugen und Angeklagte schreien sich an und beschimpfen sich, die Richter bemühen sich mit unterschiedlichem Erfolg, eine angemessene Disziplin herzustellen. **Allerdings scheinen Jugendliche zu durchschauen, dass der Wahrheitsgehalt solcher Shows begrenzt ist.** Bei einer Befragung von Jugendlichen (8. Klasse) waren diese durchaus in der Lage, den Showcharakter zu erkennen. Einen Einfluss der Gerichtsshows auf ihre Vorstellung von Recht und Gericht war nur bei den Jüngeren auszumachen. „Es gibt jedenfalls nach unseren Ergebnissen keinen Grund zu größerer Besorgnis. Im Gegenteil: Einige der Schülerantworten zeugen im Hinblick auf Handlungsroutinen demokratischer Institutionen von einem hohen demokratischen Bewusstsein und gefestigten moralischen Begründungen."[93]

81   Unter Jugendschutzgesichtspunkten sind Gerichtsshows vor allem im Tagesprogramm dann ein Problem, **wenn Kinder Gegenstand der rechtlichen Auseinandersetzung sind und diese aus dem Geschehen als Opfer hervorgehen.** Hier ist bei jungen Rezipienten die Bereitschaft zur Identifikation besonders hoch und es besteht die Gefahr, dass sie existenzielle Ängste entwickeln, wenn Kinder Opfer von Verbrechen oder von Streitereien um das Sorgerecht werden, ohne dass dies letztlich positiv endet. **Problematisch werden auch kurze Einspieler gewertet, die nachgespielte gewalttätige Auseinandersetzungen darstellen.** Junge Zuschauer, die den Spielcharakter der Gerichtsshows noch nicht sicher identifizieren, könnten dadurch übermäßig verängstigt werden.[94]

82   In den letzten Jahren ist vor allem die Castingshow *Deutschland sucht den Superstar* (DSDS) in die Kritik des Jugendschutzes geraten. Die Show, die erstmals im Winter 2002/2003 ausgestrahlt wurde, ist eine Art öffentlicher Gesangswettbewerb, dem Sieger winkt ein Plattenvertrag. In verschiedenen Städten haben junge Leute die Möglichkeit, vor einer Jury zu singen. Diese entscheidet, wer weiterkommt, was konkret heißt, dass er oder sie der Jury vorsingen darf, die bis zum Finale die Kandidaten kommentiert. Wichtigste und bekannteste Person in der Jury ist der ehemalige Sänger, Komponist und Produzent Dieter Bohlen (in den 1980er Jahren Mitglied des Duos *Modern Talking*). Beim Auswahlprozess geht es nicht nur darum, ob jemand gut singen kann und Chancen hat, die Spielshow zu gewinnen, sondern auch darum, ob jemand angesichts bspw völliger Unfähigkeit, die oft durch ein überhöhtes Selbstbewusstsein kontrastiert wird, einen hohen Unterhaltungswert aufweist. **Der Vorwurf des Jugendschutzes besteht darin, dass für die Show gezielt Kandidaten ausgesucht werden, die sich offentsichtlich nicht eignen, und dass diese durch zum Teil beleidigende und verachtende Kommentare der Jury, insb von Dieter Bohlen, lächerlich gemacht werden.** Kinder und Jugendliche würden so

---

91 Unter anderem forderte der rheinlandpfälzische Ministerpräsident *Kurt Beck* die Landesmedienanstalten auf, Big Brother wegen des Verstoßes gegen die Menschenwürde zu verbieten, und das vor der Ausstrahlung. Damit brachte er die Anstalten in eine schwierige Lage, da sie als Befehlsempfänger für politische Wünsche gegolten hätten, wenn sie darauf eingegangen wären. Zu den Argumenten s *Beck* tv diskurs 3/2000, 42 ff.
92   Vgl *Machura* 83 ff.
93   *Büttner* tv diskurs 3/2003, 26, 33.
94   Vgl Jahresbericht der FSF 2005, 44 ff, abrufbar unter www.fsf.de.

Gottberg

den Eindruck gewinnen, es sei normal und erlaubt, auf Schwächere, die keine realistische Einschätzung ihrer tatsächlichen Fähigkeiten besitzen, öffentlich mit bösartigen Kommentaren einzuschlagen. Hinzu kommt, dass durch Nachbearbeitung des Senders kleine Einspieler in Form von Comics die Schwächen der Kandidaten noch einmal unterstreichen. Die Kandidaten selbst wissen dies im Vorhinein nicht und können deshalb nicht einschätzen, in welchem Kontext sie in der Sendung dargestellt werden.

Auf der anderen Seite muss bedacht werden, **dass jeder, der sich heute für diese Show bewirbt, aufgrund der vorhergehenden Sendungen genau weiß, worauf er sich einlässt.** Verschiedene Untersuchungen zeigen, dass die jungen Zuschauer die meist verletzenden, aber zum Teil durchaus amüsanten Kommentierungen Dieter Bohlens zwar als Hauptgrund angeben, die Sendung zu sehen, dass diese von ihnen aber gleichzeitig oft als grenzüberschreitend eingeschätzt werden.[95] Die Gefühle der Zuschauer reichen von einfacher Schadenfreude über Empathie bis hin zum sog Fremdschämen. Damit ist gemeint, dass sich der Zuschauer derart in den Kandidaten einfühlt, dass er die verachtende Kritik der Jury auf sich selbst bezieht und sich anstelle des Kandidaten schämt.[96] Die Kritik an der Sendung eskalierte 2008. Offensichtlich untalentierte und auch optisch wenig geeignete Kandidaten wurden nicht nur mit teilweise beleidigenden Sprüche der Jury konfrontiert, sondern auch mit nachbearbeiteten Einspielern, die beispielsweise auf die Größe der Brüste, die überdimensionierten Ohren oder das Übergewicht anspielten. Die KJM beschloss, die Wiederholung der Sendungen im Tagesprogramm zu beanstanden. Eine Folge wurde sogar für die Ausstrahlung im Hauptabendprogramm beanstandet. Der Sender klagte gegen die Entscheidung, die das Hauptabendprogramm betraf. Später einigten sich der Sender und die KJM darauf, dass 2009 alle Folgen des Formats der FSF zur Prüfung vorgelegt werden sollten. Dies hatte der Sender bis dahin abgelehnt, weil eine solche Prüfung aufgrund der Tatsache, dass die Sendungen immer erst kurz vor Ausstrahlung fertig wurden, sehr riskant ist: sollte eine Ausstrahlung abgelehnt werden, bleibt dem Sender keine Zeit mehr, einen Ersatz zu finden. Außerdem verzichtet man nicht gern auf ein Programm, was zum Teil exorbitante Einschaltquoten erreichte. Um dem Sender bereits bei der Produktion und bei der Redaktion Hilfestellungen zu geben, und so das Risiko einer kompletten Ablehnung zu minimieren, entwickelte die FSF einen entsprechenden Kriterienkatalog.[97] Dies führte dazu, dass zwar bei allen Staffeln während des Prüfverfahrens Schnittbearbeitungen und Veränderung des Materials nötig waren, weitere Beanstandungsverfahren gab es aber nicht.

Trotz dieser positiven Entwicklung gab die Landesanstalt für Medien Nordrhein-Westfalen (LfM) eine Studie in Auftrag, die klären sollte, wie die schwachen Kandidaten mit der negativen Kommentierung der Jury nach der Sendung umgegangen sind. Die Autorin der Studie zieht folgendes Fazit: „Das Format bietet die Chance, dass identifikatorische Beziehungen und diverse Formen parasozialer Beziehungen entstehen, wie zB der idealen großen Schwester, dem besten Freund oder dem erotischen Partner. Durch die Möglichkeit zu bewerten und sich abzugrenzen, werden diverse Chancen für die Identitätsentwicklung geschaffen. Die Jugendlichen vor dem Fernseher durchleben Emotionen wie Empörung und Schadenfreude, werden sich bewusster, wie sie nicht sind oder nicht sein wollen. Spätestens am nächsten Tag auf dem Schulhof oder bei sonstigen Formen der Peer-Kommunikation werden die Show und der Umgang der Jurorinnen und Juroren mit den Kandidatinnen und Kandidaten beiläufig oder auch gezielt thematisiert und einer persönlichen Wertung unterzogen. Castingshows sind in diesem Sinne Formen des informellen Lernens, indem Werte wie diszipliniertes Üben und Kritik- und Teamfähigkeit als

---

95 Vgl *Hackenberg ua* tv diskurs 1/2010, 58 ff.
96 So *Döveling* 2007, 179, 183.
97 S FSF-Website: http://fsf.de/data/user/Dokumente/Downloads/FSF_Richtlinien_DSDS.pdf.

Voraussetzungen für Erfolg formuliert werden. Castingshows sind erfolgreich, weil sie für die Menschen vor dem Fernseher einen hohen Gebrauchswert haben. Die Kandidatinnen und Kandidaten jedoch, die hoffen, sich ein Leben lang als Deutschlands nächster Superstar oder als nächstes Supertalent, als Künstlerin oder Künstler mit dem X-Factor oder als Stimme Deutschlands zu etablieren, gehen nicht immer mit einem Erfolgserlebnis aus dem „Erlebnis Castingshow-Teilnahme."[98]

Im Herbst 2009 startete der Sender RTL im Nachmittagsprogramm die Formate „Familien im Brennpunkt" und „Die Schulermittler". Komprimiert und überspitzt dargestellte Konflikte in Familien und im Schulalltag waren Inhalt der beiden neuen Formate. Was aber bald zu einer ungewohnt heftigen Kritik der öffentlich-rechtlichen Sender, einiger Landesmedienanstalten und mancher Dokumentarfilmer führte, war die Produktionsweise dieser beiden Formate: Nach außen hin wirken die einzelnen Folgen wie in den Familien bzw den Schulen abgefilmte Realität. Tatsächlich handelt es sich allerdings um Skripte von erfundenen Geschichten, die allerdings nicht von professionellen Schauspielern inszeniert werden, sondern von gecasteten Laiendarstellern. Bereits bei den Gerichtsshows hat man festgestellt, dass die Abstimmung realer Fälle auf die Dauer zu langweilig ist, und man begann, Prozesse auf der Grundlage von erfundenen Handlungen mit Laiendarstellern zu inszenieren. Man konnte die Fälle dadurch so konstruieren, dass sie für den Zuschauer die optimale Spannung erzeugten. Allerdings waren die Geschichten zu sehr an den Gerichtssaal gekoppelt, was auf die Dauer zu einem abnehmenden Interesse beim Zuschauer führte.[99]

Die neue Produktionsweise wurde von Kritikern bald Scripted Reality genannt. Der Vorwurf: die Sendungen kämen als Dokumentation von realen Ereignissen daher, in Wirklichkeit seien es allerdings nachgespielte und erfundene Geschichten. Von Dokumentarfilmern wurden die Formate als *Pseudodoku* oder *Lügenfernsehen* beschimpft.[100] Bald wurden die Formate auch unter Jugendschutzgesichtspunkten kritisch diskutiert. Vor allem die seit August 2010 auf RTL2 ausgestrahlte Serie *X-Diaries* erntete in der ersten Staffel eine hohe Anzahl an Beanstandungsverfahren. Im Zentrum der Sendungen standen Jugendliche, die ihren ersten Urlaub ohne Eltern verbrachten und vor allem an Trinkgelagen und möglichst zahlreichen sexuellen Erfahrungen interessiert waren. Da vor allem Jüngere den Eindruck gewinnen müssten, es handele sich um abgefilmte Realität, entstünde der Eindruck, die völlig übertriebenen und grenzüberschreitenden Verhaltensweisen der dargestellten Jugendlichen seien Normalität. Deshalb sei die negative Wirkung für das eigene Normalitätskonzept erheblich stärker, als würde es sich um fiktionale Programme handeln, so der Vorwurf. Als Folge dieser Beanstandungen legte der Sender RTL 2 alle Folgen bei der FSF vor. Für die ersten bereits ausgestrahlten Folgen wurde eine Ausstrahlung im Tagesprogramm weitgehend abgelehnt. Nach einigen Beratungsseminaren der FSF für die Produzenten ist es inzwischen gelungen, die Jugendschutzprobleme auszuräumen.

Darüber, ob Kinder und Jugendliche Scripted-Reality-Formate tatsächlich für Dokumentation halten, gibt es unterschiedliche Zahlen. „30% der Kinder und Jugendlichen, die Familien im Brennpunkt regelmäßig sehen, denken, das sei dokumentiert. Und ab 15 Jahren denken das immer noch 10%. Immerhin 50% glauben, dass dort etwas nachgespielt wird, was andere schon erlebt haben. Und wir haben bei den Jüngeren, also den 6- bis 14-Jährigen, nur einen ganz kleinen Teil, der davon ausgeht, dass es komplett erfunden ist. Wenn man sie erst einmal darauf gebracht hat, darüber nachzudenken, dann kommen sie auf richtig gute Ideen."[101] Eine von der Produktionsfirma und dem Sender bei Emnid in Auftrag gegebene Befragung kommt zu einem

---

98 *Götz* tv diskurs 3/2013, 68 ff.
99 Die Kritik fasst *Gangloff* zusammen in tv diskurs 3/2010, 76 ff.
100 So *Klughammer* in epd medien 39/2012.
101 *Götz* tv diskurs 1/2012, 23 ff.

anderen Ergebnis: „Viele Kritiker befürchten, dass gerade junge Zuschauer den Unterschied nicht erkennen, aber wenn wir uns die Zahlen anschauen, dann sehen wir, dass rund 86% der 14- bis 29-Jährigen sehr wohl differenzieren können."[102] Die Zahlen sind insgesamt nicht besonders aussagekräftig. Wenn man Kinder beispielsweise fragen würde, ob „Gute Zeiten schlechte Zeiten" erfunden sei, würde möglicherweise auch ein großer Prozentsatz angeben, die Sendung sei echt. Die Fähigkeit, im Fernsehen dargestellte Realität und Fiktion unterscheiden zu können, beginnt erst zwischen dem 7. und 8. Lebensjahr.

Eine qualitative Befragung jugendlicher Fans der seit 2011 bei RTL 2 laufenden Serie „Berlin – Tag&Nacht" durch die FSF kommt zu dem Ergebnis, dass Jugendliche vor allem erkennen, dass es sich um ein Unterhaltungsformat handelt.[103] Die Frage, ob die Szenerie erfunden oder real ist, spielt für sie keine große Rolle. Interessanter ist, dass sich die Befürchtung, als real gehaltene Darstellungen würden unreflektierter in das eigene Verhaltensrepertoire übernommen, in der Untersuchung nicht bestätigt. Das Interessante an der Sendung war die Alltagsrelevanz, der Bezug vor allem zu der Vorstellung vom späteren Leben als junger Erwachsener. Es wurde deutlich, dass die Folgen nicht aus der Perspektive einer Person miterlebt wird, sondern dass die Perspektiven der unterschiedlichen Figuren eingenommen werden. Dabei geht es um die Frage, ob das gezeigte Verhalten als richtig oder falsch, nachvollziehbar oder nicht nachvollziehbar eingeschätzt wird. Ferner wird darüber nachgedacht, wie man sich selbst in vergleichbaren Situationen verhalten würde. Insgesamt liegen bisher wenig Gründe vor, Scripted-Reality-Formate unter Jugendschutzgesichtspunkten anders zu sehen als fiktionale Formate. Die besondere Machart ist nur insofern zu berücksichtigen, als dass diese Formate authentischer wirken und mögliche jugendbeeinträchtigende Szenen dadurch eindringlicher wirken könnten. Unabhängig davon wurde in der Öffentlichkeit immer wieder gefordert, dass für Scripted-Reality-Formate eine deutliche Kennzeichnung als „erfundene Handlung" zur Pflicht gemacht werden soll. Die Gremienkonferenz der Landesmedienanstalten hat beispielsweise gefordert, dass eine solche Verpflichtung im Jugendmedienschutzstaatsvertrag festgeschrieben wird.[104]

§ 3
Jugendschutzaspekte im Strafrecht

Im Strafgesetzbuch werden verschiedene Verbote für bestimmte Medieninhalte ausgesprochen. Medien können nach ihrem Erscheinen auf dem Markt von der Staatsanwaltschaft beschlagnahmt und später ganz oder in Teilen von einem Gericht verboten werden. Eine ausführliche Darstellung strafrechtlicher Aspekte im Medienbereich findet sich in *Heinrich* Bd 5 Kap 5 dieses Handbuchs. Hier soll nur auf einige Fragen eingegangen werden, die häufig in Zusammenhang mit dem Jugendschutz gestellt werden. 84

In der Praxis des Jugendschutzes sind vor allem §§ 131 und 184 Strafgesetzbuch (StGB) relevant. 85

I. Gewaltdarstellungen

§ 131 StGB verbietet die Herstellung, die **Verbreitung oder den Import** von Schriften (worunter alle Medien gefasst werden), „die grausame oder sonst unmenschliche Gewalttätigkeiten gegen 86

---

102 *Wesseler* tv diskurs 3/2012, 32 ff.
103 S FSF-Website (www.fsf.de).
104 S http://www.ma-hsh.de/pm-19-13-kennzeichnungspflicht-von-scripted-reality-formaten.html.

Menschen in einer Art schildern, die eine Verherrlichung oder Verharmlosung solcher Tätigkeiten ausdrückt oder die das Grausame oder das Unmenschliche des Vorganges in einer die Menschenwürde verletzenden Weise darstellt."[105]

87 Das Ziel dieser gesetzlichen Bestimmung ist es, bereits die Herstellung, die Verbreitung oder den Import besonders grausamer Darstellungen unter Strafe zu stellen und dadurch zu verhindern. Von *Wirkungen* ist im Strafgesetzbuch nicht die Rede. **Der Gesetzgeber geht vielmehr davon aus, dass die hier bezeichneten Medieninhalte grds jugendgefährdend und sozialschädlich sind.** Bei der Formulierung dieser gesetzlichen Bestimmungen musste darauf geachtet werden, dass die Kriterien den Anforderungen des rechtsstaatlichen Bestimmtheitsgebotes[106] entsprechen, um zu vermeiden, dass hier für den Bürger unkalkulierbaren Entscheidungen der Strafverfolgungsbehörden Tür und Tor geöffnet wird. Damit würde die grundgesetzlich garantierte Meinungsfreiheit de facto stark eingeschränkt, weil sie nicht mehr mit der wünschenswerten Rechtssicherheit ausgeübt werden könnte.[107] Herausgekommen ist eine **Ansammlung von normativen Tatbestandsmerkmalen**, die nach der Überzeugung vieler Fachleute in der Praxis wenig handhabbar ist. Betrachtet man zB die Filme, die bisher bundesweit beschlagnahmt worden sind, so ist das Ergebnis in der Tat unbefriedigend: das Gewaltpotential der beschlagnahmten Filme ist sehr unterschiedlich. Auf der einen Seite sind viele erheblich brutalere Filme nicht erfasst worden, dafür sind auf der anderen Seite Filme verboten worden, die Kenner als vergleichsweise harmlos einstufen. Vielfach beruhen die Beschlagnahmungen auf dem Beschluss eines Staatsanwaltes, der im Eilverfahren von einem Gericht bestätigt wurde: Da normalerweise die Staatsanwaltschaft aktiv wird, nachdem der Film bereits für die Firma seinen Gewinn eingespielt hat, hat die Firma meist gegen die Einziehung des Filmes keinen Widerspruch eingelegt, so dass oft kein ordentliches Gerichtsverfahren folgte.

88 Die Bestimmungen des § 131 StGB sind schon verschiedene Male geändert bzw ergänzt worden, weil oft der Eindruck entsteht, dass Filme oder Computerspiele mit äußerst brutalen Inhalten nicht unter diese Bestimmung fallen. Bei Computerspielen bestand lange das Problem, dass es sich bei den im Spiel getöteten Figuren nicht um real abgebildete Menschen, sondern um animierte, menschenähnliche Wesen handelt. Dies galt lange als Argument, um die Bestimmungen auf Computerspiele nicht anzuwenden. Deshalb wurde der § 131 StGB 2003 entsprechend ergänzt. Aber offensichtlich sind die Hürden, um Computerspiele mit dieser Regelung zu erfassen, immer noch zu hoch, denn inzwischen wird wieder über eine Erweiterung nachgedacht.[108]

89 Ein erster Hinweis bei der Beurteilung, ob ein Film unter die Bestimmungen des § 131 StGB fällt, ist die **massive Aneinanderreihung detaillierter brutaler Gewaltdarstellungen.** Wo andere Filme ausblenden, wird hier die Gewalt fast in Echtzeit dargestellt. Sie wird nicht durch den Kontext relativiert, sie ist Gegenstand des Filmes und spekuliert auf einen Zuschauer, der sie genießt. **Die Gewalt muss aber auch „grausam oder sonst unmenschlich" sein.** Da aber im Grunde jede Darstellung einer Gewalttat grausam ist, ohne dass sie verboten werden müsste, muss es sich um eine besonders grausame Darstellung handeln, bspw einen Täter, der großes Vergnügen darin findet, Menschen möglichst schmerzvoll zu quälen und dabei gnadenlos zu töten. Und dies muss detailliert gezeigt werden.

---

105 S zum Schriftenbegriff *Heinrich* Bd 5 Kap 5.
106 Art 103 Abs 2 GG.
107 Vgl *von Hartlieb* Zur Auslegung der Neufassung des § 131 StGB, 12 und *von Hartlieb/von Gottberg* 33, die im Sinne des Gesetzgebers aus Sicht der FSK argumentieren; Schönke/Schröder/*Lenckner* § 131 StGB Rn 2ff vertritt die Auffassung, dass der § 131 StGB aufgrund mangelnder Bestimmtheit nur in einigermaßen eindeutigen Fällen angewendet werden kann.
108 S hierzu *Sulzbacher* JMS-Report 5/2003, 5ff.

Gottberg

Das allein reicht aber nicht aus, denn der § 131 StGB stellt nicht nur auf die Ebene der Darstellung ab, sondern er fragt nach der Zielsetzung des Inhalts. Eine brutale Gewaltdarstellung könnte auch das Ziel verfolgen, den Betrachter genau gegen diese Gewalt emotional einzunehmen, was letztlich einer Verurteilung der dargestellten Gewalt gleichkäme. Die Darstellung muss deshalb eine *Verherrlichung oder Verharmlosung* von Gewalt allgemein zum Ausdruck bringen. **Sie muss den Zuschauer nicht gegen, sondern für die Gewalt einnehmen.** Das ist nicht so einfach nachweisbar, denn es handelt sich hierbei um die Interpretation dessen, was zB der Autor oder Regisseur eines Filmes zum Ausdruck bringen will. 90

Selten stellen Medien jedoch Gewalt dar und fordern unverhohlen zur Nachahmung auf oder drücken aus, dass sie die gewalttätigen Handlungen der Protagonisten gutheißen. Deshalb wurde im Jahre 1985 ein weiterer Aspekt hinzugefügt, da sich in der Praxis herausgestellt hatte, dass § 131 StGB für viele einschlägige Filme nicht angewandt wurde. Sind die Kriterien „Verherrlichung" oder „Verharmlosung" nicht nachzuweisen, fällt ein Inhalt nun auch unter diese Bestimmung, wenn er „das Grausame oder Unmenschliche des Vorganges in einer die Menschenwürde verletzenden Weise darstellt". Aber auch diese Erweiterung des § 131 StGB hat nicht sehr viel bewirkt, da hier nicht beurteilt werden soll, ob innerhalb der Darstellung die Würde *eines* oder *mehrerer* Menschen, die Opfer von Gewalttaten werden, verletzt wird, denn dies ist ja wohl selbstverständlich: wenn ein Mensch Opfer eines Gewaltverbrechens wird, so tangiert dies immer seine Würde. Damit könnten dann mancher *Tatort* oder viele andere Krimis verboten werden. 91

Das BVerfG hat in einem Urteil zum Verbot des Filmes „Tanz der Teufel"[109] festgestellt, dass der Film gegen **die Würde des Menschen schlechthin** gerichtet sein muss, indem er den Eindruck vermittelt, als wäre die Verletzung der Menschenwürde durch brutale Gewalt ein normaler, erlaubter oder gar begrüßenswerter Akt. Dies bei einem Film nachzuweisen ist jedoch ausgesprochen schwierig; denn natürlich bezieht sich der Film auf die dargestellten Personen und nicht auf Menschen schlechthin. 92

II. Pornografie

1. Kurzdarstellung der rechtlichen Ausgangslage

Durch § 184 StGB werden pornografische Medien von vornherein zahlreichen Vertriebsbeschränkungen unterworfen, deren Ziel es ist, sie von Kindern fernzuhalten. 93

Pornografie darf Personen unter 18 Jahren nicht angeboten, überlassen oder zugänglich gemacht werden.[110] Sie darf nicht an Kiosken oder im Versandhandel[111] angeboten oder verkauft werden, die öffentliche Vorführung von pornografischen Filmen im Kino ist untersagt.[112] Die Vermietung pornografischer Trägermedien ist nur in Ladengeschäften gestattet, zu denen Kinder und Jugendliche keinen Zutritt haben und in die sie nicht einsehen können.[113] Darüber hinaus ist es untersagt, für Pornografie zu werben. Das gilt nicht für sog inhaltsneutrale Werbung, die selbst keine pornografischen Darstellungen enthält und bei der die Tatsache, dass für Por- 94

---

109 BVerfGE 87, 209.
110 § 184 StGB Abs 1 Nr 1.
111 § 184 StGB Abs 1 Nr 3.
112 § 184 StGB Abs 1 Nr 8, allerdings nur, wenn das Eintrittsgeld für den Film bestimmt ist (sog Entgeltklausel). So sollten Vorführungen in einschlägigen Etablissements möglich gemacht werden. Bis zur Einführung des Videorekorders haben zahlreiche Kinos statt einer Eintrittskarte eine Schallplatte oder ein Getränk angeboten, um das Verbot so zu umgehen.
113 § 184 StGB Abs 1 Nr 4; s bzgl der Tathandlungen *Heinrich* Bd 5 Kap 5.

nografie geworben wird, nicht unmittelbar erkennbar ist.[114] Die Ausstrahlung pornografischer Darbietungen im Rundfunk ist verboten. Darunter sind Liveübertragungen sexueller Handlungen zu verstehen, fiktionale pornografische Darstellungen fallen nicht unter strafrechtliche das Verbot.[115]

2. Das Problem der Definition von Pornografie

95 Was genau unter Pornografie zu verstehen ist, überlässt § 184 StGB der Rechtsprechung. Eine Definition von Pornografie ist im Gesetz nicht zu finden. **Denn die Beurteilung dessen, was in einer Gesellschaft als pornografisch gilt, hängt sehr stark von der gesellschaftlichen Werteentwicklung ab, die einem ständigen Wandel unterworfen ist.** Allerdings weist die Übersetzung des Begriffes „Pornografie", *Schreiben über Hurerei*, schon darauf hin, dass es sich um ausschließlich **auf die sexuelle Lust des Betrachters ausgerichtete detaillierte Schilderungen sexueller Vorgänge ohne zwischenmenschliche Beziehungen handeln muss.**

96 Bei der Verfolgung von pornografischen Inhalten hat sich die Staatsanwaltschaft lange Zeit insb auf die **Darstellung der Geschlechtsorgane** in sexueller Aktion und in Großaufnahme bezogen, so dass dies in der Praxis des Strafrechts das Hauptunterscheidungsmerkmal zwischen Softsexfilmen und pornografischen Filme geworden ist. Besonders befriedigend war das aus Sicht des Jugendschutzes nicht, da die Gefährdung eines Jugendlichen weniger in der Kenntnis der Geschlechtsorgane liegt als vielmehr in der **Vermittlung unerwünschter Rollenbilder und Wertvorstellungen**. Auf der anderen Seite ist es für den Händler, den Polizisten oder den Staatsanwalt nur mit hohem Aufwand möglich, die durch ein Werk vermittelte Wertvorstellung zu prüfen. Die Darstellung von Geschlechtsteilen in Großaufnahme kann jedoch jedermann ohne weiteres erkennen.

97 In der allgemeinen Vorstellung werden Bilder, Filmsequenzen oder Texte, die stimulativ (aus subjektiver Sicht) Sexualität von Menschen darstellen, schnell als *Pornografie* bezeichnet. Für den einen handelt es sich bereits bei der Darstellung eines oder mehrerer nackter Menschen um Pornografie, für den anderen muss schon der Koitus gezeigt werden. **Die Haltung zu der Frage, was man selbst als pornografisch einschätzt und was nicht, hängt unmittelbar mit der individuellen Sexualmoral zusammen.**

98 Bei der Reform des Sexualstrafrechts in den siebziger Jahren wurde der damals geltende Begriff der *unzüchtigen Schriften* durch den Begriff der *pornografischen Schriften* ersetzt. Ziel war es, den Begriff zu versachlichen und die Orientierung am vermeintlichen sittlichen Empfinden zu reduzieren.[116] Im Vordergrund stand damals die Frage, ob pornografische Darstellungen geeignet sind, eine individuelle sozialethische Gefährdung zu erzeugen. Eine Anhörung von Sachverständigen zu dieser Frage führte zu keinem klaren Ergebnis. Vor allem bei Heranwachsenden sei zu befürchten, dass Pornografie eine einseitige Orientierung auf den sexuellen Lustgewinn und eine Reduzierung von Beziehungsfähigkeit und Verantwortungsgefühlen zur Folge haben könnte. **Daraufhin wurde beschlossen, Pornografie für Jugendliche zu verbieten, solange die Forschung nicht nachweisen kann, dass Pornografie auch für Minderjährige unschädlich ist.**[117] Auf eine Legaldefinition von Pornografie hat der Gesetzgeber bewusst verzichtet, um die spätere Rechtsprechung nicht unnötig zu binden.[118]

---

114 BGH NJW 1977, 1695.
115 So das BVerwG NJW 1966 ff.
116 Vgl *Walther* BPjM 3/2003, 3 ff.
117 Protokolle des Sonderausschusses für die Strafrechtsreform, 6. Wahlperiode, BT-Drucks VI/3521, 843 ff.
118 BT-Drucks VI/3521, 60.

Allerdings ist später weder der Versuch gemacht worden, die gesetzliche Bestimmung auf 99
der Grundlage neuerer Forschungsergebnisse zu überprüfen noch hat bei der Definition des Begriffes Pornografie durch die Gerichte die aktuelle Forschungslage jemals eine Rolle gespielt. Stattdessen greift die Rechtsprechung heute immer noch auf die Definition des BGH zurück, der 1969 in seinem bekannten Urteil zu dem Roman *Fanny Hill* den Begriff *unzüchtige Schriften* definierte. Danach muss eine Schrift (oder andere Medien) **ganz oder überwiegend das Ziel der sexuellen Stimulanz vorfolgen und den sexuellen Lustgewinn ohne zwischenmenschlichen Beziehungen verabsolutieren, wobei das Geschlechtliche grob aufdringlich und in übersteigerter oder anreißerischer Weise dargestellt wird und die Grenzen des gesellschaftlichen Anstands eindeutig überschritten werden.**[119]

Auch diese Definition lässt eine Reihe von Interpretationen zu. Zunächst ist festzuhalten, dass das Ziel des Pornografieverbotes nicht in der Verhinderung einer möglichen sexuellen Stimulanz liegt. Der BGH hat dieses Kriterium vor allem deshalb eingeführt, um die Darstellung sexueller Vorgänge in der Pornografie von solchen Darstellungen abzugrenzen, die bspw wissenschaftlichen Zwecken, medizinischen Absichten oder der sexuellen Aufklärung dienen. **Insgesamt zielt die Definition des BGH, positiv gesehen, vor allem darauf ab, bei Kindern und Jugendlichen die Integration der Sexualität in eine von zwischenmenschlichen Gefühlen und gegenseitiger Verantwortung getragene Beziehungsfähigkeit zu ermöglichen.** Die Darstellung einer ausschließlich am sexuellen Lustgewinn orientierten Sexualität, so die Befürchtung, könnte eine solche Beziehungsfähigkeit beeinträchtigen. Die *grob anreißerische Darstellung des Geschlechtlichen* hingegen wurde wohl deshalb in die Definition aufgenommen, weil verhindert werden sollte, dass Menschen mit engeren sexuellen Moralvorstellungen durch entsprechende Darstellungen kompromittiert werden könnten (Konfrontationsschutz). 100

Beim Pornografieverbot geht es also zum einen um Jugendschutz, zum anderen aber auch 101
darum, in der Öffentlichkeit Darstellungen zu verhindern, die **die Grenzen eines gesellschaftlichen Wertekonsenses überschreiten**. Unklar ist allerdings, wie in einer pluralistischen Gesellschaft dieser Wertekonsens ausgemacht werden soll. Dies bleibt letztlich innerhalb eines sehr großen Ermessensspielraums der Einschätzung von Staatsanwälten und Richtern überlassen.[120]

Grundsatzurteile, die die Frage der Definition von Pornografie betreffen, gab es seit dem 102
bekannten *Fanny Hill*-Urteil des BGH aus dem Jahr 1969 nicht mehr. Pornografische Druckerzeugnisse wurden nach der Strafrechtsreform in sog Sexshops angeboten, zu denen nur Erwachsene Zutritt erhielten. Sexuelle Darstellungen unterhalb der offensichtlichen Pornografieschwelle in Zeitschriften, Illustrierten oder Magazinen waren häufig Gegenstand von Indizierungsverfahren bei der Bundesprüfstelle für jugendgefährdende Medien, die ihrerseits eine Einschätzung vornahm, ob es sich um Pornografie handelte. Die Strafgerichte waren daher mit diesen Fällen nur selten beschäftigt. In den siebziger Jahren gab es zwar eine Reihe von Sexfilmen, die die Schwelle zur Pornografie überschritten, allerdings wurden diese durch die freiwillige Selbstkontrolle der Filmwirtschaft (FSK) vor der Veröffentlichung geprüft und notfalls unter teilweise erheblichen Schnittauflagen in einer Fassung freigegeben, die nicht mehr als pornografisch gelten konnte. Erst in den neunziger Jahren, als private Fernsehsender vermehrt Sexfilme ausstrahlten, wurde wieder über die Frage der Grenzziehung zwischen den im Fernsehen erlaubten Sex- bzw Erotikfilmen und unzulässigen pornografischen Filmen diskutiert.

---

119 BGHSt 23, 40 ff, 1 StR 456/68 v 22.7.1969.
120 Vgl *Benda* tv diskurs 1/2001, 28 ff.

3. Vollständig verboten: Harte Pornografie (§§ 184a–c StGB)

103 Verboten sind die Herstellung und die Verbreitung sog *harter Pornografie*, worunter pornografische Darstellungen mit Kindern und Jugendlichen, mit Tieren oder mit Gewalt verstanden werden. Wichtig dabei ist, dass es sich nicht allein um sexuell stimulative Darstellungen, sondern um Pornografie handeln muss. Im Bereich der Gewalt (Darstellungen, die sadistische Neigungen bedienen) kommt es oft gar nicht zu sexuellen Handlungen, so dass es hier schwer fällt, von Pornografie zu sprechen. Öfter kommen vollzogene Vergewaltigungen vor, die Androhung von Gewalt zum Erzwingen des Geschlechtsakts reicht nicht aus. Dies beklagt Schreibbauer: „Bedenkt man aber, dass es für ein potentielles Opfer, zB einer Vergewaltigung keinen großen Unterschied macht, ob die Verletzung der sexuellen Selbstbestimmung durch eine Gewaltanwendung oder -androhung verursacht wird, und berücksichtigt man zudem, dass auch die sexuelle Entwicklung von Minderjährigen und jungen Erwachsenen durch Darstellungen, die eine Verbindung zwischen Nötigungen und sexueller Befriedigung ziehen, wegen der kriminogenen Tendenz massiv gefährdet wird, so erscheint es wenig einsichtig, dass nur die Gewaltanwendung, nicht aber die Drohung mit Gewalt gem § 184a StGB verboten ist."[121]

104 Während Eltern alle anderen jugendgefährdenden oder strafrechtlich relevanten Medien ihren Kindern zugänglich machen dürfen (Erzieherprivileg), gilt bei Kinderpornografie ein Abgabeverbot an Kinder und Jugendliche auch für sie. „Beim Schutz von Kindern vor einem realen Missbrauch bei der Herstellung (§ 176, 176a StGB) ist eine Darstellung dann als Kinderpornografie anzusehen, wenn sie einen realen Missbrauch eines Kindes zum Gegenstand hat (bzw dies nicht auszuschließen ist) und die Darstellung geeignet ist, beim Konsumenten einen weiteren Bedarf an einschlägigen Darstellungen hervorzurufen. Dies ist wiederum dann der Fall, wenn die Darstellung dazu geeignet ist, beim (pädophilen) Betrachter das Motiv für den Erwerb von Kinderrealpornografie, was vornehmlich in der sexuellen Erregung liegt, zu befriedigen, und dadurch das Verlangen nach weiteren realen Darstellungen geweckt werden kann.[122]

105 Da zur Herstellung von Kinderpornografie zahlreiche Kinder missbraucht werden, ist nicht nur die Herstellung und Verbreitung, sondern bereits der Besitz strafbar. Damit soll das Risiko für den Vertrieb und den Erwerb vergrößert werden. Außerdem wird damit die Verfolgung von Verstößen vereinfacht, da sich Hersteller und Händler in der Vergangenheit oft damit herausgeredet haben, dass die bei ihnen beschlagnahmten Materialien lediglich dem persönlichen Konsum und nicht der Verbreitung dienten.

§ 4
Das Jugendschutzgesetz (JuSchG)

I. Allgemeines

106 Im Jahre 2003 wurden im Rahmen einer Reform des Jugendschutzrechts das Gesetz zum Schutz der Jugend in der Öffentlichkeit und das Gesetz über die Verbreitung jugendgefährdender Medien zum Jugendschutzgesetz (JuSchG) zusammengeführt. In Abstimmung mit den Ländern trat gleichzeitig der Jugendmedienschutz-Staatsvertrag (JMStV) in Kraft. Er führt die Jugendschutzbestimmungen für elektronisch verbreitete Medien (Fernsehen und Internet) zusammen. Bis zur Reform fielen sogenannte Teledienste in die Zuständigkeit des Bundes, Mediendienste hingegen

---

121 *Schreibauer* 136.
122 *Schreibauer* 149.

in die der Länder. Dies führte rechtlich häufig zu Verwirrung, da eine Zuordnung nicht immer eindeutig war. Eine wichtige Voraussetzung für das Gelingen der Gesetzesnovellierung war die Einigung von Bund und Ländern auf ein Eckpunktepapier, in dem die Zuständigkeit der Länder auch für Teledienste festgelegt wurde.[123] Die Zuständigkeit für auf Trägermedien verbreitete Inhalte liegt weiterhin beim Bund, der sie im JuSchG umsetzt. Im JuSchG werden eine Reihe allgemeiner Bestimmungen bspw über die Abgabe von Zigaretten oder alkoholische Getränke an Kinder und Jugendliche getroffen. Darüber hinaus enthält das Gesetz Bestimmungen über jugendgefährdende Medien sowie über Altersbeschränkungen von Kino- und Videofilmen bzw DVDs und über Computerspiele.

Eine faktische Überprüfung der Einhaltung von Altersfreigaben ist nur bei öffentlichen Vorführungen möglich. **Vorausgesetzt, die Kontrollen funktionieren, kann ausgeschlossen werden, dass Kinder oder Jugendliche einen Film sehen, der für sie nicht freigegeben ist. Im Bereich des Handels mit bespielten DVDs oder Videokassetten beschränkt sich die Kontrollmöglichkeit darauf, an wen ein Trägermedium abgegeben wird.** Ob derjenige, der ein solches Trägermedium erwirbt, dieses an Jüngere weitergibt, entzieht sich der Kontrolle. Aus diesem Grunde sind die Vertriebsbeschränkungen und Werbebeschränkungen für Trägermedien teilweise strenger als für Kinofilme. 107

II. Indizierung durch die Bundesprüfstelle für jugendgefährdende Medien (BPjM)

Medien mit jugendgefährdenden Inhalten können auf die *Liste der jugendgefährdenden Medien* (Index) gesetzt werden.[124] Dazu zählen Inhalte, welche geeignet sind, *die Entwicklung von Kindern oder Jugendlichen oder ihre Erziehung zu einer eigenverantwortlichen und gemeinschaftsfähigen Persönlichkeit zu gefährden. [...] Dazu zählen vor allem unsittliche, verrohend wirkende, zu Gewalttätigkeit, Verbrechen oder Rassenhass anreizende Medien.*[125] 108

Die Aufnahme in die Liste (Indizierung) soll erreichen, dass ein bestimmtes Produkt **Jugendlichen nicht mehr zugänglich** gemacht werden darf, während Erwachsene es erwerben können. Zuständig für die Indizierung ist die *Bundesprüfstelle für jugendgefährdende Medien* (BPjM). Im Gesetz[126] werden die Vertriebsbeschränkungen festgelegt, denen ein Produkt nach der Indizierung unterliegt. Indizierte Medien dürfen nicht an Kinder und Jugendliche abgegeben werden, sie dürfen nicht in Kiosken oder im Versandhandel verkauft werden. Ihre Vermietung ist nur in Ladengeschäften gestattet, zu denen Kinder und Jugendliche keinen Zutritt haben. Indizierte Medien dürfen nicht beworben[127] oder im Fernsehen ausgestrahlt werden. Die Ausstrahlung im Fernsehen für eine überarbeitete Fassung ist nur gestattet, wenn eine Bestätigung der Bundesprüfstelle darüber vorliegt, dass diese im Vergleich zur Originalfassung keine jugendgefährdenden Szenen mehr enthält. 109

1. Zuständigkeitsbereich der Bundesprüfstelle

Nachdem die Bundesprüfstelle zunächst nur für sog Trägermedien (Schallplatten, Printmedien, Computerspiele, Videofilme und DVDs) zuständig war, wurde ihr Geltungsbereich inzwischen 110

---

123 Zur Problematik der Kompetenzen von Bund und Ländern vgl *Cole* 256.
124 § 18 JuSchG.
125 § 18 Abs 1 JuSchG.
126 § 15 Abs 1 Nr 1–5 JuSchG.
127 Im Gegensatz zu pornografischen Inhalten darf für indizierte Medien auch nicht inhaltsneutral geworben werden BGH NJW 1985, 154.

auch auf sog *Telemedien* (Internet) ausgedehnt. Damit soll vor allem die Verbreitung pornografischer, rechtsradikaler oder gewaltverherrlichender Internetangebote eingeschränkt werden. Obwohl die Indizierung nur gegenüber solchen Anbietern durchzusetzen ist, die ihren Sitz in Deutschland haben, werden auch Angebote aus dem Ausland in die Liste aufgenommen, weil die Anbieter nach einer Indizierung häufig freiwillig Inhalte verändern oder ganz aus dem Netz entfernen.

2. Antragsberechtigte Stellen

111 Die Bundesprüfstelle wird in der Regel auf Antrag des für Jugendfragen zuständigen Bundesministeriums, einer Obersten Landesjugendbehörde oder eines Jugendamtes tätig. Seit 2003 kann sie auch auf Anträge anderer Behörden tätig werden.[128] Kommt ein Indizierungsverfahren zustande, muss die Bundesprüfstelle den für die Verbreitung des Mediums Verantwortlichen benachrichtigen. Dieser kann selbst oder durch einen Bevollmächtigten schriftlich oder mündlich zu dem Verfahren Stellung nehmen.[129] Wird ein Medium indiziert, so wird es in die Liste der jugendgefährdende Medien aufgenommen. Diese wird im Bundesanzeiger veröffentlicht. Um zu vermeiden, dass die Liste für Jugendliche einen werbenden Effekt hat und damit das Gegenteil von dem erreicht, was beabsichtigt ist, wird sie in verschiedenen Teilen (A–D) geführt, wobei Teil C und D weitgehend Telemedien betrifft und nicht öffentlich ist, weil die Veröffentlichung den Interessen des Jugendschutzes schaden könnte.[130]

3. Das Procedere der Bundesprüfstelle

112 Die Bundesprüfstelle fällt ihre Entscheidungen in einem 12-köpfigen Gremium, das normalerweise einmal im Monat zusammenkommt.[131] Den Vorsitz führt der/die Vorsitzende der Bundesprüfstelle, der/die vom für Jugendfragen zuständigen Bundesministerium für einen Zeitraum von drei Jahren benannt wird. Die übrigen Beisitzer werden von verschiedenen im Gesetz festgelegten Behörden, Verbänden und Institutionen vorgeschlagen und vom zuständigen Bundesministerium ernannt. Sie rekrutieren sich aus den Bereichen der Kunst, Literatur, des Buchhandels und der Verleger, Vertreter der Anbieter, Träger der Jugendhilfe, der Lehrerschaft sowie Vertreter der Kirchen.[132] Jedem Gremium müssen mindestens drei Beisitzer aus den Bereichen angehören, die den Anbietern zugerechnet werden. Eine Indizierung erfolgt dann, wenn mindestens eine Mehrheit von zwei Drittel des Gremiums dafür stimmt.

113 Gegen die Entscheidungen der Bundesprüfstelle steht der Klageweg bei den Verwaltungsgerichten offen. **Allerdings gestehen diese den Gremien der Bundesprüfstelle einen weiten Beurteilungsspielraum zu. Eine Klage hat nur dann Aussicht auf Erfolg, wenn die Bundesprüfstelle gesetzliche Grundlagen missachtet hat oder ihr Verfahrensfehler nachzuweisen sind.** Dazu gehören zB Fehler bei der Besetzung der Gremien, unvollständiges Sichten der Prüfinhalte oder fehlerhafte Darstellungen in den Bescheiden, zB eine unzutreffende Wiedergabe des Inhalts.

114 **a) Offensichtliche und schwere Jugendgefährdung.** Ist die Jugendgefährdung eines Medieninhaltes offensichtlich, so kann ein Dreierausschuss, der aus zwei Beisitzern und des/der

---

128 § 21 Abs 2 JuSchG.
129 § 21 Abs 7 JuSchG.
130 § 18 Abs 2 JuSchG.
131 § 18 Abs 5 JuSchG.
132 § 19 Abs 2 JuSchG.

Gottberg

Vorsitzenden der Bundesprüfstelle besteht, darüber entscheiden. In diesem Falle muss die Entscheidung einstimmig sein. Kommt keine einstimmige Entscheidung zustande, so entscheidet das 12-köpfige Gremium.[133] Angesichts der Menge der zu prüfenden Inhalte ist die Bundesprüfstelle schon aus zeitökonomischen Gesichtspunkten nicht in der Lage, diese allein mit dem 12-köpfigen Gremium zu bewältigen. In früheren Zeiten waren vor allem Magazine und andere Printmedien Gegenstand des Indizierungsverfahrens. Inzwischen handelt es sich meistens um Videofilme, DVDs, Computerspiele oder Telemedien, die während der Sitzung angesehen werden müssen. Hierdurch entsteht ein erhöhter Prüfungsaufwand. Seitdem das VG Köln verschiedene Entscheidungen der Bundesprüfstelle aufgehoben hat, weil sich das Gremium Videofilme nicht vollständig, sondern nur in vorbereiteten Ausschnitten angesehen hat, müssen die Inhalte nun in voller Länge betrachtet werden. Um die Ressourcen der Bundesprüfstelle vor diesem Hintergrund möglichst effizient zu nutzen, wird der größte Teil der Indizierungsverfahren mittlerweile von 3-köpfigen Gremien durchgeführt.

Medieninhalte, die als *offensichtlich* schwer jugendgefährdend gelten, fallen unter die Vertriebsbeschränkungen des Gesetzes, ohne dass ein besonderes Indizierungsverfahren notwendig ist. Dazu gehören Trägermedien mit Inhalten, die durch Bestimmungen des Strafrechts[134] erfasst sind, die den Krieg verherrlichen, die leidende Menschen in einer ihre Würde verletzten Art und Weise darstellen oder die Kinder oder Jugendliche in unnatürlicher sexuell stimulierende Körperhaltung darstellen.[135] Als Folge der Diskussion über den Zusammenhang zwischen gewaltbeherrschten Filmen sowie Computerspielen und Gewalttaten Jugendlicher, insb nach verschiedenen Amokläufen, wurde 2008 eine Regelung ins Gesetz aufgenommen, deren Absicht es vor allem ist, sog Killerspiele praktisch aus dem öffentlichen Leben zu eliminieren. Es handelt sich dabei um Spiele, in denen das Töten von Menschen im Zentrum steht und nach Vollzug durch Punkte belohnt wird. Als offensichtlich schwer jugendgefährdend gelten danach „besonders realistische, grausame und reißerische Darstellungen, die das Geschehen beherrschen".[136] Diese Bestimmung hat zu erheblicher Kritik geführt. Es wird bemängelt, dass es sich um einen überflüssigen und unzulässigen Eingriff in die künstlerische Freiheit der Hersteller handelt, die auch für Filme und Computerspiele gilt. **Die Bestimmung sei so allgemein, dass sie auch auf Inhalte zutreffen könnte, die ein sachverständiger Ausschuss aufgrund zB der kontextualen Einbettung der Gewalt nicht als jugendbeeinträchtigend einschätzen würde.** Zwar läge noch keine formelle Zensur vor, dennoch sei die Grundrechtsbeeinträchtigung von maßgeblichem Gewicht.[137] 115

b) Listenstreichungen und wesentlich inhaltsgleiche Fassungen. Die Indizierung verliert nach 25 Jahren ihre Wirkung.[138] Will ein Anbieter einen indizierten Inhalt vor Ablauf dieser Frist erneut in einer veränderten Fassung veröffentlichen, so kann die Bundesprüfstelle feststellen, ob die vorgenommenen Änderungen oder Kürzungen ausreichen, um die Gründe, die zur Indizierung geführt haben, zu entkräften. 116

Wenn aufgrund des gesellschaftlichen Wertewandels die Gründe, die zur Indizierung geführt haben, nicht mehr zutreffen, kann eine Person, die durch eine Indizierung beschwert ist 117

---

133 § 21 Abs 1 JuSchG.
134 §§ 86, 130, 130a, 131, 184, 184a, 184b oder 184c StGB.
135 § 15 Abs 2 JuSchG, hier geht es vor allem um Abbildungen, die geeignet sind, pädophile Neigungen zu stimulieren. Solche Abbildungen sind eher für entsprechende Erwachsene gefährdend als für Kinder, deshalb gilt hier ein allgemeines strenges Verbot, das sich praktisch vor allem auf das Internet bezieht.
136 § 15 Abs 2 Nr 3a JuSchG.
137 *Degenhart* UFITA 2009/II, 367.
138 § 18 Abs 7 JuSchG.

(zB ein Fernsehanbieter) bei der Bundesprüfstelle einen Antrag auf Listenstreichung stellen.[139] In solchen Fällen entscheidet die Bundesprüfstelle im 12er-Gremium. Solche Anträge auf Streichung aus der Liste waren schon immer möglich, wurden aber in der Vergangenheit nur sehr selten gestellt. Printmedien verlieren normalerweise nach einigen Jahren ihren wirtschaftlichen Wert. Bei Filmen ist das jedoch anders, insb, wenn Fernsehsender Filme ausstrahlen wollen, die in der Videofassung indiziert wurden. Daher wurde das Recht, in begründeten Fällen einen Antrag auf Listenstreichung zu stellen, 2003 in das Gesetz aufgenommen. Dies hängt möglicherweise auch damit zusammen, dass das Ausstrahlungsverbot von indizierten Filmen im Fernsehen, das ebenfalls seit 2003 gilt, umstritten ist. In den letzten Jahren haben tatsächlich vor allem Fernsehsender Anträge auf Listenstreichung gestellt, teilweise mit Erfolg.

III. Altersbeschränkungen im Kino und für Video/DVD

118   Die öffentliche Vorführung von Kinospielfilmen und der Verkauf oder die Vermietung bespielter Trägermedien (Video/DVD) ist grds ohne besondere Vorprüfung erlaubt, allerdings nur gegenüber Erwachsenen. **Kindern und Jugendlichen dürfen Kinofilme**[140] **öffentlich nur vorgeführt werden, wenn sie von den Obersten Landesjugendbehörden freigegeben sind**. Vergleichbares gilt für bespielte Trägermedien und für Computerspiele.

119   Das bedeutet, dass jeder Film, **völlig unabhängig von seinem Inhalt**, ohne Freigabe durch die *Obersten Landesjugendbehörden* nur vor Erwachsenen gespielt werden darf, also selbst dann, wenn sein Inhalt offensichtlich keine Probleme des Jugendschutzes berührt. Nun ist das Kinopublikum ein junges Publikum; ein Film ohne Jugendfreigabe hat daher kaum eine Marktchance. Außerdem würden die Kinos einen nicht geprüften Film kaum spielen. Die Kinos, die Mitglied im größten Verband der Filmtheaterbesitzer (HDF) sind, haben sich vereinsrechtlich verpflichtet, nur Filme mit einer FSK-Kennzeichnung vorzuführen. Aber auch andere Kinos sehen in der FSK-Freigabe eine Absicherung gegenüber möglicher öffentlicher Kritik oder gegenüber der Staatsanwaltschaft, falls strafrechtliche Aspekte in Betracht kommen. Daher gibt es im Kinobereich praktisch keinen Film, der ohne eine Prüfung in den Kinos vorgeführt wird.

120   Was genau als *öffentliche Filmvorführung* verstanden wird, definiert das Gesetz nicht. Vor allem die Frage, was als öffentlich angesehen wird, ist nicht immer zu klären. Eine öffentliche Vorführung findet auf jeden Fall statt, wenn sie auf öffentlichen jedermann zugänglichen Verkehrsflächen (Straßen, Parks, öffentliche Plätze) präsentiert wird.[141] Ein wichtiges Kriterium bei Vorführungen in geschlossenen Räumen ist es, dass jedermann, der die durch den Veranstalter vorgegebenen Kriterien (zB Eintrittsgeld, ein bestimmtes Mindestalter) erfüllt, zu der Veranstaltung Zutritt erhält[142] und die Besucher nicht durch persönliche Beziehungen miteinander verbunden sind. Private Veranstaltungen gehören nicht dazu, es sei denn, sie werden (bspw durch Anzeigen in Zeitungen oder Einladungen in Rundfunksendungen) für jedermann geöffnet. Sobald die Vorführung auf eine klar namentlich zu benennende Personengruppe beschränkt ist, handelt es sich jedenfalls nicht um eine öffentliche Vorführung. Ein Lehrer, der mit einer Schulklasse eine Filmvorführung besuchen will, ist also nicht an die Altersfreigaben gebunden.[143] Das Gleiche gilt, wenn er einen Film im Schulunterricht vorführt.

---

139   § 21 Abs 2 und Abs 7 JuSchG.
140   § 11 Abs 1 JuSchG.
141   So *Scholz* § 4 Nr 2.
142   Vgl BayObLGST 1952, 49; BayObLGST 1978, 105.
143   So auch *Nikles/Roll/Spürck/Umbach* 44, Rn 8.

In der Praxis kommt es oft vor, dass auf einem Trägermedium Musik Clips oder Ausschnitte 121
aus Filmen mit bestimmten Werbeaussagen verbunden werden und an öffentlichen Verkehrsflächen (Bahnhöfen, Plätzen oder in Vorräumen von Kinos oder Diskotheken) zu sehen sind. Dabei handelt es sich eindeutig um eine öffentliche Vorführung. Das gleiche gilt, wenn in Gaststätten oder in anderen öffentlichen Räumen Filme über Video, DVD oder das Pay TV vorgeführt werden. Bei Filmvorführungen in Flugzeugen handelt es sich wohl nicht um eine öffentliche Vorführung, da die Passagiere sich im Flugzeug nicht zum Zwecke der Filmvorführung versammeln und das Flugticket nicht als Eintrittskarte für eine Filmsichtung erworben wird. Außerdem kann man davon ausgehen, dass auf Langstreckenflügen Kinder kaum ohne ihre Eltern unterwegs sind. Andere vertreten die Auffassung, dass Passagiere eines Flugzeuges untereinander keine persönliche Beziehung haben und es sich daher um Öffentlichkeit handelt.[144] Tatsächlich spielt die persönliche Beziehung wohl eine Rolle. Bei Vereinen oder Veranstaltungen in Jugendklubs kommt es bspw darauf an, ob jedermann leicht Mitglied werden kann oder ob die Mitglieder durch ein gemeinsames Interesse oder Ziel miteinander verbunden sind.

Die Vorführung in der Privatsphäre gilt nicht als öffentliche Vorführung, **darunter ist auch** 122
die Vorführung in Hotelzimmern gefasst. Bei Programmen, die pornografisch oder indiziert sind, muss allerdings sichergestellt sein, dass das Angebot Kindern und Jugendlichen (das gilt auch für minderjährige Angestellte) nicht zugänglich gemacht wird. Empfehlenswert ist bspw die Vergabe einer PIN an den erwachsenen Hotelgast zur Freischaltung des Programms oder die Freischaltung entsprechender Angebote nach persönlichem Anruf in der Rezeption. Die überwiegend gängige Praxis, mit der Eingabe der Hotelzimmernummer entsprechende Inhalte freizuschalten, dürfte nicht ausreichen. Denn es fehlt die Kontrollmöglichkeit, ob nicht möglicherweise ein vorübergehend unbeaufsichtigtes Kind die Zimmernummer eingibt. Es muss auch darauf geachtet werden, dass die Ankündigung entsprechender Filme kein Verstoß gegen das Werbeverbot darstellt. Dies kann dadurch geschehen, dass die Ankündigung nur dem erwachsenen Hotelgast ausgehändigt wird.

1. Die Obersten Landesjugendbehörden

Für die Jugendfreigabe sind nach dem Gesetz die *Obersten Landesjugendbehörden*[145] zuständig, 123
was praktisch bedeutet, dass es 16 Filmprüfstellen in der Bundesrepublik geben müsste. Eine bundesweite einheitliche Regelung durch eine Bundesbehörde wäre verfassungswidrig, da hierin ein Eingriff in die Kulturhoheit der Länder vermutet werden könnte.

Die Jugendschutzbewertungen in den einzelnen Ländern sind je nach ihrem kulturellen und religiösen Hintergrund sehr unterschiedlich. Würden also tatsächlich die *Obersten Landesjugendbehörden* für die Freigabe verantwortlich sein, so könnte man zB damit rechnen, dass derselbe Film in Hamburg und Berlin mit einer anderen Freigabe auf den Markt kommen würde als etwa in Bayern.

Würde tatsächlich jedes Land einzeln prüfen, so käme dies für die Landeshaushalte sehr 124
teuer. Denn man bräuchte nicht nur eigene Prüfinstanzen, sondern müsste auch die Freigaben in die Kinos bringen und Berufungen organisieren. Außerdem ist fraglich, ob eine jugendschutzrechtliche Bewertung vor der Veröffentlichung eines Filmes durch eine Behörde nicht einen Verstoß gegen das Zensurverbot in Art 5 Abs 1 GG bedeuten würde.

Auch für die Filmwirtschaft hätte ein solches uneinheitliches Freigabeverfahren nur 125
Nachteile, weil auch die Werbung und das gesamte Marketing in enger Verbindung mit der Al-

---

144 So von Hartlieb/Schwarz/*Trinkl* 28, Rn 13.
145 § 14 Abs 2 JuSchG.

tersfreigabe eines Filmes stehen. Ein für 6- oder 12-Jährige freigegebener Familienfilm muss anders beworben werden als ein 16er Film. Bei einer unterschiedlichen Freigabe müsste also in Bayern eine andere Werbekampagne initiiert werden als in Hamburg oder Berlin. Insofern haben sowohl die Jugendbehörden als auch die Filmwirtschaft ein Interesse daran, eine für alle Bundesländer gültige Altersfreigabe zu ermöglichen.

126   Die Obersten Landesjugendbehörden haben sich daher bereits in den fünfziger Jahren entschlossen, in einer Ländervereinbarung ihre Prüfkompetenz weitgehend an die *Freiwillige Selbstkontrolle der Filmwirtschaft (FSK)* abzugeben. Eine solche Möglichkeit sieht das Gesetz inzwischen (seit 2003) ausdrücklich vor.

2. Die Altersfreigaben

127 Es gelten folgende Alterskategorien: a) Freigegeben ohne Altersbeschränkung,[146] b) Freigegeben ab 6 Jahren, c) Freigegeben ab 12 Jahren, d) Freigegeben ab 16 Jahren, e) keine Jugendfreigabe.

128   Für Filme, die eine Freigabe ab 12 Jahren erhalten haben, ist der Kinobesuch Kindern ab sechs Jahren in Begleitung einer personensorgeberechtigten Person[147] erlaubt. Diese Regelung gilt seit 2003 und beabsichtigt, die Erziehungsverantwortung der Eltern zu stärken. Außerdem soll dadurch berücksichtigt werden, dass die Entwicklungsspanne zwischen dem sechsten und zwölften Lebensjahr sehr groß ist. Das führt dazu, dass einige große, auf ein junges Publikum abzielende Filme für Sechsjährige stark verängstigend wirken, während sie für Achtjährige durchaus geeignet sind (zB *Der Herr der Ringe, Harry Potter* etc). Diese Filme werden ab zwölf Jahren freigegeben, können aber nun in der entsprechenden Begleitung von Kindern ab sechs Jahren gesehen werden.

129   Darüber hinaus gelten **unabhängig von der Altersfreigabe** für bestimmte Altersgruppen **zeitliche Grenzen für den Kinobesuch**, es sei denn, das Kind ist in Begleitung einer personensorgeberechtigten oder mit der Erziehung beauftragten Person. Danach dürfen Kinder unter sechs Jahren generell eine Filmvorführung nur in entsprechender Begleitung besuchen. Nur in Begleitung ist Kindern ab sechs Jahren der Kinobesuch gestattet, wenn die Vorführung nach 20 Uhr beendet ist, Kindern unter 16 Jahren, wenn die Vorführung nach 22 Uhr beendet ist und Jugendlichen ab 16 Jahren, wenn die Vorführung nach 24 Uhr beendet ist (§ 11 Abs 3).

130   Die Alterskategorien werden durch das Gesetz festgelegt und können von den Behörden oder der FSK selbst nicht verändert werden.

3. Ausnahmen von der Kennzeichnungspflicht

131   **a) Lehrprogramme.** Ausnahmen von der Kennzeichnungspflicht gelten dann, wenn es sich um ein Informations-, Instruktions- oder Lehrprogramm handelt.[148] **In diesem Fall kann der Anbieter eine entsprechende Kennzeichnung selbst vornehmen.** Das gilt auch für vergleichbare Inhalte auf Trägermedien (Videos, DVDs, Computerspiele).[149] Diese Regelung wurde ins Gesetz aufgenommen, um die Prüfinstitutionen nicht unnötig zu belasten und die Anbieter vor unnötigen Kosten zu bewahren. Bisher wurde von dieser Möglichkeit allerdings wenig Gebrauch gemacht. Unklar ist, ob dies an der Routine der Anbieter liegt, vor dem Kino- oder Video-

---

146 Abweichend davon verwendet die FSK die Formulierung „freigegeben ab 0 Jahren".
147 Dabei kann es sich um die Eltern oder um Freunde, Verwandte handeln, die das Kind begleiten und notfalls sachgerecht reagieren können, wenn das Kind belastende Szenen nicht ohne weiteres verarbeiten kann. Vgl hierzu auch *Nikles/Roll/Spürck/Umbach* 83 Rn 8.
148 § 11 Abs 1 JuSchG.
149 § 20 Abs 2 FSK-Grundsätze.

start eine FSK-Freigabe einzuholen, oder ob die Firmen sich eine inhaltliche Einordnung selbst nicht zutrauen.

b) Nichtgewerbliche Nutzung. Weiterhin sind von der Prüfungspflicht Filme ausgenommen, die für die nichtgewerbliche Nutzung bestimmt sind. **Diese Freistellung entfällt allerdings, sobald ein für die nichtgewerbliche Nutzung vorgesehener Film später gewerblich genutzt wird.**[150] Von dieser Regelung profitieren zB Filme, die von Jugendgruppen, von Jugendverbänden, von Parteien, aber auch von öffentlichen Institutionen, die vor allem die Schulen und die außerschulische Bildung beliefern, angeboten werden. Solange sie unentgeltlich oder nur gegen eine geringe Schutzgebühr vertrieben werden (zB über die Landesbildstellen, die Bundeszentrale für politische Bildung oder über das Institut für Film und Bild in Wissenschaft und Unterricht (FWU), benötigen sie keine FSK-Freigabe. 132

Dieses Privileg entfällt, sobald der Film gewerblich verwertet wird. Dies ist in der Praxis nicht ganz unproblematisch: Es kann vorkommen, dass bspw das FWU die Rechte zu einem Film für die nichtgewerbliche Nutzung erwirbt, diese aber dann später durch Dritte gewerblich ausgewertet werden. In diesem Falle würde auch die Freistellung für die nichtgewerbliche Nutzung entfallen. Daher bemühen sich auch die nichtgewerblichen Verwerter, vorsichtshalber eine FSK-Freigabe einzuholen. Die FSK stellt dafür ein vereinfachtes und kostengünstiges Prüfverfahren zur Verfügung. 133

c) DVDs als Beilage von Zeitschriften. In den letzten Jahren werden vermehrt DVDs als Beilage von Zeitschriften vertrieben. Ist darauf ganz oder teilweise Material enthalten, das der Kennzeichnungspflicht unterliegt, so ist eine Prüfung durch eine hierfür vorgesehene Selbstkontrolle erforderlich. Im Gesetz ist nicht bestimmt, welche Anforderungen an diese Selbstkontrolle gestellt werden. In der Regel werden solche DVDs durch DT Control in München geprüft.[151] Besteht bereits eine Freigabe durch die FSK (bis *freigegeben ab 12 Jahren*) oder durch die FSF (bis *freigegeben für das Hauptabendprogramm*), so kann diese verwendet werden. Eine Freigabe ist auf solche Inhalte beschränkt, die **keine Jugendbeeinträchtigung** enthalten (vergleichbar einer Freigabe ab 12 Jahren). Auf der Zeitschrift selbst sowie auf dem Trägermedium muss auf die Tatsache hingewiesen werden, dass der Inhalt des Trägermediums nicht als jugendbeeinträchtigend eingestuft wurde. Die Obersten Landesjugendbehörden haben die Möglichkeit, den Selbstkontrolleinrichtungen dieses Kennzeichnungsrecht zu entziehen. 134

d) Öffentliche Vorführungen auf Festivals. Auch Filme, die auf Festivals gezeigt werden, benötigen eine Jugendfreigabe, solange Kinder und Jugendliche Zutritt zu der Veranstaltung haben. In solchen Fällen ist zu empfehlen, sich an die jeweils für das Land zuständige Oberste Landesjugendbehörde zu wenden, die in solchen Fällen eine auf die Zeit des Festivals beschränkte Freigabe erteilt. 135

e) Kennzeichen Keine Jugendfreigabe. Besondere Regelungen gibt es für Filme, die *keine Jugendfreigabe* erhalten. Kommen die Prüfausschüsse zu dem Ergebnis, dass von einem Kinofilm eine **schwere Jugendgefährdung** ausgehen könnte oder dass dieser im Wesentlichen inhaltsgleich mit einem bereits indizierten Film ist, darf dieser nicht gekennzeichnet werden.[152] Liegen bei der Prüfung Hinweise vor, die auf einen Verstoß gegen § 15 Abs 1 JuSchG schließen 136

---

150 § 11 Abs 4 S 2.
151 § 12 Abs 5 JuSchG.
152 § 14 Abs 3 JuSchG.

lassen, müssen die Obersten Landesjugendbehörden darüber die Strafverfolgungsbehörden informieren. Das wäre bspw dann der Fall, wenn der Verleiher einen Film trotz Ablehnung des Kennzeichens in die Kinos bringen würde. Bei **Videofilmen oder DVDs muss die Kennzeichnung bereits dann verweigert werden, wenn es sich nach § 14 Abs 4 sich um eine einfache Jugendgefährdung** handeln könnte. Mit Zustimmung des Antragstellers kann ein Film aus dem FSK-Verfahren heraus der Bundesprüfstelle vorgelegt werden. Erst wenn die Bundesprüfstelle zu dem Ergebnis kommt, dass sie den Film nicht indiziert, **kann die Kennzeichnung stattfinden**. Werden jedoch Filme mit *Keine Jugendfreigabe* gekennzeichnet, ist eine Indizierung durch die Bundesprüfstelle ausgeschlossen.[153]

137   **f) Prüfpflicht für den Hauptfilm und das Beiprogramm.** Zu beachten ist, dass nicht nur die Hauptfilme freigegeben sein müssen, sondern auch Beiprogramme, also Werbung oder Programmankündigungen.[154] Dabei kommt es auf die Wirkung des Werbefilmes an, dessen Freigabe nicht an die des beworbenen Filmes gebunden ist. In dem Zusammenhang ist zu beachten, dass die **Werbung für alkoholische Getränke oder für Tabakwaren** generell erst ab 16 Jahren freigegeben werden darf.[155]

4. Zur Arbeitsweise der FSK

138   **a) Historie.** Die FSK wird von der Spitzenorganisation der Filmwirtschaft (SPIO) organisiert. Sie wurde 1949 gegründet, und ihre Aufgabe bestand zunächst darin, die nach dem Zweiten Weltkrieg geltende Militärzensur in den Besatzungszonen zu ersetzen. Bei der Militärzensur ging es weniger um Jugendschutz, sondern um die Befürchtung, dass Filme aus der Zeit des Nationalsozialismus entsprechende Ideologien transportieren könnten. Die deutschen Filmverleiher, vertreten durch ihren damaligen Vorsitzenden Horst von Hartlieb, wollten in einer freiwilligen Selbstkontrolle die Militärzensur durch eine Prüfung ersetzen, an der Personen beteiligt waren, die nachweislich der nationalsozialistischen Idee niemals nahe gestanden hatten. Vor allem Kirchenvertreter spielten dabei eine wichtige Rolle. Dieses Vorhaben wurde vom damaligen Filmoffizier der amerikanischen Besatzungszone, Erich Pommer, einem in die USA ausgewanderten, ehemals in Babelsberg bei der UFA tätigen Filmproduzenten, unterstützt. Ziel der Filmwirtschaft, aber auch der Amerikaner, war es, nach amerikanischem Vorbild auf Selbstkontrolle statt auf staatliche Zensurmaßnahmen zu setzen. Von der FSK geprüfte Filme sollten durch die zuständigen Militärbehörden so anerkannt werden, als hätten sie diese selbst geprüft.

139   Schon bald nach der Gründung der FSK war die Militärzensur aber durch die Konstituierung der Bundesrepublik Deutschland als souveräner Staat obsolet geworden. Die Filmwirtschaft begann deshalb, die FSK in eine Filmprüfstelle umzuwandeln, die für die Einhaltung des Jugendschutzes und bestimmter ethischer Maßstäbe für Erwachsene zuständig sein sollte. Die Filmverleiher verpflichteten sich, alle Filme vor der Veröffentlichung der FSK vorzulegen. Die Kinobesitzer ihrerseits sagten zu, die von der FSK erteilten Altersfreigaben zu kontrollieren und durchzusetzen. Das Ziel war, durch ein **System der Selbstkontrolle staatliche Eingriffe in die Filmfreiheit überflüssig zu machen**. Dies misslang jedoch. 1952 trat das erste Jugendschutzgesetz in Kraft. Danach waren die Obersten Landesjugendbehörden für die Altersfreigaben zuständig. Bevor diese in der Lage waren, eigene Prüfkommissionen zu gründen, mussten sie die Frage klären, wie die zahlreichen, bereits durch die FSK geprüften Filme zu behandeln waren. So war

---

153 § 14 Abs 4 JuSchG.
154 § 11 Abs 4 JuSchG.
155 § 11 Abs 5 JuSchG.

für eine Übergangszeit geplant, die Freigabe der FSK aufgrund einer Ländervereinbarung anzuerkennen. Dieses zunächst als Provisorium gedachte System hat sich letztlich bewährt und dient inzwischen als Vorbild für die Regelung des Jugendschutzes durch Selbstkontrolleinrichtungen.[156]

Diese Entwicklung verlief allerdings nicht ohne Probleme. Nach der Freigabe des Filmes *Die Sünderin* im Hauptausschuss (für Erwachsene) drohten die Kirchenvertreter, ihre Prüfer aus den Ausschüssen der FSK zurückzuziehen. Aufgrund dieser und weiterer vergleichbarer Vorfälle wurden die Ausschüsse mehrfach umgebaut; letztlich gelang es immer wieder, sich zu einigen.[157] 140

Als 1985 auch Videofilme in das System der Altersfreigaben einbezogen wurden, war zunächst unklar, ob die FSK auch hierfür zuständig sein sollte. Die Obersten Landesjugendbehörden waren dazu nur unter Bedingungen bereit. Sie setzten durch, dass sie einen Ständigen Vertreter in der FSK etablierten, der den Vorsitz in den Ausschüssen führen sollte. Dieser lag bis dahin beim Leiter der FSK, der von der Filmwirtschaft bestimmt wurde. Die FSK verlor im Laufe der Jahre, insb auch durch die Einführung des ständigen Vertreters, immer mehr ihren Charakter als *Selbst*kontrolleinrichtung. So wird sie zwar von der Film- und Videowirtschaft organisiert und finanziert, die Entscheidungen werden aber letztlich überwiegend durch unabhängige Dritte unter Beteiligung der zuständigen Behörden auf der Grundlage des Jugendschutzgesetzes getroffen. 141

Auch die Verfassungsmäßigkeit der FSK ist immer wieder in Frage gestellt worden.[158] In der Rechtslehre wurde jedoch weitgehend eine andere Auffassung vertreten. Die Vorlage von Filmen oder Veröffentlichungen sei nicht verpflichtend, Zugangsbeschränkungen würden sich nicht auf Erwachsene, sondern auf Jugendliche auswirken.[159] Da sowohl die Obersten Landesjugendbehörden als auch die Wirtschaft letztlich die Vorteile dieses Systems anerkannten, ist es niemals zur offiziellen Beschwerde oder zu einem Prozess gekommen. Dennoch muss bedacht werden, dass eine Veröffentlichung ohne FSK-Freigabe nur theoretisch möglich ist, da sie aufgrund der durch das Gesetz geschaffenen Marktbedingungen keine Chance haben. 142

Da es sich bei FSK-Entscheidungen durch die Einbindung der Obersten Landesjugendbehörden um **begünstigende Verwaltungsakte** handelt, ist die Klage beim Verwaltungsgericht zulässig. Die Klage richtet sich direkt gegen die Obersten Landesjugendbehörden, vertreten durch die federführende Stelle der Obersten Landesjugendbehörden für FSK-Angelegenheiten, die zurzeit im Kultusministerium des Landes Rheinland-Pfalz eingebunden ist. Da jedoch die Wirtschaft sowie die Behörden das Verfahren bei der FSK in hohem Maße akzeptieren, hat es bisher seit Bestehen der FSK eine solche Klage noch nie gegeben. 143

b) Die Gremien der FSK. Für die Formalitäten der Prüfverfahren, die Besetzung der Ausschüsse sowie die Prüfkriterien ist die Grundsatzkommission zuständig. Sie ist ferner für die Verfassung und Fortschreibung der Grundsätze der FSK verantwortlich. In der Grundsatzkommission sind neben Vertretern der Obersten Landesjugendbehörden, der Filmwirtschaft, der Videowirtschaft, den Landesmedienanstalten und des öffentlich-rechtlichen Fernsehens 144

---

156 Ausf *von Gottberg* Die FSK wird 50, tv diskurs 10/1999, 34–45.
157 Vgl *Brüne* tv diskurs 4/1999, 46 ff.
158 Es wurde argumentiert, die FSK sei zwar keine staatliche Einrichtung, sie treffe ihre Entscheidungen aber stellvertretend für die Obersten Landesjugendbehörden. Geht man von dem weitergehenden Begriff der Meinungsäußerung aus, so wird man das Zensurverbot auch auf eine „zensierende Tätigkeit formell-privatrechtlicher, durch vertragliche Einigung zustande gekommener Instanzen pluralistischer Kräftegruppen" erstrecken müssen, so *Noltenius* 131 ff, anders OLG Frankfurt, das die Tätigkeit der FSK nicht für verfassungswidrig hält, NJW 1963, 113.
159 Vgl *von Hartlieb* NJW 1985, 830, 833 sowie *Weides* NJW 1987, 224, 226.

auch Vertreter der Kirchen und der für den Kulturbereich zuständigen Landesministerien Mitglied.[160] Um die besondere Position der Obersten Landesjugendbehörden zu unterstreichen, haben diese bei allen Entscheidungen ein Vetorecht.

145   Als Rahmen für die Kriterien der Jugendprüfung wird in § 18 FSK-Grundsätze auf das Jugendschutzgesetz und bzgl der Interpretation auf die Pluralität und die fachliche Zusammensetzung der Prüfausschüsse verwiesen, die darüber hinaus die Erkenntnisse der Wirkungsforschung sowie der Entwicklungspsychologie ihren Entscheidungen zu Grunde legen.

146   **c) Ausschüsse und Antragstellung.** Die Entscheidungen werden vom Arbeitsausschuss getroffen.[161] Dieser besteht seit 2010 aus fünf Prüfern (vorher sieben). Der Vorsitz liegt beim Ständigen Vertreter der Obersten Landesjugendbehörden. Neben ihm prüft ein Jugendschutzsachverständiger, der im Rotationsverfahren jeweils von einer Obersten Landesjugendbehörde entsendet wird. Ein weiterer Prüfer entstammt der sog Liste der öffentlichen Hand, in der Vertreter der Kirchen, von Jugendorganisationen, Bundes- und Länderbehörden aufgeführt sind. Zwei Prüfer werden von der Film- bzw Videowirtschaft entsendet. Allerdings sind auch sie dem Jugendschutz gegenüber verantwortlich und dürfen nicht im Bereich der Wirtschaft beschäftigt sein.

Der Antragsteller kann angeben, **welche Altersfreigabe er anstrebt.** Er ist weiterhin berechtigt, vor oder nach der Sichtung des Filmes seine Argumente für die von ihm angestrebte Freigabe vorzutragen. Dies kann auch in schriftlicher Form geschehen. Der Ausschuss ist jedoch in seiner Entscheidung frei. Er muss, unabhängig von der durch den Antragsteller gewünschten Freigabe, immer auch prüfen, ob eine Freigabe für Kinder möglich ist.

147   Die Prüfung selbst ist vertraulich und findet in der Regel ohne Anwesenheit Dritter statt.[162] Nur in seltenen Fällen lässt der Ausschuss dritte Personen als Beobachter zu (bspw zu wissenschaftlichen Zwecken).

148   Die Beratung findet unter Leitung des Ständigen Vertreters der Obersten Landesjugendbehörden statt. Seine Aufgabe besteht unter anderem darin, eine gewisse Kontinuität in der Prüfpraxis zu gewährleisten. Darüber hinaus ist er für die Einhaltung der Formalien, die sich aus dem Gesetz und den Grundsätzen ergeben, verantwortlich. Nach eingehender Diskussion erfolgt eine Abstimmung, bei der alle Prüfer gleichberechtigt sind. Es gilt die einfache Mehrheit.

149   Die Freigabe eines Filmes gilt grds für die vorgeführte Fassung. Eine Freigabe unter Schnittauflagen, wie sie lange Zeit bei der FSK möglich war, ist nicht mehr vorgesehen.

150   Der Ständige Vertreter unterschreibt im Auftrag der Obersten Landesjugendbehörden das Freigabedokument für den Anbieter, das inzwischen online verfügbar ist.[163] **Dadurch wird das Prüfergebnis zum Verwaltungsakt.** Die Freigabekarte wird dem Filmverleiher (inzwischen online) zur Verfügung gestellt, so dass dieser jeder Filmkopie eine Freigabekarte beilegen kann. So kann der Kinobesitzer bei eventuellen Kontrollen die Freigabe des Filmes dokumentieren. Allerdings ist zweifelhaft, ob die Anforderungen des Verwaltungsaktes auf alle Prüfungen zutreffen. So ist der Ständige Vertreter bei den Einzelprüfungen nicht beteiligt, der Prüfer wird von der FSK bestellt und finanziert. Außerdem wird in der Einzelprüfung sowie generell bei Filmen unter 60 Minuten keine Begründung (Jugendentscheid) angefertigt, was der Beründungspflicht für einen Verwaltungsakt nicht genügt.[164]

---

160   Vgl § 4 FSK-Grundsätze.
161   § 5 FSK-Grundsätze.
162   § 10 FSK-Grundsätze.
163   § 26 FSK-Grundsätze.
164   § 39 Abs 1 Verwaltungsverfahrensgesetz.

Gottberg

d) Kennzeichnung mit Keine Jugendfreigabe. Eine gesonderte Prüfung für Erwachsene 151 gibt es, anders als zu Zeiten der *Sünderin*, nicht mehr. Selbst dann, wenn der Antragsteller lediglich eine Kennzeichnung mit *Keine Jugendfreigabe* beantragt, prüft der Ausschuss in seiner vollen Besetzung und kann gegebenenfalls auch eine Jugendfreigabe erteilen.

Die Kennzeichnung mit „keine Jugendfreigabe" ist rechtlich nicht unproblematisch. Bis 1985 hieß die Formulierung „Freigegeben ab 18 Jahren". Bei der Reform des Jugendschutzgesetzes 1985 wurde dies in die Formulierung „nicht freigegeben unter 18 Jahren" umgeändert. Der Grund dafür lag darin, dass die alte Formulierung den Eindruck erweckte, als gäbe es eine Freigabe für Erwachsene. Dies wäre aber ein Verstoß gegen das Zensurverbot des Grundgesetzes gewesen. Bei der Gesetzesnovelle 2003 wurde dann die Formulierung „keine Jugendfreigabe" gewählt. Im Grunde ist die Freigabe für Erwachsene eine Selbstverständlichkeit, also eine automatische Rechtsfolge, wenn eine Jugendfreigabe – also mindestens ab 16 Jahren – abgelehnt wurde. Systematisch wäre es also am besten, wenn es eine Freigabe jenseits der Jugendprüfung gar nicht gäbe. Dagegen steht allerdings, dass dieses Kennzeichen vor der Indizierung schützt.[165]

Kommt im Ausschuss eine Jugendfreigabe nicht in Betracht, so entscheidet der Ausschuss 152 über das Kennzeichen *Keine Jugendfreigabe*. Vertritt der Ständige Vertreter die Auffassung, dass der Film möglicherweise gegen Bestimmungen des Strafrechts verstößt oder als schwer jugendgefährdend eingeschätzt werden kann, wird er nicht gekennzeichnet.[166] Der Antragsteller erhält hierüber eine Mitteilung und muss entscheiden, **ob er den Film dennoch veröffentlichen will**. Der Ständige Vertreter unterrichtet in diesem Fall die Obersten Landesjugendbehörden, die dann ihrerseits über eine Mitteilung an die Strafverfolgungsbehörden entscheiden.[167] Die Kennzeichnung wird durch den Ständigen Vertreter auch dann abgelehnt, wenn zu vermuten ist, dass die Kriterien einer Indizierung auf den Film zutreffen. Will der Antragsteller den Film dennoch veröffentlichen, so führt der ständige Vertreter ein Votum durch die Bundesprüfstelle für jugendgefährdende Medien herbei. Teilt diese mit, dass eine Indizierung des Filmes nicht beabsichtigt ist, so wird er gekennzeichnet.

Bei Filmen, die keine Aussicht auf eine Jugendfreigabe haben, geht es vor allem darum, zu 153 prüfen, ob sie möglicherweise gegen strafrechtliche Bestimmungen verstoßen. Dabei stellt die SPIO als Trägerin der FSK eine **Juristenkommission** zur Verfügung. Die Juristenkommission erteilt keine Freigabe als Verwaltungsakt, sondern lediglich ein Sachverständigengutachten. Bei einer Freigabe durch die Juristenkommission darf nicht das Kennzeichen der Obersten Landesjugendbehörden *Keine Jugendfreigabe* verwendet werden.

e) Berufungen. Gegen die Entscheidung des Arbeitsausschusses kann sowohl der An- 154 tragsteller als auch eine überstimmte Minderheit (mindestens zwei Personen) den **Hauptausschuss** anrufen, der über eine Berufung entscheidet.[168] Er besteht aus neun Personen, der Vorsitz liegt diesmal bei der Filmwirtschaft. Allerdings wird das Kräfteverhältnis (fünf neutrale Prüfer und vier Prüfer der Filmwirtschaft) beibehalten. Der Ständige Vertreter ist bei der Beratung anwesend, allerdings ohne Stimmrecht. Nach den FSK-Grundsätzen kann in der Berufung nicht strenger entschieden werden als im Arbeitsausschuss.

Ist eine Oberste Landesjugendbehörde mit dem Ergebnis nicht einverstanden, kann sie den 155 **Appellationsausschuss** als oberste Instanz der FSK anrufen. Dieser Ausschuss kann in Fällen grundsätzlicher Bedeutung auch auf Antrag des Antragstellers prüfen.[169] Der Appellationsaus-

---

165 § 18 Abs 8 JuSchG.
166 § 18 Abs 3 Nr 1 FSK-Grundsätze.
167 § 20 Abs 2 FSK-Grundsätze.
168 § 13 FSK-Grundsätze.
169 § 15 FSK-Grundsätze.

schuss ist ausschließlich mit Prüfern besetzt, die von den Obersten Landesjugendbehörden dafür benannt sind. Er besteht aus sieben Personen, von denen vier nach einem bestimmten Rotationsverfahren direkt von den Obersten Landesbehörden entsandt werden, drei Personen werden von der Geschäftsstelle der FSK aus einer hierfür von den Obersten Landesjugendbehörden zur Verfügung gestellten Liste in den Ausschuss berufen. Aufgrund der starken Stellung der Obersten Landesjugendbehörden in diesem Ausschuss ist nach den FSK-Grundsätzen eine weitere Appellation (durch eine andere Oberste Landesjugendbehörde) nicht mehr möglich. Nach dem Gesetz wäre jede Oberste Landesjugendbehörde befugt, für ihren Geltungsbereich eine abweichende Freigabe in Kraft zu setzen. Dies ist aber in der Vergangenheit noch nie geschehen.

156   **Weder für Berufungen noch für Appellationen gibt es zeitliche Beschränkungen.** Eine Ausnahme bilden Prüfungen für Filme, die auf Trägermedien veröffentlicht werden sollen. Bei ihnen wären die finanziellen Folgen einer veränderten Einstufung sehr hoch, da die Kennzeichen mit dem Bildträger und dem Cover im Druck verbunden sein müssen. Sollte sich die Alterseinstufung verändern, wären praktisch alle im Handel befindlichen Exemplare nicht mehr zu verwenden und müssten durch neu bedruckte Exemplare ausgetauscht werden. Die Kosten hierfür müssten die Behörden tragen, da die Anbieter im Vertrauen auf ihre Freigabe gehandelt haben. Kommt also aus Sicht des Ständigen Vertreters in Betracht, dass bei einer Altersfreigabe für Trägermedien eine Oberste Landesjugendbehörde Appellation einlegen könnte, kann er eine Freigabe so lange aussetzen, bis die Obersten Landesjugendbehörden mitgeteilt haben, dass eine Appellation nicht beabsichtigt ist.[170] Liegt eine solche Mitteilung nicht mindestens nach drei Wochen vor, so wird die getroffene Entscheidung gültig.

157   **f) Übernahmen von Kinoentscheidungen für Trägermedien.** Die Prüfverfahren für Kinofilme oder Filme auf Trägermedien **sind identisch**. Will bspw ein Videoanbieter einen Film herausbringen, der bereits über eine Kinofreigabe verfügt, so weist er der FSK-Verwaltung nach, dass es sich um eine inhaltsgleiche Fassung handelt. Ein wichtiger Anhaltspunkt hierfür ist der Vergleich der gemessenen Länge mit der Länge des Kinofilms. Bestehen bzgl der inhaltlichen Gleichheit keine Zweifel, so wird die Freigabe ohne weitere Prüfung **im Wege des Übernahmeverfahrens** erteilt.[171]

158   **g) Vorlage fremdsprachiger Filme.** Grds ist ein Film zur Prüfung in der Fassung vorzulegen, in der er in Deutschland veröffentlicht werden soll.[172] Liegt zum Zeitpunkt der Prüfung der Film noch nicht in der synchronisierten Fassung vor, kann der Antragsteller in Ausnahmefällen eine **Prüfung in der Originalsprache** beantragen. Voraussetzung dafür ist, dass mindestens drei Dialoglisten mit ausführlicher Inhaltsangabe in deutscher Sprache vorliegen. Erklären sich drei Prüfer außer Stande, die Jugendbeeinträchtigung eines Filmes in dieser Weise festzustellen, so muss der Film ganz oder in Teilen erneut einem Ausschuss vorgelegt werden.[173]

159   Soll ein Film in Deutschland in der originalsprachlichen Fassung veröffentlicht werden, so ist dem Ausschuss eine ausführliche Inhaltsangabe vorzulegen.[174]

160   Ist ein Film in der deutschsprachigen Fassung geprüft worden und soll später in der Originalfassung veröffentlicht werden, muss der Antragsteller versichern, dass es sich um eine inhaltlich identische Fassung handelt, die sich nur durch die Sprache unterscheidet. Der Ständige

---

170   § 12 Abs 4 FSK-Grundsätze.
171   § 22 Abs 1 FSK-Grundsätze.
172   § 22 Abs 1 FSK-Grundsätze.
173   § 23 Abs 2 FSK-Grundsätze.
174   § 23 Abs 3 FSK-Grundsätze.

Gottberg

Vertreter entscheidet als Vorsitzender des Ausschusses über die Erstreckung der Freigabe der deutschsprachigen auf die originalsprachlichen Fassung.[175]

h) Bedingungen für erneute Vorlage. Ein Film, der bereits über eine gültige FSK-Freigabe verfügt, kann nur dann den Ausschüssen zur erneuten Prüfung vorgelegt werden, wenn der Antragsteller entweder eine **wesentlich geänderte** Fassung hergestellt hat, auf welche die Gründe, die zu der gültigen Freigabe geführt haben, nicht mehr zutreffen, oder wenn **veränderte Zeitumstände** (Wertewandel oder eine veränderte Spruchpraxis) eine erneute Prüfung rechtfertigen.[176] Über die Annahme zur erneuten Prüfung entscheidet der Ständige Vertreter als Vorsitzender des Arbeitsausschusses. Ist das gültige Prüfergebnis auf eine Entscheidung des Hauptausschusses oder des Appellationsausschusses zurückzuführen, so sind die jeweiligen Vorsitzenden an der Entscheidung des Ständigen Vertreters, bei einer erneuten Prüfung zuzustimmen, zu beteiligen.[177]

i) Vereinfachte Prüfverfahren. Für Filme oder Trägermedien mit Inhalten, die in der Regel nicht jugendschutzrelevant sind (Musikvideos, Sportvideos etc), sind bei der FSK verschiedene sog vereinfachte Prüfverfahren eingerichtet worden. Ziel ist es zum einen, die Kosten für die Anbieter in vernünftigen Grenzen zu halten, zum anderen sollen die Ausschüsse nicht übermäßig mit Inhalten belastet werden, die nicht zu ihren zentralen Aufgaben gehören.

Filme mit einer Spieldauer unter 60 Minuten und Filme, die nicht über eine zusammenhängende Spielhandlung verfügen (zB Dokumentarfilme oder Musikfilme), können in einem verkleinerten Ausschuss (drei Prüfer) freigegeben werden.[178] Das gleiche gilt für erneute Vorlagen wegen veränderter Umstände oder nach Durchführung von Schnitten, wenn die erste Prüfung mindestens 10 Jahre zurückliegt. Auch Filme, die bereits in einem öffentlich-rechtlichen oder privaten Fernsehsender ausgestrahlt wurden, werden in diesem Ausschuss geprüft.

Zusätzlich wird für Videoclips, Dokumentationen, Beiprogramme (meist auf DVDs) und Zeichentrick/Animation ein weiteres vereinfachtes Prüfverfahren zur Verfügung gestellt. Die Prüfung erfolgt hier durch eigens dafür benannte Personen (Einzelprüfung), die vom Ständigen Vertreter der Obersten Landesjugendbehörden in Abstimmung mit der Film- und Videowirtschaft bestimmt werden.[179] Auch Fernsehserien (unter 60 Min), die ohne Beanstandungen zwischen 6 und 22 Uhr im Fernsehen ausgestrahlt wurden, können in der Einzelprüfung freigegeben werden. Das Kennzeichen *keine Jugendfreigabe* kann in diesem Prüfverfahren nicht erteilt werden. Auf eine Prüfung im vereinfachten Verfahren besteht kein Rechtsanspruch. Gegen die Entscheidung des Einzelprüfers kann der Antragsteller eine Prüfung durch den normalen Ausschuss herbeiführen.

Filme, die ausschließlich im Bereich der nichtgewerblichen Nutzung ausgewertet werden, können ebenfalls in der Einzelprüfung freigegeben werden. Die hierfür antragsberechtigten Institutionen sind vor allem Landesbildstellen oder andere Einrichtungen, die im Bereich der schulischen oder außerschulischen Bildung arbeiten.

j) Anbringung des Kennzeichens, Verbindlichkeit der Freigabe. aa) Kinofilme. Bei Kinofilmen muss die jeweilige Altersfreigabe **deutlich sichtbar an der Kinokasse** kenntlich ge-

---

175 § 23 Abs 4 FSK-Grundsätze.
176 § 16 Abs 1 FSK-Grundsätze.
177 § 16 Abs 3 FSK-Grundsätze.
178 § 24 Abs 1 FSK-Grundsätze.
179 § 25 FSK-Grundsätze.

macht werden. Der Kinobetreiber darf grds nur solche Personen zum Kinobesuch zulassen, die das Freigabealter erreicht haben. Wenn der Verantwortliche die Kontrolle nicht selbst durchführen kann, ist zu empfehlen, dass er eine klare Regelung für die Durchführung der Kontrolle trifft. Besondere Regelungen gibt es für Filme, die ohne Altersbeschränkung freigegeben sind: Kinder unter sechs Jahren dürfen diese **nur in Begleitung eines Personensorgeberechtigten** besuchen. Filme mit einer Freigabe ab 12 Jahren können **auch von Kindern ab 6 Jahren** besucht werden, sofern sie von einem Personensorgeberechtigten begleitet werden.

167 **bb) Trägermedien.** Bei Trägermedien (Video, DVD) muss das Kennzeichen sowohl auf der Hülle als auch auf dem Trägermedium selbst angebracht sein. Die Größe des Kennzeichens wird im Gesetz mit mindestens 1.200 Quadratmillimetern (Hülle) und 250 Quadratmillimetern (Bildträger) festgelegt. Auf der Hülle muss es auf der Frontseite unten links angebracht werden. Die Gestaltung, der Text sowie die Farbe des Kennzeichens sind von den Obersten Landesjugendbehörden vorgegeben.[180] Wird eine DVD als Beilage einer Zeitschrift eingesetzt, so muss die Zeitschrift selbst auf die entsprechende Freigabe hinweisen.

168 Werden Filme, die eine Freigabe bei der FSK erhalten haben, im Internet angeboten, so **muss auf die Freigabe der FSK** hingewiesen werden.

169 Es darf **nur das Kennzeichen verwendet werden, das die FSK auch tatsächlich erteilt hat.** Es ist dem Anbieter auch nicht gestattet, abweichend vom FSK-Ergebnis eigenständig eine höhere Altersfreigabe anzugeben.

170 Einige Anbieter von Videos oder DVDs haben versucht, japanische Anime-Comics ohne FSK-Freigabe im Versandhandel anzubieten. Allerdings wurden die Filme von der in Großbritannien tätigen *British Board of Filmclassification (BBFC)* mit einer Altersfreigabe gekennzeichnet. Dagegen klagte ein Wettbewerber. Das Landgericht Koblenz hat das Verfahren bis zu einer Entscheidung des Europäischen Gerichtshofs (EuGH) ausgesetzt. Der EuGH hat dazu allerdings die Auffassung vertreten, dass Deutschland nicht verpflichtet werden könne, die Freigaben anderer Länder anzuerkennen.[181]

171 **cc) Zuständigkeiten, Regeln für den Verkauf bespielter Trägermedien.** Zuständig für die Überprüfung der Einhaltung des Jugendschutzgesetzes im Kino, in Geschäften und Videotheken sind die **lokalen Ordnungsbehörden.** Sie führen regelmäßig Jugendschutzkontrollen durch. Bei Verstößen gegen Jugendschutzbestimmungen muss der Betreiber mit Bußgeldern bis zu € 50.000,– rechnen.[182]

172 Bei Verkauf oder Vermietung bespielter Trägermedien müssen die Alterskennzeichnungen beachtet werden. Videos oder DVDs, die nicht über eine Alterskennzeichnung verfügen, dürfen Kindern und Jugendlichen nicht angeboten und nicht an sie verkauft werden. Sie dürfen nicht an Kiosken oder im Wege des Versandhandels verkauft werden. Als Versandhandel ist jedes entgeltliche Geschäft zu verstehen, das durch öffentlich zugängliche Kataloge oder andere Werbung – wozu inzwischen auch über das Internet verbreitete Werbung gehört – aufgrund einer Bestellung zustande kommt und bei dem keine persönliche Beziehung oder Verbindung zwischen dem Anbieter und dem Kunden besteht. Kann der Händler sicherstellen, dass es sich beim Empfänger um eine erwachsene Person handelt, gelten die Jugendschutzvorschriften nicht.[183] Dies ist entweder durch das sog Postidentverfahren oder eine persönliche Ausweiskontrolle bei der Übergabe der Ware möglich.

---

180 § 12 Abs 2 JuSchG.
181 EuGH Urt v 14.2.2008 Az C-244/06.
182 § 28 Abs 5 JuSchG.
183 § 1 Abs 4 JuSchG.

Gottberg

Weniger strenge Regeln gelten, wenn Filme bspw in Internet-Plattformen angeboten werden, auf denen Dritte eigenverantwortlich mit Waren handeln. Ein typisches Beispiel hierfür ist eBay. Der Betreiber der Plattform wird nicht verpflichtet, bei jedem einzelnen Angebot zu prüfen, ob es gegen Jugendschutzbestimmungen verstößt. **Allerdings muss es in jedem Fall gesperrt werden, wenn der Betreiber davon Kenntnis erhält.** Darüber hinaus muss er **alles Mögliche und Zumutbare unternehmen, um auszuschließen, dass zB indizierte oder pornografische Trägermedien angeboten werden.** So verfügt eBay über eine Software, die alle Angebote nach indizierten Titeln durchsucht. Bei pornografischen Titeln hingegen ist ein solches Verfahren nicht möglich, da nur ein geringer Teil der Titel in der Indizierungsliste oder sonstigen Aufstellungen verzeichnet ist.[184]

173

In Ladengeschäften muss bei Filmen, die keine Jugendfreigabe erhalten haben, deutlich darauf hingewiesen werden, dass dieses Angebot nicht für Kinder und Jugendliche gilt.[185] Trägermedien mit Inhalten, die indiziert oder pornografisch iSv § 184 Abs 1 StGB sind, dürfen nur *unter der Ladentheke* gehandelt werden. Sie dürfen also nicht öffentlich ausgestellt und beworben werden. Nur Erwachsene dürfen eine Liste der entsprechenden Angebote erhalten und diese erwerben.

174

In Ladengeschäften, in denen bespielte Trägermedien vermietet werden, dürfen pornografische oder indizierte Inhalte nur dann vorrätig gehalten werden, wenn Kindern und Jugendlichen der Zutritt generell verweigert wird. In diesem Falle muss das Schaufenster so gestaltet sein, dass man von öffentlichen Verkehrsflächen nicht in das Geschäft einsehen kann.

175

Strittig ist, welche Anforderungen an das Ladengeschäft gestellt werden und ob das frühere **Shop-in-the-Shop**-System ausreicht. Dieses System bietet innerhalb eines für jedermann zugänglichen Geschäftes einen abgeschlossenen Bereich an, in dem indizierte und pornografische Trägermedien vorrätig sind. **In der Rechtsprechung wird es überwiegend nicht als ausreichend angesehen.**[186] Allerdings wird dies in manchen Städten unterschiedlich beurteilt. Dies hängt zum einen damit zusammen, dass sich diese Vorschrift als nicht besonders sinnvoll erwiesen hat, denn sie hatte zufolge, dass 90% Videotheken nur für Erwachsene zugänglich waren. Kinder oder Jugendliche mussten sich ihre Videos über erwachsene Dritte besorgen, wobei die Altersfreigabe keine Rolle spielt. Zum anderen ist ein Urteil des BGH zu einer Videothek, die pornografische Videokassetten in einem Automaten anbot, der in einem abgetrennten Raum stand, von der bisherigen Rechtsprechung abgewichen und hat die Anwesenheit eines eigenen Personals nicht mehr als zwingend erforderlich zur Erfüllung der Voraussetzungen für ein Ladengeschäft iSv § 184 Abs 1 Nr 3a StGB angesehen.[187]

176

5. Jugendschutz und Computerspiele: Die Unterhaltungssoftware Selbstkontrolle (USK)

a) Historie. Nach § 12 Abs 1 JuSchG müssen seit 2003 auch Computerspiele mit Altersfreigaben versehen sein, wenn sie an Minderjährige abgegeben werden sollen. Auch hierfür sind die Obersten Landesjugendbehörden zuständig. Die Prüfung wird (analog zur FSK) von

177

---

184 Dies hat der BGH klargestellt. Geklagt hatte ein Verband der Videowirtschaft, der bemängelte, eBay würde auf seiner Auktionsplattform auch indizierte und pornografische Trägermedien anbieten. Er sah darin eine wettbewerbswidrige Handlung. Der BGH gab dem Kläger recht, stellte allerdings auch fest, dass eBay keine „unzumutbaren Prüfungspflichten" auferlegt werden können, die das gesamte Geschäftsmodell infrage stellen würden (Urt v 12.7.2007 Az I ZR 18/04).
185 § 12 Abs 3 JuSchG.
186 So LG Stuttgart BPS-Report 1/86, 14 f; LG Verden BPS-Report 2/86, 16 f.
187 BGHSt 48, 278; BGH NJW 2003, 2838. Als Grund vertrat der BGH die Auffassung, die technischen Sicherungsmöglichkeiten seien inzwischen besser geworden und würden somit ausreichen.

der Unterhaltungssoftware Selbstkontrolle (USK) in Berlin durchgeführt. Die Vertriebsbeschränkungen für Computerspiele sowie die Altersstufen sind identisch mit jenen für Trägermedien.

178 Bis 2003 arbeitete die USK als reine Selbstkontrolleinrichtung. Da es für Computerspiele keine Kennzeichnungspflicht gab, waren ihre Prüfergebnisse lediglich eine Empfehlung für die Konsumenten. Das hat sich durch das neue Jugendschutzgesetz geändert, das nun ausdrücklich Computerspiele mit einbezieht. Die Ausschüsse der USK prüfen nun auch unter dem Vorsitz eines von den Obersten Landesjugendbehörden benannten Ständigen Vertreters.[188]

179 **b) Struktur der USK.** Die USK wurde bis 2008 getragen vom *Förderverein für Jugend- und Sozialarbeit eV* in Berlin (FJS). Inzwischen ist sie als gemeinnützige, von den Verbänden der Spieleindustrie getragene GmbH organisiert, die die finanzielle Ausstattung garantiert. Einen Einfluss der Industrie auf die Prüfungen soll es dagegen nicht geben. Die USK verfügt über einen Beirat, in dem neben Kirchenvertretern, Behördenvertretern auch die Obersten Landesjugendbehörden und die Vorsitzende der Bundesprüfstelle für jugendgefährdende Medien vertreten sind. Dieser Beirat hat die USK-Grundsätze verabschiedet, die von den Obersten Landesjugendbehörden gebilligt wurden. Die Verfahren bei der USK sind im Wesentlichen mit denen bei der FSK vergleichbar. Die Aufgaben der USK werden in § 1 ihrer Grundsätze beschrieben. Dazu gehören in erster Linie die Prüfung von Spielen auf Bildträgern zur Kennzeichnung durch die Obersten Landesjugendbehörden, die Beratung der Anbieter, um auch dort Sensibilität für Aspekte des Jugendschutzes zu schaffen, sowie Öffentlichkeitsarbeit, um Kinder und Jugendliche, aber auch die Eltern, über Chancen und Risiken der Spiele zu informieren.

180 Die Prüfer (Gutachtenden) bei der USK müssen die notwendigen fachlichen Qualifikationen aufweisen.[189] Sie werden vom Beirat benannt. Sie dürfen nicht im Bereich der Softwarewirtschaft beschäftigt sein. Die Gutachtenden wählen aus ihren Reihen einen Sprecher (eine Sprecherin), der/die Mitglied des Beirats ist. Auch die Tester (die Personen, die nach ihrer Beschäftigung mit einem Computerspiel dieses den Ausschüssen vorführen) müssen entsprechende fachliche Qualifikationen verfügen, sie sind unabhängig und dürfen ebenfalls nicht im Bereich der betroffenen Wirtschaft beschäftigt sein.

181 Nach § 6 Abs 2 der Grundsätze der USK wird die Regelprüfung nach Eingang und Überprüfung der Unterlagen des Antragstellers in einem Ausschuss von fünf Personen durchgeführt, denen vier Gutachtende sowie der Ständige Vertreter, der den Vorsitz führt, angehören. Für eine Prüfentscheidung reicht die einfache Mehrheit.

182 Computerspiele, **bei denen der Antragsteller eine Freigabe ohne Altersbeschränkung oder ab sechs Jahren beantragt**, werden durch die USK in einem **vereinfachten Verfahren** geprüft, das aus drei Gutachtenden besteht. Der Ständige Vertreter wirkt an der Prüfung ohne Stimmrecht mit. Entschieden wird dann, wenn alle drei Gutachtenden zustimmen.[190] Stimmt ein Gutachtender oder der Ständige Vertreter dem Ergebnis nicht zu, muss über das Spiel im Regelverfahren entschieden werden.

183 **c) Berufungen.** Gegen die Entscheidung des Regelverfahrens kann sowohl die antragstellende Firma als auch der Ständige Vertreter Berufung einlegen. Hierfür wird für den Antragstel-

---

188 Vgl *Hilse* JMS-Report 3/2004, 2 ff.
189 § 4 Abs 2 USK-Grundsätze.
190 § 7 USK-Grundsätze.

ler **eine Frist von zwei Wochen** festgelegt, für den Ständigen Vertreter gilt eine Frist von 24 Stunden. Über die Berufung entscheidet ein Ausschuss, der in seiner Zusammensetzung mit dem der Regelprüfung identisch ist. Allerdings dürfen Gutachtende, die an der Regelprüfung beteiligt waren, am Berufungsausschuss nicht teilnehmen.[191]

Gegen diese Entscheidung kann der Antragsteller oder der Ständige Vertreter eine weitere Berufung einlegen. In diesem Falle prüft ein aus sieben Gutachtenden bestehender Ausschuss. Ihm gehören der Sprecher der Gutachtenden, der Ständige Vertreter, der Vorsitzende des Beirates sowie vier nach einem bestimmten Verfahren ausgewählte Beiratsmitglieder an. Die Prüfentscheidung wird jeweils mit einfacher Mehrheit gefällt.[192] **184**

Gegen die letztinstanzliche Entscheidung kann eine Oberste Landesjugendbehörde innerhalb einer **Frist von zehn Tagen** Appellation einlegen. Über die Appellation wird in einem Ausschuss von sieben Personen entschieden, die direkt von den Obersten Landesjugendbehörden benannt werden. An den Prüfungen können der Ständige Vertreter und der Leiter der USK ohne Stimmrecht teilnehmen. **185**

d) Besondere Prüfverfahren. In § 11 der USK-Grundsätze werden verschiedene besondere Prüfungen ermöglicht, die ausschließlich durch den Ständigen Vertreter durchgeführt werden. Dabei geht es bspw um die Prüfung von Inhaltsgleichheit: unter anderem fällt hierunter auch die Feststellung, ob ein Spiel mit einem von der Bundesprüfstelle indizierten Spiel wesentlich inhaltsgleich ist. **186**

e) Verweigerung der Kennzeichnung. Nach § 12 Abs 5 der USK-Grundsätze kann die Kennzeichnung verweigert werden. Das ist der Fall, wenn der Ausschuss zum Ergebnis kommt, dass das Spiel **gegen strafrechtliche Bestimmungen verstößt**, offensichtlich schwer jugendgefährdend oder sonst unzulässig ist oder eine Indizierung durch die Bundesprüfstelle in Frage kommt. Ist sich der Ausschuss bzgl der Frage, ob das Spiel von der Bundesprüfstelle als jugendgefährdend eingestuft werden würde, unsicher, so wird eine Entscheidung der Bundesprüfstelle herbeigeführt, wenn der Antragsteller diesem Verfahren nicht ausdrücklich widerspricht. **187**

f) Die USK in der Kritik. Obwohl die USK rechtlich und organisatorisch mit der FSK vergleichbar ist, stand sie zum Teil massiv in der Kritik. **Die Hauptvorwürfe beziehen sich darauf, dass die USK nicht über ein transparentes Verfahren für die Auswahl und den Einsatz der Prüfer verfüge.** Abgesehen vom Ständigen Vertreter werden die Prüfer von der USK selbst benannt und eingesetzt. Des Weiteren wird kritisiert, dass die USK in ihren Ausschüssen ein Spiel nicht komplett zur Kenntnis nimmt, sondern sich auf sog Tester verlässt, die dem Ausschuss die wesentlichen Elemente des Spieles vorführen.[193] Dieser Vorwurf ist berechtigt, auf der anderen Seite ist es fast unmöglich, mit mehreren Personen gleichzeitig ein Computerspiel, das anders als Filme nicht linear vorzuführen ist, komplett durchzuspielen. Der USK wird eine zu liberale Freigabepraxis vorgeworfen und eine zu große Nähe zur Wirtschaft unterstellt. In einer vom Kriminologischen Forschungsinstitut Niedersachsen (KFN) vorgestellten Studie wird beklagt, dass 82% der Jugendlichen zwischen 14 und 15 Jahren Spiele kennen, die über keine Jugendfreigabe verfügen oder gar indiziert sind. Dies weist aber wohl eher auf ein Defizit im Bereich der Kontrolle und der elterlichen Aufsichtspflichten hin. Mit einer strengeren Freigabe ist dieses Problem jedenfalls kaum zu lösen. **188**

---

191 § 8 USK-Grundsätze.
192 § 9 USK-Grundsätze.
193 So *Höynck/Mößle/Kleimann/Pfeiffer/Rehbein* 62.

6. Die Automaten Selbstkontrolle (ASK)

189 Das Spielen an Automaten ohne Gewinnmöglichkeit darf Kindern und Jugendlichen ohne Begleitung einer personensorgeberechtigten oder erziehungsberechtigten Person nur gestattet werden, wenn der Inhalt des Spiels von den Obersten Landesjugendbehörden oder einer Organisation der Freiwilligen Selbstkontrolle geprüft wurde und mit der auch für Kinofilme oder Trägermedien geltenden Altersfreigabe versehen sind. In öffentlichen Verkehrsflächen dürfen solche Automaten nur aufgestellt werden, wenn **die Inhalte des Automatenspiels *ab sechs Jahren* freigegeben sind**. Die Freigabe für Automatenspiele wird von der Automaten Selbstkontrolle (ASK) mit Sitz in Berlin erteilt.

190 Der Aufenthalt in Spielhallen ist Kindern und Jugendlichen nicht gestattet. Die Teilnahme an Spielen mit Gewinnmöglichkeiten darf ihnen nur auf Volksfesten, Schützenfesten, Jahrmärkten, Spezialmärkten oder ähnlichen Veranstaltungen gestattet werden, wenn der Gewinn der Waren von geringem Wert ist.[194]

§ 5
Der Jugendmedienschutz-Staatsvertrag (JMStV)

I. Zielsetzung des JMStV

191 Der Jugendschutz im Fernsehen wird, ebenso wie der Jugendschutz für Telemedien (Internet), im Jugendmedienschutz-Staatsvertrag (JMStV) geregelt. **Ziel des Gesetzes ist es zum einen, für vergleichbare Inhalte unabhängig von der Art der Verbreitung dasselbe Maß an Jugendschutz zu gewährleisten**. Zum anderen geht der Gesetzgeber davon aus, dass angesichts der rasanten Vermehrung von Inhalten und Vertriebswegen **der Jugendschutz ohne die Mitwirkung der Anbieter nicht mehr einzuhalten ist**. Die Bestimmungen zum Jugendschutz im Fernsehen waren zunächst Teil des Rundfunkstaatsvertrags. Ab 2003 ist der JMStV in Kraft. Er gilt für alle Onlinemedien (Fernsehen und Internet).

192 Im Bereich des Fernsehens und des Internets muss bedacht werden, dass eine faktische Kontrolle der Jugendschutznormen nicht möglich ist. Wenn ein Film oder ein Programm aufgrund der Bestimmungen des JMStV nur im Nachtprogramm ausgestrahlt wird, ist die Wahrscheinlichkeit, dass jüngere Kinder zuschauen, zwar sehr gering, auszuschließen ist es allerdings nicht. **Auf der anderen Seite bedeuten Einschränkungen bei der Sendezeit aufgrund von Jugendschutzbestimmungen gleichzeitig auch, dass Erwachsene entsprechende Filme oder Programme zu dieser Zeit nicht wahrnehmen können**. In der Praxis heißt das zum einen, dass bestimmte Programme, die Erwachsene im Bereich des Kinos oder des Videomarktes jederzeit wahrnehmen können, im Bereich des Fernsehens oder des Internets gänzlich unzulässig sind (zB indizierte Filme). Zum anderen muss aber zwischen den Interessen der Erwachsenen und denen des Jugendschutzes abgewogen werden. Der JMStV setzt deshalb auf eine geteilte Verantwortung der Anbieter auf der einen Seite und der Familie auf der anderen.

Das Ziel dieses Staatsvertrages wird in § 1 JMStV wie folgt formuliert:

193 *Zweck des Staatsvertrages ist der einheitliche Schutz der Kinder und Jugendlichen vor Angeboten in elektronischen Informations- und Kommunikationsmedien, die deren Entwicklung oder Erziehung beeinträchtigen oder gefährden, sowie der Schutz vor solchen Angeboten in elektronischen Informations- und Kommunikationsmedien, die die Menschenwürde oder sonstige durch das Strafgesetzbuch geschützte Rechtsgüter verletzen.*

---

[194] § 6 JuSchG.

1. Das System der regulierten Selbstregulierung

Zur Durchsetzung dieser Ziele geht der Staatsvertrag neue Wege. Die Durchsetzung und Kontrolle der Bestimmungen werden durch das System der sog *regulierten Selbstregulierung* vollzogen. Da nach Art 5 Abs 2 GG die Durchsetzung des Jugendschutzes Aufgabe des Staates ist, kann der Staat den Jugendschutz nicht ausschließlich Selbstkontrolleinrichtungen übertragen.[195] Deshalb bestimmt das Gesetz ein **Miteinander von der nach dem Gesetz zuständigen Aufsicht und Institutionen** der Freiwilligen Selbstkontrolle.[196]

194

2. Die Anerkennung von Einrichtungen der Freiwilligen Selbstkontrolle

Zwar ist nach dem JMStV die Kommission für Jugendmedienschutz (KJM) für die Kontrolle der Jugendschutzbestimmungen im Fernsehen und dem Internet verantwortlich. Sie ist ein Organ der für die Lizenzierung und die Kontrolle des privaten Rundfunks in Deutschland zuständigen Landesmedienanstalten. Das Gesetz gibt den Anbietern aber gleichzeitig die Möglichkeit, eine Organisation der freiwilligen Selbstkontrolle einzurichten, die, sofern sie die in § 19 Abs 3 JMStV getroffenen Voraussetzungen erfüllt, von der KJM anzuerkennen ist. Eine anerkannte Selbstkontrolle kann in ihrem Zuständigkeitsbereich die Bestimmungen des Gesetzes weitgehend selbstständig durchsetzen. Die Zuständigkeit der KJM beschränkt sich auf solche Fälle, die der Selbstkontrolle nicht vorgelegt wurden oder in denen die Selbstkontrolle den ihr zustehenden fachlichen Beurteilungsspielraum überschritten hat. Dieses Modell der regulierten Selbstregulierung beabsichtigt, dass die Einschätzung von Programminhalten und die Durchsetzung der Jugendschutzbestimmungen weitgehend von den Selbstkontrolleinrichtungen übernommen werden, während die KJM **nur noch für grundsätzliche Fragen** verantwortlich ist und so dafür sorgen soll, dass die Selbstkontrolleinrichtungen ihre Aufgaben sachlich vertretbar und im erforderlichen Umfang wahrnehmen.[197]

195

II. Unzulässige Sendungen iSd JMStV

In § 4 Abs 1 JMStV werden Sendungen oder Telemedien aufgeführt, die völlig unzulässig sind, also auch in der Verbreitung an Erwachsene. Weitgehend handelt es sich dabei um bereits nach dem Strafrecht relevante Straftatbestände, Sanktionsmöglichkeiten sind nach dem JMStV jedoch leichter durchzusetzen. Soweit es sich um einen strafrechtlich relevanten Tatbestand handelt, ist die strafrechtliche Auslegung anzuwenden.[198]

196

Unzulässig sind Inhalte, die Propagandamittel iSd § 86 des Strafgesetzbuches darstellen oder Kennzeichen verfassungswidriger Organisationen iSd § 86a des Strafgesetzbuches verwenden, Inhalte, die zum Hass gegen Rassen oder Minderheiten aufstacheln oder die während der Herrschaft des Nationalsozialismus begangenen Grausamkeiten leugnen.[199] Des weiteren sind Inhalte verboten, die gegen §§ 131 und 184 StGB verstoßen oder in die Liste der jugendgefährdenden Schriften aufgenommen sind. Auch Darstellungen von leidenden Menschen in einer ihre Würde verletzenden Weise sind nicht gestattet, ebenso wie die

197

---

195 BVerfG 83, 130, 139 ff.
196 So bezeichnet Bornemann das System als „Teilprivatisierung der Aufsicht", *Bornemann* NJW 2003, 787.
197 Vgl *Mynarik* 127 ff.
198 Vgl *Hartstein/Ring/Kreile/Dörr/Stettner* Fn 21.
199 Zu beachten ist, dass für Fälle von Nr 1–6 die Sozialadäquanzklauseln des StGB gelten, nach denen Darstellungen im Rahmen der Kunst oder Wissenschaft ausgenommen sind. In einem Spielfilm oder Dokumentarfilm über das Dritte Reich ist es erlaubt, zB Hakenkreuze zu zeigen.

Darstellung von Kindern oder Jugendlichen in *unnatürlich geschlechtsbetonter Körperhaltung*.[200]

198 Das Verbot der Darstellungen von Menschen, die sterben oder schwerem körperlichem oder seelischem Leiden ausgesetzt sind und dadurch in ihrer Würde verletzt sind, gilt auch für die Berichterstattung, es sei denn, dass gerade für diese Form der Darstellung ein berechtigtes Interesse vorliegt.[201] Diese Regelung erweist sich in der Praxis als problematisch. Es ist nachvollziehbar, dass bspw im Rahmen der Kriegsberichterstattung oder in Reportagen über Katastrophen, Unfälle oder Verbrechen das Leiden der Menschen nicht unnötig lang und detailliert ins Bild gesetzt werden soll. Auf der anderen Seite dienen solche Bilder aber auch dazu, den Zuschauern die Brutalität und Abscheulichkeit von Kriegen oder terroristischen Anschlägen zu verdeutlichen. Gerade in Berichten und Dokumentationen über die während der Nazizeit begangenen Gräueltaten und Menschenwürdeverstöße dienen solche Bilder dazu, Mitgefühl für die Opfer und eine Verurteilung der nationalsozialistischen Herrschaft zu erzeugen. Bei der Auslegung dieser Verbotsnorm muss also bedacht werden, dass der Gesamteindruck einer Sendung zu berücksichtigen ist, also die Frage, ob der gezeigte Verstoß gegen die Menschenwürde befürwortet oder verharmlost wird oder ob sich die Sendung insgesamt eindeutig dagegen stellt. Angesichts der in Art 5 Abs 1 GG garantierten Medienfreiheit, vor allem im Bereich der Berichterstattung oder der Dokumentation gesellschaftlich relevanter Begebenheiten muss die Bestimmung auf jeden Fall eng ausgelegt werden.

199 Eine Definition des Begriffs der Menschenwürde fällt schwer, würde man doch Menschen aus der Menschenwürde herausdefinieren, auf die die Definition nicht zutrifft. Sie ist nur im negativen Sinn zu definieren, indem darüber debattiert wird, ob ein Verstoß dagegen vorliegt.[202] Das BVerfG[203] folgt der sog Objekt-Formel, wonach Menschen nicht zum bloßen Objekt degradiert werden dürfen, indem der soziale Wert- und Achtungsanspruch und damit die Subjektqualität des Menschen infrage gestellt wird. Da die Menschenwürde unantastbar ist, ist eine Abwägung mit anderen Grundrechten unzulässig. Das bedeutet aber auch, dass eine Menschenwürdeverletzung deutlich und offensichtlich sein muss, sie muss grundlegend und prinzipiell sein, und sie muss eine *gewisse Intensität* erreichen.[204]

200 In der Praxis gibt es erstaunlicherweise bisher keine Beanstandungen zu Kriegs- oder Katastrophenberichterstattung. Stattdessen wurde zB die Nachrichtensendung eines Privatsenders beanstandet, die den Pflegenotstand in Deutschland anhand eines zufällig von einem Hobbyfunker aufgenommenen Überwachungsvideos verdeutlichen wollte. Das Video zeigt, wie ein hilfloser alter Mann von seiner Stieftochter, die ihn eigentlich pflegen soll, beschimpft und misshandelt wird. Die Qualität des Videos ist sehr schlecht, so dass niemand zu erkennen ist, gleichzeitig wirkt es aber authentisch, so dass man sich als Zuschauer der Wirkung nicht entziehen kann. In der Sendung wird dies zum Anlass genommen, mit mehreren Sachverständigen über den Pflegenotstand und Möglichkeiten der Abhilfe zu debattieren. Die KJM warf der Sendung vor allem vor, dass Ausschnitte aus dem Video nicht nur einmal, sondern mehrere Male in der Sendung gezeigt wurden. Damit sei das Maß an berechtigtem Interesse der Berichterstattung überschritten. Der Sender argumentierte, die Sendung sei allein schon deshalb kein Verstoß gegen die Menschenwürde, weil sie Menschenwürdeverletzung anprangere. Die Wiederholung der Bilder sei wichtig, um die Empathie des Zuschauers während der Sendung aufrechtzuerhalten. Die abstrakte Schilderung, Statistiken oder Interviews würden nicht die Emotion des Zu-

---

200 Es handelt sich um solche Angebote, die sich in stimulativer Absicht an Pädophile wenden.
201 § 4 Abs 1 Nr 8 JMStV.
202 So *Dörr* tv diskurs 1/2003, 44 ff.
203 BVerfGE 96, 375, 399.
204 So *Cole* 264.

schauers ansprechen, diese sei aber wichtig, um sich gegen entsprechende Menschenwürdeverletzungen zu wenden. Außerdem sei die Beanstandung ein Eingriff in die Freiheit der Berichterstattung. In erster Instanz folgte das VG Hannover[205] der Argumentation der KJM, auch die Berufung war erfolglos. Nach Auffassung des OVG Lüneburg ist in der Dominanz der Bilder, welche die Misshandlung des alten Mannes wiederholt darstellen, ein Verstoß gegen die Menschenwürde zu sehen.[206] Zu bezweifeln ist, ob es in die Kompetenz der Gerichte fallen soll, in die Art und Weise der Darstellung im Rahmen von Berichterstattungen derart einzugreifen. Immerhin handelt es sich um ein Ausstrahlungsverbot. Nach Auffassung des Senders ist die ausführliche Schilderung der Misshandlung notwendig, um die gewünschte Empathie beim Zuschauer zu bewirken. Dies sei erforderlich, um durch öffentlichen Druck eine Verbesserung der Pflegesituation alter Menschen zu erreichen.[207] Die reine Schilderung der Vorgänge sei zwar für den Zuschauer erträglicher, würde aber kein Engagement provozieren und den Bericht bald vergessen lassen. Darüber hinaus waren zwei Folgen des Coaching-Formates „Die Super Nanny" Gegenstand von Beanstandungen. Beide Male ging es um Sendungen, in denen ein Kind durch die Mutter physisch und psychisch misshandelt wurde. Auch hier ging es der KJM nicht darum, die Darstellungen völlig zu verbieten, Kritikpunkt war vielmehr die mehrfache Wiederholung besonders brutaler Szenen. Der Sender vertrat die Auffassung, ein Verstoß gegen die Menschenwürde könne schon allein deshalb nicht infrage kommen, weil es an der nötigen Intensität mangele. Die geschilderten Fälle seien beispielhaft für eine größere Gruppe von Kindern, und die einzige Möglichkeit, etwas für diese Kinder zu tun, bestünde darin, durch die Schaffung von Empathie die Gesellschaft, vor allem aber auch die zuständigen Institutionen wie Jugendämter, für diese Kinder zu sensibilisieren. Deshalb könne auf die Bilder nicht verzichtet werden. Eindeutig sei auch, dass es der Sendung darum gehe, die Misshandlung der Kinder zu beenden, denn das sei ja genau das Ziel der Super Nanny. Die KJM folgte dieser Argumentation jedoch nicht.

Im Bereich des Fernsehens spielt in der Praxis vor allem das Pornografieverbot eine Rolle, da es hier oft schwierige Abgrenzungsprobleme gibt. Im Bereich des Internets haben auch die anderen Verbotsnormen eine mehr oder weniger große Bedeutung. Sie im Einzelnen hier zu erläutern, würde zu weit führen.[208] 201

1. Grenzziehung zwischen Erotikfilmen und Pornografie

Dies spielt vor allem eine Rolle, seit nach der Einführung des privaten Fernsehens dort auch Erotikfilme ausgestrahlt werden. Während vorher sexuelle Darstellungen vor allem im Kino, auf Video oder in entsprechenden Magazinen veröffentlicht wurden, zu denen der Konsument gezielt und aus eigenem Antrieb Zugang suchte, geht man beim Fernsehen davon aus, dass auch solche Menschen mit entsprechendem Material konfrontiert werden, die dies nicht wünschen. Ende der neunziger Jahre hat es daher vor allem bei Programmen des Pay-TV-Senders Sky erhebliche Diskussionen um die Grenzen zwischen im Fernsehen erlaubten Erotikfilmen und verbotener Pornografie gegeben. Daran waren weniger die Strafgerichte beteiligt, sondern die für das Fernsehen zuständigen Landesmedienanstalten. Diese vertraten die Ansicht, dass die bis dahin in der Praxis als Unterscheidungskriterium geltende Definition, nämlich die detaillierte Darstellung der Geschlechtsteile, nicht allein zutreffend sei. **Nach Vorstellung der Landesmedienan-** 202

---

205 VG Hannover Urt v 6.2.2007 Az 7 A 5470/06 (nicht rechtskräftig).
206 OVG Lüneburg, Beschl v 20.10.2008 Az 10 LA 101/07.
207 So *Kloeppel* tv diskurs 4/2008, 46 ff.
208 Eine ausf Erläuterung findet sich in den *Richtlinien zur Anwendung der Prüfordnung* der FSF, Teil III, 25 ff, abrufbar unter www.fsf.de/fsf2/ueber_uns/bild/download/FSF_Richtlinien_gesamt.pdf; s auch *Heinrich* Bd 5 Kap 5.

stalten handelt es sich bereits dann um Pornografie, wenn ein Film überwiegend aus der Darstellung sexueller Handlungen mit wechselnden Sexualpartnern besteht, ohne dass dies in eine außersexuelle Rahmenhandlung eingebunden ist.

203 Im werbefinanzierten frei empfangbaren Fernsehen wurden schon Ende der achtziger Jahre regelmäßig Erotikfilme ausgestrahlt. Allerdings handelte es sich dabei in der Regel um Filme, die in den siebziger Jahren für das Kino produziert wurden und, zumindest unter Schnittauflagen, über eine Freigabe vor Erwachsenen verfügten. Während die frei empfangbaren Sender ihr Erotikprogramm allmählich reduzierten, wuchs der Anteil der sog *Cableversions* im Pay-TV, die aus den USA importiert wurden. Dabei handelte es sich um Filme, die mit zwei Kameras aufgenommen waren. Die eine Kamera zeigte alle Details des Geschlechtlichen, der Film war für den Pornomarkt in geschlossenen Videotheken gedacht. Für das amerikanische Kabelfernsehen vermied die andere Kamera den direkten Blick auf die Geschlechtsteile. Dennoch unterschieden sich die Filme deutlich von den deutschen Sexfilmen der siebziger Jahre, bei denen das nostalgische Element manchmal stärker wirkt als die erotische Stimulans. **Die handelnden Personen wirken authentisch und modern, und wer die Produktionsbedingungen kannte, wusste, dass die sexuellen Handlungen nicht simuliert, sondern real waren.**

2. Erotikprogramme in Pay-TV-Sendern

204 Die Pay-TV-Sender argumentierten, ihr Programm sei nicht frei empfangbar, **die Decoder würden aufgrund der allgemeinen Geschäftsbedingungen nur an Erwachsene abgegeben, die sich mit dem Personalausweis identifizieren müssen. Deshalb waren sie der Meinung, mehr zeigen zu dürfen als ihre Kollegen vom frei empfangbaren Fernsehen**. Zwar war ihnen klar, dass ihre Programme als Rundfunk gelten und sie damit unter die Bestimmungen des Rundfunkstaatsvertrags[209] fielen, der die Ausstrahlung pornografischer Programme im Fernsehen verbot, aber sie vertraten die Auffassung, dass bei ihnen das Jugendschutzproblem aus den oben genannten Gründen geringer sei. Sie forderten, dass bei ihnen der Pornografiebegriff großzügiger auszulegen sei.

205 Alle einschlägigen Erotikfilme wurden der Freiwilligen Selbstkontrolle Fernsehen (FSF) vor der Ausstrahlung vorgelegt. Die für die Aufsicht über Sky zuständige Hamburgische Anstalt für neue Medien (HAM) stellte dennoch Erotikfilme mit einer Freigabe der FSF unter Beobachtung. Bald wurden zwei Filme, die gemäß ihrer FSF-Freigabe von Sky ausgestrahlt worden waren, als pornografisch eingestuft. Es wurde ein Beanstandungsverfahren eingeleitet. Einige Zeit später kamen fünf weitere Filme hinzu.

206 Ein von der HAM bei dem Leipziger Strafrechtsexperten Heribert Schumann in Auftrag gegebenes Gutachten kam zu dem Ergebnis, dass einige der Filme pornografisch seien. Nachdem ein von Herbert Selg verfasstes psychologisches Gutachten, das von der FSF in Auftrag gegeben wurde, jedoch zu dem Ergebnis kam, dass die betreffenden Filme keine jugendgefährdenden Wirkungen aufwiesen[210], änderte Schumann seine Auffassung. Die nach dem Strafrecht für die Beschränkung von Pornografie geltenden rechtlichen Bestimmungen seien verfassungsrechtlich nur zulässig, wenn eine Jugendgefährdung durch pornografische Inhalte zumindest im Bereich des Wahrscheinlichen liege. **Ginge es lediglich darum, durch das Pornografieverbot eine bestimmte Sexualmoral zu schützen, so würde dies gegen den freiheitlichen Grundge-**

---

209 Bis 2003 waren die Jugendschutzvorschriften im Rundfunkstaatsvertrag geregelt.
210 *Selg* interpretiert die Forschungslage so, dass stimulierende Bilder in der Pornografie in ihrer Absicht erkannt und von den Rezipienten nicht mit der Wirklichkeit in Verbindung gebracht werden. Dagegen sei die Verbindung sexueller Handlungen mit Gewalt als Muster äußerst gefährlich, vgl *Selg* Pornographie und Gewalt BPS-Report 4/1988, 1 ff sowie *Selg* Pornographie und Erotographie tv diskurs 1/1997, 48 ff.

Gottberg

danken der Verfassung verstoßen.[211] Schumann schlug vor, nur noch solche Inhalte als pornografisch zu definieren, die durch die Entpersönlichung und Ignoranz der sexuellen Selbstbestimmung des Menschen gegen den Schutz der Menschenwürde (Art 1 GG) verstoßen.[212]

Die HAM wollte dies nicht nachvollziehen. Der Gesetzgeber habe entschieden, dass pornografische Inhalte Jugendlichen nicht zugänglich gemacht werden dürfen. Der BGH sowie weitere Gerichte hätten den Pornografiebegriff hinreichend definiert. **Außerdem gehe es nicht nur um Jugendschutz, sondern auch um den Konfrontationsschutz,** der vor allem im Bereich des Rundfunks von großer Bedeutung sei. Die Landesmedienanstalten hätten dies zu beachten. Drei Filme wurden beanstandet.[213]

Der Sender Sky klagte gegen diese Entscheidung vor dem VG Hamburg. Zum einen ging es um die Frage, ob die inzwischen nicht mehr ganz neue Definition des BGH vor dem Hintergrund neuer Wirkungserkenntnisse noch haltbar sei, zum anderen sollte geprüft werden, ob die besonderen Bedingungen der Ausstrahlung im Pay-TV ausreichend seien, um den notwendigen Jugendschutz zu gewährleisten. Zumindest müsse in diesem Bereich eine großzügigere Definition von Pornografie gelten. Die Klage wurde zurückgewiesen[214] und landete letztlich beim Bundesverwaltungsgericht in Berlin.

Die Bayerische *Landeszentrale für neue Medien* (BLM) beanstandete 1997 vier im Programm des Münchner Pay-TV-Senders DF1 ausgestrahlte Filme. Der Streitgegenstand sowie die Argumente waren im Wesentlichen die gleichen. Bei RTL 2 wurden ebenfalls einige Erotikfilme als pornografisch beanstandet, obwohl diese eine Freigabe durch die Juristenkommission der SPIO erhalten hatten. Der Sender hatte gehofft, die Landesmedienanstalten würden diese Freigaben eher akzeptieren als die der FSF.[215]

Als im März 2001 Erotiksender wie Beate-Uhse-TV auf der Plattform von Premiere auf Sendung gingen, wollten die Landesmedienanstalten ebenfalls gegen einige Filme trotz FSF-Freigabe vorgehen. Die für den Sender zuständige Medienanstalt Berlin-Brandenburg (MABB) stellte Strafanzeige gegen den Geschäftsführer des Senders wegen unzulässiger Vorbereitung pornografischer Darbietungen im Rundfunk, vor allem wohl deshalb, um auf diese Weise eine Stellungnahme der Berliner Staatsanwaltschaft zu erhalten. Diese kam zu dem klaren Ergebnis, dass es sich bei keinem der Filme um Pornografie handelte und stellte das Verfahren ein.

Obwohl die Spruchpraxis der FSF sowie das Ausstrahlungsverhalten der Sender sich nicht erkennbar änderten, gab es danach keine weiteren Beanstandungen. Im Jahre 2002 hob das Bundesverwaltungsgericht das erstinstanzliche Hamburger Urteil auf.[216] Auch wenn viele erhofft hatten, durch das Gericht eine Entscheidung darüber zu erhalten, ob und wie der Pornografiebegriff neu definiert werden müsse, hat sich das Gericht in dieser Frage zurückgehalten. Stattdessen bemängelte es die fehlende Beschäftigung des erstinstanzlichen Urteils mit der Frage, ob die von Sky getroffenen Maßnahmen ausreichend seien, um den Jugendschutz effektiv zu sichern. **Darüber hinaus stellte das Gericht fest, dass sich das Ausstrahlungsver-**

---

211 Vgl *Schumann* Zum Begriff der Pornographie 2/1997, 57 ff.
212 Vgl Eser/Schittenhelm/Schumann/*Schumann* 565 ff.
213 Das Beanstandungsverfahren führte in der Öffentlichkeit zu einer sehr kontrovers geführten Diskussion darüber, ob der Pornografiebegriff noch zeitgemäß ist. Auf einer Veranstaltung der Landesmedienanstalten im Herbst 1997 mit dem Titel *Sex sells* unterstützte Mahrenholz zum Teil die Position Schumanns, der Kulturwissenschaftler Faulstich forderte einen neuen, zeitgemäßen Pornografiebegriff, vgl *Mahrenholz* ZUM 1998, 525 ff, sowie *Faulstich* epd Medien 8, 1997, 8 ff.
214 VG Hamburg Urt v 1.3.2001 Az 12 VG 2246/98, danach ist ein Film bei der Ausstrahlung im Fernsehen nach der von der Rechtsprechung zu § 184 StGB entwickelten Kriterien zu beurteilen. Für einen neuen Pornografiebegriff, der nach dem Schutzzweck der Norm (abgestufter Jugendschutz) differenziert, sei kein Raum.
215 Zum Pornografiebegriff der zuständigen Hessischen Landesmedienanstalt vgl *Erdemir* MMR 2003, 628.
216 BVerfG Urt v 20.2.2002 Az 6 C 13.01.

bot Pornografie im Fernsehen zumindest nach dem Strafrecht nur auf Livedarbietungen bezieht.

3. Der Fall „Adult Channel"

212 Als ein deutscher Kabelnetzbetreiber den in Großbritannien zugelassenen Erotikkanal *Adult Channel* in sein Netz einspeiste, vertraten wiederum einige Landesmedienanstalten die Ansicht, es würde sich um unerlaubte Pornografie handeln. Auf Konsequenzen wurde jedoch verzichtet, da es sich um ein in Großbritannien zugelassenes Programm handelte. **Gespräche zwischen den Landesmedienanstalten und der zuständigen Aufsichtsbehörde in Großbritannien ergaben, dass nach Ansicht der Briten die Programminhalte nicht pornografisch seien.**

III. Jugendschutz im Jugendmedienschutz-Staatsvertrag (JMStV)

213 Die Bestimmungen zum Jugendschutz werden in § 5 JMStV geregelt. Dessen Abs 1 lautet:
Sofern Anbieter Angebote, die geeignet sind, die Entwicklung von Kindern oder Jugendlichen zu einer eigenverantwortlichen und gemeinschaftsfähigen Persönlichkeit zu beeinträchtigen, verbreiten oder zugänglich machen, haben sie dafür Sorge zu tragen, dass Kinder oder Jugendliche der betroffenen Altersstufen sie üblicherweise nicht wahrnehmen.

1. Sendezeitbeschränkungen und Vorsperren

214 Um dies zu gewährleisten, stehen dem Sender bestimmte Sendezeitbeschränkungen zur Verfügung, bei digitalen Kanälen (aus praktischen Gründen ist das derzeit nur beim Pay-TV möglich) gibt es die Möglichkeit zur **technischen Vorsperre**. Die Voraussetzungen für diese Vorsperre regeln die Landesmedienanstalten in einer entsprechenden Satzung. Derzeit gilt Folgendes: Der Sender muss Programme, die Sendezeitbeschränkungen unterliegen, so vorsperren, dass das Programm **weder optisch noch akustisch** wahrnehmbar ist (Schwarzbild ohne Ton). Der Zuschauer wird aufgefordert, den Jugendschutz-PIN einzugehen. Dieser wird dem (erwachsenen) Kunden beim Abschluss des Vertrages (der durch einen Händler unter Vorlage des Personalausweises abgeschlossen wird) ausgehändigt. Eine Möglichkeit für bestimmte Kunden – zB in kinderlosen Haushalten – die Jugendschutzsperre auszuschalten, ist nicht zulässig. Folgt nach Beendigung der vorgesperrten Sendung eine weitere Sendung, die vorzusperren ist, muss der Kunde **die PIN erneut** eingeben. Digitale Sender, die über die Möglichkeit der Vorsperre verfügen, dürfen nach der gegenwärtigen Satzung der Landesmedienanstalten Filme mit einer Freigabe ab 16 Jahren ohne zeitliche Beschränkungen ausstrahlen, Filme ohne Jugendfreigabe dürfen in der Zeit von 20 Uhr abends und 6 Uhr morgens gezeigt werden, vorausgesetzt, sie sind gesperrt.[217]

215 Die Anforderungen an die Sicherheit der PIN muss von den Sendern hoch angesetzt werden. In einer einstweiligen Verfügung ging im April 2010 ein Unternehmer gegen den Pay-TV-Sender Sky vor, weil dessen PIN nicht sicher sei. Sie lasse sich aus der Personalausweisnummer des Kunden nach einem bestimmten System, das für Jugendliche im Internet zugänglich sei, errechnen. Daraufhin hat Sky seine Kunden aufgefordert, eine selbstgewählte PIN festzulegen.[218]

---

[217] Satzung zur Gewährleistung des Jugendschutzes in digital verbreiteten Programmen des privaten Fernsehens – Jugendschutzsatzung (JSS) v 25.11.2003.
[218] So *Gräfe* Digital Fernsehen v 1.7.2010.

Die Beschränkungen nach § 5 Abs 1 gelten nicht **für Nachrichtensendungen und Sendun-** 216
gen zum politischen Zeitgeschehen. Ziel ist, durch Jugendschutzbestimmungen nicht Berichte über Kriege, Katastrophen, Terroranschläge etc zu verhindern, da das Interesse der freien Berichterstattung hier Vorrang hat. Allerdings gilt dieser Vorrang nur, soweit ein berechtigtes Interesse gerade an dieser Form der Berichterstattung besteht.[219] In letzter Zeit kommt es häufig zum Streit zwischen Sendern und der KJM über Dokumentationen aus der Zeit des Nationalsozialismus oder über Gräueltaten früherer Diktatoren in osteuropäischen Staaten. Streitpunkt ist zum einen die Frage, ob die Integration nachgespielter Sequenzen in einer ansonsten mit Originalmaterial arbeitenden Dokumentation dazu führen kann, dass der gesamte Inhalt den Charakter der Dokumentation verliert. Zweifellos ist es das Wesen von Dokumentationen, die sich mit der Judenvernichtung, der Bombardierung von Städten oder der Misshandlung von Menschen durch ein diktatorisches Regime beschäftigen, dass sie diese Taten so weit wie möglich anhand von Originalmaterial belegen. Diese Bilder können sicherlich auf Kinder beängstigend wirken. Allerdings gibt es auch Ereignisse, über die keine Archivbilder zur Verfügung stehen. Um dem Zuschauer einen möglichst nahen Eindruck zu vermitteln, werden sie nachgespielt. Die KJM argumentiert, dass dann auch ein Kriegsfilm für sich in Anspruch nehmen könnte, als Dokumentation zu gelten. Ein weiterer Streitpunkt ist die Frage, ob es sich bei Kriegsdokumentationen um Beiträge zum Zeitgeschehen handelt. Nach Auffassung der KJM fehlt der aktuelle Bezug. Gegen die Beanstandung einer Dokumentation über die letzten Kriegstage hat der Sender Klage beim VG Berlin eingelegt.[220]

2. Festlegung der Sendezeit für wiederkehrende Formate

Die KJM sowie die FSF sind für die Festlegung von Sendezeiten für Programme zuständig, die 217
nicht über eine FSK-Freigabe verfügen. Dabei sind die Besonderheiten der Ausstrahlung von Filmen im Fernsehen, vor allem bei Fernsehserien, zu beachten.[221] Für sonstige Sendeformate, die regelmäßig über einen längeren Zeitraum ausgestrahlt werden, können die KJM oder die FSF für alle weiteren Folgen Sendezeitbeschränkung festlegen, wenn bereits mehrere Folgen gegen Jugendschutzbestimmungen verstoßen haben und aufgrund der Ähnlichkeit der Themen zu vermuten ist, dass auch spätere Folgen zu Verstößen führen werden.[222] Diese Regelung wurde vor allem für die nachmittäglichen Talkshows eingeführt. Sie wäre theoretisch bspw auch auf Gerichtsshows anwendbar. Bisher wurde von dieser Möglichkeit aber weder von der KJM noch von der FSF Gebrauch gemacht.

3. FSK-Freigaben und Sendezeitbeschränkungen

Die Sendezeitbeschränkung wird mit einer bestimmten FSK-Freigabe verbunden. Dazu heißt es 218
in § 5 Abs 4:

Ist eine entwicklungsbeeinträchtigende Wirkung iSv Abs 1 auf Kinder oder Jugendliche anzunehmen, erfüllt der Anbieter seine Verpflichtung nach Abs 1, wenn das Angebot nur zwischen 23 Uhr und 6 Uhr verbreitet oder zugänglich gemacht wird. Gleiches gilt, wenn eine entwicklungsbeeinträchtigende Wirkung auf Kinder oder Jugendliche unter 16 Jahren zu befürchten ist, wenn das Angebot nur zwischen 22 Uhr und 6 Uhr verbreitet oder zugänglich gemacht wird. Bei Filmen, die nach § 14 Abs 2 des Jugendschutzgesetzes unter 12 Jahren nicht freigegeben sind, ist bei der Wahl der Sendezeit dem Wohl jüngerer Kinder Rechnung zu tragen.

---

219 § 5 Abs 6 JMStV.
220 Die letzten Tage des Krieges, NTV, ausgestrahlt am 3.12.2007 um 16 Uhr.
221 § 8 Abs 1 JMStV.
222 § 8 Abs 2 JMStV.

219 Die Freigabe der FSK für die Kino- oder Videoauswertung ist also eine wichtige Voraussetzung für eine Sendezeitbeschränkung im Fernsehen. Filme mit einer Freigabe *ohne Altersbeschränkung* oder *freigegeben ab sechs Jahren* können ohne jede Sendezeitbeschränkung ausgestrahlt werden. Filme mit einer Freigabe ab 12 Jahren können ebenfalls ohne zeitliche Beschränkungen ausgestrahlt werden, es sei denn, dass Wohl jüngerer Kinder könnte beeinträchtigt sein. Auf jeden Fall dürfen diese Filme nach den Richtlinien der Landesmedienanstalten ab 20 Uhr ausgestrahlt werden, besondere Rücksicht auf jüngere Kinder muss also im Tagesprogramm genommen werden.

220 In der Praxis bereitet die Klärung der Frage, welche Filme mit einer Freigabe ab 12 Jahren das Wohl jüngerer Kinder beeinträchtigen können, immer wieder Probleme. Denn **im Prinzip sind diese Filme im Tagesprogramm zulässig, der Gesetzgeber will einen vernünftigen Kompromiss zwischen den Interessen der Erwachsenen, die am Tag fernsehen, und dem Jugendschutz erreichen.** Vieles spricht dafür, dass vor allem solche Filme nicht während des Tages ausgestrahlt werden sollen, bei denen die Freigabe ab 12 Jahren mit knapper Mehrheit und vielen Gegenargumenten erteilt wurde. Ebenfalls geht es wohl nicht darum, dass eine bestimmte Altersgruppe, etwa die Dreijährigen oder die Achtjährigen, mit *jüngere Kinder* gemeint sind. Denn das hätte der Gesetzgeber ohne weiteres ins Gesetz aufnehmen können. In den Richtlinien der Landesmedienanstalten finden sich zu dieser Frage keine Erläuterungen, es heißt dort lediglich, dass der Anbieter auf jeden Fall dann die Bestimmung einhält, wenn er den Film zwischen 20.00 Uhr und 6.00 Uhr ausstrahlt.[223]

221 Bis zum Jahre 1994 konnten Filme mit einer Freigabe ab 12 Jahren ohne jede zeitliche Beschränkungen ausgestrahlt werden. Da die Sender aufgrund ihrer Lizenzverträge Filme innerhalb von 24 Stunden meist kostenlos wiederholen konnten, wurden nahezu alle Filme des Hauptabendprogramms am nächsten Tag im Tagesprogramm wiederholt, darunter auch gewalthaltige Kriminalfilme oder Kriegsfilme, die zum Teil mit sehr knapper Mehrheit eine Freigabe ab 12 Jahren erhalten hatten. Dies veranlasste den Gesetzgeber, die Bestimmung dahingehend zu verändern, die Ausstrahlung von solchen Filmen im Tagesprogramm davon abhängig zu machen, dass das Wohl jüngerer Kinder berücksichtigt werden musste. **Da die Ausstrahlung solcher Filme aber grds im Tagesprogramm erlaubt ist, müssen die Anbieter in jedem Einzelfall abwägen, ob das Wohl jüngerer Kinder tangiert ist.** Dabei geht es letztlich um eine gewisse Sensibilität, die aber schlecht anhand von klaren Kriterien verbindlich festzumachen ist. Daher führt diese Bestimmung oft zu Kontroversen zwischen den Sendern, der FSF und der KJM.

222 Filme mit einer Freigabe ab 16 Jahren unterliegen einer Sendezeitbeschränkung zwischen 22 Uhr abends und 6 Uhr morgens, Filme, die „keine Jugendfreigabe" erhalten haben, dürfen nur zwischen 23 Uhr abends und 6 Uhr morgens ausgestrahlt werden. Will ein Sender von diesen Beschränkungen abweichen, so ist dafür eine Ausnahmegenehmigung bei der Kommission für Jugendmedienschutz (KJM) bzw der Freiwilligen Selbstkontrolle Fernsehen (FSF) erforderlich. Dies ist vor allem dann möglich, wenn zwischen dem Ausstrahlungszeitpunkt und der Prüfung bei der FSK mehr als 15 Jahre vergangen sind oder wenn es sich um eine Schnittfassung handelt, in der die Szenen, die für die Altersfreigabe verantwortlich waren, entfernt wurden. Eine klare Regelung für die Zulassung von Filmen im Ausnahmeverfahren gibt es nicht. **Der Antragsteller muss die Zulassung im Einzelfall plausibel begründen können.**

---

223 Gemeinsame Richtlinien der Landesmedienanstalten zur Gewährleistung des Schutzes der Menschenwürde und des Jugendschutzes (Jugendschutz-Richtlinien – JuSchRiL) vom 8./9.3.2005, 7; Abruf unter www.fsf.de/fsf2/ueber_uns/download.htm.

Gottberg

4. Die Jugendschutzbeauftragten

Eine wichtige Säule des Jugendmedienschutzes sind die Jugendschutzbeauftragten bei den Fernsehsendern und Internetanbietern. Fernsehsender, die nicht bundesweit ausstrahlen, können auf die Bestellung eines Jugendschutzbeauftragten verzichten, wenn sie sich Einrichtungen der Freiwilligen Selbstkontrolle anschließen. Anbieter von Telemedien sind von der Einstellung eines Jugendschutzbeauftragten befreit, wenn sie weniger als 50 Mitarbeiter oder nachweislich weniger als 10 Mio Zugriffe in einem Durchschnittsmonat haben. Die Jugendschutzbeauftragten sind beim Programmeinkauf, bei der Programmplanung und bei der Gestaltung der Angebote einzubeziehen. Sie sind Ansprechpartner für die Belange des Jugendschutzes innerhalb des Unternehmens, aber auch für die Nutzer.[224]

5. Regelungen für Werbung

Daneben finden sich noch jugendschutzrelevante Normen im Bereich des Werbe- bzw Wettbewerbsrechts, das jedoch nicht Gegenstand dieser Darstellung ist. Der Vollständigkeit halber erwähnt werden soll hier dennoch zum einen das Gesetz gegen unlauteren Wettbewerb (UWG), das Werbung, die geeignet ist, die geschäftliche Unerfahrenheit von Kindern und Jugendlichen auszunutzen, verbietet, § 4 Ziff 2 UWG, sowie der Jugendmedienschutz-Staatsvertrag (JMStV), der in § 6 jugendschutzrelevante Aspekte von Werbung und Teleshopping regelt. So dürfen Angebote, die indiziert sind, nicht frei beworben werden, § 6 Abs 1 JMStV. Daneben darf im Einklang mit dem Wettbewerbsrecht Werbung keine direkten Kaufappelle an Kinder oder Jugendliche enthalten, die deren Unerfahrenheit ausnutzen, § 6 Abs 2 Ziff 1 JMStV. An dieser Stelle kurz angesprochen werden soll auch der Schutz des besonderen Vertrauens, das Kinder oder Jugendliche zu Eltern, Lehrern oder anderen Vertrauenspersonen haben: es darf nicht für Zwecke der Werbung instrumentalisiert werden, vgl § 6 Abs 2 Ziff 3 JMStV.

6. Jugendschutz im öffentlich-rechtlichen Fernsehen

Die Jugendschutzbestimmungen des JMStV gelten uneingeschränkt auch für das öffentlich-rechtliche Fernsehen. **Allerdings unterliegen diese nicht der Aufsicht durch die KJM.**

Für die Festlegung von Sendezeiten nach § 8 JMStV sind die öffentlich-rechtlichen Rundfunkanstalten selbst zuständig. Für Ausnahmeanträge[225] können die zuständigen Gremien auf Antrag des Intendanten eine Genehmigung erteilen. Alle öffentlich-rechtlichen Sender verfügen gem § 7 JMStV über einen Jugendschutzbeauftragten. Allerdings sind diese im Regelfall nicht hauptamtlich in diesem Bereich tätig.

Sowohl von der KJM als auch aus den Reihen der Politik wird immer wieder eine gemeinsame Aufsicht über das öffentlich-rechtliche und das private Fernsehen gefordert.[226] Die öffentlich-rechtlichen Sender wehren sich jedoch vehement dagegen. Die Aufsicht der Gremien funktioniere gut, außerdem gebe es aufgrund des Auftrags des öffentlich-rechtlichen Rundfunks dort keine Jugendschutzprobleme. Dafür würden nicht zuletzt die strengen internen Richtlinien sorgen.

Vergleicht man die Programmstruktur öffentlich-rechtlicher und privater Sender, so ist es sicher richtig, dass das Jugendschutzrisiko in den Programmen der ARD und des ZDF geringer ist. Jugendschutzprobleme gibt es aber auch dort. Sowohl bei Ausnahmegenehmigungen[227] als auch bei der Festlegung von Sendezeiten für eigenproduzierte Filme (§ 8) wie bspw *Tatort* oder

---

224 § 7 JMStV.
225 § 9 JMStV.
226 Vgl *Wilms* JMS-Report 3/2004, 9 ff.
227 § 9 JMStV.

Rosa Roth kommt es zu Entscheidungen, die bspw von Seiten der KJM offen kritisiert werden. **Das Problem liegt wohl vor allem darin, dass es für ähnliche Fälle sehr unterschiedliche Entscheidungsgremien und Entscheidungswege gibt und dies je nach Perspektive den Eindruck der Ungleichbehandlung nahe legt.**[228]

7. Regelungen für Telemedien

229 Telemedien werden ihrer Verpflichtung gerecht, wenn sie Programme, die eine Freigabe ab 12 Jahren erhalten haben oder inhaltlich mit einer solchen Freigabe vergleichbar sind, nicht im Umfeld von Programmen anbieten, die sich an Kinder richten.[229] Grds dürfen sie Inhalte, die Zeitbeschränkungen unterliegen, nur zu diesen (erlaubten) Zeiten ins Netz stellen. Inhalteanbieter müssen auch prüfen, dass nicht auf unzulässige Angebote verlinkt wird. Als Ausnahme von dieser Bestimmung gilt, wenn entsprechende Jugendschutzprogramme verwendet werden, so dass Kinder und Jugendliche die sie möglicherweise beeinträchtigenden Angebote normalerweise nicht wahrnehmen.[230] Das Jugendschutzprogramm muss eine Differenzierung nach Altersgruppen ermöglichen, um von der KJM anerkannt zu werden (es muss darüber hinaus von der KJM anerkannt werden).[231] Seit 2012 wurden zwei Jugendschutzprogramme von der KJM anerkannt; öffentlich zugänglich ist das Programm „JusProg", das andere Programm ist nur für Kunden der Telekom nutzbar. Da die KJM unsicher war, ob eine ausreichende Verbreitung der Jugendschutzprogramme gelingen wird, hat sie die Programme zunächst nur für Angebote bis zu einer Freigabe ab 16 Jahren zugelassen; bei der Verbreitung von Angeboten ohne Jugendfreigabe musste sich der Anbieter hingegen weiter an Sendezeitbeschränkungen halten. Die Geltung der Anerkennung für Inhalte ab 18 Jahren (angedacht für Juni 2013) knüpfte die KJM an die Bedingung, dass der Jugendschutzprogrammhersteller bis zu diesem Zeitpunkt glaubhaft nachweisen würde, dass eine wesentliche Verbreitung der Schutzoption gegeben ist. Dies ist in der Sitzung der KJM vom 15.5.2013 geschehen,[232] so dass Jugendschutzprogramme nunmehr auch für die höchste Altersstufe eingesetzt werden können. Möglicherweise wurde die Entscheidung der KJM durch den Beschluss des VG Neustadt beeinflusst. Das Gericht kritisierte diese „abgestufte" Anerkennung – die Anerkennung sei dem Gesetzeswortlaut nach zu erteilen, wenn sie einen nach Altersstufen differenzierten Zugang ermöglicht. Rechtlich bedenklich befand das Gericht, den Widerruf der Anerkennung – über die gesetzlichen Bestimmungen hinausgehend – von dem weiten und unbestimmten Merkmal der „wesentlichen Verbreitung" abhängig zu machen, da der Hersteller des Programms grundsätzlich keinen Einfluss darauf haben könne, inwieweit Eltern es tatsächlich einsetzen.[233] Die Tatsache, dass es acht Jahre gedauert hat, bis ein Jugendschutzprogramm anerkannt wurde, lag unter anderem an den Erwartungen, die das Gesetz aufstellt. Nach § 11 Abs 3 JMStV muss ein Jugendschutzprogramm einen differenzierten Zugang zu Angeboten ermöglichen. In diesem Zusammenhang ergeben sich verschiedene Probleme. Die „strengste" Einstellung wäre die, die nur zu den Programmen Zugang ermöglicht, die für die von den Eltern eingestellte Altersgruppe technisch gekennzeichnet sind. Wenn aber Eltern jüngerer Kinder diese Einstellung wählen, wird damit für das Kind jedes nicht gekennzeichnete Internet-

---

228 Auch von Seiten der Landesmedienanstalten wird kritisiert, dass öffentlich-rechtlichter und privater Rundfunk unterschiedlich behandelt wird. Einige gehen so weit, dass dadurch das Ziel des JMStV verfehlt würde, so *Bornemann* NJW 2003, 787.
229 § 5 Abs 5 JMStV.
230 § 11 Abs 1 JMStV.
231 § 11 Abs 2 JMStV.
232 Vgl KJM-PM 04/2013 v 21.5.2013.
233 VG Neustadt adW Beschl v 17.4.2013 – 5 L 68/13.NW.

angebot gesperrt, auch dann, wenn es völlig unproblematisch oder vielleicht sogar für Kinder geeignet ist. Ob beispielsweise ein Flughafen oder eine Fluggesellschaft auf die Idee kommen, ihre Angebote für das Jugendschutzprogramm einzuschätzen und entsprechend technisch zu kennzeichnen, ist zumindest zum gegenwärtigen Zeitpunkt eher unwahrscheinlich. Denn die Anbieter müssen zunächst einmal überhaupt wissen, dass eine Kennzeichnung ihres Angebotes überhaupt möglich und nötig ist. Das Problem: da es nur wenige gekennzeichnete Angebote gibt, ist die Motivation der Eltern gering, das Programm zu installieren. Damit ist gleichzeitig die Motivation der Anbieter gering, den Aufwand zu betreiben, die eigenen Inhalte einer Bewertung und Kennzeichnung zu unterziehen. Daher ist es wichtig, über verschiedene Verfahren das Angebot an für Kinder geeignete Programmen zu erhöhen. Ein Weg besteht darin, seriöse Empfehlungslisten – beispielsweise die geprüften Angebote von „fragfinn" – in den Filter zu integrieren und dadurch automatisch Zugang zu ihnen zu ermöglichen. Für ältere Kinder, die der Filter eher vor gefährdenden Inhalten wahren soll, werden Negativlisten – beispielsweise der Index der Bundesprüfstelle für jugendgefährdende Medien – in den Filter integriert, so dass der Zugang zu diesem Programm gesperrt wird. Geprüft wird auch, ob das Programm über entsprechende Technik so ausgestattet werden kann, dass es von sich aus Gefährdungen erkennen kann. Das Fraunhofer-Institut hat zu dieser Frage im Auftrag des Bundesbeauftragten für Kultur (BKM), dem Bundesministerium für Familie, Senioren, Frauen und Jugend (BMFSFJ) und der Kommission für Jugendmedienschutz (KJM) eine Studie[234] erstellt, die die Möglichkeiten, aber auch die Grenzen solcher technischen Verfahren deutlich macht. An einem Beispiel wird das Spannungsfeld zwischen Chancen und Grenzen deutlich: das System kann zwar Bilder erkennen, in denen gezeigt wird, wie sich junge Menschen durch Ritzen in die Haut Selbstverletzungen zufügen. Es kann aber nicht erkennen, ob aus dem Kontext heraus die Selbstverletzung befürwortet oder abgelehnt wird. Ein Präventionsangebot zum Beispiel von der Bundeszentrale für gesundheitliche Aufklärung (BZgA) würde so möglicherweise blockiert. Derzeit können also technische Systeme helfen, möglicherweise jugendschutzrelevante Angebote aus dem Netz herauszusuchen, dies funktioniert jedoch nicht, ohne dass ein verantwortungsbewusster und sachkundiger Mensch letztlich die Entscheidung trifft, was wirklich blockiert werden muss.

Insgesamt sind die gegenwärtig anerkannten Jugendschutzprogramme alles andere als perfekt. Allerdings muss man mit einer solchen Testphase unter realen Bedingungen leben. Sicherlich sollte alles daran gesetzt werden, Jugendschutzprogramme ständig zu verbessern. Dazu gehört auf jeden Fall auch, möglichst bald ein solches Programm nicht nur für Windows-Rechner, sondern auch für Apple-Rechner, für Smartphones und Tabletts zur Verfügung zu stellen.

a) Pornografische Inhalte in Telemedien. Das Anbieten von pornografischen oder indizierten Inhalten ist bei Telemedien ausschließlich in geschlossenen Benutzergruppen erlaubt.[235] Über Altersverifikationssysteme soll sichergestellt werden, dass der Nutzer erwachsen ist. Die KJM hat strenge Voraussetzungen festgelegt, um einen Vertriebsweg als geschlossene Benutzergruppe im Sinne des Gesetzes anzuerkennen. **Danach muss mindestens einmal eine persönliche Ausweiskontrolle durchgeführt werden, um zu bestätigen dass es sich beim Kunden tatsächlich um einen Eachsenen handelt. In der Praxis wird dies meist über das sog *Postidentverfahren* durchgeführt.** Der Kunde muss sich bei der Post unter Vorlage seines Personal-

---

[234] Fraunhofer-Institut für intelligente Analyse- und Informationssysteme (IAIS) Studie zum technischen Jugendmedienschutz. Möglichkeiten und Grenzen von Verfahren zur Detektion jugendschutzrelevanter Web-Inhalte als PDF herunterzuladen unter www.iais.fraunhofer.de/uploads/media/Fraunhofer_Jugendmedienschutz_2013-02-25_01.pdf.
[235] § 11 Abs 2 JMStV.

ausweises bestätigen lassen, dass er über 18 Jahre alt ist. Der Postangestellte schickt den Vertrag zusammen mit der Bestätigung an den Anbieter. Erst dann, wenn dieser beim Anbieter eingegangen ist, erhält der Kunde den Zugangscode. Darüber hinaus muss sich der Kunde bei jeder Anmeldung neu mit einem bestimmten Code identifizieren.[236]

231   Bei den Anbietern stoßen solche hohen Hürden zum Teil auf heftige Kritik. Sie haben versucht, verschiedene Systeme zu etablieren, die bspw durch die Eingabe der Nummer des Personalausweises und der Kontrolle bestimmter Kontobewegungen das Alter des Benutzers feststellen wollten. Die vorliegende Rechtsprechung hält dies allerdings nicht für ausreichend sicher.[237]

232   **b) Keine geschlossenen Benutzergruppen im Rundfunk.** Für den Rundfunk gilt die Möglichkeit, pornografische oder indizierte Inhalte in einer geschlossenen Benutzergruppe anzubieten, nicht. Warum das Gesetz Pornografie im Rundfunk selbst in einer geschlossenen Benutzergruppe nicht zulässt, hängt vermutlich damit zusammen, dass die Bedeutung des Rundfunks für die Meinungsbildung, aber auch für die Bewusstseinsbildung höher eingeschätzt wird als im Bereich des Internets. Es ist jedoch fraglich, ob sich diese Differenzierung auf die Dauer halten lässt. Eine Grauzone gibt es bereits jetzt im Pay-TV. So hat die KJM Sky bei einige Pay-per-View-Angebote unter Auflagen als an eine geschlossene Benutzergruppe gerichtet anerkannt. Auf mehreren digitalen Kanälen können drei pornografische Filme zeitversetzt ausgestrahlt werden (Near-Video-on-Demand), so dass der Kunde den Filmbeginn wählen kann. Um daran teilzunehmen, muss er sich einmal entweder gegenüber einem autorisierten Händler oder gegenüber der Post mit seinem Personalausweis ausgewiesen haben. So erhält er eine Zugangs-PIN, mit der er sich jedes Mal entweder per Internet oder Telefon für das Programm freischalten lassen muss. Dies wird vor allem deshalb nicht als Rundfunk angesehen, weil das Programm kein redaktionelles Konzept aufweist und nicht meinungsrelevant ist.

233   **c) Jugendschutz und Handy.** Zunehmend können auch über Mobiltelefone (Handys) Internetangebote oder Fernsehangebote genutzt werden. Auch hierbei sind die Bestimmungen des JMStV zu beachten. Bei zeitgleich ausgestrahlten linearen Angeboten (mobiles TV) sind die selben Maßstäbe anzulegen wie gegenüber dem Fernsehen, werden die Angebote hingegen auf das Handy geladen und später angesehen, handelt es sich um Telemedien.[238]

234   Handys können unter Jugendschutzgesichtspunkten auf verschiedene Weise relevant werden. Das Handy kann ein Trägermedium sein, bspw für aus dem Netz geladene Spiele, Bilder oder Videos. Das Handy kann ebenfalls Bilder oder Bewegtbilder enthalten, die mit der eingebauten Kamera aufgenommen wurden. In letzter Zeit wurde berichtet, dass Jugendliche Schlägereien oder sexuelle Nötigung provozieren, diese mit dem Handy aufnehmen und per Bluetooth-Technik von Handy zu Handy übermitteln (*Happy Slapping*). Eine andere Variante ist das *Mobile Bullying*. Hier werden Dritte durch Drohungen, üble Nachrede oder Provokationen (bspw das Übersenden pornografischer Bilder) über das Handy belästigt. Unbestritten ist, dass die Inszenierung realer Gewalt sowie das Bullying strafrechtlich relevant sind. Schwieriger wird es, wenn solche Szenarien aufgenommen und über das Handy ausgetauscht werden, denn hier handelt es sich um individuellen Datenaustausch, der als solcher nicht unter die Bestimmungen des JMStV fällt, abgesehen davon, wenn bereits im Vorfeld aus dem Netz pornografische oder gewaltverherrlichenden Bilder oder Filme heruntergeladen wurden. Hier hat das Mobilfunkunternehmen

---

236   Daneben hat die KJM verschiedene technische Verfahren zugelassen, die auf ihrer Homepage abgerufen werden können: www.kjm-online.de.
237   BGH Urt v 19.10.2007 Az I ZR 102/05.
238   Vgl dazu *Mynarik* Mobiles Entertainment 183 ff; *Liesching* BPJM Aktuell, 5, 10.

eine Verantwortung, wenn es solche Inhalte zur Verfügung stellt bzw diese nicht sperrt, obwohl sie ihm bekannt sind.[239]

Ein zunehmendes Ungleichgewicht gegenüber dem Jugendschutz auf Computern ist in der Zunahme von Tabletts und Smartphones festzustellen. Ein Anbieter, der seine Inhalte für ein anerkanntes Jugendschutzprogramm technisch kennzeichnet, braucht keine Zeitbeschränkungen mehr zu beachten. Gegenwärtig anerkannte Jugendschutzprogramme sind aber technisch nur auf Windows-Rechnern einsetzbar, dem Jugendschutz auf Apple-Rechnern, Tabletts und Smartphones wird demnach bisher keine Rechnung getragen.

8. Die Kommission für Jugendmedienschutz (KJM)

a) Allgemeines. Für die Kontrolle der Bestimmungen des JMStV ist die KJM zuständig. Sie ist ein zentrales Organ der Landesmedienanstalten und ersetzt die frühere Zuständigkeit der einzelnen Landesmedienanstalt, die den betroffenen Sender lizenziert hat. Ziel dieser Neuerung war die Vereinheitlichung der Jugendschutzmaßstäbe sowie eine Beschleunigung der Verfahren. Die KJM besteht aus zwölf Mitgliedern. Die Hälfte der Mitglieder besteht aus Direktoren der Landesmedienanstalten, vier Vertreter werden von den Ländern, zwei Vertreter vom Bund benannt. Für jedes KJM-Mitglied wird ein Vertreter bestimmt. Die KJM wählt aus ihren Reihen einen Vorsitzenden und einen stellvertretenden Vorsitzenden. Dabei muss es sich um Direktoren der Landesmedienanstalten handeln. Die KJM entscheidet mit einfacher Mehrheit. Bei Stimmengleichheit entscheidet die Stimme des Vorsitzenden.[240]

b) Aufgaben der KJM. Zu den Aufgaben der KJM gehören vor allem:
1. Verfassung und Verabschiedung von Richtlinien im Zusammenwirken mit den Landesmedienanstalten zur Durchsetzung der Bestimmungen des JMStV,
2. Einleitung von Beanstandungsverfahren gegen mögliche Verstöße der Anbieter von Rundfunk oder Telemedien gegen die Bestimmungen von §§ 4 und 5 JMStV,
3. Festlegung von Sendezeitbeschränkungen auch bei regelmäßig wiederkehrenden Formaten (zB Serien oder spezielle Talkshows), die in mehreren Folgen gegen Jugendschutzbestimmungen verstoßen haben,[241]
4. Anerkennung von Jugendschutzprogrammen,
5. Anerkennung von Selbstkontrolleinrichtungen gemäß den Voraussetzungen in § 19 JMStV
6. Erteilung von Ausnahmegenehmigungen bei Filmen, die aufgrund von FSK-Freigaben Sendezeitbeschränkungen unterliegen,
7. Zusammenarbeit mit der Bundesprüfstelle im Bereich der Indizierung von Telemedien
8. Festsetzung von Bußgeldern bei Verstößen.

Über Beanstandungsverfahren kann die KJM auch im verkleinerten Dreierausschuss entscheiden.[242] Die Mitglieder dieses Ausschusses müssen aus den Reihen der KJM-Mitglieder (oder deren Vertreter) gewählt werden. Außerdem müssen sie die Gruppen, aus denen sich die KJM zusammensetzt (Landesmedienanstalten, Länder, Bund), abbilden.

Anders als bei den Selbstkontrolleinrichtungen **ist im Gesetz nicht davon die Rede, dass die KJM über einen fachlichen Beurteilungsspielraum verfügt.** Die KJM selbst vertritt die

---

[239] Für eine ausf, wenn auch etwas skandalisierende Darstellung der Problematik s *Grimm/Clausen-Muradian* JMS-Report 5/2007, 2ff.
[240] § 8 Abs 1 JMStV.
[241] § 8 Abs 1 JMStV.
[242] § 14 Abs 5 JMStV.

Auffassung, sie urteile nach dem Gesetz abschließend, so dass eine besondere Nennung des ihr zustehenden Beurteilungsspielraums nicht notwendig sei.[243] In der wissenschaftlichen Literatur wird allgemein die Meinung vertreten, dass die KJM nicht über einen Beurteilungsspielraum verfügt.[244] Das bedeutet praktisch vor allem, dass die Entscheidungen der KJM auch inhaltlich gerichtlich überprüfbar sind. Diese Auffassung vertritt auch das VG München.[245] Die KJM hatte verschiedene Folgen der MTV-Serie *I want a famous face* bzgl der Sendezeit beanstandet, obwohl eine Freigabe der FSF vorlag. Der Sender klagte dagegen mit Hinweis auf den Beurteilungsspielraum der FSF. Die KJM argumentierte, der Beurteilungsspielraum gelte aus formalen Gründen nicht. Die FSF habe die Folgen in der Originalsprache (Englisch) geprüft, die Folgen wurden aber mit Untertiteln ausgestrahlt. Dadurch sei die Wirkung verändert worden. Dem folgte das Gericht. Eine vom Gericht bestellte Gutachterin kam zu dem Ergebnis, dass sowohl die Einschätzung der FSF als auch bei zwei Folgen die Einschätzung der KJM unzutreffend sei. Das Gericht folgte der Gutachterin in allen Fällen und hob somit auch die Einschätzung der KJM auf. Die KJM legte dagegen Berufung ein.

239   **c) Prüfgruppen.** Um die Menge an Prüfungen, vor allem aus dem Bereich des Internets, zu bewältigen, hat die KJM Prüfgruppen gebildet, deren Mitglieder von den Landesmedienanstalten, den Obersten Landesjugendbehörden und dem zuständigen Bundesministerium benannt wurden, die aber keine KJM-Mitglieder sind. Diese Prüfgruppen bereiten die Entscheidungen der KJM vor, indem sie sich für ein bestimmtes Ergebnis einsetzen und dazu einen Beanstandungsentwurf vorbereiten. Aus Gründen der Zeitökonomie wird in der KJM bei entsprechenden Vorlagen durch die Prüfgruppen meist nur im Umlaufverfahren entschieden. Hiergegen richten sich die Veranstalter. Sie vertreten die Auffassung, dass nur eine Präsenzprüfung in der gesamten KJM zulässig ist. Nur so könne garantiert werden, dass alle KJM-Mitglieder das Programm in voller Länge sehen, dass alle Argumente, die für oder gegen eine Beanstandung sprechen, ausreichend diskutiert werden können und dass die Abstimmung auf der Grundlage eines ausreichenden Meinungsbildes stattfindet. Eine abschließenden Rechtsprechung gibt es zu dieser Frage bisher nicht.

9. Rechte und Pflichten der Selbstkontrolleinrichtungen nach dem JMStV

240   **a) Grundsätzliches.** Die Durchsetzung der Bestimmungen des JMStV und deren Kontrolle kann auch von Einrichtungen der anerkannten Selbstkontrolle durchgeführt werden. Die Selbstkontrolle muss allerdings bestimmte Voraussetzungen erfüllen, die in § 19 Abs 3 JMStV festgelegt sind. **Ziel dieser Voraussetzungen ist es, die Unabhängigkeit und die Sachkunde der Prüfergebnisse von Selbstkontrolleinrichtungen zu sichern.** Dazu gehören vor allem: die Unabhängigkeit und Sachkunde der Prüfer, die Beteiligung von gesellschaftlichen Gruppen, die im Bereich des Jugendschutzes im besonderen Maße tätig sind – gemeint sind hier vor allem die Kirchen –, Überprüfungsmöglichkeiten der Entscheidungen auf Antrag der hierfür bestimmten Institutionen der Jugendhilfe in den Ländern, transparente Kriterien für die Durchführung der Prüfung, Bestimmungen für die Vorlage durch die Anbieter, Anhörung der Anbieter bei von ihnen beantragten Prüfungen sowie die Existenz einer Beschwerdestelle, an die sich Zuschauer wenden können.

---

243 Mündliche Stellungnahme der KJM im Verfahren vor dem VG München zu Beanstandungen verschiedener Folgen des MTV-Formates *I want a famous face*, so auch *Braml/Hopf* ZUM 1/2007, 23 ff; ebenso VG Augsburg Beschl v 31.7.2008 – Au 7 S 08.659.
244 So von Hartlieb/Schwarz/*Castendyk* 62, Rn 27; *Brandenburg/Lammeyer* ZUM 2010, 655 ff.
245 VG München Urt v 4.6.2009 Az M 17 K 05.5329.

In ihrem Antrag auf Anerkennung legt die Selbstkontrolle der KJM die nötigen Nachweise über die Erfüllung der Voraussetzungen vor. Nach dem Anerkennungsbescheid der KJM entfällt die Anerkennung, wenn die Voraussetzungen in relevanten Bereichen ohne Kenntnis und gegebenenfalls Zustimmung der KJM geändert werden. Die Anerkennung gilt nach dem Gesetz für vier Jahre. Danach muss sie neu beantragt werden. 241

Aussagen darüber, welche rechtliche Stellung den Selbstkontrollen gegenüber der KJM eingeräumt werden soll, werden im Gesetz nicht getroffen. In der wissenschaftlichen Literatur wird weitgehend die Auffassung vertreten, **es handele sich durch die Anerkennung der Selbstkontrollen durch die KJM um eine Beleihung im verwaltungsrechtlichen Sinne.**[246] 242

b) Aufsichtszuständigkeit bei Nichtmitgliedern einer Selbstkontrolleinrichtung. Anbieter, die nicht Mitglied einer Selbstkontrolleinrichtung sind, unterliegen ausschließlich der Aufsicht durch die KJM. Dies hat auf den ersten Blick gewisse Vorteile. Denn abgesehen von Ausnahmegenehmigungen für Filme, die durch die Prüfungen der FSK bestimmten Sendezeitbeschränkung unterliegen, prüft die KJM immer erst im Nachhinein, da eine Vorprüfung gegen das Zensurverbot in Art 5 Abs 1 GG verstoßen würde. Da die KJM keine eigene flächendeckende Programmbeobachtung durchführt, ist vor allem bei kleineren Anbietern die Chance, dass Jugendschutzverstöße unentdeckt bleiben, relativ groß. Allerdings müssen sie mit erheblichen Bußgeldern rechnen, wenn ihre Programme beanstandet werden. Im Wiederholungsfall droht der Lizenzentzug. In der Regel bevorzugen die Sender daher die Sicherheit, die eine Vorprüfung durch die Selbstkontrolle bietet. 243

Auch Programmveranstalter, die nicht Mitglied in der FSF sind, können ihre Programme dort zur Prüfung vorlegen. Allerdings müssen sie mit doppelten Prüfgebühren rechnen, da sie sich an der allgemeinen Finanzierung durch Mitgliedsbeiträge nicht beteiligen. 244

c) Die Selbstkontrolle als gesetzgeberisches Ziel. Ziel des Gesetzgebers war es, dass im Bereich des Fernsehens möglichst viele Programme vor der Ausstrahlung durch die Einrichtung der Selbstkontrolle geprüft werden. Deshalb bestimmt das Gesetz, dass für Prüfungen von Programmen durch die Selbstkontrolle vor der Ausstrahlung ein Beurteilungsspielraum gilt. In diesem Falle ist die Möglichkeit für die KJM, das Prüfergebnis der Selbstkontrolle aufzuheben, sehr stark eingeschränkt. Es reicht nicht, wenn sie inhaltlich zu einem anderen Ergebnis kommt. Nur dann, wenn die Freigabe unter fachlichen Gesichtspunkten nicht mehr akzeptabel ist, kann der Beurteilungsspielraum als überschritten angesehen werden.[247] Nur in solchen Fällen kann die KJM eine Entscheidung der Selbstkontrolle abändern (Missbrauchsaufsicht). **In jedem Fall ist der Sender von Bußgeldverfahren befreit (Privilegierung), wenn er sein Programm vor der Ausstrahlung durch die Selbstkontrolle hat prüfen lassen, vorausgesetzt, er hat das Prüfergebnis beachtet.** 245

Der Beurteilungsspielraum gilt in jedem Falle bei Entscheidungen im Rahmen nach § 5 JMStV (Jugendschutz). Zwischen KJM und Selbskontrollen ist hingegen umstritten, ob der Beurteilungsspielraum auch bei absolut unzulässigen Sendungen nach § 4 JMStV gilt. Streitfall ist eine Folge der RTL-Sendung „Die Super Nanny". Sie wurde von der FSF geprüft und für das Tagesprogramm freigegeben. Die FSF vertrat die Auffassung, die Sendung verstoße nicht gegen die Menschenwürde, da sie insgesamt gegen die gezeigten Misshandlungen des Kindes durch die Mutter Stellung beziehe. Außerdem sei die Intensität der gezeigten Bilder geeignet, beim Zuschauer eine entsprechende Empathie zu erzeugen, die ebenfalls gesellschaftlichen Druck für 246

---

246 So ua *Retzke* 216.
247 § 20 Abs 3 JMStV.

mehr Kinderschutz bewirke. Die KJM vertrat jedoch die Meinung, dies dürfe zwar gezeigt werden, kritisierte aber, dass besonders brutale Bilder mehrfach zu sehen seien. Sie beanstandete die Sendung trotz FSF-Freigabe und vertrat die Auffassung, dass über völlig unzulässige Programme eine von den Anbietern getragene Selbstkontrolle nicht abschließend entscheiden könne. Der Sender und die FSF vertraten die Auffassung, dass der Beurteilungsspielraum auch für völlig unzulässige Sendungen (§ 4 Abs 1 JMStV) gilt. Eine ähnliche Position vertritt auch Liesching.[248] Eine Klage des Senders gegen die Entscheidung ist noch nicht abgeschlossen.

247   Diese Privilegierung im Bereich des Fernsehens gilt nur, wenn der Sender das Programm vor der Ausstrahlung bei der Selbstkontrolle eingereicht hat.

248   **d) Nichtvorlagefähige Programminhalte.** Eine Ausnahme gibt es für sog nicht vorlagefähige Programme. Bei Beanstandungsverfahren solcher Programme muss die KJM **vorher ein Votum** der Selbstkontrolle einholen. Für diesen Fall gilt ebenfalls der Beurteilungsspielraum. Unklar ist, wann ein Programm als *nicht vorlagefähig* angesehen werden kann. Einigkeit zwischen KJM und den Sendern besteht darin, dass Livesendungen und die aktuelle Berichterstattung darunter fallen. Die KJM vertritt jedoch die Meinung, dass jede Sendung, die bereits vor der Ausstrahlung vorliegt, als vorlagefähig anzusehen ist. Meinungsunterschiede hat es bspw anlässlich der Ausstrahlung der Casting-Show *Deutschland sucht den Superstar* gegeben. Der Sender verwies darauf, dass angesichts des langwierigen Produktionsprozesses das Sendeband über die Zusammenschnitte von circa 30.000 Castings erst zwei Tage vor der Ausstrahlung vorlag. Eine Ablehnung der Ausstrahlung für den geplanten Sendeplatz (Hauptabendprogramm) hätte für den Sender unzumutbare Konsequenzen gehabt, da die Ausstrahlung in den Programmzeitschriften angekündigt war und kein adäquates Ersatzprogramm zur Verfügung stand. Die KJM vertrat die Auffassung, das Programm sei vorlagefähig, da es keine Livesendung gewesen sei. Eine Klärung dieser Frage ist gegenwärtig nicht abzusehen.

249   **e) Sicherheit der Prüfergebnisse.** Nach den bisherigen Erfahrungen bieten die Prüfergebnisse der Selbstkontrolle den Sendern ein hohes Maß an Sicherheit. Im Zeitraum seit Anerkennung der FSF (August 2003 bis Oktober 2013) wurden über 12.500 Programme geprüft. Seit der Anerkennung 2003 wurde in einem Fall von der KJM der Beurteilungsspielraum als überschritten angesehen. Der betroffenen Sender hat dagegen Klage vor dem VG München eingereicht. Das Gericht hat in seinem Urteil sowohl Entscheidungen der FSF als auch der KJM aufgehoben. Dagegen legten sowohl die KJM als auch der Sender Berufung ein. Der Fall[249] ist noch nicht abgeschlossen. Zwar hat die KJM im Mai 2013 eine von der FSF freigegebene Folge der „Super Nanny" beanstandet, allerdings liegt der Fall hier anders. Die KJM ist der Meinung, dass der Beurteilungsspielraum nicht gilt, da es sich hier nicht um die Frage handelt, ob eine Sendung vermeintlich entwicklungsbeeinträchtigend, sondern ob sie absolut unzulässig gemäß § 4 JMStV ist. Diese Frage ist aber mit dieser Beanstandung zum ersten Mal aufgetreten.

10. Zusammenfassung der Jugendbestimmungen für das Fernsehen

250   **a) Kinofilme und Videofilme.** Kinofilme und Videofilme, die nach dem JuSchG von der FSK mit *Keine Jugendfreigabe* gekennzeichnet wurden, dürfen nur in der Zeit zwischen 23 Uhr abends und 6 Uhr morgens gezeigt werden; Filme, die ab 16 Jahren freigegeben wurden, nur in der Zeit zwischen 22 Uhr abends und 6 Uhr morgens. Bei Filmen, die ab 12 Jahren freigegeben

---

248 *Liesching/Schuster* § 20 JMStV, Rn 18.
249 6 Folgen der Serie *I want a famous face* MTV 2004.

wurden, muss der Sender bzw zuständige Selbstkontrolleinrichtungen prüfen, ob der Film im gesamten Tagesprogramm ausgestrahlt werden kann oder ausschließlich im Hauptabendprogramm (ab 20 Uhr) zu platzieren ist.

b) Fernsehprogramme. Fernsehprogramme oder Filme, die nicht im Kino oder auf Video veröffentlicht wurden und daher über keine FSK-Freigabe verfügen, müssen von den Jugendschutzbeauftragten oder der Freiwilligen Selbstkontrolle im Hinblick auf die geplante Sendezeit unter Zugrundelegung der Jugendschutzbestimmungen eingeschätzt werden. 251

c) Programmankündigungen. Programmankündigungen in Bewegtbildern dürfen nach § 10 JMStV ausgestrahlt werden, wenn sie die in §§ 4 und 5 JMStV getroffenen Vorschriften einhalten. Hier gab es unterschiedliche Auslegungen durch die KJM und die Sender: Während die Sender die Auffassung vertraten, die Vorschrift weise lediglich darauf hin, dass Programmankündigungen die geltenden Jugendschutzkriterien berücksichtigen müssen, vertrat die KJM die Meinung, Programmankündigungen müssten prinzipiell den gleichen Sendezeitbeschränkungen unterliegen wie das Programm, das sie bewerben.[250] Derzeit wird eine Vereinbarung zwischen der KJM und der in der FSF vertretenen Sender erprobt, die eine Art Kompromiss darstellt: **Programme mit einer Sendezeitbeschränkung nach 22 Uhr dürfen nur in dieser Zeit beworben werden, Programme mit einer Sendezeit ab 23 Uhr dürfen ebenfalls erst nach 23 Uhr beworben werden.** Bei allen übrigen Programmen gilt für die Bewerbung keine Sendezeitbeschränkung, die Sender verpflichten sich allerdings, im besonderen Maße auf die inhaltliche Einhaltung der Jugendschutzbestimmungen zu achten. 252

d) Akustische Kennzeichnung für FSK-16-Filme und Filme ohne Jugendfreigabe. Bei Filmen, die aufgrund einer Kennzeichnung *Ab 16 Jahren* oder *Keine Jugendfreigabe* einer Sendezeitbeschränkung nach 22 Uhr unterliegen, muss durch eine akustische Ankündigung vor der Sendung oder durch ein optisches Kennzeichen während der Sendung darauf hingewiesen werden, dass dieser Film für Jugendliche unter 16 Jahren nicht geeignet ist. Die Sender haben sich darauf verständigt, dass dies durch eine akustische Ankündigung vor dem Film mit dem Text *Der nachfolgende Film ist für Jugendliche unter 16 Jahren nicht geeignet* geschieht. 253

e) Ausnahmeregelungen. Ist eine Altersfreigabe sehr alt oder wurden Szenen entfernt, die für die FSK-Freigabe eine Rolle gespielt haben oder ist aus anderen Gründen die FSK-Freigabe nicht mehr zeitgemäß, können durch die KJM oder durch die anerkannte Selbstkontrolleinrichtung Ausnahmen von den durch die Altersfreigaben festgelegten Sendezeiten zugelassen werden (§ 9 JMStV). Die öffentlich-rechtlichen Sender sind grds auch an die Altersfreigaben der FSK gebunden, können aber über Ausnahmen (im Gegensatz zu den privaten) eigenständig in ihren Gremien entscheiden. 254

f) Ausstrahlungsverbote. Filme, auf denen die Kriterien des § 4 JMStV zutreffen, sind unzulässig. Zuständig für eine erste entsprechende Einschätzung ist der Jugendschutzbeauftragte des Senders oder die FSF, wenn der Sender eine Einschätzung beantragt. 255

g) Mit indizierten Filmen inhaltsgleiche Programme. Filme, die in der Videofassung indiziert sind, dürfen nur in wesentlich veränderter Schnittfassung ausgestrahlt werden und dies 256

---

250 JuSchRiL 4.4.3.

nur dann, wenn eine Bestätigung der BPjM vorliegt, aus der hervorgeht, dass der Film nicht mehr inhaltsgleich mit der indizierten Fassung ist.

11. Die Freiwillige Selbstkontrolle Fernsehen (FSF)

257 **a) Historie.** Nach Gründung der ersten privaten Fernsehsender Mitte der achtziger Jahre gab es in der Öffentlichkeit eine breite Diskussion über die Zunahme von Jugendschutzproblemen in den neuen Sendern. Tatsächlich hatte der Anteil an amerikanischen Filmen und Serien, die aufgrund ihres kulturellen Hintergrundes einen höheren Gewaltanteil haben als deutsche Produktionen, durch die privaten Sender zugenommen.[251] Erotikfilme oder indizierte Filme, die im öffentlich-rechtlichen Fernsehen Ausnahmeerscheinungen waren, wurden in den ersten Jahren im privaten Fernsehen häufig ausgestrahlt.

258 In der Politik und in der Öffentlichkeit wurden strengere gesetzliche Maßstäbe und eine härtere Kontrolle für das Fernsehen gefordert. Die damals diskutierten Vorstellungen stießen allerdings teilweise an die Grenzen des Verbots der Vorzensur. Auch die für die Kontrolle zuständigen Landesmedienanstalten konnten Verstöße erst im Nachhinein beanstanden. Aufgrund ihrer recht komplizierten Konstruktionen vergingen zwischen der Ausstrahlung und der Beanstandung oft Monate, manchmal Jahre. Außerdem konnten die Beanstandungsbescheide bei den Verwaltungsgerichten angefochten werden. Dies erwies sich für den Jugendschutz in der Praxis als nicht besonders wirkungsvoll, denn bei Abschluss der Verfahren waren die zuständigen Programmverantwortlichen oft nicht mehr beim Sender beschäftigt.

259 Aufgrund der positiven Erfahrungen der Obersten Landesjugendbehörden und der Filmwirtschaft mit dem System der Freiwilligen Selbstkontrolle entstand die Überlegung, auch im Bereich des Fernsehens eine ähnliche Institution einzurichten. Im Gespräch war ein System, das tatsächlich sehr stark an das der FSK angelehnt war. Geplant war, vergleichbar mit der Grundsatzkommission der FSK, ein Kuratorium zu schaffen, das aus Vertretern der Landesmedienanstalten, der Sender sowie unabhängigen Wissenschaftlern und Sachverständigen zusammengesetzt sein und für alle formalen und inhaltlichen Fragen der Programmprüfungen sowie die Auswahl der Prüfer die Zuständigkeit erhalten sollte. Die Landesmedienanstalten sollten im Gegenzug, ähnlich wie die Obersten Landesjugendbehörden im Bereich der Kino- und Videofilme, die Urteile akzeptieren. Für kritische Fälle war ein Appellationsverfahren vorgesehen.[252]

260 Die Landesmedienanstalten waren jedoch nicht bereit, an einer solchen Art der Vermischung von Aufsicht und Anbietern mitzuwirken. Auch die öffentlich-rechtlichen Sender verweigerten sich diesem System der Selbstkontrolle. Zum einen waren sie der Auffassung, der öffentlich-rechtliche Rundfunk habe keine Jugendschutzprobleme, zum anderen sahen sie in den Prüfungen einer solchen Selbstkontrolle eine unzulässige Bevormundung ihrer Aufsichtsgremien.

261 Als die FSF 1994 ihre Arbeit aufnahm, war von dem ursprünglichen Konzept nicht mehr sehr viel übrig geblieben. Beteiligt waren alle bundesweit ausstrahlenden privaten Sender, das Kuratorium wurde mit unabhängigen Sachverständigen ohne Mitwirkung der Landesmedienanstalten zusammengestellt. Die Prüfergebnisse wurden von den Landesmedienanstalten wie Sachverständigengutachten gewertet. Sie wurden berücksichtigt, aber es wurde ihnen oft nicht gefolgt. Da es sich bei Jugendschutzentscheidungen immer um Bewertungen handelt, waren unterschiedliche Entscheidungen fachlich möglich. Die FSF forderte daher, dass der Gesetzgeber ihren Gutachten eine stärkere Bindungswirkung sowie einen Beurteilungsspielraum zubilligen

---

251 Vgl *Groebel/Gleich* 123 ff.
252 Vgl *von Gottberg* Vermittler zwischen unterschiedlichen Interessen 54.

sollte. Die Sender, so die FSF, könnten nicht zur Vorlage von Programmen vor der Ausstrahlung motiviert werden, wenn das Prüfergebnis keinerlei Sicherheit gegenüber der Aufsicht bieten würde. Der Gesetzgeber ist diesen Argumenten im Wesentlichen gefolgt. Die Stärkung der Selbstkontrolle war ein Schwerpunkt der Reform des Jugendschutzgesetzes im Jahre 2003.

Die FSF ist ein eingetragener gemeinnütziger Verein. Ihre Aufgabe ist nach § 2 ihrer Satzung seit dem 1.4.2003 vor allem die Wahrnehmung der Aufgaben einer anerkannten Einrichtung der Freiwilligen Selbstkontrolle im Sinne des Jugendmedienschutz-Staatsvertrages, insbesondere durch die Förderung des Jugendschutzes im deutschen Fernsehen. 262

Eine wichtige Funktion der FSF besteht in der **Beratung und Weiterbildung der Jugendschutzbeauftragten der Sender.** Darüber hinaus unterhält sie eine **Beschwerdestelle**, die Kritik aus der Bevölkerung zu bestimmten Programmen entgegennimmt. Ihre Aufgaben und ihre Arbeitsweise werden in einem *Leitfaden für die Durchführung von Beschwerden* näher erläutert. Erscheinen Beschwerden gerechtfertigt, wird nach einem bestimmten Verfahren eine Prüfung durch die Ausschüsse der FSF herbeigeführt. Um eine möglichst lückenlose Beurteilung auch solcher Fernsehprogramme zu gewährleisten, die nicht der FSF vorgelegt werden konnten – zB Livesendung, Berichterstattung über Sportsendungen –, wird von der Geschäftsstelle der FSF eine Programmbeobachtung durchgeführt. Das Kuratorium enthält darüber einen Bericht. 263

Die Mitglieder der FSF unterwerfen sich den Entscheidungen der Prüfausschüsse und den Vorgaben der Vorlagesatzung, in der geregelt wird, welche Programme die Mitgliedsender vor der Ausstrahlung zur Prüfung einreichen müssen. Bei Nichtbeachtung drohen verschiedene vereinsrechtliche Konsequenzen, die von Bußgeldern bis zum Vereinsausschluss reichen.[253] 264

Beantragt ein Sender die Mitgliedschaft in der FSF, so entscheidet darüber der Vorstand. Derzeit sind alle bundesweit ausstrahlenden privaten Sender Mitglied in der FSF. Grds ist es auch möglich, dass Lizenzhändler und Produzenten von Werbefilmen Mitglieder werden. Allerdings können auch solche Anbieter, die nicht Mitglied in der FSF sind, ihre Programme dort zur Prüfung vorlegen. 265

b) Das Kuratorium. Für alle Fragen, die formal und inhaltlich im Zusammenhang mit der Prüfung stehen, ist nach der Satzung ein unabhängiges Kuratorium zuständig. Ihm können zwischen 10 und 18 Personen angehören (derzeit sind es 16), die aus unterschiedlichen gesellschaftlichen Bereichen stammen, insbesondere aus Wissenschaft, Kultur, dem praktischen Jugendschutz oder anderen Institutionen, die sich mit Fragen des Jugendmedienschutzes befassen. Seit 2003 gehört dem Kuratorium darüber hinaus jeweils ein Mitglied der beiden großen Kirchen an. Ein Drittel der Kuratoriumsmitglieder können von den Sendern benannt werden. Die Kuratoren werden von der Mitgliederversammlung für die Dauer von vier Jahren gewählt. Bei der Nachbesetzung ausscheidender Kuratoriumsmitglieder hat das Kuratorium ein Vorschlagsrecht. 266

c) Die Prüfer. Zurzeit stehen der FSF ca 100 Prüferinnen und Prüfer zur Verfügung. Sie stammen aus unterschiedlichen Berufsgruppen und verfügen meist über ein abgeschlossenes Studium in den Bereichen Pädagogik, Medienwissenschaften, Psychologie, Jura oder Medizin. Bei der Auswahl der Prüfer durch das Kuratorium wird darauf geachtet, dass sie über Erfahrungen mit Medien, aber auch mit Kindern und Jugendlichen verfügen.[254] Die Benennung gilt für eine Zeit von zwei Jahren, Wiederbenennung ist zulässig. Die Prüfer dürfen während der Zeit ihrer Benennung nicht einem Mitgliedsender oder in dessen Umfeld beschäftigt sein. 267

---

253 § 7 FSF-Satzung.
254 § 6 Abs 1 PrO-FSF.

Um die Kontinuität der Spruchpraxis zu sichern, wirkt in jedem Ausschuss ein **hauptamtlicher Prüfer** mit, der vom Kuratorium für diese Aufgabe benannt ist. Derzeit werden vier hauptamtliche Prüfer in den Ausschüssen eingesetzt. In besonderen Fortbildungen werden sie zu formalen, rechtlichen und inhaltlichen Entwicklungen regelmäßig geschult. Ähnlich wie der Ständige Vertreter der Obersten Landesjugendbehörden bei der FSK haben sie die Aufgabe, für die Einhaltung der rechtlichen und formalen Rahmenbedingungen durch die Ausschüsse zu sorgen. Das gilt auch für die Verfassung der Gutachten, die von den hauptamtlichen Prüfern mitverantwortet werden.

268   **d) Die Prüfung bei der FSF.** Inhaltliche und formale Grundlage für die Prüfung bildet die vom Kuratorium verabschiedete *Prüfordnung* (PrO-FSF) sowie die ebenfalls vom Kuratorium verabschiedeten *Richtlinien zur Anwendung der Prüfordnung*. In der § 31 der Prüfordnung werden die allgemeinen Bestimmung des Jugendschutzgesetzes für die jeweilige Wahl der Sendezeit konkretisiert.

269   Für die Antragstellung sind die Jugendschutzbeauftragten der Sender zuständig. Sie müssen entscheiden, welche Programme unter Gesichtspunkten des Jugendschutzes in Bezug auf die geplante Sendezeit relevant sind. Bei der Auswahl haben sie darüber hinaus die Vorlagesatzung der FSF zu beachten.

270   **aa) Prüfungsrelevante Programme.** Ein Teil des Programms (vor allem Spielfilme) ist bereits durch die FSK geprüft worden und unterliegt dadurch bereits Sendezeitbeschränkungen. Filme, die mit *Freigegeben ab 16 Jahren* oder mit *Keine Jugendfreigabe* gekennzeichnet sind, dürfen nicht vor 22 bzw 23 Uhr ausgestrahlt werden. **Solche Filme müssen der FSF nur dann vorgelegt werden, wenn der Sender beabsichtigt, sie bspw im Hauptabend- oder im Tagesprogramm zu platzieren.** Filme mit einer Freigabe *ab 12 Jahren* können ohne weitere Prüfung ab 20 Uhr (Hauptabendprogramm) gesendet werden. Sollen sie im Tagesprogramm gezeigt werden, so muss der Jugendschutzbeauftragte des Senders prüfen, ob durch eine solche Ausstrahlung *dem Wohl jüngerer Kinder Rechnung* getragen wird.[255] Im Zweifelsfall muss er den Film der FSF vorlegen, die dann über die Frage der Tagesprogrammierung entscheidet.

271   Eigenproduzierte Filme (TV-Movies), die in der Regel im Hauptabendprogramm eingesetzt werden, müssen nach der Vorlagesatzung in jedem Falle der FSF vorgelegt werden. Das gleiche gilt für Serien, es sei denn, sie sind für die geplante Sendezeit offensichtlich nicht jugendschutzrelevant.

272   Für Serien gilt nach der Vorlagesatzung der FSF eine besondere Regelung. Da sich die einzelnen Folgen normalerweise im Hinblick auf die Jugendschutzkriterien nicht sehr unterscheiden, trifft die Vorlagesatzung eine Regelung, die auf der einen Seite an den Belangen des Jugendschutzes orientiert ist, auf der anderen Seite aber eine unnötige Belastung der Prüfausschüsse verhindern soll. Es reicht danach aus, wenn der Jugendschutzbeauftragte mindestens drei typische Folgen zur Prüfung vorlegt. Erhalten diese geprüften Folgen eine Freigabe, die den beabsichtigten Sendeplatz bestätigt, kann die gesamte Serie an diesem Sendeplatz eingesetzt werden. Allerdings muss der Jugendschutzbeauftragte überprüfen, ob es bei einzelnen Folgen Jugendschutzprobleme geben könnte, die über das Maß der geprüften Folgen hinausgehen. Ist das der Fall, muss er diese Folge ebenfalls zur Prüfung einreichen. Darüber hinaus bieten die Prüfgrundsätze die Möglichkeit, nach der Prüfung der typischen Folgen durch den Ausschuss die Serie ganz oder teilweise durch einen einzelnen Prüfer begutachten zu lassen. Dieser kann im Zweifelsfall Schnittauflagen festlegen oder kritische Folgen dem Ausschuss vorlegen. Nach

---

255 § 5 Abs 4 JMStV.

Auffassung der KJM gilt der Beurteilungsspielraum nur für die Folgen einer Serie, die auch tatsächlich eine Freigabe durch die FSF erhalten haben. Die andere Folgen können von der KJM ohne Rücksicht auf diese Platzierung mit einer abweichenden Sendezeitbeschränkung belegt werden. Dies ist bisher jedoch noch nie geschehen.

Besondere Regelungen gelten weiterhin für Programme, die vom Sender selbst produziert 273 werden und erst so kurz vor der Ausstrahlung fertig sind, dass die Zeit für eine Prüfung bei der FSF nicht ausreicht. Dazu gehören vor allem Talk- und Gerichtsshows, sog Reality-Shows oder Casting-Shows.[256] Sind diese Sendungen möglicherweise jugendschutzrelevant, so muss der Jugendschutzbeauftragte im Nachhinein mindestens drei Folgen zeitnah der FSF vorlegen. Bei der Ausstrahlung weiterer Folgen muss er während des Produktionsprozesses dafür sorgen, dass die von der FSF gesetzten Kriterien beachtet werden.

Sendungen, die zwischen 23 Uhr und 6 Uhr ausgestrahlt werden, müssen normalerweise der 274 FSF nicht vorgelegt werden. Eine Vorlage ist nur dann sinnvoll, wenn die Bestimmungen über unzulässige Sendungen nach § 4 JMStV berührt werden. In der Praxis handelt es sich dabei vor allem um Erotikprogramme, bei denen in der Prüfung festgestellt werden muss, ob sie möglicherweise die Grenze zur unerlaubten Pornografie überschreiten. In seltenen Fällen handelt es sich um Programme, die möglicherweise gewaltverherrlichend sind[257] oder gegen die Menschenwürde verstoßen.[258] Die übrigen Bestimmungen zu unzulässigen Sendungen werden im Bereich des Fernsehens so gut wie nie tangiert.

bb) Das Prüfverfahren. Ein Prüfausschuss setzt sich aus fünf Personen zusammen, zu de- 275 nen auch immer ein hauptamtlicher Prüfer zählt. Gäste können in begründeten Fällen zugelassen werden, wenn der Ausschuss dem zustimmt. Das gilt nicht für den Antragsteller.

Zu Beginn jeder Prüfung wird in gemeinsamer Absprache ein sitzungsleitender Vorsitzen- 276 der und ein Verfasser des Gutachtens benannt. Nach der gemeinsamen Sichtung des vorgelegten Beitrags wird über den Antrag diskutiert und abgestimmt. Es gilt die einfache Mehrheit.

Der Prüfausschuss kann über den Einsatz des Programms in folgenden Zeitschienen ent- 277 scheiden:
1. Tagesprogramm (6 Uhr bis 23 Uhr)
2. Hauptabendprogramm (20 Uhr bis 20 Uhr)
3. Spätabendprogramm (22 Uhr bis 23 Uhr)
4. Nachtprogramm (23 Uhr bis 6 Uhr)

Ausschlaggebend für den Einsatz ist jeweils der Beginn der Sendung.

Die Sendezeitfreigabe kann mit Schnittauflagen verbunden werden. In diesem Fall wird eine 278 Freigabe für die ungeschnittene Fassung erteilt und eine darüber hinausgehende, für den Antragsteller günstigere Freigabe für eine Fassung unter Schnittauflagen. In manchen Fällen ist es schwierig, den gesamten Umfang der Schnitte festzulegen und die dadurch veränderte Wirkung des Filmes exakt zu prognostizieren. In diesem Fall kann der Ausschuss bestimmen, dass die geschnittene Fassung dem Vorsitzenden des Ausschusses oder dem hauptamtlichen Prüfer vor der Ausstrahlung noch einmal vorgelegt werden muss. Kommt dieser zu dem Ergebnis, dass die Schritte nicht ausreichen, kann er den Antragsteller auffordern, weitere Schnitte durchzuführen oder den Film erneut einem Ausschuss vorzulegen.[259]

---

256 ZB *Deutschland sucht den Superstar*, RTL.
257 § 131 StGB iVm § 4 Abs 5 JMStV.
258 § 4 Abs 8 JMStV.
259 § 12 PrO-FSF.

279   Zu jeder Prüfentscheidung wird ein ausführliches Gutachten verfasst. Es enthält neben der Vorgeschichte des Programms (zB FSK-Freigaben, frühere FSF-Prüfungen) die wichtigsten Argumente, die diskutiert wurden und letztlich zu der Freigabe geführt haben. Gegebenenfalls werden die Schnittauflagen so exakt wie möglich beschrieben. Nach der Prüfung wird der Antragsteller über das Ergebnis unterrichtet. Das Gutachten soll dem Antragsteller eine Woche nach der Prüfung zugestellt werden.[260]

280   **Ist der Antragsteller mit dem Prüfergebnis nicht einverstanden, kann er den Berufungsausschuss anrufen.** Dieser entscheidet in einer Besetzung von sieben Personen, zu denen auch ein hauptamtlicher Prüfer gehört. Für das Berufungsverfahren sind nur Prüfer zugelassen, die über eine mindestens zweijährige Prüfpraxis verfügen und nicht am ersten Ausschuss beteiligt waren. Der Antragsteller hat die Berufung schriftlich zu begründen. Er kann darüber hinaus seine Argumente persönlich vor oder nach der Sichtung vortragen. **Der Berufungsausschuss kann das Ergebnis für den Antragsteller nicht verschlechtern, sondern nur verbessern.** Dies wurde bei der letzten Überarbeitung der FSF-Prüfordnung in Angleichung an die Prüfgrundsätze der FSK entschieden.[261]

281   Gegen die Entscheidung des Berufungsausschusses kann das Kuratorium angerufen werden, allerdings nur, wenn es sich um einen begründeten Fall handelt, der für die Spruchpraxis von Bedeutung ist und möglicherweise eine Fortschreibung der Prüfgrundsätze erforderlich macht. Für die Prüfung wird ein Ausschuss von sechs Kuratoriumsmitgliedern zusammengestellt, Vertreter der Sender im Kuratorium sind davon ausgeschlossen.[262]

282   Bei Serien oder anderen wiederkehrenden Programmen, von denen bereits einzelne Folgen einem Ausschuss vorgelegen haben, kann ein Einzelprüfer die nicht geprüften Folgen auf der Grundlage der vorliegenden Gutachten prüfen.[263]

283   Die Prüfausschüsse oder der Einzelprüfer können ihr Prüfergebnis von der **Begutachtung durch einen juristischen Sachverständigen** abhängig machen, wenn in Betracht kommt, dass ein Film oder ein Programm unzulässig gem § 4 JMStV ist.

284   **e) Probleme bei divergierenden Prüfentscheidungen von FSF und FSK.** Die Anbindung bestimmter Sendezeitbeschränkungen an die Altersfreigaben der FSK nach dem Jugendschutzgesetz wird in § 5 Abs 4 JMStV sehr strikt festgelegt. Damit werden klare Auswirkungen einer Alterseinstufung nach dem JuSchG für die Ausstrahlung im Fernsehen festgelegt. Umgekehrt hat aber eine Entscheidung der KJM oder der FSF für Filme oder Fernsehsendungen, die erst nach der Ausstrahlung auf Video oder DVD veröffentlicht werden, nach dem Gesetz auf die Altersfreigabe keine Auswirkung. Das führt zu zwei Problemen: Zum einen muss ein Videoanbieter, der Fernsehsendungen auf Video herausbringen will, unabhängig von einer Freigabe durch die FSF eine erneute Prüfung bei der FSK durchlaufen. So musste bspw die Fernsehserie *Verliebt in Berlin* (Sat 1), die zur besten Sendezeit einem Millionenpublikum ohne Einschränkung gezeigt wurde, für die Veröffentlichung auf DVD komplett der FSK vorgelegt werden.

285   Abgesehen von den Kosten für diese Doppelprüfungen kommt es auch gelegentlich zu widersprüchlichen Entscheidungen, deren Bedeutung rechtlich bisher nicht geklärt werden konnte. So lag eine Fernsehserie zunächst der FSF vor, und alle Folgen wurden, zum Teil mit erheblichen Schnittauflagen, für das Hauptabendprogramm freigegeben. Parallel dazu wird die Serie von einem Videoanbieter auf den Markt gebracht. Er muss eine FSK-Freigabe einholen, wovon weder die FSF noch der Fernsehanbieter etwas wussten. Da bei der FSK eine ungeschnittene

---

[260] § 13 PrO-FSF.
[261] §§ 19–22 PrO-FSF.
[262] §§ 19–22 PrO-FSF.
[263] §§ 19–22 PrO-FSF.

Gottberg

Fassung vorlag und der Videoanbieter kein großes Interesse an einer Freigabe ab 12 Jahren hatte, wurden einige Folgen der Serie erst ab 16 Jahren freigegeben, was nach den Vorgaben des JMStV eine Sendezeit im Spätabendprogramm vorschreibt. Die Frage ist, was das nun rückwirkend für die Ausstrahlung bedeutet: Gilt die FSF-Entscheidung oder muss der Sender gem § 5 Abs 4 der Altersfreigabe der FSK folgen und die Serie zukünftig erst ab 22 Uhr ausstrahlen?

Es kann auch vorkommen, dass ein Fernsehfilm von der FSF eine Freigabe ab 22 Uhr erhält und kurze Zeit später von der FSK aufgrund anderer Bewertungsmaßstäbe schon ab 12 Jahren freigegeben wird. Was gilt dann für den Fernsehanbieter?

Dieses Problem ist dadurch entstanden, dass bis vor einigen Jahren der Verwertungsweg von Filmen mit dem Kino begann, dann folgte die Video- bzw DVD-Auswertung, danach das Pay-TV und erst dann das Free-TV. Bei einer solchen Verwertungskette gibt es die beschriebenen Probleme nicht. Niemand hat damit gerechnet, dass Fernsehfilme, Fernsehserien und andere Fernsehproduktionen praktisch parallel auf DVD ausgewertet werden.

In der Praxis hat dieses Problem zwar zu erheblichen Unsicherheiten für die Anbieter geführt, Beanstandungen oder auch nur Beschwerden gab es bisher nicht. Im Grunde akzeptiert sowohl die KJM als auch die FSK, dass die FSF für den Fernsehmarkt prüft und nach dem Gesetz dafür zuständig ist. Die strikte Anwendung von § 5 Abs 4 JMStV ist in Fällen, in denen eine FSF-Freigabe vorliegt, also bisher von keiner Stelle angemahnt worden.

12. Zuständig für Internet: Die Freiwillige Selbstkontrolle Multimedia (FSM)

a) Historie. Die FSM wurde 1997 als eingetragener Verein von Verbänden und Unternehmen der Online-Wirtschaft gegründet. Ziel der FSM ist es, dazu beizutragen, dass die Internetanbieter, insbesondere, wenn es sich um ihre Mitglieder handelt, die gesetzlichen Bestimmungen im Bereich des Jugendschutzes beachten. Darüber hinaus will sie die Öffentlichkeit, vor allem Eltern und Jugendliche, über die Voraussetzungen für einen verantwortungsvollen Umgang mit Internetangeboten informieren. Die in § 7 JMStV getroffene Verpflichtung für Internetunternehmen, deren Angebote möglicherweise jugendbeeinträchtigende oder jugendgefährdende Inhalte umfassen, einen Jugendschutzbeauftragten einzustellen, entfällt, wenn die Unternehmen Mitglied in einer Selbstkontrolleinrichtung (wie der FSM) sind. Damit soll vor allem für kleinere und mittlere Unternehmen eine Motivation geschaffen werden, der FSM beizutreten.[264]

Die FSM wurde im November 2004 als Selbstkontrolle im Sinne des JMStV anerkannt. Die Verpflichtungen der Unternehmen, die Mitglied der FSM sind, ergeben sich aus ihrem Verhaltenskodex. Danach ist es unter anderem untersagt, jugendgefährdende oder verbotene Inhalte (zB Pornografie, Volksverhetzung) anzubieten oder zugänglich zu machen.

b) Besonderheiten des Prüfverfahrens der FSM. aa) Der Regelfall: nachträgliche Prüfung. Anders als bei der FSF ist eine Prüfung von Inhalten, bevor sie ins Internet gestellt werden, zwar möglich, aber nicht die Regel. **Angesichts der großen Anzahl von Angeboten, die täglich neu hinzukommen, wäre eine Vorprüfung praktisch kaum möglich.** Stattdessen erfolgt eine Prüfung durch die FSM **aufgrund von Beschwerden**. Dies ist ein Verfahren, das bei vielen staatlichen oder freiwilligen Institutionen, die zur Regulierung des Medienangebotes geschaffen wurden, üblich ist. Der im Bereich von Zeitschriften und Zeitungen zuständige *Deutsche Presserat* sowie der *Deutsche Werberat* reagieren bspw ausschließlich auf Beschwerden; auch die KJM wird schwerpunktmäßig vor allem dann tätig, wenn Beschwerden aus der Bevölkerung vorliegen.

---

264 *Rausch* 7 f.

292   **bb) Die Beschwerdestelle der FSM.** Für die Behandlung von Beschwerden unterhält die FSM eine Beschwerdestelle. Das Verfahren ist in einer Beschwerdeordnung genau festgelegt. Ein Vorprüfer hat die Aufgabe, den Sachverhalt zu ermitteln und den Anbieter, den die Beschwerde betrifft, zur Stellungnahme aufzufordern. **Häufig verändert der Anbieter bereits daraufhin seinen Inhalt oder nimmt ihn aus seinem Angebot heraus.** Kommt keine Einigung zustande, wird der Beschwerdeausschuss tätig.

293   Erhält die KJM entsprechende Beschwerden, so leitet sie diese an die FSM weiter. In diesem Falle wird das Angebot immer im Beschwerdeausschuss behandelt.

294   **cc) Der Beschwerdeausschuss.** Im Beschwerdeausschuss wirken drei Prüfer mit, von denen mindestens einer über ein abgeschlossenes juristisches Studium verfügen muss. Ein weiterer Prüfer verfügt über eine sozialwissenschaftliche Ausbildung, der dritte Prüfer stammt aus gesellschaftlichen Institutionen, die sich besonders mit Fragen des Jugendschutzes beschäftigen (die Kirchen, das Deutsche Kinderhilfswerk etc). Die Mitglieder im Beschwerdeausschuss werden auf Vorschlag der FSM-Geschäftsstelle vom Vorstand benannt.

295   Der Beschwerdeausschuss entscheidet, ob die Beschwerde begründet ist. Über das Ergebnis wird der Anbieter informiert. Er wird jetzt eindringlich aufgefordert, Abhilfe zu schaffen. Handelt er nicht, erfolgt eine Rüge, die er einen Monat lang in seinem Angebot veröffentlichen muss. Als nächster Schritt folgt eine Vereinsstrafe (Geldstrafe) oder im Wiederholungsfall der Ausschluss aus dem Verein. Da ein Vereinsausschluss für den Anbieter bedeutet, dass er einen Jugendschutzbeauftragten einstellen muss, ist seine Motivation relativ hoch, dem Votum des Beschwerdeausschusses zu folgen.

296   Betrifft die Beschwerde einen Anbieter, der nicht Mitglied der FSM ist, so wird er ebenfalls aufgefordert, sein Angebot zu verändern oder aus dem Netz zu nehmen. Sanktionsmöglichkeiten stehen der FSM hier nicht zur Verfügung. Allerdings wird der Host-Provider aufgefordert, das Angebot zu entfernen. Bei Nichtmitgliedern beschäftigt sich lediglich der Vorprüfer mit der Beschwerde, nur in besonderen Fällen wird der Beschwerdeausschuss damit befasst. Kommt keine Einigung mit dem Anbieter zustande, so werden die Landesmedienanstalten über den Fall informiert. Sie erhalten darüber hinaus die Begutachtung des Vorprüfers.

297   **dd) Angebotsbeobachtung.** Zur Sicherung des Jugendschutzes bei ihren Mitgliedern führt die FSM eine stichprobenartige Kontrolle von Inhalten im Internet durch. Stößt sie dabei auf Angebote, bei denen ein Verstoß gegen den Verhaltenskodex in Betracht kommt, wird der Fall behandelt, als würde eine Beschwerde vorliegen.

298   Anders als im Bereich des Fernsehens gilt der Beurteilungsspielraum im Bereich der Telemedien auch dann, wenn eine Prüfung nach der Veröffentlichung im Netz stattgefunden hat.

299   **c) Der Verhaltenskodex der FSM.** In § 1 Ziff 2 des Verhaltenskodex der FSM (VK-FSM) werden die Mitglieder verpflichtet, Kinderpornografie und Darstellungen, die Kinder in unnatürlichen sexuell aufreizenden Posen abbilden, zu ächten. Bei der Kinderpornografie handelt es sich um Medieninhalte, die inzwischen in nahezu allen Ländern der Welt verboten sind, so dass Zuwiderhandlungen auch gegenüber Anbietern gut abzustellen sind, wenn diese nicht Mitglied der FSM sind oder ihren Sitz im Ausland haben. In § 1 Ziff 3 werden die Mitglieder der FSM verpflichtet, keine unzulässigen Angebote iSv § 4 JMStV ins Netz zu stellen. **Sollten sie pornografische oder indizierte Inhalte zur Verfügung stellen,[265] so werden sie verpflichtet, die Voraussetzungen für geschlossene Benutzergruppen zu erfüllen.**

---

265 § 1 Ziff 4 VK-FSM.

Gottberg

Wenn Anbieter jugendbeeinträchtigende Angebote iSv § 5 Abs 1 JMStV im Internet publizieren, sind sie verpflichtet, über technische Maßnahmen Kindern und Jugendlichen, für die das entsprechende Programm nicht geeignet ist, den Zugang unmöglich zu machen oder zumindest erheblich zu erschweren. Als Alternative müssen sie dafür Sorge tragen, dass die Inhalte nur zu solchen Zeiten im Netz zu erreichen sind, zu denen die Angehörigen der entsprechenden Altersgruppen sie üblicherweise nicht wahrnehmen (vergleichbar mit Sendezeitbeschränkungen im Fernsehen). Als dritte Option können sie den Inhalt in ein geeignetes, anerkanntes Jugendschutzprogramm eingeben oder es ihm vorschalten.[266] 300

Die Mitglieder der FSM werden aufgefordert, auch solche Angebote für ein Jugendschutzprogramm zu klassifizieren, die nicht jugendschutzrelevant sind. Hintergrund ist, dass die FSM ein positives Klassifikationssystem anstrebt.[267] Ebenfalls sollen die Anbieter bei solchen Angeboten, die sich gezielt an Kinder in entwicklungsfördernder Weise richten, auf diese Eignung für Kinder hinweisen.[268] 301

Bei Angeboten, durch die eine beeinträchtigende Wirkung nur auf Kinder zu befürchten ist (unter 12 Jahren), muss bei der Programmierung beachtet werden, dass diese nicht im Rahmen von Angeboten zu finden sind, die sich direkt an Kinder richten. Darüber hinaus darf von diesen Seiten nicht auf Angebote verlinkt werden, die für Kinder entwicklungsbeeinträchtigend sind.[269] 302

Beim Einsatz von Werbung verpflichten sich die Mitglieder der FSM, die in § 6 JMStV enthaltenen Bestimmungen zu beachten. Darüber hinaus verpflichten sie sich, keine Bezahlprogramme zu verwenden, die sich unerkannt automatisch installieren.[270] 303

Stellen Anbieter Filme zur Verfügung, die in der Kino- oder Video/DVD-Fassung über eine FSK-Freigabe verfügen, sind sie verpflichtet, auf die Altersfreigabe hinzuweisen.[271]

Anbieter, die eine Mitgliedschaft in der FSM anstreben, ermöglichen der FSM vorher einen freien Zugang zu ihren Inhalten, damit diese feststellen kann, ob das Angebot den Prinzipien des Verhaltenskodex entspricht. Ist dies nicht der Fall, so kann über eine Mitgliedschaft nur dann positiv entschieden werden, wenn das Angebot entsprechend geändert wird. Eine erneute Prüfung ist dann vorgesehen, wenn das Angebot in jugendschutzrelevanter Weise geändert wird.[272] 304

d) Weitere Tätigkeitsfelder der FSM. aa) Vereinbarung mit Suchmaschinenanbietern. Eine wichtige Verbesserung für den Jugendschutz im Internet stellt eine Vereinbarung der FSM mit den wichtigsten Suchmaschinenanbietern dar. **Darin verpflichten sich diese, bei Suchanfragen solche Angebote zu sperren, die indiziert sind.** Da die Suchmaschinen die wichtigsten Hilfen sind, um Angebote im Internet zu finden, ist dies eine wichtige Unterstützung im Sinne des Jugendschutzes. 305

bb) Ein Netz für Kinder. Daneben engagiert sich die FSM auf der Grundlage einer Vereinbarung mit dem Bundesbeauftragten für Kultur (BKM) bei der Entwicklung und Realisierung des Projektes *Ein Netz für Kinder*.[273] **Dahinter steht die Überlegung, Jugendschutz nicht nur auf** 306

---

266 § 1 Ziff 5 Nr 1a-c VK-FSM.
267 Hintergrund ist, dass die FSM eine Positivliste anstrebt, die durch bestimmte Jugendschutzprogramme nach Vorgaben der Eltern freigeschaltet werden können.
268 § 1 Abs 5 Nr 2 VK-FSM.
269 § 1 Ziff 5 Nr 3 VK-FSM.
270 § 1 Ziff 6 VK-FSM.
271 § 1 Ziff 10 VK-FSM.
272 § 1 Ziff 10 VK-FSM.
273 Vgl *Hanten* tv diskurs 3/2007, 10 ff.

dem Wege von Verboten und Beschränkungen zu gewährleisten, sondern Kindern einen geschützten Raum im Netz zu bieten, in dem alle Angebote versammelt sind, die sich direkt an Kinder wenden und für diese zumindest nicht entwicklungsbeeinträchtigend sind. Die FSM stellt sachverständige Personen zur Verfügung, die entsprechende Angebote prüfen und beobachten, die in diesen Bereich aufgenommen werden sollen. Sie stellt eine eigene Suchmaschine für Kinder zur Verfügung (*fragfinn.de*), die ausschließlich Zugang zu überprüften Inhalten bietet. Eltern können ihren Computer so programmieren, dass nur diese Seite von den Kindern geöffnet werden kann. Für die Nutzung des Gesamtangebotes muss dann ein Passwort verwendet werden.

13. Notwendige Reform des JMStV kommt voraussichtlich nicht zu Stande

307 Im Juni 2010 unterzeichneten die Ministerpräsidenten eine aktualisierte Fassung des JMStV. **Ziel war es, der zunehmenden Konvergenz der Medien Rechnung zu tragen und stärker die Inhalte als die Vertriebswege bei der Freigabe zu berücksichtigen.** Derselbe Inhalt wird inzwischen vom Kino über DVD, das Fernsehen und das Internet verbreitet, benötigt aber je nach Verbreitungsweg die Freigabe unterschiedlicher Stellen. **Es war vorgesehen, dass die OLJB die Freigaben anderer Selbstkontrolleinrichtungen (FSF/FSM) unter bestimmten Voraussetzungen übernehmen sollten.** Da die Institution des Ständigen Vertreters der OLJB, durch dessen Mitwirkung die Freigaben der FSK zum Verwaltungsakt werden, bei den anderen Selbstkontrollen fehlt, sollte statt dessen eine Bestätigung der nach dem JMStV zuständigen Aufsicht eingeholt werden. Eine doppelte Prüfung hätte so vermieden werden können. Um dies zu ermöglichen, wäre das gesamte Freigabensystem von Zeitbeschränkungen auf Altersfreigaben umgestellt worden.

308 Ein zweiter wichtiger Punkt war der Versuch, den Jugendschutz im Internet zu verbessern. Zwar gelten bereits nach dem bestehenden Gesetz für das Internet nahezu die gleichen Regeln wie für das Fernsehen, sie sind angesichts der unübersichtlichen Menge an Inhalten im Netz aber praktisch wirkungslos. An Jugendschutzprogramme, die es ermöglichen, je nach Einstellung durch die Eltern solche Inhalte zu verhindern, die für das entsprechende Alter nicht programmiert sind, werden so hohe Anforderungen gestellt, dass bis 2010 noch kein Programm anerkannt worden war. Der ratifizierte Vertrag sollte hier zu einer Vereinfachung führen. **Die Anforderungen sollten sich nicht mehr am optimalen Sicherheitsanspruch orientieren, sondern am Stand des technisch Machbaren. Um den Aufwand für Prüfungen zu begrenzen, sollten Selbstklassifizierungssysteme von den Selbstkontrollen zur Verfügung gestellt werden, eine Art durch einen Leitfaden geführte Beurteilung.** Hätte ein Anbieter dieses System durchlaufen und dabei keine offensichtlichen Fehler gemacht, wäre er auch dann von einem Bussgeld befreit gewesen, wenn die Aufsicht zu einem anderen Ergebnis gelangt wäre. Der Vertrag musste noch durch die Länderparlamente verabschiedet werden und sollte am 1.1.2011 in Kraft treten.

309 **Am 16.12.2010 lehnte der Landtag von NRW den Vertrag ab.** Aufgrund der labilen Mehrheitsverhältnisse befürchtete die Regierung eine Abstimmungsniederlage und zog ihre Zustimmung zurück. Die CDU hatte zwar durch ihren Ministerpäsidenten Rüttgers den Vertrag selbst unterschrieben, schloss sich aber nun überraschend den Bedenken der Gegner des JMStV an. Diese warfen dem Vertrag Zensurbestrebungen vor, da, vorausgesetzt das Jugendschutzprogramm würde funktionieren, für Kinder oder Jugendliche alle Programme blockiert worden wären, die nicht nach dem System programmiert gewesen wären, darunter eine überwiegende Zahl von völlig harmlosen Inhalten. **Auch wenn das Klassifizierungssystem sehr einfach sei, wäre es zB einem Blogger kaum zuzumuten, ein solches System zu durchlaufen,** so die Kritik.

310 Diese Kritik ist nicht unberechtigt, war aber von Beginn an bekannt. Es wäre gut gewesen, von Anfang an einen Kompromiss anzustreben, etwa eine sehr einfache einmalige Programmie-

rung bei irrelevanten Inhalten. Selbst wenn nun bald ein neuer Anlauf gelingen würde, was derzeit nicht abzusehen ist, bleiben Zweifel, ob die Länder in der Lage sind, den Jugendschutz effektiv zu regeln. Durch das Scheitern des geplanten Gesetzes ist zwar kein Vakuum entstanden, da der alte JMStV uneingeschränkt weiter gilt. **Dennoch zeigt sich, dass die Anpassung der gesetzlichen Bestimmungen an die sich rasch entwickelnden Medienangebote schwierig ist.** Dadurch wird auch der Jugendschutz in den klassischen Medien immer unglaubwürdiger, da es kaum einzusehen ist, warum ein Kinofilm mit hohem Aufwand geprüft wird, der über das Internet ohne jede Beschränkung zugänglich ist. Diese Frage stellt sich insbesondere für das Hybridfernsehen. Es vereint das Fernsehen und das Internet in einem Gerät. Je nachdem, welchen Knopf man drückt, erhält man Zugang zum ungeregelten Internet oder zum geregelten Fernsehen.

Da dies der erste Länderstaatsvertrag war, der in einem Landesparlament abgelehnt wurde, sind die Länder in Bezug auf das Thema Jugendschutz traumatisiert. Zwar kündigten sie unmittelbar nach dem Scheitern des Entwurfs an, mit allen Beteiligten ins Gespräch zu kommen, um mit einem neuen Versuch nicht zu scheitern: „Ich nehme von sehr vielen Beteiligten, auch außerhalb der politischen Szene, wahr, dass es eine berechtigte Unzufriedenheit mit dem jetzt geltenden JMStV gibt und dass sich viele wünschen, dass es eine an den tatsächlichen Problemen orientierte Form gibt. Dafür ist eine Grundlage gelegt worden. Ich glaube, aus der Diskussion ergeben sich jetzt eine Reihe von Nachbesserungen und auch Beweisführungen, dass diese Dinge, die wir vorgesehen haben, vernünftig funktionieren. Dann werden wir gegen Ende des Jahres unter den Ländern sehr sorgfältig abwägen, wie und wann wir uns auf den Weg zu einer Novellierung des JMStV machen wollen. Für Schnellschüsse bin ich nicht zu haben", so Martin Stadelmaier, damals Chef der Staatskanzlei in Rheinland-Pfalz und Koordinator der Medienpolitik der Länder.[274] Trotz verschiedener solche Ankündigungen sieht es gegenwärtig so aus, als würde eine Novelle nicht zu Stande kommen.

§ 6
Jugendschutzrecht im europäischen Kontext

I. Altersklassifizierung von Kinofilmen

Ein System der Altersklassifizierung von Kinofilmen gibt es in allen Mitgliedstaaten der Europäischen Union. Die gesetzlichen Voraussetzungen, die Organisationsformen und die Altersgruppen unterscheiden sich allerdings erheblich. Im Nachbarland Frankreich müssen per Gesetz alle Kinofilme der *Commission de classification des œuvres cinématographiques* vorgelegt werden, die im Auftrag und unter der Aufsicht des Kulturministeriums die Altersfreigaben erteilt. In Frankreich gilt allerdings der Grundsatz, dass Filme grds frei zugänglich sind.[275] Selbst eine Freigabe ab 12 Jahren wird bereits als Restriktion verstanden. Über 90% aller Kinospielfilme erhalten deshalb eine Freigabe ohne Altersbeschränkung (in Deutschland 24%). Eine Freigabe ab 12 Jahren kommt selten vor, eine Freigabe erst ab 16 Jahren ist die Ausnahme. In Spanien gibt es ebenfalls die Pflicht zur Altersklassifizierung, diese dient aber nur zur Orientierung der Eltern oder der Jugendlichen selbst und besitzt keinen rechtlich verbindlichen Charakter. Nur für besonders gewalthaltige Filme kann eine Beschränkung auf Erwachsene ausgesprochen werden. In den

---

274 *Stadelmaier* tv diskurs 4/2011, 26 ff.
275 So *Chevillard* tv diskurs 2/1998, 4 ff.

Niederlanden[276] gibt es für alle Medien eine Kennzeichnungspflicht, die allerdings von den Anbietern selbst durchgeführt wird. Ein zentrales Institut (NICAM) begleitet und moderiert das System. Nur bei Beschwerden wird ein Ausschuss tätig.[277]

312   Im Vergleich zu den anderen Staaten der EU ist das deutsche System im Bereich des Jugendschutzes überaus detailliert und reguliert, die Freigabekriterien sind besonders streng. Lediglich Großbritannien kann ähnlich strenge Prüfergebnisse aufweisen. Eine Altersklassifizierung für Videofilme oder DVDs gibt es nur in wenigen europäischen Ländern.

II. Die EG-Fernseh-RL

313 Im Bereich der EU ist die Sicherung des Jugendschutzes grds Aufgabe der Mitgliedstaaten. Rechtlich verbindliche Vorgaben für den Bereich des Kino- oder Videomarktes gibt es nicht. Dies wird den Mitgliedstaaten überlassen, weil es sich in der Regel um nationale Märkte handelt.

314   Aufgrund der Satellitentechnik und der Einspeisung europäischer Programme in nationale Kabelnetze wurde im Jahre 1989 für Fernsehprogramme die *Europäische Fernseh-RL*[278] geschaffen. Sie bildet einen Regelungsrahmen für die Mitgliedstaaten, den diese in nationales Recht umgesetzt haben. Inzwischen wurde die Richtlinie „Audiovisuelle Mediendienste ohne Grenzen" (AVMS-RL) am 29.11.2007 im Europäischen Parlament verabschiedet. Sie ergänzt die Fernseh-RL um Regelungen für audiovisuelle Abrufmedien. Die Mitgliedstaaten haben nun zwei Jahre Zeit, die neue Richtlinie in nationales Recht aufzunehmen.

315   Ziel der neuen AVMS-RL ist es, die für das Fernsehen geltenden Bestimmungen auf nichtlineare Dienste wie mobiles Fernsehen (Handy-TV, sofern es nicht-lineare Angebote sind) oder Abrufdienste (Video-on-Demand) mit abgestufter Regelungsdichte auszuweiten. Weiterhin gilt das Herkunftsland-Prinzip, nach dem für den Anbieter die gesetzlichen Grundlagen des Landes gelten, in dem er seinen Hauptsitz hat und in dem die wesentlichen redaktionellen und wirtschaftlichen Entscheidungen getroffen werden. Allerdings wird ein Verfahren eingeführt, das davor schützen soll, dass ein Anbieter sein Angebot ganz oder überwiegend auf ein anderes Land ausrichtet, das nicht das Niederlassungsland des Veranstalters ist, und damit die strengeren Regelungen des Ziellandes umgeht. Die Bestimmungen für das Fernsehen bleiben erhalten, auch diejenigen zu zulässigen, einstweiligen Ausnahmen von der Freiheit der Weiterverbreitung; für den Bereich der nicht-linearen Dienste gilt zusätzlich, dass die Mitgliedstaaten „Notfallmaßnahmen" für Inhalte ergreifen dürfen (zB Sperrverfügungen), die gegen in der Richtlinie genannte Ziele des Allgemeininteresses verstoßen.

1. Unzulässig im Rundfunk: Pornografie und grundlose Gewalt

316 Nach Art 22 Abs 1 EU-Fernseh-RL ist die **Ausstrahlung von Pornografie in europäischen Fernsehprogrammen grds verboten**. Allerdings gibt es keine einheitliche europäische Definition darüber, was darunter zu verstehen ist. In Großbritannien ist als Definition von Pornografie die explizite Darstellung von Geschlechtsteilen ein maßgebliches Kriterium, in Frankreich hingegen sind solche Darstellungen nicht prinzipiell verboten, sondern in bestimmten Kontexten erlaubt. **In Schweden und Dänemark hingegen gelten sexuelle Darstellungen als pornografisch, wenn sexuelle Handlungen nicht freiwillig geschehen, sondern mit Gewalt erzwungen**

---

276 *Bekkers* tv diskurs 3/2006, 4 ff.
277 Zu den unterschiedlichen Jugendschutzsystemen in Europa s auch von Hartlieb/Schwarz/*von Gottberg* 65 ff.
278 RL 89/552/EWG des Rates zur Koordinierung bestimmter Rechts- und Verwaltungsvorschriften der Mitgliedstaaten über die Ausübung der Fernsehtätigkeit, geändert durch die RL 97/36/EG v 30.6.1997.

Gottberg

werden. Ob es angesichts der Tatsache, dass Medien, vor allem das Internet und das Fernsehen, zunehmend grenzüberschreitend agieren, einen einheitlichen europäischen Pornografiebegriff geben sollte, ist umstritten. Dagegen sprechen die unterschiedlichen kulturellen Traditionen in Europa. Die Staaten mit strengen Regelungen befürchten durch eine Vereinheitlichung des Pornografiebegriffs deren Aufweichung, Staaten mit liberalen Gesetzen wollen eine Bevormundung ihrer Bürger verhindern. Allerdings ist zu befürchten, dass bspw angesichts der strengen Vorschriften in Deutschland Anbieter in die Niederlande oder nach Schweden ausweichen und von dort aus über das Internet problemlos Pornografie anbieten.[279] Ähnliches ist zum Teil auch im Bereich des Fernsehens geschehen. Dies könnte zu einer Diskriminierung der Anbieter in Deutschland führen, die strenge Regeln einhalten müssen, die für Angebote aus dem Ausland nicht gelten.[280]

Die Darstellung *grundloser Gewalt* ist gleichfalls nicht zugelassen. Doch auch hier gehen die Vorstellungen in den Mitgliedstaaten weit auseinander. Actionfilme wie *Rambo III*, die in Deutschland indiziert sind und im Fernsehen seit 2003 nicht ausgestrahlt werden dürfen, sind in französischen Kinos ohne Altersbeschränkung gelaufen. Die Szenerie solcher Filme ist nach französischer Vorstellung weit von der Realität europäischer Jugendlicher entfernt, außerdem seien sie eindeutig als Fiktion erkennbar. Bei Filmen hingegen, die Gewalt in französischen Vorstädten thematisieren, ist man in Frankreich sehr viel vorsichtiger. Sehr streng geht man in Frankreich auch mit Filmen um, die den Selbstmord Jugendlicher thematisieren. Hintergrund: Die Anzahl jugendlicher Selbstmorde ist in Frankreich so hoch wie in keinem anderen Land der EU. In Großbritannien ist die Befürchtung groß, Jugendliche könnten durch Filme zur Kriminalität motiviert werden. Auch hier gibt es reale Bezüge: Der Anteil an Jugendlichen, die bereits einmal wegen Kriminalität inhaftiert waren, liegt dort bei 10% und damit höher als in anderen europäischen Ländern. 317

Unter grundloser Gewalt werden Filme oder Programme verstanden, die grausame und detaillierte Gewalt selbstzweckhaft und ohne relativierenden, erklärenden Kontext darstellen. **Darüber jedoch, welche Formen von Gewaltdarstellungen im Fernsehen völlig verboten sind, gibt es in den Mitgliedstaaten der EU keine einheitlichen Vorstellungen.** Es zeigt sich, dass die Einschätzung der Gefahren, die von Pornografie oder Gewaltdarstellungen in den Medien ausgehen können, kulturell sehr unterschiedlich sind. 318

2. Jugendschutz

Für den Jugendschutz gibt es in der Fernseh-RL weitere Bestimmungen. Filme und Programme, die geeignet sind, das *körperliche, geistige oder seelische Wohl von Kindern oder Jugendlichen zu beeinträchtigen*, sollen den gefährdeten Altersgruppen nicht zugänglich gemacht werden. Dies kann über Sendezeitbeschränkungen oder geeignete technische Maßnahmen geschehen.[281] Sowohl Kriterien als auch Umsetzung des Jugendschutzes bleiben den Mitgliedstaaten überlassen. Nach der Reform der Fernseh-RL im Jahr 2007 wird auch das System der regulierten Selbstregulierung als Möglichkeit zur Sicherung des Jugendschutzes ausdrücklich erwähnt.[282] Darüber hi- 319

---

279 Darauf weist zB *Gangloff* (tv diskurs 4/2007, 89 ff) hin. Die Landesmedienanstalten haben inzwischen angekündigt, sich mit dem Problem zu beschäftigt, weisen aber darauf hin, dass sie wenig unternehmen können, wenn die Anbieter über eine Zulassung aus einem anderen EU-Land verfügen. Es wird darüber nachgedacht, mit der Industrie zu vereinbaren, die letzten Programmplätze auf digitalen Satelliten generell zu sperren, weil dort die Angebote meist zu finden sind; vgl Medienwächter prüfen Schritte gegen „Sexsender" JMS-Report 5/2007, 9.
280 Vgl hierzu *Ulich* 116 f.
281 Art 22 Abs 2 EG-Fernseh-RL.
282 Vgl *Scheuer* tv diskurs 2/2007, 4, 4.

naus werden Regelungen für nichtlineare Dienste (vor allem Video-on-Demand) getroffen. Wie sich diese Regelungen auf die Praxis des Jugendschutzes bei den neuen Medien auswirken werden, bleibt abzuwarten.

320   Nach der Fernseh-RL gilt **grds das Sendestaatsprinzip**. Ein Fernsehprogramm, das in einem Mitgliedstaat lizenziert ist, darf – vor allem über Satellit – in allen anderen Mitgliedsstaaten ausgestrahlt werden. In der Praxis führte das bisher nur selten zu Problemen, da die meisten Sender, die vornehmlich Programme mit sexuell stimulierenden Inhalten ausstrahlen, nur verschlüsselt zu empfangen sind. Dies könnte sich jedoch ändern, wenn sich Konzerne bilden, die europaweit Fernsehen veranstalten.

321   Die den Jugendschutz betreffenden praktischen Probleme sind bisher noch überschaubar, da Fernsehprogramme normalerweise aufgrund der unterschiedlichen Sprachen noch sehr **stark für den nationalen Markt** produziert werden. Ausnahmen bilden Fernsehsender im Bereich der deutschsprachigen Länder. Aber auch dieses Problem ist noch verhältnismäßig gering, weil zwar die deutschen Sender – mit relativ strengen Jugendschutzkriterien – in Österreich und der Schweiz zu empfangen sind, die österreichischen und Schweizer Sender hingegen – mit einem geringeren Schutzniveau – jedoch in Deutschland derzeit nur in geringem Umfang über Satellit oder im Kabelnetz verbreitet werden.

Gottberg

Kapitel 6
Medienstrafrecht

Literatur
Abdallah/Gercke Strafrechtliche und strafprozessuale Probleme der Ermittlung nutzerbezogener Daten im Internet ZUM 2005, 368; *Ahrens* Napster, Gnutella, FreeNet & Co. – die immaterialgüterrechtliche Beurteilung von Internet-Musiktauschbörsen ZUM 2000, 1029; *Altenhain* Die strafrechtliche Verantwortung für die Verbreitung mißbilligter Inhalte in Computernetzen CR 1997, 485; *ders* Der strafbare Mißbrauch kartengestützter elektronischer Zahlungssysteme JZ 1997, 752; *Alwart* Personale Öffentlichkeit (§ 169 GVG) JZ 1990, 883; *Arndt* Die Herausgabe der Stasi-Unterlagen Prominenter NJW 2004, 3157; *Arzt* Anmerkung zu OLG Celle (MDR 1977, 596) JZ 1977, 339; *Arzt/Weber/Heinrich/Hilgendorf* Strafrecht Besonderer Teil, 2. Aufl Bielefeld 2009 (zit Arzt/Weber/Heinrich/Hilgendorf/*Bearbeiter*); *Bär* Auskunftsanspruch über Telekommunikationsdaten nach den neuen §§ 100g, 100h StPO MMR 2002, 358; *ders* Fehlende Ermächtigungsgrundlage für Online-Durchsuchungen MMR 2007, 239; *ders* Die Neuregelung des § 100j StPO zur Bestandsdatenauskunft MMR 2013, 700; *Bartels/Kollorz* Zum Verwechseln ähnliches Kennzeichen NStZ 2000, 648; *Barton* Multimedia-Strafrecht, Ein Handbuch für die Praxis, Neuwied 1999; *ders* Verantwortlichkeitsregelung des § 5 TDG K&R 2000, 195; *Barton/Gercke/Janssen* Die Veranstaltung von Glücksspielen durch ausländische Anbieter per Internet unter besonderer Berücksichtigung der Rechtsprechung des EuGH wistra 2004, 2047; *Baumann* Zur Reform des politischen Strafrechts JZ 1966, 329; *Baumann/Weber/Mitsch* Strafrecht Allgemeiner Teil, 11. Aufl Bielefeld 2003; *von Becker* Straftäter und Tatverdächtige in den Massenmedien: Die Frage der Rechtmäßigkeit identifizierender Kriminalberichte, Baden-Baden 1979; *ders* Neues zum „Schlüsselfilm" AfP 2006, 124; *ders* Schmerzen wie du sie noch nie erlebt hast NJW 2007, 662; *Becker-Toussaint* Schmerzensgeldansprüche Beschuldigter bei Medieninformation der Staatsanwaltschaften NJW 2004, 414; *Behm* Verletzung von Dienstgeheimnissen und Beihilfe durch Journalisten? AfP 2000, 427; *Beisel* Die Strafbarkeit der Auschwitzlüge NJW 1995, 997; *ders* Die Kunstfreiheitsgarantie des Grundgesetzes und ihre strafrechtlichen Grenzen, Heidelberg 1997; *ders* Anmerkung zum Urteil des BayObLG v 6.11.2001 JR 2002, 348; *Beisel/Heinrich, B* Die Strafbarkeit der Ausstrahlung pornographischer Sendungen in codierter Form durch das Fernsehen JR 1996, 95; *dies* Die Zulässigkeit der Indizierung von Internet-Angeboten und ihre strafrechtliche Bedeutung CR 1997, 360; *Berger-Zehnpfund* Kinderpornographie im Internet – Rechtliche Aspekte der Bekämpfung des Kindesmißbrauchs in internationalen Datennetzen Kriminalistik 1996, 635; *Bergmann* Zur strafrechtlichen Beurteilung von Straßenblockaden als Nötigung (§ 240 StGB) unter Berücksichtigung der jüngsten Rechtsprechung Jura 1985, 457; *Bertram* Der Rechtsstaat und seine Volksverhetzungs-Novelle NJW 2005, 1476; *Beulke* Empirische und normative Probleme der Verwendung neuer Medien in der Hauptverhandlung ZStW 113 (2001), 709; *Binder* Computerkriminalität und Datentransferübertragung – Teil I RDV 1995, 57; *Bloy* Grund und Grenzen der Strafbarkeit der misslungenen Anstiftung JR 1992, 493; *ders* Zum Merkmal der Ernstlichkeit bei der Anstiftung JZ 1999, 157; *Borgmann* Von Datenschutzbeauftragten und Bademeistern – Der strafrechtliche Schutz am eigenen Bild durch den neuen § 201a StGB NJW 2004, 2133; *Bornkamm* Die Berichterstattung über schwebende Strafverfahren und das Persönlichkeitsrecht des Beschuldigten NStZ 1983, 102; *Bosch* Der strafrechtliche Schutz vor Foto-Handy-Voyeuren und Paparazzi JZ 2005, 377; *ders* Höchstpersönliche Bildaufnahmen in besonders geschützten Räumlichkeiten JA 2009, 308; *Boßmanns* Urheberrechtsverletzungen im Online-Bereich und strafrechtliche Verantwortlichkeit der Internet-Provider, Frankfurt aM 2003; *Bott* Die Medienprivilegien im Strafprozess. Zeugnisverweigerungsrecht und Beschlagnahmeverbot zum Schutz der Medien im Strafverfahren, Frankfurt aM ua 2009; *Bottke* Strafverfolgungsverjährung bei Anbringen eines gedruckten Aufklebers strafbaren Inhalts JR 1983, 299; *ders* Bemerkungen zu dem Beschluss des BVerfG zu § 353d Nr 3 StGB NStZ 1987, 314; *Branahl* Medienrecht. Eine Einführung, 7. Aufl Wiesbaden 2013; *Brandt/Kukla* Anmerkung zum Beschluss des LG Hildesheim v 21.4.2010 wistra 2010, 415; *Brauneck* Zur Verantwortlichkeit des Telediensteanbieters für illegal ins Netz gestellte Musikdateien nach § 5 TDG ZUM 2000, 480; *Bremer* Strafbare Internet-Inhalte in internationaler Hinsicht – Ist der Nationalstaat wirklich überholt? Frankfurt aM 2001; *ders* Radikal-politische Inhalte im Internet – ist ein Umdenken erforderlich? MMR 2002, 147; *Breuer* Anwendbarkeit des deutschen Strafrechts auf exterritorial handelnde Internet-Benutzer MMR 1998, 141; *Britz* Fernsehaufnahmen im Gerichtssaal, Baden-Baden 1999; *Brockhorst-Reetz* Repressive Maßnahmen zum Schutz der Jugend im Bereich der Medien Film, Video und Fernsehen, München 1989; *Brodowski* Anmerkung zum Urteil des OLG Hamburg v 15.2.2010 StV 2011, 105; *Brüning* Beihilfe zum Geheimnisverrat durch Journalisten und die strafprozessualen Folgen NStZ 2006, 253; *dies* Der Schutz der Pressefreiheit im Straf- und Strafprozessrecht wistra 2007, 333; *Brugger* Verbot oder Schutz von Haßrede? AöR 128, 372; *Büchele* Urheberrecht im World Wide Web, Wien 2002; *Bühler* Ein Versuch, Computerkriminellen das Handwerk zu legen – Das Zweite Gesetz zur Bekämpfung der Wirt-

schaftskriminalität MDR 1987, 448; *Burbulla* Fernsehöffentlichkeit als Bestandteil des Öffentlichkeitsgrundsatzes, Frankfurt aM 1998; *Buscher* Neuere Entwicklungen der straf- und ehrenschutzrechtlichen Schranken der Meinungsfreiheit und der Kunstfreiheit NVwZ 1997, 1057; *Busse-Muskala* Strafrechtliche Verantwortlichkeit der Informationsvermittler im Netz, Berlin 2006; *Clauß* Zur Bestimmung des Erfolgsorts und zur Strafverfolgungskompetenz bei Äußerungsdelikten im Internet MMR 2001, 232; *Collardin* Straftaten im Internet CR 1995, 618; *Collova* Über die Entwicklung der gesetzlichen und vertraglichen Regelung der Vervielfältigung zum persönlichen Gebrauch (private Überspielung) in der Bundesrepublik Deutschland UFITA 125, 53; *Conradi/Schlömer* Die Strafbarkeit der Internet-Provider NStZ 1996, 366, 472; *Cornelius* Zur Strafbarkeit des Anbieters von Hackertools: Was nach dem 41. Strafrechtsänderungsgesetz noch für die IT-Sicherheit getan werden darf CR 2007, 682; *ders* Beschluss des BGH zur verdeckten Online-Durchsuchung JZ 2007, 105; *Cornils* Der Begehungsort von Äußerungsdelikten im Internet JZ 1999, 394; *Cramer* Zur strafrechtlichen Beurteilung der Werbung für Pornofilme AfP 1989, 611; *Dalbkermeyer* Der Schutz der Beschuldigten vor identifizierenden und tendenziösen Pressemitteilungen der Ermittlungsbehörden, Frankfurt aM 1994; *Dallinger* Aus der Rechtsprechung des Bundesgerichtshofes in Strafsachen MDR 1971, 185; *Dannecker* Neuere Entwicklungen im Bereich der Computerkriminalität – Aktuelle Erscheinungsformen und Anforderungen an eine effektive Bekämpfung BB 1996, 1285; *Degenhart* Rundfunk und Internet ZUM 1998, 333; *Derksen* Strafrechtliche Verantwortung für in internationalen Computernetzen verbreitete Daten mit strafbarem Inhalt NJW 1997, 1878; *Dessecker* Im Vorfeld eines Verbrechens: die Handlungsmodalitäten des § 30 StGB JA 2005, 549; *Dieckmann* Zur Zulassung von Ton- und Fernseh-Rundfunkaufnahmen in Gerichtssälen: „Drum prüfe, wer sich ewig bindet!" NJW 2001, 2451; *Diemer* Verfahrensrügen im Zusammenhang mit der audiovisuellen Vernehmung nach § 247a StPO NStZ 2001, 393; *Dietrich* Rechtsprechungsbericht zur Auskunftspflicht des Access-Providers nach Urheberrechtsverletzung im Internet (zu LG Flensburg GRUR-RR 2006, 174) GRUR-RR 2006, 145; *Dörr* Zulässigkeit von Fernsehaufnahmen in Gerichtsverhandlungen JuS 2001, 1018; *ders* Grundrechte – Gerichtsverfassungsrecht. Zulässigkeit von Fernsehaufnahmen im Sitzungssaal außerhalb der Hauptverhandlung JuS 2008, 735; *ders* Grundrechte. Bildberichterstattung über Strafprozess JuS 2009, 951; *Dörr/Kreile/Cole* Handbuch Medienrecht, 2. Aufl Frankfurt aM 2010 (zit Dörr/Kreile/Cole/*Bearbeiter*); *Dose* Zur analogen Anwendung des § 7 Abs 2 StPO (Gerichtsstand des Tatorts) auf Rundfunk- und Fernsehsendungen NJW 1971, 2212; *Dreher* Der Paragraph mit dem Januskopf, FS Gallas Berlin 1973, 307; *Dreier/Schulze* Urheberrechtsgesetz, 3. Aufl München 2008 (zit Dreier/Schulze/*Bearbeiter*); *Dreyer/Kotthoff/Meckel* Heidelberger Kommentar zum Urheberrecht, 3. Aufl Heidelberg 2013 (zit Dreyer/Kotthoff/Meckel/*Bearbeiter*); *Dunkhase* Das Pressegeheimnis. Wandel und Perspektiven gesetzlicher Sicherungen der Pressefreiheit gegen strafprozessuale Zwangsmaßnahmen, Berlin 1998; *Durlach* Strafbarer Eigennutz: Abgrenzung von Glücksspiel und Sportwette; Abgrenzung von Veranstalten und Vermitteln NStZ 2001, 254; *Duttge/Hörnle/Renzikowski* Das Gesetz zur Änderung der Vorschriften über die Straftaten gegen die sexuelle Selbstbestimmung NJW 2004, 1065; *Eberle* Journalistischer Umgang mit Stasi-Unterlagen – Rechtliche Aspekte DtZ 1992, 263; *ders* Gesetzwidrige Medienöffentlichkeit beim BVerfG? NJW 1994, 1637; *Eberle/Rudolf/Wasserburg* Mainzer Rechtshandbuch der Neuen Medien, Heidelberg 2003 (zit Eberle/Rudolf/Wasserburg/*Bearbeiter*); *Eckstein* Ist das „Surfen" im Internet strafbar? Anmerkungen zum Urteil des OLG Hamburg v 15.2.2010 NStZ 2011, 18; *Ehmann* Zur Struktur des Allgemeinen Persönlichkeitsrechts JuS 1997, 193; *Eichelberger* Sasser, Blaster, Phatbot & Co – alles halb so schlimm? Ein Überblick über die strafrechtliche Bewertung von Computerschädlingen MMR 2004, 594; *Eichler* Kommentar zu AG München: „CompuServe"-Urteil K&R 1998, 412; *Eisele* Strafrechtlicher Schutz vor unbefugten Bildaufnahmen JR 2005, 6; *ders* Computer- und Medienstrafrecht, 2013; *ders* Tatort Internet: Cyber-Grooming und der Europäische Rechtsrahmen, FS Heinz Baden-Baden 2012, 697; *Eisenberg* Beweisrecht der StPO, 8. Aufl München 2012; *Elster* Gewerblicher Rechtsschutz, Berlin 1921; *Emmerich/Würkner* Kunstfreiheit oder Antisemitismus? NJW 1986, 1195; *Enders* Die Beschränkung der Gerichtsöffentlichkeit durch § 169 S 2 GVG – verfassungswidrig? NJW 1996, 2712; *Engau* Straftäter und Tatverdächtige als Personen der Zeitgeschichte, Frankfurt aM 1993; *Engel-Flechsig* Das Informations- und Kommunikationsgesetz des Bundes und der Mediendienstestaatsvertrag der Bundesländer ZUM 1997, 231; *Engel-Flechsig/Maennel/Tettenborn* Das neue Informations- und Kommunikationsdienste-Gesetz NJW 1997, 2981; *Ensthaler/Weidert* (Hrsg) Handbuch Urheberrecht und Internet, 2. Aufl Frankfurt aM 2010; *Erbs/Kohlhaas* (Hrsg) Strafrechtliche Nebengesetze Loseblattsammlung, Stand: 194. Ergänzungslieferung München Mai 2013, Kommentierung des Urheberrechtsgesetzes durch *Kaiser* U 180, Stand 1.10.2010 (zit Erbs/Kohlhaas/*Kaiser*); *Erdemir* Gewaltverherrlichung, Gewaltverharmlosung und Menschenwürde ZUM 2000, 699; *Erhardt* Kunstfreiheit und Strafrecht: zur Problematik satirischer Ehrverletzungen, Heidelberg 1989; *Ernst* Anmerkung zu AG München: Zur Strafbarkeit von Providern – „CompuServe" NJW-CoR 1998, 362; *ders* Informations- oder Illustrationsinteresse? NJW 2001, 1624; *ders* Informations- oder bloßes Illustrationsinteresse? Zur Fernsehöffentlichkeit von Gerichtsverfahren, FS Herrmann Baden-Baden 2002, 73; *ders* Hacker und Computerviren im Strafrecht NJW 2003, 3233; *ders* Gleichklang des Persönlichkeitsschutzes im Bild- und Tonbereich? NJW 2004, 1277; *ders* Anmerkung zum Beschluss des BVerfG v 15.3.2007

JR 2007, 392; *ders* Das neue Computerstrafrecht NJW 2007, 2661; *ders* Recht kurios im Internet – Virtuell gestohlene Phönixschuhe, Cyber-Mobbing und noch viel mehr NJW 2009, 1320; *ders* Medien, Justiz und Rechtswirklichkeit NJW 2010, 744; *Etter* Softwareschutz durch Strafanzeige? CR 1989, 115; *Evert* Anwendbares Urheberrecht im Internet, Hamburg 2005; *Fangerow/Schulz* Die Nutzung von Angeboten auf www.kino.to. Eine urheberrechtliche Analyse des Film-Streamings im Internet GRUR 2010, 677; *Fassbender* Angriffe auf Datenangebote im Internet und deren strafrechtliche Relevanz, Hamburg 2003; *Fechner* Medienrecht, 14. Aufl Tübingen 2013; *Finger/Baumanns* Die Öffentlichkeit von Gerichtsverhandlungen bei medienwirksamen Prozessen JA 2005, 717; *Fink* Bild- und Tonaufnahen im Umfeld der strafrechtlichen Hauptverhandlung, Berlin 2007; *Fischer* Strafgesetzbuch und Nebengesetze, 60. Aufl München 2013; *Fischer, N* Die Medienöffentlichkeit im strafrechtlichen Ermittlungsverfahren – unter besonderer Berücksichtigung der Informationsfreiheitsgesetze 2014; *Flechsig* Neuüberlegungen zum Urheberrecht GRUR 1978, 287; *ders* Zu Ulrich Weber: Der Strafrechtliche Schutz des Urheberrechts UFITA 84 (1979), 356; *ders* Rechtmäßige private Vervielfältigung und gesetzliche Nutzungsgrenzen GRUR 1993, 532; *ders* Schutz gegen Verletzung des höchstpersönlichen Lebensbereichs durch Bildaufnahmen ZUM 2004, 605; *Flechsig/Gabel* Strafrechtliche Verantwortlichkeit im Netz durch Einrichten und Vorhalten von Hyperlinks CR 1998, 351; *Franke* Haftet pressestrafrechtlich als „verantwortlicher Redakteur", wer die persönlichen Anforderungen nicht erfüllt? NStZ 1983, 114; *ders* Strukturmerkmale der Schriftenverbreitungstatbestände des StGB GA 1984, 452; *ders* Anbringen eines Aufklebers als Verbreiten eines Druckwerks? NStZ 1984, 126; *Freiwald* Die private Vervielfältigung im digitalen Kontext am Beispiel des Filesharings, Baden-Baden 2003; *Frenz* Recht am eigenen Bild für Prinzessin Caroline NJW 2008, 3102; *ders* Anmerkung zur einstweiligen Anordnung des BVerfG v 12.4.2013 DVBl 2013, 721; *Freytag* Providerhaftung im Binnenmarkt CR 2000, 600; *Friedrichsen* Zwischenruf: Der „Eislingen-Prozess" vor dem LG Ulm – Ausschluss der Öffentlichkeit ZRP 2009, 243; *Fritze/Holzbach* Der investigative Journalismus unter der Strafdrohung des Staates oder Das Schwert der freien Presse in Gefahr? FS Tilman Köln ua 2003, 937; *Fromm/Nordemann* Urheberrechtskommentar, 10. Aufl Stuttgart ua 2008 (zit Fromm/Nordemann/*Bearbeiter*); *Führich* Zur Auslegung des Begriffs „Ladengeschäft" im Jugendschutzrecht NJW 1986, 1156; *Gabriel* Strafrechtliche Verantwortlichkeit für fremde Texte, Frankfurt aM 2003; *Gaede* Neuere Ansätze zum Schutz der Pressefreiheit beim „Geheimnisverrat durch Journalisten" AfP 2007, 410; *Gänßle* Strafbarkeit der Verbreitung eines „Terrorists Handbook" über Mailbox NStZ 1999, 90; *Gatzweiler* Medienberichterstattung und hieraus resultierende Verteidigungsmöglichkeiten StraFo 1995, 64; *Gazeas/Grosse-Wilde/Kießling* Die neuen Tatbestände im Staatsschutzstrafrecht – Versuch einer ersten Auslegung der §§ 89a, 89b und 91 StGB NStZ 2009, 593; *Geppert* Repetitorium – Strafrecht Wahrnehmung berechtigter Interessen (§ 193 StGB) Jura 1985, 25; *ders* Die versuchte Anstiftung (§ 30 Abs 1 StGB) Jura 1997, 546; *ders* Zur passiven Beleidigungsfähigkeit von Personengemeinschaften und von Einzelpersonen unter einer Kollektivbezeichnung Jura 2005, 244; *Gercke* Die Entwicklung der Rechtsprechung zum Internetstrafrecht in den Jahren 2000 und 2001 ZUM 2002, 238; *ders* Auskunftspflicht StraFo 2005, 244; *ders* Strafbarkeit einer Online-Demo MMR 2005, 868; *ders* Einführung in das Internetstrafrecht JA 2007, 839; *Gercke/Brunst* Praxishandbuch Internetstrafrecht, Stuttgart 2009; *Gerhardt* Die Beschränkung der Gesetzgebung auf das Unerlässliche (Darstellung am Beispiel des § 131 StGB) NJW 1975, 375; *ders* Störenfried oder demokratischer Wächter? Die Rolle des Fernsehens im Gerichtssaal – Plädoyer für eine Änderung des § 169 S 2 GVG ZRP 1993, 377; *ders* Die Richter und das Medienklima ZRP 2009, 247; *Germann* Gefahrenabwehr und Strafverfolgung im Internet, Berlin 2000; *Gersdorf* Kameras in Gerichtsverhandlungen – Karlsruhe auf verschlungenem verfassungsdogmatischen Pfade AfP 2001, 29; *Geuther* Schwierige Lehren DRiZ 2013, 166; *Gierhake* Zur Begründung des Öffentlichkeitsgrundsatzes im Strafverfahren JZ 2013, 1030; *Gnirk/Lichtenberg* Internetprovider im Spannungsfeld staatlicher Auskunftsersuchen DuD 2004, 598; *Gostomzyk* Informationelle Selbstbestimmung der öffentlichen Hand? – BVerfG NJW 2001, 1633 JuS 2002, 228; *ders* Anmerkung zum Urteil des BGH v 26.5.2009 NJW 2009, 3579; *Gotke* Öffentliches Anbieten einzelner alter Stücke von Hitlers „Mein Kampf" JA 1980, 123; *Gounalakis* Soldaten sind Mörder NJW 1996, 481; *ders* Kameras im Gerichtssaal – Rechtsvergleichende Überlegungen zu einem Pilotprojekt „Gerichtsfernseher", FS Kübler Heidelberg 1997, 173; *ders* Der Mediendienste-Staatsvertrag der Länder NJW 1997, 2993; *ders* Verdachtsberichterstattung durch den Staatsanwalt NJW 2012, 1473; *Gounalakis/Rhode* Haftung des Host-Providers – ein neues Fehlurteil aus München? NJW 2000, 2168; *dies* Persönlichkeitsschutz im Internet, München 2002; *Gounalakis/Vollmann* Stasi-Unterlagen-Gesetz – „Sprachrohr" oder „Maulkorb" für die Presse? AfP 1992, 36; *dies* Die pressespezifischen Vorschriften des Stasi-Unterlagen-Gesetzes im Lichte des Art 5 GG DtZ 1992, 77; *Graf/Jäger/Wittig* Wirtschafts- und Steuerstrafrecht München 2011, Kommentierung des Kunsturhebergesetzes Nr 465 (zit Graf/Jäger/Wittig/*Bearbeiter*); *Graf* (Hrsg) Beck'scher Onlinekommentar StPO, Edition 16, Stand: 1.2.2013 (zit Beck-OK/Bearbeiter); *von Gravenreuth* Strafverfahren wegen Verletzung von Patenten, Gebrauchsmustern, Warenzeichen oder Urheberrechten GRUR 1983, 349; *ders* Das Plagiat aus strafrechtlicher Sicht, München ua 1986; *ders* Computerviren, Hacker, Datenspione, Crasher und Cracker – Überblick und rechtliche Einordnung NStZ 1989, 201; *Greiser* Die Sozialadäquanz der Verwendung von NS-Kennzeichen bei Demonstrationen NJW 1969, 1155; *ders* Verbreitung verfassungsfeindlicher Propaganda NJW 1972, 1556; *Grimm* Fernsehen im Gerichtssaal? ZRP 2011, 61; *Gröseling/Höfinger* Computersabotage und Vorfeldkriminalisierung: Auswirkungen des 41. StrÄndG zur Bekämpfung der Computerkriminalität MMR 2007, 626; *Gropp* Strafrecht Allgemeiner Teil, 3. Aufl Berlin ua 2005; *Groß* Presserecht, 3. Aufl Heidelberg 1999; *ders* Zum Pressestrafrecht NStZ 1994, 312; *ders* Medien und Verteidigung im Ermittlungsverfahren, FS Hanack Berlin 1999, 39; *Gündisch/Dany* Rundfunkberichterstattung aus Gerichtsverhandlungen NJW 1995, 760; *Gusy* Der Schutz des Staates gegen seine Staatsform GA 1992, 195; *Haberstumpf* Zur urheberrechtlichen Beurteilung von Programmen für Datenverarbeitungsanlagen GRUR 1982, 142; *Härting/Kuon* Designklau: Webdesign, Screendesign, Look und Feel im Urheberrecht CR 2004, 527; *Hain* Big Brother im Gerichtssaal? DÖV 2001, 589; *Hamm* Große Prozesse und die Macht der Medien 1997; *ders* Hauptverhandlungen in Strafsachen vor Fernsehkameras – auch bei uns? NJW 1999, 1524; *ders* Vom Grundrecht der Medien auf das Fischen im Trüben NJW 2001, 269; *Hanten* Publizistischer Landesverrat vor dem Reichsgericht, Frankfurt aM ua 1999; *Harms* Ist das bloße Anschauen von kinderpornographischen Bildern im Internet nach geltendem Recht strafbar? NStZ 2003, 647; *von Hartlieb* Gewaltdarstellungen in Massenmedien. Zur Problematik der §§ 131 und 184 Abs 3 StGB UFITA 86 (1980), 101; *Hassemer* Vorverurteilung durch die Medien NJW 1985, 1921; *ders* Über die Öffentlichkeit gerichtlicher Verfahren – heute ZRP 2013, 149; *Haucke* Piratensender auf See – eine völkerrechtliche Studie über periphere Rundfunksender an Bord von Schiffen oder auf künstlichen Inseln im offenen Meer, München 1968; *Hauptmann* Zur Strafbarkeit des sog Computerhackens – Die Problematik des Tatbestandsmerkmals „Verschaffen" in § 202a StGB JurPC 1989, 215; *Hecker* Strafrecht AT: Auslegungsmethodik JuS 2010, 928; *ders* Anmerkung zum Urteil des OLG Hamburg vom 5. April 2012 JuS 2012, 1039; *Heghmanns* Öffentliches und besonderes öffentliches Interesse an der Verfolgung von Softwarepiraterie NStZ 1991, 112; *ders* Strafrechtliche Verantwortlichkeit für illegale Inhalte im Internet JA 2001, 71; *ders* Rechtsprechung Strafrecht – Internationales Strafrecht JA 2001, 276; *ders* Die Strafbarkeit der vorsätzlichen unerlaubten Vervielfältigung und Verbreitung von Tonträgern MMR 2004, 14; *Heidrich* Anmerkung zum Urteil des AG Offenburg v 20.7.2007 CR 2007, 678; *Heine* Oddset-Wetten und § 284 StGB – Rechtsfragen im Zusammenhang mit der Vermittlung von nach DDR-Recht erlaubten Sportwetten wistra 2003, 441; *Heinrich, B* Strafrecht, Allgemeiner Teil, 3. Aufl Stuttgart 2012 (zit *Heinrich, B* AT); *ders* Die Strafbarkeit der unerlaubten Vervielfältigung und Verbreitung von Standardsoftware, Berlin 1993 (zit *Heinrich, B* Vervielfältigung); *ders* Der Erfolgsort beim abstrakten Gefährdungsdelikt GA 1999, 72; *ders* Anmerkung zum Urteil des Kammergerichts v 16.3.1999 NStZ 2000, 533; *ders* Handlung und Erfolg bei Distanzdelikten, FS Weber Bielefeld 2004, 91; *ders* Künftige Entwicklungen des Medienstrafrechts im Bereich des investigativen Journalismus oder: Dürfen Journalisten mehr? FS 200 Jahre Juristische Fakultät der Humboldt-Universität zu Berlin, Berlin ua 2010, 1241 (zit *Heinrich, B* FS Humboldt); *ders* Irrtumskonstellationen im Urheberstrafrecht in *Bosch/Bung/Klippel* Geistiges Eigentum und Strafrecht Tübingen 2011, 59 (zit *Heinrich, B* in Bosch/Bung/Klippel); *ders* Die Veranlassung fremder Straftaten über das Medium des Internet, FS Heinz Baden-Baden 2012, 728; *Heinrich, M* Neue Medien und klassisches Strafrecht – § 184b IV StGB im Lichte der Internetdelinquenz NStZ 2005, 361; *Heldrich* Persönlichkeitsschutz und Pressefreiheit nach der Europäischen Menschenrechtskonvention NJW 2004, 2634; *Henschel* Die Kunstfreiheit in der Rechtsprechung des BVerfG NJW 1990, 1937; *Herrmann/Lausen* Rundfunkrecht, 2. Aufl München 2004; *Herzberg* Anstiftung zur unbestimmten Haupttat (BGHSt 34, 63) JuS 1987, 617; *Herzog* Rechtliche Probleme einer Inhaltsbeschränkung im Internet, Frankfurt aM 2000; *Hesse* § 201a StGB aus Sicht des öffentlich-rechtlichen Rundfunks ZUM 2005, 432; *Heuchemer/Bendorf/Paul* Die Strafbarkeit unbefugter Bildaufnahmen – Tatbestandliche Probleme des § 201a StGB JA 2006, 616; *Heymann* Strafrechtlicher Schutz der Intimsphäre – Schranke für Spanner oder das Ende des investigativen Journalismus? AfP 2004, 240; *Hielscher* Investigativer Journalismus in Deutschland, München 2004; *Hildebrandt* Die Strafvorschriften des Urheberrechts, Berlin 2001; *Hilgendorf* Überlegungen zur strafrechtlichen Interpretation des Ubiquitätsprinzips im Zeitalter des Internet NJW 1997, 1873; *ders* Ehrenkränkungen („flaming") im Web 2.0. Ein Problemaufriss de lege lata und de lege ferenda ZIS 2010, 208; *ders* Strafrechtliche Anforderungen an den Jugendmedienschutz im Internet K&R 2011, 229; *Hilgendorf/Frank/Valerius* Computer- und Internetstrafrecht, 1. Aufl Berlin 2005; *Hilgendorf/Valerius* Computer- und Internetstrafrecht, 2. Aufl Berlin 2012; *Hilgendorf/Wolf* Internetstrafrecht – Grundlagen und aktuelle Fragestellungen K&R 2006, 541; *Hillgruber/Schemmer* Darf Satire wirklich alles? – Zum Beschluß des Ersten Senats des BVerfG v 25.3.1992 – 1 BvR 514/90 JZ 1992, 946; *Hochrathner* Hidden Camera – Ein zulässiges Einsatzwerkzeug des investigativen Journalismus? ZUM 2001, 669; *Hodel* Kannibalismus im Wohnzimmer? Psychosoziale Auswirkungen der Gewaltdarstellungen in den Medien Kriminalistik 1986, 354; *Hoecht* Zur Zulässigkeit der Abrufbarkeit identifizierender Presseberichte über Straftäter aus Onlinearchiven AfP 2009, 342; *dies* Anmerkung zum Urteil des OLG Hamburg ZUM 2009, 860; *Hoeren* Ist Felix Somm ein Krimineller? NJW 1998, 2792; *ders* Auskunftspflichten der Internetprovider an Strafverfolgungs- und Sicherheitsbehörden – eine Einführung wistra 2005, 1; *ders* Das Telemediengesetz NJW 2007, 801; *Hörisch* (Wie) Passen Justiz und Massenmedien zusammen? StV 2005, 15; *Hörnle* Verbreitung der Auschwitzlüge im Internet NStZ 2001, 309; *dies* Pornographische Schriften im Internet – Die Verbotsnormen im deutschen Strafrecht und ihre Reichweite NJW 2002, 1008; *dies* Anmerkung zu BGH: Vermietung pornografischer Filme durch Automatenvideothek NStZ 2004, 150; *dies* Anmerkung zum Urteil des OLG Hamburg v 15.2.2010 NStZ 2010, 704; *Hofmann* Der Sonderweg des Bundesverfassungsgerichts bei der Fernsehübertragung von Gerichtsverhandlungen ZRP 1996, 399; *Hoffmann-Riem* Zur Verfassungsmäßigkeit von StGB § 353d Nr 3 JZ 1986, 494; *Holzer* Investigativer Journalismus AfP 1988, 113; *Holznagel/Kussel* Möglichkeiten und Risiken bei der Bekämpfung rechtsradikaler Inhalte im Internet MMR 2001, 347; *Horn* Zum Recht der gewerblichen Veranstaltung und Vermittlung von Sportwetten NJW 2004, 2047; *Horn/Hoyer* Rechtsprechungsübersicht zum 27. Abschnitt des StGB – „Gemeingefährliche Straftaten" JZ 1987, 965; *von der Horst* Rollt die Euro-Pornowelle? ZUM 1993, 227; *Huff* Justiz und Öffentlichkeit, Berlin 1996; *ders* Fernsehöffentlichkeit im Gerichtsverfahren – Kippt das BVerfG § 169 S 2 GVG? NJW 1996, 571; *ders* Saalöffentlichkeit auch in Zukunft ausreichend – Keine Änderung des § 169 S 2 GVG NJW 2001, 1622; *ders* Notwendige Öffentlichkeitsarbeit der Justiz NJW 2004, 403; *Huppertz* Zeugnisverweigerungsrecht, Beschlagnahme- und Durchsuchungsverbot zugunsten des Rundfunks im Strafprozeß, München 1971; *Huster* Das Verbot der „Auschwitzlüge", die Meinungsfreiheit und das Bundesverfassungsgericht NJW 1996, 487; *Ignor/Sättele* Plädoyer für die Stärkung der Pressefreiheit im Strafrecht ZRP 2011, 69; *Isensee* Kunstfreiheit im Streit mit Persönlichkeitsschutz AfP 1993, 619; *Jahn, B-U* Die Anwendbarkeit allgemeiner presse- und rundfunkgesetzlicher Straftatbestände auf den Rundfunk und das Bestimmtheitsgebot des Grundgesetzes, Köln 1973; *Jahn, J* Die Justiz bremst Medien aus AnwBl 2005, 385; *ders* Unangenehme Wahrheiten für Prominente NJW 2009, 3344; *ders* Gerichtsberichterstattung ist unverzichtbar! NJW 2013, Editorial Heft 23; *Jakobs* Strafrecht Allgemeiner Teil, 2. Aufl Berlin 1991; *Janisch* Investigativer Journalismus und Pressefreiheit. Ein Vergleich des deutschen und amerikanischen Rechts, Baden-Baden 1998; *Janz* Rechtsfragen der Vermittlung von Oddset-Wetten in Deutschland NJW 2003, 1694; *Jescheck* Zur Reform des politischen Strafrechts JZ 1967, 6; *Jescheck/Weigend* Lehrbuch des Strafrechts, Allgemeiner Teil, 5. Aufl Berlin 1996; *Jeßberger* Äußerungen (Volksverhetzungen) eines Ausländers auf einem ausländischen Server JR 2001, 432; *Jessen* Zugangsberechtigung und besondere Sicherung im Sinne von § 202a StGB, Frankfurt aM 1994; *Jofer* Strafverfolgung im Internet, Frankfurt aM 1999; *Jung* Die Inlandsteilnahme an ausländischer strafloser Haupttat JZ 1979, 325; *Kaboth* Der Kannibale von Rothenburg und die Kunstfreiheit ZUM 2006, 412; *Kächele* Der strafrechtliche Schutz vor unbefugten Bildaufnahmen (§ 201a StGB), Baden-Baden 2007; *Kargl* Zur Differenz zwischen Wort und Bild im Bereich des strafrechtlichen Persönlichkeitsschutzes ZStW 117 (2005), 324; Karlsruher Kommentar zur Strafprozessordnung und zum Gerichtsverfassungsgesetz mit Einführungsgesetz *Hannisch* (Hrsg) 7. Aufl München 2013 (zit KK/*Bearbeiter*); *Katzenberger* Der Schutz von Werken der bildenden Künste durch das Urheberstrafrecht und die Praxis der Strafverfolgung in der Bundesrepublik Deutschland GRUR 1982, 715; *Kaufmann* Strafrechtliche Sozialadäquanz einer Verlinkung auf rechtswidrige Internet-Inhalte CR 2006, 545; *Kaulbach* Moderne Medien in der Gerichtsverhandlung ZRP 2009, 236; *Kemper* Anforderungen und Inhalt der Online-Durchsuchung bei der Verfolgung von Straftaten ZRP 2007, 105; *Kempf* Sanktionen gegen juristische Personen und Gesellschaften KJ 2003, 462; *Kienle* Internationales Strafrecht und Straftaten im Internet: zum Erfordernis der Einschränkung des Ubiquitätsprinzips des § 9 Abs 1 Var 3 StGB, Konstanz 1998; *Kindhäuser* Strafrecht Allgemeiner Teil, 6. Aufl Baden-Baden 2013 (zit *Kindhäuser* AT); *ders* Strafrecht Besonderer Teil II, 7. Aufl Baden-Baden 2012 (zit *Kindhäuser* BT 2); *Kirste* Der Schutz des Amtsträgers vor der Öffentlichkeit (BVerwG NJW 2002, 1815) JuS 2003, 336; *Kitz* Das neue Recht der elektronischen Medien in Deutschland – sein Charme, seine Fallstricke ZUM 2007, 368; *Kleine-Cosack* Das Urteil des BVerwG zum Stasi-Unterlagen-Gesetz (Fall Kohl) NJ 2002, 350; *Klengel/Heckler* Geltung des deutschen Strafrechts für vom Ausland aus im Internet angebotenes Glücksspiel CR 2001, 243; *Kloepfer* Das Stasi-Unterlagen-Gesetz und die Pressefreiheit, Berlin 1993; *Klotz* (Keine) Beeinträchtigung der Öffentlichkeit von Gerichtsverhandlungen durch Videoüberwachung? NJW 2011, 1186; *Klug* Das Grundrecht der Fernsehfreiheit im Spannungsfeld der Interessen- und Rechtsgüterabwägung nach § 34 StGB bei Kollisionen mit § 201 StGB, FS Oehler Köln 1985, 397; *ders* Das Aufstacheln zum Angriffskrieg (§ 80a StGB), FS Jescheck Berlin 1985, 583; *Knauer* Bestrafung durch Medien? Zur strafmildernden Berücksichtigung von Medienberichterstattung GA 2009, 541; *Knöbl* Die „kleine Münze" im System des Immaterialgüter- und Wettbewerbsrechts, Hamburg 2002; *Knothe* Neues Recht für Multi-Media-Dienste AfP 1997, 494; *Knothe/Wanckel* „Angeklagt vor laufender Kamera" ZRP 1996, 106; *Koch* Aspekte des technischen und strafrechtlichen Zugriffsschutzes von EDV-Systemen RDV 1996, 123; *ders* Zur Strafbarkeit der Auschwitzlüge im Internet (zu BGHSt 46, 212) JuS 2002, 123; *ders* Perspektiven für die Link- und Suchmaschinen-Haftung CR 2004, 213; *ders* Strafrechtlicher Schutz vor unbefugten Bildaufnahmen – Zur Einführung von § 201a StGB GA 2005, 589; *Köbele* Anspruch auf Mitteilung des Anschlussinhabers bei bekannter IP-Adresse DuD 2004, 609; *Köhn* Die Technisierung der Popmusikproduktion – Probleme der „kleinen Münze" in der Musik ZUM 1994, 278; *Körber* Rechtsradikale Propaganda im Internet – der Fall Töben, Würzburg 2003; *Köster/Jürgens* Haftung professioneller Informationsvermittler im Internet MMR 2002, 420; *Kohl* Vorverurteilung durch die Medien? ZUM 1985, 495; *Kohlhaas* Das Mitschneiden von Telefongesprächen im Verhältnis zum Abhörverbot und dem Fernmeldegeheimnis NJW 1972, 238; *Kohlmann* Verfassungswidrige Parteien für immer mundtot? (zu BGHSt 23, 226) JZ 1971, 681; *Kortz* Ausschluß der Fernsehöffentlichkeit im Gerichtsverfahren. Interessenausgleich oder Verfassungsverstoß? AfP 1997, 443; *Kraft/Meister* Rechtsprobleme virtueller Sit-ins MMR 2003, 366; *dies* Die Strafbarkeit von Internetdemonstrationen K&R 2005, 458; *Kramer* Heimliche Tonbandaufnahmen im Strafprozess NJW 1990, 1760; *Krausnick* Kameras in Gerichtsverhandlungen – Karlsruhe auf verschlungenem verfassungsdogmatischen Pfade ZUM 2001, 230; *Kremp* Investigativer Journalismus AfP 1988, 114; *Kress* Die private Vervielfältigung im Urheberrecht, Hamburg 2004; *Kreutzer* Napster, Gnutella & Co: Rechtsfragen zu Filesharing-Netzen aus der Sicht des deutschen Urheberrechts de lege lata und de lege ferenda GRUR 2001, 193, 307; *Krey/Esser* Deutsches Strafrecht, Allgemeiner Teil, 5. Aufl Stuttgart 2012 (zit *Krey/Esser* AT); *Krey/Hellmann/Heinrich, M* Strafrecht Besonderer Teil, Bd 1: Besonderer Teil ohne Vermögensdelikte, 15. Aufl Stuttgart 2012 (zit *Krey/Hellmann/Heinrich, M* BT 1); *Krüger* Die digitale Privatkopie im zweiten Korb GRUR 2004, 204; *Kuch* Der Staatsvertrag über Mediendienste ZUM 1997, 225; *Kudlich* Anwendung deutschen Strafrechts bei Volksverhetzung im Internet StV 2001, 397; *ders* Die Neuregelung der strafrechtlichen Verantwortung von Internetprovidern – Die Änderungen des TDG durch das EGG, insbesondere aus strafrechtlicher Sicht JA 2002, 798; *ders* Beabsichtigtes Verbreiten pornographischer Schriften JZ 2002, 310; *ders* Zu den Voraussetzungen des § 216 StGB sowie zu den Mordmerkmalen zur Befriedigung des Geschlechtstriebs und zur Ermöglichung einer anderen Straftat JR 2005, 342; *Kühl* Strafrecht Allgemeiner Teil, 7. Aufl München 2012; *ders* Unschuldsvermutung und Resozialisierungsinteresse als Grenzen der Kriminalberichterstattung, FS Müller-Dietz München 2001, 401 *ders* Zur Strafbarkeit unbefugter Bildaufnahmen AfP 2004, 190; *Kühne* Nochmals – Die Strafbarkeit der Zugangsvermittlung von pornographischen Informationen im Internet NJW 2000, 1003; *Kühne* Anmerkung zur einstweiligen Anordnung des BVerfG vom 12.4.2013 StV 2013, 417; *Küpper/Bode* Neuere Entwicklung zur Nötigung durch Sitzblockaden Jura 1993, 187; *Kugelmann* Pressefreiheit ohne Informantenschutz ZRP 2005, 260; *Kujath* Der Laienjournalismus im Internet als Teil der Medienöffentlichkeit im Strafverfahren, Berlin 2011; *dies* Die Medienöffentlichkeit im „NSU-Prozess" AfP 2013, 269; *Kunert* Das Gesetz über das Zeugnisverweigerungsrecht der Mitarbeiter von Presse und Rundfunk MDR 1975, 885; *Kusch* Zum strafprozessualen Gerichtsstand bei Beleidigungen durch Rundfunksendungen und Fernsehsendungen NStZ 1990, 200; *Kuß* Öffentlichkeitsmaxime der Judikative und das Verbot von Fernsehaufnahmen im Gerichtssaal, Berlin 1999; *Kutscha* Verdeckte Online-Durchsuchung und Unverletzlichkeit der Wohnung NJW 2007, 1169; *Lackner/Kühl* Strafgesetzbuch, 27. Aufl München 2011; *von Lackum* Verantwortlichkeit der Betreiber von Suchmaschinen MMR 1999, 697; *Ladeur/Gostomzyk* Rundfunkfreiheit und Rechtsdogmatik – Zum Doppelcharakter des Art 5 I 2 GG in der Rechtsprechung des BVerfG JuS 2002, 1145; *Lagodny* Zur Behandlung von einem Ausländer auf einem ausländischen Server ins Internet eingestellter, in Deutschland abrufbarer volksverhetzender Äußerungen als nach deutschem Strafrecht strafbare Inlandstat JZ 2001, 1198; *Lampe* Der strafrechtliche Schutz der Geisteswerke (II) UFITA 83 (1978), 15; *ders* Der strafrechtliche Schutz der Geisteswerke UFITA 87 (1980), 107; *Laubenthal* Sexualstraftaten, Berlin 2000; *Lehr* Bildberichterstattung der Medien über Strafverfahren NStZ 2001, 63; *ders* Grenzen der Öffentlichkeitsarbeit der Ermittlungsbehörden NStZ 2009, 409; *ders* Pressefreiheit und Persönlichkeitsrechte – Ein Spannungsverhältnis für die Öffentlichkeitsarbeit der Justiz NJW 2013, 728; Leipziger Kommentar, Großkommentar *Laufhütte/Rissing-van Saan/Tiedemann* (Hrsg) 11. Aufl, Berlin 1992 ff (LK/*Bearbeiter*); *Lenckner* Strafrecht und ziviler Ungehorsam (zu OLG Stuttgart NStZ 1987, 121) JuS 1988, 349; *Lepsius* Einschränkung der Meinungsfreiheit durch Sonderrecht Jura 2010, 527; *Lerche* Verfassungsrechtliche Aspekte der „inneren Pressefreiheit", Berlin 1974 (zit *Lerche* Pressefreiheit); *ders* Verfassungsrechtliche Fragen zur Pressekonzentration, Berlin 1971 (zit *Lerche* Pressekonzentration); *Lesch* Sportwetten via Internet – Spiel ohne Grenzen? wistra 2005, 241; *Leupold/Bachmann/Pelz* Russisches Roulette im Internet? – Zulässigkeit von Glücksspielen im Internet unter gewerbe- und strafrechtlichen Gesichtspunkten MMR 2000, 648; *Leupold/Demisch* Bereithalten von Musikwerten zum Abruf in digitalen Netzen ZUM 2000, 379; *Leutheusser-Schnarrenberger* Die gesetzliche Sicherung der Pressefreiheit: Eine endlose Geschichte ZRP 2007, 249; *Lieben* Strafrechtliche Bekämpfung der Videopiraterie durch die §§ 257 ff StGB GRUR 1984, 572; *Liesching* Anmerkung zum Urteil des OLG Stuttgart vom 24.4.2006 MMR 2006, 390; *Liesching/Günter* Verantwortlichkeit von Internet-Cafe-Betreibern MMR 2000, 260; *Liesching/von Münch* Die Kunstfreiheit als Rechtfertigung für die Verbreitung pornographischer Schriften AfP 1999, 37; *Lindenmann/Wachsmuth* Verbreiten und Zugänglichmachen im Internet JR 2002, 206; *Lindner* Der Schutz des Persönlichkeitsrechts des Beschuldigten im Ermittlungsverfahren StV 2008, 210; *Löffler* Presserecht Kommentar, 5. Aufl München 2006 (zit Löffler/*Bearbeiter* Presserecht); *ders* Beginn der Verjährung bei Pressedelikten NJW 1960, 2349; *ders* Lücken und Mängel im neuen Zeugnisverweigerungs- und Beschlagnahmerecht von Presse und Rundfunk NJW 1978, 913; *Löhnig* „Verbotene Schriften" im Internet JR 1997, 496; *Löwe/Rosenberg* Die Strafprozeßordnung und das Gerichtsverfassungsgesetz. Großkommentar, *Rieß*, 25. Aufl Berlin 1997 ff, 26. Aufl Berlin 2006 ff (zit Löwe/Rosenberg/*Bearbeiter*); *Loewenheim* Der Schutz der kleinen Münze im Urheberrecht GRUR 1987, 761; *ders* Vervielfältigungen zum eigenen Gebrauch von urheberrechtswidrig hergestellten Werkstücken, FS Dietz München 2001, 415; *ders* Handbuch des Urheberrechts, 2. Aufl München 2010 (zit Loewenheim/*Bearbeiter*); *Lüttger* Zur Strafbarkeit der „Verwendung von Kennzeichen ehemaliger national-sozialistischer Organisationen" nach § 4 des Versammlungsgesetzes GA 1960, 129; *Ludwig* Investigativer Journalismus, 2. Aufl Konstanz 2007; *Malek* Strafsachen im Internet, Heidelberg 2005; *Mantz* Anmerkung zum Urteil des LG Hamburg vom 26.7.2006 MMR 2006, 764; *Marberth-Kubicki* Computer- und Internetstrafrecht, 2. Aufl München 2010; *dies* Der Beginn der Internet-Zensur NJW 2009, 1792; *Martin* Die Strafbarkeit grenzüberschreitender Umweltbeeinträchtigungen Freiburg iBr 1989; *ders* Grenzüberschreitende Umweltbeeinträchtigungen im deutschen Strafrecht ZRP 1992, 19; *Matt/Renzikowski*, Strafgesetzbuch München 2013 (zit Matt/Renzikowski/*Bearbeiter*); *Matzky* Kinderpornographie im Internet: Strafgesetzgeberischer Handlungsbedarf? ZRP 2003, 167; *Maunz/Dürig* Grundgesetz Loseblattsammlung, Stand 69. Lieferung München Mai 2013 (zit Maunz/Dürig/*Bearbeiter*); *Maurach/Gössel/Zipf* Strafrecht Allgemeiner Teil, Teilband 2, 7. Aufl Heidelberg 1989 (zit *Maurach/Gössel/Zipf* AT 2); *Maurach/Schroeder/Maiwald* Strafrecht Besonderer Teil, Teilband 1 Straftaten gegen Persönlichkeits- und Vermögenswerte, 10. Aufl Heidelberg 2009 (zit *Maurach/Schroeder/Maiwald* BT 1); *dies* Strafrecht Besonderer Teil, Teilband 2 Straftaten gegen Gemeinschaftswert, 10. Aufl Heidelberg 2012 (zit *Maurach/ Schroeder/Maiwald* BT 2); *Mecklenburg* Internetfreiheit ZUM 1997, 525; *Meier* Strafbarkeit des Anbietens pornographischer Schriften NJW 1987, 1610; *ders* Zulässigkeit und Grenzen der Auskunftserteilung gegenüber den Medien – Zur Bedeutung der Presserichtlinien der Justiz, FS Schreiber Heidelberg 2003, 331; *ders* Auskünfte gegenüber den Medien in: Alternativentwurf Strafjustiz und Medien, München 2004, 89; *Meirowitz* Gewaltdarstellungen auf Videokassetten, Berlin 1993; *ders* Übungshausarbeit Öffentliches Recht – Horror auf Video Jura 1993, 152; *Meyer* Sportwetten als illegales Glücksspiel? – Zur Anwendbarkeit des § 284 StGB auf Sportwetten JR 2004, 447; *Meyer-Goßner* Strafprozessordnung, 56. Aufl München 2013; *Mintas* Glücksspiele im Internet 2009; *dies* Anmerkung zum Urteil des OLG Hamburg vom 15.2.2010 NJW 2010, 1897; *Mitsch* Strafrecht Besonderer Teil 2, Teilband 2: Vermögensdelikte (Randbereich), Heidelberg 2001 (zit *Mitsch* BT II/2); *ders* Medienstrafrecht Heidelberg 2012 (zit *Mitsch* Medienstrafrecht); *ders* Postmortales Persönlichkeitsrecht verstorbener Straftäter NJW 2010, 3479; *Möhring/Nicolini* Urheberrechtsgesetz, 2. Aufl München 2000 (zit Möhring/Nicolini/*Bearbeiter*); *Möller/Kelm* Distributed Denial-of-Service Angriffe (DDoS) DuD 200, 292; *Mönkemöller* Moderne Freibeuter unter uns? – Internet, MP3 und CD-R als GAU für die Musikbranche! GRUR 2000, 663; *Moritz* Verantwortlichkeitsgrenzen für Zugangsprovider CR 2000, 119; *Muckel* Fernsehaufnahmen von Hauptverhandlungen in Strafsachen JA 2007, 905; *ders* Fernsehaufnahmen im Sitzungssaal außerhalb der Hauptverhandlung JA 2009, 74; *ders* Fernsehaufnahmen von einem Angeklagten in einem Strafverfahren („Holzklotz-Fall") JA 2009, 829; *ders* Vergabe der Sitzplätze für Journalisten im NSU-Strafprozess JA 2013, 476; *Müller-Terpitz* Regelungsreichweite des § 5 MDStV MMR 1998, 478; *Joecks/Miebach* (Hrsg) Münchener Kommentar zum Strafgesetzbuch, 1. Aufl München 2003 ff, 2. Aufl München 2011 ff (zit MünchKommStGB/*Bearbeiter*); *Nagel* Bedingt ermittlungsbereit. Investigativer Journalismus in Deutschland und in den USA, Berlin 2007; *Neuling* Inquisition durch Information – Medienöffentliche Strafrechtspflege im nichtöffentlichen Ermittlungsverfahren, Berlin 2005; *ders* Strafjustiz und Medien – mediale Öffentlichkeit oder „justizielle Schweigepflicht" im Ermittlungsverfahren? HRRS 2006, 94; *ders* Unterlassung und Widerruf vorverurteilender Medienauskünfte der Ermittlungsbehörden StV 2008, 387; *Neumann* Ein bisweilen bizarres Schauspiel DRiZ 2013, 167; Nomos-Kommentar zum Strafgesetzbuch *Kindhäuser/Neumann/Paeffgen* (Hrsg) 4. Aufl Baden-Baden 2013 (zit NK/*Bearbeiter*) *Noogie* Anmerkung zum Urteil des OLG Stuttgart vom 24.4.2006 CR 2007, 545; *Obert/Gottschalk* § 201a StGB aus der Sicht des privaten Rundfunks ZUM 2005, 436; *Oehler* Das deutsche Strafrecht und die Piratensender, München 1970; *ders* Die strafrechtliche Behandlung der nicht genehmigten Rundfunksendungen von Hoher See nach dem Seerechtsübereinkommen von 1982 im Verhältnis zum Europäischen Recht für besondere Fragen, FS Stern München 1997, 1339; *Ostendorf/Frahm/Doege* Internetaufrufe zur Lynchjustiz und organisiertes Mobbing NStZ 2012, 529; *Otto* Zur Bewertung der Äußerung „Soldaten sind Mörder" als Beleidigung und zur Zuständigkeit des BVerfG bei der Anwendung des einfachen Rechts NStZ 1996, 127; *ders* Ehrenschutz und Meinungsfreiheit Jura 1997, 193; *ders* Die Haftung für kriminelle Handlungen in Unternehmen Jura 1998, 409; *ders* Grundkurs Strafrecht, Allgemeine Strafrechtslehre, 8. Aufl Berlin 2011 (zit *Otto* AT); *ders* Grundkurs Strafrecht, Die einzelnen Delikte, 7. Aufl Berlin 2005 (zit *Otto* BT); *ders* Vorliegen von Mordmerkmalen im sog Kannibalen-Fall JZ 2005, 799; *Park* Die Strafbarkeit von Internet-Providern wegen rechtswidriger Internet-Inhalte GA 2001, 23; *Pätzel* Verbreitung pornographischer Schriften durch Internet-Provider CR 1998, 625; *Paschke* Medienrecht, 3. Aufl Berlin 2009; *Paschke/Berlit/Meyer* Gesamtes Medienrecht, 2. Aufl Baden-Baden 2012 (zit Paschke/Berlit/Meyer/*Bearbeiter*); *Peglau* Der Schutz des allgemeinen Persönlichkeitsrechts durch das Strafrecht, Frankfurt aM 1997; *Peifer* Persönlichkeitsrechte im 21. Jahrhundert – Systematik und Herausforderungen JZ 2013, 853; *Pelz* Die strafrechtliche Verantwortlichkeit von Internet-Providern ZUM 1998, 530; *Pernice* Öffentlichkeit und Medienöffentlichkeit, Berlin 2000; *Petersen* Medienrecht, 5. Aufl München 2010; *Pfeifle* Medienöffentlichkeit im Gerichtssaal – Neue Herausforderungen im Informationszeitalter? ZG 2010, 283; *Piazena* Das Verabreden, Auffordern und Anleiten zur Begehung von Straftaten unter Nutzung der Kommunikationsmöglichkeiten des Internets, Berlin 2014; *Pieroth/Schlink* Grundrechte – Staatsrecht II, 28. Aufl Heidelberg 2012; *Pils* Ein neues Kapitel bei der

Abwägung zwischen Pressefreiheit und Persönlichkeitsrecht? JA 2008, 852; *Pollähne* Lücken im kriminalpolitischen Diskurs – Zu den Gesetzentwürfen zur Verbesserung des Schutzes der Intimsphäre KritV 2003, 387; *Plate* Wird das Tribunal zur Szene? NStZ 1999, 391; *Pöppelmann/Jehmlich* Zum Schutz der beruflichen Kommunikation von Journalisten AfP 2003, 218; *Prietzel-Funk* Das gegenseitige Verständnis von Justiz und Medien DRiZ 2013, 204; *Puttfarcken* Zulässigkeit der Veröffentlichung des Barschel-Fotos ZUM 1988, 133; *Rackow* Das Gewaltdarstellungsverbot des § 131 StGB – Ein Risikodelikt und sein symbolischer Subtext, FS Maiwald Frankfurt aM 2003, 195; *Radmann* Kino.ko – Filmegucken kann Sünde sein. Zur Rechtswidrigkeit der Nutzung von (offensichtlich) illegalen Streaming-Filmportalen ZUM 2010, 387; *Ramberg* Erfahrungen bei der Strafverfolgung der Verbreitung von Pornographie via Satellit ZUM 1994, 140; *Ranft* Verfahrensöffentlichkeit und „Medienöffentlichkeit" im Strafprozeß Jura 1995, 573; *Rebmann* Aktuelle Probleme des Zeugnisverweigerungsrechts von Presse und Rundfunk und des Verhältnisses von Presse und Polizei bei Demonstrationen AfP 1982, 189; *Rehbinder* Die rechtlichen Sanktionen bei Urheberrechtsverletzungen nach ihrer Neuordnung durch das Produktpirateriegesetz ZUM 1990, 462; *ders* Urheberrecht, 16. Aufl München 2010; *Reinbacher* Die Strafbarkeit der Vervielfältigung urheberrechtlich geschützter Werke zum privaten Gebrauch nach dem Urheberrechtsgesetz, Berlin 2007; *ders* Zur Strafbarkeit der privaten Vervielfältigung von offensichtlich rechtswidrig hergestellten oder öffentlich zugänglich gemachten Vorlagen GRUR 2008, 394; *Reinbacher/Wincierz* Kritische Würdigung des Gesetzentwurfs zur Bekämpfung von Kinder- und Jugendpornographie ZRP 2007, 195; *Rengier* Die Reichweite des § 53 Abs 1 Nr 5 StPO zum Schutze des namentlich preisgegebenen, aber unauffindbaren Informanten JZ 1979, 797; *ders* Strafrecht Besonderer Teil II, Delikte gegen die Person und die Allgemeinheit, 14. Aufl München 2013 (zit *Rengier* BT II); *Riklin* Anstiftung durch Fragen GA 2006, 361; *Ricker/Weberling* Handbuch des Presserechts, 6. Aufl München 2012; *Ringel* Rechtsextremistische Propaganda aus dem Ausland im Internet CR 1997, 302; *Rinsche* Strafjustiz und öffentlicher Pranger ZRP 1987, 384; *Rochlitz* Der strafrechtliche Schutz des ausübenden Künstlers, des Tonträger- und Filmherstellers und des Sendeunternehmens, Frankfurt aM 1987; *ders* Die Strafbarkeit der vorsätzlichen unerlaubten Vervielfältigung und Verbreitung von Tonträgern UFITA 83 (1978), 69; *ders* Der strafrechtliche Schutz des Urhebers und Leistungsschutzrechtsinhabers FuR 1980, 351; *Römer* Verbreitungs- und Äußerungsdelikte im Internet, Frankfurt aM 2000; *Roggan* Am deutschen Rechtswesen soll die Welt genesen? – Eine rechtspolitische Skizze zum Urteil des BGH vom 12.12.2000 KJ 2001, 337; *Rosengarten/Römer* Der „virtuelle verdeckte Ermittler" in sozialen Netzwerken und Internetboards NJW 2012, 1764; *Roßnagel* Neues Recht für Multimediadienste – Informations- und Kommunikationsdienste-Gesetz und Mediendienste-Staatsvertrag NVwZ 1998, 1; *Roxin* Strafrecht Allgemeiner Teil Band I: Grundlagen: Der Aufbau der Verbrechenslehre, 4. Aufl München 2006 (zit *Roxin* AT I); *ders* Strafrecht Allgemeiner Teil Band II: Besondere Erscheinungsformen der Straftat, München 2003 (zit *Roxin* AT II); *Rückert* Der Gerichtsreporter – Chronist oder Wächter? StV 2012, 378; *Rüping* Strafrechtliche Fragen staatlich genehmigter Lotterien JZ 2005, 234; *Ruhrmann* Rechtsfragen zur Staatsgefährdung NJW 1954, 1512; *Sajuntz* Die Entwicklung des Presse- und Äußerungsrechts in den Jahren 2008 bis 2010 NJW 2010, 2991; *Sankol* Die Qual der Wahl: § 113 TKG oder §§ 100g, 100h StPO? Die Kontroverse über das Auskunftsverlangen von Ermittlungsbehörden gegen Access-Provider bei dynamischen IP-Adressen MMR 2006, 361; *Satzger* Die Anwendung des deutschen Strafrechts auf grenzüberschreitende Gefährdungsdelikte NStZ 1998, 112; *ders* Strafrechtliche Verantwortlichkeit von Zugangsvermittlern CR 2001, 109; *Satzger/Schluckebier/Widmaier* Strafgesetzbuch, 2. Aufl Köln 2013 (zit SSW/*Bearbeiter*); *Schack* Urheber- und Urhebervertragsrecht, 5. Aufl Tübingen 2010; *ders* Schutz digitaler Werke vor privater Vervielfältigung: zu den Auswirkungen der Digitalisierung auf § 53 UrhG ZUM 2000, 379; *Schaefer* Welche Rolle spielt das Vervielfältigungsrecht auf der Bühne der Informationsgesellschaft? FS Nordemann Baden-Baden 1999, 193; *Schaefer/Rasch/Braun* Zur Verantwortlichkeit von Online-Diensten und Zugangsvermittlern für fremde urheberrechtsverletzende Inhalte ZUM 1998, 451; *Scharnke* Die strafrechtliche Verantwortlichkeit der leitenden Personen des Rundfunks, München 1978; *Schäufele* Zur Strafbarkeit des Raubkopierens im Internet, Berlin 2013; *Scheerer* Gerichtsöffentlichkeit als Medienöffentlichkeit: Zur Transparenz der Entscheidungsfindung im straf- und verwaltungsgerichtlichen Verfahren, Königstein/Taunus 1979; *Scheu* Interessenwahrnehmung durch Rundfunk und Presse: eine strafrechtliche Untersuchung, Berlin 1965; *Schiemann* Mord oder Totschlag? – Kannibalismus und die Grenzen des Strafrechts NJW 2005, 2350; *Schippan* Nun endgültig verabschiedet: Das digitale Urheberrecht – Korb 1 ZUM 2003, 678; *Schlottfeldt* Die Verwertung rechtswidrig beschaffter Informationen durch Presse und Rundfunk, Baden-Baden 2002; *Schmidt* Privates Glücksspielmonopol für Sportwetten auf der Grundlage von DDR-Genehmigungen WRP 2004, 1145; *Schmidt-De Caluwe* Pressefreiheit und Beihilfe zum Geheimnisverrat iSd § 353b StGB – Der Fall „Cicero" und die Entscheidung des BVerfG NVwZ 2007, 640; *Schmitz* Auspähen von Daten, § 202a StGB JA 1995, 478; *ders* Verletzung von (Privat)geheimnissen – Qualifikationen und ausgewählte Probleme der Rechtfertigung JA 1996, 949; *Schnabel* Strafbarkeit des Hacking – Begriff und Meinungsstand wistra 2004, 211; *Schoene* Zum Begriff „Veranstaltung" iS des § 286 StGB NStZ 1991, 469; *Schönke/Schröder* Strafgesetzbuch, 28. Aufl München 2010 (zit Schönke/Schröder/*Bearbeiter*); *Scholderer* „Mörder, die man nie vergisst" – Ein Lehrstück über die Rechtswirklichkeit des Lebach-Urteils ZRP 1991, 298; *Scholz* Meinungsfreiheit und Persönlichkeitsschutz – Gesetzgeberische oder verfassungsgerichtliche Verantwortung? AfP 1996, 323; *Schomburg* Das strafrechtliche Verbot vorzeitiger Veröffentlichung von Anklageschriften und anderen amtlichen Schriftstücken ZRP 1982, 142; *Schramm* Staatsanwaltschaftliche Auskunft über dynamische IP-Adressen DuD 2006, 785; *Schreibauer* Das Pornographieverbot des § 184 StGB, Regensburg 1999; *Schricker/Loewenheim* Urheberrecht. Kommentar, 4. Aufl München 2010 (zit Schricker/Loewenheim/*Bearbeiter*); *Schröder* Strafrechtliche Risiken für den investigativen Journalismus? – Die Meinungs- und Pressefreiheit und das Wertpapierhandelsgesetz NJW 2009, 465; *Schroeder* Grundprobleme des § 49a StGB JuS 1967, 290; *ders* Das Erziehungsprivileg im Strafrecht, FS Lange Berlin 1976, 391; *ders* Die Überlassung pornographischer Darstellungen in gewerblichen Leihbüchereien (§ 184 Abs 1 Nr 3 StGB) JR 1977, 231; *ders* Probleme der Staatsverunglimpfung JR 1979, 89; *ders* Pornographie, Jugendschutz und Kunstfreiheit, Heidelberg 1992; *ders* Das 27. Strafrechtsänderungsgesetz – Kinderpornographie NJW 1993, 2581; *Schulte* Anmerkung zu Fredrik Roggan – Am deutschen Rechtswesen soll die Welt genesen? KJ 2001, 341; *Schulte/Kanz* Daumen hoch?! – Die Like-Funktion im sozialen Netzwerk Facebook aus strafrechtlicher Perspektive ZJS 2013, 24; *Schulze* Die kleine Münze und ihre Abgrenzungsproblematik bei den Werkarten des Urheberrechts, Freiburg iBr 1983; *ders* Der Schutz der kleinen Münze im Urheberrecht GRUR 1987, 769; *Schwartmann* Praxishandbuch Medien-, IT- und Urheberrecht, Heidelberg 2008 (zit Schwartmann/*Bearbeiter*); *Schwarzenegger* Handlungs- und Erfolgsort beim grenzüberschreitenden Betrug, FS Schmid Zürich 2001, 240; *ders* Der räumliche Geltungsbereich des Strafrechts im Internet: Die Verfolgung von grenzüberschreitenden Internetkriminalität in der Schweiz im Vergleich mit Deutschland und Österreich SchwZStW 118 (2001), 109; *ders* Die strafrechtliche Beurteilung von Hyperlinks, FS Rehbinder München 2002, 723; *Schwenzer* Urheberrechtliche Fragen der „kleinen Münze" in der Popmusikproduktion ZUM 1996, 584; *ders* Werden Träume wahr in der CD-Kopier-Bar? – Grenzen der Privatkopie nach § 53 Abs 1 UrhG ZUM 1997, 478; *Sedlmeier* Die Auslegung der urheberrechtlichen Straftatbestände bei Internet-Sachverhalten, Frankfurt aM 2003; *Seelmann-Eggebert* Die Entwicklung des Presse- und Äußerungsrechts in den Jahren 2005 bis 2007 NJW 2008, 2591; *Seidl/Fuchs* Zur Strafbarkeit des sog „Skimming" HRRS 2011, 265; *Sieber* Strafrechtliche Verantwortlichkeit für den Datenverkehr in internationalen Computernetzen JZ 1996, 429, 494; *ders* Anmerkung zu AG München: „CompuServe"-Urteil MMR 1998, 438; *ders* Kinderpornographie, Jugendschutz und Providerverantwortlichkeit im Internet, Bonn 1999; *ders* Verantwortlichkeit im Internet: Technische Kontrollmöglichkeiten und multimediarechtliche Regelungen, München 1999; *ders* Internationales Strafrecht im Internet – Das Territorialitätsprinzip der §§ 3, 9 StGB im globalen Cyberspace NJW 1999, 2065; *ders* Mindeststandards für ein globales Pornografiestrafrecht – Eine rechtsvergleichende Analyse ZUM 2000, 89; *ders* Die Bekämpfung von Hass im Internet ZRP 2001, 97; *Siebert* Zur allgemeinen Problematik des Persönlichkeitsrechts NJW 1958, 1369; *Simitis* Das Stasi-Unterlagen-Gesetz – Einübung in die Zensur? NJW 1995, 639; *Singelnstein* Möglichkeiten und Grenzen neuerer strafprozessualer Ermittlungsmaßnahmen – Telekommunikation, Web 2.0, Datenbeschlagnahme, polizeiliche Datenverarbeitung & Co NStZ 2012, 593; *ders* Verhältnismäßigkeitsanforderungen für strafprozessuale Ermittlungsmaßnahmen – am Beispiel der neueren Praxis der Funkzellenabfrage JZ 2012, 601; *Soehring/Hoene* Pressrecht, 5. Aufl Köln 2013; *Sorth* Rundfunkberichterstattung aus Gerichtsverfahren, Hamburg 1999; *Spautz* Tonträgerpiraterie, Bootlegs und strafrechtlicher Schutz im Urheberrechtsgesetz FuR 1978, 743; *Spindler* Verantwortlichkeit und Haftung für Hyperlinks im neuen Recht MMR 2002, 495; *ders* Das Gesetz zum elektronischen Geschäftsverkehr – Verantwortlichkeit der Diensteanbieter und Herkunftslandprinzip NJW 2002, 921; *Stange* Pornographie im Internet – Versuche einer strafrechtlichen Bewältigung CR 1996, 424; *Stapper* Presse und Unschuldsvermutung AfP 1996, 349; *Steffen* Schranken des Persönlichkeitsschutzes für den „investigativen" Journalismus AfP 1988, 117; *Stegbauer* Der Straftatbestand gegen die Auschwitzleugnung – eine Zwischenbilanz NStZ 2000, 281; *ders* Rechtsextremistische Propaganda und das Kennzeichenverbot des § 86a StGB JR 2002, 182; *Steinbach* Die Beschimpfung von Religionsgesellschaften gemäß § 166 StGB – eine Würdigung des Karikaturenstreits nach deutschem Strafrecht JR 2006, 495; *Stender-Vorwachs* Bildberichterstattung über Prominente – Heide Simonis, Sabine Christiansen und Caroline von Hannover NJW 2009, 334; *Stoltenberg* Stasi-Unterlagen-Gesetz, Kommentar, Baden-Baden 1992; *ders* Die historische Entscheidung für die Öffnung der Stasi-Akten – Anmerkungen zum Stasi-Unterlagen-Gesetz DtZ 1992, 65; *Stree* Zur Problem des publizistischen Landesverrats JZ 1963, 527; *Strömer* Online-Recht, 4. Aufl Heidelberg 2006; *Stürner* Persönlichkeitsschutz und Geldersatz AfP 1998, 1; *ders* Bildberichterstattung aus deutschen Gerichtssälen JZ 1995, 297; Systematischer Kommentar zum Strafgesetzbuch Loseblattsammlung *Rudolphi/Horn/Samson/Günther* (Hrsg) 8. Aufl Stand 138. Lieferung 5/2013 Neuwied (zit SK/*Bearbeiter*); *Thiel* Anmerkung zum Urteil des BGH vom 15.12.2009 JR 2011, 116; *Thalheimer* Die Vorfeldstrafbarkeit nach §§ 30, 31 StGB, Frankfurt aM ua 2008; *Thoms* Der urheberrechtliche Schutz der kleinen Münze, München 1980; *Tiedemann* Die Bekämpfung der Wirtschaftskriminalität durch den Gesetzgeber JZ 1986, 865; *Tillmanns* Das Redaktionsgeheimnis muss besser geschützt werden ZRP 2007, 37; *Tyszkiewicz* Skimming als Ausspähen von Daten gemäß § 202a StGB, HRRS 2010, 207; *Uebbert* Die strafrechtliche Haftung des verantwortlichen Redakteurs bei der Veröffentlichung strafbarer Inhalte, insbesondere nach § 21 Abs 2 S 1 Ziffer 1 LPG NW, Münster 1995; *Ulmer-Eilfort* Zur Zukunft der Vervielfältigungsfreiheit nach § 53 UrhG im digitalen Zeitalter, FS Nordemann Baden-Baden 1999, 285; *Vahle* Zur (Mit-)Verantwortlichkeit beim Überlassen von sog Horror-Videos an Kinder bzw Jugendliche DVP 1999, 345; *Valerius* Ermittlungsmaßnahmen im Internet: Rückblick, Bestandsaufnahme, Ausblick JR 2007, 275; *Vassilaki* Multimediale Kriminalität – Entstehung, Formen und rechtspolitische Fragen der „Post-Computerkriminalität" CR 1997, 297; *dies* Strafrechtliche Verantwortlichkeit der Dienstanbieter nach dem TDG MMR 1998, 630; *dies* Strafrechtliche Verantwortlichkeit durch Einrichten und Aufrechterhalten von elektronischen Verweisen (Hyperlinks) CR 1999, 85; *dies* Online-Auschwitzlüge und deutsches Strafrecht CR 2001, 262; *dies* Strafrechtliche Haftung nach §§ 8 ff TDG MMR 2002, 659; *Vetter* Gesetzeslücken bei der Internetkriminalität, Hamburg 2003; *Vlachopoulos* Kunstfreiheit und Jugendschutz, Berlin 1996; *Vogel* Fernsehübertragungen von Strafverfahren in der Bundesrepublik Deutschland und den USA, Frankfurt aM 2005; *Vogel/Norouzi* Europäisches ne bis in idem – EuGH NJW 2003, 1173, JuS 2003, 1059; *Wagner* Beschlagnahme und Einziehung staatsgefährdender Massenschriften MDR 1961, 93; *ders* Strafprozessführung über die Medien, Baden-Baden 1987; *Waldenberger* Teledienste, Mediendienste und die „Verantwortlichkeit" ihrer Anbieter MMR 1998, 124; *Walther* Zur Anwendbarkeit der Vorschriften des strafrechtlichen Jugendmedienschutzes auf im Bildschirmtext verbreitete Mitteilungen NStZ 1990, 523; *Wandres* Die Strafbarkeit des Auschwitz-Leugnens, Berlin 2000; *Wandtke/Bullinger* Praxiskommentar zum Urheberrecht, 3. Aufl München 2008 (zit Wandtke/Bullinger/*Bearbeiter*); *Wandtke/von Gerlach* Die urheberrechtliche Rechtmäßigkeit der Nutzung von Audio-Video Streaminginhalten im Internet GRUR 2013, 676; *Warntjen* Die verfassungsrechtlichen Anforderungen an eine gesetzliche Regelung der Online-Durchsuchung Jura 2007, 581; *Weber, U* Der strafrechtliche Schutz des Urheberrechts, Tübingen 1976 (zit *Weber* Urheberstrafrecht); *ders* Grundsätze und Grenzen strafrechtlichen Schutzes des Urheberrechts und der verwandten Schutzrechte FuR 1980, 335; *ders* Zur strafrechtlichen Erfassung des Musikdiebstahls, FS Sarstedt Berlin 1981, 379; *ders* Strafrechtliche Aspekte der Sportwette in: Rechtsprobleme der Sportwette Heidelberg 1989, 39 (zit *Weber* Sportwette); *Weber, W* Innere Pressefreiheit als Verfassungsproblem, Berlin 1973 (zit *Weber, W* Pressefreiheit); *Weider* Die Videovernehmung von V-Leuten gemäß § 247a StPO unter optischer und akustischer Abschirmung StV 2000, 48; *Weigend* Strafrechtliche Pornographieverbote in Europa ZUM 1994, 133; *ders* Gewaltdarstellung in den Medien, Ethik als Schranke der Programmfreiheit im Medienrecht, FS Herrmann Baden-Baden 2002, 35; *Wendt* Das Recht am eigenen Bild als strafbewehrte Schranke der verfassungsrechtlich geschützten Kommunikationsfreiheiten des Art 5 Abs 1 GG AfP 2004, 181; *Werle/Jeßberger* Grundfälle zum Strafanwendungsrecht JuS 2001, 35; *Werwigk-Hertneck* Schutz vor den Paparazzi? Ein Einbruch in die Intimsphäre soll strafbar werden ZRP 2003, 293; *Wessels/Beulke/Satzger* Strafrecht Allgemeiner Teil, 43. Aufl Heidelberg 2013; *Widmaier* Gerechtigkeit – Aufgabe von Justiz und Medien? NJW 2004, 399; *Wilhelm* Vorzeitige Weitergabe einer Anklageschrift, § 353d Nr 3 StGB NJW 1994, 1520; *Willms* Verfassungsfeindliche Schriften – Zur Auslegung und Reform des § 93 StGB JZ 1958, 601; *Wimmer/Michael* Der Online-Provider im neuen Multimediarecht, Baden-Baden 1998; *Wörner* Einseitiges Strafanwendungsrecht und entgrenztes Internet? ZIS 2012, 458; *Wohlers* Die Qualifizierung von Sportwetten als Glücksspiele im Sinne des StGB § 284 JZ 2004, 2047; *Wohlers* Prozessuale Konsequenzen präjudizierender Medienberichterstattung StV 2005, 186; *Wohlers/Demko* Der strafprozessuale Zugriff auf Verbindungsdaten (§§ 100g, 100h StPO) StV 2003, 214; *Wolf* Die Gesetzwidrigkeit von Fernsehübertragungen aus Gerichtsverhandlungen NJW 1994, 681; *ders* Gerichtsberichterstattung – künftig „live" im Fernsehen? ZRP 1996, 106; *ders* „Wir schalten um nach Karlsruhe ..." Fernsehübertragungen aus Sitzungen des Bundesverfassungsgerichts? JR 1997, 441; *Wormer* Der strafrechtliche Schutz der Privatsphäre vor Missbräuchen mit Tonaufnahme- und Abhörgeräten, Mannheim 1977; *Wrage* Allgemeine Oddset-Sportwetten: Zur Strafbarkeit des Buchmachers gemäß § 284 StGB JR 2001, 405; *Wysse* Öffentlichkeit von Gerichtsverfahren und Fernsehberichterstattung EuGRZ 1996, 1; *Zabel* „Öffentliche Pranger" und reformierter Strafprozess GA 2011, 347; *Zechlin* Kunstfreiheit, Strafrecht und Satire NJW 1984, 1091; *Zuck* Mainstream-Denken contra Medienöffentlichkeit – Zur Politik der n-tv-Entscheidung des BVerfG NJW 2001, 1622; *ders* Anmerkung zur einstweiligen Anordnung des BVerfG vom 12.4.2013 NJW 2013, 1295.

Übersicht

§ 1 Die Stellung des Medienstrafrechts im Rahmen des Medienrechts —— 1

I. Der Gegenstandsbereich des Medienstrafrechts —— 1

II. Erscheinungsformen der Medienkriminalität —— 5
   1. Die Verletzung von Individualrechten durch Medien —— 6

2. Die Verbreitung gefährdender Inhalte durch Medien —— 10

3. Aufforderung zur Begehung von Straftaten über die Medien —— 11

4. Medien(unternehmen) als Opfer von Straftaten —— 12

5. Sonstige Rechtsverletzungen —— 13

III. Medienstrafrecht und Grundgesetz —— 14
  1. Die Meinungsfreiheit (Art 5 Abs 1 S 1 Alt 1 GG) —— 16
  2. Die Informationsfreiheit (Art 5 Abs 1 S 1 Alt 2 GG) —— 19
  3. Die Pressefreiheit (Art 5 Abs 1 S 2 Alt 1 GG) —— 23
  4. Die Freiheit der Berichterstattung durch Rundfunk (Art 5 Abs 1 S 2 Alt 2 GG) —— 27
  5. Die Freiheit der Berichterstattung durch Film (Art 5 Abs 1 S 2 Alt 3 GG) —— 29
  6. Die Kunstfreiheit (Art 5 Abs 3 GG) —— 30
  7. Schutz der Mediengrundrechte durch die Europäische Menschenrechtskonvention —— 32
  8. Keine verfassungsrechtliche Privilegierung des „investigativen Journalismus" —— 33

§ 2 Probleme im Zusammenhang mit dem Allgemeinen Teil des Strafrechts —— 36
I. Die Anwendbarkeit deutschen Strafrechts —— 36
II. Der Gerichtsstand —— 50
III. Der Schriftenbegriff des § 11 Abs 3 StGB —— 55
IV. Täterschaft und Teilnahme gem §§ 25 ff StGB —— 63
  1. Allgemeine Grundsätze —— 63
     a) Keine Strafbarkeit des Medienunternehmens als juristische Person —— 63
     b) Grundsatz der Trennung von Täterschaft und Teilnahme —— 64
  2. Die Verantwortlichkeit im Internet —— 69
     a) Die Providerhaftung —— 70
     b) Das Setzen von Hyper-Links —— 81
V. Rechtfertigungsgründe —— 82
VI. Die Freiheit der Parlamentsberichterstattung nach Art 42 Abs 3 GG, § 37 StGB —— 86
VII. Die Problematik des Berufsverbotes des § 70 StGB —— 87
VIII. Verjährung —— 92
IX. Einziehung —— 97
X. Strafzumessung – Strafmildernde Berücksichtigung exzessiver Medienberichterstattung —— 105

§ 3 Die wichtigsten medienstrafrechtlich relevanten Straftatbestände aus dem StGB —— 108
I. Die Verletzung von Individualrechten durch Medien —— 108
  1. Die Beleidigungsdelikte (§§ 185 ff StGB) —— 108
     a) Das System des strafrechtlichen Ehrenschutzes —— 109
     b) Der geschützte Personenkreis —— 112
     c) Die Abgrenzung von Tatsachenbehauptung und Werturteil —— 114
     d) Die Beleidigung (§ 185 StGB) —— 116
     e) Die üble Nachrede (§ 186 StGB) —— 117
     f) Die Verleumdung (§ 187 StGB) —— 120
     g) Qualifikationen —— 121
     h) Die Verunglimpfung des Andenkens Verstorbener (§ 189 StGB) —— 124
     i) Die Wahrnehmung berechtigter Interessen (§ 193 StGB) —— 125
  2. Der Schutz des persönlichen Lebens- und Geheimbereichs (§§ 201 ff StGB) —— 132
     a) Die Verletzung der Vertraulichkeit des Wortes (§ 201 StGB) —— 133
     b) Die Verletzung des höchstpersönlichen Lebensbereiches durch Bildaufnahmen (§ 201a StGB) —— 138
     c) Die Verletzung des Briefgeheimnisses (§ 202 StGB) —— 143
     d) Das Ausspähen von Daten (§ 202a StGB) —— 147
     e) Die Verletzung von Privatgeheimnissen (§ 203 StGB) —— 152
     f) Die Verwertung fremder Geheimnisse (§ 204 StGB) —— 155
     g) Die Verletzung des Post- oder Fernmeldegeheimnisses (§ 206 StGB) —— 156
  3. Die Nötigung (§ 240 StGB) – Medien als Täter —— 157
  4. Sonstige individualrechtsschützende Delikte —— 161
     a) Die Beschimpfung von Bekenntnissen (§ 166 StGB) —— 161
     b) Die Falsche Verdächtigung (§ 164 StGB) —— 162
     c) Der Hausfriedensbruch (§§ 123, 124 StGB) —— 165
II. Die Verbreitung gefährdender Inhalte durch die Medien —— 170
  1. Die hauptsächlichen Tathandlungen —— 170
     a) Das Verbreiten —— 170
     b) Das Zugänglichmachen —— 172
     c) Sonstige Tathandlungen —— 177
  2. Die Verbreitung staatsgefährdender Inhalte —— 195
     a) Der Friedensverrat (§§ 80, 80a StGB) —— 197
     b) Die verfassungsfeindliche Einwirkung auf Bundeswehr und öffentliche Sicherheitsorgane (§ 89 StGB) —— 201
     c) Die Verunglimpfungstatbestände der §§ 90, 90a und 90b StGB —— 207

- d) Die Anleitung zur Begehung einer schweren staatsgefährdenden Gewalttat (§ 91 StGB) —— 210
- e) Die Kundgabe von Staatsgeheimnissen (§§ 93 ff StGB) —— 211
  - aa) Der Begriff des Staatsgeheimnisses (§ 93 StGB) —— 212
  - bb) Der Landesverrat (§ 94 StGB) —— 215
  - cc) Das Offenbaren und die Preisgabe von Staatsgeheimnissen (§§ 95, 97 StGB) —— 216
  - dd) Das „Sich-Verschaffen" von Staatsgeheimnissen (§ 96 StGB) —— 219
  - ee) Der Verrat illegaler Geheimnisse (§§ 97a, 97b StGB) —— 220
  - ff) Die landesverräterische Fälschung (§ 100a StGB) —— 222
- f) Störpropaganda gegen die Bundeswehr (§ 109d StGB) —— 223
- g) Sicherheitsgefährdendes Abbilden (§ 109g StGB) —— 224
- h) Verletzung des Dienstgeheimnisses und einer besonderen Geheimhaltungspflicht (§ 353b StGB) —— 226
- i) Verbotene Mitteilungen über Gerichtsverhandlungen (§ 353d StGB) —— 227

3. Die Verbreitung rechtswidriger Inhalte —— 231
- a) Das Verbreiten von Propagandamitteln verfassungswidriger Organisationen (§ 86 StGB) —— 231
- b) Das Verwenden von Kennzeichen verfassungswidriger Organisationen (§ 86a StGB) —— 240
- c) Die Volksverhetzung (§ 130 StGB) —— 244
- d) Die Gewaltdarstellung (§ 131 StGB) —— 246

4. Verbreitung pornografischer Schriften (§§ 184 ff StGB) —— 252
- a) Die Schutzzwecke der Normen —— 253
- b) Der Begriff der „pornografischen Schrift" —— 254
- c) Die Verbreitung pornografischer Schriften gem § 184 StGB —— 256
- d) Die Verbreitung pornografischer Darbietungen durch Rundfunk, Medien- oder Teledienste (§ 184c StGB) —— 268
- e) Die Verbreitung gewalt- oder tierpornografischer Schriften (§ 184a StGB) —— 270
- f) Verbreitung, Erwerb und Besitz kinderpornografischer Schriften (§ 184b StGB) —— 272
- g) Verbreitung, Erwerb und Besitz jugendpornografischer Schriften (§ 184c StGB) —— 275

III. Kommunikation im Hinblick auf Straftaten über die Medien —— 276
1. Öffentliche Aufforderung zu Straftaten (§ 111 StGB) —— 276
2. Anleitung zu Straftaten (§ 130a StGB) —— 279
3. Belohnung und Billigung von Straftaten (§ 140 StGB) —— 281
4. Exkurs: Verabredung von Straftaten über das Internet —— 282
   - a) Sich-Bereit-Erklären zur Deliktsbegehung —— 284
   - b) Aufforderung zur Begehung von Straftaten —— 286
   - c) Verabredung zur Deliktsbegehung —— 289
   - d) Anleitung zur Begehung von Straftaten —— 290

IV. Medien(unternehmen) als Opfer von Straftaten —— 295
1. Die Nötigung (§ 240 StGB) – Medien als Opfer —— 295
2. Sabotage —— 296
3. DDoS-Attacken —— 299

V. Sonstige Rechtsverletzungen —— 301
1. Die unerlaubte Veranstaltung eines Glücksspiels (§ 284 StGB) —— 302
2. Die unerlaubte Veranstaltung einer Lotterie oder einer Ausspielung (§ 287 StGB) —— 310

§ 4 **Die wichtigsten medienstrafrechtlich relevanten Tatbestände des Nebenstrafrechts** —— 313
I. Das Urheberstrafrecht —— 313
1. Die unerlaubte Verwertung urheberrechtlich geschützter Werke (§ 106 UrhG) —— 316
2. Unerlaubte Eingriffe in verwandte Schutzrechte (§ 108 UrhG) —— 319
3. Gewerbsmäßige unerlaubte Verwertung (§ 108a UrhG) —— 323
4. Unerlaubte Eingriffe in technische Schutzmaßnahmen (§ 108b UrhG) —— 324
5. „Illegale" Musiktauschbörsen im Internet —— 325

II. § 33 KUG (Kunst-Urhebergesetz) —— 332
III. Presserechtliche Sonderstraftatbestände und Ordnungswidrigkeiten —— 337
1. Geltung der allgemeinen Strafgesetze —— 337

2. Privilegierung der Presse —— 338
3. Sondertatbestände für verantwortliche Redakteure und Verleger —— 339
4. Presseordnungs-Vergehen —— 340
5. Ordnungswidrigkeiten —— 342
IV. Jugendschutzgesetz (§ 27 JuSchG) —— 343
1. Jugendschutz und Strafrecht —— 343
2. Die Strafvorschrift des § 27 JuSchG —— 345
3. Der Bußgeldtatbestand des § 28 JuSchG —— 357
V. § 44 StUG (Stasi-Unterlagen-Gesetz) —— 359

§ 5 Besonderheiten des Ordnungswidrigkeitenrechts —— 363
I. Allgemeines zum Ordnungswidrigkeitenrecht —— 363
II. Einzelne Tatbestände des Ordnungswidrigkeitenrechts —— 364
1. Öffentliche Aufforderung zu Ordnungswidrigkeiten (§ 116 OWiG) —— 365
2. Grob anstößige und belästigende Handlungen (§ 119 OWiG) —— 366
3. Werbung für Prostitution (§ 120 OWiG) —— 367
4. Landesrechtliche Pressegesetze —— 368

§ 6 Strafverfahrensrechtliche Besonderheiten —— 369
I. Das Zeugnisverweigerungsrecht der Medienmitarbeiter (§ 53 Abs 1 Nr 5 StPO) —— 370
1. Bedeutung des Zeugnisverweigerungsrechts —— 370
2. Der geschützte Personenkreis —— 373
3. Inhalt und Umfang des Zeugnisverweigerungsrechts —— 378
   a) Der Inhalt des Zeugnisverweigerungsrechts —— 379
   b) Die Beschränkung auf den redaktionellen Teil —— 381
   c) Die Beschränkung des § 53 Abs 2 S 2 StPO —— 382
II. Die strafprozessuale Durchsuchung, §§ 102 ff StPO —— 383
1. Durchsuchung zur Auffindung von Beweismaterial —— 386
2. Durchsuchung zur Auffindung von Schriften mit strafbarem Inhalt —— 388
III. Die strafprozessuale Beschlagnahme —— 389
1. Die strafprozessuale Beschlagnahme, §§ 94 ff StPO —— 390
2. Die Beschlagnahme von Druckwerken gem §§ 111m, 111n StPO —— 395
IV. Abhörmaßnahmen, Überwachung der Telekommunikation, Online-Durchsuchungen —— 397
1. Abhörmaßnahmen und Überwachung der Telekommunikation —— 398
2. Die Online-Durchsuchung und der virtuelle Verdeckte Ermittler —— 400
3. Zugriff auf Bestands- und Verkehrsdaten (Vorratsdatenspeicherung) —— 402
4. IMSI/IEMI-Catcher und Funkzellenabfrage —— 403
V. Die Medienöffentlichkeit im Strafverfahren —— 404
1. Der Öffentlichkeitsgrundsatz, § 169 S 1 GVG —— 405
2. Die Beschränkung nach § 169 S 2 GVG —— 406
3. Möglichkeit der Beschränkung nach § 176 GVG —— 411
4. Möglichkeit der Beschränkung auf der Grundlage des allgemeinen Hausrechts —— 416
5. Die Gefahren der Medienberichterstattung für den Strafprozess —— 417
6. Die Verwendung von Medien im Strafverfahren —— 418
7. Exkurs: Die Medienöffentlichkeit im Ermittlungsverfahren —— 422

§ 1
Die Stellung des Medienstrafrechts im Rahmen des Medienrechts

I. Der Gegenstandsbereich des Medienstrafrechts

Im Rahmen der strafrechtlichen Verantwortlichkeit für Verhaltensweisen, die im Zusammenhang mit Medienprodukten zu prüfen sind, wird als Oberbegriff oft vom **„Medienstrafrecht"**

1

gesprochen.¹ Dabei muss man sich aber im Klaren sein, dass es sich hierbei nicht um eine abgegrenzte Gruppe von Straftatbeständen, wie zB beim „Umweltstrafrecht" (§§ 324 ff StGB) oder beim „Betäubungsmittelstrafrecht" (§§ 29 ff BtMG) handelt. Vielmehr wird das „Medienstrafrecht", wie zB auch das „Arztstrafrecht" oder das „Computerstrafrecht", ausschließlich von seinem Gegenstand her definiert.² In diesem Zusammenhang existieren zwar auch vereinzelt Sondertatbestände, weitgehend werden aber die allgemeinen Straftatbestände – und eben keine Spezialtatbestände – zur Anwendung gebracht.

2 Dabei ist die **Abgrenzung** unklar, was noch zum Medienstrafrecht zu zählen ist und was nicht. Wer eine Zeitung, die einem anderen gehört, zerreißt, begeht eine Sachbeschädigung (§ 303 StGB), wer im Rahmen einer Internetauktion einen anderen täuscht, kann einen Betrug begehen (§ 263 StGB) und wer einem anderen ein Buch entwendet, hat sich wegen eines Diebstahls (§ 242 StGB) zu verantworten. In allen diesen Fällen sind zwar „Medien" in irgendeiner Form mit beteiligt, es sind jedoch **keine medienspezifischen Besonderheiten** zu beachten, sodass eine Erörterung im vorliegenden Zusammenhang nicht angezeigt ist.

3 Anders stellt sich die Sachlage bei denjenigen Delikten dar, die zwar häufig im Zusammenhang mit der Verbreitung durch ein Medium begangen werden, die aber **auch außerhalb des Medienbereiches** stattfinden können, wie etwa die Beleidigungsdelikte (§§ 185 ff StGB) oder die Volksverhetzung (§ 130 StGB). Denn hier können die spezifischen Umstände der Verbreitung, insb die Erreichbarkeit eines weit größeren Personenkreises, sowie die besondere Zwecksetzung eine differenzierte Beurteilung erfordern. Dies zeigt sich nicht nur in den besonderen Qualifikationstatbeständen der §§ 186 Alt 2, 187 Alt 2, 188 Abs 1, die an die „Verbreitung von Schriften" (§ 11 Abs 3) anknüpfen, sondern ua auch in der Sonderrolle der Medien im Rahmen der Vorschrift des § 193 StGB (Rechtfertigungsgrund der „Wahrnehmung berechtigter Interessen").³ Daher wurden insb auch die Delikte, die an die **Verbreitung bestimmter Inhalte** anknüpfen, in die folgende Darstellung mit aufgenommen.⁴

4 Eindeutig ist die Zuordnung zum Bereich des Medienstrafrechts hingegen bei denjenigen Tatbeständen, die **notwendigerweise die Verbreitung durch ein Medium voraussetzen**, wie zB § 33 KUG⁵ oder bei denjenigen Normen, die eine besondere (strafrechtliche) Stellung von Medienmitarbeitern begründen, wie zB das besondere Zeugnisverweigerungsrecht der Medienmitarbeiter in § 53 Abs 1 Nr 5 StPO.

II. Erscheinungsformen der Medienkriminalität

5 Im Folgenden soll versucht werden, die unterschiedlichen Erscheinungsformen der Medienstraftaten in verschiedene Fallgruppen einzuordnen. Dabei ist als Erstes danach zu differenzieren, ob Medienunternehmen bzw deren Mitarbeiter **als Täter oder als Opfer** von Straftaten auftreten (wobei bereits an dieser Stelle darauf hinzuweisen ist, dass eine strafrechtliche Verantwortlichkeit nach deutschem Recht stets an das Verhalten einzelner natürlicher Personen anknüpft und daher das Medienunternehmen selbst als juristische Person im strafrechtlichen Sinne niemals

---

1 Vgl nur Dörr/Kreile/Cole/*Cole* Kap G; *Petersen* Überschrift zum 5. Teil; vgl ferner die Titel der Lehrbücher von *Eisele* Computer- und Medienstrafrecht und *Mitsch* Medienstrafrecht.
2 Vgl auch *Fechner* 6. Kap Rn 92; *Petersen* 5. Teil Rn 1.
3 Vgl hierzu ausf unten Rn 125 ff; dagegen will *Petersen* 5. Teil Rn 2 diese Tatbestände aus dem spezifischen Medienstrafrecht ausklammern; anders *Paschke* Rn 1250 ff.
4 Vgl hierzu ausf unten Rn 170 ff.
5 Vgl hierzu ausf unten Rn 332 ff.

Täter sein kann)⁶. Als weiteres Unterscheidungskriterium im Bereich der Medienkriminalität kann die **Zielrichtung** von Straftaten herangezogen werden. Dabei liegt der Schwerpunkt – und damit das „Medientypische" – in der Verbreitung gefährlicher oder verbotener Inhalte. Durch die Verbreitung dieser Medieninhalte werden in erster Linie kollektive Rechtsgüter verletzt. Darüber hinaus können jedoch auch, wie das Beispiel der Beleidigungsdelikte zeigt, Individualrechtsgüter betroffen sein.⁷

1. Die Verletzung von individuellen Rechten durch Medien

Als Erstes soll auf die Besonderheit von individuellen Rechtsgutsverletzungen, die über ein Medium begangen werden, eingegangen werden. Hier ist zu unterscheiden zwischen Delikten, die **spezifisch** im Zusammenhang mit der Verbreitung von Inhalten stehen und durch die einzelne Personen beeinträchtigt und in ihren Rechten verletzt werden sowie Delikten, bei denen – vorwiegend über das Medium des Internets – das **Medium lediglich als „Werkzeug"** des Einzelnen dient, um Straftaten zu begehen.

Als Musterbeispiel für die **erste Gruppe** sind wiederum die Beleidigungsdelikte, §§ 185 ff StGB, zu nennen, bei denen die Intensität der Ehrverletzung mit der Zahl der Empfänger der Nachricht zunimmt.⁸ Dies wird – wie schon erwähnt – im Rahmen der §§ 186, 187, 188 StGB dadurch deutlich, dass die Verbreitung der ehrverletzenden Äußerung durch Schriften iSd § 11 Abs 3 StGB⁹ als Qualifikation normiert wurde.

In die **zweite Gruppe** fallen Straftaten, bei denen sich der Täter des Mediums zwar als „Werkzeug" bedient, er die Rechtsverletzung aber auch auf andere Weise in gleicher Form hätte erreichen können. So kann die Verletzung von Privatgeheimnissen, § 203 StGB,¹⁰ auf vielerlei Wegen erreicht werden: durch die Ausstrahlung im Fernsehen, durch Rundfunksendungen, den Abdruck von Geheimnissen in der Presse oder durch die Veröffentlichung im Internet.

Daneben ist insb im **Bereich des Internets** an Straftaten zu denken, die der Einzelne unter Benutzung des Mediums begeht, die aber in den Bereich der allgemeinen Kriminalität fallen und die daher im Folgenden auch nicht näher untersucht werden. Ebenso wie eine betrugsrelevante Täuschung verbal oder mittels eines Briefes vollzogen werden kann, ist an eine Betrugsstrafbarkeit, § 263 StGB, zu denken, bei der sich der Täter des Mediums des Internets bedient. Wer zB über „eBay" schlechte Ware zum Verkauf anbietet oder wer Sachen ersteigert, ohne dabei die Absicht zu haben, diese später zu bezahlen, nutzt die speziellen Möglichkeiten, die ihm das Internet bietet, um Straftaten zu begehen, die aber nicht zu den „medienspezifischen" Straftaten zu rechnen sind.

2. Die Verbreitung gefährdender Inhalte durch Medien

In besonderer Weise „medientypisch" – und in der Praxis auch bedeutender – sind diejenigen Delikte, in denen gerade durch die Verbreitung gefährlicher oder verbotener Inhalte eine Straftat begangen wird. So knüpft eine Vielzahl von Delikten daran an, dass der Täter bestimmte Inhalte verbreitet, die entweder grds (wie zB volksverhetzende Äußerungen, § 130 StGB, oder „harte"

---

6 Vgl hierzu noch unten Rn 63.
7 Vgl aber auch *Vassilaki* CR 1997, 297, 298 f, die eine Einteilung in Straftaten der Verbreitung von Informationen mit rechtswidrigem Inhalt und solchen vornimmt, die „Informationsrechte Dritter" verletzen (wie zB die Verletzung urheberrechtlicher oder datenschutzrechtlicher Vorschriften).
8 Vgl hierzu ausf unten Rn 108 ff.
9 Vgl zum Schriftenbegriff des § 11 Abs 3 StGB noch unten Rn 55 ff.
10 Vgl hierzu ausf unten Rn 152 ff.

Pornografie, §§ 184a, 184b StGB[11]) oder jedenfalls gegenüber einem bestimmten Personenkreis (wie zB „weiche" Pornografie gegenüber Jugendlichen, § 184 StGB[12]) nicht übermittelt werden dürfen. Man spricht hier auch von sog **„Inhaltsdelikten"**, die, wie insb die „Presseinhaltsdelikte", teilweise spezielle Regelungen erfahren haben.[13]

3. Aufforderung zur Begehung von Straftaten über die Medien

11 Eine Besonderheit, die insb auf den Multiplikatoreffekt einer großflächigen Verbreitung von Informationen abzielt, ist die Möglichkeit, über Medien zur Begehung von Straftaten aufzufordern, § 111 StGB.[14] Auch die Anleitung zur Begehung von Straftaten, § 130a StGB,[15] ist in diesem Zusammenhang zu nennen. Schließlich ist auch daran zu denken, dass eine Belohnung und Billigung von Straftaten, § 140 StGB,[16] über ein bestimmtes Medium eine besonders nachteilige Wirkung erzeugt.

4. Medien(unternehmen) als Opfer von Straftaten

12 Medienunternehmen bzw deren Mitarbeiter können darüber hinaus aber auch Opfer von Straftaten werden. Hierbei ist jedoch zu beachten, dass in diesen Fällen zwar teilweise medientypische Besonderheiten zu berücksichtigen sind, es sich im Wesentlichen dabei jedoch um Delikte handelt, die, wie die Nötigung, § 240 StGB, die Betriebsspionage (Verrat von Betriebsgeheimnissen), § 17 UWG, und die Sabotage, § 303b StGB, in ähnlicher Weise auch gegen andere Wirtschaftsunternehmen begangen werden können.[17]

5. Sonstige Rechtsverletzungen

13 Darüber hinaus sind noch einige Delikte und Deliktsgruppen zu nennen, die sich dadurch auszeichnen, dass sie zwar auch unter Verwendung eines Mediums begangen werden können, dass es sich aber im Wesentlichen um **Straftaten der allgemeinen Kriminalität** handelt, bei denen das Medium – insb hier wiederum das Internet – nur ein besonderes Werkzeug darstellt. Zu nennen wäre hier als Beispiel der Tatbestand des unerlaubten Veranstaltens eines Glücksspiels, § 284 StGB, welcher sowohl durch Online-Casinos als auch durch die Vermittlung von Sportwetten erfüllt werden kann.[18]

III. Medienstrafrecht und Grundgesetz

14 Im Bereich des Medienstrafrechts kollidieren die einzelnen Strafnormen oftmals mit grundgesetzlich garantierten Rechten, insb aus Art 5 GG. Andererseits stellen die Strafvorschriften auch „allgemeine Gesetze" dar, die über Art 5 Abs 2 GG jedenfalls die Grundrechte des Art 5 Abs 1 GG einschränken können. Dabei ist der Strafgesetzgeber jedoch gehalten, bei der Schaf-

---

11 Vgl zu § 130 StGB noch unten Rn 244 f; zu § 184a StGB unten Rn 270 f; zu § 184b StGB unten Rn 272 ff.
12 Vgl zu § 184 StGB unten Rn 256 ff.
13 Vgl zur Sonderregelung bei Presseinhaltsdelikten noch unten Rn 52.
14 Vgl hierzu ausf unten Rn 276 ff.
15 Vgl hierzu ausf unten Rn 279 f.
16 Vgl hierzu ausf unten Rn 281.
17 Vgl hierzu ausf unten Rn 295 ff.
18 Vgl hierzu ausf unten Rn 302 ff.

fung und Ausgestaltung der Strafnormen wiederum den Wesensgehalt der Grundrechte zu beachten, sodass diesbezüglich von einer **„Wechselwirkung"** auszugehen ist.[19] Dies gilt auch – im Hinblick auf bestehende Strafgesetze – für die Auslegung der einzelnen Straftatbestände. Insoweit hat eine Abwägung der betroffenen Rechte zu erfolgen. Auch die Strafgesetze müssen „ihrerseits [...] aus der Erkenntnis der wertsetzenden Bedeutung dieses Grundrechts im freiheitlich demokratischen Staat ausgelegt und so zu in ihrer das Grundrecht begrenzenden Wirkung selbst wieder eingeschränkt werden".[20] Dies erfolgt zumeist schon über die Auslegung der einzelnen Tatbestandsmerkmale, sodass ein entsprechendes Verhalten bereits die tatbestandliche Verwirklichung des Deliktes und nicht erst die Rechtswidrigkeit ausschließt.[21]

Andererseits ist zu beachten, dass Rechtsverletzungen, die über die Medien stattfinden, infolge der **großen Breitenwirkung** oftmals weit gravierender sind als Rechtsverletzungen, die sich in einem kleinen Kreis abspielen. So kann eine Verbreitung ehrverletzender Tatsachen über Funk, Fernsehen oder das Internet für den Ruf des Betroffenen infolge des großen Adressatenkreises in weit stärkerem Maße negative Folgen haben als eine Verbreitung derselben Tatsache am Stammtisch.[22]

1. Die Meinungsfreiheit (Art 5 Abs 1 S 1 Alt 1 GG)

Nach Art 5 Abs 1 S 1 Alt 1 GG hat jeder das Recht, seine Meinung in Wort, Schrift und Bild frei zu äußern. Ob dies verbal, schriftlich oder über ein (Massen-)Medium geschieht, ist dabei gleichgültig. Die Meinungsfreiheit ist ein Menschenrecht („Jeder"), steht also nicht nur Deutschen zu. Der Schutz des Grundrechts umfasst dabei nicht nur die Meinungsäußerung, die über ein Medium getätigt wird, sondern auch die Berichterstattung der Massenmedien an sich.[23] Verboten sind demnach alle Vorschriften, die eine Äußerung oder die Verbreitung von Meinungen beeinflussen, behindern oder verbieten. Medienrechtlich interessant ist, dass **auch die Wirtschaftswerbung** (insb die sog „Schockwerbung") vom Grundrecht der Meinungsfreiheit grds erfasst ist. Vom Schutzbereich der Meinungsfreiheit nicht erfasst sind allerdings erwiesen oder bewusst unwahre Tatsachenbehauptungen.[24] Dagegen kann aber die Veröffentlichung rechtswidrig erlangter Informationen vom Schutz der Meinungsfreiheit gedeckt sein.[25]

Nach Art 5 Abs 2 GG finden die Grundrechte des Art 5 Abs 1 GG ihre **Schranken** in den Vorschriften der allgemeinen Gesetze, den gesetzlichen Bestimmungen zum Schutze der Jugend und in dem Recht der persönlichen Ehre. Unter **„allgemeinen Gesetzen"** sind dabei alle Gesetze zu verstehen, die sich nicht gegen die Meinungsfreiheit (oder die Freiheit von Presse und Rundfunk) an sich oder gegen die Äußerung einer ganz bestimmten Meinung richten, sondern dem Schutz eines schlechthin, dh ohne Rücksicht auf eine bestimmte Meinung, zu schützenden

---

19 Vgl zur Wechselwirkungslehre BVerfGE 7, 198, 208 f – Lüth; BVerfGE 20, 162, 176 f – Spiegel; BVerfGE 35, 202, 223 f – Lebach I; BVerfGE 59, 231, 265 – Freie Rundfunkmitarbeiter; BVerfGE 60, 234, 240 – Kreditthaie; BVerfGE 62, 230, 244 – Boykottaufruf; BVerfGE 91, 125, 136 – Honecker ua; hierzu auch *Petersen* § 2 Rn 36 f; Schönke/Schröder/*Eser/Hecker* Vorbem § 1 Rn 30 ff.
20 BVerfGE 7, 198, 209 – Lüth.
21 Zur Frage, inwieweit aus den Grundrechten unmittelbar eine Rechtfertigung tatbestandlichen Verhaltens abgeleitet werden kann, die Grundrechte also Rechtfertigungsgründe darstellen können, vgl unten Rn 85.
22 Vgl hierzu auch *Herrmann/Lausen* § 26 Rn 3; *Siebert* NJW 1958, 1369; vgl auch BVerfGE 35, 202, 227 – Lebach I; BVerfGE 54, 208, 216, wonach Fernsehen in der Regel einen weitaus stärkeren Eingriff als Hörfunk oder Presse verursachen kann.
23 BVerfGE 81, 1, 11 f; BVerfG NJW-RR 2007, 1340.
24 BVerfGE 61, 1, 8; BVerfGE 90, 241, 249; BVerfG NJW 2008, 2907, 2908 – Heimatvertriebenenlied.
25 BVerfGE 66, 116, 137 f – Wallraff; vgl hierzu noch ausf unten Rn 35.

Rechtsguts dienen.[26] Zu diesen allgemeinen Gesetzen gehören zB die zivilrechtlichen Vorschriften über den Schutz des Persönlichkeitsrechts durch Ansprüche auf Unterlassung nach §§ 823 Abs 1, 1004 Abs 1 BGB, die aber ihrerseits im Lichte des Art 5 Abs 1 GG ausgelegt werden müssen (Wechselwirkung).[27] Da Strafgesetze zu den allgemeinen Gesetzen zählen, sind auch Strafnormen, welche die Freiheit der Meinungsäußerung einschränken, prinzipiell vom Wortlaut des Art 5 Abs 2 GG gedeckt. Problematisch ist dies allerdings bei § 130 Abs 3 StGB, der sog „Auschwitzlüge",[28] und § 130 Abs 4 StGB, dem Verbot, die nationalsozialistische Willkürherrschaft zu billigen, zu verherrlichen oder zu rechtfertigen, da es hier tatsächlich untersagt ist, eine bestimmte Meinung auf eine gewisse Art und Weise zu äußern. Dies sieht auch das BVerfG, hält aber § 130 Abs 4 StGB dennoch für verfassungsgemäß, obwohl es sich um ein „nicht allgemeines Gesetz" iS des Art 5 Abs 2 handele. Das BVerfG rechtfertigt den Erlass dieses strafrechtlichen Verbotes aber damit, dass eine immanente Ausnahme vom Verbot des Sonderrechts für die propagandistische Gutheißung der nationalsozialistischen Gewalt- und Willkürherrschaft gemacht werden müsse.[29]

18   Die Schranken des Art 5 Abs 2 GG können aber nicht in dem Sinne als absolut verstanden werden, dass das entsprechende Grundrecht nunmehr problemlos und unbegrenzt eingeschränkt werden dürfte. Vielmehr gelten diese Schranken nur „relativ", dh sie müssen wiederum der besonderen Bedeutung der entsprechenden Grundrechte im freiheitlichen Rechtsstaat Rechnung tragen **(Wechselwirkungslehre)**.[30]

2. Die Informationsfreiheit (Art 5 Abs 1 S 1 Alt 2 GG)

19 Nach Art 5 Abs 1 S 1 Alt 2 GG hat jeder das Recht, sich aus allgemein zugänglichen Quellen ungehindert zu unterrichten. Da das „Recht, sich selbst zu informieren"[31] als **Grundrecht des Einzelnen** (des „Nutzers") ausgestaltet ist, schützt es in erster Linie nicht die Medien selbst bzw die Medienunternehmen. Es schützt vielmehr die Informationsfreiheit des Einzelnen und zwar nicht nur vor Beschränkungen seitens des Staates, sondern auch bei der Ausgestaltung zivilrechtlicher Verhältnisse. So gewährt Art 5 Abs 1 S 1 Alt 2 GG ua dem (ausländischen) Mieter einen Anspruch gegen seinen Vermieter auf Anbringung einer Parabolantenne zum Empfang von Sendern seines Heimatlandes.[32] Geschützt ist ferner nicht nur die aktive Informationsverschaffung, sondern auch die bloße Entgegennahme von Informationen, sodass der Einzelne auch dann betroffen ist, wenn eine an ihn ohne seine Kenntnis gerichtete Information unterbunden wird.[33]

20   Da jedoch die Informationsfreiheit nur gewährleistet werden kann, wenn eine Informationsvielfalt gegeben ist, folgt hieraus auch eine **institutionelle Garantie** der Medien, über welche die Informationen verbreitet werden. Dem Staat ist es also verwehrt, zB Zeitungen grds zu verbieten oder ihr Erscheinen oder die Publikationen von einer vorherigen Genehmigung abhängig zu machen. Auch darf die Schaffung oder Auslegung von Strafnormen nicht dazu führen, dass die Verantwortlichen eines Medienunternehmens bei der Verbreitung von (kritischen) Informationen mit

---

26 BVerfGE 7, 198, 209 f – Lüth; BVerfGE 26, 186, 205; BVerfGE 28, 175, 185 f; BVerfGE 28, 282, 292; BVerfGE 50, 234, 240 f – Kölner Volksblatt; BVerfGE 59, 231, 263 f – Freier Rundfunkmitarbeiter; BVerfGE 62, 230, 244 – Boykottaufforderung; BVerfGE 91, 125, 135 – Honecker ua; BVerfGE 117, 244, 260 – Cicero.
27 Vgl hierzu ua BVerfGE 7, 198, 211 ff – Lüth; ferner BVerfG NJW-RR 2007, 1340, 1341: Presseberichte über getilgte Vorstrafen eines Unternehmens; vgl auch BVerfG NJW 2010, 1587, 1588 f.
28 Hierzu BVerfG NStZ 2007, 216, 217; vgl zu § 130 noch unten Rn 244 f.
29 Vgl BVerfG 124, 300, 320 ff – Rudolf Heß Gedenkfeier; vgl hierzu auch *Lepsius* Jura 2010, 527, 529 ff.
30 BVerfGE 7, 198, 208 f – Lüth; vgl hierzu bereits oben Rn 14.
31 BVerfGE 27, 71, 81 – Leipziger Volkszeitung.
32 BVerfGE 90, 27 – Parabolantenne; BGH NJW 2004, 937.
33 BVerfGE 21, 71, 82 f – Leipziger Volkszeitung: Einziehung von aus der DDR zugesandten Zeitungen.

strafrechtlicher Verfolgung zu rechnen haben, denn auch dies kann zur Folge haben, dass entsprechende Informationen nicht mehr verbreitet werden. Dann aber wird auch das Recht des Einzelnen, sich umfassend zu informieren, beschnitten, was zu einer **Einschränkung** des Rechts auf Informationsfreiheit führen würde. Hieraus folgt, dass die Verbreitung von Information nur dann verboten bzw unter Strafe gestellt werden darf, wenn sie ihrerseits bedeutende Rechte anderer Personen (zB bei Verleumdungen) oder kollektive Rechtsgüter (zB den öffentlichen Frieden) beeinträchtigt. Möglich ist dies auf Grund des auch für die Informationsfreiheit einschlägigen Art 5 Abs 2 GG, da die Strafgesetze zu den „allgemeinen Gesetzen" in diesem Sinne zählen.[34]

Um Informationen weitergeben zu können, müssen diese Informationen aber durch die Mitarbeiter der Medien beschafft werden, sodass auch die **Informationsgewinnung** durch die Medien in den Schutzbereich mit einbezogen werden muss.[35] Allerdings ist hier zu beachten, dass die Informationsgewinnung ihrerseits auch nur aus „allgemein zugänglichen Quellen" erfolgen darf. Hierunter versteht man Quellen, die technisch dazu geeignet und bestimmt sind, der Allgemeinheit, dh einem individuell nicht bestimmbaren Personenkreis, Informationen zu verschaffen.[36] Insoweit gewährleistet die Informationsfreiheit kein allgemeines Recht auf Eröffnung einer Informationsquelle.[37] Allgemein wird davon ausgegangen, dass über die Zugänglichkeit einer Informationsquelle an sich sowie über die jeweiligen Modalitäten des Zugangs derjenige entscheidet, der über ein entsprechendes „Bestimmungsrecht" verfügt.[38] Dies ist aber insb bei staatlichen Informationsquellen deswegen problematisch, weil die staatlichen Träger dann selbst bereits den Schutzbereich des jeweiligen Grundrechts bestimmen könnten. Es liegt daher näher, den Schutzbereich bei Informationen, die aus der staatlichen Sphäre stammen, stets als betroffen anzusehen und eine Einschränkung lediglich über die Grenzen des Art 5 Abs 2 GG vorzunehmen. Das Grundrecht der Informationsfreiheit gewährt daher Journalisten nicht das Recht, im Rahmen ihrer Recherche Rechte anderer zu beeinträchtigen (sie dürfen also nicht in fremde Besitztümer eindringen, § 123 StGB, oder fremde Sachen wegnehmen, § 242 StGB).[39] Hierdurch werden dem **„investigativen Journalismus"** eindeutige Grenzen gesetzt.[40] Da dies aber dazu führen kann, dass Skandale oder Missstände nicht aufgedeckt werden können, ist im Einzelfall durchaus daran zu denken, eine Rechtfertigung auf Grund der allgemeinen Rechtfertigungsgründe, insb § 34 StGB, anzunehmen.[41] Das Risiko, dass die Rechtsverletzung nicht zu dem entsprechenden Ergebnis führt, dh der vermutete „Missstand bzw die vermutete Gefahr" nicht vorlag, trägt in diesen Fällen allerdings der Journalist selbst.

Die Informationsfreiheit wird darüber hinaus insb bei der Frage der Medienberichterstattung von Gerichtsverhandlungen relevant,[42] denn auch diese sind allgemein zugängliche Informationsquellen.[43] Über ihre öffentliche Zugänglichkeit entscheidet allerdings der Gesetzgeber im Rahmen seiner Befugnis zur Ausgestaltung des Gerichtsverfahrens.[44]

---

34 Vgl zu Art 5 Abs 2 GG und zur „Wechselwirkungslehre" bereits oben Rn 14 und Rn 18.
35 *Wendt* AfP 2004, 181, 184.
36 BVerfGE 27, 71, 83 – Leipziger Volkszeitung; BVerfGE 33, 52, 65 – Der lachende Mann; BVerfGE 90, 27, 32 – Parabolantenne; BVerfGE 103, 44, 60 – n-TV; *Wendt* AfP 2004, 181, 184.
37 BVerfGE 103, 44, 59 f – n-TV; BVerfGE 119, 309, 319 – Bundeswehrrekruten; *Flechsig* ZUM 2004, 605, 608.
38 *Flechsig* ZUM 2004, 605, 608.
39 BVerfGE 66, 116, 137 ff – Wallraff; demgegenüber fällt jedoch die Verbreitung rechtswidrig erlangter Informationen in den Schutzbereich des Art 5 Abs 1 GG; vgl hierzu auch unten Rn 33.
40 Vgl *Holzer* AfP 1988, 113; *Kremp* AfP 1988, 114; *Petersen* § 2 Rn 7; *Steffen* AfP 1988, 117; vgl zum Sonderproblem des „investigativen Journalismus" noch ausf unten Rn 33 ff.
41 Vgl hierzu unten Rn 84.
42 Vgl hierzu ausf unten Rn 404 ff; ausf zur Rolle der Medien im Strafverfahren *Rückert* StV 2012, 378.
43 BVerfGE 103, 44, 61; *Kaulbach* ZRP 2009, 236, 237; vgl aber auch §§ 170 ff GVG; § 48 JGG.
44 *Kaulbach* ZRP 2009, 236, 237.

3. Die Pressefreiheit (Art 5 Abs 1 S 2 Alt 1 GG)

23 In Art 5 Abs 1 S 2 Alt 1 GG ist die Pressefreiheit geregelt.[44a] Sie gewährleistet „die institutionelle Eigenständigkeit der Presse von der Beschaffung der Information bis zur Verbreitung der Nachricht und der Meinung".[45] Insoweit stellt sie nicht nur ein **Individualgrundrecht** dar, sondern sichert im Wege der **institutionellen Garantie**[46] ein Existenzrecht der Presse bzw der Presseorgane. Auch die Presseagenturen sind dabei vom Schutzbereich erfasst.[47] Dabei zerfällt die Pressefreiheit in eine äußere und eine innere Pressefreiheit.

24 Die **äußere Pressefreiheit** sichert der Presse bzw den einzelnen Presseorganen einen weitgehenden Schutz vor staatlicher Einflussnahme. Denn die Freiheit der Presse und der Medien ist konstituierend für die freiheitlich-demokratische Grundordnung.[48] Insoweit sind eine freie Presse und ein freier Rundfunk von besonderer Bedeutung für den freiheitlichen Staat.[49] Garantiert wird eine freie und regelmäßig erscheinende Presse, die als „ständiges Verbindungs- und Kontrollorgan zwischen dem Volk und seinen gewählten Vertretern" stehen muss.[50] Geschützt ist dabei insb auch die publizistische Vorbereitungstätigkeit, da nur der ungehinderte Zugang zu Informationen die Presse in den Stand versetzt, ihre Funktion wirksam wahrzunehmen.[51] So erfasst die Pressefreiheit zB auch das Recht der im Pressewesen tätigen Personen, sich über Vorgänge in einer öffentlichen Gerichtsverhandlung zu informieren und hierüber zu berichten.[52] Darüber hinaus erfasst die Pressefreiheit auch die Vertraulichkeit der Redaktionsarbeit eines Presseunternehmens.[53] Die Pressefreiheit schließt dabei diejenigen Voraussetzungen und Hilfstätigkeiten mit ein, ohne die die Medien ihre Funktion nicht in angemessener Weise erfüllen können.[54] Insoweit sind vor allem auch die Geheimhaltung der Informationsquellen und das Vertrauensverhältnis zwischen den Pressemitarbeitern und den Informanten geschützt.[55] Dabei ist der Begriff der Presse in einem weiten Sinn zu verstehen und schließt sowohl die sog Boulevard- und Unterhaltungspresse („Sensationspresse")[56] als auch den Anzeigenteil einer Zeitung[57] mit ein. Die Pressefreiheit ist also nicht etwa auf die „seriöse Presse"

44a Zur Pressefreiheit vgl bereits oben *Boksanyi/Koehler* Kap 1 Rn 16 ff.
45 BVerfGE 10, 118, 121; BVerfGE 12, 205, 260; BVerfGE 62, 230, 243 – Boykottaufforderung; BVerfGE 66, 116, 133 – Wallraff; BVerfGE 103, 44, 59; BVerfG NJW 2005, 965 – Körperwelten; vgl auch BVerfGE 20, 162, 176 – Spiegel; BVerfGE 36, 193, 204; BVerfGE 50, 234, 240; BVerfGE 77, 346, 354; BVerfGE 117, 244, 259 – Cicero; BVerfG NJW 2009, 350, 351 – Holzklotz; OLG Düsseldorf NJW 2006, 630, 631 – Butterflymesser.
46 BVerfGE 10, 118, 121; BVerfGE 20, 162, 175 f – Spiegel; BVerfGE 25, 256, 268 – Blinkfüer; BVerfGE 50, 234, 240 – Kölner Volksblatt; BVerfGE 66, 116, 133 – Wallraff; BVerfGE 77, 65, 74; BVerfGE 117, 244, 258 f – Cicero; aA *Pieroth/Schlink* Rn 90.
47 BVerfG NJW 2006, 2836, 2837.
48 BVerfGE 10, 118, 121; BVerfGE 35, 202, 221 f – Lebach I; BVerfGE 59, 231, 266 – Freie Rundfunkmitarbeiter; BVerfGE 77, 65, 74; BVerfGE 117, 244, 258 – Cicero.
49 EGMR NJW 2013, 521, 522; BVerfGE 20, 162, 174 – Spiegel; BVerfGE 50, 234, 239 f; BVerfGE 52, 283, 296 – Tendenzschutz; BVerfGE 66, 116, 133 – Wallraff; BVerfGE 77, 65, 74; BVerfGE 117, 244, 258 – Cicero.
50 BVerfGE 20, 162, 174 f – Spiegel.
51 BVerfGE 20, 162, 176 – Spiegel; BVerfGE 21, 271, 279; BVerfGE 50, 234, 240 – Kölner Volksblatt; BVerfGE 91, 125, 134 – Honecker ua.
52 BVerfGE 50, 234, 240 – Kölner Volksblatt; BVerfGE 91, 125, 134 – Honecker ua; hierzu auch *Jahn* NJW 2013, Editorial Heft 23; ferner noch ausf unten Rn 404 ff.
53 BVerfGE 66, 116, 133 f – Wallraff.
54 BVerfGE 20, 162, 176 – Spiegel; BVerfGE 36, 193, 204; BVerfGE 64, 108, 114; BVerfGE 66, 116, 133 f – Wallraff; BVerfGE 100, 313, 365; BVerfGE 117, 244, 259 – Cicero.
55 BVerfGE 20, 162, 176 – Spiegel; BVerfGE 36, 193, 204; BVerfGE 64, 108, 114; BVerfGE 66, 116, 133 f – Wallraff; BVerfGE 100, 313, 365; BVerfGE 117, 244, 259 – Cicero.
56 BVerfGE 12, 205, 260; BVerfGE 34, 269, 283 – Soraya; BVerfGE 101, 361, 389 f – Caroline von Monaco II; BVerfG NJW 2006, 2836, 2837.
57 BVerfGE 21, 271, 278 f; BVerfGE 64, 108, 114.

beschränkt.⁵⁸ Allerdings kann im Rahmen der Abwägung mit anderen verfassungsrechtlich geschützten Rechtsgütern durchaus berücksichtigt werden, „ob die Presse im konkreten Fall eine Angelegenheit von öffentlichem Interesse ernsthaft und sachbezogen erörtert, damit den Informationsanspruch des Publikums erfüllt und zur Bildung der öffentlichen Meinung beiträgt, oder ob sie lediglich das Bedürfnis einer mehr oder minder breiten Leserschicht nach oberflächlicher Unterhaltung befriedigt".⁵⁹

Darüber hinaus schützt Art 5 Abs 1 S 2 Alt 1 GG die **innere Pressefreiheit** im Sinne einer 25 Unabhängigkeit von Journalisten und Redaktionen.⁶⁰ Hierdurch ist nicht nur zu gewährleisten, dass die Presseunternehmen in geistiger und wirtschaftlicher Konkurrenz zueinander stehen müssen (Verbot der Pressekonzentration),⁶¹ sondern auch, dass die Tätigkeit der einzelnen Journalisten und Redaktionen nicht beschnitten werden darf.

Möglich ist eine **Einschränkung** der Pressefreiheit im Sinne einer Ahndung von durch Pres- 26 severtreter begangenen Straftaten allerdings auf Grund des auch hier einschlägigen Art 5 Abs 2 GG, da die Strafgesetze zu den hier aufgeführten „allgemeinen Gesetzen" zählen.⁶²

4. Die Freiheit der Berichterstattung durch Rundfunk (Art 5 Abs 1 S 2 Alt 2 GG)

Nach Art 5 Abs 1 S 2 Alt 2 GG wird die Freiheit der Rundfunkberichterstattung gewährleistet.⁶³ Sie 27 entspricht in ihren wesentlichen Zügen der Pressefreiheit, mit der zusammen sie auch teilweise als ein einheitliches Grundrecht der **„Medienfreiheit"** zusammengefasst wird.⁶⁴ Insb Rundfunk und Fernsehen sollen als „unentbehrliche moderne Massenkommunikationsmittel"⁶⁵ einen besonderen verfassungsrechtlichen Schutz genießen. Wie schon bei der Pressefreiheit ist auch die Rundfunkfreiheit weit zu fassen. Sie dient der Gewährleistung freier individueller und öffentlicher Meinungsbildung⁶⁶ und schützt die Berichterstattung von der Beschaffung der Information bis zur Verbreitung der Nachricht und der Meinung.⁶⁷ Ein wesentliches Element stellt in diesem Zusammenhang die Programmfreiheit dar, verstanden als das Verbot nicht nur staatlicher, sondern darüber hinaus auch jeder sonstigen fremden Einflussnahme auf Auswahl, Inhalt und Ausgestaltung der Programme.⁶⁸ Dies schließt auch die Freiheit ein, für die Auswahl, die Einstellung und Beschäftigung der Mitarbeiter eigenständige Entscheidungen treffen zu können.⁶⁹ Dabei bezieht die Rundfunkfreiheit auch die Unterhaltungssendungen mit ein.⁷⁰ Im Unterschied zur Pressefreiheit ist allerdings zu beachten, dass durch die authentische Berichterstattung in Wort und Bild stärkere Beeinträchtigungen von Rechten Dritter ausgehen können, die in Teil-

---

58 BVerfGE 25, 296, 307; BVerfGE 34, 269, 283 – Soraya; BVerfGE 50, 234, 240 – Kölner Volksblatt; BVerfGE 66, 116, 134 – Wallraff; für den Rundfunk BVerfGE 12, 205, 260.
59 BVerfGE 34, 269, 283 – Soraya.
60 Vgl ausf *Lerche* Pressefreiheit 1994; *Weber, W* Pressefreiheit 1973.
61 Hierzu BVerfGE 66, 116, 133 – Wallraff; *Lerche* Pressekonzentration 1971; vgl auch BVerfGE 20, 162, 176 – Spiegel: „Pflicht des Staates […], Gefahren abzuwehren, die einem freien Pressewesen aus der Bildung von Meinungsmonopolen erwachsen könnten.".
62 Vgl zur Einschränkung der Pressefreiheit durch Strafvorschriften BVerfGE 20, 162, 177 f – Spiegel; zu Art 5 Abs 2 GG und zur „Wechselwirkungslehre" bereits oben Rn 14 und Rn 18.
63 Vgl hierzu *Ladeur/Gostomzyk* JuS 2002, 1145.
64 *Paschke* Rn 201 ff.; *Hilgendorf/Valerius* Rn 34.
65 BVerfGE 12, 205, 260.
66 BVerfGE 57, 295, 319 f; BVerfGE 59, 231, 257 – Freie Rundfunkmitarbeiter.
67 BVerfGE 10, 118, 121; BVerfGE 91, 125, 134 – Honecker ua; BVerfGE 103, 44, 59; BVerfGE 119, 309, 318 – Bundeswehrrekruten; BVerfG NJW 2009, 350, 351 – Holzklotz.
68 BVerfGE 59, 231, 258 – Freie Rundfunkmitarbeiter.
69 BVerfGE 59, 231, 260 – Freie Rundfunkmitarbeiter.
70 BVerfGE 35, 202, 222 f – Lebach I; BVerfGE 59, 231, 258 – Freie Rundfunkmitarbeiter.

bereichen weitergehende Beschränkungen rechtfertigen können.[71] Während die Pressefreiheit auch die Freiheit umfasst, die Grundrichtung einer Zeitung unbeeinflusst zu bestimmen und zu verwirklichen,[72] müssen die Rundfunkanstalten auf eine Ausgewogenheit bei der Programmgestaltung achten und dürfen in ihrem Gesamtprogramm nicht eine Tendenz verfolgen.[73] Neben dem Rundfunk und dem Fernsehen sind auch die **modernen digitalisierten Formen der Telekommunikation**, wie Teletext, Bildschirmtext, Videotext sowie die verschiedenen Formen des „Pay-TV" erfasst.[74] Problematisch ist in diesem Zusammenhang allerdings die Einbeziehung des Internets in die Rundfunkfreiheit. Während ein eigenständiges Grundrecht der **„Internetfreiheit"** derzeit noch **abgelehnt** wird,[75] erstreckt sich die Rundfunkfreiheit jedenfalls insoweit auf das Internet, als hierüber Rundfunk und Fernsehsender empfangen werden können.

28   Auch das Grundrecht der Rundfunkfreiheit gilt jedoch nicht absolut. Es ist auch hier eine Ahndung von Straftaten, die durch Mitarbeiter von Medienunternehmen begangen werden, auf Grund der Einschränkung des Grundrechts durch Art 5 Abs 2 GG möglich, da die Strafgesetze zu den „allgemeinen Gesetzen" in diesem Sinne zählen.[76] Auch gewährleistet die Rundfunkfreiheit – ebenso wenig wie die Informationsfreiheit – kein Recht auf Eröffnung einer Informationsquelle,[77] es sei denn, eine im staatlichen Verantwortungsbereich liegende Informationsquelle ist auf Grund von rechtlichen Vorgaben zur öffentlichen Zugänglichkeit bestimmt.[78]

5. Die Freiheit der Berichterstattung durch Film (Art 5 Abs 1 S 2 Alt 3 GG)

29   Nach Art 5 Abs 1 S 2 Alt 3 GG wird die Freiheit der Filmberichterstattung gewährleistet. Auch sie ähnelt in ihren wesentlichen Zügen der Rundfunkfreiheit und bedarf daher an dieser Stelle – auch und gerade unter der Berücksichtigung strafrechtlicher Aspekte – keiner gesonderten Erörterung. Hinzuweisen ist auch hier lediglich auf die Möglichkeit der **Einschränkung** der Filmfreiheit durch Art 5 Abs 2 GG.[79] In der Praxis bedeutsam ist hierbei die Einschränkung durch das allgemeine Persönlichkeitsrecht, Art 2 Abs 1 GG, sofern durch die Verfilmung das Privatleben einer bestimmten Person oder durch sie begangene Straftaten nachgezeichnet werden.[80] Bei der Abwägung kann allerdings berücksichtigt werden, ob der Film auch – oder sogar vorrangig – dem Informationsinteresse der Öffentlichkeit dienen soll oder ob er vorwiegend Unterhaltungs-

---

71 BVerfGE 91, 125, 134 f – Honecker ua; BVerfG NJW 2009, 350, 351 f – Holzklotz; BVerfG NJW 2009, 3357, 3359 – Fußballligaspieler; vgl bereits BVerfGE 35, 202, 226 f – Lebach I.
72 BVerfGE 52, 283, 296; BVerfGE 59, 231, 258 – Freie Rundfunkmitarbeiter.
73 BVerfGE 59, 231, 258 – Freie Rundfunkmitarbeiter.
74 Vgl hierzu *Petersen* § 2 Rn 17.
75 *Gounalakis/Rhode* Rn 241; *Petersen* § 2 Rn 17; anders aber *Mecklenburg* ZUM 1997, 525; vgl ferner *Degenhart* ZUM 1998, 333.
76 Vgl zu Art 5 Abs 2 GG und zur „Wechselwirkungslehre" bereits oben Rn 14 und Rn 18.
77 BVerfGE 103, 44, 59 f – n-TV; BVerfGE 119, 309, 319 – Bundeswehrrekruten; BVerfG NJW 2009, 350, 351 – Holzklotz; *Wendt* AfP 2004, 181, 185.
78 BVerfGE 119, 309, 319 – Bundeswehrrekruten; BVerfG NJW 2009, 350, 351 – Holzklotz.
79 Vgl zu Art 5 Abs 2 GG und zur „Wechselwirkungslehre" bereits oben Rn 14 und Rn 18.
80 So jedenfalls die einstweilige Verfügung des OLG Frankfurt NJW 2007, 699 – Kannibale von Rotenburg (hierzu *von Becker* AfP 2006, 124; *Kaboth* ZUM 2006, 412); der BGH entschied allerdings letztinstanzlich, dass der Film gezeigt werden darf und somit kein Unterlassungsanspruch besteht. Dabei stellt er bei der Abwägung zwischen dem Persönlichkeitsrecht und der Medienfreiheit auf die Art und Weise der Darstellung, die Schwere der Tat und darauf ab, dass ein durch die Tat hervorgerufenes Informationsinteresse der Allgemeinheit bestehe und der Täter bereits selbst Informationen in der Öffentlichkeit preisgegeben habe, vgl BGH NJW 2009, 3576 m Anm *Gostomzyk* NJW 2009, 3579; ferner LG Koblenz NJW 2007, 695 – Gäfgen (hierzu *von Becker* NJW 2007, 662); zur Problematik der Erkennbarkeit realer Personen in einer Romanfigur BVerfGE 30, 173 – Mephisto; BGH NJW 2005, 2844 – Esra; KG NJW-RR 2007, 1415 (zum hier betroffenen Grundrecht der Kunstfreiheit vgl unten Rn 30).

zwecke verfolgt.⁸¹ Grds gilt: „Je stärker das entworfene Persönlichkeitsbild beansprucht, sich mit der sozialen Wirklichkeit des Dargestellten zu identifizieren, desto schutzwürdiger ist dessen Interesse an wirklichkeitsgetreuer Darstellung seiner Person; umso weniger Anlass besteht dann auch, den Künstler hier rechtlich anders zu behandeln als den Kritiker, dem Art 5 I GG nicht erlaubt, über den Kritisierten unwahre Behauptungen, die seinen Ruf schädigen, in Umlauf zu setzen".⁸²

6. Die Kunstfreiheit (Art 5 Abs 3 GG)

Nach Art 5 Abs 3 GG sind Kunst, Wissenschaft, Forschung und Lehre frei. Insb das Verhältnis von Kunst und Strafrecht ist seit langem Gegenstand der wissenschaftlichen Diskussion und kann hier nicht im Einzelnen nachgezeichnet werden.⁸³ Einerseits soll und darf das Strafrecht dem einzelnen Kunstschaffenden nicht vorschreiben, welche Inhalte und Ausdrucksformen er seinen Kunstwerken geben darf und welche nicht. Andererseits ist es aber auch nicht einzusehen, dass beleidigende oder verleumderische Behauptungen oder pornografische Darstellungen nur deswegen nicht den Strafgesetzen unterliegen, weil sie als Kunst tituliert und dadurch dem an sich unbeschränkten Grundrecht der Kunstfreiheit unterfallen. Denn im Gegensatz zu den Grundrechten des Art 5 Abs 1 GG unterliegt das Grundrecht aus Art 5 Abs 3 GG **keiner ausdrücklichen Schranke** (es kann also – so zumindest nach dem Wortlaut und der Systematik des Gesetzes – nicht durch „allgemeine Gesetze" eingeschränkt werden). Dies bedeutet nun aber nicht, dass das Grundrecht der Kunstfreiheit schrankenlos gewährleistet ist. Denn oftmals kollidiert das Grundrecht des Art 5 Abs 3 GG mit anderen Grundrechten, insb der Menschenwürde des Art 1 Abs 1 GG oder des allgemeinen Persönlichkeitsrechts des Art 2 Abs 1, Art 1 Abs 1 GG. Die Grundrechte müssen hier im Wege der **„praktischen Konkordanz"** ausgelegt werden und beeinflussen sich gegenseitig.⁸⁴ Dies rechtfertigt daher eine Bestrafung zB einer verleumderischen Beleidigung auch dann, wenn diese literarisch aufbereitet und in ein urheberrechtlich geschütztes Werk eingestellt und veröffentlicht wird.

Insoweit stellt sich das problematische Verhältnis von Strafrecht und Kunst im Medienrecht⁸⁵ nicht anders als im allgemeinen Strafrecht dar.

7. Schutz der Mediengrundrechte durch die Europäische Menschenrechtskonvention

Die Europäische Menschenrechtskonvention, die in Deutschland im Range eines einfachen Bundesgesetzes unmittelbar gilt,⁸⁶ schützt in Art 10 die Freiheit der Meinungsäußerung.⁸⁷ Nach Art 10 Abs 1 S 2 schließt diese die Freiheit ein, Informationen und Ideen ohne behördliche Eingriffe und ohne Rücksicht auf Staatsgrenzen zu empfangen und weiterzugeben. Zwar ist die

---

81 OLG Frankfurt NJW 2007, 699, 703; LG Koblenz NJW 2007, 695, 696 f; vgl auch BGH NJW 2009, 3576, 3577 f.
82 Vgl BGH NJW 2009, 3576, 3577 f.
83 Vgl zum Verhältnis von Kunstfreiheit und Strafrecht allg *Beisel* Die Kunstfreiheitsgarantie des Grundgesetzes und ihre strafrechtlichen Grenzen 1997; *Emmerich/Würkner* NJW 1986, 1195; *Erhardt* Kunstfreiheit und Strafrecht: zur Problematik satirischer Ehrverletzungen 1989; *Henschel* NJW 1990, 1937; *Schroeder* Pornographie, Jugendschutz und Kunstfreiheit 1992; *Vlachopoulos* Kunstfreiheit und Jugendschutz 1996.
84 Vgl hierzu insb BVerfGE 30, 173, 193 – Mephisto; BVerfGE 67, 213, 228; BVerfGE 75, 369, 380; BVerfGE 77, 240, 253; BVerfGE 81, 278, 292; BGH NJW 2005, 2844, 2847 – Esra; KG NJW-RR 2007, 1415.
85 Vgl zu den medienstrafrechtlichen Aspekten des Verhältnisses von Kunstfreiheit und Strafrecht *Liesching/von Münch* AfP 1999, 37.
86 BVerfGE 74, 358, 370.
87 Vgl hierzu aus der Rechtsprechung EGMR NJW 1985, 2885; EGMR NJW 1987, 2143; EGMR NJW 2004, 2647 – Caroline von Hannover; EGMR NJW 2008, 2563 – Zwangshaft; EGMR NJW 2008, 2565 – Sternreporter.

Pressefreiheit in Art 10 EMRK nicht ausdrücklich genannt, dennoch geht der Europäische Gerichtshof für Menschenrechte davon aus, auch die Pressefreiheit werde von dieser Vorschrift erfasst.[88] Aus der Konvention ergibt sich allerdings kein Recht der Presse, Zugang zu einer bestimmten Informationsquelle zu haben.[89] Zu beachten ist ferner auch hier die Einschränkung des Grundrechts nach Art 10 Abs 2 EMRK. Insb im Zusammenhang mit unbefugt aufgenommenen Fotos prominenter Persönlichkeiten[90] ist jedoch auch Art 8 EMRK zu beachten, der dem Einzelnen ein Recht auf Achtung des Privat- und Familienlebens gewährt. Dieses umfasst auch das Recht am eigenen Bild.[91]

8. Keine verfassungsrechtliche Privilegierung des „investigativen Journalismus"

33   Umstritten ist, ob und inwieweit investigativ tätige Journalisten unter Berufung auf die genannten Grundrechte (Meinungsfreiheit, Informationsfreiheit, Pressefreiheit) im Rahmen ihrer Tätigkeit Privilegien genießen, insb auch strafrechtliche Grenzen überschreiten dürfen.[92] Dabei versteht man unter **investigativem Journalismus**[93] die Erarbeitung eines meist längeren Artikels oder Beitrages, der eine gründliche und umfassende Recherche voraussetzt. Zielrichtung ist dabei meist die Berichterstattung über aktuelle politische, wirtschaftliche oder gesellschaftliche Verhältnisse, zumeist verbunden mit der Aufdeckung von Skandalen. Stellvertretend hierfür sind die Ermittlungen im Zusammenhang mit der Watergate-Affäre durch die amerikanischen Journalisten *Bob Woodward* und *Carl Bernstein* von der Washington Post zu nennen, die zum Rücktritt des damaligen US-Präsidenten *Richard Nixon* am 9.8.1974 führten.[94] In Deutschland ist hier ua an den Fall von *Günther Wallraff* zu erinnern, der sich unter falschem Namen als freier Mitarbeiter in die Redaktion der BILD-Zeitung einschlich und seine Eindrücke und Erlebnisse später in seinem Buch „Der Aufmacher: Der Mann der bei ‚Bild' Hans Esser war" verwertete.[95] In diesem Zusammenhang wurde ihm vorgeworfen, Betriebsgeheimnisse ausgekundschaftet und verraten zu haben (zu denken ist auch an eine Urkundenfälschung bei Vorlage falscher Papiere oder an einen Einstellungsbetrug). Im „Weltbühneprozess" gegen den Journalisten *Walter Kreiser* und den Herausgeber der Weltbühne *Carl von Ossietzky* ging es um die Zulässigkeit der Veröffentlichung eines Artikels („Windiges aus der deutschen Luftfahrt"[96]), in dem nachgewiesen wurde, dass die deutsche Reichswehr unter Verstoß gegen Art 198 des Versailler Friedensvertrages den heimlichen Aufbau einer Luftwaffe betrieb. Die Angeklagten wurden wegen Verrats militärischer Geheimnisse zu Gefängnisstrafen verurteilt, obwohl die verbreiteten Tatsachen wahr waren.[97] Auch das Strafverfahren gegen den Reporter des „Stern", *Sebastian Knauer*, ist in

---

88 EGMR NStZ 1995, 237, 238; EGMR NJW 2000, 1015; EGMR NJW 2013, 521, 522; vgl hierzu *Heldrich* NJW 2004, 2634.
89 EGMR NJW 2013, 521, 522.
90 Vgl hierzu noch unten Rn 332 ff.
91 EGMR NJW 2004, 2647, 2648 – Caroline von Hannover.
92 Vgl hierzu ausf *Heinrich, B* FS Humboldt 1241.
93 Vgl hierzu *Fritze/Holzbach* FS Tilmann 937; *Heinrich, B* FS Humboldt 1241, 1243 ff; *Hielscher* Investigativer Journalismus in Deutschland 2004; *Holzer* AfP 1988, 133; *Janisch* Investigativer Journalismus und Pressefreiheit. Ein Vergleich des deutschen und amerikanischen Rechts, 1998; *Kremp* AfP 1988, 114; *Lehr* NStZ 2009, 409; *Ludwig* Investigativer Journalismus; *Nagel* Bedingt ermittlungsbereit. Investigativer Journalismus in Deutschland und in den USA 2007; *Wohlers* StV 2005, 186, 188 f.
94 Vgl hierzu *Kremp* AfP 1988, 114, 115 f.
95 BVerfGE 66, 116 – Wallraff; BGHZ 80, 25 – Wallraff; OLG Hamburg GRUR 1979, 735 – Wallraff; hierzu *Heinrich, B* FS Humboldt 1241, 1245 ff.
96 Die Weltbühne 1929 Nr 11, S 402.
97 RG Urt v 21.11.1931 – 7 J 35/29 (das Urteil blieb bis heute unveröffentlicht); zu diesem Prozess *Gusy* GA 1992, 195, 208 ff; *Hanten* 158 ff; *Heinrich, B* FS Humboldt 1241, 1247 f; zur Ablehnung des Wiederaufnahmeverfahrens BGHSt 39, 75; KG NJW 1991, 2505; vgl in diesem Zusammenhang auch den sog „Ponton-Prozess", RGSt 62, 65.

diesem Zusammenhang zu nennen, der zusammen mit einem Kollegen 1987 in das Hotelzimmer des ehemaligen Ministerpräsidenten von Schleswig-Holstein, *Uwe Barschel*, eindrang, den toten Ministerpräsidenten in der Badewanne fotografierte und die Fotos anschließend veröffentlichte (der Fall spielte in der Schweiz, nach deutschem Recht käme eine Strafbarkeit nach § 123 StGB wegen Hausfriedensbruchs[98] und nach § 33 KUG[99] in Betracht).[100] Insoweit ist also in vielfältiger Weise daran zu denken, dass strafrechtliche Grenzen überschritten werden (müssen), um sich Materialien und Informationen zu verschaffen, die in einer späteren Reportage verwertet werden. Zentral ist dabei, an die Tatbestände des Hausfriedensbruchs, § 123 StGB, und des Diebstahls, § 242 StGB, zu denken. Schleust sich ein Journalist in eine organisierte Bande ein, die einen lebhaften Drogenhandel betreibt, kommt die Mitgliedschaft in einer kriminellen Vereinigung, § 129 StGB, ebenso in Frage wie die Beteiligung an Betäubungsmitteldelikten, §§ 29 ff BtMG. Zu erinnern ist auch an den Fall des Journalisten, der zur Aufdeckung von Sicherheitslücken (und zur Herstellung einer entsprechenden Fernsehreportage) bei der Kontrolle an deutschen Flughäfen im Zusammenhang mit diversen Inlandsflügen ein Butterflymesser mit sich führte und dadurch die Strafnorm des § 60 Abs 1 Nr 8 iVm § 27 Abs 4 S 1 Nr 1 LuftVG aF (jetzt: § 19 Abs 1 iVm § 11 Abs 1 Nr 1 LuftSiG nF) erfüllte.[101]

Insgesamt wird man davon ausgehen können, dass Journalisten im Hinblick auf die **Informationsbeschaffung** keine Privilegierung erfahren.[102] So führte auch das BVerfG im Wallraff-Fall aus, dass weder das Grundrecht der Meinungsfreiheit noch die Pressefreiheit oder Informationsfreiheit dem recherchierenden Journalisten ein an sich rechtswidriges Verhalten gestatten würden.[103] Hiervon wird man allenfalls in Ausnahmefällen abrücken können, wenn das Informationsinteresse der Öffentlichkeit die Rechtsbeeinträchtigungen wesentlich überwiegt und die Übertretung strafrechtlicher Grenzen die einzige Möglichkeit darstellt, die entsprechenden Informationen zu erlangen. In diesem Fall wäre das Vorgehen nach § 34 StGB gerechtfertigt.[104] Von diesen Ausnahmefällen abgesehen, ist die Tat jedoch weder gerechtfertigt noch entschuldigt.[105] 34

Anders hingegen beurteilte das BVerfG die **Informationsverwertung**. Denn auch die Veröffentlichung rechtswidrig beschaffter oder erlangter Informationen werde vom Schutz der Meinungsfreiheit erfasst.[106] Allerdings habe in Fällen, in denen sich der Publizierende die Informationen widerrechtlich durch Täuschung und in der Absicht verschafft habe, sie gegen den Getäuschten zu verwerten, eine Veröffentlichung grds zu unterbleiben. Hiervon sei lediglich dann eine Ausnahme zu machen, „wenn die Bedeutung der Information für die Unterrichtung der Öffentlichkeit und für die öffentliche Meinungsbildung eindeutig die Nachteile überwiegt, welche der Rechtsbruch für den Betroffenen und die (tatsächliche) Geltung der Rechtsordnung 35

---

[98] Vgl hierzu unten Rn 165 ff.
[99] Vgl hierzu unten Rn 332 ff.
[100] Schweizer Bundesgericht BGE 118 IV, 319; abgedr in NJW 1994, 504; hierzu *Flechsig* ZUM 2004, 605, 612 f; *Heinrich, B* FS Humboldt 1241, 1247; *Kremp* AfP 1988, 114; *Puttfarcken* ZUM 1988, 133; ferner die Berichte in AfP 1990, 292; vgl ferner den Fall der veröffentlichten Photos des toten Reichskanzlers *von Bismarck* RGZ 45, 170; zum Abdruck eines Fotos einer Leiche eines bei einem Bombenanschlag umgekommenen Täters vgl OLG Hamburg AfP 1983, 466.
[101] Vgl OLG Düsseldorf NJW 2006, 630 – Butterflymesser.
[102] Vgl *Hochrathner* ZUM 2001, 669, 670.
[103] BVerfGE 66, 116, 137 – Wallraff; BVerfG NJW 2004, 1855, 1856; OLG Düsseldorf NJW 2006, 630, 631 – Butterflymesser.
[104] Eine Anwendung des § 34 StGB wurde zB abgelehnt im Fall OLG Düsseldorf NJW 2006, 630 – Butterflymesser; zu § 34 StGB vgl noch unten Rn 84; zum Ganzen *Heinrich, B* FS Humboldt 1241, 1261 ff.
[105] So ausdrücklich OLG Düsseldorf NJW 2006, 630, 631 – Butterflymesser.
[106] BVerfGE 66, 116, 137 f – Wallraff; so auch BVerfG NStZ-RR 2005, 119; OLG München ZUM 2005, 399, 405 – Schleichwerbung; OLG Düsseldorf NJW 2006, 630, 631 – Butterflymesser; hierzu *Hochrathner* ZUM 2001, 669, 671; *Klug* FS Oehler 397, 404 ff.

nach sich [zieht]".[107] Im Zusammenhang mit der Informationsverwertung ist noch auf ein Sonderproblem aus dem **Kapitalmarktrecht** hinzuweisen. Nach § 38 Abs 1 Nr 2 lit c iVm § 14 Abs 1 Nr 1 WpHG macht sich strafbar, wer so genannte Insiderinformationen unbefugt weitergibt, über die er auf Grund seines Berufes bestimmungsgemäß verfügt. Dadurch sollen Marktmanipulationen durch sog „Primärinsider" verhindert werden. Bei einer solchen Insiderinformation handelt es sich um „eine konkrete Information über nicht öffentlich bekannte Umstände [...], die geeignet sind, im Falle ihres öffentlichen Bekanntwerdens den Börsen- oder Marktpreis der Insiderpapiere erheblich zu beeinflussen" (§ 13 Abs 1 WpHG). Da Insiderinformationen jedoch in der heutigen Zeit nicht nur die Kapitalmärkte und die Marktteilnehmer etwas angehen, sondern auch Gegenstand öffentlichen Interesses und ein Element des öffentlichen Meinungskampfs sind, ist die Weitergabe von Insiderinformationen zuweilen auch Gegenstand von Presseberichterstattungen, bei denen investigativ tätige Journalisten illegale Verhaltensweisen börsennotierter Unternehmen aufdecken, dabei aber eben auch Insiderinformationen preisgeben. Da der Journalist diese „auf Grund seines Berufes bestimmungsgemäß" erlangt hat, wäre der Anwendungsbereich des § 38 Abs 1 WpHG an sich eröffnet. Handelt es sich dabei jedoch nicht um bewusst unwahre und irreführende Berichte, mit denen Börsenkurse manipuliert werden soll (vgl § 20a Abs 1 Nr 1 WpHG) und wird der Journalist nicht in erster Linie zu dem Zweck tätig, sich oder seine Familienangehörigen durch die Weitergabe der Informationen persönlich infolge der entstehenden Kursschwankungen zu bereichern, so wird man – unabhängig davon ob die Informationen rechtmäßig oder rechtswidrig erlangt wurden – die Informationsweitergabe im Hinblick auf die Meinungs- und Pressefreiheit des Art 5 GG als „befugt" iSd § 38 Abs 1 WpHG einordnen können.[108]

§ 2
Probleme im Zusammenhang mit dem Allgemeinen Teil des Strafrechts

I. Die Anwendbarkeit deutschen Strafrechts

36   Die Verbreitung von Medieninhalten zeichnet sich gerade dadurch aus, dass sie vor Ländergrenzen nicht Halt macht. So können Druckwerke, die im Inland hergestellt werden, ins Ausland geliefert und Fernseh- oder Radiosendungen über Satellit im Ausland empfangen werden. Auch und gerade das Internet hat zur Folge, dass Texte, die auf einem inländischen Server abgelegt werden, regelmäßig weltweit abgerufen werden können. Gleiches gilt selbstverständlich auch im umgekehrten Fall: Druckschriften, die im Ausland erscheinen, können nach Deutschland geliefert und ausländische Radio- oder Fernsehsendungen können hier empfangen werden. Schließlich ist es auch problemlos möglich, Texte mit strafrechtlich relevantem Inhalt, die auf einem ausländischen Server abgelegt wurden, über das Internet in Deutschland abzurufen. Insoweit stellt sich die Frage, ob diese Taten auch nach deutschem Strafrecht abgeurteilt werden können. Hier **unterscheidet sich das Strafrecht deutlich vom Zivilrecht:** Während im Zivilrecht in Fällen von Auslandsberührung stets festgestellt werden muss, welches Recht im konkreten Fall anwendbar ist, weil jeweils nur eine Rechtsordnung zur Anwendung kommen kann (vgl Art 3 EGBGB), ist es im Strafrecht durchaus möglich, dass mehrere Staaten in gleicher Weise ihre Strafgewalt ausüben können. Im Gegensatz zu den deutschen Zivilgerichten, die insoweit im Einzelfall auch ausländisches Recht anzuwenden haben, darf ein deutsches Strafgericht aber stets nur deutsches Strafrecht anwenden.

---

107   BVerfGE 66, 116, 139 – Wallraff.
108   Vgl hierzu *Schröder* NJW 2009, 465, 466 ff.

Da die staatliche Strafgewalt Ausfluss der staatlichen Hoheitsrechte ist, kann ein Staat diese 37
wahrnehmen, sobald irgendein Anknüpfungspunkt vorhanden ist, der die Anwendung des eigenen Strafrechts rechtfertigt.[109] Dabei sind **verschiedene Anknüpfungspunkte** denkbar (und völkerrechtlich zulässig), die der deutsche Gesetzgeber in unterschiedlicher Weise ausgestaltet hat. Zu nennen ist hier als erstes der **Begehungsort der Tat** (Territorialitätsprinzip, §§ 3, 9 StGB), der die wichtigste Rolle spielt. Das deutsche Strafrecht gilt hierbei uneingeschränkt für Taten, die im Inland begangen wurden (§ 3 StGB). Darauf, ob der Täter oder das Opfer Deutscher ist, kommt es nicht an. Hinsichtlich des Begehungsortes gilt nach § 9 StGB das **Ubiquitätsprinzip:** Hiernach ist eine Tat an demjenigen Ort begangen, a) an dem der Täter gehandelt oder die erforderliche Handlung unterlassen hat oder b) an dem der Erfolg eingetreten ist oder hätte eintreten sollen. Sowohl der Handlungs- als auch der Erfolgsort begründen somit die Tatortstrafbarkeit. Noch weiter als bei der Täterstrafbarkeit erstreckt sich der Anwendungsbereich des deutschen Strafrechts für den **Teilnehmer** (§ 9 Abs 2 StGB):[110] Nicht nur der Ort der (Haupt-)Tat, sondern auch der Ort, an dem der Teilnehmer selbst gehandelt hat (oder im Falle des Unterlassens hätte handeln müssen) oder an dem nach seiner Vorstellung die Tat begangen werden sollte, begründen die Anwendbarkeit deutschen Strafrechts.

Im Zusammenhang mit dem Begehungsort stellt sich dabei eine **Vielzahl von Problemen**. 38
So ist bereits unklar, wo der Täter gehandelt hat, wenn er sich zwar im Ausland aufhält, sein Verhalten aber in Deutschland über das Medium Radio oder Fernsehen hör- bzw sichtbar wird oder wenn er auf einem ausländischen Server eine Webseite ins Internet einstellt.

Fall 1:[111] Anlässlich eines Länderspieles der deutschen Fußballnationalmannschaft in Polen 39
zeigten mehrere Personen im dortigen Stadion den „Hitlergruß" (eine verbotene Grußform iSd § 86a Abs 2 StGB[112]). Diese Szenen waren sowohl live als auch zeitlich versetzt im deutschen Fernsehen zu sehen. – Das KG nahm hier einen Handlungsort in Deutschland an, denn unter Handlung sei jede „auf die Tatbestandsverwirklichung gerichtete Tätigkeit" zu verstehen.[113] Eine solche Tätigkeit läge aber dann im Inland, wenn die „Wirkungen" des Verhaltens, die nach der tatbestandlichen Handlungsbeschreibung als deren Bestandteil zu betrachten seien, im Inland einträten.[114] Tatbestandliche Handlungsbeschreibung sei in § 86a Abs 1 Nr 1 StGB das „Verwenden" des Kennzeichens. Ein solches Verwenden läge nun überall dort vor, wo das Kennzeichen optisch und akustisch wahrnehmbar gemacht werde.[115] Indem das KG hier allerdings auf die „Wirkungen" abstellt, verwechselt es Handlung und Erfolg, ein Handlungsort hätte daher verneint werden müssen.[116]

Fall 2:[117] Der in Deutschland geborene Täter ist australischer Staatsbürger. 1996 schloss er 40
sich mit Gleichgesinnten in Australien zum „Adelaide Institute" zusammen, dessen Direktor er

---

109 Zur Notwendigkeit eines legitimierenden Anknüpfungspunktes vgl BGHSt 27, 30, 32; BGHSt 34, 334, 336; BGHSt 45, 64, 66; BGHSt 46, 212, 224; BGHSt 46, 292, 306.
110 Vgl hierzu MünchKommStGB/*Ambos* 2. Aufl § 9 Rn 36 ff; krit zu dieser Weite *Jung* JZ 1979, 325, 330 ff.
111 Fall nach KG NJW 1990, 3500; vgl hierzu *Heinrich, B* NStZ 2000, 533; *ders* FS Weber 91, 95 f.
112 BGHSt 25, 30; BGHSt 25, 133, 136; OLG Celle NStZ 1994, 440.
113 KG NJW 1990, 3500, 3502.
114 Zust *Werle/Jeßberger* JuS 2001, 35, 39.
115 Ähnl *Weigend* ZUM 1994, 133, 184 für die Tathandlung des Vorführens oder Zugänglichmachens von Pornografie über das Fernsehen (vgl § 184 Abs 1 Nr 1 und Nr 2 StGB). Dies finde überall dort statt, wo sich die filminteressierten Jugendlichen aufhalten, unabhängig davon, ob die Sendungen von einem inländischen oder ausländischen Sender ausgestrahlt würden; aA *Ringel* CR 1997, 302, 304; *Schreibauer* 101.
116 So auch *Heinrich, B* NStZ 2000, 533; *ders* FS Weber 91, 98 ff; ebenfalls abl *Mitsch* Medienstrafrecht § 1 Rn 10.
117 Fall nach BGHSt 46, 21; vgl hierzu die Anmerkungen bei *Clauß* MMR 2001, 232; *Gercke* ZUM 2002, 283, 284 f; *Heghmanns* JA 2001, 276; *Heinrich, B* FS Weber 91, 96 ff; *Hörnle* NStZ 2001, 309; *Jeßberger* JR 2001, 432; *Koch* JuS 2002, 123; *Kudlich* StV 2001, 397; *Lagodny* JZ 2001, 1198; *Roggan* KJ 2001, 337; *Schwarzenegger* FS Schmidt 240; *Sieber* ZRP 2001, 97; *Vassilaki* CR 2001, 262.

war. Ziel des Instituts ist es zu beweisen, dass die Schandtaten des deutschen NS-Regimes insb im Hinblick auf die Vernichtung von Juden niemals (oder jedenfalls nicht in der behaupteten Form) stattgefunden haben. Zu diesem Zweck stellte der Täter über mehrere Jahre Webseiten des „Instituts" auf einem australischen Server ins Internet, die auch von Deutschland aus abgerufen werden konnten. Diese Seiten enthielten englischsprachige Artikel, in denen der Völkermord an den Juden geleugnet und behauptet wurde, dieses Gerücht sei nur von jüdischen Mitbürgern in die Welt gesetzt worden, um vom deutschen Staat eine Rente zu kassieren. – Zutreffend äußerte der BGH hier Bedenken, eine sich im Inland auswirkende Handlung allein darin zu sehen, dass sich der Täter eines ihm zuzurechnenden Werkzeugs (des Internets) zur – rein physikalischen – Beförderung der Daten ins Inland bediene.[118]

41 Will man zu einer nachvollziehbaren Abgrenzung von Handlung(sort) und Erfolg(sort) gelangen, so wird man bei Distanzdelikten davon ausgehen müssen, dass der Täter nur dort **handelt**, wo er sich körperlich aufhält, während er zB die betreffenden Dateien ins Netz stellt, die Äußerungen tätigt oder die Verhaltensweisen an den Tag legt, die dann über Radio oder Fernsehen übertragen werden.[119]

42 Als Begehungsort – und somit als tauglicher Anknüpfungspunkt im Rahmen der §§ 3, 9 StGB – gilt aber auch der Ort des **Erfolges**. Dies ist bei den **„Erfolgsdelikten"**, wie zB bei der Beleidigung, § 185 StGB, die als Erfolg eine Ehrkränkung verlangt, unproblematisch. Eine beleidigende Äußerung über Radio, Fernsehen oder Internet, die der Betreffende (oder ein Dritter) in Deutschland hört, sieht oder liest, begründet in Deutschland einen Erfolgsort, weil die Ehrkränkung (erst) hier den Empfänger erreicht. Problematischer ist dies schon bei den sog **„konkreten Gefährdungsdelikten"**, die neben der Tathandlung voraussetzen, dass der Täter durch die Tat bestimmte Rechtsgüter, die im jeweiligen Tatbestand genannt sein müssen, konkret gefährdet. Zutreffend wird hier davon ausgegangen, dass dort, wo diese konkrete Gefährdung dann tatsächlich eintritt, der Ort des „Erfolges" der Straftat zu sehen. Umstritten ist dies jedoch bei den sog **„abstrakten Gefährdungsdelikten"**, die – zumeist als schlichte Tätigkeitsdelikte ausgestaltet – bereits eine bestimmte Verhaltensweise an sich unter Strafe stellen, ohne dass im Tatbestand ein Erfolg ausdrücklich genannt ist. Die hM lehnt hier einen Erfolgsort ab[120] und kommt insoweit zu untragbaren Ergebnissen. Da der Gesetzgeber bei den abstrakten Gefährdungsdelikten die Strafbarkeit infolge der hohen Gefährlichkeit des Verhaltens gerade nach vorne verlagert hat, ist nicht einzusehen, warum dies dazu führen soll, dass dort, wo das unter Strafe gestellte Verhalten tatsächlich den strafrechtlich unerwünschten (wenn auch nicht tatbestandsmäßigen) Erfolg herbeiführt, ein Tatort abgelehnt wird.[121] Der Erfolgsort bei den abstrakten Gefährdungsdelikten liegt somit dort, wo sich das gefährliche Verhalten auswirken **kann** – tritt ein solcher Erfolg tatsächlich ein, ist dies als unwiderlegbares Indiz dafür anzusehen, dass eine abstrakte Gefahr an diesem Ort auch tatsächlich bestand. Der BGH scheint bei seiner Entscheidung im Fall 2 (Adelaide-Institute) mit dieser Ansicht zu sympathisieren, glaubte aber, diese Streitfrage

---

118 BGHSt 46, 212, 224 f; eine Handlung im Inland abl auch *Heghmanns* JA 2001, 276, 277, 279; *Heinrich, B* NStZ 2000, 533; *ders* FS Weber 91, 98 ff; *Jeßberger* JR 2001, 432, 433; *Kudlich* StV 2001, 397, 398; *Schulte* KJ 2001, 341.
119 So auch *Heinrich, B* FS Weber 91, 95 f; *Klengel/Heckler* CR 2001, 243, 244; *Leupold/Bachmann/Pelz* MMR 2000, 648, 652; *Schreibauer* 101; *Sieber* NJW 1999, 2065, 2067; vgl auch *Derksen* NJW 1997, 1878, 1880.
120 KG NJW 1999, 3500, 3502 – Hitlergruß; *Breuer* MMR 1998, 141, 142; *Cornils* JZ 1999, 394, 395 f; *Hilgendorf* NJW 1997, 1873, 1875 f; *Horn/Hoyer* JZ 1987, 965, 966; *von der Horst* ZUM 1993, 227, 228; *Jakobs* 5/21; *Kienle* 41 ff; *Klengel/Heckler* CR 2001, 243, 248; *Lackner/Kühl* § 9 Rn 2; *Leupold/Bachmann/Pelz* MMR 2000, 648, 653; *Pelz* ZUM 1998, 530, 531; *Ringel* CR 1997, 302, 303; *Römer* 126 f; *Roggan* KJ 2001, 337, 339; *Satzger* NStZ 1998, 112, 114 f; *Schönke/Schröder/Eser* § 9 Rn 6.
121 So auch *Barton* Rn 221; *Beisel/Heinrich, B* JR 1996, 95, 96; *Germann* 233 ff; *Heinrich, B* GA 1999, 72, 77; *ders* NStZ 2000, 533; *ders* FS Weber 91, 98 ff; LK/*Werle/Jeßberger* 12. Aufl § 9 Rn 27 ff, 33 f; *Martin* 79 ff, 118 ff; *ders* ZRP 1992, 19, 20 f; *Schulte* KJ 2001, 341; *Schwarzenegger* SchwZStW 118 (2000), 109, 124 ff; SK/*Hoyer* § 9 Rn 7.

nicht entscheiden zu müssen, da § 130 Abs 3 StGB kein (rein) abstraktes, sondern ein sog abstrakt-konkretes oder auch **„potenzielles Gefährdungsdelikt"** darstelle. Dies leitet er daraus ab, dass der Tatbestand immerhin voraussetze, dass die Handlung **geeignet sei**, den öffentlichen Frieden zu stören.[122] In dieser „Eignung zur Friedensstörung" sah der BGH nun den zum Tatbestand gehörenden Erfolg, der im konkreten Fall jedenfalls auch in Deutschland eingetreten sei, da die Handlung dazu geeignet gewesen wäre, gerade hier den öffentlichen Frieden zu stören.[123] Dass potenzielle Gefährdungsdelikte aber auch nach Ansicht des BGH an sich als Unterfall der abstrakten Gefährdungsdelikte anzusehen sind,[124] denen die Anerkennung eines Erfolgsortes bisher gerade versagt blieb, störte ihn dabei nicht.

Problematisch an dieser weiten Bestimmung des Tatortes (Erfolgsortes) iSd §§ 3, 9 StGB ist 43 nun aber, dass gerade im Medienbereich, insb beim Einstellen strafrechtlich relevanter Texte ins Internet, über den Begehungsort eine nahezu weltweite Strafverfolgung auch von weniger gravierenden Delikten möglich wäre. Dies wurde in der Literatur zutreffend kritisiert und insoweit **Einschränkungsmodelle** entwickelt.[125] Man wird, um eine Strafverfolgung in Deutschland zu ermöglichen, jedenfalls fordern müssen, dass ein legitimierender Anknüpfungspunkt vorliegen muss, der einen Bezug der Straftat gerade im Hinblick auf Deutschland hervorhebt. Dieser Anknüpfungspunkt kann in der Verwendung der deutschen Sprache oder auch in der Auseinandersetzung mit der deutschen Geschichte liegen.

Als weiterer Anknüpfungspunkt kommt – wenn die Tat im Ausland begangen wurde – die 44 Staatsangehörigkeit des Täters (**aktives Personalitätsprinzip** § 7 Abs 2 Nr 1 StGB) oder des Opfers (**passives Personalitätsprinzip** § 7 Abs 1 StGB) in Frage. Voraussetzung ist hierbei jedoch jeweils, dass die Tat im Ausland ebenfalls strafbar ist oder aber der Tatort keiner Strafgewalt unterliegt.[126] Letzteres kommt insb dann in Frage, wenn die Tat, wie zB bei der Aussendung eines Piratensenders,[127] auf hoher See begangen wird.

Als völkerrechtlich zulässiger Anknüpfungspunkt ist ferner der **Schutz bestimmter inlän-** 45 **discher Rechtsgüter** anerkannt (Schutzprinzip, § 5 StGB). Im hier interessierenden Zusammenhang können nach diesen Grundsätzen zB die Vorbereitung eines Angriffskrieges (§ 80 StGB), der Hoch- oder Landesverrat sowie die Gefährdung der äußeren Sicherheit (§§ 81 ff, 94 ff StGB) und ausgewählte Straftaten gegen die Landesverteidigung (§§ 109 ff StGB) auch dann geahndet werden, wenn sie im Ausland stattfinden und kein Deutscher daran beteiligt ist. Zu nennen sind weiter die Delikte der Gefährdung des demokratischen Rechtsstaates (§§ 89 ff StGB). Teilweise muss hier zwar der Täter die deutsche Staatsangehörigkeit besitzen, es entfällt jedoch – im Gegensatz zu § 7 StGB – die Voraussetzung, dass die Tat auch im Ausland mit Strafe bedroht sein muss.

Insb im Zusammenhang mit der Verbreitung pornografischer Schriften, §§ 184a ff StGB, 46 ist auch im Medienbereich der völkerrechtliche Anknüpfungspunkt der Interessen von universaler, die Weltrechtsgemeinschaft betreffender Bedeutung relevant (**Weltrechtsprinzip**, § 6 StGB).

---

122 BGHSt 46, 212, 220 ff.
123 Zust *Jeßberger* JR 2001, 432, 433; aA *Hilgendorf* NJW 1997, 1873, 1875; *Kienle* 78; *Ringel* CR 1997, 302, 305 f.
124 BGHSt 46, 212, 218; BGH NJW 1999, 2129.
125 Vgl allg zum Meinungsstand *Eisele* § 3 Rn 10 ff; MünchKommStGB/*Ambos* 2. Aufl § 9 Rn 26 ff; ferner *Collardin* CR 1995, 618, 621; *Derksen* NJW 1997, 1878, 1880 f; *Ringel* CR 1997, 302, 307; *Hilgendorf/Valerius* Rn 151 ff.; *Hilgendorf/Wolf* K&R 2006, 541, 542; vgl auch *Wörner* ZIS 2012, 458, 460 ff.
126 Für einen besseren Schutz gegen strafbare radikal-politische Internetinhalte wird zum Teil eine Ausweitung des aktiven Personalitätsprinzips in § 5 StGB verlangt, sodass auch deutsche Täter, die bislang aus dem „sicheren" Ausland agieren, künftig der deutschen Strafgewalt unterfallen könnten; vgl hierzu *Bremer* MMR 2002, 147, 151 f.
127 Vgl zur Problematik der Piratensender *Haucke* Piratensender auf See 1968; *Oehler* Das deutsche Strafrecht und die Piratensender 1970; *ders* FS Stern 1339.

47 Zu nennen ist schließlich noch der Anknüpfungspunkt der stellvertretenden Rechtspflege (**Stellvertretungsprinzip** § 7 Abs 2 Nr 2 StGB), der dann eingreift, wenn der Täter einer Auslandstat in Deutschland gefasst wird, seine Auslieferung aber, obwohl prinzipiell zulässig, nicht möglich ist, weil der betreffende Staat kein entsprechendes Ersuchen stellt oder dem Täter dort eine menschenunwürdige Behandlung oder Folter droht.

48 Bedenkt man, dass in anderen Ländern ähnliche Regelungen mit denselben Anknüpfungspunkten gelten, ist es unausweichlich, dass bei grenzüberschreitenden Taten oft mehrere Länder für eine Verurteilung zuständig sind und insoweit mehrere Verfahren wegen derselben Tat durchgeführt werden können. Da der Grundsatz des **Doppelbestrafungsverbots** wegen derselben Tat (vgl Art 103 Abs 3 GG) im internationalen Bereich aber nicht gilt,[128] finden sich vielfach völkerrechtliche Vereinbarungen zwischen verschiedenen Staaten, welche eine solche Doppelbestrafung einschränken oder ausschließen. Was das deutsche Strafrecht angeht, so ist zu beachten, dass bei Auslandstaten der **Verfolgungszwang** durch deutsche Behörden stark eingeschränkt ist (vgl § 153c StPO). Wenn sich die Staatsanwaltschaft jedoch zum Tätigwerden entschließt, dann hindert eine frühere Strafverfolgung oder Bestrafung derselben Tat in einem anderen Staat die Durchführung eines Verfahrens in Deutschland nicht. Allerdings muss eine **im Ausland bereits verbüßte Strafe** im Inland angerechnet werden (§ 51 Abs 3 StGB).[129] Zu beachten sind jedoch die in der Europäischen Union geltenden Sondervorschriften. So fand sich bereits in Art 54 des Schengener Durchführungsübereinkommens (SDÜ) die Verpflichtung der Vertragsparteien, untereinander den Grundsatz „ne bis in idem" anzuwenden.[130] Eine vergleichbare Regelung enthält heute Art 6 Abs 2 iVm Art 50 der Europäischen Grundrechtecharta.[131]

49 Neben den geschilderten allgemeinen Grundsätzen des Strafanwendungsrechts ist zu beachten, dass sich teilweise bereits aus der tatbestandlichen Handlungsumschreibung eine Einschränkung der Anwendbarkeit deutschen Strafrechts ergibt. So finden sich bspw Tatbestände, nach denen der Handelnde nur strafbar ist, wenn er Schriften **im Inland verbreitet**.[132] Handelt der Täter in diesen Fällen von Deutschland aus, indem er zB Propagandamittel verfassungswidriger Organisationen im Inland herstellt, die dann aber ausschließlich im Ausland verbreitet werden sollen, dann läge an sich (Tatortprinzip, §§ 3, 9 StGB) eine Straftat vor, die jedoch nach § 86 StGB deswegen ausscheidet, weil nur die Herstellung in der Absicht, die Schriften im Inland zu verbreiten, erfasst ist.

II. Der Gerichtsstand

50 Ist die Anwendbarkeit deutschen Strafrechts begründet, stellt sich bei der gerichtlichen Verfolgung als erstes die Frage nach dem Gerichtsstand, dh die Frage, welches Gericht für die Aburteilung örtlich und sachlich zuständig ist.

51 Nach § 7 Abs 1 StPO ist der primäre Gerichtsstand derjenige des **Tatorts**: Örtlich zuständig ist dasjenige Gericht, in dessen Bezirk die Straftat begangen wurde. Begangen ist die Tat nach § 9 StGB sowohl dort, wo der Täter gehandelt hat als auch dort, wo der Erfolg eingetreten ist.[133]

---

128 Vgl hierzu BVerfGE 12, 62, 66; BGHSt 24, 54, 57; *Heinrich, B* AT Rn 40, 62; *Vogel/Norouzi* JuS 2003, 1059, 1060.
129 Vgl hierzu auch BGHSt 29, 63.
130 Vgl zu Art 54 SDÜ auch BGHSt 45, 123; BGHSt 46, 187; BGHSt 46, 307; *Vogel/Norouzi* JuS 2003, 1059.
131 Amtsblatt EU v 14.12.2007 C 303/1; vgl hierzu BGH NJW 2011, 1014, 1015.
132 Vgl § 86 Abs 1 StGB.
133 Vgl zur Frage des Handlungs- und des Erfolgsortes bereits ausf oben Rn 37 ff.

Eine solche Regelung hätte nun im Medienbereich – insb im Hinblick auf den Erfolgsort – **52** die Konsequenz, dass eine Vielzahl von Gerichtsständen begründet würde (man denke nur an die Verbreitung von Druckschriften an mehreren Orten, die Ausstrahlung von Radio- und Fernsehsendungen an sämtliche Haushalte etc). Da ein solcher „fliegender Gerichtsstand" kaum akzeptabel wäre, schuf der Gesetzgeber bereits im Jahre 1902 in § 7 Abs 2 StPO jedenfalls für **Druckschriften** eine Sonderregelung:[134] Liegt ein **Presseinhaltsdelikt** vor (dh wird die Straftat gerade durch den Inhalt der Druckschrift begangen), so ist ausschließlich dasjenige Gericht zuständig, in dessen Bezirk die Druckschrift erschienen ist (Gerichtsstand des Erscheinungsortes). Erschienen ist eine Druckschrift dort, wo die verantwortlichen Entscheidungen über die Veröffentlichung getroffen werden,[135] idR also am Geschäftssitz des Verlegers bzw des verantwortlichen Redakteurs.[136] Im Ausnahmefall sind aber auch mehrere Erscheinungsorte denkbar.[137] Ein „Erscheinen" setzt dabei voraus, dass die Druckschrift einem größeren Personenkreis zugänglich gemacht werden soll.[138] Eine Ausnahme gilt nach § 7 Abs 2 S 2 StPO lediglich dann, wenn es sich um eine Beleidigung nach § 185 StGB handelt und der Beleidigte die Straftat im Wege der Privatklage verfolgt. In diesen Fällen ist auch das Gericht zuständig, in dessen Bezirk der Beleidigte seinen Wohnsitz oder gewöhnlichen Aufenthalt hat.[139] Eine weitere Ausnahme gilt dann, wenn der Erscheinungsort – zB bei fehlendem Impressum – nicht festgestellt werden kann oder dieser im Ausland liegt. Dann bleibt es bei der allgemeinen Regelung des § 7 Abs 1 StPO.

Da die Interessenlage im Hörfunk und Fernsehbereich ähnlich ist, ist § 7 Abs 2 StPO – ob- **53** wohl dieser ausdrücklich nur von „Druckschriften" spricht – nach allerdings umstrittener Ansicht auch auf diese Medien **analog** anwendbar (Gerichtsstand des Ausstrahlungsortes).[140] Dies gilt aber auch in diesen Fällen nur dann, wenn die Straftat gerade durch den Inhalt der Sendungen verwirklicht wird. Da die Interessenlage auch beim Medium des Internets ähnlich ist, muss auch hier die Vorschrift des § 7 Abs 2 StPO analog anwendbar sein (Gerichtsstand des Standortes des Servers).

Die weiteren in der StPO vorgesehenen Gerichtsstände spielen auch im Medienstrafrecht **54** eine eher untergeordnete Rolle und sollen daher nur kurz erwähnt werden. Zwar kann die Staatsanwaltschaft zwischen den verschiedenen Gerichtsständen nach ihrem Ermessen wählen, in der Praxis wird aber dann, wenn ein Gerichtsstand nach § 7 StPO gegeben ist, auch dieser gewählt. Nach § 8 StPO ist ein Gerichtsstand auch an dem Ort begründet, an dem der Angeschuldigte seinen **inländischen Wohnsitz** (Abs 1) oder in Ermangelung eines solchen, seinen **gewöhnlichen Aufenthaltsort** (Abs 2) hat. Ein weiterer Gerichtsstand wird am **Ergreifungsort** begründet (§ 9 StPO). Sofern **zusammenhängende Taten** zur (örtlichen) Zuständigkeit mehrerer Gerichte führen würden, wird nach § 13 StPO an jedem Ort ein Gerichtsstand für sämtliche miteinander in Zusammenhang stehende Taten begründet (Gerichtsstand des Zusammenhangs).

---

134 Durch die StPO-Novelle vom 13.6.1902, RGBl 1902, 227; zum früheren Rechtszustand vgl RGSt 23, 155.
135 Löwe/Rosenberg/*Erb* 26. Aufl § 7 Rn 21. Stellt man auf den Ort ab, an dem das Druckerzeugnis mit dem Willen des Verfügungsberechtigten die Stätte ihrer Herstellung zum Zweck der Verbreitung verlässt (so RGSt 64, 292; *Meyer-Goßner* § 7 Rn 9), würde man im Ergebnis auf den Ort abstellen, wo „das Druckwerk körperlich betrachtet den Weg seiner Verbreitung antritt" und nicht auf den Ort, an dem die verantwortlichen Personen handeln; vgl hierzu Löwe/Rosenberg/*Erb* 26. Aufl § 7 Rn 20.
136 Löwe/Rosenberg/*Erb* 26. Aufl § 7 Rn 21; *Meyer-Goßner* § 7 Rn 9; wohl inzwischen auch KK/*Scheuten* § 7 Rn 6.
137 KK/*Scheuten* § 7 Rn 6; *Meyer-Goßner* § 7 Rn 9.
138 BGHSt 13, 257; KK/*Scheuten* § 7 Rn 6; *Meyer-Goßner* § 7 Rn 9.
139 Vgl BGH NJW 1958, 229.
140 LG Arnsberg NJW 1964, 1972; LG Landshut NStZ-RR 1999, 367; AG Würzburg NStZ 1990, 199; *Dose* NJW 1971, 2212; KK/*Scheuten* § 7 Rn 7; *Kusch* NStZ 1990, 200; Löffler/*Kühl* Presserecht Vor §§ 20 ff LPG Rn 17; Löwe/Rosenberg/*Erb* 26. Aufl § 7 Rn 12 ff; *Meyer-Goßner* § 7 Rn 7.

III. Der Schriftenbegriff des § 11 Abs 3 StGB

55 Eine Vielzahl der im kommenden Abschnitt noch näher zu untersuchenden Straftatbestände, insb solcher des StGB, enthalten das Tatbestandsmerkmal der **„Schriften"**, deren Verbreitung oder Verwendung unter Strafe gestellt ist. Dabei ist dieses Merkmal zumeist strafbegründend,[141] kann jedoch, wie zB bei der Verleumdung nach § 187 StGB, auch straferhöhende Wirkung haben.[142] Zumeist findet sich in diesen Tatbeständen ein ausdrücklicher Hinweis auf die Vorschrift des § 11 Abs 3 StGB. In diesen Fällen gilt die vom Gesetzgeber unter der Überschrift „Personen- und Sachbegriffe" aufgenommene Definition des Schriftenbegriffes unmittelbar. Diese vor die Klammer gezogene Definition in § 11 Abs 3 StGB hat den Vorteil, dass der umfangreiche Schriftenbegriff nicht in jedem Tatbestand erneut umschrieben werden muss. Findet sich hingegen in der entsprechenden Vorschrift kein ausdrücklicher Verweis auf § 11 Abs 3 StGB, muss eine eigenständige tatbestandsbezogene Auslegung erfolgen.[143]

56 Als **„Schriften"** gelten hiernach nicht nur die klassischen Druckschriften, sondern darüber hinaus auch Ton- und Bildträger, Datenspeicher, Abbildungen und andere Darstellungen. Insoweit enthält § 11 Abs 3 StGB keine klassische „Legaldefinition", sondern fasst lediglich mehrere Darstellungsformen unter dem **Sammelbegriff** der „Schrift" zusammen.[144] Insoweit wird auch deutlich, dass der weit auszulegende Begriff der „Darstellung" hier als Oberbegriff anzusehen ist,[145] der in den genannten Erscheinungsformen lediglich seine spezielle Ausprägung gefunden hat.[146] Als „Darstellung" werden dabei sämtliche, einen bestimmten Gedanken zum Ausdruck bringende Zeichen verstanden, die – wenn auch gegebenenfalls unter Verwendung technischer Hilfsmittel – sinnlich wahrnehmbar sind und deren stoffliche Verkörperung von gewisser Dauerhaftigkeit ist.[147]

57 Als **Schriften** sind allgemein solche stofflichen Zeichen zu verstehen, in denen in sinnlich wahrnehmbarer Weise, insb durch Sehen und Tasten, eine Gedankenerklärung durch Buchstaben, Bilder oder Zeichen verkörpert ist.[148] Dies kann auch in Form einer Geheim-, Kurz- oder Bilderschrift geschehen.[149]

58 **Tonträger** sind Gegenstände, die bestimmte technisch gespeicherte Laute enthalten, wie zB Sprachlaute oder Musik, und diese durch Wiedergabe für das Ohr wahrnehmbar gemacht werden können.[150] Als Beispiele sind hier Tonbänder und CDs zu nennen.[151]

59 Unter einem **Bildträger** hingegen versteht man einen Gegenstand, der bestimmte Bilder oder Bildfolgen enthält, die durch Wiedergabe für das Auge wahrnehmbar gemacht werden können, wie zB Videokassetten und DVDs.[152]

---

141 Vgl ua §§ 80a; 86 Abs 2; 86a Abs 1 Nr 1; 90 Abs 1; 90a Abs 1; 90b Abs 1; 91 Abs 1 Nr 1; 111 Abs 1 Alt 3; 130 Abs 2 Nr 1 und Abs 5; 130a Abs 1 und 2 Nr 1; 131 Abs 1; 140 Nr 2; 166 Abs 1 und 2; 176 Abs 4 Nr 2; 184 Abs 1; 184a; 184b Abs 1; 184c Abs 1 StGB.
142 Vgl ferner §§ 176a Abs 3; 186; 188 StGB; auch weitere Rechtsfolgen können sich an die Begehung einer Tat durch eine Schrift knüpfen; vgl zB § 103 Abs 2 iVm § 200 StGB sowie § 194 Abs 1 und 2 StGB.
143 *Fischer* § 11 Rn 33; NK/*Saliger* § 11 Rn 73.
144 NK/*Saliger* § 11 Rn 74; Schönke/Schröder/*Eser*/*Hecker* § 11 Rn 67.
145 *Lackner*/*Kühl* § 11 Rn 28; SSW/*Satzger* § 11 Rn 52.
146 Vgl hierzu noch näher unten Rn 62.
147 *Fischer* § 11 Rn 33; Schönke/Schröder/*Eser*/*Hecker* § 11 Rn 67; *Sieber* JZ 1996, 494, 495.
148 BGHSt 13, 375; *Lackner*/*Kühl* § 11 Rn 27; Schönke/Schröder/*Eser*/*Hecker* § 11 Rn 67.
149 *Lackner*/*Kühl* § 11 Rn 27.
150 Schönke/Schröder/*Eser*/*Hecker* § 11 Rn 67; vgl aus der Rechtsprechung RGSt 47, 404; OLG Düsseldorf NJW 1967, 1142.
151 MünchKommStGB/*Radtke* 2. Aufl § 11 Rn 145; BayObLG NStZ 2002, 258.
152 Schönke/Schröder/*Eser*/*Hecker* § 11 Rn 67; vgl aus der Rechtsprechung OLG Koblenz NStZ 1991, 45; LG Duisburg NStZ 1987, 367.

Seit 1997[153] sind auch die **Datenspeicher** ausdrücklich in § 11 Abs 3 StGB erwähnt. Dadurch werden nun insb auch Inhalte, die über das Internet verbreitet und auf Datenspeicher abgelegt werden, vom Schriftbegriff erfasst. Zuvor bestanden Schwierigkeiten, die als Daten – dh in digitalisierter Form – vorliegenden Inhalte mangels ihrer dauerhaften stofflichen Fixierung mit dem Begriff der „Darstellung" zu erfassen. Unter Datenspeichern versteht man einen Gegenstand, auf dem ein gedanklicher Inhalt elektronisch, elektromagnetisch, optisch, chemisch oder auf sonstige Weise niedergelegt ist, auch wenn dieser nur unter Zuhilfenahme technischer Geräte wahrnehmbar gemacht werden kann.[154] Erfasst werden somit Magnetbänder, Festplatten, Disketten, USB-Sticks, CD-ROMs, aber auch der Arbeitsspeicher und der „Cache"-Speicher eines Computers.[155] Ferner gilt die Definition auch für die Darstellung von Inhalten auf einem Computerbildschirm.[156] Damit kann der Schriftbegriff nun auf Internetseiten, E-Mails, Usenet-News und den FTP-Dienst angewendet werden.[157] Probleme kann es jedoch im Hinblick auf Inhalte geben, die über **Chats** vermittelt werden, da diese Chats regelmäßig Echtzeitübertragungen darstellen.[158] Zwar werden auch hier kurzzeitige Zwischenspeicherungen vorgenommen, diese sollen nach der Ansicht des Gesetzgebers aber gerade nicht vom Schriftbegriff erfasst sein.[159] Dem muss jedoch widersprochen werden, da hier jedenfalls eine Zwischenspeicherung im Arbeitsspeicher des Computers stattfindet. Dies reicht – im Gegensatz zu ganz kurzfristigen Zwischenspeicherungen – im vorliegenden Zusammenhang aus.[160]

Gleichwohl scheinen gewisse Fälle denkbar, in denen die Anwendbarkeit des Begriffs der Datenspeicher auf im Internet übertragene Inhalte (Daten) zu verneinen sein könnte. In Betracht kommt hierbei insb die Übertragung von Inhalten im Wege des Live-Streaming. Werden diese (zB Fernseh- oder Hörfunkformate) als Live-Übertragung in Echtzeit über das Internet „gesendet" und erfahren dabei – abgesehen von technisch zwingend notwendigen kurzfristigen Zwischenspeicherungen – keinerlei Speicherung und werden nach der einmaligen Wahrnehmung durch den Empfänger auch nicht weiter im bzw durch den Arbeitsspeicher seines Computers verkörpert, so kann in diesem Fall eine Zuordnung der betreffenden Inhalte zum Begriff des „Datenspeichers" nicht erfolgen.

Unter **Abbildungen** versteht man die optische Wiedergabe körperlicher Gegenstände oder Vorgänge in der Außenwelt in Fläche und Raum, zB Gemälde, Fotos und Dias.[161] § 11 Abs 3 StGB nennt am Ende noch **„andere Darstellungen"**. Fraglich ist, ob damit die „Darstellung" als Oberbegriff sämtlicher in dieser Vorschrift genannten Träger anerkannt wird[162] oder ob sich die andere Darstellung nur auf die unmittelbar zuvor genannten Abbildungen bezieht. Da aber auch Schriften und die anderen in § 11 Abs 3 StGB genannten Objekte problemlos als Darstellungen angesehen werden können, liegt die Einordnung als Oberbegriff nahe. Als **Darstellungen** werden dabei alle Arten von stofflichen Zeichen angesehen, die sinnlich wahrnehmbar sind und

---

153 IuKDG v 22.7.1997, BGBl 1997 I S 1870, 1876; vgl zur früheren Rechtslage und dem Streit, ob und wie Datenspeicher vom Schriftbegriff erfasst werden können OLG Stuttgart NStZ 1992, 38; *Stange* CR 1996, 424, 426 ff.
154 Schönke/Schröder/*Eser*/Hecker § 11 Rn 67.
155 Vgl BT-Drucks 13/7385, 36; BGHSt 47, 55, 58.
156 BT-Drucks 13/7385, 36; Schönke/Schröder/*Eser*/Hecker § 11 Rn 67; aA *Derksen* NJW 1997, 1878, 1881; vgl hierzu auch OLG Hamburg NJW 2010, 1893.
157 *Barton* 120 f, 176 f; vgl auch BGH NStZ 2007, 216, 217.
158 Vgl hierzu *Römer* 84.
159 BT-Drucks 13/7385, 36.
160 LK/*Hilgendorf* 12. Aufl § 11 Rn 125; Schönke/Schröder/*Eser*/Hecker § 11 Rn 67; anders aber wohl MünchKommStGB/*Radtke* 2. Aufl § 11 Rn 147, vgl zu diesem Problem bereits *Altenhain* CR 1997, 485, 495.
161 Schönke/Schröder/*Eser*/Hecker § 11 Rn 67.
162 So LK/*Hilgendorf* 12. Aufl § 11 Rn 125; Schönke/Schröder/*Eser*/Hecker § 11 Rn 67.

einen geistigen Sinngehalt vermitteln.[163] Teilweise wird darüber hinaus gefordert, dass die stoffliche Verkörperung von einer gewissen Dauer sein muss.[164] Dies ist jedoch insoweit problematisch, als zB **Bildschirmanzeigen** einer über das Internet abgerufenen Information dann nicht unter diese Definition fallen würden, da die Anzeige auf einem Computerbildschirm eben gerade keine Verkörperung von einer gewissen Dauer darstellt.[165] Argumentiert wird hier insb mit § 74d StGB,[166] wonach Schriften iSd § 11 Abs 3 StGB eingezogen werden können, was bei unkörperlichen Gegenständen gerade nicht möglich sei.[167] Dies ist im Ergebnis jedoch nicht haltbar, da, wie oben gesehen,[168] die flüchtigen Speicherungen in einem Arbeitsspeicher eines Computers sowie die Anzeige auf dem Bildschirm als „Datenspeicher" inzwischen von dieser Definition erfasst werden.[169] Nicht erfasst ist dagegen auch hier die „Live-Übertragung" im Fernsehen oder im Hörfunk.[170]

IV. Täterschaft und Teilnahme gem §§ 25 ff StGB

1. Allgemeine Grundsätze

63 **a) Keine Strafbarkeit des Medienunternehmens als juristische Person.** Strafrechtliche Verantwortlichkeit knüpft stets an das Verhalten einzelner natürlicher Personen an. So kennt das deutsche Strafrecht, obwohl dies von verschiedener Seite aus immer wieder gefordert wird,[171] keine strafrechtliche Haftung juristischer Personen. Eine Verbandsstrafe ist dem deutschen Strafrecht also fremd.[172] Dies ist auf der Grundlage der herrschenden Strafrechtsdogmatik in Deutschland auch zwingend, da nur natürliche Personen, nicht aber rechtliche Konstrukte **handeln** können.[173] Für die juristischen Personen handeln jedoch die jeweils zuständigen Organe (zB der Geschäftsführer oder der Vorstand, vgl § 14 StGB).[174] Eine weitere Begründung des Ausschlusses einer strafrechtlichen Haftung juristischer Personen lässt sich aus dem mit Verfassungsrang ausgestalteten **Schuldprinzip** herauslesen. Denn nur natürliche Personen, nicht aber Personenmehrheiten als solche können schuldhaft handeln. Anders ist dies im Ordnungswidrigkeitenrecht.[175] Hier können nach § 30 OWiG gegen juristische Personen oder Personenvereinigungen auch Geldbußen verhängt werden.

---

163 Vgl *Fischer* § 11 Rn 33; NK/*Saliger* § 11 Rn 80; Schönke/Schröder/*Eser*/*Hecker* § 11 Rn 67; *Walther* NStZ 1990, 523.
164 Vgl *Berger-Zehnpfund* Kriminalistik 1996, 635, 636; NK/*Saliger* § 11 Rn 80; Schönke/Schröder/*Eser*/*Hecker* § 11 Rn 67; SK/*Rudolphi*/*Stein* § 11 Rn 63; *Walther* NStZ 1990, 523.
165 MünchKommStGB/*Radtke* 2. Aufl § 11 Rn 147; *Sieber* JZ 1996, 494, 495; *Walther* NStZ 1990, 523; im Ergebnis auch *Derksen* NJW 1997, 1878, 1881.
166 Vgl zur Einziehung von Schriften noch unten Rn 97 ff.
167 *Sieber* JZ 1996, 494, 495; vgl auch allg zur Beschränkung der Einziehung auf körperliche Gegenstände BVerwGE 85, 169, 171.
168 Vgl oben Rn 60.
169 Vgl hierzu auch *Altenhain* CR 1997, 485, 495; ferner *Berger-Zehnpfund* Kriminalistik 1996, 635, 636; zur Möglichkeit der Erfassung von beim Btx-Verfahren auf dem Bildschirm sichtbar werdenden Zeichen vor Erwähnung der Datenspeicher in § 11 Abs 3 StGB vgl OLG Stuttgart NStZ 1992, 38.
170 MünchKommStGB/*Radtke* 2. Aufl § 11 Rn 147; Schönke/Schröder/*Eser*/*Hecker* § 11 Rn 67.
171 Zu den Tendenzen hin zu einem Unternehmensstrafrecht – insb auf europäischer Ebene – vgl *Kempf* KJ 2003, 462.
172 Vgl auch *Mitsch* Medienstrafrecht § 6 Rn 26; Paschke/Berlit/Meyer/*Liesching* 87. Abschn Rn 2.
173 Vgl hierzu nur *Heinrich, B* AT Rn 198; *Roxin* AT I § 8 Rn 58; Wessels/Beulke/*Satzger* Rn 94.
174 Hierzu näher *Kindhäuser* AT § 7; *Otto* Jura 1998, 409.
175 Vgl zum Ordnungswidrigkeitenrecht unten Rn 363 ff.

b) Grundsatz der Trennung von Täterschaft und Teilnahme. Das deutsche Strafrecht beruht – jedenfalls im Bereich der Vorsatzdelikte[176] – auf der grundsätzlichen Trennung von Täterschaft und Teilnahme (sog „dualistisches Beteiligungssystem"), wobei es als gemeinsamen Oberbegriff den **„Beteiligten"** an einer Straftat nennt (vgl § 28 Abs 2 StGB). Es existieren insgesamt vier verschiedene Formen der Täterschaft und zwei Formen der Teilnahme.

In § 25 StGB werden drei der vier Formen der **Täterschaft** ausdrücklich normiert. In § 25 Abs 1 Alt 1 StGB findet sich die Grundform der **Alleintäterschaft** („Als Täter wird bestraft, wer die Straftat selbst [...] begeht"). Die Alleintäterschaft ist das Kernstück der Täterschaft. Es findet keine Zurechnung irgendwelcher Tatbeiträge eines anderen statt. Jeder Täter wird nur und ausschließlich für sein eigenes Handeln bestraft. In § 25 Abs 1 Alt 2 StGB wird die **mittelbare Täterschaft** umschrieben („Als Täter wird bestraft, wer die Straftat [...] durch einen anderen begeht"). Diese Form ist regelmäßig dadurch gekennzeichnet, dass der mittelbare Täter eine andere Person, die selbst strafrechtlich nicht verantwortlich ist, zur Tatbegehung einsetzt. Schließlich regelt § 25 Abs 2 StGB die **Mittäterschaft** („Begehen mehrere die Straftat gemeinschaftlich, so wird jeder als Täter bestraft"). Hier findet eine gegenseitige Zurechnung der jeweils erbrachten Tatbeiträge statt. Gesetzlich nicht geregelt ist die **Nebentäterschaft**, bei der mehrere Personen einen tatbestandsmäßigen Erfolg herbeiführen, ohne dass ein gemeinsamer Tatplan vorliegt.

Als Teilnahmeformen nennt das Gesetz die **Anstiftung** und die **Beihilfe**. Unter einer **Anstiftung** (§ 26 StGB) versteht man das vorsätzliche Bestimmen eines anderen zu dessen vorsätzlich und rechtswidrig – aber nicht notwendigerweise schuldhaft – begangenen Haupttat.[177] Der Anstifter wird – ohne Möglichkeit einer Strafmilderung – wie ein Täter bestraft. Unter **Beihilfe** (§ 27 StGB) ist dagegen das vorsätzliche Hilfeleisten zu einer vorsätzlich und rechtswidrig – wiederum aber nicht notwendigerweise schuldhaft – begangenen Tat eines anderen zu verstehen. Die Strafbarkeit der Beihilfe richtet sich zwar ebenfalls nach der Haupttat, es findet jedoch eine obligatorische Strafmilderung nach § 27 Abs 2 iVm § 49 Abs 1 StGB statt. Die Anwendung der Vorschriften über die Anstiftung und die Beihilfe warf in jüngster Zeit insb dann Probleme auf, wenn Journalisten durch die Veröffentlichungen bisher „geheimer" Informationen eine Strafbarkeit eines Amtsträgers wegen Verletzung des Dienstgeheimnisses, § 353b StGB, ermöglichten.[178] So kann bereits die Anfrage an einen Amtsträger nach „geheimer" Information eine strafbare Anstiftung zu § 353b StGB darstellen.[179] Darüber hinaus ist auch noch an eine Beihilfe zu denken und zwar sowohl im Zusammenhang mit der Entgegennahme der Information als auch im Rahmen der späteren Veröffentlichung.[180] Letzteres wurde allerdings durchaus als problematisch angesehen. Denn die bloße Entgegennahme eines Geheimnisses durch den Journalisten ist nach den Grundsätzen der „notwendigen Teilnahme" an sich straflos. Da durch die Mitteilung an den Journalisten zudem die Verletzung des Dienstgeheimnisses bereits vollendet ist, ist eine Beihilfe hieran durch die anschließende Publikation nur dann möglich, wenn man die Möglichkeit einer „sukzessiven Beihilfe" mit der Rechtsprechung[181] – und entgegen der wohl hM in der

---

[176] Anders hingegen bei den Fahrlässigkeitsdelikten, bei denen sich jeder als Täter strafbar machen kann, der sich sorgfaltspflichtwidrig verhalten hat (sog „Einheitstäter"); auch das deutsche Ordnungswidrigkeitenrecht kennt eine Differenzierung zwischen Täterschaft und Teilnahme nicht; vgl hierzu *Heinrich, B* AT Rn 1177.
[177] Zur Anstiftung durch einen „Like-Klick" im sozialen Netzwerk vgl *Schulte/Kanz* ZJS 2013, 24, 25 ff.
[178] Vgl zu § 353b StGB noch unten Rn 226.
[179] Vgl hierzu *Riklin* GA 2006, 361; vgl zudem aus der Schweiz BGE 127 IV 22.
[180] Vgl hierzu BVerfGE 117, 244 – Cicero; BayObLG NStZ 1999, 568; *Behm* AfP 2000, 421; *Brüning* NStZ 2006, 253; *Fritze/Holzbach* FS Tilmann 937, 940 ff.
[181] RGSt 52, 202, 203; RGSt 71, 193, 194; BGHSt 2, 344, 346; BGHSt 3, 40, 43 f; BGHSt 4, 132, 133; BGHSt 6, 248, 251; BGHSt 14, 280, 281; BGHSt 19, 323, 325; BGH NStZ 2000, 594; BGH NStZ 2007, 35, 36; BayObLG NStZ 1999, 568; OLG Bamberg NJW 2006, 2935, 2937 f; ebenso *Baumann/Weber/Mitsch* § 28 Rn 4 f, § 31 Rn 25; *Jescheck/Weigend* § 64 III 2b; differenzierend Schönke/Schröder/*Heine* § 27 Rn 17.

Literatur[182] – im Stadium zwischen Vollendung und Beendigung einer Tat überhaupt noch für zulässig ansieht. Vergegenwärtigt man sich darüber hinaus, dass der Gesetzgeber durch das 17. Strafrechtsänderungsgesetz vom 21.12.1979[183] den bisherigen „Maulkorbparagraphen" des § 353c StGB aF (Öffentliche Bekanntmachung von Dienstgeheimnissen durch Nichtgeheimnisträger) ersatzlos gestrichen hat, wird aber deutlich, dass hier jedenfalls eine restriktive Auslegung angezeigt ist.[184] Dem hat der Gesetzgeber inzwischen durch die Schaffung des § 353b Abs 3a StGB Rechnung getragen, der nunmehr lautet: „Beihilfehandlungen einer in § 53 Absatz 1 Satz 1 Nummer 5 der Strafprozessordnung genannten Person sind nicht rechtswidrig, wenn sie sich auf die Entgegennahme, Auswertung oder Veröffentlichung des Geheimnisses oder des Gegenstandes oder der Nachricht, zu deren Geheimhaltung eine besondere Verpflichtung besteht, beschränken."[185] Strafbar bleiben jedoch Beihilfehandlungen, die der Vollendung der Haupttat vorangehen oder die über das Entgegennehmen und Veröffentlichen hinausgehen, wie zB die Zahlung von Honorar.[186] Bedeutung erlangt diese Frage in der Praxis insb im Hinblick auf eine mögliche Beschlagnahme von Unterlagen in Redaktionsräumen: Diese ist nach § 97 Abs 5 StPO zwar grds unzulässig soweit dem Journalisten ein Zeugnisverweigerungsrecht nach § 53 Abs 1 S 1 Nr 5 StPO zusteht. Dieses Verbot entfällt jedoch dann, wenn der Journalist dringend verdächtig ist, sich wegen einer Teilnahme an der Tat strafbar gemacht zu haben.[187] Eine auf Beihilfehandlungen gestützte Beschlagnahme ist somit nur noch – aber immerhin! – in anderen als den in § 353b Abs 3a StGB genannten Fällen möglich.

67 Da in Medienunternehmen zumeist eine Vielzahl von Personen zusammen wirken, ist die Feststellung der strafrechtlichen Verantwortlichkeit des Einzelnen oft schwierig.[188] Kann der jeweilige Tatbeitrag des Einzelnen festgestellt werden, ist zwischen den verschiedenen Beteiligungsformen, insb zwischen Täterschaft und Teilnahme abzugrenzen. Dabei geht die Rechtsprechung traditionell von einem **subjektiven Maßstab** aus (Täter ist, wer die Tat als eigene will, Teilnehmer hingegen, wer lediglich eine fremde Tat veranlassen und fördern will),[189] während die hM in der Literatur[190] einen objektiveren Maßstab mit dem Kriterium der **Tatherrschaft** anlegt (Täter ist, wer die Tat beherrscht, dh als Schlüsselfigur das Tatgeschehen nach seinem Willen hemmen, lenken oder mitgestalten kann; Teilnehmer ist, wer die Tat nicht beherrscht und lediglich als Randfigur die Begehung der Tat veranlasst oder in irgendeiner Weise fördert).[191] In der praktischen Anwendung sind die Unterschiede allerdings ge-

---

182 *Geppert* Jura 1999, 266, 272; *Jakobs* 22/39; *Kudlich* JA 2007, 308; *Kühl* § 20 Rn 236ff; *ders* JuS 2002, 729, 734; LK/*Schünemann* 12. Aufl § 27 Rn 43; MünchKommStGB/*Joecks* § 27 Rn 19ff; NK/*Kindhäuser* § 242 Rn 131; *Sengbusch* Jura 2007, 623, 630; SK/*Hoyer* § 27 Rn 18; *Steffan* JuS 2007, 348, 351; *Roxin* AT II § 26 Rn 259ff.
183 BGBl 1979 I S 2324.
184 Vgl hierzu *Brüning* NStZ 2006, 253, 255.
185 Für eine ausdrückliche Straffreistellung von Journalisten im Hinblick auf eine Beihilfe zu § 353b StGB durch Aufnahme eines neuen § 353b Abs 5 StGB vgl bereits den Entwurf der FDP-Fraktion vom 16.3.2006, BT-Drucks 16/956; hierzu *Leutheusser-Schnarrenberger* ZRP 2007, 249, 251; vgl in diesem Zusammenhang auch den Entwurf der Fraktion BÜNDNIS 90/DIE GRÜNEN v 7.2.2006, BT-Drucks 16/576, sowie den Entwurf der Fraktion DIE LINKE v 6.3.2007, BT-Drucks 16/4539.
186 BT-Drucks 17/3355, 8; *Fischer* § 353b Rn 30.
187 Vgl hierzu näher unten Rn 390ff.
188 Vgl allg zu Täterschaft und Teilnahme im Presserecht *Soehring/Hoene* § 26 Rn 4ff.
189 BGHSt 2, 150, 151; BGHSt 2, 169, 170; BGHSt 3, 349, 350; BGHSt 8, 70, 73; BGHSt 8, 390, 391; BGHSt 8, 393, 396; BGHSt 16, 12, 13; BGHSt 18, 87, 90f; BGHSt 28, 346, 348.
190 *Gropp* § 10 Rn 34ff; *Jakobs* 21/32ff; *Jescheck/Weigend* § 61 V; *Krey/Esser* AT Rn 827ff; *Kühl* § 20 Rn 29ff; *Lackner/Kühl* Vor § 25 Rn 6; LK/*Schünemann* 12. Aufl § 25 Rn 32ff; *Maurach/Gössel/Zipf* AT 2 § 47 Rn 84; MünchKommStGB/*Joecks* 2. Aufl § 25 Rn 10ff; *Otto* AT § 21 Rn 21ff; *Roxin* AT II § 25 Rn 27ff; SK/*Hoyer* Vor § 25 Rn 11; Schönke/Schröder/*Heine* Vorbem §§ 25ff Rn 62ff; *Wessels/Beulke/Satzger* Rn 518.
191 Vgl zum Streitstand *Heinrich*, B AT Rn 1203ff.

ring, da auch der BGH inzwischen fordert, dass der die Täterschaft begründende „Täterwille" auf Grund einer „wertenden Betrachtung" zu ermitteln sei, welcher sämtliche Umstände der Tat mit einschließen müsse. Wesentliche Anhaltspunkte dieser wertenden Betrachtung sollen hierbei sein: der gemeinsame Tatplan, der Umfang der Tatbeteiligung, der Grad des eigenen Interesses am Taterfolg, die Tatherrschaft oder wenigstens der „Wille zur Tatherrschaft".[192]

Nach diesen Grundsätzen ist jedenfalls der Autor bzw Verfasser eines Textes für dessen Inhalt als Täter anzusehen, sofern die Verbreitung von ihm veranlasst wird bzw mit seinem Willen geschieht.[193] Da bei Presseerzeugnissen jedoch im Nachhinein oftmals schwer zu ermitteln ist, wer tatsächlich der Autor des betreffenden Textes war (insb wenn keine ausdrückliche Namensnennung erfolgte), wurde im Presserecht das Institut des „Verantwortlichen Redakteurs" geschaffen.[194] So sehen zB die einzelnen Landespressegesetze bei periodischen Druckwerken regelmäßig vor, dass der verantwortliche Redakteur im Impressum benannt wird.[195] Seine Aufgabe ist es, die Druckwerke von strafbaren Inhalten freizuhalten. Gelingt ihm dies nicht, macht er sich nach den insoweit subsidiär geltenden Strafnormen der Landespressegesetze strafbar, sofern er wegen der begangenen Straftat nicht schon nach allgemeinem Strafrecht als Täter oder Teilnehmer belangt werden kann. Eine solche Täterschaft (zB bei einem beleidigenden, pornografischen oder gewaltverherrlichenden Inhalt des Beitrages) ist dabei immer dann anzunehmen, wenn der verantwortliche Redakteur die Veröffentlichung eines Beitrags aktiv veranlasst (selbst wenn er ihn nicht selbst verfasst hat). Problematischer ist hingegen die Annahme einer **Strafbarkeit durch Unterlassen**, wenn der Autor bzw der Programmverantwortliche die Verbreitung eines bestimmten Textes nicht verhindert hat. Die Strafbarkeit wegen Unterlassens richtet sich nach § 13 StGB und erfordert, dass der Unterlassende rechtlich dafür einzustehen hat, dass ein bestimmter Erfolg nicht eintritt (sog „Garantenpflicht"). Eine solche Garantenpflicht ist jedenfalls für den verantwortlichen Redakteur oder Sendeleiter anzunehmen.[196] Da eine Garantenpflicht aber auch vertraglich übernommen werden kann, ist es ferner möglich, dass andere, mit der Programmkontrolle beauftragte Personen eine solche Garantenstellung innehaben. Jedoch können sich die verantwortlichen Redakteure oder Sendeleiter nicht durch eine Kollektiventscheidung der Verantwortung entziehen.[197] Hinzuweisen ist darauf, dass in den meisten Pressegesetzen der Länder zudem Strafbestimmungen aufgenommen wurden, die an einen vorsätzlichen oder fahrlässigen Verstoß gegen die Pflicht, ein Druckwerk von strafbaren Inhalten freizuhalten, anknüpfen. Diese greifen regelmäßig in denjenigen Fälle ein, in denen der verantwortliche Redakteur bei periodisch erscheinenden Druckwerken (zB Zeitschriften) oder der Verleger bei nicht periodisch erscheinenden Druckwerken (zB Büchern) nicht wegen eines vorsätzlichen Handelns (sei es durch Tun oder durch Unterlassen) im Hinblick auf den strafbaren Inhalt der Publikation zur Verantwortung gezogen werden kann, er aber im Vorfeld vorsätzlich oder fahrlässig seine Kontroll- und Aufsichtspflichten verletzt.[198]

---

[192] Vgl in ähnlicher Formulierung BGHSt 19, 135, 138; BGHSt 34, 124, 125; BGHSt 36, 363, 367; BGHSt 37, 289, 291; BGHSt 38, 32, 33; BGHSt 38, 315, 319; BGHSt 39, 381, 386; BGHSt 43, 219, 232; BGHSt 48, 52, 56; BGH NStZ 1988, 406.
[193] Eberle/Rudolf/Wasserburg/*Schmitt* Kap XI Rn 16.
[194] Vgl hierzu BGH NJW 1980, 67; *Franke* NStZ 1983, 114; *Groß* NStZ 1994, 312, 314.
[195] Vgl zu den Sondertatbeständen für verantwortliche Redakteure und Verleger nach den einzelnen Landespressegesetzen unten Rn 339.
[196] Vgl BGH NJW 1977, 626, 627; Eberle/Rudolf/Wasserburg/*Schmitt* Kap XI Rn 17; *Herrmann/Lausen* § 26 Rn 19.
[197] OLG Stuttgart NStZ 1981, 27; *Herrmann/Lausen* § 26 Rn 19.
[198] Vgl hierzu noch unten Rn 339.

2. Die Verantwortlichkeit im Internet

69 **Sonderregelungen** bestehen hinsichtlich der strafrechtlichen Verantwortlichkeit der verschiedenen Beteiligten im Internet.[199] Hier wurde schon früh deutlich, dass eine Beschränkung der strafrechtlichen Verantwortlichkeit insb für Tele- und Mediendiensteanbieter erforderlich ist, um vor allem die Internet-Provider vor nicht mehr kalkulierbaren Strafbarkeits- und Haftungsrisiken zu schützen.[200]

70 **a) Die Providerhaftung.** Die Verantwortlichkeit der Internetprovider war ab 1997 in § 5 Teledienstegesetz (TDG aF 1997) geregelt.[201] Ab 2001 fand sich eine umfassende Regelung in §§ 8 ff TDG aF 2001.[202] Das TDG ist am 1.3.2007 durch das Telemediengesetz (TMG)[203] abgelöst worden. Die Vorschriften des TDG zur Haftung wurden dabei jedoch inhaltsgleich übernommen.[204] Eine mit den Regelungen des TDG aF 2001 identische (wenn auch in der Zählung nicht übereinstimmende) Regelung fand sich für Mediendienste im **Mediendienste-Staatsvertrag**,[205] der – wie auch das TDG aF 2001 – durch das Telemediengesetz 2007 gegenstandslos geworden ist.[206]

71 Nach § 5 Abs 1 TDG aF 1997 waren Diensteanbieter für eigene Inhalte, die sie zur Nutzung bereit hielten, sog **Contentprovider**, nach den allgemeinen Gesetzen verantwortlich. § 5 Abs 2 TDG aF 1997 regelte, dass Diensteanbieter für fremde Inhalte, die sie zur Nutzung bereit hielten, sog **Service- oder Hostprovider**, nur dann verantwortlich waren, wenn sie von diesen Inhalten Kenntnis hatten und es ihnen technisch möglich und zumutbar war, deren Nutzung zu verhin-

---

199 Vgl zu diesem Komplex *Altenhain* CR 1997, 485; *Brauneck* ZUM 2000, 480; *Conradi/Schlömer* NStZ 1996, 366, 472; *Derksen* NJW 1997, 1878; *Gounalakis/Rhode* NJW 2000, 2168; *Heghmanns* JA 2001, 71; *Köster/Jürgens* MMR 2002, 420; *Lackum* MMR 1999, 697; *Liesching/Günter* MMR 2000, 260; *Park* GA 2001, 23; *Pelz* ZUM 1998, 530; *Satzger* CR 2001, 109; *Vassilaki* MMR 2002, 659; *Wimmer/Michael* 119 ff.
200 *Mitsch* Medienstrafrecht § 6 Rn 23; *Petersen* § 18 Rn 1.
201 Gesetz v 22.7.1997, BGBl 1997 I S 1870; in Kraft ab dem 1.8.1997; vgl zu Vorschlägen der Providerhaftung vor Inkrafttreten des TDG 1997 *Derksen* NJW 1997, 1878, 1882 ff.
202 Die Neufassung des TDG geht auf Art 1 des Gesetzes über rechtliche Rahmenbedingungen für den elektronischen Geschäftsverkehr (EGG) v 14.12.2001 zurück, BGBl 2001 I S 3721. Die Änderungen des TDG traten am 21.12.2001 in Kraft. Ein Vergleich der beiden Regelungen findet sich bei *Spindler* MMR 2002, 495, 496 f; vgl ferner BGH NJW 2004, 3102; *Kudlich* JA 2002, 798, 800.
203 Gesetz v 26.2.2007, BGBl 2007 I S 179; in Kraft ab dem 1.3.2007; hierzu *Hoeren* NJW 2007, 810.
204 Vgl hierzu auch BGH NJW 2007, 2558. Die Regeln stimmen jedoch in der Zählung nicht überein. Der Begriff „Teledienste" wurde außerdem durch „Telemedien" ersetzt. Unter dem Begriff der „Telemedien" sind laut § 1 Abs 1 S 1 TMG „alle elektronischen Informations- und Kommunikationsdienste, soweit sie nicht Telekommunikationsdienste nach § 3 Nr 24 des Telekommunikationsgesetzes, die ganz in der Übertragung von Signalen über Telekommunikationsnetze bestehen, telekommunikationsgestützte Dienste nach § 3 Nr 25 des Telekommunikationsgesetzes oder Rundfunk nach § 2 des Rundfunkstaatsvertrages sind", zu verstehen. Zur früheren Trennung zwischen Tele- und Mediendiensten vgl unten Rn 268; krit zur fehlenden Neuregelung der Verantwortlichkeitsregeln *Kitz* ZUM 2007, 368, 374 f.
205 Vgl hierzu *Engel-Flechsig* ZUM 1997, 231; *Gounalakis* NJW 1997, 2993; *Knothe* AfP 1997, 494; *Kuch* ZUM 1997, 225; *Roßnagel* NVwZ 1998, 1.
206 Hierzu BGH CR 2007, 586; *Hoeren* NJW 2007, 801; die frühere (künstliche) Trennung zwischen Tele- und Mediendiensten ging auf unterschiedliche Gesetzgebungszuständigkeiten für elektronisch verbreitete Inhalte zurück. So beanspruchte der Bund die Zuständigkeit für Teledienste (= Waren- und Dienstleistungsangebote, die man im Netz abrufen konnte; vgl § 2 Abs 1 TDG aF 2001), während den Ländern die Zuständigkeit für die Mediendienste (= Informations- und Kommunikationsdienste, die an die Allgemeinheit gerichtet sind; vgl § 2 Abs 1 MDStV) besaßen; vgl dazu *Kitz* ZUM 2007, 368. Der Weg hin zur Vereinheitlichung wurde durch das JMStV (dieser enthält in § 23 iVm § 4 eine Strafvorschrift) und das JuSchG, sowie §§ 52, 53 RStV geebnet. Bund und Länder beschlossen Ende 2004 auch außerhalb des Jugendschutzes die Vereinheitlichung „Telemedien" voranzutreiben. Der Bund sollte die wirtschaftsbezogenen Bestimmungen, ua zur Verantwortlichkeit, erlassen und die Länder sollten die inhaltlichen Anforderungen an Telemedien festsetzen. So verabschiedete der Bund das Gesetz zur Vereinheitlichung von Vorschriften über bestimmte elektronische Informations- und Kommunikationsdienste (dieses enthält in § 1 das TMG), die Länder führten durch den 9. RÄStV einen neuen Abschnitt „Telemedien" im RStV ein.

dern. In § 5 Abs 3 TDG aF 1997 fand sich schließlich die Regelung für die sog **Accessprovider**: Diensteanbieter waren für fremde Inhalte, zu denen sie lediglich den Zugang zur Nutzung vermittelten, nicht verantwortlich, wobei eine automatische und kurzzeitige Vorhaltung fremder Inhalte auf Grund einer Nutzerabfrage als eine solche Zugangsvermittlung galt (sog Proxy-Cache-Privileg). § 5 Abs 4 TDG aF 1997 stellte schließlich klar, dass durch diese Privilegierung Verpflichtungen zur Sperrung der Nutzung rechtswidriger Inhalte nach den allgemeinen Gesetzen unberührt blieben, wenn der Diensteanbieter unter Wahrung des Fernmeldegeheimnisses (§ 85 TKG aF) von diesen Inhalten Kenntnis erlangte und eine Sperrung technisch möglich und zumutbar war.

Aufsehen erregte in diesem Zusammenhang das sog „**Compuserve-Urteil**":[207] Der Geschäftsführer einer in Deutschland sitzenden hundertprozentigen Tochterfirma eines US-amerikanischen Online-Service-Providers (Compuserve-USA) wurde wegen des Zugänglichmachens gewalt- und kinderpornografischer Darstellungen angeklagt, die für deutsche Kunden auf dem Server der Compuserve-USA bereitgehalten wurden. Vertragspartner der Kunden war Compuserve-USA, die deutsche Tochterfirma stellte für die Kunden jedoch die Einwahlknoten bereit, die zum Abruf der Inhalte in den USA erforderlich waren. Das AG München[208] verurteilte hier auf der Grundlage des § 5 Abs 2 TDG aF 1997 und lehnte eine bloße Zugangsvermittlung nach § 5 Abs 3 TDG aF 1997 ab. Das Verhalten der Compuserve-USA sei dem Angeklagten im Wege der Mittäterschaft über § 25 Abs 2 StGB zuzurechnen. Auch hätte der Angeklagte positive Kenntnis von den strafrechtsrelevanten Inhalten besessen. In der Berufungsinstanz wurde das Urteil indes durch das LG München aufgehoben.[209] Begründet wurde dies damit, dass der angeklagten deutschen Tochterfirma infolge ihrer völlig untergeordneten Stellung die Tatherrschaft gefehlt habe. Insoweit läge eine bloße Zugangsvermittlung nach § 5 Abs 3 TDG aF 1997 vor.[210] 72

Inzwischen findet sich eine Regelung über die Verantwortlichkeit der Diensteanbieter wie der Internetprovider in **§§ 7 ff TMG** (§§ 8 ff TDG aF 2001).[211] Diese Vorschriften beziehen sich nicht nur auf die strafrechtliche, sondern auch auf die zivilrechtliche und die urheberrechtliche[212] Haftung des Providers. Die Abstufung des § 5 TDG aF 1997 wurde dabei zwar im Wesentlichen beibehalten, in einzelnen Punkten jedoch nicht unerheblich modifiziert.[213] Die Regelungen sollen im Wesentlichen zu einer weitgehenden Entlastung der strafrechtlichen Verantwortlichkeit der Provider führen und stellen mithin einen Filter dar, welcher der Prüfung der strafrechtlichen Verantwortlichkeit nach den allgemeinen Regeln vorgeschaltet ist.[214] Vor dem Eintritt in die „klassische" strafrechtliche Prüfung (zB wegen der Verbreitung pornographischer Schriften gem § 184 Abs 1 StGB) ist also zunächst anhand der §§ 7 ff TMG festzustellen, ob überhaupt eine Ver- 73

---

207 AG München MMR 1998, 429; LG München NJW 2000, 1051; vgl hierzu auch *Marberth-Kubicki* Rn 366/367; *Petersen* § 18 Rn 2 ff; *Eisele* § 4 Rn 19.
208 AG München MMR 1998, 429, vgl hierzu *Eichler* K&R 1998, 412; *Ernst* NJW-CoR 1998, 362; *Hoeren* NJW 1998, 2792; *Pätzel* CR 1998, 625; *Sieber* MMR 1998, 438.
209 LG München NJW 2000, 1051; zu diesem Urt *Barton* K&R 2000, 195; *Kühne* NJW 2000, 1003; *Moritz* CR 2000, 119.
210 Zur fehlenden Möglichkeit der Provider, einen Zugriff auf bestimmte Netzangebote zu unterbinden, vgl *Conradi/Schlömer* NStZ 1996, 472, 472 f.
211 Vgl hierzu *Kudlich* JA 2002, 798, 800; vgl zu den Unterschieden von § 5 TDG aF 1997 und § 8 TDG aF 2001 *Spindler* MMR 2002, 495, 496 f.
212 Die Anwendung auf Urheberrechtsverletzungen ist allerdings durchaus streitig; vgl *Müller-Terpitz* MMR 1998, 478; *Schaefer/Rasch/Braun* ZUM 1998, 451; *Waldenberger* MMR 1998, 124, 127 f.
213 Zum Überblick über die §§ 7 ff TMG vgl *Gercke/Brunst* Rn 587 ff; *Hilgendorf* K&R 2011, 229, 231; *Marberth-Kubicki* Rn 365 ff.
214 Eberle/Rudolf/Wasserburg/*Schmitt* Kap XI Rn 23; vgl zum Meinungsstreit über die Rechtsnatur auch *Gercke/Brunst* Rn 579 ff; *Marberth-Kubicki* Rn 363 f; *Mitsch* Medienstrafrecht § 6 Rn 24 f; Schönke/Schröder/*Perron/Eisele* § 184 Rn 56.

antwortlichkeit – und damit auch eine strafrechtliche Haftung – des Diensteanbieters in Betracht kommt. Andere Modelle integrieren hingegen die §§ 7 ff TMG in die strafrechtliche Deliktsprüfung. Innerhalb dieser sog „Integrationslösung" ist allerdings wiederum umstritten, unter welchem Punkt bzw auf welcher Ebene des dreistufigen Deliktsaufbaus die Prüfung erfolgen soll.[215]

74 § 7 Abs 1 TMG (§ 8 Abs 1 TDG aF 2001) regelt, dass Diensteanbieter für eigene „Informationen",[216] die sie zur Nutzung bereit halten, sog **Contentprovider,** nach den allgemeinen Gesetzen verantwortlich sind. Eine genauere und zugleich für alle Arten gültige Umschreibung des Begriffs des Diensteanbieters findet sich in § 2 Nr 1 TMG (§ 3 Nr 1 TDG aF 2001). Hiernach versteht man unter einem Diensteanbieter denjenigen, der eigene oder fremde Telemedien zur Nutzung bereit hält oder den Zugang zur Nutzung vermittelt. Abzustellen ist also nicht auf den Eigentümer des Servers, sondern auf denjenigen, der einen Dienst anbietet, was im Fall des Contentproviders bzw Inhalteanbieters derjenige ist, der eigene Informationen auf dem Server abgelegt hat (etwa auf einer eigenen Webseite, einer Online-Auktion etc).[217] Dies gilt in gleicher Weise auch für denjenigen, der, zB durch die Moderation von „News-Groups", nur Beiträge verbreitet, die er zuvor redaktionell überprüft hat.[218] Unbeachtlich ist es, ob es sich um einen kommerziellen oder privaten Anbieter handelt.[219] Insoweit können zB auch Unternehmen, Universitäten, Schulen und Bibliotheken, die ihren Studierenden, Schülern, Mitarbeitern oder Nutzern einen Internetzugang ermöglichen, als Diensteanbieter, nämlich sog Accessprovider, angesehen werden.[220] Von §§ 8–10 TMG als Diensteanbieter in technischer Hinsicht nicht erfasst sind hingegen die Betreiber einer privaten Webseite. Da diese im Normalfall fremde Dienste technischer Art bei der Einstellung bzw Bereitstellung benötigen, sind sie als „Nutzer" iSd § 2 Nr 3 TMG (§ 3 Nr 2 TDG aF 2001) und nicht als Diensteanbieter iSd §§ 8–10 TMG anzusehen. Unbeschadet dessen gelten diejenigen, die eigene oder zu eigen gemachte Informationen auf einer Webseite zur Verfügung stellen, jedoch als Contentprovider iS des § 7 Abs 1 TMG.[221] Die gleichzeitige Einordnung als Nutzer anderer technischer Dienste iS des § 2 Nr 3 TMG steht dem nicht entgegen.[222]

75 Eine wesentliche Einschränkung findet sich in **§ 7 Abs 2 S 1 TMG** (§ 8 Abs 2 S 1 TDG aF 2001). Hier wird bestimmt, dass (nur) die Diensteanbieter[223] nach §§ 8–10 TMG (§§ 9–11 TDG aF 2001), dh die Access- und Service- bzw Hostprovider, nicht aber die Contentprovider nach § 8 Abs 1 TDG aF 2001 **nicht verpflichtet** sind, „die von ihnen übermittelten oder gespeicherten Informationen zu überwachen oder nach Umständen zu forschen, die auf eine rechtswidrige Tätigkeit hinweisen". Allerdings bleiben nach S 2 Verpflichtungen zur Entfernung oder Sperrung der Nutzung von Informationen nach den allgemeinen Gesetzen unberührt.[224] § 7 Abs 2 S 1 TMG (§ 8 Abs 2 S 1 TDG aF 2001) stellt also die Anbieter technischer Dienstleistungen von allgemeinen proaktiven Überwachungs- und Kontrollpflichten frei. Lediglich diejenigen, die auf Grund einer

---

215 Vgl hierzu *Heghmanns* JA 2001, 71, 78 (Strafausschließungsgrund); *Mitsch* Medienstrafrecht § 6 Rn 25; Schönke/Schröder/*Perron/Eisele* § 184 Rn 56; *Sieber* Verantwortlichkeit im Internet Rn 245 sowie *Spindler* NJW 2002, 921, 922 (Tatbestandsmerkmal) und schließlich LG München I NJW 2000, 1051, 1052 sowie *Vassilaki* MMR 1998, 630, 634 ff (Schuldmerkmal).
216 Nach § 5 Abs 1 TDG aF noch: „Inhalte".
217 Zur Frage der Verantwortlichkeit für fremde Inhalte, die man sich über eine „Verlinkung" zu eigen gemacht hat, vgl unten Rn 81.
218 Eberle/Rudolf/Wasserburg/*Schmitt* Kap XI Rn 16; *Hörnle* NJW 2002, 1008, 1011.
219 Eberle/Rudolf/Wasserburg/*Schmitt* Kap XI Rn 24; *Park* GA 2001, 21, 31 zu § 5 TDG aF 1997.
220 Schönke/Schröder/*Perron/Eisele* § 184 Rn 55a, sofern der Internetzugang auch zu allg, insb privaten Zwecken zur Verfügung gestellt wird.
221 *Gercke/Brunst* Rn 588.
222 *Hilgendorf/Valerius* Rn 182.
223 Vgl zum Begriff des Diensteanbieters die vorstehende Rn 74.
224 Hierzu vgl *Hilgendorf* K&R 2011, 229, 232 f.

(freiwilligen) Kontrolle auf rechtswidrige Informationen stoßen, sind verpflichtet, diese im Rahmen ihrer Möglichkeiten zu beseitigen. Dies führt nun freilich dazu, dass diejenigen Provider, die besonders intensiv und sorgfältig kontrollieren, eher in die (auch strafrechtliche) Haftung genommen werden können, wenn sie auf rechtswidrige Informationen stoßen und diese nicht sogleich beseitigen. Beschränken sie hingegen die Kontrollen auf das unbedingt Erforderliche und erhalten sie daher nur in Ausnahmefällen Kenntnis von den rechtswidrigen Inhalten, müssen sie auch nicht weiter tätig werden. Denn halten sich die Provider an die für sie jeweils geltenden Vorschriften der §§ 8–10 TMG, sind sie für die Verbreitung rechtswidriger Inhalte anderer strafrechtlich nicht verantwortlich.[225] Im Folgenden unterscheidet das TMG drei unterschiedliche Handlungsformen, die für die Providertätigkeit typisch sind und an die sich unterschiedliche Pflichten knüpfen: das Weiterleiten (oder Durchleiten – § 8 TMG, § 9 TDG aF 2001), das Zwischenspeichern (§ 9 TMG, § 10 TDG aF 2001) und das Bereithalten (§ 10 TMG, § 11 TDG aF 2001) von Informationen.

In **§ 8 TMG** (§ 9 TDG aF 2001) wird (in Anlehnung an § 5 Abs 3 TDG aF 1997) eine weitgehende Freistellung von der strafrechtlichen Verantwortlichkeit im Hinblick auf den bereits oben erwähnten **Accessprovider**[226] getroffen: „Diensteanbieter sind für fremde Informationen, die sie in einem Kommunikationsnetz übermitteln oder zu denen sie den Zugang zur Nutzung vermitteln, nicht verantwortlich, sofern sie (1) die Übermittlung nicht veranlasst, (2) den Adressaten der übermittelten Information nicht ausgewählt und (3) die übermittelten Informationen nicht ausgewählt oder verändert haben." Hierzu sind im Allgemeinen hohe Anforderungen zu stellen, es bedarf also einer bewussten Auswahl bzw Veranlassung durch den Provider, um ihn in die strafrechtliche Verantwortung zu nehmen.[227] Die Regelung findet allerdings nach S 2 keine Anwendung, wenn der Diensteanbieter absichtlich mit einem der Nutzer seines Dienstes zusammenarbeitet, um rechtswidrige Handlungen zu begehen. In **§ 8 Abs 2 TMG**[228] wird dann klar gestellt, dass das Accessproviding auch die technisch bedingte automatische und kurzzeitige Zwischenspeicherung, die zur **Weiterleitung (oder Übermittlung)** erforderlich ist, mit einschließt. Wie bereits dargelegt, kommen neben den rein gewerblichen Anbietern als Accessprovider zB auch Unternehmen, Universitäten, Schulen und Bibliotheken, welche ihren Studierenden, Schülern, Mitarbeitern bzw Nutzern einen Internetzugang ermöglichen, in Betracht.[229] Noch umstritten ist, ob auch Privatpersonen, die ungesicherte Funknetzwerke (sog W-LANs) betreiben, als Accessprovider zu behandeln sind.[230]

§ 9 TMG (§ 10 TDG aF 2001) enthält dann eine Sonderregelung für **Zwischenspeicherungen** (sog Caching), dh für nicht nur kurzzeitige, aber zeitlich begrenzte Speicherungen, die dazu dienen, die Kommunikation zwischen den Netzteilnehmern zu erleichtern (Proxy-Cache-Privileg, früher § 5 Abs 3 S 2 TDG aF 1997).[231] Im Unterschied zu den kurzzeitigen, technisch notwendigen – und daher nach § 8 Abs 2 TMG privilegierten – Zwischenspeicherungen betrifft § 9 TMG also solche Zwischenspeicherungen, die aus wirtschaftlichen Gründen erfolgen.[232] Die

---

225 Vgl hierzu auch *Vassilaki* MMR 2002, 659.
226 Zu nennen sind hier zB Zugangsdienste wie AOL oder T-Online, ferner aber auch Betreiber von Internet-Suchmaschinen und Mail-Servern.
227 Vgl hierzu ausf Eberle/Rudolf/Wasserburg/*Schmitt* Kap XI Rn 27; *Gercke/Brunst* Rn 608 ff; *Marberth-Kubicki* Rn 366 ff; *Spindler* NJW 2002, 921, 923.
228 Vgl hierzu ausf *Gercke/Brunst* Rn 617 ff.
229 So auch Schönke/Schröder/*Perron/Eisele* § 184 Rn 55a.
230 Vgl *Gercke/Brunst* Rn 609; dafür *Mantz* MMR 2006, 764, 765; nicht ganz eindeutig Schönke/Schröder/*Perron/Eisele* § 184 Rn 55a (dagegen), 59 (dafür). Vgl ferner zur Pflicht, ein W-LAN-Funknetz gegen unbefugte Nutzung durch Dritte abzusichern LG Hamburg MMR 2006, 763, 764.
231 Vgl hierzu ausf *Gercke/Brunst* Rn 621 ff; *Hilgendorf/Valerius* Rn 223 ff; *Mitsch* Medienstrafrecht § 6 Rn 30.
232 Vgl *Gercke/Brunst* Rn 621.

Diensteanbieter sind hier für die Informationen nicht verantwortlich, wenn sie gem § 9 S 1 TMG „(1) die Informationen nicht verändern, (2) die Bedingungen für den Zugang zu den Informationen beachten, (3) die Regeln für die Aktualisierung der Information, die in weithin anerkannten und verwendeten Industriestandards festgelegt sind, beachten, (4) die erlaubte Anwendung von Technologien zur Sammlung von Daten über die Nutzung der Information, die in weithin anerkannten und verwendeten Industriestandards festgelegt sind, nicht beeinträchtigen und (5) unverzüglich handeln, um im Sinne dieser Vorschrift gespeicherte Informationen zu entfernen oder den Zugang zu ihnen zu sperren, sobald sie Kenntnis davon erhalten haben, dass die Informationen am ursprünglichen Ausgangsort der Übertragung aus dem Netz entfernt wurden oder der Zugang zu ihnen gesperrt wurde oder ein Gericht oder eine Verwaltungsbehörde die Entfernung oder Sperrung angeordnet hat." Kenntnis meint in diesem Zusammenhang ebenfalls die positive Kenntnis, ein „Kennen-Müssen" im Sinne einer groben Fahrlässigkeit genügt nicht.[233] Da das Caching sowohl das Speichern von als auch die Zugangsvermittlung zu Informationen beinhaltet, entsprechen die Privilegierungsvoraussetzungen des § 9 S 1 TMG teilweise denen der Access- und teilweise denen der Hostprovider. § 9 S 2 TMG enthält einen Verweis auf § 8 Abs 1 S 2 TMG, sodass der Diensteanbieter auch hier haftet, wenn er kollusiv mit einem Nutzer zusammenwirkt, um rechtswidrige Handlungen zu begehen.

78 Schließlich enthält **§ 10 TMG** (§ 11 TDG aF 2001) eine Regelung über den sog **„Service- oder Hostprovider"** (früher § 5 Abs 2 TDG aF 1997), also denjenigen, der fremde Inhalte auf seinen Rechnern **speichert** und für den Online-Zugriff durch Dritte bereit hält.[234] Dabei umfasst der Begriff des Hostproviders prinzipiell jeden Akteur im Internet, der es (anderen) Nutzern ermöglicht, Inhalte bereitzustellen. Neben denjenigen, die sog Webspace auf ihren eigenen Servern kommerziell anbieten (zB gegen Zahlung einer regelmäßigen Mietgebühr), kommen auch diejenigen, die Angebote wie zB Chats, Foren, virtuelle Gästebücher oder Tauschbörsen zur Verfügung stellen, als Hostprovider in Betracht.[235] Die Service- oder Hostprovider „sind für fremde Informationen [...] nicht verantwortlich, sofern (1) sie keine Kenntnis von der rechtswidrigen Handlung oder der Information haben und ihnen im Falle von Schadensersatzansprüchen auch keine Tatsachen oder Umstände bekannt sind, aus denen die rechtswidrige Handlung oder die Information offensichtlich wird, oder (2) sie unverzüglich tätig geworden sind, um die Information zu entfernen oder den Zugang zu ihr zu sperren, sobald sie diese Kenntnis erlangt haben."[236] Diese Regelung findet nach S 2 jedoch keine Anwendung, wenn der Nutzer dem Diensteanbieter untersteht oder von ihm beaufsichtigt wird. Wenn in § 10 S 1 Nr 2 TMG von „Kenntnis" die Rede ist, so ist auch hier eine positive Kenntnis gemeint, sodass jedenfalls eine grob fahrlässige Unkenntnis nicht ausreicht. Dagegen reicht nach den allgemeinen strafrechtlichen Grundsätzen – nach allerdings umstrittener Ansicht – ein bedingter Vorsatz aus.[237]

79 Aus § 10 Abs 1 TMG folgt also, dass der Diensteanbieter für das bloße kenntnislose Speichern fremder rechtswidriger Inhalte generell nicht haftbar sein soll. Eine Verantwortlichkeit entsteht jedoch dann, wenn der Diensteanbieter trotz Kenntnis der rechtswidrigen Inhalte

---

233 Eberle/Rudolf/Wasserburg/*Schmitt* Kap XI Rn 30; *Engel-Flechsig/Maennel/Tettenborn* NJW 1997, 2981, 2985.
234 Vgl hierzu auch ausf *Gercke/Brunst* Rn 594 ff; *Hilgendorf/Valerius* Rn 206 ff; *Marberth-Kubicki* Rn 373 ff; *Mitsch* Medienstrafrecht § 6 Rn 29.
235 Vgl *Gercke/Brunst* Rn 595.
236 Damit wird die strafrechtliche sowie die schadensersatzrechtliche Haftung ausgeschlossen, zivilrechtliche Unterlassungsansprüche bleiben hingegen unberührt; vgl BGHZ 58, 236, 246 ff – Internet-Versteigerung I; BGH ZUM 2007, 846, 848 – eBay.
237 So auch OLG München MMR 2000, 617, 618; *Barton* Rn 336; aA (dolus directus erforderlich) Eberle/Rudolf/Wasserburg/*Schmitt* Kap XI Rn 33; *Engel-Flechsig/Maennel/Tettenborn* NJW 1997, 2981, 2985; *Sieber* MMR 1998, 438, 441 f; *Vassilaki* MMR 1998, 630, 634; vgl auch *Spindler* NJW 1997, 3193, 3196; jeweils zu § 5 Abs 2 TDG aF 1997.

nicht tätig wird, dh diese entweder nicht löscht oder zumindest nicht den Zugriff auf diese Inhalte sperrt. Regelmäßig reicht bereits der Versuch der Entfernung der rechtswidrigen fremden Informationen aus, um die Privilegierung des § 10 TMG zu erlangen.[238] Allerdings kann die Einordnung eines Akteurs im Internet als Host- oder als Contentprovider schwierig sein. Als Contentprovider iS des § 7 Abs 1 TMG soll nicht nur derjenige haften, der eigene Informationen bereitstellt, sondern auch derjenige, der sich die von ihm bereitgehaltenen Informationen eines anderen zu eigen macht. Dies kann aber beim Hostprovider, dessen Angebot sowohl in technischen als auch inhaltlichen Diensten bestehen kann (zB das Bereithalten einer Webseite, die inhaltlich als Forum ausgestaltet oder mit einem Gästebuch ausgestattet ist), durchaus problematisch sein.[239]

In diesem Zusammenhang sehr umstritten war die Einführung von sog Internetsperren, dh die Verpflichtung von Internetprovidern die von staatlicher Seite aufgelisteten Internetseiten zu sperren, indem der Internetnutzer auf eine STOPP-Seite umgeleitet wird.[240] Eine solche Pflicht wurde zunächst am 17.4.2009 vertraglich mit den größten Providern vereinbart. Später wurde das sog Zugangserschwerungsgesetz erlassen, wonach Diensteanbieter nach § 8 TMG verpflichtet werden sollten, den Zugang zur Nutzung bestimmter Internetseiten zu sperren.[241] Aufgrund der nicht abreißenden Kritik, die sich vor allem auf die Befürchtung einer Internet-Zensur bezog, wurde das Gesetz aber de facto nicht angewandt und 2011 wieder aufgehoben.[242] 80

b) Das Setzen von Hyperlinks. Insb im Bereich des Setzens von Hyperlinks auf der eigenen Webseite, die auf andere Webseiten mit strafbaren Inhalten verweisen, ist eine Abgrenzung von Mittäterschaft, Beihilfe oder straflosem Verhalten erforderlich.[243] Die Frage des Setzens von Hyperlinks wurde vom Gesetzgeber im TMG (wie schon im TDG aF) nicht geregelt, sodass die **allgemeinen Vorschriften** (und nicht die im TMG vorgesehenen Privilegierungen für die Provider) anwendbar sind.[244] Voraussetzung einer Strafbarkeit ist hier jedenfalls, dass der Betreffende vom rechtswidrigen Inhalt der Seite, auf die er durch Setzung eines Links verweist, **Kenntnis** hat.[245] Unzweifelhaft liegt eine strafbare Beteiligung jedenfalls dann vor, wenn derjenige, der auf seiner eigenen Seite einen Link setzt, sich die fremden Informationen zu eigen macht. Im Detail ist dabei allerdings umstritten, welche Voraussetzungen diesbezüglich zu fordern sind.[246] Von einem Sich-Zueigenmachen des den Link Setzenden muss aber jedenfalls dann ausgegangen 81

---

238 Vgl *Gercke/Brunst* Rn 605; *Hilgendorf/Valerius* Rn 207.
239 Zum Problem der Abgrenzung zwischen eigenen/zu eigen gemachten und fremden Information vgl ua *Eisele* § 4 Rn 10; *Gercke/Brunst* Rn 589 ff; *Sieber* Verantwortlichkeit im Internet Rn 291 ff; zum Teil haben Gerichte eine weite Auslegung vorgenommen und bereits im Unterlassen der Kontrolle eines Gästebuchs auf einer Internetseite ein Zu-eigen-Machen der Inhalte gesehen, vgl LG Düsseldorf MMR 2003, 61; LG Trier MMR 2002, 694, 695; abl *Gercke* JA 2007, 839, 844.
240 Hierzu *Marberth-Kubicki* NJW 2009, 1792, 1794.
241 Art 1 des Gesetzes zur Bekämpfung der Kinderpornographie in Kommunikationsnetzen, BGBl 2010 I S 78; zu den Materialien BT-Drucks 16/13411; vgl hierzu auch *Marberth-Kubicki* NJW 2009, 1792, 1794; andere Gesetzentwürfe sahen vor, eine entsprechende Regelung in § 8a TMG zu verankern; vgl BT-Drucks 16/13125; BT-Drucks 16/13385 (Gesetzentwurf der Bundesregierung); BT-Drucks 16/12850 (Gesetzentwurf der Fraktionen von CDU/CSU und SPD).
242 Gesetz zur Aufhebung von Sperrregelungen bei der Bekämpfung von Kinderpornographie in Kommunikationsnetzen, BGBl 2011 I S 2958.
243 Hierzu *Flechsig/Gabel* CR 1998, 351; *Freytag* CR 2000, 600, 604; *Petersen* § 19 Rn 6; *Spindler* MMR 2002, 495.
244 BT-Drucks 14/6098, 37; BGH NJW 2004, 2158, 2159 – Schöner Wetten; OLG Stuttgart MMR 2006, 387, 388; *Gercke/Brunst* Rn 631; *Kaufmann* CR 2006, 545; *Marberth-Kubicki* Rn 377; *Spindler* NJW 2002, 921, 924; krit hierzu allerdings *Liesching* MMR 2006, 390, 391.
245 *Petersen* § 19 Rn 6; vgl auch *Köster/Jürgens* MMR 2002, 420, 424; *Spindler* MMR 2002, 495, 498.
246 So soll das schlichte Setzen des Links für sich allein noch nicht ausreichen, vgl *Malek* Rn 81. Einen anderen Ansatz vertritt wiederum *Sieber* Verantwortlichkeit im Internet Rn 307 ff, der danach differenziert, auf welche Ebene (Hauptseite oder Unterseiten) der verwiesenen Webseite der Link gerichtet ist.

werden, wenn er sich in seinem eigenen Text positiv zum rechtswidrigen Inhalt der fremden Seite äußert, auf die er verweist.[247] Fraglich ist in diesem Fall lediglich, ob hier eine Täterschaft oder – lediglich – eine Beihilfestrafbarkeit vorliegt.[248] Letztere wäre in den Fällen problematisch, in denen auf eine auf einem ausländischen Server abgelegte Webseite verwiesen wird, deren Inhalt dort nicht gegen Strafgesetze verstößt. Da die Beihilfe nach § 27 Abs 1 StGB eine vorsätzlich begangene rechtswidrige Haupttat voraussetzt, käme man hier zur Straflosigkeit, sofern man nicht auch die ausländischen Webseiten dem deutschen Strafrecht unterwirft.[249] Das OLG Stuttgart hat in einer Entscheidung aus dem Jahre 2006 nach den im jeweiligen Tatbestand vorausgesetzten Handlungsformen differenziert und geht im Hinblick auf das Zugänglichmachen[250] regelmäßig von Täterschaft aus, da mit einem Seitenaufruf verbundene Schwierigkeiten beseitigt und die Verbreitung strafbarer Inhalte wesentlich beeinflusst werden können.[251] Für die Annahme einer Beihilfe spricht hier allerdings der Umstand, dass auch ohne Verlinkung die Möglichkeit des Zugriffs auf die betreffende Seite besteht und dieser Zugriff durch die Setzung des Hyperlinks lediglich erleichtert wird. Zudem hat es allein derjenige, der die strafbaren Inhalte ins Netz gestellt hat, in der Hand, diese durch Löschung wieder zu beseitigen. Insoweit besitzt er (und nicht derjenige, der den Hyperlink setzt) Tatherrschaft.[252] Problematisch ist ferner die Konstellation, dass sich der Inhalt der Seite, auf die verwiesen wird, nachträglich ändert und erst ab der Änderung rechtswidrige Inhalte aufweist. Hier kann eine Strafbarkeit lediglich durch **Unterlassen** begründet werden, was aber voraussetzt, dass eine **Garantenpflicht**, dh eine Rechtspflicht des den Link Setzenden vorliegt, nunmehr den gesetzten Link zu löschen.[253] Da das Setzen des Hyperlinks auf die ursprüngliche Seite jedoch nicht pflichtwidrig war,[254] kann eine Garantenpflicht lediglich in Form der „Schaffung einer Gefahrenquelle" diskutiert werden, was im Ergebnis aber äußerst zweifelhaft ist.[255] Die gleichen Grundsätze wie beim Setzen von Hyperlinks gelten auch für **Suchmaschinen**[256] und für die Unterlassensstrafbarkeit von Providern bei der Entfernung strafbarer Äußerungen.[257]

V. Rechtfertigungsgründe

82 Keine größeren Besonderheiten im Vergleich zum allgemeinen Strafrecht sind im Bereich der Rechtfertigungsgründe zu verzeichnen. Auch bei medienrechtlich relevanten Sachverhalten ist im Einzelfall an eine Rechtfertigung auf der Grundlage der allgemeinen Rechtfertigungsgründe zu denken, wobei eine Rechtfertigung auf der Grundlage der **Notwehr** (§ 32 StGB) nur selten

---

247 Eberle/Rudolf/Wasserburg/*Schmitt* Kap XI Rn 21; vgl zum Ganzen auch *Hörnle* NJW 2002, 1008, 1010; *Marberth-Kubicki* Rn 378.
248 Vgl hierzu OLG Stuttgart MMR 2006, 387, 388, *Barton* Rn 308 ff, 357; *Gercke/Brunst* Rn 631 *Heghmanns* JA 2001, 71, 73; *Kaufmann* CR 2007, 545; *Koch* CR 2004, 213, 215; *Lackner/Kühl* § 184 Rn 7b; *Liesching* MMR 2006, 390, 391; *Löhnig* JR 1997, 496, 498; *Malek* Rn 129 ff; *Park* GA 2001, 23, 32; *Schwarzenegger* FS Rehbinder 723, 733 ff; *Vassilaki* CR 1999, 85, 89 ff.
249 Dass dies äußerst problematisch ist, wurde bereits oben, Rn 36 ff, näher dargelegt.
250 Vgl dazu unten Rn 172.
251 OLG Stuttgart MMR 2006, 387, 388, anders (regelmäßig Beihilfe) *Liesching* MMR 2006, 390, 391; *Löhnig* JR 1997, 496, 498.
252 So auch *Liesching* MMR 2006, 390, 391.
253 Vgl zum Problem der Garantenstellung des Linksetzenden ausf *Busse-Muskala* 105 ff; *Eisele* § 4 Rn 12 ff.
254 So auch *Römer* 239 f.
255 Eine Garantenstellung pauschal annehmend *Löhnig* JR 1997, 496, 498. Eine solche grds abl hingegen *Malek* Rn 122.
256 Eberle/Rudolf/Wasserburg/*Schmitt* Kap XI Rn 35; *Spindler* NJW 2002, 921, 924.
257 *Hilgendorf* ZIS 2010, 208, 213 f; *Hilgendorf/Valerius* Rn 240 ff; zur Providerhaftung vgl oben Rn 70 ff.

einschlägig sein dürfte. Das OLG Hamburg[258] bejahte allerdings das Vorliegen von Notwehr in einem Fall, in dem der Angeklagte vor seiner Hauptverhandlung einem Pressefotografen nach mehreren lautstarken Aufforderungen zur Unterlassung des Fotografierens ins Gesicht schlug. Das Fotografieren eines Angeklagten in einem öffentlichen Gerichtsgebäude vor der öffentlichen Hauptverhandlung sei nicht ohne Weiteres auf Grund der Pressefreiheit gem Art 5 Abs 1 GG gerechtfertigt, sondern könne im Einzelfall ein Angriff auf das grundrechtlich geschützte Recht des Angeklagten am eigenen Bild nach Art 1 Abs 1, 2 Abs 2 GG iVm §§ 22, 23 KUG darstellen. Gegen das rechtswidrige Anfertigen von Fotos sei der Angeklagte daher zur Notwehr berechtigt, wenn er die Notwehrvoraussetzungen einhalte.

Bei medienrechtlichen Sachverhalten ist dagegen häufig die **„Wahrnehmung berechtigter** 83 **Interessen"** nach § 193 StGB einschlägig. Da dieser Rechtfertigungsgrund ausschließlich für die Beleidigungsdelikte gilt und keinen allgemeinen Rechtsgrundsatz darstellt,[259] soll er im dortigen Zusammenhang erörtert werden.[260]

Zu denken ist ferner an den regelmäßig subsidiären Rechtfertigungsgrund des § 34 StGB, 84 den **rechtfertigenden Notstand**. Dieser setzt allerdings eine nicht anders abwendbare Gefahr für ein bestimmtes Rechtsgut voraus. Dabei muss das geschützte Interesse das beeinträchtigte Interesse **wesentlich überwiegen**. Problematisch ist hier zB die Konstellation, dass ein Journalist bei der Recherche auf Missstände stößt, die aber nur dadurch aufgedeckt werden können, dass er das Hausrecht (§ 123 StGB) oder das Eigentum (§ 242 StGB – zB durch die Mitnahme von Akten) anderer verletzt.[261] Man wird im Rahmen dieses „investigativen Journalismus" § 34 StGB nur im Ausnahmefall als einschlägig ansehen können, denn auch bei der Beschaffung von Informationen sind die Journalisten grds an die allgemeinen Gesetze gebunden.[262]

Fraglich ist schließlich, ob Rechtfertigungsgründe direkt aus der **Verfassung**, insb aus den 85 Grundrechten abgeleitet werden können. Dies wurde zwar gelegentlich diskutiert,[263] ist aber letztlich ebenfalls nur in Ausnahmefällen möglich. Denn in den meisten Fällen werden die Grundrechte bereits die Auslegung der einzelnen tatbestandlichen Voraussetzungen einer Strafnorm sowie der anderen Rechtfertigungsgründe beeinflussen,[264] sodass für einen eigenständigen, direkt aus der jeweiligen Grundrechtsnorm abzuleitenden Rechtfertigungsgrund kein Platz bleibt. Insb gilt dies auch für Art 5 GG, der keinen eigenständigen Rechtfertigungsgrund darstellt.[265]

VI. Die Freiheit der Parlamentsberichterstattung nach Art 42 Abs 3 GG, § 37 StGB

Nach § 37 StGB bleiben wahrheitsgetreue Berichte über öffentliche Sitzungen des Bundestages, 86 der Bundesversammlung oder eines Landesparlaments oder der jeweiligen Ausschüsse dieser

---

258 OLG Hamburg ZUM-RD 2012, 462, 463 ff m Anm *Hecker* JuS 2012, 1039; ausf zur Rechtfertigung gem § 32 StGB bei einem Angriff mittels Medien in Form des Fotografierens eines anderen *Mitsch* Medienstrafrecht § 1 Rn 25 ff.
259 So die hM; vgl OLG Düsseldorf NJW 2006, 630, 631 – Butterflymesser; *Heinrich, B* AT Rn 517; *Jakobs* 16/37; *Krey/Hellmann/Heinrich, M* BT 1 Rn 480; *Kühl* § 9 Rn 50 f.; *Lenckner* JuS 1988, 349, 352; *Roxin* AT I, § 18 Rn 39; aA *Schmitz* JA 1996, 949, 953 f – zumindest in Bezug auf § 203 StGB.
260 Vgl unten Rn 125 ff.
261 Vgl hierzu bereits oben Rn 21.
262 Vgl in diesem Zusammenhang auch BVerfGE 66, 116, 137 – Wallraff; hierzu *Klug* FS Oehler 397; zum investigativen Journalismus vgl bereits oben Rn 33 ff.
263 Vgl BVerfGE 73, 206, 248 – hier wurde aber aus Art 8 GG gerade kein Recht auf die Durchführung einer Sitzblockade angenommen; vgl ferner *Bergmann* Jura 1985, 457, 462 f; *Kühl* § 9 Rn 114; *Küpper/Bode* Jura 1993, 187, 190; *Radtke* GA 2000, 19, 33; *Roxin* AT I § 18 Rn 49 ff.
264 Vgl hierzu schon oben Rn 14.
265 Vgl allerdings auch *Liesching/von Münch* AfP 1989, 37, 39.

Körperschaften von jeder strafrechtlichen Verantwortung frei. Hierdurch soll einerseits die Publizität der Parlamentsarbeit sichergestellt, andererseits eine ungezwungene Erörterung gewährleistet werden.[266] Da es sich bei § 37 StGB nicht um einen klassischen Rechtfertigungsgrund,[267] sondern um einen **sachlichen Strafausschließungsgrund** handelt,[268] war er an dieser Stelle gesondert darzustellen.

VII. Die Problematik des Berufsverbotes des § 70 StGB

87 § 70 StGB eröffnet die Möglichkeit, dass gegen denjenigen, der eine Straftat „unter Mißbrauch seines Berufes oder Gewerbes oder unter grober Verletzung der mit ihnen verbundenen Pflichten begangen hat", ein **Berufsverbot** verhängt werden kann. Die Verhängung des Berufsverbotes neben einer Strafe (oder – bei Schuldunfähigkeit – anstatt der Strafe) ist fakultativ („kann")[269] und bezieht sich auf eine **Dauer von einem bis zu fünf Jahren.** Ausnahmsweise ist auch ein lebenslanges Berufsverbot möglich, wenn zu erwarten ist, dass die Anordnung einer Frist von fünf Jahren zur Abwehr der vom Täter ausgehenden drohenden Gefahr nicht ausreicht (§ 70 Abs 1 S 2 StGB).

88 **Inhalt des Berufsverbotes** ist das Verbot, einen Beruf, Berufszweig, ein Gewerbe oder einen Gewerbezweig auszuüben. Der Verurteilte darf in diesen Fällen die Tätigkeit auch nicht für einen anderen ausüben oder durch eine von ihm weisungsabhängige Person ausüben lassen (§ 70 Abs 3 StGB).

89 **Voraussetzung** für die Verhängung eines Berufsverbotes ist einerseits, dass der Täter bei der Begehung der Straftat die sich aus seinem Beruf oder Gewerbe ergebenden Möglichkeiten bewusst und planmäßig ausgenutzt hat („missbraucht")[270] und andererseits, dass die Gesamtwürdigung des Täters und der Tat die Gefahr erkennen lässt, dass der Täter bei der weiteren Ausübung des Berufes erhebliche rechtswidrige Taten begehen wird, die mit der abgeurteilten Tat vergleichbar sind. Es ist diesbezüglich also eine Prognose erforderlich.

90 Eine nachträgliche Aussetzung des Berufsverbotes **zur Bewährung** ist möglich, wenn sich nach der Anordnung Gründe ergeben, die eine Prognose rechtfertigen, dass die angenommene Gefahr nicht mehr besteht (§ 70a StGB). Eine solche Aussetzung ist allerdings frühestens nach einem Jahr möglich.

91 Insb im **presserechtlichen Bereich** ist umstritten, ob wegen des Entscheidungsmonopols des BVerfG nach Art 18 GG (Verwirkung von Grundrechten) ein Berufsverbot nach § 70 StGB auch dann erfolgen darf, wenn die Straftat durch eine verfassungsfeindliche Gesinnung des Verlegers oder Journalisten motiviert war und als politische Meinungsäußerung zu qualifizieren ist. Für eine Anwendung des § 70 StGB spricht jedoch, dass diese Taten sonst im Vergleich zur Meinungsäußerung nicht politisch motivierter Täter privilegiert wären.[271]

---

266 BGH NJW 1980, 780, 781; Schönke/Schröder/*Perron* § 37 Rn 1.
267 So aber OLG Braunschweig NJW 1953, 516; *Jakobs* 16/30; LK/*Häger* 12. Aufl § 37 Rn 10; NK/*Neumann* § 37 Rn 2; *Roxin* AT I § 23 Rn 14; *Ruhrmann* NJW 1954, 1512, 1513; SK/*Hoyer* § 37 Rn 1.
268 So Baumann/Weber/Mitsch/*Weber* § 7 Rn 29; *Jescheck/Weigend* § 19 II 3; *Lackner/Kühl* § 37 Rn 1; *Mitsch* Medienstrafrecht § 1 Rn 47; Schönke/Schröder/*Perron* § 37 Rn 1.
269 Vgl hierzu BGH NStZ 1981, 391, 392.
270 BGH NJW 1968, 1730; BGH NJW 1989, 3231, 3232; *Ricker/Weberling* Kap 49 Rn 22.
271 BGHSt 17, 38, 41; Maunz/Dürig/*Dürig/Klein* Art 18 Rn 136 ff (§ 70 StGB als rechtliches aliud zur Grundrechtsverwirkung); Schönke/Schröder/*Stree/Kinzig* § 70 Rn 4 (Nebeneinander beider Vorschriften); aA *Ricker/Weberling* Kap 49 Rn 26.

VIII. Verjährung

Die Verjährung richtet sich bei Straftaten nach § 78 ff StGB (entscheidend für die Länge der Frist ist dabei die Höhe der im Gesetz angedrohten Freiheitsstrafe), bei Ordnungswidrigkeiten hingegen nach § 31 OWiG. 92

Eine Ausnahme von diesen Verjährungsvorschriften machen jedoch die **landesrechtlichen Presse- und Mediengesetze**,[272] die zumeist für Presseverstöße eine kürzere Verjährungsfrist vorsehen.[273] Privilegiert sind dabei aber jeweils nur Straftaten, die durch die Veröffentlichung oder Verbreitung von periodischen Druckwerken strafbaren Inhalts begangen wurden **(Presseinhaltsdelikt)** sowie Taten gegen das jeweilige Landespressegesetz selbst. Dabei sind die Regelungen im Einzelfall unterschiedlich. So beträgt die Verjährungsfrist in den meisten Landespressegesetzen bei einem Verbrechen ein Jahr, bei einem Vergehen sechs Monate und bei einer Ordnungswidrigkeit drei Monate.[274] Teilweise wird aber auch eine einheitliche Verjährungsfrist für Pressedelikte von nur sechs Monaten festgelegt.[275] 93

Ausgenommen hiervon sind jedoch regelmäßig besonders genannte Straftaten, wie etwa der Hochverrat (§ 81 StGB), die Volksverhetzung (§ 130 StGB), Gewaltdarstellungen (§ 131 StGB) sowie die Verbreitung „harter" Pornografie (§ 184 Abs 3 und 4 StGB). Auch die Verbreitung von Propagandamitteln oder das Verwenden von Kennzeichen verfassungswidriger Organisationen (§§ 86, 86a StGB) werden in manchen Landespressegesetzen von der kürzeren Verjährungsfrist ausgenommen. 94

Oftmals ist es fraglich, ob tatsächlich ein privilegierendes Presseinhaltsdelikt vorliegt. Dies scheidet bspw dann aus (mit der Konsequenz der Anwendung der allgemeinen Verjährungsfristen), wenn die Verbreitung des Inhalts grds erlaubt und nur auf Grund bestimmter Umstände im Einzelfall verboten ist,[276] wie zB bei der Verbreitung jugendgefährdender Schriften (Trägermedien) nach §§ 15, 27 JuSchG.[277] 95

Neben der kürzeren Verjährungsfrist besteht eine weitere Privilegierung darin, dass die Verjährungsfrist bereits mit der ersten Veröffentlichung bzw Verbreitung beginnt.[278] Dies gilt jedoch nicht für eine sog **„Scheinveröffentlichung"**, dh für eine heimliche Veröffentlichung weniger Exemplare eben zu dem Zweck, die kurze Verjährungsfrist in Gang zu setzen.[279] Auch bei einer Teil- oder Neuveröffentlichung beginnt die Frist jeweils neu zu laufen.[280] 96

---

[272] Vgl zur Begründung für diese Privilegierung BGHSt 25, 347; BGHSt 27, 18; BGHSt 33, 271, 274; *Löffler* NJW 1960, 2349; *Mitsch* Medienstrafrecht § 5 Rn 37 ff; *Ricker/Weberling* Kap 49 Rn 34; vgl auch *Groß* NStZ 1994, 312, 314 f.
[273] Vgl § 24 LPG Baden-Württemberg; § 14 LPG Bayern; § 22 LPG Berlin; § 16 LPG Brandenburg; § 24 LPG Bremen; § 23 LPG Hamburg; § 13 LPG Hessen; § 22 LPG Mecklenburg-Vorpommern; § 24 LPG Niedersachsen; § 25 LPG Nordrhein-Westfalen; § 37 LMG Rheinland-Pfalz; § 66 LMG Saarland; § 14 LPG Sachsen; § 15 LPG Sachsen-Anhalt; § 17 LPG Schleswig-Holstein; § 14 LPG Thüringen.
[274] Vgl § 24 LPG Baden-Württemberg; § 22 LPG Berlin; § 16 LPG Brandenburg; § 12 LPG Bremen; § 23 LPG Hamburg; § 22 LPG Mecklenburg-Vorpommern; § 24 LPG Niedersachsen; § 25 LPG Nordrhein-Westfalen; § 37 LMG Rheinland-Pfalz (abweichend bei Ordnungswidrigkeiten: sechs Monate); § 66 LMG Saarland (teilweise abweichend bei Ordnungswidrigkeiten im Bereich des Rundfunks und der Mediendienste, nicht aber für den Bereich der Presse); § 15 LPG Sachsen-Anhalt; § 17 LPG Schleswig-Holstein; § 14 LPG Thüringen.
[275] Vgl § 14 LPG Bayern (bei Ordnungswidrigkeiten: drei Monate); § 13 LPG Hessen; § 14 LPG Sachsen (bei Ordnungswidrigkeiten: drei Monate).
[276] Vgl im Hinblick auf § 89 StGB BGHSt 27, 353, 354; BGH MDR 1978, 503.
[277] BGHSt 26, 40; *Ricker/Weberling* Kap 49 Rn 35.
[278] Vgl hierzu BGH AfP 1985, 202; KG JR 1990, 124, 125.
[279] BGHSt 25, 347, 355; *Ricker/Weberling* Kap 49 Rn 38.
[280] Vgl hierzu die jeweiligen ausdrücklichen Regelungen in den Landespressegesetzen; ferner BGHSt 27, 18.

IX. Einziehung

97 Eine große Rolle im Bereich des Medienstrafrechts spielt die strafrechtliche Einziehung, geregelt in den §§ 74ff StGB. Sie ist abzugrenzen vom strafrechtlichen Verfall, §§ 73ff StGB. Der Verfall ermöglicht es, Vorteile, die der Täter oder Teilnehmer aus einer rechtswidrigen Tat erlangt hat (zB das Entgelt aus dem Verkauf verbotener pornografischer Schriften), **für verfallen** zu erklären, sofern kein Dritter einen zivilrechtlichen Anspruch auf Herausgabe des Gegenstandes besitzt (§ 73 Abs 1 StGB). Dagegen können im Wege der **Einziehung** nach § 74 Abs 1 StGB Gegenstände, die durch eine vorsätzliche Straftat hervorgebracht oder zu ihrer Begehung oder Vorbereitung gebraucht wurden (oder dazu bestimmt gewesen sind), dem Täter entzogen werden.

98 Eine wichtige Sonderregelung für die **Einziehung und Unbrauchbarmachung von Schriften** iSd § 11 Abs 3 StGB[281] enthält § 74d StGB. Diese Vorschrift betrifft Schriften, die einen solchen Inhalt haben, dass jede vorsätzliche Verbreitung in Kenntnis ihres Inhalts einen Straftatbestand verwirklichen würde (sog **„Inhaltsdelikte"**)[282] und stellt hierfür eine Spezialvorschrift zu den §§ 74ff StGB dar.[283] Für sonstige Delikte, die zwar im Zusammenhang mit (der Verbreitung von bzw in) Medien stehen, bei denen sich die Strafbarkeit jedoch nicht über den jeweiligen Inhalt begründet (zB das Fehlen des erforderlichen Impressums,[284] die Verletzung von Urheberrechten), gelten hingegen die üblichen Einziehungsvorschriften, die für den Täter günstiger sind, weil sie weniger weit reichen.[285]

99 § 74d Abs 1 StGB erweitert den Bereich der Schriften, die infolge einer Straftat eingezogen werden können, über den Kreis der konkreten Tatobjekte (dh über diejenigen Schriften, die tatsächlich verbreitet wurden) hinaus auf **sämtliche Schriften, die zur Verbreitung bestimmt waren** (dh letztlich auf die gesamte zur Verbreitung bestimmte Auflage).[286] Dabei ist die Einziehung obligatorisch („werden eingezogen"), während sie bei sonstigen Gegenständen fakultativ ist (§ 74 Abs 1 StGB: „können eingezogen werden").

100 Neben der Einziehung der Schriften ist obligatorisch („wird angeordnet") auch die **Unbrauchbarmachung der Herstellungsvorrichtungen** anzuordnen (§ 74d Abs 1 S 2 StGB). Das Gesetz nennt hier als Beispiele Platten, Formen, Drucksätze, Druckstöcke, Negative oder Matrizen.

101 Von der Einziehung **ausgenommen** sind allerdings diejenigen **Schriften, die bereits in den Umlauf gelangt sind** (§ 74d Abs 2 StGB). Aus praktischen Gründen werden also nur diejenigen Schriften eingezogen, die sich noch im Besitz des Täters (oder einer von ihm beauftragten Person) befinden oder jedenfalls dem Empfänger noch nicht zugestellt wurden.

102 Erweitert wird der Kreis der Schriften nach § 74d Abs 3 StGB auf solche, die erst bei **Hinzutreten weiterer Tatumstände** einen Straftatbestand erfüllen (zB Schriften, die nur dann strafrechtlich relevant werden, wenn ihre Verbreitung in einer bestimmten Absicht vorgenommen wird, wie bei § 219a StGB, oder die nur an bestimmten Orten nicht verbreitet werden dürfen, wie bei § 184 Abs 1 Nr 5 StGB). Allerdings gilt hierbei die Einschränkung, dass sich diese Schriften (sowie die Herstellungsgegenstände) im Besitz des Täters oder dessen Beauftragten befinden müssen und die Maßnahmen erforderlich sind, um ein gesetzeswidriges Verbreiten durch diese Personen zu verhindern.

103 Eine nicht unerhebliche Erweiterung findet sich schließlich in § 74d Abs 4 StGB, wonach es dem Verbreiten einer Schrift gleichsteht, wenn wenigstens ein Exemplar durch Ausstel-

---

281 Vgl zum Schriftenbegriff des § 11 Abs 3 StGB oben Rn 55ff.
282 Zu den Inhaltsdelikten vgl BGHSt 19, 63; BGH NJW 1969, 1818; BGH NJW 1970, 818.
283 Vgl *Fischer* § 74d Rn 2; *Mitsch* Medienstrafrecht § 2 Rn 19; *Ricker/Weberling* Kap 49 Rn 28.
284 Dieses Beispiel findet sich bei *Fischer* § 74d Rn 7; *Ricker/Weberling* Kap 49 Rn 28; vgl auch RGSt 66, 145, 146.
285 *Ricker/Weberling* Kap 49 Rn 31.
286 OLG Düsseldorf AfP 1992, 280f; *Ricker/Weberling* Kap 49 Rn 30.

len, Anschlagen, Vorführen oder **in anderer Weise der Öffentlichkeit zugänglich gemacht wird.**

Nach § 74d Abs 5 iVm § 74b Abs 2 und Abs 3 StGB ist jedoch bei der Frage, ob die Einziehung anzuordnen ist, trotz deren an sich obligatorischen Charakters, der Grundsatz der **Verhältnismäßigkeit** zu beachten. Sind mildere Maßnahmen möglich (zB das Schwärzen eines Hakenkreuzes auf einer Schallplattenhülle,[287] Einziehung nur eines Teils der Schrift[288]) müssen diese ergriffen werden. Obwohl in § 74d Abs 5 StGB nicht ausdrücklich erwähnt, ist auch der allgemeine Verhältnismäßigkeitsgrundsatz des § 74b Abs 1 StGB hier anwendbar.[289]

104

X. Strafzumessung – Strafmildernde Berücksichtigung exzessiver Medienberichterstattung

Ein gesteigertes Medieninteresse und in dessen Folge eine exzessive Medienberichterstattung kann insb für den Angeklagten zu einer dauerhaften Beeinträchtigung seiner Interessen führen. Zwar ist die Berichterstattung über laufende Strafverfahren auf Grund des gesteigerten Informationsbedürfnisses der Allgemeinheit zulässig und notwendig und ein Verbot würde jedenfalls in den Schutzbereich der Presse- und Rundfunkfreiheit eingreifen. Dennoch sind die Gefahren nicht zu übersehen, die eine exzessive Berichterstattung sowohl für die am Strafverfahren Beteiligten als auch für die Wahrheitsfindung mit sich bringt.[290] Für den Angeklagten bestehen diese Gefahren in erster Linie in einer – die Unschuldsvermutung[291] verletzenden – Vorverurteilung durch die Medien.[292] Auch ist durch die ständige Präsenz seines Namens und seines Fotos in den Medien eine Verletzung seines Allgemeinen Persönlichkeitsrechts möglich,[293] der er sich nicht entziehen kann. Wird die Gerichtsverhandlung als zeitgeschichtliches Ereignis eingestuft, hat er sogar möglicherweise die Veröffentlichung seines Fotos zu dulden.[294] Schließlich können durch die Berichterstattung auch Resozialisierungsinteressen des später Verurteilten beeinträchtigt werden. Daher ist stets zu prüfen, ob diese Nachteile in irgendeiner Weise zu kompensieren sind.

105

Während in der Literatur im Hinblick auf die exzessive Medienberichterstattung Verfahrenshindernisse[295] oder einzelne Beweisverwertungsverbote ebenso diskutiert werden wie die Ablehnung einzelner Richter wegen Befangenheit,[296] dürfte der Schwerpunkt möglicher Berücksichtigung zumindest beim Verurteilten[297] auf der Strafzumessungsebene liegen.[298] Die Grundsätze der Strafzumessung sind in § 46 StGB niedergelegt. Dieser enthält in Abs 2 S 2 einige „ver-

106

---

287 BGHSt 23, 64, 79.
288 Ausdrücklich geregelt in § 74b Abs 3 Nr 2.
289 BGHSt 23, 267, 269 zu §§ 40b, 41 StGB aF; vgl auch *Ricker/Weberling* Kap 49 Rn 30.
290 Vgl hierzu noch ausf unten Rn 417.
291 Dies stellt sich beim verurteilten Straftäter anders dar. So weist *Bornkamm* NStZ 1983, 102, 106 darauf hin, dass nach BVerfGE 35, 202, 231 f der verurteilte Straftäter durch seine Tat den Persönlichkeitsschutz quasi verwirkt habe und er die Berichterstattung darüber als zusätzliche Bestrafung hinnehmen müsse.
292 Vgl hierzu *Hassemer* NJW 1985, 1921; *Rinsche* ZRP 1987, 384.
293 Teilweise wird allerdings davon ausgegangen, dass in diesen Fällen stets eine Verletzung des Allgemeinen Persönlichkeitsrechts vorliegt, der der Betreffende nur in Ausnahmefällen zu dulden hat, vgl *Bornkamm* NStZ 1983, 102, 106.
294 Vgl zu den hier einschlägigen Regelungen des KUG unten Rn 332 ff; ferner oben *Renner* Kap 4.
295 Vgl hierzu *Gatzweiler* StraFo 1995, 64, 66 f; *Hassemer* NJW 1985, 1921, 1927 f; *Wohlers* StV 2005, 186, 189 f.
296 *Wohlers* StV 2005, 186, 190 f.
297 Noch problematischer stellt sich die Situation für den später freigesprochenen Angeklagten dar, für den eine Kompensation kaum denkbar ist.
298 Vgl hierzu *Hassemer* NJW 1985, 1921, 1928; *Knauer* GA 2009, 541, 546; *Mitsch* Medienstrafrecht § 2 Rn 6; aA *Roxin* NStZ 1991, 153, 154; vgl zu Alternativen de lege ferenda, die sich an englischen bzw amerikanischen Modellen orientieren, *Wohlers* StV 2005, 186, 191 f.

typte" Kriterien, die das Gericht bei der Strafzumessung zu beachten und gegeneinander abzuwägen hat. Da die medialen „Auswirkungen der Tat" in diesem Katalog nicht enthalten sind, wird überwiegend davon ausgegangen, dass diese Auswirkungen als sonstiger, gesetzlich nicht ausformulierter Strafzumessungsgesichtspunkt zu behandeln sind.[299] Allerdings wird dabei in der Praxis danach differenziert, ob es sich bei der betreffenden Person um eine solche handelt, die bereits zuvor im Lichte der Öffentlichkeit stand (dann keine Berücksichtigung),[300] oder um eine solche, die bisher nicht Mittelpunkt des Medieninteresses war (dann erfolgte eine Berücksichtigung).[301] Zudem ist allerdings zu berücksichtigen, ob es der Angeklagte selbst war, der offensiv auf die Medien zuging, um diese für seine Zwecke zu instrumentalisieren (dann erfolgte keine Berücksichtigung)[302] oder ob der Angeklagte gleichsam das (passive) Opfer einer gegen ihn gerichteten Medienkampagne wurde (dann Berücksichtigung), wobei ihm in diesem Fall zugestanden wird, sich gegen eine bereits laufende Medienkampagne dadurch zu wehren, dass er selbst mittels diverser Interviews um Klarstellung bemüht ist.[303] Schließlich sind auch der Umfang und die Tendenz der Medienberichterstattung bei der Strafzumessung zu berücksichtigen, wobei eine groß angelegte Medienkampagne und eine tendenziöse, einer Vorverurteilung gleichkommende Berichterstattung eher für eine Strafmilderung sprechen. Allerdings ist eine solche Strafmilderung auch bei einer ausgewogenen und nicht Partei ergreifenden Berichterstattung möglich.[304]

107   Da sich die Auswirkungen der Tat für den Täter in vergleichbarer Weise darstellen wie bei einer – allerdings in der Regel allein von den Strafverfolgungsbehörden verursachten – rechtsstaatswidrigen Verfahrensverzögerung (überlange Verfahrensdauer),[305] könnte hier auch daran gedacht werden, unter Anwendung der „Vollstreckungslösung" der Rechtsprechung[306] einen bestimmten Teil der Strafe als bereits vollstreckt anzusehen.

§ 3
Die wichtigsten medienstrafrechtlich relevanten Straftatbestände aus dem StGB

I. Die Verletzung von Individualrechten durch Medien

1. Die Beleidigungsdelikte (§§ 185 ff StGB)

108   Berichte in der Tagespresse, in Funk und Fernsehen, aber auch in anderen Medien, sind vielfach Meldungen, in denen es um das Leben und Verhalten anderer Personen geht. Hierbei können auch Behauptungen aufgestellt oder Inhalte vermittelt werden, die den Betroffenen in seiner Ehre beeinträchtigen oder von ihm jedenfalls als ehrenrührig empfunden werden. In diesem

---

299 Knauer GA 2009, 541, 542; Schönke/Schröder/Stree § 46 Rn 55 iVm 52; vgl auch MünchKomm-Miebach 2. Aufl § 46 Rn 108 (der allerdings die „berechtigten" Angriffe in den Medien ausnimmt).
300 BGH NJW 2000, 154, 157; BGH NJW 2008, 2057; anders allerdings LG Bonn NJW 2001, 1736, 1739 – Kohl; LG Wiesbaden, Urt v 18.4.2005 – 6 Js 320.4/00 – 16 KLs Rn 851 (juris) – Kanther; LG Frankfurt NJW 2005, 692, 696 – Daschner.
301 BGH NJW 1990, 194, 195; BGH NJW 2001, 2102, 2106; BGH wistra 2008, 58, 59 – Gammelfleisch; LG Karlsruhe NJW 2005, 915, 916 – Autobahnraser; gegen eine solche Differenzierung allerdings Knauer GA 2009, 541, 549 f.
302 MünchKomm-Miebach 2. Aufl § 46 Rn 108; Wohlers StV 2005, 186, 190.
303 BGH NJW 1990, 194, 195; Marxen JZ 2000, 294, 299.
304 Hierzu auch Knauer GA 2009, 541, 550 f.
305 Weiler ZRP 1995, 130, 135.
306 BGHSt 52, 124, BGH StV 2008, 399; BGH NStZ 2010, 94.

Zusammenhang sind die Beleidigungsdelikte in vielen Fällen ein taugliches Mittel, um den Betroffenen auch strafrechtlich vor allzu „überspannter" Berichterstattung zu schützen. Dass hier ein besonderes Schutzbedürfnis besteht, zeigen auch die Qualifikationen im Rahmen der Tatbestände der §§ 186, 187 StGB sowie die Vorschrift des § 188 StGB, die jeweils eine Strafschärfung für den Fall vorsehen, dass die Tat durch Verbreitung von Schriften iSd § 11 Abs 3 StGB begangen wurde.[307] Andererseits wird aber oft auch ein Bedürfnis seitens der Medien bestehen, die Öffentlichkeit, insb bei Personen des öffentlichen Lebens, über Vorgänge zu informieren, die für den Betreffenden nicht unbedingt vorteilhaft sind. Hier schützt die Vorschrift über die Wahrnehmung berechtigter Interessen (§ 193 StGB) die Verantwortlichen im Wege eines speziellen Rechtfertigungsgrundes vor zu weitgehender Strafverfolgung. Insb sind in diesem Zusammenhang aber auch die Grundrechte, allen voran Art 5 Abs 1 und Abs 3 S 1 GG zu nennen, die einer allzu weitgehenden Strafbarkeit Grenzen setzen können.

a) **Das System des strafrechtlichen Ehrenschutzes.** Das StGB kennt mit der Beleidigung 109 (§ 185 StGB), der Üblen Nachrede (§ 186 StGB) und der Verleumdung (§ 187 StGB) drei Tatbestände, die den Einzelnen vor ehrenrührigen Behauptungen in unterschiedlicher Intensität schützen. Daneben tritt mit der Verunglimpfung des Andenkens Verstorbener (§ 189 StGB) eine Spezialregelung für den Fall, dass sich die Beleidigung auf eine nicht mehr lebende Person bezieht.

Geschütztes Rechtsgut ist bei sämtlichen Beleidigungsdelikten die **Ehre**.[308] Insofern ist es 110 jeweils Voraussetzung, dass der Täter eine ehrenrührige Aussage macht. Die **Ehrenrührigkeit** ist daher bei sämtlichen Beleidigungsdelikten ein (ungeschriebenes) Tatbestandsmerkmal, auf welches sich auch der Vorsatz beziehen muss. Dazu führt der BGH aus: „Ein Angriff auf die Ehre wird geführt, wenn der Täter einem anderen zu Unrecht Mängel nachsagt, die, wenn sie vorlägen, den Geltungswert des Betroffenen mindern würden. Nur durch eine solche ‚Nachrede' [...] wird der aus der Ehre fließende verdiente Achtungsanspruch verletzt. Sie stellt die Kundgabe der Mißachtung, Geringschätzung oder Nichtbeachtung dar, die den Tatbestand verwirklicht".[309] Somit liegt eine Ehrenrührigkeit vor, wenn ein unbefangener Dritter unter Beachtung der objektiven Rahmenbedingungen aus einer Äußerung auf sittliche Defizite des Betroffenen schließen muss.

Die Abgrenzung der einzelnen Vorschriften vollzieht sich auf der Grundlage von drei Unter- 111 scheidungskriterien, wobei stets zu beachten ist, dass die Beleidigung nach § 185 StGB als Auffangtatbestand fungiert. Dies bedeutet: Greift trotz Vorliegens einer der speziellen Voraussetzungen der §§ 186, 187 StGB der entsprechende Tatbestand einmal nicht ein (etwa weil es an den besonderen subjektiven Voraussetzungen fehlt), kann stets subsidiär auf § 185 StGB zurückgegriffen werden. Die Abgrenzung selbst orientiert sich an folgenden Fragestellungen: **(1)** Liegt eine **Tatsachenbehauptung oder** ein **Werturteil** vor? Nur dann, wenn eine Tatsachenbehauptung vorliegt, ist der Anwendungsbereich der §§ 186, 187 StGB eröffnet. Handelt es sich hingegen um ein Werturteil, kann nur § 185 StGB zur Anwendung kommen. **(2)** Richtet sich die Äußerung **allein** an den **Beleidigten oder** (auch) an einen **Dritten**? Nur dann, wenn die Äußerung (auch) an einen Dritten gerichtet ist, können die §§ 186, 187 StGB einschlägig sein (das Gesetz umschreibt dies mit der Wendung „Wer [...] in Beziehung auf einen anderen [...]"). Ist hingegen ausschließlich der Beleidigte Adressat der Äußerung, kann wiederum nur § 185 StGB eingreifen.[310]

---

307 Vgl zum Schriftenbegriff des § 11 Abs 3 StGB oben Rn 55 ff.
308 Vgl nur *Fischer* Vor § 185 Rn 1; *Lackner/Kühl* Vor § 185 Rn 1; Schönke/Schröder/*Lenckner/Eisele* Vorbem §§ 185 ff Rn 1.
309 BGHSt 36, 145, 148.
310 Auf diese Unterscheidung muss im Folgenden nicht näher eingegangen werden, da sich die Äußerung im Rahmen einer Verbreitung durch ein Medium stets an Dritte richtet.

(3) Ist die getroffene **Aussage wahr, unwahr oder lässt sich der Wahrheitsgehalt nicht ermitteln** (das Gesetz umschreibt dies in § 186 StGB mit der Wendung „nicht erweislich wahr")? Bei Unwahrheit greift § 187 StGB, bei Nichterweislichkeit § 186 StGB. Ist die Äußerung hingegen wahr (aber dennoch ehrenrührig), verbleibt es bei § 185 StGB. Dass eine Bestrafung auch bei der Behauptung oder Verbreitung wahrer Tatsachen denkbar ist, stellt § 192 StGB ausdrücklich fest (sog „Formalbeleidigung").

112 **b) Der geschützte Personenkreis.** Durch die Beleidigungsdelikte geschützt sind in erster Linie natürliche, lebende Personen. Tote genießen zwar einen postmortalen Ehrschutz, dieser ist aber ausschließlich über § 189 StGB, der Verunglimpfung des Andenkens Verstorbener, geschützt.[311]

113 Umstritten ist, ob neben den natürlichen Personen auch Personenmehrheiten als solche geschützt sind (ob ihnen also eine „Kollektivehre" zukommt). Dies wird deswegen vertreten, weil in § 194 Abs 3 S 2 und S 3 sowie Abs 4 StGB explizit die Antragsberechtigung geregelt ist, wenn sich die Tat „gegen eine Behörde" etc richtet. Hieraus wird teilweise geschlossen, dass auch andere Personenmehrheiten unter bestimmten Voraussetzungen beleidigungsfähig sind.[312] Dies kann insb bei reißerischen Schlagzeilen wie „alle deutschen Ärzte sind Kurpfuscher",[313] „Alle Soldaten sind Mörder!"[314] oder „Die Polizisten gingen bei Ihrem Einsatz wie gewohnt recht brutal vor"[315] einmal eine Rolle spielen. Der Streit hat aber praktisch kaum Relevanz, da sich hinter einer Beleidigung eines Kollektivs zumeist auch ein Angriff auf die Ehre der dahinter stehenden Einzelpersonen verbirgt (Beleidigung unter einer Kollektivbezeichnung).[316] Von einer Ehrkränkung kann in diesem Fall allerdings nur dann gesprochen werden, wenn der Personenkreis klar umgrenzt und überschaubar ist und auch ein Bezug auf bestimmte, individualisierte Personen erkennbar wird.[317]

114 **c) Die Abgrenzung von Tatsachenbehauptung und Werturteil.**[317a] Unter einer **Tatsachenbehauptung** versteht man eine Äußerung, die in ihrem Gehalt einer objektiven Klärung offen steht und daher dem Beweis zugänglich ist.[318] Dagegen ist ein **Werturteil** dadurch gekennzeichnet, dass es durch Elemente der subjektiven Stellungnahme, des Dafürhaltens oder Meinens geprägt ist und letztlich auf einer persönlichen Überzeugung beruht.[319] Die Abgrenzung ist durchweg problematisch und letztlich eine Frage des Einzelfalles. Denn hinter offen ausgesprochenen Wertungen oder Fragen können sich ebenso Tatsachenbehauptungen verbergen, wie sich hinter einer

---

311 Schönke/Schröder/*Lenckner/Eisele* Vorbem § 185 Rn 2; zur Irrtumsproblematik, wenn der Täter meint, die beleidigte Person sei noch am Leben bzw sei bereits verstorben, vgl nur *Rengier* BT II § 28 Rn 8.
312 So BGHSt 6, 186, 191; LK/*Hilgendorf* 12. Aufl Vor § 185 Rn 27; Schönke/Schröder/*Lenckner/Eisele* Vorbem § 185 Rn 3 f; aA LK/*Herdegen* 10. Aufl Vor § 185 Rn 19; SK/*Rudolphi/Rogall* Vor § 185 Rn 35 f, 38 ff.
313 BGHSt 36, 83, 87.
314 BVerfGE 93, 266; hierzu *Gounalakis* NJW 1996, 481; *Otto* NStZ 1996, 127; zur Beleidigungsfähigkeit der Bundeswehr als Institution vgl BGHSt 36, 83, 88.
315 Hierzu BayObLG NJW 1990, 921, 922; BayObLG NJW 1990, 1742; OLG Frankfurt NJW 1977, 1353.
316 Hierzu *Geppert* Jura 2005, 244, 245 ff; ferner SK/*Rudolphi/Rogall* Vor § 185 Rn 38 ff.
317 Vgl hierzu im Einzelnen BGHSt 14, 48 (angenommen für die Aussage: Zwei Mitglieder der X-Fraktion unterstützten eine terroristische Vereinigung); BGHSt 19, 235 (angenommen für die Aussage: Ein bayerischer Minister habe zu den Kunden eines Call-Girl-Rings gehört); BGHSt 36, 83, 85 ff (angenommen für die Aussage: Alle Berufssoldaten seien [wie] Folterknechte und Henker); BayObLG NJW 1990, 1742 (abgelehnt für die sinngemäße Aussage: Bullen seien Schweine); vgl auch BGHSt 11, 207, 208; BGHSt 16, 49, 57; BGHSt 40, 97, 103 (Annahme einer beleidigungsfähigen Personenmehrheit für die Gruppe der Juden als vom Nationalsozialismus verfolgte Menschen, die jetzt in Deutschland leben).
317a Vgl allgemein zu dieser Abgrenzung im Presserecht oben *Boksanyi/Koehler* Kap 1 Rn 76 ff.
318 *Rengier* BT II § 29 Rn 2.
319 OLG Köln NJW 1993, 1486, 1487; vgl auch BVerfGE 61, 1, 8; BVerfGE 66, 116, 149 – Wallraff.

nach außen wie eine Tatsachenbehauptung wirkenden Mitteilung letztlich ein Werturteil verbergen kann. Die Frage ist aber entscheidend, da eine Bestrafung nach §§ 186, 187 StGB nur dann erfolgen kann, wenn es sich bei der Äußerung um eine Tatsachenbehauptung handelt.[320]

Bei Äußerungen in Medien, insb wenn es sich um Stellungnahmen zu politischen Fragen handelt, ist allerdings eine Tendenz in der Rechtsprechung erkennbar, **im Zweifelsfalle** ein **Werturteil** anzunehmen. So wurde zB die im Zusammenhang mit der Wiederaufrüstung der Bundesrepublik in einer Druckschrift aufgestellte Behauptung: „Bundeskanzler und Bundesregierung bereiten aus Profitgier einen Krieg vor und wollen die deutsche Jugend als Kanonenfutter mißbrauchen" als Werturteil angesehen.[321]

d) Die Beleidigung (§ 185 StGB). Die Beleidigung kommt im Bereich der Medien in erster Linie bei Werturteilen in Frage, die ehrenrührigen Charakter haben. Es ist allerdings zu beachten, dass unter besonderer Berücksichtigung der Pressefreiheit, Art 5 GG, solche Werturteile grds bis zur Grenze der Schmähkritik[321a] zulässig sind, dh solange nicht die Diffamierung der Person im Vordergrund steht.[322] Bei Tatsachenbehauptungen kann § 185 StGB dann einschlägig sein, wenn die Tatsache zwar wahr ist, das Vorhandensein einer Beleidigung aber aus der Form der Behauptung oder Verbreitung oder aus den Umständen unter welchen sie erfolgte, hervorgeht (sog „Formalbeleidigung"). Dies kann bei einer groß angelegten Veröffentlichung dann vorliegen, wenn alltägliche Vorkommnisse, die sich zwar tatsächlich ereignet haben, aber eine bekannte Persönlichkeit bloßstellen, publiziert werden, um den Betreffenden lächerlich zu machen und in seiner Ehre zu kränken. Dagegen sind sachlich gehaltene Informationen, die zB Eltern darauf aufmerksam machen, dass in ihrer Straße ein verurteilter Sexualstraftäter wohnt, als zulässig anzusehen. Wer hingegen durch elektronisch verstärkte Mikrofondurchsagen Personen zusammengetrommelt, die den betroffenen Sexualstraftäter danach in seiner Wohnung gezielt aufsuchen, der überschreitet diese Schwelle, obwohl auch er nur eine „wahrheitsgemäße Information" verbreitet.[323] In diesem Zusammenhang sind auch über das Internet getätigte Äußerungen oder Bilddarstellungen zu sehen. Wird eine wahre Begebenheit, bei der sich der Betroffene in einer vermeintlichen Vertrautheit wähnt, die die Hemmschwelle sinken lässt über das Medium des Internets weltweit verbreitet, um den Betreffenden verächtlich zu machen, liegt § 185 StGB regelmäßig nahe (bei der Verbreitung von Bildnissen ist zudem an § 33 KUG zu denken).[324] Zu denken ist in diesem Zusammenhang insb auch an das sog Cyber-Mobbing in sozialen Netzwerken sowie auf Bewertungsportalen.[325]

e) Die üble Nachrede (§ 186 StGB). § 186 StGB ist nur anwendbar bei Tatsachenbehauptungen in Bezug auf einen anderen. Die Tatsache muss behauptet oder verbreitet werden.[326] Während es bei der **Behauptung** erforderlich ist, dass der Behauptende die Tatsache als nach eigener Überzeugung wahr hinstellt, ist es für die **Verbreitung** kennzeichnend, dass der Täter eine (ehrenrührige) Tatsache als Gegenstand fremden Wissens weitergibt, ohne sich die Tatsache zu eigen zu machen.[327] Dies kann auch dann vorliegen, wenn der Betreffende sich von der

---

320 Vgl hierzu bereits oben Rn 111.
321 BGHSt 6, 357.
321a Zur Schmähkritik ausf oben *Boksanyi/Koehler* Kap 1 Rn 102 ff.
322 Vgl *Seelmann-Eggebert* NJW 2008, 2555 mit zahlreichen Beispielen.
323 *Ostendorf/Frahm/Doege* NStZ 2012, 529, 534 f.
324 *Hilgendorf* ZIS 2010, 208, 209 ff.
325 Hierzu *Ernst* NJW 2009, 1320, 1321; zum Teil werden extra „beleidigungsaffine" Plattformen wie rottenneighbors.com eingerichtet, vgl *Hilgendorf* ZIS 2010, 208, 213.
326 Vgl zum Tatbestandsmerkmal der Verbreitung noch unten Rn 170 f.
327 *Rengier* BT II § 29 Rn 6.

Aussage distanziert, sie aber gleichwohl verbreitet,[328] nicht jedoch, wenn er ihr ernsthaft entgegentritt.[329] Insoweit erfüllen auch Berichte in den Medien, in denen zB über nicht erwiesene ehrverletzende Aussagen Dritter im Rahmen eines Gerichtsverfahrens berichtet wird, den Tatbestand[330]. Hier wird jedoch zumeist § 193 StGB eingreifen.[331]

118   Entscheidend für das Verständnis des § 186 StGB ist das Merkmal der **Nichterweislichkeit** der Tatsache. Ist die Tatsache wahr, kommt lediglich § 185 StGB in Frage, ist sie unwahr, kann, bei einem Handeln wider besseren Wissens, § 187 StGB in Frage kommen. Bleibt der behauptete oder verbreitete Sachverhalt jedoch unaufklärbar, kann also das Gericht trotz (notwendiger!) intensiver Bemühungen den Wahrheitsgehalt der Äußerung nicht feststellen, greift für diese „non-liquet-Situation" § 186 StGB ein. Der Gesetzgeber hat diese Situation – dem Grundsatz „in dubio pro reo" an sich widersprechend – in § 186 StGB vor dem Hintergrund normiert, dass wegen der potentiellen Breitenwirkung von nach außen kund gemachten Sachverhalten, Situationen und Begebenheiten (und dies gilt besonders für den Medienbereich) ehrenrührige Tatsachen über Dritte nicht vorschnell und ungeprüft behauptet oder verbreitet werden sollen und dürfen. Dies soll gewährleisten, dass vor der Publikation oder Sendung einer Nachricht deren Wahrheitsgehalt ausreichend recherchiert wird. Eine Strafbarkeit scheidet insoweit nur dann aus, wenn es dem Täter gelingt, einen Wahrheitsbeweis zu erbringen. Dabei muss er gerade den Umstand als wahr nachweisen, aus dem die Ehrverletzung folgt. Nicht ausreichend ist, wenn er nachweist, dass andere dasselbe ehrverletzende Gerücht verbreitet hätten und er an die Wahrheit der Aussage geglaubt hatte.[332]

119   Aus dem Gesagten ergibt sich auch, dass sich der **Vorsatz** nicht auf die Nichterweislichkeit der Tatsache beziehen muss. Der Täter kann sich also nicht damit „herausreden", er hätte an den Wahrheitsgehalt seiner Äußerung geglaubt. Die Nichterweislichkeit ist insoweit kein objektives Tatbestandsmerkmal, sondern eine **objektive Bedingung der Strafbarkeit**, auf die sich weder der Vorsatz noch der Fahrlässigkeitsvorwurf zu erstrecken brauchen.

120   **f) Die Verleumdung (§ 187 StGB).** § 187 StGB ist nur anwendbar bei Tatsachenbehauptungen in Bezug auf einen anderen. Die Tatsache muss behauptet oder verbreitet werden.[333] Im Gegensatz zu § 186 StGB muss die Tatsache im Rahmen des § 187 StGB allerdings **unwahr** sein. Hinzu kommt, dass im subjektiven Bereich der Täter nicht nur Vorsatz hinsichtlich der Unwahrheit der Tatsache besitzen, sondern darüber hinaus auch noch **wider besseren Wissens** gehandelt haben muss. Dies setzt voraus, dass er die Unwahrheit der Tatsache positiv kennt (bedingter Vorsatz reicht also nicht).[334]

121   **g) Qualifikationen.** Sowohl die Üble Nachrede (§ 186 StGB) also auch die Verleumdung (§ 187 StGB) enthalten im letzten Halbsatz eine Qualifikation, wenn die Tat **öffentlich oder durch die Verbreitung von Schriften** (§ 11 Abs 3 StGB)[335] begangen wurde. In diesem Fall erhöht sich der jeweilige Strafrahmen: für die Üble Nachrede auf zwei Jahre, für die Verleumdung

---

328 RGSt 22, 221, 223; RGSt 38, 368, 368 f; BGHSt 18, 182, 183.
329 Für einen Tatbestandsausschluss in diesen Fällen NK/*Zaczyk* § 186 Rn 10; SK/*Rudolphi/Rogall* § 186 Rn 15; für die Annahme einer Rechtfertigung durch (mutmaßliche) Einwilligung Schönke/Schröder/*Lenckner/Eisele* § 186 Rn 8.
330 *Seelmann-Eggebert* NJW 2008, 2555 mit näheren Ausführungen zu der erforderlichen Distanzierung der Medien von entsprechenden Äußerungen.
331 Vgl aber BGHSt 18, 182, 184 f; zu § 193 StGB vgl noch näher unter Rn 125 ff.
332 BGHSt 18, 182, 183.
333 Vgl zum Tatbestandsmerkmal der Verbreitung noch unten Rn 170 f.
334 Vgl zu den verschiedenen Vorsatzformen *Heinrich, B* AT Rn 275 ff.
335 Vgl zum Schriftenbegriff des § 11 Abs 3 StGB oben Rn 55 ff.

auf bis zu fünf Jahre Freiheitsstrafe. Überlegungen, auf Grund der besonderen Umstände des Internets (insb dessen weltweiter Abrufbarkeit und einer erschwerten Löschbarkeit) einen Qualifikationstatbestand der Beleidigung im Internet zu schaffen,[336] wurden bislang nicht intensiver verfolgt.

Eine spezielle Qualifikation enthält auch § 188 StGB, sofern sich die Üble Nachrede (Abs 1) **122** oder die Verleumdung (Abs 2) gegen eine **im politischen Leben des Volkes stehende Person** richtet und die Tat öffentlich, in einer Versammlung oder – medienrechtlich relevant – durch die Verbreitung von Schriften iSd § 11 Abs 3 StGB[337] geschieht. Voraussetzung ist allerdings, dass die Tat aus Beweggründen begangen wird, die mit der Stellung des Beleidigten im öffentlichen Leben zusammenhängen und die Tat geeignet ist, das öffentliche Wirken der Person erheblich zu erschweren. Dem Täter droht bei einer Üblen Nachrede eine Freiheitsstrafe von drei Monaten bis zu fünf Jahren unter Wegfall der Möglichkeit, nur auf eine Geldstrafe zu erkennen (es gilt jedoch ergänzend § 47 Abs 2 StGB), bei einer Verleumdung sogar eine Freiheitsstrafe von sechs Monaten bis zu fünf Jahren.

Schließlich findet sich – an etwas versteckter Stelle – noch die Qualifikation des **§ 103 StGB**, **123** die sich auf die **Beleidigung von Organen und Vertretern ausländischer Staaten** bezieht. Geschützt sind (1) ausländische Staatsoberhäupter, (2) ausländische Regierungsmitglieder, welche sich in amtlicher Eigenschaft im Inland aufhalten, und (3) Leiter einer ausländischen diplomatischen Vertretung, wenn sie im Inland beglaubigt sind. Auch hier droht dem Täter eine Freiheitsstrafe von bis zu drei Jahren (im Falle der verleumderischen Beleidigung sogar eine solche von drei Monaten bis zu fünf Jahren unter Wegfall der Möglichkeit, nur auf eine Geldstrafe zu erkennen; es gilt jedoch auch hier ergänzend § 47 Abs 2 StGB).

h) Die Verunglimpfung des Andenkens Verstorbener (§ 189 StGB). Richtet sich die Tat **124** gegen eine verstorbene Person, ist ausschließlich § 189 StGB anwendbar. Tatbestandlich handelt hier, wer das Andenken eines Verstorbenen **verunglimpft**.

i) Die Wahrnehmung berechtigter Interessen (§ 193 StGB). Für den Bereich des Me- **125** dienrechts in besonderer Weise einschlägig ist die Vorschrift des § 193 StGB: „[...] Äußerungen, welche [...] zur Wahrnehmung berechtigter Interessen gemacht werden, [...] sind nur insofern strafbar, als das Vorhandensein einer Beleidigung aus der Form der Äußerung oder aus den Umständen, unter welchen sie geschah, hervorgeht". Nach hM handelt es sich hierbei um einen – sprachlich allerdings missglückten – **speziellen Rechtfertigungsgrund**, der ausschließlich auf die Beleidigungsdelikte zugeschnitten ist.[338] In der Praxis kann er allerdings nur Fälle nach §§ 185, 186 StGB rechtfertigen, weil Verleumdungen (§ 187 StGB) und Verunglimpfungen (§ 189 StGB) niemals von einem „berechtigten Interesse" gedeckt sein können.[339]

Der Rechtfertigungsgrund beruht letztlich auf dem Prinzip einer umfassenden Güter- und **126** Interessenabwägung, wobei zuerst festzustellen ist, ob überhaupt ein „berechtigtes Interesse" des Äußernden vorliegt. Danach ist eine Abwägung mit dem beeinträchtigten Interesse des Verletzten, nämlichen dessen Ehre und dessen Achtungsanspruch, vorzunehmen.

Ein **berechtigtes Interesse** kann nur dann vorliegen, wenn die Äußerung weder gegen ein **127** Gesetz noch gegen die guten Sitten verstößt.[340] Auch ein Handeln, welches ausschließlich dazu

---

336 So *Hilgendorf* ZIS 2010, 208, 213.
337 Vgl zum Schriftenbegriff des § 11 Abs 3 StGB oben Rn 55 ff.
338 OLG Düsseldorf NJW 2006, 630, 631 – Butterflymesser; OLG Stuttgart NStZ 1987, 121, 122; *Rengier* BT II § 29 Rn 36.
339 *Mitsch* Medienstrafrecht § 1 Rn 39; *Ricker/Weberling* Kap 53 Rn 32.
340 *Ricker/Weberling* Kap 53 Rn 36; Schönke/Schröder/*Lenckner/Eisele* § 193 Rn 9.

dient, die eigene wirtschaftliche Lage zu verbessern, kann eine Ehrverletzung nicht rechtfertigen.[341] Äußerungen vor Gericht können dagegen als berechtigtes Interesse anerkannt werden. Im „Kampf um das Recht" darf demnach ein Verfahrensbeteiligter auch starke, eindringliche Ausdrücke und sinnfällige Schlagworte benutzen, um seine Rechtsposition geltend zu machen.[342] Ferner wird ein berechtigtes Interesse insb im Bereich von Presseveröffentlichungen regelmäßig anerkannt.[343] Wer zB in einem Leserbrief seiner Kritik an bestimmten Zuständen in scharfer Form Ausdruck verleiht, kann sich auf ein berechtigtes Interesse berufen.[344]

128   Allerdings ist nicht jede Berichterstattung, die über ein Medium wie Presse, Funk, Fernsehen oder das Internet erfolgt, schon allein deswegen von einem berechtigten Interesse des Handelnden erfasst. Äußerungen aus reiner Sensationsgier oder „Skandallust"[345] stehen einem berechtigten Interesse ebenso entgegen, wie beleidigende Äußerungen, für die allein aus Gründen der größeren Verbreitung eines der genannten Medien gewählt wurde.

129   Im Rahmen der **Interessenabwägung** gelten die allgemeinen Abwägungskriterien.[346] Die Äußerung muss geeignet und erforderlich sein, den zuvor festgestellten berechtigten Interessen zu dienen und sie muss zudem ein angemessenes Mittel zur Interessenverfolgung darstellen.[347] Die **Erforderlichkeit**, verstanden als „Grundsatz des mildesten Mittels", scheidet zB dann aus, wenn die Form der Darstellung in einem für einen unbestimmten Personenkreis zugänglichen Medium gewählt wurde, obwohl die Interessen auch in kleinerem Kreis hätten wirksam verfolgt werden können (Unzulässigkeit der „Flucht in die Öffentlichkeit"), oder wenn eine konkrete Namensnennung zur Verfolgung der Interessen nicht notwendig war.

130   Zentral – und insoweit auch am problematischsten – ist die Prüfung der **Angemessenheit**, die letztlich eine Verhältnismäßigkeitsprüfung erfordert: Es muss in jedem Einzelfall überprüft werden, ob auf der Grundlage der konkreten Umstände die Interessen des Handelnden (also des Beleidigenden) mit denen des Verletzten mindestens gleichwertig sind.[348] In diesem Zusammenhang sind aber insb im Medienrecht die verfassungsrechtlichen Ausstrahlungen der **Meinungs- und Pressefreiheit** (Art 5 Abs 1 GG)[349] und der **Kunstfreiheit** (Art 5 Abs 3 S 1 GG) zu berücksichtigen,[350] denen insb das BVerfG tendenziell – und im Einzelfall oftmals zu Lasten des Ehrenschutzes – einen hohen Rang einräumt.[351] Bei der Beurteilung ist auch die **Form der Äußerung** zu berücksichtigen. Daher sind Schmähkritik, reine Polemik und bloße Diffamierungen

---

341 RGSt 38, 251.
342 BVerfGE 76, 171, 192; BVerfG NJW 2000, 199, 200; BVerfG NJW 2007, 2839, 2840.
343 BVerfGE 12, 113; BGHSt 12, 287, 293f; BGHZ 45, 296, 306ff; OLG Düsseldorf NJW 1992, 1336; *Ricker/Weberling* Kap 53 Rn 29.
344 BVerfG NJW 1992, 2815 zur Bezeichnung von Abschiebemaßnahmen als „Gestapo-Methoden".
345 BGHSt 18, 182, 187; hierzu *Ricker/Weberling* Kap 52 Rn 36; *Rengier* BT II § 29 Rn 40.
346 Vgl hierzu OLG Frankfurt NJW 1989, 1367, 1368f; *Geppert* Jura 1985, 25, 29f; *Lackner/Kühl* § 193 Rn 10ff mit weiteren Beispielen.
347 *Ricker/Weberling* Kap 53 Rn 38.
348 BVerfGE 7, 198, 210 – Lüth; BVerfG NJW 1995, 3303, 3304; BVerfG NJW 1999, 2262, 2263; BGHSt 18, 182, 184f; OLG Frankfurt NJW 1989, 1367, 1368; OLG Frankfurt NJW 1991, 2032, 2034ff; *Lackner/Kühl* § 193 Rn 10; *Rengier* BT II § 29 Rn 43; andere fordern hingegen, dass die Interessen des Handelnden „überwiegen" müssen; so Schönke/Schröder/*Lenckner/Eisele* § 193 Rn 12.
349 Nach BGH NJW 1965, 1476, 1477 bildet § 193 StGB (der im Urteil allerdings nicht ausdrücklich genannt wird) zusammen mit Art 5 GG die „Magna Charta der Presse", denn er gilt als praktische Ausprägung des Grundrechts der Meinungs- und Pressefreiheit auf dem Gebiet des Beleidigungsrechts; so auch *Ricker/Weberling* Kap 53 Rn 29; vgl ferner BGHZ 45, 296, 307ff.
350 Hierzu BVerfGE 93, 266, 292ff; BVerfG NJW 1992, 2815, 2816; BGH NJW 1977, 626; BayObLG NStZ-RR 2002, 40, 41ff; BayObLG NStZ 2005, 215, 216; BayObLG NJW 2005, 1291, 1292ff; KG StV 1997, 485, 486; OLG Düsseldorf NJW 1992, 1336; OLG Düsseldorf NJW 1998, 3214, 3215; *Otto* Jura 1997, 139.
351 Dies ist vielfach auf Kritik gestoßen; vgl nur *Buscher* NVwZ 1997, 1057; *Ehmann* JuS 1997, 193, 198; *Isensee* AfP 1993, 619, 628; *Scholz* AfP 1996, 323; *Stürner* AfP 1998, 1, 6f.

nicht zulässig.[352] Allerdings gilt insb im Rahmen der politischen Auseinandersetzungen ein etwas abgeschwächter Maßstab. Hier können auch überzogene Kritik und polemische Überzeichnungen zulässig sein.[353]

Entscheidend ist aber insb für Presseveröffentlichungen, dass den Betreffenden vor der Verbreitung eine **Informationspflicht** trifft, da von den Veröffentlichungen in modernen Massenmedien eine „unberechenbare und tiefgreifende Wirkung" ausgeht.[354] Insoweit trifft die Presse eine erhöhte Verantwortung. Die von ihr zu beachtenden Sorgfaltspflichten sind höher als diejenigen im Bereich privater Veröffentlichungen.[355] Wer ehrenrührige Mitteilungen veröffentlicht, muss folglich zuvor (!) prüfen, ob diese Mitteilungen der Wahrheit entsprechen. Auf der anderen Seite ist aber zu berücksichtigen, dass insb die Presse oft unter Zeitdruck arbeitet und eine detaillierte Prüfung aller eingehenden Meldungen nicht immer möglich sein wird.[356] Dieser Umstand ist regelmäßig in die Interessenabwägung mit einzubeziehen, sodass vielfach eine wenigstens leichtfertige oder sogar wissentliche Aufstellung unrichtiger Behauptungen oder haltloser Vermutungen gefordert werden muss, um den § 193 StGB auszuschließen.[357] Man wird in diesem Zusammenhang freilich auch den **Umfang der Ehrverletzung** und die **Bedeutung der Information für die Allgemeinheit** in die Abwägung mit einstellen müssen. 131

2. Der Schutz des persönlichen Lebens- und Geheimbereichs (§§ 201ff StGB)

Die allgemeine Pressefreiheit (Art 5 Abs 1 S 2 GG)[358] umfasst nicht nur die Verbreitung von Informationen, sondern über das Recht auf **Informationsfreiheit der Presse** hinaus auch das Recht, sich Informationen zu verschaffen, die mitunter nicht allgemein zugänglich sind. Insoweit kann es jedoch im Zuge der Informationsbeschaffung zu Eingriffen in den persönlichen Lebens- und Geheimbereich kommen, der als Ausfluss des **Rechts des Einzelnen auf freie Entfaltung seiner Persönlichkeit** (Art 2 Abs 1 GG iVm Art 1 Abs 1 GG) auch strafrechtlich gem §§ 201ff StGB geschützt ist. Daher ist auch hier eine Abwägung der jeweils betroffenen Rechtsgüter geboten.[359] 132

a) Die Verletzung der Vertraulichkeit des Wortes (§ 201 StGB). Durch § 201 StGB wird 133 die unbefugte **Verletzung der Vertraulichkeit** des nichtöffentlich gesprochenen Wortes unter Strafe gestellt. Hierdurch soll in erster Linie das Selbstbestimmungsrecht des Einzelnen über die Reichweite seiner Äußerung und insoweit die unbefangene zwischenmenschliche Kommunikation geschützt werden.[360] Hieraus ergibt sich, dass das gesprochene Wort umfassend geschützt wird. Gleichgültig ist also, ob es sich um private, berufliche oder dienstliche Äußerungen handelt.[361] Auch Selbstgespräche oder Telefongespräche[362] sind erfasst. Nicht geschützt ist allerdings

---

352 BVerfGE 82, 272, 281; BVerfGE 93, 266, 294; BVerfG NJW 2003, 3760; BGHSt 36, 83, 85.
353 Vgl zu politischen Auseinandersetzungen BVerfGE 66, 116, 150 f – Wallraff; BVerfG NJW 1984, 1741, 1746; BGHSt 36, 83, 85; BayObLG NStZ 1983, 265, 265 f; OLG Frankfurt JR 1996, 250.
354 BGHZ 3, 270, 285; zu dieser Informationspflicht vgl *Rengier* BT II § 29 Rn 45 f.
355 BVerfG NJW 2003, 1855, 1856; vgl auch BVerfGE 12, 113, 130; BGHZ 31, 308, 312 f.
356 Vgl hierzu *Ricker/Weberling* Kap 53 Rn 31; gegen eine Überspannung der Sorgfaltspflichten auch BVerfG NJW 1980, 2072, 2073; BGH NJW 1998, 3047, 3049.
357 BGHSt 14, 48, 51; BGH NJW 1998, 3047, 3049; KG JR 1988, 522, 523; OLG Celle NJW 1988, 353, 354; HansOLG Hamburg MDR 1980, 953; OLG Hamm NJW 1987, 1034, 1035.
358 Vgl hierzu oben Rn 23 ff.
359 BVerfG NJW 1973, 891.
360 *Fischer* § 201 Rn 2; Schönke/Schröder/*Lenckner/Eisele* § 201 Rn 2; vgl ferner BVerfGE 34, 238, 245; BGHSt 14, 358, 359 f; BGHSt 31, 296, 299.
361 OLG Karlsruhe NJW 1979, 1513, 1514.
362 So jedenfalls die hM; vgl OLG Karlsruhe NJW 1979, 1513, 1514; *Fischer* § 201 Rn 3; *Ricker/Weberling* Kap 54 Rn 6; aA *Kohlhaas* NJW 1972, 238, 239.

die Kommunikation durch Zeichen- und Gebärdensprachen.[363] Entscheidend ist jedoch, dass es sich dabei gerade um **nicht öffentlich gesprochene Worte** handelt. Da sich Äußerungen – mit Ausnahme von Selbstgesprächen – stets an andere Personen richten, ist die Abgrenzung mitunter problematisch. Entscheidend ist einerseits der Wille des sich Äußernden, die Äußerung **nur** einem **begrenzten Adressatenkreis zugänglich** machen zu wollen, der regelmäßig dadurch gekennzeichnet ist, dass es sich um einen kleineren, durch persönliche Beziehungen miteinander verbundenen Personenkreis handelt.[364] Andererseits kann aber der Wille des sich Äußernden nicht allein entscheidend sein. Daher scheiden solche Äußerungen aus, die von ihrer Art her von Dritten problemlos wahrgenommen werden können, selbst wenn dies nicht dem Interesse des sich Äußernden entspricht.[365] So werden zB Reden im Rahmen einer öffentlichen Versammlung[366] ebenso wenig vom Schutzbereich des § 201 StGB erfasst wie ein Wutausbruch in einer gut besuchten Gaststätte, selbst wenn diese Äußerungen ohne oder gegen den Willen des sich Äußernden mitgeschnitten werden.[367]

134 Nach § 201 Abs 1 Nr 1 StGB macht sich strafbar, wer unbefugt das nichtöffentlich gesprochene Wort eines anderen auf einen Tonträger **aufnimmt**.[368] Eine Einwilligung des Sprechenden schließt ein solches „unbefugtes" Handeln aus, wobei allerdings darauf hinzuweisen ist, dass es sich bei dem Merkmal „unbefugt" nicht um ein Tatbestandsmerkmal, sondern um einen Hinweis des Gesetzgebers handelt, dass im Rahmen des § 201 StGB besonders häufig Rechtfertigungsgründe einschlägig sein werden.[369] Fraglich ist aber, ob der Tatbestand auch dann ausgeschlossen ist, wenn der sich Äußernde zwar nicht in die Aufnahme einwilligt, aber Kenntnis von derselben hat. Eine Tatbestandserfüllung wird hier mitunter mit dem Argument abgelehnt, dass sich der Äußernde bei entsprechender Kenntnis in seiner Wortwahl darauf einstellen könne, dass die Äußerung mitgeschnitten wird.[370] Dies ist mit der hM abzulehnen. Unbefugt – und damit tatbestandsmäßig – handelt auch derjenige, der mit Wissen des Sprechenden, aber entgegen dessen ausdrücklichen Willen, eine Aufnahme fertigt, sofern es sich um ein nichtöffentlich gesprochenes Wort handelt.[371]

135 Strafbar ist ferner derjenige, der eine nach § 201 Abs 1 Nr 1 StGB hergestellte Aufnahme **unbefugt gebraucht oder einem Dritten zugänglich macht** (§ 201 Abs 1 Nr 2 StGB). Unter einem **Gebrauchmachen** ist hier insb das Abspielen – gleichgültig, ob vor sich selbst oder vor einem Dritten – aber auch das Herstellen von Vervielfältigungsstücken zu verstehen.[372]

136 In § 201 Abs 2 S 1 Nr 1 StGB ist darüber hinaus das unbefugte **Abhören** eines nicht zu seiner Kenntnis bestimmten nichtöffentlich gesprochenen Wortes eines anderen mittels eines Abhörgerätes unter Strafe gestellt. Ein Abhörgerät im Sinne dieser Vorschrift liegt nur dann vor, wenn es sich um eine verbotene technische Einrichtung handelt, die das gesprochene Wort über dessen normalen Klangbereich hinaus durch Verstärkung oder Übertragung unmittelbar wahrnehmbar

---

363 *Mitsch* Medienstrafrecht § 3 Rn 94.
364 OLG Nürnberg NJW 1995, 974, 974 f.
365 Vgl BGHSt 31, 304, 306.
366 Vgl *Kramer* NJW 1990, 1760, 1761; *Ricker/Weberling* Kap 54 Rn 7; anders jedoch, wenn es sich gerade um eine nichtöffentliche Versammlung handelt, bei der durch effektive Zugangskontrollen sicher gestellt wurde, dass nur geladene Gäste den Raum betreten und die Rede mithören können; vgl OLG Brandenburg NJW-RR 2007, 1641, 1642 – Hassprediger; OLG Nürnberg NJW 1995, 974.
367 OLG Celle MDR 1977, 596, 597; LK/*Schünemann* 12. Aufl § 201 Rn 7; *Ricker/Weberling* Kap 54 Rn 7; vgl auch *Arzt* JR 1977, 339 (krit zu OLG Celle MDR 1977, 596).
368 Vgl zum unangekündigten Mitschnitt eines „Spaßtelefonats" *Ernst* NJW 2010, 744, 746.
369 *Klug* FS Oehler 397, 401 f; LK/*Schünemann* 12. Aufl § 201 Rn 31; NK/*Kargl* § 201 Rn 22.
370 AG Hamburg NJW 1984, 2111; vgl auch Schönke/Schröder/*Lenckner/Eisele* § 201 Rn 13.
371 OLG Thüringen NStZ 1995, 502, 503; *Fischer* § 201 Rn 10; *Lackner/Kühl* § 201 Rn 11.
372 Vgl zum Tatbestandsmerkmal des „Zugänglichmachens" unten Rn 172 ff.

macht, wie zB Richtmikrophone, Minispione oder Stethoskope zum Abhören von Wänden.[373] Werden Worte abgehört, die an sich für den Abhörenden bestimmt waren, diesem aber erst später mitgeteilt werden sollen, so ist der Tatbestand ebenfalls erfüllt, da es Sache des sich Äußernden ist, wann und wie er die Äußerung dem Adressaten mitteilt.[374]

Für Medienunternehmen besonders relevant ist schließlich der Straftatbestand des § 201 Abs 2 S 1 Nr 2 StGB: Bestraft wird hiernach derjenige, der entweder das nach § 201 Abs 1 Nr 1 StGB unbefugt aufgenommene oder das nach § 201 Abs 2 S 1 Nr 1 StGB unbefugt abgehörte nichtöffentlich gesprochene Wort eines anderen im Wortlaut oder seinem wesentlichen Inhalt nach **öffentlich mitteilt**.[375] Die Tat ist hier jedoch nur strafbar, „[...] wenn die öffentliche Mitteilung geeignet ist, berechtigte Interessen eines anderen zu beeinträchtigen" (§ 201 Abs 2 S 2 StGB). Durch diese „Bagatellklausel" sollen **offensichtlich belanglose Äußerungen** aus der Strafbarkeit **ausgenommen** werden.[376] Andererseits kommt es auf die Art des Interesses des sich Äußernden nicht an, es sind also sowohl private als auch ideelle Interessen erfasst. Schließlich enthält § 201 Abs 2 S 3 StGB noch eine weitere Einschränkung im Wege eines aus Art 5 Abs 1 GG abgeleiteten Rechtfertigungsgrundes. Die Tat ist dann nicht rechtswidrig, wenn die öffentliche Mitteilung zur Wahrnehmung überragender öffentlicher Interessen gemacht wird.[377] Diese Klausel soll insb klarstellen, dass Mitteilungen über bevorstehende oder bereits stattgefundene schwerwiegende Straftaten oder sonstige rechtswidrige Verhaltensweisen im Interesse der Allgemeinheit zulässig sind. Daneben sind aber auch Fälle denkbar, die eine Rechtfertigung nach § 34 StGB ermöglichen.[378]

b) Die Verletzung des höchstpersönlichen Lebensbereiches durch Bildaufnahmen (§ 201a StGB). Nach einer längeren kriminalpolitischen Diskussion wurde die Verletzung des höchstpersönlichen Lebensbereiches durch Bildaufnahmen im Jahre 2004 durch die Einfügung des § 201a StGB nun auch strafrechtlich sanktioniert.[379] Seitdem genießt das Recht am eigenen Bild einen vergleichbaren Schutz wie das Recht am nichtöffentlich gesprochenen Wort (vgl hierzu § 201 StGB). Dies ist zu begrüßen, auch wenn durch die Existenz dieser Vorschrift eine Einschränkung der fotografischen Berichterstattung und damit der Presse verbunden sein wird.[380]

---

373 BGHSt 39, 335, 343: hier wird eine Strafbarkeit bei der Benutzung von „[...] übliche(n) und von der Post zugelassene(n) Mithöreinrichtungen [...]" abgelehnt; BGH NJW 1982, 1397, 1398; so auch *Ricker/Weberling* Kap 54 Rn 12; vgl andererseits Schönke/Schröder/*Lenckner/Eisele* § 201 Rn 19, die entgegen der hM auch die von der Post (offiziell) angebotenen Zusatzdienste, welche das Mithören von Telefongesprächen ermöglichen, von der Strafnorm erfasst sehen.
374 Vgl hierzu LK/*Schünemann* 12. Aufl § 201 Rn 23; differenzierend hinsichtlich des „Wie" der Kenntnisnahme Schönke/Schröder/*Lenckner/Eisele* § 201 Rn 21.
375 Vgl zu diesem Tatbestandsmerkmal unten Rn 190.
376 Vgl BT-Drucks 11/7414, 4.
377 Vgl zur Motivation des Gesetzgebers zur Schaffung dieses Rechtfertigungsgrundes BT-Drucks 11/7414, 4 f.
378 Hierzu ausf *Klug* FS Oehler 397, 402 ff; LK/*Schünemann* 12. Aufl § 201 Rn 41 ff; *Mitsch* Medienstrafrecht § 1 Rn 41 (zu § 201 Abs 3 S 3).
379 Eingefügt durch Gesetz v 30.7.2004, BGBl 2004 I S 2012; Materialien: BT-Drucks 15/2466; BT-Drucks 15/2995; frühere Entwürfe: BT-Drucks 15/361; BT-Drucks 15/533; BT-Drucks 15/1891; vgl zu diesem neuen Tatbestand *Borgmann* NJW 2004, 2133; *Bosch* JZ 2005, 377; *ders* JA 2009, 308; *Eisele* JR 2005, 6; *Flechsig* ZUM 2004, 605; *Hesse* ZUM 2005, 432; *Heuchemer/Bendorf/Paul* JA 2006, 616; *Heymann* ZUM 2004, 240; *Kargl* ZStW 117 (2005), 324, 329 ff; *Koch* GA 2005, 589; *Kühl* AfP 2004, 190; *Obert/Gottschalck* ZUM 2005, 436; *Pollähne* KritV 2003, 387, 405 ff; *Wendt* AfP 2004, 181; noch zum Entwurf der Norm *Ernst* NJW 2004, 1277; *Werwigk-Hertneck* ZRP 2003, 293; sowie die gemeinsame Stellungnahme der Medienverbände, abgedruckt in AfP 2004, 110; ferner ausf *Kächele* Der strafrechtliche Schutz vor unbefugten Bildaufnahmen (§ 201a StGB), 2006.
380 Krit daher *Ricker/Weberling* Kap 54 Rn 24c; *Obert/Gottschalck* ZUM 2005, 436; zur Bedeutung des § 201a StGB für die Presse vgl auch *Flechsig* ZUM 2004, 605, 608, sowie den Bericht von *Heymann* AfP 2004, 240; ausf zur Vereinbarkeit des § 201a StGB mit Art 5 GG *Wendt* AfP 2004, 181, 183 ff sowie die gemeinsame Stellungnahme der Medienverbände, abgedruckt in AfP 2004, 110, 111 f.

Allerdings ist die Strafe (Freiheitsstrafe bis zu einem Jahr oder Geldstrafe) im Vergleich zur Verletzung der Vertraulichkeit des Wortes (Freiheitsstrafe bis zu drei Jahren oder Geldstrafe) geringer. Neben § 201a StGB ist stets noch an eine Strafbarkeit nach § 33 KUG zu denken,[381] welcher über einen identischen Strafrahmen verfügt. Während § 33 KUG jedoch erst die Verbreitung von Bildnissen unter Strafe stellt, sanktioniert § 201a StGB bereits die (unbefugte) Herstellung bzw Übertragung derselben.

139   Strafbar ist nach § 201a Abs 1 StGB das unbefugte **Herstellen** oder **Übertragen** von Bildaufnahmen anderer Personen, die sich in einer Wohnung oder einem gegen Einblick besonders geschützten Raum befinden. Einschränkend wird jedoch gefordert, dass die Aufnahmen den **„höchstpersönlichen Lebensbereich"** der betreffenden Person verletzen. Was hierunter fällt, ist streitig.[382] Oft wird auf den in der zivilrechtlichen Rechtsprechung ausgeformten Begriff der „Intimsphäre" verwiesen, der jedenfalls die Bereiche Sexualität, Krankheit und Tod aber auch bestimmte Bereiche des „normalen" Familienlebens umfasst.[383] Nicht erfasst ist hingegen die bloße Sozialsphäre, also das Berufs- und Erwerbsleben.[384] Bei den Personen selbst muss es sich um lebende Personen handeln, sodass Aufnahmen nach dem Tod der betreffenden Person nicht erfasst sind.[385] Geschützt werden die Personen allerdings nur, wenn sie sich in den in § 201a StGB genannten Räumlichkeiten aufhalten, die dem Einzelnen gleichsam als „letzter Rückzugsbereich"[386] verbleiben müssen.[387] Befindet sich eine Person hingegen in der Öffentlichkeit, so muss sie das Fotografiertwerden durch andere Personen grds hinnehmen, auch wenn dies in für sie unangenehmen Situationen geschieht, dh in Situationen, in denen sie das Bildnis als eine unvorteilhafte Darbietung ihres eigenen Körpers empfindet. Problematisch ist dies jedoch bei Personen, die für ihr unfotogenes Erscheinungsbild nichts können und denen es wegen ihres Aussehens verständlicherweise unangenehm ist zB wie Körperbehinderte, Albinos oder Klein- und Riesenwüchsige.[388] In diesen Fällen, in denen durch das Fotografiertwerden eine Verletzung des allgemeinen Persönlichkeitsrechts liegt, besitzt der Betreffende jedenfalls einen zivilrechtlichen Unterlassungsanspruch. Strafrechtlich zu greifen ist eine solche Verletzung des allgemeinen Persönlichkeitsrechts allerdings jenseits der hier genannten Normen nicht. Während sich der Begriff der **„Wohnung"** noch einigermaßen konkret bestimmen lässt (nicht erfasst sind Büro- und Geschäftsräume, die zumindest einer beschränkten Öffentlichkeit zugänglich sind, ansonsten ist auf die Auslegung des Begriffs in § 123 StGB zurück zu greifen[389]), ist der Bereich des **„gegen Einblick besonders geschützten Raumes"** problematischer.[390] Hierunter fallen in erster Linie Gärten, sofern sie von sichtundurchlässigen hohen Hecken umgeben sind. Der Sichtschutz muss gerade dazu dienen, einen höchstpersönlichen Lebensbereich abzugrenzen, sodass ein Büro oder das Wartezimmer einer Arztpraxis nicht dadurch zu geschützten Räumlichkeiten werden, dass man

---

381   Vgl zu § 33 KUG unten Rn 332 ff.
382   Krit zu diesem Begriff insb *Borgmann* NJW 2004, 2133, 2134 f; *Bosch* JZ 2005, 377, 379 f; *ders* JA 2009, 308, 309; *Flechsig* ZUM 2004, 605, 607, 609 f; *Kargl* ZStW 117 (2005), 324, 336 f; *Lackner/Kühl* § 201a Rn 1; *Mitsch* Medienstrafrecht § 3 Rn 104; *Obert/Gottschalck* ZUM 2005, 436, 438 f; vgl ferner *Kühl* AfP 2004, 190, 193 sowie die gemeinsame Stellungnahme der Medienverbände, abgedruckt in AfP 2004, 110, 111 f.
383   Vgl BR-Drucks 164/1/03, 7; BT-Drucks 15/2466, 4 f; hierzu auch *Flechsig* ZUM 2004, 605, 609; *Hesse* ZUM 2005, 432, 434; *Wendt* AfP 2004, 181, 189; vgl auch BGHSt 30, 212, 214.
384   *Hesse* ZUM 2005, 432, 434; vgl auch *Koch* GA 2005, 589, 597.
385   *Flechsig* ZUM 2004, 605, 612 f; krit hierzu *Kühl* AfP 2004, 190, 195.
386   BT-Drucks 15/2466, 5.
387   Krit zu dieser Einschränkung *Bosch* JZ 2005, 377, 379; *Fischer* § 201a Rn 2; vgl ferner *Kargl* ZStW 117 (2005), 324, 349; *Kühl* AfP 2004, 190, 194.
388   Hierzu vgl *Mitsch* Medienstrafrecht § 3 Rn 104.
389   Für eine engere Auslegung allerdings *Fischer* § 201a Rn 7.
390   Vgl hierzu BT-Drucks 15/1891, 7; BT-Drucks 15/2466, 6; *Koch* GA 2005, 589, 599 f; *Obert/Gottschalck* ZUM 2005, 436, 437.

die Jalousien herunter lässt.[391] Auch ein öffentlich zugänglicher Saunabereich eines Erlebnisbades fällt nicht hierunter.[392] Erfasst sind dagegen die Behandlungszimmer von Arztpraxen, Umkleidekabinen in Kaufhäusern und Badeanstalten oder Beichtstühle.

Unter den Begriff des **Herstellens** fallen sämtliche Vorgänge, mit denen ein Bild (in analoger oder digitaler Form) auf einem Bild- oder Datenträger abgespeichert wird.[393] Allerdings muss es sich dabei um eine Erstaufzeichnung handeln, sodass die Fertigung von Vervielfältigungsstücken einer bereits vorliegenden Aufnahme nicht unter Abs 1, sondern unter Abs 2 („Gebrauchen") fällt.[394] Das Merkmal des **Übertragens** wurde daneben aufgenommen, um auch die Herstellung einer Echtzeitübertragung („Live-Sendung") zu erfassen, die nicht abgespeichert wird und insoweit kein „Herstellen" darstellt. In beiden Tatvarianten sind insoweit technische Hilfsmittel erforderlich. Nicht erfasst ist das bloße Beobachten anderer Personen (das sog „Spannen"),[395] selbst wenn es unter Einsatz von Ferngläsern, Teleskopen oder Nachtsichtgeräten erfolgt. Dieses Verhalten kann aber vom ebenfalls neuen „Stalking"-Tatbestand (§ 238 StGB) erfasst sein. Schließlich muss die Bildaufnahme **„unbefugt"** hergestellt worden sein. Dieses Merkmal, welches nicht den Tatbestand ausschließt, sondern auf Rechtswidrigkeitsebene angesiedelt ist,[396] ist insb bei einer Einwilligung der betroffenen Person nicht erfüllt. Darüber hinaus ist aber auch hier das Grundrecht der Informationsfreiheit der Medien und der Presse zu berücksichtigen, sodass im Einzelfall stets eine Interessenabwägung zu erfolgen hat.[397] Dagegen ist § 193 StGB hier weder unmittelbar noch analog als Rechtfertigungsgrund anwendbar.[398] Der Gesetzgeber hat vielmehr bewusst davon abgesehen, einen mit § 193 StGB vergleichbaren Rechtfertigungsgrund, der eine Abwägung zwischen dem Persönlichkeitsrecht und der Pressefreiheit ermöglicht hätte, gesondert in § 201a StGB aufzunehmen.[399]

Nach § 201a Abs 2 StGB wird die Strafbarkeit auf denjenigen ausgedehnt, der nach Abs 1 unbefugt hergestellte oder übertragene Bildaufnahmen **gebraucht** oder einem **Dritten zugänglich macht.**[400] Unter das Gebrauchen fällt **jede Nutzung der Aufnahme** zu privaten oder kommerziellen Zwecken. Umfasst sind daher bereits das Speichern, Archivieren und Kopien der entsprechenden Bilder oder Bilddateien.[401] Selbst das Betrachten der unbefugt hergestellten Bildaufnahmen fällt hierunter.[402] Dies ist deswegen problematisch, weil das bloße Betrachten einer Person in ihren geschützten Räumlichkeiten von Abs 1 gerade nicht erfasst wird. Insoweit können sich auch Redakteure und sonstige Medienschaffende bei der Veröffentlichung dieser Bildaufnahmen strafbar machen, wenn sie mit der Möglichkeit einer unbefugten Aufnahme rechnen und dies billigend in Kauf nehmen (bedingter Vorsatz genügt im Rahmen des § 201a Abs 2 StGB).

---

391 *Fischer* § 201a Rn 9.
392 Hierzu OLG Koblenz NStZ 2009, 268; *Bosch* JA 2009, 308, 309 f; *Heuchemer/Bendorf/Paul* JA 2006, 616, 617.
393 BR-Drucks 164/1/03, 7.
394 *Fischer* § 201a Rn 12.
395 Hierzu *Eisele* JR 2005, 6, 9; *Flechsig* ZUM 2004, 605, 607 f; *Heuchemacher/Bendorf/Paul* JA 2006, 616, 617; *Kühl*, AfP 2004, 190, 194.
396 BT-Drucks 15/2466, 5 („Die Befugnis wird sich in den überwiegenden Fällen aus dem Einverständnis der abgebildeten Person ergeben"); *Eisele* JR 2005, 6, 10; *Fischer* § 201a Rn 16; *Kühl* AfP 2004, 190, 196; *Lackner/Kühl* § 201a Rn 9.
397 *Ricker/Weberling* Kap 43 Rn 24c; gegen die Heranziehung des Art 5 Abs 1 S 2 GG als allgemeinen Rechtfertigungsgrund *Fischer* § 201a Rn 27.
398 *Fischer* § 201a Rn 16; SK/*Hoyer* § 201a Rn 24.
399 Dieser war teilweise in den Entwürfen noch vorgesehen; vgl BR-Drucks 164/03, 6; BT-Drucks 15/361, 2; zu dieser Problematik auch *Bosch* JZ 2005, 377, 382 ff, der die fehlende Regelung begrüßt.
400 Vgl zum Tatbestandsmerkmal des „Zugänglichmachens" unten Rn 172 ff.
401 BT-Drucks 15/2466, 5; *Fischer* § 201a Rn 18.
402 BT-Drucks 15/1891, 7; krit hierzu *Bosch* JZ 2005, 377, 380; *Heuchemer/Bendorf/Paul* JA 2006, 616, 619; *Koch* GA 2005, 589, 601.

Bei der unbefugten Veröffentlichung von Bildnissen kann es zu Überschneidungen mit § 33 KUG kommen.[403]

142 Eine Erweiterung der Strafbarkeit auf ursprünglich befugt hergestellte Bildaufnahmen macht § 201a Abs 3 StGB. Hiernach ist auch strafbar, wer eine Bildaufnahme einer anderen Person, die sich in einer Wohnung oder einem gegen Einblick besonders geschützten Raum befindet, und die ursprünglich befugt – dh regelmäßig mit Einwilligung der betreffenden Person – hergestellt wurde, nunmehr unbefugt einem Dritten zugänglich macht.[404] Bestraft wird also der „nachträgliche Vertrauensbruch".[405] Wiederum ist es hierbei allerdings erforderlich, dass „dadurch" der „höchstpersönliche Lebensbereich" des Opfers verletzt wird.[406] Subjektiv muss noch hinzukommen, dass der Täter hinsichtlich seiner mangelnden Befugnis wissentlich unbefugt handelt.[407] Bedingter Vorsatz genügt also nicht. Insoweit ist die „Unbefugtheit" in Abs 3 ein Tatbestandsmerkmal.[408] Problematisch kann diese Variante insb dann werden, wenn zB für eine Zeitungsveröffentlichung oder eine Fernsehreportage Aktphotos oder Bildnisse aus dem höchstpersönlichen Lebensbereich („Big Brother") aufgenommen werden und die anfangs vorliegende Einwilligung (wegen gewandelter Überzeugung oder aus finanziellen Gründen) später widerrufen wird.[409] Hier wird man die rechtliche Wirksamkeit eines solchen Widerrufs ebenso zu prüfen haben wie die Frage, ob die erteilte Einwilligung sich auch auf eine mögliche Zweitveröffentlichung (unter Umständen Jahre später) erstreckt. Zudem dürfte man in diesem Bereich in Konflikt mit dem allgemeinen Grundsatz geraten, dass es nicht Aufgabe des Strafrechts sein kann, bloße Vertragsverletzungen zu sanktionieren.

143 **c) Die Verletzung des Briefgeheimnisses (§ 202 StGB).** § 202 StGB stellt die Verletzung des **Briefgeheimnisses** sowie die unbefugte Einsichtnahme in sonstige geheim gehaltene **Schriftstücke** (Abs 2) sowie Abbildungen (Abs 3) unter Strafe. Medienstrafrechtlich ist dieser Tatbestand insb dann interessant, wenn Journalisten im Rahmen ihrer Recherchetätigkeit auf verschlossene Schriftstücke stoßen. Dabei stellt § 202 StGB allerdings **lediglich** das unbefugte **Öffnen** bzw die **Kenntnisnahme** des Inhalts unter Strafe. Vom Schutzbereich **nicht erfasst** ist hingegen die **Veröffentlichung** des entsprechenden Materials.

144 Nach § 202 Abs 1 StGB ist es untersagt, einen verschlossenen Brief (oder ein anderes verschlossenes Schriftstück), welches nicht zur eigenen Kenntnis bestimmt ist, zu **öffnen** (Nr 1). Nicht erforderlich ist, dass sich der Täter auch Kenntnis vom Inhalt des Schriftstückes verschafft. Ferner ist es untersagt, sich vom Inhalt eines Schriftstücks ohne Öffnung des Verschlusses unter Anwendung technischer Mittel **Kenntnis zu verschaffen** (Nr 2). Hier ist es also – im Gegensatz zu Nr 1 – erforderlich, dass der Täter wenigstens einen Teil des Schriftstückes gelesen hat. Dabei muss es sich beim Inhalt des entsprechenden Schriftstückes nicht um ein Geheimnis handeln.

145 § 202 Abs 2 StGB bezieht (nicht verschlossene) Schriftstücke in den Schutzbereich mit ein, die durch ein (anderes) verschlossenes Behältnis gegen Kenntnisnahme besonders gesichert sind. Strafbar macht sich hier derjenige, der sich Kenntnis vom Inhalt eines solchen Schriftstückes verschafft, nachdem er das entsprechende Behältnis geöffnet hat. Geschützt sind hierdurch

---

403 Vgl zu hier entstandenen Unstimmigkeiten *Eisele* JR 2005, 6, 11.
404 Vgl zum Tatbestandsmerkmal des „Zugänglichmachens" unten Rn 172 ff.
405 Vgl *Bosch* JZ 2005, 377, 382; *Fischer* § 201a Rn 22.
406 Hierzu *Kühl* AfP 2004, 190, 195; krit zu dieser Regelung *Borgmann* NJW 2004, 2133, 2135; vgl auch *Koch* GA 2005, 589, 602, der eine teleologische Reduktion des § 201a Abs 3 StGB befürwortet.
407 Krit hierzu *Bosch* JZ 2005, 377, 382.
408 *Bosch* JZ 2005, 377, 381; *Heuchemer/Bendorf/Paul* JA 2006, 616, 620; *Fischer* § 201a Rn 24; *Flechsig* ZUM 2004, 605, 615; *Kühl* AfP 2004, 190, 196; *Obert/Gottschalck* ZUM 2005, 436, 439; krit hierzu *Eisele* JR 2005, 6, 10.
409 Hierzu auch *Bosch* JZ 2005, 377, 384 f.

also etwa Tagebücher und Abrechnungen, die in verschlossenen Aktentaschen oder Schubladen aufbewahrt werden. Da ein „Behältnis" nur dann vorliegt, wenn es nicht von Menschen betreten werden kann, scheiden verschlossene Autos oder Räumlichkeiten aus.

Durch § 202 Abs 3 StGB werden schließlich Abbildungen (also etwa Fotos) den Schriftstücken der Abs 1 und 2 gleichgestellt. 146

d) Das Ausspähen von Daten (§ 202a StGB). Während § 202 StGB (verschlossene) Schriftstücke betrifft, befasst sich § 202a StGB mit Daten, die „elektronisch, magnetisch oder sonst nicht unmittelbar wahrnehmbar gespeichert sind oder übermittelt werden" (vgl die Legaldefinition in § 202a Abs 2 StGB). Strafbar macht sich dabei derjenige, der sich (oder einem Dritten) unbefugt Daten verschafft, die nicht für ihn bestimmt und die gegen unberechtigten Zugang besonders gesichert sind. Ein solches „Ausspähen von Daten", zB durch das Eindringen in fremde Computersysteme, kann insb wiederum im Zusammenhang mit der Recherchetätigkeit von Journalisten relevant werden. 147

So unterfällt es zB bereits dem Tatbestand, wenn man sich Zugang zu Webseiten im Internet verschafft, die durch ein Passwort besonders gesichert sind. Dies kann allein durch bloßes Ausprobieren mehrerer möglicher Kombinationen geschehen. Hatte der Gesetzgeber lange Zeit bewusst davon abgesehen, das sog „Hacking", dh das bloße Eindringen in fremde Computersysteme, unter Strafe zu stellen,[410] sodass jedenfalls die Überwindung des ersten Passwortes beim Zugang zu einer EDV-Anlage nicht strafbar war,[411] hat sich dies durch die Änderung des § 202a StGB durch das 41. StRÄndG 2007[412] inzwischen geändert.[413] Bereits bisher von § 202a StGB erfasst war jedoch der Zugriff auf die konkreten Daten nach Überwindung des entsprechenden Passworts.[414] Dabei ist es nicht erforderlich, dass der Täter die betreffenden Daten dauerhaft auf einem Speichermedium fixiert,[415] ausreichend ist vielmehr die bloße Kenntnisnahme des durch das Passwort gesicherten Inhalts.[416] Dies allerdings gilt auch, wenn die Daten verschlüsselt sind, da der Täter dann die generelle Zugriffsmöglichkeit behält und die entsprechenden Daten auch ohne die Kenntnisnahme durch Entschlüsselung löschen kann.[417] Zuweilen wird allerdings eine Ausnahme für diejenigen Fälle gefordert, in denen das Passwort als „Allerweltsname" leicht zu erraten ist und daher keine effektive Sicherung darstellt.[418] Dem ist jedoch entgegenzuhalten, dass auch in diesen Fällen der Berechtigte eine Zugangssperre gegen die unbefugte Benutzung errichtet hat, die bewusst überwunden wird. Ferner kann eine Abgrenzung dahingehend, welche Begriffe noch oder schon dem Bereich der „Allerweltsnamen" angehören, kaum gefunden werden (mit den entsprechenden Konsequenzen im Bereich des Irrtums).[419] 148

Die vorgenannten Überlegungen gelten im Übrigen auch (und erst recht), wenn der Täter das Passwort nicht mittels „Ausprobierens" im Einzelfall, sondern mittels eines eigens dafür 149

---

410 BT-Drucks 10/5058, 28 f; vgl hierzu *Dannecker* BB 1996, 1285, 1289; *Schnabel* wistra 2004, 211, 213; *Tiedemann* JZ 1986, 865, 870 f.
411 *Binder* RDV 1995, 57, 60; *Hilgendorf/Frank/Valerius* 1. Aufl Rn 691; *Lackner/Kühl* § 202a Rn 5; MünchKomm-StGB/*Graf* 2. Aufl § 202a Rn 59 f; *Schmitz* JA 1995, 478, 483; Schönke/Schröder/*Lenckner/Eisele* § 202a Rn 10; krit *Bühler* MDR 1987, 448, 453; abl *Fischer* § 202a Rn 10a; *Jessen* 181 ff.
412 BGBl 2007 I S 1786.
413 Vgl zu dieser Rechtsentwicklung *Hilgendorf/Valerius* Rn 558 ff.
414 NK/*Kargl* § 202a Rn 1, 13.
415 So aber *Hauptmann* JurPC 1989, 215, 217 f.
416 *Binder* RDV 1995, 57, 60.
417 *Gercke/Brunst* Rn 99.
418 *Von Gravenreuth* NStZ 1989, 201, 206; *Koch* RDV 1996, 123, 126; LK/*Hilgendorf* 12. Aufl § 202a Rn 32.
419 Ebenfalls abl im Hinblick auf die qualitative Anforderung an Passwörter *Ernst* NJW 2003, 3233, 3236.

vorgesehenen (Wortlisten-)Programms ermittelt.[420] Bei diesen sog **„Brute-Force-Attacks"** werden zur Überwindung von Passwörtern im Internet im „Trial-and-Error-Verfahren" systematisch alle denkbaren Buchstaben und Zahlenkombinationen ausprobiert, bis die richtige Kombination gefunden wird.

150   Ferner ist noch an die Fälle zu denken, in denen der Täter das Passwort durch Täuschung oder durch Diebstahl erlangt (im betrieblichen Bereich hat sich hierfür der Begriff des **„social-engineering"** eingebürgert: Ein Informationsträger wird durch gezielte Manipulation zur Preisgabe von Kennwörtern veranlasst). Während die Erlangung durch Täuschung noch kein „Ausspähen" darstellt und daher nicht nach § 202a StGB strafbar sein kann, ist bei der Erlangung der sensiblen Daten durch Diebstahl (zB durch die Wegnahme von Notizbüchern) oder Erpressung zwar der Bereich strafbaren Verhaltens erreicht, fraglich ist jedoch, ob hier neben § 242 StGB (bzw § 240 StGB oder §§ 253, 255 StGB) auch § 202a StGB anwendbar ist. Zwar gelangt der Täter auch hier unbefugt an Daten, die nicht für ihn bestimmt sind (und die auch möglicherweise gegen unberechtigten Zugang besonders gesichert sind), er erlangt diese jedoch nicht durch die Überwindung der hierfür vorgesehenen Zugangssperre, sodass auch hier § 202a StGB ausscheidet.

151   Sondertatbestände sind in diesem Zusammenhang noch in **§ 202b StGB** (Abfangen von Daten) und **§ 202c StGB** (Vorbereiten des Ausspähens und Abfangens von Daten) enthalten.[421] Im Gegensatz zu § 202a StGB will § 202b StGB nicht das Ausspähen, sondern das Abfangen von nicht für den Täter bestimmten Daten erfassen, das unter Anwendung von technischen Mitteln aus einer nichtöffentlichen Datenübermittlung erfolgt. Dem gleichgestellt ist das Sich-Verschaffen dieser Daten aus der elektromagnetischen Abstrahlung einer Datenverarbeitungsanlage. Dagegen stellt **§ 202c StGB** ein Vorbereitungsdelikt zu §§ 202a, 202b StGB dar. Wer, um eine solche Straftat zu begehen, Passwörter, Sicherungscodes oder Computerprogramme herstellt, sich oder einem anderen verschafft, verkauft, einem anderen überlässt, verbreitet oder sonst zugänglich macht, wird auf der Grundlage dieser Norm bestraft. Problematisch ist diese Strafbarkeit der Herstellung von sog. „Hackertools" vor allem für die IT-Sicherheitsindustrie, die zur Prävention von Straftaten durch Hacker erst einmal die Sicherheitslücken mit Hilfe von Werkzeugen ermitteln muss. Gerade diese Werkzeuge können sich allerdings die Hacker wiederum zunutze machen, um Straftaten nach §§ 202a, 202b StGB zu begehen.[422] Um dieser ansonsten möglicherweise ausufernden Strafbarkeit entgegenzuwirken, wird gefordert, dass das Computerprogramm iSd § 202c StGB die Verwirklichung einer der genannten Straftaten gerade bezwecken soll.[423] Es sind somit nur diejenigen Computerprogramme erfasst, die gerade darauf angelegt oder insb dafür hergestellt werden, um damit Straftaten nach §§ 202a, 202b StGB zu ermöglichen – eine bloße Eignung für diese Straftaten reicht hingegen nicht aus.[424]

152   **e) Die Verletzung von Privatgeheimnissen (§ 203 StGB).** § 203 StGB sanktioniert die unbefugte **Preisgabe von Privatgeheimnissen** durch Amtsträger (vgl die Aufzählung in Abs 2) oder Angehörige bestimmter Berufsgruppen (vgl die Aufzählung in Abs 1) sowie deren Personal (vgl Abs 3 S 2). Genannt werden hier ua Ärzte, Anwälte, Wirtschaftsprüfer und Sozialpädagogen. **Angehörige von Medienunternehmen** sind hier nicht aufgezählt, was zur Folge hat, dass sie **nicht Täter** dieses Sonderdelikts sein können. Relevant werden kann die Strafvorschrift für Angehörige von Medienunternehmen daher nur insoweit, als dass sie die in § 203 StGB genannten

---

420 *Malek* Rn 159; MünchKommStGB/*Graf* 2. Aufl § 202a Rn 74.
421 Beide eingeführt durch das 41. Strafrechtsänderungsgesetz v 7.8.2007, BGBl 2007 I S 1786.
422 Vgl hierzu *Cornelius* CR 2007, 682, der dieses Problem aufzeigt und anhand von drei Beispielen darlegt, warum der Tatbestand des § 202c StGB dennoch nicht erfüllt ist.
423 *Cornelius* CR 2007, 682, 685.
424 BT-Drucks 16/5449, 4.

Personen zur Straftatbegehung **anstiften oder** dazu **Beihilfe leisten.** Während eine **Anstiftung** in der Aufforderung an ein Mitglied einer der genannten Berufsgruppen liegen kann, ihm ein bestimmtes Geheimnis zu offenbaren, damit er es aufarbeiten und publizieren kann,[425] ist eine mögliche Strafbarkeit eines Journalisten wegen **Beihilfe** problematischer.[426] Denn die bloße Entgegennahme eines Geheimnisses ist im Rahmen der „notwenigen Teilnahme" straflos. Da durch die Mitteilung an den Journalisten zudem die Verletzung des Privatgeheimnisses nicht nur vollendet, sondern auch beendet ist, ist eine Beihilfe hieran durch die anschließende Publikation nicht mehr möglich.[427] Zu bedenken ist allerdings, dass der Gesetzgeber bei dem vergleichbaren Tatbestand des § 353b StGB (Verletzung des Dienstgeheimnisses und einer besonderen Geheimhaltungspflicht) durch die Einfügung des Abs 3a nunmehr ausdrücklich festgestellt hat, dass eine Beihilfestrafbarkeit von Medienmitarbeitern iSd § 53 Abs 1 S 1 Nr 5 entfällt, wenn sie sich „auf die Entgegennahme, Auswertung oder Veröffentlichung des Geheimnisses [...] beschränken".[428] In § 203 StGB hat er eine entsprechende Regelung dagegen nicht ins Gesetz aufgenommen.

Im presserechtlichen Zusammenhang kann die Strafvorschrift insb dann Relevanz erlangen, wenn seitens einer Behörde eine Pressekonferenz einberufen wird, um über ein gerichtliches Verfahren oder über staatsanwaltschaftliche Ermittlungsverfahren zu berichten,[429] da hier oftmals auch Dinge zur Sprache kommen können, die zum „persönlichen Lebensbereich" eines Beteiligten zählen und daher als „fremdes Geheimnis" zu werten sind. Hier ist aber Vorsicht geboten. Einerseits ergibt sich aus dem Informationsanspruch der Presse kein Recht auf vollständige Offenlegung von Informationen, die fremde Geheimnisse darstellen. Andererseits kann aber die Behörde auch nicht unter Berufung auf die Strafvorschrift des § 203 StGB eine Auskunft pauschal und grds ablehnen.[430] Um dem Spannungsfeld zwischen der Wahrung des Geheimhaltungsinteresses des Betroffenen (zB eines Angeklagten) nach § 203 StGB einerseits und dem Informations- und Auskunftsinteresse der Allgemeinheit (welches zB bei bedeutsamen Strafprozessen regelmäßig vorliegen wird) andererseits entgegenzuwirken, wird in der **presserechtlichen Auskunftspflicht** einer Behörde eine **rechtfertigende Offenbarungsbefugnis** gesehen.[431] Problematisch ist allerdings die Behördenauskunft bei verstorbenen Straftätern. Hierbei ist zu beachten, dass eine Strafverfolgung nach dem Tod des Täters nicht mehr möglich ist und daher auch kein Auskunfts- und Informationsinteresse der Allgemeinheit bezüglich des Ganges und Verlaufs des Strafprozesses (mehr) bestehen kann. Erteilt zB die Staatsanwaltschaft dennoch Auskünfte über das private Leben des verstorbenen Täters, so ist der Straftatbestand des § 203 Abs 1, Abs 2 Nr 1, Abs 4 StGB verwirklicht.[432]

Unter einem **Geheimnis** iSd § 203 StGB ist eine Tatsache zu verstehen, die nur dem Geschützten allein oder einem begrenzten Personenkreis bekannt ist und an deren Geheimhaltung der Geschützte ein sachlich begründetes Interesse hat.[433]

f) Die Verwertung fremder Geheimnisse (§ 204 StGB). In Anlehnung an § 203 StGB stellt § 204 StGB denjenigen unter Strafe, der unbefugt ein fremdes Geheimnis, namentlich ein Be-

---

425 Vgl hierzu *Brüning* NStZ 2006, 253.
426 Eine vergleichbare Problematik stellt sich im Zusammenhang mit der Verletzung von Dienstgeheimnissen, § 353b StGB; hierzu unten Rn 226.
427 *Brüning* NStZ 2006, 253.
428 Vgl hierzu oben Rn 66 und unten Rn 226.
429 Vgl zu dieser Problematik noch ausf unten Rn 421f.
430 Vgl hierzu *Ricker/Weberling* Kap 54 Rn 25.
431 Vgl *Fischer* § 203 Rn 44.
432 Vgl *Mitsch* NJW 2010, 3479, 3481f.
433 Vgl *Fischer* § 203 Rn 4ff.

triebs- oder Geschäftsgeheimnis, zu dessen Geheimhaltung er nach § 203 StGB verpflichtet ist, **verwertet.** Hierunter ist das wirtschaftliche Ausnutzen zum Zwecke der Gewinnerzielung zu verstehen,[434] wobei ein „Offenbaren" nicht erforderlich ist.[435]

156 **g) Die Verletzung des Post- oder Fernmeldegeheimnisses (§ 206 StGB).** § 206 StGB schützt das Post- und Fernmeldegeheimnis und stellt – wie auch § 203 StGB – insofern ein **Sonderdelikt** dar, als hier nur Personen als Täter in Frage kommen, die als Inhaber oder Beschäftigte eines Unternehmens, das geschäftsmäßig Post- oder Telekommunikationsdienste erbringt, tätig sind. Dennoch kommt den Tatbeständen des § 206 StGB im vorliegenden Zusammenhang eine gewisse Relevanz zu, da Journalisten bzw sonstige Mitarbeiter von Medienunternehmen durchaus als Teilnehmer (also Anstifter oder Gehilfen) auftreten können. Dies ist dann der Fall, wenn sie entweder einen der genannten Täter zur Tatbegehung verleiten (Anstiftung) oder aber wenn sie Informationen veröffentlichen, die eine Verletzung des Post- und Fernmeldegeheimnisses darstellen (Beihilfe). Denn tatbestandsmäßig ist nach § 206 Abs 1 StGB die **unbefugte Mitteilung** von Tatsachen, die dem Post- oder Fernmeldegeheimnis unterliegen. Erfolgt diese Mitteilung über ein Medium, so kann zwar weiterhin nur der Inhaber oder Beschäftigte des Post- oder Telekommunikationsunternehmens Täter sein, eine Teilnahme des Medienschaffenden (zB eines Journalisten) an dieser Tat ist jedoch möglich.

3. Die Nötigung (§ 240 StGB) – Medien als Täter

157 Nötigende Verhaltensweisen im Zusammenhang mit der Erlangung und Verbreitung von Informationen können in mehrfacher Hinsicht in Betracht kommen. Einerseits ist daran zu denken, dass Informationen im Rahmen einer (journalistischen) Recherche in der Weise erlangt werden, dass der Informant unter Druck gesetzt wird. Andererseits ist auch daran zu denken, dass den Tatopfern mit der Publikation bestimmter Informationen gedroht wird, wenn sie sich nicht in einer bestimmten Art und Weise verhalten. Dies kann sowohl seitens der Medienunternehmen selbst, als auch durch Privatpersonen erfolgen („Wenn Sie sich nicht in dieser Weise verhalten, werde ich entsprechende Informationen der Presse zuspielen"). Im letzteren Fall spricht man von **„aktiver Pressenötigung"** (die „passive Pressenötigung", dh die Nötigung von Presseorganen, wird an anderer Stelle behandelt[436]).

158 Nach § 240 StGB wird derjenige bestraft, der einen anderen mit Gewalt oder durch Drohung mit einem empfindlichen Übel zu einer Handlung, Duldung oder Unterlassung nötigt, wobei die Tat nur dann als rechtswidrig anzusehen ist, wenn die Anwendung des Nötigungsmittels (also die Gewaltanwendung oder die Drohung) im Verhältnis zum angestrebten Zweck als verwerflich anzusehen ist. Erstrebt der Täter dabei einen Vermögensvorteil zu Lasten des Genötigten oder eines Dritten, kommt darüber hinaus auch der Tatbestand der Erpressung (§ 253 StGB) in Frage.

159 Das Grundrecht der Presse- und Informationsfreiheit gibt dem recherchierenden Journalisten kein Recht, mittels Anwendung von Gewalt oder Androhung von empfindlichen Übeln von einer Person Informationen „abzupressen". Zwar kann das Grundrecht des Art 5 Abs 1 S 2 GG Einfluss auf die Abwägung im Rahmen von § 240 Abs 2 StGB haben, es sind jedoch kaum Fälle denkbar, in denen die Anwendung von Nötigungsmitteln zur Erlangung von Informationen einmal nicht als „verwerflich" im Sinne dieser Norm angesehen werden kann. Dem „investigativen Journalismus" sind also auch hier deutliche Grenzen gesetzt.

---

[434] BayObLG NStZ 1984, 169, 169 f zum Begriff des „Verwertens" im Fall des § 355 Abs 1 StGB; *Fischer* § 204 Rn 3.
[435] *Fischer* § 204 Rn 3.
[436] Vgl unten Rn 295.

Bei der Androhung der Veröffentlichung von Informationen ist zu beachten, dass selbst die 160
angedrohte Veröffentlichung wahrer Informationen eine strafbare Nötigung darstellen kann,
wenn die Verknüpfung mit der erhobenen Forderung als verwerflich anzusehen ist (§ 240 Abs 2
StGB).[437]

4. Sonstige individualrechtsschützende Delikte
a) Die Beschimpfung von Bekenntnissen (§ 166 StGB). Nach § 166 StGB wird mit Frei- 161
heitsstrafe bis zu drei Jahren oder Geldstrafe bestraft, „[...] wer öffentlich oder durch das Verbreiten von Schriften (§ 11 Abs 3 StGB[438]) den Inhalt eines religiösen oder weltanschaulichen
Bekenntnisses anderer in einer Weise beschimpft, die geeignet ist, den öffentlichen Frieden zu
stören [...]" (Abs 1). Ebenso wird bestraft, wer in gleicher Weise „[...] eine im Inland bestehende
Kirche oder andere Religionsgesellschaft oder Weltanschauungsvereinigung, ihre Einrichtungen oder Gebräuche beschimpft [...]" (Abs 2). Schutzgut der Norm ist insoweit der öffentliche
Friede und nicht das religiöse Empfinden der betroffenen Gläubigen.[439] Unter **„Beschimpfen"**
versteht man dabei eine nach Inhalt oder Form besonders verletzende, rohe Kundgabe der
Missachtung.[440] Dies erfasst weder ein bloßes Verspotten[441] noch eine kritische Auseinandersetzung mit religiösen Bekenntnissen und Gebräuchen. Insoweit stellt die Vorschrift keine unzulässige Einschränkung der Meinungsäußerungsfreiheit (Art 5 Abs 1 GG) sowie der Freiheit
von Wissenschaft und Kunst (Art 5 Abs 3 GG) dar.[442] Die Grundrechte sind hier allerdings nicht
erst auf Rechtfertigungsebene zu beachten, vielmehr entfällt bereits der Tatbestand, da es an
einer „Beschimpfung" fehlt.[443] Daher können auch Karikaturen nur im Ausnahmefall den
entsprechenden Tatbestand erfüllen.[444] Dies ist dann der Fall, wenn sie – auch unter Beachtung einer der Karikatur wesenseigenen Verfremdung – den Bereich sachlicher Kritik verlassen.[445]

b) Die falsche Verdächtigung (§ 164 StGB). Zu den journalistischen Aufgaben gehört es 162
auch, Missstände aufzudecken und im Wege der öffentlichen Verbreitung bekannt zu machen.
Betreffen diese Missstände bestimmte Straftaten, so kann – stellt sich die verbreitete Tatsache
später als unwahr heraus – neben den Beleidigungsdelikten[446] auch der Straftatbestand der Falschen Verdächtigung (§ 164 StGB) erfüllt sein. Strafbar macht sich hiernach derjenige, der einen
anderen bei einer amtlichen Stelle oder aber – für den Bereich der Medien von großer Bedeutung –
öffentlich der Begehung einer rechtswidrigen Tat (dh einer Straftat iSd § 11 Nr 5 StGB) oder der
Verletzung einer Dienstpflicht in der Absicht verdächtigt, ein behördliches Verfahren oder eine

---
437 Vgl hierzu BGH NStZ 1992, 278; OLG Bremen NJW 1957, 151; OLG Hamm NJW 1957, 1081.
438 Vgl zu § 11 Abs 3 StGB oben Rn 55 ff.
439 OLG Celle NJW 1986, 1275, 1276; OLG Karlsruhe NStZ 1986, 363, 364; OLG Köln NJW 1982, 657, 658; *Steinbach* JR 2006, 495, 496; aA noch RGSt 16, 245, 248; RGSt 23, 103, 103 f; RGSt 28, 403, 407 – jeweils zu § 166 StGB aF („Gotteslästerung").
440 BGHSt 7, 110; BGH NStZ 2000, 643, 644 zu § 90a Abs 1 Nr 1 StGB; OLG Karlsruhe NStZ 1986, 363, 364 f; OLG Nürnberg NStZ-RR 1999, 238, 239; *Steinbach* JR 2006, 495, 496; vgl auch OLG Celle NJW 1986, 1275.
441 *Fischer* § 166 Rn 12; Schönke/Schröder/*Lenckner/Bosch* § 166 Rn 9 f.
442 LG Bochum NJW 1989, 727, 728.
443 Einschränkend bzw zwischen Wissenschafts- und Kunstfreiheit differenzierend *Fischer* § 166 Rn 16; *Lackner/Kühl* § 166 Rn 4; § 193 Rn 14.
444 Vgl hierzu auch den Fall OLG Köln NJW 1982, 657; ferner OLG Karlsruhe NStZ 1986, 363; LG Bochum NJW 1989, 727, 728; LG Düsseldorf NStZ 1982, 291; *Steinbach* JR 2006, 495.
445 Zur Karikatur als Kunstform vgl BVerfGE 75, 369, 377 f; BGHSt 37, 55, 57 ff; *Hillgruber/Schemmer* JZ 1992, 946; LK/*Dippel* 12. Aufl § 166 Rn 37 ff, 42; *Steinbach* JR 2006, 495, 497 f.
446 Vgl hierzu oben Rn 108 ff.

andere behördliche Maßnahme gegen ihn herbeizuführen oder fortdauern zu lassen (Abs 1). Hinzukommen muss aber, dass die Verdächtigung **wider besseren Wissens** geschieht. Die behauptete Tatsache muss also nicht nur unwahr sein, sondern der Täter muss die Unwahrheit positiv kennen, dh nicht nur für möglich halten und billigend in Kauf nehmen. Ein bedingter Vorsatz diesbezüglich scheidet also aus.

163   Darüber hinaus macht sich nach § 164 Abs 2 StGB derjenige strafbar, der in gleicher Absicht (also der Absicht, ein Verfahren etc einzuleiten) bei einer amtlichen Stelle oder öffentlich über einen anderen wider besseres Wissen eine sonstige Behauptung tatsächlicher Art aufstellt, die geeignet ist, ein behördliches Verfahren oder andere behördliche Maßnahmen gegen ihn herbeizuführen oder fortdauern zu lassen.

164   Zu beachten ist in diesem Zusammenhang noch die Vorschrift des § 165 StGB. Hier heißt es in Abs 1 S 1: „Ist die Tat nach § 164 öffentlich oder durch Verbreiten von Schriften (§ 11 Abs 3 StGB) begangen und wird ihretwegen auf Strafe erkannt, so ist auf Antrag des Verletzten anzuordnen, daß die Verurteilung wegen falscher Verdächtigung auf Verlangen **öffentlich bekannt gemacht** wird".

165   **c) Der Hausfriedensbruch (§§ 123, 124 StGB).** Insb im Rahmen journalistischer Tätigkeit stellt sich oftmals die Frage, inwieweit fremde Räumlichkeiten für Recherchetätigkeiten betreten werden dürfen. Dies gilt sowohl für Privatwohnungen als auch für Geschäftsräume oder Gebäude von Behörden. Ein Betreten oder Verweilen in den geschützten Räumlichkeiten gegen den Willen des Hausrechtsinhabers wird dabei durch §§ 123, 124 StGB umfassend unter Strafe gestellt.

166   Nach § 123 StGB fallen in den Schutzbereich des Straftatbestandes des Hausfriedensbruchs Wohnungen, Geschäftsräume, sonstige befriedete Besitztümer sowie zum öffentlichen Dienst oder Verkehr bestimmte Räumlichkeiten (also insb auch Behördenräume, Schulen etc). Erforderlich ist stets eine räumliche Abgrenzbarkeit, welche allerdings regelmäßig auch bei Nebenräumen und Zubehörsflächen gegeben ist.[447]

167   Strafbar macht sich derjenige, der in die geschützten Räumlichkeiten entweder widerrechtlich **eindringt** oder sich, wenn er ohne Befugnis darin verweilt, auf die Aufforderung des Berechtigten hin **nicht entfernt**. Berechtigter ist jeweils der Hausrechtsinhaber, der nicht notwendigerweise mit dem Eigentümer identisch sein muss (zB der Mieter einer Wohnung). Sind mehrere Berechtigte vorhanden, genügt das Einverständnis eines Hausrechtsinhabers, sofern das Betreten für die übrigen Hausrechtsinhaber nicht unzumutbar ist.[448]

168   Bei **öffentlichen Versammlungen** in geschlossenen Räumen übt nach § 7 Abs 4 VersammlG der Leiter der Versammlung das Hausrecht aus. Zwar können nach § 6 Abs 1 VersammlG bestimmte Personen oder Personenkreise in der Einladung von der Teilnahme an der Versammlung ausgeschlossen werden. Für **Pressevertreter** gilt jedoch die Sondernorm des § 6 Abs 2 VersammlG,[449] wonach sie nicht von der Versammlung ausgeschlossen werden können, sich jedoch dem Versammlungsleiter gegenüber ordnungsgemäß ausweisen müssen.

169   Einen besonderen Rechtfertigungsgrund für Pressevertreter und Journalisten für das Eindringen in fremde Räumlichkeiten gibt es nicht, insb kann aus Art 5 Abs 1 S 2 GG kein solches Recht hergeleitet werden.[450] Auch hier sind dem „investigativen Journalismus" also Grenzen gesetzt.[451]

---

447   BayObLG MDR 1969, 778; LK/*Lilie* 12. Aufl § 123 Rn 11.
448   Vgl zu dieser Problematik *Heinrich*, B JR 1997, 89.
449   LK/*Lilie* 12. Aufl § 123 Rn 69.
450   *Ricker/Weberling* Kap 52 Rn 8; zum „Fall Barschel" vgl oben Rn 33.
451   Vgl zum „investigativen Journalismus" ausf oben Rn 33 ff.

II. Die Verbreitung gefährdender Inhalte durch die Medien

1. Die hauptsächlichen Tathandlungen

a) Das Verbreiten. Unter dem Tatbestandsmerkmal des Verbreitens[452] versteht man die mit einer körperlichen Weitergabe einer Schrift verbundene Tätigkeit, die darauf gerichtet ist, die Schrift ihrer Substanz nach einem größeren Personenkreis zugänglich zu machen.[453] Entscheidend ist hierbei, dass die Schrift ihrer Substanz nach, dh in **körperlicher Form**, weitergegeben wird.[454] Wird sie in unkörperlicher Form weitergegeben, so kommt lediglich ein Zugänglichmachen in Frage.[455] Ferner ist entscheidend, dass der Personenkreis nach Zahl und Individualität unbestimmt oder jedenfalls so groß sein muss, dass er für den Täter nicht mehr kontrollierbar ist. Das Merkmal ist also nicht erfüllt, wenn auf einer Internet-Auktion eine Schrift zwar einer Mehrzahl von Personen angeboten, aber nur an eine dieser Personen versandt wird.[456] Wiederum ausreichend ist aber die Weitergabe der Schrift an lediglich eine Person, wenn von dieser die Verbreitung an einen unbestimmbar großen Personenkreis erwartet wird. Erfasst ist auch die sukzessive Weitergabe ein und desselben Schriftexemplars innerhalb eines unbestimmten Personenkreises.[457]

170

Weil die Daten, auf denen die Weitergabe von Inhalten im **Internet** basiert, grds selbst keinen körperlichen Bestand haben, sondern lediglich durch entsprechende Speichermedien (zB Festplatten, CD-ROMs, USB-Sticks, Speicherkarten, Arbeitsspeicher des Computers) verkörpert werden, kann der klassische Begriff des Verbreitens nicht ohne Weiteres auf die Datenübertragung im Internet angewendet werden. Dies hat die Rechtsprechung dazu veranlasst, den Begriff der Verbreitung für Internetsachverhalte zu modifizieren.[458] Während das bloße Bereitstellen von Daten im Internet nicht unter den Begriff der Verbreitung falle, sondern als öffentliches Zugänglichmachen anzusehen sei,[459] könne die Versendung von Daten durchaus als Verbreitung zu beurteilen sein. Diese sei vollendet, wenn die Daten auf dem Rechner des Empfängers angekommen sind.[460] Insoweit sei eine körperliche Weitergabe nicht zu fordern.[461] Nicht zuletzt wegen des Verzichts auf das Körperlichkeitskriterium begegnet diese weite Auslegung des Begriffs des Verbreitens in der wissenschaftlichen Literatur allerdings vielfacher Kritik.[462] Dennoch er-

171

---

452 Das Merkmal ist enthalten in § 80a; § 86 Abs 1; § 86a Abs 1 Nr 1; § 90; § 90a Abs 1; § 90b; § 103 Abs 2; § 109d; § 111; § 130 Abs 2 Nr 1 lit a, Nr 2; § 130a Abs 1, Abs 2 Nr 1; § 131 Abs 1 Nr 1, Abs 2; § 140 Nr 2; § 166 Abs 1; § 176a Abs 3; § 184 Nr 5, Nr 9; § 184a Nr 1; § 184b Abs 1 Nr 1; § 184c Abs 1 Nr 1; § 184d; § 186; § 187; § 187a; § 219a; § 202c Abs 1; § 330a Abs 1 StGB; § 116; § 119; § 120 Abs 1 Nr 2; § 128 Abs 1 Nr 1 OWiG; vgl ferner § 29 Abs 1 Nr 12 BtMG.
453 BGHSt 13, 257, 258; BGHSt 13, 375, 376 f; BGHSt 18, 63, 64; BGHSt 19, 63, 70 f; BayObLGSt 1 (1951), 417, 422; BayObLGSt 13 (1963), 37, 38; BayObLG NStZ 2002, 258, 259; *Derksen* NJW 1997, 1878, 1881; *Fischer* § 74d Rn 4; vgl ferner BGHSt 31, 51, 55 f zum „Verbreiten" im Zusammenhang mit dem presserechtlichen Begriff des „Erscheinens".
454 BGHSt 18, 63, 63 ff; BGH ZUM 2007, 846, 849 – eBay; BayObLG NJW 1979, 2162; BayObLG NStZ 1983, 120, 121; OLG Frankfurt NJW 1984, 1128; HansOLG Hamburg MDR 1963, 1027; OLG Hamburg NStZ 1983, 127, 127 f; *Bottke* JR 1983, 299, 300; *Fischer* § 74d Rn 4; *Franke* NStZ 1984, 126; *ders* GA 1984, 452, 456 f.
455 Vgl hierzu noch unten Rn 172 ff.
456 BGH ZUM 2007, 846, 849 – eBay.
457 Schönke/Schröder/*Perron*/*Eisele* § 184b Rn 5a.
458 Insoweit wurde von BGHSt 47, 55 der sog „internetspezifische Verbreitungsbegriff" entwickelt.
459 Vgl hierzu *Fischer* § 184 Rn 33; *Hörnle* NJW 2002, 1008, 1010; *Lackner*/*Kühl* § 184 Rn 5; Schönke/Schröder/*Lenckner*/*Perron*/*Eisele* § 184 Rn 9.
460 BGHSt 47, 55, 59 f; *Derksen* NJW 1997, 1878, 1881; *Lackner*/*Kühl* § 184 Rn 5; aA Schönke/Schröder/*Lenckner*/*Perron*/*Eisele* § 184 Rn 34, die den Verbreitungstatbestand nur bei Schriftstücken im engeren (dh körperlichen) Sinn anerkennen wollen.
461 *Busse-Muskala* 56; *Hörnle* NJW 2002, 1008, 1010.
462 Zur Kritik am „internetspezifischen Verbreitungsbegriff" vgl ua *Gercke*/*Brunst* Rn 312; *Hilgendorf*/*Valerius* Rn 303 ff; *Kudlich* JZ 2002, 310, 311; Schönke/Schröder/*Perron*/*Eisele* § 184b Rn 5.

warten auch die Kritiker eine Durchsetzung des internetspezifischen Verbreitungsbegriffs in der Praxis, zumal dieser durchaus auch mit dem Wortlaut des „Verbreitens" noch vereinbar sei.[463]

172 **b) Das Zugänglichmachen.** Das Zugänglichmachen[464] umfasst sämtliche Tätigkeiten, die Inhalte für eine andere Person in der Weise verfügbar machen, dass diese von ihnen durch sinnliche Wahrnehmung Kenntnis erlangen kann.[465] Dabei reicht es aus, wenn einem anderen **die konkrete Möglichkeit** eröffnet wird, sich vom Inhalt – sei es entgeltlich oder unentgeltlich – Kenntnis zu verschaffen.[466] Auf die tatsächliche Kenntnisnahme kommt es nicht an. Ebenso ist es nicht entscheidend, ob die Möglichkeit der Kenntnisnahme für kürzere oder längere Zeit erfolgt. Anders als das Verbreiten, erfordert das Zugänglichmachen unstreitig keine körperliche Weitergabe der Schrift.

173 Im **Internet** reicht es für ein Zugänglichmachen aus, dass Daten auf einem Server bereitgestellt werden und somit von anderen abgerufen werden können.[467] Nicht erforderlich ist es, dass tatsächlich ein Zugriff seitens eines Internetnutzers erfolgt.[468]

174 In manchen Tatbeständen wird darüber hinaus ein **öffentliches** Zugänglichmachen verlangt.[469] Dies liegt dann vor, wenn **unbestimmt viele Personen** auf den jeweiligen Inhalt zugreifen können.[470] Voraussetzung hierfür ist, dass der Zugriff einem größeren, individuell nicht feststellbaren oder durch persönliche Beziehungen nicht verbundenen Personenkreis ermöglicht wird.[471] Dies liegt im Bereich des **Internets** zB dann vor, wenn Inhalte auf einem Server bereitgestellt werden, ohne dass (wie etwa durch die Vergabe von Passwörtern an wenige bestimmte Personen) sicher gestellt wird, dass nur bestimmte Personen Zugriff auf die Inhalte erhalten. Problematisch kann dies allerdings bei sog geschlossenen Benutzergruppen im Internet sein.[472] Aufgrund der vielen verschiedenen Möglichkeiten, die dem Anbieter hier zur Verfügung stehen, um den Kreis der Nutzer eines bestimmten Angebots zu begrenzen, kann oft nur im Einzelfall anhand der konkreten Zugangskriterien bzw Nutzungsbedingungen[473] festgestellt werden, ob es sich tatsächlich um eine geschlossene Benutzergruppe handelt oder nicht. Verallgemeinert kann daher nur gesagt werden, dass ein öffentliches Zugänglichmachen jedenfalls auch in hinreichend definierten bzw abgegrenzten Benutzergruppen stattfinden kann, wenn der Beitritt zu diesen Gruppen praktisch jedem Interessenten ohne Weiteres möglich ist.[474]

175 Problematisch ist das Zugänglichmachen dann, wenn das Medienunternehmen durch Sicherungsmittel, wie zB die Vergabe von Passwörtern oder die Codierung von Programmen[475]

---

463 Vgl *Hilgendorf/Valerius* Rn 305.
464 Das Merkmal ist enthalten in § 86; § 91; § 97 Abs 1; § 130 Abs 2 Nr 1 lit b und lit c; § 130a Abs 1, Abs 2 Nr 1; § 131 Abs 1 Nr 2 und Nr 3, Abs 4; § 184 Abs 1 Nr 1, Nr 2, Nr 9, Abs 2; § 184a Nr 2; § 184b Abs 1 Nr 2; § 201 Abs 1 Nr 2; § 201a Abs 2, Abs 3 StGB; § 202c; § 27 Abs 1 Nr 1, Abs 4 JuSchG; § 119 Abs 1 Nr 2, Abs 3; § 120 Abs 1 Nr 2 OWiG.
465 *Beisel/Heinrich*, B JR 1996, 95, 96; *Derksen* NJW 1997, 1878, 1881; *Lackner/Kühl* § 184 Rn 5.
466 *Lackner/Kühl* § 184 Rn 5; MünchKommStGB/*Hörnle* 2. Aufl § 184 Rn 28.
467 BGHSt 47, 55, 60; OLG Stuttgart MMR 2006, 387, 388; *Beisel/Heinrich*, B CR 1997, 360, 362; *Derksen* NJW 1997, 1878, 1881f; *Lackner/Kühl* § 184 Rn 5; vgl auch *Stange* CR 1996, 424, 426 der insb den Vorsatz des Providers problematisiert.
468 BGHSt 47, 55, 60; *Busse-Muskala* 57; *Hilgendorf/Valerius* Rn 292.
469 Vgl ua § 86; § 130 Abs 1 Nr 2; § 184a Nr 2; § 184b Abs 1 Nr 2; § 184c Abs 1 Nr 2 StGB; § 119 Abs 1 Nr 2, Abs 3; § 120 Abs 1 Nr 2 OWiG.
470 BGHSt 10, 194, 195 ff.
471 BT-Drucks VI/3521, 57; BT-Drucks 7/514, 3 unter Bezugnahme auf BT-Drucks VI/3521; *Derksen* NJW 1997, 1878, 1881; *Fischer* § 74d Rn 6; *Lackner/Kühl* § 74d Rn 6; vgl bereits BGHSt 10, 194 (194).
472 Hierzu *Berger-Zehnpfund* Kriminalistik 1996, 635, 636; *Gercke/Brunst* Rn 309; *Hilgendorf/Valerius* Rn 300; Schönke/Schröder/*Perron/Eisele* § 184b Rn 6.
473 Vgl hierzu auch unten Rn 176.
474 So auch *Gercke/Brunst* Rn 309 unter Verweis auf das zutreffende Beispiel einer Tauschbörse.
475 Vgl zum Zugänglichmachen verschlüsselter Filme insb BVerwG AfP 2002, 257, 259 f; VG München ZUM 2003, 160, 162 f; *Beisel/Heinrich*, B JR 1996, 95; *Derksen* NJW 1997, 1878, 1882.

sicherstellen will, dass nur bestimmte Personen auf bestimmte Inhalte Zugriff nehmen können. Dies ist insb in denjenigen Bereichen interessant, in denen lediglich das Zugänglichmachen von Inhalten gegenüber bestimmten Personen (insb gegenüber Jugendlichen) mit Strafe bedroht ist.[476] Während ein Zugänglichmachen gegenüber denjenigen, denen das Passwort gezielt übermittelt wurde, unproblematisch vorliegt, ist ein strafbares Zugänglichmachen gegenüber Unbefugten (zB den Jugendlichen) abzulehnen, wenn sich diese durch die Überwindung spezieller Sicherungsvorkehrungen selbst Zugang zu den entsprechenden Inhalten verschaffen.[477]

Fraglich ist allerdings, welche Anforderungen hier an die entsprechenden Sicherungsmaßnahmen zu stellen sind. Erforderlich sind **effektive Zugangshindernisse**, die einen Zugriff für Unbefugte nahezu ausschließen.[478] Als nicht ausreichend wird es dabei angesehen, wenn über das Internet oder den Verkauf von Decodierkarten lediglich das Alter abgefragt oder die Eingabe der Identitätsnummer des Personalausweises gefordert wird.[479] Ebenfalls nicht ausreichend ist die Zuteilung einer Geheimnummer, welche allein davon abhängig gemacht wird, dass eine Alterskontrolle dahingehend erfolgt, dass der Betreffende eine Ausweiskopie übersenden muss.[480] Nicht genügen kann auch die bloße Kostenpflichtigkeit eines bestimmten Angebots, da dies lediglich ein – bei Jugendlichen zumal meist untaugliches – psychisches, nicht aber eine physische Zugangshindernis darstellt.[481] Im Hinblick auf die Verbreitung pornografischer Schriften ist dabei die Sondervorschrift des § 184d StGB zu beachten. § 184d S 2 StGB stellt klar, dass eine Strafbarkeit der Verbreitung (einfacher) Pornografie durch Medien- und Teledienste dann entfällt, „[…] wenn durch technische oder sonstige Vorkehrungen sichergestellt ist, dass die pornographische Darbietung Personen unter achtzehn Jahren nicht zugänglich ist".[482] 176

c) Sonstige Tathandlungen. Über die genannten Tathandlungen des Verbreitens und des Zugänglichmachens hinaus findet sich noch eine Vielzahl weiterer Tathandlungen in diversen Straftatbeständen, die im Zusammenhang mit einzelnen Medienprodukten relevant werden können und die hier nur kurz angesprochen werden sollen. 177

Unter dem Begriff des (öffentlichen) **Ausstellens**[483] einer Schrift versteht man, dass deren gedanklicher oder bildlicher Inhalt optisch wahrnehmbar gemacht wird, ohne dass jedoch die Sache selbst an den Empfänger gelangt.[484] Das Ausstellen stellt dabei eine besondere Form des Zugänglichmachens dar.[485] 178

Teilweise wird verlangt, der Täter müsse eine Schrift „**anschlagen**".[486] Wie auch beim Ausstellen versteht man hierunter, dass der gedankliche oder bildliche Inhalt der Schrift optisch 179

---

476 Als Beispiel sei hier das Verbot der Verbreitung „weicher" Pornografie an Jugendliche nach § 184 Abs 1 Nr 1 StGB genannt.
477 *Beisel/Heinrich*, B JR 1996, 95, 96 f; aA *Ramberg* ZUM 1994, 140, 141.
478 KG ZUM 2004, 571; OLG Düsseldorf ZUM 2004, 480; Eberle/Rudolf/Wasserburg/*Schmitt* Kap XI Rn 76; Ricker/ *Weberling* Kap 59 Rn 15; vgl hierzu ausf auch *Strömer* 283 ff.
479 *Ricker/Weberling* Kap 59 Rn 15.
480 Eberle/Rudolf/Wasserburg/*Schmitt* Kap XI Rn 76; *Hörnle* NJW 2002, 1008, 1010.
481 *Ricker/Weberling* Kap 59 Rn 15.
482 Vgl zu dieser Vorschrift noch ausf unten Rn 268 f.
483 Das Merkmal ist enthalten in § 130 Abs 2 Nr 1 lit b; § 130a Abs 1, Abs 2 Nr 1; § 131 Abs 1 Nr 2; § 184 Abs 1 Nr 2; § 184a Nr 2; § 184b Abs 1 Nr 2; § 243 Abs 1 Nr 5 StGB; § 27 Abs 1 Nr 1 JuSchG; § 119 Abs 3; § 120 Abs 1 Nr 2 OWiG.
484 Schönke/Schröder/*Perron/Eisele* § 184 Rn 15.
485 Vgl hierzu oben Rn 172 ff.
486 Das Merkmal ist enthalten in § 130 Abs 2 Nr 1 lit b; § 130a Abs 2 Nr 1 lit b; § 131 Abs, 1 Nr 2; § 134; § 184 Abs 1 Nr 2; § 184a Nr 1; § 184b Abs 1 Nr 2 StGB; § 119 Abs 3; § 120 Abs 1 Nr 2 OWiG; § 27 Abs 1 Nr 1 JuSchG.

wahrnehmbar gemacht wird, ohne dass jedoch die Sache selbst an den Empfänger gelangt.[487] Das Anschlagen stellt dabei ebenfalls eine besondere Form des Zugänglichmachens dar.[488]

180   Schließlich wird teilweise auf das **Vorführen**[489] einer Schrift abgestellt. Hierunter versteht man, wie schon bei den Merkmalen des Ausstellens oder Anschlagens, dass die Schrift ihrem gedanklichen oder bildlichen Inhalt nach wahrnehmbar gemacht wird, ohne dass jedoch die Sache wiederum selbst an den Empfänger gelangt.[490] Im Gegensatz zum Ausstellen oder Anschlagen kann dies jedoch **auch** im Wege der **akustischen Wiedergabe** geschehen. Auch das Vorführen stellt eine besondere Form des Zugänglichmachens dar.[491]

181   Unter einem **Überlassen**[492] einer Schrift ist die Verschaffung des Besitzes an selbiger zur eigenen Verfügung oder zu eigenem, wenn auch nur vorübergehenden, Gebrauch des Empfängers zu verstehen.[493] Eine Leihe reicht daher aus. Ein Überlassen scheidet allerdings dann aus, wenn die betreffende Person die Sache nur als Bote entgegennimmt, um sie einem anderen zu übergeben.[494]

182   Unter dem Begriff des **Herstellens**[495] versteht man jedes von einem Menschen mittelbar oder unmittelbar bewirkte Geschehen, das ohne Weiteres oder in fortschreitender Entwicklung ein bestimmtes körperliches Ergebnis zustande bringt.[496]

183   **Liefern**[497] stellt das Gegenstück zum Beziehen dar und erfasst den Übergang einer Sache zur eigenen Verfügungsgewalt in **beiderseitigem Einvernehmen**.[498] Ein unaufgefordertes Gelangenlassen an einen anderen genügt also nicht. Nicht erforderlich ist es, dass der Gewahrsamswechsel auf Dauer erfolgt, sodass auch die Vermietung und der Verleih erfasst werden.[499]

184   Unter dem Begriff des **Vorrätighaltens**[500] versteht man das Besitzen einer Schrift zu einem bestimmten Zweck, zumeist zum Zweck späterer Verbreitung.[501] Dabei muss der Betreffende je-

---

487 Schönke/Schröder/*Perron*/*Eisele* § 184 Rn 15.
488 Vgl hierzu oben Rn 172 ff.
489 Das Merkmal ist enthalten in § 130 Abs 2 S 1 lit b; § 130a Abs 1, Abs 2 Nr 1; § 131 Abs 1 Nr 1; § 184 Abs 1 Nr 2, Nr 7; § 184a Nr 2; § 184b Abs 1 Nr 2 StGB; § 27 Abs 1 Nr 1; § 28 Abs 1 Nr 14a JuSchG; § 119 Abs 3; § 120 Abs 1 Nr 2 OWiG.
490 Schönke/Schröder/*Perron*/*Eisele* § 184 Rn 15.
491 Vgl hierzu oben Rn 172 ff.
492 Das Merkmal ist enthalten in § 87 Abs 1 Nr 3; § 89a Abs 2 Nr 2 § 130 Abs 2 Nr 1 lit c; § 131 Abs 1 Nr 3, Abs 4; § 149 Abs 1; § 152a Abs 1 Nr 2; § 184 Abs 1 Nr 1, Nr 3, Nr 3a, Abs 2; § 202c Abs 1; § 263a Abs 3; § 265 Abs 1; § 275 Abs 1; § 276 Abs 1 Nr 2; § 281 Abs 1; § 310 Abs 1; § 316c Abs 4; § 323b; § 328 Abs 3 Nr 2 StGB; § 127 Abs 1; § 128 Abs 1 Nr 2 OWiG; vgl ferner § 29 Abs 1 Nr 6 lit b; § 29a Abs 1 Nr 1; § 30 Abs 1 Nr 3 BtMG; § 27 Abs 1 Nr 1, Abs 4, § 28 Abs 1 Nr 16 JuSchG; § 19 Abs 1 Nr 1; § 20 Abs 1 Nr 1; § 20a Abs 1 Nr 1; 22a Abs 1 Nr 2, Nr 7 KWKG; § 40 Abs 2 Nr 3 lit a, lit b, lit c, lit d, lit e; § 41 Abs 1 Nr 1a, Nr 1b, Nr 1c, Nr 1d, Nr 2, Nr 10, Nr 17 SprengG; § 51 Abs 1; § 52 Abs 1 Nr 1, Nr 2 lit a, Nr 3, Abs 3 Nr 1, Nr 6, Nr 7; § 53 Abs 1 Nr 2, Nr 10, Nr 16 WaffG.
493 Schönke/Schröder/*Perron*/*Eisele* § 184 Rn 8.
494 RG GA 59, 314; Schönke/Schröder/*Perron*/*Eisele* § 184 Rn 8.
495 Das Merkmal ist enthalten in § 86 Abs 1; § 86a Abs 1 Nr 2; § 87 Abs 1 Nr 3, Nr 6; § 89a Abs 2 Nr 1, Nr 2, Nr 3; § 100a Abs 2; § 109e Abs 2; § 130 Abs 2 Nr 1 lit d; § 131 Abs 1 Nr 1; § 149 Abs 1 Nr 1; § 184 Abs 1 Nr 8; § 184a Nr 3; § 184b Abs 1 Nr 2; § 184c Abs 1 Nr 3, Abs 4; § 201 Abs 1 Nr 2; § 201a; § 202c Abs 1; § 206 Abs 3 Nr 3; § 263a Abs 3; § 267 Abs 1; § 268; § 275 Abs 1; § 310 Abs 1; § 312 Abs 1; § 316c Abs 4 StGB; § 127 Abs 1; § 128 Abs 1, Abs 2 OWiG; vgl ferner § 95 Abs 1 Nr 3a, Abs 3 Nr 3; § 96 Nr 3, Nr 4; § 97 Abs 2 Nr 18 AMG; § 29 Abs 1 Nr 1, Nr 2, Abs 5; § 29a Abs 1 Nr 2; § 30 Abs 1 Nr 1; § 30a Abs 1 BtMG; § 19 Abs 1 Nr 1; § 20 Abs 1 Nr 3 GÜG; § 27 Abs 1 Nr 2 JuSchG; § 19 Abs 1 Nr 1; § 20 Abs 1 Nr 1; § 20a Abs 1 Nr 1; § 22a Abs 1 Nr 1 KWKG; § 51 Abs 1; § 52 Abs 1 Nr 1, 2 lit c, Nr 4, Abs 3 Nr 1, Nr 3; § 53 Abs 1 Nr 2 WaffG; § 4 ZKDSG.
496 RGSt 41, 205, 207.
497 Das Merkmal ist enthalten in § 99 Abs 1 Nr 1, Abs 2; § 109e Abs 2; § 130 Abs 2 Nr 1 lit d; § 131 Abs 1 Nr 4; § 184 Abs 1 Nr 8; § 184a Nr 3; § 184b Abs 1 Nr 3; § 184c Abs 1 Nr 3; § 312 Abs 1 StGB; vgl ferner § 27 Abs 1 Nr 2 JuSchG.
498 Schönke/Schröder/*Perron*/*Eisele* § 184 Rn 45.
499 BGHSt 29, 68, 71 f zu § 184 Abs 1 Nr 7 StGB; *Laubenthal* Rn 843; MünchKommStGB/*Hörnle* 2. Aufl § 184 Rn 93; aA Schönke/Schröder/*Perron*/*Eisele* § 184 Rn 45.
500 Das Merkmal ist enthalten in § 86 Abs 1; § 86a Abs 1 Nr 2; § 130 Abs 2 Nr 1 lit d; § 131 Abs 1 Nr 4; § 184 Abs 1 Nr 8; § 184a Nr 3; § 184b Abs 1 Nr 3 StGB; § 184c Abs 1 Nr 3; § 27 Abs 1 Nr 2 JuSchG; vgl ferner § 69 Abs 3 Nr 21, Abs 4 Nr 3 BNatSchG.
501 RGSt 42, 209, 210 f; *Horn* NJW 1977, 2329, 2331; Schönke/Schröder/*Perron*/*Eisele* § 184 Rn 46.

doch eigene Verfügungsgewalt über die Schrift besitzen, dh er muss über den späteren Absatz jedenfalls mitbestimmen können. Daher scheidet ein bloßes Verwahren eines Gegenstandes für einen anderen hier aus. Auch ist nicht erforderlich, dass der Täter mehrere Einzelstücke besitzt. So kann auch das Speichern nur einer Schrift auf der Festplatte des Computers ausreichen, wenn eine weitere Verbreitung (von Vervielfältigungsstücken) geplant ist.

Unter dem Merkmal des **Anbietens**[502] versteht man ein konkretes Angebot an eine Person 185 im Sinne einer ausdrücklichen oder konkludenten Erklärung der Bereitschaft zur Besitzübergabe, ohne dass dies jedoch ein Antrag zum Vertragsschluss nach den Vorschriften des BGB darstellen muss.[503] Ein bloßes Zeitungsinserat oder das Auslegen einer Schrift im Schaufenster genügt allerdings nicht.

Ankündigen[504] ist jede Kundgabe, durch die auf die Gelegenheit zum Bezug oder zur Vor- 186 führung aufmerksam gemacht wird.[505] Es muss also über Bezugsquellen oder Betrachtungsmöglichkeiten informiert werden. Dabei muss die Ankündigung **werbenden Charakter** besitzen. Es reicht daher nicht aus, wenn jemand sich kritisch mit einer bestimmten Schrift auseinandersetzt und dadurch bei anderen das Interesse für die jeweilige Schrift weckt.[506] Eine Gewinnerzielungsabsicht ist jedoch nicht erforderlich.[507]

Unter dem Begriff des **Anpreisens**[508] versteht man eine lobende oder empfehlende Erwäh- 187 nung und Beschreibung, welche die Vorzüge der jeweiligen Schrift hervorhebt.[509] Insoweit reicht auch hier eine neutral gefasste Werbung oder kritische Auseinandersetzung nicht aus.[510] Für ein Anpreisen iSd § 184 Abs 1 Nr 5 StGB ist es dabei unerheblich, ob auf mögliche Bezugsquellen hingewiesen wird oder ob der Anpreisende die Schrift dem Adressaten später auch wirklich zugänglich machen will oder nicht.[511] Insoweit liegt ein Anpreisen auch dann vor, wenn auf einer Internetseite lobend über ein Produkt (zB ein Buch) berichtet wird, ohne darauf hinzuweisen, wo dieses konkret erworben werden kann.[512]

Unter **Einführen**[513] versteht man das Verbringen eines Gegenstandes aus einem fremden 188 Hoheitsgebiet ins Bundesgebiet,[514] wobei unter dem „Bundesgebiet" gerade das **Hoheitsgebiet**

---

502 Das Merkmal ist enthalten in § 108b Abs 1; § 130 Abs 2 Nr 1 lit c, lit d; § 131 Abs 1 Nr 3, Nr 4, Abs 4; § 176 Abs 5; § 184 Abs 1 Nr 1, Nr 3; Nr 3a, Nr 5, Abs 2; § 184a Nr 3; § 184b Abs 1 Nr 3; § 184c Abs 1 Nr 3; § 219a Abs 1; § 287 Abs 1; § 299 Abs 2; § 333 Abs 1, Abs 2; § 334 Abs 1, Abs 2, Abs 3; § 337 StGB; § 119 Abs 1, Abs 2; § 120 Abs 1 Nr 2 OWiG; vgl ferner § 96 Nr 18 AMG; § 69 Abs 3 Nr 21, Abs 4 Nr 3 BNatSchG; § 27 Abs 1 Nr 1, Abs 4; § 28 Abs 1 Nr 11, Nr 13, Nr 16 JuSchG.
503 BGHSt 34, 94, 98; HansOLG Hamburg NJW 1992, 1184, 1184 f; *Horn* NJW 1977, 2329, 2332; Schönke/Schröder/*Perron*/*Eisele* § 184 Rn 7.
504 Das Merkmal ist enthalten in § 130 Abs 2 Nr 1 lit d; § 131 Abs 1 Nr 4; § 184 Abs 1 Nr 5; § 184a Nr 3; § 184b Abs 1 Nr 3; § 184c Abs 1 Nr 3; § 219a Abs 1 StGB; § 27 Abs 1 Nr 1; § 28 Abs 1 Nr 4 JuSchG; § 119 Abs 1, Abs 2; § 120 Abs 1 Nr 2 OWiG.
505 RGSt 37, 142; MünchKommStGB/*Hörnle* 2. Aufl § 184 Rn 72; Schönke/Schröder/*Perron*/*Eisele* § 184 Rn 30.
506 BGHSt 34, 218: LK/*Laufhütte*/*Roggenbuck* 12. Aufl § 184 Rn 32; MünchKommStGB/*Hörnle* 2. Aufl § 184 Rn 72; Schönke/Schröder/*Perron*/*Eisele* § 184 Rn 31.
507 BGHSt 34, 218; Schönke/Schröder/*Perron*/*Eisele* § 184 Rn 31.
508 Das Merkmal ist enthalten in § 91 Abs 1 Nr 1; (§ 97;) § 130 Abs 2 Nr 1 lit d; § 131 Abs 1 Nr 4; § 184 Abs 1 Nr 5; § 184a Nr 3; § 184b Abs 1 Nr 3; § 184c Abs 1 Nr 3; § 219a Abs 1 StGB; § 27 Abs 1 Nr 1 JuSchG; § 119 Abs 1, Abs 2; § 120 Abs 1 Nr 2 OWiG.
509 RGSt 37, 142; MünchKommStGB/*Hörnle* 2. Aufl § 184 Rn 73; Schönke/Schröder/*Perron*/*Eisele* § 184 Rn 30.
510 MünchKommStGB/*Hörnle* 2. Aufl § 184 Rn 74; Schönke/Schröder/*Perron*/*Eisele* § 184 Rn 31.
511 OLG Hamburg NStZ 2007, 487; MünchKommStGB/*Hörnle* 2. Aufl § 184 Rn 73; aA *Laubenthal* Rn 807; LK/*Laufhütte*/*Roggenbuck* 12. Aufl § 184 Rn 32;SK/*Wolters* § 184 Rn 47.
512 OLG Hamburg NStZ 2007, 487.
513 Das Merkmal ist enthalten in § 86 Abs 1; § 86a Abs 1 Nr 2; § 87 Abs 1 Nr 3; § 130 Abs 2 Nr 1 lit d; § 131 Abs 1 Nr 4; § 184 Abs 1 Nr 4, Nr 8; § 184a Nr 3; § 184b Abs 1 Nr 3; § 184c Abs 1 Nr 3; § 275 Abs 1; § 276 Abs 1 Nr 1; § 328 Abs 1 StGB; § 127 Abs 1; § 128 Abs 1 Nr 2 OWiG; vgl ferner § 372 Abs 1 AO; § 29 Abs 1 Nr 1, Abs 5; § 30 Abs 1 Nr 4; § 30a Abs 1, Abs 2 Nr 2; § 31a Abs 1, § 32 Abs 1 Nr 5 BtMG; § 19 Abs 1 Nr 1, Nr 3, Nr 5; § 20 Abs 1 Nr 4 GÜG; § 27 Abs 1 Nr 1, Nr 2 JuSchG; § 19 Abs 1 Nr 1; § 20 Abs 1 Nr 1; § 20a Abs 1 Nr 1; § 22a Abs 1 Nr 4, Abs 5 KWKG; § 40 Abs 2 Nr 1; § 41 Abs 1 Nr 1c, Nr 2 SprengG; § 18 Abs 1 Nr 21a TierSchG; § 4 ZKDSG.
514 Schönke/Schröder/*Perron*/*Eisele* § 184 Rn 27, 47.

(und nicht etwa das Zoll- oder Wirtschaftsgebiet) der Bundesrepublik Deutschland zu verstehen ist.

189 **Ausführen**[515] meint dagegen das Verbringen einer Schrift aus dem Hoheitsgebiet der Bundesrepublik über die Grenze in ein **fremdes Hoheitsgebiet**.[516] Dabei reicht regelmäßig bereits die Durchfuhr durch das Hoheitsgebiet der Bundesrepublik aus.[517]

190 Ferner taucht als Tathandlungen noch vereinzelt die (öffentliche) **Mitteilung** auf.[518] Hierunter versteht man bereits die (schlichte) Veröffentlichung von Inhalten.[519]

191 Der Täter **offenbart**[520] eine Sache, wenn er sie in irgendeiner Weise an einen Dritten gelangen lässt.[521] Dabei ist bei einer mündlichen Mitteilung die **tatsächliche** Kenntnisnahme durch den Dritten erforderlich, während es bei einer schriftlichen Mitteilung auf die Verschaffung des Gewahrsams und die damit verbundene **Möglichkeit** der Kenntnisnahme durch den Dritten ankommt.[522]

192 Unter dem Merkmal des **Gelangenlassens**[523] versteht man das Überführen einer Schrift in den Verfügungsbereich eines anderen, sodass dieser davon Kenntnis nehmen kann.[524] Das Merkmal entspricht dem Tatbestand des „Zugehens" im BGB. Der Täter muss dabei weder aus kommerziellen Motiven handeln, noch muss das Opfer den Inhalt der Schrift auch tatsächlich zur Kenntnis nehmen.[525]

193 Das **Zeigen**[526] einer Schrift meint das (zumeist öffentliche) **filmische** Vorführen derselben vor einem (oder mehreren) Adressaten.

194 Neben diesen Merkmalen, die allesamt die „Anbieterseite" der Informationen betreffen, gibt es auch einige wenige Tatbestände bzw Tatbestandsmerkmale, welche die „Empfängerseite" im Blick haben. So erfasst das Tatbestandsmerkmal des **Beziehens**[527] das Erlangen tatsächlicher eigener Verfügungsgewalt durch einen abgeleiteten Erwerb von einem anderen (und erfasst daher gerade nicht das eigenmächtige Sich-Verschaffen, etwa durch einen Diebstahl).[528] Gleichgültig ist, ob das Beziehen strafrechtlich relevanter Inhalte entgeltlich oder unentgeltlich geschieht. Nicht ausreichend ist dabei allerdings der bloße Abschluss eines (abstrakten) Kaufvertrages als

---

515 Das Merkmal ist enthalten in § 86 Abs 1; § 86a Abs 1 Nr 2; § 130 Abs 2 Nr 1 lit d; § 131 Abs 1 Nr 4; § 184 Abs 1 Nr 9; § 184a Nr 3; § 184b Abs 1 Nr 3; § 184c Abs 1 Nr 3; § 275 Abs 1; § 276 Abs 1 Nr 1; § 328 Abs 1 StGB; § 127 Abs 1; § 128 Abs 1 Nr 2 OWiG; vgl ferner § 372 Abs 1 AO; § 29 Abs 1 Nr 1, Abs 5; § 30a Abs 1, Abs 2 Nr 2; § 31a Abs 1; § 32 Abs 1 Nr 5 BtMG; § 19 Abs 1 Nr 1, Nr 3, Nr 4; § 20 Abs 1 Nr 4, Nr 5 GÜG; § 19 Abs 1 Nr 1; § 20 Abs 1 Nr 1; § 20a Abs 1 Nr 1; § 22a Abs 1 Nr 4 KWKG.
516 MünchKommStGB/*Hörnle* 2. Aufl 184 Rn 97; Schönke/Schröder/*Perron/Eisele* § 184 Rn 49.
517 OLG Schleswig NJW 1971, 2319, 2319f; MünchKommStGB/*Hörnle* 2. Aufl § 184 Rn 97; Schönke/Schröder/*Perron/Eisele* § 184 Rn 49.
518 Das Merkmal ist enthalten in § 94 Abs 1 Nr 1; § 97a; § 98 Abs 1 Nr 1; § 99 Abs 1 Nr 1, Abs 2; § 201 Abs 2 S 1 Nr 2; § 206 Abs 1, Abs 4; § 241 Abs 2, Abs 4; § 265b Abs 1 Nr 2; § 353d Nr 1, Nr 3 StGB.
519 Schönke/Schröder/*Perron* § 353d Rn 9.
520 Das Merkmal ist enthalten in § 96 Abs 2 iVm § 95; § 203 Abs 1, Abs 2, Abs 2a; § 205 Abs 2; § 353b Abs 1; § 353d Nr 2; § 355 Abs 1 StGB.
521 Schönke/Schröder/*Lenckner/Eisele* § 203 Rn 19.
522 Schönke/Schröder/*Lenckner/Eisele* § 203 Rn 19.
523 Das Merkmal ist enthalten in § 94 Abs 1 Nr 2; § 95 Abs 1; § 97 Abs 1, Abs 2; § 100a Abs 1, Abs 2; § 109g Abs 1, Abs 2, Abs 4; § 184 Abs 1 Nr 6; § 353b Abs 2 StGB.
524 Schönke/Schröder/*Perron/Eisele* § 184 Rn 36.
525 BGH NStZ-RR 2005, 309; MünchKommStGB/*Hörnle* 2. Aufl § 184 Rn 81f.; Schönke/Schröder/*Perron/Eisele* § 184 Rn 36.
526 Das Merkmal ist enthalten in § 184 Abs 1 Nr 7 StGB.
527 Das Merkmal ist enthalten in § 130 Abs 2 Nr 1 lit d; § 131 Abs 1 Nr 4; § 184 Abs 1 Nr 8; § 184a Nr 3; § 184b Nr 3; § 184c Abs 1 Nr 3 StGB; vgl ferner § 95 Abs 1 Nr 5; § 97 Abs 2 Nr 12 AMG; § 27 Abs 1 Nr 2 JuSchG.
528 RGSt 77, 113, 118; *Laubenthal* Rn 842; MünchKommStGB/*Hörnle* 2. Aufl § 184 Rn 93; Schönke/Schröder/*Perron/Eisele* § 184 Rn 44.

reines Kausalgeschäft im zivilrechtlichen Sinne ohne entsprechendes Verfügungsgeschäft im Sinne einer tatsächlichen Verschaffung bzw Einräumung der relevanten Inhalte.[529] Unter dem **Sich-Verschaffen**[530] (zumeist: von Besitz) versteht man dagegen die Herbeiführung eines tatsächlichen Herrschaftsverhältnisses.[531] Voraussetzung hierfür ist aber ein gewisses finales Element im Sinne eines aktiv-gezielten Ergreifens von Verfügungsgewalt,[532] sodass das Wissen um die bloße Möglichkeit, zB bei der Suche nach „legalen" Schriften im Internet auch auf „illegale" Schriften stoßen zu können, die man nicht haben will und nach Erhalt sofort vernichtet, nicht erfasst ist.[533]

2. Die Verbreitung staatsgefährdender Inhalte

In §§ 80ff StGB befinden sich Vorschriften über das **Staatsschutzrecht**. Diese – auch als „**politisches Strafrecht**" bezeichneten – Strafnormen schützen den Staat und seine Institutionen vor Angriffen, die zum Teil auch über und von Medien ausgeführt werden können. Im Folgenden sollen diejenigen Vorschriften gezielt herausgestellt werden, die besondere medienrechtliche Relevanz besitzen, obwohl sie nur teilweise daran anknüpfen, dass der Täter die Straftat gerade durch Verbreiten oder Zugänglichmachen von Schriften begeht. 195

In prozessualer Hinsicht ist darauf hinzuweisen, dass für die Aburteilung dieser Staatsschutzdelikte in den leichteren Fällen nach § 74a GVG in jedem OLG-Bezirk eine Staatsschutzkammer als besondere Strafkammer an einem Landgericht zu errichten ist, vor der die entsprechenden Fälle erstinstanzlich verhandelt werden. In den schwereren Fällen (vgl den Straftatenkatalog in § 120 GVG) ist hingegen eine erstinstanzliche Zuständigkeit des OLG begründet. 196

a) Der Friedensverrat (§§ 80, 80a StGB). Unter dem Titel des „Friedensverrats" finden sich im StGB die Strafnormen der „Vorbereitung eines Angriffskrieges" in § 80 StGB und des „Aufstachelns zum Angriffskrieg" in § 80a StGB. 197

Während § 80 StGB insb durch die Ausgestaltung als konkretes Gefährdungsdelikt (es muss die **konkrete Gefahr eines Angriffskrieges** herbeigeführt werden) im vorliegenden Zusammenhang kaum relevant werden dürfte, da eine solche Gefahr allein durch die Verbreitung von Inhalten durch Medien schwerlich geschaffen wird, hat § 80a StGB einen unmittelbaren medienrechtlichen Bezug. 198

Strafbar macht sich nach § 80a StGB derjenige, der **zum Angriffskrieg „aufstachelt"**. Dies muss entweder öffentlich oder in einer Versammlung oder aber durch die Verbreitung von Schriften iSd § 11 Abs 3 StGB geschehen.[534] Über die letzte Variante werden also alle Tathandlungen erfasst, die über ein Medium stattfinden. Hinzu kommen muss schließlich noch, dass die **Tat im Inland begangen** wird. 199

Unter **Aufstacheln** versteht man ein gesteigertes, auf die Gefühle des Adressaten gemünztes propagandistisches Handeln.[535] Im Gegensatz zu § 80 StGB ist hier keine konkrete Gefährdung 200

---

529 Schönke/Schröder/*Perron*/*Eisele* § 184 Rn 44.
530 Das Merkmal ist enthalten in § 87 Abs 1 Nr 3; § 89a Abs 2 Nr 2, Nr 3; § 91 Abs 1 Nr 2; § 96 Abs 1, Abs 2; § 100a Abs 2; § 107c; § 146 Abs 1 Nr 2, Nr 3; § 148 Abs 1 Nr 2; § 149 Abs 1 Nr 1; § 152a Abs 1 Nr 2; § 184b Abs 1 Nr 4; § 184c Abs 4; § 202 Abs 1 Nr 2, Abs 2; § 202a Abs 1; § 202b; § 202c Abs 1; § 206 Abs 1 Nr 1; § 259 Abs 1; § 261 Abs 2 Nr 1; § 263 Abs 1; § 263a Abs 1, Abs 3; § 265 Abs 1; § 275 Abs 1; § 276 Abs 1 Nr 2; § 310 Abs 1; § 316c Abs 4 StGB; § 127 Abs 1; § 128 Abs 1 Nr 2 OWiG; vgl ferner § 374 Abs 1 AO; § 29 Abs 1 Nr 1; § 30c Abs 1 Nr 1; § 31a Abs 1 BtMG.
531 Schönke/Schröder/*Perron*/*Eisele* § 184 Rn 44.
532 LK/*Laufhütte* 11. Aufl § 184 Rn 48.
533 *Heinrich, M* NStZ 2005, 361, 366.
534 Vgl zum Schriftbegriff des § 11 Abs 3 StGB oben Rn 55ff.
535 LG Köln NStZ 1981, 261; *Fischer* § 80a Rn 3; *Klug* FS Jescheck 583.

erforderlich, § 80a StGB ist insoweit als **abstraktes Gefährdungsdelikt** zu begreifen. Der Verweis auf § 80 StGB stellt jedoch klar, dass Zielrichtung des Aufstachelns ein konkreter kriegerischer Angriff auf einen oder mehrere Staaten sein muss, die bloße Erzeugung einer allgemeinen „militaristischen Stimmung" reicht nicht aus.[536]

201   b) **Die verfassungsfeindliche Einwirkung auf Bundeswehr und öffentliche Sicherheitsorgane (§ 89 StGB).** Nach § 89 StGB macht sich strafbar, wer auf Angehörige der Bundeswehr oder eines öffentlichen Sicherheitsorgans planmäßig einwirkt, um deren verfassungsgemäßen Auftrag zu untergraben. Da diese Einwirkung hauptsächlich mittels Schriften stattfindet, hat der Tatbestand medienrechtlichen Bezug.

202   Unter die neben den **Angehörigen der Bundeswehr** genannten **öffentlichen Sicherheitsorgane** fallen der Bundesgrenzschutz, die Polizei, Verfassungsschutzämter und Nachrichtendienste.[537] Die betroffenen Personen müssen diese besondere Amtsträgereigenschaft zum Zeitpunkt der Einwirkung auf sie inne haben, sodass die Einwirkung auf Rekruten vor ihrem Dienstantritt nicht von § 89 StGB erfasst ist.[538] Sollen diese Rekruten das empfangene Material jedoch an andere Soldaten weitergeben, ist das Merkmal erfüllt (Einwirkung in mittelbarer Täterschaft).[539]

203   Tathandlung ist das **Einwirken** auf den genannten Personenkreis. Hierunter ist **jede** Tätigkeit zu verstehen, durch die der Wille des Opfers in eine bestimmte Richtung gelenkt werden soll.[540] Diese Einwirkung kann insb durch eine Schrift iSd § 11 Abs 3 StGB erfolgen.[541] Das Verhalten entspricht dabei der **versuchten Anstiftung**: Die Einwirkung muss weder Erfolg haben,[542] noch muss sie objektiv geeignet sein, einen solchen Erfolg herbeizuführen, ausreichend ist schon eine diesbezügliche Absicht.[543] Allerdings muss das Mittel der Einwirkung den Empfänger erreicht haben, ob er die Einwirkung zur Kenntnis nimmt oder gar versteht, ist dann wiederum unbeachtlich.[544]

204   Die Einwirkung muss **planmäßig** erfolgen. Sie muss also vom Täter oder einem Dritten vorbereitet worden sein. Dadurch sollen spontanes Handeln oder vereinzelte Äußerungen des Unwillens vom Tatbestand ausgenommen werden.[545]

205   **Ziel der Einwirkung** muss es sein, die pflichtmäßige Bereitschaft der betreffenden Personen zum Schutz der Sicherheit der Bundesrepublik Deutschland oder der verfassungsmäßigen Ordnung zu **untergraben**. Dies erfordert, dass die Einsatzbereitschaft des jeweiligen Sicherheitsorgans im Allgemeinen betroffen sein muss, was regelmäßig dann ausscheidet, wenn der Täter lediglich zu einer bestimmten Pflichtwidrigkeit oder Straftat auffordert.[546]

206   Der Täter muss schließlich in der **Absicht** handeln, sich für Bestrebungen gegen den Bestand oder die Sicherheit der Bundesrepublik Deutschland oder gegen Verfassungsgrundsätze einzusetzen.

---

536   LK/*Laufhütte/Kuschel* 12. Aufl § 80a Rn 3; *Ricker/Weberling* Kap 50 Rn 9.
537   *Ricker/Weberling* Kap 50 Rn 38; vgl auch Schönke/Schröder/*Sternberg-Lieben* § 89 Rn 4; enger LK/*Laufhütte/Kuschel* 12. Aufl § 89 Rn 3 (bei Polizeibeamten Beschränkung auf die kasernierte Bereitschaftspolizei).
538   BGHSt 36, 68, 69 ff; Schönke/Schröder/*Sternberg-Lieben* § 89 Rn 4.
539   BGHSt 36, 68, 73; *Ricker/Weberling* Kap 50 Rn 38; Schönke/Schröder/*Sternberg-Lieben* § 89 Rn 4.
540   BGHSt 4, 291, 292; Schönke/Schröder/*Sternberg-Lieben* § 89 Rn 6; vgl auch BGH MDR 1985, 422.
541   Vgl zum Schriftenbegriff des § 11 Abs 3 StGB oben Rn 55 ff.
542   BGHSt 4, 291, 292; Schönke/Schröder/*Sternberg-Lieben* § 89 Rn 6.
543   LK/*Laufhütte/Kuschel* 12. Aufl § 89 Rn 4, 7 ff; Schönke/Schröder/*Sternberg-Lieben* § 89 Rn 6; aA SK/*Rudolphi* § 89 Rn 4.
544   BGHSt 6, 64, 66; BGH MDR 1963, 326 (jeweils zu § 91 StGB aF); LK/*Laufhütte/Kuschel* 12. Aufl § 89 Rn 4; *Ricker/Weberling* Kap 50 Rn 38; Schönke/Schröder/*Sternberg-Lieben* § 89 Rn 7.
545   *Ricker/Weberling* Kap 50 Rn 38; LK/*Laufhütte/Kuschel* 12. Aufl § 89 Rn 6; Schönke/Schröder/*Sternberg-Lieben* § 89 Rn 8.
546   BGHSt 6, 64, 66; Schönke/Schröder/*Sternberg-Lieben* § 89 Rn 11; zum Merkmal des „Untergrabens" vgl ferner BGHSt 4, 291, 292; BGH NStZ 1988, 215, 215.

c) **Die Verunglimpfungstatbestände der §§ 90, 90a und 90b StGB.** In §§ 90 ff StGB 207 ist die **„Verunglimpfung"** verschiedener Staatsorgane oder Symbole unter Strafe gestellt. Die Tat muss entweder öffentlich oder in einer Versammlung oder aber durch die Verbreitung von Schriften iSd § 11 Abs 3 StGB geschehen.[547] Über die letzte Variante werden also alle Tathandlungen erfasst, die über ein Medium erfolgen. Zielobjekt der Verunglimpfung muss entweder der Bundespräsident (§ 90 StGB), die Bundesrepublik Deutschland, eines ihrer Länder, ihre verfassungsmäßige Ordnung (§ 90a Abs 1 Nr 1 StGB), die Symbole derselben (Farben, Flagge, Wappen oder Hymne[548] – § 90a Abs 1 Nr 2 StGB[549]) oder eines ihrer Verfassungsorgane (Gesetzgebungsorgane, Regierung, Verfassungsgericht oder eines seiner Mitglieder – § 90b StGB) sein.

Verunglimpfen meint in diesem Zusammenhang eine nach Inhalt, Form oder Begleitum- 208 ständen **schwere Ehrkränkung** iSd §§ 185 ff StGB.[550] Die Äußerung muss allerdings über den Grad einer „normalen" Beleidigung iSd § 185 StGB hinausgehen.[551] Unwesentliche „Entgleisungen" sind also nicht erfasst.[552] Während in §§ 90, 90a Abs 1 Nr 2, 90b StGB die Verunglimpfung ausdrücklich als Tathandlung genannt ist, verlangt § 90a Abs 1 Nr 1 StGB, dass der Täter die hier genannten Objekte „beschimpft oder böswillig verächtlich macht". Dabei versteht man unter **Beschimpfen** ebenfalls eine nach Inhalt und Form besonders verletzende Äußerung der Missachtung,[553] das **böswillige Verächtlichmachen** ist diesbezüglich lediglich eine Steigerungsform.[554] Wie schon bei den Beleidigungsdelikten[555] ist auch hier eine restriktive Auslegung der Tatbestandsmerkmale geboten, wenn es sich um **Äußerungen im politischen Meinungskampf** handelt. Harte Kritik an den gesellschaftlichen Zuständen erfüllt das Tatbestandsmerkmal daher noch nicht, selbst wenn sie die Ebene der Sachlichkeit zuweilen verlässt.[556] Auch ist – insb bei **satirischen Darstellungen** – die Kunstfreiheit zu beachten (Art 5 Abs 3 GG).[557] Für die Wiedergabe der tatbestandlichen Äußerungen Dritter in Medien ist allerdings zu beachten, dass darin nur dann eine eigene tatbestandlich relevante Verunglimpfung oder Verächtlichmachung zu sehen ist, wenn sich der Wiedergebende die Äußerung zu eigen macht.[558]

Setzt sich der Täter gleichzeitig absichtlich für Bestrebungen gegen den Bestand der Bun- 209 desrepublik Deutschland oder gegen Verfassungsgrundsätze (vgl hierzu die Definition in § 92 Abs 2 StGB) ein, ist nach §§ 90 Abs 3, 90a Abs 3 StGB die jeweilige Qualifikationsvorschrift einschlägig, während diese Voraussetzung in § 90b Abs 1 StGB bereits zur Erfüllung des Grundtatbestandes erforderlich ist und hier zusätzlich noch festgestellt werden muss, dass die Verunglimpfung in einer „das Ansehen des Staates gefährdenden Weise" geschah.

---

547 Vgl zum Schriftenbegriff des § 11 Abs 3 StGB oben Rn 55 ff.
548 Beim „Deutschlandlied" zählt allerdings nur die dritte Strophe als Hoheitssymbol; vgl BVerfGE 81, 298, 309.
549 Die Qualifikation in § 90a Abs 2 StGB: „Entfernen, Zerstören, Beschädigen, Unbrauchbarmachen oder Unkenntlichmachen von Hoheitszeichen oder beschimpfenden Unfug daran verübt" hat höchstens in der letzten Variante medienrechtlichen Bezug.
550 BGHSt 16, 338, 339; OLG Hamm GA 1963, 28, 28 f; Schönke/Schröder/*Sternberg-Lieben* § 90 Rn 2.
551 Ist die Äußerung darüber hinaus zugleich eine Verleumdung, stellt dies bei § 90 StGB eine Qualifikation dar (vgl § 90 Abs 3 Alt 1 StGB).
552 BGHSt 12, 364, 366; BGHSt 16, 338, 339; OLG Hamm GA 1963, 28, 29; Schönke/Schröder/*Sternberg-Lieben* § 90 Rn 2.
553 BGHSt 7, 110, 110 f; BGH NStZ 2000, 643, 644; Schönke/Schröder/*Sternberg-Lieben* § 90a Rn 5.
554 Vgl zu diesem Tatbestandsmerkmal auch BGHSt 7, 110, 111; BGH NStZ 2003, 145, 145 f.
555 Vgl hierzu oben Rn 108 ff.
556 BGHSt 16, 338, 340; BGHSt 19, 311, 317 f; BGH NStZ 2000, 643, 644; BGH JZ 1963, 402, 403; OLG Celle StV 1983, 284, 285; *Ricker/Weberling* Kap 50 Rn 43.
557 Vgl hierzu ua BVerfGE 81, 278, 294 ff.
558 RGSt 61, 308; OLG Köln NJW 1979, 1562; Schönke/Schröder/*Sternberg-Lieben* § 90a Rn 5; *Schroeder* JR 1979, 89, 93.

210   **d) Die Anleitung zur Begehung einer schweren staatsgefährdenden Gewalttat (§ 91 StGB).** Mit dem „Gesetz zur Verfolgung der Vorbereitung von schweren staatsgefährdenden Gewalttaten",[559] wurde der Bereich der Staatsschutzdelikte des StGB um einige neue Tatbestände erweitert.[560] Bestandteil dieses Gesetzes war ua auch der neue § 91 StGB,[561] von dem vor allem die Verbreitungen von Anleitungsschriften zu terroristischen Zwecken über das **Internet** erfasst werden sollen.[562] Nach Abs 1 Nr 1 dieser Norm macht sich derjenige strafbar, der eine als Anleitung zu einer schweren Gewalttat dienliche Schrift gegenüber einer (!) anderen Person **anpreist** oder **zugänglich macht**, wenn die Umstände der Verbreitung geeignet sind, die Bereitschaft des oder der Adressaten zur Begehung einer schweren staatsgefährdenden Gewalttat zu wecken. Durch die neue Regelung sollte die Strafbarkeitslücke geschlossen werden, die sich ergibt, wenn § 111 StGB (Öffentliche Aufforderung zu Straftaten) und § 130a StGB (Anleitung zu Straftaten) nicht anwendbar sind, weil Schriften ohne eigenen Anleitungs- oder Aufforderungscharakter (sog „inhaltlich neutrale Schriften", zB ein Lehrbuch für den Chemieunterricht[563]) verwendet werden und sich deren Eignung, andere zu einer schweren staatsgefährdenden Gewalttat zu motivieren, erst aus den **Umständen der Verbreitung** ergibt.[564] Hinsichtlich der schweren staatsgefährdenden Gewalttat gilt der Katalog des § 89a Abs 1 StGB. Nach § 91 Abs 1 Nr 2 StGB macht sich auch derjenige strafbar, der **sich** eine entsprechende Schrift **verschafft**, um eine schwere staatsgefährdende Gewalttat zu begehen. In Betracht kommt hier jede Art des Bezugs eines Druckwerkes sowie auch das **Herunterladen und Speichern** von Dateien aus dem Internet,[565] nicht aber das bloße Betrachten derselben und das damit verbundene Speichern im Cache-Speicher des Computers.[566] Auch durch eine unverlangt zugesendete E-Mail mit entsprechendem Inhalt wird § 91 Abs 1 Nr 2 StGB nicht verwirklicht.[567] Besondere Bedeutung für die Praxis kommt dem Tatbestandsmerkmal der „Umstände ihrer Verbreitung" zu, welche im Wesentlichen anhand der inhaltlichen Ausgestaltung und Ausrichtung eines Internetangebots zu ermitteln sein dürften. Aufgrund der sehr weiten Vorverlagerung der Strafbarkeit und der tatbestandlichen Unbestimmtheit ist der neue § 91 StGB jedoch sehr starker Kritik ausgesetzt.[568]

211   **e) Die Kundgabe von Staatsgeheimnissen (§§ 93 ff StGB).** Die im zweiten Abschnitt des Besonderen Teils des StGB geregelten Straftaten des **Landesverrats** und der **Gefährdung der äußeren Sicherheit** sind zwar keine „typischen" Medienstraftaten, gleichwohl kann der Verbreitung insb von **Staatsgeheimnissen** durch die Medien durchaus eine praktische Relevanz zukommen, weshalb die Tatbestände im Folgenden kurz skizziert werden sollen.

212   **aa) Der Begriff des Staatsgeheimnisses (§ 93 StGB).** Im Zentrum der Straftaten des zweiten Abschnitts des Besonderen Teils des StGB steht der **Begriff des Staatsgeheimnisses**, der in

---

559   BGBl 2009 I S 2437.
560   Vgl hierzu auch noch unten Rn 294.
561   Vgl hierzu auch ausf *Fischer* § 91 Rn 1 ff; *Gazeas/Grosse-Wilde/Kießling* NStZ 2009, 593, 601 ff; *Gercke/Brunst* Rn 376a ff; NK/*Paeffgen* § 91 Rn 1 ff; Schönke/Schröder/*Sternberg-Lieben* § 91 Rn 1 ff.
562   BT-Drucks 16/12428, 12 f; *Fischer* § 91 Rn 11.
563   Hierzu auch *Fischer* § 91 Rn 7 mit weiteren Beispielen.
564   Vgl BT-Drucks 16/12428, 17, jeweils unter Angabe des Beispiels der „Verbreitung auf einer islamistischen Internetseite, in der zu Terrorakten aufgerufen wird".
565   *Fischer* § 91 Rn 17; vgl auch Schönke/Schröder/*Sternberg-Lieben* § 91 Rn 5, der das bloße Herunterladen noch nicht ausreichen lassen will.
566   BT-Drucks 16/12428, 18.
567   BT-Drucks 16/12428, 18; Schönke/Schröder/*Sternberg-Lieben* § 91 Rn 5.
568   Vgl zur Kritik ua *Fischer* § 91 Rn 19; *Gazeas/Grosse-Wilde/Kießling* NStZ 2009, 593, 601 f; NK/*Paeffgen* § 91 Rn 4 ff; Schönke/Schröder/*Sternberg-Lieben* § 91 Rn 1.

§ 93 StGB eine Legaldefinition erfährt. In Anlehnung an den Begriff des „Geheimnisses" allgemein[569] versteht man demnach unter einem Staatsgeheimnis „[...] Tatsachen, Gegenstände oder Erkenntnisse, die nur einem begrenzten Personenkreis zugänglich sind und vor einer fremden Macht geheim gehalten werden müssen, um die Gefahr eines schweren Nachteils für die äußere Sicherheit der Bundesrepublik Deutschland abzuwenden" (Abs 1),[570] wobei § 93 Abs 2 StGB ausdrücklich klarstellt, dass „Tatsachen, die [lediglich] gegen die freiheitlich demokratische Grundordnung oder unter Geheimhaltung gegenüber den Vertragspartnern der Bundesrepublik Deutschland gegen zwischenstaatlich vereinbarte Rüstungsbeschränkungen verstoßen", keine Staatsgeheimnisse darstellen. Durch diesen **Tatbestandsausschluss** soll eine Bestrafung wegen Landesverrats verhindert werden, wie sie im „Fall *Ossietzky*" in der Weimarer Zeit vorgekommen war. In jenem Fall gründete die Verurteilung auf der Veröffentlichung eines Artikels in der „Weltbühne", welcher die heimlich durchgeführte – infolge der eingegangenen völkerrechtlichen Verpflichtung Deutschlands illegale – Aufrüstung der sog „Schwarzen Reichswehr" öffentlich bekannt machte.[571]

Maßstab dafür, was unter einem Staatsgeheimnis zu verstehen ist, ist ein **materieller Geheimnisbegriff**.[572] Entscheidend ist die **objektive Geheimhaltungsbedürftigkeit**, nicht die subjektive Auffassung der Behörde (sog „formeller Geheimnisbegriff"). Allerdings verlangen manche Tatbestände (§§ 95, 96 Abs 2, 97 StGB) auf der Grundlage dieses materiellen Geheimnisbegriffes zusätzlich noch eine faktische Geheimhaltung durch die entsprechende Behörde. 213

Für den publizistischen Bereich besonders interessant ist die Frage, ob die systematische Erfassung und zuverlässige Zusammenstellung (und Publikation) von **Tatsachen aus verschiedenen Quellen**, die öffentlich zugänglich sind, dazu führen kann, dass als „Gesamtbild" ein Staatsgeheimnis mitgeteilt wird (sog **„Mosaiktheorie"**).[573] Dies soll jedenfalls dann der Fall sein, wenn über die bloße Zusammenstellung hinaus durch systematische und sachkundige Analyse eine neue Erkenntnis gewonnen wird, die den materiellen Geheimnisbegriff erfüllt.[574] Obwohl der Wortlaut des § 93 StGB eine solche Auslegung insb im Hinblick auf das Merkmal der **„Erkenntnisse"** zulassen würde, ist diesem Ergebnis zu widersprechen. Was aus allgemein zugänglichen Quellen recherchiert wird, kann auch durch eine sinnvolle Analyse nicht zu einem Geheimnis werden.[575] 214

bb) Der Landesverrat (§ 94 StGB). Der Landesverrat zeichnet sich dadurch aus, dass der Täter ein Staatsgeheimnis entweder direkt oder indirekt über einen „Mittelsmann" einer „fremden Macht" mitteilt (Abs 1 Nr 1) oder aber an einen Unbefugten gelangen lässt (Abs 1 Nr 2 Alt 1) oder – für Medien bedeutsam – öffentlich bekannt macht (Abs 1 Nr 2 Alt 2), wobei der Täter in den Fällen der Nr 2 – im Gegensatz zum bloßen Offenbaren von Staatsgeheimnissen (§ 95 StGB) – gerade in der **Absicht** handeln muss, die **Bundesrepublik Deutschland zu benachteiligen oder** die **fremde Macht zu begünstigen**. Diese Absicht fehlt zB dann, wenn der Täter das Geheimnis „nur" aus Profitgier – oder zur Auflagensteigerung – verbreitet (in diesem Fall kommt 215

---

569 *Fischer* § 203 Rn 4 ff; *Lackner/Kühl* § 203 Rn 14.
570 Vgl zum Begriff des Staatsgeheimnisses aus der Rechtsprechung BGH NJW 1971, 715.
571 Zum „Fall *Ossietzky*" vgl BGH MDR 1993, 167 (Ablehnung des Wiederaufnahmeverfahrens); ferner *Heinrich*, B FS Humboldt 1241, 1247 f
572 *Ricker/Weberling* Kap 50 Rn 55; Schönke/Schröder/*Sternberg-Lieben* § 93 Rn 5.
573 Vgl zu dieser „Mosaiktheorie" *Ricker/Weberling* Kap 50 Rn 56; SK/*Rudolphi* § 93 Rn 14 ff.
574 RGSt 25, 45, 50; BGHSt 7, 234, 234 f; BGHSt 15, 17, 17 f; *Fischer* § 93 Rn 4; *Jescheck* JZ 1967, 6, 9 f; *Ricker/Weberling* Kap 50 Rn 56; krit (und auf sog „geistige Neuschöpfungen beschränkt) *Lackner/Kühl* § 93 Rn 2; einschränkend auch LK/*Schmidt* 12. Aufl § 93 Rn 5.
575 So auch Schönke/Schröder/*Sternberg-Lieben* § 93 Rn 11 ff; vgl auch BVerfGE 20, 162, 180 f – zur Unanwendbarkeit der Mosaiktheorie im Bereich des publizistischen Landesverrats gem § 99 Abs 1 StGB.

höchstens § 95 in Frage, wenn die dort genannten Voraussetzungen erfüllt sind).[576] Das Delikt ist als **konkretes Gefährdungsdelikt** ausgestaltet, dh durch das Verhalten muss die Gefahr eines schweren Nachteils für die äußere Sicherheit der Bundesrepublik Deutschland herbeigeführt werden. Die Tat ist in ihrem Grundtatbestand ein Verbrechen iSd § 12 Abs 1 StGB (Freiheitsstrafe nicht unter einem Jahr) und kann nach Abs 2 sogar mit Freiheitsstrafe nicht unter fünf Jahren oder mit lebenslanger Freiheitsstrafe geahndet werden, wenn der Täter eine verantwortliche Stellung missbraucht, die ihn zur Wahrung von Staatsgeheimnissen besonders verpflichtet (Abs 2 S 2 Nr 1) oder wenn er die Gefahr eines „besonders" schweren Nachteils für die äußere Sicherheit der Bundesrepublik herbeiführt (Abs 2 S 2 Nr 2).

216   cc) **Das Offenbaren und die Preisgabe von Staatsgeheimnissen (§§ 95, 97 StGB).** Handelt der Täter bei der Weitergabe eines Staatsgeheimnisses an einen Unbefugten oder – im vorliegenden Zusammenhang relevant – bei einer öffentlichen Bekanntgabe ohne die in § 94 Abs 1 Nr 2 StGB vorausgesetzte Absicht, die Bundesrepublik Deutschland zu benachteiligen oder eine fremde Macht zu begünstigen, dann liegt „lediglich" eine Straftat nach § 95 StGB (Offenbaren von Staatsgeheimnissen) vor, deren Strafrahmen mit Freiheitsstrafe von sechs Monaten bis zu fünf Jahren vergleichsweise milde ist und die Tat – im Unterschied zu § 94 StGB – zu einem Vergehen iSd § 12 Abs 2 StGB macht. Entscheidend ist hierbei allerdings, dass das Staatsgeheimnis zudem noch von einer amtlichen Stelle selbst, oder auf deren Veranlassung hin, geheim gehalten wird[577] und der Täter durch sein Verhalten die Gefahr eines schweren Nachteils für die äußere Sicherheit der Bundesrepublik herbeiführt (konkretes Gefährdungsdelikt). Dabei muss diese Gefährdung vom (jedenfalls bedingten) Vorsatz des Täters umfasst sein. Hintergrund dieser Strafnorm ist, dass auch Fälle des sog **„Publizistischen Landesverrats"** unter Strafe gestellt werden sollen, in denen der Täter aus dem subjektiv verstandenen Interesse heraus, dem Wohl der Bundesrepublik und dem öffentlichen Informationsbedürfnis zu dienen, Staatsgeheimnisse verrät, die von der Behörde geheim gehalten werden wollen.[578]

217   Handelt der Täter im Hinblick auf diese Gefahr nicht vorsätzlich, sondern fahrlässig, ist die Tat als **„Preisgabe von Staatsgeheimnissen"** nach § 97 Abs 1 StGB strafbar (Strafrahmen: Freiheitsstrafe bis zu fünf Jahren oder Geldstrafe). Für den, der darüber hinaus das Geheimnis nicht vorsätzlich, sondern leichtfertig an einen Unbefugten gelangen lässt, gilt § 97 Abs 2 StGB mit einem Strafrahmen von Freiheitsstrafe bis zu drei Jahren oder Geldstrafe.

218   Wenn die §§ 95, 97 StGB als Tathandlung vom **„Gelangenlassen"** sprechen, so wird hiervon sowohl ein **Tun** als auch ein **Unterlassen** erfasst. Die Übergabe von geheimen Akten an die Presse stellt im Rahmen dieser Tatbestände eine Weitergabe an „Unbefugte" dar, da Medienunternehmen keine generelle Befugnis zur Kenntnis von Staatsgeheimnissen zusteht.[579] Dient die Weitergabe der Akten dazu, illegale Zustände aufzudecken, schließt dies daher nicht den Tatbestand aus, sondern kann **allenfalls** zu einer **Rechtfertigung** führen. Dabei stellt allerdings die Meinungs- und Pressefreiheit nicht per se einen solchen Rechtfertigungsgrund dar. Allerdings kann hier aus dem allgemeinen Prinzip der Güterabwägung heraus – Abwägung zwischen den Erfordernissen des Staatsschutzes einerseits und der Informationsfreiheit andererseits – im **Ein-**

---

576 *Fischer* § 94 Rn 5, 7; *Ricker/Weberling* Kap 50 Rn 59; Schönke/Schröder/*Sternberg-Lieben* § 94 Rn 12; vgl aber auch LK/*Schmidt* 12. Aufl § 94 Rn 7 (es reiche aus, wenn sich der Täter daneben auch von anderen Erwägungen leiten ließe, etwa in Bereicherungsabsicht handele; zu § 95 vgl sogleich Rn 216.
577 Vgl zu dieser Kombination von materiellem und formellem Geheimnisbegriff bereits oben Rn 213.
578 Vgl hierzu aus der Rechtsprechung BVerfGE 20, 162, 178 ff – Spiegel; BVerfGE 21, 239; BVerfG NJW 1970, 1498 – Pätsch.
579 *Ricker/Weberling* Kap 50 Rn 61.

zelfall ein **übergesetzlicher Rechtfertigungsgrund** abgeleitet werden.[580] Dieses Recht steht dann aber jedem Staatsbürger zu, die Medien nehmen diesbezüglich keine Sonderstellung oder privilegierte Stellung ein.[581]

dd) Das „Sich-Verschaffen" von Staatsgeheimnissen (§ 96 StGB). Vorbereitungshandlungen zu den Straften der §§ 94, 95 StGB werden in § 96 StGB unter dem Titel „Landesverräterische Ausspähung" (Abs 1 – Vorbereitung einer Tat nach § 94 StGB) und „Auskundschaften von Staatsgeheimnissen" (Abs 2 – Vorbereitung einer Tat nach § 95 StGB) unter Strafe gestellt. Tathandlung ist hierbei das **„Sich-Verschaffen"** solcher Geheimnisse in der Absicht, diese zu verraten bzw zu offenbaren. Dabei setzt ein Verschaffen ein **aktives Tun**, eine aktive Recherche voraus. Wem als Pressevertreter ein Geheimnis ohne sein Zutun zugespielt wird, der „verschafft" sich dieses folglich nicht, auch wenn er die Akten nicht sogleich zurückgibt. Sobald eines der Delikte der §§ 94, 95 StGB wenigstens versucht wurde, tritt § 96 StGB zurück.[582]

219

ee) Der Verrat illegaler Geheimnisse (§§ 97a, 97b StGB). Bei der Begriffsbestimmung des „Staatsgeheimnisses" wurde darauf hingewiesen, dass auf Grund der Sondervorschrift des § 93 Abs 2 StGB „Tatsachen, die gegen die freiheitliche Grundordnung oder unter Geheimhaltung gegenüber Vertragspartnern der Bundesrepublik Deutschland gegen zwischenstaatliche Rüstungsbeschränkungen verstoßen [...]", **keine Staatsgeheimnisse** sind.[583] Dennoch ist derjenige, der ein solches sog „illegales Geheimnis" an eine fremde Macht oder einen Mittelsmann einer solchen mitteilt und dadurch die Gefahr eines schweren Nachteils für die äußere Sicherheit der Bundesrepublik Deutschland herbeiführt, nach § 97a StGB **wie ein Landesverräter** – dh mit Freiheitsstrafe nicht unter einem Jahr – zu bestrafen. Im Gegensatz zu § 94 StGB wird hier also **ausschließlich** die **geheime Weitergabe**, nicht aber (wie in § 94 Abs 1 Nr 2 StGB) die öffentliche Bekanntgabe unter Strafe gestellt. Dies soll gerade für die für den investigativen Journalismus typischen Veröffentlichungen zu einer Privilegierung führen: Liegt eine Fall des § 93 Abs 2 StGB vor, scheiden mangels Vorliegens eines Staatsgeheimnisses die §§ 94 ff StGB aus. An sich gilt dann § 97a StGB, der aber nur die geheime, nicht aber die „öffentliche" Mitteilung erfasst. Dieses Presseprivileg ist durch die Pressefreiheit und das Informationsinteresse der Allgemeinheit an der Aufdeckung illegaler Vorgänge gerechtfertigt.[584]

220

Hält der Täter ein „echtes" Staatsgeheimnis (vgl § 93 Abs 1 StGB) lediglich für ein „illegales" Geheimnis iSd § 93 Abs 2 StGB, so enthält § 97b StGB einen eigenständigen Straftatbestand für diese **Irrtumskonstellation**, die einer weitergehenden Privilegierungswirkung dieses Irrtums entgegensteht.

221

ff) Die landesverräterische Fälschung (§ 100a StGB). Nicht nur die Weitergabe oder öffentliche Bekanntgabe tatsächlicher Staatsgeheimnisse, sondern auch diejenige unzutreffender Informationen kann die äußere Sicherheit der Bundesrepublik gefährden, weshalb § 100a StGB für diesen Fall einen eigenen Straftatbestand enthält.[585] Voraussetzung ist, dass der Täter diese **falschen Informationen „als echt" in Umlauf** setzt. Tatmittel müssen „gefälschte oder verfälschte Gegenstände, Nachrichten darüber oder unwahre Behauptungen tatsächlicher Art"

222

---

580 *Ricker/Weberling* Kap 50 Rn 62; Schönke/Schröder/*Sternberg-Lieben* § 95 Rn 12 ff.
581 *Baumann* JZ 1966, 329, 335; *Jescheck* JZ 1967, 6, 10; *Ricker/Weberling* Kap 50 Rn 62; Schönke/Schröder/ *Sternberg-Lieben* § 95 Rn 16 f; *Stree* JZ 1963, 527, 531.
582 BGHSt 6, 385, 390 – zu § 100 StGB aF.
583 Vgl oben Rn 212.
584 *Mitsch* Medienstrafrecht § 1 Rn 19.
585 Zu einer solchen „Staatsverleumdung" vgl BGHSt 10, 163, 172 f.

sein, also zB die Weitergabe eines angeblichen Geheimprotokolls, aus dem sich ergeben soll, dass die Regierung einen Angriffskrieg plane. Erfasst ist also **nur** die **Weitergabe von Fakten**, nicht von eigenen Einschätzungen und Bewertungen. Der Täter muss zudem wider besseres Wissen handeln, sodass zB die Publikation einer brisanten Nachricht, die der Betreffende in Abweichung von der Wirklichkeit für echt bzw wahr hält, nicht erfasst ist. In § 100a Abs 2 StGB wird darüber hinaus auch die **Vorbereitung** einer solchen Tat (ua durch die bloße Herstellung oder Fälschung eines entsprechenden Tatgegenstandes) unter Strafe gestellt.

223   **f) Störpropaganda gegen die Bundeswehr (§ 109d StGB).** Über § 109d StGB wird die **Bundeswehr** gegen die Verbreitung sie betreffender verleumderischer Nachrichten geschützt. Verboten sind die Verbreitung von „unwahren oder gröblich entstellenden Behauptungen tatsächlicher Art" sowie bereits das Aufstellen entsprechender Behauptungen. Es geht also auch hier um das **Verbot der Verbreitung von unechten oder unwahren Fakten** – Werturteile oder subjektive Einschätzungen sind wiederum nicht erfasst.[586] Die Informationen müssen ferner geeignet sein, „die Tätigkeit der Bundeswehr zu stören". Liegt eine solche Eignung vor, dann ist nicht erst die Verbreitung, sondern bereits die **Aufstellung** einer solchen Behauptung **zum Zweck der Verbreitung** unter Strafe gestellt, wobei im Rahmen des § 109d StGB – im Gegensatz zu § 186 StGB – mit „Verbreitung" hier die Weitergabe an einen größeren Personenkreis gemeint ist.[587] Dabei wird der Tatbestand im subjektiven Bereich in zweierlei Hinsicht eingeschränkt. Zunächst muss der Täter hinsichtlich der Unwahrheit der aufgestellten oder verbreiteten Tatsache „wider besseres Wissen" handeln, also positive Kenntnis ihrer Unwahrheit haben, sodass die Weitergabe einer Tatsache, die der Betreffende irrtümlich für echt hält, nicht erfasst ist. Ferner muss er in der Absicht handeln, „die Bundeswehr in der Erfüllung ihrer Aufgabe der Landesverteidigung zu behindern".

224   **g) Sicherheitsgefährdendes Abbilden (§ 109g StGB).** Nach § 109g StGB macht sich strafbar, wer wissentlich die **Sicherheit der Bundesrepublik Deutschland** oder die **Schlagkraft der Truppe** dadurch gefährdet (konkretes Gefährdungsdelikt), dass er entweder von militärischen Anlagen oder Vorgängen Abbildungen oder Beschreibungen (Abs 1) oder von einem Luftfahrzeug aus Fotos von einem inländischen Gebietsteil oder Gegenständen (Abs 2) **anfertigt**. Strafbar ist es ferner – und das ist für Medienunternehmen interessant – eine solche Abbildung oder Beschreibung an einen anderen **gelangen zu lassen**, also zB zu veröffentlichen.

225   Insoweit ist es nicht nur verboten, Fotografien ohne Genehmigung zu veröffentlichen, sondern es ist auch untersagt (Abs 1), Zeichnungen, Skizzen oder in Worte gefasste Beschreibungen von Wehrmitteln, militärischen Einrichtungen oder Anlagen oder militärischen Vorgängen an andere weiterzugeben. Nicht erfasst sind hingegen Anlagen, die nicht unmittelbar dem Zweck der Bundeswehr dienen oder deren Verfügungsgewalt unterstehen wie zB Abbildungen militärischer Zulieferungsbetriebe.[588] Im Hinblick auf Abs 1 enthält Abs 4 noch eine Erweiterung der Strafbarkeit auf Personen, welche die beschriebene Gefahr nicht wissentlich, sondern lediglich (bedingt) vorsätzlich oder leichtfertig herbeiführen.[589] Die Strafbarkeit entfällt hier allerdings, wenn der Täter mit **Erlaubnis der zuständigen Dienststelle** gehandelt hat.

226   **h) Verletzung des Dienstgeheimnisses und einer besonderen Geheimhaltungspflicht (§ 353b StGB).** Ein Amtsträger (bzw eine sonstige in Abs 1 Nr 2 oder 3 genannte Person), dem ein

---

586   *Fischer* § 109d Rn 4; *Ricker/Weberling* Kap 51 Rn 4; vgl aus der Rechtsprechung BGH JR 1977, 28.
587   *Fischer* § 109d Rn 3; *Ricker/Weberling* Kap 51 Rn 3.
588   *Fischer* § 109g Rn 2; *Ricker/Weberling* Kap 51 Rn 6; Schönke/Schröder/*Eser* § 109g Rn 7.
589   Vgl hierzu auch den Fall BGH bei *Schmidt* MDR 1994, 237, 238.

Geheimnis anvertraut worden oder sonst bekannt geworden ist, macht sich nach § 353b Abs 1 StGB strafbar, wenn er dieses Geheimnis unbefugt offenbart und dadurch vorsätzlich oder fahrlässig wichtige öffentliche Interessen gefährdet. Geschieht dies gegenüber einem Journalisten, der auf der Grundlage des ihm offenbarten Geheimnisses einen Zeitungsartikel oder einen Radio- bzw Fernsehbericht verfasst, so wird oft fraglich sein, ob sich der Journalist wegen einer Anstiftung, § 26 StGB (sofern er auf den Amtsträger aktiv zugegangen ist)[590], oder einer Beihilfe, § 27 StGB, zu § 353b StGB strafbar gemacht hat.[591] Die Reichweite einer solchen Beihilfe war aber bereits vor der Einfügung des § 353b Abs 3a StGB überaus umstritten. Denn die bloße Entgegennahme eines Geheimnisses durch den Journalisten ist nach den Grundsätzen der „notwendigen Teilnahme" an sich straflos. Da durch die Mitteilung an den Journalisten zudem die Verletzung des Dienstgeheimnisses bereits vollendet ist, ist eine Beihilfe hieran durch die anschließende Publikation überhaupt nur dann denkbar, wenn man die Möglichkeit einer „sukzessiven Beihilfe" mit der Rechtsprechung[592] – und entgegen der wohl hM in der Literatur[593] – im Stadium zwischen Vollendung und Beendigung einer Tat noch für zulässig ansieht.[594] Der Gesetzgeber hat den Bereich der strafbaren Beihilfe für Medienmitarbeiter durch die Schaffung des § 353b Abs 3a StGB aber inzwischen noch weiter eingeengt: „Beihilfehandlungen einer in § 53 Absatz 1 Satz 1 Nummer 5 der Strafprozessordnung genannten Person sind nicht rechtswidrig, wenn sie sich auf die Entgegennahme, Auswertung oder Veröffentlichung des Geheimnisses oder des Gegenstandes oder der Nachricht, zu deren Geheimhaltung eine besondere Verpflichtung besteht, beschränken."[595] Strafbar bleiben jedoch Beihilfehandlungen, die der Vollendung der Haupttat vorangehen oder die über das Entgegennehmen und Veröffentlichen hinausgehen, wie zB die Zahlung von Honorar.[596] Bei den mitgeteilten Informationen wird es sich oft um Missstände innerhalb der Behörde handeln, an deren Aufdeckung an sich auch durchaus ein öffentliches Interesse besteht. Hinzuweisen ist allerdings darauf, dass aus dem Anwendungsbereich des § 353b StGB solche Geheimnisse ausscheiden, die der Amtsträger selbst geschaffen hat, zB die Festsetzung eines Durchsuchungstermins im Rahmen eines strafrechtlichen Ermittlungsverfahrens. Gibt der Staatsanwalt diesen Termin an die Presse weiter, damit diese vor Ort berichten kann, handelt es sich nicht um ein Geheimnis, welches dem Staatsanwalt „anvertraut" worden oder „sonst bekannt geworden" ist.[597] Da die Behörde bzw die Staatsanwaltschaft oftmals ein Interesse daran haben wird, zu erfahren, welche Person als Informant (und damit als Haupttäter des § 353b StGB) gedient hat, ist oft fraglich, ob die Redaktionsräume nach entsprechendem Material durchsucht und dieses gegebenenfalls beschlagnahmt werden darf.[598] Zu beachten ist hier allerdings das Beschlagnahmeverbot des § 97 Abs 5 iVm § 53 Abs 1 S 1 Nr 5 StPO (Zeugnisverweigerungsrecht von Medienmitarbeitern). Dieses gilt jedoch nach § 97 Abs 5 S 2 iVm § 97 Abs 2 S 3

---

590   Vgl hierzu *Riklin* GA 2006, 361; vgl zudem aus der Schweiz BGE 127 IV 22.
591   Vgl hierzu bereits oben Rn 66; ferner BVerfGE 117, 244 – Cicero; BayObLG NStZ 1999, 568; *Behm* AfP 2000, 421; *Brüning* NStZ 2006, 253; *Fritze/Holzbach* FS Tilmann 937, 940 ff; *Ignor/Sättele* ZRP 2011, 69, 71f; zur vergleichbaren Problematik im Rahmen des § 203 Abs 2 oben Rn 152.
592   RGSt 52, 202, 203; RGSt 71, 193, 194; BGHSt 2, 344, 346; BGHSt 3, 40, 43f; BGHSt 4, 132, 133; BGHSt 6, 248, 251; BGHSt 14, 280, 281; BGHSt 19, 323, 325; BGH NStZ 2000, 594; BGH NStZ 2007, 35, 36; BayObLG NStZ 1999, 568; OLG Bamberg NJW 2006, 2935, 2937f; ebenso *Baumann/Weber/Mitsch* § 28 Rn 4f, § 31 Rn 25; *Jescheck/Weigend* § 64 III 2b; differenzierend Schönke/Schröder/*Heine* § 27 Rn 17.
593   *Geppert* Jura 1999, 266, 272; *Jakobs* 22/39; *Kudlich* JA 2007, 308; *Kühl* § 20 Rn 236ff; *ders* JuS 2002, 729, 734; LK/*Schünemann* 12. Aufl § 27 Rn 43; MünchKommStGB/*Joecks* § 27 Rn 19ff; NK/*Kindhäuser* § 242 Rn 131; *Sengbusch* Jura 2007, 623, 630; SK/*Hoyer* § 27 Rn 18; *Steffan* JuS 2007, 348, 351; *Roxin* AT II § 26 Rn 259ff.
594   Vgl hierzu *Brüning* NStZ 2006, 253, 255.
595   Vgl hierzu bereits oben Rn 66.
596   BT-Drucks 17/3355, 8; *Fischer* § 353b Rn 30.
597   OLG Düsseldorf NJW 2005, 1791, 1798; OLG Dresden NJW 2007, 3509; Schönke/Schröder/*Perron* § 353b Rn 7.
598   Vgl hierzu näher unten Rn 390ff.

StPO dann nicht, wenn der Medienmitarbeiter in einem dringenden Verdacht steht, an der Straftat beteiligt gewesen zu sein. Erst recht nicht gilt das Beschlagnahmeverbot, wenn er selbst Beschuldigter oder Mitbeschuldigter der Straftat ist (also nicht „nur" ein dringender Verdacht besteht). In der Praxis wird daher mitunter ein solcher Beteiligungsverdacht „konstruiert", um ein Beschlagnahmeverbot zu umgehen.[599] Eben dies sollte durch die Schaffung des § 353b Abs 3a StGB unterbunden werden.

227 **i) Verbotene Mitteilungen über Gerichtsverhandlungen (§ 353d StGB).** Systematisch an falscher Stelle – inmitten der in der Regel nur von Amtsträgern begehbaren Amtsdelikte der §§ 331 ff StGB – befindet sich die für Medienunternehmen relevante, wenn auch in der Praxis nur selten zur Anwendung kommende,[600] Strafvorschrift der „Verbotenen Mitteilungen über Gerichtsverhandlungen" (§ 353d StGB), die insgesamt drei Tatvarianten (bei Strafdrohung von jeweils Freiheitsstrafe bis zu einem Jahr oder Geldstrafe) beinhaltet.

228 Nach § 353d Nr 1 StGB wird derjenige bestraft, der entgegen einem **gesetzlichen Verbot** über eine nichtöffentliche Gerichtsverhandlung oder über den Inhalt eines diese Sache betreffenden amtlichen Schriftstückes öffentlich eine Mitteilung macht. Ein solches Verbot enthält derzeit (nur) § 174 Abs 2 GVG:[601] „Soweit die Öffentlichkeit wegen Gefährdung der Staatssicherheit ausgeschlossen wird, dürfen Presse, Rundfunk und Fernsehen keine Berichte über die Verhandlungen und den Inhalt eines die Sache betreffenden amtlichen Schriftstücks veröffentlichen." Eine generelle Ausdehnung auf Verfahren, bei denen die Öffentlichkeit kraft Gesetzes ausgeschlossen ist (§ 48 Abs 1 JGG, §§ 170, 171b Abs 2 GVG), ist somit nicht möglich. Die Vorschrift dient daher **ausschließlich** der **Staatssicherheit**. Insoweit sind auch nur solche Mitteilungen erfasst, die Gegenstände betreffen, weswegen gerade die Öffentlichkeit ausgeschlossen wurde.[602] Ist dies der Fall, dann muss eine konkrete Eignung, durch die Mitteilung die Staatssicherheit zu gefährden, nicht mehr festgestellt werden (**abstraktes Gefährdungsdelikt**).[603] Da § 174 Abs 2 GVG nur die Berichterstattung durch Presse, Rundfunk und Fernsehen betrifft, sind auch nur solche Personen als Täter erfasst, die bei den genannten Medien tätig sind. § 353d Nr 1 StGB stellt damit faktisch ein Sonderdelikt dar, was zur Folge hat, dass sich **Privatpersonen** – zB in Leserbriefen oder Rundfunkinterviews – **straffrei** öffentlich äußern können.[604]

229 Nach der zweiten Tatvariante (§ 353d Nr 2 StGB) macht sich strafbar, wer entgegen einer gesetzlich oder gerichtlich angeordneten **Schweigepflicht** (vgl § 174 Abs 3 GVG) Tatsachen unbefugt offenbart, die durch eine nichtöffentliche Gerichtsverhandlung oder durch ein die Sache betreffendes amtliches Schriftstück zu seiner Kenntnis gelangt sind. Erfasst ist (vgl die Aufzählung in § 174 Abs 3 GVG) neben dem Ausschluss der Öffentlichkeit wegen Gefährdung der Staatssicherheit (§ 172 Nr 1 GVG) auch ein solcher zum Schutz der Privatsphäre (§ 171b GVG) oder eines Geschäfts- oder privaten Geheimnisses (§ 172 Nr 2 und Nr 3 GVG). Zusätzlich zu dem angeordneten Ausschluss der Öffentlichkeit muss das Gericht aber auch die Schweigepflicht nach § 174 Abs 3 GVG konkret anordnen. Betroffen sind davon sämtliche im Gerichtssaal nach Ausschluss der Öffentlichkeit verbliebenen Personen. Die Vorschrift stellt also im Gegensatz zu § 353d Nr 1 StGB **kein Sonderdelikt** für Presse, Rundfunk und Fernsehen dar.[605]

---

599 BVerfGE 117, 244 – Cicero.
600 BGHSt 23, 64, 70 f.
601 LK/*Vormbaum* 12. Aufl § 353d Rn 2; *Ricker/Weberling* Kap 58 Rn 9.
602 LK/*Vormbaum* 12. Aufl § 353d Rn 14; Schönke/Schröder/*Perron* § 353d Rn 10; aA RGSt 38, 303, 304 f; *Fischer* § 353d Rn 3.
603 Schönke/Schröder/*Perron* § 353d Rn 3.
604 *Ricker/Weberling* Kap 58 Rn 9; Schönke/Schröder/*Perron* § 353d Rn 7.
605 Vgl hierzu *Ricker/Weberling* Kap 58 Rn 10; Schönke/Schröder/*Perron* § 353d Rn 26 f.

Schließlich macht sich nach § 353d Nr 3 StGB strafbar, wer **amtliche Schriftstücke** (insb 230 eine Anklageschrift), die ein Straf-, Bußgeld- oder Disziplinarverfahren betreffen, ganz oder in wesentlichen Teilen im Wortlaut öffentlich mitteilt, bevor sie in öffentlicher Verhandlung erörtert worden sind oder das Verfahren abgeschlossen worden ist. Dieses **Publikationsverbot** soll einerseits dazu dienen, die Unbefangenheit der am Verfahren beteiligten Personen zu schützen, was insb im Hinblick auf die Laienrichter und die Zeugen relevant wird, die nicht durch eine (möglicherweise gezielte) Vorabinformation beeinflusst werden sollen.[606] Andererseits sollen die Betroffenen vor einer Bloßstellung oder öffentlichen Vorverurteilung bereits vor Verfahrensbeginn bzw während des Verfahrens geschützt werden.[607] Nach dem eindeutigen Wortlaut wird nur die unmittelbare vollständige oder auszugsweise wörtliche Wiedergabe des Schriftstückes von der Strafnorm erfasst, nicht aber die Mitteilung ihres Inhalts an sich. So kann schon eine geringfügige textliche Veränderung genügen, um die Strafbarkeit entfallen zu lassen.[608] Dies erscheint durchaus problematisch, denn auch letzteres läuft dem Schutzzweck der Vorschrift an sich zuwider. Insoweit wurde auch vielfach bezweifelt, ob die Einschränkung der Pressefreiheit im Hinblick auf den nur fragmentarisch erreichten Schutz überhaupt zulässig ist.[609] Das BVerfG bestätigte jedoch die Verfassungsmäßigkeit der Vorschrift.[610] Bei einer **auszugsweisen Wiedergabe** des Inhalts muss geprüft werden, ob der Schriftsatz „in wesentlichen Teilen" mitgeteilt wird. Dies scheidet jedenfalls dann aus, wenn Textpassagen oder Zitate aus dem Zusammenhang gerissen werden.[611] Auch die bloße Mitteilung des Anklagesatzes unter Ausklammerung der wesentlichen Ermittlungsergebnisse soll noch nicht genügen,[612] was jedoch zweifelhaft ist. Unter den Begriff der **„amtlichen Schriftstücke"** fallen dabei nicht nur solche, die – wie zB eine Anklageschrift – staatlichen Ursprungs sind, sondern auch Urkunden privater Verfasser, die im Rahmen der genannten Verfahren in dienstliche Verwahrung genommen wurden.[613] Dies ergibt sich zwar nicht zwingend aus dem Wortlaut der Vorschrift, entspricht aber dem Sinn und Zweck der Regelung. Der Schutz beginnt regelmäßig mit dem Beginn des (Ermittlungs-)Verfahrens und endet, wenn das amtliche Schriftstück in einer öffentlichen Verhandlung erörtert (dh jedoch nicht zwingend: wörtlich vorgelesen) wurde oder das Verfahren abgeschlossen ist. Mit dem Abschluss des Verfahrens ist der Zeitpunkt gemeint, in dem die jeweilige Entscheidung ergeht.[614] Eine rechtskräftige Beendigung des Verfahrens ist nicht erforderlich.[615] Dies wird einerseits vom Schutzzweck der Vorschrift nicht gefordert und würde andererseits auch dazu führen, dass bei einer Publikation und Erörterung von instanzgerichtlichen Entscheidungen in der Fachpresse nicht alle Erkenntnisquellen genutzt werden könnten.

---

606 BT-Drucks IV/650, 639 ff; hierzu auch BVerfGE 71, 206, 216 ff – Flick.
607 BT-Drucks 7/1261, 23; BVerfGE 71, 206, 216 f – Flick; *Wilhelm* NJW 1994, 1520, 1521; vgl auch *Hassemer* NJW 1985, 1921, 1923.
608 *Ricker/Weberling* Kap 58 Rn 7; Schönke/Schröder/*Perron* § 353d Rn 49; aA *Fischer* § 353d Rn 6; ferner LK/*Vormbaum* 12. Aufl § 353d Rn 58 (Strafbarkeit kann auch vorliegen, wenn Text „geringfügig abgeändert" wird).
609 OLG Köln JR 1980, 473, 474; *Mitsch* Medienstrafrecht § 3 Rn 123; *Schomburg* ZRP 1982, 142.
610 BVerfGE 71, 206 – Flick mit zust Anm von *Bottke* NStZ 1987, 314; *Hoffmann-Riem* JZ 1986, 494; für eine Streichung der Vorschrift hingegen *Leutheusser-Schnarrenberger* ZRP 2007, 249, 251.
611 *Ricker/Weberling* Kap 58 Rn 7; Schönke/Schröder/*Perron* § 353d Rn 50; aA *Fischer* § 353d Rn 6.
612 OLG Hamm NJW 1977, 967, 968; OLG Köln JR 1980, 473; *Ricker/Weberling* Kap 58 Rn 7; aA *Fischer* § 353d Rn 6a, welcher den Schutz des Anklagesatzes uneingeschränkt bejaht.
613 OLG Hamburg NStZ 1990, 283, 283 f; *Ricker/Weberling* Kap 58 Rn 6; Schönke/Schröder/*Perron* § 353d Rn 13; aA AG Hamburg NStZ 1988, 411; *Lackner/Kühl* § 353d Rn 4.
614 *Bottke* NStZ 1987, 314, 317; *Ricker/Weberling* Kap 58 Rn 8; Schönke/Schröder/*Perron* § 353d Rn 57; vgl auch OVG Bremen NJW 1989, 926 zur Gleichbehandlung von Fachzeitschriften bei der Veröffentlichung von Gerichtsentscheidungen.
615 So aber OLG Köln JR 1980, 473; *Fischer* § 353d Rn 6a; *Lackner/Kühl* § 353d Rn 4.

3. Die Verbreitung rechtswidriger Inhalte

231 **a) Das Verbreiten von Propagandamitteln verfassungswidriger Organisationen (§ 86 StGB).** § 86 StGB soll die Unterstützung verfassungswidriger Organisationen verhindern. Insoweit ist es verboten, rechtsstaatsgefährdende Propagandamittel dieser Organisationen in Umlauf zu bringen. Die Vorschrift ist – obwohl sie die Grundrechte der Meinungs-, Informations- und Pressefreiheit einschränkt – mit dem Grundgesetz vereinbar.[616]

232 Was unter **Propagandamittel** zu verstehen ist, regelt § 86 Abs 2 StGB. Hiernach sind nur **Schriften** iSd § 11 Abs 3 StGB[617] erfasst, deren Inhalt **gegen die freiheitlich demokratische Grundordnung oder den Gedanken der Völkerverständigung** verstößt. Einschränkend wird von der Rechtsprechung verlangt, dass die genannten Zwecke mit einer **aktiv kämpferischen, aggressiven Tendenz** verfolgt werden[618] und sich gerade gegen die Verwirklichung der angegriffenen Grundwerte in der Bundesrepublik richten, sodass vorkonstitutionelle Schriften ausscheiden.[619]

233 Erfasst sind nur Propagandamittel bestimmter, in § 86 Abs 1 StGB abschließend aufgezählter Organisationen. Dabei handelt es sich um vom BVerfG für verfassungswidrig erklärte Parteien oder deren Ersatzorganisationen (Nr 1), bestimmte verbotene Vereine (Nr 2), ausländische Organisationen, welche die vorgenannten Parteien oder Vereine unterstützen (Nr 3), sowie NS-Nachfolgeorganisationen (Nr 4).

234 Tathandlung ist in erster Linie das **Verbreiten** solcher Schriften, wobei lediglich die Verbreitung **im Inland** erfasst ist. Darüber hinaus wird jedoch auch bestraft, wer die Schriften **herstellt, vorrätig hält, einführt** oder **ausführt**, um sie im Inland oder Ausland zu verbreiten. Schließlich ist als Tathandlung auch noch das **öffentliche Zugänglichmachen in Datenspeichern** erfasst.[620]

235 Einen – insb für Medienunternehmen relevanten – Ausschlusstatbestand regelt § 86 Abs 3 StGB (sog **„Sozialadäquanzklausel"**), der in gleicher Weise auch für die Verwendung von Kennzeichen verbotener Organisationen (§ 86a StGB)[621] oder volksverhetzender Äußerungen (§ 130 StGB)[622] gilt, weshalb die Klausel an dieser Stelle umfassend erörtert werden soll. Hiernach entfällt der Tatbestand,[623] wenn entweder das Propagandamittel selbst oder aber die Tathandlung der staatsbürgerlichen Aufklärung, der Abwehr verfassungswidriger Bestrebungen, der Kunst oder der Wissenschaft, der Forschung oder der Lehre, der Berichterstattung über Vorgänge des Zeitgeschehens oder der Geschichte oder ähnlichen Zwecken dient. Leitgedanke dieser Ausnahmen ist, dass das Verbreiten der Propagandamittel in **Umkehrung ihres ursprünglichen Sinngehaltes** hier gerade dem **Schutz der verfassungsmäßigen Ordnung** dient,[624] weshalb § 86 Abs 3 StGB wiederum in all denjenigen Fällen ausscheidet, in denen – trotz Vorschiebens der genannten Gründe – das Verbreiten letztlich doch der Agitation und Propaganda (und sei es auch seitens der politischen Gegner) dienen soll.[625]

236 Als **staatsbürgerliche Aufklärung** sind alle Handlungen anzusehen, die der Vermittlung von Wissen zur Anregung der politischen Willensbildung und Verantwortungsbereitschaft der

---

616 BGHSt 23, 64, 70 f.
617 Vgl zum Schriftenbegriff des § 11 Abs 3 StGB oben Rn 55 ff.
618 BGHSt 23, 64, 72.
619 BGHSt 29, 73, 75 ff; krit hierzu *Gotke* JA 1980, 125; NK/*Paeffgen* § 86 Rn 16, 45.
620 Vgl zu den einzelnen Tathandlungen ausf oben Rn 170 ff.
621 Vgl hierzu unten Rn 240 ff.
622 Vgl hierzu unten Rn 244 f.
623 *Fischer* § 86a Rn 20; *Lackner/Kühl* § 86a Rn 7 iVm § 86 Rn 8; *Mitsch* Medienstrafrecht § 1 Rn 17 f; Schönke/Schröder/*Sternberg-Lieben* § 86a Rn 10; aA *Greiser* NJW 1969, 1155, 1156; differenzierend NK/*Paeffgen* § 86 Rn 38 ff.
624 *Greiser* NJW 1972, 1556, 1557.
625 Vgl hierzu *Greiser* NJW 1972, 1556, 1557.

Staatsbürger und dadurch der Förderung ihrer politischen Mündigkeit durch Information dienen.[626] Hiernach scheidet eine Strafbarkeit aus, wenn das (Propaganda-)Material in Aufklärungsfilmen, Ausstellungen, Geschichtsbüchern, als Schaubilder und Tonwiedergaben in politischen Seminaren oder sonst zu Unterrichtszwecken eingesetzt wird. Die staatsbürgerliche Aufklärung ist dabei kein Privileg von Schulen und sonstigen politischen Bildungsstätten, sondern kann auch durch Presse, Rundfunk, Fernsehen und sogar durch Privatpersonen durchgeführt werden.[627] Allerdings kann eine staatsbürgerliche **Aufklärung nicht durch die verfassungswidrige Organisation selbst** erfolgen.[628]

Zur **Abwehr verfassungsfeindlicher Bestrebungen** dürfen Propagandamittel insb dann 237 verwendet werden, wenn das Verhalten dazu dient, bestimmte Behörden oder die Bevölkerung zur Mitwirkung bei der Aufdeckung dieser Bestrebungen aufzurufen. Als verfassungswidrige Bestrebungen sind dabei **sämtliche politische Erscheinungsformen** anzusehen, die nach Ansicht eines größeren Bevölkerungsteils (bereits) den **Verdacht** grundgesetzwidriger Bestrebungen rechtfertigen können.[629] Wiederum ist hier allerdings eine Tätigkeit durch die verfassungswidrige Organisation selbst ebenso ausgeschlossen wie eine Handlung, die in erster Linie der Propaganda, Agitation oder Werbung seitens des politischen Gegners dient.[630]

Zulässig ist ferner eine Verbreitung der Propagandamittel zu Zwecken der **Kunst oder der** 238 **Wissenschaft**, der **Forschung** oder der **Lehre**, der Berichterstattung über Vorgänge des **Zeitgeschehens** oder der **Geschichte**. Hierunter fällt insb das Verwenden der Propagandamittel in Theaterstücken, Hörspielen, Filmen und kabarettistischen Darbietungen.

Unter die „**ähnlichen Zwecke**" fällt eine Verwendung oder Verbreitung des Propaganda- 239 materials bzw der Kennzeichen (vgl § 86a StGB), wenn dies sozial üblich oder nützlich ist und einer historisch überlieferten und sozialethisch gebilligten Gepflogenheit entspricht.[631] Maßstab der Beurteilung muss letztlich aber auch hier stets sein, dass nur Verhaltensweisen erfasst werden, die den Schutzzweck der Vorschriften der §§ 86f StGB offensichtlich nicht beeinträchtigen.[632] Erforderlich ist wiederum stets die konkrete Beurteilung des Einzelfalles. So fällt eine Verwendung von Propagandamitteln aus Übermut oder Scherz regelmäßig nicht in den Schutzbereich des § 86 Abs 3 StGB.[633] Von § 86 Abs 3 StGB erfasst ist hingegen das Verwenden von Propagandamaterial oder Kennzeichen iSd § 86a StGB zum Zwecke der offenkundigen Warnung vor dem Wiederaufleben einer verfassungswidrigen Organisation[634] oder die Verwendung historischer Fotos (zB in einem Lexikon).[635] Auch schützt § 86 Abs 3 StGB unter dem Merkmal der „anderen Zwecke" den Strafverteidiger, sofern dieser gezwungen ist, zur Verteidigung seines Mandanten (zB bei einer Anklage wegen Volksverhetzung gem § 130 StGB) Handlungen vorzunehmen, welche tatbestandlich eine der Strafnormen der §§ 86 f StGB erfüllen (zB das wörtliche

---

626 BGHSt 23, 226, 227; OLG Stuttgart MMR 2006, 387, 389; LK/*Laufhütte/Kuschel* 12. Aufl § 86 Rn 37; hierzu auch *Kohlmann* JZ 1971, 681.
627 OLG Stuttgart MMR 2006, 387, 389; *Fischer* § 86 Rn 19; *Liesching* MMR 2006, 390, 391; *Maurach/Schroeder/Maiwald* BT 2 § 84 Rn 36.
628 BGHSt 23, 226, 228f; *Fischer* § 86 Rn 10; aA *Kohlmann* JZ 1971, 681, 682f.
629 *Greiser* NJW 1969, 1155, 1156; *ders* NJW 1972, 1556, 1557.
630 Vgl hierzu *Greiser* NJW 1972, 1556, 1557.
631 *Greiser* NJW 1972, 1556, 1557; *Lüttger* GA 1960, 129, 144.
632 BGHSt 25, 30; BGHSt 25, 133, 136; BGHSt 28, 394, 396; OLG Köln NStZ 1984, 508; Schönke/Schröder/*Sternberg-Lieben* § 86a Rn 6; vgl auch OLG Celle NJW 1970, 2257; *Greiser* NJW 1972, 1556, 1557f.
633 Vgl BayObLG NJW 1962, 1878.
634 OLG Stuttgart MDR 1982, 246; Schönke/Schröder/*Sternberg-Lieben* § 86a Rn 6; vgl aber auch OLG Frankfurt NStZ 1982, 333, wonach ein Tatbestandsausschluss nach § 86a Abs 3 iVm § 86 Abs 3 StGB nicht bereits dann vorliegt, wenn der Verwender eigentlich ein (politischer oder ideologischer) Gegner des Urhebers des verfassungsfeindlichen Kennzeichens ist.
635 Schönke/Schröder/*Sternberg-Lieben* § 86a Rn 6.

Zitieren oder sinngemäße Wiedergeben eines Ausspruchs mit verfassungsfeindlichem Inhalt in der öffentlichen Hauptverhandlung).[636] Auszuscheiden ist dagegen die Verwendung und Verbreitung zu rein wirtschaftlichen Zwecken (zB die Vermarktung als Souvenirstücke oder der Einsatz zu „reißerischer" Werbung).[637]

240 **b) Das Verwenden von Kennzeichen verfassungswidriger Organisationen (§ 86a StGB).** § 86a StGB bestraft das Verwenden von Kennzeichen verfassungswidriger Organisationen. Wiederum sind in Abs 1 Nr 1 und Nr 2 verschiedene Tatvarianten aufgezählt, die auch von Medienunternehmen verwirklicht werden können.

241 Tatobjekt ist das **Kennzeichen** einer der in § 86 Abs 1 Nr 1, 2 und 4 StGB genannten verfassungswidrigen Organisationen.[638] Hierdurch werden sämtliche Gegenstände und Verhaltensweisen erfasst, die durch ihren Symbolwert auf die verfassungswidrige Organisation hinweisen, den Zusammenhalt der Mitglieder und Sympathisanten stärken und die Organisation von anderen unterscheiden. Erfasst werden dabei **alle optisch und akustisch wahrnehmbaren Sinnesäußerungen**, die nach der Verkehrsauffassung mit der Organisation in Verbindung gebracht werden, wobei das Kennzeichen **nicht körperlich fixiert sein muss**.[639] Auch der „Hitlergruß" (durchgestreckter rechter Arm) stellt somit ein Kennzeichen dar.[640] Ferner erfüllt auch das isolierte Verwenden eines Kennzeichens, d.h. ohne zusätzlichen Hinweis auf die verfassungsfeindliche Organisation, den Tatbestand des § 86a StGB, sodass das bloße Tragen eines Keltenkreuzes strafbar sein kann.[641] In § 86a Abs 2 StGB werden als Beispiele (vgl „namentlich") Fahnen, Abzeichen, Uniformstücke, Parolen und Grußformen genannt. Darüber hinaus können aber auch Lieder,[642] Symbole, Abkürzungen, Firmennamen oder Bilder[643] unter Abs 2 fallen. Verboten ist auch die Verwendung von Kennzeichen, die lediglich geringfügig verändert wurden, sofern sie trotz der Veränderung dem unbefangenen Betrachter den Eindruck eines verbotenen Kennzeichens und zugleich dessen Symbolgehalt vermitteln.[644] Dies ist nunmehr ausdrücklich in § 86a Abs 2 S 2 StGB geregelt, wonach auch Kennzeichen, die den in § 86a Abs 2 S 1 StGB umschriebenen Zeichen **zum Verwechseln ähnlich** sehen, erfasst sind. Es muss jedoch in seinem auf die verfassungswidrige Organisation hinweisenden Symbolgehalt aus sich heraus verständlich sein.[645] Sofern ein (verbotenes) verfassungswidriges Kennzeichen allerdings durch die Veränderung die Gestalt eines Zeichens annimmt, das von legalen Vereinigungen oder Institutionen benutzt und vom unbefangenen Beobachter auch diesen zugeordnet wird, scheidet eine Strafbarkeit aus.[646] Ebenso fällt eine karikaturistisch verzerrte Darstellung eines Kennzeichens, mit der die **scharfe Ablehnung der Vereinigung**, die dieses Kennzeichen üblicherweise verwendet

---

636 Schönke/Schröder/*Sternberg-Lieben* § 86 Rn 17.
637 BGHSt 23, 64, 78 f.
638 Vgl zu diesen Organisationen oben Rn 233.
639 *Stegbauer* JR 2002, 182, 184.
640 BGHSt 25, 30; BGHSt 25, 133, 136; OLG Celle NStZ 1994, 440; *Greiser* NJW 1969, 1155; *Heinrich, B* NStZ 2000, 533; LK/*Laufhütte/Kuschel* 12. Aufl § 86a Rn 6; *Mitsch* Medienstrafrecht § 3 Rn 19; Schönke/Schröder/*Sternberg-Lieben* § 86a Rn 3; *Stegbauer* JR 2002, 182, 185.
641 BGHSt 52, 364 der aber von einer Strafbarkeit absieht, wenn nach den Gesamtumständen die Verwendung des Kennzeichens nicht dem Schutzzweck des § 86 a Abs 1 Nr 1 zuwiderläuft.
642 BT-Drucks IV/430, 18; BGH MDR 1965, 923; BayObLG NJW 1962, 1878; OLG Oldenburg NStZ 1988, 74.
643 BGH MDR 1965, 923; OLG Frankfurt NStZ 1998, 356.
644 OLG Köln NStZ 1984, 508; OLG Hamburg NStZ 1981, 393; OLG Oldenburg NStZ 1988, 74; vgl aber auch BGHSt 25, 128, 130.
645 BGH NJW 1999, 435; vgl zu dieser Problematik auch BayObLG NStZ 1999, 190 mit abl Anm *Bartels/Kollorz* NStZ 2000, 648.
646 BGH NJW 1999, 435.

(hat), zum Ausdruck gebracht werden soll, nicht unter den Kennzeichenbegriff.[647] Wird ein Kennzeichen hingegen lediglich durchgestrichen, um die Ablehnung zu bekunden, ist der Kennzeichenbegriff erfüllt (es kommt dann lediglich eine anderweitige Tatbestandsrestriktion in Frage).[648] Nicht erfasst sind auch sog „Fantasiekennzeichen", die lediglich den Anschein erwecken, als seien sie ein – tatsächlich nie gebrauchtes – Kennzeichen der betreffenden Organisation.[649]

Strafbar macht sich, wer ein solches Kennzeichen entweder **verbreitet**[650] oder **öffentlich** in einer Versammlung oder in einer von ihm verbreiteten Schrift iSd § 11 Abs 3 StGB[651] **verwendet** (§ 86a Abs 1 Nr 1 StGB). Einschränkend ist jedoch zu beachten, dass die Verbreitung oder Verwendung **im Inland** stattfinden muss.[652] Ferner macht sich strafbar, wer Gegenstände, die derartige Kennzeichen darstellen oder enthalten, zur Verbreitung oder Verwendung im Inland oder Ausland herstellt, vorrätig hält, einführt oder ausführt (§ 86a Abs 1 Nr 2 StGB). 242

Wiederum ist auch hier die (Tatbestands-)Einschränkung der **Sozialadäquanzklausel** zu beachten (§ 86a Abs 3 iVm § 86 Abs 3 StGB).[653] 243

c) Die Volksverhetzung (§ 130 StGB). Der Tatbestand der **Volksverhetzung** (§ 130 StGB) kennt eine **Vielzahl verschiedener Tatvarianten**, die an **unterschiedliche Tathandlungen** anknüpfen. Gegenstand der Sanktionierung sind Äußerungen (Abs 1) oder Schriften (Abs 2 Nr 1)[654] bzw Darbietungen durch Rundfunk, Medien- oder Teledienste (Abs 2 Nr 2), die zum Hass gegen Teile der Bevölkerung oder eine bestimmte Gruppe aufstacheln oder zu Gewalt oder Willkürmaßnahmen gegen sie auffordern.[655] Ferner sind Handlungen erfasst, welche die Menschenwürde anderer dadurch angreifen, dass Teile der Bevölkerung oder der genannten Gruppen beschimpft, böswillig verächtlich gemacht oder verleumdet werden. In § 130 Abs 2 Nr 1a und Nr 1d StGB sind auch das Vorrätighalten und Verbreiten von volksverhetzenden Schriften, bzw die Kombination des Vorrätighaltens bei gleichzeitiger Verbreitungsabsicht (§ 130 Abs 2 Nr 1d iVm Nr 1a StGB) unter Strafe gestellt. Jedenfalls bei letzterem genügt bereits das Vorliegen einer einzigen Schrift, sofern der Täter mit Verbreitungsabsicht als subjektivem Element handelt.[656] In Abs 3 ist die sog **„Auschwitzlüge"** unter Strafe gestellt, dh die öffentliche Billigung, Leugnung oder Verharmlosung des unter der Herrschaft des Nationalsozialismus begangenen Völkermordes.[657] Diese muss allerdings unter den hier genannten Voraussetzungen (Eignung, den öffentlichen Frieden zu stören) getätigt werden. Nach der Rechtsprechung kann dies auch dadurch geschehen, dass jemand vom Ausland aus volksverhetzende Schriften ins Internet einstellt.[658] Schließlich ist nach § 130 Abs 4 StGB derjenige zu bestrafen, der öffentlich (oder in einer Ver- 244

---

647 BGHSt 25, 128.
648 BGHSt 51, 244.
649 BGH NJW 2005, 3223; aA noch die Vorinstanz OLG Karlsruhe NJW 2003, 1200.
650 Vgl zur Tathandlung des Verbreitens oben Rn 170 f.
651 Vgl zum Schriftenbegriff des § 11 Abs 3 StGB oben Rn 55 ff.
652 Vgl zur Problematik des inländischen Tatorts oben Rn 36 ff.
653 Vgl hierzu oben Rn 235 ff.
654 Vgl zum Schriftenbegriff des § 11 Abs 3 StGB oben Rn 55 ff.
655 Vgl zur Tatbestandsmäßigkeit der Verbreitung eines ausländerfeindlichen „politischen Programms" im Internet BGH NStZ 2007, 216; zur öffentlichen Zugänglichmachung und Verbreitung volksverhetzender Inhalte bei „facebook" durch den „Like-Klick" *Schulte/Kanz* ZJS 2013, 24, 33 ff; zu den hohen Anforderungen, die an eine Verurteilung wegen Volksverhetzung bei lediglich verdeckten Aussagen in einem Liedtext zu stellen sind, BVerfG NJW 2008, 2907 – Heimatvertriebenenlied.
656 Vgl dazu BayObLG, NStZ 2002, 258 mit zust Anm *Beisel* JR 2002, 348 und abl Anm *Schroeder* JZ 2002, 410.
657 Vgl hierzu *Beisel* NJW 1995, 997; *Brugger* AöR 128, 372, 396 ff; *Huster* NJW 1996, 487; *Stegbauer* NStZ 2000, 281; *Wandres* Die Strafbarkeit des Auschwitz-Leugnens 2000.
658 BGHSt 46, 212; vgl hierzu bereits oben Rn 42.

sammlung) die nationalsozialistische Gewalt- und Willkürherrschaft billigt, verherrlicht und rechtfertigt.[659] Dies muss allerdings wiederum in einer die Würde der Opfer verletzenden Weise geschehen, sodass der öffentliche Friede dadurch gestört wird.

245   Wiederum ist auch hier die (Tatbestands-)Einschränkung der **Sozialadäquanzklausel** zu beachten (§ 130 Abs 6 iVm § 86 Abs 3 StGB).[660]

246   **d) Die Gewaltdarstellung (§ 131 StGB).** Durch das **abstrakte Gefährdungsdelikt**[661] des § 131 StGB[662] soll den Gefahren entgegengewirkt werden, die durch die Verbreitung von Gewalttätigkeiten insb in Massenmedien (Fernsehen, Videos, DVDs) befürchtet werden. Problematisch ist die Vorschrift allerdings deswegen, weil die Wirkungen dieser Darstellungen empirisch noch nicht ausreichend erforscht sind. Es wird jedoch vermutet, dass durch den Konsum von Gewaltdarstellungen die Gewaltbereitschaft insb bei Jugendlichen wächst. Dadurch würde einerseits die Bereitschaft, Konflikte mittels Gewalt zu lösen, ansteigen, da die Schwelle, selbst Gewalt anzuwenden, durch die permanente Konfrontation mit Gewalt deutlich herabgesetzt werde. Andererseits nehme aber auch die Neugier, die dargestellte Gewalt selbst anzuwenden, zu. Erwiesen ist diese Vermutung jedoch nicht. Kennzeichnend für die Problematik ist allerdings der „Fall Jason",[663] in dem ein Jugendlicher durch den Konsum von Gewaltvideos sich mit der Hauptfigur derart identifizierte, dass er selbst – als Jason „verkleidet" – seine Schwester mit einer Axt tötete. Da eine **Gefährdung der Gesellschaft** durch die häufige Darstellung von Gewalt jedenfalls nicht auszuschließen ist,[664] wird der Gesetzgeber infolge des hohen Gefährdungspotenzials überwiegend als berechtigt angesehen, eine entsprechende Strafnorm zu erlassen. Die Problematik wird allerdings dadurch entschärft, dass die Vorschrift infolge ihrer missglückten Fassung als äußerst unpraktikabel angesehen wird.[665]

247   **Tatobjekt** sind Schriften,[666] „[...] die grausame oder sonst unmenschliche Gewalttätigkeiten gegen Menschen oder menschenähnliche Wesen [zB „Zombies"] in einer Art schildern, die eine Verherrlichung oder Verharmlosung solcher Gewalttätigkeiten ausdrückt oder die das Grausame und Unmenschliche des Vorgangs in einer die Menschenwürde verletzenden Weise darstellt." § 131 Abs 1 StGB nennt insoweit also **drei Varianten**. Jeweils wird aber vorausgesetzt, dass grausame oder (sonst) unmenschliche Gewalttätigkeiten geschildert werden. Diese Merkmale sind inhaltlich kaum ausreichend definierbar. Unter einer **grausamen Schilderung von Gewalttätigkeiten** wird man eine solche zu verstehen haben, die bei einem normalen Betrachter Schrecken, Widerwillen und Abscheu hervorruft.[667] Als Maßstab des „Unmenschlichen" dienen die in der Charta der Menschenrecht der Vereinten Nationen umschriebenen Rechte des Einzelnen als Standard.[668] Dabei kommt es nicht darauf an, ob die Gewaltanwendungen einen realisti-

---

659 Krit zu dieser Strafnorm *Bertram* NJW 2006, 1476.
660 Vgl hierzu oben Rn 235 ff.
661 *Fischer* § 131 Rn 2; LK/*Krauß* 12. Aufl § 131 Rn 7; Schönke/Schröder/*Lenckner/Sternberg-Lieben* § 131 Rn 1; aA *Maurach/Schroeder/Maiwald* BT 2 § 94 Rn 3; *Rackow* FS Maiwald 195, 201: „Risikodelikt"; SK/*Rudolphi/Stein* § 131 Rn 2.
662 Vgl zu § 131 StGB *Gerhardt* NJW 1975, 375; *von Hartlieb* UFITA 86 (1980), 101; *Meirowitz* Gewaltdarstellungen auf Videokassetten, 1993, 345 ff mit einer sehr ausf Auseinandersetzung zur Vereinbarkeit der Norm mit Art 103 Abs 2 GG; *ders* Jura 1993, 152; *Rackow* FS Maiwald 195; *Weigend* FS Herrmann 35, 40 ff.
663 BayObLG NJW 1998, 3580; vgl hierzu *Vahle* DVP 1999, 345.
664 Vgl *Erdemir* ZUM 2000, 699, 700 f; *Hodel* Kriminalistik 1986, 354.
665 Vgl *Erdemir* ZUM 2000, 699, 699, 707 f; *Fischer* § 131 Rn 1; *Lackner/Kühl* § 131 Rn 1; *Ricker/Weberling* Kap 52 Rn 20.
666 Vgl zum Schriftenbegriff des § 11 Abs 3 StGB oben Rn 55 ff.
667 *Ricker/Weberling* Kap 52 Rn 21; zu diesen Merkmalen vgl auch BT-Drucks 10/2546, 22 f.
668 *Ricker/Weberling* Kap 52 Rn 21.

schen Hintergrund haben oder frei erfunden sind.[669] Auch müssen sie nicht durch Menschen begangen werden.[670]

Zu diesen grausamen oder sonst unmenschlichen Schilderungen muss jedoch hinzukommen, dass sie in einer Art geschildert werden, die entweder eine **Verherrlichung** oder **Verharmlosung** solcher Gewalttätigkeiten ausdrückt oder aber die **Menschenwürde verletzt**. Die Anwendung von Gewalt darf also weder als etwas Heldenhaftes noch als etwas Alltägliches erscheinen. Allerdings lässt sich das Merkmal der die Menschenwürde verletzenden Darstellung kaum fassen.[671] Denn die Verletzung der Menschenwürde kann nicht bereits in der betreffenden Gewalttätigkeit als solcher gesehen werden, obwohl grausame und unmenschliche Gewalttaten stets die Menschenwürde tangieren.[672] Es müssen also noch weitere Merkmale hinzukommen, die den Menschen zum bloßen Objekt degradieren.

Als **Tathandlungen** sind in § 131 Abs 1 und Abs 2 StGB mehrere Varianten aufgeführt. In § 131 Abs 1 Nr 1 StGB wird die **Verbreitung**[673] einer der genannten Schriften unter Strafe gestellt. Nach § 131 Abs 1 Nr 2 StGB macht sich strafbar, wer eine solche Schrift öffentlich **ausstellt, anschlägt, vorführt** oder **sonst zugänglich macht**.[674] Die dem Jugendschutz dienende Vorschrift des § 131 Abs 1 Nr 3 StGB stellt es unter Strafe, wenn eine der genannten Schriften einer **Person unter 18 Jahren** angeboten, überlassen oder öffentlich zugänglich gemacht wird.[675] Ausreichend ist hier – im Gegensatz zu den übrigen Varianten – bereits die Übermittlung an **einen** Jugendlichen. Ein Verhalten gegenüber der Öffentlichkeit wird also nicht gefordert. Nach § 131 Abs 4 StGB sind jedoch die Personensorgeberechtigten von der Strafbarkeit ausgenommen, sofern sie nicht durch ihr Verhalten die Erziehungspflicht gröblich verletzen.[676] § 131 Abs 1 Nr 4 StGB enthält dagegen ein typisches **Vorbereitungsdelikt**. Strafbar ist bereits, wer es „unternimmt" (nach § 11 Abs 1 Nr 6 StGB fällt hierunter sowohl der Versuch als auch die Vollendung), eine der genannten Schriften herzustellen, zu beziehen, zu liefern, vorrätig zu halten, anzubieten, anzupreisen, einzuführen oder auszuführen.[677] Allerdings müssen diese Tathandlungen der Nr 4 von der Absicht getragen sein, die Schrift (oder aus ihr gewonnene Stücke, dh Vervielfältigungsstücke) im Sinne der übrigen Tatvarianten zu verwenden oder einem anderen eine solche Verwendung zu ermöglichen. Durch dieses Erfordernis soll gewährleistet werden, dass der bloße Konsument selbst straffrei bleibt. Schließlich ist es nach § 131 Abs 2 StGB untersagt, eine Darbietung mit dem genannten Inhalt durch Rundfunk, Medien- oder Teledienste zu verbreiten. Erfasst sind hier also **Live-Darbietungen** durch die genannten Medien. Nicht erfasst sind aber zB Theateraufführungen.[678]

Nach § 131 Abs 3 StGB werden jedoch Handlungen, die der Berichterstattung über **Vorgänge des Zeitgeschehens oder der Geschichte** dienen, von der Strafbarkeit ausgenommen. Es entfällt dann bereits der Tatbestand.[679] Diese **„Sozialadäquanzklausel"** soll es ermöglichen, dem Betrachter ein Bild von der Wirklichkeit einst und jetzt zu geben. Liegt insoweit eine realistische

---

669 BGH NStZ 2000, 307, 308 f.
670 BGH NStZ 2000, 307.
671 So auch *Fischer* § 131 Rn 12.
672 OLG Koblenz NStZ 1998, 40, 41.
673 Vgl zu diesem Merkmal oben Rn 170 f.
674 Vgl zu diesen Merkmalen oben Rn 172 ff und 178 ff.
675 Vgl zu diesen Merkmalen oben Rn 185, 181, 172 ff.
676 Vgl zu diesem „Erzieherprivileg" *Schroeder* FS Lange 391.
677 Vgl zu diesen Merkmalen oben Rn 182 ff.
678 Vgl *Fischer* § 131 Rn 14, § 184c Rn 2; Schönke/Schröder/*Lenckner/Sternberg-Lieben* § 131 Rn 12, § 184d Rn 4; SK/*Rudolphi/Stein* § 131 Rn 15, § 130 Rn 17; krit hierzu LK/*Krauß* 12. Aufl § 131 Rn 41.
679 *Fischer* § 131 Rn 15; *Mitsch* Medienstrafrecht § 3 Rn 18; aA (Rechtfertigungsgrund) *Ricker/Weberling* Kap 52 Rn 23.

Darstellung vor, wird jedoch in aller Regel bereits das Tatbestandsmerkmal der unmenschlichen Schilderung entfallen.[680]

251 Die Anwendung der Strafvorschrift des § 131 StGB gerät oftmals in Konflikt mit der durch Art 5 Abs 3 S 1 GG geschützten Kunstfreiheit.[681] Prozessual ist zu beachten, dass diejenigen, die mit den Gewaltdarstellungen konfrontiert werden, auf Grund des Charakters der Norm als abstraktes Gefährdungsdelikt, nicht als „Verletzte" anzusehen sind (und insoweit zB auch kein Klageerzwingungsverfahren betreiben können).[682]

4. Verbreitung pornografischer Schriften (§§ 184 ff StGB)

252 Pornografiedelikte stellen im Internet ein besonders häufig anzutreffendes Phänomen dar, weshalb §§ 184 ff StGB durchaus als „die medienspezifischen Delikte schlechthin" bezeichnet werden können.[683] § 184 StGB stellt bestimmte Handlungen in Bezug auf die sog „einfache" oder „weiche" Pornografie unter Strafe, § 184a, § 184b und § 184c StGB betreffen hingegen solche in Bezug auf die sog „harte" Pornografie. Während einfache Pornografie nur unter engen Voraussetzungen (insb im Zusammenhang mit dem Jugendschutz) strafrechtliche Relevanz aufweist, ist harte Pornografie grds verboten und ihre Verwendung umfassend unter Strafe gestellt.

253 **a) Die Schutzzwecke der Normen.** Die Vorschriften der §§ 184 ff StGB sind von unterschiedlichen **Schutzzwecken** getragen.[684] So dient § 184 Abs 1 Nr 1 bis Nr 5 StGB in erster Linie dem Jugendschutz. Dagegen schützt § 184 Abs 1 Nr 6 StGB das Interesse des Einzelnen, nicht gegen seinen Willen mit Pornografie konfrontiert zu werden. Dagegen werden in § 184 Abs 1 Nr 7 StGB diese beiden Schutzzwecke kombiniert. Es geht auch hier einerseits um den Jugendschutz, andererseits darum, den Einzelnen vor unerwünschter Konfrontation mit Pornografie zu bewahren. § 184 Abs 1 Nr 8 StGB betrifft Vorbereitungshandlungen im Hinblick auf die Nr 1 bis Nr 7, sodass hierdurch dieselben Rechtsgüter wie dort geschützt sind. Einen Fremdkörper stellt hingegen § 184 Abs 1 Nr 9 StGB dar, der (lediglich) Konflikten mit dem Ausland vorbeugen soll.

254 **b) Der Begriff der „pornografischen Schrift".** Die Straftatbestände der §§ 184, 184a, 184b, 184c StGB setzen das Vorliegen einer „pornografischen Schrift" voraus. Dabei wird jeweils auf den umfassenden strafrechtlichen Schriftenbegriff des § 11 Abs 3 StGB verwiesen, der auch Ton- und Bildträger, Datenspeicher, Abbildungen und andere Darstellungen erfasst.[685]

255 Als **pornografisch** gelten nach Ansicht des Gesetzgebers Darstellungen sexueller Vorgänge, die ausschließlich oder überwiegend auf die Erregung eines sexuellen Reizes beim Betrachter abzielen und dabei die im Einklang mit den allgemeinen gesellschaftlichen Wertvorstellungen gezogenen Grenzen des sexuellen Anstandes eindeutig überschreiten.[686] Da diese Aneinanderreihung einer Vielzahl wertungsausfüllungsbedürftiger Begriffe jedoch bedenklich anmutet, wurden in der Literatur vielfach Versuche unternommen, trennschärfere Begriffe zu entwickeln. So wird teilweise darauf abgestellt, dass als Pornografie inhaltlich die Verabsolutierung sexuellen Lustgewinns und die Entmenschlichung der Sexualität kennzeichnend sein sollen. Der

---

680 Vgl hierzu auch *Ricker/Weberling* Kap 52 Rn 23.
681 Vgl hierzu *Beisel* 268 ff; *Emmerich/Würkner* NJW 1986, 1195, 1201 f; *Erhardt* 25.
682 OLG Koblenz NStZ 1998, 40.
683 *Mitsch* Medienstrafrecht § 3 Rn 22.
684 Vgl dazu insb Schönke/Schröder/*Perron/Eisele* § 184 Rn 3.
685 Vgl zum Schriftenbegriff des § 11 Abs 3 StGB oben Rn 55 ff.
686 BT-Drucks VI/3521, 60; krit zu dieser Definition Eberle/Rudolf/Wasserburg/*Schmitt* Kap XI Rn 69 ff; *Fischer* § 184 Rn 7 f; *Lackner/Kühl* § 184 Rn 2.

Mensch müsse also durch die Vergröberung des Sexuellen zum bloßen Objekt geschlechtlicher Begierde degradiert werden.[687] Ferner müsse als formales Element hinzukommen, dass Sexualität in vergröbernder, aufdringlicher, übersteigernder, „anreißerischer" oder jedenfalls plump-vordergründiger Art dargestellt wird, die ohne Sinnzusammenhang mit anderen Lebensäußerungen bleibt,[688] oder dass die Darstellung „unter Hintansetzung sonstiger menschlicher Bezüge sexuelle Vorgänge in grob aufdringlicher [...] Weise in den Vordergrund rückt und ihre Gesamttendenz ausschließlich oder überwiegend auf das lüsterne Interesse an sexuellen Dingen abzielt".[689] Diese Definitionsversuche können allerdings kaum darüber hinweghelfen, dass eine aussagekräftige Bestimmung des Begriffs der Pornografie kaum gelingen kann.[690] Zudem ist dieser Begriff – wie auch die „Strafwürdigkeit" von Pornografie überhaupt – abhängig von gesellschaftlichen Wertvorstellungen. So galten zB im alten Rom Darstellungen über den Geschlechtsverkehr als unterhaltsam und befanden sich nicht nur in privaten Haushalten, sondern auch an öffentlichen Orten. Andererseits ist der Wertewandel auch stets verknüpft mit religiösen Wertvorstellungen, die in einer religiös vielschichtigen Gesellschaft zudem vielfältig sein können. Ist man sich noch einig, dass jedenfalls das direkte und deutliche Zeigen der äußeren Geschlechtsorgane, vor allem im Zusammenhang mit einem Geschlechtsverkehr, dem Begriff der Pornografie unterfällt, sind darüber hinausgehende Einordnungen äußerst problematisch. Auch die immer wieder betonte Bewertung des Einzelfalles unter Berücksichtigung des Gesamtzusammenhanges[691] führt kaum weiter. Es darf aber letztlich nicht der Wert- und Moralvorstellung des einzelnen Richters überlassen bleiben, welche Darstellungen den §§ 184 ff StGB unterfallen und welche nicht. Auch der Spruch „Ich weiß nicht, wie man Pornografie beschreibt – aber ich erkenne sie sofort" kann kaum darüber hinweghelfen, dass unter Berücksichtigung des Bestimmtheitsgrundsatzes, Art 103 Abs 2 GG, die derzeitigen Regelungen als problematisch angesehen werden müssen. Umstritten ist darüber hinaus auch insb, ob und inwieweit die in Art 5 Abs 3 GG garantierte Kunstfreiheit bereits das tatbestandliche Vorliegen von „Pornografie" beeinflusst oder erst auf einer anderen Ebene (zB als Rechtfertigungsgrund) zu berücksichtigen ist.[692]

c) Die Verbreitung pornografischer Schriften gem § 184 StGB. Die Strafnorm erfasst unter der Überschrift „Verbreitung pornografischer Schriften" unterschiedliche, im Gesetz abschließend aufgezählte Tathandlungen im Zusammenhang mit der einfachen Pornografie. So verbietet es **§ 184 Abs 1 Nr 1 StGB**, eine pornografische Schrift einem Jugendlichen (dh einer Person unter 18 Jahren) anzubieten, zu überlassen oder zugänglich zu machen.[693] Die Person muss insoweit individualisiert sein[694] und der Täter muss diesbezüglich auch mit wenigstens bedingtem Vorsatz handeln. Ein Zugänglichmachen kann unter anderem durch die Ausstrahlung von Pornografie über das Fernsehen oder den Rundfunk sowie über das Medium des Internets erfolgen.[695]

256

---

687 OLG Düsseldorf NJW 1974, 1474, 1475; OLG Karlsruhe NJW 1987, 1957; Schönke/Schröder/*Perron*/*Eisele* § 184 Rn 4.
688 BGHSt 23, 40, 44 – Fanny Hill; OLG Koblenz NJW 1979, 1467, 1468; *Lackner*/*Kühl* § 184 Rn 2; Schönke/Schröder/*Perron*/*Eisele* § 184 Rn 4; vgl ferner OLG Hamm NJW 1973, 817 zum Begriff der Unzüchtigkeit.
689 BT-Drucks VI/3521, 60; vgl auch BGHSt 37, 55, 59 f – Opus Pistorum; hierzu *Liesching*/*von Münch* AfP 1999, 37, 38.
690 So auch Eberle/Rudolf/Wasserburg/*Schmitt* Kap XI Rn 71; *Mitsch* Medienstrafrecht § 3 Rn 26.
691 BVerfGE 83, 130 – Josephine Mutzenbacher; BGH UFITA 86, 203 – Das Reich der Sinne; BGH UFITA 80, 208 – Die 120 Tage von Sodom; BGHSt 37, 55 – Opus Pistorum.
692 Vgl zu dieser Frage *Liesching*/*von Münch* AfP 1999, 37, 38 f.
693 Vgl zu diesen Tathandlungen oben Rn 185, 181, 172 ff.
694 *Fischer* § 184 Rn 10; MünchKommStGB/*Hörnle* 2. Aufl § 184 Rn 27.
695 Eberle/Rudolf/Wasserburg/*Schmitt* Kap XI Rn 73; *Hörnle* NJW 2002, 1008, 1009; *Sieber* JZ 1996, 494, 496.

257   Nach **§ 184 Abs 1 Nr 2 StGB** macht sich strafbar, wer pornografische Schriften an einem Ort, der Jugendlichen zugänglich ist (oder von ihnen eingesehen werden kann) ausstellt, anschlägt, vorführt oder sonst zugänglich macht.[696] Hier ist es also – im Gegensatz zu § 184 Abs 1 Nr 1 StGB – nicht erforderlich, dass ein bestimmter Jugendlicher tatsächlich Zugang erlangt. Es genügt, wenn die Schrift in den potentiellen Wahrnehmungsbereich eines Jugendlichen gelangt.[697] Zugänglich ist dabei jeder Ort, der ohne die Überwindung rechtlicher oder tatsächlicher Hindernisse betreten werden kann. Dabei reicht ein Hinweis „Betreten für Jugendliche unter 18 Jahren verboten" nicht aus, wenn dieses Verbot nicht ausreichend kontrolliert wird.[698] Dagegen entfällt die Strafbarkeit, wenn ein Jugendlicher die Darstellung zwar zur Kenntnis nimmt, er sich aber unter Übertretung eines rechtlichen Verbotes an einem Ort aufhält, der nur für Erwachsene zugänglich ist.[699] Für Jugendliche zugänglich ist darüber hinaus auch das Internet.[700] Einsehbar ist ein Ort, wenn jedenfalls die abstrakte Möglichkeit besteht, dass eine Person das jeweilige Tatobjekt ohne Zuhilfenahme besonderer Hilfsmittel (zB Ferngläser) erkennen kann.[701] Auch diese Tatvariante ist durch die Ausstrahlung von Pornografie über das Fernsehen oder den Rundfunk sowie über das Medium des Internets erfüllt.[702]

258   **§ 184 Abs 1 Nr 3 StGB** untersagt den gewerblichen Vertrieb pornografischer Schriften im Wege der hier im Einzelnen aufgezählten Vertriebsformen, die allesamt durch eine gewisse Anonymität gekennzeichnet sind. Untersagt ist das Anbieten oder Überlassen[703] pornografischer Schriften im Einzelhandel außerhalb von Geschäftsräumen, die von Kunden persönlich betreten werden. Unzulässig ist also zB der Vertrieb an Straßenpassanten[704] sowie in Kiosken und anderen Verkaufsstellen, die der Kunde beim Kauf nicht zu betreten pflegt. Hintergrund ist hier, dass in den genannten Fällen eine wirksame Zugangskontrolle (nur für Erwachsene) nicht gewährleistet werden kann. Dies ist bei der dritten Tatvariante, dem Vertrieb im **Versandhandel**, ebenso der Fall.[705] Hierunter versteht man jedes entgeltliche Geschäft, das im Wege der Bestellung und Übersendung einer Ware ohne persönlichen Kontakt zwischen Lieferant und Besteller vollzogen wird.[706] Unter dieses Merkmal fällt neben dem normalen Vertrieb auf dem Postweg auch die gezielte Zusendung von Computerdaten über das Internet.[707] Zweck dieser Vorschrift ist es, die durch solche Geschäfte bedingte Anonymität der Kunden zu beseitigen, damit Jugendliche nicht, wenn sie sich schriftlich oder telefonisch als Erwachsene ausgeben, problemlos über den Versandhandel an pornografisches Material gelangen können.[708] Denn selbst wenn ein Altersnachweis erforderlich ist, kann eine entsprechende wirksame Kontrolle nicht stattfinden. Daher

---

696 Vgl zu diesen Tathandlungen oben Rn 178 ff, 172 ff.
697 OLG Celle MDR 1985, 693.
698 BGH NJW 1988, 272; LK/*Laufhütte/Roggenbuck* 12. Aufl § 184 Rn 20; *Ricker/Weberling* Kap 59 Rn 16.
699 SK/*Wolters* § 184 Rn 18; abweichend aber Schönke/Schröder/*Perron/Eisele* § 184 Rn 11, die darauf abstellen, dass der Ort nach Überwindung des rechtlichen Hindernisses jedenfalls faktisch zugänglich geworden sei.
700 *Ricker/Weberling* Kap 59 Rn 15; Schönke/Schröder/*Perron/Eisele* § 184 Rn 11, 32.
701 *Ricker/Weberling* Kap 59 Rn 16; SK/*Wolters* § 184 Rn 29 – aA (abzustellen sei nicht auf das konkrete Tatobjekt, sondern darauf, dass das Ladengeschäft insgesamt nicht einsehbar sei) BayObLG MDR 1986, 696; OLG Hamburg NJW 1992, 1184; OLG Hamm NStZ 1988, 415.
702 Eberle/Rudolf/Wasserburg/*Schmitt* Kap XI Rn 73; *Gercke* ZUM 2003, 349, 351; *Hörnle* NJW 2002, 1008, 1010; *Sieber* JZ 1996, 494, 496; speziell für das Internet KG ZUM 2004, 571; OLG Düsseldorf ZUM 2004, 480.
703 Vgl zu diesen Tathandlungen oben Rn 185, 181.
704 *Ricker/Weberling* Kap 59 Rn 18.
705 Vgl hierzu OLG Hamburg AfP 1987, 433; zum Begriff des Versandhandels auch OLG München NJW 2004, 3344, 3346, das hier die Legaldefinition des § 1 Abs 4 JuSchG anwenden möchte.
706 BVerfG NJW 1982, 1512; BGH ZUM 2007, 846, 849 – eBay.
707 *Beisel/Heinrich*, B JR 1996, 95, 97; Eberle/Rudolf/Wasserburg/*Schmitt* Kap XI Rn 74; Schönke/Schröder/*Perron/Eisele* § 184 Rn 22.
708 *Beisel/Heinrich*, B JR 1996, 95, 97.

ist ein solches umfassendes Verbot hier zulässig.[709] Auch bei den im Tatbestand genannten gewerblichen Leihbüchereien[710] und Lesezirkeln, die gegen Entgelt Schriften vermieten, wird infolge der außerordentlichen Breitenwirkung die Gefahr als besonders groß angesehen, dass die Schriften in die Hände von Jugendlichen gelangen.[711] Auch der Versand von Decodiergeräten und -karten verschlüsselter Fernsehsender ohne vorherigen persönlichen Vertragsabschluss fällt hierunter.[712]

Nach **§ 184 Abs 1 Nr 3a StGB** ist auch das Anbieten und Überlassen[713] pornografischer 259
Schriften im Wege der gewerblichen Vermietung oder der sonstigen gewerblichen Gebrauchsüberlassung strafbar. Erfasst sind hierbei insb Videotheken. Ausgenommen sind hier jedoch Ladengeschäfte,[714] die für Jugendliche nicht zugänglich sind und von ihnen auch nicht eingesehen werden können. Werden in einer Videothek (auch) pornografische Videos angeboten, so hat eine räumliche und organisatorische Trennung der Bereiche zu erfolgen.[715] Nicht ausreichend ist die bloße Abtrennung eines bestimmten Bereichs innerhalb des Geschäftes mittels eines Vorhangs („shop-in-the-shop-System").[716] Ein „Ladengeschäft" setzt nicht notwendig die Anwesenheit von Personal voraus, sodass auch „Automatenvideotheken" zulässig sind,[717] sofern durch umfassende technische Sicherungen gewährleistet ist, dass Jugendliche das Angebot nicht nutzen können.[718] Nach § 184 Abs 2 S 2 StGB gilt das Verbot jedoch nicht, wenn die Handlung im Geschäftsverkehr mit gewerblichen Entleihern erfolgt.

Mit der Strafbarkeit des Einführens pornografischer Schriften im Wege des Versandhandels, 260
§ 184 Abs 1 Nr 4 StGB, soll verhindert werden, dass ausländische Versandhäuser den deutschen Markt mit einfacher Pornografie überschwemmen. Daher ist auch nur der Versandhändler, nicht aber der Besteller strafbar.[719] Strafbar ist hier zudem der Versuch („einzuführen unternimmt", vgl § 11 Abs 1 Nr 6 StGB).

§ 184 Abs 1 Nr 5 StGB enthält – wiederum im Hinblick auf den Schutz von Jugendlichen – 261
ein umfassendes Werbeverbot für pornografische Schriften. Verboten ist das Anbieten, Ankündigen und Anpreisen[720] von Pornografie an Orten, die für Jugendliche zugänglich sind oder von ihnen eingesehen werden können.[721] Darüber hinaus ist auch die öffentliche Werbung in Form der Verbreitung von Werbematerial (also etwa im Wege des Postversands) allgemein untersagt. Ausgenommen ist hiervon allerdings der Geschäftsverkehr mit dem „einschlägigen Handel". Hintergrund der Regelung ist, dass Jugendliche nicht durch exzessive Werbemaßnahmen Interesse an pornografischem Material entwickeln und auf die entsprechenden Bezugsquellen auf-

---

709 BVerfGE 30, 336, 349; BVerfGE 77, 346, 356; BVerfG NJW 1982, 1512; *Beisel/Heinrich*, B JR 1996, 95, 97; *von der Horst* ZUM 1993, 227, 229.
710 Ist das Unternehmen allerdings gerade auf den Verleih pornografischer Schriften spezialisiert, gilt § 184 Abs 1 Nr 3a StGB als Sondervorschrift.
711 Vgl Schönke/Schröder/*Perron*/*Eisele* § 184 Rn 23; krit hierzu *Schroeder* JR 1977, 231, 233 f, der die Vorschrift daher für verfassungswidrig hält.
712 *Beisel/Heinrich*, B JR 1996, 95, 97 f.
713 Vgl zu diesen Tathandlungen oben Rn 185, 181.
714 Zum Begriff des Ladengeschäfts vgl BGH NJW 1988, 272; BGH NJW 2003, 2838, 2839; *Führich* NJW 1986, 1156.
715 Vgl hierzu *Fischer* § 184 Rn 14.
716 BT-Drucks 10/8001; *Ricker/Weberling* Kap 59 Rn 18.
717 BGHSt 48, 278, 281 ff – Automatenvideothek; *Hörnle* NStZ 2004, 150; *Ricker/Weberling* Kap 59 Rn 18a; aA LG Stuttgart NStZ-RR 2003, 76, 77.
718 Zu den erforderlichen Sicherungsmaßnahmen anschaulich BGHSt 48, 278, 282 ff; *Ricker/Weberling* Kap 59 Rn 18a.
719 LG Freiburg NStZ-RR 1998, 11; *Ricker/Weberling* Kap 59 Rn 22.
720 Vgl zu diesen Tathandlungen oben Rn 185 ff.
721 Vgl hierzu aus der Rechtsprechung BGHSt 34, 218; zu den Merkmalen „zugänglich" und „einsehbar" vgl oben Rn 257.

merksam gemacht werden sollen.[722] Vor diesem Hintergrund sind auch Werbeanzeigen in allgemein zugänglichen Zeitschriften zu beurteilen. Wird hier allerdings in einer Art und Weise für pornografisches Material geworben, die (nur) für interessierte und informierte Kreise, nicht aber für den durchschnittlichen Leser als solche erkennbar ist (sog „neutrale" Werbung) und die daher beim unbefangenen Leser kein Interesse weckt, ist die Strafnorm nicht erfüllt.[723]

262   Nicht in erster Linie vom Gedanken des Jugendschutzes getragen ist die Strafnorm des **§ 184 Abs 1 Nr 6 StGB**, welche die Allgemeinheit davor schützt, gegen den eigenen Willen mit Pornografie konfrontiert zu werden. Verboten ist es, eine Schrift an einen anderen gelangen zu lassen, ohne von diesem hierzu aufgefordert worden zu sein. Ausreichend ist es, wenn die Darstellung – entgeltlich oder unentgeltlich – in den Verfügungsbereich eines anderen gebracht wird, sodass dieser hiervon Kenntnis nehmen kann. Dies ist bei unverlangtem Zusenden von Briefen oder E-Mails stets der Fall. Eine Ausnahme ist aber dann zu machen, wenn der Empfänger selbst noch aktiv tätig werden muss, also etwa bei der unverlangten Zusendung einer E-Mail erst noch über einen Link eine Internet-Seite aufrufen muss.[724]

263   Untersagt ist nach **§ 184 Abs 1 Nr 7 StGB** das Aufführen eines pornografischen Films im Rahmen einer öffentlichen Filmvorführung, sofern hierfür ein Entgelt zu entrichten ist, welches ganz oder überwiegend für diese Vorführung verlangt wird.[725] Aus einem Umkehrschluss ergibt sich, dass damit solche Fälle ausgenommen sind, in denen der Film lediglich im Hintergrund ausgestrahlt wird und das Hauptaugenmerk zB auf dem Verzehr (und der Bezahlung) von Getränken liegt.[726] Entscheidend für das Kriterium der Öffentlichkeit ist die Möglichkeit, dass jedermann die Veranstaltung besuchen kann. Auf die Bezeichnung kommt es dabei nicht an, sodass auch eine für jedermann zugängliche „Club-Veranstaltung" erfasst wird.[727]

264   **§ 184 Abs 1 Nr 8 StGB** stellt eine Vorbereitungshandlung unter Strafe. Verboten ist das Herstellen, Beziehen, Liefern, Vorrätighalten oder Einführen pornografischer Schriften zu dem Zweck, diese (oder hieraus gewonnene Vervielfältigungsstücke) im Sinne der sonstigen Tathandlungen entweder selbst zu verwenden oder einem anderen eine solche Verwendung zu gestatten.[728] Auch hier ist bereits der Versuch strafbar („unternimmt"; vgl § 11 Abs 1 Nr 6 StGB). Ein Herstellen ist zB auch dann anzunehmen, wenn pornografische Fotografien eingescannt werden und dadurch eine pornografische Bilddatei hergestellt wird, die ins Internet eingestellt werden soll.[729]

265   Schließlich stellt **§ 184 Abs 1 Nr 9 StGB** die Ausfuhr von pornografischen Schriften unter Strafe, wenn diese dazu dienen soll, die Schriften (oder aus ihnen gewonnene Vervielfältigungsstücke) unter Verstoß gegen die entsprechenden ausländischen Strafvorschriften zu verbreiten

---

722   BGHSt 34, 94, 98; BGHSt 34, 218, 219.
723   BGHSt 34, 94, 99; BGH NJW 1977, 1695; BGH NJW 1989, 409; OLG Frankfurt NJW 1987, 454; OLG Karlsruhe NJW 1984, 1975, 1976f; *Beisel/Heinrich*, B JR 1996, 95, 98; *Cramer* AfP 1989, 611; *Ricker/Weberling* Kap 59 Rn 17; *Meier* NJW 1987, 1610; Schönke/Schröder/*Perron/Eisele* § 184 Rn 31; SK/*Wolters* § 184 Rn 48; vgl auch *von der Horst* ZUM 1993, 227, 228.
724   *Fischer* § 184 Rn 17; vgl hierzu aber auch BGHSt 47, 55, 60, wo ausgeführt wird, dass für das Zugänglichmachen bereits das Eröffnen der Zugriffsmöglichkeit ausreiche, da der Anbieter bereits mit dem Einrichten des Links aktiv werde.
725   Vgl zu dieser Vorschrift OLG Stuttgart NJW 1981, 999 (LS); zur Verfassungsmäßigkeit BVerfGE 47, 109, 115; BGHSt 29, 68, 70; BGH NJW 1997, 2207; krit Schönke/Schröder/*Perron/Eisele* § 184 Rn 38a.
726   Zur Abgrenzung vgl LK/*Laufhütte/Roggenbuck* 12. Aufl § 184 Rn 38f; ferner OLG Koblenz MDR 1978, 776; vgl ferner zur Frage, ob auch (codierte) Fernsehsendungen hierunter fallen *Beisel/Heinrich*, B JR 1996, 95, 98; *von der Horst* ZUM 1993, 227, 229.
727   OLG Hamm NJW 1973, 817; *Ricker/Weberling* Kap 59 Rn 19.
728   Vgl zu dieser Vorschrift BGHSt 29, 68.
729   Eberle/Rudolf/Wasserburg/*Schmitt* Kap XI Rn 74; Schönke/Schröder/*Perron/Eisele* § 184 Rn 43.

oder öffentlich zugänglich zu machen[730] bzw eine solche Verwendung zu ermöglichen.[731] Durch die Wendung „auszuführen unternimmt" ist hier (vgl § 11 Abs 1 Nr 6 StGB) auch der Versuch unter (Vollendungs-)Strafe gestellt.[732] Umstritten ist die bloße Durchfuhr, die sowohl unter dem Gesichtspunkt der Einfuhr (Nr 4) als auch der Ausfuhr (Nr 9) strafrechtliche Relevanz besitzen kann.[733]

Zu beachten ist schließlich noch das **„Erzieherprivileg"** des **§ 184 Abs 2 StGB**. Danach 266 bleibt der Personensorgeberechtigte straflos, sofern er nicht durch das Anbieten, Überlassen oder Zugänglichmachen seine Erziehungspflicht gröblich verletzt. Für sog „harte" Pornografie, § 184a StGB, gibt es ein solches Privileg nicht. Da bei einer bloßen Weitergabe im Familienkreis eine Strafbarkeit aber in der Regel bereits an einer tatbestandsmäßigen Handlung scheitern wird (§§ 184a ff StGB erfasst nur das Verbreiten, öffentliche Zugänglichmachen, Herstellen und Anbieten etc nicht aber die individuelle Weitergabe oder das individuelle Überlassen), muss doch wieder auf § 184 Abs 1 Nr 1 StGB zurückgegriffen werden, bei dem dann aber aufgrund der in diesen Fällen zumeist vorliegenden gröblichen Verletzung der Erziehungspflicht das Erzieherprivileg nicht greift.[734]

Der Täter muss im Hinblick auf die Verwirklichung der einzelnen Varianten des § 184 Abs 1 267 StGB **vorsätzlich** handeln. Dazu muss er die einzelnen Tatumstände kennen, nicht erforderlich ist, dass er selbst die entsprechende Schrift für pornografisch hält. Hier ist lediglich ein – zumeist vermeidbarer – Verbotsirrtum möglich.[735]

d) Die Verbreitung pornografischer Darbietungen durch Rundfunk, Medien- oder Te- 268 **ledienste (§ 184d StGB).** § 184d StGB stellt ausdrücklich klar, dass die Vorschrift des § 184 StGB (Gleiches gilt für § 184a bis § 184c StGB) auch für die Verbreitung pornografischer Darbietungen durch den Rundfunk sowie durch Medien- oder Teledienste gilt. Die Vorschrift ist deswegen erforderlich, weil in den genannten Vorschriften über das Merkmal der „Schrift" nur körperlich fixierte, nicht aber Live-Darbietungen erfasst sind.[736] Diese Live-Darbietungen werden nun über § 184d StGB den Schriften gleichgestellt. Der Begriff des **Rundfunks** umfasst den gesamten Fernseh- und Hörfunk über Funk, Leitung („Kabel") oder Satellit, wobei sowohl öffentlich-rechtlich als auch privatrechtlich organisierte Sender erfasst sind.[737] Das Gesetz enthält (noch) eine Unterscheidung zwischen **Mediendiensten** und **Telediensten**, welche in unterschiedlichen Gesetzen, dem MDStV der Länder und dem TDG des Bundes, geregelt waren. Durch das **Telemediengesetz** (TMG) vom 26.2.2007,[738] welches die genannten Rechtsnormen ablöste, ist die begriffliche Unterscheidung zwischen Medien- und Telediensten heute ohne rechtliche Bedeutung, da beide Begriffe nunmehr unter dem Oberbegriff **„Telemedien"** zusammengefasst werden.[739] Da mit der Schaffung des TMG aber keine inhaltliche Änderung bezweckt war, gehen

---

730 Vgl zu diesen Tathandlungen oben Rn 170 ff.
731 Zweifelnd hinsichtlich der Verfassungsmäßigkeit der Norm Fischer § 184 Rn 22; Ricker/Weberling Kap 59 Rn 22.
732 Vgl zu der weitergehenden Frage, ob – und unter welchen Voraussetzungen – die Zollbehörden den Inhalt von Postsendungen im Hinblick auf ihren möglichen pornografischen Charakter prüfen und im Einzelfall eine Beschlagnahme bzw Einziehung vornehmen können Ricker/Weberling Kap 59 Rn 22; zur alten Rechtslage auch BGH NJW 1970, 2071.
733 Vgl hierzu OLG Schleswig NJW 1971, 2319.
734 Mitsch Medienstrafrecht § 3 Rn 28.
735 So auch Ricker/Weberling Kap 59 Rn 24; allerdings lässt sich hier auch ein vorsatzausschließender Tatbestandsirrtum diskutieren, sofern man bei einem Irrtum über normativ geprägte Tatbestandsmerkmale einen solchen grds auch bei einer falschen rechtlichen Bewertung von zutreffend erkannten Tatsachen als zulässig erachtet.
736 BVerwG NJW 2002, 2966, 2967; Fischer § 184d Rn 2.
737 Fischer § 184d Rn 4.
738 BGBl 2007 I S 179.
739 BT-Drucks 16/3078, 11.

die bisherigen Medien in dem neuen Begriff vollumfänglich auf. Damit sind als Mediendienste entsprechend § 2 Abs 1 MDStV aF Angebote von an die Allgemeinheit gerichteten Informations- und Kommunikationsdiensten in Text, Ton oder Bild, die unter Benutzung elektromagnetischer Schwingungen ohne Verbindungsleitung oder mittels eines Leiters verbreitet werden, umfasst. Hierunter fällt insb auch das „Pay-TV" (vgl § 2 Abs 2 Nr 4 MDStV aF).[740] Schließlich wurden mit dem Begriff der **Teledienste** nach der Legaldefinition des § 2 Abs 1 TDG aF 2001 elektronische Informations- und Kommunikationsdienste umschrieben, die für eine individuelle Nutzung von kombinierbaren Daten wie Zeichen, Bilder oder Töne bestimmt sind und denen eine Übermittlung mittels Telekommunikation zu Grunde liegt. Hierunter fällt insb auch das Internet (vgl § 2 Abs 2 Nr 3 TDG aF 2001).

269 Entscheidend ist allerdings die in § 184d StGB aufgenommene **Ausnahme**: Eine Strafbarkeit nach § 184 Abs 1 StGB entfällt, wenn die Verbreitung durch Medien- oder Teledienste (dh jetzt: Telemedien) erfolgt und durch technische Vorkehrungen sichergestellt ist, dass die pornografische Darbietung Jugendlichen nicht zugänglich ist (vgl hierzu auch § 4 Abs 2 S 2 JMStV). Fraglich ist dabei, welche Anforderungen hier an die entsprechenden Sicherungsmaßnahmen zu stellen sind. Erforderlich sind effektive Zugangshindernisse seitens des Anbieters, die einen Zugriff für Unbefugte nahezu ausschließen.[741] Als nicht ausreichend wird es dabei angesehen, wenn über das Internet lediglich das Alter abgefragt oder die Eingabe der Identitätsnummer des Personalausweises gefordert wird.[742] Ebenfalls nicht hinreichend ist die Zuteilung einer Geheimnummer, bei der eine Alterskontrolle lediglich dadurch erfolgt, dass der Betreffende eine Ausweiskopie übersenden muss.[743] Nicht genügen kann auch die bloße Kostenpflichtigkeit eines bestimmten Angebots, da dies lediglich ein – bei Jugendlichen zumal meist untaugliches – psychisches, nicht aber ein physisches Zugangshindernis darstellt.[744] Insb bei Pay-TV-Sendungen wird auch die bloße Vergabe von PINs zur Freischaltung oder die Überlassung von Magnetkarten oder anderen Schlüsseln zur Decodierung als nicht ausreichend angesehen.[745] Dagegen genügen die derzeit von den Sendern angewandten Methoden der persönlichen Identifizierung des Nutzers und der Rückmeldung in Verbindung mit der Ausgabe von Zugangs-Codes den Anforderungen.[746]

270 **e) Die Verbreitung gewalt- oder tierpornografischer Schriften (§ 184a StGB).** In § 184a StGB ist ein strafrechtliches **Totalverbot** für die Verbreitung (nicht aber für den Erwerb und den Besitz!) von gewalt- und tierpornografischen Schriften iSd § 11 Abs 3 StGB[747] angeordnet. Hierunter fallen Schriften, die Gewalttätigkeiten (zB einen Sexualmord, eine Vergewaltigung oder eine Folterung aus sexuellen Motiven) oder sexuelle Handlungen von Menschen mit Tieren zum Gegenstand haben.

271 Verboten sind sämtliche Formen der Verbreitung im weiteren Sinne, so die Verbreitung (Nr 1)[748] und das öffentliche Ausstellen, Anschlagen, Vorführen oder sonstige Zugänglichmachen (Nr 2).[749] Ferner werden von § 184a Nr 3 StGB auch das Herstellen, Beziehen, Liefern, Vorrä-

---

740 Vgl zum Pay-TV insb BVerwG JZ 2002, 1057.
741 KG ZUM 2004, 571, 572 ff; OLG Düsseldorf ZUM 2004, 480, 481 f; Eberle/Rudolf/Wasserburg/*Schmitt* Kap XI Rn 76; *Ricker/Weberling* Kap 59 Rn 15; vgl hierzu auch *Strömer* 284 ff.
742 *Ricker/Weberling* Kap 59 Rn 15.
743 Eberle/Rudolf/Wasserburg/*Schmitt* Kap XI Rn 76; *Hörnle* NJW 2002, 1008, 1010.
744 *Ricker/Weberling* Kap 59 Rn 15.
745 *Fischer* § 184d Rn 7.
746 *Fischer* § 184d Rn 7.
747 Zum Schriftenbegriff des § 11 Abs 3 StGB vgl oben Rn 55 ff.
748 Vgl zu dieser Tathandlung oben Rn 170 f.
749 Vgl zu diesen Tathandlungen oben Rn 178 ff, 172 ff.

tighalten, Anbieten, Ankündigen, Anpreisen, Einführen oder Ausführen erfasst,[750] sofern diese Handlungen dazu dienen sollen, die Schriften später für eine Verbreitung im Sinne der Nr 1 oder 2 zu verwenden oder einem Dritten eine solche Verwendung zu ermöglichen. Im Falle des Ein- und Ausführens reicht hier („unternimmt"; § 11 Abs 1 Nr 6 StGB) auch der Versuch.

f) Verbreitung, Erwerb und Besitz kinderpornografischer Schriften (§ 184b StGB). 272
Noch umfassender als gewalt- oder tierpornografische Schriften werden pornografische Schriften iSd § 11 Abs 3 StGB,[751] die den sexuellen Missbrauch von Kindern zum Gegenstand haben **(kinderpornografische Schriften)**, unter ein strafrechtliches Verbot gestellt.[752] Dabei versteht das Gesetz unter einem „Kind" eine Person unter vierzehn Jahren.[753] Bei der Frage, was unter einem „sexuellen Missbrauch" eines Kindes zu verstehen ist, verweist § 184b StGB ausdrücklich auf den Tatbestand des § 176 Abs 1 StGB.

Verboten sind nach § 184b Abs 1 StGB sämtliche Formen der **Verbreitung** im weiteren Sinne. 273
Nr 1 nennt die Verbreitung kinderpornografischer Schriften,[754] die insb im Bereich des Internets bereits dann vollendet ist, wenn die Datei auf dem Rechner des Empfängers angekommen ist.[755] In Nr 2 wird das öffentliche Ausstellen, Anschlagen, Vorführen oder sonstige Zugänglichmachen erfasst.[756] Ein öffentliches Ausstellen liegt beispielsweise dann vor, wenn sich der Täter über eine Tauschbörse kinderpornografische Dateien verschafft und diese in Ordnern ablegt, die für andere Tauschbörsenbenutzer frei gegeben sind, sodass diese ungehindert darauf Zugriff nehmen können.[757] Ferner werden von der Nr 3 auch das Herstellen, Beziehen, Liefern, Vorrätighalten, Anbieten, Ankündigen, Anpreisen, Einführen oder Ausführen mit einbezogen,[758] sofern diese Handlungen dazu dienen sollen, die Schriften später für eine Verbreitung im Sinne der Nr 1 oder Nr 2 zu verwenden oder einem Dritten eine solche Verwendung zu ermöglichen. Im Falle des Ein- und Ausführens reicht hier („unternimmt"; § 11 Abs 1 Nr 6 StGB) auch der Versuch. Die angedrohte Strafe ist mit Freiheitsstrafe von drei Monaten bis zu fünf Jahren höher als bei § 184a StGB.

Eine Erweiterung im Vergleich zu § 184a StGB ist auch durch die Aufnahme der Regelung 274 der Abs 2 bis 6 des § 184b StGB zu verzeichnen. So wird nach **Abs 2** auch derjenige bestraft, der es unternimmt (vgl § 11 Abs 1 Nr 6) einem anderen den Besitz von kinderpornografischen Schriften zu verschaffen, die ein tatsächliches oder wirklichkeitsnahes Geschehen wiedergeben. **§ 184b Abs 3** enthält eine Qualifikation für gewerbsmäßiges oder bandenmäßiges Handeln, sofern die Schriften ein tatsächliches oder wirklichkeitsnahes Geschehen wiedergeben. Als Besonderheit im Vergleich zu den übrigen Strafvorschriften ist **§ 184b Abs 4 StGB** anzusehen, der bereits den **Besitz von kinderpornografischen Schriften**, die ein tatsächliches oder wirklichkeitsnahes Geschehen wiedergeben, unter Strafe stellt.[759] Die Strafdrohung ist mit Freiheitsstrafe bis zu zwei Jahren oder Geldstrafe allerdings geringer. Strafbar ist hierbei bereits der Versuch

---

750 Vgl zu diesen Tathandlungen oben Rn 182 ff, 194.
751 Zum Schriftenbegriff des § 11 Abs 3 StGB vgl oben Rn 55.
752 Vgl hierzu (zur alten Rechtslage) *Berger-Zehnpfund* Kriminalistik 1996, 635.
753 Zur geplanten Erweiterung auf Schriften, die sexuelle Handlungen von, an und vor Personen unter 18 Jahren zum Gegenstand haben vgl BT-Drucks 16/3439; krit dazu *Reinbacher/Wincierz* ZRP 2007, 195, 196 ff.
754 Vgl zu dieser Tathandlung oben Rn 1170 f.
755 BGH NJW 2001, 3558, 3559: Es genügt bereits das „Ankommen" im Arbeitsspeicher; krit hierzu *Lindemann/Wachsmuth* JR 2002, 206.
756 Vgl zu diesen Tathandlungen oben Rn 178 ff; 172 ff.
757 LG Wuppertal NStZ 2008, 463, 464; hier wird auch ausgeführt, dass sich inzwischen selbst der computertechnische Laie, der sich einer Tauschbörsen-Software bedient, kaum mehr darauf berufen kann, er habe nicht gewusst, dass er anderen die entsprechenden Ordner zur Verfügung stelle.
758 Vgl zu diesen Tathandlungen oben Rn 182, 194, 183 ff.
759 Vgl zu dieser Vorschrift *Heinrich, M* NStZ 2005, 361.

("Wer es unternimmt"; vgl § 11 Abs 1 Nr 6 StGB). Insoweit macht sich bereits derjenige strafbar, der einen potentiellen Verkäufer nach kinderpornografischen Schriften fragt oder eine entsprechende Anzeige schaltet. Grund dieser extrem weitgehenden Bestrafung auch des Besitzes ist die den Konsumenten zugeschriebene mittelbare Verantwortlichkeit für das Vorhandensein eines entsprechenden Marktes, der durch eine extensive Bestrafung ausgetrocknet werden soll.[760] Als „Besitz" ist dabei anzusehen, wenn eine Datei mit kinderpornografischem Inhalt auf einem eigenen Datenträger (Festplatte, CD-Rom, Diskette etc) abgespeichert wird. Dies ist auch dann der Fall, wenn eine E-Mail zwischengespeichert wird. Fraglich ist hingegen, ob auch das bloße Abrufen und Betrachten kinderpornografischer Dateien im Internet bereits als „Besitz" anzusehen sind, da hierzu jedenfalls ein Laden in den Arbeitsspeicher bzw den Cache-Speicher der Festplatte erforderlich ist. Insb was Letzteres angeht, bejahten Rechtsprechung[761] und einige Stimmen in der Literatur[762] eine wenigstens vorübergehende Verkörperung und daher einen Besitz. Allerdings stößt diese Sichtweise durchaus auch auf Kritik. Diese beginnt bereits bei der Subsumtion von unkörperlichen Daten unter das Merkmal „Schriften".[763] Daraus ergibt sich auch der zweite Kritikpunkt, der in der Begründung von Sachherrschaft an unkörperlichen Daten liegt.[764] Hierbei hat sich das OLG Hamburg wohl zu sehr an dem vom BGH postulierten Verbreitungsbegriff orientiert, für den eine Speicherung im flüchtigen Arbeitsspeicher bereits ausreichte.[765] Auch die subjektive Tatseite, insb der Herrschaftswille ist in diesen Konstellationen, in denen gerade auf eine gesonderte Speicherung durch den Betrachter verzichtet wird, fraglich.[766] Für die Strafbarkeit des bloßen Betrachtens kinderpornographischer Schriften ist der Gesetzgeber zum Handeln aufgerufen.[767] **§ 184b Abs 5 StGB** stellt allerdings klar, dass die Strafdrohung nicht für Handlungen gilt, die ausschließlich der Erfüllung rechtmäßiger dienstlicher oder beruflicher Pflichten dienen.[768] **§ 184b Abs 6 StGB** enthält schließlich eine Sonderregelung über den erweiterten Verfall und die Voraussetzung einer erweiterten Einziehung.

275 **g) Verbreitung, Erwerb und Besitz jugendpornografischer Schriften (§ 184c StGB).** Der erst im Jahre 2008[769] ins Gesetz aufgenommene § 184c StGB bestraft die Verbreitung, den Erwerb und auch den Besitz sog „jugendpornografischer Schriften". Hierunter versteht das Gesetz pornografische Schriften, die sexuelle Handlungen von, an oder vor Personen **zwischen 14 und 18 Jahren** zum Gegenstand haben. Die Norm entspricht in Aufbau und Inhalt § 184b StGB (kinderpornografische Schriften), enthält jedoch an einigen Stellen leichte Unterschiede: So ist der Strafrahmen im Grundtatbestand des Abs 1 Freiheitsstrafe bis zu drei Jahren oder Geldstrafe (im Gegensatz zu Freiheitsstrafe von drei Monaten bis zu fünf Jahren ohne die Möglichkeit, eine Geldstrafe zu verhängen in § 184b Abs 1). Auch die Qualifikation in Abs 3 wird milder bestraft

---

760 *Duttge/Hörnle/Renzikowski* NJW 2004, 1065, 1070; *Heinrich, M* NStZ 2005, 361, 362; vgl hierzu auch BT-Drucks 12/3001, 5; BT-Drucks 12/4883, 8.
761 OLG Schleswig NStZ-RR 2007, 41; OLG Hamburg NJW 2010, 1893.
762 *Harms* NStZ 2003, 647, 649 f; *Heinrich, M* NStZ 2005, 361, 363 f; *Matzky* ZRP 2003, 167, 168; vgl hierzu auch LG Stuttgart NStZ 2003, 36, 36 f.
763 *Brodowski* StV 2011, 105, 105 f; *Eckstein* NStZ 2011, 18, 19.
764 *Eckstein* NStZ 2011, 18, 20; *Hörnle* NStZ 2010, 704, 706; *Mintas* NJW 2010, 1897, 1898; ebenfalls krit *Hecker* JuS 2010, 928, 930.
765 *Brodowski* StV 2011, 105, 106; *Fischer* § 184b Rn 21 f.
766 *Brodowski* StV 2011, 105, 106; *Fischer* § 184b Rn 21b; *Hilgendorf/Valerius* Rn 309; *Mintas* NJW 2010, 1897, 1897 f.; *Mitsch* Medienstrafrecht § 3 Rn 35.
767 *Eckstein* NStZ 2011, 18, 21; *Mintas* NJW 2010, 1897, 1898; die ausdrückliche Kriminalisierung einer solchen Tathandlung forciert auch die EU-Kommission, zum Teil wird auch eine Einschränkung einer solchen Strafbarkeit auf die gewohnheitsmäßiges Zugangsverschaffung gefordert, vgl *Brodowski* StV 2011, 105, 107 f.
768 Zu dieser Einschränkung der Strafbarkeit vgl *Mitsch* Medienstrafrecht § 3 Rn 34.
769 Eingefügt durch Gesetz v 31.10.2008, BGBl 2008 I S 2149, in Kraft getreten am 5.11.2008.

(Freiheitsstrafe von drei Monaten bis zu fünf Jahren statt einer solchen von sechs Monaten bis zu zehn Jahren in § 184b Abs 3). Auch Abs 4 sieht beim verbotenen Besitz einen geringeren Strafrahmen vor (Freiheitsstrafe bis zu einem Jahr oder Geldstrafe statt Freiheitsstrafe bis zu zwei Jahren oder Geldstrafe). Zudem wird hier nur derjenige mit Strafe bedroht, der es „unternimmt, sich den Besitz jugendpornografischer Schriften zu verschaffen, die ein tatsächliches Geschehen wiedergeben". Ausgenommen sind also Schriften, die lediglich ein „wirklichkeitsnahes" Geschehen wiedergeben. Zudem sieht Abs 4 Satz 2 eine Straffreiheit für Handlungen von Personen vor, die jugendpornografische Schriften von Personen unter 18 Jahren mit Einwilligung der dargestellten Person hergestellt haben. Die Privilegierung wirkt dabei über den Zeitpunkt des Erwachsen-Werdens hinaus. Grund für die Privilegierung ist es zu ermöglichen, „dass Jugendliche innerhalb einer sexuellen Beziehung im gegenseitigen Einvernehmen pornografische Schriften von sich herstellen und austauschen" können.[770]

III. Kommunikation im Hinblick auf Straftaten über die Medien

1. Öffentliche Aufforderung zu Straftaten (§ 111 StGB)

Nach § 111 Abs 1 StGB wird derjenige, der öffentlich, in einer Versammlung oder durch Verbreiten von Schriften (§ 11 Abs 3 StGB)[771] zu einer rechtswidrigen Tat (vgl § 11 Abs 1 Nr 5 StGB)[772] auffordert, **wie ein Anstifter** (§ 26 StGB) bestraft.[772a] Die Bestrafung „wie ein Anstifter" setzt voraus, dass es tatsächlich zu einer Straftat kommt, dh ein anderer eine vorsätzliche rechtswidrige Haupttat begeht. Dabei reicht der Versuch einer solchen Straftat aus. Da eine Anstiftung nach § 26 StGB üblicherweise voraussetzt, dass der Anstifter eine bestimmte Person zur Begehung einer konkreten Tat auffordert, ist eine Aufforderung an einen unbestimmten Personenkreis hiervon gerade nicht erfasst, weshalb die (Gleichstellungs-)Vorschrift des § 111 StGB insoweit erforderlich ist, um auch diese Fälle strafrechtlich zu greifen. In dem Merkmal des unbestimmten bzw für den Auffordernden unüberschaubaren Personenkreises ist das praktisch wichtigste Abgrenzungskriterium zur Anstiftung zu sehen.

Doch selbst dann, wenn die Aufforderung nicht zum Erfolg führt, dh sich niemand dazu bereit erklärt, die Straftat zu begehen (bzw sich zwar dazu bereit erklärt, aber das Versuchsstadium der Tat nicht erreicht wird), sieht § 111 Abs 2 StGB eine Strafbarkeit vor, wobei die Strafe in diesem Falle milder ausfällt (Freiheitsstrafe bis zu fünf Jahren oder Geldstrafe; die Strafe darf nicht schwerer sein als diejenige, die für das konkrete Delikt selbst angedroht wird). Die Vorschrift entspricht insoweit der **versuchten Anstiftung**, die sonst nach § 30 Abs 1 StGB nur bei Verbrechen strafbar ist. Die Straftat kann auch durch einen Aufruf zur Lynchjustiz über eine Internet-Plattform (zB „facebook") verwirklicht werden, wenn sich der Aufruf zu einer Tötung (der sogar zu einem Mord) an die Öffentlichkeit richtet, aber niemand den Aufruf in die Tat umsetzt (wie zB im Fall Emden).[773]

Tathandlung ist das **Auffordern** zur Begehung einer rechtswidrigen Tat. Dies setzt – ähnlich wie die Anstiftung – die erkennbare willentliche Einwirkung auf andere voraus, die mit dem Ziel verbunden ist, bei diesen den Entschluss hervorzurufen, eine strafbare Handlung zu begehen.[774] Insb bei „öffentlichen Aufrufen" im **Internet** ist aber stets zu beachten, dass tatsächlich auf die

---

770 BT-Drucks 16/3439, 9.
771 Vgl zum Schriftenbegriff des § 11 Abs 3 StGB oben Rn 55 ff.
772 Insoweit ist die Aufforderung zur Begehung einer Straftat erforderlich, die Aufforderung zur Begehung einer Ordnungswidrigkeit reicht nicht aus, stellt aber nach § 116 OWiG selbst eine Ordnungswidrigkeit dar.
772a Zu § 111 StGB im Zusammenhang mit Aufforderungen im Internet vgl *Piazena* 193 ff.
773 AG Emden Urt v. 30.5.2012 – 6b LS 520 JS 7255/12 (16/12).
774 KG StV 1981, 525, 526; LG Koblenz NJW 1988, 1609; Schönke/Schröder/*Eser* § 111 Rn 3.

Willensbildung anderer eingewirkt werden soll, eine jedenfalls ihrem rechtlichen Wesen nach gekennzeichnete Straftat zu begehen.[775] Während bei § 26 StGB überwiegend eine bereits entsprechend konkretisierte Vorstellung des Anstifters von der späteren Straftat (insb Tatort, Tatzeit, Tatobjekt und Art der Ausführung) gefordert wird, werden an den Auffordernden iSd § 111 StGB diesbezüglich geringere Anforderungen gestellt.[776] Nicht ausreichend ist aber auch hier eine bloße Information über die mögliche Straftatbegehung anderer oder – gerade bei politisch umstrittenen Themen – eine bloße politische Unmutsäußerung oder Provokation.[777] Ebenfalls nicht ausreichend ist es, wenn ein anderer lediglich dazu angereizt werden soll, den Entschluss zur Begehung einer – ihm insoweit nicht vorgegebenen – Straftat eigenständig zu fassen.[778] Die Aufforderung muss allerdings nicht ausdrücklich erfolgen, vielmehr reicht eine solche durch schlüssiges Handeln oder in versteckter Form aus. Die Aufforderung ist allerdings abzugrenzen von der bloßen Billigung der Tat, die lediglich unter den Voraussetzungen des § 140 StGB strafbar ist. Dabei muss die Aufforderung nicht ernst gemeint sein, es reicht aus, wenn sie als ernstlich erscheint und der Täter diesbezüglich jedenfalls mit bedingtem Vorsatz handelt.[779] Eine **Verbreitung** einer Schrift liegt vor, wenn diese nach außen weitergegeben wird mit dem Ziel, einen größeren Personenkreis zu erreichen.[780] Sie ist **öffentlich**, wenn sie von einer unbestimmten Anzahl von Personen wahrgenommen werden kann. Im Bereich des **Internets** sind die bereits benannten Öffentlichkeitskriterien heranzuziehen.[781] Bei einem Aufruf zur Lynchjustiz über das soziale Netzwerk „facebook" (Fall „Emden"[782]) muss nicht zwangsläufig das Tatbestandsmerkmal „öffentlich" gegeben sein. Eine Strafbarkeit nach § 111 StGB scheidet dann aus, wenn der „facebook"-Nutzer seine Äußerung durch Profileinstellungen in seinem Account lediglich an einen geschlossenen und überschaubaren Personenkreis richtet[783]. Allerdings muss es dem Täter nicht darauf ankommen, dass sich auch mehrere Adressaten motiviert fühlen. Es reicht aus, wenn billigend in Kauf genommen wird, dass wenigstens eine Person aus der unbestimmten Menge infolge der Aufforderung die angedachte Tat verwirklichen will. Zudem muss die Aufforderung eine eigene Erklärung des Verbreitenden enthalten. Die bloße Weitergabe fremder Äußerungen, die eine solche Aufforderung enthalten, genügt also nur dann, wenn der Handelnde zu erkennen gibt, dass er die Aufforderung als eigene übernimmt.[784] Ein solches Übernehmen liegt jedoch nicht schon dann vor, wenn jemand einer Aufforderung in einem sozialen Netzwerk dadurch zustimmt, dass er auf den „Like-Button" unter dem Aufforderungstext klickt.[785] Insoweit stellt § 111 StGB also ein sog „Äußerungsdelikt" dar.[786] Die Straftat selbst muss nicht konkret (nach Ort und Zeit) bestimmt, aber jedenfalls ihrem rechtlichen Wesen nach gekennzeichnet sein, wobei es ausreicht, wenn sie ihrer Handlungsbeschreibung nach umrissen

---

775 OLG Stuttgart NStZ 2008, 36, 37.
776 *Fischer* § 111 Rn 4a; *Lackner/Kühl* § 111 Rn 5; Schönke/Schröder/*Eser* § 111 Rn 13; differenzierend NK/*Paeffgen* § 111 Rn 15 f; zur Aufforderung durch Freischalten einer Statusmeldung im sozialen Netzwerk vgl *Schulte/Kanz* ZJS 2013, 24, 29.
777 KG NJW 2001, 2896; OLG Stuttgart NStZ 2008, 36, 37. Eine bloße Befürwortung iSd § 88a StGB aF ist nicht ausreichend, hierzu BGHSt 28, 312, 314; BGHSt 31, 16, 22; BGHSt 32, 310, 311.
778 OLG Stuttgart NStZ 2008, 36, 37.
779 BGHSt 32, 310.
780 OLG Frankfurt StV 1990, 209; zur Verbreitung durch Versenden der Statusmeldung in sozialen Netzwerken vgl *Schulte/Kanz* ZJS 2013, 24, 29 ff.
781 Vgl dazu oben Rn 174.
782 Vgl hierzu AG Emden Urt v.30.5.2012 – 6b LS 520 JS 7255/12 (16/12).
783 *Ostendorf/Frahm/Doege* NStZ 2012, 529, 532; da in diesen Fällen allerdings der Adressatenkreis bestimmt ist, käme wiederum, wenn die sonstigen Voraussetzungen hinsichtlich der Konkretheit der Tat erfüllt sind, eine Strafbarkeit wegen versuchter Anstiftung zum Totschlag bzw Mord in Frage.
784 OLG Frankfurt NJW 1983, 1207; Schönke/Schröder/*Eser* § 111 Rn 3.
785 *Schulte/Kanz* ZJS 2013, 24, 29.
786 *Fischer* § 111 Rn 2.

wird.[787] So kann zB der über eine Internetseite verbreitete Aufruf, Felder mit genmanipulierten Pflanzen zu zerstören, dann eine Straftat nach § 111 StGB darstellen, wenn die Felder im Einzelfall bezeichnet werden (im konkreten Fall sogar unter Angabe eines bestimmten Zeitpunktes), nicht aber dann, wenn lediglich allgemein für solche „Feldbefreiungen" geworben, gleichzeitig aber darauf hingewiesen wird, Zeit und Ort der nächsten Aktion würden erst dann bekannt gegeben, wenn sich eine bestimmte Anzahl potentieller Teilnehmer gemeldet hätten.[788] Zu beachten ist im Übrigen, dass § 111 StGB auch mittäterschaftlich iSd § 25 Abs 2 StGB begangen werden kann, zB wenn mehrere gemeinschaftlich eine Aufforderung durch das Klicken auf den „Like-Button" in einem sozialen Netzwerk verbreiten.[789] Zu erwähnen ist in diesem Zusammenhang noch ein Fall, in dem das OLG Oldenburg[790] darüber zu entscheiden hatte, ob das Zugänglichmachen einer gegen einen Schriftsteller gerichteten und in ein Gebet gekleideten islamischen „Verwünschungsformel" in einem islamistisch geprägten bzw von Islamisten genutzten Internetforum eine Strafbarkeit nach § 111 StGB begründen kann, was im konkreten Fall vom OLG abgelehnt wurde.

2. Anleitung zu Straftaten (§ 130a StGB)
Während § 111 StGB eine **unmittelbare und appellative Einwirkung** auf den Entschluss eines 279 anderen voraussetzt, eine Straftat zu begehen, reicht § 130a StGB noch weiter in das Vorfeld von Straftaten hinein und stellt auch eine von § 111 StGB nicht erfasste **mittelbare Einwirkung** unter Strafe.[790a] Diese besteht darin, mittels Verbreitung von zB Handbüchern, Flugblättern oder Internetauftritten derart detaillierte Anweisungen zu geben, dass diese für die Begehung von Gewalttaten benutzt werden können und sollen. So ist es nach § 130a Abs 1 StGB strafbar, eine Schrift iSd § 11 Abs 3 StGB[791] in Umlauf zu bringen, die geeignet[792] ist, als Anleitung zu einer (im Katalog des § 126 Abs 1 StGB genau umschriebenen[793]) rechtswidrigen Tat zu dienen. Dabei bedeutet „anleiten" als solches, dass über die Möglichkeiten der Tatausführung, einschließlich ihrer Vorbereitung durch Hinweise technischer Art, Informationen mit der Tendenz zur Förderung der Tatbegehung gegeben werden.[794] Nach ganz überwiegender Ansicht können jedoch solche Schriften, die keinen erkennbaren Bezug zu einer Tathandlung einer Katalogtat des § 126 Abs 1 StGB haben, grds nicht als „geeignet" gelten. Hierzu gehören zB Patentschriften, Lehrbücher und wissenschaftliche Abhandlungen.[795] Die Schrift muss darüber hinaus ihrem Inhalt

---

787 Vgl hierzu aus der Rechtsprechung RGSt 65, 202; BGHSt 31, 16, 22; BGHSt 32, 310, 312; BGH MDR 1982, 507, 508; BayObLG JR 1993, 117, 119; OLG Celle NJW 1988, 1101; OLG Köln NJW 1988, 1102; OLG Stuttgart NStZ 2008, 36; AG Tiergarten NStZ 2000, 651; vgl hierzu auch *Herzberg* JuS 1987, 617, 618. Nach OLG Karlsruhe NStZ 1993, 389, 390f ist es nicht ausreichend, wenn sich die durch Flugblätter angesprochenen Soldaten erst für den nicht unmittelbar bevorstehenden Fall einer Verfassungsänderung zur Fahnenflucht entschließen sollen.
788 OLG Stuttgart NStZ 2008, 36, 37; hierzu *Heinrich, B* FS Heinz 728, 730f.
789 *Schulte/Kanz* ZJS 2013, 24, 31ff.
790 OLG Oldenburg NStZ 2007, 99.
790a Zu § 130a StGB im Zusammenhang mit Anleitungen im Internet *Piazena* 230ff.
791 Vgl zum Schriftenbegriff des § 11 Abs 3 StGB oben Rn 55ff.
792 Einzelheiten zur Eignung einer Schrift, als Anleitung zu dienen, sind jedoch nicht abschließend geklärt. Insb ist umstritten, ob die objektive Anleitungseignung auch eine sog „Tendenz zur Verwirklichung des Dargestellten", dh einen besonderen Bezug zur Förderung entsprechender Handlungsakte, beinhalten muss. Dies bejahend *Lackner/Kühl* § 130a Rn 4; *Schönke/Schröder/Lenckner/Sternberg-Lieben* § 130a Rn 4; einschränkend NK/*Ostendorf* § 130a Rn 9; abl *Fischer* § 130a Rn 9.
793 In § 126 Abs 1 StGB werden ua genannt: Mord, schwere Körperverletzung, erpresserischer Menschenraub, Raub und Brandstiftungsdelikte.
794 *Lackner/Kühl* § 130a Rn 2.
795 BT-Drucks 10/6286, 8; *Lackner/Kühl* § 130a Rn 4; Schönke/Schröder/*Lenckner/Sternberg-Lieben* § 130a Rn 4; anders jedoch *Fischer* § 130a Rn 8f, der nahezu jede Art von Anleitung als geeignet ansieht und ausdrücklich nur

nach objektiv dazu bestimmt sein, die Bereitschaft anderer zu fördern oder zu wecken, eine der genannten Taten zu begehen. Insoweit ist neben der objektiven Eignung eine besondere objektive Zweckbestimmung erforderlich. Dabei kann sich diese Zweckbestimmung auch erst aus oder nach einer Betrachtung der gesamten Umstände ergeben. Werden beispielsweise mehrere, für sich allein jeweils neutrale Schriften (zB objektive Tatsachenberichte), derart miteinander verbunden bzw in einem bestimmten Zusammenhang dargestellt, dass erst aus diesem Zusammenspiel die Intention, die Bereitschaft anderer zur Begehung einer entsprechenden Tat zu fördern, zu erkennen ist, ist dennoch von einer insgesamt geeigneten und bestimmten Anleitung auszugehen.[796] Tathandlung ist das Verbreiten sowie das öffentliche Ausstellen, Anschlagen, Vorführen oder das sonstige öffentliche Zugänglichmachen.[797]

280 § 130a Abs 2 Nr 1 StGB verzichtet dagegen – bei gleicher Bestimmung der Tathandlungen – auf die besondere objektive Zweckbestimmung und lässt es ausreichen, wenn die Schrift (objektiv) geeignet ist, als Anleitung zu einer der genannten Taten zu dienen, wie dies zB bei militärischem Schulungsmaterial[798] der Fall sein kann. Solche sog „neutralen Anleitungen" sind zwar geeignet als Anleitung zur Begehung einer Katalogtat iSd § 126 Abs 1 StGB zu dienen, weil sie eine entsprechende Handlungsweise (zB das Installieren und Zünden eines Sprengsatzes) darstellen. Jedoch fehlt diesen neutralen Anleitungen gerade die Bestimmung iSd § 130a Abs 1 StGB, zu einem rechtswidrigen Verhalten anzuleiten. Hinzutreten muss daher aber eine besondere (subjektive) **Absicht**, durch das Verbreiten der Schrift die Bereitschaft anderer zu wecken, eine der betreffenden Taten zu begehen. Diese Absicht soll das Fehlen der objektiven Bestimmung der neutralen Anleitungsschrift kompensieren. § 130a Abs 2 Nr 2 StGB erfasst schließlich – bei gleicher subjektiver Zweckbestimmung – die (mündliche) Anleitung zur Begehung einer der genannten Straftaten, die öffentlich oder im Rahmen einer Versammlung stattfindet. Dass die Verwendung von Schriften in § 130a Abs 2 Nr 2 StGB nicht vorgesehen ist, führt im Hinblick auf die Medien zu der Konsequenz, dass lediglich **Äußerungen in Livesendungen im Fernsehen und Hörfunk**[799] sowie Übertragungen per **Livestream im Internet**, bei dem die Daten allenfalls aus technischen Gründen und nur ganz kurzzeitig gespeichert werden, von dieser Alternative erfasst werden können.

3. Belohnung und Billigung von Straftaten (§ 140 StGB)

281 Eine für das Medienrecht ebenfalls relevante Strafvorschrift enthält schließlich § 140 StGB, wonach das Belohnen und Billigen von (bestimmten) Straftaten unter Strafe gestellt ist. Erfasst sind hier die (schweren) Straftaten, die in § 138 Abs 1 Nr 1 bis Nr 4 StGB und in § 126 Abs 1 StGB aufgezählt sind, und die rechtswidrigen Taten nach § 176 Abs 3 StGB, nach den §§ 176a und 176b StGB, nach den §§ 177 und 178 StGB oder nach § 179 Abs 3, 5 und 6 StGB.[800] Neben der im vorliegenden Zusammenhang weniger relevanten Belohnung von Straftaten (§ 140 Nr 1 StGB) ist hier die Billigung dieser Straftaten (§ 140 Nr 2 StGB) von Interesse: Wer die Begehung einer der genannten Taten in einer Weise, die geeignet ist, den öffentlichen Frieden zu stören, öffentlich, in einer

---

bei „Werken der Grundlagenforschung und technischen Bau- und Gebrauchsbeschreibungen für neutrale Gegenstände" eine Ausnahme machen will.
796 Schönke/Schröder/*Lenckner/Sternberg-Lieben* § 130a Rn 5.
797 Vgl zu diesen Tathandlungen oben Rn 170 f, 178 ff, 172 ff.
798 Der Gesetzgeber nennt hier exemplarisch die Anleitung zum „Sprengen einer Brücke im Verteidigungsfall", vgl BT-Drucks 10/6286, 8.
799 *Fischer* § 130a Rn 5; *Lackner/Kühl* § 130a Rn 3.
800 In § 138 StGB werden ua genannt: Hochverrat, Landesverrat, Geldfälschung und schwerer Menschenhandel, in § 126 StGB finden sich ua Mord, schwere Körperverletzung, erpresserischer Menschenraub, Raub und Brandstiftungsdelikte.

Versammlung oder durch das Verbreiten von Schriften (§ 11 Abs 3 StGB) billigt,[801] wird mit Freiheitsstrafe bis zu drei Jahren oder mit Geldstrafe bestraft. Entscheidend ist die **nachträgliche Billigung**, dh die Straftat muss bereits begangen worden sein. Der Versuch reicht hierfür aus. Da § 140 StGB den öffentlichen Frieden schützen will, genügt auch die nachträgliche öffentliche Billigung einer **eigenen** Straftat.[802] Billigung bedeutet hier Zustimmung. Der Billigende muss durch seine Äußerung deutlich machen, dass er der Tatbegehung zustimmt und sich insoweit moralisch hinter den Täter stellt.[803] Dies muss für den „unbefangenen Durchschnittsleser" (und insoweit auch für den Nutzer anderer Medien) erkennbar sein.[804] Die Tat muss dabei geeignet sein, den öffentlichen Frieden zu stören, was bei lange zurückliegenden Gewalttaten regelmäßig ausscheidet. Die Billigung von Taten im Zusammenhang mit der nationalsozialistischen Gewaltherrschaft ist jedoch vom Tatbestand (noch) erfasst, da dieses Verhalten weiterhin die Eignung zur Friedensstörung besitzt.[805]

4. Exkurs: Verabredung von Straftaten über das Internet

Nicht selten kommt es vor, dass Personen das Internet als Kommunikationsmedium dafür nutzen, andere zur Begehung von Straftaten aufzufordern oder sich mit anderen zur Begehung von Straftaten zu verabreden.[806] So fand auch die Kontaktaufnahme der Beteiligten im Fall des „Kannibalen von Rotenburg"[807] über das Internet statt. Der Angeklagte beschäftigte sich, so die Sachverhaltsdarstellung im Urteil,[808] ungefähr ab 1999 über das Internet immer stärker mit dem Thema Kannibalismus. Er stieß dabei auch auf eine Schlachtanleitung für den menschlichen Körper. Schließlich begann er, über Internetforen Männer zum Schlachten und Verspeisen zu suchen. Nach mehreren nicht zum Ziel führenden Kontakten stieß er schließlich im Internet auf sein späteres Opfer. Zuerst entwickelte sich zwischen ihnen eine Kommunikation durch E-Mails, bevor man sich persönlich traf und es schließlich zur – einverständlichen – Tötung des Opfers kam. Auch der „Zauberwald"-Fall[809] ist hierfür kennzeichnend: Über eine Internet-Plattform mit Namen „Zauberwald", die sich gezielt an „pädophil orientierte Menschen" richtet, verabredeten die beiden Täter, die sich nicht persönlich, sondern nur über ihren dort verwendeten „Nickname" kannten, gemeinsam ein Kind („idealerweise" einen acht Jahre alten Jungen „aus einer ländlichen Gegend des nördlichen Mecklenburg-Vorpommern") auf seinem Heimweg aus der Schule zu entführen, ihn in ein eigens dafür anzumietendes Ferienhaus zu verbringen und ihn dort auf sadistische Weise zu quälen und dann zu töten. Während einer der Täter das Auto anmieten sollte, würde sich der andere um das anzumietende Ferienhaus kümmern. Zur weiteren Ausführung der Tat kam es dann aber nicht mehr.

Vom strafrechtlichen Gesichtspunkt aus ist eine Vielzahl weiterer Konstellationen denkbar, wobei jeweils kennzeichnend ist, dass es sich bei den „Verabredungen" und den „Aufforderun-

---

801 Vgl zum Schriftenbegriff des § 11 Abs 3 StGB oben Rn 55 ff; zum Tatbestandsmerkmal des Verbreitens vgl oben Rn 170 f.
802 BGH NJW 1978, 58; krit zu dieser Entscheidung LK/*Hanack* 12. Aufl § 140 Rn 26.
803 BGHSt 22, 282, 286 ff; BGH MDR 1990, 642, 643; OLG Braunschweig NJW 1978, 2044, 2045.
804 BGH NJW 1961, 1364, 1365.
805 BGH NJW 1978, 58, 59.
806 Vgl hierzu ausf *Heinrich*, B FS Heinz 728; *Piazena* Das Verabreden, Auffordern und Anleiten zur Begehung von Straftaten unter Nutzung der Kommunikationsmöglichkeiten des Internets 2014.
807 BGHSt 50, 80; vgl hierzu *Kudlich* JR 2005, 342; *Otto* JZ 2006, 799; *Schiemann* NJW 2005, 2350; medienrechtlich interessant ist hier auch die Frage, inwieweit sich der Täter gegen die Verfilmung seines Lebens und seiner Tat zur Wehr setzen darf; zutreffend hat das OLG Frankfurt in NJW 2007, 699 eine Verbreitung und den Vertrieb des Filmes untersagt; zu dieser Entscheidung *von Becker* AfP 2006, 124; *Kaboth* ZUM 2006, 412.
808 BGHSt 50, 80, 81 f.
809 BGH NStZ 2011, 570; hierzu *Rackow/Bock/Harrendorf* StV 2012, 687; *Rotsch* ZJS 2012, 680; *Weigend* NStZ 2011, 572.

gen" im Internet – wie im realen Leben – **um Vorstufen der Deliktsbegehung** handelt, bei denen stets fraglich ist, ob die Schwelle zur Strafbarkeit bereits überschritten ist. Es handelt sich hierbei jedoch nicht um internetspezifische Straftatbestände, vielmehr kommen die Regelungen des allgemeinen Strafrechts zur Anwendung. Das Internet wird dabei nur als „Medium" benutzt, welches hinsichtlich der rechtlichen Beurteilung im Vergleich zu Zeitungsinseraten bzw öffentlichen Aushängen oder brieflichen Kontakten kaum Unterschiede aufweist. Gleichwohl erweist sich gerade das Internet, insb mit den Kommunikationsmöglichkeiten des „World Wide Web" (WWW), als immer wichtiger werdendes Medium nicht nur für die Weitergabe an sich rechtswidriger Inhalte, sondern auch im Hinblick auf die Vornahme strafwürdiger Kommunikationsakte. Nicht zuletzt durch das sog „Web 2.0", welches nicht eine Kommunikationsstruktur im technischen Sinne, sondern eine Vielzahl von neuen Kommunikationsangeboten (zB soziale Netzwerke, Informations- und Kontaktportale etc) und -formen (zB der vielfach von Laien ausgeübte sog „Online-Journalismus") im WWW bezeichnet, sind die Äußerungsmöglichkeiten gerade für den „einfachen Nutzer" nochmals deutlich angestiegen.[809a] Gerade im Web 2.0 scheint sich die eindeutige Trennung zwischen „Informationsanbieter" und „Informationskonsument" zunehmend aufzulösen. Hinzu kommen ständige technische Innovationen und Verbesserungen (zB leistungsfähigere Computer, schnellerer Datentransfer durch stärkere Verbindungsleitungen etc) sowie immer weiter sinkende Kosten für den einzelnen Nutzer durch sog „Flatrates". Im Folgenden sollen einige Fallkonstellationen näher untersucht werden.

284   **a) Sich-Bereit-Erklären zur Deliktsbegehung.** Fraglich ist, ob ein strafrechtlich relevantes Verhalten bereits darin zu sehen ist, dass jemand sich – etwa über die eigene Webseite oder in Diskussionsforen – allgemein dazu bereit erklärt, für einen anderen Delikte zu begehen, sei es in direkter Form („Erledige Tötungsaufträge sicher und zuverlässig"), sei es verschlüsselt und nur für Eingeweihte erkennbar („Erledige schwierige Aufgaben in sensiblen Bereichen").[810] Anknüpfungspunkt ist hier § 30 Abs 2 Alt 1 StGB. Hiernach muss sich der Täter dazu „bereit erklären", ein Verbrechen zu begehen, wobei unter einem Verbrechen nach § 12 Abs 1 StGB rechtswidrige Taten zu verstehen sind, die im Mindestmaß mit einer Freiheitsstrafe von einem Jahr oder darüber bedroht sind. Der Täter ist in diesem Fall über den in § 30 Abs 2 StGB vorgenommenen Verweis auf § 30 Abs 1 StGB nach den Vorschriften über den Versuch des Verbrechens zu bestrafen. Während der „normale" Versuch nach § 23 Abs 2 StGB allerdings lediglich fakultativ milder bestraft werden kann als die vollendete Tat, sieht § 30 Abs 1 S 2 StGB eine zwingende Milderung vor. Dennoch wäre es – unter konsequenter Anwendung von § 49 Abs 1 Nr 1 StGB – möglich, denjenigen, der sich zB zur Begehung eines Mordes (wofür das Gesetz lebenslange Freiheitsstrafe vorsieht) bereit erklärt, mit einer mindestens dreijährigen Freiheitsstrafe zu bestrafen. Schon von daher (und im Hinblick darauf, dass allein von einer solchen Äußerung eine recht geringe objektive Gefährlichkeit ausgeht), muss die Vorschrift restriktiv ausgelegt werden.[811]

285   Erforderlich ist erstens ein gewisser **Bindungswille**. Die Erklärung muss dahin gehen, sich gegenüber dem Adressaten insoweit festzulegen, dass dieser ein späteres Abstandnehmen von der Tat als Wortbruch ansehen würde.[812] Dies wird in den Internet-Fällen kaum einmal gegeben sein. Denn gibt der Betreffende eine entsprechende Erklärung entweder auf seiner eigenen Web-Seite oder aber unter einem „Nickname" in einem offenen Forum oder Chat-Room ab, kennt er

---

809a Hierzu ausf *Kujath* 60 ff.
810 Vgl hierzu ausf *Heinrich, B* FS Heinz 728, 732 ff; *Piazena* 157 ff.
811 *Bloy* JZ 1999, 157; *Heinrich, B* AT Rn 1369; *ders* FS Heinz 728, 733; MünchKommStGB/*Joecks* 2. Aufl. § 30 Rn 3; Schönke/Schröder/*Heine* § 30 Rn 1; *Schröder* JuS 1967, 290, 290 f.
812 *Heinrich, B* FS Heinz 728, 733; MünchKommStGB/*Joecks* 2. Aufl § 30 Rn 43; SK/*Hoyer* § 30 Rn 37; krit NK/*Zaczyk* § 30 Rn 34; vgl hierzu auch *Thalheimer* S 74 f.

regelmäßig weder seinen potentiellen späteren Auftraggeber noch das entsprechende Tatopfer. Ihm wird es aber regelmäßig nicht gleichgültig sein, wer ihn später zu welchem Zweck und unter welchen Bedingungen den entsprechenden Auftrag erteilt und gegen wen sich die Tat am Ende richtet. Daher wird er sich kaum durch seine Erklärung im Internet „binden" lassen wollen. Zum gleichen Ergebnis kommt man, wenn man die für § 30 StGB durchweg geforderte **Ernstlichkeit** der Erklärung untersucht.[813] Hierbei kommt es darauf an, dass sich der „Anbietende" nicht vorbehält, erst im Einzelfall zu entscheiden, ob er einen Auftrag (seitens den ihm regelmäßig noch nicht bekannten Auftraggeber) annimmt oder nicht. Schon deshalb wird in den meisten Fällen die lediglich abstrakt gehaltene Bereitschaftserklärung im Internet die Voraussetzung des § 30 Abs 2 Alt 1 StGB nicht erfüllen, denn es muss berücksichtigt werden, dass die virtuelle „Distanzkommunikation" im Internet häufig nicht mit einer Kommunikationssituation in der realen Welt vergleichbar sein wird. Durch die oftmals mögliche Verwendung bzw Tarnung mit Pseudonymen – sog „Nicknames" – oder Scheinidentitäten wird es den Beteiligten meist sehr leicht gemacht, die Kommunikation weitgehend anonymisiert ablaufen zu lassen. Ist dies die objektive Ausgangslage einer Bereitschaftserklärung, sind Zweifel an der Ernstlichkeit der Erklärung zumindest nicht ganz von der Hand zu weisen. Dies war letztlich auch der Grund, warum der BGH die beiden Angeklagten im „Zauberwald"-Fall freisprach.[814] Fraglich ist ferner, ob und inwieweit sich das Bereit-Erklären auf eine konkrete Tat beziehen muss und ob die Erklärung gegenüber einer Mehrheit von Personen ausreichen kann, von denen man dann eine entsprechende Reaktion, dh ihrerseits ein entsprechendes Angebot erwartet. Da aber in den geschilderten Fällen (Sich-Bereit-Erklären über eine frei zugängliche Webseite oder in einem offenen Chat-Room) zumeist weder die entsprechende Tat noch derjenige feststeht, der dem Handelnden letztlich das Angebot zur Begehung eines Verbrechens unterbreiten soll, kann dies für ein Sich-Bereit-Erklären iSd § 30 StGB in der Regel nicht ausreichen. Es handelt sich in diesen Fällen vielmehr lediglich um ein „Angebot", vergleichbar einer „invitatio ad offerendum" im Zivilrecht, bei dem der Handelnde nun seinerseits eine Reaktion seitens einer vorher für ihn noch nicht bestimmbaren Person (in Form eines konkreten Angebotes) erwartet, welches er dann annehmen kann oder auch nicht.[815] Unterbreitet ihm diese Person dann das konkrete Angebot, liegt hierin eine (versuchte) Anstiftung (denn der „Auftragnehmer" war bisher in Bezug auf die konkrete Tat eben gerade noch nicht entschlossen, sondern nur „tatgeneigt"). Nimmt der zuvor „Werbende" dieses (nunmehr konkrete) Angebot an, ist § 30 Abs 2 Alt 1 StGB erfüllt.[816] Gleichwohl kann die Möglichkeit eines Sich-Bereit-Erklärens natürlich auch für Internetsachverhalte nicht vollständig ausgeschlossen werden. Je nach den Einzelheiten eines Falles kann die Annahme eines Bindungswillens des Sich-Bereit-Erklärenden durchaus nahe liegen, zB wenn die Äußerung in einer geschlossenen, in der Anzahl ihrer Mitglieder bekannten und überschaubaren Gruppe stattfindet (geschlossene Chat-Rooms, kontrollierte Mailinglisten ua). In diesem Fall dürfte dann auch der Kreis der angesprochenen Personen hinreichend konkretisiert sein. Zudem steht es dem Sich-Bereit-Erklärenden natürlich grds frei, das angedachte Verbrechen mehr oder weniger genau zu bezeichnen. Die psychologische Hemmschwelle, sich auf eine konkret beschriebene zukünftige Tat festzulegen, wird jedoch in einer geschlossenen Gruppe – aufgrund der größeren

---

813 RGSt 57, 243, 245; RGSt 60, 23, 25; RGSt 63, 197, 199; BGHSt 6, 346, 347; MünchKommStGB/*Joecks* 2. Aufl § 30 Rn 46; NK/*Zaczyk* § 30 Rn 37; Schönke/Schröder/*Heine* § 30 Rn 27; SK/*Hoyer* § 30 Rn 38; ferner *Heinrich, B* FS Heinz 728, 733.
814 BGH NStZ 2011, 570; zum Sachverhalt vgl oben Rn 282.
815 Vgl hierzu ausf *Heinrich, B* FS Heinz 728, 733 f.
816 *Heinrich, B* FS Heinz 728, 734; hier wird auch dargelegt, dass diese „invitatio ad offerendum" auch keine öffentliche Aufforderung zu Straftaten, § 111 StGB (die Straftat, zu der aufgefordert wird, wäre in diesem Fall die Anstiftung der eigenen Person), darstellen kann.

persönlichen Nähe – leichter zu überwinden sein als in einem offenen Kommunikationsangebot. Schließlich stellt sich auch noch die Frage, ob die Bereitschaftserklärung anderen Nutzern zugegangen sein muss oder ob es ausreicht, dass die Erklärung nur abgegeben wurde. Dies ist bereits allgemein im Rahmen des § 30 Abs 2 Alt 1 StGB umstritten.[817] Auch im Hinblick auf die Nutzung des Internets kann diese Frage an Bedeutung gewinnen, denn auch hier ist es grds möglich, dass der Zugang einer entsprechenden Erklärung nicht bereits mit ihrer Abgabe erfolgt, dh zeitlich mit dieser zusammenfällt, sondern den Adressaten erst mit einer gewissen Zeitverzögerung erreicht. Beispielsweise kann in moderierten Foren oder Mailinglisten nicht von einem sofortigen Zugang einer Äußerung, dh einem Zugang bereits im Zeitpunkt ihrer Absendung, gerechnet werden, weil hier in der Regel zunächst der Moderator eine inhaltlich Prüfung vornehmen wird, bevor die Freigabe gegenüber dem oder den Adressaten erfolgt.

286   **b) Aufforderung zur Begehung von Straftaten.** Als weitaus problematischer erweist sich aber die umgekehrte Konstellation: Der Auftraggeber sucht über das Internet Personen, die gegen Entgelt für ihn tätig werden, wobei die „Angebote" wiederum direkt und für alle verständlich („Suche zuverlässige Person, die gegen Bezahlung meine Ehefrau tötet") oder aber verschlüsselt und nur für Eingeweihte erkennbar abgegeben werden können.[818] Auch hierbei ist es wiederum möglich, eine unüberschaubare Anzahl von Nutzern anzusprechen, dh öffentlich aufzufordern, oder sich gegenüber einzelnen oder einer bestimmten (geschlossenen) Gruppe zu äußern. Kommt es auf das Angebot hin zu einem entsprechenden Kontakt zwischen dem „Auftraggeber" und dem Täter, liegt in der nachfolgenden konkreten Absprache unzweifelhaft eine Anstiftung, sofern die Tat später durchgeführt wird, bzw eine versuchte Anstiftung, wenn es nicht zu dieser Tat kommt. Diese ist allerdings nach § 30 Abs 1 Alt 1 StGB wiederum nur dann strafbar, wenn es sich bei der geplanten Tat um ein Verbrechen handelt.

287   Fraglich ist aber, ob allein in dem ins Internet eingestellten „Angebot" an eine Vielzahl von Personen bereits eine **versuchte Anstiftung** nach § 30 Abs 1 Alt 1 StGB zu sehen ist, sofern sich daraufhin niemand meldet oder es jedenfalls nicht zu einer weiteren konkreten Absprache kommt. Die erste Voraussetzung, an der eine Strafbarkeit hier regelmäßig scheitern wird, besteht darin, dass das „Angebot" bzw die Nachfrage oder Aufforderung die für die konkrete Tatbegehung unentbehrlichen individualisierenden Angaben enthalten muss (eine in Frageform gekleidete Aufforderung „Wer tötet meine Ehefrau" reicht hierfür nicht aus).[819] Allerdings ließen sich durchaus Fälle finden, in denen die Angaben hinsichtlich der konkret durchzuführenden Tat ausreichend sind (so kann der Täter zB dazu auffordern, an einem bestimmten Tag einen ganz bestimmten Politiker bei einer genau bezeichneten Veranstaltung zu töten und hierfür eine Belohnung in Aussicht stellen). Allerdings dürfte eine versuchte Anstiftung in diesen Fällen regelmäßig deswegen zu verneinen sein, da sich das „Angebot" im Internet oftmals entweder an die Öffentlichkeit oder jedenfalls an eine größere, individuell nicht bestimmbare Personengruppe richtet. Denn es ist anerkannt, dass der Adressat des Anstifters entweder eine **bestimmte Person** sein muss oder aber sich die (versuchte) Anstiftungshandlung an eine Mehrheit **individuell feststellbarer Personen** zu richten hat, aus der wenigstens eine sich zur Tatbegehung

---

817 Vgl dazu ua *Fischer* § 30 Rn 10; LK/*Schünemann* 12. Aufl § 30 Rn 88; MünchKommStGB/*Joecks* 2. Aufl § 30 Rn 48; NK/*Zaczyk* § 30 Rn 38, 40; Schönke/Schröder/*Heine* § 30 Rn 23.
818 Vgl hierzu ausf *Heinrich, B* FS Heinz 728, 736 ff; *Piazena* 118 ff.
819 BGHSt 34, 63, 66 ff (grundlegend zur Bestimmtheit der Anstiftervorstellung bei § 26 StGB); *Bloy* JR 1992, 493, 496; *Geppert* Jura 1997, 546, 551; *Heinrich, B* FS Heinz 728, 736; *Kühl* § 20 Rn 249; Schönke/Schröder/*Heine* § 30 Rn 19; aA jedoch LK/*Schünemann* 12. Aufl § 26 Rn 39 ff und *Roxin* AT II § 26 Rn 134 ff, die eine Aufforderung zur Tat unter Kennzeichnung der sog „wesentlichen Unrechtsdimensionen", dh Angriffsrichtung und Schadensumfang, ausreichen lassen.

entschließen soll.[820] Insofern kann zwar die Aufforderung an eine konkrete Person (zB durch Versendung einer individuellen E-Mail) oder an mehrere konkrete Personen (zB durch Versendung einer E-Mail an mehrere Personen, die für den Absender jedoch im Einzelnen individualisierbar sein müssen, wie in einer kontrollierten oder geprüften Mailingliste) als (versuchte) Anstiftung angesehen werden, nicht aber eine Aufforderung in einem frei zugänglichen Chat-Room, in welchem eine unbestimmte Zahl von Personen teilnehmen, es sei denn, dort richtet sich die Aufforderung wiederum gezielt an einen bestimmten oder mehrere im Einzelnen bestimmte Nutzer.[821] Richtet sich insoweit das „Angebot" des Handelnden an eine unbestimmte Personengruppe, so kommt allerdings eine Straftat nach § 111 StGB in Betracht.[822]

§ 111 StGB sieht eine eigene Strafbarkeit für denjenigen vor, der andere **öffentlich** zur Begehung von Straftaten **auffordert**. Anders als bei § 30 Abs 1 Alt 1 StGB kann die in Aussicht genommene Haupttat dabei auch ein Vergehen iSd § 12 Abs 2 StGB sein. In jedem Fall muss der Täter aber eine appellative Ansprache hinsichtlich der Begehung einer Straftat[823] an einen für ihn unüberschaubar großen Adressatenkreis halten. Daneben besteht ein wesentlicher Unterschied zur Anstiftung bzw versuchten Anstiftung darin, dass die spätere Haupttat weniger konkret bezeichnet werden muss.[824] Gerade aufgrund des Öffentlichkeitserfordernisses scheint das Internet vielfach ein geeigneter Raum zur Abgabe entsprechender Aufforderungen. So kam § 111 StGB bereits mehrfach im Hinblick auf internetbezogene Sachverhalte zum Tragen.[825] Jedoch erweist sich § 111 StGB nicht nur als „internet-", sondern auch als insgesamt „medienrelevante" Norm. Ausreichend soll es weiterhin sein, wenn die Aufforderung lediglich in den Machtbereich nicht näher bestimmter Empfänger gelangt ist, während ein direkter Zugang oder eine tatsächliche Wahrnehmung potenzieller Empfänger nicht erforderlich sein soll.[826] Die Verwirklichung des Tatbestands ist in drei Alternativen möglich, nämlich dem öffentlichen Auffordern (§ 111 Abs 1 Alt 1 StGB), dem Auffordern in einer Versammlung (§ 111 Abs 1 Alt 2 StGB) und dem Auffordern durch die Verbreitung von Schriften iSd § 11 Abs 3 StGB (§ 111 Abs 1 Alt 3 StGB). Hinsichtlich der Verbreitungsalternative des § 111 Abs 1 Alt 3 StGB ist abschließend zu bemerken, dass diese – anders als die meisten Verbreitungstatbestände – nicht auch die Handlung des öffentlichen Zugänglichmachens vorsieht, sodass der Streit um die Zulässigkeit des sog „internetspezifischen Verbreitungsbegriffs"[827] an dieser Stelle besondere Bedeutung gewinnen kann. 288

c) Verabredung zur Deliktsbegehung. Keine Besonderheiten sind zu verzeichnen, wenn sich Personen zur Deliktsbegehung über das Internet verabreden.[827a] Handelt es sich bei der geplanten Tat um ein Verbrechen (vgl wiederum § 12 Abs 1 StGB), so ist der Straftatbestand des § 30 Abs 2 Alt 3 StGB einschlägig. Voraussetzung hierfür ist, dass sich mindestens zwei Personen zur 289

---

820 BayObLG JR 1999, 81; *Heinrich, B* FS Heinz 728, 736 f.; LK/*Schünemann* 12. Aufl § 30 Rn 25; Schönke/Schröder/*Heine* § 30 Rn 20; aA SK/*Hoyer* Vor § 26 Rn 54 f; § 30 Rn 27; vgl auch MünchKommStGB/*Joecks* 2. Aufl § 30 Rn 30.
821 Ausf hierzu *Heinrich, B* FS Heinz 728, 738.
822 MünchKommStGB/*Joecks* 2. Aufl § 30 Rn 30; Schönke/Schröder/*Heine* § 30 Rn 20; aA allerdings *Dreher* FS Gallas 307, 321.
823 LK/*Rosenau* 12. Aufl § 111 Rn 18; MünchKommStGB/*Bosch* 2. Aufl § 111 Rn 7; NK/*Paeffgen* § 111 Rn 12; Schönke/Schröder/*Eser* § 111 Rn 3.
824 *Fischer* § 111 Rn 4a; MünchKommStGB/*Bosch* 2. Aufl § 111 Rn 13; differenzierend NK/*Paeffgen* § 111 Rn 15.
825 So zB OLG Stuttgart MMR 2007, 434. In der Entscheidung ging es um einen Aufruf über eine frei zugängliche Webseite, auf der Gentechnikgegner allg zur Beteiligung an bestimmten Sachbeschädigungsaktionen, sog „Feldbefreiungen", aufgerufen hatten.
826 Vgl hierzu ua *Fischer* § 111 Rn 3; LK/*Rosenau* 12. Aufl § 111 Rn 18; Schönke/Schröder/*Eser* § 111 Rn 6.
827 Vgl dazu bereits Rn 171.
827a Vgl hierzu ausf *Piazena* 179 ff.

gemeinsamen mittäterschaftlichen Ausführung eines Verbrechens verabreden.[828] Insofern kann bei § 30 Abs 2 Alt 3 StGB auch von einer „Vorstufe der Mittäterschaft"[829] gesprochen werden. Dabei reicht es allerdings nicht aus, dass die gemeinsame Verabredung nur vage getroffen wird, vielmehr muss der Tatplan bereits rechtlich relevante Konturen angenommen haben.[830]

290   **d) Anleitung zur Begehung von Straftaten.** Eine weitere Möglichkeit strafbaren Verhaltens ist die ins Internet gestellte (zB auf einer Webseite oder als abrufbare Datei auf einem FTP-Server) allgemein gehaltene Anleitung zur Begehung bestimmter Straftaten. Eine solche Anleitung kann wiederum verschiedene Formen annehmen. So ist es auch hier denkbar, dass lediglich Tipps dahingehend abgegeben werden, wie Straftaten leichter durchzuführen sind bzw das Entdeckungsrisiko bei bereits begangenen Straftaten gesenkt werden kann. Auf der anderen Seite sind aber auch konkrete Anleitungen zum Bau verbotener Gegenstände (zB Kriegswaffen oder „Molotow-Cocktails"[831]) oder von Tatwerkzeugen (zB „Virenbaukästen" zur Zerstörung fremder Computeranlagen) denkbar.

291   Neben einer möglichen Strafbarkeit wegen einer öffentlichen Aufforderung zu Straftaten, § 111 StGB,[832] oder der Anleitung zu Straftaten nach § 130a StGB im Hinblick auf eine Katalogtat des § 126 Abs 1 StGB[833] kommt hier bei einer Anleitung zur Herstellung verbotener Gegenstände (zB „Molotow-Cocktails" oder Sprengsätze, deren Herstellung und Besitz ua nach § 52 Abs 1 Nr 1 iVm § 2 Abs 3 sowie Anlage 2 Abschnitt 1 Nr 1.3.4 WaffG unter Strafe steht) oder von Tatwerkzeugen (zB „Virenbaukästen") eine Strafbarkeit wegen **Beihilfe** zum jeweils vom Haupttäter begangenen Delikt in Frage. Problematisch ist jedoch auch hier, dass die konkrete Tat, zu welcher der Betreffende Hilfe leistet, zum Zeitpunkt der Einstellung der Anleitung ins Internet weder hinsichtlich der die Tat begehenden Person, noch hinsichtlich Tatzeit und Tatort ausreichend konkretisiert ist, was einer Strafbarkeit regelmäßig entgegenstehen dürfte. Im Einzelnen ist im Hinblick auf die soeben angesprochenen Fälle jedoch zu differenzieren:

292   Im Hinblick auf die genannten **„Molotow-Cocktails"** und Sprengsätze ist zu beachten, dass die Anleitung oder Aufforderung zur Herstellung solcher (waffenrechtlich verbotener) Gegenstände bereits eine selbstständige Strafbarkeit nach § 52 Abs 1 Nr 4 iVm § 40 WaffG begründet.[834] Unter dem Begriff der Anleitung versteht man hierbei die Vermittlung von Informationen, die dem Empfänger die Möglichkeit geben, auf Grund der erworbenen Kenntnisse den entsprechenden Gegenstand selbst herzustellen. Unter einer Aufforderung[835] ist dagegen ein Verhalten zu verstehen, welches von einem anderen erkennbar die Herstellung der verbotenen Gegenstände (zB der angesprochenen „Molotow-Cocktails") verlangt.[836] Die Aufforderung oder Anleitung kann sich (aber muss sich nicht) an einen individuellen Adressaten richten. Sie ist aber auch derart möglich, dass sie öffentlich in einer Versammlung oder durch Verbreiten von Schriften

---

828   BGH NStZ 1988, 406; BGH NStZ 1993, 137; *Jescheck/Weigend* § 65 III 1; *Kühl* § 20 Rn 252; *Roxin* AT II § 28 Rn 43; Schönke/Schröder/*Heine* § 30 Rn 25; SK/*Hoyer* § 30 Rn 46.
829   *Roxin* AT II § 28 Rn 60 f.
830   *Kühl* § 20 Rn 253; LK/*Schünemann* 12. Aufl § 30 Rn 67; NK/*Zaczyk* § 30 Rn 52; Schönke/Schröder/*Heine* § 30 Rn 25; aA *Jescheck/Weigend* § 65 III 1; vgl auch BGH NStZ 2011, 570 – Zauberwald; *Dessecker* JA 2005, 549, 551 f.
831   Bei diesen sog „Molotow-Cocktails" handelt es sich um mit Benzin, Benzin-Ölgemisch oder anderen leicht brennbaren Flüssigkeiten gefüllte Glasflaschen, die vor allem nach einem Wurf beim Auftreffen auf einen Gegenstand zersplittern, wobei sich der dadurch frei gewordene Brennstoff ohne Zuhilfenahme einer weiteren Zündvorrichtung entzündet.
832   Vgl hierzu oben Rn 276 ff.
833   Vgl hierzu oben Rn 279 f.
834   Zu einem frühen Fall mit Bezug zum Internet vgl BayObLG NJW 1998, 1087 (zu § 53 Abs 1 S 1 Nr 5 WaffG aF); vgl ferner *Piazena* 254 ff.
835   Zum Begriff des „Aufforderns" vgl auch § 29 Abs 1 Nr 12 BtMG, § 23 VersammlG.
836   RGSt 63, 170, 173.

iSd § 11 Abs 3 StGB[837] erfolgt. Insoweit ist jedenfalls auch derjenige, der eine entsprechende Anleitung im Internet für andere Nutzer verfügbar macht (zB durch das Abbilden auf einer Webseite oder die Bereitstellung zum Download auf einem FTP-Server) nach dieser Vorschrift strafbar. Bei einer bloßen Weiterleitung entsprechender Texte (per E-Mail oder Speicherung auf einem FTP-Server), deren Urheber nicht der Weiterleitende ist, ist jedoch einschränkend zu fordern, dass dieser sich den Text zu eigen macht und daher auch selbst zur Herstellung des verbotenen Gegenstandes anleitet.[838] Ist dies der Fall, so kommt Idealkonkurrenz mit der Strafvorschrift des § 111 StGB in Frage.

Im Hinblick auf die Anbieter sog **„Virus Construction Kits"** (Virenbaukästen), die sich dadurch auszeichnen, dass mit ihrer Hilfe auch technisch weniger begabte Personen in der Lage sind, einen funktionierenden Computervirus zu erzeugen, den sie später ins Netz stellen oder durch Versendung an konkrete Personen verbreiten,[839] ist dagegen eine Beihilfe zur jeweils durch den späteren „Virenkonstrukteur" begangenen Haupttat zu prüfen. Bei dieser Haupttat handelt es sich regelmäßig um ein Delikt nach § 303a StGB bzw § 303b StGB.[840] Fraglich ist allerdings auch hier, ob das bloße Zugänglichmachen solcher Informationen bzw das Zurverfügungstellen der Virenbausteine über das Internet als „Hilfeleistung" iSd § 27 StGB angesehen werden kann. Problematisch erscheint auch hier die Bestimmtheit der Haupttat. Denn der Gehilfe muss nicht nur zu einer vorsätzlich begangenen rechtswidrigen Tat eines anderen Hilfe leisten, er muss vielmehr diesbezüglich auch vorsätzlich handeln. Dabei muss der Gehilfenvorsatz im Hinblick auf die Haupttat zwar weniger konkret sein als bei der Anstiftung.[841] Dennoch muss aber die jeweilige Tat für den Gehilfen bei Erbringung seiner Hilfeleistung in gewissen Umrissen bekannt sein.[842] Dies ist in der vorliegenden Konstellation nicht anzunehmen, da demjenigen, der die Virenbaukästen im Internet zur Verfügung stellt, weder bekannt ist, welche Personen die entsprechende Seite aufrufen, noch wann dies geschieht. Auch weiß er nicht, wer sich wann welche Bausteine herunter lädt und vor allem wer wann und gegen wen einen entsprechenden Angriff richtet. Insofern erfüllt das Zurverfügungstellen von Virenbausteinen im Internet die Anforderung an eine strafbare Beihilfehandlung regelmäßig nicht.[843] Um eine Strafbarkeitslücke zu vermeiden und die genannten Verhaltensweisen unter Strafe zu stellen, hat der Gesetzgeber mit § 303a Abs 1, Abs 3 iVm § 202c StGB inzwischen eine eigenständige Strafnorm geschaffen. Unter Strafe gestellt ist nunmehr auch die Vorbereitung einer Datenveränderung (Löschen, Unterdrücken, Unbrauchbarmachen oder Verändern von Daten) durch die in § 202c StGB genannten Tathandlungen.

Hinzuweisen ist in diesem Zusammenhang nochmals auf den mit Wirkung ab dem 4.8.2009 eingeführten neuen § 91 StGB, welcher das Verbreiten in Form des Zugänglichmachens und Anpreisens von terroristischen „Anleitungen" ua zur Herstellung von Sprengstoffen erfasst.[844] Ausreichend für eine Strafbarkeit nach § 91 StGB ist es bereits, dass die einem anderen zugänglich gemachte oder angepriesene Anleitung nach den konkreten Umständen ihrer Verbreitung objektiv geeignet ist, dessen Bereitschaft zur Begehung von Gewalttaten zu wecken (§ 91 Abs 1 Nr 1 StGB). Strafbar ist daneben erstmals auch das Sich-Verschaffen einer solchen Anleitung (§ 91 Abs 1 Nr 2 StGB). Diese Regelungen sind ein weiterer Ausdruck der gesetzgeberischen Tendenz

---

837 Vgl zum Schriftenbegriff oben Rn 55 ff.
838 BayObLG NJW 1998, 1087; krit hierzu *Gänßle* NStZ 1999, 50.
839 Vgl hierzu *Malek* Rn 181.
840 LG Ulm CR 1989, 825 – Killerprogramm; *Eichelberger* MMR 2004, 594, 595 f; *Hilgendorf/Valerius* Rn 596; *Malek* Rn 174.
841 Vgl *Heinrich, B* AT Rn 1337.
842 BGHSt 11, 66; vgl ferner BGHSt 42, 135, 138; BGHSt 46, 107, 109.
843 So auch *Vetter* 115; differenzierend *Eichelberger* MMR 2004, 594, 597; aA *Malek* Rn 7.
844 Vgl zu § 91 StGB bereits ausf in Rn 210.

zur Vorverlagerung der Strafbarkeit auf eigentliche Vorbereitungshandlungen, wie sie seit geraumer Zeit zu beobachten ist.[845] So beinhaltet das Strafrechtsänderungsgesetz zur Bekämpfung der Computerkriminalität vom 11.8.2007[846] vergleichbare Regelungen zur Vorfeldkriminalisierung im Bereich des Ausspähens (§ 202a StGB) und Abfangens (§ 202b StGB) von Daten. Neben der neu geschaffenen Strafbarkeit des sog „Hackings"[847] (im Sinne eines bloßen Sich-Verschaffens eines Zugangs zu Daten, ohne dass eine Kenntnisnahme erforderlich wäre) wird hier durch den neu eingefügten § 202c StGB bereits das Vorbereiten der Tat durch Herstellen, Sich-Verschaffen, Verkaufen, Überlassen, Verbreiten oder sonstiges Zugänglich-Machen von Passwörtern, Sicherheitscodes oder Computerprogrammen, deren Zweck die Begehung einer Tat nach den §§ 202a, 202b StGB ist (sog Hacker-Tools) unter Strafe gestellt.[848] Im Hinblick auf den Ultimaratio-Charkter des Strafrechts sind solche Vorfeldkriminalisierungen aber äußerst kritisch zu beurteilen. Im Jahr 2004 wurde ferner § 176 Abs 4 Nr 3 StGB eingefügt, der das Einwirken auf ein Kind durch Schriften, um es zu sexuellen Handlungen zu bringen, pönalisiert.[849] Die Gesetzesbegründung verrät, dass der Gesetzgeber mit diesem Straftatbestand das Anbahnen von Kontakten in Chatrooms, wodurch Minderjährige zu sexuellen Begegnungen gebracht werden sollen, unterbinden möchte.[850] Einen sexuellen Inhalt muss die Schrift nicht haben.[851] Dieser Straftatbestand sieht sich allerdings erheblicher Kritik ausgesetzt. Besonders kritisch werden auch hier die weite Vorverlagerung der Strafbarkeit und die Beschränkung auf Schriften gesehen.[852] Dies ist vermutlich darauf zurückzuführen, dass es dem Gesetzgeber darum ging, „einer unkontrollierbar gewordenen Kommunikation Herr zu werden".[853] Dadurch entstehen Widersprüche, wie zB die Ungereimtheit, dass das Einwirken im Internet mit einer bestimmten Absicht schwerer zu bestrafen ist als dieselbe Handlung unter Anwesenden mit Sexualbezug, die sogar zu einer tatsächlichen Verabredung führt.[854] Zudem werden durch die Beschränkung auf Schriften andere Kommunikationsmittel wie zB die Internettelefonie nicht erfasst.[855]

IV. Medien(unternehmen) als Opfer von Straftaten

1. Die Nötigung (§ 240 StGB) – Medien als Opfer

295 Neben den oben genannten Fällen, in denen Pressevertreter Täter einer Nötigung sein können,[856] sind auch Fälle denkbar, in denen die Medienunternehmer selbst Opfer einer Nötigung werden („passive Pressenötigung"). So ist zB an den Fall zu denken, dass ein großer Interessenverband mit einer entsprechenden Anzeigensperre droht, wenn ein Medienunternehmen nicht in einer bestimmten Art und Weise publiziert (also etwa: Kritik an den Machenschaften des Verbandes oder einzelner Verbandsmitglieder unterlässt).[857] Die Anzeigensperre (oder auch der Auf-

---

845 Zur diesbezüglichen Kritik an § 91 StGB vgl ua *Fischer* § 91 Rn 19; *Gazeas/Grosse-Wilde/Kießling* NStZ 2009, 593, 601 f; NK/*Paeffgen* § 91 Rn 4 ff; Schönke/Schröder/*Sternberg-Lieben* § 91 Rn 1.
846 BGBl 2007 I S 1786.
847 Vgl hierzu oben Rn 148.
848 Vgl hierzu *Cornelius* CR 2007, 682.
849 Zum sog „Cyber-Grooming" und dem europäischen Rechtsrahmen *Eisele* FS Heinz 697.
850 BT-Drucks 15/350, 17 f.
851 *Fischer* § 176 Rn 14.
852 *Eisele* FS Heinz 697, 701 f.
853 *Fischer* § 176 Rn 15; *Eisele* FS Heinz 697, 702.
854 *Eisele* FS Heinz 697, 702; *Fischer* § 176 Rn 15.
855 *Eisele* FS Heinz 697, 703.
856 Vgl hierzu oben Rn 157 ff.
857 Vgl auch zum Fall eines Sitzstreiks, um einen Zeitungsverlag an der Auslieferung zu hindern, OLG Stuttgart NJW 1969, 1543; vgl ferner BGHSt 35, 270 (Sitzstreik vor einem Munitionslager).

ruf, ein bestimmtes Medienprodukt zu boykottieren oder das Unternehmen zu bestreiken) stellt für das Medienunternehmen ein empfindliches Übel dar. Bei der Frage der Rechtswidrigkeit (§ 240 Abs 2 StGB) ist zu beachten, dass selbst der Zwang, nur noch wahrheitsgemäß zu publizieren, unter Verwendung des entsprechenden Nötigungsmittels als verwerflich angesehen werden kann.[858]

2. Sabotage

Ein internetspezifisches Sonderproblem stellte sich in einem Fall, in dem der Täter öffentlich dazu aufforderte, an einem bestimmten Tag den Server eines bestimmten Unternehmens (im konkreten Fall: der Lufthansa) durch eine Vielzahl von E-Mail-Anfragen so zu überlasten, dass dieser zum Absturz gebracht werden und dadurch der Betrieb (hier: die Entgegennahme und Verarbeitung elektronischer Flugbuchungen) jedenfalls kurzfristig nicht mehr möglich sein sollte.[859] In der Tat gelang es den „Boykotteuren", den Server für etwa zwei Stunden zu blockieren. In diesem Fall kommt eine Strafbarkeit wegen einer öffentlichen Aufforderung zu Straftaten nach § 111 StGB in Frage, was jedoch voraussetzt, dass die durch die Aufforderung Angesprochenen bei dem „Boykott" der fremden Webseite selbst eine Straftat begehen. Das AG Frankfurt[860] sah in diesem Verhalten (dem gemeinsamen Aufrufen der Lufthansa-Seite zu einem bestimmten Zeitpunkt) eine strafbare Nötigung nach § 240 StGB, was jedoch unter mehreren Gesichtspunkten bedenklich ist. So kann schon der „Mausklick", mit welchem der Internetnutzer die entsprechende E-Mail absendet, nur schwerlich als „Gewaltanwendung" iSd § 240 StGB angesehen werden. Abgesehen davon, ob eine derart geringe körperliche Kraftentfaltung (durch den Mausklick) bereits als „Gewalt" gewertet werden kann, ist die Annahme, eine physische Zwangswirkung auf das Leitungsnetz stelle jedenfalls eine mittelbare physische Zwangswirkung im Hinblick auf die übrigen Internetnutzer dar, denen dadurch der Zugriff auf die betreffende Webseite verwehrt wird, kaum nachvollziehbar.[861] Auch ist die Konstruktion einer Dreiecksnötigung – der Betreiber der Webseite werde durch die Gewalt gegenüber den ihm nahestehenden (potentiellen) Internetkunden selbst genötigt – fraglich. Insoweit scheidet eine Strafbarkeit, wie das OLG Frankfurt[862] in der Revisionsinstanz zutreffend entschied – nach § 240 StGB aus.

Es kommt allerdings eine Strafbarkeit nach den §§ 303a, 303b StGB in Frage.[863] Hinsichtlich der Strafbarkeit wegen Datenveränderung, § 303a StGB, muss geprüft werden, ob das Merkmal des „Unterdrückens" von Daten bereits dann vorliegt, wenn dem Berechtigten die Daten lediglich vorübergehend und nicht auf Dauer entzogen werden (im konkreten Fall war die Benutzung der Webseite für etwa zwei Stunden nicht oder nur mit erheblichen Wartezeiten möglich). Hinsichtlich des Tatbestandsmerkmals des Unterdrückens ist jedoch anerkannt, dass eine dauerhafte Unterdrückung nicht erforderlich ist, sondern dass es ausreicht, wenn die Daten zeitweilig entzogen werden, sofern es sich nicht um einen ganz unerheblichen Zeitraum handelt.[864] Bei der Frage der Erheblichkeit des Zeitraums ist allerdings auch die tatsächlich erlittene Beeinträchtigung von entscheidender Bedeu-

---

858 Zutreffend *Ricker/Weberling* Kap 55 Rn 11.
859 Vgl AG Frankfurt NStZ 2006, 399; vgl hierzu die Anmerkungen bei *Gercke* MMR 2005, 868; *Kraft/Meister* K&R 2005, 458; zu dieser Problematik auch *dies* MMR 2003, 366; ferner *Heinrich, B* FS Heinz 729, 731.
860 AG Frankfurt NStZ 2006, 399; zust *Kraft/Meister* MMR 2003, 366, 370 f; *dies* K&R 2005, 458, 459; das Urteil des AG Frankfurt wurde durch die Revisionsentscheidung des OLG Frankfurt ZUM 2006, 749 aufgehoben; der Angeklagte wurde freigesprochen.
861 Zust dagegen *Kraft/Meister* K&R 2005, 458, 459.
862 OLG Frankfurt ZUM 2006, 749.
863 So auch *Gercke* MMR 2005, 868; *Kraft/Meister* MMR 2003, 366, 370 f; ferner *Ernst* NJW 2003, 3233, 3239.
864 *Eisele* § 9 Rn 73; LK/*Wolff* 12. Aufl § 303a Rn 24; NK/*Zaczyk* § 303a Rn 8; Schönke/Schröder/*Stree/Hecker* § 303a Rn 6; *Hilgendorf/Wolf* K&R 2006, 541, 546; aA *Altenhain* JZ 1997, 752, 753 Fn 17.

tung.[865] Jedenfalls dann, wenn der Verfügungsberechtigte, welcher in aller Regel der Betreiber der Webseite sein dürfte, nicht mehr auf seine eigenen Daten zugreifen kann, ist daher der Tatbestand erfüllt, sofern es sich nicht um einen ganz unerheblichen Zeitraum handelt.[866] Fraglich ist, ob dies auch im Hinblick auf Dritte gelten kann, die infolge der Überlastung nicht mehr auf die entsprechende Webseite zugreifen können. Da § 303a StGB jedoch lediglich den Verfügungsberechtigten vor der Veränderung seiner Daten schützen soll, ist diese Konstellation von der Strafnorm nicht erfasst.[867] Ferner ist zu berücksichtigen, dass die Tathandlungen der einzelnen Internetnutzer für sich gesehen für ein Unterdrücken von Daten nicht ausreichen, sodass eine Strafbarkeit nur durch eine Annahme einer mittäterschaftlichen Zurechung (§ 25 Abs 2 StGB) der Tatbeiträge der übrigen „Boykotteure" möglich ist. Diesbezüglich müsste dann aber ein gemeinsamer Tatplan nachgewiesen werden, was schwer möglich ist, da sich die „Boykotteure" untereinander regelmäßig nicht kennen.

298   Darüber hinaus können in den genannten Fällen aber die Voraussetzungen des § 303b StGB nF erfüllt sein. Sofern die Voraussetzungen des § 303a Abs 1 StGB angenommen werden, liegt es einerseits nahe, dass hierdurch auch eine Datenverarbeitung, die für das betroffene Unternehmen von wesentlicher Bedeutung ist, gestört wird, sodass § 303b Abs 1 Nr 1 StGB erfüllt ist. Daneben ist aber seit der durch das am 11.8.2007 in Kraft getretene Strafrechtsänderungsgesetz zur Bekämpfung der Computerkriminalität[868] erfolgten Änderung des StGB insb die neu eingefügte Nr 2 zu berücksichtigen.[869] Hiernach wird als Computersabotage nun auch das Eingeben oder Übermitteln von Daten erfasst, sofern diese Handlung in der Absicht erfolgt, einem anderen einen Nachteil zuzufügen. Bei diesen Vorgängen handelt es sich jeweils um an sich neutrale Handlungen, die aber dann strafrechtlich relevant werden, wenn sie in rechtswidriger Absicht vorgenommen werden. Bei diesen sog „Elektronischen Protesten" (E-Protesten) käme immerhin die Alternative der Übermittlung von Daten per E-Mail in Betracht.[870] Bereits die Nachteilszufügungsabsicht ließe sich bei einer Internet-Demonstration aber bezweifeln,[871] wenn es den Teilnehmern nicht um einen Nachteil des Betroffenen, sondern um eine politische Meinungsäußerung geht. Für den objektiven Tatbestand ist zudem sowohl für die Nr 1 als auch für die Nr 2 eine **erhebliche** Störung der Datenverarbeitung erforderlich. Die Bundesregierung geht davon aus, es handele sich bei der Einfügung des Merkmals der Erheblichkeit nur um eine Klarstellung.[872] Gleichwohl bleibt abzuwarten, ob die Rechtsprechung nicht diesbezüglich auf die Maßstäbe des OLG Frankfurt zurückgreift und bei kurzzeitigen Blockaden (auch) eine Erheblichkeit verneint. Ferner kommt im angesprochenen Fall auch eine Strafbarkeit nach § 317 StGB in Frage, da die betroffenen Server Telekommunikationseinrichtungen in diesem Sinne darstellen (vgl auch die Definition in § 3 Nr 23 TKG).

3. DDoS-Attacken
299 In Ihrer Wirkung mit den vorgenannten „E-Protesten" vergleichbar sind die sog „DDoS-Attacken" (Distributed-Denial-of-Service-Attacken), deren rechtliche Einordnung umstritten

---

865 *Vetter* 66.
866 *Hilgendorf/Valerius* Rn 592; *Vetter* 67 ff; anders aber wohl OLG Frankfurt ZUM 2006, 749, 753.
867 *Faßbender* 61; *Hilgendorf/Valerius* Rn 592; *Kraft/Meister* MMR 2003, 366, 373; *Mitsch* Medienstrafrecht § 6 Rn 20; *Vetter* 66 f; aA *Ernst* NJW 2003, 3233, 3238; vgl auch *Gercke* JA 2007, 839, 842, der ausführt, im Fall der Lufthansa könnten die Nutzer dennoch als Verfügungsberechtigte angesehen werden, wenn ihnen durch die Lufthansa zB im Rahmen des Online-Buchungssystems die Verfügungsbefugnis über Daten eingeräumt wurde.
868 BGBl 2007 I S 1786.
869 Vgl hierzu *Ernst* NJW 2007, 2661, 2664 f; *Gröseling/Höfinger* MMR 2007, 626.
870 Vgl zu dem insgesamt problematischen Merkmal des „Eingebens" von Daten iSd § 202a *Gröseling/Höfinger* MMR 2007, 626, 627.
871 So etwa der Rechtsausschuss in BT-Drucks 16/5449, 5.
872 BT-Drucks 16/3656, 13.

ist.⁸⁷³ Allgemein versteht man unter einer solchen DDoS-Attacke einen Angriff, der darauf abzielt, bestimmte Dateien zu löschen oder Dienste (zB den WWW-Server) in einer Weise zu blockieren, dass sie nicht mehr im Rahmen ihrer Anforderungen nutzbar sind.⁸⁷⁴

So ist es möglich, dass sich der Angreifer zuerst Zugang zu einer Vielzahl von fremden Rechnern im Internet verschafft, auf denen er die Programme für den Angriff installiert. Von einem separaten Rechner aus synchronisiert er dann die Angriffsprogramme in der Weise, dass von diesen aus gleichzeitig ein Angriff auf den attackierten Rechner stattfindet. Die Wirkungen entsprechen denen der vorgenannten E-Proteste,⁸⁷⁵ wobei der Unterschied darin besteht, dass der Angriff nur von einer Person ausgeht, die sich dazu aber einer Vielzahl fremder Rechner bedient. Hier kommt zuerst eine Strafbarkeit nach § 303a StGB wegen Datenveränderung in Frage.⁸⁷⁶ Wird durch den massiven Zugriff auf eine Webseite deren Server überlastet, so kann dies dazu führen, dass die auf diesem Server verfügbaren Daten für einen gewissen Zeitraum nicht mehr erreichbar sind. Kann daher der Verfügungsberechtigte (dh der Betreiber der Webseite) nicht mehr auf seine eigenen Daten zugreifen, ist eine Datenunterdrückung gegeben,⁸⁷⁷ sofern es sich nicht um einen ganz unerheblichen Zeitraum handelt. Dass möglicherweise Dritte (andere Internetnutzer) infolge der Überlastung nicht mehr auf die entsprechende Webseite zugreifen können, ist auch in der vorliegenden Konstellation strafrechtlich unbeachtlich, da § 303a StGB nur den Verfügungsberechtigten vor der Veränderung seiner Daten schützen soll.⁸⁷⁸ Auch in den Fällen der DDoS-Attacken ist aber wiederum an eine Strafbarkeit nach § 303b Abs 1 Nr 2 StGB nF wegen Computersabotage⁸⁷⁹ zu denken. Die Nr 2 wurde – wie bereits dargestellt – im Zuge der Reform neu eingefügt. Die Begründung der Bundesregierung nennt als Beispiel explizit DDoS-Attacken.⁸⁸⁰ Auch hier dürfte aber eher das Tatbestandsmerkmal der Übermittlung von Daten in Betracht kommen, da die Daten nicht in den Zielcomputer, sondern vielmehr in den eigenen Rechner eingegeben werden. Weniger problematisch erscheint bei DDoS-Attacken die Nachteilszufügungsabsicht. Im Übrigen gelten die Ausführungen zu den E-Protesten entsprechend, dh es ist insb zu untersuchen, ob die Datenverarbeitung erheblich gestört wurde. Zudem kommt wiederum § 317 StGB in Betracht.⁸⁸¹

V. Sonstige Rechtsverletzungen

Mitunter finden sich Delikte und Deliktsgruppen, die sich dadurch auszeichnen, dass sie zwar auch im Zusammenhang mit „Medien" begangen werden können, es sich aber im Wesentlichen um Straftaten der allgemeinen Kriminalität handelt, bei denen das Medium, insb hier wiederum das Internet, nur ein besonderes Werkzeug darstellt. Sie sollen daher im Folgenden kurz dargestellt werden.

1. Die unerlaubte Veranstaltung eines Glücksspiels (§ 284 StGB)

Das deutsche Glücksspielstrafrecht führte lange Zeit ein Schattendasein, rückte dann aber in den letzten Jahren vermehrt in den Blickpunkt der Öffentlichkeit. Grund war die Zunahme von

---

873 Vgl hierzu *Hilgendorf/Valerius* Rn 681; *Möller* DuD 2000, 292; *Vetter* 51 ff.
874 *Hilgendorf/Valerius* Rn 592.
875 Vgl hierzu oben Rn 298.
876 *Faßbender* 49 ff; *Hilgendorf/Valerius* Rn 681, 592; *Vetter* 55 ff.
877 *Faßbender* 60; *Hilgendorf/Valerius* Rn 592; *Vetter* 67 ff.
878 *Hilgendorf/Valerius* Rn 592; *Vetter* 55 ff; aA *Ernst* NJW 2003, 3233, 3238.
879 *Faßbender* 67 ff; *Hilgendorf/Valerius* Rn 681, 610; *Vetter* 71 ff.
880 BT-Drucks 16/3656, 13.
881 *Hilgendorf/Valerius* Rn 681.

Glücksspielangeboten über das Medium des Internets,[882] insb seitens ausländischer Anbieter, aber auch die Zulassung privater Glücksspielanbieter auf dem Gebiet der ehemaligen DDR kurz vor der Wiedervereinigung. Nicht zuletzt geriet das deutsche Glücksspielrecht auch auf Grund europarechtlicher Vorgaben in die Diskussion, eine Diskussion, die derzeit noch anhält.

303 Ein **Glücksspiel** liegt vor, wenn die Beteiligten über den Gewinn oder Verlust eines nicht ganz unbeträchtlichen Vermögenswertes nach Leistung eines Einsatzes ein ungewisses Ereignis entscheiden lassen, dessen Eintritt nicht von Aufmerksamkeit, Fähigkeiten und Kenntnissen der Spieler, sondern im Wesentlichen vom Zufall abhängt.[883] Hierunter fallen nach hM auch Oddset-Wetten (= Sportwetten zu festen Gewinnquoten).[884] Abzugrenzen sind die **Glücksspiele** von den **Unterhaltungsspielen**, denn dort ist kein oder ein nur ein unerheblicher Gewinn möglich. Als unerheblichen Einsatz sind Aufwendungen für Brief-/Postkartenporto und Telefongebühren anzusehen.[885] Ferner scheiden **Geschicklichkeitsspiele** aus, bei denen in erster Linie Aufmerksamkeit, Fähigkeit und Kenntnisse der beteiligten Durchschnittsspieler über Gewinn und Verlust entscheiden.[886] Auch Lotterien und Ausspielungen sind als Glücksspiele anzusehen, sie werden jedoch nach § 287 StGB gesondert erfasst.[887] Abzugrenzen ist das Glücksspiel ferner von der **Wette**.[888] Die Abgrenzung erfolgt nach dem Vertragszweck: Zweck des Spieles ist die Unterhaltung oder der Gewinn, der Zweck der Wette liegt hingegen in der Bekräftigung eines ernsthaften Meinungsstreites.[889] Entgegen der Bezeichnung sind „Sportwetten" daher zumeist Glücksspiele.

304 Ferner muss das Glücksspiel **öffentlich** sein. Dies ist der Fall, wenn die Beteiligung in erkennbarer Weise beliebigen Personen offen steht. Es darf also nicht auf einen geschlossenen, durch konkrete und außerhalb des Spielzwecks liegende Interessen verbundenen, Personenkreis beschränkt sein.[890] Als **Tathandlung** gilt nicht das Spielen selbst (vgl § 285 StGB), sondern das Veranstalten, Halten oder Bereitstellen der Spieleinrichtung. Ein Glücksspiel **veranstaltet**, wer dem Publikum die Gelegenheit zum Spiel eröffnet.[891] Dazu muss der Veranstalter verantwortlich und organisatorisch den äußeren Rahmen für die Abhaltung des Glücksspiels schaffen.[892] Das Zustandekommen von Spielverträgen ist nicht erforderlich,[893] genauso wenig, wie die Beteiligung des Veranstalters selbst am Spiel.[894]

---

882 Vgl hierzu auch Arzt/Weber/Heinrich/Hilgendorf/*Heinrich* § 24 Rn 38; *Maurach/Schroeder/Maiwald* BT 1 § 44 Rn 4.
883 BGHSt 34, 171, 175 f; BGHSt 36, 74, 80; Arzt/Weber/Heinrich/Hilgendorf/*Heinrich* § 24 Rn 39a; *Lackner/Kühl* § 284 Rn 2; LK/*Krehl* 12. Aufl § 284 Rn 7; MünchKommStGB/*Hohmann* 2. Aufl § 284 Rn 5 ff; *Wrage* JR 2001, 405, 406.
884 So BGH JZ 2003, 858; *Fischer* § 284 Rn 10. Für ein Geschicklichkeitsspiel noch AG Karlsruhe-Durlach NStZ 2001, 254; LG Bochum NStZ-RR 2002, 170. Zum Begriff der Oddset-Wette vgl *Janz* NJW 2003, 1694, 1695; *Meyer* JR 2004, 447.
885 Arzt/Weber/Heinrich/Hilgendorf/*Heinrich* § 24 Rn 39a; *Fischer* § 284 Rn 5.
886 BGHSt 2, 274, 276; *Lackner/Kühl* § 284 Rn 5; MünchKommStGB/*Hohmann* 2. Aufl § 284 Rn 7; *Otto* BT § 55 Rn 3; *Wrage* JR 2001, 405, 406.
887 Vgl hierzu unten Rn 310 ff.
888 Zwar werden Spiel und Wette im Zivilrecht einheitlich behandelt (beide begründen nur unvollkommene Verbindlichkeiten, § 762 BGB), strafbar ist aber nur das (unerlaubte) Glücksspiel (mit der zivilrechtlichen Nichtigkeitsfolge des § 134 BGB).
889 RGSt 6, 172, 175 f; Arzt/Weber/Heinrich/Hilgendorf/*Heinrich* § 24 Rn 39a; Schönke/Schröder/*Heine* § 284 Rn 4; *Weber* Urheberstrafrecht 39, 41 f.
890 RGSt 63, 44, 45; BGHSt 9, 39, 42; Arzt/Weber/Heinrich/Hilgendorf/*Heinrich* § 24 Rn 39b; NK/*Wohlers/Gaede* § 284 Rn 15.
891 Arzt/Weber/Heinrich/Hilgendorf/*Heinrich* § 24 Rn 39c; MünchKommStGB/*Hohmann* 2. Aufl § 284 Rn 24; NK/*Wohlers/Gaede* § 284 Rn 17; Schönke/Schröder/*Heine* § 284 Rn 12.
892 BGH NStZ 2003, 372, 373; BayObLG NJW 1993, 2820; Arzt/Weber/Heinrich/Hilgendorf/*Heinrich* § 24 Rn 39c; *Fischer* § 284 Rn 18; MünchKommStGB/*Hohmann* 2. Aufl § 284 Rn 24; NK/*Wohlers/Gaede* § 284 Rn 17.
893 *Fischer* § 284 Rn 18; SK/*Hoyer* § 284 Rn 23.
894 MünchKommStGB/*Hohmann* 2. Aufl § 284 Rn 24; Schönke/Schröder/*Heine* § 284 Rn 12; SK/*Hoyer* § 284 Rn 23.

Fraglich ist jedoch, wie das **Vermitteln** von Glücksspielen zu bewerten ist. Dies wird besonders im Bereich der Sportwetten relevant, wenn hinter dem deutschen Wettannahmebüro ein **ausländischer Wettanbieter** steht. Da die Übermittlung der Wettdaten und des Gewinnsaldos an den (ausländischen) Wettanbieter dem (deutschen) Publikum die Spielaufnahme erst ermöglichen, stellt auch die Vermittlung ein Veranstalten dar.[895] Da in diesem Fall dann auch der Veranstaltungsort in Deutschland liegt, ist deutsches Strafrecht anwendbar.[896] 305

Das **Halten** eines Spieles setzt voraus, dass das Spiel tatsächlich begonnen hat.[897] Der Halter muss das Spiel leiten und/oder den äußeren Ablauf des eigentlichen Spielverlaufs eigenverantwortlich überwachen.[898] Das **Bereitstellen von Einrichtungen** zum Glücksspiel erfasst die Vorbereitungshandlung des Zur-Verfügung-Stellens von Spieleinrichtungen.[899] 306

§ 284 Abs 4 StGB erweitert die Strafbarkeit auf das **Werben** für ein öffentliches Glücksspiel. Hier werden Verhaltensweisen im Vorfeld der Tathandlungen nach Abs 1 oder 2 erfasst und mit einer geringeren Strafe (Höchststrafe ist Freiheitsstrafe von einem Jahr) bedroht.[900] Die Vorschrift soll vor allem ausländische Anbieter erfassen, die im Inland werben.[901] Daher ist es nicht entscheidend, ob eine Spielbeteiligung vom Inland aus möglich ist, denn in diesem Fall wäre bereits Abs 1 einschlägig.[902] Werben ist jede Aktivität, die darauf abzielt, einen anderen zur Beteiligung am Spiel zu verlocken, wobei die bloße informative Ankündigung einer Gelegenheit zum Glücksspiel genügt.[903] Die Strafbarkeit ist von der tatsächlichen Durchführung des beworbenen Glückspieles unabhängig.[904] 307

Die Tathandlungen müssen **ohne behördliche Erlaubnis** vorgenommen werden. Das Fehlen der Erlaubnis ist (negatives) Tatbestandsmerkmal.[905] Dabei kommt es nicht auf die materielle Rechtmäßigkeit, sondern nur auf die formelle Wirksamkeit der Erlaubnis an.[906] Hier gelten insb die **landesrechtlichen Sportwettengesetze**, wobei die Sportwetten derzeit ausschließlich staatlichen Anbietern vorbehalten sind. Zu beachten ist allerdings, dass im Jahre 1990 einige Konzessionen auf Grund des **DDR-Gewerbegesetzes** in den neuen Bundesländern vor der Wiedervereinigung erteilt wurden (insb für **Oddset-Wetten**). Nach hM sind solche Genehmigungen als Verwaltungsakte der DDR nach Art 19 S 1 Einigungsvertrag auch nach dem Beitritt wirksam.[907] 308

---

895 So Arzt/Weber/Heinrich/Hilgendorf/*Heinrich* § 24 Rn 39c; *Fischer* § 284 Rn 18a; *Lackner/Kühl* § 284 Rn 11; *Wohlers* JZ 2003, 858, 862; aA AG Karlsruhe-Durlach, NStZ 2001, 254; *Wrage* JR 2001, 405, 406; ferner *Janz* NJW 2003, 1694, 1700.
896 *Meyer* JR 2004, 447, 450 f; *Wohlers* JZ 2003, 858, 862.
897 Arzt/Weber/Heinrich/Hilgendorf/*Heinrich* § 24 Rn 39g; MünchKommStGB/*Hohmann* 2. Aufl § 284 Rn 25; NK/*Wohlers/Gaede* § 284 Rn 19; SK/*Hoyer* § 284 Rn 25.
898 BayObLG NJW 1993, 2820; MünchKommStGB/*Hohmann* 2. Aufl § 284 Rn 25; NK/*Wohlers/Gaede* § 285 Rn 19.
899 Arzt/Weber/Heinrich/Hilgendorf/*Heinrich* § 24 Rn 39c; MünchKommStGB/*Hohmann* 2. Aufl § 284 Rn 26; NK/*Wohlers/Gaede* § 284 Rn 20.
900 Vgl *Kindhäuser* BT 2 § 42 Rn 10; *Mitsch* BT II/2 § 5 Rn 175.
901 BT-Drucks 13/8587, 67 f; Arzt/Weber/Heinrich/Hilgendorf/*Heinrich* § 24 Rn 39c; Schönke/Schröder/*Heine* § 284 Rn 25a; vgl zur Veranstaltung von Glücksspielen durch ausländische Anbieter per Internet *Barton/Gercke/Janssen* wistra 2004, 321.
902 So Arzt/Weber/Heinrich/Hilgendorf/*Heinrich* § 24 Rn 39c; *Mintas* 208 ff.; *Schoene* NStZ 1991, 469; SK/*Hoyer* § 284 Rn 36; aA LK/*Krehl* 12. Aufl § 284 Rn 25; MünchKommStGB/*Hohmann* 2. Aufl § 284 Rn 27; NK/*Wohlers/Gaede* § 284 Rn 25; SSW/*Rosenau* § 284 Rn 14.
903 So SK/*Hoyer* § 284 Rn 37; aA LK/*Krehl* 12. Aufl § 284 Rn 25.
904 *Fischer* § 284 Rn 24.
905 Arzt/Weber/Heinrich/Hilgendorf/*Heinrich* § 24 Rn 39d; *Fischer* § 284 Rn 13; *Lackner/Kühl* § 284 Rn 12; NK/*Wohlers/Gaede* § 284 Rn 21; aA *Maurach/Schroeder/Maiwald* BT 1 § 44 Rn 9. Der Tatbestand ist somit verwaltungsakzessorisch ausgestaltet.
906 So *Kindhäuser* BT 2 § 42 Rn 6; MünchKommStGB/*Hohmann* 2. Aufl § 284 Rn 17; SK/*Hoyer* § 284 Rn 27.
907 So ThürOVG GewArch 2000, 118, 119; *Heine* wistra 2003, 441; *Horn* NJW 2004, 2047, 2049 f; *Janz* NJW 2003, 1694, 1698; aA OVG Münster NVwZ-RR 2003, 352, 353; MünchKommStGB/*Hohmann* 2. Aufl § 284 Rn 22; *Schmidt* WRP

Umstritten ist die Handhabung von **Genehmigungen durch EU-Mitgliedsstaaten**. Überwiegend wird davon ausgegangen, dass diese keine Erlaubnisse iSd § 284 StGB darstellen.[908] Jedoch dürfte diese Sichtweise schwer mit der durch Art 56 AEUV gewährleisteten Dienstleistungsfreiheit zu vereinbaren sein.[909] Allerdings geht auch der EuGH in seinem „Bwin-Urteil"[910] davon aus, dass die Mitgliedsstaaten nicht verpflichtet sind, erteilte Erlaubnisse eines anderen Mitgliedstaates anzuerkennen. Doch hatte der EuGH schon in seiner Gambelli-Entscheidung[911] festgestellt (und durch das Bwin-Urteil nun bestätigt), dass derartige Beschränkungen der Dienstleistungsfreiheit mitgliedstaatlicher Anbieter nur dann mit EU-Recht vereinbar sind, wenn sie auf Grund der in den Art 62 iVm Art 52 AEUV ausdrücklich vorgesehenen Ausnahmeregelungen (insb Gründe der öffentlichen Ordnung, Sicherheit oder Gesundheit) zulässig oder nach der Rechtsprechung des Gerichtshofes aus zwingenden Gründen des Allgemeininteresses gerechtfertigt sind. Da nun aber Steuermindereinnahmen nicht zu den genannten Gründen gehören und keinen zwingenden Grund des Allgemeininteresses darstellen, lassen sie sich nicht als Grund für Beschränkungen der Dienstleistungsfreiheit anführen. Als Allgemeininteressen kämen aber etwa „Betrugsvorbeugung und die Vermeidung von Anreizen für die Bürger zu überhöhten Ausgaben für das Spielen" in Betracht. Daher sind Beschränkungen bzgl der Sportwetten nur dann zulässig, wenn sie „wirklich dem Ziel dienen, die Gelegenheiten zum Spiel zu vermindern, und die Finanzierung sozialer Aktivitäten mit Hilfe einer Abgabe auf die Einnahmen aus genehmigten Spielen nur eine erfreuliche Nebenfolge, nicht aber der eigentliche Grund der betriebenen restriktiven Politik" sind. Genau dies dürfte aber fraglich sein, da der betriebene Kostenaufwand der staatlichen Glücksspielbetriebe für Werbung deutlich über dasjenige hinausgeht, „was gewöhnliche Unternehmen für Werbung und Öffentlichkeitsarbeit aufzubringen pflegen".[912] Wenn die staatlichen Behörden die Bürger aber selbst zum Spielen ermutigen (durch Werbemaßnahmen etc), so ist es äußerst fraglich, ob die geschilderten Maßnahmen dazu dienen, „die Gelegenheiten zum Spiel zu verhindern".

309 Nach § 285 StGB ist auch die **Beteiligung am unerlaubten Glücksspiel** strafbar. Am Glücksspiel beteiligt sich, wer selbst daran als **Spieler** teilnimmt.[913] Folglich muss das Spiel bereits begonnen haben.[914] Beteiligter ist auch, wer in Vertretung oder als Beauftragter eines anderen auf dessen Rechnung spielt.[915]

2. Die unerlaubte Veranstaltung einer Lotterie oder einer Ausspielung (§ 287 StGB)

310 Aus historischen Gründen werden Lotterie und Ausspielung als spezielle Glücksspiele in § 287 geregelt.[916] **Lotterie** und **Ausspielung** unterscheiden sich vom Glücksspiel dadurch, dass nach einem vom Unternehmer einseitig festgelegten Spielplan gespielt wird.[917] Demnach zeichnen sich Lotterie und Ausspielung dadurch aus, dass einer Mehrzahl von Personen die Möglichkeit

---

2004, 1145, 1155. Jedoch ist im August 2006 im Freistaat Sachsen die Konzession für den größten dieser Anbieter widerrufen worden, vgl dazu *Tröndle/Fischer* 54. Aufl § 284 Rn 14.
908 BGH NJW 2002, 2175, 2176 – Sportwetten; BGH NJW 2004, 2158, 2160 – Schöner Wetten; MünchKommStGB/*Hohmann* 2. Aufl § 284 Rn 21; *Rüping* JZ 2005, 234, 239; *Wohlers* JZ 2003, 860, 861.
909 So *Lackner/Kühl* § 284 Rn 12; *Lesch* wistra 2005, 241, 243 ff; *Wrage* JR 2001, 405, 406.
910 EuGH NJW 2009, 3221; vgl auch EuGH NVwZ 2010, 1409, 1416 f; EuGH NVwZ 2010, 1422.
911 EuGH NJW 2004, 139, 140.
912 *Lesch* wistra 2005, 241, 246.
913 Arzt/Weber/Heinrich/Hilgendorf/*Heinrich* § 24 Rn 39g; *Fischer* § 285 Rn 2; *Otto* BT § 55 Rn 13; Schönke/Schröder/*Heine* § 285 Rn 2.
914 Schönke/Schröder/*Heine* § 285 Rn 2.
915 So auch Arzt/Weber/Heinrich/Hilgendorf/*Heinrich* § 24 Rn 39d; LK/*Krehl* 12. Aufl § 285 Rn 2; Schönke/Schröder/*Heine* § 285 Rn 2; für eine Beihilfe in diesen Fällen *Fischer* § 285 Rn 3.
916 Vgl *Maurach/Schroeder/Maiwald* BT 1 § 44 Rn 13; *Otto* BT § 55 Rn 14.
917 *Lackner/Kühl* § 287 Rn 1; SK/*Hoyer* § 287 Rn 4.

eröffnet wird, gegen einen bestimmten Einsatz und nach einem bestimmten Plan, ein vom Zufall abhängiges Recht auf Gewinn zu erwerben,[918] wobei bei der Lotterie der Gewinn stets in Geld und bei Ausspielungen in geldwerten Sachen oder Leistungen besteht.[919]

Wie bei § 284 muss es sich auch hier um **öffentliche** Lotterien und Ausspielungen handeln. Auch hier ist das Verhalten nur strafbar, wenn **keine behördliche Erlaubnis** vorliegt. Die Zuständigkeit richtet sich nach der LotterieVO vom 6.3.1937 und den Landesgesetzen.[920] 311

Abs 1 nennt als **Tathandlung** das **Veranstalten**, also die Eröffnung der Möglichkeit zur Beteiligung am Spiel nach festgelegtem Spielplan.[921] Der Spieler selbst wird nicht bestraft.[922] Die genannten Beispiele des Anbietens, des Abschlusses oder der Annahme von Angeboten zum Abschluss von Spielverträgen haben nur klarstellende Bedeutung.[923] So unterfällt auch das Übersenden von Teilnahmebedingungen[924] oder der selbstständige Abschluss von Spielverträgen auf eigene Rechnung im Rahmen einer von einem anderen abgehaltenen Lotterie dem Veranstalten dieser Vorschrift.[925] Abs 2 stellt das **Werben** für Veranstaltungen nach Abs 1 unter Strafe. 312

§ 4
Die wichtigsten medienstrafrechtlich relevanten Tatbestände des Nebenstrafrechts

I. Das Urheberstrafrecht

Urheberrechtsverletzungen können in vielfacher Weise im Zusammenhang mit der Tätigkeit eines Medienunternehmens begangen werden. Das UrhG enthält dabei neben den in §§ 97ff UrhG vorgesehenen zivilrechtlichen Rechtsschutzmöglichkeiten in den §§ 106ff UrhG auch einige Strafvorschriften, denen – nach langjähriger faktischer Bedeutungslosigkeit[926] – heute eine zunehmende praktische Relevanz zukommt.[927] So führten insb die sich ständig verbessernden technischen Möglichkeiten der Vervielfältigung verbunden mit der Aussicht, mit relativ geringem Aufwand erhebliche Gewinne zu erzielen, zu einer zunehmenden Verletzung von Urheberrechten. Dabei spielten vor allem auch die besonderen Möglichkeiten, das Internet als Medium zu benutzen, eine erhebliche Rolle.[928] Da die zivilrechtlichen Sanktionen nicht als ausreichend 313

---

918 *Fischer* § 287 Rn 2; *Maurach/Schroeder/Maiwald* BT 1 § 44 Rn 13; *Otto* BT § 55 Rn 15.
919 *Lackner/Kühl* § 287 Rn 4; *Otto* BT § 55 Rn 15.
920 Vgl dazu Schönke/Schröder/*Heine* § 287 Rn 18.
921 *Lackner/Kühl* § 287 Rn 6; Schönke/Schröder/*Heine* § 287 Rn 15.
922 Vgl *Fischer* § 287 Rn 11.
923 Vgl BT-Drucks 13/9064, 21; *Fischer* § 287 Rn 11.
924 Schönke/Schröder/*Heine* § 287 Rn 15.
925 *Fischer* § 287 Rn 11; Schönke/Schröder/*Heine* § 287 Rn 15.
926 So endete die reichsgerichtliche Rechtsprechung zum Urheberstrafrecht im Jahre 1916 mit der Entscheidung RGSt 49, 432; vgl hierzu *von Gravenreuth* GRUR 1983, 349; *Katzenberger* GRUR 1982, 715, 715f; allg zur Entwicklung des Urheberstrafrechts *Weber, U* Urheberstrafrecht 1ff; ferner *Lampe* UFITA 83 (1978), 15.
927 Zur zunehmenden Bedeutung des Urheberstrafrechts vgl auch *von Gravenreuth* 3f; *Heghmanns* NStZ 1991, 112; *Katzenberger* GRUR 1982, 715, 716; *Lieben* GRUR 1984, 572.
928 Vgl hierzu *Boßmanns* Urheberrechtsverletzungen im Online-Bereich und strafrechtliche Verantwortlichkeit der Internet-Provider 2003; *Büchele* Urheberrecht im World Wide Web 2002; *Ensthaler/Weidert* Handbuch Urheberrecht und Internet 2. Aufl 2010; *Evert* Anwendbares Urheberrecht im Internet 2005; *Hilgendorf/Valerius* Rn 682ff; *Malek* Rn 241ff; *Rademacher* Urheberrecht und gewerblicher Rechtsschutz im Internet 2003; *Reinbacher* Die Strafbarkeit der Vervielfältigung urheberrechtlich geschützter Werke zum privaten Gebrauch nach dem Urheberrechtsgesetz 2007; *Sedlmeier* Die Auslegung der urheberrechtlichen Straftatbestände bei Internet-Sachverhalten 2003.

angesehen werden, um diesem Verhalten Einhalt zu gebieten, wurde der Ruf nach dem Strafrecht laut. Dennoch spielt der strafrechtliche Schutz des Urheberrechts auch heute noch eine eher untergeordnete Rolle, was teilweise kritisiert, teilweise aber auch begrüßt wird.[929] Rechtspolitisch ist der Einsatz des Strafrechts gegen Urheberrechtsverletzungen großen Stils, die zunehmend auch dem Bereich der organisierten Kriminalität zuzuordnen sind, sinnvoll und notwendig.[930] Dagegen sollte der Einsatz des Strafrechts gegen den Endabnehmer, der Urheberrechtsverletzungen im privaten Bereich begeht, ebenso unterbleiben wie die Instrumentalisierung des Strafrechts zur Durchsetzung zivilrechtlicher Ansprüche.[931]

314 Insgesamt ist auffallend, dass der zivilrechtliche Schutz des Urheberrechts weiter geht als der strafrechtliche. Während in § 97 UrhG umfassende zivilrechtliche Unterlassungs- und Schadensersatzansprüche gegen jede Form der Verletzung vorgesehen sind,[932] werden strafrechtlich in erster Linie die urheberrechtlichen **Verwertungsrechte** geschützt.[933] Der Schutz des Urheberpersönlichkeitsrechts ist nur in Sonderfällen vorgesehen (vgl § 107 Abs 1 Nr 1 UrhG).[934] Rein obligatorische Ansprüche schützt das Urheberstrafrecht nicht.[935] Dies entspricht letztlich auch der Funktion des Strafrechts, nicht jede Rechtsverletzung zu sanktionieren, sondern nur diejenigen Verhaltensweisen unter Strafe zu stellen, die in besonders sozialschädlicher Weise Rechte anderer verletzen.[936] Allgemein ist jedoch festzustellen, dass in den strafrechtlichen Vorschriften des UrhG weitestgehend auf die zivilrechtlichen Vorschriften Bezug genommen und verwiesen wird, sodass das **„Primat des Zivilrechts"** hier deutlich zum Vorschein kommt.[937]

315 Die urheberstrafrechtlichen Vorschriften stellen allesamt Vergehen nach § 12 Abs 2 StGB dar. Durch § 106 UrhG werden die urheberrechtlich geschützten **Werke** strafrechtlich geschützt, während die Verletzung verwandter **Schutzrechte** über § 108 UrhG sanktioniert wird. Über § 106 UrhG werden, wie bereits erwähnt,[938] dabei nur die Verwertungsrechte erfasst, eine Verletzung von Urheberpersönlichkeitsrechten findet sich lediglich (sehr fragmentarisch) in § 107 UrhG, der jedoch für das Medienrecht keine Bedeutung hat. Die genannten Vorschriften der §§ 106–108 UrhG sind ebenso wie die Vorschriften des § 108b Abs 1 und Abs 2 UrhG Privatklagedelikte (vgl § 374 Abs 1 Nr 8 StPO). Keine Privatklagedelikte stellen dagegen die Strafnormen des § 108a UrhG und des § 108b Abs 3 UrhG dar. Eine Nebenklage ist hingegen nach § 395 Abs 1 Nr 6 StPO bei sämtlichen Urheberrechtsstraftaten möglich.

1. Die unerlaubte Verwertung urheberrechtlich geschützter Werke (§ 106 UrhG)

316 Ausgangspunkt für die strafrechtliche Beurteilung ist § 106 UrhG, der die unerlaubte Vervielfältigung, Verbreitung und öffentliche Wiedergabe urheberrechtlich geschützter Werke unter Strafe stellt. Ein solches Werk liegt nach den §§ 1, 2 Abs 2 UrhG dann vor, wenn es sich um eine persönliche geistige Schöpfung aus den Bereichen der Literatur, Wissenschaft oder Kunst handelt. Beispiele hierfür sind in § 2 Abs 1 UrhG aufgezählt. Im vorliegenden Zusammenhang relevant sind insb die in den dortigen Nummern 1, 2 und 6 genannten Sprachwerke, Werke der Musik

---

929 Dreier/Schulze/*Dreier* § 106 UrhG Rn 2.
930 MünchKommStGB/*Heinrich*, B 1. Aufl Vorbem UrhG Rn 28.
931 So auch Dreier/Schulze/*Dreier* § 106 UrhG Rn 2; MünchKommStGB/*Heinrich*, B 1. Aufl Vorbem UrhG Rn 28; *Reinbacher* 326 ff.
932 Vgl hierzu nur *Lampe* UFITA 83 (1978), 15, 16; *Rehbinder* ZUM 1990, 462, 462 ff; *Weber* Urheberstrafrecht 172.
933 Vgl hierzu Dreier/Schulze/*Dreier* § 106 UrhG Rn 1.
934 Zur Begründung vgl BT-Drucks IV/270, 108 zu § 16 = UFITA 45 (1965), 240, 326.
935 *Heinrich, B* Vervielfältigung 175 f; Schricker/Loewenheim/*Haß* § 106 UrhG Rn 1.
936 Vgl *Heinrich, B* Vervielfältigung 176; MünchKommStGB/*Heinrich*, B 1. Aufl Vorbem UrhG Rn 29.
937 Vgl *Lampe* UFITA 78 (1983), 15; aA allerdings *Etter* CR 1989, 115, 117.
938 Vgl oben Rn 314.

oder Filmwerke. Daneben können aber auch multimediale Internet-Produktionen urheberrechtlichen Schutz genießen,[939] wobei man hier zwischen den einzelnen Beiträgen, der Gesamtproduktion und der Programmierleistung (dh dem zu Grunde liegenden Computerprogramm) unterscheiden muss.[940] Wesentlich ist ferner, dass es sich auch bei Vorliegen der genannten Voraussetzungen nur dann um ein urheberrechtlich geschütztes Werk handelt, wenn eine **persönliche geistige Schöpfung** vorliegt (§ 2 Abs 2 UrhG). Diese ist dann gegeben, wenn es sich (1) um eine Schöpfung handelt, die (2) einen geistigen Gehalt aufweist, in der (3) die Individualität des Urhebers zum Ausdruck kommt, wobei (4) eine bestimmte Gestaltungshöhe erreicht werden und (5) eine Formgebung stattgefunden haben muss.[941] Umstritten ist hierbei insb die Gestaltungshöhe. Dabei wird allgemein ein nicht allzu hoher Maßstab angelegt, sodass auch die „**Werke der kleinen Münze**",[942] dh „Werke von geringem schöpferischem Wert"[943] urheberrechtlichen Schutz genießen können.[944]

Tathandlungen sind die Vervielfältigung (§ 16 UrhG), die Verbreitung (§ 17 UrhG) und die öffentliche Wiedergabe (§ 15 Abs 2 iVm §§ 19 ff UrhG). Unter einer **Vervielfältigung** eines urheberrechtlich geschützten Werkes ist jede körperliche Festlegung eines Werkes zu verstehen, die geeignet ist, das Werk den menschlichen Sinnen auf irgendeine Weise mittelbar oder unmittelbar wahrnehmbar zu machen.[945] Nicht erfasst ist hingegen die unkörperliche Verwertung, die allerdings eine öffentliche Wiedergabe iSd § 15 Abs 2 UrhG darstellen kann.[946] Dagegen versteht man unter einer **Verbreitung**, dass der Täter das Vervielfältigungsstück der Öffentlichkeit anbietet oder in den Verkehr bringt, wobei auch hier ein körperliches Werk oder Vervielfältigungsstück erforderlich ist, eine unkörperliche Weitergabe (etwa durch Versenden einer Datei per E-Mail) scheidet dagegen aus.[947] Der jüngst vom BGH – im Hinblick auf Strafnormen aus dem StGB – entwickelte „internetspezifische" Verbreitungsbegriff,[947a] der auch eine unkörperliche Verbreitung erfassen soll, ist auf das Urheberrecht nicht zu übertragen, da hier mit dem öffentlichen Zugänglichmachen als Unterform der öffentlichen Wiedergabe eine Spezialregelung besteht. Die **öffentliche Wiedergabe** wird in § 15 Abs 2 UrhG näher umschrieben. Hierunter fallen das Vortrags-, Aufführungs- und Vorführungsrecht (§ 19 UrhG), das Recht der öffentlichen Zugänglichmachung (§ 19a UrhG), das Senderecht (§ 20 UrhG), das Recht der Wiedergabe durch Ton- und Bildträger (§ 21 UrhG) und das Recht der Wiedergabe

317

---

939 *Härting/Kuon* CR 2004, 527; *Malek* Rn 245; *Sedlmeier* 22 ff.
940 *Malek* Rn 245.
941 Vgl *Heinrich, B* Vervielfältigung 110; *Mitsch* Medienstrafrecht § 8 Rn 4; MünchKommStGB/*Heinrich, B* 1. Aufl § 106 UrhG Rn 9; *Reinbacher* 28 ff; vgl auch Schricker/Loewenheim/*Loewenheim* § 2 UrhG Rn 9.
942 Der Begriff geht zurück auf *Elster* 40; vgl zur „kleinen Münze" im Urheberrecht *Knöbl* 129 ff, 336 ff; *Köhn* ZUM 1994, 278; *Loewenheim* GRUR 1987, 761; *Schulze* Die kleine Münze und ihre Abgrenzungsproblematik bei den Werkarten des Urheberrechts 1983; *ders* GRUR 1987, 769; *Schwenzer* ZUM 1996, 584; *Thoms* Der urheberrechtliche Schutz der kleinen Münze 1980.
943 So die Regierungsbegründung in BT-Drucks IV/270, 38 = UFITA 45 (1965), 240, 252.
944 BGHZ 116, 136, 144 – Leitsätze; vgl ferner BGH GRUR 1959, 251, 251 f – Einheitsfahrschein; BGH GRUR 1961, 85, 87 – Pfiffikus-Dose; BGH GRUR 1981, 267, 268 – Dirlada; BGH GRUR 1995, 581, 582 – Silberdistel; vgl zum strafrechtlichen Schutz der Werke der „kleinen Münze" MünchKommStGB/*Heinrich, B* 1. Aufl § 106 UrhG Rn 15 ff; *Reinbacher* 64.
945 BGHZ 17, 266, 269 f – Grundig-Reporter; BGHZ 112, 264, 278 – Betriebssystem; BGH GRUR 1982, 102, 103 – Masterbänder; BGH GRUR 1983, 28, 29 – Presseberichterstattung und Kunstwerkwiedergabe II; Fromm/Nordemann/ *Dustmann* § 16 UrhG Rn 9; *Haberstumpf* GRUR 1982, 142, 148; *Heinrich, B* Vervielfältigung 185; Möhring/Nicolini/ *Kroitzsch* § 16 UrhG Rn 3; MünchKommStGB/*Heinrich, B* 1. Aufl § 106 UrhG Rn 47; *Rehbinder* Rn 318; *Reinbacher* 82, 86; Schricker/Loewenheim/*Loewenheim* § 16 UrhG Rn 5; *Weber* Urheberstrafrecht 195.
946 *Malek* Rn 247.
947 BGH NJW 1963, 651, 652 – Fernsehwiedergabe von Sprachwerken; BT-Drucks IV/270, 47 = UFITA 45 (1965), 240, 262; *Malek* Rn 248; *Mitsch* Medienstrafrecht § 8 Rn 19; MünchKommStGB/*Heinrich, B* 1. Aufl § 106 UrhG Rn 52; Schricker/Loewenheim/*Loewenheim* § 17 UrhG Rn 5.
947a BGHSt 47, 55; vgl hierzu oben Rn 171.

von Funksendungen und von öffentlicher Zugänglichmachung (§ 22 UrhG). Diese Vorschriften regeln die öffentliche Wiedergabe jedoch nicht abschließend, sondern stellen nur eine beispielhafte Aufzählung dar. Dies ergibt sich bereits aus der Wendung „insbesondere" in § 15 Abs 2 UrhG. Das entscheidende Merkmal ist dabei die **Unkörperlichkeit** der Wiedergabe, die von den Tathandlungen der Vervielfältigung und der Verbreitung nicht erfasst wird.

318 Der Tatbestand des § 106 UrhG ist jedoch dann ausgeschlossen, wenn es sich um einen **„gesetzlich zugelassenen Fall"** der Verwertung handelt.[948] Hierunter fallen sowohl die in §§ 44a ff UrhG normierten „Schranken des Urheberrechts" als auch die Nutzung von Werken nach Ablauf der Schutzfrist (§ 64ff UrhG)[949] sowie die Verbreitung eines Werkes nach Erschöpfung des urheberrechtlichen Verbreitungsrechts (§ 17 Abs 2 UrhG). Dagegen schließt die in § 106 UrhG genannte **Einwilligung** des Berechtigten nicht bereits den Tatbestand aus, sondern stellt lediglich einen Rechtfertigungsgrund dar.[950]

2. Unerlaubte Eingriffe in verwandte Schutzrechte (§ 108 UrhG)

319 § 108 UrhG stellt unerlaubte Eingriffe in nahezu alle verwandten (Leistungs-)Schutzrechte unter Strafe, wobei regelmäßig nur die unerlaubte „Verwertung" dieser Schutzrechte, nicht aber die Verletzung von Persönlichkeitsrechten (zB vor Entstellungen) geschützt wird. Rechtsgut des § 108 UrhG ist insoweit die unternehmerische Leistung des Leistungsschutzberechtigten.[951] Insoweit sind die Schutzrechte in gleicher Weise strafrechtlich geschützt wie das Urheberrecht. Einzige Ausnahme ist das Leistungsschutzrecht des Veranstalters nach § 81 UrhG, welches keinen strafrechtlichen Schutz genießt.[952] Wie schon im Rahmen des § 106 UrhG, so ist auch bei § 108 UrhG der strafrechtliche Schutz **zivilrechtsakzessorisch** ausgestaltet.[953] Die Vorschrift führte lange Zeit ein Schattendasein, hat aber im Hinblick auf Nr 4 (Darbietung eines ausübenden Künstlers) und Nr 5 (Tonträger) durch die in den letzten Jahren zunehmende Musik-, Video- und Computerpiraterie eine gewisse Bedeutung erlangt.[954] Dennoch ist es in der Literatur umstritten, ob es eines solchen detaillierten Strafrechtsschutzes überhaupt bedarf.[955] Wegen des im Urheberrecht geltenden Territorialitätsprinzips sind – abweichend von

---

948 Dass die „gesetzlich zugelassenen Fälle" bereits den Tatbestand ausschließen, ist nahezu unstreitig; vgl Dreier/Schulze/*Dreier* § 106 UrhG Rn 6; Fromm/Nordemann/*Ruttke/Scharringhausen* § 106 UrhG Rn 21; *Hildebrandt* 124; *Mitsch* Medienstrafrecht § 8 Rn 21; MünchKommStGB/*Heinrich, B* 1. Aufl § 106 UrhG Rn 78; *Reinbacher* 174 ff; Schricker/Loewenheim/*Haß* § 106 UrhG Rn 23; Wandtke/Bullinger/*Hildebrandt* § 106 UrhG Rn 21; *Weber* Urheberstrafrecht 225 ff, 230; aA *Lampe* UFITA 83 (1978), 15, 30 f.
949 *Hildebrandt* 136 f; Möhring/Nicolini/*Spautz* § 106 UrhG Rn 4; MünchKommStGB/*Heinrich, B* 1. Aufl § 106 UrhG Rn 78; Wandtke/Bullinger/*Hildebrandt* § 106 UrhG Rn 22; aA (ungeschriebenes Tatbestandsmerkmal) Erbs/Kohlhaas/*Kaiser* § 106 Rn 8; vgl auch Fromm/Nordemann/*Ruttke/Scharringhausen* § 106 UrhG Rn 5; *Reinbacher* 69 f, die bei Ablauf der Schutzfrist bereits das Vorliegen eines „urheberrechtlich geschützten Werks" ablehnen.
950 Dreier/Schulze/*Dreier* § 106 UrhG Rn 8; Fromm/Nordemann/*Ruttke/Scharringhausen* § 106 UrhG Rn 25; *Mitsch* Medienstrafrecht § 8 Rn 25; Möhring/Nicolini/*Spautz* § 106 UrhG Rn 5; MünchKommStGB/*Heinrich, B* 1. Aufl § 106 UrhG Rn 114, 126; *Reinbacher* 269 f; *Weber* Urheberstrafrecht 266; aA Schricker/Loewenheim/*Haß* § 106 UrhG Rn 27 (Tatbestandsmerkmal); vgl auch *Hildebrandt* 149 ff; Wandtke/Bullinger/*Hildebrandt* § 106 UrhG Rn 25, welcher der Einwilligung eine „Doppelnatur" zuschreibt.
951 Vgl zum Rechtsgut des § 108 allg *Hildebrandt* 204 f.
952 Ein solcher kann allenfalls mittelbar über die Antragsberechtigung ausübender Künstler nach § 108 Abs 1 Nr 4 erreicht werden; vgl Dreier/Schulze/*Dreier* § 108 UrhG Rn 1.
953 *Hildebrandt* 203.
954 Dreier/Schulze/*Dreier* § 108 UrhG Rn 1; Wandtke/Bullinger/*Hildebrandt* § 108 UrhG Rn 1.
955 Für eine Streichung *Lampe* UFITA 83 (1978), 15, 35 f, 61; *ders* UFITA 87 (1980), 107, 120 f; *Weber* Urheberstrafrecht 382 ff; *ders* FS Sarstedt 379, 386 f; *ders* FuR 1980, 335, 344; für eine Beibehaltung *Flechsig* GRUR 1978, 287, 290 f; *ders* UFITA 84 (1979), 356, 358; Loewenheim/*Flechsig* § 90 Rn 94; *Rochlitz* 243 ff; *ders* UFITA 83 (1978), 69, 81 ff; *ders* FuR 1980, 351, 357; *Spautz* FuR 1978, 743, 748.

§ 7 StGB – auch im Rahmen des § 108 UrhG nur im Inland begangene Verletzungshandlungen erfasst.[956]

Die **Tatobjekte** sind jeweils in den einzelnen Nummern des Abs 1 aufgezählt. Es handelt sich hierbei um die einzelnen Leistungsschutzrechte (mit Ausnahme des nicht erfassten Leistungsschutzrechts des Veranstalters, § 81 UrhG). Darüber hinaus werden in Abs 1 Nr 1 bis Nr 3 auch die Bearbeitungen und Umgestaltungen genannt.

Tathandlung ist entweder die (unerlaubte) Vervielfältigung, Verbreitung und öffentliche Wiedergabe (Nr 1 und Nr 3) oder die (unerlaubte) Verwertung (Nr 2, Nr 4 bis Nr 8). Die Verwendung dieser verschiedenen Begriffe ist problematisch, wird dadurch doch suggeriert, dass sie unterschiedliche Inhalte aufweisen, was jedoch nur in Randbereichen der Fall ist. Wie auch bei § 106 UrhG liegt bereits kein tatbestandsmäßiges Verhalten vor, wenn hinsichtlich der Verwertungshandlung ein **gesetzlich zugelassener Fall** eingreift.[957] Als gesetzlich zugelassene Schrankenbestimmungen sind auch hier grds die §§ 44a ff UrhG anwendbar,[958] wobei jedoch zu beachten ist, dass die einzelnen Schutzrechte darüber hinaus noch besonderen Schranken unterliegen können (wie dies zB in § 87c UrhG für Datenbanken angeordnet wurde),[959] bzw für sie sonstige Sonderregelungen gelten.[960] Auch ist die Schutzfrist bei den Leistungsschutzrechten regelmäßig kürzer als die Dauer des Urheberrechts (vgl nur § 70 Abs 3, § 71 Abs 3 UrhG). Zu beachten ist schließlich, dass – im Gegensatz zum Urheberrecht – bei den verwandten Schutzrechten dem Inhaber von vornherein kein umfassendes Verwertungsrecht zukommt, sodass stets zu prüfen ist, ob das jeweilige Verhalten überhaupt ein Ausschließlichkeitsrecht des Leistungsschutzberechtigten betrifft.[961] Dies ist zB dann nicht der Fall, wenn das Gesetz (wie in § 78 Abs 2, § 86 UrhG) dem Betreffenden ausschließlich einen Vergütungsanspruch zuweist.[962] Letzteres entspricht dem Grundsatz, dass das Strafrecht regelmäßig nicht dazu dient, schuldrechtliche (Vergütungs-)Ansprüche zu schützen.[963] In diesen Fällen ist jedoch bereits der Schutzbereich des § 108 UrhG nicht betroffen, es liegt daher nicht erst ein den Schutzbereich einschränkender gesetzlich zugelassener Fall vor.

Hat der Rechtsinhaber eine **Einwilligung** erteilt, so scheidet nicht bereits der Tatbestand aus, die Einwilligung stellt vielmehr einen allgemeinen Rechtfertigungsgrund dar.[964] Wer insoweit als Berechtigter anzusehen ist, ergibt sich jeweils aus der Vorschrift, auf die in § 108 UrhG verwiesen wird.[965] So ist das einzelne Leistungsschutzrecht – im Gegensatz zum Urheberrecht – vielfach übertragbar (vgl § 71 Abs 2, § 79 Abs 1 S 1, § 85 Abs 2 S 1, § 87 Abs 2 S 1, § 94 Abs 2 S 1 UrhG), wodurch sich auch die Person des Berechtigten ändern kann. Grds ist als Einwilligungsberechtigter der Inhaber des verwandten Schutzrechts anzusehen,[966] wobei dieses auch vererbt

---

956 BGHSt 49, 93; grundsätzlich zum Territorialitätsprinzip und dem persönlichen Schutzbereich des Urheberstrafrechts, die durch §§ 120 ff UrhG eingeschränkt werden, *Mitsch* Medienstrafrecht § 8 Rn 9 f.
957 Dreier/Schulze/*Dreier* § 108 UrhG Rn 3; MünchKommStGB/*Heinrich, B* 1. Aufl § 108 UrhG Rn 5; *Reinbacher* 297; Wandtke/Bullinger/*Hildebrandt* § 108 UrhG Rn 6; *Weber* FS Stree/Wessels 613, 615.
958 Dreier/Schulze/*Dreier* § 108 UrhG Rn 3; MünchKommStGB/*Heinrich, B* 1. Aufl § 108 UrhG Rn 5; *Reinbacher* 297.
959 Hierzu Dreier/Schulze/*Dreier* § 108 UrhG Rn 3; Wandtke/Bullinger/*Hildebrandt* § 108 UrhG Rn 6.
960 So ist § 61 UrhG (Zwangslizenz zur Herstellung von Tonträgern) auf viele Leistungsschutzrechte nicht anwendbar (vgl § 84; § 85 Abs 3; § 87 Abs 3; § 94 Abs 4 UrhG).
961 Dreier/Schulze/*Dreier* § 108 UrhG Rn 3.
962 Dreier/Schulze/*Dreier* § 108 UrhG Rn 3; ferner Schricker/Loewenheim/*Haß* § 108 UrhG Rn 6.
963 Schricker/Loewenheim/*Haß* § 108 UrhG Rn 6.
964 *Mitsch* Medienstrafrecht § 8 Rn 32; MünchKommStGB/*Heinrich, B* 1. Aufl § 108 UrhG Rn 5; *Reinbacher* 298; anders allerdings die hM, vgl Schricker/Loewenheim/*Haß* § 108 UrhG Rn 13; differenzierend Wandtke/Bullinger/*Hildebrandt* § 108 UrhG Rn 7.
965 Wandtke/Bullinger/*Hildebrandt* § 108 UrhG Rn 7.
966 *Hildebrandt* 227; *Weber* Urheberstrafrecht 268.

werden kann.[967] Im Gegensatz zum Urheberrecht kann aber auch eine juristische Person oder eine Personenmehrheit Berechtigter sein.[968]

3. Gewerbsmäßige unerlaubte Verwertung (§ 108a UrhG)

323 Nach § 108a UrhG ist die gewerbsmäßige Begehung einer Tat nach §§ 106–108 UrhG als Qualifikation mit einer Freiheitsstrafe bis zu fünf Jahren oder mit Geldstrafe bedroht. Auch hier ist der Versuch strafbar. Die Vorschrift wurde durch das Gesetz zur Änderung von Vorschriften auf dem Gebiet des Urheberrechts vom 24.6.1985[969] eingeführt und durch das Gesetz zur Stärkung des Schutzes des geistigen Eigentums und zur Bekämpfung der Produktpiraterie vom 7.3.1990[970] erweitert. Sie soll in erster Linie dazu dienen, der organisierten Kriminalität sowie der Bandenkriminalität in den Bereichen der Videopiraterie und des Raubdrucks entgegenzuwirken.[971] Zur Erfüllung des Tatbestandes des § 108a müssen zwei Voraussetzungen erfüllt sein. Es muss einerseits einer der Grundtatbestände der §§ 106, 107 oder 108 UrhG rechtswidrig und schuldhaft verwirklicht worden sein, andererseits muss diesbezüglich ein gewerbsmäßiges Handeln vorliegen. **Gewerbsmäßig** handelt derjenige, der die Urheberrechtsverletzung in der Absicht vornimmt, sich durch eine wiederholte Begehung ähnlicher Taten eine fortlaufende Einnahmequelle von einiger (wenn auch möglicherweise begrenzter) Dauer und einigem Umfang zu verschaffen.[972] Diese Einnahmequelle braucht jedoch nicht den hauptsächlichen oder regelmäßigen Erwerb des Täters zu bilden.[973] So reicht ein nicht ganz geringfügiger Nebenerwerb aus.[974]

4. Unerlaubte Eingriffe in technische Schutzmaßnahmen (§ 108b UrhG)

324 Die erst im Jahre 2003 ins UrhG aufgenommene Strafvorschrift hat im Wesentlichen das Ziel, die **Umgehung von technischen Schutzmaßnahmen**, die der Berechtigte zulässigerweise ergriffen hat, sowie die **Entfernung oder Veränderung von zur Rechtewahrnehmung erforderlichen Informationen** zu verhindern. Insofern werden durch diese Vorschriften in erster Linie die verwertungsrechtlichen Befugnisse geschützt.[975] Zu beachten ist, dass die genannten Vorschriften auf Computerprogramme nicht anwendbar sind (§ 69a Abs 5 UrhG). Eine Verletzung der §§ 95a ff UrhG wird sowohl durch § 108b UrhG strafrechtlich als auch durch § 111a UrhG als Ordnungswidrigkeit geahndet. Dabei stellt § 108b Abs 1 Nr 1 UrhG einen Verstoß gegen § 95a Abs 1 UrhG (Umgehung technischer Schutzmaßnahmen), § 108b Abs 1 Nr 2 UrhG einen Verstoß gegen § 95c Abs 1 und Abs 3 UrhG (Entfernung oder Veränderung von zur Rechtewahrnehmung erforderlichen Informationen sowie Verbreitung eines insoweit veränderten Gegenstandes) und § 108b Abs 2 UrhG einen Verstoß gegen § 95a Abs 3 UrhG (Vertrieb von Gegenständen, die für eine Schutzrechtsverletzung erforderlich sind, sofern der Vertrieb gewerbsmäßig begangen wird) unter Strafe. **Bei nichtgewerbsmäßigen Verstößen** gegen § 95a Abs 3 UrhG greift hinge-

---

967 Fromm/Nordemann/*Nordemann J B* § 28 UrhG Rn 1, 5.
968 *Hildebrandt* 227.
969 BGBl 1985 I S 1137.
970 BGBl 1990 I S 422; vgl zu den Materialien BT-Drucks 11/4792, 15.
971 BT-Drucks 10/3360, 20.
972 RGSt 58, 19, 20; RGSt 64, 151, 154; BGHSt 1, 383; BGH NStZ 1985, 85.
973 Dreier/Schulze/*Dreier* § 108a UrhG Rn 5; MünchKommStGB/*Heinrich, B* 1. Aufl § 108a UrhG Rn 2.
974 BGHSt 1, 383; BGH GA 1955, 212; Dreier/Schulze/*Dreier* § 108a UrhG Rn 5; MünchKommStGB/*Heinrich, B* 1. Aufl § 108a UrhG Rn 2; Wandtke/Bullinger/*Hildebrandt* § 108a UrhG Rn 1.
975 Vgl zum geschützten Rechtsgut des § 108b UrhG auch MünchKommStGB/*Heinrich, B* 1. Aufl § 108b UrhG Rn 1; Schricker/Loewenheim/*Haß* § 108b UrhG Rn 2; Wandtke/Bullinger/*Hildebrandt* § 108b UrhG Rn 2.

gen lediglich die Ordnungswidrigkeit des § 111a UrhG ein. Dasselbe gilt bei einem Verstoß gegen § 95b Abs 1 S 1 UrhG und § 95d Abs 2 S 1 UrhG.

5. „Illegale" Musiktauschbörsen im Internet

Seit etlichen Jahren existieren sog „Musiktauschbörsen" im Internet, bei denen Privatpersonen 325 untereinander einzelne Musikstücke (die als Musikwerke nach § 2 Abs 1 Nr 2 UrhG urheberrechtlichen Schutz genießen) in digitaler Form tauschen (passender wäre hier an sich die Bezeichnung „Kopierbörse" statt „Tauschbörse").[976] Diese Tauschbörsen beruhen im Wesentlichen auf zwei Modellen, die urheber(straf)rechtlich unterschiedlich zu beurteilen sind: das frühere **Client-Server-Modell** und das heutzutage zumeist verwendete **Peer-to-Peer-Modell**.[977]

Beim früher häufiger anzutreffenden **Client-Server-Modell** ist zwischen den Tauschpart- 326 nern noch ein externer Server zwischengeschaltet. Die Beteiligten („Clients"; Kunden) legen die einzelnen Musikwerke als „Files" in digitaler Form auf dem externen Server ab („Upload"). Sowohl auf diesem Server als auch auf den Rechnern der einzelnen Beteiligten ist dabei eine spezielle „Tauschbörsen-Software" installiert. Auf dem Server werden die jeweiligen Dateien verwaltet und bereitgehalten. Hat nun ein weiterer Beteiligter, der selbst im Regelfall ebenfalls Musikwerke auf dem Server abgelegt und dadurch anderen zur Verfügung gestellt hat, Interesse an einem solchen Musikstück, kann er dieses abrufen und auf seinen eigenen Rechner herunterladen („Download"). Urheberrechtlich stellt sowohl der Upload als auch der Download eine „Vervielfältigung" iSd § 16 UrhG dar. Der Upload selbst ist zudem eine „öffentliche Wiedergabe" iSd § 15 Abs 2 Nr 2, § 19a UrhG, da das Werk hierdurch einer Vielzahl von im Einzelnen nicht bekannten Personen – und daher der „Öffentlichkeit" – zugänglich gemacht wird. Dagegen scheidet eine „Verbreitung" iSd § 17 UrhG aus, da eine solche voraussetzt, dass das Werk einem anderen **in körperlicher Form** zugänglich gemacht wird.[978]

Da sowohl für die Vervielfältigungshandlungen als auch für das öffentliche Zugänglichma- 327 chen regelmäßig keine Erlaubnis des Urhebers oder des Nutzungsberechtigten vorliegt, sind diese Verhaltensweisen von § 106 UrhG tatbestandlich erfasst, sofern kein gesetzlich zugelassener Fall vorliegt. Ein solcher könnte aber im Hinblick auf die Vervielfältigung nach **§ 53 UrhG** dann in Frage kommen, wenn es sich um eine solche zum privaten oder sonstigen eigenen Gebrauch handelt.[979] Unter **privatem Gebrauch** wird allgemein der Gebrauch in der Privatsphäre zur Befriedigung rein persönlicher Bedürfnisse durch die eigene Person oder durch mit ihr durch ein persönliches Band verbundene Personen verstanden.[980] Umfasst sind neben dem Vervielfältigen selbst auch der engste Freundes- und Familienkreis. Ein privater Gebrauch scheidet allerdings dann aus, wenn die Vervielfältigung unmittelbar oder mittelbar Erwerbszwecken dient.

---

976 Vgl zur strafrechtlichen Beurteilung solcher Musiktauschbörsen Heghmanns MMR 2004, 14; MünchKomm-StGB/*Heinrich, B* 1. Aufl § 106 UrhG Rn 98ff; *Reinbacher* 120ff, 199ff, 283ff, 314ff, 332f; aus kriminologischer Sicht auch *Schäufele* S 129 ff.
977 Vgl zu einer „Frühform" des illegalen Tausches AG Nagold CR 1996, 240.
978 BGH NJW 1963, 651, 652 – Fernsehwiedergabe von Sprachwerken; BT-Drucks IV/270, 47 = UFITA 45 (1965), 240, 262; Dreyer/Kotthoff/Meckel/*Dreyer* § 17 UrhG Rn 2; Schricker/Loewenheim/*Loewenheim* § 17 UrhG Rn 4; vgl hierzu oben Rn 317.
979 Allg zu § 53 UrhG *Ahrens* ZUM 2000, 1029; *Collova* UFITA 125, 53; *Flechsig* GRUR 1993, 532; *Freiwald* Die private Vervielfältigung im digitalen Kontext am Beispiel des Filesharing 2003; *Kreutzer* GRUR 2001, 193, 307; *Krüger* GRUR 2004, 204; *Leupold/Demisch* ZUM 2000, 379; *Loewenheim* FS Dietz 415; *Mönkemöller* GRUR 2000, 663; *Reinbacher* 135ff; *Schack* ZUM 2002, 497; *Schaefer* FS Nordemann 191; *Schippan* ZUM 2003, 678; *Schwenzer* ZUM 1997, 478; *Ulmer-Eilfort* FS Nordemann 285.
980 BGH GRUR 1978, 474, 475 – Vervielfältigungsstücke (in NJW 1978, 2596 nicht abgedruckt); Dreier/Schulze/*Dreier* § 53 UrhG Rn 7; *Heinrich, B* Vervielfältigung 251; MünchKommStGB/*Heinrich, B* 1. Aufl § 106 UrhG Rn 93; *Reinbacher* 180; Schricker/Loewenheim/*Loewenheim* § 53 UrhG Rn 14.

Betrachtet man die Tauschbörsen, so stellt zwar der Download regelmäßig eine solche private Vervielfältigung dar, sofern er ausschließlich dazu dient, die eigene Musiksammlung zu bereichern. Der Upload hingegen verlässt den Bereich des Privaten, da die Vervielfältigung nicht der Befriedigung eigener Bedürfnisse, sondern ausschließlich dazu dient, eine Kopie des Werkes der Öffentlichkeit zur Verfügung zu stellen. Im Hinblick auf den Download ist aber zu beachten, dass der Betreffende nur einzelne Vervielfältigungsstücke, dh „einige wenige" Exemplare[981] herstellen darf, wobei der BGH in einer Entscheidung die Grenze bei sieben Exemplaren zog.[982] Letztere Voraussetzung dürfte bei den Musiktauschbörsen regelmäßig vorliegen, da eine Vervielfältigung zwar auf der Festplatte des Computers, einer externen Festpatte, einem MP3-Player oder weiteren Speichermedien denkbar ist, die Zahl von sieben im Normalfall aber kaum überschritten werden dürfte. Eine weitere einschränkende Voraussetzung besteht im Hinblick auf die private Vervielfältigung jedoch darin, dass gem § 53 Abs 1 UrhG keine **„offensichtlich rechtswidrig hergestellte Vorlage"** für die private Vervielfältigung verwendet werden darf. Dieses – infolge mangelnder Bestimmtheit zumindest aus strafrechtlicher Sicht verfassungsrechtlich bedenkliche – Merkmal ist aber im vorliegenden Fall regelmäßig gegeben. Denn wie soeben festgestellt, bedeutet das Ablegen einer Kopie des Musikwerkes auf dem Server (Upload) in aller Regel die Herstellung einer Vorlage, deren Herstellungsakt (der Upload) gerade rechtswidrig war, da eine Einwilligung des Urhebers oder Nutzungsberechtigten in den seltensten Fällen vorlag und das Verhalten den Bereich des Privaten verlässt. Fraglich ist dann lediglich noch, ob es sich auch um eine „offensichtlich" rechtswidrig hergestellte Vorlage handelte. Diese Offensichtlichkeit dürfte jedenfalls dann gegeben sein, wenn es ausgeschlossen ist, dass das Einstellen in die Tauschbörse dem Willen des Urhebers oder Nutzungsberechtigten entsprach. Eine solche Einwilligung könnte höchstens dann einmal vorliegen, wenn weniger bekannte Interpreten oder Gruppen ihre Werke als „Freeware" in eine solche Tauschbörse einstellen, um ihren Bekanntheitsgrad zu steigern. Bis auf diese wenigen Fälle ist die Rechtswidrigkeit des Herstellungsaktes aber offensichtlich erkennbar, weshalb auch derjenige, der sich nach diesem Modell urheberrechtlich geschützte Musikwerke herunter lädt, eine strafbare unerlaubte Vervielfältigung begeht.[983] Insoweit kommt es im Hinblick auf dieses Modell auf die vom Gesetzgeber inzwischen vorgenommene weitere Einschränkung – Herausnahme auch der **offensichtlich rechtswidrig öffentlich zugänglich** gemachten Werke aus dem privilegierten privaten Gebrauch[984] – nicht an.

328   Das heute zumeist anzutreffende **Peer-to-Peer-Modell** verzichtet hingegen auf das Dazwischenschalten eines externen Servers.[985] Es werden ausschließlich die – zumeist privaten – Rechner der einzelnen Beteiligten benutzt, wobei auf jedem Rechner gleichrangig sowohl Daten zur Verfügung gestellt als auch Daten von anderen Rechnern heruntergeladen werden können. Jeder, der sich an dem Tausch-Netzwerk beteiligt, ermöglicht also den anderen Beteiligten einen Zugriff auf Teile der Festplatte seines eigenen Computers und die dort abgelegten Musikwerke. Dies funktioniert allerdings nur dann, wenn der betreffende Anbieter „online" ist. Insoweit finden zumeist beide Vorgänge gleichzeitig statt: In der Zeit, in der ein Nutzer Werke von anderen Rechnern herunter lädt, stellt er gleichzeitig die bei ihm abgelegten Werke anderen zur Verfügung. Zwar existiert auch hier mitunter ein zentraler Server (zB bei „Napster"), der aber lediglich eine Indexfunk-

---

981   BGH NJW 1978, 2596, 2597 – Vervielfältigungsstücke; *Schack* Rn 556; Schricker/Loewenheim/*Loewenheim* § 53 UrhG Rn 17; Wandtke/Bullinger/*Lüft* § 53 UrhG Rn 10.
982   BGH NJW 1978, 2596, 2597 – Vervielfältigungsstücke; diese Grenzziehung war allerdings dem der Klage zu Grunde liegenden Klageantrag geschuldet.
983   Vgl ausf zur strafrechtlichen Beurteilung des Client-Server-Modells *Reinbacher* 200 ff.
984   Vgl hierzu noch unten Rn 329.
985   Vgl zu diesem Modell *Abdallah/Gercke* ZUM 2005, 368; *Eisele* § 50 Rn 15 ff; *Kress* 13 ff; *Kreutzer* GRUR 2001, 193, 194; *Reinbacher* 121 ff, 204 ff; ferner AG Offenburg CR 2007, 676.

tion erfüllt.[986] Hier wird lediglich eine Übersicht der von den Benutzern zurzeit bereitgestellten Musiktitel erstellt und ferner die Möglichkeit geschaffen, sich durch das Anklicken des jeweils gewünschten Titels mit dem jeweiligen Anbieter bzw dem Rechner des Anbieters direkt in Verbindung zu setzen. Der Austausch der Musikwerke erfolgt dann jedoch nicht mehr über den vermittelnden Server, sondern direkt zwischen den Beteiligten. Teilweise wird aber sogar auf diesen zentralen (Index-)Server verzichtet (zB bei „Gnutella" oder „KaZaA") und bei einer Suchanfrage das gesamte Internet nach den gewünschten Musikfiles durchsucht.[987] Insofern wird bei diesem Modell – in beiden Varianten – stets nur **eine** Vervielfältigung iSd § 16 UrhG vorgenommen, die nun in aller Regel „an sich" dem Anwendungsbereich des § 53 Abs 1 UrhG unterfällt: Zum privaten Gebrauch wird eine digitale Vervielfältigung erstellt. Auch die Vorlage, dh die sich auf der Festplatte des Ausgangsrechners befindende Kopie des Musikwerkes muss nicht zwingend rechtswidrig hergestellt sein, da es vielfältige Möglichkeiten gibt, dass der Betreffende das Musikwerk in zulässiger Weise auf seiner Festplatte gespeichert hat.[988] Dies kann bspw dann der Fall sein, wenn er das Musikwerk ordnungsgemäß, zB durch Kauf einer CD, erworben und anschließend auf seiner Festplatte gespeichert hat, um es von dort aus abzuhören oder zu sichern. Insoweit stellt auch dieser Vorgang zwar eine Vervielfältigung iSd § 16 UrhG dar, jedoch ist diese regelmäßig von § 53 Abs 1 UrhG gedeckt, wenn sie nicht ausschließlich dazu dient, das Werk zu speichern, um es anderen zur Verfügung zu stellen. Kopiert nämlich der Betreffende das Werk von der gekauften CD auf seine Festplatte, um es auf diese Weise später anzuhören, liegt ein „klassischer" Fall der zulässigen Vervielfältigung zum privaten Gebrauch vor.[989] Doch selbst dann, wenn dies im Einzelfall nicht festgestellt werden kann und der Betreffende den Vervielfältigungsvorgang ausschließlich deswegen vorgenommen hat, um das Werk später anderen zur Verfügung zu stellen, so ist dieser Umstand jedenfalls nach außen nicht erkennbar. Es handelt sich somit nicht um eine **„offensichtlich"** rechtswidrig hergestellte Vorlage, weshalb eine zu privaten Zwecken vorgenommene Vervielfältigung dieses Werkes bis zum Jahre 2008 von § 53 UrhG gedeckt war. Da somit in der Regel die mittels Downloads aus einer Tauschbörse im **Peer-to-Peer-Modell** erlangten Musikstücke rechtmäßig hergestellte Privatkopien waren, konnten diese wiederum von anderen straflos zum privaten Gebrauch, da über § 53 UrhG zugelassen, vervielfältigt werden. Strafbar blieb allerdings das öffentliche Zugänglichmachen (als öffentliche Wiedergabe gem §§ 19a, 15 Abs 2 Nr 2 UrhG), indem der Benutzer die Werke auf seiner Festplatte anderen zur Verfügung stellt. Im Hinblick auf das öffentliche Zugänglichmachen ist jedoch fraglich, ob diese Tatsache dem Nutzer im Einzelfall überhaupt bekannt ist. Weiß er nicht, dass er beim eigenen Download gleichzeitig seine Daten anderen zur Verfügung stellt, fehlt es am Vorsatz.[990]

Durch das „Zweite Gesetz zur Regelung des Urheberrechts in der Informationsgesellschaft",[991] welches am 1.1.2008 in Kraft trat, erfuhr die Rechtslage im Hinblick auf Downloads aus dem Internet allerdings eine entscheidende Änderung. In § 53 Abs 1 UrhG wurden nach dem Passus „offensichtlich rechtswidrig hergestellte" die Wörter „oder öffentlich zugänglich gemachte" eingefügt. Auf diese Weise ist die Privatkopie nunmehr auch dann illegal und strafbar, wenn ein auf rechtswidrige Weise im Internet angebotenes File als Vorlage verwendet wird.[992] Da die Teilnehmer von

---

986 Vgl *Kreutzer* GRUR 2001, 193, 195; *Reinbacher* 121.
987 Vgl *Kreutzer* GRUR 2001, 193, 195; *Reinbacher* 122.
988 Ausf dazu *Reinbacher* 215 ff.
989 Vgl *Heghmanns* MMR 2004, 14, 16; MünchKommStGB/*Heinrich, B* 1. Aufl § 106 UrhG Rn 598; *Reinbacher* 216.
990 Hierzu AG Offenburg CR 2007, 676, 677; ferner *Heidrich* CR 2007, 678, 679; allg zu Vorsatz und Irrtümern im Bereich des § 106 *Heinrich, B* in Bosch/Bung/Klippel 59; MünchKommStGB/*Heinrich, B* 1. Aufl § 106 UrhG Rn 119 ff.
991 BGBl 2007 I S 2513; vgl zu den Materialien BT-Drucks 16/1828 (Gesetzentwurf); BT-Drucks 16/262 (Antrag der FDP-Fraktion); BT-Drucks 16/5939 (Beschlussempfehlung und Bericht des Rechtsausschusses).
992 Vgl zu dieser Änderung *Eisele* § 50 Rn 19; MünchKommStGB/*Heinrich, B* 1. Aufl § 106 UrhG Rn 100; *Reinbacher* 257 ff; *ders* GRUR 2008, 394.

Tauschbörsen regelmäßig nicht über ein entsprechendes Nutzungsrecht verfügen und die Files daher rechtswidrig öffentlich zugänglich machen (§ 19a UrhG), sind diese Downloads nunmehr ebenfalls strafbar.

330 Fraglich ist schließlich, wie in diesen Fällen eine Verpflichtung des Internetproviders zur Herausgabe von Kundendaten erreicht werden kann, um den Täter einer Urheberrechtsverletzung ermitteln zu können. Da ein entsprechender zivilrechtlicher Auskunftsanspruch bislang nicht bestand,[993] versuchten die Rechteinhaber in der Vergangenheit verstärkt, durch eine Strafanzeige mit Hilfe der Staatsanwaltschaft an diese Kundendaten zu gelangen. Dies könnte sich nun allerdings durch die Neufassung des § 101 UrhG geändert haben.[993a] Bisher war diesbezüglich umstritten, ob ein Herausgabeersuchen seitens der Behörde auf § 113 TKG bzw § 14 TMG oder auf § 100g StPO zu stützen ist (eine Frage, die sowohl für die Frage der etwaigen Strafbarkeit der Handelnden nach § 206 Abs 1 StGB als auch im Hinblick auf daraus ableitbare Beweisverwertungsverboten relevant werden konnte).[994] Nur in letzterem Fall ist eine richterliche Anordnung erforderlich (vgl § 100g Abs 2 StPO iVm § 100b Abs 1 StPO). § 113 TKG bezieht sich auf die Herausgabe von „Bestandsdaten", § 100g StPO betrifft hingegen die Herausgabe von „Verkehrsdaten" iSd §§ 96, 113a TKG. Zu differenzieren ist dabei zwischen der Herausgabe der IP-Adresse und den „dahinter stehenden" Kundendaten. Während IP-Adressen grds unter den in § 100g StPO genannten Begriff der „Verkehrsdaten" (vgl hierzu auch den – allerdings verfassungswidrigen[995] – § 113a Abs 2 Nr 5 TKG) fallen, ist fraglich, ob auch für die Bekanntgabe der sich hinter der IP-Adresse verbergenden Kundendaten ein richterlicher Beschluss erforderlich ist. Eine weit verbreitete Ansicht[996] unterscheidet dabei zwischen statischen und dynamischen IP-Adressen und stützt nur die Auskunft über Kundendaten bei dynamischen IP-Adressen auf § 100g StPO, während bei statischen IP-Adressen die Auskunft ohne richterlichen Beschluss nach § 113 TKG erfolgen könne.[997] Die zutreffende Auffassung[998] erkennt jedoch an, dass der Gesetzgeber eine solche Unterscheidung gerade nicht treffen wollte, und behandelt die Auskunft über Kundendaten einheitlich nach § 113 TKG. Dieselbe Frage stellt sich auch im Rahmen strafbarer Äußerungen in sozialen Netzwerken, in denen die User häufig unter Pseudonymen auftreten.[999]

331 Besondere Probleme bereitet ferner die strafrechtliche Erfassung der Nutzung sog Streaming-Angebote. Bei diesen Angeboten werden Medieninhalte, insb Filme, direkt vom Server des Anbieters abgerufen und abgespielt, wobei eine Zwischenspeicherung („Puffer") stattfindet, um eine möglichst kontinuierliche Wiedergabe zu erreichen.[1000] Dass durch die Zwischenspeicherung eine Vervielfältigung iSd § 106 UrhG stattfindet ist weitestgehend anerkannt, da § 16 Abs 1 UrhG auch die vorübergehende Vervielfältigung erfasst. Umstritten ist allerdings, ob der Tatbestandsausschluss gem § 44a Nr 2 UrhG greift. Danach sind vorübergehende Vervielfältigungshandlungen

---

[993] OLG Frankfurt CR 2005, 285; OLG Hamburg CR 2005, 512; *Reinbacher* 317 f.
[993a] Vgl auch *Schäufele* 216 ff.
[994] *Abdallah/Gercke* ZUM 2005, 368, 371 ff; vgl zu dieser Problematik auch ausf *Schäufele* 205 ff.
[995] BVerfGE 125, 250.
[996] LG Bonn DuD 2004, 628; LG Ulm MMR 2004, 187; AG Offenburg CR 2007, 676; *Dietrich* GRUR-RR 2006, 145, 147; *Heidrich* CR 2007, 678; *Köbele* DuD 2004, 609.
[997] *Abdallah/Gercke* ZUM 2005, 368; *Bär* MMR 2002, 358, 359; *Gercke* StraFo 2005, 244; *Hoeren* wistra 2005, 1, 4; *Schramm* DuD 2006, 785, 786 f; vgl auch *Gnirck/Lichtenberg* DuD 2004, 598, 601 f, die § 100g StPO jedoch als sprachlich nicht passend ansehen.
[998] LG Hamburg MMR 2005, 711, 712 f; LG Stuttgart ZUM 2005, 414, 415; *Reinbacher* 321 f; *Sankol* MMR 2006, 361, 365; *Wohlers/Demko* StV 2003, 241, 243.
[999] Hierzu *Ostendorf/Frahm/Doege* NStZ 2012, 529, 536 f.
[1000] *Eisele* § 50 Rn 21; zu den verschiedenen Arten der Zwischenspeicherung beim Streamen *Wandtke/von Gerlach* GRUR 2013, 676, 677.

zulässig, „die flüchtig oder begleitend sind und einen integralen und wesentlichen Teil eines technischen Verfahrens darstellen und deren alleiniger Zweck es ist, [...] eine rechtmäßige Nutzung eines Werkes [...] zu ermöglichen, und die keine eigenständige wirtschaftliche Bedeutung haben". Insb das Merkmal „rechtmäßige Nutzung" wirft hierbei Probleme auf. Während einige auf die Zustimmung des Rechteinhabers abstellen, die freilich nicht gegeben ist, weshalb nach dieser Ansicht ein Tatbestandsausschluss nicht in Betracht kommt,[1001] gehen andere davon aus, dass es auf die Rechtmäßigkeit der Vorlage nicht ankommt und der lediglich rezeptive Werkgenuss straflos ist.[1002] Die Frage ist höchstrichterlich noch nicht abschließend geklärt,[1003] geht man aber davon aus, dass der Endnutzer zumindest strafrechtlich weitgehend zu privilegieren ist,[1004] sofern nicht, wie bei § 53 UrhG, eindeutige anderslautende gesetzliche Regelungen getroffen wurden, ist hier von einem Tatbestandsausschluss auszugehen.

II. § 33 KUG (Kunst-Urhebergesetz)

Nach § 33 KUG macht sich strafbar, wer entgegen den §§ 22, 23 KUG ein Bildnis verbreitet oder öffentlich zur Schau stellt.[1005] Die Tat muss vorsätzlich begangen werden, die Strafandrohung befindet sich mit Freiheitsstrafe bis zu einem Jahr oder Geldstrafe am unteren Rand. Nicht strafbar sind das bloße Anfertigen von Bildnissen (hier kann höchstens § 201a StGB greifen, wenn die dortigen Voraussetzungen erfüllt sind[1006]) sowie eine lediglich versuchte Tatbestandsverwirklichung.[1007] Ebenfalls nicht nach §§ 33 KUG strafbar ist – mangels „öffentlicher" Zurschaustellung – das private Herumzeigen von unerlaubt angefertigten Bildnissen.[1008] Gem § 33 Abs 2 KUG wird die Tat nur auf Antrag verfolgt. Nach § 48 KUG verjähren Taten nach § 33 KUG innerhalb von drei Jahren. Die Frist beginnt dabei an dem Tag, an dem die rechtswidrige Handlung stattgefunden hat.[1009] Nach § 22 KUG ist es untersagt, Bildnisse ohne Einwilligung des Abgebildeten zu verbreiten oder öffentlich zur Schau zu stellen.[1010] Die Einwilligung gilt im Zweifel als erteilt, wenn der Abgebildete eine Entlohnung dafür erhält, dass er sich abbilden lässt. Eine Sonderregelung trifft § 22 S 3 KUG für Verstorbene: Nach deren Tod bedarf es bis zum Ablauf von zehn Jahren der Einwilligung der Angehörigen (in erster Linie sind dies der überlebende Ehegatte, der Lebenspartner oder die Kinder oder, wenn solche nicht vorhanden sind, der Eltern des Abgebildeten).[1011] Ausnahmen von dieser strikten Regelung enthält § 23 Abs 1 KUG[1012]. Hiernach ist eine Einwilligung entbehrlich für (1) Bildnisse aus dem Bereiche der Zeitgeschichte, (2) Bilder, auf denen die Personen nur als Beiwerk neben einer Landschaft oder sonstigen Örtlichkeit erscheinen, (3) Bilder von Versammlungen, Aufzügen und ähnlichen Vorgängen, an denen die dargestellten Personen teilgenommen haben[1013] und (4) Bildnisse, die

---

1001 *Radmann* ZUM 2010, 387, 391; *Wandtke/von Gerlach* GRUR 2013, 676, 680 ff; in diese Richtung tendierend Dreier/Schulze/*Dreier* § 44a UrhG Rn 8.
1002 *Eisele* § 51 Rn 25; *Fangerow/Schulz* GRUR 2010, 677, 681.
1003 Dreier/Schulze/*Dreier* § 44a UrhG Rn 8.
1004 Vgl hierzu bereits oben Rn 313.
1005 Vgl zum Bildnisschutz ausf oben *Renner* Kap 4.
1006 Vgl hierzu oben Rn 138 ff.
1007 Graf/Jäger/Wittig/*Niesler* § 33 Rn 21.
1008 *Mitsch* Medienstrafrecht § 3 Rn 102.
1009 Graf/Jäger/Wittig/*Niesler* § 33 Rn 25.
1010 Vgl dazu *Pfeifle* ZG 2010, 283, 295; vgl zur Einwilligung oben *Renner* Kap 4 Rn 26 ff.
1011 Vgl hierzu ausf auch den Fall der veröffentlichten Fotos des toten Reichskanzlers *von Bismarck* RGZ 45, 170.
1012 Vgl hierzu oben *Renner* Kap 4 Rn 69 ff.
1013 Vgl hierzu aus der Rechtsprechung BGH JZ 1976, 31, 32 m Anm *Schmidt*.

nicht auf Bestellung angefertigt sind, sofern die Verbreitung oder Schaustellung einem höheren Interesse der Kunst dient. Dennoch gibt es auch hier eine Grenze, denn diese Privilegierung erstreckt sich nicht auf eine Verbreitung und Zur-Schaustellung, durch die ein **berechtigtes Interesse** des Abgebildeten oder, falls dieser verstorben ist, seiner Angehörigen verletzt wird (§ 23 Abs 2 KUG[1014]). Insoweit liegt den Vorschriften also ein mehrfach abgestuftes Schutzkonzept zugrunde. Die Regelungen der §§ 22, 23 KUG, durch die das allgemeine Persönlichkeitsrecht des Art 2 Abs 1 GG zugleich konkretisiert und eingeschränkt wird, wurden vom BVerfG als verfassungsgemäß eingestuft.[1015]

333   Besonders umstritten und daher auch öfter Gegenstand gerichtlicher Auseinandersetzungen ist die Frage, ob und wann Bildnisse aus dem Bereich der **Zeitgeschichte** vorliegen.[1016] Hier ist als erstes darauf hinzuweisen, dass § 23 Abs 1 Nr 1 KUG nicht von „Personen der Zeitgeschichte" schlechthin spricht, sondern von „Bildnissen aus dem Bereiche der Zeitgeschichte". Die Aufnahme selbst muss also zeitgeschichtlichen Charakter haben. Dennoch ging die Rechtsprechung lange Zeit davon aus, dass bei den sog „absoluten Personen der Zeitgeschichte" (im Gegensatz zu den „relativen Personen der Zeitgeschichte") die Person selbst bereits ein zeitgeschichtliches Ereignis sei, mit der Folge, dass die Veröffentlichung eines Fotos stets zulässig war, wenn sich die Person nicht in „örtlicher Abgeschiedenheit" befand, in die sie „sich zurückgezogen hat, um dort objektiv erkennbar für sich allein zu sein und in der [sie] sich in Vertrauen auf die Abgeschiedenheit so verhält, wie [sie] es in der breiten Öffentlichkeit nicht tun würde"[1017] und wenn der Veröffentlichung kein – im Zivilprozess vom Abgebildeten zu beweisendes – berechtigtes Interesse nach § 23 Abs 2 KUG entgegensteht.[1018] Als **absolute Personen der Zeitgeschichte** wurden Personen angesehen, die auf Grund ihrer hervorgehobenen Stellung in Staat und Gesellschaft oder durch außergewöhnliches Verhalten oder besondere Leistungen aus der Masse der Mitmenschen herausragen.[1019] Es handelte sich hier in erster Linie um Politiker,[1020] Angehörige regierender Königs- und Fürstenhäuser,[1021] Schauspieler,[1022] Musiker,[1023] Fernsehmoderatoren,[1024]

1014   Vgl hierzu oben *Renner* Kap 4 Rn 135 ff.
1015   BVerfGE 35, 202, 224 f – Lebach; BVerfGE 101, 361, 386 f – Caroline von Monaco II; vgl hierzu auch oben *Renner* Kap 4 Rn 10 ff.
1016   Vgl hierzu oben *Renner* Kap 4 Rn 72 ff.
1017   BVerfGE 101, 361, 367 – Caroline von Monaco II; BGHZ 131, 332, 339 – Caroline von Monaco; auch das BVerfG hatte die Rechtsprechung des BGH zur „absoluten Person der Zeitgeschichte" nicht beanstandet; vgl BVerfGE 101, 361, 392 ff – Caroline von Monaco II.
1018   Vgl aber auch AG Ahrensböck DJZ 1920, 196. Hier wurde eine Strafbarkeit bei der Veröffentlichung eines Fotos abgelehnt, welches den damaligen Reichspräsidenten Ebert und den Reichswehrminister Noske in Badehose zeigte; krit hierzu *Petersen* 5. Teil Einleitung Rn 5; vgl weitere Fälle aus der Rechtsprechung: BVerfGE 101, 361 – Caroline von Monaco II; BVerfG NJW 2001, 1921 – Prinz Ernst August von Hannover; BGHZ 131, 332 – Caroline von Monaco; BGHZ 158, 218; OLG Hamburg ZUM 1991, 550; OLG Köln AfP 1982, 181 – Rudi Carrell; OLG Stuttgart AfP 1981, 362 – Rudi Carrell; KG NJW 2007, 703.
1019   Wandtke/Bullinger/*Fricke* § 23 KUG Rn 8.
1020   BVerfGE 91, 125, 1138 – Fernsehaufnahmen im Gerichtssaal; BVerfG NJW 1992, 3288, 3289; BVerfG ZUM 1994, 636, 639 – Erich Honecker; BGH GRUR 1996, 195 – Abschiedsmedaille (Willy Brandt); KG AfP 2006, 369, 370 – Heide Simonis; KG AfP 2007, 573 – Joschka Fischer; vgl auch LG Hamburg AfP 2007, 275, 276 – Desiree Nick.
1021   BVerfGE 101, 361, 392 f – Caroline von Monaco; BGHZ 131, 332, 336 f – Caroline von Monaco II; BGHZ 171, 275, 280 – Winterurlaub; OLG Karlsruhe NJW 2006, 617, 618 – Albert von Monaco; so bereits KG JW 1928, 363 – Piscator.
1022   BGH GRUR 1956, 427, 428 – Paul Dahlke; BGH GRUR 1992, 557 – Joachim Fuchsberger; BGH GRUR 2000, 709, 714 – Marlene Dietrich; BGH GRUR 2002, 690, 691 – Marlene Dietrich; OLG Hamburg AfP 1992, 159; OLG Hamburg ZUM 1995, 494, 495 – Michael Degen; LG München I AfP 1997, 559, 561 – Gustl Bayrhammer.
1023   BGH GRUR 1997, 125, 126 – Bob Dylan; KG GRUR 2004, 1056 – Lebensgefährtin von Herbert Grönemeyer; OLG Hamburg AfP 1991, 437, 438 – Roy Black; OLG München AfP 1995, 658, 660 – Anne-Sophie Mutter; LG Berlin AfP 2001, 246, 247 – Nina Hagen.
1024   BGH GRUR 1992, 557 – Joachim Fuchsberger; KG NJW-RR 2007, 109, 110 – Sabine Christiansen; LG Berlin NJW-RR 2006, 1639 – Günther Jauch.

Vertreter der Wirtschaft,[1025] Erfinder[1026] und bekannte Sportler.[1027] Anders sollte die Lage hingegen bei den **relativen Personen der Zeitgeschichte** sein. Hier handelte es sich um Personen, die – unabhängig von ihrem Willen – nur im Zusammenhang mit einem bestimmten zeitgeschichtlichen Ereignis vorübergehend aus der allgemeinen Anonymität heraustraten und ins Blickfeld der Öffentlichkeit gelangten.[1028] Bei ihnen waren nur diejenigen Umstände als solche der Zeitgeschichte anzusehen, die gerade im Zusammenhang mit demjenigen Ereignis standen, welches sie zur Person der Zeitgeschichte machte.[1029] Zu nennen sind hier insb Straftäter, die eine Tat begangen hatten, welche in den Medien Schlagzeilen machte,[1030] bestimmte Tatzeugen,[1031] Richter,[1032] Verteidiger,[1033] Verbrechensopfer[1034] oder auch Journalisten, die einen Skandal aufgedeckt hatten. Diese Personen durften auf dem Weg zum Gerichtssaal oder zur Pressekonferenz aufgenommen und die derart hergestellten Fotos auch anschließend veröffentlicht werden. Etwas anderes galt jedoch dann, wenn sich dieselben Personen abends mit Freunden in einer Gaststätte trafen. Auch für die relativen Personen der Zeitgeschichte galt aber selbstverständlich § 23 Abs 2 KUG: Selbst wenn sie im Zusammenhang mit einem bestimmten zeitgeschichtlichen Ereignis aufgenommen wurden, war die Verbreitung des Fotos dennoch unzulässig, wenn berechtigte Interessen des Abgebildeten entgegenstanden. Zu den relativen Personen der Zeitgeschichte wurden im Übrigen auch Familienangehörige und Lebensgefährten von absoluten Personen der Zeitgeschichte gezählt,[1035] wobei für minderjährige Kinder zuweilen Ausnahmen gemacht wurden.[1036] Diese weite Auslegung wurde aber vom Europäischen Gerichtshof

---

[1025] BGH AfP 1993, 736 – FCKW; BGH GRUR 1994, 391, 392 – „Alle reden vom Klima"; vgl aber auch BGH WRP 2004, 240 (241) – Fotomontage.
[1026] RGZ 74, 308, 313 – Graf Zeppelin (wobei damals noch nicht sauber zwischen „absoluten" und „relativen" Personen der Zeitgeschichte differenziert wurde).
[1027] BGH GRUR 1968, 652, 653 – Ligaspieler; BGH GRUR 1979, 425, 426 – Franz Beckenbauer; BGH GRUR 1979, 732, 734 – Fußballtor; OLG Frankfurt aM AfP 1988, 62 – Boris Becker; OLG Frankfurt aM NJW 2000, 594 – Katharina Witt; OLG München AfP 2007, 237, 238 – Boris Becker.
[1028] BVerfG AfP 2001, 212, 214 – Prinz Ernst August von Hannover; OLG Hamburg AfP 1995, 665, 666 – Esther Schweins.
[1029] BGH GRUR 1966, 102 – Spielgefährtin.
[1030] BVerfG GRUR 1973, 541, 546 f, 548 – Lebach; BVerfG AfP 2006, 354, 355 f – Ernst August von Hannover; BGH GRUR 1967, 205, 208 f – Vor unserer eigenen Tür; BGH NJW 2006, 599, 600 f – Ernst August von Hannover; KG NJW 2007, 703; KG NJW-RR 2007, 345, 346 = GRUR-RR 2007, 126, 127 – El Presidente; OLG Celle NJW-RR 2001, 335, 336; OLG Düsseldorf AfP 2002, 343, 345; OLG Frankfurt aM AfP 2006, 185, 188 – Kannibale von Rotenburg; OLG Frankfurt aM ZUM 2007, 546, 548; OLG Hamburg AfP 1983, 466, 467 – Oktoberfest-Attentäter; OLG Hamburg AfP 1987, 518; OLG Hamburg NJW-RR 1991, 990, 991; OLG Hamburg AfP 1994, 232, 233; OLG Hamburg NJW-RR 1994, 1439, 1440; OLG Hamm AfP 1988, 258; LG Berlin AfP 2007, 282, 283 – Ehemaliges RAF-Mitglied; LG Frankfurt aM CR 2007, 194; LG Halle AfP 2005, 188, 190; LG Wiesbaden NJW-RR 2005, 1069.
[1031] Einschränkend allerdings BGH GRUR 1966, 102, 103 – Spielgefährtin; OLG Frankfurt aM AfP 1976, 181 (hier war der Tatzeuge allerdings zugleich auch Tatopfer); OLG Karlsruhe NJW-RR 1990, 1328, 1329 – Unfallfoto; LG Berlin AfP 2004, 68, 69; LG Berlin AfP 2004, 152, 153; vgl auch LG Köln AfP 1991, 757.
[1032] BVerfG NJW 2000, 2890, 2891.
[1033] OLG Hamburg AfP 1982, 177, 178.
[1034] OLG Frankfurt aM AfP 1976, 181 – Verbrechensopfer; vgl auch LG Köln AfP 1991, 757: Angehörige eines getöteten Verbrechensopfers sind hiernach keine relativen Personen der Zeitgeschichte.
[1035] BVerfG AfP 2001, 212, 214 – Prinz Ernst August von Hannover; BGHZ 158, 218, 221 – Charlotte Casiraghi; BGH GRUR 2007, 899, 902 – Grönemeyer; KG GRUR 2004, 1056, 1057 – Lebensgefährtin von Herbert Grönemeyer; KG GRUR 2005, 79 – Lebensgefährtin von Herbert Grönemeyer; OLG Hamburg GRUR 1990, 35 – Begleiterin; OLG Hamburg AfP 1995, 512, 513; LG Hamburg ZUM 2003, 577 – Ehefrau von Guildo Horn; LG Köln AfP 1994, 165 – Lebensgefährtin von Harald Schmidt; vgl nunmehr aber auch BGH NJW 2007, 1981 – Abgestuftes Schutzkonzept I (Prinz Ernst August von Hannover); BGH NJW 2008, 749, 751 – Abgestuftes Schutzkonzept II.
[1036] Vgl hierzu BVerfGE 101, 361, 385 f – Caroline von Monaco; BVerfG NJW 2000, 2191; BVerfG ZUM 2005, 556, 557; BGHZ 158, 218; BGHZ 160, 298, 304 ff – Tochter von Caroline von Hannover; BGH GRUR 1996, 227, 228 – Wieder-

für Menschenrechte zu Recht kritisiert,[1037] sodass in der neueren Rechtsprechung[1038] der Begriff der „absoluten Person der Zeitgeschichte" vermieden und stattdessen von einem „abgestuften Schutzkonzept" gesprochen wird. Insoweit wird man derzeit davon ausgehen können, dass Aufnahmen aus dem Privat- oder Intimbereich auch dann nicht zulässig sind, wenn es sich um eine – nach der früheren Terminologie – „absolute Person der Zeitgeschichte" handelt. Im Rahmen des abgestuften Schutzkonzepts ist der Informationsbedarf der Öffentlichkeit über Fragen von allgemeinem gesellschaftlichem Interesse im Einzelfall in Abwägung zu bringen mit dem Schutz der Persönlichkeit. Je mehr ein Beitrag zur Meinungsbildung in der Öffentlichkeit beiträgt, umso eher überwiegt das Grundrecht der Meinungs- und Pressefreiheit.[1039] Verneint wurde eine Bildnis der Zeitgeschichte nach § 23 Abs 1 Nr 1 zB bei der Abbildung eines Prominenten auf dem Titelblatt eines Rätselhefts, weil darin kein Beitrag zur öffentlichen Meinungsbildung zu erkennen ist, sondern lediglich den Werbe- und Imagewert des Abgebildeten ausgenutzt wird.[1040] In diesem Zusammenhang ist außerdem zu beachten, dass der Schutz der Privatsphäre vor öffentlicher Kenntnisnahme entfällt, soweit sich Personen selbst damit einverstanden zeigen, dass bestimmte, gewöhnlich als privat geltende Angelegenheiten öffentlich gemacht werden. Die Betroffenen müssen vielmehr situationsübergreifend und konsistent zum Ausdruck bringen, dass ihre Privatsphäre nicht Gegenstand von Berichterstattungen der Presse sein soll.[1041] Dogmatisch noch nicht abschließend geklärt ist, ob diese Abwägung schon bei § 23 Abs 1 Nr 1 oder erst bei § 23 Abs 2 stattzufinden hat. Bejaht man Letzteres, ist es fraglich, ob sich die neue Rechtsprechung, die oft das neue „abgestufte Schutzkonzept" betont, von der früheren Rechtsprechung, die bei „absoluten Personen der Zeitgeschichte" stets § 23 Abs 1 Nr 1 annahm und lediglich über § 23 Abs 2 eine Art „Korrektiv" nachschaltete, eigentlich groß unterscheidet.

334   Bei der nach § 23 Abs 2 KUG erforderlichen Abwägung ist zu prüfen, ob einer Veröffentlichung **berechtigte Interessen des Abgebildeten** entgegenstehen. So bewertete das BVerfG im Lebachurteil[1042] die (Resozialisierungs-)Interessen eines Inhaftierten, der kurz vor seiner Entlassung stand, höher als die Interessen einer Rundfunkanstalt, die unter Namensnennung und Verwendung von Bildnissen einen Fernsehfilm über die der Verurteilung zu Grunde liegende Straftat aus-

---

holungsveröffentlichung; BGH NJW 2005, 56; OLG Hamburg AfP 2008, 525, 525 f; OLG München AfP 1995, 658, 660 – Tochter von Anne-Sophie Mutter.
1037   EGMR NJW 2004, 2647, 2650 – Caroline von Hannover; zu dieser Entscheidung *Jahn*, J AnwBl 2005, 385; *Soehring/Seelmann-Eggebert* NJW 2005, 571, 576 f; vgl hierzu auch oben *Renner* Kap 4 Rn 78 f.
1038   BVerfGE 120, 180, 202 und 211 ff – Caroline von Monaco IV m Anm *Starck* JZ 2008, 634; BGHZ 171, 275 – Caroline von Monaco (Vorinstanz zu BVerfGE 120, 180); BGHZ 177, 119; BGH NJW 2005, 594, 595; BGH NJW 2007, 1981 – Prinz Ernst August von Hannover; BGH NJW 2008, 749 – Abgestuftes Schutzkonzept II; BGH NJW 2008, 3141 – Ferienvilla; BGH NJW 2008, 3138 – Sabine Christiansen; BGH NJW 2009, 1502, 1503 – Sabine Christiansen; hierzu *Stender-Vorwachs* NJW 2009, 334; ferner BVerfG NJW 2006, 2835; BGH NJW 2009, 3030 – Joschka Fischer (Ereignis von „zeitgeschichtlicher Bedeutung"); BGH NJW 2009, 3032, 3033; hierzu *Frenz* NJW 2008, 2102; vgl auch bereits BVerfGE 101, 361, 387 – Caroline von Monaco II; anders noch BVerfG NJW 2006, 2836, 2837; vgl ferner BGH NJW 2006, 599 – Ernst August von Hannover („zeitgeschichtlicher Vorgang"); vgl auch die Zusammenstellung der Entscheidungen bei *Sajuntz* NJW 2010, 2992, 2994 f; vgl zur Reaktion der deutschen Rechtsprechung auf die Entscheidung des EGMR auch oben *Renner* Kap 4 Rn 80 f.
1039   Zu den Abwägungskriterien vgl *Pils* JA 2008, 852, 853 f; vgl zum „abgestuften Schutzkonzept" auch *Peifer* JZ 2013, 853, 857 f; *Seelmann-Eggebert* NJW 2008, 2591, 2556 f.
1040   BGH NJW 2009, 3032, 3034 f.
1041   Vgl BGH NJW 2005, 594, 595 f; zu den Einwilligungen in medienrechtliche Eingriffe in die Privatsphäre vgl *Peifer* JZ 2013, 853, 861 f.
1042   BVerfGE 35, 202 – Lebach I; vgl aber auch BVerfG NJW-RR 2007, 1340, 1341, wo ausgeführt wird, dass eine Presseberichterstattung über eine getilgte Vorstrafe zulässig sei, da die Meinungsfreiheit hier das Resozialisierungsinteresse überwiege; ferner LG Koblenz NJW 2007, 695, 698.

strahlen wollte.¹⁰⁴³ Bei Abbildungen Prominenter ist, wie eben schon erwähnt, insb auch der Informationswert der Abbildung für die Öffentlichkeit zu beachten. Dient die Bildberichterstattung in erster Linie dem Interesse des Lesers an bloßer Unterhaltung, wiegt der Schutz der Privatsphäre der Abgebildeten regelmäßig schwerer, sofern der Betreffende in der entsprechenden Situation die berechtigte Erwartung haben durfte, in Ruhe gelassen zu werden.¹⁰⁴⁴ Allerdings kann bei unterhaltenden Beiträgen nicht von vornherein das berechtigte Informationsinteresse der Öffentlichkeit ausgeschlossen werden, da solche Beiträge die Meinungsbildung unter Umständen sogar nachhaltiger anregen und beeinflussen können als sachbezogene Informationen.¹⁰⁴⁵ Vielmehr muss unter Berücksichtigung der jeweiligen Umstände des Einzelfalls entschieden werden.

Ein besonderes Problem stellen im Internet archivierte Veröffentlichungen dar, die auch Abbildungen der betreffenden Personen enthalten.¹⁰⁴⁶ So stellt das Bereithalten von älteren Meldungen samt Bildmaterial im Online-Archiv durch eine Rundfunkanstalt, in denen ein verurteilter Straftäter namentlich genannt wird, einen Eingriff in das allgemeine Persönlichkeitsrecht dar. Allerdings kann die Abwägung von Persönlichkeitsrecht und Meinungs- bzw Medienfreiheit zugunsten letzterer ausfallen. Hier entscheiden die Gesamtumstände wie die geringe Breitenwirkung, das Informationsinteresse der Öffentlichkeit, die Schwere der Tat in Abwägung mit einer Verschonung des Täters vor einer Reaktualisierung seiner Tat und dem Wiedereingliederungsinteresse.¹⁰⁴⁷ Dabei betont die Rechtsprechung, dass es kein generelles Verbot der Recherchierbarkeit oder ein Gebot der Löschung von früheren identifizierenden Berichterstattungen gebe, da der Täter auf eine vollständige Immunisierung seiner Person und Tilgung der Geschichte keinen Anspruch habe.¹⁰⁴⁸ Mit dem BGH ist daher grds davon auszugehen, dass Berichterstattungen mit Bildnissen, die zum Zeitpunkt ihrer ursprünglichen Veröffentlichung zulässig waren, jedoch bei heutiger Interessenabwägung nicht erneut veröffentlicht werden dürften, weiterhin im Online-Archiv zur Verfügung gestellt werden können.

Bei § 33 KUG handelt es sich um ein Privatklagedelikt nach § 374 Abs 1 Nr 8 StPO, dh eine öffentliche Klage seitens der Staatsanwaltschaft wird nur dann erhoben, wenn sie das öffentliche Interesse an einer Strafverfolgung bejaht (§ 376 StPO). Dieses öffentliche Interesse wurde zB im Falle der Veröffentlichung von Fotoaufnahmen von der Taufe des Sohnes der berühmten Violinistin Anne Sophie Mutter seitens des OLG München¹⁰⁴⁹ verneint. Sofern die verbreiteten Auf-

---

1043 Vgl in diesem Zusammenhang auch OLG Frankfurt NJW 2007, 699: Auch ohne die Verwendung von Originalbildnissen kann die Verfilmung einer Straftat (hier: des „Kannibalen von Rotenburg") dann, wenn der Film ohne ausreichende Verfremdung das Privatleben des Straftäters darstellt, gegen dessen Persönlichkeitsrecht verstoßen, selbst wenn es sich bei dem Täter um eine relative Person der Zeitgeschichte handelt; vgl hierzu *von Becker* AfP 2006, 124; *Kaboth* ZUM 2006, 412; vgl in diesem Zusammenhang aber auch BVerfG NJW 2009, 3357 (individualisierende Berichterstattung über eine Vergewaltigung durch ehemaligen Fußball-Bundesligaspieler); hierzu *Jahn, J* NJW 2009, 3344, 3344 f; BGH NJW 2006, 599 – Ernst August von Hannover (Individualisierende Berichterstattung über eine Verkehrsordnungswidrigkeit) sowie die nicht zur Entscheidung angenommene Verfassungsbeschwerde BVerfG NJW 2006, 2835.
1044 BGH NJW 2008, 749, 750 f – Abgestuftes Schutzkonzept II; BGH NJW 2008, 3138, 3140 – Sabine Christiansen; vgl zu ungefragten Bild- und Filmaufnahmen *Ernst* NJW 2010, 744, 746.
1045 BGH NJW 2008, 749, 750 – Abgestuftes Schutzkonzept II.
1046 Dazu *Hoecht* AfP 2009, 342; ferner oben *Boksanyi/Koehler* Kap 1 Rn 180 ff und *Renner* Kap 4 Rn 111.
1047 BGH NJW 2010, 2432, 2433 ff; BGH NJW 2010, 757, 758 f m Anm *Thiel* JR 2011, 116; LG Frankfurt/Main MMR 2007, 59, 59 f („keine Kontrollpflicht der archivierenden Stelle"); aA OLG Hamburg ZUM 2009, 857 m Anm *Hoecht* ZUM 2009, 860; ebenso LG Hamburg NJW-RR 2009, 120, wo sehr pauschal eine Onlinearchivierung für unzulässig erachtet wurde; eine Zusammenstellung der Abwägungskriterien findet sich bei *Hoecht* AfP 2009, 342, 346 f; vgl hierzu auch *Peifer* JZ 2013, 853, 861.
1048 Vgl BGH NJW 2010, 2432, 2435; BGH NJW 2010, 757, 759.
1049 OLG München NJW-RR 1996, 93; krit hierzu *Petersen* 5. Teil Einleitung Rn 6 (da es sich auch hier um die Privatsphäre handelte und jedenfalls der getaufte Sohn keine absolute Person der Zeitgeschichte sei); vgl hierzu ferner *Prinz/Peters* Rn 784 mit Fn 17.

nahmen zugleich unbefugt hergestellte Bildaufnahmen iSd § 201a StGB darstellen, sind beide Vorschriften nebeneinander anwendbar.[1050]

III. Presserechtliche Sonderstraftatbestände und Ordnungswidrigkeiten

1. Geltung der allgemeinen Strafgesetze

337 Grds bestimmt sich die Verantwortlichkeit für Straftaten, die mittels eines Druckwerkes begangen werden, nach den allgemeinen Strafgesetzen, insb nach den Vorschriften des StGB, was durch eine entsprechende Verweisung in den jeweiligen Landespresse- bzw Landesmediengesetzen sicher gestellt ist.[1051] Diese Verweisung wird zum Teil deswegen für erforderlich gehalten, weil das pressespezifische Strafrecht in die (ausschließlichen) Kompetenz des Landesgesetzgebers falle und es sich von daher nicht von selbst verstehe, dass die allgemeinen strafrechtlichen Regelungen des Bundes auch für diese Sachverhalte anwendbar sind.[1052] Dies ist indes bedenklich, da nicht alle Länder eine entsprechende Regelung erlassen haben, die allgemeinen Strafnormen aber selbstverständlich im Hinblick auf Presseveröffentlichungen in allen Bundesländern gelten müssen. Insoweit ist zu differenzieren: Es steht den Ländern frei, neben den allgemein geltenden Straftatbeständen presserechtliche Sondertatbestände zu schaffen, wie dies in Abs 2 der jeweiligen Normen der Landespresse- bzw Landesmediengesetze zumeist auch geschehen ist. Für diese Vorschriften stellt der jeweilige Abs 1 klar, dass die Regelungen des allgemeinen Strafrechts, also insb die Regelungen des Allgemeinen Teils des StGB, Anwendung finden. Insgesamt lässt sich aber feststellen, dass für Presseangehörige weder eine durchgehende Privilegierung noch eine Verschärfung der strafrechtlichen Verantwortlichkeit gilt. Es sind allerdings spezifische Sondertatbestände zu beachten, die im Folgenden näher beschrieben werden.

2. Privilegierung der Presse

338 Auf die Privilegierung der Presse im Rahmen der Verjährung von Presseinhaltsdelikten wurde bereits eingegangen.[1053]

3. Sondertatbestände für verantwortliche Redakteure und Verleger

339 Die meisten Landesgesetze[1054] enthalten über die genannte Pauschalverweisung auf die allgemeinen Strafgesetze hinaus noch eine verschärfte strafrechtliche Sonderhaftung für den **verantwortlichen Redakteur** bei periodischen Druckwerken und für den **Verleger** bei sonstigen Druckwerken. Diese Sondertatbestände sind deshalb erforderlich, weil es im Medienbereich – wie im Übrigen auch häufig im gesamten Bereich der Wirtschaftskriminalität – schwierig sein wird, dem Einzelnen seinen Tatbeitrag und seine persönliche Schuld nachzuweisen, während der verantwortliche Redakteur bzw Verleger durch die Impressumspflicht stets feststellbar ist.[1055] Exempla-

---

1050 Vgl *Fischer* § 201a Rn 30; *Lackner/Kühl* § 201a Rn 11 (jeweils: Tatmehrheit); ferner *Ricker/Weberling* Kap 54 Rn 24a.
1051 So ausdrücklich § 20 Abs 1 LPG Baden-Württemberg; Art 11 Abs 1 LPG Bayern; § 19 Abs 1 LPG Berlin; § 14 Abs 1 LPG Brandenburg; § 19 Abs 1 LPG Hamburg; § 19 Abs 1 LPG Mecklenburg-Vorpommern; § 21 Abs 1 LPG Nordrhein-Westfalen; § 12 Abs 2 LMG Saarland; § 12 Abs 1 LPG Sachsen; § 14 Abs 1 LPG Schleswig-Holstein; keine ausdrückliche Regelung findet sich in Bremen, Hessen, Niedersachsen, Rheinland-Pfalz, Sachsen-Anhalt und Thüringen.
1052 *Löffler/Kühl* Pressrecht § 20 LPG Rn 61; vgl aber auch *Groß* NStZ 1994, 312.
1053 Vgl hierzu oben Rn 92 ff.
1054 Zur Frage der Anwendbarkeit der Landesgesetze untereinander siehe *Mitsch* Medienstrafrecht § 7 Rn 12.
1055 *Mitsch* Medienstrafrecht § 7 Rn 18.

risch ist hierfür die Vorschrift des § 20 Abs 2 LPG Baden-Württemberg zu nennen: „Ist mittels eines Druckwerkes eine rechtswidrige Tat begangen worden, die einen Straftatbestand verwirklicht, so wird, soweit er nicht wegen dieser Handlung schon [nach den allgemeinen Strafgesetzen] als Täter oder Teilnehmer strafbar ist,[1056] mit Freiheitsstrafe bis zu einem Jahr oder mit Geldstrafe bestraft 1. bei periodischen Druckwerken der verantwortliche Redakteur,[1057] wenn er vorsätzlich oder fahrlässig seine Verpflichtung verletzt hat, Druckwerke von strafbarem Inhalt freizuhalten, 2. bei sonstigen Druckwerken der Verleger, wenn er vorsätzlich oder fahrlässig seine Aufsichtspflicht verletzt hat und die rechtswidrige Tat hierauf beruht."[1058] Teilweise findet sich darüber hinaus auch die Regelung, dass zu Lasten des verantwortlichen Redakteurs eines periodischen Druckwerks vermutet wird, dass er den Inhalt eines unter seiner Verantwortung erschienenen Textes gekannt und den Abdruck gebilligt hat.[1059] Im Hinblick auf den im Strafrecht geltenden in-dubio-pro-reo Grundsatz ist eine solche Vermutungsregelung allerdings bedenklich.

4. Presseordnungs-Vergehen

Die meisten Landespressegesetze enthalten Sonderstraftatbestände, die die Verletzung von Pflichten unter Strafe stellen, die sich an anderer Stelle des Gesetzes wiederfinden. Diese sollen im Folgenden kurz angesprochen werden. Ist ein solcher Straftatbestand in einem Landesgesetz normiert,[1060] so wird regelmäßig eine Freiheitsstrafe bis zu einem Jahr oder Geldstrafe als Sanktion angedroht.[1061]

340

In der überwiegenden Zahl der Landespresseordnungen findet sich eine Strafbarkeit desjenigen, der als Verleger eine Person zum verantwortlichen Redakteur bestellt, obwohl diese nicht den Anforderungen des Gesetzes entspricht,[1062] sowie desjenigen, der als verantwortlicher Redakteur zeichnet, obwohl er die Voraussetzungen, die das Gesetz hierfür aufstellt, nicht erfüllt.[1063] Straf-

341

1056 Vgl zur Strafbarkeit des verantwortlichen Redakteurs bzw Verlegers nach allgemeinem Strafrecht oben Rn 68.
1057 Zur Frage, ob als „verantwortlicher Redakteur" nur derjenige angesehen werden kann, der nach den Vorschriften der Landespressegesetze ordnungsgemäß zum verantwortlichen Redakteur bestellt wurde oder auch derjenige, der diese Funktion faktisch ausübt BGH NJW 1980, 67; OLG Hamm AfP 1974, 724, 726; OLG Köln MDR 1980, 339; *Franke* NStZ 1983, 114; *Groß* NStZ 1994, 312, 314.
1058 Eine wörtlich nahezu identische Regelung findet sich in Art 20 Abs 3 LPG Baden-Württemberg; § 19 Abs 2 LPG Berlin; § 14 Abs 2 LPG Brandenburg; § 20 LPG Bremen; § 19 Abs 2 LPG Hamburg; § 19 Abs 2 LPG Mecklenburg-Vorpommern; § 20 LPG Niedersachsen; § 21 Abs 2 LPG Nordrhein-Westfalen; § 63 Abs 1 LMG Saarland; § 12 Abs 2 LPG Sachsen; § 12 LPG Sachsen-Anhalt; § 14 Abs 2 LPG Schleswig-Holstein; keine ausdrückliche Regelung findet sich in Bayern, Hessen, Rheinland-Pfalz und Thüringen.
1059 Vgl § 12 LPG Hessen (mit dem Hinweis der Widerlegbarkeit der Vermutung) und Art 11 Abs 2 LPG Bayern.
1060 Vgl § 21 LPG Baden-Württemberg; Art 13 LPG Bayern; § 20 LPG Berlin; § 21 LPG Bremen; § 20 LPG Hamburg; § 14 LPG Hessen; § 20 LPG Mecklenburg-Vorpommern; § 21 LPG Niedersachsen; § 22 LPG Nordrhein-Westfalen; § 35 LMG Rheinland-Pfalz; § 63 LMG Saarland; § 13 LPG Sachsen-Anhalt; § 15 LPG Schleswig-Holstein; keine ausdrückliche Regelung findet sich in Brandenburg, Sachsen und Thüringen.
1061 Ausnahmen stellen Berlin (Freiheitsstrafe bis zu sechs Monaten oder Geldstrafe bis zu 180 Tagessätzen) und Hessen (differenzierter Strafrahmen: nach § 14 Abs 1 LPG Freiheitsstrafe bis zu zwei Jahren oder Geldstrafe und nach § 14 Abs 2 LPG Freiheitsstrafe bis zu sechs Monaten oder Geldstrafe bis zu 180 Tagessätzen) dar.
1062 § 21 Nr 1 LPG Baden-Württemberg; Art 13 Nr 1 LPG Bayern; § 20 Nr 1 LPG Berlin; § 21 Nr 1 LPG Bremen; § 20 Nr 1 LPG Hamburg; § 20 Nr 1 LPG Mecklenburg-Vorpommern; § 21 Nr 1 LPG Niedersachsen; § 22 Nr 1 LPG Nordrhein-Westfalen; § 35 Nr 1 LMG Rheinland-Pfalz; § 63 Abs 2 Nr 1 LMG Saarland; § 13 Nr 1 LPG Sachsen-Anhalt; § 15 Nr 1 LPG Schleswig-Holstein. – In Brandenburg (§ 15 Abs 1 Nr 1 LPG), Hessen (§ 15 Abs 1 Nr 2 LPG, beschränkt auf den Anzeigenteil), Sachsen (§ 13 Abs 1 Nr 1 LPG) und Thüringen (§ 13 Abs 1 Nr 1) ist hier lediglich eine Ordnungswidrigkeit vorgesehen; zu diesem Tatbestand *Mitsch* Medienstrafrecht § 7 Rn 28.
1063 § 21 Nr 2 LPG Baden-Württemberg; Art 13 Nr 2 LPG Bayern; § 20 Nr 2 LPG Berlin; § 21 Nr 2 LPG Bremen; § 20 Nr 2 LPG Hamburg; § 20 Nr 2 LPG Mecklenburg-Vorpommern; § 21 Nr 2 LPG Niedersachsen; § 22 Nr 2 LPG Nordrhein-

bar macht sich ferner regelmäßig derjenige, der als verantwortlicher Redakteur oder Verleger – beim Selbstverlag als Verfasser oder Herausgeber – bei einem Druckwerk strafbaren Inhalts den Vorschriften über das Impressum zuwiderhandelt.[1064] Darüber hinaus findet sich teilweise eine Strafbarkeit desjenigen, der ein beschlagnahmtes Druckwerk verbreitet oder wieder abdruckt,[1065] oder wer über die Inhaber- und Beteiligtenrechte (wissentlich) falsche Angaben macht.[1066]

5. Ordnungswidrigkeiten

342 Die einzelnen Landespressegesetze enthalten darüber hinaus eine breite Palette an verschiedenen Ordnungswidrigkeiten,[1067] die im Folgenden nicht vollständig genannt werden können. Kennzeichnend ist nur, dass die Ordnungswidrigkeiten regelmäßig sowohl vorsätzlich als auch fahrlässig begangen werden können.[1068] Exemplarisch erwähnt werden sollen jedoch die folgenden Verstöße: Ordnungswidrig handelt regelmäßig derjenige, der als verantwortlicher Redakteur oder Verleger – beim Selbstverlag als Verfasser oder Herausgeber – den Vorschriften über das Impressum zuwiderhandelt, sofern es sich dabei nicht um strafbare Inhalte handelt (in diesen Fällen ist regelmäßig die bereits oben genannte Strafnorm einschlägig[1069]) oder als Unternehmer Druckwerke verbreitet, in denen die vorgeschriebenen Angaben (Impressum) ganz oder teilweise fehlen.[1070] Ferner handelt nach den meisten Landespressegesetzen derjenige ordnungswidrig, der als Verleger oder als Verantwortlicher eine Veröffentlichung gegen Entgelt nicht als Anzeige kenntlich macht oder kenntlich machen lässt.[1071] Teilweise finden sich auch Ordnungswidrigkeiten, die an

---

Westfalen; § 35 Nr 2 LMG Rheinland-Pfalz; § 63 Abs 2 Nr 2 LMG Saarland; § 13 Nr 2 LPG Sachsen-Anhalt; § 15 Nr 2 LPG Schleswig-Holstein. – In Brandenburg (§ 15 Abs 1 Nr 2 LPG), Hessen (§ 15 Abs 1 Nr 5 LPG, beschränkt auf den Anzeigenteil), Sachsen (§ 13 Abs 1 Nr 2 LPG) und Thüringen (§ 13 Abs 1 Nr 2) ist hier lediglich eine Ordnungswidrigkeit vorgesehen; zu diesem Tatbestand *Mitsch* Medienstrafrecht § 7 Rn 29.

1064 § 21 Nr 3 LPG Baden-Württemberg; Art 13 Nr 4 LPG Bayern (mit der Einschränkung, dass eine Kenntnis des strafbaren Inhalts der Druckschrift vorliegen muss); § 20 Nr 3 LPG Berlin; § 21 Nr 3 LPG Bremen; § 20 Nr 3 LPG Hamburg; § 14 Abs 2 LPG Hessen; § 20 Nr 3 LPG Mecklenburg-Vorpommern; § 21 Nr 3 LPG Niedersachsen; § 22 Nr 3 LPG Nordrhein-Westfalen; § 35 Nr 3 LMG Rheinland-Pfalz; § 63 Abs 2 Nr 3 LMG Saarland; § 13 Nr 3 LPG Sachsen-Anhalt; § 15 Nr 3 LPG Schleswig-Holstein; keine ausdrückliche Regelung findet sich in Brandenburg, Sachsen und Thüringen. Hier liegt in diesen Fällen stets eine Ordnungswidrigkeit vor; zu diesem Tatbestand *Mitsch* Medienstrafrecht § 7 Rn 30.

1065 § 21 Nr 4 LPG Baden-Württemberg; Art 13 Nr 3 LPG Bayern; § 20 Nr 4 LPG Berlin; § 21 Nr 4 LPG Bremen; § 35 Nr 4 LMG Rheinland-Pfalz; § 15 Nr 4 LPG Schleswig-Holstein; keine ausdrückliche Regelung findet sich in Brandenburg, Hamburg, Hessen, Mecklenburg-Vorpommern, Niedersachsen, Nordrhein-Westfalen, Saarland, Sachsen, Sachsen-Anhalt und Thüringen; zu diesem Tatbestand *Mitsch* Medienstrafrecht § 7 Rn 31.

1066 Art 13 Nr 5 LPG Bayern; § 14 Abs 1 LPG Hessen; zu diesem Tatbestand *Mitsch* Medienstrafrecht § 7 Rn 32.

1067 § 22 LPG Baden-Württemberg; Art 12 LPG Bayern; § 21 LPG Berlin; § 15 LPG Brandenburg, § 22 LPG Bremen; § 21 LPG Hamburg; § 15 LPG Hessen; § 21 LPG Mecklenburg-Vorpommern; § 22 LPG Niedersachsen; § 23 LPG Nordrhein-Westfalen; § 36 Abs 3 LMG Rheinland-Pfalz; § 64 LMG Saarland, § 13 LPG Sachsen, § 14 LPG Sachsen-Anhalt, § 16 LPG Schleswig-Holstein und § 13 LPG Thüringen.

1068 Ausnahme ist Bayern, wo Art 12 LPG nur ein vorsätzliches Verhalten erfasst.

1069 Vgl hierzu oben Rn 341.

1070 § 22 Abs 1 Nr 1 LPG Baden-Württemberg; Art 12 Abs 1 Nr 1 und Nr 2 LPG Bayern; § 21 Abs 1 Nr 1 LPG Berlin; § 15 Abs 1 Nr 3 LPG Brandenburg; § 22 Abs 1 Nr 1 LPG Bremen; § 21 Abs 1 Nr 1 LPG Hamburg; § 15 LPG Abs 1 Nr 2 Hessen (hier keine Strafbarkeit des Unternehmers); § 21 Abs 1 Nr 1 LPG Mecklenburg-Vorpommern; § 22 Abs 1 Nr 1 LPG Niedersachsen; § 23 Abs 1 Nr 1 LPG Nordrhein-Westfalen; § 36 Abs 3 Nr 1 und Nr 2 LMG Rheinland-Pfalz; § 64 Abs 1 Nr 1 LMG Saarland; § 13 Abs 1 Nr 3 LPG Sachsen; § 14 Abs 1 Nr 1 LPG Sachsen-Anhalt; § 16 Abs 1 Nr 1 LPG Schleswig-Holstein und § 13 Abs 1 Nr 3 LPG Thüringen.

1071 § 22 Abs 1 Nr 2 LPG Baden-Württemberg; § 21 Abs 1 Nr 3 LPG Berlin; § 15 Abs 1 Nr 4 LPG Brandenburg; § 22 Abs 1 Nr 2 LPG Bremen; § 21 Abs 1 Nr 2 LPG Hamburg; § 15 Abs 1 Nr 3 LPG Hessen; § 21 Abs 1 Nr 2 LPG Mecklenburg-Vorpommern; § 22 Abs 1 Nr 2 LPG Niedersachsen; § 23 Abs 1 Nr 2 LPG Nordrhein-Westfalen; § 36 Abs 3 Nr 3 LMG Rheinland-Pfalz; § 64 Abs 1 Nr 2 LMG Saarland; § 13 Abs 1 Nr 5 LPG Sachsen; § 14 Abs 1 Nr 2 LPG Sachsen-Anhalt; § 16 Abs 1 Nr 2 LPG Schleswig-Holstein und § 13 Abs 1 Nr 4 LPG Thüringen. Keine entsprechende Regelung findet sich in Bayern.

das Verbot der Glossierungsbeschränkung im Gegendarstellungsrecht[1072] sowie an einen Verstoß gegen die Anbietungs- und Ablieferungspflicht von Bibliotheksexemplaren anknüpfen.[1073]

IV. Jugendschutzgesetz (§ 27 JuSchG)

1. Jugendschutz und Strafrecht

Insb um Kinder und Jugendliche vor dem schädlichen Einfluss von gewaltverherrlichenden, pornografischen oder sonst jugendgefährdenden Medien zu schützen, finden sich vielfach auch Strafnormen, die in diesem Bereich zu beachten sind. So wird der Jugendschutz ua im Rahmen des § 184 StGB deutlich, der die Verbreitung „weicher" Pornografie nur im Hinblick auf Jugendliche verbietet und unter Strafe stellt.[1074]

343

Weitere **Spezialregelungen** finden sich in den speziellen Jugendschutzgesetzen.[1074a] Dabei wurde der Jugendschutz früher schwerpunktmäßig durch das Gesetz über die Verbreitung jugendgefährdender Schriften und Medieninhalte (GjSM)[1075] sowie durch das Gesetz zur Neuregelung des Jugendschutzes in der Öffentlichkeit geregelt.[1076] Beide Gesetze wurden durch das neue **Jugendschutzgesetz** (JuSchG) mit Wirkung zum 1.4.2003 außer Kraft gesetzt.[1077] Daneben enthält auch der **Jugendmedienschutz-Staatsvertrag** der Länder (JMStV) vom 10.9.2002 jugendschützende Vorschriften. Während die §§ 11 ff JuSchG das Recht der Trägermedien einschließlich der Kinofilme regeln, wurde der Jugendschutz in den Telemedien (vgl § 16 JuSchG) und im Rundfunk den Ländern und daher dem Regelungsbereich des JMStV überlassen. Zum Schutz von Kindern und Jugendlichen wurde in **§ 23 JMStV** eine Sonderstrafnorm geschaffen. Danach macht sich derjenige strafbar, der entgegen § 4 Abs 2 S 1 Nr 3 und S 2 JMStV Angebote verbreitet oder zugänglich macht, die offensichtlich geeignet sind, die Entwicklung von Kindern und Jugendlichen oder ihre Erziehung zu einer eigenverantwortlichen und gemeinschaftsfähigen Persönlichkeit unter Berücksichtigung der besonderen Wirkungsform des Verbreitungsmediums schwer zu gefährden.[1078]

344

2. Die Strafvorschrift des § 27 JuSchG

§ 27 JuSchG sieht eine spezielle Strafvorschrift bei Verstößen gegen das Jugendschutzgesetz vor. Die Strafe ist für die Vorsatzdelikte des § 27 Abs 1 und Abs 2 JuSchG relativ gering (Freiheitsstrafe

345

1072 § 22 Abs 1 Nr 3 LPG Baden-Württemberg; § 21 Abs 1 Nr 4 LPG Berlin; § 15 Abs 1 Nr 5 LPG Brandenburg; § 21 Abs 1 Nr 3 LPG Mecklenburg-Vorpommern; § 22 Abs 1 Nr 3 LPG Niedersachsen § 23 Abs 1 Nr 3 LPG Nordrhein-Westfalen; § 64 Abs 1 Nr 3 LMG Saarland; § 13 Abs 1 Nr 6 LPG Sachsen; § 14 Abs 1 Nr 3 LPG Sachsen-Anhalt; § 13 Abs 1 Nr 5 LPG Thüringen; vgl ferner Art 12 Abs 1 Nr 3 bis Nr 5 LPG Bayern; keine entsprechende Regelung findet sich in Bremen, Hamburg, Hessen, Rheinland-Pfalz, Schleswig-Holstein.
1073 § 15 Abs 1 Nr 6 LPG Brandenburg; § 15 Abs 1 Nr 6 LPG Hessen; § 21 Abs 1 Nr 4 LPG Mecklenburg-Vorpommern; § 36 Abs 3 Nr 4 LMG Rheinland-Pfalz; § 64 Abs 1 Nr 4 LMG Saarland; § 14 Abs 1 Nr 4 LPG Sachsen-Anhalt; § 16 Abs 1 Nr 3 LPG Schleswig-Holstein.
1074 Vgl hierzu ausf oben Rn 256 ff.
1074a Vgl zum Jugendmedienschutz ausf oben *Gottwald* Kap 5.
1075 Gesetz über die Verbreitung jugendgefährdender Schriften und Medieninhalte in der Fassung der Bekanntmachung vom 12.7.1985, BGBl 1985 I S 1502, zuletzt geändert durch Gesetz v 15.12.2001, BGBl 2001 I S 3762; das Gesetz wurde aufgehoben durch § 30 Abs 1 des Gesetzes v 23.7.2002, BGBl 2002 I S 2730 und trat durch die Bekanntmachung vom 1.4.2003 an diesem Tage außer Kraft; vgl BGBl 2003 I S 476.
1076 Gesetz v 25.2.1985, BGBl 1985 I S 425, zuletzt geändert durch Gesetz v 15.12.2001, BGBl 2001 I S 3762.
1077 Gesetz v 23.7.2002, BGBl 2002 I S 2730, BGBl 2003 I S 476, zuletzt geändert durch Gesetz v 7.8.2013, BGBl 2013 I S 3154.
1078 Vgl hierzu *Gercke/Brunst* Rn 353 ff; *Hilgendorf* K&R 2011, 229, 231; *Mitsch* Medienstrafrecht § 9 Rn 15 ff; zum JMStV vgl oben *Gottwald* Kap 5 Rn 191 ff.

bis zu einem Jahr oder Geldstrafe) und verringert sich beim Fahrlässigkeitstatbestand des § 27 Abs 3 JuSchG noch weiter auf Freiheitsstrafe bis zu sechs Monaten oder Geldstrafe bis zu hundertachtzig Tagessätzen. Die Straftaten knüpfen dabei im Wesentlichen bei § 27 Abs 1 JuSchG an Verstöße gegen § 15 JuSchG und bei § 27 Abs 2 an Verstöße gegen §§ 3 bis 13 JuGSchG an, sofern dadurch wenigstens leichtfertig ein Kind oder eine jugendliche Person in der körperlichen, geistigen oder sittlichen Entwicklung schwer gefährdet wird oder die Tat aus Gewinnsucht begangen oder beharrlich wiederholt wurde (ist Letzteres nicht der Fall, dann liegt lediglich eine Ordnungswidrigkeit nach § 28 JuSchG vor).

346 Strafbar ist dabei insb die Konfrontation von Kindern und Jugendlichen mit bestimmten **Trägermedien**, die jugendgefährdenden Charakter aufweisen. Trägermedien sind nach der Legaldefinition des § 1 Abs 2 JuSchG alle Medien mit Texten, Bildern oder Tönen auf gegenständlichen Trägern, die zur Weitergabe geeignet, zur unmittelbaren Wahrnehmung bestimmt oder in einem Vorführ- oder Spielgerät eingebaut sind. Beispiele hierfür sind Audio- und Videokassetten, Disketten, CD-Roms oder DVDs. Nach § 1 Abs 2 S 2 JuSchG wird den körperlichen Trägern die unkörperliche elektronische Verbreitung gleichgestellt. Im Hinblick auf die jugendgefährdenden Trägermedien sind zwei Gruppen zu unterscheiden: Solche, die in die Liste der jugendgefährdenden Schriften nach § 24 Abs 3 S 1 JuSchG aufgenommen wurden (vgl hierzu auch § 18 JuSchG) und solche, die nach § 15 Abs 2 JuSchG auch ohne Aufnahme in die Liste als „schwer" jugendgefährdend gelten.

347 Die **Liste der jugendgefährdenden Schriften**[1078a] wird von der gleichnamigen Bundesprüfstelle geführt. Das Verfahren ist in den §§ 17 ff JuSchG geregelt. In die Liste werden solche Träger- und Telemedien aufgenommen, die geeignet sind, die Entwicklung von Kindern oder Jugendlichen oder ihre Erziehung zu einer eigenverantwortlichen und gemeinschaftsfähigen Persönlichkeit zu gefährden (vgl § 18 Abs 1 JuSchG). Dazu zählen vor allem unsittliche, verrohend wirkende, zu Gewalttätigkeit, Verbrechen oder Rassenhass anreizende Medien. Zu beachten ist zudem § 15 Abs 3 JuSchG, der versucht, Umgehungen dadurch zu vermeiden, dass er Trägermedien, die mit solchen, die bereits in die Liste aufgenommen und bekannt gemacht sind, ganz oder im Wesentlichen inhaltsgleich sind, in den Schutzbereich mit einbezieht, auch ohne dass es einer erneuten Aufnahme in die Liste bedarf. Diese Trägermedien sind allerdings vom Tatbestand des § 27 JuSchG nicht erfasst, da § 15 Abs 3 JuSchG im Gegensatz zu Abs 2, der ebenfalls auf § 15 Abs 1 JuSchG verweist, in § 27 JuSchG gerade nicht erwähnt wird.[1079]

348 Bei den **auch ohne Aufnahme in die Liste** vom Tatbestand des § 27 JuSchG erfassten Trägermedien handelt es sich nach § 15 Abs 2 JuSchG um solche, die einen der in den §§ 86, 130, 130a, 131, 184, 184a, 184b oder 184c StGB bezeichneten Inhalte haben (Nr 1), den Krieg verherrlichen (Nr 2), Menschen, die sterben oder schweren körperlichen oder seelischen Leiden ausgesetzt sind oder waren, in einer die Menschenwürde verletzenden Weise darstellen und ein tatsächliches Geschehen wiedergeben, ohne dass ein überwiegendes berechtigtes Interesse gerade an dieser Form der Berichterstattung vorliegt (Nr 3), besonders realistische, grausame und reißerische Darstellungen selbstzweckhafter Gewalt beinhalten, die das Geschehen beherrschen (Nr 3a), Kinder oder Jugendliche in unnatürlicher, geschlechtsbetonter Körperhaltung darstellen (Nr 4) oder offensichtlich geeignet sind, die Entwicklung von Kindern oder Jugendlichen oder ihre Erziehung zu einer eigenverantwortlichen und gemeinschaftsfähigen Persönlichkeit schwer zu gefährden (Nr 5).

349 Nach **§ 27 Abs 1 Nr 1 JuSchG** ist im Hinblick auf diese Trägermedien ein Verstoß gegen § 15 Abs 1 Nr 1 bis Nr 6 JuSchG strafbar. Die hier aufgenommenen Regelungen erinnern an die Verbote des § 184 Abs 1 StGB und sind – was pornografische Schriften angeht – mit § 184 StGB auch im

---

1078a Vgl hierzu auch ausf oben *Gottwald* Kap 5 Rn 108 ff.
1079 *Mitsch* Medienstrafrecht § 9 Rn 27.

Wesentlichen inhaltsgleich. Sie unterscheiden sich allerdings dadurch, dass § 184 StGB nur vorsätzliche Verstöße unter Strafe stellt, während § 27 JuSchG über Abs 3 auch die Möglichkeit einer Fahrlässigkeitsbestrafung in bestimmten Fällen vorsieht. Nach § 27 Abs 1 Nr 1 JuSchG ist es im Einzelnen verboten, das entsprechende Trägermedium einem Kind oder einer jugendlichen Person anzubieten, zu überlassen oder sonst zugänglich zu machen (§ 15 Abs 1 Nr 1 JuSchG),[1080] das Trägermedium an einem Ort, der Kindern oder Jugendlichen zugänglich ist oder von ihnen eingesehen werden kann, auszustellen, anzuschlagen, vorzuführen oder sonst zugänglich zu machen (§ 15 Abs 1 Nr 2 JuSchG),[1081] das Trägermedium im Einzelhandel außerhalb von Geschäftsräumen, in Kiosken oder anderen Verkaufsstellen, die Kunden nicht zu betreten pflegen, im Versandhandel (vgl hierzu die Legaldefinition in § 1 Abs 4 JuSchG) oder in gewerblichen Leihbüchereien oder Lesezirkeln einer anderen Person anzubieten oder zu überlassen (§ 15 Abs 1 Nr 3 JuSchG),[1082] das Trägermedium im Wege gewerblicher Vermietung oder vergleichbarer gewerblicher Gewährung des Gebrauchs, ausgenommen in Ladengeschäften, die Kindern und Jugendlichen nicht zugänglich sind und von ihnen nicht eingesehen werden können, einer anderen Person anzubieten oder zu überlassen (§ 15 Abs 1 Nr 4 JuSchG),[1083] das Trägermedium im Wege des Versandhandels einzuführen (§ 15 Abs 1 Nr 5 JuSchG)[1084] oder das Trägermedium öffentlich an einem Ort, der Kindern oder Jugendlichen zugänglich ist oder von ihnen eingesehen werden kann, oder durch Verbreiten von Träger- oder Telemedien außerhalb des Geschäftsverkehrs mit dem einschlägigen Handel anzubieten, anzukündigen oder anzupreisen (§ 15 Abs 1 Nr 6 StGB).[1085]

Nach **§ 27 Abs 1 Nr 2 JuSchG** wird bestraft, wer ein Trägermedium der vorgenannten Art herstellt, bezieht, liefert, vorrätig hält oder einführt, um es oder daraus gewonnene Stücke iSd § 15 Abs 1 Nr 1 bis Nr 6 JuSchG zu verwenden oder anderen Personen eine solche Verwendung zu ermöglichen (vgl § 15 Abs 1 Nr 7 JuSchG).[1086]

Eine spezielle Strafnorm gegen die werbende Verbreitung der Liste jugendgefährdender Schriften enthält **§ 27 Abs 1 Nr 3 JuSchG**. Hiernach wird bestraft, wer entgegen § 15 Abs 4 JuSchG die Liste der jugendgefährdenden Medien zum Zweck der gewerblichen Werbung abdruckt oder veröffentlicht.

Nach **§ 27 Abs 1 Nr 4 JuSchG** wird ferner bestraft, wer entgegen § 15 Abs 5 JuSchG im Rahmen einer geschäftlichen Werbung darauf hinweist, dass ein Verfahren zur Aufnahme des Trägermediums oder eines inhaltsgleichen Telemediums in die Liste der jugendgefährdenden Schriften anhängig ist oder gewesen ist.

Nach **§ 27 Abs 1 Nr 5 JuSchG** wird bestraft, wer einer vollziehbaren Entscheidung nach § 21 Abs 8 S 1 Nr 1 JuSchG zuwiderhandelt.

§ 27 Abs 2 JuSchG enthält eine Strafvorschrift, die Verstöße gegen Ordnungswidrigkeiten nach § 28 Abs 1 Nr 4 bis Nr 19 JuSchG, die von Veranstaltern oder Gewerbetreibenden begangen werden, zu einer Straftat hochstuft, wenn diese vorsätzlich begangen wurden und dabei entweder wenigstens leichtfertig ein Kind oder eine jugendliche Person in der körperlichen, geistigen

---

1080 Vgl auch § 184 Abs 1 Nr 1 StGB; hierzu oben Rn 256; zu den Tathandlungen vgl auch oben Rn 185, 181, 172 ff.
1081 Vgl auch § 184 Abs 1 Nr 2 StGB; hierzu oben Rn 257; zu den Tathandlungen vgl auch oben Rn 178 ff, 172 ff.
1082 Vgl auch § 184 Abs 1 Nr 3 StGB; hierzu oben Rn 258; zu den Tathandlungen vgl auch oben Rn 185, 181.
1083 Vgl auch § 184 Abs 1 Nr 3a StGB; hierzu oben Rn 259; zu den Tathandlungen vgl auch oben Rn 185, 181.
1084 Vgl auch § 184 Abs 1 Nr 4 StGB; hierzu oben Rn 260; zur Tathandlung vgl auch oben Rn 188.
1085 Vgl aus der Rechtsprechung OLG Hamburg NStZ 2007, 487; vgl auch § 184 Abs 1 Nr 5 StGB; hierzu oben Rn 261; zu den Tathandlungen vgl auch oben Rn 185 ff.
1086 Vgl auch § 184 Abs 1 Nr 8 StGB; hierzu oben Rn 264; zu den Tathandlungen vgl auch oben Rn 182, 194, 183 f, 188.

oder sittlichen Entwicklung schwer gefährdet wurde (Nr 1) oder wenn der Veranstalter oder Gewerbetreibende bei der Begehung der Tat aus Gewinnsucht handelte oder den Verstoß beharrlich wiederholt. Da die Ordnungswidrigkeiten des § 28 Abs 1 Nr 4 sowie Nr 14 bis Nr 19 JuSchG medienrechtliche Relevanz aufweisen, kommt auch dieser Strafvorschrift hier eine gewisse Bedeutung zu.[1087]

355 Einen speziellen Fahrlässigkeitstatbestand enthält **§ 27 Abs 3 JuSchG** im Hinblick auf die Taten nach § 27 Abs 1 Nr 1, Nr 3, Nr 4 und Nr 5 JuSchG (die Taten nach § 27 Abs 1 Nr 2 und § 27 Abs 2 JuSchG können hingegen nicht fahrlässig begangen werden).

356 Wie schon § 184 Abs 2 StGB, so enthält auch **§ 27 Abs 4 JuSchG** eine „Erzieherklausel". Eine Strafbarkeit entfällt, wenn eine personensorgeberechtigte Person das Medium einem Kind oder einer jugendlichen Person anbietet, überlässt oder zugänglich macht. Dies gilt jedoch nicht, wenn die personensorgeberechtigte Person durch das Anbieten, Überlassen oder Zugänglichmachen ihre Erziehungspflicht gröblich verletzt. Zudem ist die Privilegierung auf die Tatbestände des § 27 Abs 1 Nr 1 und Nr 2 sowie § 27 Abs 3 Nr 1 JuSchG beschränkt, erfasst also nicht alle Straftaten.

3. Der Bußgeldtatbestand des § 28 JuSchG

357 In § 28 JuSchG sind ferner einige Ordnungswidrigkeiten aufgelistet, die hier nur kursorisch vorgestellt werden sollen.

358 Ordnungswidrig handelt danach zB, wer einem Kind oder einer jugendlichen Person die Anwesenheit bei einer öffentlichen Filmveranstaltung, einem Werbevorspann oder einem Beiprogramm gestattet und die hierbei getroffenen Beschränkungen nicht beachtet (Freigabe des Films, Begleitung von Erziehungsberechtigten, Uhrzeitbeschränkung; vgl § 28 Abs 1 Nr 14 iVm § 11 Abs 1, Abs 3, Abs 4 S 2 JuSchG), wer gegen das Verbot verstößt, Werbefilme oder Werbeprogramme, die für Tabakwaren oder alkoholische Getränke werben, nur nach 18 Uhr vorzuführen (§ 28 Abs 1 Nr 14a iVm § 11 Abs 5 JuSchG), wer einem Kind oder einer jugendlichen Person einen Bildträger in der Öffentlichkeit zugänglich macht, der für diese Altersgruppe nicht freigegeben ist (§ 28 Abs 1 Nr 15 iVm § 12 Abs 1 JuSchG), wer einen Bildträger, der entweder gar nicht oder mit „Keine Jugendfreigabe" gekennzeichnet ist, im Einzelhandel außerhalb von Geschäftsräumen, in Kiosken oder anderen Verkaufsstellen, die Kunden nicht zu betreten pflegen, oder im Versandhandel anbietet oder anderen überlässt (§ 28 Abs 1 Nr 16 iVm § 12 Abs 3 Nr 2 JuSchG), wer einen Bildträger oder ein Bildschirmspielgerät auf Kindern oder Jugendlichen zugänglichen öffentlichen Verkehrsflächen, außerhalb von gewerblich oder in sonstiger Weise beruflich oder geschäftlich genutzten Räumen oder in deren unbeaufsichtigten Zugängen, Vorräumen oder Fluren unter Verstoß gegen die Altersfreigabe aufstellt (§ 28 Abs 1 Nr 17 iVm § 12 Abs 4, 13 Abs 2 JuSchG), wer einen Bildträger vertreibt, der Auszüge von Film- und Spielfilmprogrammen nicht aber den erforderlichen Prüfhinweis enthält (§ 28 Abs 1 Nr 18 iVm § 12 Abs 5 S 1 JuSchG), wer einem Kind oder einer jugendlichen Person das Spielen an einem nicht freigegebenen und entsprechend gekennzeichneten Bildschirmspielgerät gestattet (§ 28 Abs 1 Nr 19 iVm § 13 Abs 1 JuSchG), wer erlaubtermaßen ein jugendgefährdendes Trägermedium vertreibt, aber die erforderlichen Vertriebsbeschränkungen nicht anbringt (§ 28 Abs 1 Nr 20 iVm § 15 Abs 6 JuSchG). Ferner wird über § 28 Abs 2 und Abs 3 JuSchG der Verstoß gegen diverse Hinweis- oder Kennzeichnungspflichten oder Verstöße gegen vollziehbare Anordnungen als Ordnungswidrigkeit geahndet.

1087 Zum Inhalt dieser Ordnungswidrigkeiten vgl unten Rn 358.

V. § 44 StUG (Stasi-Unterlagen-Gesetz)

Das Gesetz über die Unterlagen des Staatssicherheitsdienstes der ehemaligen Deutschen Demokratischen Republik (Stasi-Unterlagen-Gesetz; StUG) vom 20.12.1991[1088] dient nach § 1 StUG dem Ziel, dem Betroffenen Zugang zu den vom Staatssicherheitsdienst zu seiner Person gespeicherten Informationen zu ermöglichen, damit er die Einflussnahme des Staatssicherheitsdienstes auf sein persönliches Schicksal aufklären kann (§ 1 Abs 1 Nr 1 StUG). Ferner soll der Betroffene davor geschützt werden, dass er durch den Umgang mit den vom Staatssicherheitsdienst zu seiner Person gespeicherten Informationen in seinem Persönlichkeitsrecht beeinträchtigt wird (§ 1 Abs 1 Nr 2 StUG). Schließlich soll das Gesetz aber auch dazu dienen, die historische, politische und juristische Aufarbeitung der Tätigkeit des Staatssicherheitsdienstes zu gewährleisten und zu fördern (§ 1 Abs 1 Nr 3 StUG). Öffentlichen und nicht öffentlichen Stellen sollen die erforderlichen Informationen für die in diesem Gesetz genannten Zwecke zur Verfügung gestellt werden (§ 1 Abs 1 Nr 4 StUG).

359

In § 44 StUG findet sich eine insb für die Presse relevante **Strafvorschrift**: „Wer von diesem Gesetz geschützte Originalunterlagen oder Duplikate von Originalunterlagen mit personenbezogenen Informationen über Betroffene oder Dritte ganz oder in wesentlichen Teilen im Wortlaut öffentlich mitteilt, wird mit Freiheitsstrafe bis zu drei Jahren oder mit Geldstrafe bestraft. Dies gilt nicht, wenn der Betroffene oder Dritte eingewilligt hat."

360

Entscheidend ist dabei, dass der Täter die **authentischen Unterlagen** veröffentlicht. Nimmt er hingegen Änderungen vor, fasst er den Inhalt in seinen eigenen Worten zusammen oder berichtet er lediglich über den Inhalt der Unterlagen, ist die Strafvorschrift nicht erfüllt.[1089] Erforderlich ist ferner, dass die Unterlagen **„ganz oder in wesentlichen Teilen"** mitgeteilt werden, sodass unwesentliche Teilveröffentlichungen ausscheiden. Entscheidend ist bei der Beurteilung – dem Zweck des Gesetzes entsprechend – aber nicht allein der quantitative Umfang, sondern der Eingriff in das Persönlichkeitsrecht des Betroffenen.[1090] Im Gegensatz zu den §§ 22ff KUG differenziert die Vorschrift nicht zwischen dem normalen Bürger und den (relativen oder absoluten) Personen der Zeitgeschichte, sondern verbietet eine Veröffentlichung pauschal, was ihr vielfach den Vorwurf der Verfassungswidrigkeit einbrachte, da sie das Persönlichkeitsrecht zu einseitig gegenüber der Pressefreiheit bevorzuge.[1091]

361

Hinzuweisen ist ferner auf die ebenfalls für die Presse relevanten **Ordnungswidrigkeiten** nach § 45 StUG: Ordnungswidrig handelt, wer entgegen § 7 Abs 3 StUG der Behörde einen Besitz von Stasi-Unterlagen nicht anzeigt, entgegen § 9 Abs 1 S 1 und Abs 2 StUG Unterlagen oder Kopien und sonstige Duplikate von Unterlagen nicht oder nicht rechtzeitig auf Verlangen herausgibt oder entgegen § 9 Abs 3 StUG Unterlagen der Behörde nicht überlässt. Voraussetzung ist aber jeweils, dass die Unterlagen nicht im Eigentum des Betreffenden stehen.[1092]

362

[1088] BGBl 1991 I S 2272; vgl hierzu *Kloepfer* Das Stasi-Unterlagen-Gesetz und die Pressefreiheit 1993; *Ricker/Weberling* Kap 54 Rn 42 ff; *Simitis* NJW 1995, 639; ferner die interessanten Fälle aus der Rechtsprechung zum „Fall Kohl" BVerwG NJW 2002, 1815; BVerwG NJW 2004, 2462; hierzu *Arndt* NJW 2004, 3157; *Kirste* JuS 2003, 336; *Kleine-Cosack* NJ 2002, 350.
[1089] *Eberle* DtZ 1992, 263, 264; *Gounalakis/Vollmann* AfP 1992, 36, 38; *Kloepfer* 84; *Ricker/Weberling* Kap 54 Rn 46; *Stoltenberg* DtZ 1992, 65, 72.
[1090] *Kloepfer* 83 f; *Ricker/Weberling* Kap 54 Rn 46; *Stoltenberg* § 44 Rn 8.
[1091] Vgl *Gounalakis/Vollmann* DtZ 1992, 77, 78; *dies* AfP 1992, 36, 40; *Kloepfer* 82 f; aA *Ricker/Weberling* Kap 54 Rn 47; *Stoltenberg* § 44 Rn 13.
[1092] Vgl hierzu näher *Gounalakis/Vollmann* AfP 1992, 36, 38 f.

§ 5
Besonderheiten des Ordnungswidrigkeitenrechts

I. Allgemeines zum Ordnungswidrigkeitenrecht

363 Ordnungswidrigkeiten stellen keine Straftaten dar, die mit einer Strafe zu ahnden sind, sondern stehen auf der Stufe des Verwaltungsunrechts, welches durch die zuständige Verwaltungsbehörde mit einem Bußgeld sanktioniert werden kann. Die Geld„buße" ist von der Geld„strafe" dabei allerdings nicht nur begrifflich, sondern auch qualitativ zu unterscheiden. Da es sich aber ebenfalls um staatliche Sanktionen handelt, die teilweise recht hohe Geldzahlungspflichten zur Folge haben und die auch – im Gegensatz zu strafrechtlichen Maßnahmen – gegen juristische Personen verhängt werden können, sollen einige Ordnungswidrigkeiten mit medienrechtlichem Bezug an dieser Stelle genannt werden.

II. Einzelne Tatbestände des Ordnungswidrigkeitenrechts

364 Im deutschen Ordnungswidrigkeitenrecht, auf welches an dieser Stelle nicht ausführlich eingegangen werden soll, finden sich an einigen Stellen Bußgeldtatbestände, die das Verbreiten von Schriften mit bestimmten Inhalten sanktionieren.

1. Öffentliche Aufforderung zu Ordnungswidrigkeiten (§ 116 OWiG)

365 § 116 OWiG ergänzt § 111 StGB, welcher sich nur auf die öffentliche Aufforderung zur Begehung von Straftaten beschränkt.[1093] Ordnungswidrig handelt hiernach, wer öffentlich, in einer Versammlung oder durch Verbreiten von Schriften, Ton- oder Bildträgern, Datenspeichern, Abbildungen oder Darstellungen[1094] zu einer mit einer Geldbuße bedrohten Handlung auffordert.

2. Grob anstößige und belästigende Handlungen (§ 119 OWiG)

366 Nach § 119 Abs 1 Nr 2 OWiG handelt derjenige ordnungswidrig, der in grob anstößiger Weise durch das Verbreiten von Schriften, Ton- oder Bildträgern, Abbildungen oder Darstellungen oder durch das öffentliche Zugänglichmachen von Datenspeichern[1095] Gelegenheit zu sexuellen Handlungen anbietet, ankündigt oder anpreist oder Erklärungen solchen Inhalts bekanntgibt bzw (vgl § 119 Abs 2 OWiG) in gleicher Weise Mittel oder Gegenstände, die dem sexuellen Gebrauch dienen, anbietet, ankündigt, anpreist oder Erklärungen solchen Inhalts bekanntgibt. Ebenso handelt nach § 119 Abs 3 OWiG ordnungswidrig, wer öffentlich Schriften, Ton- oder Bildträger, Datenspeicher, Abbildungen oder Darstellungen sexuellen Inhalts an Orten ausstellt, anschlägt, vorführt oder sonst zugänglich macht, an denen dies grob anstößig wirkt.

[1093] Zu § 111 StGB vgl oben Rn 276 ff.
[1094] Insoweit verweist § 116 OWiG nicht auf den Schriftenbegriff des § 11 Abs 3 StGB, sondern enthält eine eigenständige – allerdings inhaltsgleiche – Definition.
[1095] Auch § 119 OWiG verweist nicht auf den Schriftenbegriff des § 11 Abs 3 StGB, sondern enthält eine eigenständige – allerdings inhaltsgleiche – Definition.

3. Werbung für Prostitution (§ 120 OWiG)

Nach § 120 Abs 1 Nr 2 OWiG handelt derjenige ordnungswidrig, der durch Verbreiten von Schriften, Ton- oder Bildträgern, Datenspeichern, Abbildungen oder Darstellungen[1096] Gelegenheit zu entgeltlichen sexuellen Handlungen anbietet, ankündigt, anpreist oder Erklärungen solchen Inhalts bekannt gibt. Dabei stehen dem Verbreiten das öffentliche Ausstellen, Anschlagen, Vorführen oder das sonstige öffentliche Zugänglichmachen gleich.

4. Landesrechtliche Pressegesetze

Auf die Ordnungswidrigkeiten im Zusammenhang mit den landesrechtlichen Pressegesetzen wurde im Zusammenhang mit den besonderen Pressedelikten bereits eingegangen.[1097]

§ 6
Strafverfahrensrechtliche Besonderheiten

Medien spielen im Strafprozess eine besondere Rolle, angefangen mit der Frage, ob und inwieweit eine Medienberichterstattung von laufenden Strafverfahren zulässig sein soll und ob Medienvertretern der Zugang zum Gerichtssaal uneingeschränkt zu gewährleisten ist bis hin zur Frage, ob Medien im Strafverfahren eingesetzt werden dürfen (man denke nur an Videoaufzeichnungen oder Videoübertragungen von Vernehmungen, die außerhalb des Gerichtssaales stattfinden). Schließlich ist auch zu fragen, ob und inwieweit die Presse ein Recht auf Information im Laufe des Ermittlungsverfahrens besitzt. Schließlich ist die Frage zu stellen, ob und inwieweit Medienmitarbeiter hinsichtlich der durch sie erlangten Informationen (sei es durch eigene Recherche, sei es durch eine gezielte Mitteilung) ein Zeugnisverweigerungsrecht besitzen bzw ob und in welchem Umfang man Redaktionsräume durchsuchen und Materialien beschlagnahmen darf. Im Vergleich zum materiellen Strafrecht, bei dem die Tatsache, dass der Täter Medien zur Straftatbegehung einsetzt, vielfach eine Strafe erst begründet oder verschärft, enthält das Strafprozessrecht überwiegend privilegierende Vorschriften für Pressevertreter.[1098]

I. Das Zeugnisverweigerungsrecht der Medienmitarbeiter (§ 53 Abs 1 Nr 5 StPO)[1099]

1. Bedeutung des Zeugnisverweigerungsrechts

Unter dem Begriff des Zeugnisverweigerungsrechts versteht man das Recht eines Zeugen, in einem strafgerichtlichen Verfahren aus privaten oder beruflichen Gründen die Aussage zu verweigern. Regelungen finden sich in den §§ 52 ff StPO. Dabei dient das **Zeugnisverweigerungsrecht aus persönlichen Gründen** (§ 52 StPO) dazu, Personen, die sich auf Grund ihres engen persönlichen Kontaktes in einer potenziellen Konfliktlage befinden, die Möglichkeit zu geben, nicht gegen nahestehende Personen aussagen zu müssen. Dagegen dient das **Zeugnisverweigerungsrecht der Berufsgeheimnisträger** in § 53 StPO – worunter nach § 53 Abs 1 Nr 5 StPO auch

---

1096 Auch § 120 OWiG verweist nicht auf den Schriftenbegriff des § 11 Abs 3 StGB, sondern enthält eine eigenständige – allerdings inhaltsgleiche – Definition.
1097 Vgl hierzu oben Rn 342.
1098 Vgl hierzu auch *Fechner* 6. Kap Rn 103.
1099 Vgl hierzu allg *Bott* Die Medienprivilegien im Strafprozess 2009; *Dunkhase* Das Pressegeheimnis 13 ff; aus der Rechtsprechung BVerfGE 25, 296.

Medienmitarbeiter fallen – dem Schutz des Vertrauensverhältnisses zwischen bestimmten Berufsgruppen einerseits und denjenigen, die ihre Hilfe und Sachkunde in Anspruch nehmen andererseits.[1100]

371 Im Gegensatz zu den sonstigen in § 53 StPO genannten Berufsgruppen, soll das Zeugnisverweigerungsrecht der Medienmitarbeiter jedoch weniger diese selbst[1101] oder die Person des Informanten schützen, sondern es dient in erster Linie öffentlichen Interessen.[1102] Geschützt werden soll das **Vertrauensverhältnis zwischen der Presse und den Informanten**, damit die Presse ihre verfassungsrechtlich geschützte Aufgabe, die Öffentlichkeit zu informieren, erfüllen kann.[1103] Insoweit ist das Zeugnisverweigerungsrecht der Medienmitarbeiter als Ausprägung des durch Art 5 Abs 1 S 2 GG verfassungsrechtlich geschützten Redaktionsgeheimnisses anzusehen.[1104] Hieraus ergibt sich auch, dass Medienmitarbeiter das Zeugnisverweigerungsrecht selbst dann noch besitzen, wenn der Informant kein Interesse an einer Zeugnisverweigerung hat oder eine Aussage sogar ausdrücklich wünscht. Im Gegensatz zu anderen Berufsgeheimnisträgern kann der Medienmitarbeiter also nicht von der Verpflichtung zur Verschwiegenheit entbunden werden (§ 53 Abs 2 S 1 StPO).

372 Bereits an dieser Stelle ist anzumerken, dass sich an das Zeugnisverweigerungsrecht einige weitere Privilegierungen anschließen wie zB das Beschlagnahmeverbot nach § 97 Abs 5 StPO.[1105]

2. Der geschützte Personenkreis

373 Nach § 53 Abs 1 S 1 Nr 5 StPO, der nunmehr eine abschließende Regelung für Medienmitarbeiter enthält,[1106] sind zeugnisverweigerungsberechtigt solche „Personen, die bei der Vorbereitung, Herstellung oder Verbreitung von Druckwerken, Rundfunksendungen, Filmberichten oder der Unterrichtung oder Meinungsbildung dienenden Informations- und Kommunikationsdiensten berufsmäßig mitwirken oder mitgewirkt haben".

374 Erfasst sind demnach nur **berufsmäßige Mitarbeiter** bei den genannten Medienunternehmen. Dass die entsprechende Person hauptberuflich tätig ist, ist nicht erforderlich. In den Schutzbereich fallen daher sowohl nebenberuflich Tätige als auch freie Mitarbeiter, nicht jedoch der „Gelegenheitsjournalist.[1107] Entscheidend ist, dass die betreffende Person nicht nur einmalig, sondern in der Absicht mitarbeitet, hierdurch eine dauernde oder jedenfalls wiederkehrende Tätigkeit auszuüben.[1108]

375 Der Bereich der geschützten Medien ist inzwischen über die klassische Presse („Druckwerke") und den Rundfunk (worunter schon seit jeher auch das Fernsehen fällt) ausgedehnt worden auf Filmberichte und bestimmte Kommunikationsdienste.

376 Schließlich erfasst das Zeugnisverweigerungsrecht nicht nur Personen, die bei **der Verbreitung** mitwirken, sondern auch diejenigen, die bei der **Vorbereitung** und **Herstellung** der Medienprodukte beteiligt sind.

1100 OLG Oldenburg NJW 1982, 2615, 2616 zum ärztlichen Schweigerecht; *Meyer-Goßner* § 53 Rn 1.
1101 BVerfGE 36, 193, 204.
1102 KK/*Senge* § 53 Rn 27.
1103 BVerfGE 36, 193, 204; BVerfG NStZ 1982, 253; BGHSt 28, 240, 254; *Kunert* MDR 1975, 885, 887; vgl auch zum Schutz journalistischer Quellen durch Art 10 EMRK EGMR NJW 2008, 2563 – Zwangshaft; EGMR NJW 2008, 2565 – Sternreporter.
1104 *Groß* Rn 690; *Meyer-Goßner* § 53 Rn 26.
1105 Vgl hierzu unten Rn 391 f.
1106 So BGHSt 28, 240, 254 m abl Besprechung *Rengier* JZ 1979, 797; ferner *Rebmann* AfP 1982, 189, 191; aA *Löffler* NJW 1978, 913, 915, der sich für ein weitergehendes Zeugnisverweigerungsrecht aus Art 5 Abs 1 GG ausspricht.
1107 KK/*Senge* § 53 Rn 31; *Kunert* MDR 1975, 885, 886.
1108 BT-Drucks 7/2539, 10; grds zu der Frage, wann ein nebenberufliches Mitwirken (hier: von Heilpraktikern) als berufsmäßige Tätigkeit angesehen werden kann BGHSt 7, 129, 130.

Im Gegensatz zu den sonstigen Zeugnisverweigerungsberechtigten des § 53 Abs 1 StPO er- 377
streckt sich das Zeugnisverweigerungsrecht allerdings nicht auf **Hilfspersonen** (§ 53a StPO).

3. Inhalt und Umfang des Zeugnisverweigerungsrechts
Der Inhalt des Zeugnisverweigerungsrechtes der Medienmitarbeiter ergibt sich einerseits aus 378
dem Text des § 53 Abs 1 S 1 Nr 5 StPO, wird aber darüber hinaus in § 53 Abs 1 S 2 und S 3 StPO
speziell geregelt.

a) Der Inhalt des Zeugnisverweigerungsrechts. In § 53 Abs 1 S 2 StPO wird der Inhalt des 379
Zeugnisverweigerungsrechts besonders umrissen. Erfasst sind erstens Informationen über die
Person des Informanten. Der Medienmitarbeiter muss also keine Auskünfte über die Person
des Verfassers oder Einsenders von Beiträgen und Unterlagen oder des sonstigen Informanten
machen.

Dabei bezieht sich das Zeugnisverweigerungsrecht auf die den Medienmitarbeitern von den 380
aufgeführten Personen gemachten **Mitteilungen**, auf deren Inhalt sowie auf den Inhalt selbst
erarbeiteter Materialien und den Gegenstand berufsbezogener Wahrnehmungen.

b) Die Beschränkung auf den redaktionellen Teil. Nach § 53 Abs 1 S 3 StPO findet das 381
Zeugnisverweigerungsrecht der Medienmitarbeiter allerdings eine entscheidende **Einschränkung**: Es gilt nur, soweit es sich um Beiträge, Unterlagen, Mitteilungen und Materialien für den
redaktionellen Teil oder aber um redaktionell aufbereitete Informations- und Kommunikationsdienste handelt.

c) Die Beschränkung des § 53 Abs 2 S 2 StPO. Eine weitere erhebliche Einschränkung er- 382
fährt das Zeugnisverweigerungsrecht der Medienmitarbeiter zudem über § 53 Abs 2 S 2 StPO im
Hinblick auf **selbst recherchiertes Material.**[1109] Dieses ist zwar nach § 53 Abs 1 S 2 StPO vom
Schutzbereich des Zeugnisverweigerungsrechts grds erfasst, ein Zeugnisverweigerungsrecht ist
aber ausgeschlossen im Hinblick auf „selbst erarbeitete Materialien und den Gegenstand entsprechender Wahrnehmungen", wenn die Aussage zur Aufklärung eines Verbrechens (Delikt mit einer Mindestfreiheitsstrafe von einem Jahr; vgl § 12 Abs 1 StGB) oder eines der in § 53 Abs 2 S 2 Nr 1
bis Nr 3 StPO ausdrücklich aufgelisteten Vergehen (Staatsschutzdelikte, Sexualdelikte, Geldwäsche) beitragen soll. Allerdings ist auch hier eine besonders strenge Prüfung unter Verhältnismäßigkeitsgesichtspunkten notwendig: Ohne die Aussage muss die Erforschung des Sachverhalts
oder die Ermittlung des Aufenthaltsortes des Beschuldigten aussichtslos oder wesentlich erschwert sein. Ferner bleibt das Zeugnisverweigerungsrecht bestehen, wenn die Aussage zur Offenbarung der Person des Informanten oder entsprechender Informationen führen würde.

II. Die strafprozessuale Durchsuchung, §§ 102 ff StPO

Im Rahmen eines strafrechtlichen Ermittlungsverfahrens besteht die Möglichkeit, sowohl zum 383
Zwecke der Ergreifung des Täters als auch zur Auffindung von Beweismitteln (die anschließend
beschlagnahmt werden können)[1110] Durchsuchungsmaßnahmen durchzuführen (§ 102 StPO).
Diese können sich sowohl auf die **Person des Verdächtigen** als auch auf seine **Wohnung** oder

---

1109 Krit zu dieser Regelung *Hamm* NJW 2001, 269, 270.
1110 Vgl zur Beschlagnahme näher unten Rn 389 ff.

andere Räumlichkeiten beziehen. Als Verdächtiger kommt sowohl der Beteiligte an einer Straftat (Täter oder Teilnehmer) als auch derjenige in Betracht, dem eine Anschlusstat (Begünstigung, Strafvereitelung, Hehlerei) vorgeworfen wird. In diesen Fällen reicht die bloße **Vermutung** aus, dass bei einer Durchsuchung die entsprechenden Gegenstände aufgefunden werden.

384   Schließlich können Durchsuchungen – allerdings unter wesentlich strengeren Voraussetzungen – nach § 103 StPO auch bei **nichtverdächtigen Personen** durchgeführt werden. Diese sind aber nur zulässig (1) zur Ergreifung des Beschuldigten (2) zur Verfolgung von Straftatspuren und (3) zur Beschlagnahme konkreter Gegenstände. Ferner ist es jeweils erforderlich, dass **konkrete Tatsachen** darauf hindeuten, dass sich die gesuchte Person, Spur oder Sache in der räumlichen Sphäre des Dritten befindet.

385   Nach diesen Grundsätzen ist zu prüfen, inwieweit eine Durchsuchung von **Mitarbeitern** eines Medienunternehmens sowie von **Redaktionsräumen** zulässig ist.[1111] Hierbei sind grds zwei Zielrichtungen der Durchsuchung zu unterscheiden: Entweder soll nach Redaktionsmaterial gesucht werden, welches als Beweismaterial in einem Strafverfahren gegen Dritte dienen kann (wobei auch eine strafbare Beteiligung oder Anschlusstat eines Redaktionsmitglieds möglich ist) oder aber es sollen Schriften strafbaren Inhalts gefunden (und anschließend beschlagnahmt oder sichergestellt werden).[1112]

1. Durchsuchung zur Auffindung von Beweismaterial

386 Eine Durchsuchung zur Auffindung von Beweismaterial wird regelmäßig auf der Grundlage von § 103 StPO erfolgen (Durchsuchung beim Unverdächtigen). Sie ist nur zulässig, sofern auch die Beschlagnahme der gesuchten Gegenstände zulässig wäre. Ist noch nicht geklärt, ob die möglicherweise aufgefundenen Gegenstände einem Beschlagnahmeverbot unterfallen, darf die Durchsuchung stattfinden. Steht aber von vornherein fest, dass die möglicherweise aufgefundenen Sachen einem **Beschlagnahmeverbot** unterliegen, ist auch eine darauf abzielende Durchsuchung unzulässig.[1113] Die Beschlagnahmeverbote sind in § 97 StPO geregelt[1114] und orientieren sich im Wesentlichen daran, ob die betreffende Person ein **Zeugnisverweigerungsrecht** besitzt.[1115] Insoweit besteht also ein weitgehendes Beschlagnahmeverbot (und somit auch Durchsuchungsverbot) von Redaktionsmaterial, welches dem Informanten- und Redaktionsgeheimnisschutz unterfällt. Dieses bezieht sich sowohl auf die Person des Informanten als auch auf den Inhalt der Mitteilung gegenüber den Medienmitarbeitern.[1116]

387   Prozessual ist zu beachten, dass die Anordnung der Durchsuchung von Räumen einer Redaktion, eines Verlages, einer Druckerei oder einer Rundfunkanstalt analog § 98 Abs 1 S 2 StPO nur **durch den Richter** angeordnet werden darf. Bei der Anordnung ist der Verhältnismäßigkeitsgrundsatz strikt zu beachten und sowohl der jeweilige Tatvorwurf als auch das gesuchte Beweismaterial hinreichend zu bezeichnen.[1117] Unverhältnismäßig wäre eine Durchsuchung dann, wenn sie einen erheblichen Eingriff in den laufenden Betrieb eines Medienunternehmens

---

1111 Vgl hierzu grundlegend BVerfGE 20, 162, 186 ff – Spiegel.
1112 Vgl in diesem Zusammenhang den Hinweis von *Leutheusser-Schnarrenberger* ZRP 2007, 249 auf Erhebungen des Deutschen Journalisten-Verbandes, wonach zwischen 1987 und 2000 in ca 150 Fällen eine gerichtliche Genehmigung zur Durchsuchung von Redaktionsräumen und zur Beschlagnahme journalistischer Materialien erteilt wurde.
1113 BVerfGE 20, 162, 188 – Spiegel; LG Köln NJW 1981, 1746, 1747; vgl allg zur Unzulässigkeit von Ermittlungsmaßnahmen gegen zeugnisverweigerungsberechtigte Personen § 160a StPO.
1114 Vgl hierzu noch ausf unten Rn 391.
1115 Zum Zeugnisverweigerungsrecht der Medienmitarbeiter vgl oben Rn 370 ff.
1116 Vgl zur alten Fassung auch BVerfGE 20, 162, 188 – Spiegel.
1117 BVerfGE 42, 212, 221; vgl auch BVerfGE 20, 162, 224 – Spiegel; LG Lüneburg JZ 1984, 343; *Paschke* Rn 1325.

darstellen würde, um einen nur wenig wahrscheinlichen Sachverhalt aufzuklären.[1118] Zudem ist auch hier dem Grundrecht der Pressefreiheit besondere Beachtung zu schenken. Die Pressefreiheit umfasst auch und gerade den Schutz vor dem Eindringen des Staates in die Vertraulichkeit der Redaktionsarbeit sowie in die Vertrauenssphäre zwischen den Medien und ihren Informanten.[1119] Insoweit stellt jede Durchsuchung von Presseräumen wegen der damit verbundenen Störung der redaktionellen Arbeit und der Möglichkeit der einschüchternden Wirkung eine Beeinträchtigung der Pressefreiheit dar.[1120]

2. Durchsuchung zur Auffindung von Schriften mit strafbarem Inhalt

Soll im Rahmen der Durchsuchung hingegen nach Schriften strafbaren Inhalts gesucht werden, dann richtet sich die Zulässigkeit der Maßnahme nach den Regeln, unter denen auch eine spätere Auflagenbeschlagnahme (§§ 111m, 111n StPO) zulässig wäre. **388**

III. Die strafprozessuale Beschlagnahme

Bei der Beschlagnahme von Gegenständen in Medienunternehmen sind zwei grundsätzliche Formen auseinander zu halten: die **„allgemeine" Beschlagnahme** von Gegenständen, die für die strafrechtliche Ermittlung von Bedeutung sein können (§§ 94 ff StPO) sowie die sog **„Auflagenbeschlagnahme"** (§§ 111m, 111n StPO), die sich auf Schriften strafbaren Inhalts bezieht, die nach § 74d StGB der Einziehung unterliegen. **389**

1. Die strafprozessuale Beschlagnahme, §§ 94 ff StPO

Gegenstände, die in einem Strafverfahren von Bedeutung sein können, sind nach § 94 Abs 1 StPO **sicherzustellen**. Werden die Gegenstände von der betreffenden Person nicht freiwillig herausgegeben, bedarf es der **Beschlagnahme**, § 94 Abs 2 StPO. Wenn das Gesetz von „Gegenständen" spricht, meint es dabei nur körperliche Gegenstände, nicht aber gespeicherte Daten, sodass sich in diesen Fällen die Beschlagnahme auf das Trägermedium beziehen muss. **390**

Eine Beschlagnahme nach § 94 Abs 2 StPO ist jedoch nur zulässig, wenn ihr kein **Beschlagnahmeverbot** entgegensteht. Beschlagnahmeverbote sind in § 97 StPO im Einzelnen geregelt. Im Bereich des Medienrechts relevant ist dabei vor allem das Beschlagnahmeverbot nach **§ 97 Abs 5 StPO**: Soweit das Zeugnisverweigerungsrecht der in § 53 Abs 1 S 1 Nr 5 genannten Personen reicht, ist die Beschlagnahme von Schriftstücken, Ton-, Bild- und Datenträgern, Abbildungen und anderen Darstellungen, die sich im Gewahrsam der betreffenden Person oder in der Redaktion, des Verlages, der Druckerei oder der Rundfunkanstalt befinden, unzulässig. § 53 Abs 1 S 1 Nr 5 StPO normiert dabei das Zeugnisverweigerungsrecht von Medienmitarbeitern.[1121] Insoweit soll die Regelung des § 97 Abs 5 StPO dazu dienen, dass Zeugnisverweigerungsrecht der Medienmitarbeiter zu sichern, da sich sonst die Strafverfolgungsbehörden durch die Beschlagnahme von Redaktionsmaterial die entsprechenden Informationen verschaffen und das Zeugnisverweigerungsrecht dadurch umgehen könnten.[1122] Eine Ausnahme vom Beschlagnahmever- **391**

1118 BVerfGE 20, 162, 204 – Spiegel.
1119 BVerfGE 117, 244, 258 – Cicero.
1120 BVerfGE 117, 244, 259 – Cicero; BVerfG NJW 2005, 965 – Körperwelten.
1121 Vgl hierzu ausf oben Rn 370 ff.
1122 BVerfGE 20, 162, 188 – Spiegel; *Paschke* Rn 1309.

bot besteht allerdings dann, wenn der Zeugnisverweigerungsberechtigte in einem dringenden Verdacht steht, an der Tat beteiligt gewesen zu sein oder sich im Hinblick auf diese Tat wegen einer Begünstigung, Strafvereitelung oder Hehlerei strafbar gemacht zu haben (§ 97 Abs 5 S 2 iVm Abs 2 S 3 StPO),[1123] wobei das Gesetz hier eine strikte Verhältnismäßigkeitsprüfung fordert: Die Beschlagnahme darf auch in diesem Fall nur erfolgen, wenn sie unter Berücksichtigung der Grundrechte aus Art 5 Abs 1 S 2 GG nicht außer Verhältnis zur Bedeutung der Sache steht und die Erforschung des Sachverhalts oder die Ermittlung des Aufenthaltsortes des Täters auf andere Weise aussichtslos oder wesentlich erschwert wäre (§ 97 Abs 5 S 2 StPO). Bei der im Rahmen des § 97 Abs 5 StPO durchzuführenden Verhältnismäßigkeitsprüfung ist regelmäßig darzulegen und in die Abwägung miteinzubeziehen, ob die Durchsuchung „auf die räumliche Sphäre des oder der beschuldigten Journalisten beschränkt werden kann" oder ob sie sich [...] zwangsläufig auf die gesamte Redaktion erstreckt."[1124] Werden im Rahmen einer insoweit zulässigen Durchsuchung Gegenstände gefunden, die lediglich im Hinblick auf andere Straftaten als Beweismittel dienen können (Zufallsfunde), ist § 108 Abs 3 StPO zu beachten: Handelt es sich um zeugnisverweigerungsberechtigte Medienmitarbeiter, besteht ein Beweisverwertungsverbot. Die Zufallsfunde dürfen nur dann verwertet werden, wenn es sich um eine Straftat handelt, die im Höchstmaß mit mindestens fünf Jahren Freiheitsstrafe bedroht ist, wobei Straftaten nach § 353b StGB von vornherein ausscheiden. Hinzuweisen ist allerdings darauf, dass das Beschlagnahmeverbot des § 97 Abs 5 StPO dann nicht gilt, wenn der Medienmitarbeiter selbst Beschuldigter oder Mitbeschuldigter der Straftat ist (also nicht nur ein Beteiligungsverdacht iSd § 97 Abs 5 S 2 StPO besteht), da er in diesem Fall auch kein Zeugnisverweigerungsrecht hätte.[1125] In diesen Fällen ist jedoch zu beachten, dass eine Durchsuchung und Beschlagnahme dennoch unzulässig ist, wenn sie ausschließlich oder vorwiegend dem Zweck dienen, die Person des Informanten zu ermitteln, von dem der beschuldigte Medienmitarbeiter seine Informationen bezogen hat.[1126] Wird also zB durch einen Journalisten eine Mitteilung veröffentlicht, die ein Dienstgeheimnis iSd § 353b StGB darstellt, kann eine Durchsuchung von Redaktionsräumen und eine Beschlagnahme von recherchiertem Material zur Ermittlung des Amtsträgers, der dem Journalisten das Material überlassen (und dadurch einen Geheimnisverrat begangen) hat nicht dadurch erreicht werden, dass man den Journalisten kurzerhand zum Beschuldigten einer Anstiftung zu § 353b StGB erklärt und dadurch das Beschlagnahmeverbot des § 97 Abs 5 StPO umgeht (dass in diesen Fällen eine strafbare Beihilfe zu § 353b StGB zumeist ausscheidet, wurde inzwischen in § 353b Abs 3a StGB ausdrücklich geregelt).[1127]

392   Da das Beschlagnahmeverbot an das Zeugnisverweigerungsrecht anknüpft, stellt sich auch hier das Problem des **selbst recherchierten Materials**. Soweit dieses nicht von § 53 Abs 1 S 1 Nr 5 StPO erfasst wird (zB wegen § 53 Abs 2 S 2 StPO), scheidet auch ein Beschlagnahmeverbot aus.[1128] Ein solches besteht auch nicht, wenn sich das an sich der Beschlagnahme nicht unterliegende Material, zB nach einer Weitergabe an Dritte, nicht mehr in den geschützten (Redaktions-)

1123 Dagegen spielt der zweite Halbsatz des § 97 Abs 2 S 3 („Oder wenn es sich um Gegenstände handelt, die durch eine Straftat hervorgebracht oder zur Begehung einer Straftat gebraucht oder bestimmt sind oder die aus einer Straftat herrühren") im Medienstrafrecht kaum eine Rolle.
1124 BVerfG NJW 2011, 1859, 1862.
1125 BVerfGE 20, 162, 188 – Spiegel; BVerfGE 117, 244, 262 – Cicero; BVerfG NJW 2005, 965 – Körperwelten; BGHSt 19, 374; Löwe/Rosenberg/*Schäfer* 25. Aufl § 97 Rn 25, 137.
1126 BVerfGE 20, 162, 216 f – Spiegel; BVerfGE 117, 244, 265 – Cicero; zu dieser Entscheidung *Brüning* wistra 2007, 333, 334; *Gaede* AfP 2007, 410; *Kugelmann* ZRP 2005, 260; *Schmidt-De Caluwe* NVwZ 2007, 640.
1127 BVerfGE 117, 244, 266 – Cicero; vgl hierzu auch bereits BVerfGE 20, 162, 189 ff; ferner *Tillmanns* ZRP 2007, 37.
1128 BVerfGE 56, 247, 248; BVerfGE 77, 65, 80 ff.

Räumen befindet. Schwierig ist mitunter die Abgrenzung des sachlichen Schutzbereichs des Zeugnisverweigerungsrechts bzw Beschlagnahmeverbot bei interaktiven Online-Angeboten von Tageszeitungen wie zB Leserforen. Während für Leserbriefe vom BVerfG der Schutzbereich der Pressefreiheit als eröffnet angesehen wird,[1129] hat die untergerichtliche Rechtsprechung zuletzt die Beiträge von Lesern in Online-Foren von Zeitungen aus dem Schutzbereich ausgenommen, weil eine eigenständige Prüfung der Zuschriften durch den Träger der Pressefreiheit in diesem Fall, anders als beim Leserbrief, nicht erfolge.[1130]

Strafprozessual ist zu beachten, dass die Anordnung der Beschlagnahme in Räumen einer Redaktion, eines Verlages, einer Druckerei oder einer Rundfunkanstalt nach § 98 Abs 1 S 2 StPO nur **durch den Richter** angeordnet werden darf. Die Eilkompetenz der Staatsanwaltschaft und ihrer Ermittlungsbeamten bei Gefahr im Verzug nach § 98 Abs 1 S 1 StPO gilt hier also nicht. Auch bei der Anordnung der Beschlagnahme ist der Verhältnismäßigkeitsgrundsatz strikt zu beachten. Von § 98 Abs 1 S 2 StPO nicht erfasst sind allerdings die Arbeitsräume freier Journalisten, sodass hier eine Eilkompetenz der Staatsanwaltschaft und ihrer Ermittlungsbeamten besteht.[1131] Wird gegen ein Beschlagnahmeverbot verstoßen, zieht dies regelmäßig ein Beweisverwertungsverbot im späteren Prozess nach sich.[1132]

Lange Zeit umstritten war der Zugriff der Strafverfolgungsbehörden auf E-Mails. Sowohl Art 10 GG als auch § 100a StPO gehen noch vom Leitbild eines leicht abgrenzbaren Kommunikationsvorgangs wie bei der Briefpost oder dem klassischen Telefonat aus. Bei E-mail-Nachrichten (und gleichermaßen bei Instant-Messaging oder Nachrichtenfunktionen sozialer Netzwerke) werden die Nachrichten aber häufig für einen grds unbegrenzten Zeitraum vor und nach der Kenntnisnahme durch den Empfänger auf Servern des Providers gespeichert. Umstritten war daher jedenfalls früher, ob a) in dieser „Ruhezeit" die Beschlagnahme von E-Mails einen Eingriff in Art 10 GG darstellt, ob (2) die Beschlagnahme dieser E-Mails auf die §§ 94 ff StPO gestützt werden kann bzw ob (3) hierfür die Voraussetzungen des § 100a StPO vorliegen müssen. Der BGH bejaht inzwischen die Anwendbarkeit der §§ 94, 99 StPO sowohl hinsichtlich der bereits gelesenen als auch in Bezug auf die noch nicht gelesenen E-Mails.[1133] Das BVerfG hat dies gebilligt, betont dabei allerdings, dass auch in dieser Phase der Kommunikation die E-Mails Gegenstand des Fernmeldegeheimnisses, Art 10 GG, seien.[1134] Das hat zur Konsequenz, dass für die Kommunikation per E-Mail § 100a StPO einen praktisch eher kleinen Anwendungsbereich hat und dementsprechend die dort vorgesehenen Schutzmechanismen (Beschränkung auf Katalogtaten und der Kernbereichsschutz) leerlaufen.[1135] Der Provider als Adressat einer solchen Beschlagnahmeanordnung hat dabei keine Prüfungs- bzw Verwerfungskompetenz, sofern die Anordnung inhaltlich hinreichend bestimmt ist, es sei denn die Anordnung ist nichtig, was äußerst selten der Fall ist.[1136] Allerdings ist im Hinblick auf Medienunternehmen wiederum an das – an das Zeugnisverweigerungsrecht nach § 53 Abs 1 S 1 Nr 5 StPO gekoppelte – Beschlagnahmeverbot nach § 97 Abs 5 StPO zu erinnern.[1137]

1129 BVerfG NJW 1997, 386, 387.
1130 LG Augsburg NStZ 2013, 479, 480; LG Oldenburg NStZ 2011, 655 f.
1131 Krit hierzu *Leutheusser-Schnarrenberger* ZRP 2007, 249, 252; ferner der Gesetzentwurf der FDP-Fraktion vom 16.3.2006, BT-Drucks 16/956.
1132 BGHSt 18, 227, 228; *Meyer-Goßner* § 97 Rn 46a.
1133 BGH NJW 2009, 1828; dagegen etwa *Gercke/Brunst* Rn 810.
1134 BVerfG NJW 2009, 2431.
1135 Vgl *Singelnstein* NStZ 2012, 593, 596 f. – *Hilgendorf/Valerius* Rn 783 sprechen sogar von einer Umgehung der Voraussetzungen des § 100a StPO.
1136 LG Hildesheim wistra 2010, 414; zust *Brandt/Kukla* wistra 2010, 415.
1137 Vgl hierzu oben Rn 226, 391 ff.

2. Die Beschlagnahme von Druckwerken gem §§ 111m, 111n StPO

395 Gegenstände, bei denen eine begründete Annahme besteht, dass sie im späteren Verfahren für verfallen erklärt oder eingezogen werden können, können nach den §§ 111b ff StPO durch Beschlagnahme sichergestellt werden. Für Schriften nach § 11 Abs 3 StGB ergibt sich die Zulässigkeit einer Einziehung nach § 74d StGB.[1138] Soll nun ein Druckwerk bzw eine sonstige Schrift mit strafbarem Inhalt zur Sicherstellung beschlagnahmt werden, gilt allerdings die Sonderregelung des § 111m StPO.[1139] Hiernach darf eine Beschlagnahme nicht angeordnet werden, wenn ihre nachteiligen Folgen, insb die Gefährdung der öffentlichen Interessen an einer unverzögerten Verbreitung offenbar außer Verhältnis zu der Bedeutung der Sache stehen (§ 111m Abs 2 StPO). Nach § 111m Abs 2 StPO sind zu trennende Teile der Schrift, die keinen strafbaren Inhalt enthalten, von der Beschlagnahme auszuschließen.

396 Verfahrensrechtlich gelten hier besondere Anforderungen. Handelt es sich um ein **periodisches Druckwerk**, ist eine Anordnung der Beschlagnahme nach § 111n Abs 1 StPO nur durch den Richter möglich (bei nicht periodisch erscheinenden Schriften kann eine Anordnung bei Gefahr im Verzug auch durch die Staatsanwaltschaft erfolgen). Nach § 111n Abs 2 StPO gelten besondere Fristen für die Dauer einer möglichen Beschlagnahme. Auch müssen in der Anordnung der Beschlagnahme die Stellen der Schrift, die zur Beschlagnahme Anlass gegeben haben, bezeichnet werden (§ 111m Abs 3 StPO), der Betroffene kann die Beschlagnahme ferner dadurch abwenden, dass er diejenigen Teile der Schrift, die zur Beschlagnahme Anlass geben, von der Vervielfältigung und der Verbreitung ausschließt (§ 111m Abs 4 StPO).

IV. Abhörmaßnahmen, Überwachung der Telekommunikation, Online-Durchsuchungen

397 Im Rahmen strafprozessualer Ermittlungen sind unter (engen) Voraussetzungen auch Abhörmaßnahmen in Wohnungen (§ 100c StPO) und die Überwachung und Aufzeichnung der Telekommunikation (§ 100a StPO) zulässig. Im Hinblick auf Medienunternehmen und deren Mitarbeiter gelten hier die allgemeinen Regelungen, sodass eine Erörterung an dieser Stelle unterbleiben kann. In aller Kürze soll an dieser Stelle aber auf einige Problemfelder eingegangen werden, die sich aus der rasanten Verbreitung elektronischer Kommunikationsmitteln im Alltag und zunehmend invasiven Ermittlungsmethoden in Bezug hierauf ergeben.

1. Abhörmaßnahmen und Überwachung der Telekommunikation

398 Hinzuweisen ist vorab darauf, dass nach § 100c Abs 6 StPO **Abhörmaßnahmen** dann unzulässig sind, wenn ein Fall des § 53 StPO vorliegt, dh bei Vorliegen eines Zeugnisverweigerungsrechts aus beruflichen Gründen. Wie ausgeführt,[1140] ist ein solches Zeugnisverweigerungsrecht für Medienmitarbeiter in § 53 Abs 1 Nr 5 StPO geregelt.

399 Was die Überwachung und **Aufzeichnung der Telekommunikation** angeht, so sind in § 100a StPO deren Voraussetzungen geregelt, in § 100b Abs 3 StPO finden sich Regelungen über

---

1138 Vgl zur Einziehung oben Rn 97 ff.
1139 Nahezu inhaltsgleiche Regelungen finden sich zumeist in den Landespressegesetzen; das Verhältnis der beiden Regelungsmaterien ist ungeklärt, es ist jedoch von einem Vorrang der bundesgesetzlichen Regelung auszugehen; vgl hierzu OVG Brandenburg NJW 1997, 1387, 1388; *Paschke* Rn 1317; dagegen hält *Meyer-Goßner* § 111m Rn 2 die Landespressegesetze sogar für unwirksam, soweit sie die Beschlagnahme von Druckschriften enthalten, da es sich um Verfahrensrecht iSd Art 74 Nr 1 GG handele.
1140 Vgl oben Rn 370 ff.

die Auskunftspflicht von Telekommunikationsanbietern im Hinblick auf Verbindungsdaten von Telekommunikationsvorgängen. Auch hier gibt es keine Ausnahmen für Medienmitarbeiter, eine analoge Anwendung von §§ 100c Abs 6, 53 StPO ist hier nicht möglich.[1141] Der Vorschlag von Presserat und Deutschem Journalistenverband, im Rahmen der Telefonüberwachung eine solche Ausnahmeregelung vorzusehen, da sonst die Recherchetätigkeit wesentlich erschwert würde,[1142] wurde nicht umgesetzt.

2. Die Online-Durchsuchung und der virtuelle Verdeckte Ermittler

Eng verwandt mit der Überwachung der Telekommunikation ist die **„Online-Durchsuchung"**. Der Name ist dabei insoweit irreführend als es sich hierbei gerade nicht um eine offene Ermittlungsmaßnahme, wie bei der Wohnungsdurchsuchung,[1143] sondern um eine verdeckte Ermittlungsmaßnahme handelt. Ob die Ermittlungsbehörden auch solche verdeckten Ermittlungen im Computerbereich vornehmen dürfen, war bislang umstritten. Hier ist insb an Fälle zu denken, in denen verdeckte Ermittler der Polizei auf einem Computer eines Verdächtigen ohne dessen Wissen ein Programm installieren (sog „Trojanisches Pferd"), welches den Ermittlungsbehörden einen Zugriff auf die Festplatte des Betreffenden erlaubt bzw im Rahmen einer Internetnutzung seitens des Betroffenen den Ermittlungsbehörden dessen Daten ohne sein Wissen übersendet. Erfreulicherweise hat der BGH in einer jüngst ergangenen Entscheidung diese **„Online-Durchsuchungen"** für unzulässig erklärt, weil es jedenfalls an einer gesetzlichen Ermächtigungsgrundlage mangele.[1144] Auf §§ 102ff StPO könne die Durchsuchung nicht gestützt werden, weil die hier geregelte Durchsuchung eine offene Ermittlungsmaßnahme sei.[1145] Auch § 100a StPO ermächtige nicht zur Abschöpfung von Daten, die dem Kommunikationsvorgang vorgelagert sind; § 100c StPO erlaube nur die Aufzeichnung des nicht-öffentlich gesprochenen Wortes.[1146] Weiterhin scheide § 100f StPO aF als Eingriffsnorm aus, weil diese Vorschrift nur observationsunterstützende Maßnahmen regele.[1147] Die Auffangnorm des § 161 StPO komme schließlich für eine so erhebliche Maßnahme wie die Online-Durchsuchung nicht in Betracht.[1148] Konsequenz dieser Entscheidung ist, dass derzeit verstärkt darüber nachgedacht wird, ob eine solche Ermächtigungsgrundlage geschaffen werden und welchen Inhalt sie haben soll.

Eine unter Umständen ähnlich eingriffsintensive Methode zur Erhebung von Daten im Internet stellt der sog „virtuelle verdeckte Ermittler" dar.[1149] Diese Ermittlungsmethode beruht darauf, dass ein großer Teil der Bevölkerung im Internet, namentlich innerhalb sozialer Netzwerke, sehr freigiebig mit persönlichen Daten und Informationen umgeht. Die rechtliche Streitfrage konzentriert sich darauf, ab wann beim virtuellen Erheben von Informationen durch Ermittlungspersonen unter einem „Inkognito" die Voraussetzungen des § 110b StPO vorliegen müssen. Dabei wird man auf die vom BGH zur Abgrenzung von nicht öffentlich

---

1141 BVerfG AfP 2003, 138, 146f; vgl hierzu auch *Pöppelmann/Jehmlich* AfP 2003, 218; krit hierzu *Leutheusser-Schnarrenberger* ZRP 2007, 249, 252.
1142 Vgl die Mitteilung in AfP 2003, 138.
1143 Dagegen aber für die Möglichkeit auch der „heimlichen Wohnungsdurchsuchung" Beck-OK/*Hegmann* StPO § 105 Rn 20.
1144 BGHSt 51, 21; hierzu *Bär* MMR 2007, 239; *Cornelius* JZ 2007, 798; *Gercke* JA 2007, 839, 843; *Kemper* ZRP 2007, 105; *Kutscha* NJW 2007, 1169; *Valerius* JR 2007, 275; *Warntjen* Jura 2007, 581.
1145 BGHSt 51, 211, 212 ff.
1146 BGHSt 51, 211, 218.
1147 BGHSt 51, 211, 218.
1148 BGHSt 51, 211, 218.
1149 So die Bezeichnung bei *Rosengarten/Römer* NJW 2012, 1764.

ermittelnden Polizeibeamten und Verdeckten Ermittlern bei Drogengeschäften aufgestellten Kriterien, namentlich die Anzahl der vorgesehenen Ermittlungshandlungen, die Täuschung einer unbestimmten Anzahl von Personen und die Dauer des Einsatzes, zurückgreifen müssen.[1150]

3. Zugriff auf Bestands- und Verkehrsdaten (Vorratsdatenspeicherung)

402 Die Erhebungsbefugnis von Verkehrsdaten ist in § 100g StPO geregelt.[1151] Hierbei ist jedoch zu beachten, dass das BVerfG mit Urteil vom 2.3.2010 § 100g Abs 1 StPO, soweit er sich auf nach § 113a TKG erhobene Verkehrsdaten bezieht, für nichtig erklärt hat. Eine nach Auffassung des BVerfG mögliche verfassungskonforme Neuregelung dieser **Vorratsdatenspeicherung** ist bislang nicht erfolgt. Anders liegt es bei der heute in § 100j StPO geregelten Bestandsdatenabfrage. Auch hier hat das BVerfG die frühere, nur in § 113 Abs 1 TKG enthaltene Regelung beanstandet, weil es verfassungsrechtlich erforderlich sei, dass nicht nur die Speicherung von Bestandsdaten ausreichend klar geregelt sei, sondern auch die Abrufkompetenz der Behörden umfassend geregelt werde.[1152] Diesem Regelungsauftrag ist der Gesetzgeber mittlerweile durch die Einfügung des § 100j StPO für das Strafverfahren nachgekommen.[1153]

4. IEMI/ISMI-Catcher und Funkzellenabfragen

403 Verschiedene Ermittlungsmaßnahmen machen sich den Umstand zunutze, dass die Anwesenheit von Mobilfunkgeräten in einer bestimmten Funkzelle, also einem räumlich abgrenzten Gebiet, mit Hilfe des Mobilfunkproviders ermittelbar ist und sogar der genaue Standort bestimmter Mobiltelefone durch technische Maßnahmen wie die sog IMSI/IEMI-Catcher zuverlässig in Echtzeit festgestellt werden kann. Letzteres, das Ermitteln des Standorts eines Mobilfunkendgeräts durch sog. IMSI- und IEMI-Catcher, kann grds auf § 100i StPO gestützt werden und wirft auch keine durchgreifenden verfassungsrechtlichen Probleme auf.[1154] Schwierigkeiten ergeben sich indes, wenn (noch) kein konkreter Verdächtiger bzw kein konkretes Mobilfunkendgerät bekannt ist und nur Anhaltspunkte dafür bestehen, dass der oder die Täter einer Straftat zu einem bestimmten Zeitpunkt in einer Funkzelle angemeldet war(en) und dort seine bzw ihre Mobiltelefon(e) gebraucht hat bzw haben. In diesem Fall können gem § 100g Abs 1, Abs 2 Satz 2 StPO grds die Verkehrsdaten aller Personen ausgewertet werden, die zu einem bestimmten Zeitpunkt einen Kommunikationsvorgang in einer Funkzelle getätigt haben.[1155] Das führt jedoch dazu, dass bei der Anwendung dieser Maßnahme anlässlich von Straftaten im Umfeld von Versammlungen oder in dicht besiedelten Gebieten leicht mehrere hunderttausend Personen betroffen sind, was unter Verhältnismäßigkeitsgesichtspunkten bedenklich ist.[1156] Die rechtliche Zulässigkeit einer solchen „Massen-Funkzellenabfrage" ist noch nicht endgültig geklärt.[1157]

1150 *Rosengarten/Römer* NJW 2012, 1764 f.
1151 Zu den Voraussetzungen von § 100g StPO vgl *Eisele* § 52 Rn 12 f; *Hilgendorf/Valerius* Rn 804 ff.
1152 BVerfGE 130, 151 ff.
1153 Hierzu *Bär* MMR 2013, 700 ff.
1154 BVerfG NJW 2007, 351.
1155 Siehe auch die Erklärung bei *Singelnstein* JZ 2012, 601, 602.
1156 Siehe hierzu *Singelnstein* JZ 2012, 601, 603.
1157 Verneinend: *Singelnstein* JZ 2012, 601, 606 f; anders hingegen LG Dresden DuD 2013, 601, 603 f.

V. Die Medienöffentlichkeit im Strafverfahren

Die Problematik der Pressemitteilungen über gerichtliche Verfahren sowie der Ton- und Bildberichterstattung über laufende Verfahren betrifft zwar nicht ausschließlich das Strafrecht, wird aber insb in strafrechtlichen Verfahren in der Regel relevant, weil die Öffentlichkeit gerade an der Berichterstattung von Strafverfahren ein besonderes Interesse hat.[1158]

1. Der Öffentlichkeitsgrundsatz, § 169 S 1 GVG

In § 169 S 1 GVG wird der Grundsatz der Öffentlichkeit für die Verhandlung vor dem erkennenden Gericht einschließlich der Verkündung von Urteilen und Beschlüssen normiert. Diente dieser Grundsatz früher dazu, den Einzelnen vor staatlicher Willkür zu schützen und die richterliche Gewalt zu kontrollieren, steht heute das **Informationsinteresse** der Allgemeinheit im Vordergrund.[1159] Der Öffentlichkeitsgrundsatz verlangt, dass jedermann ohne Ansehung seiner Zugehörigkeit zu einer bestimmten Bevölkerungsgruppe und ohne Ansehung bestimmter persönlicher Eigenschaften die abstrakte Möglichkeit hat, an Gerichtsverhandlungen als Zuhörer teilzunehmen.[1160] Der Grundsatz der Öffentlichkeit gilt jedoch nicht uneingeschränkt.[1161] So findet die Beachtung des Grundsatzes ihre Grenze zunächst in der tatsächlichen Unmöglichkeit, allen möglicherweise interessierten Bürger im konkreten Fall den Zugang zum Gerichtssaal zu ermöglichen, insb wenn die Zahl der Interessenten größer ist als die Raumkapazitäten und auch kein größerer Raum im Gerichtssaal zur Verfügung steht.[1162] Hieraus folgt, dass es der Grundsatz der Öffentlichkeit nicht gebietet, jedem Interessenten immer und unter allen Umständen Zutritt zu einer Hauptverhandlung zu ermöglichen, sofern tatsächliche Umstände dem entgegenstehen.[1163] Neben der sogleich noch näher zu untersuchenden Einschränkung für die Rundfunk- und Fernsehberichterstattung (§ 169 S 2 GVG) sind zudem in den §§ 170ff GVG weitere Einschränkungen normiert. Für das Strafverfahren bedeutsam ist der grundsätzliche Ausschluss der Öffentlichkeit im Jugendstrafverfahren nach § 48 Abs 1 JGG,[1164] der fakultative Ausschluss bei Verfahren gegen Heranwachsende (§ 109 Abs 1 S 4 JGG[1165]) sowie die speziellen Ausschlussgrün-

---

1158 Vgl hierzu BVerfG NJW 2013, 1293, 1294; *Alwart* JZ 1990, 883, 887; *Barbulla* Fernsehöffentlichkeit als Bestandteil des Öffentlichkeitsgrundsatzes 1998; *von Becker* Straftäter und Tatverdächtige in den Massenmedien: Die Frage der Rechtmäßigkeit identifizierender Kriminalberichte 1979; *Branahl* Kap 7; *Britz* Fernsehaufnahmen im Gerichtssaal 1999; *Ernst* FS Herrmann 73; *Finger/Baumanns* JA 2005, 717; *Fink* Bild- und Tonaufnahen im Umfeld der strafrechtlichen Hauptverhandlung 2007; *Gounalakis* FS Kübler 173; *Hassemer* ZRP 2013, 149; *Huff* Justiz und Öffentlichkeit 1996; *ders* NJW 2001, 1622; *ders* NJW 2004, 403, 406; *Kühl* FS Müller-Dietz 401, 403 *Kujath* Der Laienjournalismus im Internet als Teil der Medienöffentlichkeit im Strafverfahren 2011; *Kuß* Öffentlichkeitsmaxime der Judikative und das Verbot von Fernsehaufnahmen im Gerichtssaal 1999; *Lehr* NStZ 2009, 409; *Muckel* JA 2007, 905; *Pernice* Öffentlichkeit und Medienöffentlichkeit 2000; *Ranft* Jura 1995, 573; *Petersen* § 20; *Scheerer* Gerichtsöffentlichkeit als Medienöffentlichkeit, 1979; *Sorth* Rundfunkberichterstattung aus Gerichtsverfahren 1999; *Widmaier* NJW 2004, 399.
1159 BVerfGE 119, 309, 320 – Bundeswehrrekruten; *Bornkamm* NStZ 1983, 102, 105; *Kaulbach* ZRP 2009, 236, 237; *Kujath* 38 ff; *Pfeifle* ZG 2010, 283, 293.
1160 BGHSt 27, 13, 14; KK/*Diemer* § 169 GVG Rn 6.
1161 BGHSt 27, 13, 14; *Klotz* NJW 2011, 1186, 1187.
1162 BGHSt 21, 72, 73; BGHSt 27, 13, 14; *Gierhake* JZ 2013, 1030.
1163 BGHSt 21, 72, 73; KK/*Diemer* § 169 GVG Rn 6.
1164 Vgl hierzu *Gierhake* JZ 2013, 1030, 1036.
1165 Vgl hierzu aus jüngster Zeit insb die Besonderheiten im Rahmen des sog „Eislingen-Prozesses"; hier wurde – obwohl ein Verfahren nach § 48 Abs 1 JGG vorlag – eine beschränkte Zahl von Medienvertretern zugelassen; zur Zulässigkeit vgl BVerfG NJW 2010, 1739; krit *Friedrichsen* ZRP 2009, 243; vgl zur Zulässigkeit des Ausschlusses von Presse und Öffentlichkeit aus Interessen des Jugendschutzes auch EGMR NJW 2013, 521, 522; vgl zum Ausschluss der Öffentlichkeit in Verfahren, die gegenständlich Taten betreffen, die der Angeklagte teils als Jugendlicher, teils als

de zB in § 58 StPO. Nach **§ 176 GVG** kann der Vorsitzende zudem zur Aufrechterhaltung der Ordnung in der Sitzung einschränkende Maßnahmen treffen, etwa die Zahl der Pressevertreter im Hinblick auf das vorhandene Sitzplatzkontingent limitieren und Regelungen erlassen, nach welchen Kriterien die zur Verfügung stehenden Plätze zu besetzen sind.[1166]

2. Die Beschränkung nach § 169 S 2 GVG

406 Der Grundsatz der Medienöffentlichkeit, die zuweilen auch als „mittelbare Öffentlichkeit" bezeichnet wird,[1167] erhält jedoch über § 169 S 2 GVG eine wesentliche Einschränkung: Unzulässig sind **Ton- und Fernseh-Rundfunkaufnahmen** sowie Ton- und Filmaufnahmen von einer gerichtlichen Verhandlung zum Zwecke der öffentlichen Vorführung oder Veröffentlichung ihres Inhalts.[1168] Lediglich für das Verfahren vor dem BVerfG findet sich in § 17a BVerfGG eine partielle Ausnahme.[1169] Zulässig ist zudem eine durch das Gericht selbst vorgenommene Tonaufnahme von Zeugenvernehmungen in der Hauptverhandlung, wenn dies zum Zwecke der Verfahrenssicherung geboten ist.[1170] Die Vorschrift des § 169 S 2 GVG stellt ein allgemeines Gesetz iSd Art 5 GG dar und ist – obwohl sie den Schutzbereich des Art 5 Abs 1 S 2 GG berührt – verfassungsgemäß.[1171] Eine Beschränkung der Öffentlichkeit auf die Saalöffentlichkeit ist auf Grund der sogleich noch näher zu erörternden Gefahren für die Persönlichkeitsrechte der Beteiligten, des Anspruchs auf ein faires Verfahren und zugunsten der Funktionsfähigkeit der Rechtspflege demnach zulässig.[1172]

407 Im Rahmen des NSU-Prozesses stellte sich die Frage, inwieweit die Öffentlichkeit virtuell durch eine Videoübertragung der Hauptverhandlung in andere Räumlichkeiten vergrößert werden kann.[1173] Während *Hassemer* der Ansicht ist, dass „die gesicherte Übertragung der Verhandlung in einen anderen Saal an Rechtsgründen nicht scheitern kann",[1174] sehen andere dies kritischer und fordern, dass die Frage einer möglichen Übertragung der Hauptverhandlung in einen

---

Heranwachsender begangen hat und bei denen das Verfahren wegen der Taten, die er als Jugendlicher begangen hat, nach § 154 Abs 2 StPO vorläufig eingestellt wurde, BGHSt 44, 43.
1166 BVerfG NJW 2003, 500; zu § 176 GVG ausf *Kujath* 296 ff; zu den entsprechenden Problemen im Zusammenhang mit dem NSU-Verfahren vgl unten Rn 415.
1167 Vgl hierzu auch BT-Drucks 4/178, 45; *Kaulbach* ZRP 2009, 236; *Kujath* 41.
1168 Satz 2 wurde eingefügt durch Gesetz v 19.12.1964, BGBl 1964 I S 1067; vgl hierzu *Grimm* ZRP 2011, 61; *Pfeifle* ZG 2010, 283, 290; ferner zum Vorschlag, Film- und Rundfunkaufnahmen während der Urteilsverkündung zuzulassen, *Kaulbach* ZRP 2009, 236, 238.
1169 Vgl dazu *Pfeifle* ZG 2010, 283, 285 f.
1170 Vgl OLG Bremen NStZ 2007, 481; *Kujath* 232; *Löwe/Rosenberg/Wickern* 26. Aufl § 169 GVG Rn 46; *Meyer-Goßner* § 169 GVG Rn 11; *Pfeifle* ZG 2010, 283, 290.
1171 BVerfGE 103, 44 – n-TV; vgl hierzu auch die Entscheidungen im Rahmen der einstweiligen Anordnung BVerfG NJW 1996, 581; BVerfG NJW 1999, 1951; zu diesen Entscheidungen vgl *Dieckmann* NJW 2001, 2451; *Dörr* JuS 2001, 118; *Gersdorf* AfP 2001, 29; *Gostomzyk* JuS 2002, 228; *Hain* DÖV 2001, 589; *Huff* NJW 2001, 1622; *Krausnick* ZUM 2001, 230; *Petersen* § 20 Rn 3; *Zuck* NJW 2001, 1623; ferner zur Diskussion im Vorfeld *Bamberger* ZUM 2001, 373; *Benda* NJW 1999, 1524; *Eberle* NJW 1994, 1637; *Enders* NJW 1996, 2712; *Gerhardt* ZRP 1993, 377; *Gounalakis* FS Kübler 173, 175; *Gründisch/Dany* NJW 1999, 256; *Hamm* NJW 1995, 760; *Hofmann* ZRP 1996, 399; *Huff* NJW 1996, 571; *Knothe/Wanckel* ZRP 1996, 106; *Kortz* AfP 1997, 443; *Lehr* NStZ 2001, 63; *Plate* NStZ 1999, 391; *Stürner* JZ 1995, 297; *Wolf* ZPR 1994, 187; *ders* NJW 1994, 681; *ders* JR 1997, 441; *Wyss* EuGRZ 1996, 1; bestätigt wurde die Entscheidung durch BVerfG NJW 2009, 350, 351 – Holzklotz; hierzu *Muckel* JA 2009, 829; einschränkend allerdings *Kujath* 251 ff, 296.
1172 Vgl zu der Auffassung, das Verbot des § 169 S 2 GVG aufgrund der gewandelten Medienrealität zu überdenken, *Pfeifle* ZG 2010, 283, 300 ff.
1173 Vgl zu diesem Prozess BVerfG AfP 2013, 236; *Gierhake* JZ 2013, 1030, 1034; *Kühne* StV 2013, 417, 419; *Kujath* AfP 2013, 269, 276; *Prietzel-Funk* DRiZ 2013, 204, 205.
1174 *Hassemer* ZRP 2013, 149, 151; in diese Richtung auch *Gierhake* JZ 2013, 1030, 1034 sowie *Hoffmann-Riem* zit bei beck-aktuell, becklink 1025700.

Nebenraum eines klärenden Wortes durch den Gesetzgeber bedarf.[1175] Ohnehin sei die Bedeutung der Medienpräsenz für die Berichterstattung aus den Gerichtsräumen neu zu überdenken und gegebenenfalls de lege ferenda ein neuer zeitgemäßer gesetzlicher Rahmen für die entsprechenden Probleme zu schaffen.[1176] Das BVerfG hat den Antrag, dem Vorsitzenden im Wege der einstweiligen Anordnung aufzugeben, die Hauptverhandlung mittels Videotechnik in mindestens einen weiteren Sitzungssaal übertragen zu lassen, nicht zur Entscheidung angenommen, da die Antragsteller ausschließlich mit dem öffentlichen Informationsinteresse argumentierten und nicht vorbrachten, in ihren eigenen Grundrechten verletzt zu sein, mit der Folge, dass der Antrag als unzulässig angesehen wurde.[1177]

Vom Verbot nicht erfasst sind reine **Fotoaufnahmen**.[1178] Ihre Zulässigkeit richtet sich nach dem Recht am eigenen Bild (§§ 22ff KUG, die allerdings nur für die spätere Verbreitung etc gelten) und dem allgemeinen Persönlichkeitsrecht, das allein schon durch die Herstellung der Aufnahme betroffen sein kann. Auch das heimliche Ablichten des Angeklagten im Gerichtssaal ist davon erfasst.[1179] Sofern das Verbreiten der Aufnahmen nach § 23 KUG bei Personen der Zeitgeschichte zulässig wäre, kann der Vorsitzende die Herstellung einer Aufnahme aber dennoch im Rahmen seiner sitzungspolizeilichen Gewalt nach § 176 GVG zumindest während der Sitzung verbieten.[1180] Problematisch sind die sich im Zuge fortschreitender Technik entwickelnden Möglichkeiten, Ton- und Filmaufnahmen auch mit Geräten zu fertigen, die an sich anderen Zwecken dienen (Handys, Notebooks). Da hier eine wirksame Kontrolle nicht möglich ist, ist die Benutzung dieser Geräte insgesamt während der Verhandlung zu untersagen.[1181] 408

Das Verbot des § 169 S 2 GVG erfasst nur die **„Verhandlung"**. Nicht erfasst und daher zulässig sind Ton-, Film- und Fernsehaufnahmen davor und danach sowie in den Verhandlungspausen.[1182] Da insoweit das Grundrecht der Informationsfreiheit überwiegt, sind hier nur dann Einschränkungen zulässig, wenn sie sich aus anderen Rechten ergeben, insb den Persönlichkeitsrechten der einzelnen Prozessbeteiligten[1183] oder dem Anspruch der Verfahrensbeteiligten auf ein faires Verfahren unter Beachtung der Unschuldsvermutung.[1184] Auch die Funktionsfähigkeit der Rechtspflege, insb die ungestörte Wahrheits- und Rechtsfindung kann hier eine Rolle spielen.[1185] Insoweit können Einschränkungen auf der Grundlage des § 176 GVG[1186] oder des allgemeinen Hausrechts des Gerichtspräsidenten[1187] getroffen werden. 409

Da das Verbot der Medienöffentlichkeit durch die im nächsten Abschnitt noch genauer zu untersuchenden Gefahren und nicht ausschließlich durch den Schutz der einzelnen Beteiligten motiviert ist, steht es auch nicht zu deren Disposition.[1188] 410

1175 *Neumann* DRiZ 2013, 167.
1176 *Prietzel-Funk* DRiZ 2013, 204, 205.
1177 BVerfG AfP 2013, 236.
1178 BGH bei *Dallinger* MDR 1971, 188; *Kujath* 230; *Meyer-Goßner* § 169 GVG Rn 10.
1179 LG Berlin AfP 1994, 332.
1180 BGH NStZ 2004, 161; KK/*Diemer* § 169 GVG Rn 13; *Kujath* 298 ff; vgl hierzu sogleich noch unten Rn 411ff.
1181 Im Hinblick auf Notebooks BVerfG NJW 2009, 352 (gestützt auf § 169 S 2 GVG); vgl dazu *Pfeifle* ZG 2010, 283, 290.
1182 BGHSt 23, 123, 125; vgl ferner BVerfGE 103, 44, 62 – n-TV; BVerfGE 119, 309 – Bundeswehrrekruten; BVerfG NJW 2000, 2890; BVerfG NJW 2009, 350, 351 – Holzklotz; *Ernst* NJW 2001, 1624, 1625; *ders* FS Herrmann 73, 76ff; *Kujath* 239.
1183 BVerfGE 103, 44, 64ff – n-TV; BVerfGE 119, 309, 322ff – Bundeswehrrekruten; *Huff* NJW 2001, 1622, 1623; *Petersen* § 20 Rn 4.
1184 BVerfGE 35, 202, 232f; BVerfG NJW 2009, 350, 351 – Holzklotz.
1185 BVerfGE 119, 309, 322 – Bundeswehrrekruten.
1186 Vgl hierzu noch näher unten Rn 411ff.
1187 Vgl hierzu noch näher unten Rn 416ff.
1188 BVerfG NJW 1968, 804, 806; BGHSt 22, 83, 85; *Ernst* JR 2007, 392, 393; *Petersen* § 20 Rn 2.

3. Möglichkeit der Beschränkung nach § 176 GVG

411 In denjenigen Bereichen, in denen das absolute Verbot des § 169 S 2 GVG nicht gilt, dh zeitlich vor oder nach der Verhandlung und in den Sitzungspausen oder inhaltlich für reine Fotoaufnahmen oder nicht zur öffentlichen Vorführung- oder Veröffentlichung bestimmte Ton- und Filmaufnahmen, kann der Vorsitzende Beschränkungen nach § 176 GVG zur Aufrechterhaltung der Ordnung in der Sitzung treffen.[1189]

412 Dabei ist der Begriff der **Sitzung** sowohl zeitlich als auch räumlich weiter als derjenige der Verhandlung. Die Sitzung beginnt bereits mit der Öffnung des Gerichtssaales und endet mit dem Verlassen desselben durch die Richter.[1190] Auch Beratungs- und Sitzungspausen werden erfasst. Räumlich erstreckt sich die Anordnungsbefugnis des Vorsitzenden auch auf die Zugänge und angrenzenden Räumlichkeiten (wie zB das Zeugenzimmer). Im Umkehrschluss aus § 169 S 2 GVG ergibt sich jedoch, dass ein pauschales Verbot von Ton- und Filmaufnahmen in den von § 176 GVG erfassten Bereichen unzulässig wäre. In der Praxis war in den letzten Jahren insb die Zulässigkeit der Anfertigung von Ton- und Filmaufnahmen vor und nach der Verhandlung sowie in den Verhandlungspausen bei spektakulären Strafprozessen umstritten.[1191] Hier sind im Einzelfall das Grundrecht der Rundfunk- und Pressefreiheit aus Art 5 Abs 1 S 2 GG[1192] und die Pflicht zur Aufrechterhaltung der Ordnung in der Sitzung, die auch dann betroffen ist, wenn die Verletzung des allgemeinen Persönlichkeitsrechts einzelner Prozessbeteiligter zu befürchten ist, gegeneinander abzuwägen. Nach der Rechtsprechung des BVerfG[1193] hat der Vorsitzende diesbezüglich einen Ermessensspielraum, er hat jedoch sein Ermessen unter Beachtung der Bedeutung der Rundfunkberichterstattung für die Gewährleistung öffentlicher Wahrnehmung und Kontrolle von Gerichtsverhandlungen[1194] sowie der einer Berichterstattung entgegenstehenden Interessen auszuüben und dabei sicherzustellen, dass der Grundsatz der Verhältnismäßigkeit gewahrt ist. § 176 GVG ist insoweit als allgemeines Gesetz iSd Art 5 Abs 2 GG anzusehen.[1195] Im Hinblick auf die Interessen der Beteiligten ist insb deren allgemeines Persönlichkeitsrecht zu beachten. Dabei ist vor allem der Angeklagte in einem Strafverfahren als besonders schutzwürdig anzusehen, da er sich regelmäßig unfreiwillig der Verhandlung und damit der Öffentlichkeit stellen muss.[1196] Zu diesem Zeitpunkt gilt für ihn auch noch die aus dem Rechtsstaatsprinzip (Art 20 Abs 3 GG) abgeleitete Unschuldsvermutung, wobei zu beachten ist, dass er durch eine Fernsehberichterstattung, die auch die Verbreitung seines Bildnisses beinhaltet, erheblich beeinträchtigt werden kann, selbst wenn das Gericht später zu einem Freispruch gelangen sollte.[1197] Andererseits erscheinen die Interessen des Angeklagten dann nicht mehr in einem so hohen Maße schutzwür-

---

[1189] *Muckel* JA 2009, 74.
[1190] OLG Hamm NJW 1956, 1452; *Kujath* 302.
[1191] Relevant insb bei Prozessen gegen Personen der Zeitgeschichte; vgl BVerfGE 91, 125 – Honecker ua; ferner BVerfGE 87, 334; BVerfG NJW 1998, 581, 583 – Mückenberger, Krenz etc; krit hierzu *Ranft* Jura 1995, 573, 580; vgl ferner allg BVerfGE 119, 309 – Bundeswehrrekruten (hierzu *Dörr* JuS 2008, 735; *Muckel* JA 2009, 74); BVerfG NJW 2000, 2890; BVerfG NJW 2002, 2021 – El Kaida; BVerfG NJW 2003, 500; BGH NJW 1998, 1420.
[1192] Durch das Verbot der Anfertigung von Bild- und Fernsehaufnahmen im Gerichtssaal ist jedenfalls der Schutzbereich der Rundfunk- und Pressefreiheit betroffen; vgl BVerfG NJW 2009, 2217, 2218.
[1193] Vgl hierzu BVerfGE 119, 309, 321 – Bundeswehrrekruten; ferner BVerfGE 103, 44, 62 – n-TV (hier wird die grundsätzliche Möglichkeit der Einschränkung auf der Grundlage des § 176 GVG betont).
[1194] Nach BVerfGE 119, 309 – Bundeswehrrekruten liegt es auch im Interesse der Justiz, mit ihren Verfahren und Entscheidungen öffentlich wahrgenommen zu werden, was auch für die Durchführung mündlicher Verhandlungen in Strafsachen gelte. Insoweit werde auch die öffentliche Kontrolle von Gerichtsverhandlungen durch die Anwesenheit der Medien und deren Berichterstattung grds gefördert.
[1195] So auch BVerfGE 91, 125, 136 ff – Honecker ua.
[1196] BVerfGE 103, 44, 68 – n-TV; BVerfGE 119, 309, 323; BVerfG NJW 2009, 350, 351; BVerfG NJW 2009, 2117, 2119; *Kujath* 321 f.
[1197] BVerfG NJW 2009, 350, 352; BVerfG NJW 2009, 2117, 2119.

dig, wenn bereits ein erstinstanzlicher Schuldspruch erfolgte,[1198] wenn er selbst in eigenverantwortlicher Weise sich in Bezug auf die ihm gegenüber erhobenen Vorwürfe in der medialen Öffentlichkeit auch im Wege der Bildberichterstattung präsentiert hat[1199] oder wenn er wegen seiner gesellschaftlich hervorgehobenen Verantwortung oder Prominenz auch sonst in besonderer Weise im Blickfeld der (Medien-)Öffentlichkeit steht.[1200]

So wurde es für zulässig angesehen, wenn der Vorsitzende lediglich am ersten Verhandlungstag eine entsprechende Möglichkeit der Bild- und Tonberichterstattung zulässt[1201] oder wenn lediglich einem Kamerateam gestattet wird, während der Verhandlungspausen im Gerichtssaal Aufnahmen zu machen, dieses aber gleichzeitig verpflichtet wird, die Aufnahmen danach anderen Sendern zugänglich zu machen („Pool-Lösung").[1202] Andererseits wurde eine auf § 176 GVG gestützte Beschränkung als unzulässig angesehen, die einem Kamerateam Ton-, Foto- und Filmaufnahmen im Sitzungssaal und in dem Bereich vor dem Sitzungssaal lediglich bis 15 Minuten vor dem Beginn der Sitzung sowie zehn Minuten nach deren Beendigung gestattete.[1203] Denn von dem durch Art 5 Abs 1 S 2 GG geschützten Berichterstattungsinteresse sei auch die bildliche Dokumentation des Erscheinens und der Anwesenheit der Verfahrensbeteiligten im Sitzungssaal umfasst.[1204] Allerdings kann dabei angeordnet werden, dass die Gesichter vor der Veröffentlichung oder Weitergabe der Aufnahmen an Fernsehveranstalter oder Massenmedien durch ein technisches Verfahren anonymisiert („verpixelt") werden.[1205] Im Hinblick auf die übrigen Verfahrensbeteiligten (insb die Richter, Schöffen, Staatsanwälte und Verteidiger)[1206] gelte dies aber nur dann, wenn besondere Umstände Anlass zu der Befürchtung geben, eine Übertragung der Abbildung über das Fernsehen werde dazu führen, dass diese künftig erheblichen Beeinträchtigungen ausgesetzt sein werden.[1207] Als unzulässig wurde ferner eine Anordnung angesehen, die einem Kamerateam Aufnahmen nur vor dem Verhandlungsbeginn (nicht aber nach der Verhandlung und in den Sitzungspausen) gestattete und zudem dem Angeklagten und seinem Verteidiger die Möglichkeit eröffnete, den Gerichtssaal durch einen separaten Eingang (Gefangeneneingang) zu betreten.[1208] Wird eine Berichterstattung vom Vorsitzenden zu Unrecht versagt, kann die Zulassung im Wege der einstweiligen Anordnung durchgesetzt werden.[1209]

Anordnungen des Vorsitzenden nach § 176 GVG dienen dem Zweck, im Interesse einer ungestörten Wahrheits- und Rechtsfindung die Durchführbarkeit des Strafverfahrens zu sichern.[1210] Dabei ist der Aspekt, dass die äußere Ordnung des Verfahrensablaufs durch die Öffentlichkeit

---

1198 BVerfG NJW 2009, 2117, 2119; vgl hierzu auch *Muckel* JA 2009, 829, 830.
1199 BVerfG NJW 2009, 2117, 2119; vgl ferner BVerfG NJW 2009, 350, 352; *Kujath* 322.
1200 BVerfG NJW 2009, 2117, 2119.
1201 BVerfG NJW 2003, 2671; vgl auch BGHSt 23, 123; anders allerdings BVerfGE 91, 125, 139 – Honecker ua.
1202 BVerfGE 87, 334, 340; BVerfGE 91, 125, 138 – Honecker ua; BVerfGE 103, 44, 64 – n-TV; BVerfGE 119, 309, 327 – Bundeswehrrekruten; BVerfG NJW 2000, 2890, 2891; BVerfG NJW 2002, 2021 – El Kaida; hierzu *Kujath* 199 ff; *Petersen* § 20 Rn 5; *Prinz/Peters* Rn 819; zum Inhalt einer solchen „Pool-Lösung" vgl auch BVerfGE 103, 44, 46 f – n-TV.
1203 BVerfG JR 2007, 390; bestätigt durch BVerfGE 119, 309 – Bundeswehrrekruten; hierzu *Muckel* JA 2007, 905; *ders* JA 2009, 74; vgl aber auch BVerfG NJW 2003, 2523.
1204 BVerfG JR 2007, 390, 391; BVerfG NJW 2009, 2117, 2118; hierzu zutreffend krit *Ernst* JR 2007, 392, 393.
1205 BVerfG JR 2007, 390, 392; bestätigt durch BVerfGE 119, 309, 325 f – Bundeswehrrekruten; vgl ferner BVerfG NJW 2009, 350 – Holzklotz (hierzu *Dörr* JuS 2009, 951); BVerfG NJW 2009, 2117, 2118; vgl zur Zulässigkeit einer Pflicht zur Anonymisierung auch BVerfG NJW 2003, 2523, 2523 f; vgl ferner *Kujath* 349 ff.
1206 Vgl hierzu BVerfG NJW 2000, 2890, 2891; BVerfG JR 2007, 390, 392; BVerfG NJW 2009, 2117, 2119; vgl ferner BVerfGE 119, 309, 323, 328 f.
1207 BVerfG NJW 2000, 2890, 2891; *Muckel* JA 2009, 74, 75.
1208 BVerfG NJW 2009, 2117, 2119 f.
1209 Vgl hierzu die Fälle BVerfG NJW 2000, 2890; BVerfG JR 2007, 390; BVerfG NJW 2009, 2117; hierzu *Ernst* FS Herrmann 73, 77 f; *Muckel* JA 2007, 905.
1210 BVerfG NJW 2003, 500.

unbeeinträchtigt bleibt, nach Ansicht des BGH ebenso wichtig wie anders herum die Kontrolle der Gerichtsverhandlung durch die Öffentlichkeit.[1211] Von der Ordnungsgewalt ist dabei auch die Befugnis umfasst, nähere Regeln für den Zugang zum Sitzungssaal und für das Verhalten in ihm zu erlassen und damit auch die Verteilung begrenzter Sitzplätze an Pressevertreter zu ordnen.[1212] In diesem Zusammenhang weist das BVerfG zutreffend darauf hin, dass Hauptzweck der mündlichen Verhandlung – auch in einem aufsehenerregenden Strafverfahren – dessen ordnungsgemäße Durchführung und nicht die Sicherung der Berichterstattung sei. Dementsprechend sei der Wahrheits- und Rechtsfindung vor Gericht Priorität einzuräumen[1213]. Dem Vorsitzenden kommt bei der Anordnung nach § 176 GVG in dieser Hinsicht ein weiter Entscheidungsspielraum zu.[1214] Wenn dabei dem Interesse an praktikabler Handhabbarkeit der Anordnung der Vorrang vor einer umfassenden Ausschöpfung denkbarer Differenzierungsmöglichkeiten eingeräumt wird, ist dies verfassungsrechtlich nicht zu beanstanden.[1215] Die Ermessensentscheidung hat allerdings unter Abwägung der unterschiedlichen kollidierenden Interessen den Grundsatz der Verhältnismäßigkeit zu wahren.[1216] Der Vorsitzende hat dabei zwar einen angemessenen Teil der im Sitzungssaal verfügbaren Plätze dem allgemeinen Publikum vorzubehalten,[1217] im Hinblick auf die besondere Funktion der Presse, deren Anwesenheit die öffentliche Kontrolle von Gerichtsverhandlungen fördert, ist es allerdings gerechtfertigt, einige Plätze für Pressevertreter zu reservieren.[1218] Die Einhaltung der genannten Regelungen ist vor dem Hintergrund bedeutsam, dass die Verletzung der Vorschriften über die Öffentlichkeit des Verfahrens nach § 338 Nr 6 StPO einen absoluten Revisionsgrund begründet.[1219]

415 Anlässlich des NSU-Verfahrens hatte das BVerfG im Eilrechtsschutzverfahren die Möglichkeit, den verfassungsrechtlichen Maßstab, den der Vorsitzende (im Rahmen seiner Prozessleitungsbefugnis) bei der Verteilung begrenzter Sitzplätze zu beachten hat, zu konkretisieren.[1220] Danach ist bei der Verteilung knapper Sitzplätze dem aus dem allgemeinen Gleichheitssatz aus Art 3 Abs 1 GG iVm Art 5 Abs 1 Satz 2 GG abgeleiteten subjektiven Recht auf Gleichbehandlung im publizistischen Wettbewerb, also auf gleichberechtigte Teilhabe an den Berichterstattungsmöglichkeiten im Hinblick auf gerichtliche Verfahren, Rechnung zu tragen.[1221] Rechte der Medien bestehen dabei (nur) im Rahmen einer gleichheitsgerechten Auswahlentscheidung.[1222] So wurde eine Verteilung nach dem „Prinzip der Schlange", bei dem der Zeitpunkt des Erscheinens im Gerichtsgebäude für die Verteilung der verfügbaren Plätze maßgeblich ist, als sachgerechter Grundsatz zur Ausgestaltung der Gerichtsöffentlichkeit angesehen.[1223] Insoweit ist also einerseits ein

---

1211 BGH NJW 2006, 1220, 1221.
1212 BVerfG NJW 2003, 500; BGH NJW-RR 2008, 1069, 1070; *Frenz* DVBl 2013, 721; *Kujath* AfP 2013, 269, 271.
1213 BVerfG NJW 2003, 500, 501; vgl zum Interesse an der ungestörten Wahrheits- und Rechtsfindung auch *Kaulbach* ZRP 2009, 236, 238.
1214 BVerfG NJW 2013, 1293, 1294; *Frenz* DVBl 2013, 721; *Prietzel-Funk* DRiZ 2013, 204; vgl zur Überprüfung dieses Ermessens anhand von Art 10 iVm Art 14 EMRK durch den Europäischen Gerichtshof für Menschenrechte EGMR NJW 2013, 521, 522.
1215 BVerfG NJW-RR 2008, 1069, 1071.
1216 BVerfG NJW-RR 2008, 1069, 1070.
1217 BVerfG NJW-RR 2008, 1069, 1071.
1218 BGH NJW 2006, 1220, 1221; *Kujath* AfP 2013, 269, 271.
1219 *Kujath* AfP 2013, 269, 270; *Frenz* DVBl 2013, 721; *Gierhake* JZ 2013, 1030, 1031.
1220 BVerfG NJW 2013, 1293; vgl dazu *Frenz* DVBl 2013, 721; *Geuther* DRiZ 2013, 166; *Gierhake* JZ 2013, 1030, 1031; *Hassemer* ZRP 2013, 149; *Kühne* StV 2013, 417; *Kujath* AfP 2013, 269; *Muckel* JA 2013, 476; *Neumann* DRiZ 2013, 167; *Prietzel-Funk* DRiZ 2013, 204; *Zuck* NJW 2013, 1295; vgl auch die Nichtannahmebeschlüsse BVerfG AfP 2013, 236; BVerfG Beschl v 12.4.2013 – 1 BvR 1002/13, juris; Beschl v 12.4.2013 – 1 BvR 1007/13, juris; Beschl v 12.4.2013 – 1 BvR 1010/13, juris.
1221 BVerfG NJW 2013, 1293, 1294.
1222 BVerfG NJW 2013, 1293, 1295.
1223 BVerfG NJW 2003, 500; *Frenz* DVBl 2013, 721.

Rückgriff auf das Prioritätsprinzip (sei es durch Erscheinen im Gerichtssaal, sei es durch vorherige Anmeldung nach Ausschreibung) grds verfassungsrechtlich zulässig.[1224] Andererseits bedarf dieses Prinzip aber auch einer Ausgestaltung, die die Chancengleichheit bei Vorliegen besonderer Umstände realitätsnah gewährleistet. Bei der verfahrensrechtlichen Umsetzung ist deshalb die tatsächliche Situation der vorhersehbar Interessierten hinreichend zu berücksichtigen.[1225] Im Eilrechtsschutzverfahren hat die Kammer zwar ausdrücklich offen gelassen, ob in bestimmten Situationen eine Differenzierung zwischen verschiedenen Medienvertretern verfassungsrechtlich zulässig bzw geboten ist.[1226] Die Kammer hatte allerdings auch erwogen, ob wegen des – von ihr angenommenen – besonderen Interesses ausländischer Medien an einer vollumfänglich eigenständigen Berichterstattung, die Anwendung des Prioritätsprinzips rechtzeitig und auch für Unerfahrene eindeutig hätte angekündigt und ob im Sinne der Verfahrensfairness auf die begrenzte Zahl der Sitzplätze hätte hingewiesen werden müssen.[1227] Darüber hinaus wurde erwogen, ob in Anbetracht der besonderen Umstände des Falles ausnahmsweise ein zwingender Sachgrund für eine teilweise Differenzierung zwischen den verschiedenen Medien im Sinne einer Quotenlösung vorliege.[1228] Das LG Mannheim hatte zuvor schon im Strafverfahren gegen den Schweizer Moderator *Kachelmann* ein festes Kontingent an Sitzplätzen für schweizerische Medien reserviert, weil diese aufgrund der Staatsangehörigkeit des Angeklagten angemessen zu berücksichtigen seien.[1229] Aufgrund der Besonderheiten des Eilrechtsschutzverfahrens wurde nun im NSU-Verfahren – unter teilweiser Vorwegnahme der Hauptsache (!) – dem Vorsitzenden aufgegeben, nach einem von ihm im Rahmen seiner Prozessleitungsbefugnis festzulegenden Verfahren, eine angemessene Zahl von Sitzplätzen an Vertreter ausländischer Medien mit besonderem Bezug zu den Opfern der angeklagten Straftaten zu vergeben.[1230] Dieses besondere Kontingent wird teilweise als Kompensation dafür angesehen, dass ausländische Medien mit Fragen der Akkreditierung vor deutschen Gerichten wenig vertraut sind und insoweit die Chancengleichheit in Akkreditierungsverfahren besonders betroffen ist. Mit der Einräumung eines Zusatzkontingents werde die Chancengleichheit wiederhergestellt.[1231] Ein anderer Ansatz zur Rechtfertigung des Zusatzkontingents für bestimmte Gruppen wird in einer „Ermessensreduzierung auf Null" gesehen; sie liege vor, wenn der Angeklagte oder die Opfer der angeklagten Straftat ausländische Wurzeln und deshalb ein herausgehobenes Interesse an einer Berichterstattung, die auf unmittelbar in der Verhandlung gewonnenen Eindrücken beruht, haben.[1232] Infolge der verfassungsrechtlichen Entscheidung führte der Vorsitzende im NSU-Verfahren die Akkreditierung insgesamt neu durch, wobei eine Quotenlösung mit jeweiligem Losverfahrens zur Anwendung gelangte.[1233] Das Vorgehen, spezielle Interessen bei der Platzverteilung zu berücksichtigen, hat jedoch auch Kritik erfahren, denn ein solches Verfahren führe dazu, dass die „Büchse der Pandora" geöffnet werde, da künftig keine revisionsfesten Entscheidungen mehr getroffen werden könnten.[1234] Der den Ausgangspunkt der rechtlichen Behandlung bildende Öffentlichkeitsgrundsatz fordere für die Zulassung zur Haupt-

---

1224 BVerfG NJW 2013, 1293, 1294; *Frenz* DVBl 2013, 721.
1225 BVerfG NJW 2013, 1293, 1294; *Frenz* DVBl 2013, 721.
1226 BVerfG NJW 2013, 1293, 1294; so zuvor schon BVerfG NJW 2003, 500, 501; *Frenz* DVBl 2013, 721.
1227 BVerfG NJW 2013, 1293, 1294.
1228 BVerfG NJW 2013, 1293, 1295; vgl zur Kontingentierung von Medienplätzen *Kujath* AfP 2013, 269, 271 f.
1229 *Kujath* AfP 2013, 269, 271; beck-aktuell, becklink 1025700.
1230 BVerfG NJW 2013, 1293, 1295; krit zur Einräumung von besonderen Zugangsrechten für ausländische Medienvertreter *Zuck* NJW 2013, 1295, 1296.
1231 *Frenz* DVBl 2013, 721, 722.
1232 *Kujath* AfP 2013, 269, 272.
1233 *Frenz* DVBl 2013, 721, 722; *Kujath* AfP 2013, 269, 273; vgl zur Zulässigkeit des Losverfahrens EGMR NJW 2013, 521, 522 f.
1234 *Kühne* StV 2013, 417, 419.

verhandlung gerade keine besonderen oder legitimen Interessen. Es gehe vielmehr um die **„quivis ex populo".**[1235] Der Öffentlichkeitsgrundsatz bezwecke insoweit nur eine zufällige und ungesteuerte Öffentlichkeit sowie gleiche Chancen des Zugangs.[1236] Dass die Berücksichtigung spezieller Interessen zu Folgeproblemen führt, die nur schwer überzeugend oder konsensfähig beantwortet werden können,[1237] belegt der Umstand, dass auch nach der Vergabe von Presseplätzen an ausländische Medien im NSU-Verfahren noch durchgreifende verfassungsrechtliche Bedenken hinsichtlich der Platzvergabe geäußert wurden.[1238]

4. Möglichkeit der Beschränkung auf der Grundlage des allgemeinen Hausrechts

416 Außerhalb der Grenzen der §§ 169 S 2, 176 GVG, dh zeitlich vor oder nach der Verhandlung oder räumlich außerhalb des Sitzungssaales bzw der angrenzenden Räumlichkeiten, besteht ferner die Möglichkeit, dass der Gerichtspräsident Einschränkungen auf der Grundlage des allgemeinen Hausrechts trifft.[1239] Zu denken wäre zB an eine Anordnung, dass Journalisten nicht mit laufenden Kameras die Beteiligten eines Strafverfahrens im Eingangsbereich des Gerichtsgebäudes erwarten dürfen, wenn hierdurch das Betreten des Gebäudes erschwert werden würde. Für zulässig angesehen wurde in diesem Zusammenhang aber eine Beschränkung der Öffentlichkeit dadurch, dass Videoüberwachungsanlagen an den Eingängen der Gerichtsgebäude installiert werden, obwohl eine solche Überwachung eine psychische Zutrittsschwelle darstellen könne.[1240]

5. Die Gefahren der Medienberichterstattung für den Strafprozess

417 Hintergrund der einschränkenden Regelung des § 169 S 2 GVG ist, dass das einzelne Verfahren nicht zum Spektakel für die Öffentlichkeit werden soll.[1241] Erfahrungen aus den USA, wo die Medienöffentlichkeit in Gerichtsverfahren zulässig ist, zeigen die Gefahren, die sich aus einer uneingeschränkten Bild- und Tonberichterstattung aus den Gerichtssälen ergeben. Eine solche Gefahr besteht insb in der Beeinträchtigung des Persönlichkeitsrechts der Prozessbeteiligten, vor allem der Angeklagten und der Zeugen.[1242] So kann der Verbreitung von Aufnahmen aus einer – emotional nicht selten aufgeladenen – strafrechtlichen Hauptverhandlung nicht selten eine gewisse „Prangerwirkung" zukommen, die über die Zeit des Verfahrens hinauswirkt. Diese kann bei großen Teilen der Bevölkerung – vor allem auch auf Grund möglicher Wiederholungen der Aufzeichnungen – in Erinnerung bleibt und dadurch eine spätere Resozialisierung des Betroffenen erschweren.[1243] Darüber hinaus besteht eine Gefährdung der Wahrheitsfindung.[1244] So steht zu vermuten, dass die Parteien, vor allem aber auch die Zeugen, vor „laufender Kamera"

1235 *Kühne* StV 2013, 417, 419; vgl auch *Pfeifle* ZG 2010, 283, 293.
1236 *Kühne* StV 2013, 417, 419.
1237 *Kühne* StV 2013, 417, 419.
1238 *Kujath* AfP 2013, 269, 273; *Muckel* JA 2013, 476, 478; vgl auch schon BVerfG NJW 2003, 500, 501.
1239 *Pfeifle* ZG 2010, 283, 287.
1240 *Klotz* NJW 2011, 1186 ff; vgl auch LG Itzehoe NJW 2010, 3525 einerseits und VG Wiesbaden NJW 2010, 1220 andererseits.
1241 *Gatzweiler* StraFo 1995, 64, 67; vgl allg zum Einfluss der Medien auf das Strafverfahren *Gerhardt* ZRP 2009, 247; *Hamm* Große Prozesse und die Macht der Medien 1997; *Wagner* Strafprozessführung über die Medien 1987.
1242 *Becker-Toussaint* NJW 2004, 414, 416; *Neuling* StV 2008, 387, 389; *Wohlers* StV 2005, 186, 188.
1243 BVerfGE 103, 44, 68; vgl auch BVerfGE 35, 202, 219 ff, 226 ff; BVerfG NJW 1996, 581, 583; BVerfG NJW 1999, 1951; *Bornkamm* NStZ 1983, 102, 103; *Hassemer* NJW 1985, 1921, 1924; *Kaulbach* ZRP 2009, 236, 238; *Kühl* FS Müller-Dietz 401, 406, 412 f; *Lehr* NStZ 2009, 409, 411; *Rinsche* ZRP 1987, 384.
1244 BVerfGE 103, 44, 68 f; *Kühl* FS Müller-Dietz 401, 404; *Ranft* Jura 1995, 573, 576.

anders reagieren, eher unangenehme Tatsachen zurückhalten und ihre Aussage auf die Wirkung in der Öffentlichkeit ausrichten.[1245] Des Weiteren steht zu befürchten, dass die Prozessbeteiligten dem Geschehen nicht mehr unbeeinflusst folgen und sich daran auch nicht mehr unbeeinflusst beteiligen können.[1246] Dies gilt insb wiederum für die Zeugen, die durch die Medienpräsenz abgelenkt werden können. Auch ist an eine suggestive Beeinflussung der Zeugen durch die Medien zu denken.[1247] Darüber hinaus besteht die Gefahr der verfälschten Wiedergabe des Geschehens, wenn in (in der Praxis immer kürzer werdenden) Beiträgen Verhandlungsteile aus dem Zusammenhang gerissen dargestellt werden.[1248] Schließlich können, insb in politischen Strafprozessen, Angeklagte und Verteidiger die Medienöffentlichkeit zu propagandistischen Zwecken nutzen und dadurch den Ablauf eines geordneten Strafverfahrens empfindlich stören.[1249] Ein letzter Aspekt, der insb in Strafverfahren Bedeutung erlangt, ist die mögliche Kollision von Medienöffentlichkeit und Unschuldsvermutung.[1250] Durch eine wirksame Medienkampagne kann es leicht zu einer Vorverurteilung des Angeklagten kommen,[1251] die einerseits die Entscheidung der Richter und Schöffen beeinflusst, andererseits den Angeklagten aber auch nach einem Freispruch noch belasten kann, weil immer „etwas hängen" bleibt, auch wenn am Ende die Unschuld rechtskräftig festgestellt wird.[1252] Eine andere Frage ist, ob diese Gefahren außerhalb des Strafverfahrens in gleicher Weise bestehen. So wird insb diskutiert, ob nicht eine vorsichtige Öffnung des Verbots zB im verwaltungsgerichtlichen Verfahren, möglicherweise hier auch nur in der Revisionsinstanz, möglich oder sogar verfassungsrechtlich geboten erscheint.[1253]

6. Die Verwendung von Medien im Strafverfahren

Nur kurz soll darauf eingegangen werden, dass dem Strafverfahren durch den Einsatz von Medien nicht nur Gefahren drohen, sondern dass durch die Verwendung von Medien auch Erleichterungen möglich sind.[1254]

Einerseits sind es oftmals die Medien, die durch sorgfältige Recherchen strafbares Verhalten aufdecken und dadurch auch Verdachtsgründe und Informationen liefern, die ein Strafverfahren erst ermöglichen.[1255]

Aber auch durch den Einsatz von Medien im konkreten Strafverfahren können Erleichterungen eintreten. Zu nennen ist hier nur die Möglichkeit des Einsatzes der Videotechnik im Rahmen von Vernehmungen. So ist es nach § 247a StPO aus Gründen des Zeugenschutzes möglich, dass

---

1245 BVerfGE 103, 44, 68 f; vgl dazu *Pfeifle* ZG 2010, 283, 297.
1246 *Kaulbach* ZRP 2009, 236, 238.
1247 Eberle/Rudolf/Wasserburg/*Wasserburg* Kap IX Rn 166; *Groß* FS Hanack 39, 40.
1248 Hierzu auch *Huff* NJW 2001, 1622; ferner BVerfGE 103, 44, 66; BVerfG NJW 1999, 1951, 1952.
1249 Vgl zu diesem Aspekt auch *Gerhardt* ZRP 2009, 247, 249.
1250 *Kühl* FS Müller-Dietz 401, 413; *Petersen* § 20 Rn 2; *Prinz/Peters* Rn 819; vgl hierzu auch BT-Drucks IV/178, 45; BVerfG NJW 2006, 2835; *Stapper* AfP 1996, 349.
1251 *Gatzweiler* StraFo 1995, 64; *Pfeifle* ZG 2010, 283, 288; *Wohlers* StV 2005, 186, 188; vgl zur Prozessführung über Medien *Zabel* GA 2011, 347, 348; vgl zu einer möglichen Kompensation dieser Nachteile für den Angeklagten auf Strafzumessungsebene oben Rn 105 ff.
1252 Vgl hierzu auch *Hassemer* NJW 1985, 1921; *Lehr* NStZ 2009, 409, 414; ferner den Tagungsbericht bei *Kohl* ZUM 1985, 495.
1253 Instruktiv hierzu BVerfGE 103, 44, 68 ff, für eine solche Öffnung die abweichende Ansicht der Richter *Kühling, Hohmann-Dennhardt* und *Hoffmann-Riem* BVerfGE 103, 44, 78 ff; vgl ferner BVerfG NJW 1999, 1951, 1952; *Grimm* ZRP 2011, 61 f.
1254 Vgl zur Rolle der Medien im Strafverfahren *Rückert* StV 2012, 378.
1255 Zu diesem Aspekt Eberle/Rudolf/Wasserburg/*Wasserburg* Kap IX Rn 166; *Eisenberg* Rn 20; *Lehr* NStZ 2009, 409; *Zabel* GA 2011, 347, 353 f.

sich ein Zeuge während der Vernehmung in der Hauptverhandlung an einem anderen Ort aufhält und die Aussage zeitgleich in Bild und Ton in das Sitzungszimmer übertragen wird. Unter diesen Voraussetzungen ist auch eine grenzüberschreitende Vernehmung eines Zeugen möglich, die einen besseren Erkenntniswert bietet als eine kommissarische Vernehmung des Zeugen durch einen ersuchten Richter.[1256]

421 Schließlich ist daran zu erinnern, dass insb über die Neuen Medien (Internet, elektronische Datenbanken) vielfältige Recherchen seitens der Gerichte ermöglicht werden[1257] und dass der Einsatz von Medien zur Fahndung von Verdächtigen und Zeugen genutzt werden kann.

7. Exkurs: Die Medienöffentlichkeit im Ermittlungsverfahren

422 Rechtlich problematisch ist schließlich die Frage, ob und inwieweit eine Medienberichterstattung über Strafverfahren und Tatverdächtige erfolgen darf, wenn lediglich ein Ermittlungsverfahren läuft, dh noch keine Anklage seitens der Staatsanwaltschaft erhoben wurde, und ob und inwieweit Justizbedienstete oder Staatsanwälte berechtigt oder gar verpflichtet sind, den Medien entsprechende Informationen zu erteilen.[1258] Denn einerseits wird aus Art 5 Abs 1 GG ein Recht der Medien und der Öffentlichkeit abgeleitet, insb bei spektakulären Kriminalfällen oder Straftaten, an denen Personen der Zeitgeschichte – als Opfer oder potentielle Täter – beteiligt sind, über die Straftat und den Stand der Ermittlungen zu informieren und informiert zu werden. Andererseits können durch eine „aggressive" Medienberichterstattung leicht Rechte des Tatverdächtigen (sowie auch diejenigen von Opfern, Zeugen und sonstigen Beteiligten) beeinträchtigt werden: das allgemeine Persönlichkeitsrecht (Art 1 Abs 1 iVm Art 2 Abs 1 GG), welches insoweit ein Recht auf Bild- und Namensanonymität gewährt,[1259] die Unschuldsvermutung sowie das Recht auf ein „faires" Strafverfahren, welches aus Art 20 Abs 3 GG, Art 6 Abs 1 S 1 EMRK abgeleitet wird. Dies kommt insb bei identifizierenden und vorverurteilenden Berichterstattungen[1259a] über den Tatverdächtigen in Frage, da es hierdurch mitunter zu Auswirkungen kommen kann, die (nicht nur im Falle eines späteren Freispruchs oder einer Verfahrenseinstellung) über die mit dem Strafverfahren notwendigerweise verbundenen Beeinträchtigungen weit hinausgehen und den Betroffenen dauerhaft stigmatisieren können.[1260] Die gesetzliche Legitimation der Informationsweitergabe und der Berichterstattung spielt ferner eine besondere Rolle bei der Frage, ob der Betroffene sich hiergegen zur Wehr setzen kann und ob ihm gegebenenfalls Ausgleichsansprüche auf Ersatz materieller und immaterieller Schäden zustehen[1261] (möglich ist in diesem Bereich die Geltendmachung von Unterlassungs-, Gegendarstellungs-, Widerrufs-, Schadenser-

---

1256 Vgl hierzu *Beulke* ZStW 113 (2001), 709, 723 ff; Eberle/Rudolf/Wasserburg/*Wasserburg* Kap IX Rn 166; *Weider* StV 2000, 48, 52; dagegen allerdings *Diemer* NStZ 2001, 393, 396.
1257 Vgl hierzu BGHSt 44, 308, 312: Möglichkeit des Zugriffs auf Entscheidungen US-amerikanischer Gerichte via Internet.
1258 Vgl hierzu *Becker-Toussaint* NJW 2004, 414, 416 f; *Dalbkermeyer* Der Schutz des Beschuldigten vor identifizierenden und tendenziösen Pressemitteilungen der Ermittlungsbehörden 1994, 32 ff; *Fischer, N* Die Medienöffentlichkeit im strafrechtlichen Ermittlungsverfahren – unter besonderer Berücksichtigung der Informationsfreiheitsgesetze 2014; *Gierhake* JZ 2013, 1030, 1034; *Gounalakis* NJW 2012, 1473; *Lehr* NStZ 2009, 409, 411; *ders* NJW 2013, 728; *Meier* in: Arbeitskreis deutscher, österreichischer und schweizerischer Strafrechtslehrer, Alternativentwurf Strafjustiz und Medien 2004, 89; *ders* FS Schreiber 331, 333 f; *Neuling* Inquisition durch Information 2005, 150 ff; *ders* HRRS 2006, 94, 97; *ders* StV 2008, 387, 388; *Trüg* NJW 2011, 1040; *Zabel* GA 2011, 347, 354 f; ferner allg zu grundlegenden Unterschieden der Wesensnatur von Justiz und Medien *Hörisch* StV 2005, 151.
1259 *Bornkamm* NStZ 1983, 102, 103; *Kühl* FS Müller-Dietz 401, 409.
1259a Vgl zur identifizierenden Berichterstattung ausf oben *Boksanyi/Koehler* Kap 1 Rn 159 ff.
1260 Vgl *Gatzweiler* StraFo 1995, 64; *Scholderer* ZRP 1991, 300.
1261 *Bornkamm* NStZ 1983, 102, 107.

satz- oder Entschädigungsansprüchen;[1262] weiterhin kommen in diesem Zusammenhang auch strafrechtliche Sanktionsnormen wie die §§ 185 ff, 203 Abs 2 S 1 Nr 1, 353d Nr 3 StGB sowie Normen des Nebenstrafrechts wie zB § 33 KUG in Betracht).[1263] Für Unterlassungs- und Folgenbeseitigungsansprüche ist entscheidend, ob sich die angegriffene Medienauskunft der Ermittlungsbehörde als rechtswidrig erweist. Insoweit kommt hierbei darauf an, ob ein behördliches Äußerungsrecht oder sogar eine Pflicht zur Äußerung besteht und – wenn eine solche Pflicht bejaht wird – wie weit diese Pflicht reicht.[1264]

Eine eindeutige rechtliche Regelung im Hinblick auf die Auskunftsrechte bzw das Recht der Berichterstattung seitens der Medien fehlt. Teilweise wird § 475 Abs 4 Alt 2 StPO („[...] können [...] sonstigen Stellen Auskünfte aus den Akten erteilt werden") herangezogen,[1265] der jedoch an sich lediglich die Informationsübermittlung an Private betrifft, die ein berechtigtes Interesse darlegen können (als „sonstige Stellen" sind hier zB private Vereine anzusehen).[1266] Ein weiterer gesetzlicher Anknüpfungspunkt kann sich aus den einzelnen Landespressegesetzen ergeben, die alle ein Informationsrecht der Presse normieren.[1267] Diese Auskunftsansprüche unterliegen jedoch zum einen vielerlei Einschränkungen[1268] und sind darüber hinaus aufgrund ihres weit angelegten Regelungsbereichs allgemein gehalten und nicht im Speziellen auf die Öffentlichkeitsarbeit im strafrechtlichen Ermittlungsverfahren zugeschnitten. Auch aus den Informationsfreiheitsgesetzen des Bundes und der Länder lassen sich keine weiteren Ansprüche herleiten, da diese Gesetze den Bereich der Strafverfolgung regelmäßig aus ihrem Anwendungsbereich ausschließen.[1269] Daher wird vielfach – de lege ferenda – eine gesetzliche Sonderregelung gefordert.[1270] Ein Ergebnis wird sich hier nur durch eine sorgfältige Abwägung der Interessen der Beteiligten finden lassen, wobei stets zu beachten ist, dass weder die Ermittlungsarbeit der Strafverfolgungsbehörden durch die Berichterstattung in den Medien beeinträchtigt noch individuelle Rechte der Beteiligten verletzt werden dürfen.[1271] Was die Rechte der Beteiligten angeht ist davon auszugehen, dass insb bei der Namensnennung und der identifizierenden Berichterstattung eine besondere Zurückhaltung geboten ist.[1272] Die Veröffentlichung des Namens (Entanonymisierung) und des Tatvorwurfs im Einzelnen durch die Staatsanwaltschaft wird daher

---

1262 Vgl hierzu *Becker-Toussaint* NJW 2004, 414 f; *Bornkamm* NStZ 1983, 102, 107; *Lehr* NStZ 2009, 409, 413; *Neuling* StV 2008, 387 ff; *Zabel* GA 2011, 347, 364.
1263 Vgl hierzu oben Rn 108 ff, 152 ff, 227 ff, 332 ff; sowie *Kühl* FS Müller-Dietz 401, 407. Vgl zu den Möglichkeiten der Verteidigung, einer für den Beschuldigten nachteiligen Medienberichterstattung entgegenzuwirken, *Gatzweiler* StraFo 1995, 64, 65.
1264 *Neuling* StV 2008, 387, 390.
1265 OVG Münster NJW 2001, 3803; LG Berlin NJW 2002, 838; *Lindner* StV 2008, 210, 211; *Meyer-Goßner* § 475 Rn 1; aA VG Berlin NJW 2001, 3799 (es sei hier der Verwaltungsrechtsweg zu beschreiten, ein Anspruch könne sich aus § 4 LPG Berlin ergeben); *Meier* FS Schreiber 331, 335; hierzu ausf *Fischer, N* 78 ff.
1266 Vgl BT-Drucks 14/1484, 26; Löwe/Rosenberg/*Hilger* 26. Aufl § 475 Rn 2; vgl zum Ganzen auch *Meier* FS Schreiber 331, 334 f.
1267 Vgl zu § 4 LPG *Lehr* NStZ 2009, 409, 411 ff; *Lindner* StV 2008, 210 f; *Neuling* StV 2008, 387 f; *Zabel* GA 2011, 347, 356; vgl auch *Becker-Toussaint* NJW 2004, 414 f; *Fischer, N* 59 ff.
1268 Vgl exemplarisch § 4 LPG Berlin.
1269 Vgl exemplarisch § 3 Nr 1 g des Informationsfreiheitsgesetzes des Bundes: „Der Anspruch auf Informationszugang besteht nicht [...] wenn das Bekanntwerden der Information nachteilige Auswirkungen haben kann auf [...] die Durchführung eines laufenden Gerichtsverfahrens, den Anspruch einer Person auf ein faires Verfahren oder die Durchführung strafrechtlicher, ordnungswidrigkeitsrechtlicher oder disziplinarischer Ermittlungen"; hierzu ausf *Fischer* 237 ff.
1270 *Dalbkermeyer* 183 ff (Einführung eines neuen § 169a GVG); *Fischer, N* 290 f (Einführung eines neuen § 475a StPO); *Meier* in: Alternativentwurf Strafjustiz und Medien, 2004, 89, 91 ff (Einführung eines neuen § 475a StPO); *Neuling* 315 (Einführung eines neuen § 160a StPO).
1271 Zu den Abwägungskriterien vgl *Gounalakis* NJW 2012, 1473, 1475 ff; *Lehr* NJW 2013, 728, 730 ff.
1272 Vgl *Gounalakis* NJW 2012, 1473, 1475; *Lehr* NJW 2013, 728, 730; *Trüg* NJW 2011, 1040, 1043.

nur im Einzelfall und auch nur dann zulässig sein, wenn das öffentliche Informationsinteresse der Allgemeinheit das Geheimhaltungsinteresse des Betroffenen überwiegt, was selten der Fall sein dürfte. Lediglich bei einer Straftat von erheblicher Bedeutung, die auch die Allgemeinheit in besonderer Weise berührt hat und einem gleichzeitigen Mindestbestand an Beweistatsachen, wird daher eine Namensnennung in Betracht kommen.[1273] In keinem Fall darf es aber Sprechern der Staatsanwaltschaft oder der Gerichte gestattet werden, das Ergebnis der Hauptverhandlung durch vorverurteilende Äußerungen vorwegzunehmen.[1274]

[1273] Vgl *Gounalakis* NJW 2012, 1473, 1479.
[1274] Vgl auch *Mitsch* Medienstrafrecht § 4 Rn 19.

Sachregister

Die fetten Zahlen verweisen auf die Kapitel, die mageren Zahlen verweisen auf die Randnummern.

A
Abbildungen **6** 62
    auf Gedenkmünzen **4** 13
    Verletzung des Briefgeheimnisses **6** 143
Abbildungsfreiheit **4** 69
    abgestuftes Schutzkonzept **4** 80
    absolute Person der Zeitgeschichte **4** 75
    Aufzug **4** 123
    beiläufig bekannte Personen **4** 87
    Beiwerk **4** 117
    berechtigtes Interesse des Abgebildeten **4** 135 ff.
        siehe auch dort
    Bereich privater Zurückgezogenheit **4** 96
    Beteiligte an einem Strafprozess **4** 112
    Beurteilungsspielraum **4** 74
    Beweislast **4** 114
    Bundeszentralregister **4** 107
    Ehegatten **4** 97
    Ehepartner von Politikern **4** 85
    Ermittlungsverfahren **4** 106
    Fernsehmoderatoren **4** 86
    Führungspersonen aus der Wirtschaft **4** 86
    gewöhnliche Privatpersonen **4** 101
    Google Street View **4** 121
    Haftentlassung **4** 107
    höheres Interesse der Kunst **4** 128 ff.
    Informationsbedürfnis der Öffentlichkeit **4** 73
    Inhaftierung **4** 110
    Kinder **4** 99
    Königshäuser **4** 86
    kontextneutrale Fotos **4** 95
    Kontrastfunktionen **4** 90
    Lebenspartner **4** 97
    Leitbildfunktionen **4** 90
    Musiker **4** 86
    Online-Archiv **4** 111
    Politiker **4** 83
    politisches Ziel **4** 132
    Polizisten **4** 113
    Rechtsanwälte **4** 112
    relative Person der Zeitgeschichte **4** 75
    Richter **4** 112
    Schauspieler **4** 86
    Schöffen **4** 112
    Schwangerschaft **4** 92
    sonstige Angehörige **4** 99
    sonstige Personen des öffentlichen Interesses **4** 86
    Sportler **4** 86
    Straftaten **4** 104
    Strafvollzug **4** 109
    Trennung **4** 98
    Unschuldsvermutung **4** 106
    Unterhaltung **4** 92
    Urlaubsfotos **4** 93
    Versammlung **4** 122 *siehe auch dort*
    Werbezwecke **4** 100
    Zeitgeschehen **4** 82
    Zeitgeschichte **4** 72 ff.
Abdruck **1** 64
abgestuftes Schutzkonzept **4** 2
    Abbildungsfreiheit **4** 80
Abmahnungskosten **2** 250 ff.
    berechtigte Abmahnung **2** 250
    Bildnisschutz **4** 217
    einheitliche Angelegenheit **2** 255
    hinreichende Sachkunde **2** 251
    Höhe **2** 252
    mehrere gebührenrechtliche Angelegenheiten **2** 253
    verschiedene Personen **2** 255
Abrücken **2** 139
Abschlussschreibenskosten **2** 256 f.
    Abschlusserklärung **2** 256
    eigene Angelegenheit **2** 257
    Hauptsacheverfahren **2** 256
    Höhe **2** 257
absolute Person der Zeitgeschichte **4** 75
    Abbildungsfreiheit **4** 75
    Fotoveröffentlichung **1** 38 ff.
    Pressefreiheit **1** 36, 1 38
Accessprovider **6** 71, **6** 76
Adäquanztheorie **2** 216
Aktualitätsgrenze
    Fristbeginn **2** 96
    Gegendarstellung **1** 58
    Gegendarstellungsdurchsetzung **2** 123 f.
    Gegendarstellungsform **2** 92
    Illustrierte **2** 124
    überregionale Tageszeitung **2** 124
    wöchentliche Zeitschrift **2** 124
Alleintäterschaft **6** 65
allgemeines Persönlichkeitsrecht **3** 2 *siehe auch* Wirtschaftswerbung
    Angehörige **3** 33
    Bildnisschutz **4** 8 *siehe auch dort*
    fiktive Lizenzgebühr **3** 70
    freie Entfaltung der Persönlichkeit **3** 3
    Garantien der EMRK **3** 5
    Geheimsphäre **3** 39

Geldentschädigung 3 65
Glied der sozialen Gesellschaft 3 55
ideeller Bestandteil 3 59
Imagewerbung für ein Presseprodukt 3 109 ff.
Informationsbedürfnis der Öffentlichkeit 3 37
Intimsphäre 3 41
Klaus Kinski-Entscheidung 3 89
Kollektivbeleidigung 3 13
kommerzielle Ausbeutung 3 2
kommerzielle Verbreitung eines Bildes 3 94
kommerzieller Bestandteil 3 61
Lizenzanalogie 3 70
Marlene-Entscheidungen 3 63
Meinungsfreiheit 3 3
mutmaßlicher Willen des Erblassers 3 79
öffentliche Sportveranstaltung 3 10
Öffentlichkeitssphäre 3 57
Persönlichkeitsrechtsverletzung 3 65 *siehe auch*
    dort
postmortales 3 25
Pressefreiheit 3 3, 3 97
Privatsphäre 3 46
Rahmenrecht 3 3
Recht auf eigenen Lebensraum 3 36
Rechtsgrundlage 3 3
Rundfunkfreiheit 3 3
Schutzbereiche 3 36 ff.
Schutzdauer 3 87
Schutzintensität 3 38
Selbstbestimmungsrecht 3 59
Situationen elterlicher Hinwendung 3 11
Sozialsphäre 3 55
Systematisierung 3 8
Träger des allg. PersönlichkeitsR *siehe dort*
Übertragbarkeit 3 60, 3 76
unterschiedliche Bekanntheitsgrade 3 92
Unverletzlichkeit der Menschenwürde 3 3
unwahre Berichterstattung 3 2
vererbliches Rechtsgut 3 75
Vererblichkeit 3 78
Vermarktungsbereitschaft 3 82
vermögenswertes Ausschließlichkeitsrecht 3 74
Werbewert 3 62
Werbung für ein Presseerzeugnis 3 96
Werbung für eine bestimmte Ausgabe 3 104
Werbung für medienfremde Produkte 3 119
Werbung im Presseprodukt 3 100 ff.
Altersbeschränkungen *siehe auch* Altersfreigabe
    FSK 5 126
    FSK-Freigabe 5 119
    Jugendfreigabe 5 123
    Jugendschutz 5 118 ff.
    Landesjugendbehörden 5 123
Altersfreigabe
    akustische Kennzeichnung 5 253

Anbringung
    Internet 5 168
    Kinofilm 5 166
    Trägermedien 5 167
Ausnahmen 5 131 ff.
Ausnahmeregelungen 5 254
Ausstrahlungsverbote 5 255
Computerspiele 5 177 ff.
europäische Länder 5 311
Fernsehprogramme 5 251
Festival 5 135
FSK 5 127 ff.
FWU 5 132 f.
inhaltsgleiche Programme 5 256
Internet-Plattform 5 173
keine 5 136, 5 151 ff.
Kinobesuch, begleiteter 5 128
Kinofilme 5 250
Lehrprogramme 5 131
lokale Ordnungsbehörden 5 171
nichtgewerbliche Nutzung 5 132
Programmankündigungen 5 252
Sendezeitbeschränkung 5 218 ff.
Telemedien 5 229
Überprüfung der Einhaltung 5 171 ff.
Versandhandel 5 170, 5 172
Verweigerung 5 187
Videofilme 5 250
zeitliche 5 129
Zeitschriftenbeigabe 5 134
Angehörige
    allgemeines Persönlichkeitsrecht 3 33
    Geldentschädigung 2 243 f., 3 33
    postmortaler Achtungsanspruch 4 63
Angstkontrolle 5 45
Anleitung zu Straftaten 6 279 f.
Anleitung zur Begehung staatsgefährdender Gewalttaten 6 210
Anspruchsverpflichteter
    Berichtigung 2 190
        verantwortlicher Redakteur 2 191
        Zitat 2 190
        Zueigenmachung 2 190
    Gegendarstellung 2 116
    Geldentschädigung 2 245
    Schadensersatzanspruch 2 218
    Unterlassungsanspruch 2 27
Anstiftung 6 66
Anwendbarkeit deutschen Strafrechts
    Begehungsort 6 37
    bereits verbüßte Strafe im Ausland 6 48
    Doppelbestrafungsverbot 6 48
    Einschränkungsmodelle 6 43
    Erfolgsdelikte 6 42
    Erfolgsort 6 42

Gefährdungsdelikte 6 42
Personalitätsprinzip 6 44
Schutz inländischer Rechtsgüter 6 45
Stellvertretungsprinzip 6 47
Teilnehmer 6 37
Ubiquitätsprinzip 6 37
Verbreitung im Inland 6 49
Verfolgungszwang 6 48
Weltrechtsprinzip 6 46
Anzeigensperre 6 295
Appellationsausschuss 5 155
Arbeitsausschuss 5 146
ärztliche Untersuchungen 3 42
ASK 5 189 f.
Aufstacheln 6 200
Aufzug 4 123
Auschwitzlüge 6 244
Auskunftsanspruch 2 201 ff.
Beweislast 2 203
Bildnisschutz 4 190 ff.
Empfänger 2 204
Informanten 2 205
Quellen 2 205
Rechtsgrundlage 2 202
Umfang 2 203
Aussagen Dritter
Distanzierung 1 212, 1 218
Dokumentation des Meinungsstandes 1 212
Fremdzitat 1 217 f.
Gegendarstellung 2 36
Interviews 1 219 ff.
Lohnkiller-Entscheidung 1 216
Markt der Meinungen 1 223 ff.
Panorama-Entscheidung 1 214
Stern TV-Entscheidung 1 215
Zueigenmachung 1 211, 1 214 ff.
Ausschlussfrist 1 58
Äußerungsdelikt 6 278
Ausspähen von Daten 6 147
Abfangen von Daten 6 151
Brute-Force-Attacks 6 149
Hacking 6 148
Passwort 6 148
social-engineering 6 150
Ausstrahlungsverbote 5 255

B
Babycaust-Entscheidung 1 143 ff.
Bagatellklausel 6 137
Beeinträchtigung, andauernde 1 65
Befriedigung der Neugier 1 40
Beihilfe 6 66
Verletzung des Dienstgeheimnisses 6 226
Beiprogramm 5 137
Beiwerk 4 117

Beleidigungsdelikte
Beleidigung 6 116
berechtigtes Interesse 6 127 ff.
Cyber-Mobbing 6 116
Ehrenrührigkeit 6 110
Ehrenschutz 6 109
Formalbeleidigung 6 111, 6 116
geschützter Personenkreis 6 112
Informationspflicht 6 131
Kollektivbezeichnung 6 113
Mediengrundrechte 6 130
Organe und Vertreter ausländischer Staaten 6 123
Personenmehrheiten 6 113
Qualifikationen 6 121 ff.
Tatsachenbehauptung 6 111, 6 114
üble Nachrede 6 117 *siehe auch dort*
Unwahrheit 6 111
Verleumdung 6 120
Verunglimpfung des Andenkens Verstorbener 6 124
Wahrnehmung berechtigter Interessen 6 108, 6 125 ff.
Werturteil 6 111, 6 114
Zweifelsfall 6 115
berechtigtes Interesse 2 49
berechtigtes Interesse des Abgebildeten
Beweislast 4 137
CD-Cover 4 160
Debatte mit Sachgehalt 4 150
erkennbare Manipulation 4 156
erotische Nacktaufnahmen 4 142
Fotomontage 4 155
Fußball-Sammelbilder 4 160
Gefährdung 4 158
Interessenabwägung 4 136
Intimsphäre 4 140
Minderjährige 4 144
Nacktheit 4 140
Opfer von Verbrechen 4 145
privater Bereich 4 148 f.
Privatsphäre 4 143
Satire 4 157
Titelseite 4 162
unzutreffende Bildaussage 4 154
Werbung 4 159
Bereicherungsanspruch 2 207
Berichterstattung 6 238
Berichtigung 2 137 ff.
abgestufte Ansprüche 2 147
Abrücken 2 139
angekündigte Ereignisse, 2 142
Anspruchsverpflichteter 2 190
Arten 2 139
Belegtatsachen 2 144
berichtigende Kommentierung 2 139

Berichtigungsdurchsetzung 2 192 ff.
    einstweilige Verfügung 2 195
    sachdienliche Antragsfassung 2 194
    Vollstreckung 2 197
    Vorformulierung des Textes 2 193
Berichtigungserklärung siehe dort
Beweislast 2 143
Bildnisschutz 4 188
Distanzierung 2 139
ehrverletzende Meinungsäußerung 2 140
ehrverletzende Tatsachenbehauptung 2 140
Erforderlichkeit 2 152
Ergänzung 2 139
Erweckung eines falschen Eindrucks 2 141
Formen siehe Berichtigungserklärung
fortdauernde Beeinträchtigung 2 149
fortwirkende Beeinträchtigung 2 137
Fragesatz 2 141
Geeignetheit 2 159
Gegendarstellungsdurchsetzung 2 126
Geldentschädigung 2 236
Genugtuung 2 159
Interessenabwägung. 2 161
Nichtaufrechterhaltung 2 139
Rechtsgrundlage 2 138
Rechtswidrigkeit 2 145
Richtigstellung 2 139
Richtigstellungsanspruch 2 145
sekundäre Darlegungslast 2 144
Störer 2 146
Tatsachenbehauptung, unwahre 2 143
Unwahrheit 2 143
ursprünglich rechtmäßige Berichterstattung 2 145
Verdachtsäußerung 2 142
verlässliche Quelle 2 144
Verschulden 2 145
Widerruf 2 139, 2 145
Berichtigungserklärung 2 162 ff.
    Abgabe 2 188
    allgemein zugängliche Quellen 2 154
    Berichtigungsinteresse 2 152
    Demütigung des Verpflichteten 2 163
    Distanzierung 2 175
    Erforderlichkeit 2 152
    Ergänzung 2 177
    Erläuterung 2 164
    freiwillige 2 155
    Folgen der Erstveröffentlichung 2 163
    Gegendarstellung 2 156
    irreführende 2 165
    Klarstellung 2 164
    Negierung der Ausgangsmitteilung 2 164
    Nichtaufrechterhaltung 2 172
    redaktionelle Anmerkung 2 187

    Richtigstellung 2 169
    Schwere des Eingriffs 2 163
    Übertreibung 2 152
    Verbreitung 2 188
        Ausgangsmitteilung im Buch 2 189
        mündliche 2 189
    Verbreitung der Ausgangsmitteilung 2 163
    Verhältnismäßigkeit 2 162
    Veröffentlichung eines Unterlassungstitels/-erklärung 2 157
        Nachweis der Unwahrheit 2 185
        non liquet 2 185
        unzulässige Meinungsäußerung 2 186
    Verschweigen maßgeblicher Umstände 2 165
    Widerruf 2 167
Berufsverbot 6 87 ff.
Beschimpfung von Bekenntnissen 6 161
Beschlagnahme
    Beschlagnahmeverbot 6 391
    Cicero-Entscheidung 1 28 f.
    E-Mails 6 394
    Gewaltdarstellungen 5 87
    Pressefreiheit 1 26
    Richtervorbehalt 6 393
    selbst recherchiertes Material 6 392
    von Druckwerken 6 395
Beschwerde 5 291
Besitz kinderpornografischer Schriften 6 274
besonderes Persönlichkeitsrecht 3 4
Betroffenheit
    Gegendarstellung 2 39
    Gruppe 2 42
    mittelbare 2 41
    Unterlassungsanspruch 2 7
Beweislast
    Abbildungsfreiheit 4 114
    Auskunftsanspruch 2 203
    berechtigtes Interesse des Abgebildeten 4 137
    Berichtigung 2 143
    ehrenrührige Tatsachen 1 97 f.
    Einwilligung 4 53
    entgangener Gewinn 2 210
    Tatsachenbehauptung 1 96 ff.
    Unterlassungsanspruch 2 29
Bewertungskriterien 5 16
Bildberichterstattung 2 207
Bildnis 4 12 f.
    Abbildungen auf Gedenkmünzen 4 13
    Arten 4 13
    Comic-Figuren 4 13
    digitale Reproduktionen in Computerspielen 4 13
    Doppelgänger 4 13
    Erkennbarkeit 4 14
    Fotomontagen 4 13

Karikaturen 4 13
Puppen 4 13
Schattenrisse 4 13
Schauspieler 4 13
Zeichnungen 4 13
Bildnisschutz 4 57 ff.
    Abbildungsfreiheit 4 69 *siehe auch dort*
    abgestuftes Schutzkonzept 4 2
    Abmahnungskosten 4 217
    absolute Person der Zeitgeschichte *siehe dort*
    allgemeines Persönlichkeitsrecht 4 8
    Ansprüche bei Verletzungen 4 170
    Anspruchsinhaber 4 171
    Auskunftsanspruch 4 190 ff.
    Berichtigung 4 188
    Beseitigungsansprüche 4 213 ff.
    Bildnis *siehe dort*
    Einwilligung 4 27 *siehe auch dort*
    Einwilligung des Abgebildeten 4 2
    EMRK 4 11
    Ende des Schutzes 4 59
    Erben 4 66
    Gegendarstellung 4 187
    Geldentschädigung 4 201 ff.
    Informationsbedürfnis der Öffentlichkeit 4 5
    Link 4 25
    Lizenzanalogie 4 196
    Massenmedien 4 6
    Minderjährige 4 29
    öffentliche Zurschaustellung 4 25
    Persönlichkeitsrechtsverletzung 4 202
    postmortaler 4 55 ff.
    postmortaler Achtungsanspruch 4 57 ff. *siehe auch dort*
    Rechtsgrundlage 4 1
    relative Person der Zeitgeschichte 4 75
    Sachaufnahmen 4 164 *siehe auch dort*
    Schadensersatzanspruch 4 194 ff.
    Schadensersatzhöhe 4 209 ff.
    Schutzdauer 4 54, 4 62
    Selbstbestimmungsrecht 4 24
    Übertragbarkeit 4 172 ff.
    Unterlassungsanspruch 4 175 ff. *siehe auch dort*
    Verbreitung 4 24
    Vererblichkeit 4 65
    Vernichtung 4 213
    Verschulden 4 198
    Zeitgeschichte 4 2
Bildschirmanzeigen 6 62
Bildträger 6 59
Bildveröffentlichung
    Gegendarstellung 1 56
    Kerntheorie 1 52
    Presserecht 1 166
    Prominenter im privaten Umfeld 1 35
    Unterlassungsanspruch 1 46
Blog 2 38
Brute-Force-Attacks 6 149
Bundesprüfstelle für jugendgefährdende Medien
    Antragsberechtigte 5 111
    Bewertungskriterien 5 16
    Bundesanzeiger 5 111
    Dreierausschuss 5 114
    Gremium 5 112
    Gutachter 5 16
    Indexveröffentlichung 5 111
    Indizierung 5 109
    jugendgefährdende Medien 5 108
    Jugendgefährdung, offensichtliche und schwere 5 114 f.
    Killerspiele 5 115
    Klage 5 113
    Offensichtlichkeit 5 115
    Procedere 5 112 ff.
    Telemedien 5 110
    Trägermedien 5 110
    wissenschaftliche Forschungsergebnisse 5 16
    Zuständigkeit 5 110
Busenmacher-Witwe-Entscheidung 1 120 ff.

C
Cableversions 5 203
Caroline I-Entscheidung
    Doppelbestrafungsverbot 1 73
    Geldentschädigung 1 72
    Pressefreiheit 1 35 ff.
    Privatsphäre 3 49
Chat 6 60
Cicero-Entscheidung
    Beschlagnahme 1 28 f.
    beschuldigter Medienmitarbeiter 1 30
    Geheimnisverrat 1 27
    hinreichende Anhaltspunkte 1 31
    Pressefreiheit 1 25 ff.
    Tatverdacht 1 32
    Zeugnisverweigerungsrecht 1 28
Comic-Figuren 4 13
Compuserve-Urteil 6 72
Computerspiele
    Altersfreigabe 5 177 ff. *siehe auch* USK
Contentprovider 6 71, 6 74
Contergan-Fall 3 21
Cyber-Mobbing 6 116

D
Darstellungen 6 62
Datenspeicher 6 60
DDoS-Attacken 6 299
Dementi 2 59

Demonstrationen 4 123
Desensibilisierungsthese 5 24
Dienstgeheimnis 6 226
digitale Reproduktionen in Computerspielen 4 13
Distanzierung
    Aussagen Dritter 1 212, 1 218
    Beispiel 2 176
    Berichtigung 2 139
    Berichtigungserklärung 2 175
    Interviews 1 221
    Überschriften 1 222
Doppelgänger 4 13
doppelte Dosis 5 27
Drittunterwerfung 1 49
Druckwerke
    Gegendarstellung 2 37
    Presse 1 9
DSDS 5 82
dualistisches Beteiligungssystem 6 64
Durchsuchungen 6 383 ff.
    Beschlagnahmeverbot 6 386
    Pressefreiheit 1 26
    Richtervorbehalt 6 387
    zur Auffindung von Beweismaterial 6 386
    zur Auffindung von Schriften mit strafbarem Inhalt 6 388

E
E-Mails 6 394
echte Fragen 1 87
ehrenrührige Behauptung
    Tatsachenbehauptung 1 97 f.
    Unterlassungsanspruch 2 29
Ehrenrührigkeit 6 110
Eingriff in den eingerichteten und ausgeübten Gewerbebetrieb 2 6
einstweilige Verfügung
    Berichtigungsdurchsetzung 2 195
    Gegendarstellung 1 57
    Gegendarstellungsdurchsetzung 2 118
    Unterlassungsanspruch 1 47
Einwilligung 4 27
    andere Internetseite 4 42
    Anfechtung 4 52
    bestimmter Kontext 4 36
    Beweislast 4 53
    Entlohnung 4 33
    Erkennbarkeit des Verwendungszwecks 4 32
    Erotik 4 37
    falscher Eindruck 4 36
    Fernseh-Live-Übertragung 4 31
    Fernsehinterview 4 31
    Fotos in der Werbung 4 38
    Internet 4 40
    journalistischer Kontext 4 39
    konkludente 4 31
    Kontext der Befragung 4 32
    Minderjährige 4 29, 4 50
    öffentliche Veranstaltung 4 31
    öffentliche Zurschaustellung 4 27
    Personensuchmaschine 4 42
    postmortaler Achtungsanspruch 4 68
    Reichweite 4 34
    Sportereignis 4 31
    Stellvertretung 4 28
    stillschweigende 4 30
    uneingeschränkte 4 48
    urheberrechtliche Zweckübertragungsregel 4 35
    Verbreitung 4 27
    Wegfall 4 43 ff.
    Widerruf 4 44
Einwirken 6 203
Einwirkung auf Bundeswehr und Sicherheitsorgane 6 201 ff.
    Absicht 6 206
    Einwirken 6 203
    öffentliche Sicherheitsorgane 6 202
    Ziel der Einwirkung 6 205
Einziehung 6 97 ff.
    Herstellungsvorrichtungen 6 100
    Hinzutreten weiterer Tatumstände 6 102
    Inhaltsdelikte 6 98
    öffentliche Zugänglichmachung 6 103
    Schriften 6 98
    Umlauf 6 101
    Verhältnismäßigkeit 6 104
elektronische Proteste 6 298
entgangener Gewinn
    Beweislast 2 210
    gewöhnlicher Lauf der Dinge 2 210
    hypothetische Umsatz- und Gewinnentwicklung 2 210
    Schadensersatzanspruch 2 210
Entwicklungsbeeinträchtigung
    Medieninhalt 5 20
    plausible Annahme 5 13
Entwicklungspsychologie 5 18
Ergänzung
    Beispiel 2 178
    Berichtigung 2 139
    nachträgliche 2 179 f.
Erkennbarkeit
    Assoziation 4 19
    Augenbalken 4 20
    begründeter Anlass 4 22
    Gegendarstellung 2 40
    Gesichtszüge 4 15
    Kontext 4 18
    Kreis von Betrachtern 4 21

Persönlichkeitsverletzung 2 228
Schauspieler 4 17
sonstige Merkmale 4 15
Umstände außerhalb des Bildes 4 16
Unterlassungsanspruch 2 7
Erläuterung 2 164
Ermittlungsverfahren 1 194 ff.
Erstbegehungsgefahr
Ausräumen der 2 15
Unterlassungsanspruch 1 48, 2 13
Erzieherprivileg
Jugendschutz 5 104
Verbreitung pornografischer Schriften 6 266
Erziehungsrecht, elterliches 5 4
Erziehungswissenschaft 5 19
Erziehungsziel 5 20 ff.
allgemeiner Wertekonsens 5 22
Verfassung 5 21

F
falsche Verdächtigung 6 162
Bekanntmachung der Verurteilung 6 164
Herbeiführen behördlicher Maßnahmen 6 163
wider besseren Wissens 6 162
Familie
Privatsphäre 3 51
Träger des allg. PersönlichkeitsR 3 13
Fernsehmoderatoren 4 86
Feststellungsinteresse 2 221
fiktive Lizenzgebühr
allgemeines Persönlichkeitsrecht 3 70
Bekanntheit 3 71
doppelte 3 72
Imagewerbung für ein Presseprodukt 3 111 ff.
Imagewert des Abgebildeten 3 71
Wirtschaftswerbung 3 125
Filmberichterstattungsfreiheit
Einschränkung 6 29
Medienstrafrecht 6 29
Formalbeleidigung 1 103, 6 111, 6 116
fortdauernde Beeinträchtigung
Behördenverfahren 2 151
Berichtigung 2 149
Buch 2 149
Fernsehberichterstattung 2 149
Gerichtsverfahren 2 151
Internet 2 149
rechtzeitige Klageerhebung 2 150
Tageszeitung 2 149
Zeitablauf 2 149
Foto 2 34
Fotomontage 4 13
Gegendarstellung 1 56

Fotoveröffentlichung
absolute Personen der Zeitgeschichte 1 38 ff.
zeitgeschichtliches Ereignis 1 38 ff.
Freiheit der politischen Diskussion 1 108
Freiwillige Selbstkontrolle der Filmwirtschaft siehe FSK
Freiwillige Selbstkontrolle Fernsehen siehe FSF
Freiwillige Selbstkontrolle Multimedia siehe FSM
Friedensverrat 6 197 ff.
Frist
Gegendarstellungsdurchsetzung 2 123 f.
Gegendarstellungsform 2 87 ff.
FSF
Beschwerdestelle 5 263
divergierenden Prüfentscheidungen von FSF und FSK 5 284
Doppelprüfungen 5 285
Historie 5 257
Jugendschutzbeauftragte 5 263
Kuratorium 5 261, 5 266
Landesjugendbehörden 5 259
Mitgliedschaft 5 265
Prüfer 5 267
Prüfung siehe Prüfung FSF
Sendezeitbeschränkung 5 214 ff.
Sendezeitbeschränkung, Ausnahme von der 5 222
wiederkehrende Formate 5 217
FSK
Altersbeschränkungen 5 126
Alterseinstufung 5 47
Altersfreigabe 5 127 ff. siehe auch dort
Appellationsausschuss 5 155
Arbeitsausschuss 5 146
Beiprogramm 5 137
Berufungen 5 155
Bewertungskriterien 5 16
divergierenden Prüfentscheidungen von FSF und FSK 5 284
Doppelprüfungen 5 285
erneute Vorlage 5 161
fremdsprachige Filme 5 158
Gremien 5 144
Grundsatzkommission 5 144
Hauptausschuss 5 154
Historie 5 138
Juristenkommission 5 153
keine Jugendfreigabe 5 151 ff.
Kennzeichnung siehe Altersfreigabe
Klage 5 143
Landesjugendbehörde 5 146 ff., 5 155
Liste der öffentlichen Hand 5 146
öffentliche Filmvorführung 5 119
Pornografie 5 102
Prüfungsgegenstände 5 157
Schnittauflagen 5 149

Sendezeitbeschränkung 5 218 ff.
vereinfachtes Prüfverfahren 5 162 ff.
Verfassungsmäßigkeit 5 142
Verwaltungsakt 5 150
FSM
Angebotsbeobachtung 5 297
Beschwerde 5 291
Beschwerdeausschuss 5 294
Beschwerdestelle 5 292
Historie 5 289
Jugendschutzprogramm 5 301
nachträgliche Prüfung 5 291
Netz für Kinder 5 306
Rüge 5 295
Suchmaschinen 5 305
Vereinsstrafe 5 295
Verhaltenskodex 5 299
Vorprüfung 5 291
Werbung 5 303
Führungspersonen aus der Wirtschaft 4 86
Funkzellenabfragen 6 403
FWU 5 132 f.

G
Garantie der institutionellen Eigenständigkeit 1 19
Gedenkmünzen 4 13
Gefährdungsdelikt
Gewaltdarstellung 6 246
Landesverrat 6 215
Sicherheitsgefährdendes Abbilden 6 224
verbotene Mitteilungen über Gerichtsverhandlungen 6 228
Gefühlsmanagement 5 46
Gegendarstellung 2 32
abgedruckte Berichtigung 2 47
Aktualitätsgrenze 1 58
Anspruchsverpflichteter 2 116
Anzeigen des geschäftlichen Verkehrs 2 51
Ausnahmen 2 50
Aussagen Dritter 2 36
Ausschlussfrist 1 58
Äußerung des Betroffenen in der Ausgangsmitteilung 2 46
Äußerung eines Verdachts 2 35
Behörde 2 43
Belanglosigkeiten 2 45
berechtigtes Interesse 2 44
Betroffenheit 2 39
Betroffenheit, mittelbare 2 41
Beweislast 2 49
Bildnisschutz 4 187
Bildveröffentlichung 1 56
Blog 2 38
Druckwerke 2 37
durch Äußerung erweckter Eindruck 2 35

Eilanspruch 1 57
Erkennbarkeit 2 40
Formalien 1 57
Foto 2 34
Fotomontage 1 56
Gegendarstellungsdurchsetzung *siehe dort*
Gegendarstellungsform *siehe dort*
Gegendarstellungsinhalt *siehe dort*
Gegendarstellungsveröffentlichung *siehe dort*
Geldentschädigung 2 238
Gerichtsberichte 2 50
Gruppe 2 42
Internetauftritte von periodisch erscheinenden Druckerzeugnissen 2 37
Interviews 2 36
irreführende 2 48, 2 69 f.
juristische Person 2 43
Landespressegesetze 2 33
Leserbrief 2 36
mehrgliedrige 2 127
Meinungsäußerung 2 34
Namensnennung 2 40
offensichtlich unwahre 2 48, 2 67 f.
Parlamentsberichte 2 50
periodische Veröffentlichung 2 37
Presserecht 1 54 ff.
private Internetseiten 2 37
Redaktionsschwanz 2 111
soziale Netzwerke 2 38
Stempel der Lüge 1 55
Stetigkeit bei der Aktualisierung 2 38
Tatsachenbehauptung 1 54, 2 34
Tatsachenbehauptung, verdeckte 2 35
Twitter 2 38
unabweisliche Schlussfolgerung 2 35
verantwortlicher Redakteur 2 116
Verleger 2 116
Veröffentlichungen im Internet 2 37
Wahrheitsgehalt 1 55
Gegendarstellungsdurchsetzung
Aktualitätsgrenze 2 123 f.
Alles oder nichts 2 126
Aufklärungspflicht des Schuldners 2 130
Aufspaltung des Verfahrens 2 135
Berichtigung 2 126
einstweilige Verfügung 2 118
Einwand des Rechtsmissbrauchs 2 131
Ermächtigung zur Änderung 2 127
erneute Zuleitung der Änderung 2 126
Erzwingung des Hauptsacheverfahrens 2 120
Frist 2 123 f.
geringfügige Änderungen 2 127
Glaubhaftmachung 2 132
inhaltliche Änderung 2 128

Klage 2 119
Klarstellung 2 126
Kosten 2 128, 2 130
mehrgliedrige Gegendarstellung 2 127
Modalitäten der Veröffentlichung 2 129
rechtsmissbräuchliche Verspätung 2 123
Streichung eines unabhängigen Teils 2 127
Streitwert 2 134
Unverzüglichkeit 2 131
verbundene Antragsgegner 2 135
Veröffentlichungsverlangen 2 125
Verweigerung des Abdrucks 2 125
Vollstreckung 2 136
Vollziehung 2 136
Zuständigkeit, örtliche 2 133
Zuständigkeit, sachliche 2 134
Zwangsgeldverfahren 2 136

Gegendarstellungsform
Aktualitätsgrenze 2 92
angemessener Zeitrahmen 2 90
Fax 2 82
Frist 2 87 ff.
gesetzliche Vertretung 2 84
mehrerer Fassungen 2 86
mehrfache Zuleitung 2 95
rechtsgeschäftliche Stellvertretung 2 84
Schriftform 2 81
starre Frist 2 89
starre Höchstfrist 2 93 f.
Unterschrift 2 81, 2 83
Unverzüglichkeit 2 88
Zugang 2 85

Gegendarstellungsinhalt
angemessener Umfang 2 73 ff.
Belege 2 66
Bezug zur Ausgangsmitteilung 2 59
Dementi 2 59
Erkennbarkeit des Verfassers 2 79
Irreführungsgefahr 2 61
kein strafbarer Inhalt 2 72
keine Irreführung 2 69 f.
keine offensichtliche Unwahrheit 2 67 f.
Leserbrief 2 77
Rundfunk 2 78
Überschrift 2 77
weitergehende Erläuterungen 2 64
Wiedergabe der Ausgangsmitteilung 2 53
Wiedergabe des Eindrucks 2 56

Gegendarstellungsveröffentlichung 2 97 ff.
bestimmte Rubrik 2 99
bestimmter Wochentag 2 99
Einschaltungen 2 107
gleiche Schrift 2 105
gleicher Teil eines Druckwerks 2 100
Inhaltsverzeichnis 2 108

Internet 2 110
Kopfzeilen 2 101
Link 2 110
mehrere Seiten 2 104
nächste Ausgabe 2 98
redaktionelle Gestaltungsfreiheit 2 102
Rundfunk 2 109
Titelseite 2 102 f.
Überschrift 2 106
Verlesung 2 109
Weglassungen 2 107
Wochenendausgabe 2 99

Geheimhaltungsbedürftigkeit, objektive 6 213
Geheimsphäre
allgemeines Persönlichkeitsrecht 3 39
Geheimhaltungswillen 3 39
genehmigte Veröffentlichungen 3 40
Recht auf informationelle Selbstbestimmung 3 39
unzulässige Veröffentlichungen 3 40
Verhalten der betroffenen Person 3 40

Geldentschädigung 2 223 ff.
allgemeines Persönlichkeitsrecht 3 65
Angehörige 2 243 f., 3 33
Anspruchsberechtigter 2 243
Anspruchsverpflichteter 2 245
Berichtigung 2 236
Bildnisschutz 4 201 ff.
Caroline I-Entscheidung 1 72
Durchsetzung 2 248
fehlende anderweitige Kompensation 2 236
Gegendarstellung 2 238
Höhe 2 246
  Anlass 2 246
  Beispiele 2 247
  Gewinne 2 246
  Grad des Verschuldens 2 246
  Hartnäckigkeit 2 246
immaterielle Schäden 1 70
Klage 2 248
Madeleine von Schweden-Entscheidung 1 72
Persönlichkeitsrechtsverletzung 1 70, 3 65
Rechtsgrundlage 2 223
Schutzlücke 3 69
schwere Persönlichkeitsverletzung 2 226,
  siehe auch Persönlichkeitsverletzung
Straffunktion 1 73
unabwendbares Bedürfnis 2 240 f.
ungewollter Einsatz in der Werbung 3 68
Unterlassungsverpflichtung 2 239
Unternehmenspersönlichkeitsrecht 3 15
Verschulden 2 242
Voraussetzungen 2 224
Widerruf 1 67
Zwangskommerzialisierung 3 68

Gerichtsberichterstattung 1 167
Gerichtsshows
    Jugendschutz 5 81
    Reality-Shows 5 80
Gerichtsstand
    Aufenthaltsort 6 54
    Ausstrahlungsort 6 53
    Druckschriften 6 52
    Ergreifungsort 6 54
    Presseinhaltsdelikt 6 52
    Tatort 6 51
    Wohnsitz 6 54
    zusammenhängende Taten 6 54
Gerüchte
    Distanzierung 1 85
    Existenz 1 84
    Inhalt 1 85
    Tatsachenbehauptung 1 84 ff.
geschlossene Benutzergruppen
    Rundfunk 5 232
    Telemedien 5 230
Gewaltdarstellung (Straftat) 6 246
    Gefährdung der Gesellschaft 6 246
    grausamen Schilderung von Gewalttätigkeiten 6 247
    Sozialadäquanzklausel 6 250
    Tathandlungen 6 249
    Tatobjekt 6 247
    Verherrlichung 6 248
    Vorbereitungsdelikt 6 249
Gewaltdarstellungen
    Angstkontrolle 5 45
    Angstverarbeitung 5 43 ff.
    Anstieg der Aggressionsbereitschaft 5 38
    aus Sicht der Opfer 5 37
    Beschlagnahme 5 87
    Desensibilisierungsthese 5 24
    doppelte Dosis 5 27
    Gefühlsmanagement 5 46
    grausame 5 89
    Habitualisierungsthese 5 24
    Inhibitionsthese 5 24
    Jugendschutz, europäischer 5 318
    Katharsistheorie 5 23 f.
    Kontext 5 28, 5 36
    Korrelationen 5 29 ff.
    Kultivierungshypothese 5 24
    Mainstreaming 5 24
    Märchen 5 44
    Menschenwürde 5 92
    Metaanalysen 5 25
    Notwehr 5 40
    ohne Sicht auf die Opfer 5 38
    präkommunikative Selektion 5 24
    Pubertät 5 53
    reale Aggressionen 5 26
    Reiz-Reaktions-System 5 26
    Selbstjustiz 5 41
    sozial-kognitive Lerntheorie 5 24
    Stimulationstheorie 5 24
    Strafrecht 5 86 ff.
    Theorie der kognitiven Dissonanz 5 24
    Ursache für gewalttätiges Verhalten 5 26
    Verbot, strafrechtliches 5 86
    Verharmlosung 5 90
    Vielseher 5 29
Glaubhaftmachung 2 132
Glücksspiel
    unerlaubte Veranstaltung eines Glücksspiels
        siehe dort
Google Street View 4 121
Gutachter 5 16

H
Habitualisierungsthese 5 24
Handys
    Happy Slapping 5 234
    Mobile Bullying 5 234
Happy Slapping 5 234
Hartnäckigkeitsrechtsprechung 1 74
Hauptausschuss 5 154
Hausfriedensbruch 6 165
    Hausrechtsinhaber 6 167
    öffentliche Versammlungen 6 168
    Pressevertreter 6 168
    Schutzbereich 6 166
Herausgeber 2 27
Hirnforschung
    Jugendschutz 5 18
    moralisches Urteilsvermögen 5 28
höchstpersönlicher Lebensbereich 6 139
Hochzeit 3 51
Hostprovider 6 78
Hyperlinks 6 81

I
Identifizierbarkeit 1 164 ff.
illegales Geheimnis 6 220
IMSI/IEMI-Catcher 6 403
Indizierung *siehe auch* Altersfreigabe
    Abbildung nackter Menschen 5 12
    Bundesprüfstelle 5 109
    Listenstreichung 5 117
    Schutzdauer 5 116
    Wirkung 5 109
Informanten 2 205
Informationsbedürfnis der Öffentlichkeit
    Abbildungsfreiheit 4 73
    allgemeines Persönlichkeitsrecht 3 37
    Bildnisschutz 4 5

Privatsphäre 3 50
Verdachtsberichterstattung 1 193, 1 194
Informationsfreiheit
    Einschränkung 6 20
    Informationsgewinnung 6 21
    institutionelle Garantie 6 20
    investigativer Journalismus 6 21
    Medienstrafrecht 6 19
Inhaltsdelikte 6 98
    Medienstrafrecht 6 10
Inhibitionsthese 5 24
innere Tatsachen 1 94
institutionelle Garantie
    Informationsfreiheit 6 20
    Pressefreiheit 6 23
Intensivtäter 5 27
Interessenabwägung
    Berichtigung 2 161
    Wirtschaftswerbung 3 128
Internet
    Altersfreigabe 5 168
    Einwilligung 4 40
    fortdauernde Beeinträchtigung 2 149
    Gegendarstellung 2 37
    Gegendarstellungsveröffentlichung 2 110
    Markt der Meinungen 1 224
    Musiktauschbörsen *siehe dort*
    öffentliche Aufforderung zu Straftaten 6 278
    Presse 1 11
    Sabotage 6 296
    Straftaten
        Anleitung zur Begehung von Straftaten 6 290
        Aufforderung zur Begehung von Straftaten, öffentliche 6 288
        Bindungswille 6 285
        Ernstlichkeit 6 285
        Molotow-Cocktails 6 292
        Sich-Bereit-Erklären zur Deliktsbegehung 6 284
        Verabredung von Straftaten 6 282
        Verabredung zur Deliktsbegehung 6 289
        versuchte Anstiftung 6 287
        Virus Construction Kits 6 293
        Vorstufen der Deliktsbegehung 6 283
    Täterschaft 6 69 ff.
    unerlaubte Veranstaltung eines Glücksspiels *siehe dort*
    Verbreitung kinderpornografischer Schriften 6 272 f.
    Verbreitung pornografischer Schriften 6 268
    Zugänglichmachen 6 173 f.
Interviews
    Aussagen Dritter 1 219 ff.
    Distanzierung 1 221

Gegendarstellung 2 36
Überschriften 1 222
Intimsphäre
    Abgrenzung zur Privatsphäre 3 45
    allgemeines Persönlichkeitsrecht 3 41
    ärztliche Untersuchungen 3 42
    berechtigtes Interesse des Abgebildeten 4 140
    körperliche Gebrechen 3 42
    Krankheiten 3 42
    Mitwirkung an Pornofilmen 3 43
    Offenkundigkeit 3 43
    Öffentlichmachung 3 43
    religiöse Überzeugungen 3 44
    Vorgänge aus dem Sexualbereich 3 42
investigativer Journalismus
    Hausfriedensbruch 6 169
    Informationsbeschaffung 6 34
    Informationsfreiheit 6 21
    Informationsverwertung 6 35
    Insiderinformationen 6 35
    Kapitalmarktrecht 6 35
    Nötigung 6 159
    Privilegierung, keine 6 33
    rechtfertigender Notstand 6 84
Irreführung
    Berichtigungserklärung 2 165
    Gegendarstellung 2 48

J
jugendgefährdende Medien 5 108
Jugendhilfe 5 5
Jugendliche
    Distanz zu Inhalten 5 11
    Gefährdungsneigung 5 17
    Medienkritik 5 11
    Pornografie 5 98
    Träger des allg. PersönlichkeitsR 3 12
    Verbreitung pornografischer Schriften 6 256 f., 6 269
Jugendmedienschutz-Staatsvertrag 5 106
    Jugendschutz 5 213
    Jugendschutzbeauftragten 5 223
    Kommission für Jugendmedienschutz 5 195 *siehe auch* KJM
    Nachrichtensendungen 5 216
    öffentlich-rechtliches Fernsehen 5 225 ff.
    politisches Zeitgeschehen 5 216
    Reformbemühungen 5 307 ff.
    regulierte Selbstregulierung 5 194
    Selbstkontrolle 5 195
    Selbstkontrolleinrichtungen 5 240 *siehe auch* Selbstkontrolle
    Sendezeitbeschränkung 5 214
    unzulässige Sendungen 5 196 ff.
    Vorsperre 5 214

Werbung 5 224
Zielsetzung 5 191 ff.
Jugendschutz *siehe auch* Jugendmedienschutz
Staatsvertrag
abgefilmte Realität 5 10
Altersbeschränkungen 5 118 ff.
Alterseinstufung 5 47
ASK 5 189 f.
Automaten Selbstkontrolle 5 189 f.
DSDS 5 82
Entwicklungsbeeinträchtigung 5 13
Entwicklungspsychologie 5 18
erzieherischer 5 6 f.
Erzieherprivileg 5 104
Erziehungsziel 5 9
europäischer Jugendschutz
    Altersfreigabe 5 311
    Fernseh-RL 5 313 ff., 5 316, 5 319
    Gewaltdarstellungen 5 318
    RL für Audiovisuelle Mediendienste 5 314
Gerichtsshows 5 81
Handys 5 233 ff.
Hirnforschung 5 18
Jugendmedienschutz 5 8
Jugendmedienschutz-Staatsvertrag 5 106
Jugendschutzalter 5 55
Jugendschutzbeauftragte
    Antragstellung 5 269
    FSF 5 263
    Serien 5 272
Jugendschutzgesetz 5 106, 6 343 ff.
Kriterienfindung 5 10 ff.
Mediensucht 5 33
Medientheorie, subjektive 5 32
Medienwirkungsforschung 5 18
öffentliche Filmvorführung 5 120
Pornografie *siehe dort*
Prüfer 5 15
Reality-Shows *siehe dort*
Rechtsgrundlage 5 4
Risikogruppen 5 17
Sexualität *siehe dort*
Spiraletheorie 5 70
Übertragung 5 18
Unterhaltungssoftware Selbstkontrolle *siehe* USK
Unterscheidungskompetenz 5 10
USK 5 177 ff.
Verbreitung pornografischer Schriften 6 253
Wirkungsforschung 5 29 ff.
Wirkungsprognosen 5 31
wissenschaftliche Forschungsergebnisse 5 15, 5 40
Jugendschutzprogramm 5 301
Juristenkommission 5 153

K
Karikaturen 4 13
Karnevalsumzüge 4 123
Katharsistheorie 5 23 f.
Kennzeichen verfassungswidriger Organisationen 6 240
karikaturistisch verzerrte Darstellung 6 241
Sozialadäquanzklausel 6 243
strafbare Handlungen 6 243
wahrnehmbare Sinnesäußerungen 6 241
zum Verwechseln ähnliche Zeichen 6 241
Kerntheorie
Bildveröffentlichung 1 52
Unterlassungsanspruch 1 50, 2 24
Killerspiele 5 115
Kinder
Abbildungsfreiheit 4 99
Pubertät 5 50
Träger des allg. PersönlichkeitsR 3 10
Verstehensfähigkeiten 5 47 ff.
Kinderpornografie 5 104
KJM
Aufgaben 5 236
Aufsichtszuständigkeit 5 243
Beanstandungsverfahren 5 237
Beurteilungsspielraum 5 238
Dreierausschuss 5 237
Missbrauchsaufsicht 5 245
nicht vorlagefähige Programme 5 248
Privilegierung 5 245
Prüfergebnisse der Selbstkontrolle 5 249
Prüfgruppen 5 239
Selbstkontrolle 5 245
Zusammensetzung 5 235
Klage
Bundesprüfstelle 5 113
Gegendarstellungsdurchsetzung 2 119
Geldentschädigung 2 248
Indizierung 5 113
Widerruf 1 63
Klarstellung
Berichtigungserklärung 2 164
Gegendarstellungsdurchsetzung 2 126
Klaus Kinski-Entscheidung 3 89
Kleinkriminalität 1 175
Kollektivbeleidigung
allgemeines Persönlichkeitsrecht 3 13
Strafrechtsprechung 3 14
kommerzielle Ausbeutung 3 2
Kommission für Jugendmedienschutz *siehe* KJM
Kongresse 4 123
Königshäuser 4 86
körperliche Gebrechen 3 42
Krankheiten 3 42
Kultivierungshypothese 5 24

Kundgabe von Staatsgeheimnissen 6 211
    fahrlässige 6 217
    Geheimhaltungsbedürftigkeit, objektive 6 213
    Geheimnisbegriff
        formeller 6 213
        materieller 6 213
    Gelangenlassen 6 218
    illegales Geheimnis 6 220
    landesverräterische Fälschung 6 222
    Mosaiktheorie 6 214
    publizistischer Landesverrat 6 216
    Sich-Verschaffen von Staatsgeheimnissen 6 219
    Staatsgeheimnis 6 212
    Tatbestandsausschluss 6 212
    Tatsachen aus verschiedenen Quellen 6 214
    übergesetzlicher Rechtfertigungsgrund 6 218
Kunst 4 129
Kunst-Urhebergesetz *siehe auch* Bildnisschutz
    berechtigtes Interesse des Abgebildeten 6 332, 6 334
    Bildnisverbreitung 6 332
    Online-Archiv 6 335
    Personen der Zeitgeschichte 6 333
    Privatklagedelikt 6 336
    Zeitgeschichte 6 333
Kunstfreiheit 5 3
    Medienstrafrecht 6 30
    praktische Konkordanz 6 30
    Schranken 6 30

L
Landesjugendbehörde
    FSF 5 259 *siehe auch dort*
    FSK 5 146 ff. *siehe auch dort*
    ständiger Vertreter 5 148
Landespressegesetze 1 5, 6 341
    Gegendarstellung 2 33
Landespresseordnungen 6 341
Landesverrat 6 211, 6 215
landesverräterische Fälschung 6 222
Lehrprogramme 5 131
Leistungsklage 2 220
Lernen 5 19
Leserbrief
    Gegendarstellung 2 36
    Gegendarstellungsinhalt 2 77
    Unterlassungsanspruch 2 12
Live-Streaming 6 61
Lizenzanalogie
    allgemeines Persönlichkeitsrecht 3 70
    Bildnisschutz 4 196
Lizenzgebühr
    doppelte 1 69
    fiktive 1 69
Lohnkiller-Entscheidung 1 216

M
Madeleine von Schweden-Entscheidung 1 72
Mainstreaming 5 24
Märchen 5 44
Markt der Meinungen 1 223 ff.
    Live-Diskussion im Fernsehen 1 223
    Meinungsforum im Internet 1 224
Marlene-Entscheidungen 3 63
Medienfreiheit 6 27
Mediengesetze 1 12 f.
Mediengrundrechte 6 14
    Europäische Menschenrechtskonvention 6 32
Medieninhalt 5 20
Medienkonsum 5 35
Medienkriminalität 6 5
Medienkritik 5 11
Medienöffentlichkeit 6 404
    Akkreditierungsverfahren 6 415
    allgemeines Hausrecht 6 416
    Anordnungen des Vorsitzenden 6 412 ff.
    Fotoaufnahmen einer Gerichtsverhandlung 6 408
    Gefahren der Medienberichterstattung 6 417
    im Ermittlungsverfahren 6 422
    Öffentlichkeitsgrundsatz 6 405
    Pool-Lösung 6 413
    Prinzip der Schlange 6 415
    Ton- und Fernseh-Rundfunkaufnahmen einer Sitzung 6 412
Medienstrafrecht 6 1
    Anleitung zu Straftaten 6 279 f.
    Anwendbarkeit deutschen Strafrechts *siehe dort*
    Ausspähen von Daten *siehe dort*
    Beleidigungsdelikte *siehe dort*
    Belohnung und Billigung von Straftaten 6 281
    Berufsverbot 6 91
    Beschimpfung von Bekenntnissen 6 161
    Besitz kinderpornografischer Schriften 6 274
    Einziehung *siehe dort*
    exzessive Medienberichterstattung 6 105
    falsche Verdächtigung 6 162
    Filmberichterstattungsfreiheit 6 29
    Gerichtsstand *siehe dort*
    Grundrechte 6 14
    Hausfriedensbruch 6 165
    Informationsfreiheit 6 19
    Inhaltsdelikte 6 10
    Jugendschutzgesetz 6 343 ff.
        Bußgeldtatbestand 6 357 f.
        Einzelnormen 6 350 ff.
        Konfrontation mit jugendgefährdenden Trägermedien 6 346 ff.
        Liste der jugendgefährdenden Schriften 6 347
    juristische Personen 6 63
    Kunst-Urhebergesetz *siehe dort*

Kunstfreiheit 6 30
Landesmediengesetze 6 337
Landespressegesetze 6 341
    Bestellung als verantwortlicher Redakteur 6 341
    Ordnungswidrigkeiten 6 342
Landespresseordnungen 6 341
Medienkampagne 6 106
Medienunternehmen *siehe dort*
Medium als Werkzeug 6 8
Meinungsfreiheit 6 16
Multiplikatoreffekt 6 11
Nötigung *siehe dort*
Notwehr 6 82
öffentliche Aufforderung zu Straftaten *siehe dort*
Ordnungswidrigkeitenrecht 6 363 ff.
    grob anstößige und belästigende Handlungen 6 366
    öffentliche Aufforderung zu Ordnungswidrigkeiten 6 365
    Werbung für Prostitution 6 367
Parlamentsberichterstattung 6 86
Pressefreiheit 6 23
rechtfertigender Notstand 6 84
Rundfunkfreiheit 6 27
Schriften *siehe dort*
Schutz des persönlichen Lebens- und Geheimbereichs *siehe dort*
Sonderhaftung für den verantwortlichen Redakteur 6 339
Sonderhaftung für den Verleger 6 339
Staatsschutzrecht 6 175 ff.
Stasi-Unterlagen-Gesetz 6 359 ff.
    Ordnungswidrigkeit 6 362
    Veröffentlichung authentischer Unterlagen 6 361
strafverfahrensrechtliche Besonderheiten *siehe dort*
Strafzumessung 6 105
Täterschaft *siehe dort*
Urheberstrafrecht *siehe dort*
Verabredung von Straftaten im Internet 6 282 ff.
Verbreitung gefährdender Inhalte *siehe dort*
Verbreitung gewalt- oder tierpornografischer Schriften 6 270
Verbreitung jugendpornografischer Schriften 6 275
Verbreitung kinderpornografischer Schriften 6 272 f.
Verbreitung pornografischer Schriften *siehe dort*
Verbreitung rechtswidriger Inhalte *siehe dort*
Verbreitung staatsgefährdender Inhalte *siehe dort*
Verbreitung von Inhalten 6 7
Verfall 6 97
Verjährung *siehe dort*
Verletzung des Briefgeheimnisses *siehe dort*
Verletzung des Post- oder Fernmeldegeheimnisses 6 156
Verletzung individueller Rechte 6 6
Verletzung von Privatgeheimnissen *siehe dort*
Verwertung fremder Geheimnisse 6 155
Wahrnehmung berechtigter Interessen 6 83
Wechselwirkungslehre 6 14, 6 18
Wirtschaftswerbung 6 16
Mediensucht 5 33
Medientheorie, subjektive 5 32
Medienunternehmen
    Abhörmaßnahmen 6 398
    Beschlagnahme 6 390 ff.
    Beschlagnahmeverbot 6 391
    Durchsuchungen *siehe dort*
    Garantenpflicht 6 68
    Medienstrafrecht 6 12
    Online-Durchsuchung 6 400
    Pressenötigung, aktive 6 157
    Rundfunkfreiheit 6 28
    Schutz des persönlichen Lebens- und Geheimbereichs 6 137
    Strafbarkeit 6 63
    Strafbarkeit durch Unterlassen 6 68
    Täterschaft 6 67
    Tatherrschaft 6 67
    Überwachung der Telekommunikation 6 399
    verantwortlicher Redakteur 6 68
    verbotene Mitteilungen über Gerichtsverhandlungen 6 227
    Verletzung von Privatgeheimnissen 6 152
    virtuelle verdeckte Ermittler 6 401
    Zeugnisverweigerungsrecht der Medienmitarbeiter 6 370 ff.
Medienwirkungsforschung 5 18
Meinung 1 99
Meinungsäußerung
    Abgrenzung 1 76 ff., 1 110 f.
    Babycaust-Entscheidung 1 143 ff.
    Busenmacher-Witwe-Entscheidung 1 120 ff.
    Deutung einer Aussage 1 128 f.
    Durchschnittsempfänger 1 99
    Gegendarstellung 2 34
    mehrdeutige 1 128 ff., 1 158 ff.
    Meinung 1 99
    Meinungsfreiheit 1 100
    Persönlichkeitsverletzung 2 232
    polemische 1 100
    Schmähkritik 1 78, 1 102 ff.
    Stolpe-Entscheidung 1 131 ff.
    Tätervolk-Entscheidung 1 123 ff.
    Terroristentochter-Entscheidung 1 112 ff.

Unterlassungsanspruch 1 46
verletzende 1 100
Meinungsfreiheit *siehe auch* Wirtschaftswerbung
allgemeines Persönlichkeitsrecht 3 3
Eindruck des Journalisten 1 95
Inhalt, Form, Ort und Zeit der Meinungskundgabe 1 100
Medienstrafrecht 6 16
Meinungsäußerung 1 100
Meinungsäußerung des Journalisten 1 95
Menschenwürde 1 101
polemische Meinungsäußerung 1 100
Schmähkritik 1 101
Schranken 1 101, 6 17
Tatsachenbehauptung 1 78
Verdachtsberichterstattung 1 196
verletzende Meinungsäußerung 1 100
Menschenwürde 5 199
Gewaltdarstellungen 5 92
grobe Entstellungen 3 27
Katastrophenberichterstattung 5 200
Objekt-Formel 5 199
Reality-Shows 5 79
schwere Eingriffe 3 27
unzulässige Sendungen 5 198
Vererblichkeit der kommerziellen Bestandteile 3 31
Verstorbene 3 28
Wahlkampfwerbung 3 32
Metaanalysen 5 25
Minderjährige
berechtigtes Interesse des Abgebildeten 4 144
Bildnisschutz 4 29
Einwilligung 4 29, 4 50
Persönlichkeitsrechtsverletzungen 1 74
Pornografie 5 98
Pressefreiheit 1 36
Mittäterschaft 6 65
mittelbare Täterschaft 6 65
Mobile Bullying 5 234
Molotow-Cocktails 6 292
Mosaiktheorie 6 214
Musiker 4 86
Musiktauschbörsen 6 325
Client-Server-Modell 6 326
Herausgabe von Kundendaten 6 330
offensichtlich rechtswidrig hergestellte Vorlage 6 327
Peer-to-Peer-Modell 6 328
Privatkopie 6 327, 6 329

N
Nachrichtensendungen 5 216
Namensnennung
Beteiligte am Wirtschaftsleben 1 168 f.
bewusstes Handeln des Betroffenen 1 172, 1 186
Gegendarstellung 2 40
jugendliche Straftäter 1 175
Kleinkriminalität 1 175
Organ der Rechtspflege 1 176
Presserecht 1 166
RAF-Terroristen 1 185 ff.
schwere Kriminalität 1 171
Straftäter 1 174 ff.
enger zeitlicher Zusammenhang 1 178
erneuter Anlass 1 178
feste zeitliche Grenze 1 179
Informationsfreiheit 1 182
Online-Archiv 1 180
Recherche des Nutzers 1 181
Unterlassungsanspruch 2 7
Vorfälle mit politischem Hintergrund 1 170 ff.
vorheriges eigenes Verhalten 1 177
zeitgeschichtliches Geschehen 1 171
natürliche Person 3 9
Nebentäterschaft 6 65
Netz für Kinder 5 306
Nichtaufrechterhaltung
Beispiel 2 174
Berichtigung 2 139
Berichtigungserklärung 2 172
Nötigung 6 157
Androhung der Veröffentlichung 6 160
Anzeigensperre 6 295
gegenüber Medienunternehmen 6 295
Informationen abpressen 6 159
Pressenötigung, aktive 6 157
Pressenötigung, passive 6 295
Sabotage 6 296
Notwehr 5 40

O
öffentliche Aufforderung zu Straftaten 6 276
Auffordern 6 278
Aufruf zur Lynchjustiz 6 277
Äußerungsdelikt 6 278
Feldbefreiungen 6 278
Internet 6 278
unbestimmter Personenkreis 6 276
öffentliche Auftritte 3 57
öffentliche Filmvorführung
Jugendschutz 5 120
Verbreitung pornografischer Schriften 6 263
öffentliche Orte 3 48
öffentliche Sicherheitsorgane 6 202
öffentliche Zurschaustellung
Bildnisschutz 4 25
Einwilligung 4 27
Öffentlichkeitsgrundsatz 6 405

Öffentlichkeitssphäre
    allgemeines Persönlichkeitsrecht 3 57
    Licht der Öffentlichkeit 3 58
    öffentliche Auftritte 3 57
Online-Durchsuchung 6 400
Onlineauftritte 1 11
Ordnungswidrigkeitenrecht 6 363 ff.
Ort der Abgeschiedenheit 1 36
Oskar Lafontaine-Entscheidung 3 122 ff.

P
Panorama-Entscheidung 1 214
Parlamentsberichterstattung 6 86
Pay-TV-Sender
    Adult Channel 5 212
    Pornografie 5 204 ff.
periodische Veröffentlichung 2 37
Persönlichkeitsentfaltung 5 4
Persönlichkeitsrechtverletzung
    Beispiele 2 233 ff.
    berufliche Sphäre 2 227
    Bildnisschutz 4 202
    Erkennbarkeit 2 228
    erwiesene Unwahrheit 2 231
    Geldentschädigung 1 70, 2 226, 3 65
    hartnäckige Wiederholung 1 74
    Hartnäckigkeitsrechtsprechung 1 74
    herabsetzender Begleittext 4 203
    Imagewerbung für ein Presseprodukt 3 109 ff.
    Informationsinteresse 3 103
    Intimsphäre 2 227, 4 203
    Meinungsäußerung 2 232
    Minderjährige 1 74
    Personenkreis 2 228
    persönliche Diffamierung des Einzelnen 3 14
    Privatsphäre 2 227
    redaktioneller Inhalt 3 101
    Sachaufnahmen 4 165
    Satire 2 229, 4 205
    Titelseite 3 100
    ungenaue Darstellung 2 230
    unzulässige Meinungsäußerung 2 232
    Verdachtsäußerung 2 230
    Verschulden 2 242
    Werbefotos 4 204
    Werbung für eine bestimmte Ausgabe 3 104
    Werbung im Presseprodukt 3 100
Politikerfotos 1 22
politischer Meinungskampf 1 107 ff.
Pornografie 5 95, 5 99
    Darstellung der Geschlechtsorgane 5 96
    Fernseh-RL 5 316
    FSK 5 102
    gesellschaftliche Wertvorstellungen 6 255
    harte 5 103

    inhaltsneutrale Werbung 5 94
    Jugendliche 5 98
    Kinderpornografie 5 104
    Minderjährige 5 98
    Pay-TV-Sender 5 204 ff.
    Pornografieverbot 5 101, 5 103
    Rollenbilder 5 96
    Strafrecht 5 93
    Telemedien 5 230
    unzüchtige Schriften 5 99
    unzulässige Sendungen 5 202
    Verbreitung pornografischer Schriften 6 255
    Wertvorstellungen 5 96
Postadoleszenz 5 51
Postidentverfahren 5 230
postmortaler Achtungsanspruch
    Angehörige 4 63
    Einwilligung 4 68
    Schutzdauer 4 67
    Werbung 4 58
    Widerruf 4 68
präkommunikative Selektion 5 24
Presse
    Druckwerke 1 9
    einfachgesetzlicher Pressebegriff 1 9 f.
    Kommunikation im Internet 1 11
    Kontrollorgan 1 21
    Mediengesetze 1 12 f.
    Meinungsbildung 1 21
    Nötigung
        aktive 6 157
        passive 6 295
    öffentliche Aufgabe 1 21
    Onlineauftritte 1 11
    Onlinemedien 1 14
    Politikerfotos 1 22
    verfassungsrechtlicher Pressebegriff 1 14 f.
    verkörperte Massenvervielfältigung 1 10
Pressefreiheit 1 2
    absolute Personen der Zeitgeschichte 1 36, 1 38
    allgemeines Persönlichkeitsrecht 3 3, 3 97
    äußere 6 24
    Äußerungsfreiheit 1 18
    Befriedigung der Neugier 1 40
    Beschlagnahmen 1 26
    beschuldigter Medienmitarbeiter 1 30
    Bildveröffentlichung Prominenter im privaten
        Umfeld 1 35
    Caroline I-Entscheidung 1 35 ff.
    Cicero-Entscheidung 1 25 ff.
    dringender Tatverdacht 1 34
    Durchsuchungen 1 26
    Einschränkung 6 26
    erhöhter Informationsgehalt 1 42
    Garantie der institutionellen Eigenständigkeit 1 19

Geheimnisverrat 1 27
Individualgrundrecht 6 23
Inhalt der P. 1 18 ff.
innere 6 25
institutionelle Garantie 6 23
Medienstrafrecht 6 23
Meinungsbildung 1 19
Minderjährige 1 36
Ort der Abgeschiedenheit 1 36
Redaktionsgeheimnis 1 25
Situationen elterlicher Zuwendung 1 36
Tatverdacht 1 32
Thema von allgemeinem Interesse 1 40
Träger der P. 1 17
Urlaubsfotos 1 42
Veröffentlichung interner Papiere 1 33
Veröffentlichung von Geheimnissen 1 34
zeitgeschichtliches Ereignis 1 36, 1 38

Presseinhaltsdelikt 6 52
Scheinveröffentlichung 6 96
Verjährung 6 93, 6 95

pressemäßige Sorgfalt
Aufklärungsmöglichkeiten 2 20
Presseagentur 2 21
Sachverständigengutachten 2 21
Schwere des Vorwurfs 2 20
Stellung des Äußernden 2 20
Unterlassungsanspruch 2 18

Pressenötigung, aktive 6 157

Pressenötigung, passive 6 295

Presserecht
Abmahnungskosten *siehe dort*
Abschlussschreibenskosten *siehe dort*
andere mitgeteilte Umstände 1 166
Auskunftsanspruch *siehe dort*
Aussagen Dritter *siehe dort*
Bereicherungsanspruch 2 207
Berichtigung *siehe dort*
Bildveröffentlichung 1 166
case law 1 6
einfachgesetzliches 1 3 f.
Gegendarstellung 1 54 ff.
Gegendarstellungskosten 2 258
Geldentschädigung *siehe dort*
Gerichtsberichterstattung 1 167
Identifizierbarkeit 1 164 ff.
identifizierende Berichterstattung 1 162 ff.
Landespressegesetze 1 5
Namensnennung 1 166, 1 168 f. *siehe auch dort*
Recht auf Anonymität 1 160 ff.
Rückruf persönlichkeitsverletzender Druckerzeugnisse 2 198 ff.
Schadensersatzanspruch *siehe dort*
Unterlassungsanspruch 1 45 ff.
Verdachtsberichterstattung *siehe dort*

Widerruf 1 60 ff.
Zahlungsansprüche 1 68 ff.

Primat des Zivilrechts 6 314

Privatsphäre
allgemeines Persönlichkeitsrecht 3 46
berechtigtes Interesse des Abgebildeten 4 143
Caroline I-Entscheidung 3 49
Einkommensverhältnisse 3 52
Familie 3 51
freiwillige Öffnung des privaten Bereichs 3 54
Freunde 3 51
häuslicher Bereich 3 47
Heiratsabsichten 3 51
Hochzeit 3 50, 3 51
Informationsbedürfnis der Öffentlichkeit 3 50
Mitgliedschaft 3 53
Offenkundigkeit 3 54
öffentliche Orte 3 48
örtliche Abgeschiedenheit 3 48
private Gespräche 3 52
private Tätigkeiten 3 51
räumliche Abgrenzung 3 47 ff.
Scheidungsabsichten 3 51
thematische Abgrenzung 3 51
Urlaubsfotos 4 93
Vermögensverhältnisse 3 52

Propagandamittel 6 232
Abwehr verfassungsfeindlicher Bestrebungen 6 237
Berichterstattung 6 238

Providerhaftung 6 70

Prüfer 5 15

Prüfgruppen 5 239

Prüfung FSF
Antragstellung 5 269
Berufungsausschuss 5 280
Erotikprogramme 5 274
Gutachten 5 279
Hauptabendprogramm 5 270
Kuratorium 5 281
Prüfausschuss 5 275
Prüfergebnis 5 279 f.
prüfungsrelevante Programme 5 270
Prüfverfahren 5 275 ff.
Reality-Shows 5 273
Rechtsgrundlage 5 268
Sendezeitfreigabe 5 278
Serien 5 272
TV-Movies 5 271
Zeitschienen 5 277

Prüfverfahren 5 275 ff.

Pubertät 5 50
Gewaltdarstellungen 5 53
Rollenverhalten 5 52
Wertesystem 5 51

Public-Viewing 4 123
publizistischer Landesverrat 6 216
Puppen 4 13

Q
Quellen 2 205

R
Reality-Shows
    Castingshows 5 83
    DSDS 5 82
    Gerichtsshows 5 80
    Menschenwürde 5 79
    Prüfung FSF 5 273
    Scripted Reality 5 83
Recherche 2 14
Recht auf Anonymität 1 160 ff.
Recht auf eigenen Lebensraum 3 36
Rechtsgrundlage
    allgemeines Persönlichkeitsrecht 3 3
    Auskunftsanspruch 2 202
    Berichtigung 2 138
    Bildnisschutz 4 1
    Erziehungsrecht, elterliches 5 4
    Geldentschädigung 2 223
    Jugendschutz 5 4
    Jugendschutz, erzieherischer 5 6 f.
    Persönlichkeitsentfaltung 5 4
    Unterlassungsanspruch 2 4
Rechtswidrigkeit
    Berichtigung 2 145
    Schadensersatzanspruch 2 217
Redaktionsgeheimnis 1 25
Redaktionsschwanz
    einleitende Bemerkung 2 113
    Gegendarstellung 2 111
    neue Gegendarstellung 2 115
    Rundfunk 2 111
    Schikane 2 112
    sittenwidrige Schädigung 2 112
    Verstoß gegen Treu und Glauben 2 112
    Waffengleichheit 2 112
    Wahrheitsgehalt 2 114
regulierte Selbstregulierung 5 194
Reiz-Reaktions-System 5 26
relative Person der Zeitgeschichte 4 75
Richtigstellung
    Beispiel 2 171
    Berichtigung 2 139
    Berichtigungserklärung 2 169
    juristische Personen des öffentlichen Rechts 3 24
Richtigstellungsanspruch 2 145
Rufbeeinträchtigung, fortdauernde 1 66
Rundfunk
    Gegendarstellungsinhalt 2 78
    Gegendarstellungsveröffentlichung 2 109
    Redaktionsschwanz 2 111
    Verbreitung pornografischer Schriften 6 268
Rundfunkfreiheit
    allgemeines Persönlichkeitsrecht 3 3
    digitalisierte Formen der Telekommunikation 6 27
    Medienstrafrecht 6 27
    Medienunternehmen 6 28

S
Sabotage 6 296
    elektronische Proteste 6 298
    Nötigung 6 296
    Störung der Datenverarbeitung 6 297
Sachaufnahmen
    Fotografierverbot 4 169
    Innenaufnahmen 4 166
    Innenaufnahmen durch Wettbewerber 4 166
    nicht allgemein zugängliche Orte 4 167
    Wegbeschreibung 4 165
    Wohnort 4 165
    Zugang zu privaten Zwecken 4 168
Satire
    berechtigtes Interesse des Abgebildeten 4 157
    Persönlichkeitsrechtsverletzung 4 205
    Persönlichkeitsverletzung 2 229
    Verunglimpfung 6 208
    Wirtschaftswerbung 3 124
Schadensersatzanspruch 2 208 ff.
    Abschöpfung des Verletzergewinns 2 214
    Adäquanztheorie 2 216
    Anspruchsverpflichteter 2 218
    Anzeigen 2 211
        Berichtigung von Tatsachen 2 212
        ursprünglicher Rezipientenkreis 2 213
        Werbeaussagen 2 212
    Bildnisschutz 4 194 ff.
    Durchsetzung 2 220 ff.
    entgangener Gewinn 2 210
    Feststellungsinteresse 2 221
    immaterieller 1 70 ff.
    künftiger Schaden 2 222
    Leistungsklage 2 220
    Lizenzanalogie 2 214
    materieller 1 75
    Organisationsverschulden 2 218
    Rechtswidrigkeit 2 217
    Schaden 2 209 ff.
    schadensmindernde Aufwendungen 2 211
    Überwachungsverschulden 2 218
    Umsatzeinbußen 2 209
    verschiedene Medien 2 215
    Verschulden 2 217
Schattenrisse 4 13

Schauspieler 4 13
    Abbildungsfreiheit 4 86
Schmähkritik 1 102
    Abwägung 1 103 f.
    Babycaust-Entscheidung 1 143 ff.
    Formalbeleidigung 1 103
    Freiheit der politischen Diskussion 1 108
    Herabsetzung 1 102
    Meinungsäußerung 1 78, 1 102 ff.
    politischer Meinungskampf 1 107 ff.
    Rechtsverfolgung 1 106
    Rechtsverteidigung 1 106
    Terroristentochter-Entscheidung 1 112 ff.
    Thema von öffentlichem Interesse 1 104
    Zwangsdemokrat 1 109
Schriften 6 56 ff.
    Abbildungen 6 62
    Bildschirmanzeigen 6 62
    Bildträger 6 59
    Chat 6 60
    Darstellungen 6 62
    Datenspeicher 6 60
    Einziehung 6 98
    Live-Streaming 6 61
    Sammelbegriff 6 56
    Tonträger 6 58
Schtonk-Entscheidung 3 17
Schutz des persönlichen Lebens- und Geheimbereichs 6 132
    befugte Bildaufnahmen 6 142
    gegen Einblick besonders geschützter Raum 6 139
    Herstellen von Bildaufnahmen 6 140
    höchstpersönlicher Lebensbereich 6 139
    letzter Rückzugsbereich 6 139
    Nutzung der Bildaufnahmen 6 141
    Übertragen von Bildaufnahmen 6 140
    unbefugte Bildaufnahmen 6 140
    Verletzung der Vertraulichkeit des Wortes *siehe dort*
    Verletzung des Briefgeheimnisses *siehe dort*
    Verletzung des Post- oder Fernmeldegeheimnisses 6 156
    Verletzung durch Bildaufnahmen 6 138
    Verletzung von Privatgeheimnissen *siehe dort*
    Verwertung fremder Geheimnisse 6 155
Schutzdauer
    allgemeines Persönlichkeitsrecht 3 87
    Bildnisschutz 4 54
    Indizierung 5 116
    postmortaler Achtungsanspruch 4 62, 4 67
schwere Kriminalität 1 171
Scripted Reality
    Reality-Shows 5 83

Selbstbestimmungsrecht
    allgemeines Persönlichkeitsrecht 3 59
    Bildnisschutz 4 24
Selbstjustiz 5 41
Selbstkontrolle
    ASK *siehe dort*
    FSF *siehe dort*
    FSK *siehe dort*
    FSM *siehe dort*
    Jugendmedienschutz-Staatsvertrag 5 195
    KJM 5 245 *siehe auch dort*
    Prüfergebnisse 5 249
    regulierte Selbstregulierung 5 195
    USK *siehe dort*
Sendezeitfreigabe 5 278
Serviceprovider *siehe* Hostprovider
Sexualität
    Gewaltpornografie 5 69
    Gleichberechtigung der Geschlechter 5 58
    Normalitätskonzepte 5 57
    Selbstbestimmung 5 61
    sexuelle Verwahrlosung 5 72
    Spiraletheorie 5 70
    Stereotype 5 58
    Verführung 5 57
    Wirkung von Pornografie 5 62
sicherheitsgefährdendes Abbilden 6 224
Situationen elterlicher Zuwendung 1 36
social-engineering 6 150
Sorgfaltspflicht der Presse 1 195
sozial-kognitive Lerntheorie 5 24
Sozialadäquanzklausel 6 250
soziale Netzwerke 2 38
Sozialsphäre
    allgemeines Persönlichkeitsrecht 3 55
    Glied der sozialen Gesellschaft 3 55
Spiraletheorie 5 70
Sportler 4 86
Sportveranstaltungen 4 123
Sportwetten 6 303
Staatsgeheimnis 6 212 ff.
Stasi-Unterlagen-Gesetz 6 359 ff.
Stempel der Lüge 1 55
Stern TV-Entscheidung 1 215
Stimulationstheorie 5 24
Stolpe-Entscheidung 1 131 ff.
Störpropaganda gegen die Bundeswehr 6 223
Strafanzeige 1 193
Straffunktion 1 73
Strafrecht *siehe auch* Medienstrafrecht
    Gewaltdarstellungen 5 86 ff.
    Pornografie 5 93
Straftätern, Namensnennung von
    enger zeitlicher Zusammenhang 1 178
    erneuter Anlass 1 178

Informationsfreiheit 1 182
Online-Archiv 1 180
Recherche des Nutzers 1 181
Verlinkung 1 184
strafverfahrensrechtliche Besonderheiten 6 369 ff.
Abhörmaßnahmen 6 398
Beschlagnahme 6 390 ff.
Beschlagnahmeverbot 6 391
Durchsuchungen 6 383 ff.
Funkzellenabfragen 6 403
geschützter Personenkreis 6 373
IMSI/IEMI-Catcher 6 403
Medienöffentlichkeit 6 404
Online-Durchsuchung 6 400
Überwachung der Telekommunikation 6 399
Vorratsdatenspeicherung 6 402
Zeugnisverweigerungsrecht der Medienmitarbeiter 6 370 ff.
Beschränkung auf den redaktionellen Teil 6 381
Inhalt 6 379
Person des Informanten 6 379
selbst recherchiertes Material 6 382
Streitwert 2 134
Suchmaschinen 6 81

T
Täterschaft 6 65
Accessprovider 6 71, 6 76
Compuserve-Urteil 6 72
Contentprovider 6 71, 6 74
Hostprovider 6 78
Hyperlinks 6 81
Internet 6 69 ff.
Medienunternehmen 6 67
Providerhaftung 6 70
Suchmaschinen 6 81
Zwischenspeicherungen 6 77
Tätervolk-Entscheidung 1 123 ff.
Tatsachenbehauptung 1 79, 6 114
Abgrenzung 1 76 ff., 1 110 f.
Absichten 1 94
Beleidigungsdelikte 6 111
Beweislast 1 96 ff.
Busenmacher-Witwe-Entscheidung 1 120 ff.
Deutung einer Aussage 1 128 f.
echte Fragen 1 87
ehrenrührige Tatsachen 1 97 f.
ehrverletzende
Berichtigung 2 140
Gefühle 1 94
Gegendarstellung 1 54, 2 34
Gerüchte 1 84 ff.
Inhalt des Zitats 1 93
innere Tatsachen 1 94

Meinungsfreiheit 1 78
Motive 1 94
Stolpe-Entscheidung 1 131 ff.
Tätervolk-Entscheidung 1 123 ff.
Terroristentochter-Entscheidung 1 112 ff.
unechte Fragen 1 88
ungewisse 2 19
Unterlassungsanspruch 1 46
unwahre 1 80 f., 2 19
Berichtigung 2 143
verschwiegene 1 82 f.
Wahrheitsbeweis 1 78
weiter Fragebegriff 1 90
Widerruf 1 60 f.
wörtliches Zitat 1 92 ff.
Zitattreue 1 92
Teilnahme 6 66
Telemedien
Altersfreigabe 5 229
Bundesprüfstelle 5 110
geschlossene Benutzergruppen 5 230
Handys 5 233 ff.
Jugendschutzprogramme 5 234
Negativlisten 5 229
Pornografie 5 230
Verbreitung pornografischer Schriften 6 268
Terroristentochter-Entscheidung 1 112 ff.
Thema von allgemeinem Interesse 1 40
Theorie der kognitiven Dissonanz 5 24
Titelseite
Gegendarstellungsveröffentlichung 2 102 f.
Widerruf 1 64
Tonträger 6 58
Träger des allg. PersönlichkeitsR
Familie 3 13
Gruppierungen 3 13
Jugendliche 3 12
juristische Personen des öffentlichen Rechts 3 23
juristische Personen des Privatrechts 3 15
Kinder 3 10
natürliche Person 3 9
nichtrechtsfähige Personenvereinigungen 3 15
Verstorbene 3 25
Trägermedien
Altersfreigabe
Anbringung 5 167
Bundesprüfstelle 5 110
Trojanisches Pferd 6 400
TV-Movies 5 271
Twitter 2 38

U
Ubiquitätsprinzip 6 37
üble Nachrede
Behauptung 6 117

durch die Verbreitung von Schriften **6** 121
im politischen Leben stehende Person **6** 122
Nichterweislichkeit **6** 118
objektive Bedingung der Strafbarkeit **6** 119
öffentliche **6** 121
Verbreitung **6** 117
Vorsatz **6** 119
Umsatzeinbußen **2** 209
unechte Fragen **1** 88
unerlaubte Veranstaltung einer Ausspielung **6** 310
unerlaubte Veranstaltung einer Lotterie **6** 310
unerlaubte Veranstaltung eines Glücksspiels
    ausländischer Wettanbieter **6** 305
    DDR-Gewerbegesetz **6** 308
    Genehmigungen durch EU-Mitgliedsstaaten **6** 308
    Geschicklichkeitsspiele **6** 303
    Glücksspiel **6** 303
    Halter **6** 306
    öffentlich **6** 304
    ohne behördliche Erlaubnis **6** 308
    Spieler **6** 309
    Sportwetten **6** 303
    Tathandlung **6** 304
    Unterhaltungsspiele **6** 303
    Veranstalter **6** 304
    Werbung **6** 307
Unterhaltungssoftware Selbstkontrolle *siehe* USK
Unterlassungsanspruch
    Anfertigen eines Bildnisses **4** 177
    Angehörige **2** 10
    Anspruchsverpflichteter **2** 27
    Betroffenheit **2** 7
    Beweislast **2** 29
    Bildagentur **4** 183
    Bildnisschutz **4** 175 ff.
    Bildveröffentlichungen **1** 46
    Deutungsvarianten **1** 142
    Drittunterwerfung **1** 49
    Durchsetzung **2** 28 ff.
    ehrrührige Behauptung **2** 29
    Eilverfahren **1** 47
    Eingriff in den eingerichteten und ausgeübten Gewerbebetrieb **2** 6
    Einschüchterungswirkung **1** 139
    Einwilligung **4** 180
    Erkennbarkeit **2** 7
    Erstbegehungsgefahr **1** 48, **2** 13, **4** 176
    Erstbegehungsgefahr, Ausräumen der **2** 15
    Fotograf **4** 183
    Gruppe **2** 8
    Güterabwägung **2** 17
    Herausgeber **2** 27
    Kerntheorie **1** 50, **2** 24
    konkrete Verletzungsform **2** 22 f., **4** 185
    Leserbrief **2** 12
    mehrere Anspruchsgegner **2** 31
    Meinungsäußerungen **1** 46
    Namensnennung **2** 7
    non liquet **2** 29
    pressemäßige Sorgfalt **2** 18
    Presserecht **1** 45 ff.
    Recherche **2** 14
    Rechtsgrundlage **2** 4
    Rechtswidrigkeit **2** 16 ff., **4** 179
    Sorgfaltsmaßstab **4** 181
    Stolpe-Entscheidung **1** 134
    strenge Prüfungspflicht **4** 182
    Tatsachenbehauptungen **1** 46
    Umfang **2** 22 ff.
    Unternehmen **2** 9
    Untersagungstenor **1** 51
    unwahre Tatsachenbehauptung **2** 19
    Verallgemeinerungen **2** 22
    Verleger **2** 27
    verletztes Rechtsgut **2** 6
    Wahrheitsgehalt **2** 18
    Wahrnehmung berechtigter Interessen **2** 17
    Wiederholungsgefahr **1** 49, **2** 12, **4** 178
    zukünftige Unterlassung **1** 45, **1** 135
Unternehmen **2** 9
Unternehmenspersönlichkeitsrecht **3** 15
    als Arbeitgeber **3** 16
    als Wirtschaftsunternehmen **3** 16
    Contergan-Fall **3** 21
    Geldentschädigung **3** 15
    Recht am gesprochenen Wort **3** 20
    Schtonk-Entscheidung **3** 17
    sozialer Geltungsanspruch **3** 16
    Wirtschaftsverlag **3** 18
Untersagungstenor **1** 51
unwahre Berichterstattung **3** 2
unwahre Tatsachen **1** 80 f.
Unwahrheit
    Beleidigungsdelikte **6** 111
    Berichtigung **2** 143
    Persönlichkeitsverletzung **2** 231
unzüchtige Schriften **5** 99
unzulässige Sendungen **5** 196 ff.
    Cableversions **5** 203
    Erotikfilme **5** 203
    Menschenwürde **5** 198
    Pornografie **5** 202
Urheberstrafrecht **6** 313
    Einwilligung **6** 318, **6** 322
    gesetzlich zugelassener Fall **6** 318
    gewerbsmäßige unerlaubte Verwertung **6** 323
    öffentliche Wiedergabe **6** 317
    Primat des Zivilrechts **6** 314
    Schutzrechte **6** 315

Sachregister

unerlaubte Eingriffe in technische Schutzmaßnahmen 6 324
unerlaubte Eingriffe in verwandte Schutzrechte 6 319
unerlaubte Verwertung 6 316
Verbreitung 6 317
Vervielfältigung 6 317
Verwertungsrechte 6 314
Werke 6 315, 6 316
Urlaubsfotos 1 42
USK
Appellation 5 185
Beirat 5 179
Berufungen 5 183
besonderes Verfahren 5 186
Prüfer 5 180
Regelprüfung 5 181
Struktur 5 179
vereinfachtes Verfahren 5 182
Verweigerung der Kennzeichnung 5 187

V

verbotene Mitteilungen über Gerichtsverhandlungen 6 227
Verbreiten 6 170
Verbreiter einer Veröffentlichung 1 60
Verbreitung
Bildnisschutz 4 24
Einwilligung 4 27
Urheberstrafrecht 6 317
Verbreitung gefährdender Inhalte 6 170 ff.
akustische Wiedergabe 6 180
Anbieten einer Schrift 6 185
Ankündigen einer Schrift 6 186
Anpreisen einer Schrift 6 187
Anschlagen einer Schrift 6 179
Ausführen einer Schrift 6 189
Ausstellen einer Schrift 6 178
Beziehen einer Schrift 6 194
Einführen einer Schrift 6 188
Gelangenlassen 6 192
Herstellen einer Schrift 6 182
Liefern einer Schrift 6 183
Möglichkeit der Kenntnisnahme 6 172, 6 191
Sich-Verschaffen 6 194
Überlassen einer Schrift 6 181
Verbreiten 6 170
Vorführen einer Schrift 6 180
Vorrätighalten einer Schrift 6 184
Weitergabe im Internet 6 171
Weitergabe in körperlicher Form 6 170
Zeigen einer Schrift 6 193
Zugänglichmachen 6 172 siehe auch dort
Verbreitung gewalt- oder tierpornografischer Schriften 6 270

Verbreitung jugendpornografischer Schriften 6 275
Verbreitung kinderpornografischer Schriften 6 272 f.
Verbreitung pornografischer Schriften 6 252 ff., 6 256
Ausfuhr 6 265
durch Rundfunk 6 268
Einführen pornografischer Schriften 6 260
Erzieherprivileg 6 266
gewerbliche Vermietung 6 259
gewerblicher Vertrieb 6 258
Internet 6 268
Jugendliche 6 256 f., 6 269
Jugendschutz 6 253
Live-Darbietungen 6 268
öffentliche Filmvorführung 6 263
Pornografie 6 255
Schutzzwecke der Normen 6 253
Sicherungsmaßnahmen 6 269
Telemedien 6 268
unverlangtes Zusenden 6 262
Versandhandel 6 258
Vorbereitungshandlung 6 264
Werbeverbot 6 261
Verbreitung rechtswidriger Inhalte 6 231 ff.
Abwehr verfassungsfeindlicher Bestrebungen 6 237
Gewaltdarstellung (Straftat) siehe dort
Kennzeichen verfassungswidriger Organisationen 6 240
Propagandamittel 6 232
Propagandamittel verfassungswidriger Organisationen 6 231 ff.
Volksverhetzung 6 244
Verbreitung staatsgefährdender Inhalte 6 195 ff.
Angriffskrieg 6 198 f.
Anleitung zur Begehung staatsgefährdender Gewalttaten 6 210
Aufstacheln 6 200
Einwirkung auf Bundeswehr und Sicherheitsorgane siehe dort
Friedensverrat 6 197
Kundgabe von Staatsgeheimnissen siehe dort
Landesverrat 6 211, 6 215
Sicherheitsgefährdendes Abbilden 6 224
Störpropaganda gegen die Bundeswehr 6 223
verbotene Mitteilungen über Gerichtsverhandlungen 6 227
Verletzung des Dienstgeheimnisses 6 226
Verunglimpfung siehe dort
Verdachtsberichterstattung 1 189 ff.
eigene Recherchen 1 205 f., 1 210
Entlastung des Beschuldigten 1 198
erfolgte Verurteilung 1 204
erhöhte Sorgfaltspflicht 1 207 f.
Ermittlungsverfahren 1 194 ff.

Informationsbedürfnis der Öffentlichkeit 1 193, 1 194
Klageerhebung 1 203
Meinungsfreiheit 1 196
Mindestbestand an Beweistatsachen 1 197, 1 205
Sorgfaltspflicht der Presse 1 195
staatliches Handeln 1 202
Stellungnahme des Betroffenen 1 197
Strafanzeige 1 193
Vorgang von gravierendem Gewicht 1 199
Vorverurteilung 1 198
Zeugen vom Hörensagen 1 209
Zuverlässigkeit des Informanten 1 206
Verfall 6 97
Verhaltenskodex 5 299
Verhältnismäßigkeit
Berichtigungserklärung 2 162
Verjährung
Presseinhaltsdelikt 6 93, 6 95
Scheinveröffentlichung 6 96
verkörperte Massenvervielfältigung 1 10
Verleger 2 27
Verletzung der Vertraulichkeit des Wortes
Abhören 6 136
Abhörgerät 6 136
Bagatellklausel 6 137
begrenzter Adressatenkreis 6 133
Gebrauchmachen 6 135
Medienunternehmen 6 137
nicht öffentlich gesprochene Worte 6 133
öffentlich mitteilen 6 137
Tonträgeraufnahme 6 134
Verletzung des Briefgeheimnisses 6 143
Abbildungen 6 143
Kenntnisverschaffung 6 144
Schriftstücke 6 143
Veröffentlichung 6 143
Verletzung des Dienstgeheimnisses 6 226
Beihilfehandlungen 6 226
Verletzung von Privatgeheimnissen 6 152
Anstiftung 6 152
Beihilfe 6 152
Geheimnis 6 154
Medienunternehmen 6 152
Offenbarungsbefugnis 6 153
Verleumdung 6 120
durch die Verbreitung von Schriften 6 121
im politischen Leben stehende Person 6 122
öffentliche 6 121
Vernichtung 4 213
Veröffentlichung interner Papiere 1 33
Veröffentlichung von Geheimnissen 1 34
Versammlung
Abbildungsfreiheit 4 122

Ausschnitte 4 126
Demonstrationen 4 123
Karnevalsumzüge 4 123
Kongresse 4 123
Polizisten 4 127
private Veranstaltungen 4 125
Public-Viewing 4 123
Sportveranstaltungen 4 123
Versandhandel 5 172, 6 258
Verschulden
Berichtigung 2 145
Bildnisschutz 4 198
Geldentschädigung 2 242
Persönlichkeitsverletzung 2 242
Schadensersatzanspruch 2 217
Widerruf 2 163
verschwiegene Tatsachen 1 82 f.
Verunglimpfung 6 207 ff.
Äußerungen im politischen Meinungskampf 6 208
Beschimpfen 6 208
böswilliges Verächtlichmachen 6 208
Qualifikation 6 209
Satire 6 208
schwere Ehrkränkung 6 208
Verunglimpfen 6 208
Verurteilung 1 204
Vielseher 5 29
virtuelle verdeckte Ermittler 6 401
Virus Construction Kits 6 293
Volksverhetzung 6 244
Vollstreckung
Berichtigungsdurchsetzung 2 197
Gegendarstellungsdurchsetzung 2 136
Vollziehung 2 136
Vorratsdatenspeicherung 6 402
Vorsperre 5 214

W
Wahrheitsbeweis, strenger 1 63
Wahrheitsgehalt 1 55
Wechselwirkungslehre 6 14, 6 18
Werbeverbot 6 261
Werbung
FSM 5 303
unerlaubte Veranstaltung eines Glücksspiels 6 307
Werke 6 315, 6 316
kleine Münze 6 316
persönliche geistige Schöpfung 6 316
Werturteil 6 114
Widerruf
Abdruck 1 64
Beeinträchtigung, andauernde 1 65
Beispiel 2 168

Berichtigung 2 139
Berichtigungserklärung 2 167
Einwilligung 4 44
Fallgruppen 1 62
Geldentschädigung 1 67
Hauptsacheverfahren 1 63
mehrdeutige Meinungsäußerung 1 156 ff.
postmortaler Achtungsanspruch 4 68
Presserecht 1 60 ff.
Rufbeeinträchtigung, fortdauernde 1 66
strenger Wahrheitsbeweis 1 63
Tatsachenbehauptung 1 60 f.
Titelseite 1 64
Verbreiter einer Veröffentlichung 1 60
Verschulden 2 163

Wiederholungsgefahr 1 49, 2 12
Wirkungsforschung 5 29 ff.
Wirkungsprognosen 5 31
Wirtschaftswerbung
fiktive Lizenzgebühr 3 125
Interessenabwägung 3 128
Medienstrafrecht 6 16
Oskar Lafontaine-Entscheidung 3 122 ff.
politische Meinungsäußerung 3 124
Satire 3 124
Verwendung von Fotos 3 121
wertender, meinungsbildender Inhalt 3 119
wissenschaftliche Forschungsergebnisse
Bundesprüfstelle 5 16
Jugendschutz 5 15, 5 40
wörtliches Zitat 1 92 ff.

Z
Zahlungsansprüche
Geldentschädigung *siehe auch dort*
immaterielle Schäden 1 70
Lizenzgebühr, doppelte 1 69
Lizenzgebühr, fiktive 1 69
materieller Schadensersatz 1 75
Presserecht 1 68 ff.
Zeichnungen 4 13
zeitgeschichtliches Ereignis
Fotoveröffentlichung 1 38 ff.
Pressefreiheit 1 36, 1 38
Zeitschriftenbeigabe 5 134
Zensur 5 1
Freiheit der Medien 5 2
nach Veröffentlichung 5 2
vor Veröffentlichung 5 2
Zeugnisverweigerungsrecht
Cicero-Entscheidung 1 28
Medienmitarbeiter 6 370 ff.
Zitattreue 1 92
Zueigenmachung 1 211, 1 214 ff.
Zugänglichmachen 6 172
effektive Zugangshindernisse 6 176
im Internet 6 173 f.
öffentliches 6 174
Sicherungsmittel 6 175
Zuständigkeit
Bundesprüfstelle 5 110
Gegendarstellungsdurchsetzung 2 133 f.
Zwangskommerzialisierung 3 68